Krüger (Hrsg.)
Handbuch der Jugendforschung

Heinz-Hermann Krüger (Hrsg.)

Handbuch der Jugendforschung

2. erweiterte und aktualisierte Auflage

Leske + Budrich, Opladen 1993

Die Deutsche Bibliothek — CIP-Einheitsaufnahme
Handbuch der Jugendforschung/Heinz-Hermann Krüger. — 2., erw. und aktualisierte Aufl. — Opladen: Leske und Budrich, 1992
ISBN 3-8100-0967-9
NE: Krüger, Heinz-Hermann [Hrsg.]

Satz: Leske + Budrich, Opladen
Buch und Verarbeitung: Druck Partner Rübelmann, Hemsbach
Printed in Germany

Vorwort zur zweiten aktualisierten und erweiterten Auflage

Bereits wenige Jahre nach seinem Erscheinen ist eine Neuauflage des Handbuches der Jugendforschung erforderlich geworden. Die einhellige Prognose der Rezensenten, daß dieses Handbuch zu einem Standardwerk für den Bereich der Jugendforschung werden wird, ist somit nicht nur durch die fachinterne Kritik und Rezeption, sondern auch durch die Nachfrage der interessierten Fachöffentlichkeit bestätigt worden. Die Notwendigkeit einer zweiten Auflage bot die Möglichkeit, alle Artikel der ersten Auflage zu aktualisieren und zumindest im Literaturverzeichnis des jeweiligen Beitrages die Jugendforschung aus der ehemaligen DDR stärker mit zu berücksichtigen.

Darüber hinaus wurde versucht, durch zwei neue Beiträge zur Geschichte der Jugendforschung in der DDR und zu den Herausforderungen, die sich aus der Vereinigung der beiden Jugenden in Ost- und Westdeutschland für die Jugendforschung ergeben, den aktuellen deutsch-deutschen Entwicklungen angemessen Rechnung zu tragen.

Angesichts des in diesem Jahr einsetzenden europäischen Integrationsprozesses schien es zudem unbedingt erforderlich zu sein, einen weiteren neuen Beitrag in den einleitenden Teil des Handbuches mit aufzunehmen, der sich mit den Forschungsschwerpunkten und -ergebnissen der europäischen Jugendforschung sowie mit den Aufgaben und Barrieren für eine europäisch-vergleichende Jugendforschung beschäftigt. Neu hinzugekommen sind zudem noch vier weitere Beiträge zur Geschichte der Jugend sowie zu den Themengebieten Jugend, Freizeit und Medien, Jugend, Recht und Kriminalität und Jugend und Religion, um die Realgeschichte der Jugend im 20. Jahrhundert sowie die Komplexität und Vielfalt der Sozialisationsinstanzen und -einflüsse, die die Lebenssituation von Jugendlichen gegenwärtig charakterisieren, noch facettenreicher dokumentieren zu können.

Es bleibt abschließend noch allen Autorinnen und Autoren, die an diesem Handbuch mitgearbeitet haben, für die produktive und reibungslose Kooperation zu danken: den ‚alten' Handbuchautoren dafür, daß sie sich der mühevollen Aufgabe der Aktualisierung ihrer Beiträge unterzogen haben, den neuen Autorinnen und Autoren dafür, daß sie in ihren Artikeln oft über das von mir vorgeschlagene Arbeitsprogramm noch hinausgegangen sind.

Mein besonderer Dank gilt zudem denjenigen, die mich auch bei der zweiten Auflage durch konzeptionelle Erweiterungsvorschläge und inhaltliche Korrekturen unterstützt haben, dies sind Peter Büchner, Jutta Ecarius, Petra Essebier, Werner Helsper, Werner Thole, Birgit Richard und Hans-Jürgen von Wensierski.

Dank schließlich auch dem Verlag, insbesondere an Herrn Budrich, der dieses Buch wieder auf den Weg schickt.

Wuppertal / Halle
Frühjahr 1992
Heinz-Hermann Krüger

Inhalt

Heinz-Hermann Krüger

Einleitung

Zum Themenkreis der Jugendforschung sind in den letzten 25 Jahren im deutschsprachigen Raum zwar eine Vielzahl von Monographien, Literaturberichten und Sammelbänden[1] sowie ein Handbuchartikel (*Rosenmayr* 1976) und eine vom Deutschen Jugendinstitut herausgegebene 18-bändige Überblicksreihe (1965f.) erschienen, eine umfassende Darstellung mit Lehrbuchcharakter in Gestalt eines Handbuches gab es zum Zeitpunkt der Erstauflage dieses Bandes jedoch noch nicht. Die Herausgabe eines solchen Handbuchs stellte insofern ein Wagnis dar, als das Forschungsgebiet der Jugendforschung noch keineswegs jenen Grad an kognitiver und institutioneller Identität erreicht hat, der es rechtfertigen würde, von diesem Forschungsgebiet als einem abgeschlossenen Forschungsfeld zu sprechen (*Hornstein* 1987).

Der Forschungsstand über das Gegenstandsfeld Jugend ist vor allem durch drei Problemlagen bestimmt, die auch gegenwärtig noch die Wissensproduktion im Bereich der Jugendforschung kennzeichnen. Charakteristisch für die Jugendforschung ist erstens eher ein Nebeneinander als eine Kooperation der sich mit dem Gegenstand Jugend beschäftigenden Fachdisziplinen. Dementsprechend unvermittelt und unabgeschlossen ist auch noch der Stand der Theoriebildung. Eine umfassende und interdisziplinär angelegte Theorie der Jugend ist nicht in Sicht. Kennzeichnend für das Gebiet der Jugendforschung ist zweitens eine Theorie-Empirie-Diskrepanz, d.h. globale Theoriedebatten und relativ theoriearme problem- und institutionenorientierte empirische ad hoc-Studien stehen sich unvermittelt gegenüber. Verstärkt wird diese Tendenz noch durch die relativ geringe institutionelle Ausdifferenzierung der Jugendforschung, die sich nur in Ausnahmen auf eine kontinuierliche Forschungsförderung stützen kann und zumeist von den kurzfristigen Verwertungsinteressen politischer und ökonomischer Auftraggeber abhängig ist (*Hornstein* 1982). Charakteristisch für die Jugendforschung ist drittens eine Unsicherheit hinsichtlich der methodologischen Grundlagen und methodischen Vorgehensweisen. Thematisch breit angelegte quantitative Umfragen in Gestalt von Panoramastudien, die ein geschlossenes und einheitliches Bild von der Situation der Jugend zu geben suchen, stoßen angesichts der Ausdifferenzierungsprozesse jugendlicher Lebenszusammenhänge an Erklärungsgrenzen. Umgekehrt sind die im letzten Jahrzehnt neu belebten Verfahren der qualitativen Jugendforschung oft noch wenig elaboriert und methodisiert.

Dennoch zeichnen sich gerade in den letzten Jahren in der Theorie- und Methodendiskussion der Jugendforschung entscheidende Fortschritte ab. So kommt es in den verschiedenen an der Jugendforschung beteiligten Disziplinen zu einer Annäherung der theoretischen Sichtweisen. Stärker interdisziplinäre Perspektiven werden betont, wenn z.B. entwicklungspsychologische, soziologische und pädagogische Arbeiten in der Jugendforschung unterschiedliche Handlungstheorien erproben, wenn jugendpsychologische und jugendpädagogische Ansätze auf sozialökologische Theoriekonzepte zurückgreifen, um die Umweltkomponente jugendlicher Lebenszusammenhänge analytisch fassen zu können oder wenn die historische Jugendforschung Ansätze aus der soziologischen Lebenslauf- und Biographieforschung mit einbezieht. Auch die Theorie-Empirie-Diskrepanz in der Jugendforschung versuchen gerade eine Reihe neuerer Jugendstudien zu überwinden, indem sie empirische Untersuchungen stärker an theoretische Überlegungen koppeln. Aus dem Kontext der quantitativen Jugendforschung sei etwa auf die beiden neuen Shell-Studien (*Fischer/Fuchs/Zinnecker* 1981, 1985) hingewiesen, die sich auf kultur- und biographietheoretische Ansätze stützen, um jugendliche Alltagskulturen und Biographieverläufe theoretisch verorten zu können. Aus dem Bereich der qualitativen Forschung sei exemplarisch auf verschiedene Projekte pädagogischer Jugendforschung verwiesen, für die sozialökologische, phänomenologische oder interaktionistische Konzepte zentrale theoretische Bezugsgrößen geworden sind (*Hornstein* 1987). Ebenso lassen sich in der methodischen Diskussion der Jugendforschung in den letzten Jahren wichtige Fortschritte konstatieren. Quantitative Forschungsdesigns werden methodisch verfeinert und durch die Erprobung neuer Untersuchungsstrategien (z.B. Retrospektivbefragungen oder Längsschnittstudien) in ihrem Spektrum erweitert. Die qualitative Jugendforschung bemüht sich gegenwärtig in methodologischen Reflexionen um eine Präzisierung ihres methodischen Vorgehens (*Ferchhoff* 1986). Außerdem werden in der Jugendforschung gerade in jüngster Zeit die vielfältigen Möglichkeiten der Kombination von quantitativen und qualitativen Verfahren methodologisch diskutiert und in einigen empirischen Jugendstudien auch schon praktisch erprobt (*Treumann* 1986, *Baacke/Sander/Vollbrecht* 1990, *Behnken* u.a. 1991).

Ziele und Konzeption dieses Bandes

Dieses Handbuch soll nun den Diskussions- und Erkenntnisstand der Jugendforschung Anfang der 90er Jahre repräsentieren, zugleich aber auch wesentliche Linien skizzieren, die zu diesem Stand geführt haben. Es versucht durch die Auswahl der Themen und der beteiligten Autoren dem interdisziplinären Charakter der Jugendforschung gerecht zu werden und wichtige Erkenntnisse der an der Jugendforschung beteiligten Disziplinen (Soziologie, Psychologie, Pädagogik, Geschichte) zu berücksichtigen. Angesichts der Diskussionen um die Angemessenheit geschlossener oder offener Forschungsdesigns nimmt es eine vermittelnde Position ein, indem es quantitativ und qualitativ gewonnene Forschungsergebnisse mit einbezieht.

Im einleitenden Beitrag des Herausgebers wird zunächst versucht, die Theorie- und Methodengeschichte der Jugendforschung im 20. Jahrhundert in Umrissen zu skizzieren und auf der Basis der historischen Bestandsaufnahme Perspektiven für eine theoretische und methodische Neuorientierung der aktuellen Jugendforschung abzustecken.

Die beiden folgenden Artikel thematisieren zum einen die Geschichte der Jugendforschung in der ehemaligen DDR, zum anderen werden die gegenwärtigen und zukünftigen Herausforderungen und Folgen für die Jugendforschung, die Lebenslagen von Jugendlichen und die Jugendpolitik diskutiert, die sich aus der Vereinigung beider deutscher Staaten ergeben. Mit der Geschichte der Jugendforschung in Europa seit der Nachkriegszeit, mit den sich seit den 70er Jahren herausbildenden Netzwerken der europäischen Jugendforschung sowie mit den Aufgaben, Forschungsschwerpunkten und -ergebnissen sowie den Barrieren für eine europäisch vergleichende Jugendforschung beschäftigt sich der folgende Beitrag.

Das Theoriekapitel (Abschnitt I) orientiert sich nicht an einer disziplinären Darstellungsweise, d.h. es versucht nicht, alle psychologischen, pädagogischen und soziologischen Theorieansätze zum Jugendalter seit den 20er Jahren noch einmal vorzustellen. Vielmehr wurden für die sechs Theoriebeiträge solche Ansätze ausgewählt, die die grundlagentheoretische Diskussion in der Jugendforschung in den letzen Jahren entscheidend beeinflußt haben und von denen zentrale Impulse für die Weiterentwicklung einer umfassenden Theorie der Jugend erwartet werden können. Ausgewählt wurden psychoanalytische und handlungstheoretische Ansätze, die sich im subjekttheoretischen Diskurs über die Prozesse der Persönlichkeitsentwicklung im Jugendalter auch gegenwärtig noch weitgehend unvermittelt gegenüber stehen. Vorgestellt werden ferner sozialökologische, kulturtheoretische und gesellschaftstheoretische Ansätze, die sich vor allem mit den sozialräumlichen bzw. den kulturellen und gesellschaftlichen Bedingungen von Prozessen der Persönlichkeitsentwicklung im Jugendalter befassen. Ergänzt werden diese Artikel durch einen Beitrag zum Thema „Mädchen im Blick der Jugendforschung", in dem die Defizite der ‚männlichen Sichtweise' in der Jugendforschung sowie theoretische Bezugspunkte, historische Ergebnisse, aktuelle Trends und Perspektiven einer feministisch orientierten Jugendforschung diskutiert werden.

Die meisten Beiträge zur Theoriediskussion in der Jugendforschung bemühen sich darum, die historischen Entwicklungslinien des jeweiligen Theorieansatzes, die zentralen Begriffe und unterschiedliche Theorievarianten zu skizzieren sowie das Wechselverhältnis zwischen theoretischen Ansätzen und empirischen Studien, die sich auf diese Konzepte beziehen, kritisch zu beleuchten. Außerdem werden die Nahtstellen und Berührungspunkte markiert, die eine Kooperation mit angrenzenden oder komplementären Theoriepositionen notwendig und erforderlich machen.

In dem Methodenkapitel (Abschnitt II) wird kein vollständiger systematischer Überblick über alle im Bereich der Jugendforschung eingesetzten Erhebungs- und Auswertungsverfahren gegeben. Dies wäre notgedrungen in vielen Punkten auch nur eine Replikation des Inhaltes einschlägiger Lehrbücher der empirischen Sozialforschung. Stattdessen wird in den beiden Artikeln zu den quantitativen bzw. qualitativen Methoden der Jugendforschung jeweils ein kurzer Abriß zur Forschungsgeschichte gegeben, zentrale Zielsetzungen, Untersuchungstypen, Methoden und methodische Probleme quantitativer bzw. qualitativer Forschungsdesigns werden skizziert und an ausgewählten empirischen Befunden illustiert. Zugleich werden Möglichkeiten und Grenzen der Kombination quantitativer und qualitativer Forschungslogiken diskutiert.

Der erste Beitrag in Abschnitt III knüpft insofern an die beiden vorhergehenden Kapitel an, als auch er theoretische Bezugsgrößen und methodische Vorgehensweisen diesmal allerdings im Spezialgebiet der historischen Jugendforschung diskutiert. Außerdem wird ein Überblick über Ziele, Aufgaben und theoretische Leitlinien sowie über die Ergebnisse ausgewählter quantitativ bzw. qualitativ orientierter Studien zur Geschichte der Jugend gegeben. Im zweiten Beitrag wird die Ideen- und vor allem die Sozialgeschichte der deutschen Jugend von der Jahrhundertwende bis zur Zeit nach 1945 auf der Grundlage neuerer Forschungsergebnisse skizziert.

Die elf Artikel im Kapitel IV nehmen ihren Ausgangspunkt von Theorien und Forschungen, die sich jeweils auf eine Instanz der Jugendsozialisation konzentrieren, wobei lediglich der Beitrag zum Thema ‚Jugend und Sexualität' etwas quer zu dieser Gliederungslogik liegt. Diese instanzenbezogene Vorgehensweise entspricht der gängigen Arbeitsteilung in der Jugendforschung. Sie bietet den Vorteil, die Fülle an Erkenntnissen und Informationen in dem jeweiligen Gebiet auszubreiten. Sie ist jedoch nicht ohne Risiken, denn die abgrenzende wissenschaftliche Behandlung widerspricht der gesellschaftlichen Verflechtung und der komplexen Interdependenz, in der diese Instanzen und Institutionen miteinander stehen. Um dieser Gefahr zu begegnen, sollte in diesen Beiträgen auf die Beeinflussung bzw. die gleichzeitige Wirksamkeit von anderen Sozialisationsinstanzen hingewiesen werden. Diesen Vorschlag haben die meisten Autoren in ihren Artikeln zu berücksichtigen versucht. Außerdem bemühen sie sich in ihren Beiträgen mit unterschiedlicher Akzentsetzung um eine historische Entwicklungsskizze zum jeweiligen Untersuchungsgegenstand, stellen theoretische Erklärungsansätze zum jeweiligen Themenbereich dar und diskutieren die Ergebnisse quantitativer und soweit vorhanden auch qualitativer Untersuchungen vor diesem Hintergrund.

Anmerkung

1 Die wichtigsten Einführungen in den Themenkomplex der Jugendforschung seit Beginn der 60er Jahre seien an dieser Stelle genannt:
Flitner 1963, Friedeburg 1965, Neidhardt u.a. 1970, Kreutz 1974, Hornstein u.a. 1975, Allerbeck/Rosenmayr 1976, Baacke 1976, Griese 1977, Schäfers 1982, Olbrich/Todt 1984, Sinus 1984, Hurrelmann/Rosewitz/Wolf 1985, Oerter 1985, Heitmeyer 1986, Markefka/Nave-Herz 1989.

Literatur

Allerbeck, K./Rosenmayr, L.: Einführung in die Jugendsoziologie. Heidelberg 1976

Baacke, D.: Die 13- bis 18jährigen. Eine Einführung in Probleme des Jugendalters. München 1976

Baacke, D./Sander, U./Vollbrecht, R.: Lebenswelten sind Medienwelten. Opladen 1990

Behnken, I. u.a.: Schülerstudie 90. Jugendliche im Prozeß der Vereinigung. Weinheim/München 1991

Büchner, P./Krüger, H.H. (Hrsg.): Aufwachsen hüben und drüben. Opladen 1991

Deutsches Jugendinstitut (Hrsg.): Überblick zur wissenschaftlichen Jugendkunde, 18 Bde, München 1965 f.

Flitner, A.: Soziologische Jugendforschung, Darstellung und Kritik aus pädagogischer Sicht. Heidelberg 1963

Friedeburg, L. v. (Hrsg.): Jugend in der modernen Gesellschaft. Köln/Berlin 1965

Ferchhoff, W.: Zur Differenzierung qualitativer Sozialforschung. In: Heitmeyer, W. (Hrsg.): Interdisziplinäre Jugendforschung. Weinheim/München 1986, S. 215-244

Fischer, A./Fuchs, W./Zinnecker, J.: Jugend 81, 2 Bde, Hamburg 1981

Fischer, A./Fuchs, W./Zinnecker, J.: Jugendliche und Erwachsene '85, 5 Bde, Opladen 1985

Griese, H.M.: Sozialwissenschaftliche Jugendtheorien. Weinheim 1977

Heitmeyer, W. (Hrsg.): Interdisziplinäre Jugendforschung. Weinheim/München 1986

Heitmeyer, W./Olk, T. (Hrsg.): Individualisierung von Jugend. Weinheim/München 1990

Hennig, W./Friedrich, W. (Hrsg.): Jugend in der DDR. Weinheim/München 1991
Hille, B./Jaide, W.: DDR-Jugend. Politisches Bewußtsein und Lebensalltag. Opladen 1990
Hornstein, W. u.a.: Lernen im Jugendalter. Stuttgart 1965
Hornstein, W.: Sozialwissenschaftliche Jugendforschung und gesellschaftliche Praxis. In: Beck, U. (Hrsg.): Soziologie und Praxis, Soziale Welt, Sonderband 1, Göttingen 1982, S. 59-92
Hornstein, W.: Ein halbes Jahrzehnt „Pädagogische Jugendforschung". In: Breyvogel, W. (Hrsg.): Pädagogische Jugendforschung. Opladen 1989, S. 227-257
Hurrelmann, K./Rosewitz, B./Wolf, H.: Lebensphase Jugend. München/Weinheim 1985
Kreutz, H.: Soziologie der Jugend. München 1974
Markefka, M./Nave-Herz, R. (Hrsg.): Handbuch der Familien- und Jugendforschung. Bd. II. Jugendforschung. Neuwied und Frankfurt 1989
Melzer, W. u.a. (Hrsg.): Osteuropäische Jugend im Wandel. Weinheim/München 1991
Neidhardt, F. u.a.: Jugend im Spektrum der Wissenschaften. München 1970
Oerter, R. (Hrsg.): Lebensbewältigung im Jugendalter. Weinheim 1985
Olbrich, E./Todt, E. (Hrsg.): Probleme des Jugendalters. Berlin/Heidelberg/New York/Tokyo 1984
Rosenmayr, L.: Schwerpunkte der Jugendsoziologie. In: König, R. (Hrsg.): Handbuch der empirischen Sozialforschung, Bd. 6, Stuttgart [2]1976
Schäfers, B.: Soziologie des Jugendalters. Opladen 1982
Sinus-Institut: Jugendforschung in der Bundesrepublik. Opladen 1984
Treumann, K.: Zum Verhältnis von qualitativer und quantitativer Forschung. In: Heitmeyer, W. (Hrsg.): Interdisziplinäre Jugendforschung. Weinheim/München 1986, S. 193-214

Heinz-Hermann Krüger

Geschichte und Perspektiven der Jugendforschung — historische Entwicklungslinien und Bezugspunkte für eine theoretische und methodische Neuorientierung

Eine Geschichte der Jugendforschung im 20. Jahrhundert zu schreiben, wäre ein wahrhaft enzyklopädisches Unternehmen. Es bleibt hier nur der Raum für eine systematische Skizze, die die globalen Entwicklungstrends in der Theorie- und Methodendiskussion der Jugendforschung in den vergangenen Jahrzehnten, den Wandel der zentralen erkenntnisleitenden Orientierungen, theoretischen Modellvorstellungen und methodischen Verfahrensweisen idealtypisch verkürzt zusammengefaßt und auf der Basis der historischen Bestandsaufnahme Perspektiven für eine theoretische und methodische Neuorientierung der aktuellen Jugendforschung absteckt. Dabei werden die historischen Entwicklungslinien und aktuellen programmatischen Bezugsgrößen im Bereich der Theoriebildung und der Methodendiskussion in der Jugendforschung allein aus Darstellungsgründen jeweils gesondert skizziert, wobei der Gang der Argumentation jedoch die Wechselbezüge zwischen theoretischen Sichtweisen und methodischen Verfahrensweisen verdeutlichen wird.

1.1 Umrisse einer Theoriegeschichte

Der theoretische Diskurs über Jugend wurde in der Zwischenweltkriegszeit, als die Jugendforschung insgesamt eine Phase der Expansion und der Ausdifferenzierung erlebte, entscheidend durch die Vertreter der geisteswissenschaftlichen Pädagogik *(Spranger)* und Psychologie *(Bühler)* geprägt, die in ihren theoretischen Konzepten vor allem die entwicklungspsychologischen Dimensionen des Jugenalters betonten. Die erkenntnisleitende Sichtweise dieser Theorieansätze auf das Jugendalter kann man grob klassifizierend als individualpsychologischen Blick mit organismischer Orientierung charakterisieren. Denn obgleich Autoren wie *Spranger* oder *Bühler* in Anlehnung an die Tradition der geisteswissenschaftlichen Kulturphilosophie durchaus die Einflüsse des „objektiven und normativen Geistes“ bzw. der kulturellen Erscheinungen der jeweiligen Zeit auf die Entwicklung von Jugendlichen mit berücksichtigen, gehen sie in ihren entwicklungspsychologischen Erklärungsversuchen letztlich doch von einem organismischen Modell aus, das Entwicklung als einen naturwüchsigen Prozeß begreift, der nach bestimmten erkennbaren allgemeingültigen Regelmäßigkeiten verläuft und auf einen organismusimmanenten Ziel- und Endpunkt hinsteuert.

Dies läßt sich besonders deutlich an *Sprangers* „Psychologie des Jugendalters" (1924) illustrieren, die den theoretischen Diskurs über Jugend in der Pädagogik sogar noch bis weit in die 60er Jahre hinein bestimmte. Grundlegend für die Sprangersche Sicht der jugendlichen Entwicklung ist die Annahme eines Formtriebes, einer individuellen Entelechie des jugendlichen Seelenlebens, die zwar verborgen, abgelenkt, in ihrer Entfaltung durch ungünstige gesellschaftliche Umstände gehindert, aber doch nicht wesentlich beeinflußt werden kann. Mit seiner Betonung individueller Reifungsaspekte, mit seiner Vorstellung vom Jugendalter als einer Zeit, in der ein von innen kommender Drang nach Selbständigkeit sowie das sehnsüchtige Blühen der Phantasie im Zentrum steht, knüpft *Spranger* in seiner Jugendtheorie an die Tradition eines klassisch bildungsbürgerlichen Jugendkonzeptes an, das seine philosophischen Wurzeln schon im ausgehenden 18. Jahrhundert bei *Rousseau* hat (vgl. *Hornstein* 1970, S. 164). Aber auch in *Bühlers* (1921) entwicklungspsychologischen Überlegungen zum Jugendalter, das sie in eine Phase der **Pubertät** und der **Adoleszenz** unterteilt, dominiert trotz ihrer Anmerkungen zur kulturellen Überformtheit dieser Entwicklungsphasen eine endogenistische Sichtweise, wenn sie die Phase der Pubertät bzw. der Adoleszenz mit im Grunde rein biologischen Begriffen wie Erregung, Sturm und Drang und Introversion bzw. mit Beruhigung, Stabilisierung und Extraversion charakterisiert.

Zur Theoriegruppe der Konzepte zum Jugendalter, die sich auf organismische Grundannahmen stützen, lassen sich auch die psychoanalytischen Ansätze rechnen, die an die Theorie *Freuds* anknüpfen. Die einzelnen Stadien der Persönlichkeitsentwicklung werden als psychosexuelle Phasen begriffen, die von soziokulturellen Umweltfaktoren relativ unabhängig, genetischen Ursprungs sind. Während bei *Freud* eindeutig eine Analyse der frühkindlichen sexuellen Entwicklung überwiegt, hat insbesondere seine Tochter, *Anna Freud*, in den 30er und 40er Jahren ein psychoanalytisch ausgearbeitetes Modell der Persönlichkeitsentwicklung im Jugendalter vorgelegt. Dem abrupten instinktmäßigen Erwachen der Sexualität in der **Pubertät** mißt sie eine zentrale Bedeutung bei, da das zuvor während der Latenzzeit aufgebaute Gleichgewicht zwischen Ich, Es und Über-Ich ins Wanken gerät. Inhalte und Konflikte frühkindlicher Krisenzeiten (z.B. Ödipuswünsche) werden reaktiviert und bedingen eine qualitative Veränderung der Persönlichkeit, die zu erhöhten Abwehranstrengungen des Ichs führen kann. Erst wenn die Harmonie zwischen Ich, Es und Über-Ich wieder hergestellt ist, ist die Krisenzeit der **Adoleszenz** überwunden (vgl. *Freud*, A. 1936).

Andere Varianten der psychoanalytischen Theorie zum Jugendalter, wie sie etwa von *Bernfeld* (1923) schon in den 20er Jahren oder von *Erikson* (1959) in den 40er und 50er Jahren entwickelt wurden, öffneten die psychoanalytische Konzeption stärker für soziologische Theorieelemente. *Bernfeld* berücksichtigte die kultur- und schichtspezifischen Bedingungen der Jugendentwicklung, indem er zwischen der kurzen **Pubertät** der erwerbstätigen Jugend und der gestreckten **Pubertät** der bürgerlichen Jugend differenziert, *Erikson* arbeitete die gesellschaftlichen Einflüsse auf die Prozesse der Identitätsfindung im Jugendalter heraus, ohne daß es in diesen Theorieansätzen jedoch gelingt, das biologistische Triebkonzept von *Freud* endgültig zu überwinden (vgl. *Rosenmayr* 1976, S. 33, *Hurrelmann* 1986, S. 29).

War der jugendtheoretische Diskurs bis zu Beginn der 50er Jahre weitgehend durch psychologische Ansätze bestimmt, die abgesehen von den sozialpsychologischen Arbeiten *Lewins* (1933) und den kulturanthropologischen Studien *M. Meads* (1949), sich mehr oder weniger ausgeprägt an organismischen Modellvorstellungen orientierten, so setzte im Verlaufe der Nachkriegszeit eine Akzentverschiebung ein. Entscheidende Impulse für die theoretische Diskussion um Jugend gingen bis zu Beginn der 70er Jahre von der Jugendsoziologie aus, während die psychologische und die pädagogische Jugendforschung in dieser Zeit eher an traditionellen Modellvorstellungen festhielt (vgl. *Hornstein* 1970, *Oerter* 1979).

Die Dominanz der Jugendsoziologie führte zugleich auch zu einer Veränderung der Sichtweise auf dem Gegenstand Jugend. Im Mittelpunkt standen nicht mehr die entwicklungspsychologischen Dimensionen des Jugendalters, sondern es interessierte Jugend im gesellschaftlichen und politischen Zusammenhang.

Grob typisierend kann man die Perspektive der zentralen jugendsoziologischen Theorieansätze der Nachkriegszeit auf das Gegenstandsfeld Jugend als makrosoziologischen Blick mit systemischer Orientierung charakterisieren. Denn trotz unterschiedlicher wissenschaftstheoretischer Bezugspunkte ist den relevanten jugendsoziologischen Theorieansätzen, dem generationstypologischen Ansatz von *Schelsky*, den struktur-funktionalistischen Konzepten von *Eisenstadt* und *Tenbruck* sowie den marxistischen Ansätzen von *Lessing/Liebel* und *van Onna* eines gemeinsam, sie analysieren den Zusammenhang von Jugend und Gesellschaft vorrangig aus der Perspektive des gesellschaftlichen Systems.

Schelsky (1957), der Jugend als Übergangsphase von der eigenständiger gebliebenen sozialen Rolle des Kindes zu einer heute weitgehend als sozial generell und endgültig gedachten Rolle des Erwachsenen begreift, knüpft bei der Analyse der sich kurzfristig wandelnden zeitgeschichtlichen Einflüsse auf unterschiedliche jugendliche Generationsgestalten lose an die **Generationstheorie** *Mannheims* an. Bei der idealtypischen Strukturanalyse des langfristigen Wandels der Rolle der Jugend vor dem Hintergrund des Übergangs von der vorindustriellen zur industriellen Gesellschaft bezieht er sich hingegen auf Denkmuster aus der Tradition der strukturfunktionalistischen Theorie von *Parsons* und *Eisenstadt*, indem er einen strukturellen Konflikt zwischen dem familiären System und gesellschaftlich-öffentlichen Lebensbereichen in modernen Gesellschaften diagnostiziert. Die noch vorhandene intime primäre Gemeinschaft der **Familie** steht in einer familienfremden Umwelt. Die Jugendlichen geraten wegen der Widersprüchlichkeit der Anforderungen in den verschiedenen Rollensystemen (Privatheit der Familie versus Öffentlichkeit und Anonymität der Gesellschaft) in eine Situation, die durch Verhaltensunsicherheit und Orientierungsprobleme gekennzeichnet sei und die die Jugendgeneration der Nachkriegszeit durch eine frühzeitige Integration in die Erwachsenengesellschaft zu überwinden sucht.

Ähnlich wie *Schelsky* gehen auch *Eisenstadt* (1966) und *Tenbruck* (1962) im Anschluß an die struktur-funktionalistische Gesellschaftstheorie von *Parsons* von einem Auseinanderklaffen des primären und des sekundären Sozialisationsbereiches in komplexen, universalistisch organisierten Gesellschaften aus. Aus diesem Strukturdilemma moderner Gesellschaften leiten sie jedoch nicht wie *Schelsky* die Aufhebung von Jugend als eigenständiger Verhaltensphase ab. Vielmehr sehen sie umgekehrt in dieser Entwicklung die Ursache für die Herausbildung einer eigenständigen, von der Erwachsenenwelt abgelösten **Jugendkultur**, über deren empirische Evidenz in der soziologischen Jugendforschung der 60er Jahre kontrovers diskutiert wurde (vgl. *von Friedeburg* 1965). Die jugendlichen **peer-groups** werden entsprechend dieser Theorie zum funktionalen Bestandteil industrieller Gesellschaften, weil sie neue Handlungsfelder erschließen und der Erwerb universalistischer Standards ermöglichen, ohne jedoch auf Tiefenbindungen zu basieren, wie das für die Familie typisch ist.

Die Anfang der 70er Jahre entwickelten Ansätze einer marxistischen Jugendtheorie (*Lessing/Liebel* 1974, *van Onna* 1976) stellten zwei zentrale Annahmen der sich mehr oder weniger ausdrücklich auf den **Strukturfunktionalismus** beziehenden jugendsoziologischen Theoriekonzepte der 50er und 60er Jahre in Frage. Erstens kritisierten sie den klassenunspezifischen Jugendbegriff dieser Ansätze und zweitens problematisierten sie die normativen Implikationen dieser Theoriekonzepte, die Jugend ausschließlich unter dem Gesichtspunkt der Systemerhaltung betrachten. Im Gegensatz dazu setzen die marxistischen Ansätze bei der Analyse der kapitalistischen Gesellschaft und deren Widersprüchen an und interpretieren Jugend als klassenspezifisches Phänomen mit dem Ziel, sozialistische Handlungsstrategien zur Überwindung der Klassengesellschaft zu entwickeln. Die marxistischen Autoren haben jedoch bestenfalls Interesse an der Stellung von Jugend innerhalb ihrer Klasse. Sie analysieren den Lebenszusammenhang von Jugendlichen unter kapitalistischen Systembedingungen im Bezugsrahmen traditioneller politökonomischer Theorien, ohne Explizierung eines differenzierten jugendtheoretischen Ansatzes (vgl. *Griese* 1977, S. 135, *Kreutz* 1974, S. 119; zur Geschichte der marxistischen Jugendforschung in der ehemaligen DDR vgl. den Beitrag von *Friedrich* in diesem Band).

Spätestens Mitte der 70er Jahre hörten die im engeren Sinne jugendsoziologischen Bemühungen um ein Verständnis von Jugend praktisch auf. Wesentliche Anstöße für eine theoretische Neuorientierung der Jugendforschung gingen in dieser Zeit von einer inzwischen sozialwissenschaftlich orientierten Erziehungswissenschaft aus. So waren es vor allem Studien aus dem Kontext der pädagogischen Jugendforschung (vgl. *Projektgruppe Jugendbüro* 1975, 1977; *Arbeitsgruppe Schulforschung* 1980), die zuerst symbolisch-interaktionistische und phänomenologische Theorien, wenn auch nur in Ansätzen, rezipierten und einer neuen Sichtweise in der Jugendforschung den Weg bereiteten, die Jugendliche nicht mehr als bloße Objekte, sondern als handelnde Subjekte begreift (vgl. *Lenz* 1986, S. 106). Vor allem aber kamen gerade von den Vertretern einer sozialwissenschaftlich orientierten Pädagogik die ersten Vorschläge und Konzepte für eine stärker interdisziplinär ausgerichtete Jugendforschung.

So forderte *Hornstein* bereits 1970 eine Berücksichtigung von entwicklungs- und sozialpsychologischen, organisationssoziologischen und makrosoziologischen Aspekten und Erkenntnissen, um die individuelle, die institutionelle und die gesamtgesellschaftliche Dimension des Gegenstandsfeldes Jugend analytisch fassen zu können. In dem Ende der 70er Jahre formulierten „social-problem-Ansatz" (1979) hat er diesen Gedanken weiterentwickelt, indem er für eine jugendtheoretische Sichtweise plädiert, die die sozialen Bedingungszusammenhänge von institutionell zum Vorschein kommenden Problemen in übergreifenden Zusammenhängen thematisiert. *Ziehe* (1975) versucht in seiner kontrovers diskutierten „Theorie vom neuen Sozialisationstyp" gesellschaftstheoretische Ansätze von *Habermas* und *Offe* und psychoanalytische Erklärungsansätze aus dem Kontext der neueren Narzißmusforschung mit dem Ziel zu verbinden, die veränderten Psychostrukturen von Jugendlichen in spätkapitalistischen Gesellschaften beschreiben zu können. *Baacke* (1980) knüpft bei der Explikation seines sozialökologischen Ansatzes zur Jugendforschung an die Überlegungen *Bronfenbrenners* an, indem er vier verschiedene Theoriedimensionen unterscheidet, eine Theorie der Umwelt, eine **Handlungstheorie,** eine **Systemtheorie** und eine Theorie des Lebenszyklus, die alle in diesen Ansatz eingehen sollen, da nur so die Konstituenzien, die Umwelt insgesamt ausmachen, theoretisch gefaßt werden können. Auch wenn diese Ansätze aus dem Kontext der pädagogischen Jugendforschung teilweise noch eher auf der Ebene theorieprogrammatischer Vorschläge stehen bleiben und sie das Problem der metatheoretischen Vermittelbarkeit der aus unterschiedlichen wissenschaftstheoretischen Traditionen stammenden Theoriebezüge nicht hinreichend reflektieren, so kommt ihnen doch der Verdienst zu, den Blick für die Mehrdimensionalität des Gegenstandsfelds Jugend geschärft und auf die Notwendigkeit interdisziplinärer Sichtweisen hingewiesen zu haben, an die die aktuelle jugendtheoretische Diskussion anknüpfen kann.

1.2 Konturen einer interdisziplinären Theorie der Jugend

Im Anschluß an systematische Überlegungen in der allgemeinen **Sozialisationsforschung** (vgl. *Geulen/Hurrelmann* 1980) hat sich inzwischen auch bei einer Reihe von Autoren in der Jugendforschung *(Hurrelmann/Rosewitz/Wolf* 1985, *Olk* 1986, *Steinkamp* 1986, Heitmeyer/Olk 1990) die Auffassung durchgesetzt, daß eine umfassende Theorie der Jugend, die einen effektiven Beitrag zur Aufklärung der Rahmenbedingungen und Prozesse der Persönlichkeitsentwicklung im Jugendalter leisten will, das Wechselverhältnis zwischen Persönlichkeitsentwicklung und ökologischen und sozialen Lebensbedingungen, die durch informelle und institutionalisierte Umweltkonstellationen bzw. durch die übergreifende ökonomische, soziale und kulturelle Formation des gegebenen, historisch gewachsenen Gesellschaftssystems strukturiert werden, zum Gegenstand der Analyse machen muß. Zur Verwirklichung dieser programmatischen Zielsetzung ist eine interdisziplinär ausgerichtete Jugendforschung auf die Beiträge und Erkenntnisse verschiedener wissenschaftlicher Disziplinen (Psychologie, Soziologie, Geschichte, Pädagogik) angewiesen. Mit Recht weist *Heitmeyer* (1986) darauf hin, daß bei solchen Versuchen einer interdisziplinären Neustrukturierung der Jugendtheorie nicht Theorieversatzstücke aus unterschiedlichsten wissenschaftstheoretischen Traditionen beliebig miteinander kombiniert werden können (vgl. auch *Krüger/Lersch* 1982). Vielmehr gilt es bei einer interdisziplinären Theoriebildung zu beachten, daß die zur Analyse des komplexen Gegenstandsfelds Jugend aus verschiedenen Fachdisziplinen herangezogenen Theorieelemente von gemeinsamen metatheoretischen Grundannahmen ausgehen; das heißt, daß sie mit ähnlichen Modellvorstellungen und Sichtweisen und konvergierenden Erkenntnisinteressen an den Untersuchungsgegenstand Jugend herangehen. Aus einem metatheoretischen Modell läßt sich zwar nicht zwingend auf eine ganz bestimmte Theoriekonstruktion schließen, aber die Beziehungen sind doch derart strukturiert, daß nur ein bestimmtes Variationsspektrum von Theorien für die Umsetzung des metatheoretischen Modells geeignet ist (vgl. *Hurrelmann/Rosewitz/Wolf* 1985, S. 21).

Wenn ich dafür plädiere, die interdisziplinäre Theoriebildung in der Jugendforschung an einer handlungstheoretischen Modellvorstellung zu orientieren, so nicht nur deshalb, weil dieses Modell in der Lage ist, die traditionellen psychologischen und soziologischen Ansätze der Theorie des Jugendalters, die sich entweder überwiegend an organismischen bzw. an systemischen Orientierungen ausrichten und ihre Analysen entweder vorrangig auf den ‚subjektiven' oder den ‚objektiven' Faktor der Entwicklung im Jugendalter konzentrieren, zu transzendieren. Das handlungstheoretische Modell, das die Beziehungen zwischen der Persönlichkeitsentwicklung und der gesellschaftlich vermittelten Umwelt dialektisch faßt, bietet gleichzeitig die Chance, die für die Analyse der gesellschaftlichen, ökologischen und individuellen Dimensionen des Gegenstandsfeldes Jugend notwendigen gesellschaftstheoretischen, ökologischen und subjekttheoretischen Erklärungsansätze in einem Theorieverbund mit einheitlicher metatheoretischer Orientierung zu integrieren, da einerseits genügend Berührungspunkte zu systemischen bzw. organismischen Modellvorstellungen bestehen, andererseits diese Orientierungen jedoch durch interaktive Denkweisen in eine differenziertere, Wechselbeziehungen stärker berücksichtigende Struktur aufgenommen werden.

So ließe sich vor dem Hintergrund dieser Modellvorstellung bei der Analyse der Einflüsse makrosozialer Strukturen auf Prozesse der Persönlichkeitsentwicklung im Jugendalter auf Ansätze einer kritischen **Modernisierungstheorie** rekurrieren, wie sie von *Habermas* (1981) oder *Beck* (1983, 1986) formuliert worden sind, die gesellschaftliche Strukturveränderungen mit Hilfe systemisch orientierter gesellschaftstheoretischer Ansätze beschreiben, die sie jedoch in einen handlungstheoretischen Argumentationsrahmen einbinden, indem sie danach fragen, welche Freiheitsgrade und Grenzen des Handelns die Menschen unter veränderten gesellschaftlichen Systembedingungen haben. Bei der Untersuchung der Wechselbeziehungen zwischen den Einflüssen der institutionalisierten oder informellen Umweltbedingungen und den Prozessen der Persönlichkeitsentwicklung im Jugendalter, könnte man auf ökologische Theoriekonzepte etwa von *Bronfenbrenner* (1981) Bezug nehmen, die bei der Analyse der Meso- und Mikrostrukturen des menschlichen Lebensraums zwar mit systemisch orientierten Modellvorstellungen operieren, zugleich jedoch an der handlungstheoretischen Grundannahme festhalten, daß der Mensch aktiver und kreativer Gestalter seiner Umwelt ist. Und bei der Analyse der Prozesse der Persönlichkeitsentwicklung im Jugendalter könnte man auf so unterschiedlich anmutende Ansätze wie die psychologische **Coping-Theorie** (vgl. *Olbrich* 1984) oder auf die von Habermas u.a. entwickelte **Identitäts-** und Kompetenz**theorie** zurückgreifen (vgl. *Döbert/Habermas/Nunner-Winkler* 1977, *Edelstein/Habermas* 1984), da diese persönlichkeitstheoretischen Konzepte sich zwar auf psychoanalytische und entwicklungstheoretische Ansätze mit organismischer Orientierung beziehen, diese Ansätze jedoch in ein erkenntnisleitendes Subjektmodell einbeziehen, daß Entwicklung als Handlung im Kontext begreift. Der Nachweis der metatheoretischen Kompatibilität der ausgewählten gesellschaftstheoretischen, ökologischen und persönlichkeitstheoretischen Konzepte aufgrund ihrer gemeinsamen handlungstheoretischen Modellvorstellung reicht allein jedoch noch nicht aus. Vielmehr müßte solch ein Theorieverbund seine inhaltliche Leistungsfähigkeit bei der Analyse der Bedingungen und Prozesse der Persönlichkeitsentwicklung im Jugendalter in konkreto beweisen, was jedoch hier nur noch angedeutet werden kann.

Die Bezugnahme auf die Ansätze einer kritischen **Modernisierungstheorie** bietet die Möglichkeit, die historische Entwicklung und aktuelle Verfaßtheit jugendlicher Lebenszusammenhänge vor dem Hintergrund der ambivalenten Folgen gesellschaftlicher Modernisierungsprozesse zu analysieren, die nicht nur zu einer Ausdifferenzierung gesellschaftlicher Teilsysteme und insbesondere durch den Ausbau des Bildungssystems seit der Nachkriegszeit zu einer Universalisierung der Lebensphase Jugend geführt haben. Die systemischen Imperativen folgenden Vergesellschaftungsprozesse kapitalistischer Rationalisierung haben zugleich Arbeitsplätze vernichtet, Beschäftigungsrisiken privatisiert, traditionelle sozialkulturelle Milieus und überlieferte sinnstiftende Weltbilder zerstört, gewachsene Lebensräume entmischt und damit zu einer Destandardisierung und Flexibilisierung der Jugendphase und zu einer Zersplitterung und Atomisierung jugendlicher Lebenslagen geführt (vgl. *Beck* 1986, *Habermas* 1981, *Olk* 1986). Diese Ausdifferenzierungsprozesse jugendlicher Lebenszusammenhänge auf der Ebene der unmittelbaren sozialen und räumlichen Umgebung oder in übergeordneten organisierten Sozialisationskontexten genau zu beschreiben, dafür liefern sozialökologische Theorieansätze ein geeignetes Instrumentarium. Mit Hilfe persönlichkeitstheoretischer Erklärungsansätze ließe sich schließlich untersuchen, inwieweit die durch Schulzeitverlängerungen, Arbeitsmarktkrise und kulturelle Freisetzungsprozesse bedingte **Individualisierung** der Jugendphase, den Jugendlichen in dieser Lebensphase tatsächlich zunehmend Chancen eröffnet, eine balancierte **Ich-Identität** und autonome **Handlungskompetenzen** zu erwerben oder ob angesichts der objektiv gegebenen Belastungspotentiale die Bewältigung der für diese Lebensphase gesellschaftlich vorgegebenen **Entwicklungsaufgaben** (z.B. Berufsfindung) nicht zunehmend schwieriger wird und sich viele Jugendliche in die persönliche Isolation oder in eine Überanpassung an gesellschaftliche Anforderungen flüchten (vgl. *Baethge* 1986, *Fuchs* 1983, *Hurrelmann/Rosewitz/Wolf* 1985, *Krüger* 1990b).

Im Rahmen eines Theorienverbundes von Gesellschafts-, Umwelt- und Persönlichkeitstheorie käme somit der kritischen Gesellschaftstheorie eine gewisse Leitfunktion zu, da differenzierte Analysen von jugendlichen Lebenswelten und von Prozessen der Persönlichkeitsentwicklung im Jugendalter in den Zusammenhang von Analysen zur gesamtgesellschaftlichen Strukturwandels eingebunden werden müssen, soll Jugend in ihrer jeweiligen zeitgeschichtlichen Form verstehbar werden (vgl. *Hornstein* 1989). Gesellschaftstheorie in diesem Sinne sowie ökologische Theorie und Subjekttheorie im sozialen Kontext bilden von daher die Bezugspunkte, an die die Diskussion um eine Neustrukturierung der **interdisziplinären Jugendtheorie** zukünftig anknüpfen sollte.

2.1 Umrisse einer Geschichte der Forschungsmethoden

Die historischen Entwicklungslinien der Methodendiskussion in der Jugendforschung im 20. Jahrhundert lassen sich zumindest bis zu Beginn der 30er Jahre und für die ersten Jahrzehnte der Nachkriegszeit in ihren globalen Trends relativ rasch nachzeichnen, weil in dieser Zeit jeweils deutliche Parallelen zwischen den theoretischen Sichtweisen und den methodischen Zugriffen in der Jugendforschung existierten.

Qualitative Forschungsmethoden erlebten vor allem in der Jugendpsychologie und Jugendpädagogik der 20er Jahre eine erste Blüte. Den entwicklungspsychologischen Arbeiten von *Spranger* und *Bühler,* aber auch den psychoanalytischen Studien von *Bernfeld* ist eines gemeinsam, das Interesse an der Innenansicht der Jugendproblematik und an den Selbstaussagen von Jugendlichen, das sich in einer reichen Vewendung verschiedenartiger literarischer und para-literarischer Zeugnisse (Tagebücher, Briefe, Bekenntnisse) dokumentiert. Trotz der gemeinsamen Orientierung an einem Verstehenskonzept unterscheiden sich die Interpretationsansätze der drei Autoren jedoch gravierend. *Spranger* (1924) stützt seine verstehende Jugendpsychologie auf einen hegelianisch-geisteswissenschaftlichen Ausgangspunkt, indem er die Seele des jungen Menschen in übergreifende Sinnzusammenhänge, in die überbewußte historische und gesellschaftliche Wirklichkeit des objektiven Geistes und die Idealitäten des normativen Geistes einordnen will, während die geisteswissenschaftliche Zuwendung zum Tagebuch bei *Bühler* sehr stark durch die kulturpsychologischen und biographischen Vorstellungen von *Dilthey* beeinflußt worden ist (vgl. *Rosenmayr* 1976, S. 34). *Bernfeld* wählt hingegen bei seinen Studien zum Jugendtagebuch (1931) einen mehrperspektivischen hermeneutischen Zugriff, indem er die Formtradition des Tagebuchs mit literaturwissenschaftlichen Methoden, die unbewußten Motive, die im Tagebuchschreiben zum Ausdruck kommen, mit psychoanalytischen Methoden und die sozialen Ursachen für die jugendliche Schreibtätigkeit mit sozialgeschichtlichen Erklärungsansätzen zu deuten versucht.

Neben diesem qualitativen ‚mainstream' in der Jugendforschung der Zwischenkriegszeit, gab es jedoch auch schon Anfänge einer quantitativen Jugendforschung. Die Entscheidung, neben der Jugend der mittleren und gehobenen Schichten, die *Bühler* am Tagebuchmaterial untersucht hat, auch die Arbeiterjugend zu studieren, führte den Jugendsoziologen *Larzarsfeld* dazu, in seinen Forschungen auf statistische Materialien, schon vorliegende bzw. selbst erhobene Umfragedaten zurückzugreifen, um die Familien- und Berufssituation bzw. Einstellungen und Wünsche von Jugendlichen in den 20er und 30er Jahren beschreiben zu können (vgl. *Lazarsfeld* 1931, *Lazarsfeld/Leichter* 1936). Aber auch in der Jugendpädagogik und der Jugendpsychologie wurden sicherlich angeregt durch die experimentelle Pädagogik von *Meumann* und die jugendpsychologischen Pionierarbeiten von *Stern* im Verlaufe der 20er und der frühen 30er Jahre eine Reihe von Tests, **Umfragen** oder quantitativen Analysen von Niederschriften zur Begabungsentwicklung, Arbeitsorientierungen oder sittlichen Einstellungen von Jugendlichen durchgeführt, die von einigen Jugendpsychologen in der Nachkriegszeit wiederholt wurden (vgl. *Flitner* 1963, *Undeutsch* 1967).

Im Mittelpunkt der Jugendforschung der 50er und 60er Jahre standen jedoch nicht solche psychologisch orientierten **Replikationsstudien,** die sich auf die Analyse von Einzelmerkmalen der Persönlichkeit im Jugendalter und auf den Vergleich des psychischen Entwicklungsstandes verschiedener Jugendgenerationen konzentrieren. Auch die Versuche mit der Sammlung von Tagebüchern, Biographien und Aufsätzen und deren geisteswissenschaftlicher Interpretation (vgl. *Bertlein* 1960, *Küppers* 1964, *Roessler* 1957) insbesondere in der Jugendpädagogik an die Tradition qualitativer Forschungsmethodik aus den 20er Jahren anzuknüpfen, blieben eher die Ausnahme.

Mit der Dominanz der Jugendsoziologie in der Nachkriegszeit ging auch ein methodischer Paradigmawechsel einher. Neben ausgesprochenen Gemeindestudien wie etwa der Darmstädter (*Baumert* 1952) und repräsentativen **Umfragen,** die sich auf Teilgruppen von Jugendlichen (Arbeitslose, Landjugend, Arbeiter und Arbeiterinnen) richteten (vgl. *Schelsky* 1952, *Planck* u.a. 1956, *Wurzbacher* u.a. 1958) rückte ein weiterer quantitativer Untersuchungstypus in den Mittelpunkt, der dem spezifischen Interesse der jugendsoziologischen Forschung und ihrer staatlichen oder wirtschaftlichen Auftraggeber an der gesellschaftlich-politischen Seite der Jugendproblematik und an der Frage der Integrationsbereitschaft der Jugend in die Gesellschaft in besonderer Weise entsprach.

Um die gewünschten breiten empirischen Erkenntnisse über die Einstellungen von Jugendlichen zu verschiedenen Themenbereichen von der Familie, über Schule und Beruf bis zur Politik und Freizeit gewinnen zu können, wurden seit Mitte der 50er Jahre insbesondere von *Emnid* auf der Basis repräsentativer demoskopischer Untersuchungen sogenannte **Panoramastudien** durchgeführt. Unter Bezugnahme auf die Ergebnisse der Umfrageforschung und in loser Anlehnung an generationstheoretische Ansätze zeichneten *Schelsky* mit der Studie zur „Skeptischen Generation" (1957) und *Blücher* mit der Untersuchung zur „Unbefangenen Generation" (1966) publizistisch äußerst wirksame Generationsbilder von der Jugend der 50er und 60er Jahre. Unter der Federführung von *Blücher* wurden zudem Teile der Emnid-Basisstudien aus den 50er Jahren 1964 und 1975 noch einmal wiederholt mit dem Ziel, die Sozialberichterstattung über die Situation und den Wandel der Jugend kontinuierlich fortzusetzen.

Spätestens Mitte der 70er Jahre wurde vor allem aus dem Umfeld der nun verstärkt in den Vordergrund tretenden sozialwissenschaftlich orientierten pädagogischen Jugendforschung massive Kritik an dem rein quantitativen Paradigma der Umfrageforschung formuliert. Die Vorbehalte gegenüber den Methoden der repräsentativen Meinungsumfrage betrafen insbesondere drei Punkte. Erstens bietet dieser Untersuchungstypus den Jugendlichen kaum Chancen, selber zu Wort zu kommen. Zweitens wird durch Einstellungsbefragungen nicht die Ebene des faktischen Verhaltens und der realen Handlungsprozesse gefaßt. Und drittens können die aus repräsentativen **Panoramastudien** abgeleiteten pauschalen Generationsbilder von der einheitlichen Jugend wohl kaum der Verschiedenartigkeit und Differenziertheit jugendlicher Lebenslagen gerecht werden (vgl. *Hornstein* 1985, S. 354f.). Beeinflußt durch die Anfang der 70er Jahre einsetzende Diskussion um die Aktionsforschung sowie die Renaissance interaktionstheoretischer, phänomenologischer und wissenssoziologischer Theoriekonzeptionen bzw. die Neuentdeckung ökologischer Orientierungen entstanden vor allem in dem von der DFG finanzierten Schwerpunktbereich „Pädagogische Jugendforschung" eine Reihe von Projekten, die sich zumindest insofern an den Prinzipien des interpretativen Paradigmas orientieren, als sie auf offene, kommunikative Forschungsmethoden rekurrieren, die den Jugendlichen die Möglichkeit geben, ihre eigenen Wahrnehmungsmodi der Welt zu artikulieren und diese Studien von dem Interesse geleitet sind, die Ganzheitlichkeit des „daily life" von Jugendlichen in ihrer soziokulturellen Umgebung zu analysieren (vgl. zusammenfassend Hornstein 1989).

Insbesondere der von *Schütz* geprägte Begriff der **Lebenswelt** sowie der aus der interaktionistisch-wissenssoziologischen Tradition stammende Begriff der subjektiven Situationsdefinition wurden zu Schlüsselkonzepten für diese stärker qualitativ orientierten Projekte.

Dabei kristallisierten sich insbesondere zwei Forschungsansätze heraus. Einerseits ökologisch orientierte Lebensweltanalysen *(Projektgruppe Jugendbüro* 1975, 1977, *Becker/Eigenbrodt/May* 1984), die quantitative Rahmendaten, etwa zur Sozial- und Siedlungsstatistik und ethnographische Beschreibungen der Wohngegend, Treffpunkte, Szenen und Cliquen von Jugendlichen verbinden, um zu einer differenzierten Milieu- und Lebensweltdiskription zu gelangen. Andererseits eher biographisch orientierte Projekte, die sich entweder darauf beschränken, Lebensgeschichten literarisierend nachzuzeichnen (vgl. *Fischer/Fuchs/Zinnecker* 1981, Bd. 2) oder in Anlehnung an interaktionistisch beeinflußte Konzepte sozialwissenschaftlicher Paraphrasierung versuchen, Realitätsinterpretationen und Situationsdeutungen von Jugendlichen in ihren aktuellen Ausdrucksformen bzw. ihrem biographischen Verlauf zu rekonstruieren (vgl. *Kieper* 1980, *Arbeitsgruppe Schulforschung* 1980, *Hurrelmann/Wolf* 1986). Auch wenn diesen Projekten vorgeworfen wird, daß sie in der Auswertung des Materials auf eher deskriptivem Niveau stehenbleiben und es ihnen nicht hinreichend gelingt, die Entstehung differenzierter jugendlicher Lebenswelten und Selbstdeutungen im Zusammenhang gesellschaftstheoretischer Analysen strukturell zu verorten (vgl. *Lüders* 1984, *Ferchhoff* 1986), so kommt ihnen doch der Verdienst zu, gleichsam unterhalb der Höhenflüge methodologischer Kontroversen zwischen den Vertretern des normativen und des interpretativen Paradigmas in den 70er Jahren erste sensitivierende Erschließungen von alltagsweltlichen Wirklichkeitsbereichen und biographischen Selbstthematisierungen von Jugendlichen vorgenommen zu haben.

2.2 Plädoyer für eine interparadigmatische methodische Vorgehensweise

Die vor einigen Jahren noch vehement geführten methodologischen Debatten über den Einsatz quantitativer oder qualitativer Methoden im Rahmen der **empirischen Sozialforschung** haben sich inzwischen eher beruhigt und in der empirischen Forschungspraxis, dies gilt insbesondere für den Bereich der Jugendforschung, haben sich gerade in jüngster Zeit verstärkt Positionen und Projekte durchgesetzt, die quantitative und qualitative Teilmethodologien zu kombinieren suchen (vgl. *Küchler* 1983, *Treumann* 1986). Damit einher geht in der Jugendforschung auch eine Lockerung der Affinität zwischen theoretischen Sichtweisen auf den Gegenstand Jugend und methodischen Zugriffen. So gibt es in der aktuellen Jugendforschung strukturalistisch argumentierende theoretische Ansätze, die mit qualitativen, ethnographischen Verfahren operieren (vgl. *Willis* 1979, *Helsper* 1989), ebenso wie umgekehrt alltags- und biographiebezogene theoretische Konzepte mit handlungstheoretischer Orientierung, die sich auf die quantitativen Methoden der Umfrageforschung stützen (vgl. *Fischer/Fuchs/Zinnecker* 1981, 1985).

Sicherlich besteht auch gegenwärtig noch eine besondere Nähe zwischen handlungstheoretischen Positionen und den Forschungstraditionen einer interpretativen Methodologie. Gerade das von mir vorgeschlagene Konzept eines Theorienverbundes von Gesellschafts-, Umwelt- und Subjekttheorie mit handlungstheoretischer Orientierung erfordert jedoch eine Verknüpfung von quantitativen und qualitativen Verfahren, eine interparadigmatische methodische Vorgehensweise *(Hurrelmann* 1978), da es sich die Aufgabe stellt, sowohl Untersuchungen der strukturellen und ökologischen Lebensbedingungen von Jugendlichen vorzunehmen als auch die subjektiven Handlungsorientierungen und Verarbeitungsmuster in Abhängigkeit von ökologischen und gesellschaftlichen Faktoren zu erfassen.

Um einen mehrperspektivischen Zugang zur Realität gewinnen und objektive und subjektive Faktoren der Entwicklung der Persönlichkeit im Jugendalter gleichzeitig berücksichtigen zu können, ist eine Kombination von quantitativen und qualitativen Methoden und Daten sinnvoll und erforderlich. So liefern quantitative Untersuchungen z.B. Strukturdaten über Gesellschaft und Umwelt oder über die Verteilung von Meinungen und Einstellungen bei Kollektiven, qualitative Verfahren ermöglichen hingegen detaillierte Analysen von Interaktionsfeldern und biographischen Prozessen (vgl. *Wilson* 1982). Gerade eine Reihe von ökologisch orientierten Projekten in der Jugendforschung haben gezeigt, wie fruchtbar eine Verbindung von statistischen Sekundäranalysen, Fragebogenerhebungen und ethnographischen Methoden der teilnehmenden Beobachtung sein kann, vor allem wenn es zukünftig noch besser gelingt, differenzierte Beschreibungen von jugendlichen Lebensräumen und Situationsdefinitionen in gesamtgesellschaftliche Analysen historischen Strukturwandels einzubetten.

Eine zweite Variante für die Realisierung einer interparadigmatischen Vorgehensweise ist die Kombination von **Survey** — und **Fallstudien**, um systematisch angelegte Überblicke über Entwicklungsdaten im Jugendalter gewinnen und zugleich intensive ganzheitliche Analysen von Handlungsräumen und individuellen Ausprägungen vornehmen zu können. Die vielfältigen Möglichkeiten der Triangulation von Umfrage- und Feldforschung hat etwa *Treumann* (1986) neuerdings präzise aufgezeigt. So ließen sich z.B. die Auswirkungen einer wirtschaftlichen Strukturkrise in einer Region auf die Lebensräume und -vorstellungen von Jugendlichen mit Hilfe statistischer Sekundäranalysen und repräsentativer **Umfragen** untersuchen, während in einer anschließenden Feldstudie mit ethnographischen und biographischen Methoden die Auswirkungen gesellschaftlichen Strukturwandels auf die Lebenswelt und die biographischen Verarbeitungsmuster einer zuvor quantitativ herausgefundenen besonderen Problemgruppe von Jugendlichen differenziert nachgezeichnet werden können.

Eine weitere Variante eines komplexen methodischen Forschungsdesigns ist die Kombination von Querschnitt- und Längsschnitterhebungen, um neben Momentaufnahmen von Lebens- und Umweltbedingungen auch die Verläufe von Entwicklungsprozessen fassen zu können (vgl. *Hurrelmann* 1986, S. 89). So liefern neuere Jugendstudien wie etwa die Shell-Studie '85, die den quantitativen Untersuchungstypus der **Replikationsstudie,** d.h. der Wiederholung von Querschnittsbefragungen, und die quantitative Methode der **Retrospektivbefragung** miteinander verbinden, nicht nur Informationen zum Wandel der Einstellungen verschiedener Jugendgenerationen vor dem Hintergrund ökologischen und sozialen Strukturwandels, sondern sie zeigen gleichzeitig, wenn auch methodisch noch nicht hinreichend abgesichert, den Einstellungswandel einer **Generation** im Längsschnitt und in Abhängigkeit von Veränderungen zeitgeschichtlicher Bedingungen (vgl. *Fischer/Fuchs/Zinnecker* 1985). Echte quantitative Längsschnittuntersuchungen im Sinne von follow-up-Studien, die bestimmte Personen oder Personengruppen in regelmäßigen Abständen untersuchen und gleichzeitig zu jedem Erhebungszeitpunkt auch eine Analyse der sozialen Umwelt und ihrer sozialen Bedingungen vornehmen, um Ergebnisse über die Veränderungen einer Person oder Personengruppe in Korrespondenz zur Veränderung von Umweltbedingungen zu gewinnen, sind hingegen in der Jugendforschung noch weitgehend ein Desiderat (vgl. erste Ansätze bei *Silbereisen/Kastner* 1985). Fruchtbar könnte es in diesem Forschungszusammenhang aber auch sein, etwa in Anlehnung an das elaborierte qualitative Erhebungs- und Auswertungsverfahren von *Schütze* (1983), in **Fallstudien** die Biographien von einzelnen Jugendlichen zu untersuchen, da dieses Konzept die Möglichkeit bietet, biographische Prozeßverläufe vor dem Hintergrund der Einflüsse heteronomer institutioneller und gesellschaftlicher Systembedingungen differenziert zu rekonstruieren. Erste Ergebnisse von Studien, die mit Hilfe des narrationsstrukturellen Verfahrens von *Schütze* unterschiedliche Biographieverläufe von Jugendlichen heute herausgearbeitet haben, liegen inzwischen vor (vgl. *Alheit/Glaß* 1986, *Fuchs-Heinritz/Krüger* 1991, *Combe/Helsper* 1991).

Das hier formulierte methodologische Programm einer interparadigmatischen Vorgehensweise läßt sich sicherlich nicht naht- und bruchlos auf das vorab entwickelte Konzept eines Theorienverbundes von Gesellschafts-, Umwelt- und Subjekttheorie mit handlungstheoretischer Orientierung beziehen. Es stellt jedoch den Versuch dar, verschiedene forschungsmethodische Wege aufzuzeigen, die in der Lage sein könnten, die leitende theoretische Sichtweise von der Interdependenz von Gesellschafts-, Umwelt- und Persönlichkeitsentwicklung erfahrungswissenschaftlich zu überprüfen. Insofern ist das Konzept eines **Methodenverbundes** eine sinnvolle und konsequente Ergänzung zu einer umfassenden und interdisziplinären Theorie der Jugend.

Es wird jedoch die Aufgabe weiterer Forschung sein müssen, durch die Verbesserung des Konzeptes einer interparadigmatischen Vorgehensweise das zentrale methodische Problem eines handlungstheoretisch orientierten Theorienverbundes noch befriedigender zu lösen, nämlich solche Verfahren zu entwickeln, die es ermöglichen, die gesellschaftlichen und ökologischen Bedingungen der äußeren Realität und die subjektive Verarbeitung der äußeren Realität synchron und in der Wechselwirkung zwischen diesen Größen zu beschreiben und zu erklären. Um die komplexen theoretischen Ausführungen erfahrungswissenschaftlich einzuholen, bedarf es somit noch erheblicher methodischer Bemühungen.

Literatur

Alheit, P./Glaß, C.: Beschädigtes Leben. Frankfurt a.M. 1886

Arbeitsgruppe Schulforschung: Leistung und Versagen, Alltagstheorien von Schülern und Lehrern. München 1980

Baacke, D.: Der sozioökologische Ansatz zur Beschreibung und Erklärung des Verhaltens Jugendlicher. In: deutsche jugend (1980), H. 11, S. 493 - 505

Baethge, M.: Individualisierung als Hoffnung und als Verhängnis. In: Lindner, R./Wiebe, H.H. (Hrsg.): Verborgen im Licht, Neues zur Jugendfrage. Frankfurt/M. 1986, S. 98 - 122

Baumert, G.: Jugend in der Nachkriegszeit. Darmstadt 1952

Beck, U.: Jenseits von Klasse und Stand? Soziale Ungleichheit, gesellschaftliche Individualisierungsprozesse und die Entstehung neuer sozialer Formationen und Identitäten. In: Kreckel, R. (Hrsg.): Soziale Ungleichheiten, Soziale Welt, Sonderband 2, Göttingen 1983, S. 35 - 74

Beck, U.: Risikogesellschaft. Auf dem Weg in eine andere Moderne. Frankfurt a.M. 1986

Becker, H./Eigenbrodt, J./May, M.: Unterschiedliche Sozialräume von Jugendlichen in ihrer Bedeutung für pädagogisches Handeln. In: Zeitschrift für Pädagogik 30 (1984), H. 4, S. 498 - 517

Bernfeld, S.: Trieb und Tradition im Jugendalter. Leipzig 1931

Bernfeld, S.: Über eine typische Form der männlichen Pubertät. In: Imago (1923), H. 9, S. 169 - 188

Bertlein, H.: Jugendleben und soziales Bildungsschicksal. Hannover 1960

Blücher, V. Graf: Die Generation der Unbefangenen. Düsseldorf/Köln 1966

Bronfenbrenner, U.: Die Ökologie der menschlichen Entwicklung. Stuttgart 1981

Bühler, Ch.: Das Seelenleben des Jugendlichen. Jena 1921

Combe, A./Helsper, W. (Hrsg.): Hermeneutische Jugendforschung. Opladen/Wiesbaden 1991

Döbert, R./Habermas, J./Nunner-Winkler, G. (Hrsg.): Entwicklung des Ichs. Köln 1977

Edelstein, W./Habermas, J. (Hrsg.): Soziale Interaktion und soziales Verstehen. Frankfurt/M. 1984

Eisenstadt, S. N.: Von Generation zur Generation. München 1966

Erikson, E. H.: Identität und Lebenszyklus. Frankfurt/M. 1973 (amerik. Original 1959)
Ferchhoff, W.: Zur Differenzierung qualitativer Sozialforschung. In: Heitmeyer, W. (Hrsg.): Interdisziplinäre Jugendforschung. Weinheim/München 1986, S. 215-244
Fischer, A./Fuchs, W./Zinnecker, J.: Jugend 81, 2 Bde, Hamburg 1981
Fischer, A./Fuchs, W./Zinnecker, J.: Jugendliche und Erwachsene 1985, 5 Bde, Opladen 1985
Flitner, A.: Soziologische Jugendforschung. Heidelberg 1963
Freud, A.: Das Ich und die Abwehrmechanismen. Wien 1936
Friedeburg, L. v. (Hrsg.): Jugend in der modernen Gesellschaft. Köln/Berlin 1965
Fuchs, W.: Jugendliche Statuspassage oder individualisierte Jugendbiographie. In: Soziale Welt 34 (1983), H. 2, S. 341-371
Fuchs-Heinritz, W./Krüger, H.H.: Feste Fahrpläne durch die Jugendphase? Jugendbiographien heute. Opladen 1991
Geulen, D./Hurrelmann, K.: Zur Programmatik einer umfassenden Sozialisationstheorie. In: Hurrelmann, K./Ulich, D. (Hrsg.): Handbuch der Sozialisationsforschung. Weinheim/Basel 1980, S. 51-67
Griese, H.M.: Sozialwissenschaftliche Jugendtheorien. Weinheim 1977
Habermas, J.: Theorie des kommunikativen Handelns, 2 Bde. Frankfurt/M. 1981
Heitmeyer, W.: Jugendforschung und (interdisziplinäre) Wissenschaftspraxis. In: Heitmeyer, W. (Hrsg.): Interdisziplinäre Jugendforschung. Weinheim/München 1986, S. 17-38
Heitmeyer, W./Olk, T. (Hrsg.): Individualisierung von Jugend. Weinheim und München 1990
Helsper, W.: Jugendliche Gegenkultur und schulisch-bürokratische Rationalität. In: Breyvogel, W. (Hrsg.): Pädagogische Jugendforschung. Opladen 1989, S. 161-186
Hennig, W./Friedrich, W. (Hrsg.): Jugend in der DDR. Weinheim/München 1991
Hornstein, W.: Aspekte und Dimensionen erziehungswissenschaftlicher Theorien zum Jugendalter: In: Neidhardt, F. u.a.: Jugend im Spektrum der Wissenschaften, München 1970, S. 151-202
Hornstein, W.: Ein halbes Jahrzehnt „Pädagogische Jugendforschung". In: Breyvogel, W. (Hrsg.): Pädagogische Jugendforschung. Opladen 1989, S. 227-257
Hornstein, W.: Jugend als Problem. In: Zeitschrift für Pädagogik 25 (1979), H. 5, S. 671-696
Hornstein, W.: Jugendforschung — Kennt sie die Jugend? In: Deutsches Jugendinstitut (Hrsg.): Immer diese Jugend? München 1985, S. 351-362
Hornstein, W.: Sozialwissenschaftliche Jugendforschung und gesellschaftliche Praxis. In: Beck, U. (Hrsg.): Soziologie und Praxis, Soziale Welt, Sonderband 1, Göttingen 1982, S. 59-92
Hurrelmann, K.: Einführung in die Sozialisationstheorie. Weinheim/Basel 1986
Hurrelmann, K.: Programmatische Überlegungen zur Entwicklung der Bildungsforschung. In: Bolte, M. (Hrsg.): Materialien aus der soziologischen Forschung. Darmstadt 1978, S. 531-564
Hurrelmann, K./Rosewitz, B./Wolf, H.K.: Lebensphase Jugend. Weinheim/München 1985
Hurrelmann, K./Wolf, H.K.: Schulerfolg und Schulversagen im Jugendalter. Weinheim/München 1985
Kieper, M.: Lebenswelten „Verwahrloster" Mädchen. München 1980
Kreutz, H.: Soziologie der Jugend. München 1974
Krüger, H.-H./Lersch, R.: Komplexe Theorien pädagogischer Felder. In: Zeitschrift für Erziehungssoziologie und Sozialisationsforschung (1982), H. 2, S. 263-284
Krüger, H.H. (Hrsg.): Abschied von der Aufklärung? Perspektiven der Erziehungswissenschaft. Opladen 1990a
Krüger, H.H.: Zwischen Verallgemeinerung Zerfaserung. Zum Wandel der Lebensphase Jugend in der Bundesrepublik Deutschland nach 1945. In: Büchner, P./Krüger, H.H./Chisholm, L. (Hrsg.): Kindheit und Jugend im interkulturellen Vergleich. Opladen 1990b, S. 113-124
Küchler, M.: „Qualitative" Sozialforschung — ein neuer Königsweg? In: Garz, D./Kraimer, K. (Hrsg.): Brauchen wir andere Forschungsmethoden? Frankfurt/M. 1983, S. 9-30
Küppers, W.: Mädchentagebücher in der Nachkriegszeit. Stuttgart 1964
Lazarsfeld, P. F.: Jugend und Beruf. Jena 1931
Lazarsfeld, P. F./Leichter, K.: Erhebung bei Jugendlichen über Autorität und Familie. In: Horkheimer, M. u.a.: Studien über Autorität und Familie. Paris 1936, S. 353-456

Lenz, K.: Alltagswelten von Jugendlichen. Frankfurt a.M./New York 1986
Lessing, H./Liebel, M.: Jugend in der Klassengesellschaft. München 1974
Lewin, K.: Feldtheorie in den Sozialwissenschaften. Bern/Stuttgart 1963 (amerik. Original 1939)
Lüders, Ch.: Vernachlässigte Probleme erziehungswissenschaftlicher Forschung. In: Zeitschrift für Pädagogik 30 (1984), H. 2, S. 209-228
Mead, M.: Kindheit und Jugend in Samoa. Frankfurt/M. 1970 (amerik. Original 1949)
Oerter, R.: Sozialisation im Jugendalter: Kritik und Neuorientierung. In: Montada, L. (Hrsg.): Brennpunkte der Entwicklungspsychologie. Stuttgart/Berlin 1979, S. 231-252
Olbrich, E.: Jugendalter — Zeit der Krise oder der produktiven Anpassung. In: Olbrich, E./Todt, E. (Hrsg.): Probleme des Jugendalters. Berlin/Heidelberg/New York/Tokyo 1984, S. 1-47
Olk, Th.: Jugend und Gesellschaft. In: Heitmeyer, W. (Hrsg.): Interdisziplinäre Jugendforschung. Weinheim/München 1986, S. 41-62
Planck, U. u.a.: Meinungen und Verhaltensweisen der ländlichen Jugend. München 1956
Projektgruppe Jugendbüro und Hauptschülerarbeit: Die Lebenswelt von Hauptschülern, Ergebnisse einer Untersuchung. München 1975
Projektgruppe Jugendbüro: Subkultur und Familie als Orientierungsmuster, zur Lebenswelt von Hauptschülern. München 1977
Roessler, W.: Jugend im Erziehungsfeld. Düsseldorf 1957
Rosenmayr, L.: Schwerpunkte der Jugendsoziologie. In: König, R. (Hrsg.): Handbuch der empirischen Sozialforschung, Bd. 6, Stuttgart [2]1976
Silbereisen, R.K./Kastner, P.: Entwicklung als Drogengebrauch — Drogengebrauch als Entwicklung. In: Oerter, R. (Hrsg.): Lebensbewältigung im Jugendalter. Weinheim 1985, S. 192-219
Spranger, E.: Psychologie des Jugendalters. Heidelberg 1924
Schelsky, H.: Arbeitslosigkeit und Berufsnot der Jugend. Köln 1952
Schelsky, H.: Die skeptische Generation. Düsseldorf/Köln 1957
Schütze, F.: Biographieforschung und narratives Interview. In: Neue Praxis (1983), H. 3, S. 283-293
Steinkamp, G.: Jugendbezogene Lebenslagenforschung als interdispziplinäre Mehrebenen-Analyse. In: Heitmeyer, W. (Hrsg.): Interdisziplinäre Jugendforschung. Weinheim/München 1986, S. 133-156
Tenbruck, F.H.: Jugend und Gesellschaft. Freiburg 1962
Treumann, K.: Zum Verhältnis von qualitativer und quantitativer Forschung. In: Heitmeyer, W. (Hrsg.): Interdisziplinäre Jugendforschung. Weinheim/München 1986, S. 193-214
Undeutsch, U.: Die psychische Entwicklung der heutigen Jugend. München 1967
Van Onna, B.: Jugend und Vergesellschaftung. Frankfurt/M. 1976
Willis, D.: Spaß am Widerstand. Frankfurt/M. 1979
Wilson, T.P.: Qualitative ‚oder' quantiative Methoden in der Sozialforschung. In: Kölner Zeitschrift für Soziologie und Sozialpsychologie 34 (1982), S. 487-508
Wurzbacher, G. u.a.: Die junge Arbeiterin. München 1958
Ziehe, Th.: Pubertät und Narzißmus. Sind Jugendliche entpolitisiert? Frankfurt/M. 1975
Ziehe, Th.: Zeitvergleiche. Jugend in kulturellen Modernisierungen. Weinheim/München 1991

Walter Friedrich

Zur Geschichte der Jugendforschung in der ehemaligen DDR

Die Jugendforschung hat sich in der DDR als eigenständige sozialwissenschaftliche Forschungsrichtung Mitte der 60er Jahre — im Ergebnis eines langwährenden Diskussions- und Arbeitsprozesses — herausgebildet.

Erste nennenswerte empirische Untersuchungen über einzelne Lebensbereiche oder Entwicklungsprobleme von älteren Schülern und Lehrlingen wurden bereits Ende der 50er Jahre durchgeführt, ihre Ergebnisse sind teilweise auch publiziert worden. Sie bezogen sich z.B. auf solche Themen wie Berufswahl / Berufsausbildung (*Grassel/Kulka* 1958), Sexualverhalten (*Borrmann* 1962; *Grassel* 1967), Kollektiventwicklung (*Berger* 1957; *Wutzler* 1959), sozial deviantes Verhalten (*Luther* 1959), Jugendkriminalität (*Lekschas* 1965), Ideale, Wertorientierungen (*Hennig* 1961), Freizeitverhalten von Jugendlichen (*Röblitz* 1964).

Im Zusammenhang damit entstanden überregionale Arbeitsgemeinschaften zur „Jugendkriminologie“, zur „Jugendsexualität“, zur „Jugendpsychologie“, zur „Geschichte der deutschen Jugendbewegung“ u.a. Schließlich wurde 1964 ein Wissenschaftlicher Beirat für Jugendforschung ins Leben gerufen, der die Aufgabe hatte, die verschiedenen Aktivitäten in diesem Bereich zu koordinieren und zu weiteren Untersuchungen anzuregen.

Dieser Beirat spielte für die Konstituierung der Jugendforschung in der DDR eine bedeutende Rolle. Es gelang ihm, die an Universitäten und Hochschulen zu Jugendproblemen forschenden Psychologen, Pädagogen, Soziologen, auch Juristen, Historiker und andere zusammenzuführen, Forschungsprojekte zu fördern sowie Grundsatzdebatten zu theoretischen und methodischen Problemen, aber auch zur Anwendung der Ergebnisse in Jugendpolitik und praktischer Jugendarbeit zu organisieren.

Auf Vorschlag des Wissenschaftlichen Beirates wurde 1966 das Zentralinstitut für Jugendforschung (ZIJ) mit Sitz in Leipzig gegründet. Das ZIJ war bis zu seiner Auflösung Ende 1990 eine staatliche Institution, früher dem Amt für Jugendfragen, zuletzt dem Jugendministerium der DDR-Regierung nachgeordnet.

Damit trug es von Anfang an den Stempel einer zentralistisch orientierten Wissenschaftspolitik: es erhielt auf dem Gebiet der Jugendforschung eine Art Monopolstellung. Gegenüber anderen Forschungsgruppen und Einzelforschern sollte es als „Leitinstitut“ fungieren, diese wissenschaftlich anleiten, eng mit ihnen zusammenwirken.

Laut Statut sollte es selbst größere empirische Untersuchungen bei Jugendlichen zwischen 14 und 25 Jahren durchführen sowie theoretische Beiträge zur „Entwicklung und sozialistischen Erziehung" der Schüler, Lehrlinge, jungen Arbeiter und Studenten leisten. Von einem solchen Institut erhofften sich die Politiker — durch Konzentration des Forschungspotentials — eine hohe wissenschaftliche Produktivität, vor allem aber auch eine geradlinige politische Steuerung durch die zentralen Leitungen. Trotz der zahlreichen Pläne, Vorschriften und Einschränkungen von seiten der politischen Zentrale hatte das ZIJ doch einen bedeutenden Spielraum für eigenständige Entscheidungen in der empirischen wie theoretischen Arbeit. Die Mitarbeiter des Instituts waren bemüht, diese Möglichkeiten in hohem Maße auszuschöpfen, eine qualifizierte wissenschaftliche Forschungsarbeit zu leisten.

Die Jugendforschung in der ehemaligen DDR hat sich von Anfang an als *sozialwissenschaftliche* Forschungsdisziplin verstanden. Diese Programmatik kündigte sich schon in der ersten zusammenfassenden Darstellung „Zur Psychologie des Jugendalters" (*Friedrich/Kossakowski* 1962) an. Sie wurde später in mehreren Publikationen weiter ausgearbeitet (ausführlicher informiert *Friedrich* 1966, 1976), vor allem aber auch in die Forschungspraxis umgesetzt. Allerdings gab es im Laufe der 25 Jahre verschiedene theoretische Akzentuierungen, z.B. Phasen eines mehr soziologischen bzw. mehr psychologischen Herangehens. Eine tiefgründige Darstellung der theoretisch/methodologischen Positionen der Jugendforschung aus der Sicht der 80er Jahre liegt leider nicht vor.

Die DDR-Jugendforschung wurde anfangs sehr stark von Einflüssen der Psychologie geprägt. Einige jüngere Psychologen waren tonangebend sowohl in der Diskussion erster theoretischer Konzepte wie in der Organisation empirischer Forschungen.

Das ergab sich nahezu zwangsläufig aus der damaligen Lage der Sozialwissenschaften in der DDR: während die Soziologie bis Mitte der 60er Jahre um ihre wissenschaftliche Legitimität kämpfen mußte, durch Politiker und Philosophen niedergehalten wurde, hatte die Psychologie allgemein günstigere Entwicklungsbedingungen an den meisten Universitäten gefunden.

Die Ausgangsposition der Psychologen, die die Jugendforschung in ihren Gründerjahren maßgeblich beeinflußt haben, soll etwas näher gekennzeichnet werden. Theoretisch-methodologisch waren sie hauptsächlich an den Positionen der sowjetischen Psychologie, vor allem an den Anschauungen von *Rubinstein, Wigotski, Leontjew, Ananjew* orientiert. Ihr Denken wurde besonders durch das Prinzip des Historismus (psychische Entwicklungsprozesse stets in ihren konkreten sozialhistorischen Bedingungsstrukturen, in ihren speziellen Umwelten zu sehen) sowie durch das Prinzip der Tätigkeit (aktive Auseinandersetzung des Individuums mit seiner konkreten Lebenslage) beeinflußt. Damit traten sie kritisch gegen damals noch weit verbreitete traditionelle Anschauungen in der Psychologie und anderen Sozialwissenschaften auf.

Die Kritik richtete sich sowohl gegen biologisierende Reifungs- und Phasentheorien, die psychische Entwicklungsprozesse im Kinder-/Jugendalter vorwiegend von somatisch-biotischen Veränderungsprozessen abhängig machten (*Bühler, Kroh, Zeller* u.v.a.) sowie auch gegen geisteswissenschaftliche Deskriptionen des Jugendalters, denen ebenfalls endogene Entfaltungsmodelle seelischer Strukturen zugrunde lagen (*Spranger, Krueger* u.a.).

Gleichzeitig wurde die damals bekannte sozialpsychologische und jugendsoziologische Literatur (z.B. *Haseloff, Muchow, Schelsky, Tenbruck, v. Friedeburg*) rezipiert und — nicht selten in ziemlich eklektischer Weise — zum Aufbau eigener Konzepte herangezogen. Kurz gesagt: Die DDR-Jugendforschung wurde anfangs stark von Psychologen und deren jugend- bzw. entwicklungspsychologischem Denken beherrscht. Sie näherte sich jedoch — unter betonter Kritik / Selbstkritik an den älteren psychologischen Anschauungen — zielstrebig einer soziologischen Betrachtungsweise an, ohne allerdings ihre sozialpsychologische Grundposition aufzugeben.

Dieser Weg von der Psychologie zur Soziologie sollte nicht als „zeitraubender Irrweg" bewertet werden. Er hat sich in vieler Hinsicht als vorteilhaft erwiesen und bewährt. Zumindest hat er verhindert, das Individuum, die Persönlichkeit des einzelnen Jugendlichen zu übersehen oder als nur randständige Erscheinung geringzuschätzen. Besonders aus dieser Sicht heraus sind zahlreiche interessante, theoretisch ergiebige Untersuchungen konzipiert und realisiert worden. Dafür sollen einige Beispiele aus der Arbeit des ZIJ angeführt werden.

1 Forschungen zu Lebensverläufen der Jugend

Am Leipziger Institut wurden seit Ende der 60er Jahre mehrere großangelegte **Längsschnittstudien** über längere Lebensabschnitte von (identischen) Jugendpopulationen durchgeführt.

Das Hauptziel solcher Studien bestand stets darin, biographische Entwicklungsverläufe und ihre sozialkulturellen Einflußfaktoren zu analysieren. Wir wandten uns diesen zeit- und organisatorisch aufwendigen „Intervallstudien" deshalb zu, weil wir uns vorwiegend von psychologischen Erkenntnisinteressen leiten ließen, psychische Wandlungsprozesse in der Ontogenese, in den Jugendjahren der Individuen aufzudecken.

Mit der ersten Intervallstudie, die bereits 1968 bei über 1400 Leipziger Schülern aus 6. Klassen (12- bis 13jährige) begonnen und über 10 Jahre fortgesetzt werden konnte, wollten wir ausdrücklich Grundannahmen der damals noch populären entwicklungspsychologischen Phasenlehren prüfen.

Die Ergebnisse dieser Studie entsprachen keinesfalls den Behauptungen der Phasentheorien von einer altersabhängigen Entfaltung der Jugendmentalität. Wir konnten keine vom bloß kalendarischen oder biologischen Alter der Jugendlichen abhängigen Entwicklungsverläufe / Phasen eines besonders schnellen bzw. langsamen Persönlichkeitswandels nachweisen, weder im Bereich des Sozialverhaltens, der Wertorientierungen, Einstellungen, Motive, noch im Bereich der intellektuellen Fähigkeiten, der Intelligenzentwicklung (vgl. *Friedrich / Müller* 1980). Gerade Fragen der **Intelligenzentwicklung** und ihrer Determinanten im Schulalter haben uns im Rahmen von Intervallstudien, aber auch in speziellen Untersuchungen stark beschäftigt — ebenfalls ein Ausdruck der entwicklungspsychologischen Orientierung.

Bekanntlich wurde die Entwicklung intellektueller Fähigkeiten im Kindes- und Jugendalter, gemessen mit IQ-Tests oder Schulzensuren, oft sehr kurzschlußartig in Abhängigkeit vom Lebensalter, Reifestatus oder von genetischen Dispositionen der Individuen interpretiert. Die individuelle Varianz der genetischen Faktoren soll natürlich nicht bestritten werden, wohl aber so manche reduktionistischen Ableitungen.

In einer ganz speziellen Studie haben wir das Intelligenzniveau mehrerer Hundert Schüler mit verschiedenen Tests diagnostiziert und sie sowohl nach ihrer Zugehörigkeit zu bestimmten Schuljahrgängen (7., 8., 9. Klassenstufen) wie *gleichzeitig* nach ihrem kalendarischen Alter kombiniert.

Das Untersuchungsergebnis war eindeutig:

— Schüler *ein- und derselben* Klassenstufe unterscheiden sich in ihrem Intelligenzniveau (fast) nicht, auch wenn sie altersmäßig 11 Monate auseinanderliegen. Ein Alterseinfluß kann also nicht eindeutig nachgewiesen werden.
— Dagegen unterscheiden sich Schüler *verschiedener* Klassenstufen in ihren intellektuellen Fähigkeiten sehr stark, *auch dann*, wenn ihr Lebensalter nur um einen Monat differiert. Ein klarer Beleg dafür, daß bereits bei älteren Schülerpopulationen die soziale Erfahrung (hier die angeeignete Bildung) für den Entwicklungsgrad intellektueller Fähigkeiten ausschlaggebend ist. Gleichzeitig ein weiteres empirisches Argument gegen biologisierende Reduktionen.

Die Ergebnisse dieser Untersuchung finden sich bei *Friedrich/Hennig* 1991; vgl. *Mehlhorn* 1981.

Weitere relevante Forschungsergebnisse zu diesem Thema konnten mit den Anfang der 80er Jahre am ZIJ organisierten Zwillingsstudien gewonnen werden (vgl. *Friedrich/Schulze* 1986, *Kabat vel Job* 1991).

2 Differenzierte Erforschung der Jugend

Die Jugendforschung in der DDR hat sich stets bemüht, Jugend und Jugendalter nicht als abstrakte Erscheinungen, nicht als zeitlose anthropologische Kategorien, sondern in ihren konkreten historisch-gesellschaftlichen Bedingungen und Abhängigkeiten zu betrachten.

Ausgehend von der Kritik biologisierender und anderer unhistorischer Betrachtungsweisen der Jugend sowie in Auswertung empirischer Forschungsergebnisse, die eindeutig auf die Verschiedenartigkeit der Lebensbedingungen und Mentalitäten von speziellen Teilpopulationen der Jugend hinwiesen, erhielt die Forderung nach einer differenzierten Jugendanalyse eine zentrale theoretische und forschungsleitende Bedeutung.

Die Berücksichtigung der sozialen und psychischen Differenziertheit der Jugend, ihre konkrete Untersuchung war ein Prinzip der DDR-Jugendforschung. In allen größeren Studien wurden die realen Lebensverhältnisse, die sozialen, wirtschaftlichen, politischen, geistig-kulturellen Existenzbedingungen der verschiedensten Jugendschichten beachtet und mit speziellen Ausprägungsformen ihres Bewußtseins und Verhaltens in Beziehung gesetzt.

Im Mittelpunkt des differenzierten Herangehens der Jugendforschung stand die Klassifikation der Jugend nach sozialen Schichten, vor allem Schüler, Lehrlinge, Studenten, junge Erwerbstätige; letztere noch gegliedert in junge Arbeiter, junge Bauern, junge Intelligenz / Hochschulabsolventen.

Am ZIJ wurden schon Anfang der 70er Jahre spezielle Abteilungen eingerichtet, die die Aufgabe hatten, die besonderen Lebenslagen, Lebensformen, Verhaltensweisen, Mentalitäten, Probleme dieser Jugendpopulationen zu untersuchen.

Darüber hinaus wurde die Jugend auch nach anderen sozialdemographischen Merkmalen analysiert, z.B. nach der Geschlechterposition, nach der sozialen Herkunft, nach der beruflichen, regionalen, nach der weltanschaulich-ideologischen Position usw. Durch eine Vielzahl von Untersuchungen konnten so im Laufe der Jahre relativ genaue Porträts über diese Teilpopulationen der Jugend, über ihre spezifischen Lebensbedingungen, Lebenskarrieren, Denk-, Motiv- und Problemstrukturen sowie deren zeitgeschichtliche Veränderungen herausgearbeitet werden.

Um den historischen Vergleich wie auch den zu anderen Schichten und Gruppen zu sichern, wurde der methodischen Arbeit große Aufmerksamkeit geschenkt. Das betraf insbesondere die Auswahl vergleichsfähiger Stichproben wie den Einsatz standardisierter Diagnoseverfahren.

Die differenzierte Betrachtung der Jugend nach wesentlichen Kriterien ihrer sozialdemographischen Binnenstruktur war ein Zeichen des „Soziologisierungstrends" in der damaligen Jugendforschung. Damit konnte gleichzeitig ein Beitrag zur soziologischen Sozialstrukturforschung in der DDR geleistet werden. Diese stand (aus politischen Gründen) empirisch auf schwachen Füßen, hatte große Schwierigkeiten beim Zugang zu analytischen Daten. Zur Veranschaulichung ein Beispiel aus der Studentenforschung. In mehreren ZIJ-Studien wurde der **sozialen Herkunft** der **Studenten** große Aufmerksamkeit geschenkt. Die Bildungs-, beruflichen, gesellschaftspolitischen Positionen der Eltern von Studenten, teilweise auch von deren Großeltern, wurden detailliert erfaßt und mit verschiedenen Merkmalen der Studentenpersönlichkeit in Beziehung gesetzt.

Es konnte klar nachgewiesen werden:

- Die Studenten rekrutierten sich nicht proportional aus den sozialen Klassen und Schichten der damaligen DDR. Kinder der Intelligenz und Angestellten waren stark überrepräsentiert. Damit wurde die früher übliche Vorstellung und Losung der Politik von der Zusammensetzung der Studentenschaft „entsprechend der Sozialstruktur des Volkes" zurückgewiesen. Die Überrepräsentanz der Kinder von Intellektuellen und Angestellten unter den Studenten nahm in den 80er Jahren sogar noch deutlich zu.
- Die Eltern der Studenten besaßen einen überdurchschnittlichen Bildungs- und Qualifizierungsstatus. Sie hatten häufiger eine leitende Position.
- Eltern der Studenten waren überdurchschnittlich politisch organisiert und zeigten ein hohes gesellschaftliches Engagement. Die Eltern von Studenten hatten im Durchschnitt ein höheres Einkommen und einen höheren persönlichen Besitzstand, v.a. an kulturellen Kapitalien, z.B. Bücher. Auch das spricht für einen bestimmten Selektionsmechanismus.
- Studenten kamen häufiger aus größeren Städten, dagegen seltener aus kleineren Gemeinden.
- Auch der Einfluß der Großeltern, vor allem ihres Bildungsniveaus und Bildungsstrebens war bei der Studentenschaft, wenn auch in schwachem Grade, noch nachweisbar. Die Studienmotivation der Studenten-Enkel zeigte eine gewisse Abhängigkeit von der Bildung/Bildungseinstellung ihrer Großeltern (vgl. dazu *Bathke* 1988; *Gerth* 1982).

3 Publikationen

Im Laufe seiner fast 25jährigen Existenz wurden am ZIJ über 400 empirische Untersuchungen zu den verschiedensten Jugendthemen durchgeführt.

Leider konnten die konkreten Ergebnisse aufgrund dogmatischer Zensurbestimmungen und zeitweiliger Publikationsverbote nur in völlig unzureichender Weise veröffentlicht werden. Doch sollte nicht übersehen werden, daß trotz dieser Restriktionen eine beachtliche Zahl von Publikationen vorliegt, die durchaus einen guten Einblick in die wissenschaftlichen Arbeiten und in die Leistungsfähigkeit der Jugendforscher vermitteln.

Unmittelbar nach der Gründung des ZIJ wurde begonnen, die Schriftenreihe „Jugendforschung" herauszugeben, die bald auch international eine positive Resonanz fand. Nach einer politischen Entscheidung mußte sie allerdings mit Heft 16 (schon im Jahre 1970) ihr Erscheinen einstellen. Sie wurde als „zu empiristisch" und die „Wirklichkeit der DDR-Jugend verfälschend" kritisiert. Ähnlich erging es einem „Handbuch der Jugendforschung", das, obgleich es bereits gedruckt vorlag, 1969 nicht erscheinen durfte. Von den ersten Jahren an haben sich die DDR-Jugendforscher auch mit methodisch/methodologischen Fragen ausführlicher beschäftigt. Mehrere Bücher und zahlreiche Aufsätze in Zeitschriften zeugen von diesen Arbeiten. Besonders erwähnt werden soll „Der sozialwissenschaftliche Forschungsprozeß" (*Friedrich/Hennig* 1975; vgl. *Lohse/Ludwig* 1975, 1982; *Friedrich* 1970).

Als Ende der 70er Jahre die Publikations-Einschränkungen für die Jugendforschung etwas gelockert wurden, konnten nahezu alle Forschungsschwerpunkte am ZIJ in Buchform präsentiert werden.

Das betraf die Forschungen bei Studenten (*Starke* 1979), Forschungen bei jungen Arbeitern und Lehrlingen (*Gerth* 1976, 1979), Forschungen zur Freizeit der Jugend (*Bisky* 1976; *Voss* 1981), zum Verhältnis Jugendlicher zu ihren Eltern (*Kabat vel Job/Pinther* 1981), zur jungen Ehe (*Pinther/Rentsch* 1983), Forschungen zum schöpferischen Denken bei Studenten und jungen Erwerbstätigen (*Mehlhorn/Mehlhorn* 1978, 1982a+b).

Veröffentlichungen zu Fragen des politisch-ideologischen Bewußtseins und Verhaltens der Jugend mußten jedoch unterbleiben. Obwohl dazu viele Forschungsergebnisse vorlagen, war dieses Thema vor der Wende stets strikt tabuiert.

Da die Jugendforscher schon in den 70er Jahren erkennen mußten, daß sie die zentralen Probleme der Jugend in der DDR nicht öffentlich zur Diskussion stellen konnten, wichen sie häufig auf andere Themenfelder aus. Aus dieser Einsicht und Resignation heraus erklärt sich ihre scheinbare Vorliebe für allgemeine, nicht auf Jugendprobleme bezogene Titel, z.B. einer „Kritikreihe", die sich auf die Auseinandersetzung mit solchen wissenschaftlichen Konzeptionen wie der Begabungstheorien, Kreativitätstheorie, der Massenkommunikation, des Behaviorismus, der Psychoanalyse richteten (vgl. *Bisky* 1976; *Mehlhorn* 1977; *Friedrich* 1977, 1979; *Friedrich* u.a. 1978). Später entstanden unter dem Druck der gleichen resignativen Motivation Bücher wie „Persönlichkeit und Leistung", „Sozialpsychologie für die Praxis" (*Friedrich/Hoffmann* 1986, *Friedrich/Voss* 1988), die nur am Rande auf Jugendforschung oder Jugendprobleme aufmerksam machten.

Auch die am ZIJ seit Anfang der 80er Jahre betriebene Zwillingsforschung ist wesentlich aus dieser Motivlage heraus zustandegekommen.

Gleichzeitig war hier jedoch auch das starke Interesse vorhanden, ein grundlegendes theoretisches Problem — das der Interaktion von genetischen und sozialen Einflüssen — mit der in den Sozialwissenschaften selten angewandten Zwillingsmethode zu untersuchen. Im Unterschied zu den bekannten klassischen Zwillingsstudien, die von genetischen Denkpositionen beherrscht werden, haben wir uns in unserer Studie (bei 330 jugendlichen Zwillingspaaren) von soziologischen / sozialpsychologischen Hypothesen leiten lassen. Die gewonnenen Ergebnisse widerspiegeln eindrucksvoll den Einfluß sozialer Bedingungsstrukturen, der sozialen Lebenslage auf die Entwicklung des Sozial- wie auch des intellektuellen Leistungsverhaltens der erfaßten jugendlichen Zwillinge. Sie belegen auch, daß man den Einfluß psychischer Dispositionen, besonders motivationaler Strukturen auf Intelligenz-, Leistungs- und gesamte Persönlichkeitsentwicklung hoch veranschlagen muß (vgl. dazu *Friedrich / Schulze* 1986; *Kabat vel Job* 1991). Viele der noch immer weitverbreiteten Annahmen und „Lehrbeispiele" der genetisch orientierten Zwillingsforschung sind sehr kritisch zu beurteilen und sollten durch weitere sozialwissenschaftliche Untersuchungen präzisiert werden.

Mit der **Zwillingsstudie** des ZIJ sollte das theoretische Denken der Jugendforscher geschärft und möglichen einseitigen Interpretationen der Jugendentwicklung, etwa im Sinne einer soziologischen Milieutheorie, entgegengewirkt werden.

4 Kooperationen

Das ZIJ war natürlich nicht die einzige Einrichtung in der früheren DDR, an der Jugendforschung betrieben worden ist. Untersuchungen zu Jugendthemen wurden an verschiedenen Universitäten, Hochschulen und an anderen wissenschaftlichen Institutionen durchgeführt, zumeist in Abstimmung und enger Zusammenarbeit mit dem ZIJ.

So arbeitete an der Universität Rostock unter Leitung des Historikers *Karl Heinz Jahnke* über 20 Jahre ein kleiner Kreis von Wissenschaftlern systematisch zu Fragen der Geschichte der Arbeiterjugend und der FDJ.

Ende der 70er Jahre wurden an den Universitäten Jena, Leipzig, Dresden sowie an der Verkehrshochschule Dresden „Laboratorien" der Studentenforschung gegründet, die erfolgreich spezielle Probleme der Studenten- und Hochschulentwicklung untersucht haben. Größere Forschungsprojekte wurden an der Akademie der Pädagogischen Wissenschaften zu Themen der Schuljugend, am Zentralinstitut für Berufsausbildung zu Lehrlingsproblemen, am Zentralinstitut für Hochschulbildung zu Problemen der Studentenentwicklung realisiert.

Geschlossene Darstellungen über diese Jugendpopulationen konnten jedoch aus den genannten Einrichtungen nicht publiziert werden. Eine Ausnahme stellten die Arbeiten der Rostocker Historiker dar (vgl. *Jahnke* 1973, 1985).

Auch international konnte die DDR-Jugendforschung nicht aus ihrem Schattendasein heraustreten. Mit ihren internationalen Vorhaben und Aktivitäten befand sie sich stets an der kurzen Leine der Politik. Erst in den letzten Jahren vor der Wende konnten sich einzelne DDR-Jugendforscher international etwas stärker zur Geltung bringen und in verschiedenen multilateralen Gremien oder auf wissenschaftlichen Konferenzen ihres Fachgebietes mitarbeiten.

Trotz aller politischer Einschränkungen kam es aufgrund persönlicher Initiativen bereits in den 60er Jahren zu einer fruchtbaren Kommunikation mit zahlreichen Gruppen der Jugendforschung in den osteuropäischen Ländern.

Kurz nach der Gründung und unter starker Bezugnahme auf das Leipziger Modell waren in Bulgarien, Rumänien, in der Sowjetunion und etwas später auch in Polen Zentren der Jugendforschung entstanden, zu denen sich über lange Zeit gute Beziehungen herausbildeten.

Zahlreiche Tagungen und Konferenzen zu theoretischen, methodologischen oder zu speziellen Jugendthemen wurden gemeinsam veranstaltet. Mehrere Publikationen der DDR-Forscher wurden in großen Auflagen in der Sowjetunion und in Bulgarien herausgegeben. Großen Einfluß auf die DDR-Jugendforscher hatten die theoretischen und ideologischen Anschauungen des rumänischen Jugendforschers *Fred Mahler* sowie des langjährigen Direktors des bulgarischen Jugendinstituts *Peter Mitew*, die beide die Jugend als aktiven Faktor des gesellschaftlichen Wandels betonten und viel zu einer gesellschaftskritischen wie zugleich jugendorientierten Einstellung der Forscher in den osteuropäischen Ländern beigetragen haben.

Doch zu einer tiefreichenden Forschungskooperation konnte es auch mit den Instituten aus den osteuropäischen Ländern nicht kommen.

Obwohl die Forscher immer wieder Vorstöße in dieser Richtung unternommen haben, scheiterten sie ständig an den Widerständen und Blockaden der Politiker, vor allem an denen aus der früheren DDR, die eine besondere Angst vor dem Datenaustausch und daher nur ein tiefes Unverständnis sowie Desinteresse für solche internationalen Kontakte hatten.

5 Die letzten Jahre der DDR-Jugendforschung

Unter dem Einfluß der Reformpolitik *Gorbatschows*, der immer deutlicher hervortretenden Krisenprozesse in den osteuropäischen Ländern sowie der zunehmenden politisch-sozialen Spannungen im eigenen Lande, profilierten sich auch in der DDR-Jugendforschung seit Mitte der 80er Jahre neue Denkpositionen heraus. Es kam zu einer deutlichen Politisierung der Forscher und in Abhängigkeit davon — methodologisch gesehen — zu einer stärkeren „Politologisierung" der Forschungen.

Mit ihren empirischen Analysen erhielten die Jugendforscher frühzeitig und unübersehbar Signale über die sich vollziehenden Veränderungen im Bewußtsein und Verhalten der Jugend. Der von ihnen klar erkannte wachsende Widerspruch zwischen der Jugendwirklichkeit, den Interessen und politischen Einstellungen Jugendlicher einerseits und der dogmatischen, lebensfernen Politik, speziell der Jugendpolitik andererseits, führte sie zu einer immer engagierteren politischen Solidarität mit der Jugend.

In der Forschung wurde mit noch größerem Nachdruck die Analyse zeitgeschichtlicher Trendprozesse gefördert. So wurde auf die Wiederholung und Vergleichbarkeit der empirischen Studien großer Wert gelegt. Das politische Denken, die sich rasch verändernden politischen Einstellungen und Verhaltensweisen der jungen Leute aller Schichten wurden ins Zentrum der empirischen Untersuchungen und der Diskussionen gerückt. Dadurch gelang es, die Wandlungsprozesse in der Jugendmentalität dieser Jahre ziemlich differenziert und genau zu registrieren (vgl. *Friedrich/Griese* 1991; *Friedrich* 1990).

Ab Mitte der 80er Jahre konnte die Jugendforschung die regressiven Trends im „sozialistischen Wertebewußtsein", die schließlich 1988/89 seinen Verfall widerspiegelten, exakt belegen. Diese Forschungsergebnisse wurden den politischen Leitungen unbeschönigt und kritisch interpretiert zur Kenntnis gegeben.

Mit der politischen Wende eröffneten sich den Jugendforschern neue Möglichkeiten und Perspektiven, die sie auch energisch zu nutzen versuchten. Die Publikationsschranken waren gefallen, die Praktiken der politischen Bevormundung der wissenschaftlichen Arbeit aufgehoben, der nationalen wie **internationalen Kooperation** waren keine Grenzen mehr gesetzt, neue Forschungsrichtungen wie die repräsentative Meinungsforschung, die Jugendkriminologie, konnten sich entfalten.

Am ZIJ wurden im Jahre 1990 etwa 30 größere Forschungsprojekte in Angriff genommen und erfolgreich zu Ende geführt, darunter mehrere West-Ost-Vergleiche, die gemeinsam mit Forschern der alten Bundesländer organisiert worden sind, ebenso neun repräsentative Umfragen zu aktuellen politischen Themen.

Ungeachtet dessen wurde das ZIJ am 31. 12. 1990 aufgelöst. Eine kleine Gruppe von Mitarbeitern und Mitarbeiterinnen arbeitet seitdem an der neugegründeten Außenstelle Leipzig des Deutschen Jugendinstituts. Ihre Hauptziele sind: Die Aufbereitung der aus allen wesentlichen Studien seit 1966 vollständig erhaltenen Daten für die Speicherung am Kölner Zentralarchiv für empirische Sozialforschung — eine zweifellos sehr wichtige Aufgabe — sowie die Weiterführung von Längsschnittstudien, die 1986 am ZIJ bei zwei Schülerkohorten der 4. bzw. 6. Klassen begonnen wurden. Diese bieten die einmalige Chance, die soziale und psychische Integration ostdeutscher Jugendlicher in das fundamental neue Gesellschaftssystem wissenschaftlich zu begleiten.

Es bleibt zu hoffen, daß sich an Universitäten und anderen Institutionen der neuen Bundesländer bald wieder Gruppen der Jugendforschung bilden, die sich — im Rahmen der deutschen Sozialwissenschaften — den speziellen Problemen der ostdeutschen Jugend zuwenden sowie die umfangreichen Forschungsergebnisse und wissenschaftlichen Erfahrungen der früheren Jugendforschung weiter auswerten.

Literatur

Berger, H.: Die Freude als Mittel der Erziehung. Berlin 1957

Bertram, B. u.a. (Hrsg.): Adam und Eva heute. Verlag für die Frau, Leipzig 1988

Bertram, B. (Hrsg.): Typisch männlich, typisch weiblich. Dietz Verlag, Berlin 1989

Bisky, L.: Zur Kritik der bürgerlichen Massenkommunikationsforschung. Deutscher Verlag der Wissenschaften, Berlin 1976

Bisky, L.: Massenmedien und ideologische Erziehung der Jugend. Deutscher Verlag der Wissenschaften, Berlin 1976

Bisky, L./Wiedemann, D.: Der Spielfilm. Rezeption und Wirkung. Henschel Verlag, Berlin 1985

Borrmann, R.: Die sexuelle Belehrung der Kinder und Jugendlichen. Volk und Wissen, Berlin 1962

Friedrich, W./Kossakowski, A.: Zur Psychologie des Jugendalters. Verlag Volk und Wissen, Berlin 1962

Friedrich, W.: Jugend heute. Deutscher Verlag der Wissenschaften, Berlin 1966

Friedrich, W. (Hrsg.): Methoden der marxistisch-leninistischen Sozialforschung. Deutscher Verlag

der Wissenschaften, Berlin 1970
Friedrich, W. / Hennig, W. (Hrsg.): Der sozialwissenschaftliche Forschungsprozeß. Deutscher Verlag der Wissenschaften, Berlin 1975
Friedrich, W.: Jugend und Jugendforschung. Deutscher Verlag der Wissenschaften, Berlin 1976
Friedrich, W. (Hrsg.): Kritik der Psychoanalyse und biologistischer Konzeptionen. Deutscher Verlag der Wissenschaften, Berlin 1977
Friedrich, W. u.a.: Zur Kritik des Behaviorismus. Deutscher Verlag der Wissenschaften, Berlin 1978
Friedrich, W.: Zur Kritik bürgerlicher Begabungstheorien. Deutscher Verlag der Wissenschaften, Berlin 1979
Friedrich, W.: Mentalitätswandlungen der Jugend in der DDR. In: Aus Politik und Zeitgeschichte / Das Parlament B 16 - 17 / 90 (1990), S. 25 - 37
Friedrich, W. / Müller, H.: Zur Psychologie der 12- bis 22jährigen. Deutscher Verlag der Wissenschaften, Berlin 1980
Friedrich, W. / Gerth, W. (Hrsg.): Jugend konkret. Verlag Neues Leben, Berlin 1984
Friedrich, W. / Hoffmann, A.: Persönlichkeit und Leistung. Deutscher Verlag der Wissenschaften, Berlin 1986
Friedrich, W. / Schulze, H.: Probleme der Intelligenzentwicklung im Lichte der Zwillingsforschung. In: Zwillingsforschung international. (Hrsg.: W. Friedrich / O. Kabat vel Job) Deutscher Verlag der Wissenschaften, Berlin 1986
Friedrich, W. / Griese, H.: Jugend und Jugendforschung in der DDR, Leske + Budrich, Opladen 1991
Friedrich, W. / Hennig, W.: Jugend in der DDR, Weinheim / München 1991
Friedrich, W. / Förster, P.: Ostdeutsche Jugend 1990. In: Deutschland-Archiv (1991), H. 4 und 7
Friedrich, W. / Voss, P.: Sozialpsychologie für die Praxis. Deutscher Verlag der Wissenschaften, Berlin 1988
Förster, P. / Roski, G.: DDR zwischen Wende und Wahl. Links Druck, Berlin 1990
Gerth, W.: Schüler, Lehrling, Facharbeiter. Tribüne Verlag, Berlin 1976
Gerth, W. (Hrsg.): Jugend im Großbetrieb. Deutscher Verlag der Wissenschaften, Berlin 1979
Gerth, W.: Persönlichkeitsentwicklung und Sozialstruktur. Diss. B, Berlin 1982
Grassel, G. / Kulka, H.: Psychologische Untersuchungen zur Berufswahl und Lehrausbildung. Verlag Volk und Wissen, Berlin 1958
Grassel, H.: Jugend — Sexualität — Erziehung. Berlin 1967
Hennig, W.: Über das Idealerleben von Kindern und Jugendlichen. In: Beiheft der Zeitschrift „Pädagogik" 4 / 1961
Hennig, W.: Lernmotive bei Schülern. Verlag Volk und Wissen, Berlin 1978
Jahnke, K.-H.: Geschichte der deutschen Arbeiterjugendbewegung. Neues Leben, Berlin 1973
Jahnke, K.-H.: Jugend im Widerstand. Röderberg-Verlag, Frankfurt / Main 1985
Kabat vel Job, O.: Geschlechtstypische Einstellungen und Verhaltensweisen bei Jugendlichen. Verlag Volk und Wissen, Berlin 1979
Kabat vel Job, O. / Pinther, A.: Jugend und Familie. Deutscher Verlag der Wissenschaften, Berlin 1981
Kabat vel Job, O.: Ergebnisse der Zwillingsforschung zur Persönlichkeitsentwicklung. In: Zeitschrift für Sozialisationsforschung und Erziehungssoziologie (1991), H. 3
Kossakowski, A.: Über die psychischen Veränderungen in der Pubertät. Volk und Wissen Verlag, Berlin 1965
Lekschas, J.: Studien zur Bewegung der Jugendkriminalität in Deutschland und ihre Ursachen. In: Studien zur Jugendkriminalität, Berlin 1965
Lohse, H. / Ludwig, R.: Statistik für Forschung und Beruf. Fachbuchverlag, Leipzig 1973
Lohse, H. / Ludwig, R.: Statistische Verfahren für Psychologen, Pädagogen und Soziologen. Verlag Volk und Wissen, Berlin 1982
Luther, H.: Das Rowdytum in der DDR und seine Bekämpfung. Jur. Diss. Berlin 1959
Mehlhorn, H.-G. / Mehlhorn, G.: Zur Kritik der bürgerlichen Kreativitätsforschung. Deutscher Verlag der Wissenschaften, Berlin 1977
Mehlhorn, H.-G. / Mehlhorn, G.: Untersuchungen zum schöpferischen Denken bei Schülern, Lehrlingen, Studenten. Verlag Volk und Wissen, Berlin 1978

Mehlhorn, H.-G. / Mehlhorn, G.: Intelligenz. Deutscher Verlag der Wissenschaften, Berlin 1981

Mehlhorn, H.-G. / Mehlhorn, G.: Spitzenleistungen im Studium. Verlag Volk und Wissen, Berlin 1982a

Mehlhorn, H.-G. / Mehlhorn, G.: Junge Neuerer im Prisma der Forschung. Dietz Verlag, Berlin 1982b

Mehlhorn, G. / Mehlhorn, H.-G.: Begabung, Schöpfertum, Persönlichkeit. Akademie-Verlag, Berlin 1985

Pinther, A. / Rentsch, S.: Junge Ehe heute. Verlag für die Frau, Leipzig 1983

Reissig, M.: Körperliche Entwicklung und Akzeleration Jugendlicher. Verlag Volk und Gesundheit, Berlin 1985

Röblitz, G.: Freizeitnutzung und sportliche Betätigung der lernenden Jugend. Habilitation DHfK, Leipzig 1964

Schriftenreihe „Jugendforschung", Heft 1 bis 16 (Herausgeber: Zentralinstitut für Jugendforschung). Deutscher Verlag der Wissenschaften, Berlin 1966 - 1970

Starke, K.: Jugend im Studium. Deutscher Verlag der Wissenschaften, Berlin 1979

Starke, K. / Friedrich, W. (Hrsg.): Liebe und Sexualität bis 30. Deutscher Verlag der Wissenschaften, Berlin 1984

Voss, P. (Hrsg.): Die Jugend und ihre Freizeit. Dietz Verlag, Berlin 1981

Wutzler, G.: Erziehung zur Verantwortung. Verlag Volk und Wissen, Berlin 1959

Peter Büchner

Jugend im vereinten Deutschland — Herausforderungen für die künftige Jugendforschung

1 Jugendforschung als gesellschaftliches Entwicklungsbarometer

Die deutsche Vereinigung hat zwar überraschend schnell zur Beseitigung der Staatsgrenze zwischen den beiden ehemaligen Teilen Deutschlands und zur institutionellen Vereinheitlichung (wenn auch mit deutlichem Re-Education-Anspruch) geführt, die soziale und kulturelle Integration steht demgegenüber jedoch in vielerlei Hinsicht noch aus. Auch die Währungsunion und damit der erste Schritt zur Wirtschaftsunion brachte Vereinigung und Spaltung zugleich: „Deutschland, einig Vaterland" gilt zwar im Konsumbereich, aber doch weitgehend auf erheblich unterschiedlichen Ausgangsniveaus. Das Zusammenwachsen dessen, „was zusammen gehört", stellt sich als ein langwieriger und komplizierter Vorgang heraus, der mehr Schwierigkeiten bereitet, als selbst diejenigen erwartet haben, die schon sehr frühzeitig vor überstürztem Handeln gewarnt haben. Die verständliche Anfangseuphorie ist auf beiden Seiten — teilweise aus sehr unterschiedlichen Gründen — in Ernüchterung, ja Verbitterung umgeschlagen.

Die soziale Lage der Menschen in den neuen Bundesländern erweist sich auch ein Jahr nach der politischen Vereinigung mehr als prekär. Besonders betroffen davon ist in vielerlei Hinsicht die nachwachsende Generation, denn neben den Chancen, die die Wende der gesamtgesellschaftlichen Entwicklung seit November 1989 zweifellos enthält, trifft der Umbruch gerade die Jugendlichen an einer besonders empfindlichen Stelle ihres Lebenslaufs und zwingt zu einer vielfachen Neuorientierung.

Zwar wäre es eine verkürzte Sicht der Dinge und vermessen, sich von spezifisch auf die Lage der Jugend gerichteten Maßnahmen eine Lösung aller anstehenden Probleme zu erhoffen. Gleichwohl haben gezielt auf die junge Generation gerichtete Überlegungen und Initiativen und eine in diesem Rahmen eingespannte Jugendforschung nicht zum ersten Mal in der Geschichte einen besonderen Stellenwert in gesellschaftlichen Umbruchsituationen (z.B. *Mannheim* 1928; *Schelsky* 1963; *Preuss-Lausitz* u.a. 1983). Immerhin beschäftigt sich Jugendforschung vorrangig mit dem Generationenverhältnis sowie den Lebensverhältnissen und Entwicklungsperspektiven von Jugendlichen, die als künftige Erwachsene die gesellschaftliche Entwicklung tragen werden. Aus diesem Anspruch heraus kann sich Jugendforschung immer wieder eines besonderen gesellschaftlichen Interesses sicher sein, das sie sowohl in der ehemaligen DDR als auch in den alten Bundesländern schon seit Jahrzehnten, also auch in der Zeit vor der Vereinigung der beiden deutschen Staaten, genoß. Seinen Niederschlag fand dieses besondere Interesse an Jugendforschung nicht zuletzt in der Einrichtung des Deutschen Jugendinstituts in München (DJI, seit 1963) und des Zentralinstituts für Jugendforschung in Leipzig (ZIJ, seit 1966) durch die Regierungen der beiden deutschen Staaten.

Die hervorgehobene Bedeutung der Jugendforschung hängt vor allem damit zusammen, daß hüben wie drüben — wenn auch mit teilweise unterschiedlichen Motiven — das Interesse an der Jugend als Gradmesser für gesellschaftliche Problemlagen, Befindlichkeiten oder Entwicklungstendenzen nicht nur wissenschaftlich, sondern auch politisch begründet war und auch weiterhin ist. Daß damit zumindest indirekt immer wieder zentrale Bestands- und Entwicklungsfragen der Gesamtgesellschaft thematisiert werden, liegt auf der Hand.

Neben politisch-ideologischen spielen auch gesellschafts- und sozialpolitische Interessen an den Ergebnissen der Jugendforschung eine Rolle, wie dies beispielsweise bei der Erforschung von zeitgeschichtlichen Trends im Zusammenhang mit Veränderungen der Jugendmentalität oder dem Wandel von politischen Einstellungen und Verhaltensweisen Jugendlicher in der DDR der Fall war (vgl. *Friedrich* 1991a, 1991b und in diesem Band). Auch in den alten Bundesländern ist dieses Anliegen bei regelmäßigen Umfragen oder Jugendberichten (z.B. den Jugendberichten der Bundesregierung) erkennbar, wo es letztlich u.a. darum geht, jugendliche Lebens- und Stimmungslagen sowie Orientierungsmuster sozialpolitisch oder sozialpädagogisch zu bearbeiten oder Formen des Jugendprotests und darin enthaltene Generationenkonflikte zu verstehen und zu entschärfen. Immer wurde und wird die Jugend bei solchen Gelegenheiten implizit oder explizit als Indikator und Gradmesser für gesellschaftliche Entwicklungsprobleme gesehen.

Insofern wird die Jugendforschung gerne dafür in Anspruch genommen, wissenschaftliche Grundlagen für notwendige (politische oder pädagogische) Maßnahmenkataloge zu liefern, die sich auf die „gedeihliche" Gestaltung des Generationenverhältnisses und damit zusammenhängende gesellschaftliche Bestands- und Entwicklungsprobleme beziehen lassen. In diesem Sinne wird die sozialwissenschaftliche Jugendforschung in einem sich vereinigenden Deutschland auch in den kommenden Jahren mehr denn je gefragt sein und sich — ob sie dieses will oder nicht — sowohl als eine Art Krisenforschung, aber auch als Modernisierungs- und Zukunftsforschung bewähren müssen (*Brock* 1989).

Aus der generellen Veränderung der Lebenslage und Lebensperspektive von Jugendlichen (besonders in den neuen Bundesländern) ergeben sich Aufgabenkataloge nicht zuletzt für die Jugendpolitik, um drohenden Desintegrationserfahrungen bei Jugendlichen entgegenzuwirken und Risikobereiche, wie z.B. den Übergang von der Schule in den Beruf, jugendpolitisch abzufedern. Zwar konnte der kurz vor der Öffnung der Mauer im November 1989 vorgelegte 8. Jugendbericht noch von einem „zurückgehenden Interesse an Jugendproblemen" (zumindest im Westen) ausgehen und von einem in der Öffentlichkeit weit verbreiteten Glauben sprechen, „der Aufwand für Jugendhilfe sei in den vergangenen Jahren hinreichend gewesen" (*BMJFFG* 1990, S. 16). In der Zwischenzeit hat jedoch die Vereinigung der beiden deutschen Staaten eine völlig neue Lage geschaffen und Jugendpolitik und Jugendhilfepolitik (nicht zuletzt auch mit Hilfe des neuen Kinder- und Jugendhilfegesetzes) zu einer vordringlichen Aufgabe werden lassen. Damit haben auch die Erwartungen an die Jugendforschung neuen Auftrieb erhalten.

Institutionell schlägt sich das (staatliche) Interesse an Jugendforschung nach der Vereinigung in der „Übernahme" eines (wenn auch kleinen) Teils des ZIJ durch das (große) DJI nieder, das nunmehr eine Außenstelle Leipzig unterhält. Aber auch die im Universitätsbereich angesiedelte Kindheits- und Jugendforschung hat das Thema Kindheit und Jugend im sich vereinigenden Deutschland als dringlich erkannt und erste Veröffentlichungen dazu vorgelegt (z.B. *Büchner/Krüger* 1991). Die Einrichtung eines Forschungsschwerpunktes „Deutsch-deutsche Kinder- und Jugendforschung“ bei der Deutschen Forschungsgemeinschaft macht zudem deutlich, daß mit der Vereinigung auch die Erwartungen an diesen Forschungszweig gestiegen sind. Schließlich gibt es bereits eine Reihe von mehr oder weniger gemeinsamen Bestandsaufnahmen über den Stand der Jugendforschung vor allem in der ehemaligen DDR, wo viele Projekte des ZIJ, aber auch anderer Einrichtungen (z.B. der Akademie der Pädagogischen Wissenschaften oder der Humboldt-Universität Berlin) ihre Ergebnisse vor der Wende nicht veröffentlichen konnten (z.B. ZSE (Beiheft) 1990, *Hennig/Friedrich* 1991, *Friedrich/Griese* 1991).

Erwähnenswert sind an dieser Stelle aber auch Anstrengungen der Jugendforschung, Jugendliche über die nationale Nabelschau hinaus im europäischen Kontext, d.h. als Betroffene und (Mit-)Träger des Integrationsprozesses in einem sich vereinigenden Europa zu sehen und dabei entstehende Probleme und Erfordernisse offenzulegen. Ob es sich dabei um den Strukturwandel der Jugendphase im interkulturellen Vergleich handelt (*Ferchhoff/Olk* 1988) oder um die Bedeutung von gesellschaftlichen Umbruchsituationen für die Lebensbedingungen Jugendlicher (*Melzer* u.a. 1991), überall steht die Frage nach den Auswirkungen der Modernisierung von Jugend im Kontext des beginnenden Europäisierungsprozesses im Vordergrund. Besonders wichtig erscheint in diesem Zusammenhang das Problem der Polarisierung und Regionalisierung von **Lebenslagen** und Lebensläufen von Jugendlichen einschließlich der damit verbundenen Lebenschancen und Lebensrisiken, wie sie sich aus dem Nord-Süd-Vergleich, aber nach dem Umbruch in Osteuropa auch aus dem Ost-West-Vergleich ergeben (*Chisholm* 1991).

Erste konkrete Forschungsansätze zu einer „gesamtdeutschen“ Sicht von Jugend und jugendlichen Wertvorstellungen und Zukunftsperspektiven liefern bereits vorliegende Befragungen wie jene erste deutsch-deutsche Schülerstudie (*Behnken* u.a. 1991), die freilich zwangsläufig noch zu einem recht pauschalen Urteil über Jugendliche im Prozeß der Vereinigung kommt: „Die sind ja genau wie wir!“ lautet die Pointe dieser Untersuchung, bei der erstmals nach Öffnung der Mauer west- und ostdeutsche Jugendforscher/innen einer gemeinsamen Fragestellung nachgegangen sind. Daß sich dieser erste Eindruck, daß Jugendliche hüben und drüben „anders und doch gleich“ sind, erst in weiteren intensiveren Studien zu einem differenzierteren Ganzen zusammenfügen und auch erhebliche Unterschiede zu Tage bringen wird, ist eine Vermutung, die sich aus einer Vielzahl von weiteren inzwischen vorliegenden Einzelstudien ergibt. Im folgenden soll versucht werden, einige solche differenzierende Aspekte herauszuarbeiten, um dabei auf Gemeinsamkeiten wie Unterschiede hinzuweisen und Fragen für künftige Studien im Feld der Jugendforschung anzudeuten.

2 Zur Problematik der gleichzeitigen Differenzierung und Homogenisierung von Lebenslagen und Lebenslaufmustern bei Jugendlichen

2.1 Familiale Lebensbedingungen: Ost-West-Disparitäten beim Einkommensniveau

Insgesamt müssen die privaten Haushalte in den neuen Bundesländern im Vergleich zum Westteil der Republik mit einem deutlich niedrigeren Lebensstandard zurechtkommen. In der Folge der neuen Tarifabschlüsse sind zwar die Löhne und Gehälter in den neuen Bundesländern z.T. kräftig (ca. 20 %) gestiegen, auch wenn sie in der Regel nur einen bestimmten Prozentsatz des Westniveaus erreichen (DIW-Wochenbericht 17 und 29/91). Zu Buche schlägt insbesondere das Kindergeld. Unter Einbeziehung der ebenfalls gestiegenen Steuer- und Sozialabgaben erreichen allerdings die durchschnittlichen Nettoeinkommen nur etwa 50 % des Westniveaus.

Dabei ist im Vergleich zu den alten Bundesländern zu berücksichtigen, daß in Anbetracht der auch nach der Vereinigung immer noch höheren Erwerbsbeteiligung der Frauen eine Reihe von Haushalten auf diesem Hintergrund ein vergleichsweise günstiges Einkommensniveau hat. Bei 4-Personen-Haushalten (2 Erwachsene/2 Kinder) lag 1989, also vor der Wende, das Durchschnittseinkommen bei 2231,— M, wobei immerhin rund 68 % dieser Haushalte über 2000,— M zur Verfügung hatte und damit über deutlich mehr als ein einzelnes Durchschnittseinkommen verfügte (Stat. Jahrbuch der DDR 1989). In diesen Zahlen schlägt sich die über 90 %ige Frauenerwerbstätigkeit in der DDR bis zur Wende nieder, die freilich seither mit zunehmendem Druck auf den Arbeitsmarkt deutlich zurückgeht. Auf der anderen Seite gilt es zu beachten, daß die ursprünglich relativ niedrigen Lebenshaltungskosten sich mehr und mehr dem westlichen Niveau annähern, so daß in Familien mit nur einem Erwerbseinkommen akuter Kostendruck entsteht. Und schließlich: große **Disparitäten** beim Erwerbseinkommen ergeben sich natürlich in Anbetracht der vielen Haushalte, die von Arbeitslosigkeit oder Kurzarbeit betroffen sind.

Wichtig ist auch, daß die Streuung der Haushalte nach Einkommenshöhe in den neuen Bundesländern wesentlich geringer ist: ca. 43 % der Osthaushalte gegenüber nur 17 % der Westhaushalte müssen ihren Lebensunterhalt mit weniger als 2000,— DM bestreiten, während höhere Einkommen in den alten Bundesländern deutlich häufiger zu finden sind. Man muß deshalb davon ausgehen, daß in Anbetracht der absehbaren wirtschaftlichen Entwicklung (Einkommensgewinner durch Entstehung eines „neuen" Mittelstandes, bei Fachkräften in expandierenden Modernisierungsbereichen auf der einen und Einkommensverlierer in den vom Strukturwandel negativ betroffenen Bereichen auf der anderen Seite) auf absehbare Zeit eine doppelte Polarisierung der Einkommenssituation fortbestehen wird: neben den West-Ost-Disparitäten wird es Disparitäten zwischen einer Gruppe von Haushalten geben, deren Einkommen sich schrittweise dem Westniveau angleicht, und einer großen Zahl von Haushalten, die auf der Verliererseite stehen und sich mit einem „halbierten" Lebensstandard am Rande der Armutsgrenze zufriedengeben müssen (*Hanesch* 1991).

2.2 Prekäre Beschäftigungslage in den neuen Bundesländern

Gewinner der Vereinigung im Hinblick auf die Arbeitsmarkt- und Beschäftigungslage sind eindeutig die westdeutschen Arbeitnehmer. Insofern werden wir auf absehbare Zeit mit einem deutlichen Ost-West-Gefälle bei der Beschäftigungslage rechnen müssen. Mit der nahezu totalen Übernahme des westdeutschen Wirtschafts- und Verwaltungssystems und der „Gleichschaltung" des Wissenschafts- und Bildungsbereichs nach westlichen Maßstäben ist es zu einer weitgehenden Destabilisierung der Beschäftigungslage in den neuen Bundesländern gekommen. Der weitreichende Beschäftigungseinbruch konnte zwar durch massive arbeitsmarktpolitische Maßnahmen und Sonderregelungen teilweise abgefedert werden, ohne daß damit aber die massenhafte Verunsicherung der Arbeitnehmer als Folge dieser Entwicklung vermieden werden konnte.

Vor allem jugendliche Berufseinsteiger sind von der Arbeits- und Ausbildungsmarktstrukturkrise besonders betroffen. „In der (ehemaligen) DDR erlernten 99 % aller weiblichen und männlichen Schulabgänger der allgemeinbildenden Schule einen Beruf oder besuchten eine weiterführende Bildungseinrichtung. Knapp 85 % wurde Facharbeiter." (*Bertram/Kasek* 1990, S. 61) Besonders diejenigen, die nach der Schule direkt in den Beruf bzw. die berufliche Ausbildung überwechseln wollen, haben nicht nur große Schwierigkeiten mit einer qualifizierten Berufsausbildung vor Ort, sondern sie finden in der Regel auch nur schwer einen ersten Arbeitsplatz (vgl. *Thiele* 1990).

Krasse Veränderungen gibt es für ostdeutsche Arbeitnehmer auch hinsichtlich der Arbeitsorganisation und der Anforderungen am Arbeitsplatz: in Anbetracht von zusätzlichen Pausen (nicht selten durch schlechtes Management erzwungen), Besorgungen und Einkäufe während der Arbeitszeit, verspäteter Beginn und früheres Ende der täglichen Arbeitstätigkeit hat ein junger Werktätiger real kaum „mehr als 30-35 Stunden pro Woche gearbeitet" (*Bertram/Kasek* 1990, S. 71).

Je nach Region und Wirtschaftszweig (z.B. Industrie-/Dienstleistungsbereich, Handel, Handwerk, Verwaltung, Landwirtschaft) ist eine unterschiedliche Betroffenheit festzustellen. Bis zur Vereinigung war noch die Hälfte aller Berufstätigen in der DDR weiblich; gut ein Viertel aller berufstätigen Frauen war teilzeitbeschäftigt. „1988 hatten 87 Prozent aller berufstätigen Frauen eine abgeschlossene berufliche Ausbildung. ... Spätestens seit Ende der 60er Jahre ist in der DDR von einer nach Geschlecht polarisierten Wirtschafts- und Berufsstruktur zu reden. Überproportional war der Frauenanteil im Sozialwesen (91,8 %), im Gesundheitswesen (83 %), im Bildungswesen (77 %), im Handel (72 %) und im Post- und Fernmeldewesen (68,9 %). Unterrepräsentiert waren Frauen in der Industrie, im Handwerk, in der Bauwirtschaft, in der Land- und Forstwirtschaft und im Verkehrswesen. Der Anteil der Frauen in leitenden Positionen betrug immerhin insgesamt ein Drittel, variierte aber stark nach Wirtschaftsbereichen und nahm generell mit der Höhe der Position deutlich ab. ... Männer waren hingegen die Hauptverdiener und Haupternährer in den Familien. Sie verdienten 25 bis 30 Prozent mehr als Frauen." (*Nickel* 1990, S. 21) Daß vor diesem Hintergrund der Gruppe der jungen Frauen (in Verbindung mit ihrem sozialen Status, ihrer Wohnregion und ihrer Familiensituation) ein besonderes Augenmerk auch der Jugendforschung gelten muß, liegt auf der Hand.

2.3 Gesellschaftliche Modernisierung und veränderte Anforderungsstrukturen an die Lebensplanung und -gestaltung von Jugendlichen

In Anbetracht der unterschiedlichen sozio-ökonomischen, aber auch politischen, kulturellen und ideologischen Ausgangsbedingungen in der ehemaligen BRD und der ehemaligen DDR sind die spezifischen Merkmale der Lebensphasen Kindheit und Jugend in den beiden Teilen Deutschlands sehr unterschiedlich, auch wenn es in manchen Lebensbereichen erstaunliche Ähnlichkeiten zu geben scheint. Während das Aufwachsen in der ehemaligen DDR von einer starken Institutionalisierung und ausgeprägten staatlichen Kontrolle des Alltagslebens geprägt war, läßt sich die Jugendphase in der BRD als weitgehend individualisiert beschreiben. In der ehemaligen DDR prägten Kinderkrippe, Kindergarten, Schule, Hort, Pionierorganisation, FDJ und außerschulisch organisierte Arbeitsgemeinschaften die Normalbiographie von Kindern und Jugendlichen. Sie scheint berechenbar und weitgehend vorgegeben durch institutionelle Eckdaten und zentrale Planungsgrößen und enthält vergleichsweise geringe Spielräume für eigene Entscheidungen.

Der Lebensverlauf der Heranwachsenden in der DDR war somit vergleichsweise einheitlich vorgegeben: Kinderkrippe, Kindergarten, 10-jährige allgemeinbildende polytechnische Oberschule, Berufsausbildung / Beruf (oder erweiterte Oberschule und Studium / Beruf), Familie gründen (im Durchschnitt mit etwa 23 Jahren).

Der Übergang von der Schule in den Beruf war vor der Vereinigung zentral geplant. „Das garantierte jedem Jugendlichen einen Ausbildungs- und Arbeitsplatz im Beruf — ‚einen', aber nicht unbedingt ‚seinen', wobei individuelle Berufswünsche durchschnittlich nur zu etwa 50 % in Erfüllung gingen (*Bertram / Kasek* 1990, S. 62 ff.).

Demgegenüber sind die vorschulische Kindheit und auch die Gestaltung des außerschulischen Tagesablaufs von Schülern in den alten Bundesländern abhängig von den Gestaltungswünschen und -möglichkeiten, über die ein Kind / Jugendlicher bzw. dessen Eltern verfügen. Kinder- und Jugendbiographien sind unter solchen Voraussetzungen offener und risikoreicher zugleich; sie enthalten größere biographische Wahlmöglichkeiten, zwingen aber bei aller (vermeintlichen) Unverbindlichkeit auch ständig zu Entscheidungen mit all den Belastungen und Folgerisiken, die damit verbunden sein können. Weitgehend vorgegebene „traditionelle" Bahnen bzw. Lebenslaufmuster also auf der einen, mehr oder weniger stark individualisierte, biographisierte Wege ins Erwachsenenleben auf der anderen Seite.

Gegenläufig zu den stärker institutionalisierten, verstaatlichten Sozialisationsprozessen in der ehemaligen DDR und hervorgerufen durch erkennbare Internationalisierungstendenzen im Freizeit-, Medien- und Konsumbereich fand jedoch für einen Teil der dort Heranwachsenden auch eine nischenhafte alltagskulturelle Modernisierung im privaten Lebensbereich und an den Rändern öffentlicher Räume statt (*Kühnel* 1991). Damit verbundene Individualisierungstendenzen beruhten aber offensichtlich auf deutlich anderen Lebensverhältnissen und Erfahrungszusammenhängen und äußerten sich auch in entsprechend anderen Handlungsweisen. Man kann also davon ausgehen, daß allgemeine kulturelle Modernisierungstrends auch schon vor der Wende in den neuen Bundesländern wirksam wurden und sich besonders im beobachteten Mentalitätswandel der

Jugendlichen niederschlugen (*Friedrich* 1990). Biographisch relevant werden solche Individualisierungstendenzen für ehemalige DDR-Jugendliche aber zumeist erst nach der Wende. Bis dahin war der vorgegebene Standardisierungsgrad des Kinder- und Jugendlebens noch zu hoch, als daß man von einer Biographisierung des Lebenslaufs nach westlichem Vorbild sprechen könnte.

Trotz zunehmender Individualisierung und Pluralisierung der Lebensformen in der alten BRD finden sich allerdings auch dort gegenläufige Entwicklungen. Eine Art „kollektive Individualisierung" läßt sich z.B. im Rahmen von organisierten und betreuten Formen der Gestaltung des außerschulischen Alltagslebens beobachten, die freilich nur einen Teil der Jugendlichen betreffen. Allgemein erkennbare Tendenzen der Verhäuslichung, der Mediatisierung, der Pädagogisierung des Kinder- und Jugendalltags oder weitreichende Probleme von Jugendlichen beim Übergang von der Schule in den Beruf signalisieren zugleich auch kollektive Betroffenheit durch gesellschaftliche Rahmenbedingungen. Insofern sind die Lebenslagen und Lebenskonzepte der Jugendlichen in den alten Bundesländern vergleichsweise weiter aufgefächert und lassen strukturelle Gemeinsamkeiten in der Lebenslage Jugendlicher teilweise zurücktreten (*Brock* 1989, S. 66). Die Jugendbiographie erscheint offener und unverbindlicher als ein Produkt eigener Entscheidungen und eigener Verantwortlichkeit, ohne daß dabei immer der „Zwang zum Selbstzwang" *(Elias)* erkennbar ist.

Die Auswirkungen der Vereinigung sind vor einem solchen Hintergrund für die Jugendlichen in Ost und West recht unterschiedlich einzuschätzen. Es wird zwar Annäherungen bzw. Angleichungen, aber auch Differenzierungen und Polarisierungen der Lebensverhältnisse und Lebensbezüge in Ost und West geben. Besonders in den östlichen Bundesländern wird der schlagartige Modernisierungsschub für viele Jugendliche nicht ohne Folgen bleiben und sie zumindest vorübergehend beim Vereinigungsprozeß auf die Verliererseite verweisen. Ökonomische Modernisierungsprozesse werden sich negativ auf die Ausbildungs- und Beschäftigungssituation von Jugendlichen auswirken und zu einer Polarisierung der Berufschancen (in mehrfacher Hinsicht) führen. **Kulturelle Modernisierungstendenzen** werden zu einer Erosion traditioneller Deutungsmuster und Verhaltensformen in Familie, Beruf und Freizeit führen und zu neuen Konstellationen im Hinblick auf Chancenstrukturen und Lebenslaufmuster führen.

Bezogen auf die allgemeinen Lebensbedingungen in den neuen Bundesländern wird sich die rasche **Verwestlichung** des Lebens in vielfältiger Weise auswirken und den dort im Vergleich zu den alten Bundesländern wesentlich schwächer ausgeprägten Individualisierungstrend erheblich beschleunigen. Die traditionelle Einbindung von Jugendlichen in Nachbarschaft, Schule (Betrieb) und Jugendorganisationen ist schlagartig in Frage gestellt, ohne daß neue Lebensbezüge in angemessener Weise zur Verfügung stehen. Gleiches gilt für den plötzlichen Wegfall des (wenn auch wenig geliebten) ideologischen Ideenhimmels; bisherigen Selbstverständlichkeiten wie „einfach mitmachen" (wenn auch mehr oder weniger distanziert) fehlt die Basis, das erforderliche Abwägen und Entscheiden für eine der vielen Möglichkeiten will erst gelernt sein.

Die zu erwartende Heterogenität in den Lebensentwürfen, Lebensformen und Biographieverläufen wird nicht ohne soziale Folgen für diejenigen Jugendlichen bleiben, die nicht die dafür erforderlichen materiellen und biographischen Ressourcen mobilisieren können. Zwar stecken in dieser Entwicklung in Anbetracht des erweiterten Repertoires an verfügbaren Optionen auch größere Entfaltungsmöglichkeiten. Aber es wird trotzdem vor allem auf die zur Verfügung gestellten Realisierungshilfen für entsprechende biographische Optionen ankommen, eine Voraussetzung, die vielfach nicht gegeben sein wird, so daß ein deutliches erhöhtes Belastungsniveau für die Jugendlichen in den neuen Bundesländern zu erwarten sein dürfte mit all den Risiken und potentiellen Chancenungleichheiten, die darin für die Betroffenen enthalten sind.

Für die Jugendforschung wird es in diesem Zusammenhang darauf ankommen, differenzierte Lebenslagenanalysen auf der Basis der verschiedenen Verursachungsfaktoren für soziale Disparitäten und Chancenungleichheiten zu erarbeiten und quasi präventiv entsprechende jugend- und sozialpolitische Maßnahmenkataloge zu erarbeiten, die sich auf die Schaffung einer notwendigen Infrastruktur für das jugendliche Alltagsleben bis hin zur Bereitstellung von Ausbildungs- und Arbeitsmöglichkeiten, aber auch Freizeit- und Weiterbildungsmöglichkeiten für die nachwachsende Generation beziehen. Im Sinne einer kinder- und jugendbezogenen Sozialberichterstattung setzt dies eine umfassende Bestandsaufnahme der Lebensbedingungen und der Lebenssituation von Kindern und Jugendlichen im deutsch-deutschen Vergleich voraus, um Unterschiede, aber auch Gemeinsamkeiten zum Ausgangspunkt für entsprechende jugend- und sozialpolitische Maßnahmenkataloge machen zu können. Allerdings wird es dabei darauf ankommen, notwendige Modernisierungsprozesse nicht weitgehend unter dem Anspruch der Verwestlichung der Lebensverhältnisse voranzutreiben.

3 Strukturwandel der Familie und veränderte familiale Lebensformen

Was schon eine ganze Zeitlang in den alten Bundesländern ein wichtiges Anliegen der Jugendforschung ist, wird nunmehr besonders für das sich vereinigende Deutschland zu einem vordringlichen Thema: die Auswirkungen von gesellschaftlichen Modernisierungsprozessen auf das Familienleben und den familialen Sozialisationsprozeß. Die Dringlichkeit gerade dieser Thematik ergibt sich aus der beobachtbaren Verunsicherung, die das Familienleben in den neuen Bundesländern erfahren hat. War die **Familie** bis zur Wende der bevorzugte Ort für die Bearbeitung von Lebensfragen und ein Ort für die psychosoziale Unterstützung und des Rückzugs gerade auch für Jugendliche, wird sie nun zum Ort, wo sich die Vereinigungsfolgen zuerst niederschlagen: soziale Unsicherheit, Arbeitslosigkeit, Einkommensdruck, Wohnungsprobleme, Mietendruck, Schulprobleme, Schließung von Kinderbetreuungseinrichtungen, beruflich länger abwesende Väter (und Mütter) und eine weitere Fülle von psychosozialen Belastungen (die sich nicht zuletzt auch auf die politische Vergangenheitsbewältigung beziehen).

Trotz aller altersbedingten Schwierigkeiten mit Erwachsenen wußte sich der überwiegende Teil der Jugendlichen im Vergleich mit anderen Sozialbezügen von den Eltern noch am gerechtesten behandelt (*Kühnel* 1991) und die Orientierung der Jugendlichen auf die Herkunftsfamilie war dementsprechend stabil (*Hoffmann* 1990, S. 50). Demgegenüber erlebten die Jugendlichen ihre Beziehungen zur Erwachsenengeneration in der Schule, aber auch im außerschulischen Bereich belastend und als hochgradig verfestigt, und sie begegneten diesen Institutionen mit großer Distanz. „Bei der Bewältigung alltäglicher Konflikte und Probleme blieben die Jugendlichen eher auf sich selbst verwiesen", denn der Alltag war weitgehend geprägt von einem scheinbar konfliktfreien Aneinandervorbeileben der Generationen." (*Kühnel* 1991, S. 32)

Trotz oder gerade wegen der weitreichenden und allumfassenden öffentlichen Kontrolle des Lebensalltags in der ehemaligen DDR hatte die Familie einen hohen Stellenwert nicht nur als Sozialisationsinstanz, sondern auch (wie schon erwähnt) für die allgemeine Lebenszufriedenheit. Wie wenig die staatlichen Sozialisationsinstanzen gegen den Einfluß der Familie ausrichten konnten, zeigt sich in den Mentalitätswandlungen der Jugend in der DDR in den Jahren vor der Wende (*Kabat vel Job* 1991). Der ab 1985 immer schneller und massiver verlaufende Verfall des „sozialistischen Bewußtseins" deutete sich in den Köpfen der Jugendlichen bereits an, bevor sich dieser Mentalitätswandel dann im Herbst 1989 gerade bei der jüngeren Generation in entsprechendes praktisches Handeln übersetzte: es war die Jugendforschung des ZIJ, die (ohne daß es die staatlichen Instanzen wahrhaben wollten) belegen konnte, daß sich seit Mitte der 80er Jahre bedeutende Wandlungsprozesse im Denken und Fühlen der jungen Generation vollzogen hatten, der sich dann im Zuge der revolutionären Ereignisse im November 1989 als **„Mentalitätsumbruch"** (*Friedrich*) erwies.

Dieser Mentalitätswandel scheint zum Teil Individualisierungstendenzen in den Köpfen der Heranwachsenden vorweggenommen zu haben, wie sie sich — wenn auch keineswegs in dem Ausmaß wie im Westen — in den verschiedensten Lebensbereichen und nicht zuletzt auch innerhalb des Familienlebens abzeichneten. Er kam zum Ausdruck in

- dem verstärkten Streben nach Individualität, Selbstverwirklichung und Selbstbestimmung;
- dem Bedürfnis nach Lebensgenuß und materiellen Besitz, verbunden mit autonomen Entscheidungsmöglichkeiten auch im Konsumbereich;
- dem Bedürfnis nach informellen Sozialkontakten u.ä. (*Friedrich* 1990).

Vor diesem Hintergrund dürfte die Einschätzung richtig sein, daß die Familie in der DDR „mehr und mehr zum Synonym für Freizeit und Privatsein, für eine breite Palette individueller Lebenstätigkeiten außerhalb der gesellschaftlichen Aktivitätsformen geworden (war)" (*Gysi* u.a. 1990, S. 34). In diesem Zusammenhang ist das relativ hohe Maß an Übereinstimmung zwischen Jugendlichen und ihren Eltern über die Verhaltensweisen Jugendlicher erwähnenswert, das trotz zunehmender Verselbständigung und Ablösung von der Herkunftsfamilie bestand (*Schmidt* 1991, S. 35). Besonders in Alltagsfragen (Schulverhalten, Berufsausbildung, Politik) richteten sich Jugendliche in der DDR häufiger nach ihren Eltern und sprechen den Eltern auch generell eine höhere Beratungskompetenz in verschiedenen Lebensbereichen zu (*Keiser* 1991, S. 237).

Die besonders im Jugendalter nicht unproblematische allgemeine Tendenz zu familienzentriertem Verhalten, zu familialer Abkapselung und Verhäuslichung, verbunden mit einer Vorstellung von Familie als „Gegenwelt" verliert nun mit der zunehmenden Verwestlichung des Lebensalltags an Bedeutung, ohne daß freilich erkennbar wäre, was an die Stelle dieser Familienorientierung des Lebens vieler Jugendlichen treten könnte. Im Gegenteil: viele Familien können ihre einstige Funktion noch viel weniger deshalb wahrnehmen, weil ein oder mehrere Familienmitglieder von Arbeitslosigkeit betroffen oder bedroht sind mit all den Folgewirkungen, die eine solche Entwicklung für das Familienleben hat.

Hinzu kommt der Wandel der Familien- und Lebensformen, wie er sich in den westlichen Ländern in den letzten 20 Jahren für alle deutlich sichtbar vollzogen hat und wie er — so ist zu vermuten — auch in den neuen Bundesländern in beschleunigter Form eintreten wird, nachdem sich ähnliche Tendenzen ja schon vor der Wende abgezeichnet haben. Immer weniger Menschen heiraten, aber immer mehr Ehen werden geschieden, während der prozentuale Anteil der unehelich geborenen Kinder seit Jahren zunimmt. So sank die Zahl der Eheschließungen in der ehemaligen DDR zwischen 1977 und 1987 von 142402 auf 124890 und stieg danach bis 1989 wieder leicht an auf 130990. Der allgemeine Trend kommt im Ansteigen des durchschnittlichen Heiratsalters zum Ausdruck. Es stieg von 26,5 (1979) auf 28,8 (1988) (*Kabat vel Job* 1990, S. 38).

In den alten Bundesländern kommt auf jede dritte neugeschlossene Ehe eine Ehescheidung; in der bisherigen DDR liegen die Zahlen etwas höher (ca. 38 %). Die Ehescheidungen in der DDR haben sich zwischen 1960 und 1986 von 24540 auf 52439 mehr als verdoppelt. 1988 lagen sie bei 49480 (BRD: 128729). Unter den Ende der 80er Jahre Eheschließenden in der ehemaligen DDR befanden sich etwa 20 % bereits geschiedene Partner.

Aus dem bisher vorliegenden empirischen Material über die familiale Lebenswelt von Heranwachsenden zeigen sich allerdings trotz dieser spezifischen Betroffenheit andererseits auch erstaunlich viele Parallelen zwischen ost- und westdeutscher Familienentwicklung. Sowohl der Wandel der Familienstruktur als auch die familialen Lebenslagen in der ehemaligen DDR weisen bei allen Unterschieden überraschende Ähnlichkeiten mit der Entwicklung in den alten Bundesländern auf.

Wie in den alten Bundesländern ist ein Trend zur Ein- bzw. Zwei-Kinder-Familie beobachtbar; Kinder werden zur „Mangelware". Entsprechend kindzentrierter wird das Familienleben — zumindest vom Anspruch her: Die Erziehungsvorstellungen sind moderater geworden, Kinder haben mehr Mitspracherechte, Eltern neigen mehr zu Ermahnungen, es gibt weniger Strafen. Die auf Kinder bezogenen Kontrollen werden indirekter; es gibt eigene Gestaltungsräume für Jugendliche (*Behnken* u.a. 1991). Das Aufwachsen mit mehreren Geschwistern ist besonders in den alten Bundesländern eine vergleichsweise seltene Erfahrung, weil es nur noch wenige „große" Familien gibt: der Anteil der Kinder, die ohne oder nur mit einem Geschwister aufwachsen, stieg von 66 % (1961) auf 80 % im Jahr 1987 (*BMJFFG* 1990, S. 37).

Dabei ist der Trend zur Ein- bzw. Zweikinderfamilie in den Verdichtungsräumen sowie den urbanen Zentren besonders ausgeprägt, wobei noch hinzukommt, daß sich dort auch die Wohnbezirke mit der geringsten Kinderzahl finden (kinderarme und erwachsenenzentrierte Lebenssituation). Betrachtet man den innerhalb eines Jahres in den neuen Bundesländern eingetretenen (sicherlich stark von der Wende beeinflußten Geburtenrückgang um rund 40 % (von ca. 200000 auf jetzt 135000 jährliche Geburten), so ist darin u.a. auch eine Reaktion der Menschen auf die gravierende Zuspitzung bei der Verknappung der Kinderbetreuungseinrichtungen zu sehen. Hier sind dringend Bedarfsanalysen sowie entsprechende Entwicklungsmodelle erforderlich, um der akuten Notsituation entgegenzusteuern.

Ende der 80er Jahre lebten etwa 25 % aller 18- bis 30jährigen in der DDR in einer nicht-ehelichen Lebensgemeinschaft. Dies steht im Zusammenhang mit dem Anstieg der unehelichen Geburten (*Kabat vel Job* 1990, S. 38). Allerdings sind „Nichtehelichengemeinschaften ... in der DDR noch mehrheitlich Problemehen. Der Anteil derer, die mit dieser Lebensform eine Abkehr von der Ehe demonstrieren, scheint gegenwärtig noch unter 10 % zu liegen" (*Gysi* u.a. 1990, S. 38). Alternative Lebensformen sind bisher weitgehend nicht existent, dürften aber in Zukunft an Bedeutung gewinnen — und sei es aus der Notwendigkeit heraus, die weggefallenen Kinderbetreuungsmöglichkeiten „privat" aufzufangen.

Die Zahl der Alleinerziehenden ist vermutlich ebenfalls vergleichbar: etwa 10 % der 13- bis 16jährigen DDR-Jugendlichen lebten 1988 bei einem alleinerziehenden Elternteil. 13 % dieser Altersgruppe lebte in einer Stiefeltern-Familie. In den alten Bundesländern geht man davon aus, daß Ende der 80er Jahre ca. 80 % aller Kinder bis zum 15. bzw. 18. Lebensjahr bei ihren leiblichen Eltern aufwachsen; 10 % wachsen mit nur einem Elternteil heran, weitere 10 % wachsen bei Stiefeltern auf (*BMJFFG* 1990, S. 37). Dabei wächst die Zahl der Alleinerziehenden auch in den neuen Bundesländern und ist im großstädtischen Bereich schon für über ein Viertel aller Schüler und Schülerinnen Realität (*Steiner* 1991, S. 23).

Die außerordentlich hohe Bedeutung der Familie als Sozialisationsinstanz wird aus folgenden Befragungsergebnissen deutlich, wobei die Interaktionsqualität in der Familie, besonders aber die Qualität der Partnerbeziehungen einen hohen Stellenwert haben: bei positiv erlebten elterlichen Partnerbeziehungen fühlen sich 74 % der Jugendlichen in ihrer Familie ohne Einschränkungen wohl, bei gestörten Beziehungen der Eltern sind dies nur 7 % (*Kabat vel Job* 1991, S. 40). Insgesamt war auch in der ehemaligen DDR ein hohes Maß an kindzentriertem Elternverhalten ("Überkonzentration elterlichen Interesses auf den Nachwuchs") beobachtbar (*Gysi* u.a. 1990, S. 35).

Eine gegenläufige Tendenz kommt allerdings in der als besorgniserregend charakterisierten Tatsache zum Ausdruck, daß ehemalige DDR-Familien eher „Versorgungs- und Erledigungsgemeinschaften" glichen, in denen die Lebenssicherungsfunktion der Familie im Vordergrund stand und dabei die emotionale Hinwendung der Familienmitglieder zueinander nicht selten zu kurz kam (*Gysi* u.a. 1990, S. 36). Die allgemeine Entwicklungstendenz der (Klein-)Familie hin zur „Beziehungsgemeinschaft" fand also in den objektiv vorgegebenen Lebensverhältnissen der ehemaligen DDR ihre Grenzen. Beispielsweise waren immerhin 21 % der Väter und 16 % der Mütter von Schichtarbeit betroffen, was zwangsläufig auf die Organisation des Familienlebens zurückwirken muß.

Ähnlich verhält es sich mit dem Wandel der **Geschlechterrollen**, wo die erklärte Gleichberechtigungsideologie im konkreten Alltag in Familie und Beruf ihre Grenzen fand. So ging die geschlechtsspezifische Arbeitsteilung zu Lasten der Frau im Bereich der Hausarbeit (drei Viertel der häuslichen Arbeiten verrichteten in der DDR Frauen), wobei von einer nahezu vollständigen Erwerbstätigkeit und einer damit verbundenen weitgehenden ökonomischen Unabhängigkeit der Frau (91 %) auszugehen ist.

In den alten Bundesländern haben „nur" etwas mehr als 40 % aller Kinder unter 15 Jahren Mütter, die erwerbstätig sind, wobei man von einer regional sehr unterschiedlichen Verteilung ausgehen muß. Der Anteil der Teilzeitarbeit ist dabei vergleichsweise hoch. Hier werden ebenfalls besonders in den neuen Bundesländern gravierende Veränderungen bevorstehen, wobei erneut die Kinderbetreuungsangebote eine Schlüsselrolle spielen dürften. In den neuen Bundesländern ist die heutige Generation junger Frauen jedenfalls stark auf Bildung, Erwerbstätigkeit und Vereinbarkeit des Berufes mit der Familie eingestellt. „Nach einer Repräsentativbefragung vom Frühjahr 1990 meinen nur 19 % der 14- bis 34-jährigen, Frauen sollten lieber wieder Hausfrau sein, wenn die Ehemänner gut verdienen (*Bertram/Kasek* 1990, S. 67).

Veränderungen sind auch bei den Wohnverhältnissen der Heranwachsenden in den neuen Bundesländern zu erwarten, die sich freilich besonders deutlich von den Altersgleichen im Westen nach Größe und Ausstattung unterscheiden dürften. Kinderzimmer haben im städtischen Wohnbereich immerhin etwa 3 / 4 aller Kinder, wobei offen bleibt, ob sie es mit Geschwistern teilen müssen oder nicht.

Besonders zuspitzen dürfte sich bei der allgemeinen Wohnungsnot die Lage der Ausländerjugendlichen. Aus den alten Bundesländern ist bekannt, daß es dort eine deutliche räumliche Segregation und Marginalisierung besonders von Ausländerfamilien gibt. Infolge der regional unterschiedlichen ethnischen Zusammensetzung der Wohnbevölkerung in bestimmten (zumeist unterdurchschnittlich ausgestatteten) Wohngebieten kommt es in einem solchen Kontext zur Konzentration von Ausländerkindern und -jugendlichen in bestimmten Schulbezirken und Freizeiteinrichtungen. In dieser Hinsicht besteht die Gefahr, daß sich Entwicklungen wiederholen, die bereits in den alten Bundesländern zu problematischen Folgen geführt haben.

Auch in den neuen Bundesländern haben sich die Vorstellungen über moderne familiale Lebensformen in den letzten 15 - 20 Jahren verändert. Unter Jugendlichen wird zwar die Ehe nach wie vor als die eindeutig dominierende, aber nicht mehr ausschließliche Form des Zusammenlebens eingeschätzt. Etwa 20 - 30 % der Jugendlichen in den neuen Bundesländern ziehen zumindest eine feste Lebensgemeinschaft ohne Ehe in Betracht (*Starke* u.a. 1990). Nachdem das Hauptargument für eine frühe Eheschließung, die Zuweisung einer Wohnung, nach der Wende entfallen ist, bleibt abzuwarten, ob das durchschnittliche Alter für die erste Eheschließung auf das westdeutsche Niveau ansteigt. Ähnliches ist in bezug auf die vergleichsweise frühe Geburt des ersten Kindes zu erwarten, nachdem die günstigen staatlichen Betreuungsmöglichkeiten als Voraussetzung dafür weitgehend entfallen sind.

Ähnlich wie in den westlichen Bundesländern ist auch ein Verlust der Modellfunktion der Eltern beobachtbar: bei den 14jährigen wollten 1970 noch 51 % ihre Kinder einmal genauso erziehen, wie sie selbst erzogen worden sind; 1988 wollten dies nur noch 14 % (*Kabat vel Job* 1990, S. 41). Auch die Rolle der Eltern als Vertrauenspersonen bei Problemen nahm stark zugunsten der Bedeutung der Gleichaltrigen ab.

Es bleibt abzuwarten, ob **Verwestlichung** auch bedeutet, daß sich Lebensbedingungen und Sozialverhalten allmählich dem bundesdeutschen Lebensstil und -verständnis angleichen. Diese Frage ist besonders für die junge Generation interessant, weil hier noch die größten Spielräume zu einer Neuorientierung des Lebens gegeben sein dürften. In jedem Fall ist mit einem Pluralisierungsschub bei den Lebens- und Familienformen zu rechnen.

4 Zur Sozialisationswirkung der Verwestlichung des Bildungswesens

Mit Beginn des Schuljahrs 1991 / 92 werden die alte Polytechnische (10jährige) Oberschule (POS) und die auf ihr aufbauende Erweiterte Oberschule (EOS) aufgelöst und durch das vertikal gegliederte Schulsystem westlicher Prägung ersetzt: neben Grundschulen wird es vor allem Gymnasien, Realschulen und Hauptschulen als Regelschulen geben, ergänzt um Gesamtschulen und Schulen in freier Trägerschaft, je nach länderspezifischer Schulgesetzgebung. Die Einführung des westdeutschen Schulsystems in den neuen Bundesländern wird für die Schüler / innen erhebliche Anstrengungen bei der Um- bzw. Neuorientierung im Schulbereich erforderlich machen, werden doch den Schüler / innen nicht nur neue Schulstrukturen zugemutet, sondern zugleich auch Einrichtungen übergestülpt, die strukturell keinerlei Anbindung an vorhandene Traditionen bieten. Dieser Umorientierungsdruck ist gerade für Jugendliche vor dem Hintergrund bisheriger Erfahrungen zu sehen, wo der Lehrer nicht nur den Schülern, sondern selbst den Eltern die Richtung weitestgehend vorgab. In Anbetracht der bisherigen Verkehrung der Positionen weit über die Schule oder die FDJ hinaus — der Verkäufer dominierte den Käufer, der Ober beherrschte den Gast, der Handwerker regierte den Kunden (*Schröder* 1990, S. 169) — ist gerade für Jugendliche ein erhebliches Umlernen erforderlich, um eine eigene selbstverantwortliche Rolle bei der Gestaltung des schulischen und außerschulischen Alltagslebens erfolgreich übernehmen zu können.

Die Bedingungen schulischer Sozialisation haben sich grundlegend verändert, Schüler und Schülerinnen müssen neue Formen der Disziplin, der Selbsttätigkeit / Selbständigkeit, der Auseinandersetzung mit Lerninhalten lernen. „Die Lernmotivation älterer Schüler und Schülerinnen hat häufig nachgelassen, eine gewisse Schulmüdigkeit breitet sich aus." (*Friedrich* 1991, S. 229) Die individuelle Bildungs- und Schullaufbahnplanung verliert ihre bisherige Übersichtlichkeit und Verläßlichkeit. Der bisher erfahrene Grad an Sicherheit und Vorhersagbarkeit der Bildungs- und Berufslaufbahn wird abgelöst von Unwägbarkeiten und Risiken, die mit schulischen und beruflichen Wahlentscheidungen notwendig verbunden sind. Auch hier eröffnen sich also neue Chancen, aber es müssen auch eine Reihe von Belastungen und Risiken in Kauf genommen werden, die es zu erkennen und zu bearbeiten gilt.

„Leistung" im verengten Wortsinn von unmittelbar „in Zensuren übersetzbare" Schulleistung unter individuellen Konkurrenzbedingungen wird besonders für den Weg zum Abitur zum maßgeblichen Erwartungshorizont für viele Schüler / innen werden. Immerhin besteht in den neuen Bundesländern ein großer Nachholbedarf an höheren Abschlüssen! Statt bisher ca. 10 % werden künftig mehr als 35 % eines Schülerjahrgangs eine gymnasiale Schullaufbahn einschlagen (vgl. *Budde / Meergans* 1991, S. 28). Hinzu kommt die Tatsache, daß in den neuen Bundesländern bereits nach 12 Jahren das Abitur erreicht werden kann und muß. Vor diesem Hintergrund ist ein hohes Belastungsniveau beim schulischen Lernen kaum zu vermeiden mit all den möglichen Folgen für die Bildungslaufbahn und den Lebensalltag der Betroffenen. Zwangsläufig werden zudem eher individualistische Motive und Verhaltensweisen die Oberhand gewinnen und die Abschwächung solidarischer Beziehungen begünstigen (vgl. auch *Friedrich* 1991, S. 229).

In Anbetracht der Vielzahl der kurzfristig zu bewältigenden Aufgaben bei der Neuordnung des Schulwesens ist absehbar, daß ein Großteil der Reformanstrengungen zunächst für eine Renovierung der „bel etage" des Schulsystems verbraucht werden, die so schnell wie möglich ihre Konkurrenzfähigkeit mit den entsprechenden Schulen im Westen und nicht zuletzt auch im europäischen Wettbewerb unter Beweis stellen muß. So ist zu befürchten, daß nicht direkt fachbezogene Lerninhalte zu wenig Beachtung finden. Der alte (scheinbare) Widerspruch zwischen formalem (fachbezogenem) Bildungsauftrag des Gymnasiums auf der einen und sozialen und praktisch-kulturellen

Lernerfordernissen auf der anderen Seite droht sich auf diesem Hintergrund zuzuspitzen mit all den zu befürchtenden Sozialisationswirkungen, die sich aus einer solchen Situation ergeben. Dies nicht zuletzt auch im Hinblick auf eine wohl kaum durchsetzbare Erhaltung des Gedankens einer Nachbarschaftsschule, die sich gegenüber der Lebenswelt der Region öffnet und eine Verbindung von schulischem und außerschulischem Lernen anstrebt.

Weitaus besser als vor der Wende sind wir heute darüber informiert, daß auch in der ehemaligen DDR Bildungschancen und damit verbundene Berufschancen abhängig von der sozialen Herkunft waren. Kinder von leitenden Angestellten (mit Hoch- oder Fachschulabschluß) hatten in den 80er Jahren in der DDR doppelt so hohe Chancen wie Kinder von Produktionsarbeitern. Aufgrund einer frühzeitigen Vorstrukturierung von Bildungs- und Berufschancen erwiesen sich Laufbahnen als ausgesprochen statisch und wenig mobilitätsoffen, was sich auch auf die entsprechenden Aspirationsniveaus niederschlug (*Kühnel* 1990, S. 111). Auch hier wird zwangsläufig ein Umdenken einsetzen (müssen), was für bestimmte Gruppen von Kindern und Jugendlichen zu erhöhten Belastungen führen wird, weil sich lediglich die Konkurrenzsituation verschärfen wird, ohne daß gleichzeitig Lernformen und -inhalte sowie Leistungsbewertungskriterien einer kritischen Prüfung unterzogen werden.

Für beide deutschen Teilgesellschaften gilt: je jünger die jeweilige Alterskohorte, desto höher der formale Bildungsabschluß (im Generationenvergleich). Aus geschlechtsspezifischer Sicht läßt sich aus den Zahlen der ehemaligen DDR erkennen, daß die Mädchen gegenüber den Jungen bei den höheren Bildungsabschlüssen aufgeholt haben und es im Hinblick auf den Bildungsabschluß keine nennenswerten geschlechtsspezifischen Unterschiede mehr gibt. Von den jährlich rund 26000 Studierenden, die Ende der 80er Jahre ein Hochschul(direkt)studium aufgenommen haben, sind ebenfalls rund die Hälfte Frauen. Gleichwohl sieht es mit der Chancengleichheit der Geschlechter spätestens beim Übergang in den Beruf ganz anders aus. Insofern ist es nicht nur an dieser Stelle wichtig zu betonen, daß sich Jugendforschung auch im vereinten Deutschland nicht auf Jungenforschung beschränken darf.

Die bislang hohe Standardisierung und Vorstrukturierung der schulischen Sozialisation steht in engem Zusammenhang mit der Gestaltung von Schule und Schulleben. Nachdem auch im außerunterrichtlichen und außerschulischen Lernbereich viele Möglichkeiten zu sozialem und kulturellem Lernen außerhalb des Familienlebens entfallen sind und neue Institutionen (Angebote von Verbänden, Vereinen, öffentlichen und freien Trägern) erst langsam entstehen und auch angenommen werden, kommt dem Feld der schulischen Sozialisation in der nahen Zukunft eine besondere Bedeutung zu. Neben der Schulforschung muß hier gerade auch die Jugendforschung ihre Aufmerksamkeit hinlenken, weil die ohnehin manchmal bedauerliche „Arbeitsteilung“ zwischen diesen beiden Forschungstraditionen hier in besonderem Maße fatale Konsequenzen hätte.

Für die Gruppe der Studierenden ist mit der Vereinigung eine völlig neue Lage entstanden. Vor der Wende erhielten alle Studierenden unabhängig von der finanziellen Situation ihrer Herkunftsfamilie ein monatliches Grundstipendium von 200,— Mark. Das waren rund drei Viertel des monatlichen Durchschnittsbudgets aller Studierenden. Ebenfalls drei Viertel aller Studierenden wohnten während des überwiegenden Teils ihres Studiums in Studentenwohnheimen (in denen die Zimmer im Durchschnitt mit drei Bewohnern belegt waren). „Besser“ dran waren die vielen verheirateten Studierenden (am Studienende fast die Hälfte), denen entsprechende Wohnheimplätze zugewiesen wurden. Allerdings relativiert sich diese Tatsache, wenn man bedenkt, daß Ende der 80er Jahre 33 % der Studentinnen bzw. 43 % der Studenten Mutter oder Vater wurden (*Bathke* 1990, S. 87); hier wird es neben finanziellen Problemen sowohl im Wohn- als auch im Betreuungsbereich akute Engpässe geben.

Die Studierquote in der DDR lag beträchtlich unter derjenigen in der BRD, die 3,4 mal so viele Studenten (gemessen an der jeweiligen Bevölkerungszahl) aufweist. Das Verhältnis von Lehrenden zu Studierenden lag in der DDR bei 1:5,4, während die BRD mit 1:18 bzw. 1:33 (Fachhochschulen) deutlich schlechter abschneidet. Eine weitere Besonderheit ist die Tatsache, daß in der DDR jeder vierte Immatrikulierte nach der 10. Klasse eine dreijährige „Berufsausbildung mit Abitur" absolviert hatte.

Die Hochschulzulassung war von der im Abiturzeugnis erreichten Durchschnittsnote abhängig, wobei die Loyalität zum politischen System (gesellschaftliche Aktivitäten) vorausgesetzt wurde. In Anbetracht der „Inflation von Bestnoten in der Volksbildung", wodurch die „erhöhte Leistungsfähigkeit des einzelnen, der Klasse, der Schule und des gesamten Bildungssystems" bewiesen werden sollte, gehörte der Kampf um „makellose Notendurchschnitte für den Hochschulzugang" zum Schulalltag. „Je besser die Durchschnittsnote, desto größer die Chance, z.B. in Medizin, Veterinärmedizin, Architektur, Psychologie oder auch Soziologie angenommen zu werden" (*Bathke* 1990, S. 79f.).

Entgegen der offiziell vorgegebenen Ideologie der Chancengleichheit (“Arbeiter- und Bauernfakultäten") gab es auch im Hochschulwesen der ehemaligen DDR deutliche soziale Ungleichheitsmuster zu Lasten von Arbeiterjugendlichen. „Gegenüber Jugendlichen vergleichbaren Alters haben die Eltern von Hochschulstudenten ein entschieden höheres Bildungs- und Qualifikationsniveau, üben im beruflichen Arbeitsprozeß dementsprechend häufiger Leitungsverantwortung aus, sind bzw. waren besonders häufig parteipolitisch (vor allem in der ehemaligen SED) gebunden und haben ihren Wohnsitz häufiger in Kreis- oder Bezirksstädten und in der Hauptstadt." (*Bathke* 1990, S. 81)

Die unmittelbar nach der Wende in Gang gekommene **Hochschulsozialisationsforschung** muß in diesem Kontext weitergetrieben werden und sich nicht zuletzt über einen Ost-West-Vergleich vor allem jener Folgeprobleme annehmen, die sich aus der Erneuerung der Hochschulen in den neuen Bundesländern ergeben.

5 Freizeit und alltagskulturelle Verhaltensmuster

In bezug auf die alltagskulturellen Verhaltensmuster von Jugendlichen in der DDR muß man in besonderer Weise von einer starken Orientierung an westlichen Vorbildern ausgehen. Dabei war es nicht nur die — aus ehemaliger DDR-Sicht — mehr oder weniger deutliche Überzeugungskraft westlicher Kultur- und Konsummuster, sondern auch die damit verbundene Möglichkeit, auf diese Weise gegen die Obrigkeit und deren Bevormundungsversuche zu opponieren (*Lindner* 1991, S. 99). Dies nicht zuletzt auch deshalb, weil es permanente Auseinandersetzungen auf den verschiedensten Ebenen über die von den staatlichen Organen akzeptierten bzw. nicht akzeptablen jugendkulturellen Ausdrucksformen gab.

Empirische (Längsschnitt-)Daten liegen vor allem über die Nutzung der freien Zeit durch Jugendliche in der DDR vor. Daraus geht eine große Kontinuität des **Freizeitverhaltens** Jugendlicher hervor, und zwar relativ unabhängig von den gesellschaftlichen Veränderungen. Trotzdem muß man für die letzten Jahre von einem gestiegenen Ausstattungsniveau mit technischen Gütern und Unterhaltungselektronik ausgehen. Besonders die (weit verbreiteten) Medien konstituierten schon vor der Wende die soziokulturelle Folie für Handlungs- und Erfahrungsbezüge, für die Entwicklung von Lebensgefühl, Fluchtphantasien und symbolischen Bewältigungsstrategien angesichts des Legitimationsverfalls staatlicher Regelungen und Angebote (*Lindner* 1991).

In der Beliebtheitsskala ganz oben liegt das Hören von Musik, was mit einer deutlichen Ausrichtung an internationalen Musiktrends verbunden ist. Obwohl die medientechnische Ausstattung mit Radios, Recordern und Walkman bereits vor der Wende erstaunlich gut war, dürfte hier die Wende zu einer weitgehenden Vervollkommnung der Ausstattung beigetragen haben. Wenn sie nicht selbst Besitzer einer entsprechenden Ausrüstung sind, verfügen inzwischen nahezu alle Jugendlichen über Nutzungsmöglichkeiten in der Familie. Insofern dürfte die Medienzentriertheit des Freizeitverhaltens hüben wie drüben entweder noch weiter zunehmen oder sich auf einem relativ hohen Niveau einpendeln.

Beginnend in den 70er Jahren hatte sich in der DDR bis hinein in die 80er Jahre eine Jugendclub-Bewegung entwickelt, die allerdings mehr und mehr von der FDJ gesteuert und kontrolliert wurde und zum Aufbau von zuletzt über 10000 Jugendclubs geführt hat. Nach vielfältigen, zumeist auch ideologisch geprägten Auseinandersetzungen über die Inhalte der Clubarbeit und die Gestaltung der Clubprogramme ging die Entwicklung vor der Wende dahin, sich überwiegend auf Discoveranstaltungen zu beschränken. „Wer Platz für den freien, ungezwungenen Meinungsaustausch in der Freizeit suchte, dem blieb oft nur der Weg in christliche Jugendgemeinden, unabhängig davon, ob er gläubig war oder nicht.“ (*Lindner* 1991, S. 104)

Insgesamt scheinen die kulturellen Bedürfnis- und Interessenstrukturen unter Jugendlichen seit Jahren relativ stabil zu sein, so daß es keine gravierenden Orientierungsprobleme geben wird, auch wenn vielfach die notwendigen Voraussetzungen fehlen. Insofern bedeutet die Verwestlichung der kulturellen Szene in den neuen Bundesländern auch kein Schockerlebnis, sondern vielmehr ein fast selbstverständliches Sich-Bedienen mit den neuen Möglichkeiten, sofern nur die Voraussetzungen gegeben sind (*Lindner* 1991, S. 113). „Das Hören von Musik (insbesondere Rockmusik), das zwanglose, lockere Zusammensein mit Freunden, der Besuch von Tanzveranstaltungen und Discotheken, das Lesen von Romanen und Erzählungen, sowie Fernsehen, Kino und Sporttreiben bilden seit annähernd 20 Jahren die zentralen Bezugspunkte jugendlichen Freizeitverhaltens.“ (*Lindner* 1991, S. 106)

Gravierende Veränderungen sind im Hinblick auf den Organisationsgrad der Jugendlichen in den neuen Bundesländern eingetreten. Bis zur Wende waren immerhin 95 % aller Schüler und Schülerinnen über 14 Jahre Mitglied der FDJ. Inzwischen hat der Organisierungsgrad mit 37 % „Westniveau“ erreicht, auch wenn sich die Art der Organisationen und Vereine deutlich voneinander unterscheiden (*Behnken* u.a. 1991, S. 150).

Die größte organisatorische Einbindung von Jugendlichen (Ost wie West) ist im Feld des Sports zu verzeichnen. Da auch in der DDR starke kommunikative, gruppenbildende Effekte vom gemeinsamen Sporttreiben ausgingen (*Lindner* 1991, S. 106) wird es darauf ankommen, dafür die vielfach zerstörte Infrastruktur schnell wiederherzustellen. Dies gilt auch für die Voraussetzungen für den Besuch öffentlicher kultureller Veranstaltungen (Konzerte, Theater, Sport- und Kinoveranstaltungen, Ausstellungen), wo die teilweise erheblichen Preissteigerungen nach der Währungsunion eine große Barriere gerade auch für Jugendliche darstellen. Insgesamt gilt es, in den neuen Bundesländern eine bisher nicht existierende plurale Jugendverbandsstruktur zu etablieren. Allerdings steht bei Jugendlichen im Westen nicht mehr die kollektive Vertretungs- und Sinnstiftungsfunktion im Vordergrund, sondern vielfältige gebrauchswert- und dienstleistungsorientierte Interessen. Jugendverbandsarbeit wird nur dann für die jugendlichen Adressaten attraktiv sein, „wenn es gelingt, ein klares Aufgabenprofil öffentlich vorzuweisen, das mit einem spezifischen Sachinteresse von Jugendlichen korrespondiert" (*Krüger* 1991, S. 220).

Insgesamt ist die Verschlechterung der außerfamilialen **Freizeitsituation** für Jugendliche in den neuen Bundesländern auch für Mädchen und junge Frauen besonders problematisch. „Freizeitgruppen sind Tauschzentralen für geschlechtstypische Generationenerfahrungen" (*Nickel* 1990, S. 28). Der Erwerb von geschlechtstypischen Verhaltensmustern und geschlechtstypischem Alltagswissen ist besonders eng verknüpft mit den Sozialisationserfahrungen, die Jugendliche im Freizeitbereich machen. Sind hier die Voraussetzungen schlecht, dann trifft dies Mädchen und Frauen besonders hart, weil Studien über geschlechtsspezifisches Freizeitverhalten immer wieder belegen, daß Mädchen und junge Frauen ohnehin eher dazu neigen, sich in die häusliche Privatsphäre zurückzuziehen.

6 Politische Orientierungen bei Jugendlichen und das Problem des Rechtsextremismus unter Jugendlichen

Die politische Wende in der DDR ist besonders für Jugendliche eine prägende Generationserfahrung. Quasi flächendeckend wurden Jugendliche aus bis zur Wende überschaubaren und gut kalkulierbaren (wenn auch wenig zufriedenstellenden) Lebenslagen herausgerissen und mit neuen Lebensverhältnissen und Problemsituationen konfrontiert. „Das führte bei einem großen Teil junger Leute, besonders auch aus den gut gebildeten Schichten, zu politischen Orientierungskrisen. Viele zogen sich daraufhin auf eine unpolitische Haltung zurück, sind desinteressiert, andere vertreten linksorientierte oppositionelle Positionen, ein kleiner, aber anwachsender Teil (bei Schülern und Schülerinnen 10 bis 15 %) sympathisiert mit politisch rechtsgerichteten Standpunkten." (*Friedrich* 1991, S. 228)

Während die deutsch-deutsche Schülerbefragung keine Bestätigung für die These fand, daß der **Rechtsextremismus** unter DDR-Jugendlichen zunimmt, stimmt der hohe Grad an Ausländerfeindlichkeit unter Jugendlichen in den neuen Bundesländern bedenklich: immerhin 42 % (alte Bundesländer 26 %) der Jugendlichen empfinden Ausländer als störend (*Keiser* 1991, S. 239). Daß hier Konkurrenzangst im Hinblick auf Arbeitsplätze und Wohnraum eine gewichtige Rolle spielen, liegt auf der Hand.

Gleichwohl sind vorschnelle und verkürzte (wenn auch vordergründig plausible) Erklärungsansätze gefährlich. So weist *Heitmeyer* (1991) zu Recht darauf hin, daß die Erfahrungsbasis der Jugendlichen in den neuen Bundesländern im Vergleich zu jenen im Westen eine andere ist. „Jugendliche im Westteil können bzw. müssen weiterhin mit der sich weiter mit hoher Geschwindigkeit individualisierenden Gesellschaft zurechtkommen, während Jugendliche im östlichen Teil auf den strukturellen Trümmern einer formierten Gesellschaft mit ihren sozialisatorischen und biographischen Nachwirkungen den Übergang der „gewollten Vereinnahmung" in die individualisierte Gesellschaft schaffen müssen" (*Heitmeyer* 1991, S. 250). Was das für das Entstehen und die Bekämpfung von Ausländerfeindlichkeit und auch Rechtsextremismus bedeutet, bedarf also dringend weiterer und vor allem intensiverer Aufmerksamkeit insbesondere auch seitens der Jugendforschung (vgl. dazu auch *Castner / Castner* 1989). Allein die Bereitstellung von Stellen für die Sozialarbeit mit Jugendlichen durch die Bundesregierung — so wichtig diese Maßnahme auch sein mag — steht auf einer inhaltlich-sachlich zu wenig ausgereiften Grundlage, um mit dem Problem „Rechtsextremismus und Ausländerfeindlichkeit unter Jugendlichen" fertig zu werden.

7 Ausblick

Es konnte nicht Aufgabe dieses Beitrages sein, einen umfassenden Katalog an dringlichen Problemen für die künftige Jugendforschung im vereinten Deutschland zu formulieren. Vielmehr sollte anhand einiger zentraler Problembereiche verdeutlicht werden, wie die aktuelle Diskussion zu diesem Thema derzeit aussieht. Daß dabei so wichtige Fragen wie z.B. familienersetzende und familienergänzende Kinderbetreuung, Jugendhilfe, schulische Ganztagsangebote als Ausdruck der Verbindung von schulischem und außerschulischem Lernen, Gesundheitsförderung, Jugendberatung, interkulturelle Jugendprobleme, Kinder- und Jugendkulturarbeit, Kinderpolitik und viele andere nicht ausführlich behandelt werden konnten, heißt nicht, daß diese nicht ebenfalls von erheblicher Bedeutung für die Jugendforschung im vereinigten Deutschland wären. Da vieles ohnehin von der jeweiligen Forschungsförderung durch öffentliche oder private Träger abhängt, bleibt abschließend nur noch zu betonen, daß eine qualifizierte Jugend- und Jugendhilfepolitik nur auf der Basis von differenzierten, wissenschaftlich abgesicherten empirischen Daten von Erfolg gekrönt sein wird. Diese zu liefern, ist Aufgabe der künftigen Jugendforschung im vereinten Deutschland. Daß es dabei allerdings nicht nur um Erkenntnisse über Jugendliche geht, sondern daß es ganz besonders darauf ankommt, auch Jugendliche selbst zu Wort kommen zu lassen und an dieser Arbeit zu beteiligen, sei ein abschließender Appell an alle Beteiligten.

Literatur

Bathke, G.-W.: Soziale Reproduktion und Sozialisation von Hochschulstudenten in der DDR. In: Zeitschrift für Sozialisationsforschung und Erziehungssoziologie (1. Beiheft) 1990, S. 114 - 128

Behnken, I. u.a.: Schülerstudie '90. Jugend im Prozeß der Vereinigung. Weinheim / München 1991

Bertram, B. / Kasek, L.: Jugend in Ausbildung und Beruf. In: Friedrich, W. / Griese, H. (Hrsg.): Jugend und Jugendforschung in der DDR. Opladen 1991, S. 58 - 75

Brock, D.: Jugendforschung als Modernisierungsforschung? In: Sozialwissenschaftliche Literatur-Rundschau (1989), H. 18, S. 61-74
Budde, H./Meergans, H.: Der Weg zu einem gemeinsamen Schulsystem in Berlin. In: Pädagogik (1991), H. 10, S. 26-29
Büchner, P./Krüger, H.-H. (Hrsg.): Aufwachsen hüben und drüben. Deutsch-deutsche Kindheit und Jugend vor und nach der Vereinigung. Opladen 1991
Bundesministerium für Jugend, Familie, Frauen und Gesundheit (BMJFFG) (Hrsg.): Achter Jugendbericht. Bonn 1990
Castner, H./Castner, T.: Rechtsextremismus und Jugend. In: Aus Politik und Zeitgeschichte B 41-42/89 (Oktober 1989), S. 32-39
Chisholm, L.: Alte Karten neu gemischt? Europäische Regionalisierungsprozesse zwischen Polarisierung und Pluralisierung am Beispiel Großbritanniens. In: Büchner, P./Krüger, H.-H. (Hrsg.): Aufwachsen hüben und drüben. Opladen 1991, S. 307-316
Ferchhoff, W./Olk, T. (Hrsg.): Jugend im internationalen Vergleich. Weinheim/München 1988
Friedrich, W.: Mentalitätswandlungen der Jugend in der DDR. In: Aus Politik und Zeitgeschichte B 16-17/1990 (April 1990), S. 25-37
Friedrich, W.: DDR-Jugendforschung — zwischen wissenschaftlichem Anspruch und politischer Bevormundung. In: Friedrich, W./Griese, H. (Hrsg.): Jugend und Jugendforschung in der DDR. Opladen 1991 (a)
Friedrich, W.: Zur Einleitung: Fast 25 Jahre Zentralinstitut für Jugendforschung. In: Henning, W./Friedrich, W. (Hrsg.): Jugend in der DDR. Weinheim und München 1991, S. 11-24 (b)
Friedrich, W./Griese, H. (Hrsg.): Jugend und Jugendforschung in der DDR. Opladen 1991
Gysi, J. u.a.: Die Zukunft von Familie, Ehe, Familienpolitik und Familienforschung in der DDR. In: Zeitschrift für Sozialisationsforschung und Erziehungssoziologie (1. Beiheft) 1990, S. 33-41
Hanesch, W.: Kein ausreichender Schutz vor Armut vorhanden. Über die soziale Lage der Bürger in den fünf neuen Bundesländern. In: Frankfurter Rundschau (Dokumentation) v. 2./3. 10. 1991, S. 39
Hennig, W./Friedrich, W. (Hrsg.): Jugend in der DDR. Weinheim/München 1991
Krüger, H.-H.: Zum Wandel von Freizeitverhalten und kulturellen Lebensstilen bei Heranwachsenden in Westdeutschland. In: Büchner, P./Krüger, H.-H. (Hrsg.): Aufwachsen hüben und drüben. Opladen 1991, S. 203-222
Lindner, B.: Jugend und Freizeit/Medien. In: Friedrich, W./Griese, H. (Hrsg.): Jugend und Jugendforschung in der DDR. Opladen 1991, S. 99-115
Heitmeyer, W.: Politische Orientierungen bei westdeutschen Jugendlichen und die Risiken von deutsch-deutschen Vergleichsuntersuchungen. In: Büchner, P./Krüger, H.-H. (Hrsg.): Aufwachsen hüben und drüben. Opladen 1991, S. 243-253
Hoffmann, A.: Jugend und Schule. In: Friedrich, W./Griese, H. (Hrsg.): Jugend und Jugendforschung in der DDR. Opladen 1991, S. 46-58
Kabat vel Job, O.: Jugend in der Familie. In: Friedrich, W./Griese, H. (Hrsg.): Jugend und Jugendforschung in der DDR. Opladen 1991, S. 34-45
Keiser, S.: Wertorientierungen und politische Orientierungen von Jugendlichen in Ost- und Westdeutschland. In: Büchner, P./Krüger, H.-H. (Hrsg.): Aufwachsen hüben und drüben. Opladen 1991, S. 235-242
Kühnel, W.: Der Lebenszusammenhang DDR-Jugendlicher im Spannungsfeld von institutioneller Verregelung und alltagskultureller Modernisierung. In: Zeitschrift für Sozialisationsforschung und Erziehungssoziologie (1. Beiheft) 1990, S. 105-113
Kühnel, W.: Der Wandel generativer Lebenslagen — Generationsbeziehungen der 80er Jahre. In: Gottschlich, H. u.a. (Hrsg.): Kinder und Jugendliche aus der DDR. Jugendhilfe in den neuen Bundesländern. Berlin 1991, S. 28-33
Mannheim, K.: Das Problem der Generationen. In: Kölner Vierteljahresschriften für Soziologie 7 (1928), H. 2, S. 157-185; H. 3, S. 309-330
Melzer, W. u.a. (Hrsg.): Osteuropäische Jugend im Wandel. Weinheim/München 1991
Nickel, H.M.: Geschlechtersozialisation in der DDR oder: Zur Rekonstruktion des Patriarchats im

realen Sozialismus. In: Zeitschrift für Sozialisationsforschung und Erziehungssoziologie (1. Beiheft) 1990, S. 17-32
Schelsky, H.: Die skeptische Generation. Düsseldorf/Köln 1957
Schröder, H.: Identität, Individualität und psychische Befindlichkeit des DDR-Bürgers im Umbruch. In: Zeitschrift für Sozialisationsforschung und Erziehungssoziologie (1. Beiheft) 1990, S. 163-176
Schmidt, L.: Jugendliche in der Familie. In: Gottschlich, H. u.a. (Hrsg.): Kinder und Jugendliche aus der DDR. Jugendhilfe in den neuen Bundesländern. Berlin 1991, S. 34-36
Starke, K. / Weller, K.: Partnerschaft und Sexualität. In: Gottschlich, H. u.a. (Hrsg.): Kinder und Jugendliche aus der DDR. Jugendhilfe in den neuen Bundesländern. Berlin 1991, S. 105-113
Steiner, I.: Strukturwandel der Jugendphase in Ostdeutschland. In: Büchner, P. / Krüger, H.-H. (Hrsg.): Aufwachsen hüben und drüben. Opladen 1991, S. 21-32
Thiele, G.: Jugendarbeitslosigkeit. In: Gottschlich, H. u.a. (Hrsg.): Kinder und Jugendliche aus der DDR. Jugendhilfe in den neuen Bundesländern. Berlin 1991, S. 95-98

Manuela du Bois-Reymond / Sibylle Hübner-Funk

Jugend und Jugendforschung in Europa

1 Einstimmung

Was könnte plausibler sein, als Anfang der 90er Jahre für ein deutsches Handbuch der Jugendforschung einen Artikel über die Jugendforschung im europäischen Kontext zu konzipieren? Nicht nur Politiker und Medienfachleute, sondern auch Politik-, Kommunikations- und Sozialwissenschaftler / innen führen in diesen Tagen die Formel ‚Europa', häufig im Munde; nicht nur Politiker / innen und Businessmen / women dieses Kontinents, sondern auch Jugendforscher / innen der europäischen Länder denken und agieren zunehmend übernational-europäisch und vernetzen ihre Projektperspektiven über die Grenzen ihrer Herkunftsländer hinweg.

Netzwerke, vernetzen — typisch modische Ausdrücke, um der aktuellen Vision eines ‚gemeinsamen europäischen Hauses', zu entsprechen, die ab 1992 durch den Fall der EG-Binnengrenzen und durch die allmähliche Integration Mittel- und Osteuropas Wirklichkeit werden soll. So liegt es voll im Trend des ‚Zeitgeistes', wenn sich zwei Jugendforscherinnen — die eine aus den ‚alten Bundesländern' Deutschlands, die andere aus Holland, dem kleinen nord-westlichen Nachbarland — im wiedervereinigten Berlin, der künftigen Hauptstadt des wiedervereinigten Deutschland, treffen, um gemeinsam den vorliegenden Artikel zu konzipieren. [1]

2 Verwirrende Begrifflichkeiten

Was ist der Gegenstand dieses Artikels ? Geht es um die Summe dessen, was sich in den EG-europäischen oder Europaratseuropäischen oder nord- plus west- plus süd- plus osteuropäischen Ländern dieses alten Kontinents an sozialwissenschaftlichen Daten und Theorien zur Lebens- und Mentalitätslage Jugendlicher in jüngster Zeit angesammelt hat? Oder geht es um die von den *europäischen Institutionen* bzw. ihren nationalen Außenstellen in Auftrag gegebenen Forschungen über den ‚Europäisierungsgrad' der Jugendlichen ihrer Mitgliedsländer ? Oder geht es um europäisch vergleichende, mehrere Länder nach gleichem Befragungsinstrumentarium einbeziehende Jugendstudien, aus denen sich ein gemeinsames Profil der *‚Jugend Europas'* — etwa im Kontrast zur Jugend Amerikas oder Chinas — herauskristallisieren läßt?

Was verstehen Jugendforscher überhaupt unter Europa? Einen geo-politischen Raum? Mit welchen Abgrenzungen staatlicher, ideologischer und ökonomischer Art? Oder einen wirtschaftspolitisch organisierten Raum? Mit welchen Divergenzen nationaler, sozialer, kultureller und ökologischer Art? Oder einen historisch-kulturellen Raum? Was wären dann die internen und externen Konfliktpotentiale und Konsenszonen? — Viele ungeklärte Fragen, die zeigen, daß Jugendforschung in Europa so bunt, so verwirrend und widersprüchlich aussieht wie dieser alte — sprachlich, ideologisch, ökonomisch, politisch und kulturell höchst heterogene — Kontinent selbst.

Die ‚europäische Jugendforschung' hat viele Gesichter, viele Auftraggeber, viele Bühnen und viele Akteure. Einen Gesamtüberblick über diese verwirrende Szene vermögen wir nicht zu geben. Schon früher sind Sozialwissenschaftler an solch einer Herkulesaufgabe gescheitert (*Kreutz* 1973). Ihre Liste der methodischen, institutionellen, organisatorischen, sprachlichen und kulturellen Hindernisse einer **‚europäischen' Jugendforschung** ist wesentlich länger und überzeugender als der identifizierbare Output ihrer empirischen und theoretischen Vereinheitlichungsbemühungen.

Eine die nationalen Grenzen übersteigende sozialwissenschaftliche Bestandsaufnahme der Jugendsituation in Europa hätte im ersten Schritt von der wissenssoziologischen Rekonstruktion der verschiedenen nationalen Traditionen und politischen Handhabungen von Jugend, Jugendpolitik und Jugendforschung auszugehen. Erst dann könnten vorhandene Datenberge in systematischer Weise im europäischen Vergleichskontext analysiert werden. Dies ist ein mühsames Unterfangen, das eine *europaweite wissenschaftliche ‚Task Force'* voraussetzt.

Die vorliegenden, eher impressionistischen Annäherungsversuche an solch eine wissenschaftliche Bestandsaufnahme zeigen, daß die willkürliche Aneinanderreihung von inter-europäischen Überblicken noch keine europäische Perspektive ergibt (*Cavalli/Rampazi* 1989; *Friedrich* 1989). Auch die verbreiteten Forschungs- und Tagungskompendien zum Thema ‚Jugend in Europa' erfüllen die Kriterien eines integrierenden Vergleichs keineswegs, doch liefern sie erste deskriptive Einblicke in die irritierende Vielfalt des Gegenstandes, der zwischen sterilen Statistiken und subtilen Lebensstil-Analysen angesiedelt ist (*Jugendwerk der deutschen Shell* 1977; *Hartmann/Stefanov* 1984; *Wiebe* 1988).

Dieser Artikel wird somit Konstruktionsarbeit leisten müssen, da es eine auskristallisierte Diskussion hierzu im europäischen Rahmen kaum gibt. Unsere *These* lautet: Jugendforschung in Europa existiert als **europäische Jugendforschung** erst in Ansätzen. Jugendforschungsprojekte, die auch durch die politische Integration des EG-Binnenmarktes und die Anbindung Osteuropas angestoßen werden, werden ihre eigenen jugendsoziologischen Grundlagen erst schaffen müssen; sie können nicht auf einen übernationalen empirisch-theoretischen Wissensfundus zurückgreifen.

Im folgenden soll skizzenhaft dargelegt werden, welche ökonomisch-politischen, ideologisch-mentalen und theoretisch-methodischen Barrieren aus unserer Sicht dem Aufbau eines europäischen Zweigs der Jugendforschung derzeit noch im Wege stehen und wie die künftigen Konturen dieses Projekttyps aussehen könnten.

3 Europa als Idee und Wirklichkeit

Der französische Intellektuelle *Paul Claudel* schrieb im April 1940 (wenige Wochen vor dem Überfall NS-Deutschlands auf Frankreich und seine Nachbarländer Belgien, Niederlande, Luxemburg) die folgenden zukunftsweisenden Sätze: „Man muß in Deutschland das Gefühl der Verantwortlichkeit und der Selbstachtung wiederherstellen. Im europäischen Commonwealth soll die besondere Ordnung jedes Staates einer höheren kollektiven ökonomischen, finanziellen, monetären Ordnung und vor allem einer Rechtsordnung unterstellt sein... Von dieser Erweiterung, dieser großzügigen Ausdehnung Europas wird Deutschland, dank seiner natürlichen Bestimmung im Mittelpunkt dieses Kontinents, der erste Nutznießer sein" (zit. nach *Landau* 1986, S.20).

Visionäre Träume von einem vereinten Europa gab es schon lange vorher. Jahrzehnte vor 1992 auch gab es Initiativen für eine *Vereinigung der europäischen Jugend:* Genau 50 Jahre früher (im September 1942) wurde in Wien die erste großeuropäische Jugendorganisation (von dem deutschen ‚Reichsjugendführer' *Baldur von Schirach*) aus der Taufe gehoben; an ihrer Gründung nahmen faschistische Jugendvertreter aus 14 europäischen Nationen teil, die sich dem ‚gemeinsamen Kampf gegen den Bolschewismus' verschworen hatten (*Griesmayr/Würschinger* 1980, S.193 ff.).

Aus der gewaltsamen Zerschlagung des imperialistischen Traums von einer faschistischen ‚Nation Europa' ging 1945 die *doppelte Besetzung* dieses Kontinents durch zwei außereuropäische Mächte hervor: die USA und die UdSSR. Das Nachkriegsgesicht Europas hatte eine januskköpfige Gestalt. Sein westlicher Teil wandte sich dem Atlantik zu, d.h. dem ‚atlantischen Bündnis' mit den USA und Canada, das sich sicherheitspolitisch in der NATO, wirtschaftspolitisch im Marshall-Plan, der OEEC und später der EG, kultur- und ideologiepolitisch in der ‚demokratischen Rekonstruktion' der beteiligten Staaten manifestierte. Sein östlicher Teil wandte sich dem Ural zu, d.h. dem ‚sozialistischen Bündnis' mit der Sowjetunion, das sich sicherheitspolitisch im Warschauer Pakt, wirtschaftspolitisch in der RGW-Handelszone und dem COMECON, kultur- und ideologiepolitisch in der ‚sozialistischen Erneuerung' der beteiligten Staaten manifestierte.

Festzuhalten bleibt — gerade jetzt in den Zeiten des dramatischen Umbruchs dieser bi-polaren Nachkriegsordnung Europas —, daß die durch zwei antagonistische Großmächte und Großideologien bewirkte Spaltung des europäischen Kontinents es in keiner Weise vermocht hat, die überkommenen kulturell-historischen Konflikte innerhalb und zwischen den europäischen Staaten zu überwinden. Das zeigt sich in aller Schärfe an den nationalistisch-separatistischen Folgen, die mit der Perestroika-Politik in der Sowjetunion und ihren Auswirkungen in den ehemaligen Satelliten-Staaten der UdSSR einhergehen. Das zeigt sich auch an der tiefen existenziellen und ideologischen Gespaltenheit der ‚doppelten Jugend' im jüngst wiedervereinigten Deutschland.

Die flotte Formel ‚Europa' war und ist also ein machtpolitisch und ideologisch höchst wandelbares und *symbolisch unbeständiges Etikett,* mit dessen Hilfe Interessengegensätze der europäischen Staaten organisatorisch und propagandistisch unter einen Hut gebracht wurden und werden sollen. Ob dies weiterhin unter der Vorherrschaft der beiden außereuropäischen Großmächte USA und UdSSR geschieht, wird die Lebenslage der Jugend im künftigen Europa entscheidend prägen. Denn sie wird Zeuge und Agent dieses neuen Integrationsprozesses im herannahenden dritten Jahrtausend sein.

4 Transatlantische Perspektiven auf das ‚European Theater'

Vor dem Hintergrund der oben skizzierten, in ihren Grundkoordinaten neuerdings dramatisch veränderten politischen Gesamtlage Europas hat auch die Bilanzierung seiner transnationalen Jugendforschung zu erfolgen. Dabei zeigt sich, daß für eine solche Bilanzierung nicht ein geo-politisch geschlossener Europa-Begriff zugrunde gelegt werden kann, sondern daß gerade die transatlantische Perspektive der USA auf Europa — als *„European Theater"* schon in den beiden Weltkriegen wahrgenommen — Aufschluß verspricht. Denn die Konjunkturen der Sozial- und Jugendforschung in Europa folgen wie selbstverständlich den politischen Konjunkturen des nach 1945 tief gespaltenen Kontinents. Seit die USA mit ihrer militärischen Besetzung Deutschlands und weiter Teile Europas zu einem quasi-europäischen Macht- und Sicherheitsfaktor geworden sind, bilden die von ihnen ausgehenden politischen und forschungspolitischen Impulse einen wichtigen Kristallisationskern für die ‚europäische Identität' (*Hübner-Funk* 1991).

Macht man sich diesen *machtpolitischen Entstehungszusammenhang des bi-polaren Nachkriegseuropas* auf den Trümmern des germanisch- faschistischen Großimperiums ‚Nation Europa' klar, so verwundert es nicht, daß die meisten ländervergleichenden Ansätze der Sozial- und Jugendforschung bezüglich West-Europas von der Großmacht USA sowie den von ihnen eingerichteten Dachorganisationen ausgegangen sind, kaum dagegen von Europa selbst, zwischen dessen Mitgliedsländern tiefe ideologische und materielle Divergenzen bestanden und fortbestehen. Amerikanische Sozialforscher, die der US-Army im Frühjahr 1945 nach Europa folgten, gingen mit modernen Survey-Methoden daran, die Einstellungen und Werthaltungen der Jugendlichen in den besiegten Ländern zu ermitteln (*Merritt/Merritt* 1980). Den anschließenden politisch-ideologischen Demokratisierungsprozeß West-Deutschlands und West-Europas begleiteten vielfältige — explizit jugendzentrierte — Erhebungen, denen die strategische Aufgabe zukam, das ‚Demokratiepotential' der von den Kämpfen und Verwüstungen des Krieges gezeichneten Bevölkerung Europas (insbesondere Deutschlands und Italiens als der faschistischen Gegnerländer) zu erschließen (*Braun et al.* 1983, 1989a, 1989b)

Außer diesen politikrelevanten Untersuchungen entwickelten sich vergleichende sozialwissenschaftliche Forschungen im europäischen Bereich kaum. Bis Ende der 50er Jahre waren es ausschließlich aus den USA angereiste Forscherteams, die die ökonomisch-soziale und politische Neustrukturierung Europas unter vergleichenden Aspekten erforschten. Wegweisend wurde hier etwa die Studie ‚The Civic Culture: Political Attitudes and Democracy in Five Nations' (*Almond/Verba* 1963), die in ihren Vergleich als Erhebungsländer Großbritannien, die USA, die Bundesrepublik, Italien und Mexico einbezog.[2] Wie *Almond* im Rückblick auf diese Studie schreibt, war es vor allem „der tragische Zusammenbruch der italienischen und der deutschen Demokratie in den zwanziger und dreißiger Jahren", sowie die erhebliche Instabilität der Französischen Dritten Republik, die zu dieser eingehenden Beschäftigung mit den Grundmustern politischer Kulturen Europas als Bedingungen für demokratische Stabilität führten (*Almond/Verba* 1980, S.22). Den Einstellungen Jugendlicher wurde hierbei insofern Aufmerksamkeit zuteil, als an ihnen symbolisch die Veränderungstendenzen der politischen Kultur ihrer Länder gemessen wurden. Um Jugendstudien im engeren, jugendsoziologischen Sinne handelte es sich nicht. Zu unterschiedlich waren in Europa die Aufgaben der Jugendpolitik am Ende des 2. Weltkriegs; insbesondere die in den Erziehungsinstitutionen des Nazi-Reichs — ‚Schools for Barbarians' (*Mann* 1938 / 1986) — herangewachsenen jungen Deutschen bildeten im ersten Nachkriegsjahrzehnt den Forschungs- und Betreuungsschwerpunkt der Siegermächte (*Pipping 1954; Hübner-Funk* 1983, 1990).

Den bundesrepublikanischen Sozialwissenschaften fehlten bis weit in die 60er Jahre hinein nicht nur die erforderlichen Finanzmittel für europäisch vergleichende Forschungen, insbesondere im Jugendbereich, sondern auch professionell qualifizierte Mitarbeiterstäbe und die institutionellen Einrichtungen für empirisch-methodische Feldanalysen.[3]

Darüber hinaus verhinderte nicht zuletzt die europäische Kultur- und Sprachenvielfalt mit ihren jeweils höchst verschiedenen Wissenschafts- und Politiktraditionen die Entwicklung vergleichender Jugendforschung. Bis in die Gegenwart der 90er Jahre hinein ist das ‚europäische Manko' hier deutlich zu erkennen. Fast alle größeren — nicht nur politisch beachteten, sondern auch wissenschaftlich relevanten — Untersuchungen etwa zum ‚europäischen Demokratiepotential' oder zu ‚europäischen Wertmustern' weisen amerikanische Autoren und meist auch amerikanische Geldgeber auf. So die vieldiskutierte Studie „The Silent Revolution" (1977) von *Ronald Inglehart* mit ihren datengestützten Thesen über einen Wertwandel der europäischen Bevölkerung, insbesondere ihrer Jugendjahrgänge; so auch die (nahezu zeitgleiche) ‚Political Action'-Studie, die erst in fünf, dann acht westlichen Demokratien durchgeführt wurde (*Barnes* et al. 1979).[4] Auch die Einführung des laufenden EG-Meinungsmessers **Eurobarometer** (1973) geht maßgeblich auf die Anregung und Unterstützung der EG durch die großen Zentren der US-amerikanischen Surveyforschung zurück (*Melich* 1991). Nicht zuletzt sind es gerade auch die europäisch-jüdischen Emigranten in den USA gewesen, die in der vergleichenden Sozialforschung — speziell der vergleichenden Jugendforschung — wichtige transatlantische Brückenschläge geleistet haben (*Bronfenbrenner* 1972; *Lederer* 1983).

In der Jugend- und Bildungsforschung Westdeutschlands waren in den ersten beiden Nachkriegsjahrzehnten auch die europäischen Außenstellen der Vereinten Nationen aktiv. Beispielsweise unterhielt die UNESCO in der jungen Bundesrepublik drei sozialwissenschaftliche Institute, von denen eines — das UNESCO-Institut für Pädagogik — heute noch an der Universität Hamburg besteht. Das UNESCO-Institut für Jugend (in Gauting bei München: 1953-1963) gab Anfang der 60er Jahre, ausgelöst durch die spektakulären Kölner ‚Hakenkreuzschmierereien', bei dem amerikanischen Soziologen *Melvin Tumin*, Princeton, eine europäische Vergleichsstudie zum Thema vorurteilsbeladener Konfliktbeziehungen zwischen Jugendlichen in England, Frankreich und der Bundesrepublik in Auftrag. 1960 / 61 wurden in den drei genannten Ländern repräsentative Stichproben von Jugendlichen (und von Erwachsenen als Vergleichsgruppen) mit weitgehend identischen Fragebögen interviewt. Zentrale Themen waren Ethnozentrismus, Fremdenfeindlichkeit und Antisemitismus, jeweils variiert nach den dominanten nationalen Feindbildern und differenziert nach Schicht- und Bildungsniveau. Die brisanten Ergebnisse dieser europäischen Jugenduntersuchung mit dem Titel „Education, Social Class and Intergroup Attitudes in England, France and Germany" sind als Buchpublikation nie erschienen.[5]

5 Inner-europäische Perspektiven auf das ‚europäische Haus'

Erst in den 80er Jahren hat sich die Jugendforschung als eine Teildisziplin der Sozialwissenschaften in den meisten europäischen Staaten soweit etabliert, daß vergleichende Jugendforschung grundsätzlich möglich wird. Die Bildungsforschung ist ihr in dieser Hinsicht um gut zwei Jahrzehnte voraus; sie verfügt über elaborierte und detaillierte Instrumentarien und Operationsbasen für Maßnahmenplanung und -evaluation auf europäischer Ebene (*Mickel* 1978).[6] Eine Forschungstradition, die jugendstrukturelle, kulturelle und politische Fragen nun auch mit dem Selbstverständnis, Teil eines vereinten Europa zu sein, entwickeln kann, steht noch ganz am Anfang.

5.1 Themen europäischer Jugendforschung

Um die aus bundesdeutscher Sicht Anfang der 90er Jahre maßgeblichen Konturen europäischer Jugendforschung zu erschließen, ist es zunächst hilfreich, sich die jeweiligen Interessenzonen klar zu machen, aus denen solche Forschung hervorzugehen pflegt. Unterscheiden lassen sich die folgenden Schwerpunkte:

Zunächst *ökonomische,* vorwiegend mit der EG- (und oftmals auch der OECD-) Politik assoziierte Fragestellungen, in denen Jugend als Bildungsfaktor und als *‚Human Capital'* zur Diskussion steht. Hierher gehören die seit Mitte der 60er Jahre laufenden vielfältigen Studien der vergleichenden Bildungs- und Berufsbildungsforschung sowie seit Mitte der 70er Jahre die problemgruppenbezogenen Erhebungen zu Ursachen, Wirkungen und Folgen der Jugendarbeitslosigkeit und darauf bezogener Maßnahmen (*Grootings* 1983; The Young Confronted with Employment 1987; *Lagrée/Lew Fai* 1989; *Braun* et al. 1990). Zu vermuten steht, daß dieser Typus von Jugendforschung auch weiterhin in West-Europa und im vereinten Deutschland seine Brisanz behalten wird, ganz gewiß auch im Hinblick auf die Lage der Jugend in den neuen Bundesländern. Da es selbst innerhalb der zwölf EG-Länder gewaltige Niveauunterschiede im Lebensstandard der Jugendlichen gibt, nehmen die Aufgaben in diesem Bereich künftig eher zu als ab. Dabei sind neben den nationalen Unterschieden vor allen auch regionale und ethnische Divergenzen zu berücksichtigen (*Chisholm* 1991).

Als zweiter Schwerpunkt sind es *kulturelle,* vorwiegend mit dem Europarat, dem Deutsch-Französischen Jugendwerk und ähnlichen jugendpolitischen Organisationen assoziierte Fragestellungen, in denen Jugend als *Modernisierungs- und Wandlungsfaktor* zur Geltung kommt (*Lauritzen* 1990). Die in diesem Bereich initiierten jugendpolitischen Initiativen, die z.T. autonome jugendliche Interessen (etwa am Reisen, an internationalen Begegnungen, an medienbezogenen Informationen), z.T. von oben verordnete institutionelle Interessen — wie etwa die ‚europäische Identifikation' — zum Ziel haben, tragen allerdings nur sehr vermittelt zur Entwicklung einer europäischen Jugendforschung bei. — Jugend als Modernisierungsfaktor ist aber seit einem Jahrzehnt auch unabhängig von jugendpolitischen Intentionen ein sozialwissensschaftliches Forschungsprogramm (‚Strukturwandel der Jugendphase'), das zwischen universitären Gruppen von deutschen Jugendforschern / innen entwickelt und zunehmend durch europäische Vergleichsforschungen ausgebaut wurde (*Zinnecker/Molnar* 1988; *Büchner* et al. 1990; *Büchner/Krüger* 1991; *Chisholm et al.* 1990; *du Bois-Reymond/Oechsle* 1990).

Als dritter Schwerpunkt sind es sodann *politische,* vorwiegend mit innen- und außenpolitischen Sicherheitsinteressen verbundene Fragestellungen, in denen Jugend als *Risikofaktor* zur Geltung kommt. — Hierher gehören sozialwissenschaftliche Untersuchungen zum ‚jugendlichen Gewalt- und Protestpotential' in Europa, die seit Mitte der 60er Jahre — ausgelöst durch die massenhaften (kultur-, umwelt- und friedensorientierten) Basisbewegungen — zunächst die west-, dann auch die osteuropäische Szene der Jugend- und Sicherheitspolitik in Unruhe versetzt haben. — Nationale Erhebungen sind hier die Regel, da auch die politischen Gegenmaßnahmen meist auf nationaler Ebene getroffen werden; übergreifende Vergleichsuntersuchungen bilden eher die Ausnahme (*Eckert/Willems* 1986, 1987, 1990).

Was die *Jugendforschung in den ost-europäischen Ländern* des ehemaligen ‚Warschauer Paktes' anbelangt, so sind einschlägige Ergebnisse — oftmals beengt von der marxistisch-leninistischen Wissenschaftskonzeption — überblicksartig auf internationalen Konferenzen zugänglich gemacht worden (*Bertram* et al. 1989; *Friedrich* 1989). Diese Länder verfügten seit Mitte der 60er Jahre über eigene, meist dem zentralen Jugendverband oder der herrschenden Einheitspartei unterstellte zentalstaatliche Jugendforschungsinstitute, die als ‚Frühwarnsystem' für eventuelle ideologische Gefährdungen der Jugend dienen sollten. Ländervergleichende Untersuchungen zwischen „sozialistischen Bruderländern" gehörten zum Forschungsalltag dieser Institute. Ihre Ergebnisse dienten der ideologischen Absicherung der „WTF'- Programmatik (wissenschaftlich-technischer Fortschritt), auf die die herrschende Doktrin baute. — Über den Realitätsgehalt der Ergebnisse dieser Forschungen beginnt derzeit — insbesondere im vereinigten Deutschland — eine höchst kontroverse Diskussion, die umso schwieriger und belastender ist, als sie auch zur Sprache bringen muß, in wieweit Sozial- und insbesondere Jugendforscher sich systembedingt zu Legitimationsforschung hergaben.[7] Als *Resümé* halten wir fest:

In jedem der genannten Bereiche werden die forschungsrelevanten Fragestellungen durch Problemakkumulationen ausgelöst, die ihrerseits politisch-administrative Maßnahmen nach sich ziehen. Jugendforschung soll die Daten für ein angemessenes Problem-Management liefern, besser noch ein sozial-strategisches ‚Frühwarnsystem' etablieren helfen, das den politischen Institutionen bereits vor dem Eintreten von Kollektivereignissen die absehbaren Friktionen signalisiert (*Scheuch* 1968).

Daß sich die *Jugend als (sub-)kulturelle Gruppe* mit ihren autonomen Interessen und Lebensformen in dieser Art Forschung nicht wiederfindet, ist kaum verwunderlich. Seit Beginn der 70er Jahre hat sich — unabhängig von staatlichen Interessen — ein eigenständiger Forschungszweig ‚aktionsbezogener' Jugendforschung in West-Europa (und den USA) herausgebildet, in dem insbesondere die subjektive Sicht der Jugendlichen auf die sie umgebende und vereinnahmende Gesellschaft im Mittelpunkt der Betrachtung steht. Diese aus dem Jugendprotest der 60er Jahre hervorgegangenen Ansätze einer konsequent ‚betroffenenorientierten' Projektdefinition und -methodik stellen eine bewußt radikale Abkehr von den vorgenannten Problemsichten auf die Jugend als ‚Objekt' der Politik dar. Sie haben recht erhebliche Konsequenzen für das wissenschaftliche Wahrnehmungs- und Definitionspotential der europäischen Jugendforschung gezeitigt, auch wenn sie mittlerweile wieder mehr durch ‚flächendeckende' Jugendsurveys verdrängt worden sind. Besonders eindrucksvoll hat sich die ‚Versöhnung' beider Ansätze in den Shell-Studien '81 und '85 gezeigt (*Jugendwerk der Deutschen Shell* (Hrsg.) 1981, 1985), die dem sub-kulturellen Paradigma von Jugend ihre Innovations- und Faszinationskraft verdanken.

5.2 Europäische Netzwerke

Jugendstudien mit europäischem Bezug sind Knotenpunkte eines sich ausweitenden Netzwerks, das von den national und übernational agierenden Jugendpolitikern, Jugendverbandspolitikern und Jugendforschern z.T. innerhalb der politisch und wissenschaftlich relevanten Kooperationsverträge, z.T. experimentierend über sie hinaus geknüpft wird. Im Rahmen derartiger kultur- und wissenschaftspolitischer Austauschvereinbarungen entstanden seit Mitte der 70er Jahre zwischen ‚Reisekadern' der ost-europäischen Jugendforschungsinstitute und engagierten Gruppen von Jugendforschern / innen aus west-europäischen Ländern (und den USA) vielfältige bi- und multilaterale Kontakte, die zu ‚blockübergreifenden' Konferenzen und oftmals auch gemeinsamen Publikationen führten.

Eine spezielle Brückenfunktion nahm hierbei das *Research Committee 34 ‚Sociology of Youth'* der International Sociological Association (ISA) ein, das seit seiner Gründung im Jahre 1974 auf dem 8. Weltkongreß für Soziologie (Toronto) in ost-europäischer Regie stand und 1986 auf dem 11. Weltkongreß für Soziologie (Neu Delhi) in westeuropäische und seit dem 12. Weltkongreß 1990 (Madrid) in deutsche Leitung übergegangen ist.[8] Angeregt durch das von den UN 1985 ausgerufene ‚International Youth Year' und unterstützt durch Finanzmittel des Europäischen Zentrums für Soziale Wohlfahrt in Wien brachte des RC 34 beispielsweise ein vergleichendes europäisches Projekt *‚Youth in Europe'* zuwege, an dem auch Vertreter der USA und Canadas — im Sinne der UN-Definition Europas — beteiligt waren (*Hartmann, Stefanov* 1984).

Seit 1986 haben sich die *Jugendminister West-Europas* im Rahmen des Europarats dreimal zu Konferenzen getroffen, auf denen sie gesetzliche und institutionelle Initiativen zu einer besseren ‚Vernetzung' ihrer Kompetenzbereiche beschlossen; sie sollen gewährleisten, daß sich die Qualifikation, Mobilität und Flexibilität von Jugendlichen erhöht und sie auf die Teilnahme am europäischen Binnenmarkt vorbereitet werden. Auf der Jugendministerkonferenz 1990 in Lissabon / Portugal wurde überdies die Notwendigkeit sozialer Auffangmaßnahmen für Randgruppen Jugendlicher diskutiert. In Anlehnung an die Europäische Sozial-Charta sollen diese Maßnahmen zu einem sozialpolitischen Netz ausgebaut werden.

Auf Initiative der europäischen Jugendminister wurden auf der Ebene des *Europarats* auch mehrere jugendpolitisch bedeutsame Expertenkommittees eingerichtet, deren Aufgabe es ist, in programmatischen Schwerpunkten die Abstimmung der beschlossenen Maßnahmen in Europa voranzutreiben. Eines dieser Kommittees hat die Koordination von *‚Youth Research and Documentation'* in Europa zur Aufgabe. Es soll dazu beitragen, daß eine übernationale Datenbank publizierter Studien und laufender Projekte errichtet wird, die Politik, Praxis und Forschung in den europäischen Mitgliedsländern mit Informationen über die ‚Lage der Jugend in Europa' versorgen kann. Die vier nordischen Länder Dänemark, Schweden, Finnland und Norwegen haben ihre politisch und forschungspolitisch auf Jugend bezogenenen Projekte und Publikationen bereits Mitte der 80er Jahre in einem informatorischen Verbundsystem (NYRIC) miteinander ‚vernetzt'.

Als *Resümee* ist unser Eindruck:
Trotz der vielfältigen jugendpolitischen und wissenschaftspolitischen Initiativen auf EG-, Europarats- und nationaler Ebene, sowie zwischen West- und Ostländern Europas, gibt es kein klar erkennbares Profil und schon gar kein eindeutig definiertes Programm für eine europäische Jugendpolitik und für vergleichende Jugendforschung im europäischen Rahmen.[9] Für die Entwicklung eines Forschungsprogramms fehlen nicht nur die Finanzmittel, sondern auch geeignete Infrastrukturen übernationaler Forschergruppen. Auch stellen die intensiven, äußerst kostenwirksamen Spezialaufwendungen transnationaler Forschungen, die durch den Reise-, Übersetzungs- und Koordinationsaufwand der multi-nationalen Projektgruppen entstehen, eine erhebliche Finanzierungshürde dar.

6 EG-Europa und seine Jugend: eine unterkühlte Beziehung

Seit 1973 läßt die Brüsseler EG-Bürokratie zwei- bis dreimal pro Jahr Meinungs- und Akzeptanzstudien durchführen, die unter dem Signum **Eurobarometer** die Stimmungslage in repräsentativen Bevölkerungsquerschnitten der Mitgliedsländer messen. Diese Untersuchungen beziehen in ihre Stichproben auch Jugendliche ab 15 Jahren mit ein. Allerdings weisen nur die wenigsten Auszählungen die jugendliche Population (bis zu 30 Jahren) getrennt mit ihren Meinungsprofilen aus.[10]

Anhand einer repräsentativen Studie über Jugendliche aus den zwölf EG-Ländern, die 1987 im Auftrag der EG-Kommission durchgeführt wurde (Commission of the European Communities 1989) sowie zweier aktueller (west- wie ostdeutscher) Jugendbefragungen wollen wir nun darlegen, daß Europa als politisch-ideologisches Konzept für europäische Jugendliche kaum — oder höchstens illusionäre — Bedeutung besitzt, um sodann die Frage aufzuwerfen, worin denn die Bedeutung eines übernationalen Europa für die Jugendlichen der Gegenwart und Zukunft liegen könnte.

Bei der genannten EG-Studie handelt es sich um die Follow-Up-Erhebung einer 1982 durchgeführten vergleichenden Zehn-Länder-Untersuchung unter dem Titel *„The Young Europeans"*. Die 1987er Studie gibt Aufschluß über die mentalen Veränderungen der Jugendpopulationen während der dazwischen liegenden fünf Jahre. Befragt wurden 7.000 Jugendliche im Alter von 15 bis 24 Jahren, etwa 600 pro Land in den mittlerweile 12 EG-Ländern (inclusive Spanien und Portugal), d.h. 129 europäischen Regionen. Da die Studie in Zusammenarbeit mit dem **Eurobarometer** und in Anlehnung an dessen Fragenprofil durchgeführt wurde, konnten die Einstellungen von Jugendlichen und Erwachsenen jeweils miteinander verglichen werden.

In den folgenden Bereichen wurden Daten ermittelt:

1. Wohn- und Ausbildungs- bzw. Arbeitssituation, Einkommen und Lebenszufriedenheit;

2. Schulischer und beruflicher Qualifikationsgrad, Studien- und Arbeitsmotivation;
3. Studien- und Berufsberatung, Erfahrungen mit kurz-, mittel- und längerfristiger Arbeitslosigkeit;
4. Allgemeine Arbeitsbedingungen und gewerkschaftlicher Organisationsgrad;
5. Wahrnehmung politischer und sozialer Probleme, Einstellung zu postmaterialistischen Werten, Partizipation an Organisationen, Einstellung zu sozialen Diskriminierungen;
6. Blick über die nationalen Grenzen: Sprachkenntnisse, Erfahrungen mit anderen europäischen Ländern, Zukunftsvorstellungen bezüglich eines Studien- oder Arbeitsaufenthalts in einzelnen Nachbarländern;
7. Kenntnisse von und Einstellungen über europäische Institutionen sowie zum europäischen Markt und dem europäischen Vereinigungsprozeß des Jahres 1992.

Bei eingehender Betrachtung der Ergebnisse fällt auf, daß Europa in den Fragen zum siebten Bereich ausschließlich nach institutionellen Kriterien definiert ist. Es werden also die Kenntnisse Jugendlicher bezüglich der wichtigsten Institutionen der Europäischen Gemeinschaften und des EG-Marktes abgefragt. Wer die Institutionen- und Politikferne von Jugendlichen ihren eigenen nationalen Staatssystemen gegenüber kennt, den wundert es wenig, daß die überwiegende Mehrzahl der ‚Jungen Europäer' kaum eine Ahnung hat von dem institutionell-bürokratischen Rahmen, in den ihr Leben in EG-Europa eingebettet ist. Sie wissen darüber noch weniger als die befragten Erwachsenen; allerdings ist zu vermuten, daß von den Erwachsenen sozial erwünschte Antworten öfter als von den Jugendlichen gegeben werden, d.h. der Unterschied vermutlich weniger groß ist als die Studie glauben machen möchte.

Zwar äußert ein ebenso großer Anteil wie der der ‚Nichtwisser', daß er/sie Anstrengungen unterstützen würde, um (West-) Europa zu vereinigen (75 %); ob dieser Anteil aber auch so hoch läge, wenn überdies nach der Integration mit den ost-europäischen Ländern gefragt worden wäre (was im Jahre 1987 gänzlich utopisch erschien!), ist zweifelhaft. Daß die ‚Supporters' ihre positive Einstellung nur als unverbindliche Zustimmung zu Protokoll gegeben haben, scheint ebenfalls nahe zu liegen. Um dieser Vermutung nachzugehen, kann man sich die Antwortverteilung auf die Frage anschauen, wieviele Jugendliche es ‚schlimm' fänden, wenn man ihnen ‚morgen mitteilen würde, daß die EG (bzw. der Gemeinsame Markt) gescheitert bzw. zusammengebrochen wäre': Der Mehrheit der 15-24jährigen wäre es — wie schon 1982 — restlos egal, wenn dies geschähe; auch bei den Erwachsenen sieht das Meinungsbild nicht wesentlich vorteilhafter aus.

Stellt man sich die erheblichen Konsequenzen für das künftige Leben der Jugendlichen vor, die ein Scheitern der europäischen Integration zur Folge hätte, so wird deutlich, wie abstrakt ihnen offensichtlich diese Perspektive trotz aller propagandistischen — schulischen und jugendpolitischen — Vermittlungsbemühungen bleibt. Nicht für Europa — jedenfalls nicht für das EG-Europa, das die Politiker beschäftigt — engagieren sich die Jugendlichen der EG, sondern einerseits für ihre eigenen *jugendkulturellen Lebensstile* und andererseits für die *weltumspannenden Probleme,* von denen sie berührt sind: Aus einer Liste von elf „Dingen im Leben, die Dich am meisten interessieren", wählten 44 % der Jugendlichen (gegenüber 28 % der Erwachsenen) Sport und 43 % Unterhaltung aller Art (gegenüber 26 % der Erwachsenen); Items also, die mit ihrem konkreten Alltagsleben zu tun haben. Gleichzeitig aber rangierten Friedens- und Menschenrechtsfragen sowie Probleme der Dritten Welt, des Umweltschutzes und der Geschlechtergleichstellung ähnlich hoch wie die privaten Lebensinteressen (ohne maßgeblichen Unterschied zu den Erwachsenen). Das erklärte Engagement der Jugendlichen für die genannten Weltprobleme hat zwischen 1982 und 1987 sogar noch zugenommen.

So oberflächlich solch ein quantifizierender Meinungsprofilvergleich zwischen Jugendlichen und Erwachsenen auch ist, so indiziert er doch eine wichtige Grundbefindlichkeit der Befragten: Ihre Nahwelt als Kontext für ihre Lebensführung und die ,globale Weltgesellschaft' als Kontext für ihr menschliches Erdenbürgerdasein sind gleich wichtig.[11] Weder die Probleme der nationalen noch der europäischen Politik genießen ein vergleichbares kognitives und emotionales Interesse: an der nationalen Politik zeigen nur 16 % der Jugendlichen (24 % der Erwachsenen) sich interessiert. In diesem Spannungsverhältnis ist das Lebensgefühl der ,Young Europeans' der späten 80er Jahre angesiedelt.[12] Europa als reale Größe und institutionelle Wirklichkeit, die zwischen diesen beiden Polen eine erfahrbare und lebbare Brücke schlagen könnte, existiert in der Welt der europäischen Jugendlichen — wenige Jahre vor Herbeiführung des „Binnenmarktes ohne Grenzen" — nicht.[13]

Ähnlich ernüchternde Trends signalisieren die jüngsten **Eurobarometer**-Ergebnisse: 1990 behauptete eine absolute Mehrheit von 51 % der befragten (erwachsenen) Europäer, sich niemals als ,Europäer' betrachtet zu haben. Dabei ist für die (Alt-)BRD bemerkenswert, daß die Distanzierung der (ab 15jährigen) Bevölkerung von EG-Europa innerhalb der letzten drei Jahre erheblich zugenommen hat: Das Negativ-Barometer stieg von 36 % im Jahre 1988 auf 44 % im Jahre 1989 und schließlich auf 53 % im Jahre 1990 — vermutlich bedingt durch die historischen Ost-West-Verschiebungen und den rasanten deutsch-deutschen Einigungsprozeß, der von einem steigenden nationalen Identifikationsbedarf begleitet war (*Eurobarometer* Nr.32 / 1989 und Nr.33 / 1990).

Europa als Bezugspunkt jugendlicher Meinungsbildung wird in der Bundesrepublik seit etlichen Jahren von einer speziellen politikwissenschaftlichen Forschungseinheit der Universität Mainz erforscht. Dort sind in letzter Zeit maßgebliche europabezogene Jugendbefragungen und Jugend- wie Expertencolloquien durchgeführt worden (*Weidenfeld / Piepenschneider* 1987; 1990; *Weidenfeld / Wolf* 1990). Die empirischen Ergebnisse führten zu einer fünfteiligen — vom ,engagierten' und ,interessierten' Europäer über den ,indifferenten' und ,skeptischen' Europäer bis zum ,Anti-Europäer' reichenden — Rangliste der (west-) deutschen Jugendlichen, in der die Majorität (47 %) als ,interessiert' in Erscheinung tritt (*Weidenfeld / Piepenschneider* 1990, S. 117).

Dieses Muster der Mainzer Forschungsgruppe deckt sich insofern mit den EG-weit erhobenen Einstellungsdaten Jugendlicher, als die beiden Extremgruppen der ,engagierten' und der ,Anti-Europäer' nahezu gleich stark vertreten sind (14-16 %). Als Gründe für dieses im Mittelbereich wenig differenzierte, doch relativ distanzierte Einstellungsprofil der (west-)deutschen Jugend zu EG-Europa erwähnen die Mainzer Forscher unter anderem das ungenügende Grundwissen über die EG-Institutionen und ihre Politik, Vorbehalte gegenüber der Problemlösungskompetenz der EG in der europäischen Bildungspolitik und beim Abbau der Jugendarbeitslosigkeit sowie die mangelnde positive Erfahrbarkeit der Arbeit der EG (*Weidenfeld / Piepenschneider* 1990, S. 167ff.).

„Die Jugendlichen wollen ein erlebbares Europa!", lautet das Resümee. Grundsätzlich sei bei den Jugendlichen eine Bereitschaft zu längeren Auslandsaufenthalten in den

EG-Ländern durchaus vorhanden, das Potential an ‚europäischer Mobilität‘ bei weitem noch nicht ausgeschöpft. Auch werde von den Jugendlichen der Verlust der kulturellen Eigenständigkeit ihres Landes in einem vereinten Europa wesentlich weniger befürchtet als von den Erwachsenen. EG-Europa habe für die junge Generation vor allem deshalb Bedeutung, weil ihm in weltpolitischer Hinsicht (Friedenssicherung, Umweltschutz, Gleichstellung von ethnischen und Geschlechtergruppen) erhebliche Gestaltungskompetenz zugeschrieben werde.

Angesichts der historisch-ideologisch diametral entgegengesetzten ‚europäischen‘ Einbindung der in der DDR aufgewachsenen (ost-) deutschen Jugendlichen verwundert es nicht, daß deren Uninformiertheit und Unsicherheit gegenüber EG-Europa seit dem deutsch-deutschen Einigungsprozeß erheblich größer und daß zugleich das Maß naiver Hoffnungsbereitschaft ausgeprägter ist als bei den (west-) deutschen Gleichaltrigen.[14] Besonders hinsichtlich der Erhaltung des Friedens in der Welt wird von den ostdeutschen Jugendlichen der europäische Einigungsprozeß (mit 84 %) eher positiv beurteilt (vor allem von den weiblichen Jugendlichen). Bezüglich der Wirtschaftslage in Deutschland fallen die positiven Erwartungen wesentlich schwächer aus: Sie liegen bei nur 56 %. Allerdings erwarten die ostdeutschen Jugendlichen mehr als die westdeutschen positive Auswirkungen der europäischen Einigung auf ‚das demokratische Denken der Menschen‘ und auf die ‚persönliche Freiheit‘ (jeweils 60 %). Bemerkenswerterweise schätzen die weiblichen Befragten jedoch die antizipierten positiven Auswirkungen auf die persönliche Freiheit um gut 10 %-Punkte schwächer ein als ihre männlichen Befragungspartner. Die hier zum Ausdruck kommenden — zum Teil überzogenen — Hoffnungen auf bessere individuelle Entfaltungschancen in einem vereinten Europa bringen verständlicherweise den großen Nachholbedarf zum Ausdruck, den die ostdeutschen Jugendlichen nach Freizügigkeit und Mobilität in privater und beruflicher Hinsicht unter den Bedingungen der jahrzehntelang abgeschotteten autoritär-zentralistischen Gesellschaft der DDR entwickelt haben (*Gotschlich* 1990).

Als *Ergebnis* halten wir fest:
Diese insgesamt ernüchternden Ergebnisse zur Grundmentalität der Jugendlichen (und Erwachsenen) in Bezug auf Europa geben für eine europäische Jugendpolitik und Jugendforschung zu denken. ‚Europa‘ lebt bei Jugendlichen (und Erwachsenen) in den EG-Ländern nicht auf einer politisch-wertbesetzten, sondern auf einer pragmatischen Ebene konkreten Alltagsverhaltens: im Reisen (obgleich ein Drittel der ‚Young Europeans‘ noch nie im Ausland war!), im Konsumverhalten, im Genuß von (übernationaler) Musik, im Sport und anderen Hobbies. Das von oben verordnete Europa der Politiker und Wirtschaftsbosse sowie der in Sachen Europa kommunizierenden Wissenschaftler/innen ist für die vielen nationalen Jugenden Europas nicht konsumierbar.

Im folgenden Abschnitt beziehen wir diese Befunde auf Probleme und Grundbedingungen theoretischer und methodischer Kooperation europäisch-vergleichender Jugendforschungsprojekte.

7 Auf dem Weg zu einer europäischen Jugendforschung

„*Europe is a cool issue, not a hot one*" (*Cavalli* 1990, S. 16); Null Bock auf Europa ? Europa fällt bei den Jugendlichen durch die Lebensmaschen; fällt es auch bei den Jugendforschern durch?

Mit dem politisch-institutionellen Konzept von Europa lassen sich zwar europäische Projekte finanzieren, doch nicht unbedingt gemeinsame europäische Problemlagen Jugendlicher erfassen. Was also bleibt zu tun, um diesem Ziel näher zu kommen ? Wie könnte eine Forschungsstrategie aussehen, die weder zu einem nur administrativen, noch zu einem nur additiven Begriff von europäischer Jugend gelangt? Müßte sie sich etwa Schritt für Schritt aus den nationalen Jugendforschungsprogrammen der europäischen Staaten entwickeln ? Wie groß sind die Chancen, daß auf solch einem additiven Weg eine integrative, übernationale Perspektive erwächst ?

7.1 Disparitäten der Lebenslagen — Disparitäten der Forschung

Das überwiegende Spektrum der in Europa stattfindenden Jugendforschung ist auf *nationale* Jugendprobleme orientiert. Differenziert nach Ländern und Wissenschaftsdisziplinen schwankt der Stand der als ‚Jugendforschung' subsumierbaren Erhebungen — in Abhängigkeit von politischen und ökonomischen Phasen — erheblich (*Cavalli/Rampazi* 1989). Es scheint, daß Deutschland hinsichtlich der universitären und außeruniversitären Infrastrukturen und hinsichtlich der Kontinuität und Dichte seiner professionellen Kommunikation in der Jugendforschung führend ist. In Großbritannien und Frankreich befindet sich die Jugendforschung demgegenüber in einem desolaten Zustand, nicht zuletzt aufgrund der Randständigkeit von Jugend im Politik- und Wissenschaftssystem beider Länder.[15] Andererseits gibt es große Unterschiede pro Land, wenn man die verschiedenen Beiträge der beteiligten Einzeldisziplinen betrachtet (Entwicklungspsychologie, Erziehungswissenschaft, Soziologie, Politologie). So ist z.B. Jugendforschung in den Niederlanden nicht nur ein recht junger Zweig am Baum der Sozialwissenschaften, sondern auch stärker in der pädagogischen als in der soziologischen Tradition verankert. Interdisziplinarität als forschungsstrategisches Paradigma, ohne das Jugendforschung nicht gedeihen kann, hat es dort noch schwer. Der Grad der Interdisziplinarität ist in Deutschland wohl höher als in den meisten EG-europäischen Ländern, doch verhindert auch hier die Konkurrenz um knappe Ressourcen oftmals die Möglichkeiten einer Kooperation.

Inhaltlich zeichnet sich in den letzten Jahren eine beginnende *europäische Perspektive* in der Jugendforschung insofern ab, als bestimmte gemeinsame Problemfelder der Forschung (etwa in Bezug auf Mädchen/junge Frauen und Ausländer, verbunden mit Fragen von sozial-industrieller Modernisierung und Mobilität) darauf drängen, in einen transnationalen Zusammenhang gestellt zu werden. Hierfür gibt es sowohl forschungspolitische wie forschungsmethodische Gründe. Theorien über die ‚Lebenslage Jugend' sind auf nationaler Ebene vielfach ausgereizt. Neue Akzente erhalten sie durch interkulturelle Vergleichsuntersuchungen.[16] Es scheint, daß es neben soziologisch inspirierten

Fragestellungen — z.B. nach jugendlichen Bewältigungsmustern von Arbeitslosigkeit — vor allem auch entwicklungspsychologische Interessen — z.B. bezüglich der Genese von Delinquenz und Drogensucht — sind, die zu grenzüberschreitenden Vergleichsprojekten Anlaß geben.[17] Hingegen scheinen erziehungswissenschaftlich inspirierte Fragestellungen sich eher auf Chancen und Konditionen inter-kulturellen Lernens zu konzentrieren und sich auf die pädagogischen Begleitmaßnahmen zum europäischen und internationalen Jugendaustausch sowie zur inter-europäischen Migration Jugendlicher zu richten.[18]

Es steht zu erwarten, daß sich künftig eine Reihe von zentralen europäischen Jugendthemen herausschälen werden, die vergleichende Forschungsprojekte in Gang bringen. Diese Forschungsschwerpunkte werden zu tun haben mit:

— *Jugendarbeitslosigkeit* und *(Re-) Qualifizierung*, verbunden mit *sozialer Mobilität;* Stichworte: Berufsbildung, Education Permanente, Jugendinformation;
— *jugendlichen Lebensmustern* in den *multi-kulturellen Gesellschaften* der ersten Welt; Stichworte: Rassismus, Rechtsradikalismus, Kollektivismus, politische Bildung;
— *jugendlichen Aspirationen und Konsummustern;* Stichworte: Musikstile und Mode, Sport und Medien, symbolische Kommunikation;
— dem *Verhältnis zwischen den Generationen,* altem und neuem Generationenkonflikt; Stichworte: demographische Disproportion zwischen Jung und Alt, sozialstaatlicher Generationenvertrag, Fürsorge als Verpflichtung, Jugend als Minorität und/oder Elite;
— dem *Verhältnis zwischen den Geschlechtern und der Gleichstellung der Frau;* Stichworte: ‚neue Frau', weibliche Biografien, Emanzipation des Mannes für Familienaufgaben.

Diese Themenbereiche könnten im gesamt-europäischen Kontext Zugpferde einer europäischen Forschung werden. Zugleich aber ist zu berücksichtigen, daß die einzelnen Länder im Rahmen ihrer etablierten Wissenschaftstraditionen sicherlich die nationale Perspektive weiterhin favorisieren werden. Üblicherweise stellen sie die kollektiven bzw. staatlichen Sozialisationsinstitutionen (Familie, Kindergarten, Schule, Universität, Armee, Kirche, Gefängnis, Heim) in den Mittelpunkt der Analyse. In dem Maße jedoch, wie regionale Unterschiede der jugendlichen Umwelt sich als prägende Faktoren für ungleiche Lebenslagen herausstellen, werden Regionalvergleiche — sei es im nationalen, sei es im übernationalen Rahmen — sicherlich zunehmen.[19]

Europäisch-vergleichende Jugendforschung könnte bei neueren sozialwissenschaftlichen Ansätzen anknüpfen, die ältere Theorien der Ungleichheitsforschung überwinden und mit Modernitätstheorien verbinden (*Berger/Hradil 1990*):

— Theorien zur Strukturierung von unterschiedlichen Lebenslagen;
— Theorien zum unterschiedlichen Verlauf von Lebensläufen;
— Theorien zu unterschiedlichen Lebensstilen.

Eine „Neukonturierung der soziologischen Ungleichheitsforschung" (*Berger/Hradil* 1990, S.4) entlang diesen drei Ansätzen könnte gerade für historisch-geographische Veränderungen und Verschiedenheiten der Jugendphase furchtbar sein. In jugendlichen Teilpopulationen zeichnen sich europaweit die verschiedensten *Formen von Ungleichheiten* und Ungleichzeitigheiten ab, die auch — aber nicht nur — national determiniert sind und die, vor allem im Ost-West Vergleich, historisch-kulturelle Ungleichzeitigkeiten aufweisen. Die inzwischen theoretisch-empirisch gut ausgearbeiteten Theorien zum „Strukturwandel der Jugendphase“ könnten forschungsleitend werden — und sind es zum Teil schon (*Behnken* et al. 1991).

7.2 Europäische Jugendforschung: eine methodische Typologie

Was ist nun aber — jenseits möglicher gemeinsamer Inhalte — methodisch unter ‚europäischer Jugendforschung‘ zu verstehen? Mit dem Stichwort ‚Vergleich‘ haben wir bisher die methodischen Implikationen ausgeblendet. Wir unterscheiden zunächst vier Grundtypen:

a. Der additiv-deskriptive Typus:

Es handelt sich um kompendienartig zusammengestellte Länderberichte zu einzelnen Aspekten der Jugend und Jugendforschung, vorwiegend als Ergebnis von internationalen Konferenzen, auf denen Fachkollegen und Jugendpolitiker Kenntnis vom Stand der Forschungen in den Nachbarländern nehmen. Dieser Typus entspricht einer etablierten Kommunikations- und Disseminationsstrategie in den beteiligten Wissenschaftsdisziplinen, die seit den 60er Jahren im europäischen (und transatlantischen) Wissenschaftsbetrieb Fuß gefaßt hat, was angesichts der historisch-kulturellen Disparitäten der Nachkriegszeit keineswegs selbstverständlich war. Seit den 80er Jahren nehmen nun ländergreifende Konferenzen zu Problemen der Jugend in der Jugendforschung Europas zu und dementsprechend auch die publizierten Konferenzreader (vgl. etwa *Hazekamp* 1988; *Ferchhoff/Olk* 1988; *Wiebe* 1988; *Bertram* et al. 1989; *Büchner* et al. 1990; *Chisholm* et al. 1990; *du Bois-Reymond/Oechsle* 1990). Die künftige europäische Jugendforschung wird vermutlich diesen Forschungstypus weiter ausbauen und vertiefen. Das additive Konzept kann nämlich sämtliche Bereiche der Forschung — in einfachen und komplexen, theoretischen und praxisbezogenen Fragen — bedienen, da es nur einen lockeren Verbund von Projekten und Personen bewirkt.

Prognose: Der mit dem EG-Binnenmarkt einsetzende Trend Europas zur Internationalisierung seiner Märkte und seines Wissenschaftsbetriebes werden diesen Typus vermutlich stark fördern.

b. Der erweiterte additiv-deskriptive Typus:

Hierunter sind europaweite Jugendbefragungen gefaßt, wie sie z.B. in den 1982, 1987 und 1990 durchgeführten EG-Studien über die ‚Jungen Europäer‘ realisiert wurden. Die Erweiterung gegenüber a. besteht darin, daß es um mehr als ein Nebeneinanderstellen unverbundener nationaler Forschungsergebnisse geht, nämlich um identische Meinungssurveys in einer Vielzahl von europäischen Ländern (hier: erst 10, dann 12 EG-Ländern). Additiv bleibt dieser Forschungszugriff dennoch, da die national-vergleichend aufaddierten Befragungsergebnisse nur deskriptiv miteinander verglichen werden; eine korrelative Tiefeninterpretation lassen die geringen Stichproben und die ‚flachen' Befragungsinstrumente (Umfragen) nicht zu.

Prognose: Angesichts der unterstellten Politikrelevanz und Medienwirksamkeit der Ergebnispräsentation für Überblicksversuche im administrativen Europa-Kontext aussichtsreich.

c. Der partiell integrierte Typus:

Hierunter fällt z.B. ein ausgewählter Zwei- oder Dreiländervergleich oder ein entsprechender Regional- oder Städtevergleich. Das Design ist thematisch und methodisch anspruchsvoller als bei den unter a. und b. genannten Typen, daher nicht ohne weiteres auf andere Länder übertragbar. Es geht oftmals nicht nur um einen Ländervergleich, sondern eher um sozial-ökologisch und sozial-kulturell eingegrenzte Fragestellungen, die in unmittelbarem Zusammenhang mit den gewählten Kontexten stehen. Forschungsstrategisch elegant sind Studien dieser Art, weil sie verbindende Fragestellungen generieren. Der Anspruch an Theoriebildung und Methode ist dementsprechend hoch; die Fragestellungen erfordern meist mehrdimensionale Verfahren.[20]

Prognose: Projekte dieses Typs stellen noch Ausnahmen in der europäischen Forschungslandschaft dar. Sie sind organisatorisch und finanziell höchst aufwendig und arbeitsintensiv. Auch erfordern sie ein großes methodisches und theoretisches Potential. Da aber ihr theoretischer und empirischer Ertrag entsprechend hoch ist, steht zu erwarten, daß sie in Zukunft bessere Chancen haben.

d. Der erweiterte integrierte Typus:

Der erweiterte **integrierte Typus** unterscheidet sich vom partiell integrierten Typus nicht prinzipiell; mit ihm sollen mögliche Forschungsvorhaben angegeben werden, in denen idealiter unter voraus geplanten und explizitierten Kriterien geographische und andere Vergleichsdimensionen festgelegt werden.[21]

Hier könnte man sich z.B. einen Vergleich der Lebenslage von Großstadtjugendlichen in den Hauptstädten West- und/oder Osteuropas vorstellen; oder einen Vergleich von Jugendlichen in ländlichen Regionen Europas; oder eine Studie zum Problem ‚moderne Kindheit in Europa'; oder eine Konfrontation von Mädchenbiografien in ausgewählten Regionen reicher und armer Länder Europas, usw. — Der Konjunktiv signalisiert, daß dieser Forschungstypus eher in der Utopie als in der Realität angesiedelt ist. Es gibt ihn derzeit höchstens in Ansätzen. Wenn nun Europa künftig der Bezugspunkt sein oder werden soll, so ist zu berücksichtigen, daß Europa einen höchst divergenten Kulturraum darstellt, in dem die Lage der Jugend sehr unterschiedlich wahrgenommen und bewertet wird. Gleichzeitig ist mit großenteils unvorhersehbaren Auswirkungen von Modernisierungen im wirtschaftlich-politischen Bereich zu rechnen.

Prognose: Da dieser Typus die anspruchsvollsten Forschungsdesigns enthält, bildet er ein Projekt für die fernere Zukunft, ein Projekt allerdings, das niveauvolle Ergebnisse verspricht. Die Chancen der Entwicklung dieses Typus sind abhängig von der Innovationskraft und Akzeptanz der unter a.-c. genannten Typen, die methodisch und theoretisch das ‚Vorfeld' darstellen. Darüber hinaus sind sie nicht nur vom Finanzvolumen übernationaler Fonds für Jugendforschung in Europa abhängig, sondern angesichts des Zeitaufwandes auch nicht leicht ‚vermarktbar'. Für jüngere Forschergruppen, die am Beginn ihrer Karriere stehen, bieten solche Großprojekte erst auf Dauer Profilierungschancen.

8 Barrieren einer europäisch-vergleichenden Jugendforschung

Nicht zuletzt aufgrund eigener Erfahrungen mit Projekten (zumeist des Typus a. und b.) interkulturell vergleichender Forschung sollen nun die spezifischen Barrieren, die beim Aufbau solcher Designs überwunden werden müssen, zur Sprache kommen. Insbesondere sollen gerade auch die alltäglichen — organisatorischen und kommunikativen — Hindernisse angesprochen werden. Denn wir sind der Meinung, daß das praktische Forschungsgeschehen, das ‚Hidden Curriculum', einen viel größeren Einfluß auf das Zustandekommen vergleichender europäischer Jugendforschung hat als dies normalerweise zugegeben wird. Wir wollen in diesem Zusammenhang die folgenden Faktoren kurz unter die Lupe nehmen:

— die biografischen und wissenschaftsbiografischen Interessen der sich ‚zufällig' zusammenfindenden Forschergruppen;
— Finanzierungs- und Managementprobleme;
— Sprach- und Kulturbarrieren;
— die Abstimmungsprobleme sprachlich-begrifflicher und methodischer Äquivalenz;
— methodische Meta-Forschung zur europäischen Jugendforschung.

8.1 Biografische und wissenschaftsbiografische Interessen

Allgemein fällt auf, daß das Interesse an europäischer Jugendforschung oftmals auf die multi-kulturellen Biografien der ausführenden Forscher zurückverweist. Ihre private und/oder wissenschaftliche Biografie ist für das Zustandekommen europäisch-interkultureller Projekte nicht selten mitverantwortlich. Keineswegs ist es aber selbstverständlich, daß wissenschaftsbiografische Interessen mit dem Umstand, gleich gesonnene Partner und geeignete infrastrukturelle Bedingungen zu finden, im rechten Moment zusammentreffen. Oftmals sind es eher zufällig-persönliche Anlässe, die an der Wiege eines Zwei- oder Dreiländerprojektes stehen und die sein Gelingen oder Scheitern mitbestimmen.

Dies bedeutet, daß der Startmotivation für ein solches Projekt bei allen Beteiligten ausdrücklich nachgegangen werden sollte, bevor die gemeinsame konzeptionelle Arbeit beginnt. Diese *mentale Einstimmung* ist ein notwendiger Schritt auf dem Wege zu einer gut funktionierenden Forschergruppe, die ihrerseits eine zentrale Voraussetzung für eine erfolgreiche Forschungspraxis bildet. In der Regel wird die interkulturelle Einstimmung von Newcomern dieses Forschungszweigs unterschätzt und von Auftraggebern nicht hinreichend bezahlt. Wissenschaftler sollten aber ihre interkulturelle Kooperation schon im Vorstadium ihres Projekts mit der Abklärung ihrer ‚außerwissenschaftlichen' Motivationen (an Literatur, Kunst, Kultur und Politik des jeweiligen Landes) beginnen, um sich über Gemeinsames und Trennendes zu verständigen.

8.2 Finanzierungs- und Managementprobleme

Nach wie vor ist die Finanzierung von europäischen Jugendstudien ein Hauptproblem, da es bislang keine integrierte europäische Jugendpolitik und Jugendforschungspolitik gibt. Normalerweise müssen ‚Joint Ventures' aus Geldquellen mehrerer Länder und Organisationen finanziert werden; das hat oft ungleichzeitige nationale Fahrpläne zur Folge, die das Projekt in ‚Schieflage' bringen können.

Eine *europäische Finanzierungsinstanz* für europäische Sozial- und Jugendforschung gibt es noch nicht, die unabhängig und kompetent und ausgerüstet mit Expertenwissen Projekte im europäischen Rahmen auf ihre Förderungswürdigkeit prüfen würde. Solch eine Institution wird in der gegenwärtigen politischen Gesamtsituation Europas mit einem erheblichen Gefälle zwischen Nord und Süd, West und Ost zu rechnen, d.h. die Finanzierungsmodalitäten entsprechend zu gewichten haben. Die EG-Bürokratie hat (im Rahmen ihrer Brüsseler ‚Task Force for Human Resources, Education, Training and Youth') diese Aufgabe bisher zwar vorsichtig anvisiert. Im Gestrüpp der Instanzen sowie der sehr kurzen Ausschreibungs- und langen Bearbeitungszeiten drohen jedoch Initiativen europäischer Interessenten und Auftragnehmer der Jugendforschung zu scheitern. Auch die Verquickung politisch-nationaler (ministerieller) Interessen mit übernationalen Forschungsförderungen blockiert die vorhandenen Finanzierungswege.

8.3 Sprach- und Kulturbarrieren

Ein allgegenwärtiges, doch selten thematisiertes Problem interkultureller Forschung ist das der gemeinsamen bzw. verschiedenen Sprach- und Wissenschafts- sowie Kulturtraditionen.[22] Ist es bereits schwierig genug, sich innerhalb ein und desselben Sprachraumes über wissenschaftliche Probleme und Methoden zu verständigen, so werden die Hürden fast unüberwindlich, wenn es um zwei oder mehrere verschiedene Sprach- und Kulturräume geht. Sich dieser Schwierigkeiten in allen Details zu vergewissern, gehört mit zur ‚mentalen Einstimmung', von der zuvor die Rede war. Diese Barrieren zu erkennen und zu überwinden, wird in Zukunft nicht nur mehr *Sprachkompetenz* von den Jugendforschern der europäischen Länder erfordern, sondern auch mehr *kulturelle Kompetenz* (und das heißt auch: mehr interkulturelles Lernen). Das Ausweichen auf eine Drittsprache, zumeist auf Englisch, ist nur ein schwacher Ersatz und ruft überdies neue Probleme vielfältiger Art hervor: Verflachung des Diskussionsniveaus, unerkannte Mißverständnisse, Instrumentenverfälschung, Ungeduld und Ermüdung der Beteiligten. Überdies bewirkt mangelhafte Sprachkompetenz auch Unklarheiten hinsichtlich der methodischen und theoretischen Äquivalenz der Vergleichsprojekte.

8.4 Probleme sprachlich-begrifflicher und methodischer Äquivalenz

Probleme der begrifflich-sprachlichen Äquivalenz treten auf mehreren Ebenen des interkulturellen Forschungsprozesses auf. Am gravierendsten stellt es sich bei der *Konstruktion der Befragungsinstrumente* dar, z.B. bei der Entwicklung eines Fragebogens über jugendliche Lebenslagen. Vergleichbarkeit der Ergebnisse erfordert sinngemäß gleichartige Fragen; wörtliche Übersetzungen allein stellen diese Äquivalenz nicht her, da die Bedeutungshöfe der benutzten Begriffe von Land zu Land und von Kultur zu Kultur sowie von Subkultur zu Subkultur je andere sind. Begriffe und Ausdrücke selbst haben ja ihre national-lokale Geschichte und Tradition, die die Suche nach äquivalenten Bedeutungen erschweren. Es ist also keineswegs ausgemacht, daß sämtliche (jugendlichen) Teilpopulationen dasselbe unter einer (wörtlich übersetzten) Frage verstehen. Dies gilt erst recht für politisch beladene Begriffe wie ‚Sozialismus', ‚Demokratie', ‚Rassismus', ‚Faschismus' usw. Es gilt aber auch für Begriffe, die das (jugendliche) Alltagsleben erfragen, das möglicherweise in einem anderen Land kein Pendant hat. Insbesondere bei Fragen nach dem Geschlechterverhältnis, die oftmals mit religiösen Traditionen eng verkoppelt sind, stellt sich dieses Hindernis als nahezu unüberwindlich dar.

Über begrifflich-sprachliche Äquivalenz muß also schon bei der Entwicklung der Forschungsleitfragen, aus denen die Instrumente hervorgehen, nachgedacht werden. Bedenkt man, daß alle Forschung unter Zeit- und Geldknappheit leidet, so ist die Versuchung groß, die notwendigen Anstrengungen zur Herstellung begrifflicher Äquivalenz zu unterlassen. In der Suche nach Äquivalenten liegt jedoch zugleich die Chance, auf ‚verdeckte' Übereinstimmungen aufmerksam zu werden: die Tatsache, daß sich möglicherweise in einer Gesellschaft bestimmte theoretische Konstrukte nicht empirisch verifizieren lassen, kann die vergleichende Interpretationsarbeit zu interessanten neuen Hypothesenbildungen anregen.

Praktisch stellt sich die Frage, ob zunächst in jeder Landessprache Teilanalysen und Interpretationen erarbeitet werden sollen, die später in eine Gesamtdarstellung integriert werden. Schon hier kann es zu Komplikationen aufgrund der Tatsache kommen, daß bestimmte theoretische Vorschläge aus einem der beteiligten nationalen Forscherteams in dem anderen kein Echo finden oder keine Tradition haben, d.h. sich auch gegen die datenbezogene Interpretation sträuben. Wird umgekehrt aber die Gesamtdarstellung sofort in einer einzigen verbindlichen Sprache angestrebt, so stellt sich die Frage: in welcher? (derjenigen der Geldgeber? derjenigen der Projektleiter? derjenigen mit größerer Breitenwirkung?) Übersetzungs- und Übertragungsprobleme treten in jedem Fall auf; auch die Frage der Rückübersetzung wirft nicht unerhebliche Schwierigkeiten auf. — Dies alles sind keineswegs nur technisch-organisatorische Probleme, sondern immer auch Probleme der begrifflich-sprachlichen Abstimmung auf der Suche nach Äquivalenz.

8.5 Metaforschung

Obgleich die oben angesprochenen Fragen und Probleme keineswegs neu sind — in der interkulturellen Forschung wird regelmäßig auf sie verwiesen (*Trommsdorf* 1989; *Oyen* 1990) —, so fehlen doch allgemeine Erörterungen hierzu in den vergleichenden europäischen Jugendprojekten fast gänzlich. Geht man davon aus, daß interkulturelle Jugendforschung künftig in Europa zunehmen wird, so sollte gerade diesen Abstimmungs- und Übersetzungsprozessen methodisch und praktisch mehr Aufmerksamkeit gewidmet werden.[23]

Da absehbar ist, daß *transnationale Jugendforschung in Europa* ab 1993 zunehmen wird, steht zu hoffen, daß auch eine Meta-Forschung über die angedeuteten Fragen entsteht. Eine sinnvolle Strategie, dies zu erreichen, wäre beispielsweise, gezielte Arbeitskonferenzen mit interkulturell arbeitenden Forscherteams zu organisieren, in denen die methodischen und theoretischen Implikationen der Abstimmungsarbeit diskutiert und synchronisiert werden.[24] Es liegt auf der Hand, hierzu auch bei Anthropologen und Ethnologen Anleihen zu machen, die auf diesen Gebieten mehr Erfahrungen haben.

9 Jugend und Jugendforschung in Europa als Projekt

Wir haben eingangs die These vertreten, daß es gewiß noch verfrüht ist, von ‚europäischer Jugend' und ‚europäischer Jugendforschung' zu sprechen. Eher gehe es für beide um ein Projekt, das nun im Zuge der anstehenden europäischen politischen und wirtschaftlichen Integration denkbar wird.

Wir haben anhand von Umfrage-Ergebnissen gezeigt, daß das ‚Projekt Europa', so wie es derzeit von Politikern und Eurokraten konzipiert wird, für die Jugendlichen in den verschiedenen nationalen Räumen ohne biographische und lebensweltpraktische Relevanz ist. Europa, so haben wir formuliert, fällt durch die Lebensmaschen nicht nur von Jugendlichen, sondern auch von Erwachsenen, weil und solange es ein politisch-institutionelles Makrokonzept bleibt, das von den Betroffenen nicht in ihrem Lebensalltag kontextualisiert werden kann. Gleichzeitig wäre es aber ein historischer Anachronismus, davon auszugehen, daß Jugend ausschließlich eine nationale Kategorie sei. Vor allem die kulturell orientierte Jugendforschung hat das Wechselverhältnis von national-regionalen Jugendkulturen und internationalen Austauschprozessen kultureller Stile hervorgehoben und auf den immer schnelleren Umlauf von jugendkulturellen Lebenspraxen verwiesen. Diese Dimension der Internationalisierung und Europäisierung hat sich in den Nachkriegsjahrzehnten ungesteuert und sozusagen unterhalb oder neben den politischen Initiativen einer europäischen Integration vollzogen. Der kulturellen Modernisierung von Jugend, in der sie sich als Subjekt erfährt, entspricht auf der wirtschaftlichen und politischen Ebene eine Entmündigung, wie einerseits die Qualifikations- und Übergangsforschung zeigt, die die Statuspassage ins Erwerbsleben problematisiert, andererseits Ergebnisse zur politischen Abstinenz Jugendlicher sowohl im nationalen wie europäischen Raum. Die tagespolitischen und wirtschaftlichen Probleme werden von Jugendlichen auf das Niveau einer Weltgesellschaft angehoben: Ökologie, Geschlechtergleichheit, Frieden. In diesem Spannungsdreieck von lokalen Lebenswelten, lokal-national und international eingefärbten Jugendkulturen und Jugendkonsum und einer Globalsicht auf Weltprobleme muß das ‚Projekt Europa' Gestalt annehmen, will es für Jugendliche Inhalt erhalten.

Bislang verzichtet die Jugendpolitik in der EG auf irgendwelche Postulate ‚gemeinsamer Wertmaßstäbe' und bietet den jugendlichen Adressaten allein neue Möglichkeiten der Information in relevanten Lebensbereichen an. Als europaweit anlaufende Maßnahme haben sich die zuständigen Minister und EG-Beamten auf das Konzept der **‚Jugendinformation'** geeinigt. In der Installierung dieses auf alle europäischen Jugendlichen zielenden Konzepts spiegelt sich die Kluft zwischen den nationalen Bedingungen und den europäischen Einheitsbestrebungen insofern, als jedes Land seine eigenen Akzente setzen kann. Nur die gemeinsame Bezeichnung ‚Jugendinformation' symbolisiert die jugendpolitische Vereinheitlichungsabsicht. Die Jugendlichen erwartet in jedem Land kulturspezifisch ein anderer Fächer von Informationsangeboten.

Der übergeordnete Aktionsplan der EG-Kommission schließt allerdings eine weitergehende, wertbezogene Integration für die Zukunft nicht aus. Zunächst geht es ihm um den selbstbewußt und zielsicher den Markt der Informationen nutzenden Konsumenten, der sein Leben in eigene Regie nimmt und sich an Traditionen kaum noch gebunden fühlt:

„During the past five years, there has been a significant increase in youth information and counselling structures throughout Europe. Just the latest fashion? Hardly, since they respond to a need that stems from the complexities of our societies, where traditional values no longer prevail, where career patterns are constantly changing, and where the transition to working life is increasingly difficult for young people" (*ERYICA Bulletin* 1990).

Im Prinzip geht es bei dem Konzept „Youth Information" um ein inhaltsleeres bzw. inhaltlich disponibles Angebot, das je nach nationalen und regionalen Bedürfnissen anders aufgefüllt werden kann. *Europäische Evaluationsstudien* zur Wirksamkeit der eingeführten Maßnahmen könnten u.U. ein künftiger Kristallisationskern auch für eine ‚integrierte' Jugendforschung Europas werden. Eine europäisch orientierte Jugendforschung muß sich damit auseinandersetzen, daß Jugendliche vor allem als Träger ihrer jeweiligen Milieus agieren.

Die ‚Individualisierung' der Lebensführung, die allenthalben als neues Muster jugendlicher Biografien behauptet wird, erhält aus dem jeweiligen sozio-kulturellen und sozio-ökologischen Kontext ihr spezifisches Kolorit und ihr kollektivistisches Pendant. Kaum eine andere Gruppe der Bevölkerung ist aufgrund ihrer konstitutionellen, emotionalen und ökonomischen Abhängigkeiten so milieugebunden wie diejenige der Jugendlichen; doch kaum eine Gruppe steht auch so dramatisch unter Zwängen, sich aus diesen Abhängigkeiten zu lösen und im Blick auf die autonome Lebensgestaltung mobil zu sein. Dies erst recht im Europa der Zukunft.

Die künftige transnational vergleichende Jugendforschung wird dieses ‚Janusgesicht' der **europäischen Jugend** stärker als bisher zu reflektieren haben. Vor allem wird sie sich des wachsenden Phänomens ‚kultureller Entwurzelung' Jugendlicher anzunehmen haben, das mit der Integration des europäischen Marktes als soziale Folge einhergeht. Die als Begleiterscheinung der verstärkten sozialen Integration Europas bewirkte *Be-*

schleunigung der sozialen Differenzierung ist keineswegs nur ein fortschrittlicher und schon gar nicht ein schmerzloser Prozeß. An seinem Ende stehen nicht nur Sieger, sondern auch Verlierer: jene Jugendlichen nämlich, die sich auf die Versprechungen der ‚großen Freiheit' (von alten Bindungen, für neue Perspektiven) eingelassen haben und dennoch scheitern.

Welche Gestalt das Projekt *„Jugend und Jugendforschung in Europa"* in den nächsten Jahrzehnten annehmen wird, ist eine offene Frage. Es wird aber nur dann ein interessantes Projekt, wenn es gelingt, die Eindimensionalität des derzeitigen Jugend- und Forschungsverständnisses aufzulösen, die bei den meisten „Europa-machern" noch vorherrscht.

Anmerkungen

1 Die Autorinnen sind Gründungsmitglieder des seit Mai 1990 bestehenden Berliner Vereins CYRCE e.V. (Circle for Youth Research Cooperation in Europe), der sich die Förderung europäisch-vergleichender Jugendforschung zum Ziel gesetzt hat. Die Geschäftsstelle des Vereins ist identisch mit der Privatanschrift des Vereinsvorstandes: c/o Dr. Sibylle Hübner-Funk, Theresienstr. 51, D-8000 München 2.

2 Statt Italien und Mexico waren ursprünglich Frankreich und Schweden als Vergleichsländer vorgesehen, also ausschließlich europäische Staaten.

3 Fast alle maßgeblichen sozialwissenschaftlichen Einrichtungen der Bundesrepublik Deutschland, insbesondere im bildungs- und jugendpolitischen Sektor, wurden erst kurz vor oder mit dem Beginn der sozial-liberalen Ära und der aus ihr erwachsenen Bildungsreform gegründet, so z.B. das Deutsche Jugendinstitut e.V. in München (1963) und das Max-Planck-Institut für Bildungsforschung in Berlin (1963). (Zur Entwicklungsgeschichte des DJI im zeitgeschichtlichen Kontext vgl. die aus Anlaß seines 25-jährigen Bestehens entstandene Studie von *Fuchs* 1990).

4 Als Erhebungsländer wurden ausgewählt: Großbritannien, die BRD, die Niederlande, Österreich, die USA, Italien, die Schweiz und Finnland.

5 Das international zusammengesetzte Beratergremium des Projekts (unter Leitung von U. *Bronfenbrenner*, Cornell University) konnte sich nicht auf eine Interpretation der für alle drei beteiligten Länder höchst unvorteilhaften Ergebnisse einigen; die UNESCO bewilligte daher die Publikation nicht. Neben den Originaldaten, die am Kölner Zentralarchiv für empirische Sozialforschung lagern, gibt es nur einen hektografierten Zwischenbericht des Projektnehmers (M. *Tumin*) aus dem Jahre 1964.

6 Besonders das in den frühen 70er Jahren in West-Berlin von der EG-Kommission errichtete „Centre Européen pour le Développement de la Formation Professionelle" (CEDEFOP) erfüllt in diesem Sektor wichtige Koordinierungs- und Standardisierungsaufgaben.

7 Diese Problemlage kam z.B. im Sommer 1990 auf einer Tagung an der Universität Bielefeld zum Ausdruck: „Jugend in Ost-Europa, der DDR und der BRD", sowie auf einer Fachkonferenz „Geschichte, Gegenwart und Zukunft von Kindheit und Jugend in der BRD und der DDR", die im November 1990 an der Universität Marburg stattfand. (Vgl. dazu: *Henning/Friedrich* 1991; *Melzer* et al.1991; *Büchner/Krüger* 1991).

8 Präsidentin des RC 34 für die Jahre 1990-1994 ist Sibylle *Hübner-Funk*, München.

9 Nicht zuletzt aufgrund dieses Defizits haben sich die Evangelischen Akademien in der BRD während der letzten Jahre (im Rahmen der Tagungsreihe „Jugend 2000: Konturen einer europäischen Jugendpolitik") um die Förderung eines Dialogs zwischen europäischen Jugendpolitikern und europäisch orientierten (deutschen) Jugendforschern bemüht.

10 Die Ergebnisse des Eurobarometer werden regelmäßig in den EG-Sprachen in Zeitschriftenformat veröffentlicht. Die Erhebungen werden von länderweise zusammengesetzten Forschungsgruppen durchgeführt. Eurobarometer ist damit das erste und bisher einzige Forschungsinstrument auf EG-

Ebene, das kontinuierlich mit Hilfe von Surveys europäische Meinungsdaten erhebt (*Melich* 1991).

11 Ähnlich ‚idealistische' Neigungen der europäischen Jugend stellten *Lutte* et al. bereits 1969 in einer Studie fest, in der 32 000 Jugendliche im Alter von 10-17 Jahren aus sieben west-europäischen Ländern (Belgien, BRD, Spanien, Frankreich, Italien, Niederlande und Portugal) befragt wurden. Altruismus, Soziabilität, Pflichtbewußtsein und Verantwortungsgefühl waren die wichtigsten Eigenschaften, die die Jugendlichen in ihren erwachsenen Vorbildern suchten und schätzten; auch hier zeigte sich, daß nicht irgendwelche ‚großen, heroischen Gestalten' die Identifikationsmodelle der Jugendlichen abgaben, sondern vor allem die Menschen ihrer Nahumwelt: Eltern, Lehrer, Verwandte, Gleichaltrige (*Lutte* et al. 1969).

12 Zu ähnlichen Beobachtungen kommt für Italiens Jugend auch *Cavalli* (1990, 13 ff.): „Die Zahl der Jugendlichen, die die politische Arena als fremden Kosmos betrachtet, ist ... groß und wächst anscheinend. (...) Lokalismus, das Gefühl der Zugehörigkeit zur Nation oder sogar das Gefühl, der Weltgemeinschaft anzugehören, scheinen viel stärker ausgeprägt zu sein als das Gefühl einer Zugehörigkeit zu Europa (...) Europe is a cool issue, not a hot one!" Ähnlich auch *Doktor* et al. für Polen, *Percheron* für Frankreich, *Bynner* für England (in: Diskurs 1990).

13 Allerdings zeigen sämtliche einschlägigen Studien, daß mit wachsendem Bildungs- und Urbanisierungsgrad das allgemeine politische Interesse — somit auch das Interesse an dem institutionalisierten EG-Europa und seinen Entwicklungsproblemen — wächst. Darüber hinaus differenziert oft auch der Geschlechtsfaktor: Mädchen und junge Frauen sind weniger an konkreter Politik und mehr an den weltumspannenden ‚Menschheitsproblemen' interessiert als Jungen und junge Männer.

14 Vgl. dazu die ersten (noch nicht als Buch zugänglichen) Ergebnisse der vom (Ost-) Berliner Institut für zeitgeschichtliche Jugendforschung durchgeführten Repräsentativbefragung Jugendlicher (zwischen 14 und 25 Jahren) in den fünf neuen Bundesländern: ‚Jugend 1991', die die Einstellungen der ostdeutschen Jugend zum Prozeß der europäischen Einigung ermittelt hat. Das Resümee des hektographierten Zwischenberichts lautet (1991, 25): „Ost-deutsche Jugendliche setzen große Erwartungen in das zusammenwachsende Europa. Fast die Hälfte der Befragten, darunter überdurchschnittlich viele 14-16jährige, sind der Meinung, daß der europäische Einigungsprozeß große bzw. sehr große Bedeutung für ihr eigenes Leben habe. Doch groß ist auch die Anzahl derer, die diesen Einfluß als gering einschätzen. Neben Unkenntnis verbirgt sich dahinter vielfach auch Skepsis."

15 Auch im europäischen Rahmen ist Großbritannien an gemeinsamen jugendpolitischen Initiativen wenig interessiert. Frankreich jedoch engagiert sich maßgeblich im Sektor der ‚Jugendinformationssysteme' und der ‚Jugendkarte' der EG. — In beiden EG-Ländern besitzt die Jugendforschung kaum dauerhaft institutionalisierte Trägergruppen; in Frankreich allerdings hat sich eine Gruppe von Jugendforschern zu einem autonomen Netzwerk — dem „Réseau Jeunesses et Sociétés" — zusammengeschlossen, das auch eine eigene Zeitschrift: Cahiers ‚Jeunesses et Sociétés' herausgibt. Neuerdings hat diese Gruppe einen umfassenden Bericht zum ‚Alterungsprozeß' der Jugend in Frankreich vorgelegt (*PIRTTEM* 1990).

16 Ein gutes Beispiel hierfür stellt die deutsch-ungarische Projektkooperation *Zinnecker / Molnar* dar, in deren Rahmen ein Vergleich zwischen westdeutschen und ungarischen Jugendlichen auf der Grundlage von modernisierungstheoretischen Annahmen einer ‚verlängerten Jugendphase' (Post-Adoleszenz) unternommen worden ist (*Zinnecker / Molnar* 1988).

17 Vgl. hierzu etwa die ausgedehnte deutsch-polnische Projektkooperation der Forschergruppen um *Silbereisen / Reykowski* (Silbereisen et al. 1986).

18 Vgl. hierzu die vielfältigen Arbeiten, die z.B. in der Regie des Deutsch-Französischen Jugendwerks und des Europäischen Jugendzentrums zustande gekommen sind (vgl. *Demorgon* 1989; *Ladmiral / Lipiansky* 1989).

19 Wegweisend sind in dieser Hinsicht die laufenden europäischen Forschungskooperationen z.B. im Bereich der Arbeitsmarkt- und Medienforschung (*Bynner* 1990, *Bynner* et al. 1991).

20 Kindheit und Jugend in zwei europäischen Stadtgesellschaften (Leiden / NL und Wiesbaden / D) wurden z.B. von *Behnken / du Bois-Reymond / Zinnecker* im historischen Kontext erforscht; in entwicklungspsychologischer Perspektive wurden Jugendliche in West-Berlin / D und Warschau / VRP von *Silbereisen* und seinen Mitarbeitern hinsichtlich ihrer ‚sozialen Kompetenzen' untersucht.

21 In Gestalt einer speziellen Forschungstradition jenseits aktuell-europäischer jugendsoziologischer

Fragestellungen gibt es interkulturell und international vergleichende Sozialforschung durchaus (*Trommsdorff* 1989; *Oyen* 1990). Oft bleibt bei derartigen Kulturvergleichen jedoch undeutlich, aus welchen Gründen welche Kulturen in den Vergleich einbezogen wurden.

22 Vgl. dazu die folgende Aussage des derzeitigen EG-Präsidenten Delors anläßlich des Pariser Symposiums „Students, Universities, Enterprise: The Europe of Tomorrow" (1988): „Europe is a veritable Tower of Babel, with its nine official languages and over forty regional languages. This diversity is a source of richness, but this richness cannot be appreciated until communications have been established. That is why we must aim towards the goal of all young Europeans being able to speak at least two European languages." (zit. nach: Commission of the European Communities 1989: 54).

23 Ähnliche Äquivalenzarbeit ist auch dort zu leisten, wo vorhandene Datensätze aus verschiedenen Ländern (und Epochen) zu Vergleichszwecken re-analysiert und repliziert werden.

24 Eine analoge Meta-Entwicklung haben z.B. Oral History- und Biografieforschung durchgemacht.

Literatur

Almond, G.A. / Verba, S.: The Civic Culture. Political Attitudes and Democracy in Five Nations. Princeton, N.J. 1963

Almond, G.A. / Verba, S.: The Civic Culture Revisited. An Analytic Study. Boston, Toronto 1980

Barnes, S.H. / Kaase, M.: Political Action. Mass Participation in Five Western Democracies. Beverly Hills 1979

Behnken, I. et al.: Stadtgeschichte als Kindheitsgeschichte. Soziale Lebensräume von Großstadtkindern in Deutschland und Holland um 1900. Opladen 1989

Behnken, I. et al.: Schülerstudie '90. Jugendliche im Prozeß der Vereinigung. Weinheim und München 1991

Berger, P.A. / Hradil, S. (Hrsg.): Lebenslagen. Lebensläufe. Lebensstile. Göttingen 1990

Bertram, H. / Borrmann-Müller, R. / Hübner-Funk, S. et al. (Hrsg.): Blickpunkt Jugend und Familie. Internationale Beiträge zum Wandel der Generationen. München 1989

Bois-Reymond, M.du / Oechsle, M.(Hrsg.): Neue Jugendbiografie? Zum Strukturwandel der Jugendphase. Opladen 1990

Braun, F.: Jugendarbeitslosigkeit, Jugendkriminalität und städtische Lebensräume. Literaturbericht zum Forschungsstand in Belgien, Frankreich, Großbritannien und der BR Deutschland. München 1990

Braun, H. et al.: Die sozialwissenschaftliche Forschung im Rahmen der amerikanischen Besatzungspolitik in Westdeutschland zwischen 1945 und 1949. Eine Pilotstudie. Trier (hektogr.) 1983

Braun, H. et al.: Die sozialwissenschaftliche Forschung im Rahmen der britischen Besatzungspolitik in Westdeutschland zwischen 1945 und 1949. (Bd.1 und 2). Trier (hektogr.) 1989a

Braun, H. et al.: Die sozialwissenschaftliche Forschung im Rahmen der französischen Besatzungspolitik in Westdeutschland zwischen 1945 und 1949. Trier (hektogr.) 1989b

Bronfenbrenner, U.: Zwei Welten. Kinder in USA und UdSSR. Stuttgart 1972

Büchner, P. et al.: Kindheit und Jugend im interkulturellen Vergleich. Opladen 1990

Büchner, P. / Krüger, H.H. (Hrsg.): Aufwachsen hüben und drüben. Opladen 1991

Bynner, J.: Politisch entfremdete Jugendliche in Großbritannien. DISKURS (1990), S. 17-23

Bynner, J. et al. (Eds.): European Youth and New Technologies. National Reports and International Comparisons. Bratislava 1991

Cavalli, A., Rampazi, M.: Soziologische Untersuchung über die Jugend in Westeuropa. In: Markefka, M./Nave-Herz, R. (Hrsg.), Handbuch der Familien- und Jugendforschung, Bd. II: Jugendforschung. Neuwied 1989, S.41-58

Cavalli, A.: Wie europäisch sind die jungen Italiener? In: DISKURS (1990), S.12-16

Chisholm, L. et al.: Childhood, Youth and Social Change. A Comparative Perspective. London, New York, Philadelphia 1990

Chisholm, L.: Eine europäisierte Jugend? Überlegungen zu Lebenslagen und Lebensorientierungen europäischer Jugendlicher. (Vortrag am Europäischen Jugendzentrum des Europarats in Strasbourg am 8. April 1991).

Commission of the European Communities: The Young Europeans. An Explanatory Study of 15-24-Year-

Olds in E.E.C. Countries. Brussels (hektrogr.) 1982
Commission of the European Communities: Young Europeans in 1987. Luxemburg 1989
Demorgon, J.: L'Exploration Interculturelle. Pour une Pédagogie Internationale. Paris 1989
DISKURS, Studien zu Kindheit, Jugend, Familie und Gesellschaft. Sommer 0/1990. München
Doktor, T. et al.: Zeitbomben in den Schultaschen der Kinder der ‚Solidarnosc'. Polens Jugend heute. In: DISKURS (1990), S. 33-37
Eckert, R., Willems, H.: Youth Protest in Western Europe. Four Case Studies. In: Research in Social Movements, Conflicts and Change, Vol.9, 1986, S. 127-153
Eckert, R., Willems, H.: Jugendproteste im internationalen Vergleich. Jugendliche Subkulturbildung, städtische Gewaltpotentiale und staatliche Reaktion. Eine vergleichende Untersuchung von Eskalationsbedingungen. Trier (hektogr.) 1987
Eckert, R. et al.: Untersuchungskommissionen in der Auseinandersetzung mit dem Jugendprotest. Eine vergleichende Analyse der politischen Reaktionen und Maßnahmen in der Bundesrepublik, den USA und Großbritannien. Trier (hektogr.) 1990
ERYICA-Bulletin, August 1990
Eurobarometer. Die öffentliche Meinung in der europäischen Gemeinschaft. Brüssel: Kommission der Europäischen Gemeinschaften (halbjährliche Publikation der Generaldirektion Information, Kommunikation, Kultur.)
Ferchhoff, W./Olk, Th. (Hrsg.): Jugend im internationalen Vergleich. Weinheim und München 1988
Friedrich, W.: Jugendforschung in den sozialistischen Ländern Osteuropas. In: Markefka, M., Nave-Herz, R. (Hrsg.), Handbuch der Familien- und Jugendforschung. Bd.II: Jugendforschung. Neuwied 1989, S. 59-76
Fuchs, I.: Wagnis Jugend. Zu Geschichte und Wirkung eines Forschungsinstituts, 1949-1989. München 1990
Gotschlich, H.: Ausstieg aus der DDR. Junge Leute im Konflikt. Berlin 1990
Griesmayr, G./Würschinger, O.: Idee und Gestalt der Hitlerjugend. Leoni a. Starnberger See 1980
Grootings, P. (Ed.): Youth and Work in Europe. Vol I: National Reports. Vol II: Comparative Research and Policy Problems. Wien 1983
Hartmann, J., Stefanov, M. (Eds.): Youth in Europe. Ingeration through Participation. Sofia 1984
Hazekamp, J. et al.: European Contribution to Youth Research. Amsterdam 1988
Henning, W./Friedrich, W. (Hrsg.): Jugend in der DDR. Daten und Ergebnisse der Jugendforschung vor der Wende. Weinheim/München 1991
Höfer, P.: Stil ohne Grenzen. In: ZEIT-Magazin Nr. 26, Juni 1991, S. 32-37
Hübner-Funk, S.: Aufwachsen mit Nationalsozialismus und NATO. Politische Bewußtseinsbildung im Generationenvergleich. In: Neue Sammlung, 23.Jg., H.5 S. 432-449
Hübner-Funk, S.: Strategien der Lehrstellensuche. Berufsfindungsprozesse von Jugendlichen im interregionalen Vergleich. München 1988
Hübner-Funk, S.: Jugend als Symbol des politischen Neubeginns. Strategien zur Bannung der rassistischen Vergangenheit. In: Bergmann, R./Erb, R. (Hrsg.): Antisemitismus in der politischen Kultur nach 1945. Opladen 1990, S. 218-235
Hübner-Funk, S.: Visionen einer europäischen Identität. Alte und neue Loyalitäten im Konflikt. Vortrag für das Zukunftsforum ‚Jugend 2000: Konturen einer europäischen Jugendpolitik, Evangelische Akademie Arnoldshain (hektogr.) 1991
Inglehart, R.: The Silent Revolution. Changing Values and Political Styles among Western Publics. Princeton N.J. 1977
Inglehart, R.: Post-Materialism in an Environment of Insecurity. In: The American Political Science Review, Vol. 75, No.4, 1982, S. 800-900
Institut für zeitgeschichtliche Jugendforschung (Hrsg.): Jugend 1991. Repräsentativbefragung Jugendlicher zwischen 14 und 25 Jahren in den neuen Bundesländern. Kurzdarstellung der ersten Ergebnisse. Berlin (hektogr.) 1991
Jugendwerk der deutschen Shell (Hrsg.): Jugend in Europa. Ihre Eingliederung in die Welt der Erwachsenen. Eine vergleichende Analyse zwischen der Bundesrepublik Deutschland, Frankreich und Großbritannien. Bd.1-3. Hamburg 1977

Jugendwerk der deutschen Shell (Hrsg.): Jugend '81. Lebensentwürfe, Alltagskulturen, Zukunftsbilder. (3 Bde.) Hamburg 1981

Jugendwerk der deutschen Shell (Hrsg.): Jugendliche und Erwachsene '85. Generationen im Vergleich. (5 Bde.) Opladen 1985

Kreutz, H.: La Jeunesse et l'Evolution de la Société. Revue Methodologique de la Recherche consacrée à la Jeunesse Européenne de 1960 à 1970. Strasbourg (hektogr.) 1973

Ladmiral, J.R./Lipiansky, E.M.: La Communication Interculturelle. Paris 1989

Lagrée, J.Ch./Lew Fai, P. (Eds.): Jeunes Chomeurs. Chomages et Recomposition Sociale en France, en Italie et en Grande Bretagne. Paris 1989

Landau, E.M.: Paul Claudel. München 1986

Lauritzen, P.: Die europäische Währungs- und Wirtschaftsunion in dem gemeinsamen europäischen Haus. Auswirkungen auf europäische Jugendpolitik. (Vortrag vor dem Deutschen Jugendherbergswerk Köln-Riehl, hektogr.) 1990

Lederer, G.: Jugend und Autorität. Über den Einstellungswandel zum Autoritarismus in der BRD und den USA. Opladen 1983

Lutte, G. et al.: Ideaalbeelden van de Europese Jeugd. s'Hertogenbosch 1969

Mann, E.: Zehn Millionen Kinder. Die Erziehung der Jugend im Dritten Reich. (School for Barbarians). München 1938 / 1986

Meadows, D.: Die Grenzen des Wachstums. Stuttgart 1972

Melich, A.: Eurobarometer. The Dynamics of European Public Opinion. Brüssel (forthcoming) 1991

Melzer, W. et al. (Hrsg.): Osteuropäische Jugend im Wandel. Ergebnisse vergleichender Jugendforschung in der Sowjetunion, Polen, Ungarn und der ehemaligen DDR. Weinheim und München 1991

Merritt, A.J./Merritt, R.L. (Eds.): Public Opinion in Semisovereign Germany. The HICOG Surveys, 1949-1955. Urbana, Chicago, London 1980

Mickel, W.W. (Hrsg.): Europäische Bildungspolitik. Neuwied / Darmstadt 1978

Ornauer, H.: Images of the World in the Year 2000. A Comparative 10 Nation Study. The Hague 1976

Oyen, E.: Comparative Methodology. Theory and Practice in International Social Research. London 1990

Percheron, A.: Die jungen Franzosen angesichts Europas: Zweideutige Einstellungen. In: DISKURS (1990), S. 7-11

Pipping, K.: Gespräche mit der deutschen Jugend. Ein Beitrag zum Autoritätsproblem. Helsingfors 1954

PIRTTEM (Eds.): Comment vieillissent-ils? Trajectoires professionelles, familiales et politiques des jeunes. Paris 1990

Scheuch, E.K.: Bereiten die Studenten den Bürgerkrieg vor? Zur Problematik der Umfrageforschung als Frühwarnsystem. Itzehoe 1968

Silbereisen, R.K. et al.: Prosocial Motives from 12 to 18. A Comparison of Adolescents from Berlin (West) and Warsaw. In: R.K. Silbereisen et al. (Eds.), Development as Action in Context. Berlin, New York 1986 S. 137-164

The Young Confronted with Employment: European Research. (1987). (Tagungsbericht mit Beiträgen aus Belgien, Dänemark, Spanien, Frankreich, Griechenland, den Niederlanden, Portugal, der BRD und Großbritannien). Brüssel, Paris (hektogr.) 1987

Trommsdorf, G. (Hrsg.): Sozialisation im Kulturvergleich. Stuttgart 1989

Trommsdorf, G.: Kulturvergleichende Jugendforschung. In: Markefka, M. / Nave-Herz, R. (Hrsg.): Handbuch der Familien- und Jugendforschung, Bd.II: Jugendforschung. Neuwied 1989 S. 245-270

Weidenfeld, W./Piepenschneider, M.: Jugend und Europa. Die Einstellung der jungen Generation in der Bundesrepublik Deutschland zur Europäischen Einigung. Bonn 1987

Weidenfeld, W./Piepenschneider, M.: Junge Generation und europäische Einigung. Einstellungen, Wünsche, Perspektiven. Bonn 1990

Weidenfeld, W./Wolf, S.: Europa ,92. Die Zukunft der jungen Generation. Bonn 1990

Wiebe, H.H. (Hrsg.): Jugend in Europa. Situation und Forschungsstand. Opladen 1988

Willems, H. et al.: Demonstranten und Polizisten. Motive, Erfahrungen und Eskalationsbedingungen. München 1988

Zinnecker, J./Molnar, P.: Lebensphase Jugend im historisch-interkulturellen Vergleich: Ungarn 1985 — Westdeutschland 1954-1985. In: W. Ferchhoff, Th. Olk, a.a.O. 1988, S. 181-206

I. Theorieansätze in der Jugendforschung

Mario Erdheim

Psychoanalytische Ansätze in der Jugendforschung

1 Gegenstand

Das Spezifische an der psychoanalytischen Jugendforschung ist die durch die psychoanalytische Methode angeleitete Untersuchung der unbewußten Dimension, in der sich „Jugend" (die Zeit von der Geschlechtsreife bis zum Beginn des Erwachsenenalters) abspielt. „Unbewußt" bedeutet hier all das, was dem Individuum — aus was für Gründen auch immer — nicht bewußt werden darf: 1. die Geschichte seiner **Sexualität,** also die Aufeinanderfolge der **oralen, analen, phallischen** und **genitalen Phase** samt den darin implizierten sozialen Beziehungsmustern; 2. die Summe all dessen, was im Verlauf der individuellen Entwicklung persönlicher Konflikte wegen unbewußt gemacht werden mußte, seien es Traumata, Lustgewinne und -fixierungen, Wünsche oder Versagungen; und 3. die gesellschaftlich produzierte Unbewußtheit, die sich aus der Verflochtenheit des Individuums mit Institutionen (Familie, Schule, Peergroups, Berufslehre, Militär, etc.) ergibt. Als psychoanalytische Jugendforschung im engeren Sinn bezeichne ich die mittels der psychoanalytischen Methode (vgl. A. *Freud* 1936, *Eissler* 1958, *Morgenthaler* 1978) gewonnenen Theorien über den Zusammenhang zwischen Jugend und Kultur; im weiteren Sinne zähle ich auch die Ansätze dazu, die mit Hilfe der psychoanalytischen Theorie (aber ohne ihre Methode) Materialien erarbeitet haben.

2 Problemgeschichte

2.1 Freuds Beitrag

Die psychoanalytische Jugendforschung wurde durch *Freuds* „Bruchstück einer Hysterieanalyse" (1905 a) sowie seinen „Drei Abhandlungen zur Sexualtheorie" (1905 b) inauguriert. Das „Bruchstück" berichtete von der (abgebrochenen) Behandlung einer 18jährigen Frau und vermittelte einen eindrücklichen Einblick sowohl in die Adoleszenz einer Frau aus der Wiener Oberschicht der Jahrhundertwende, als auch in die technischen Schwierigkeiten der psychoanalytischen Arbeit mit Adoleszenten. Die „Drei Abhandlungen zur Sexualtheorie" setzten mit einem Wurf den theoretischen Rahmen für das psychoanalytische Verständnis der kindlichen ebenso wie der pubertären Entwicklung. In der folgenden Zeit verlagerte sich aber, und zwar bereits bei *Freud,* das Interesse weg von der **Pubertät** zu den Schicksalen der frühen **Kindheit** hin. Es hatte fast den Anschein, als ob Freuds Erkenntnisse über die Pubertät in Vergessenheit geraten würden.

Zentral für *Freuds* entwicklungspsychologischen Ansatz war die These von der „Zweizeitigkeit der sexuellen Entwicklung“: „Der erste Schub nimmt in den Jahren zwischen zwei und fünf seinen Anfang und wird durch die Latenzzeit zum Stillstand oder zur Rückbildung gebracht; er ist durch die infantile Natur seiner Sexualziele ausgezeichnet. Der zweite setzt mit der Pubertät ein und bestimmt die definitive Gestaltung des Sexuallebens“ (1905 b, S. 100). Diese These der Zweizeitigkeit ermöglichte die Verknüpfung der Ergebnisse aus der Erforschung der ersten Jahre mit denjenigen der **Pubertät** und gab somit einen Einblick in die Struktur des **Lebenslaufes:** das Individuum macht keine kontinuierliche Entwicklung durch, sondern erlebt Brüche und Krisen, welche ihm zwar Neuorientierungen gestatten, sich aber immer auf die wirkende Vergangenheit beziehen müssen. Die Eindrücke und Erlebnisse der frühen Jahre verfallen in der Regel der Amnesie, bleiben im Unbewußten jedoch weiterhin wirksam. „Im Traumleben setzt das Kind im Menschen gleichsam seine Existenz mit Erhaltung all seiner Eigentümlichkeiten und Wunschregungen, auch der im späteren Leben unbrauchbar gewordenen, fort. Mit unabweislicher Macht drängt sich Ihnen auf durch welche Entwicklung, Verdrängungen, Sublimierungen und Reaktionsbildungen aus dem ganz anders veranlagten Kinde der sogenannte normale Mensch, der Träger und zum Teil das Opfer der mühsam errungenen Kultur, hervorgeht.“ (*Freud* 1910, S. 35 - 36) In dieser krisenhaften Entwicklung spielt die Zweizeitigkeit eine entscheidende Rolle, auch in der Beziehung des Individuums zur Kultur: „Die Tatsache des zweizeitigen Ansatzes der Sexualentwicklung beim Menschen, also die Unterbrechung dieser Entwicklung durch die Latenzzeit, erschien uns besonderer Beachtung würdig. Sie scheint eine der Bedingungen für die Eignung des Menschen zur Entwicklung einer höheren Kultur, aber auch für seine Neigung zur Neurose zu enthalten.“ (*Freud* 1905 b, S. 135) *Freud* hat sich später, nach dem Erscheinen der dritten Auflage der „Drei Abhandlungen“, nicht mehr systematisch mit der Pubertät auseinandergesetzt, aber er bezog sich in seinen Arbeiten, zuletzt im „Abriss der Psychoanalyse“ (1938, S. 113), immer auf die Zweizeitigkeit der sexuellen Entwicklung.

Mit seinen Theorien eröffnete *Freud* der Jugendforschung neue Gebiete. Mit Hilfe der psychoanalytischen Methode wurde es möglich, die gleichsam mikroskopischen Sozialisationsprozesse, die das Kleinkind an die Familie und umgekehrt die Familie an das Kleinkind anpassen, zu studieren. Er thematisierte aber auch den Ablösungsprozeß des Individuums von der Familie, wodurch es zum eigentlichen Kulturträger wird. Und indem er die Triebschicksale und deren Strukturierung durch den Ödipuskomplex untersuchte, fand er Zugang zur Tiefe der Verinnerlichungsprozesse, die den Menschen zu einem durch und durch von der Gesellschaft geprägten Wesen machen.

2.2 Das pädagogische Interesse

Im Anschluß an die Kultur- und Bildungskritik von *Nietzsche, Langbehn* u.a.m. entwickelte sich um die Jahrhundertwende ein starker pädagogischer Impetus, der die Entfaltung der Psychoanalyse wesentlich mitbestimmte (vgl. *Rehm* 1968). Die **Psychoanalyse** wurde in den Dienst der Pädagogik gestellt, und ihre Forschungen konzentrierten sich auf das Problem der Erziehbarkeit des Kindes (vgl. *Pfister* 1912), wobei immer an einem emanzipatorischen Anspruch festgehalten wurde. *Anna Freud* bezeichnete diese Phase als „eine Periode des Optimismus, in der fast die ganze Schuld an der neurotischen Entwicklung des Kindes auf Handlungen der Eltern geschoben wurde, wie z.B.: falsche Schlafanordnungen, Verbot sexueller Äußerungen, Unterdrückung der Sexualneugier, Kastrationsdrohungen, Mißbrauch elterlicher Autorität usw. Man hoffte, daß eine Modifizierung dieser elterlichen Haltungen die infantile Angst und folglich die infantilen Neurosen aus der Welt schaffen würde" (1954, S. 1312). 1926 wurde die „Zeitschrift für psychoanalytische Pädagogik" begründet und von *Heinrich Meng* und *Ernst Schneider* herausgegeben. Zum Redaktionsstab gehörten neben *Anna Freud* auch *August Aichhorn, Paul Federn, Wilhelm Hofer* und *Hans Zulliger.* 1937 mußte sie aber unter dem Druck des Nationalsozialismus ihr Erscheinen aufgeben. „Die Zeitschrift hatte nach der Meinung der Herausgeber eine dreifache Aufgabe: die Veröffentlichung der Anwendungsergebnisse des psychoanalytischen Verfahrens bei Kindern und Jugendlichen, das Bekanntmachen der Erfahrungsberichte psychoanalytisch eingestellter Erzieher und die Förderung der für den Erzieher wichtigen Gebiete." (*Bittner/Rehm* 1964, S. 18)

Das Denkmodell an dem sich die damalige Jugendforschung orientierte, war die Es-, Ich-, Über-Ich-Struktur, und die meisten Arbeiten konzentrierten sich auf das Ich in seinem Verhältnis zu Es und Überich. „Als allgemein geltende Ziele kann man das Vermeiden von Neurosen und krankhafter Triebhaftigkeit, die Stärkung des Ichs und des Gewissens bezeichnen. Beide sollen harmonisch verbunden sein mit dem Es. Die Befreiung von krankhaften Hemmungen und das Aufrichten normaler Hemmungen, die Lösung aus abnormen Identitifizierungen sind Ziele der Erziehung, ferner die Förderung der Sublimierungsfähigkeit und die Entwicklung zur normalen Erotik, also zu einer gesunden Sexualität und Liebesfähigkeit. Innerhalb dieser allgemeinen Ziele haben alle Sonderziele Raum, die individuell und durch die Zugehörigkeit zur Gruppe bedingt sind." (*Meng* 1939, S. 177 - 178)

Die auf diese Orientierung ausgerichteten Arbeiten beschäftigten sich vorwiegend mit den Problemen im Elternhaus und in der Schule, und zwar unter dem Aspekt der Anpassung. Die in diesem Zusammenhang entwickelten Fragestellungen wurden in den fünfziger Jahren von der amerikanischen Soziologie wieder aufgenommen (vgl. *Parsons* 1952 und 1964).

In zunehmenden Widerspruch zu den bürgerlichen pädagogischen Tendenzen der **Psychoanalyse** geriet *Wilhelm Reich* mit seinen die sozio-ökonomischen Verhältnisse berücksichtigenden sexualrevolutionären Theorien. *Reich* thematisierte das Problem der Sexualunterdrückung in ihrem Verhältnis zur Politik, und die von ihm begründete Sexpol-Bewegung sollte aufklärend und erziehend auf die Massen wirken: Die sexuelle Unterdrückung ist ein reaktionärer Faktor von großem Gewicht, denn: „(...) sie stützt die Familien- und Eheordnung, welche zu ihrem Bestande Verkümmerung der Sexualität erfordert; sie macht die Kinder und Jugendlichen den Eltern und auf diese Weise später die Erwachsenen der staatlichen Autorität und dem Kapital hörig, indem sie in den Unterdrückten autoritäre Ängstlichkeit hervorruft; sie lähmt die Kritik der Unterdrückten, denn die sexuellen Schwierigkeiten verbrauchen viel Energie, die sonst zur kritischen Verstandesarbeit verwendet würde; sie lähmt, indem sie die Menschen scheu und unentschlossen macht, die revolutionären Kräfte im Individuum". (Zur Geschichte der Sexpol-Bewegung 1934/35, S. 164) *Reich* selber entwickelte in seiner 1930 erstmals unter dem Titel „Sexualität im Kulturkampf" erschienenen Schrift ein eindrückliches Bild vom sexuellen Elend der Arbeiterjugend. In späteren Auflagen (mit dem neuen Titel „Die sexuelle Revolution") fügte er eine scharfe Kritik bei an der „Sexualreaktion in Rußland" sowie an den Jugendkommunen, welche die vorrevolutionären Sexual- und Ehenormen wieder einführten. *Reichs* Theorien beeinflußten die „Frankfurter Schule" (*Jay* 1973, S. 283), wurden von der Studentenrevolte der sechziger Jahre aufgenommen und prägten wesentlich das Bild „revolutionärer" Jugend. „*Reichs* sexual-ökonomische Theorie ist (...) hilfreich, da sie programmatisch private Probleme mit solchen der weltpolitischen Situation in Zusammenhang bringt. Sie interpretiert die Verstrickung in neurotische Schwierigkeiten als politischen Sachverhalt. Zwischen dem Kampf um die Arbeiterselbstverwaltung und dem um Ausdrucksfreiheit, Kontaktfähigkeit, orgastische Potenz sieht sie keine prinzipielle Differenz; die Umstrukturierung des ‚Privatlebens' wird zum Angelpunkt (und Prüfstein) politischer Veränderungen. *Reich*s Theorie verknüpft objektive gesellschaftliche Tendenzen mit subjektiven (psychosexuellen) Interessen." (*Dahmer* 1972, S. 81) *Reichs* revolutionäre Ungeduld hinderte ihn daran, dieses Programm zu erfüllen, aber die Verknüpfung objektiver gesellschaftlicher Tendenzen mit subjektiven Interessen blieb ein zentraler, wenn auch verschieden interpretierbarer Anspruch der psychoanalytischen Jugendforschung.

Während *Reichs* Jugendforschung unter dem Primat der Politik und einer in den Dienst der Revolution gestellten Pädagogik stand, orientierten sich *Siegfried Bernfelds* Vorstellungen mehr an einem wissenschaftlichen Paradigma. In seinem Programm für „Ein Institut für Psychologie und Soziologie der Jugend" (1920) entwarf er einen soziologischen Begriff der Jugend: „Die physische und psychische Eigenart der Jugend ist ein Gegebenes. (...) Die Frage, die hier gestellt werden muß, ist nun nicht die, worin jene Eigenart besteht, sondern ob eine bestimmte Gesellschafts-Ordnung diese Eigenschaften im ganzen oder einzelne von ihnen als wertvoll für *ihre* Zwecke empfindet, und ob sie nun darum diese spezifischen natürlichen Eigenschaften des Jugend-Alters für sich verwendet, indem sie die Träger dieser Eigenschaften irgendwie organisiert, um ihre natürlichen Tätigkeiten oder doch Möglichkeiten dem Bau von Handlungen und Gesinnungen, aus dem sie besteht, einzugliedern." (*Bernfeld* 1920, S. 809) Aufgabe der Jugendforschung ist die Untersuchung des Gemeinschaftslebens, der Produktivität und des Sexuallebens der Jugend; die Methode ist die der „intimen Dokumentation" (*Rosenmayr* 1976, S. 29), die der **Introspektion** einen entscheidenden Platz zuweist. „Und jedenfalls ist die Introspektion das einzige Verfahren, das uns unmittelbare Erfahrung vom psychischen Leben vermittelt. (...) Ohne introspektive Erinnerung bleibt uns alles, was wissenschaftliche Beobachtung vom Kinde und dem Jugendlichen festzustellen vermag, letztlich unverständlich, oder wir sind in Gefahr, es im Sinne des erwachsenen Seelenlebens aufzufassen. Das kann eine treu bewahrte Erinnerung an die eigene Jugend und Kindheit verhindern." (*Bernfeld* 1922, S. 5) In „Vom dichterischen Schaffen der Jugend" (1924) und „Trieb und Tradition im Jugendalter" (1931) verknüpfte *Bernfeld* literaturwissenschaftliche, soziologische und psychologische Ansätze, um das Jugendphänomen zu fassen.

Zusammen mit seiner pädagogischen Erfahrung — er hatte im Kinderheim Baumgarten gearbeitet (vgl. *Ekstein* 1966 und *Gubrich-Simitis* 1981) — und seinen psychoanalytischen Kenntnissen entwickelte *Bernfeld* eine neue, *Freuds* Thesen weiterführende Theorie über die **Pubertät** und **Adoleszenz.** In seinem Aufsatz „Über eine typische Form der männlichen Pubertät" (1923) zeigte er den Zusammenhang auf zwischen der „gestreckten Pubertät" und dem beschleunigten Kulturwandel. In „Zur Psychologie der ‚Sittenlosigkeit' der Jugend" (1926 - 27), illustrierte er am Beispiel einer Erzählung *Alexandra Kollontais* seine weitreichende These über den „sozialen Ort der Neurose": Arbeits-, Genuß- und Liebesfähigkeit sind an einen sozialen Ort gebunden, und „eine Bewertung ist im extremen Fall nur innerhalb des gleichen sozialen Ortes möglich" (S. 790). *Bernfeld* relativierte das Problem der adoleszenten Verwahrlosung; er forderte nicht nur auf, den Ort zu bestimmen, von wo aus dieses Urteil gefällt wurde, sondern auch den Zusammenhang zu erkennen zwischen den Symptomen der „Verwahrlosung" und dem Ort, wo sie auftreten. „Krankhaft" im Sinne Freuds waren diese Symptome nicht „an sich", sondern im Verhältnis zur sozialen Umgebung (vgl. *Bernfeld* 1929). Je nach sozialem Ort und infolge der Klassenstruktur der Gesellschaft sei die Aufgabe der Triebbewältigung eine andere, die Größe der Entbehrung bemesse sich nicht bloß nach der Stärke der Triebregung, sondern auch nach den erreichbaren Befriedigungsmitteln: „Proletariat und Bürgertum sind in bezug auf die Einschränkungen, die sie fordern, die Befriedigungsmittel, die sie bieten und die Libidoökonomie, die daraus für den Einzelnen folgt, keineswegs einheitliche Schichten, sondern sie zerfallen in eine Reihe psychologisch wohl charakterisierbarer, verschiedener sozialer Orte, die freilich durch eine große Zahl von Übergängen miteinander verbunden sind." (*Bernfeld* 1931, S. 659) 1935 wendete er diesen Ansatz auf die Probleme der **Pubertät** an und untersuchte ihren Verlauf einerseits im proletarischen, andererseits im bürgerlichen Milieu. Er stellte die These auf, daß die Verschiedenheit der sozialen Umstände den Verlauf der Pubertät grundlegend beeinflußten (1935, S. 637f.). Obwohl *Bernfeld* von *Freud* als einer seiner bedeutendsten Schüler bezeichnet wurde (Ekstein 1966, S. 425), blieben seine Arbeiten merkwürdig unbeachtet. Noch 1981 konnte die Frankfurter Psychoanalytikerin *J. Grubrich-Simitis* schreiben: „Eine genuin psychoanalytische Rezeption der Bernfeldschen Forschungen, etwa seines Konzepts des ‚sozialen Orts' oder seiner Adoleszenzstudien, hat meines Wissens nicht stattgefunden." (S. 23)

2.3 „The Psychoanalytic Study of the Child"

Der sich ausbreitende Nationalsozialismus trieb die meisten Psychoanalytiker ins Exil, das auch die Ausrichtung des wissenschaftlichen Interesses grundlegend beeinflußte. Der Optimismus der frühen Jahre, von dem *Anna Freud* sprach, schlug nicht bloß aus psychoanalyseimmanenten Gründen in den Pessimismus der zweiten Phase um; es waren vielmehr die geschichtlichen Erfahrungen selber, welche ein düsteres Bild menschlicher Möglichkeiten nahelegten. Die für das Verständnis der **Adoleszenz** außerordentlich wichtige kulturkritische Einstellung der **Psychoanalyse** verlor sich zunehmend; der Anpassungsdruck, dem sich die Emigranten in den fremden Kulturen ausgesetzt sahen, verstärkte vermutlich auch das Bedürfnis, die gesellschaftliche Nützlichkeit der Psychoanalyse zu erweisen. Das eindrückliche Ergebnis dieser Einstellung bildet „The Psychoanalytic Study of the Child", einem von 1945 an erscheinenden Jahrbuch, zuerst von *Anna Freud, Heinz Hartmann* und *Ernst Kris,* später von *Ruth S. Eissler, Marinna Kris* und *Seymour L. Lustman* herausgegeben. In ihm haben alle Autoren, die die psychoanalytische Jugendforschung vorangetrieben haben, publiziert. Es fällt auf, daß neuere, d.h. nicht emigrierte Analytiker aus dem deutschen Sprachbereich darin nicht mehr vertreten sind, auch nicht in Übersetzungen. Die psychoanalytische Jugendforschung entwickelt sich nun vor allem im angelsächsischen Gebiet.

Verglichen mit der „Zeitschrift für psychoanalytische Pädagogik" ist „The Psychoanalytic Study of the Child" fachspezifischer und widerspiegelt so auch die erfolgreiche Professionalisierung der Psychoanalyse. Der kulturrevolutionäre Impetus der ersten Phase ist einem betont wissenschaftlichen, klinischen Interesse gewichen, welches sich vor allem auf die Schicksale der frühen Kindheit konzentriert. Da es hier nicht darum gehen kann, einen Abriß der psychoanalytischen Entwicklungstheorie zu geben (vgl. *Jacobson, E.* 1964, *Lorenzer* 1972, *Mertens* 1983), begnüge ich mich mit einer kurzen Darstellung der Relevanz der psychoanalytischen Untersuchungen der ersten Jahre für die Jugendforschung.

Die Arbeiten von *Spitz* (1954 und 1965) sowie *Mahler* (1952, 1968, *Mahler* et al. 1975) stellten die Brücke her zwischen den auf Grund der psychoanalytischen **Introspektion** verbal gewonnenen Daten und dem an Säuglingen beobachteten Verhalten. Die Entwicklung des Säuglings interessiert uns hier vor allem in seiner Tendenz, die Kommunikation mit der Umwelt immer weiter auszudehnen. Anfangs ist „der Wahrnehmungsapparat des Neugeborenen gegen die Außenwelt durch eine außerordentlich hohe Reizschranke geschützt … . Infolgedessen glauben wir mit Recht behaupten zu können, daß ganz sicher während der ersten Tage und in abnehmendem Maß auch noch während des ersten Monats die Außenwelt für den Säugling praktisch nicht existiert" (*Spitz* 1965, S. 54). Allmählich konstelliert sich der Bezug zum „Objekt", zur Mutter; vom ersten Lächeln an, in der Zeit zwischen dem dritten und sechsten Monat, über die sogenannte Achtmonatsangst organisieren sich die auf den Partner bezogenen Kommunikationsformen. Zwischen dem zehnten und achtzehnten Monat intensiviert sich die Zuwendung zur Umgebung. „Die libidinöse Besetzung verschiebt sich im wesentlichen zugunsten des rasch wachsenden autonomen Ichs und seinen Funktionen, und das Kind scheint von seinen eigenen Fähigkeiten und der Größe seiner Welt wie berauscht." (*Mahler* et al. 1975, S. 94). Die Anfälligkeit des Kleinkindes für Störungen ist gerade wegen seiner Plastizität außerordentlich groß, und dementsprechend vielfältig ist auch die „Pathologie der Objektbeziehungen" (*Spitz* 1965, S. 211 f.).

Die Ausrichtung auf die Psychopathologie verstellte aber bisher den Blick auf ein kulturelles Phänomen, das für die Jugendforschung von außerordentlicher Wichtigkeit ist. Die psychoanalytischen Arbeiten machen deutlich, in welchem Ausmaß das Kleinkind auf Kommunikation, sowohl auf der affektiven als auch auf der kognitiven Ebene, angewiesen ist. Wir können aber annehmen, daß solange eine hohe Kindersterblichkeitsrate herrschte, die Erwachsenen — wegen des immer drohenden Verlustes — sich kaum auf die Kleinkinder in ihrer Kommunikations- und Symbolbedürftigkeit einließen. „Die Jüngsten waren die Gefährdetsten. Wie François Lebrun für das Dorf Challais gezeigt hat, starben dort während des letzten Drittels des 17. Jahrhunderts 18 % der Kinder in ihrem ersten Lebensmonat, 35 % im ersten Lebensjahr und 53 % ehe sie das Alter von 20 Jahren erreicht hatten. Nur in wenigen Regionen des vorindustriellen Europa erreicht mehr als die Hälfte der geborenen Kinder das Erwachsenenalter." (*Gillis* 1974, S. 25) In seiner „Geschichte der Kindheit" zitiert *Philipp Ariès Montaignes* Ausspruch „Ich habe zwei oder drei Kinder im Säuglingsalter verloren, nicht ohne Bedauern, aber doch ohne Verdruß" und weist darauf hin, daß die öffentliche Meinung, ähnlich wie in vielen „primitiven" Gesellschaften, den Kindern „weder Seelenregungen noch richtige Körperformen zuerkennen". Er fährt fort: „Die Vorstellung, daß solch ein Kind bereits eine vollständige Persönlichkeit verkörperte, wie wir heute allgemein glauben, kannte man nicht. Zu viele starben. (...) Diese Gleichgültigkeit war eine direkte und unausweichliche Konsequenz der Demographie der Epoche." (1960, S. 98-99) Der allmähliche Rückgang der Kindersterblichkeit war die Voraussetzung dafür, daß sich das Mutter-Kind Verhältnis auf einer breiten Ebene verändern konnte: Weil man erwarten kann, daß das Kleinkind überleben wird, lassen sich die Mutter und der Vater auf eine — gute oder schlechte, aber auf jeden Fall lang andauernde — Beziehung ein. Hinzukommt, daß, auch unter dem Einfluß der psychoanalytischen Aufklärung, die Eltern sich ganz anders auf das Kind vorbereiten als in früheren Zeiten. „Erziehung" hat ihren „naturwüchsigen" Charakter verloren, was zwar einerseits die elterliche Verunsicherung vergrößerte, andererseits aber die Bereitschaft steigerte, das Kind genauer zu beobachten. Die moderne Eltern-Kind Beziehung schafft die Voraussetzungen für ein außerordentliches Symbolisierungsbedürfnis, und dieses in der frühen **Kindheit** angelegte Symbolisierungsbedürfnis scheint zu einem wichtigen Faktor innerhalb der modernen Kultur zu werden. Ein charakteristischer Zug der gegenwärtigen Adoleszenzkrise ist ihr außerordentlich starker Symbolbedarf ebenso wie -verschleiß, die beide in Widerspruch zu der kulturell verarmten und rationalisierten Alltagspraxis geraten und das Verhältnis des Adoleszenten zur Kultur problematisch machen.

Aber die psychoanalytische Erforschung der Beziehungen zwischen **Adoleszenz** und Kultur werden durch die zunehmende Dissoziation von klinischer und Kultur-Theorie beeinträchtigt. Aus der Sicht der Kliniker war die **Kulturtheorie** bloße Spekulation, irrelevant für die therapeutische Praxis, während die an sozio-kulturellen Prozessen Interessierten der psychoanalytischen Praxis vorwarfen, eindimensional lediglich die Anpassung des krank gewordenen Individuums an die Gesellschaft zu betreiben (vgl. *Marcuse* 1955, S. 241).

2.4 Das ethnologische Interesse

In ihrem Bestreben, die Reichweite psychoanalytischer Theorien zu prüfen, wandten sich die Analytiker auch dem Studium fremder Kulturen zu. 1915/16 veröffentlichte *Theodor Reik* seinen Aufsatz über „Die Pubertätsriten der Wilden", in welchem er die aus der Ethnologie gut bekannten Initiationsriten mit Hilfe des Ödipus-Komplexes interpretierte. „Wir glauben nun, auch in den anscheinend unsinnigen und absonderlichen

Pubertätsriten der Wilden einen Sinn gefunden zu haben: sie sollen die Inzestschranke aufrichten, den Jüngling aus dem Familienverband loslösen und ihn in die Männerbünde einführen, damit aber auch die unbewußten Regungen der Feindschaft und des Hasses, welche in den Jünglingen gegen ihre Väter wirkten, in freundschaftliche verkehren." (S. 102). Das Studium der Initiationsriten wäre an sich ein sehr guter Zugang zur Analyse des Verhältnisses Adoleszenz — Kultur, aber — wie wenn die Exotik des Fremden die Einsichtsfähigkeit trüben könnte — *Reiks* Arbeit beschränkte sich darauf, die Universalität des Ödipuskomplexes belegen zu wollen, und vermied die Frage nach der Spezifität des Zusammenhangs zwischen **Adoleszenz, Initiation** und den historischen Wandel einfrierenden Kulturen. *Hartmut Zinsers* Kritik an *G. Roheims* Auseinandersetzungen mit ethnologischen Materialien gilt auch für *Reiks* Ansatz: „Anstelle der Analyse von Triebgeschichte und materieller Geschichte und deren noch ausstehender Vermittlung erscheint nur noch die Analyse der Triebgeschichte (...)" (1977, S. 29).

Die psychoanalytische Entwicklungstheorie wurde in der amerikanischen Ethnologie mit großem Interesse aufgenommen. Am New Yorker „Institute of Psychoanalysis" hielten 1936-37 *A. Kardiner,* Psychiater und Psychoanalytiker, sowie die Ethnologin *Cora Du Bois* Seminare ab, an welchen auch *Edward Sapir, Ruth Benedict* und *Margaret Mead* teilnahmen (vgl. *Barnouw* 1973, S. 148). Ergebnisse dieser Seminare waren *Kardiners* Bücher „The Individual and His Society" (1939) und „The Psychological Frontiers of Society" (*Kardiner* et al. 1945). Zusammen mit dem Ethnologen *Ralph Linton* entwickelte er das auch für die Jugendforschung relevante Konzept der „typischen Grundpersönlichkeit" („Basic personality type"): „Die für irgendeine Gesellschaft typische Grundpersönlichkeit ist jene Persönlichkeitskonfiguration, welche von der Mehrzahl der Gesellschaftsangehörigen geteilt wird als Ergebnis der frühkindlichen Erfahrungen, die sie gemeinsam haben." (*Kardiner* et al. 1945, S. VII) Die Tendenz der psychoanalytischen Pädagogik fortführend, reduzierte *Kardiner* den Kulturbegriff auf die Erziehung, und damit entglitt ihm auch der Begriff der **Adoleszenz** — ihre sozialpsychologische ebenso wie kulturelle Eigenart verschwamm und statt ihrer erschien die Phase der frühen **Kindheit**. Zwar ist Kultur ja tatsächlich erlernbar und so erscheint der pädagogische Ansatz sinnvoll, aber *Kardiner* hob einseitig die (passive) Anpassung des Individuums an die Kultur hervor und übersah die konflikthaften Beziehungen. Er orientierte sich an einem homöostatischen Gesellschaftsmodell, in welchem die integrativen Kräfte im Zentrum des Interesses standen (vgl. *Kardiner/Preble* 1974, S. 250) und worin Konflikte nur als Störung begriffen werden konnten. Wiederum stoßen wir auf den Zusammenhang zwischen **Kulturtheorie** und Adoleszenzverständnis: mit einem homöostatischen Gesellschaftsmodell muß die konfliktreiche Adoleszenz unverstanden bleiben. Es war bezeichnend, daß *Kardiner* — ähnlich wie andere Psychoanalytiker z.B. *Heinz Hartmann* und *Erik Erikson* — *Freuds* Kulturtheorie, in welcher der Widerspruch zwischen Individuum und Gesellschaft zentral ist, uminterpretierte. Über „Die Zukunft einer Illusion" schrieb *Kardiner*, es sei „ein ausgereiftes und gutes Buch. Darin sieht *Freud* die Kultur als etwas, was dazu dient, dem Menschen die Natur dienstbar zu machen, und das die Beziehungen der Mitglieder einer Gesellschaft untereinander regelt. Die Kultur hat eine Schutzfunktion für den Einzelnen. Als Gegenleistung muß er auf bestimmte Sachen verzichten. Die Gesellschaft muß ihn für diesen Verzicht entschädigen." (1974, S. 240) *Kardiner* unterschlug, daß *Freud* auch in „Die Zukunft einer Illusion" die Frage nach dem „Rest" stellte, der von der Kultur nicht integriert wird. Er definierte die Kultur nicht als ein System von Gegenseitigkeiten, sondern schrieb: „So bekommt man den Eindruck, daß die Kultur etwas ist, was einer widerstrebenden Mehrheit von einer Minderheit auferlegt wurde, die es verstanden hat, sich in den Besitz von Macht- und Zwangsmittel zu setzen." (1927, S. 327) *Freud* thematisierte nicht — wie es *Kardiner* tat — die Kultur*fähigkeit,* sondern die Kultur*feindlichkeit* des Menschen, bzw. die herrschende Menschenfeindlichkeit der Kultur, und bot damit auch einen schärferen Kulturbegriff an, um die Konflikthaftigkeit der **Adoleszenz**, ihre Kreativität ebenso wie ihre Destruktivität zu verstehen.

1954 nahm *Bruno Bettelheim* das Thema der **Initiation** wieder auf, und verwies auf die Bedeutung des Gebärneides für die Entwicklung der männlichen **Pubertät** in den sogenannten primitiven Kulturen. Er interpretierte die männlichen Pubertätsriten als vom Kollektiv getragene Versuche, den Jugendlichen zu helfen, mit ihrem Gebärneid fertig zu werden. Auf diese Weise relativierte *Bettelheim* die allgemein akzeptierte These, wonach es der Penisneid sei, der das Rivalitätsverhältnis zwischen den Geschlechtern beherrsche, und der das *männliche* Geschlecht zum Modell der Sexualentwicklung machte. *Bettelheims* Gegenthese besagte, daß, besonders von der Pubertät an, der Mann die Frau um ihre Gebärfähigkeiten beneide und sich ihr — z.B. durch Zufügung spezieller Wunden (etwa Pubertätsbeschneidung) — anzugleichen versuche. Während in den primitiven Kulturen dieser Neid kulturell elaboriert und symbolisiert werden könne, verfalle er in unserer zeitgenössischen Kultur der Verdrängung.

Bettelheims hochinteressante Hypothesen fanden kaum Resonanz. Die damalige **Psychoanalyse** konnte mit ihnen nichts anfangen, weil sie ohne Kulturtheorie in *Bettelheims* Überlegungen nur Exotisches sehen konnte, und die Jugendforschung bemühte sich noch gar nicht um eine spezifische Theorie weiblicher Entwicklung. Zudem litt Bettelheims Arbeit an einer funktionalistischen Sicht gesellschaftlicher Verhältnisse, die ihn das Problem der Macht in den Beziehungen sowohl zwischen den Geschlechtern als auch zwischen den Generationen verkennen ließ.

Derjenige Psychoanalytiker, der den verbreitetsten Einfluß auf die Jugendforschung ausübte, war zweifellos *Erik Homburger Erikson* (vgl. *Coles* 1970). Mit seinen Begriffen **„Identität"**, **„Identitätskrise"**, **„psychosoziales Moratorium"** stellte er Grundbegriffe zur Verfügung, die ein neues, auch die kulturelle Dimension umgreifendes Verständnis der **Adoleszenz** zu ermöglichen versprach. 1902 als Sohn dänischer Eltern in der Nähe Frankfurts geboren, vierjährig von einem jüdischen Kinderarzt adoptiert, verbrachte er seine Kindheit in Mannheim. 1927 holte ihn *Peter Blos*, der sich später ebenfalls auf die Adoleszenz spezialisieren sollte, nach Wien, wo er als Hauslehrer der Kinder jener Amerikaner wirkte, die bei *Freud* in Analyse waren. Bald fing er selber bei *Anna Freud* eine Psychoanalyse an und bildete sich auch, ohne ein Hochschulstudium absolviert zu haben, zum Analytiker aus. 1933 wanderte er, zusammen mit seiner Frau, in die USA nach Boston aus. Er lernte dort in Cambridge *Margaret Mead*, *Gregory Bateson*, *Ruth Benedict*, *Henry Murray*, *Kurt Lewin* sowie andere Psychologen und Sozialwissenschaftler kennen. Sie regten *Erikson* zu ethnologischen Studien an, die er 1950 in seinem Buch „Kindheit und Gesellschaft" publizierte. Darin stellte er seinen Ansatz, den Zusammenhang zwischen **Lebenszyklus** und Gesellschaftsverhältnissen, dar: „Wir wissen jetzt, daß der Primitive seine eigene erwachsene Normalität, seine eigene Form der Neurosen und Psychosen hat, und daß er, was am wichtigsten ist, auch seine eigenen Variationen der Kindheit besitzt" (S. 107). *Erikson* untersuchte die soziale Relevanz der sexuellen Entwicklungsphasen und ordnete

— der **oralen Phase** das Geben und Nehmen zu ebenso wie „die Ursprünge des Grundgefühls des Vertrauens und des Grundgefühls des Schlechten, die durch das ganze Leben Quelle der Urangst und der Urhoffnung bleiben" (1950, S. 74). Aus dieser Situation entspringt der erste Konflikt, nämlich zwischen Urvertrauen und Urmißtrauen;
— der **analen Phase** das Halten und Loslassen zu samt den Einstellungen Autonomie und Stolz, bzw. Scham und Zweifel. Es entwickelt sich „der zweite Kernkonflikt, dessen Lösung eine der grundlegenden Aufgaben des Ich ist"; Autonomie contra Scham und Zweifel;
— der **phallischen Phase** das „ ‚Machen' im Sinn des etwas Erstreben, etwas erreichen und besitzen wollen" (1950, S. 84) zu. Die sich in Zusammenhang mit dem Ödipus-Komplex entwickelnden Schuldgefühle produzieren den dritten Kernkonflikt: zwischen Initiative und Schuld.

„Das menschliche Kind erlernt während seiner langen Kindheit diese Weisen der körperlichen Annäherung und mit ihnen die Modalitäten des sozialen Lebens. Es lernt in Raum und Zeit zu existieren, während es schon lernt, ein Organismus in der Raum-Zeit seiner Kultur zu sein. Jede so erlernte Teilfunktion beruht auf einer gewissen Integration aller Organmodi sowohl untereinander wie mit dem Weltbild ihrer Kultur" (1950, S. 90).

In seinen Arbeiten legte *Erikson* besonderen Wert auf die psychosoziale Dimension, wobei er (vgl. vorhergehendes Zitat) zu einer harmonistischen Interpretation des Verhältnisses Individuum — Gesellschaft neigte. Die „negativen Seiten" des Menschseins (Isolierung, Lebensekel, etc.) hoffte er dadurch in Schach zu halten, „daß das Individuum an geeigneter Stelle an sozialen Bestrebungen teilnimmt, die ihm ‚Möglichkeiten für Ichfunktionen in einer konfliktfreien Sphäre' gewähren. So braucht die ältere Generation die jüngere genauso, wie die jüngere von der älteren abhängig ist; und es scheint, als sei gerade diese Wechselseitigkeit der Entwicklung von älteren und jüngeren Generationen, in der bestimmte grundlegende Werte wie Liebe, Glaube, Wahrheit, Recht, Ordnung, Arbeit usw. mit ihrer ganzen Abwehr-, Kompensations- und Schöpferkraft, als wichtige gemeinsame Leistungen der individuellen Ich-Entwicklung und des sozialen Prozesses entstehen" (1956, S. 198-199).

Verglichen mit *Siegfried Bernfelds* Arbeiten über **Adoleszenz**, auf die *Erikson* sich kaum bezieht, tritt der harmonisierende Ansatz *Eriksons* besonders klar zutage. Während *Bernfeld* seine Erfahrungen mit Unterschichtskindern theoretisch verarbeitete, und die gesellschaftlichen Verhältnisse aus deren Sicht wahrnahm, scheint es, als ob *Erikson* seine ersten Erfahrungen mit Kindern und Jugendlichen aus der Oberschicht verallgemeinert und sich an den Werten des liberalen amerikanischen Bürgertums orientiert hätte (vgl. auch *N. Elrods* Kritik am Indianerbild *Eriksons* in *Elrod* et al. 1978). Durch diesen Einklang mit den herrschenden Werten, ist auch *Freuds* kulturkritischer Ansatz, in welchem der Gegensatz zwischen Individuum und Gesellschaft, Trieb und Kultur eine zentrale Rolle spielte, von *Erikson* aufgegeben worden. Indem *Erikson* den Schwerpunkt von der **Sexualität** auf die **Identität** verlagerte, neutralisierte er jene Widersprüche und entschärfte seinen Begriff der Krise. Diese Entschärfung kommt auch in seinen historischen Studien zum Ausdruck. 1958 erschien sein Buch über „Der junge Mann Luther. Eine psychoanalytische und historische Studie". Zwar hebt *Erikson* die Bedeutung der Adoleszenzkrise für den historischen Wandel hervor, aber er übersieht, wie *Luther* in seiner Adoleszenz gebrochen wird, und gerade wegen dieser Gebrochenheit Vorbild-Charakter erhält.

3 Zur aktuellen Forschungsproblematik

3.1 Methodische Probleme

Solange die **Psychoanalyse** vor allem als Therapie verstanden wird, und zwar sowohl von einer Mehrheit von Psychoanalytikern als auch von Sozialwissenschaftlern, wird die Reichweite psychoanalytischer Jugendforschung dadurch beschränkt bleiben, daß nur Krankheit den Einsatz der analytischen Methode rechtfertigen kann. Das hieße, daß das genuin psychoanalytische Verständnis von Jugend nur über die Krankheit möglich wäre. Aber bereits *Freud* bemühte sich um eine Relativierung der Gegensätze zwischen normal — anormal, bzw. zwischen Krankheit und Gesundheit, um so die Psychoanalyse aus einem rein therapeutischen Rahmen herauszulösen.

„Ich sagte Ihnen", schrieb *Freud* in seiner „Neuen Folge der Vorlesungen zur Einführung in die Psychoanalyse", „die Psychoanalyse begann als eine Therapie, aber nicht als Therapie wollte ich sie Ihrem Interesse empfehlen, sondern wegen ihres Wahrheitsgehaltes, wegen der Aufschlüsse, die sie uns gibt über das, was dem Menschen am nächsten geht, sein eigenes Wesen, und wegen der Zusammenhänge, die sie zwischen den verschiedensten seiner Betätigungen aufdeckt" (1933, S. 584-585).

Damit die **Psychoanalyse** zu einer allgemeinen, auch im Hinblick auf die Jugend anwendbare Forschungsmethode werde, muß sie wichtige Veränderungen in ihrem Selbstverständnis in Kauf nehmen. Eine möchte ich besonders hervorheben: An die Stelle des Paares Leidensdruck des Patienten und therapeutischer Wille des Analytikers als Antriebskräfte des analytischen Prozesses müßten Neugierde und Verführung treten (vgl. *Erdheim* 1986). Eine solche Änderung birgt jedoch beträchtlichen Konfliktstoff in sich, weil sie die Kritik der am traditionellen Objektivitätsideal orientierten Wissenschaften an der Psychoanalyse wieder reaktiviert. Gibt die Psychoanalyse ihre therapeutische Legitimation auf, so stellt sie ihre labile Anpassung an den akademischen Betrieb in Frage, und muß ihren eigenen, auf das Erfassen von Subjektivität ausgerichteten Wissenschaftsbegriff entwickeln (*Nadig* 1986).

Rosenmayr forderte 1971 methodologische Innovationen, um eine theoretische Neuorientierung der Jugendsoziologie herbeizuführen: „Die Problematik der Freiheitsräume und der Spontaneität der beobachteten und befragten Individuen und Gruppen sind im Forschungsprozeß zu erweitern. (...) Die Entwicklung des Sozialverhältnisses etwa im Interview, also im Forschungsprozeß selber, muß in Zukunft in viel stärkerem Maß zusätzlich Gegenstand der Forschung werden." (S. 229-230). Einen Schwerpunkt der psychoanalytischen Jugendforschung müßte die Herausarbeitung und Problematisierung neuer, spezifisch auf die **Adoleszenz** ausgerichteter Forschungsstrategien bilden, aber gerade wegen des therapeutischen Selbstmißverständnisses der Psychoanalyse neigen die Forscher zu einem Methodenpluralismus (etwa „teilnehmende Beobachtung", Ethnomethodologie, Gruppendiskussionen, etc.), der die Grundverschiedenheit theoretischer Vorannahmen verdeckt, und sie viel zu früh dazu bringt, die genuin psychoanalytische Vorgehensweise zu verlassen (vgl. Projektgruppe „Schule und Subkultur" 1983). Hinzu kommt noch, daß das Legitimationsmanko im Hinblick auf die Anwendung der psychoanalytischen Methode zu einer Verdinglichung psychoanalytischer Daten führt. Beispielhaft dafür ist die Theorie des „neuen Sozialisationstyps" (*Ziehe* 1975), in welcher Befunde der klinischen Psychoanalyse zum Verständnis der „neuen Adoleszenz" herangezogen werden. Kennzeichnend für diesen „neuen Sozialisationstypen" sind, nach *Ziehe* „psychische Störungen, deren Genesis eindeutig auf die prägenitale Entwicklung zurückweist und die in viel höherem Maße in der Mutter-Kind Beziehung angelegt worden sind als im Verhältnis zum Vater. Wir werden später entwickeln, daß es sich hierbei um narzißtische Störungen handelt, die tendenziell die ‚klassischen' psychischen Kindheitsmuster an die Seite drücken und uns damit erheblichen Aufschluß über die Herausbildung einer ‚neuen' Adoleszenz bieten können" (1975, S. 107). *Ziehe* übernahm damals den therapeutischen Diskurs der Psychoanalyse; dadurch daß er den Prozeß, aufgrund dessen jene Krankheitsbilder entworfen worden waren, außeracht ließ, kam es zur Verdinglichung der Begriffe. Eine Folge davon war die Pathologisierung der **Adoleszenz**. *Freuds* Kulturkritik, von der traditionellen Psychoanalyse sowieso vernachlässigt, verkommt in der die psychoanalytische Methode vermeidenden Soziologie zu einer Übertragung psychopathologischer Befunde vom Individuum auf die Gesellschaft.

Demgegenüber ist festzuhalten, daß der eigentliche Erkenntnisgegenstand der **Psychoanalyse** das **Unbewußte** und nicht die Psychopathologie ist. Dieser Erkenntnisgegenstand bringt die Psychoanalyse immer in eine Querlage zu zeitgenössische Unbewußtheit schaffenden Modeströmungen. Auf die psychoanalytische Jugendforschung bezogen, heißt das, daß die ideologiekritische, bzw. wissenssoziologische Reflexion Teil der Selbstanalyse des Forschers sein muß. *Kreutz* (1974, S. 35f.) verweist auf den Zusammenhang zwischen dem expandierenden Bürgertum und der Betonung der **Adoleszenz**; auch für Adoleszenztheorien gilt, daß sie Reflexe gesellschaftspolitischer Bewegungen sind und Tendenzen der gesellschaftlichen Produktion von Unbewußtheit reproduzieren. „Es scheint ein Kennzeichen der Mentalitätsgeschichte des 20. Jahrhunderts zu sein, daß sich von Zeit zu Zeit, geradezu zyklisch, ein überbordender Jugendmythos in der öffentlichen Meinung einnistet und der Begriff ‚Jugend' zu einer Chiffre wird (...) Ein bedeutsames Charakteristikum dieses Mythos ist die Illusion, Jugend habe nicht nur eine eigene Geschichte, sondern sie könne auch in entscheidender Weise geschichtliche Abläufe bestimmen, d.h. Geschichte machen." (*Reulecke* 1986, S. 25) Der vom *Deutschen Werkbund e.V.* 1986 herausgegebene Katalog zur Ausstellung „Schock und Schöpfung, Jugendästhetik im 20. Jahrhundert" bietet, obzwar er gar nicht psychoanalytisch ausgerichtet ist, wichtige Materialien zur Rekonstruktion der Erfahrungen aufgrund deren heute Adoleszenztheorien entworfen werden. Der psychoanalytische Prozeß entwickelt sich als Dialektik zwischen der eigenen (Selbst-) Analyse und derjenigen des Anderen, Fremden, in unserem Falle des Adoleszenten. Die Selbstanalyse des Forschers muß in erster Linie die Problematik der eigenen **Adoleszenz** und deren Verarbeitung in der eigenen Biographie beinhalten. Die Aufsätze von *Baier*, *Kraushaar*, *Krüger* oder *Ziehe* stellen eine Erinnerungsarbeit dar, welche für die kritische Fundierung einer psychoanalytischen Jugendforschung unumgänglich ist (vgl. auch *Bopp* 1982, S. 76f.).

3.2 Aktuelle Forschungsaufgaben

Die sich heute auf die **Psychoanalyse** im weitesten Sinn berufende Jugendforschung spaltet sich in zwei grundverschiedene Richtungen. Die eine geht vom Primat des Psychischen, die andere von dem der Gesellschaft aus. Beispiele für die erste sind die Arbeiten von *Gèrard Mendel* und von *Lloyd deMausse* (1974). Die von *Mendel* begründete **„sociopsychoanalyse"** versucht den historischen Prozeß als Ergebnis psychischer Wandlungen, etwa als Übergang von der Dominanz mütterlicher zu derjenigen väterlicher Imagines, zu verstehen. *Mendel* fragt: „Wird es eines Tages — vielleicht schon bald — möglich sein, von einer gegebenen Gesellschaft eine diagnostische, prognostische und therapeutische Bilanz zu ziehen, wie dies heutzutage bei einem kranken Individuum bereits geschieht" (1968, S. 365). Die Problematik zeitgenössischer (68er) **Adoleszenz** begriff *Mendel* als Unfähigkeit, sich mit dem Vater auseinanderzusetzen. Die Jugend lieferte sich den Phantasien über die Mutter und damit der Quelle des Irrationalen aus.

Auch *Lloyd deMausse* ebenso wie die um die seit 1973 erscheinende Zeitschrift „Journal of Psychohistory" gruppierten Historiker gehen davon aus, „daß die zentrale Antriebskraft historischen Wandels weder in der Technologie noch in der Ökonomie zu finden ist, sondern in den ‚psychogenen' Veränderungen der Persönlichkeits- oder Charakterstruktur, die sich aufgrund der Generationenfolge der Interaktionen zwischen Eltern und Kindern ergeben" (1974, S. 14). Dieser Fokus konzentriert die Aufmerksamkeit auf die **Familie** und die **Kindheit**, so daß die **Adoleszenz** nur als Produkt der Praktiken der Kindererziehung erscheinen muß. Sowohl für *Mendel* als auch für *deMausse* liegt also das Geheimnis der Adoleszenz in den Schicksalen der frühen Kindheit verborgen. Ihre Forschungen versuchen neuerdings bis zum pränatalen Seelenleben vorzudringen, um zwischen traumatischen intrauterinen Erfahrungen und historischen Katastrophen Zusammenhänge zu erkennen (*Ende* 1985).

Jene Forschungsrichtung, die vom Primat der Gesellschaft ausgeht, kann ebenfalls in zwei Gruppen, mit je verschiedenen Schwerpunkten, unterteilt werden. Die eine orientiert sich an einem Modell, das die Übergänge zwischen Familie und Kultur als Kontinuum und dementsprechend auch die Lebensphasen als ineinander gleitende begreift. Die andere Gruppe hingegen postuliert zwischen Familie und Kultur einen Antagonismus und versteht den Lebenslauf, insbesondere das Verhältnis zwischen früher **Kindheit** und **Adoleszenz**, als diskontinuierlich.

Ein Beispiel für diejenige Jugendforschung, die mit der Kontinuumshypothese arbeitet, wären die Arbeiten *Kenneth Kenistons* (1960, 1968, 1971). In „The Uncomitted" (1960) untersucht er jene Jugendlichen, die sich der Gesellschaft verweigern, indem sie jedes Engagement für gesellschaftlich anerkannte Werte ablehnen. Eine in ihren technologischen Zielsetzungen entfremdete Gesellschaft wirkt sich entfremdend auf das Familienleben aus und prägt diesem ein bestimmtes ödipales Schicksal auf. Bei den „besiegten Siegern" handelt es sich um Kinder, die zwar ihre Mütter für sich gewannen, ihre Väter ausschalteten und das Glück genossen, aber allmählich erkennen mußten, daß es die Mutter war, die den eigentlichen Sieg davontrug, und die Kinder als bloße Instrumente für ihre Wünsche ausnützte. Weil sie gleichsam am Erfolg scheiterten, ziehen sie sich zurück und können der gesellschaftlichen Entfremdung nichts entgegensetzen.

1968 veröffentlichte *Keniston* seine Arbeit über „Young Radicals. Notes on Comitted Youth". Charakteristisch für diese durch den Vietnam-Krieg radikalisierte Jugend sei nicht ihre Weigerung erwachsen zu werden, um Kind bleiben zu können, sondern die Ablehnung der von der Gesellschaft vorgeschriebenen Art des Erwachsenseins. Diese Radikalen hätten die Werte der amerikanischen Gesellschaft geprüft und für schlecht befunden; deshalb würden sie sich für deren Veränderung einsetzen. *Keniston* fand, daß es zwischen den Werten und Überzeugungen der Eltern einerseits und den radikalen Studenten andererseits grundsätzliche Übereinstimmungen gab (1971, S. 94). Seine These war, daß es die Erziehung liberaler Eltern war, die eine freiheitsdurstige und konfliktfreudige Jugend geschaffen hatte. „Aus der amerikanischen Forschung ergibt sich, daß diejenigen Individuen, die die höchsten Niveaus psychologischer Entwicklung erreicht haben, im allgemeinen die höchstprivilegierten sozialen Schichten, am wahrscheinlichsten das bestehende soziale System herausfordern und kritisieren." (1971, S. 102).

Unter dem Einfluß der klinischen psychoanalytischen Forschung, die sich zunehmend dem Studium der Psychosen zuwandte und ihr Interesse auf die präödipalen Entwicklungsphasen konzentrierte, versuchte man, Zusammenhänge zwischen den Schicksalen des Narzißmus und der kapitalistischen Gesellschaftsstruktur herzustellen. *Marcuse* (1963) und *Mitscherlich* (1957, 1963) knüpften an den Thesen der Frankfurter Schule über den Zerfall der bürgerlichen Familie an (vgl. *Horkheimer* 1936 und 1949) und untersuchten die Auswirkungen auf das Individuum. Sie kamen zum Ergebnis, daß dem ödipalen Konflikt nicht mehr die zentrale Bedeutung zukam, sich folglich auch kein starkes Über-Ich mehr entwickelte, und das Individuum wehrloser den gesellschaftlichen Manipulationen ausgesetzt wäre. *Ziehe* (1975) trieb diese Fragestellung weiter voran. Seine These lautete, die spätkapitalistische Gesellschaft könne sich individuell nur über narzißtische Strukturen reproduzieren. Die Forschungsaufgaben umschrieb *Ziehe* mit folgenden Fragen: „Ist ein Bedeutungszuwachs narzißtischer Strukturen unter spätkapitalistischen Sozialisationsbedingungen zu einem Massenphänomen geworden, stellt ein solcher Bedeutungszuwachs zumindest eine Tendenz dar, die sich zukünftig massenhaft auszubreiten verspricht? Ist der Vergesellschaftsgrad bzw. die Vergesellschaftungsmöglichkeit dieser narzißtischen Strukturen in der Adoleszenz eine qualitativ andere geworden?" (1979, S. 125).

Eine Auseinandersetzung mit dieser Position führt immer auch zur Frage nach dem Verhältnis zwischen Familie und Kultur sowie früher Kindheit und Adoleszenz. In ihrer Arbeit über „Adoleszenzkrise und Identitätsbildung" (1975) nehmen *Döbert* und *Nunner-Winkler* die Diskontinuitätsthese auf. Sie gehen davon aus, „daß die traditionelle, unter dem Eindruck von *Freud* auf die frühkindliche Phase beschränkte Sozialisationsforschung (...) nicht ausreichen kann. In der frühen Kindheit werden nur sehr formale kognitive und emotionale Grundqualifikationen erworben. (...) Im folgenden wird gezeigt werden, daß die für dieses Problem (Wertwandel, M.E.) bedeutsamen Deutungsmuster sich überhaupt erst in der Adoleszenzphase verfestigen" (1975, S. 19). Die Autoren verknüpfen *Eriksons* psychoanalytischen Ansatz mit dem **symbolischen Interaktionismus** von *G.H. Mead* und dem genetischen Strukturalismus, wie ihn *L. Kohlberg* vertritt (vgl. *Döbert* et.al. 1977). Ihr Ziel war es, Zusammenhänge zwischen der Legitimationskrise des Kapitalismus und der Adoleszenzkrise des Individuums zu erkennen. Aufgrund des Defizites des kulturellen Systems prognostizieren sie „einen problematischeren Verlauf der Adoleszenzkrise in spätkapitalistischen als in früheren Gesellschaften" (1975, S. 60).

Der Methoden- und Theoriepluralismus birgt eine Reihe ungelöster Probleme. *Piagets* und *Kohlbergs* Theorien postulieren Entwicklungsnormen, die psychoanalytisch nicht unbedingt abgestützt werden können. *Eriksons* „Tugendlehre" mit ihrer „Stufenfolge der Grund-Tugenden" (1963, S. 95f.) widerspiegelt philosophische Traditionen, aber keineswegs psychoanalytische, das Es sowie das **Unbewußte** betreffende Einsichten. Die normative Position verführt *Döbert* und *Nunner-Winkler* auch dazu, die Defizite, also die Mängel des Kapitalismus als Erklärung für den problematischeren Verlauf der Adoleszenzkrise heranzuziehen. Impliziert wird daher, ohne „Defizite" wäre die Adoleszenzkrise weniger problematisch —, wäre es aber dann noch eine Krise? Es scheint, als ob es doch darum ginge, die **Adoleszenz** in ihrer Problematik abzuschaffen.

Erdheim (1982, 1983, 1985, 1989) fiel in seinen Untersuchungen bei mexikanischen Minenarbeitern auf, daß diese, aufgrund ihrer in den meisten Fällen traumatischen frühen Kindheit, in ihrem Verhältnis zur Realität sehr gestört sein müßten. Die Frage, warum das nicht der Fall war, führte zu einer gründlicheren Analyse der Zweizeitigkeit der sexuellen Entwicklung, des Verhältnisses zwischen früher **Kindheit** und **Adoleszenz** sowie des von Freud postulierten Antagonismus zwischen Familie und Kultur (*Eisenstadt* 1956; *Lévi-Strauß* 1956; *Tyrell* 1979). Indem die Adoleszenz als „zweite Chance" (*Eissler* 1958) im Verhältnis zu (eventuellen) Schädigungen in der frühen Kindheit begriffen wird, erweist sie sich als der Wendepunkt, in welchem die Kräfte wirksam werden können, die nicht nur die Korrektur der in der Familie erlittenen Schädigungen, sondern auch die Schaffung neuer Werte ermöglichen. *Wirth* hat in seiner Arbeit „Die Schärfung der Sinne. Jugendprotest als persönliche und kulturelle Chance" (1984) besonders auf die kreativen Aspekte in der Adoleszenz, welche sich im Antagonismus zwischen Familie und Kultur entfalten, hingewiesen.

Betrachtet man die verschiedenen konkurrierenden Ansätze der psychoanalytischen Jugendforschung, so läßt sich als der gemeinsame Nenner ihrer Problemstellungen das Verhältnis zwischen **Adoleszenz** und Geschichte bezeichnen. Je nach dem, welchem Begriff der Geschichte man zuneigt, wird man auch den Begriff der Adoleszenz konstruieren. Gerade weil es bei der Psychoanalyse um die Erforschung vom Unbewußten geht, das subjektive Moment also eine entscheidende Rolle spielt, wird die Erfahrung der eigenen Adoleszenz entscheidendes Material für die Art und Weise, wie man sich den Ablauf von Geschichte vorstellt, beinhalten. Diese Überlegung verweist auf ein entscheidendes Manko der psychoanalytischen Jugendforschung: sie handelt vorwiegend von der männlichen Adoleszenz. Ist von weiblicher Adoleszenz die Rede, so vor allem nur im Sinn einer Abweichung von männlichen Entwicklungstendenzen. Zu fordern sind vermehrte psychoanalytische Untersuchungen über weibliche Adoleszenz — von ihnen sind auch neue Einsichten in den Ablauf von Geschichte zu erwarten.

Literatur

Ariès, Ph.: Geschichte der Kindheit, München 1975 (zuerst 1960)

Baier, L.: Bildung im Wildwuchs. Gymnasialerziehung und jugendbewegtes Gegenmilieu. In: Deutscher Werkbund e.V. (Hrsg.): Schock und Schöpfung. Jugendästhetik im 20. Jahrhundert, Darmstadt/Neuwied 1986, S. 259-262

Barnouw, U.: Culture and Personality, Homewood/Illinois, ^{2}1973
Bernfeld, S.: Ein Institut für Psychologie und Soziologie der Jugend (Archiv für Jugendkultur). In: Bernfeld, S.: Antiautoritäre Erziehung und Psychoanalyse. Ausgewählte Schriften, Bd. 3, Frankfurt a.M. 1969-1970 (zuerst 1920), S. 802-836
Bernfeld S.: Die Psychoanalyse in der Jugendforschung. In: Bernfeld, S. (Hrsg.): Vom Gemeinschaftsleben der Jugend, Leipzig/Wien/Zürich 1922, S. 1-11
Bernfeld, S.: Über eine typische Form der männlichen Pubertät. In: Bernfeld, S.: Antiautoritäre Erziehung und Psychoanalyse. Ausgewählte Schriften, Bd. 3, Frankfurt a.M. 1969-70 (zuerst 1923), S. 750-767
Bernfeld, S.: Vom dichterischen Schaffen der Jugend. Neue Beiträge zur Jugendforschung. Leipzig/Wien/Zürich 1924
Bernfeld, S.: Zur Psychologie der „Sittenlosigkeit" der Jugend. In: Bernfeld, S.: Antiautoritäre Erziehung und Psychoanalyse. Ausgewählte Schriften, Bd. 3, Frankfurt a.M. 1969-70 (zuerst 1924), S. 782-793
Bernfeld, S.: Der soziale Ort und seine Bedeutung für Neurose, Verwahrlosung und Pädagogik. In: Bernfeld, S.: Antiautoritäre Erziehung und Psychoanalyse. Ausgewählte Schriften, Bd. 1, Frankfurt a.M. 1969-70 (zuerst 1929), S. 198-211
Bernfeld, S.: Die Tantalussituation. Bemerkungen zum kriminellen Über-Ich. In: Bernfeld, S.: Antiautoritäre Erziehung und Psychoanalyse. Ausgewählte Schriften, Bd. 2, Frankfurt a.M. 1969-70 (zuerst 1931), S. 648-663
Bernfeld, S.: Trieb und Tradition im Jugendalter. Kulturpsychologische Studien an Tagebüchern. Leipzig 1931a. Reprint: Frankfurt a.M. 1978
Bernfeld, S.: Über die einfache männliche Pubertät. In: Bernfeld, S.: Antiautoritäre Erziehung und Psychoanalyse. Ausgewählte Schriften, Bd. 2, Frankfurt a.M. 1969-70 (zuerst 1935), S. 630-648
Bettelheim, B.: Die symbolischen Wunden. Pubertätsriten und der Neid des Mannes. München 1975 (zuerst 1954)
Bittner, G./Rehm, W.: Psychoanalyse und Erziehung. In: Bittner, G./Rehm, W. (Hrsg.): Psychoanalyse und Erziehung. Bern/Stuttgart 1964, S. 10-32
Bopp, J.: Wir wollen keine neuen Herren. Streitschriften zur Jugend- und Psychoszene. Frankfurt a.M. 1982
Coles, R.: Erik H. Erikson. Leben und Werk. München 1974 (zuerst 1970)
Dahmer, H.: Wilhelm Reich — Seine Stellung zu Freud und Marx. In: Gente, H.P. (Hrsg.): Marxismus Psychoanalyse Sexpol. Bd. 2, Frankfurt a.M. 1972, S. 80-115
DeMausse, L. (Hrsg.): Hört die kleinen Kinder weinen. Eine psychogenetische Geschichte der Kindheit. Frankfurt a.M. 1980 (zuerst 1974)
Deutscher Werkbund e.V. (Hrsg.): Schock und Schöpfung. Jugendästhetik im 20. Jahrhundert. Darmstadt/Neuwied 1986
Doebert, R./Nunner-Winkler G.: Adoleszenzkrise und Identitätsbildung. Frankfurt a.M. 1975
Doebert, R. et.al. (Hrsg.): Entwicklung des Ichs. Köln 1977
Eisenstadt, S.N.: Von Generation zu Generation. Altersgruppen und Sozialstruktur. München 1966 (zuerst 1956)
Eissler, K.R.: Bemerkungen zur Technik der psychoanalytischen Behandlung Pubertierender nebst einigen Überlegungen zum Problem der Perversion. In: Psyche XX (1966) (zuerst 1958), S. 837-872
Ekstein, R.: Siegfried Bernfeld 1892-1953. Sysyphus or the Boundaries of Education. In: Alexander, F. et.al.: Psychoanalytic Pioneers. New York/London 1966, S. 415-429
Elrod, N./Heinz, R./Dahmer, H.: Der Wolf im Schaftspelz. Erikson, die Ich-Psychologie und das Anpassungsproblem. Frankfurt a.M. 1978
Ende, A.: Historische Gruppenphantasien und Geschichte der Kindheit. In: Leber, A. et.al. (Hrsg.): Die Bedeutung der Gruppe für die Sozialisation. Kindheit und Familie. Göttingen 1985, S. 11-19
Erdheim, M.: Adoleszenz zwischen Familie und Kultur. Ethnopsychoanalytische Überlegungen zur Funktion der Jugend in der Kultur. In: Psychosozial (1983), H. 17, S. 104-116
Erdheim, M.: Zur Psychogenese der Imagines von Kultur und Familie. In: Friedrich, V./Ferstel, H. (Hrsg.): Bruchstellen in der Psychoanalyse. Eichborn 1985, S. 66-73

Erdheim, M.: Fritz Morgenthaler und die Entstehung der Ethnopsychoanalyse in Zürich. In: Morgenthaler, F.: Der Traum. Frankfurt a.M. 1986a
Erdheim, M.: Subjektivität als Erkenntnismedium und ihre Krisen im Forschungsprozeß. In: Breyvogel, W. (Hrsg.): Pädagogische Jugendforschung. Opladen 1989, S. 81-93
Erikson, E.H.: Kindheit und Gesellschaft. Stuttgart 1971 (zuerst 1950)
Erikson, E.H.: Das Problem der Ich-Identität. In: Erikson, E.H.: Identität und Lebenszyklus. Frankfurt a.M. 1966 (zuerst 1956), S. 123-215
Erikson, E.H.: Einsicht und Verantwortung. Die Rolle des Ethischen in der Psychoanalyse. Frankfurt a.M. 1971 (zuerst 1963)
Freud, A.: Das Ich und die Abwehrmechanismen. München 1936
Freud, A.: Psychoanalyse und Erziehung. In: Die Schriften der Anna Freud, Bd. V, 1945-1956 (zuerst 1954), S. 1311-1320
Freud, A.: Probleme der Pubertät. In: Freud, A.: Die Schriften der Anna Freud, Bd, VI, München 1980 (zuerst 1958), S. 1738-1769
Freud, S.: Bruchstück einer Hysterieanalyse. In: G.W. V, London 1941 (zuerst 1905a), S. 161-286
Freud, S.: Drei Abhandlungen zur Sexualtheorie. In: G.W. V, London 1941 (zuerst 1905b), S. 27-159
Freud, S.: Über Psychoanalyse. In: G.W. VIII, London 1945 (zuerst 1910), S. 1-60
Freud, S.: Die Zukunft einer Illusion. In: G.W. XIV, London 1945 (zuerst 1927), S. 323-380
Freud, S.: Neue Folge der Vorlesungen zur Einführung in die Psychoanalyse. In: Freud, S.: Studienausgabe, Bd. 1, Frankfurt a.M. 1974 (zuerst 1933), S. 447-608
Freud, S.: Abriß der Psychoanalyse. In: G.W. XVII, London 1945 (zuerst 1938), S. 63-138
Gillis, J.R.: Geschichte der Jugend. Tradition und Wandel im Verhältnis der Altersgruppen und Generationen. Weinheim/Basel 1980 (zuerst 1974)
Grubrich-Simitis, J.: Siegfried Bernfeld: Historiker der Psychoanalyse und Freud-Biograph. In: Bernfeld, S. und S. Cassirer-Bernfeld: Bausteine der Freud-Biographik. Frankfurt a.M 1981, S. 7-50
Helsper, W.: Selbstkrise und Individuationsprozeß. Opladen 1989
Horkheimer, M.: Theoretische Entwürfe über Autorität und Familie. Allgemeiner Teil. In: Institut für Sozialforschung (Hrsg.): Studien über Autorität und Familie. Paris 1936, S. 3-76
Horkheimer, M.: Autorität und Familie in der Gegenwart. In: Horkheimer, M.: Zur Kritik der instrumentellen Vernunft. Herausgegeben von A. Schmidt. Frankfurt a.M. 1967 (zuerst 1949), S. 269-287
Jay, M.: Dialektische Phantasie. Die Geschichte der Frankfurter Schule und des Instituts für Sozialforschung 1923-1950. Frankfurt a.M. 1976 (zuerst 1973)
Kardiner, A.: The Individual and His Society. The Psychodynamics of Primitive Social Organization. New York 1939
Kardiner, A. et.al.: The Psychological Frontiers of Society. New York 1945
Kardiner, A./Preble, E.: Wegbereiter der modernen Anthropologie. Frankfurt a.M. 1974
Keniston, K.: The Uncommitted, Alienated Youth in American Society. New York 1960
Keniston, K.: Young Radicals. Notes on Committed Youth. New York 1968
Keniston, K:: Neue empirische Forschungen zu den Studentenrevolten: die amerikanische Studentenbewegung. In: Allerbeck, K.R./Rosenmayr, L. (Hrsg.): Aufstand der Jugend? Neue Aspekte der Jugendsoziologie. München 1971, S. 83-107
Kretz, H.: Soziologie der Jugend. München 1974
Krüger, H.-H.: Viel Lärm um Nichts? Jugendliche Existentialisten in den 50er Jahren. In: Deutscher Werkbund e.V. (Hrsg.): Schock und Schöpfung. Jugendästhetik im 20. Jahrhundert. Darmstadt/Neuwied 1986a, S. 263-268
Krüger, H.-H.: Es war wie ein Rausch, wenn alle Gas gaben. Die ‚Halbstarken' der 50er Jahre. In: Deutscher Werkbund e.V. (Hrsg.): Schock und Schöpfung. Jugendästhetik im 20. Jahrhundert. Darmstadt/Neuwied 1986, S. 269-274
Lévi-Strauss, C.: Die Familie. In: Der Blick aus der Ferne. München 1985 (zuerst 1956), S. 73-104
Lorenzer, A.: Zur Begründung einer materialistischen Sozialisationstheorie. Frankfurt a.M. 1972
Mahler, M.S.: On child psychosis and schizophrenia: autistic and symbiotic infantile psychoses. In: Psychoanalytic Study of the Child. VII 1952, S. 286-305

Mahler, M.S.: Symbiose und Individuation. Bd. 1: Psychosen im frühen Kindesalter. Stuttgart 1972 (zuerst 1968)
Mahler, M.S. et.al.: Die psychische Geburt des Menschen. Symbiose und Individuation. Frankfurt a.M. 1978 (zuerst 1975)
Marcuse, H.: Triebstruktur und Gesellschaft. Frankfurt a.M. 1965 (zuerst 1955)
Marcuse, H.: Das Veralten der Psychoanalyse. In: Marcuse, H.: Kultur und Gesellschaft, Bd. 2, Frankfurt a.M. 1963, S. 85-106
Mendel, G.: Die Revolte gegen den Vater. Eine Einführung in die Soziopsychoanalyse. Frankfurt a.M. 1972 (zuerst 1968)
Meng, H.: Psychoanalytische Erziehung und Kinderanalyse. In: Federn, P./Meng, H. (Hrsg.): Das psychoanalytische Volksbuch. Bern 1939, S. 175-192
Mertens, W. (Hrsg.): Psychoanalyse. Ein Handbuch in Schlüsselbegriffen. München 1983
Mitscherlich, A.: Pubertät und Tradition. In: Grunert-Bronnen, B. (Hrsg.): Pubertät. München/Bern 1968 (zuerst 1957), S. 221-250
Mitscherlich, A.: Auf dem Weg zur vaterlosen Gesellschaft. Ideen zur Sozialpsychologie. München 1963
Morgenthaler, F.: Technik. Zur Dialektik der psychoanalytischen Praxis. Frankfurt a.M. 1978
Nadig, M.: Zur ethnopsychoanalytischen Erarbeitung des kulturellen Raums der Frau. In: Psyche 40 (1986), H. 3, S. 193-219
Parsons, T.: Das Über-Ich und die Theorie der sozialen Systeme. In: Parsons, T.: Sozialstruktur und Persönlichkeit. Frankfurt a.M. 1968 (zuerst 1952), S. 25-45
Parsons, T.: Sozialstruktur und Persönlichkeit. Frankfurt a.M. 1968 (zuerst 1964)
Pfister, O.: Anwendungen der Psychoanalyse in der Pädagogik und Seelsorge. In: Imago 1 (1912), S. 56-82
Projektgruppe „Schule und Subkultur": Subjektive Verarbeitung schulischer Anforderungen und Selbstkrisen Jugendlicher — Schülerfallstudien und deren vergleichende Interpretation. Universität Essen — Gesamthochschule Fachbereich Erziehungswissenschaften 1983
Rehm, W.: Die psychoanalytische Erziehungslehre. Anfänge und Entwicklung. München 1968
Reich, W.: Die sexuelle Revolution. Zur charakterlichen Selbststeuerung des Menschen. Frankfurt a.M. 1966 (zuerst 1930)
Reik, Th.: Die Pubertätsriten der Wilden. In: Probleme der Religionspsychologie. Leipzig/Wien 1919 (zuerst 1915/16), S. 59-131
Reulecke, J.: Jugend — Entdeckung oder Erfindung. Zum Jugendbegriff vom Ende des 19. Jahrhunderts bis heute. In: Deutscher Werkbund e.V. (Hrsg.): Schock und Schöpfung. Jugendästhetik im 20. Jahrhundert. Darmstadt/Neuwied 1986, S. 21-25
Rosenmayr, L.: Zur theoretischen Neuorientierung der Jugendsoziologie. In: Allerbeck, K.R./Rosenmayr, L. (Hrsg.): Aufstand der Jugend? Neue Aspekte der Jugendsoziologie. München 1971, S. 229-268
Spitz, R.A.: Die Entstehung der ersten Objektbeziehungen. Stuttgart 1957 (zuerst 1954)
Spitz, R.A.: Vom Säugling zum Kleinkind. Naturgeschichte der Mutter-Kind-Beziehungen im ersten Lebensjahr. Stuttgart 1965
Tyrell, H.: Familie und gesellschaftliche Differenzierung. In: Pross, H. (Hrsg.): Familie wohin? Leistungen, Leistungsdefizite und Leistungswandlungen in hochindustrialisierten Gesellschaften. Reinbek 1979, S. 13-78
Wirth, H.J.: Die Schärfung der Sinne. Jugendprotest als persönliche und kulturelle Chance. Frankfurt a.M. 1984
Ziehe, T.: Pubertät und Narzißmus. Frankfurt a.M./Köln 1975
Ziehe, T.: Gegen eine soziologische Verkürzung der Diskussion um den neuen Sozialisationstyp. Nachgetragene Gesichtspunkte zur Narzißmusproblematik. In: Häsing, H. et.al. (Hrsg.): Narziß — Ein neuer Sozialisationstypus? Bensheim 1979, S. 119-136
Ziehe, T.: Die alltägliche Verteidigung der Korrektheit. In: Deutscher Werkbund e.V. (Hrsg.): Schock und Schöpfung. Jugendästhetik im 20. Jahrhundert. Darmstadt/Neuwied 1986, S. 254-258
Zinser, H.: Zum Verhältnis von Mythos und Arbeit. Wiesbaden 1977
Zur Geschichte der Sexpol-Bewegung 1934/35. In: Gente, H.P. (Hrsg.): Marxismus Psychoanalyse Sexpol. Bd. 1, Frankfurt a.M. 1970, S. 155-182

Wilhelm Heitmeyer/Klaus Hurrelmann

Sozialisations- und handlungstheoretische Ansätze in der Jugendforschung

1 Begriffliche Festlegungen

In diesem Beitrag soll ein handlungstheoretischer Zugang zur Jugendforschung vorgestellt werden, der sich an der neueren Sozialisationstheorie orientiert. Mit **„Sozialisation“** wird der Prozeß der Entstehung und Entwicklung der menschlichen Persönlichkeit in Abhängigkeit von und in Auseinandersetzung mit den sozialen und den dinglich-materiellen Lebensbedingungen verstanden, die zu einem bestimmten Zeitpunkt der historischen Entwicklung einer Gesellschaft existieren. **Sozialisation** bezeichnet den Prozeß, in dessen Verlauf sich der mit einer biologischen Ausstattung versehene menschliche Organismus zu einer sozial handlungsfähigen Persönlichkeit bildet, die sich über den Lebenslauf hinweg in Auseinandersetzung mit den Lebensbedingungen weiterentwickelt (*Geulen/Hurrelmann* 1980, S. 51).

Mit dem Begriff **Handeln** ist in der Regel das bewußte, auf ein Ziel gerichtete, geplante und beabsichtigte Verhalten eines Menschen bezeichnet. Eine einzelne Einheit des Handelns, die auf ein bestimmtes Ziel gerichtet ist, läßt sich als eine Handlung definieren. Handeln hebt sich von **Verhalten** als dem Insgesamt aller menschlichen Aktivitäten einschließlich unbewußter, ungeplanter und reaktiver Formen ab, vermischt sich aber im tatsächlichen Ablauf auch immer wieder mit diesen anderen Formen. Spezifische Formen des Handelns, die für die Persönlichkeitsentwicklung im Jugendalter von großer Bedeutung sind, sind **interaktives** und **kommunikatives Handeln. Interaktion** bezeichnet solche Verhaltensweisen von Menschen, die durch gegenseitige Beeinflussung durch aufeinander gerichtetes bewußtes, geplantes und beabsichtigtes Handeln gekennzeichnet sind. Sind diese interaktiven Handlungen an einem gemeinsamen sprachlichen und gestischen Verständigungsmuster orientiert und findet ein aufeinander bezogener Austausch von Informationen und Sinngehalten statt, dann erfüllen sie das Kriterium des kommunikativen Handelns.

Für alle Lebensphasen und damit auch für die Lebensphase Jugend gilt, daß die *Kompetenz zum Handeln*, insbesondere auch zum interaktiven und kommunikativen Handeln, Voraussetzung dafür ist, daß sich ein Mensch mit den Erfordernissen und Anforderungen der Umwelt arrangieren und dabei die eigenen Motive, Bedürfnisse und Interessen berücksichtigen und einbringen kann. Die Jugendphase spielt eine besondere Rolle im Lebenslauf, weil normalerweise während ihres Verlaufes der Aufbau von Handlungskompetenzen für die Auseinandersetzung mit der äußeren und der inneren Realität ein erstes vorläufiges Plateau der Entwicklung erreicht. Die Grundstrukturen für die Abstimmung zwischen inneren Bedürfnissen und äußeren Erwartungen, für das eigene System von Erfahrungs- und Regelwissen und für die Fähigkeit zur bewußten Reflexion des eigenen persönlichen Entwicklungsprozesses welche Regel mit dem Abschluß der Jugendphase gebildet.

Der Aufbau eines reflektierten Selbstbildes muß als ein sehr wichtiges Merkmal für die Herstellung und Aufrechterhaltung von **Handlungskompetenzen** angesehen werden. Das Bild eines Menschen von sich selbst ist eine innere Konzeption der Gesamtheit der Vorstellungen, Einstellungen, Bewertungen, Urteile und Einschätzungen, die ein Mensch im Blick auf die eigenen Handlungsmöglichkeiten besitzt. Ein nicht nur realistisches, sondern zugleich auch identitätsstiftendes Selbstbild muß als die Voraussetzung für die Fähigkeit flexiblen und situationsangemessenen sozialen Handelns im Verlauf des Lebens gesehen werden. Mit **Identität** ist dabei die Kontinuität des Selbsterlebens auf der Basis des Selbstbildes gemeint. Sie kann sich nur ergeben, wenn ein Mensch, auch und gerade im Jugendalter, eine Übereinstimmung zwischen den eigenen **Handlungskompetenzen** und den aktuellen Lebenssituationen mit ihren jeweiligen Handlungsanforderungen herstellen kann.

In allgemeinster Formulierung kann man sagen, daß sich die hier vorzustellenden Ansätze an einem „interaktiven" Modell orientieren. Das interaktive Modell geht von spezifischen Annahmen über die Art der Beziehungen zwischen Individuum und Umwelt, also von einem bestimmten Menschen- und Gesellschaftsbild, aus. Diese Annahmen lassen sich so zusammenfassen:

> „Menschliche Entwicklung und Entwicklung der sozialen und gegenständlichen Umwelt werden in wechselseitiger Abhängigkeit gesehen. Das menschliche Subjekt befindet sich in einem produktiven Aneignungs- und Auseinandersetzungsprozeß mit der Umwelt. Das menschliche Subjekt kann die eigene Situation bewußt reflektieren und in die eigenen Handlungsabläufe einbeziehen. Es wählt bestimmte Mittel zur Erreichung bestimmter Ziele aus, bedenkt die Folgen des entsprechenden Handelns und stellt in Rechnung, daß diese Folgen die kontextuellen Bedingungen für das eigene Handeln verändern. In dieser Modellvorstellung existiert kein organismusimmanenter Ziel- und Endpunkt der menschlichen Entwicklung. Vielmehr gilt der Erwerb von gesellschaftlich bestimmten sozialen und kulturellen Kompetenzen des Handelns, um in der gesellschaftlichen Umwelt autonom handlungsfähig zu sein und über eine eigene Identität zu verfügen, als Kriterium für eine gelingende Entwicklung. Eine typische Umsetzung dieses Modells findet sich in der handlungstheoretischen Konzeption von G. H. *Mead* und seinen Nachfolgern." (*Hurrelmann/Mürmann/Wissinger* 1986, S. 93)

Das interaktive Modell unterscheidet sich damit von Modellen, die als „mechanisches", „organisches" und „systemisches" Modell bezeichnet werden können, und mit denen entsprechend die Theorierichtungen der Lerntheorie, der **Psychoanalyse**, der kognitiven Entwicklungstheorie, der ökologischen Theorie und der **Systemtheorie** verbunden sind.

Die sozialisations- und handlungstheoretische Orientierung ist bemüht um eine enge Verbindung von Prozessen der Vergesellschaftung und der Individuation. Der Konzeption liegt die Vorstellung eines produktiv die äußere und die innere Realität verarbeitenden und gestaltenden Menschen zugrunde. Die Beziehungen zwischen Mensch und Gesellschaft werden als wechselseitig gesehen: Gesellschaftliche Bedingungen beeinflussen, determinieren aber nicht die menschlichen Bewußtseins- und Handlungsstrukturen.

Wie dieses Konzept im einzelnen entfaltet wird, soll nun dargestellt werden.

2 Handlungstheoretische Grundlagenkonzepte

In den letzten Jahren hat sich in der soziologischen, pädagogischen und psychologischen Jugendforschung die Orientierung an handlungstheoretischen Postionen gefestigt und gestärkt. Während in der soziologischen **Sozialisationsforschung** handlungstheoretische Postionen schon seit längerem einen festen Platz gefunden haben — sehr prononciert etwa in den grundlegenden Arbeiten von *Krappmann* 1969, *Geulen* 1977 und *Habermas* 1981 — hat sich die psychologische und pädagogische Forschung in den hier relevanten Bereichen Persönlichkeits- und **Entwicklungspsychologie** und der Jugend-Sozialpädagogik erst in den letzten Jahren verstärkt dieser Perspektive zugewandt. Vor allem Autoren wie *Oerter/Montada* (1982), *Brandtstädter* (1984) und *Silbereisen/Eyferth/Rudinger* (1986) haben sich engagiert für handlungstheoretische Orientierungen eingesetzt.

Wir wollen im folgenden auf einige ausgewählte Ansätze näher eingehen und sie in ihren Grundzügen charakterisieren. Die disziplinbezogene Gruppierung ist vor allem aus Darstellungsgründen gewählt worden.

2.1 Konzepte in soziologischer Perspektive

Handeln als Interaktion

Das einflußreichste Modell der interaktionistischen Handlungstheorie ist durch *Mead* entworfen und später durch *Blumer* bzw. *Goffman* mit weiteren Akzenten versehen worden. Soziales Handeln wird hier als Prozeß symbolisch vermittelter **Interaktion** verstanden, in dem wechselseitig Bedeutung ausgetauscht, entwickelt und ausgehandelt wird. *Mead* betont den hohen Stellenwert von signifikanten Symbolen im Handlungsprozeß, die für die Interaktionspartner Träger von Bedeutungen sind. Bedeutungen in Form von signifkanten Symbolen, wie insbesondere der Sprache, können eigene künftige Handlungen anzeigen, die Handlungen des anderen identifizieren und Beziehungen zwischen den Handlungslinien von Interaktionspartnern herstellen. Um gemeinsam und abgestimmt handeln zu können, muß ein Mensch in der Lage sein, Empathie aufzubringen, also die eigene zu vollziehende Handlung in ihrer Bedeutung für den anderen einzuschätzen. Daraus ergibt sich auch die Vorwegnahme der Reaktion des anderen.

Der Mensch wird als ein schöpferischer Interpret und Konstrukteur seiner sozialen **Lebenswelt** verstanden. Die wesentliche Qualität, die ihn von den Determinierungen der sozialen und materiellen Welt befreit, ist die der symbolischen Kommunikation. Der Mensch kann nach dieser Vorstellung seine Umwelt und seine eigenen Handlungen in ihr mit Bedeutungen versehen, er kann sich in die Rolle der anderen Kommunikationspartner begeben, die die soziale Umwelt konstituieren, und er entwickelt auf diesem Wege Bewußtsein und Selbstbild (vgl. *Mead* 1968, S. 307 ff., *Blumer* 1969, *Goffman* 1973).

In der Theorie von *Mead* wird die soziale Realität als ein Arrangement verstanden, das jeweils individuell mit Bedeutungen belegt wird. Es handelt sich um ein Arrangement, das sich verselbständigen und den Individuen als scheinbar dinghaft gestaltete Realität entgegentreten kann. Die Theorie geht also von einem Umschlagpunkt von interaktiven in institutionelle soziale Strukturen aus und gewinnt von hierher auch ihre gesellschaftstheoretischen Komponenten. Die Vorstellung von Gesellschaft wird an den Prozeß des kommunikativen und kooperativen Handelns gebunden, der über die Manipulation mit „physischen Dingen" (*Mead*) verläuft. *Gesellschaft ist ein kollektives Handeln, das aus der Verbindung der Handlungen aller am gesellschaftlichen Leben beteiligten Menschen besteht.* Die Verbindung der einzelnen Handlungen wird durch den Prozeß der wechselseitigen Rollenübernahme vollzogen. Gesellschaft entwickelt sich nicht nur durch diese Verbindung von Handlungsprozessen, sondern sie ist zugleich Voraussetzung und Bedingung von Handeln. Durch die Internalisierung gesellschaftlicher Werte und Normen ist soziales Handeln erst möglich, und umgekehrt verändert sich die Gesellschaft durch die Verbindung sozialer Handlungen. Gesellschaft in diesem Verständnis ist eine Verkettung stabiler Handlungsmuster.

Mit der Interaktions- und **Handlungstheorie** von *Mead* steht eine ausgearbeitete sozialwissenschaftliche Konzeption zur Verfügung, die eine *Analyse der Bildung und Entwicklung der Persönlichkeit innerhalb sozialer Interaktionsstrukturen* ermöglicht. Die Theorie bietet eine reichhaltige Ausarbeitung eines „interaktiven" Modells der Beziehungen zwischen Mensch und Umwelt. Die Grundkonzeption, wonach sich jeder Mensch in einem Prozeß des Austausches mit der äußeren und der inneren Realität befindet, ist in seinen Arbeiten angelegt. *Der Reiz der Theorie für die* **Sozialisationsforschung** *liegt darin, individualistisch-handlungstheoretische und gesellschaftlich-strukturtheoretische Aspekte in einer Theorie kommunikativer Beziehungen zwischen Menschen miteinander verbunden zu haben.*

Dieser Ansatz ist noch unzureichend entwickelt und verdient eine Weiterführung. So differenziert *Mead* seine Konzeption der Persönlichkeitsbildung im sozialen Prozeß des gemeinsamen Handelns und Kommunizierens mit anderen Menschen entworfen hat, so vage bleiben doch seine sozialstrukturtheoretischen Aussagen. Er blendet die funktionale Differenzierung komplexer Gesellschaften vollständig aus seinen theoretischen Konzeptionen aus. Er stellt kein analytisches Instrumentarium für festgeschriebene Macht-, Einfluß- und Konfliktlinien industrieller Gesellschaften zur Verfügung. Er kennt keine gesellschaftlich-strukturellen Segmentierungen und Abgrenzungen von Handlungszusammenhängen in institutionellen oder organisatorischen Formen. In dieser Hinsicht hat seine Theorie eine idealistische Akzentuierung.

Diese muß in der theoretischen Weiterführung korrigiert werden. Zwar handelt der Mensch in der sozialen Welt auf der Basis der Interpretationen und Deutungen, die er von dieser Welt gibt. Aber die soziale Welt hat nicht ausschließlich eine Qualität, die sich aus der individuellen und interindividuellen Bewußtseinsschöpfung herleiten ließe. Die soziale Realität besteht nicht nur aus dem, was das Subjekt an Wissen und Interpretation von ihr besitzt, auch wenn sie den Individuen immer nur in einer subjektiv interpretierbaren Weise erscheint und bedeutungsvoll wird. Soziale Strukturen verfestigen und institutionalisieren sich und werden zusätzlich beeinflußt durch die Modi der Auseinandersetzung mit der Umwelt, sie gewinnen ihre eigene Seinsqualität und entwickeln ihre eigene Dynamik, mit der sie sich von ihren Schöpfern ablösen und ihnen als vorgeformte Gegebenheiten entgegentreten (*Hurrelmann* 1983, S. 97).

Handeln als Konstruktion der Lebenswelt

Theorien dieser Orientierung gehen von ähnlichen Prämissen aus wie die symbolisch-interaktionistische **Handlungstheorie,** betonen aber die subjektiv-interpretierenden und konstruierenden Aktivitäten des Menschen sehr viel stärker. Die zentrale Annahme, menschliches Handeln vollziehe sich auf der Basis der Bedeutungen, die die Handelnden mit ihrem Tun verbinden, rückt hier stark in den Vordergrund (vgl. *Berger/Luckmann* 1969). Es wird nach dem jeweiligen Erfahrungs- und Orientierungswissen der Interagierenden gefragt, das sie zur Definition einer Situation in das Handlungsgeschehen einbringen. Die Handlungen gelten als stark durch die subjektive Definition der Umgebung beeinflußt, so daß sich die wissenschaftliche Analyse auf das Nachzeichnen und Rekonstruieren der subjektiven Wahrnehmungen, Erklärungen, Deutungen und Interpretationen der sozialen Realität konzentriert. Die Annahmen über die soziale Realität, die Vorstellungen über Zusammenhänge und Regeln, über Erwartbarkeit und Normalität von Situationen und Gegebenheiten sind der zentrale Untersuchungsgegenstand.

Interaktions- und **Handlungstheorien** in dieser Akzentuierung stellen damit die subjektiven Konstrukte (Deutungen, Interpretationen, Wissensbestandteile usw.) in den Vordergrund, die die Handelnden entwickeln, um ihr eigenes Handeln zu orientieren und zu bewerten und eine eigene Lebenswelt aufzubauen. Da diesen Konstrukten handlungsleitende und -steuernde Funktionen zugesprochen werden, gelten sie als zentrale Zielgröße der wissenschaftlichen Untersuchungen. Realitätsinterpretationen, Situationsdeutungen und alltagsweltliche Wissensbestandteile, oft verkürzt als „Alltagstheorien“ bezeichnet, werden ebenso untersucht wie die generativen Regelsysteme für Interpretationen und Wissensbestandteile, oft verkürzt als „Deutungsmuster“ bezeichnet. Deutungsmuster liegen als erzeugende Prinzipien hinter den Realitätsinterpretationen, sie strukturieren die Wahrnehmung und die kognitive und emotionale Verarbeitung der äußeren und der inneren Realität.

In jüngster Zeit hat vor allem *Habermas* (1981) Weiterentwicklungen vorgelegt. Er geht dabei vom Begriff des **kommunikativen Handelns** aus, auf dessen Basis die Konstruktion der **Lebenswelt** erfolge. Die **Lebenswelt** ist den Menschen einmal als etwas Selbstverständliches und Vertrautes gegenwärtig. Die Lebenswelt bildet insofern einen transzendentalen Kontext für die Äußerungen, mit denen die Kommunikationsteilnehmer etwas in der Welt zum Thema machen. Zum zweiten hat die Lebenswelt in der Konzeption von Habermas aber auch die Funktion, ein Reservoir von Überzeugungen anzubieten, aus dem die Kommunikationsteilnehmer schöpfen, um den in einer Situation neu entstandenen Verständigungsbedarf mit konsensfähigen Interpretationen zu decken:

„Als Ressource ist die Lebenswelt für Prozesse der Verständigung konstitutiv... Wir können uns die Lebenswelt, soweit sie als Interpretationsressource in Betracht kommt, als sprachlich organisierten Vorrat von Hintergrundannahmen vorstellen, der sich in der Form kultureller Überlieferung reproduziert.“ (*Habermas* 1984, S. 591)

Die starke Betonung sprachlicher Ebenen der Kommunikation als Bestandteile des Handelns ist in der Diskussion dieser theoretischen Orientierung vielfach kritisiert worden. Für die Jugendforschung spielt, wie noch zu zeigen sein wird, gerade dieser akzentuierende Ansatz eine große Rolle, weil er das kreative Potential dieser Lebensphase deutlich herauszuarbeiten hilft.

2.2 Konzepte in psychologischer Perspektive

Auch in der psychologischen Forschung wird der Begriff Verhalten im allgemeinen zur Bezeichnung der Gesamtheit aller beobachtbaren, feststellbaren und meßbaren Aktivitäten eines lebenden Organismus verwendet. Verhalten wird damit vom Begriff Handeln abgesetzt, der die Untermenge von Verhaltensweisen bezeichnet, die durch die Eigenschaften „zielgerichtet“, „motiviert“ und „erwartungsgesteuert“ gekennzeichnet werden kann (vgl. den Überblick über handlungstheoretische Ansätze bei *Lantermann* 1980). In diesem Ansatz ist es die Intentionalität der Aktivität einer Person, die das entscheidende Attribut für Handeln darstellt. Diese Intentionalität wird als die Absicht begriffen, eine Ist-Lage zielgerichtet, absichtlich und gesteuert in eine veränderte, möglichst eine Soll-Lage, zu überführen. Eine Handlung kommt in diesem Verständnis aufgrund eines Vorsatzes, eines Motives oder eines Bedürfnisses zustande.

Handlungs-Verlaufs-Modell

Lantermann hat in seiner zusammenfassenden Darstellung den Versuch unternommen, die verschiedenen theoretischen Strömungen der psychologischen **Handlungstheorie** (das Handlungsmodell der sozialen Kognition, das motivationale Handlungsmodell, das ökologische Modell und andere mehr) zu integrieren, indem er ihre Konstrukte in ein Handlungsstruktur- und Handlungsverlaufs-Modell einbezieht. Das Modell nimmt seinen Ausgangspunkt von Personmerkmalen, insbesondere von Dispositionen (Informationsverarbeitungskapazität, handlungsbeeinflussende Gefühlsdispositionen), internen Umweltmodellen, Normorientierungen und Zielhierarchien. Es unterscheidet zwischen der (objektiven) Umgebung und dem subjektiven Handlungsfeld. Das subjektive Handlungsfeld ist durch die Einschätzung der Ist-Lage im Vergleich zur Soll-Lage, durch alternative Handlungsentwürfe und ihre Einschätzung und Bewertung sowie durch die Handlungstendenz charakterisiert. Es wird unterstellt, daß sich jede Person im Prinzip in jeder Situation für die ihr am meisten angemessen erscheinende Handlung entscheidet, der eine subjektive Zweckrationalität zugesprochen wird. Schließlich sind in das Modell die Variablen Handlungsfolgen und Handlungsfolgenbewertung einbezogen: Die aus der Zielorientierung resultierende Handlung wird in ihrem Verlauf von der handelnden Person ständig mit dem antizipierten Verlauf, die wahrgenommenen Zwischenergebnisse werden mit der angestrebten Soll-Lage verglichen. Über die Rückmeldung der Handlungsergebnisse finden ständig Korrekturen des subjektiv wahrgenommenen Handlungsfeldes und der Einschätzung der eigenen Handlungen statt. Die Bewertung der Handlungsfolgen kann zur Veränderung des internen Modells der Umwelt sowie der Dispositionen, Normorientierungen und Zielhierarchien führen (*Lantermann* 1980, S. 134 ff.).

Handlungspsychologische Modelle dieser Art weisen viele Berührungspunkte und Übereinstimmungen zu den aus der soziologischen Tradition kommenden Modellen auf. In ihrer formalen Struktur sind sie teilweise strenger und präziser gearbeitet als jene, berücksichtigen allerdings auch weniger Varianten. Vor allem die kommunikativen Komponenten des **interaktiven Handelns** werden vernachlässigt. Insgesamt eignen sie sich aber sehr gut als allgemeiner Bezugspunkt der Theoriebildung für alle an der Sozialisations- und Entwicklungsforschung beteiligten Disziplinen.

Handeln als Tätigkeit

Eine besondere Aufmerksamkeit haben in den letzten Jahren tätigkeitspsychologisch orientierte **Handlungstheorien** auf sich gezogen. Sie bieten eine Anschlußmöglichkeit an marxistische Persönlichkeits- und Gesellschaftstheorien. Die materialistisch ansetzende **Handlungstheorie** von *Leontjew* (1973) ist besonders beachtet worden. Tätigkeit ist dabei die an den Gegenstand gebundene Beziehung des aktiv handelnden Subjekts, das auf diesem Wege auch die Beziehung zur sozialen Umwelt herstellt. Tätigkeit ist sowohl gebunden an ein Subjekt als auch an Gegenstände der objektiven Realität, die immer auch durch das Subjekt, individuell wie kollektiv, neu geschaffen werden. Gegenständliche Tätigkeit ist für *Leontjew* daher die allgemeine Bestimmung von Subjektivität. Die besondere Form der menschlichen Tätigkeit wird dabei als Verhältnis von Tätigkeit und Bewußtsein gesehen (vgl. *Holodynski/Rückriem/Seeger* 1986, S. 63). Insofern lassen sich also Unterschiede zwischen verschiedenen Konzepten an ihren „sozialen“ Grundeinheiten festmachen. In der tätigkeitstheoretischen Version von **Handlungstheorie** ist das Gegenständliche also nicht „Randphänomen“, wenn erklärt werden soll, wie psychische Gesetzmäßigkeiten zustandekommen. Die spezifische menschliche Form dabei ist die Arbeit.

Gegenüber anderen handlungstheoretischen Konzepten, die das bewußte Handeln in den Vordergrund rücken, konzentriert sich *Leontjew* auf die Beziehung des Handlungsziels zum Motiv und stellt dabei die Emotionen als eigentlichen Regulationsmechanismus in den Vordergund (*Leontjew* 1982, S. 188). Es genügt nach dieser Auffassung also nicht, allein die Handlungen unter Vernachlässigung von „emotionaler Tönung“ zu begutachten. Der persönliche Sinn dieser Handlungen erschließt sich dabei nur, indem man die Motive aufdeckt, die der bewußten, zweckmäßigen Handlung zugrundeliegen.

In wichtigen Akzentsetzungen lassen sich Unterschiede im Verhältnis von materieller und sozialer Umwelt gegenüber anderen Theorien, etwa des Meadschen **Interaktionismus** herausheben. Auch wenn dort von der „Manipulation mit physischen Dingen“ die Rede war, so liegt der Schwerpunkt doch weiterhin auf der „Perspektivenübernahme“ und der Schaffung von „Bedeutungen“, über die Verständigungen verlaufen, während im materialistischen Konzept sich die Tätigkeit in der Schaffung von Gegenständen konzentriert, wozu in diesem Verständnis auch z.B. soziale Regeln gehören, die sich als Folge der Schaffung von Produkten herausbilden.

3 Die Verbindung von handlungs- und strukturtheoretischen Ansätzen

Aus sozialisationstheoretischer Perspektive, in der es um die Vermittlung von Individuation und Vergesellschaftung geht, besteht die Notwendigkeit, das Handeln von Individuen in Verbindung zu setzen mit den gesellschaftlichen Strukturen. Hierzu sind in den letzten Jahren in mehreren theoretischen Ansätzen Versuche unternommen worden:

Im *„Generierungs"*-Ansatz wird der Versuch gemacht, über handlungstheoretische Annahmen nicht nur die Interaktion von Individuen zu analysieren, sondern bis zu den gesellschaftlichen Strukturen und ihren Macht- und Herrschaftsdimensionen vorzudringen, Strukturen also aus den Handlungen zu erklären. Hierzu können die wissenssoziologischen Ansätze von *Berger/Luckmann* (1969) und auch die Versuche von *Haferkamp* (1977) gerechnet werden. *Haferkamp* unternimmt den Versuch, mit Hilfe handlungstheoretischer Annahmen die strukturellen Bedingungen der Gesamtgesellschaft zu analysieren.

Alternativ zu diesem Generierungsansatz kann von einem *„Synthetisierungs"*-Ansatz gesprochen werden. Hier geht es um die Verbindung unterschiedlicher Theorie-Ansätze, die nicht über ihren jeweils eigenen Erkenntnisrahmen „gedehnt", sondern vollständig genutzt und gleichzeitig in ihren Grenzen gesehen werden. Dabei kann es nicht darum gehen, eine einfache Addition von handlungstheoretischen und strukturtheoretischen Ansätzen vorzunehmen. Synthetisierung muß vielmehr heißen, neue Stränge zu knüpfen, also handlungstheoretische Ansätze ausfindig zu machen, die z.B. einerseits konfliktorientierte Dimensionen und Kategorien aufweisen und strukturtheoretische Ansätze, die über abstrahierte Aggregationen hinaus sich dem gesellschaftlichen Alltag öffnen. Während bei der „Generierung" aus einer Disziplin oder einer Theorie heraus „umfassend" über unterschiedliche Ebenen der Analyse operiert wird, will der Synthetisierungstypus eher interdisziplinär vorgehen, indem die Kompatibilität von handlungs- und strukturtheoretischen Theorien in den Mittelpunkt gerückt wird, die gleichwohl noch nach verschiedenen Kriterien auf den Prüfstand „interdisziplinärer Wissenschaftspraxis" gestellt werden muß (vgl. *Heitmeyer* 1986, S. 26f.).

Ein solcher Zugang, der handlungstheoretische Konzepte mit gesellschaftstheoretischen verknüpft, läßt sich z.B. bei *Habermas* in der bereits erwähnten Theorie des kommunikativen Handelns (1981) erkennen. *Habermas* will die Konzeptionen von „**Lebenswelt**" und „**System**" verbinden. Ziel der Theoriebildung ist es, gesellschaftstheoretische in handlungs- und subjekttheoretische und umgekehrt handlungs- und subjekttheoretische in gesellschaftstheoretische Aussagen überführen zu können. Damit wäre ein ideales Theoriegerüst für die gesamte Sozialisationstheorie gegeben, die sich ja genau mit dieser Problematik zu beschäftigen hat: der Persönlichkeitsentwicklung in Auseinandersetzung mit den gesellschaftlich vermittelten Lebensbedingungen.

Nach *Habermas* ist Sozialisation in zwei Theoriesprachen, einer **Handlungstheorie** (für die **Lebenswelt**) und einer reformulierten **Systemtheorie**, zu untersuchen. Als Grund für diese Vorgehensweise gibt *Habermas* an, daß sich das Gesellschaftssystem der kommunikativen Alltagspraxis immer mehr entziehe. Er ergänzt einerseits das Lebenswelt-Konzept, indem er der kulturellen Reproduktion die soziale Integration und Sozialisation zur Seite stellt und gleichzeitig durch die materielle Reproduktion ergänzt. Entscheidende neue Impulse ergeben sich dadurch, daß die „Gesellschaft" einerseits durch die Binnenperspektive der Lebenswelt und andererseits durch die Außenperspektive des Systems analysierbar wird. Gezielt wird dabei auf die Problematik der „Kolonialisierung der Lebenswelt" durch überhandnehmende systemische Steuerungsprozesse.

Dies ist verständlicherweise eine Position, der sich Handlungstheoretiker, die einen „Generierungs"-Ansatz favorisieren, nicht anschließen können (vgl. die Kritik von *Haferkamp* 1984, S. 795 an *Habermas*).

Ein weiterer Ansatzpunkt zur Synthetisierung läßt sich im „Individualisierung-Theorem“ von *Beck* (1983) erkennen. Angelegt auf die Beschreibung gesellschaftlicher Strukturveränderungen und ihre Bedeutung für die Subjekte enthält dieses Theorem zahlreiche Anknüpfungspunkte für handlungstheoretische Detailanalysen, etwa zur Identitätsentwicklung, zu Jugendkulturen oder politischen Orientierungen. Der handlungstheoretisch ermittelte „Eigensinn“ wird lokalisierbar und interpretierbar in globalen Strukturveränderungen. Wenn es gelingt, beide Sichtweisen gegeneinander zu halten, könnten sich Verzerrungen der jeweils anderen Perspektive relativieren lassen und genauere Interpretationen ermöglichen. Der Vorteil dieses Theorems liegt vor allem darin, daß es auf eine Prozeßbeschreibung gesellschaftlicher Entwicklungen Bezug nimmt, in der Menschen ihre Geschichte haben, indem sie den tiefreichenden Individualisierungsschüben wie z.B. den negativen Seiten der Isolierung und Vereinzelung ausgesetzt sind; gleichzeitig aber z.T. positive offene Möglichkeiten erhalten zur „eigenen“ Bedeutungsfindung, „eigenen“ Identitätsfindung, „eigenen“ Ausbildung moralischen Bewußtseins usw. In der Verknüpfung aktueller Handlungsprozesse mit historisch angelegten Strukturanalysen der Gesellschaft läßt sich so auch die Historizität einholen, die handlungstheoretischen Detailanalysen häufig fehlt.

Die Vorteile handlungstheoretischer Detailanalysen lassen sich mit einem weiteren strukturtheoretischen Ansatz verbinden. *Bourdieus* Ansatz (1983), den gesellschaftlichen Alltag zu gesellschaftlichen Strukturen zu verdichten, lädt dazu ein, zumal er inzwischen von *Zinnecker* (1986) für die Jugendforschung fruchtbar gemacht worden ist. Die Plazierung von Jugend im Raum gesellschaftlicher Klassen kann allerdings bei *Zinnecker* möglicherweise doch zu „festschreibend“ wirken, so daß handlungstheoretische Analysen der pluralisierten und differenzierten **Jugendkulturen** erst die tatsächliche Vielfalt deutlich machen, die im Plazierungsvorgang vielleicht untergeht oder auch zu falschen Schlüssen führt. Der Reiz bestände hier darin, die über das Habitus-Konzept verankerten „Sinn-Schemata“ in ihrem Verhältnis zum neu entwickelten „Eigensinn“ der Subjekte zu bestimmen. Denn die Decodierungen vielfältiger stilbildender Aussagen und Bilder lassen sich kaum über die Klassenherkünfte allein ausmachen. Neuere Jugendstudien zeigen, daß Jugendliche aus herkömmlichen Rollenbildern gewissermaßen eigenständig Rollensegmente herauslösen und neu zusammenfügen, mit neuen Bedeutungen versehen, die neuen „persönlichen Sinn“ enthalten, die sich von historischen Vorbildern ablösen und neu interpretiert werden müssen. Die „Wanderungsbewegungen“ im Raum sozialer Klassen lassen sich also insofern nur angemessen über handlungstheoretische Ansätze erschließen. Der Vorteil der Plazierung solcher Prozesse im Raum sozialer Klassen liegt darin, deutlich zu machen, daß Jugendliche diese Interpretationen nicht immer freiwillig oder lustvoll durchführen, sondern auch unter dem Zwang sozialer Strukturen, die eine Neudefinition von Jugend teils erzwingen, teils eröffnen (vgl. auch *Fuchs* 1983).

4 Gesellschaftliche Handlungsanforderungen und individuelle Handlungskompetenzen im Jugendalter

Wie die bisherige Darstellung gezeigt hat, bemühen sich unterschiedliche Strömungen der **Handlungstheorie**, die hier exemplarisch vorgestellt werden, um eine komplexe Sicht der Beziehungen zwischen Individuum und Umwelt und unternehmen Versuche, die Prozesse der Auseinandersetzung des Menschen mit der äußeren und der inneren Realität zu analysieren. Sie bemühen sich um die Bestimmung möglicher Chancen der produktiven Verarbeitung der von den Strukturbedingungen der modernen Gesellschaft zugleich bedrohten wie eröffneten Handlungsräume. **Handlungstheorien** betonen den Stellenwert des produktiven und offenen Charakters zur Schaffung neuer „Gegenstände", Bedeutungen, Identitäten, zentrieren also auf den subjektiven Faktor. Sozialstrukturelle Ansätze betonen hingegen eher die „auf Dauer gestellten" Funktionen von Institutionen, Machtverhältnissen etc. Mit Hilfe der Handlungstheorien geht es darum, die produktiven Chancen für autonome Identitäten auszuloten. Dabei muß in einer solchen theoretischen Konzeption beiden Seiten, der subjektiven wie der objektiven, eine gleichgewichtige Bedeutung zugemessen werden, da sie letztlich nur zwei Seiten ein und desselben Zusammenhangs darstellen.

Ein Begriff vom Menschen und seinem Handeln ist nicht sinnvoll, ohne einen Begriff von Gesellschaft zu besitzen. Nur so ist auch eine Sozialisationstheorie denkbar, die darauf baut, die faktischen Handlungen, zugrundeliegende **Handlungskompetenzen**, Handlungsorientierungen von Jugendlichen mit den Bedingungen der „Gesellschaft" in Beziehung zu setzen, um dann etwa über ihre (machtvollen) Restriktionen wiederum die u.U. eingeschränkten Handlungsfähigkeiten des Einzelnen diskutieren zu können oder aus anderer Perspektive zu fragen, ob Jugendliche alle zur Verfügung stehenden Handlungsräume zur Entwicklung der eigenen Handlungsfähigkeit genutzt haben.

4.1 Entwicklungsaufgaben und Handlungskompetenzen

Vor allem in neueren entwicklungspsychologischen Ansätzen wird die Bedeutung der lebensalter- und lebenslagenspezifischen situativen Handlungsanforderungen für die jugendliche Persönlichkeitsentwicklung betont. Alltäglich ist jeder Jugendliche einer unendlichen Vielzahl von unterschiedlichen situativen Gegebenheiten ausgesetzt, in denen er unter Einsatz seiner Kompetenzen handlungsfähig sein muß. Die jeweils ausgeprägte Strukturierung der **Handlungskompetenzen** wirkt dabei als Steuerungsinstanz für das Handeln und Verhalten in den verschiedenen Situationen. Ständig steht jeder Jugendliche erneut vor der Aufgabe, angemessene Beziehungen zur dinglichen und zur sozialen Umwelt herzustellen und seine Kompetenzen auf die veränderten Situationen einzustellen.

Situative Gegebenheiten unterscheiden sich grundlegend in bestimmten Lebensabschnitten nach ihrer spezifischen Konfiguration. In der **Entwicklungspsychologie** ist anschaulich von einer bestimmten Konstellation von „Entwicklungsaufgaben" (*Havighurst* 1972) gesprochen worden, um diesen Sachverhalt zu bezeichnen. *Unter einer* **Ent-**

wicklungsaufgabe *wird dabei der spezifische Zuschnitt von Handlungsanforderungen verstanden, die für eine bestimmte Lebensphase charakteristisch sind* (vgl. *Silbereisen* 1986). In diesem Verständnis können für die Lebensphasen Kindheit, Jugend, frühes Erwachsenenalter, spätes Erwachsenenalter und spätes Alter jeweils spezifische Strukturierungen und Konfigurationen von Handlungskompetenzen definiert werden, die zur Bewältigung von Entwicklungsaufgaben notwendig sind. Für jeden Lebensabschnitt lassen sich unterschiedliche, jeweils kulturell und gesellschaftlich vorgegebene Erwartungen und Anforderungen identifizieren. Sie fungieren als Beziehungssysteme, innerhalb derer sich die Strukturen der **Handlungskompetenz** zu entwickeln haben.

Für die Jugendphase im menschlichen Lebenslauf lassen sich in heutigen Industriegesellschaften die folgenden **Entwicklungsaufgaben** klassifizieren (*Hurrelmann/Rosewitz/Wolf* 1985, S. 12):

- Entwicklung einer intellektuellen und sozialen Kompetenz, um selbstverantwortlich schulischen und anschließend beruflichen Qualifikationen nachzukommen, mit dem Ziel, eine berufliche Erwerbsarbeit aufzunehmen und dadurch die eigene ökonomische und materielle Basis für die selbständige Existenz als Erwachsener zu sichern.
- Entwicklung der eigenen Geschlechtsrolle und des sozialen Bindungsverhaltens zu Gleichaltrigen des eigenen und des anderen Geschlechts; Aufbau einer heterosexuellen Partnerbeziehung, die langfristig die Basis für die Erziehung eigener Kinder bilden kann.
- Entwicklung eines eigenen Wert- und Normsystems und eines ethischen und politischen Bewußtseins, das mit dem eigenen Verhalten und Handeln in Übereinstimmung steht, so daß langfristig ein verantwortliches Handeln in diesem Bereich möglich wird.
- Entwicklung eigener Handlungsmuster für die Nutzung des Konsumwarenmarktes und des kulturellen Freizeitmarktes (einschließlich Medien und Genußmitteln) mit dem Ziel, einen eigenen Lebensstil zu entwickeln und zu einem autonom gestalteten und bedürfnisorientierten Umgang mit den entsprechenden Angeboten zu kommen.

Diese Entwicklungsaufgaben sind qualitativ deutlich anders als im Kindesalter. Im Kindesalter geht es um die Entwicklung elementarer kognitiver und sprachlicher Kompetenzen, die Entwicklung sozialer Kooperationsformen und moralischer Grundorientierung, um Kompetenzen also, die in ihren Entwicklungsstufen unter denen des Jugendalters liegen und insgesamt einen anderen Zuschnitt aufweisen. Dadurch ergibt sich eine deutliche Abgrenzung zwischen kindheits- und jugendalterstypischen Entwicklungsaufgaben.

Ähnliches gilt für die Abgrenzung der Lebensphase Jugend von der Lebensphase Erwachsener. Der Übergang in das Erwachsenenalter ist dann möglich, wenn alle jugendaltersspezifischen Entwicklungsaufgaben bewältigt und zugleich die psychodynamischen Veränderungen sowie der Prozeß der inneren Ablösung von den Eltern abgeschlossen sind.

Die jeweils lebensphasenbezogenen Handlungsforderungen können nur durch eine spezifische Kombination von unterschiedlichen Kompetenzen bewältigt werden. *Die Erfüllung der Handlungsanforderungen in den verschiedenen Handlungsbereichen, die für eine bestimmte Lebensphase charakteristisch sind, ist nur möglich, wenn eine bestimmte Struktur von kognitiver, moralischer, emotionaler, sprachlicher und sozialer Kompetenz gebildet wird, die den Handlungsanforderungen angemessen ist.* Wichtig ist, dabei zu beachten, daß es nicht nur nötig ist, für die einzelnen Handlungssektoren (den Leistungsbereich, den Partnerbereich, den politischen Bereich, den Freizeitbereich usw.) jeweils angemessene **Handlungskompetenzen** aufzubauen, sondern zugleich auch, die unterschiedlichen Anforderungen zwischen den verschiedenen Handlungsbereichen zu koordinieren (vgl. *Oerter* 1982, *Olbrich* 1984).

Die Koordination unterschiedlicher Handlungsanforderungen setzt einmal voraus, daß eine hoch differenzierte, möglichst komplexe und zugleich stark reflexiv gesteuerte Strukturierung von Kompetenzen für die Bewältigung situativer Handlungsanforderungen aufgebaut wird und zum zweiten, daß die Fähigkeit besteht, zwischen den verschiedenen Handlungsanforderungen und Fremderwartungen einerseits und kurzfristigen oder langfristigen eigenen Bedürfnissen, Wünschen und Zielorientierungen andererseits Kompromisse zu bilden. Die verfügbaren **Handlungskompetenzen** müssen so beschaffen sein, daß sie eine Anpassung an die situativen Bedingungen und zugleich eine Berücksichtigung der persönlichen Bedürfnisse ermöglichen. Hierzu ist eine gewisse innere Distanz den Handlungsanforderungen gegenüber sowie Virtuosität und Kreativität bei der Ausgestaltung der eigenen Handlungen notwendig, um den konkreten situativen Verpflichtungen sowohl nachzukommen als auch sie zugleich autonom und selbstgesteuert erfüllen zu können. Dieser spezifische Entfaltungsgrad der Kompetenz ist in interaktionstheoretischen Konzeptionen als „Rollendistanz" und „Ambiguitätstoleranz" bezeichnet worden (*Krappmann* 1969, S. 132ff.) oder als eine situationsübergreifende Strategie der „Außen-Innen-Vermittlung" (*Hoff* 1981, S. 109). Je höher der Grad der Flexibilität solcher Strategien und je ausgeprägter ihre Reflexivität, also ihre Verfügbarkeit für die bewußte Aufnahme, Beobachtung und Veränderung, desto günstiger sind die Voraussetzungen zur angemessenen Auseinandersetzung mit der äußeren und der inneren Realität, weil die objektiv gegebenen Freiheitsgrade des Handelns in verschiedenen Situationen ausgenutzt werden können und externe Anforderungen nicht mit internen Bedürfnissen in unauflösbare Widersprüche geraten. Der Spielraum, der sich aus den Anforderungsdiskrepanzen von unterschiedlichen Handlungsbereichen ergibt, kann bei einer flexiblen Strategie eher erkannt und ausgenutzt werden.

Welcher Grad von Rollendistanz und Ambiguitätstoleranz erreicht wird und welchen Grad der Differenziertheit und Komplexität die **Handlungskompetenzen** erreichen, das ist weder allein biologisch, noch altersmäßig, noch lebensphasenspezifisch determiniert, sondern wird immer auch durch die sozialen und materiellen Lebensbedingungen bestimmt. Die gesellschaftlichen, organisatorischen und institutionellen Kontexte der Persönlichkeitsentwicklung, insbesondere die Rahmenbedingungen der familialen und schulischen Sozialisation, sind zugleich Bedingungen für die lebenslagenspezifische Wahrnehmung und Interpretation der „Entwicklungsaufgaben". Die **Entwicklungsaufgaben** sind — was in der entwicklungspsychologischen Theorie oft zu wenig beachtet wird — soziokulturell definierte Handlungsanforderungen, die in jeder Kultur eine jeweils andere Akzentuierung erhalten. Welche „Qualität" und welche Ausprägung die Handlungskompetenzen eines Menschen erhalten, das entscheidet sich maßgeblich nach der Qualität der Rahmenbedingungen für die Sozialisation (vgl. *Hurrelmann/Rosewitz/Wolf* 1985, S. 19ff.).

Entwicklung als „Handlung im Kontext"

Im Anschluß an die soeben dargestellte Position hat sich in der mit Entwicklungsprozessen beschäftigten Pädagogik und Psychologie ein Perspektivenwechsel durchgesetzt, nach dem „die Verantwortung für die Entstehung und Beseitigung von Entwicklungsproblemen in zunehmendem Maße entwicklungsbezogenem Handeln oder den sozialkulturellen Regulationen und Beschränkungen zugeschrieben (werden), unter denen dieses Handeln steht" (*Brandstädter* 1984, S. 848). Zunehmend wird erkannt, daß die Analyse von handlungsleitenden Motiven, Zielen und die Erfüllung der unterschiedlichen **Entwicklungsaufgaben** nur sinnvoll erfolgen kann, indem die z.B. durch gesellschaftlichen Strukturwandel historisch gefüllten Entwicklungsaufgaben und ihre Handlungsfreiräume, sowie „neue" Aufgabenschöpfungen durch Jugendliche selbst, insgesamt analysiert werden.

Eine aussichtsreiche Umsetzung findet diese theoretische Orientierung im Konzept von Entwicklung als „Handlung im Kontext" (*Silbereisen/Eyferth/Rudinger* 1986; *Silbereisen* 1986). Dieses Konzept führt zu Neuorientierungen in der psychologischen Jugendforschung in folgenden Bereichen:

— Ziele und Pläne für Entwicklung: es geht um das „alte" Konzept von Entwicklungsaufgaben, allerdings in einer anderen Konturierung, da mit Problemen der Entwicklung gerechnet werden muß. Als Kategorien schlagen die Autoren vor: Übermaß an Fremdbestimmung, Erleben von Sinnverlust, Mangel an Passung, Widersprüche in der Planung sowie Schwierigkeiten der Verständigung.
— Umsetzung von Zielen in Handeln: Hier geht es um Konzepte von „Entwicklungsorientierung" und „Entwicklungshandeln".
— Überwindung der Defizite zur Präzisierung der Kontexte: Hier geht es um Untersuchungen zur Rolle der Umwelt bei der Bildung von entwicklungsbezogenen Zielen und Plänen.
— Biologische Dynamik: Hier zeigen sich z.B. enge Beziehungen zwischen körperlicher Entwicklung und Alkoholmißbrauch bei Mädchen. Körperlich früh entwickelte Mädchen attrahieren beispielsweise Dank ihres Aussehens ältere Freunde, die dann etwa durch ihr Vorbild Einfluß auf den Alkoholgebrauch nehmen (*Silbereisen/Kastner* 1986; *Silbereisen/Noak* 1986).

Dieses anspruchsvolle Konzept wird empirisch am „Berliner Jugendlängsschnitt", vornehmlich im Bereich der Drogenproblematik, erprobt. Empirische Ergebnisse innerhalb dieses Konzeptrahmens sind im Zusammenhang von Selbstwert und Drogengebrauch bei *Silbereisen/Reitzle/Dwyer* (1986) oder bei *Silbereisen/Kastner* (1985) zur entwicklungspsychologischen Analyse von Drogengebrauch zu finden.

Die Frage nach der Erfüllung von **Entwicklungsaufgaben** und Ausbildung einer eigenständigen **Identität** ist neben dem gesellschaftlich induzierten **Strukturwandel der Jugendphase** auch im Licht kontinuierlicher oder diskontinuierlicher Entwicklung des Individuums zu sehen. Dies ist in einer (Entwicklungs-)Theorie des **Lebenslaufs** zu gewährleisten, die sich dem Konzept der Life-Span Developmental Psychology anschließt (vgl. *Baltes* 1979).

Insbesondere die Untersuchungen zu kritischen Lebensereignissen oder zu Handlungsstrategien bei Problembelastungen im Jugendalter (vgl. *Seiffge-Krenke* 1984) können innerhalb eines solchen Konzeptes genauer interpretiert werden, ebenso wie Auswirkungen von Eltern-Kind-Beziehungen auf die Jugendsozialisation. Dieses Konzept hat den Vorteil, daß es an handlungstheoretische Konzepte in soziologischer Perspektive anschließt, die auf die Status-Passage zentriert sind (*Glaser/Strauss* 1971).

Entwicklung als „Lebensbewältigung“

Die skizzierten entwicklungspsychologischen Konzepte gehen in der Regel von der zentralen These aus, daß die befriedigende Bewältigung der **Entwicklungsaufgaben** als Voraussetzung für die Konstituierung der persönlichen und sozialen **Identität** angesehen werden muß: Wie gut die integrierende Aufgabe des Aufbaus einer Identität gelingt, hängt demnach von den sozialen Umweltkonstellationen im Nahbereich und von den organisierten und sozialstrukturell verfaßten ökonomischen, kulturellen und sozialen Rahmenbedingungen ab. Es liegen bereits wichtige ausländische empirische Untersuchungen über gelingende oder mißlingende Bewältigungen von Entwicklungsaufgaben innerhalb der Jugendphase vor (vgl. *Jessor/Jessor* 1977; *Coleman* 1980; *Moriarty/Toussieng* 1980). Diese entwicklungspsychologische Erklärungskonzeption ist für die weitere Forschung auch über das Gebiet der Entwicklungspsychologie hinaus von Bedeutung. In den Sammelbänden von *Brusten/Malinowski* (1980) und *Schweitzer/Thiersch* (1983) sind eine Reihe von nationalen und internationalen Studien zusammengestellt worden, die den skizzierten Ansatz aufnehmen und weiterentwickeln. Die meisten dieser Untersuchungen orientieren sich an der metatheoretischen Konzeption des Jugendlichen als eines aktiven Problembewältigers und Produzenten seiner eigenen Entwicklung (*Lerner/Spanier* 1980). Diese Konzeption verdient es, noch stärker in die soziologisch und pädagogisch orientierte Sozialisationstheorie des Jugendalters aufgenommen zu werden, die nicht nur allein altersspezifische, sondern auch lebensphasenspezifische und statusbezogene Entwicklungsverläufe zu analysieren gestattet.

Entwicklung als „Tätigkeit“

In der Bundesrepublik Deutschland hat außer der Berliner Gruppe auch die Münchener Gruppe um *Oerter* eine handlungstheoretische Konzeption der Entwicklung vorgestellt, die mit tätigkeits- und interaktionstheoretischen Elementen angereichert ist.

Als Basis der Individuum-Umwelt-Interaktion wird in diesem Konzept die Gegenständlichkeit von Handlung aufgefaßt: nicht wie im symbolisch-interaktionistischen Konzept, in dem die Realität „konstruiert“ wird über die Einigung entlang der Deutung eines gemeinsamen „Themas“, sondern über den Gegenstandsbezug, der in den Interaktionsprozessen eingebunden ist und Ursache wie Ziel darstellt. Als Folge der tätigkeitspsychologischen Orientierung erhält die Bedeutung von Arbeit und die gesellschaftlich etablierte Arbeitsstruktur für die Sozialisation, die in manchen anderen prominenten Konzepten der Jugendforschung „kulturell gewendet“ wird (vgl. *Jugendwerk der Deutschen Shell* 1981, 1985), hier einen hohen Stellenwert. Das theoretische Konzept ist inzwischen am Beispiel der Anpassung von Jugendlichen an die Struktur von Arbeit und Beruf (*Oerter* 1985) konkretisiert worden. Es ist zu erwarten, daß von einem solchen Analysezuschnitt, der vom Handlungsbegriff ausgeht und auf Arbeit bezogen ist, weitere Impulse ausgehen, um eine bessere Erforschung der Entwicklung im Jugendalter einzuleiten. Bislang spielt innerhalb der Jugendforschung die „materialistische“ Variante noch keine herausragende Rolle. Auch die Leontjew-Interpretation von *Holzkamp* (1983, S. 217ff.) für die Jugendphase bleibt für eine „kritische Psychologie“ noch oberflächlich. Wichtig wäre es, der tätigkeitspsychologischen Konzeption von *Leontjew* einen deutlicheren kinder- und jugendspezifischen Zuschnitt zu geben. *Leontjew* weist ja der Jugendphase eine wichtige Funktion für die „Bewußtwerdung der Motive" zu und spricht davon, daß nach der „Entwicklung zur Person" nach Abschluß der Jugendphase eine „Entwicklung der Person" einsetze. Diese grundlegende Annahme sollte in der weiteren tätigkeitspsychologischen Forschung weiter ausgearbeitet und überprüft werden.

4.2 Strukturwandel der Jugendphase und Problembelastung Jugendlicher

In der stärker sozial- und erziehungswissenschaftlich ausgerichteten Jugendforschung werden die soeben angesprochenen Fragestellungen stärker in strukturtheoretische Bezüge eingebracht und insbesondere unter der Perspektive eines „Strukturwandels" der Lebensphase Jugend diskutiert: Für eine wachsende Zahl von Jugendlichen in allen Industriegesellschaften ist ein lebenszeitlicher Aufschub der selbständigen sozio-ökonomischen Erwerbstätigkeit zu konstatieren. Eine wachsende Minderheit eines Altersjahrganges besucht heute allgemeinbildende oder berufliche Vollzeitschulen über das 18. Lebensjahr hinaus. Vielfach wird diese Tatsache pauschal als eine „Verlängerung der Jugendphase" und als eine Chance für eine „individualisierte Jugendbiographie" für Angehörige aller sozialen Schichten interpretiert. Die veränderten Sozialisationsbedingungen der Jugendphase sind nach dieser Interpretation durch eine Biographisierung im Sinne einer selbstkonzipierten und -praktizierten Lebensführung gekennzeichnet (vgl. *Jugendwerk der Deutschen Shell* 1981, *Fuchs* 1983).

Diese These der Anreicherung der Jugendphase mit individualisierten Handlungsformen und Handlungsmöglichkeiten abstrahiert aber von den konkreten Lebensbedingungen, die sich je nach Lebenslage im Sozialisationsprozeß Jugendlicher niederschlagen. Es sind Zweifel angebracht, ob die gedehnte Konstellation der Statuspassagen mit einer Verzögerung des Eintritts in das Erwerbsleben die Chancen der **Individualisierung** (*Heitmeyer/Olk* 1990) wirklich durchweg erhöht (*Hurrelmann/Rosewitz/Wolf* 1985, S. 51; *Hurrelmann/Wolf* 1986). Es ist anzunehmen, daß diese Konstellation nur dann als ein biographischer Spielraum verstanden und ausgeschöpft werden kann, wenn günstige Lebensbedingungen dies erlauben. Um die Auswirkungen veränderter Sozialisationsbedingungen in der Jugendphase detailliert zu erfassen, sind genaue Studien von Statuspassagen in einzelnen Handlungsbereichen und deren Koordination durch die Jugendlichen selbst notwendig. Es bedarf der Klärung, ob die typischerweise heute kaum planbare Form des Übergangs in den **Erwachsenenstatus** statt zu Individualisierungschancen nicht auch zu einer erheblichen Beeinträchtigung der Entfaltungsmöglichkeiten in vielen sozialen Handlungsbereichen und zur Problembelastung Jugendlicher führen kann (*Engel/Hurrelmann* 1989).

Veränderte Statuspassagen: Wie groß ist das „Biographierungspotential"?

So ist z.B. darauf zu verweisen, daß die Verlängerung der Schul- und Ausbildungszeiten, die ökonomisch und arbeitsmarktpolitisch bedingt ist, in Arbeiterfamilien und sozialen Unterschichtfamilien zu einer Irritation in der Bewertung der laufbahnerschließenden Funktion der Schule führen kann. Die Verlängerung der Schulzeit wird potentiell als eine Ausdehnung der Zeit verstanden, in der eine Verselbständigung in Richtung **Erwachsenenstatus** gesellschaftlich zugestanden wird. In den traditionell bildungsfernen sozialen Schichten wird die Schulzeit als Zeit der Unselbständigkeit in der Lebensentfaltung gewertet. Der relative Grad von Unselbständigkeit in diesem wichtigen Rollensegment korrespondiert schon in der frühen Jugendphase zwischen 12 und 18 Jahren mit einem relativ hohen Grad der Verselbständigung der Handlungsmöglichkeiten im Rollensegment „Konsument und Käufer". Die Verfügbarkeit über die immateriellen Symbole des kommerzialisierten Freizeitmarktes ist hoch und teilweise kaum von der der Erwachsenen zu unterscheiden. Je nach materiellem Spielraum ist auch die relativ selbständige Nutzungsmöglichkeit des kommerziellen Warenmarktes groß. In der Altersphase nach 18 Jahren, teilweise auch schon davor, kommt es zu relativ hoher Selbständigkeit auch in den Rollensegmenten „Lebens- und Sexualpartner" (eigenständiger Aufbau sozialer Beziehungen unabhängig von den Eltern) und „politischer Bürger" (selbständige rechtliche Stellung und ihre Umsetzung in Partizipationschancen im politischen Bereich).

Durch diese Konstellation kommt es zu einer Divergenz von Handlungsanforderungen, die jeweils mit Rollensegmenten und mit den dazugehörigen Statuspassagen einhergehen. *Es kann zu einer unkoordinierten Abfolge von einzelnen Statuspassagen kommen, wobei der jeweils erreichte Grad von Handlungsselbständigkeit sich erheblich unterscheidet. Hierdurch werden hohe Anforderungen an die individuelle Handlungskoordination und die Strukturierung eines eigenen Identitätsentwurfes gestellt.* Diese sozialen Synthetisierungsleistungen verlangen einen hohen Grad von Selbständigkeit der Handlungskoordination in einer Situation, in der teilweise geringe objektive Chancen der sozialen Verselbständigung eingeräumt werden. Durch die gegebenen Sozialisationsbedingungen wird die Forderung nach Selbständigkeit der Handlungskoordination in einem sensiblen Bereich der Persönlichkeitsentwicklung auch von Jugendlichen aus Arbeiterfamilien und Unterschichtfamilien verlangt. Die Handlungspotentiale der Jugendlichen aus diesen Schichten können dadurch überfordert werden, und es kann zu spezifischen Problembelastungen kommen, die sich in jugendspezifischen Problemverhaltensweisen ausdrücken (vgl. *Baacke/Heitmeyer* 1985).

Allgemeine und pauschale Einschätzungen des „Biographiesierungspotentials" der Jugendphase verbieten sich demnach. Ausdruck und Ausprägung von Problembelastungen hängen wesentlich vom sozialen Unterstützungspotential der Umwelt ab. In den sozialen Systemen **Familie**, Gleichaltrigengruppe und Nachbarschaft ebenso wie in den formalen Sozialisationsinstanzen **Schule** und Ausbildung sowie im professionalisierten Handlungsbereich der **Jugendhilfe** werden latent und manifest Interventionspotentiale für die Unterstützung im Prozeß der Verselbständigung bereitgestellt, die zugleich eine Funktion sozialer Kontrolle ausüben. Die Verflechtung der informellen mit den formellen Interventionspotentialen der sozialen Umwelt muß als ganzheitliches System betrachtet werden, um so etwas wie ein „Unterstützungswerk" für jeden einzelnen Jugendlichen zu konstruieren (*Keupp* 1982). Solche Unterstützungsnetzwerke unterscheiden sich in Struktur und Funktion nach sozialer Lebenslage. Das Unterstützungsnetzwerk kanalisiert und koordiniert die Optionsvielfalt für Lebensentwürfe und die erwähnten Handlungsanforderungen je nach Sozialisationsbedingungen. Das Unterstützungsnetzwerk bezieht dabei die Eigenaktivität des Individuums, die aktive Verarbeitung der sozialen Umwelt durch jeden einzelnen Jugendlichen, mit ein. Je nach dem Zustand des Unterstützungsnetzwerkes, das das Interventionspotential der sozialen Umwelt inkorporiert, und der individuellen Kapazität und Kompetenz der Handlungskoordination und Problembewältigung kommt es zu einer mehr oder weniger persönlichkeitsfördernden Auseinandersetzung mit den Sozialisationsbedingungen.

Um Auswirkungen der „Verlängerung der Jugendphase“ genau zu erfassen, sind detaillierte Studien von Statuspassagen in einzelnen Handlungsbereichen und ihre Koordination, also verfeinerte Analysen von Ablaufmustern des Erwachsenenwerdens notwendig. Es bedarf insbesondere sorgfältiger Klärung, ob die kaum planbare Form des Übergangs in die Berufslaufbahn, der sich Jugendliche heute typischerweise gegenübersehen, statt zu Individualisierungschancen nicht auch zu einer erheblichen Beeinträchtigung der Entfaltungsmöglichkeiten in vielen sozialen Handlungsbereichen führen kann, weil Passageverläufe als Ganze gestört werden.

Die Kluft, die sich zwischen Schullaufbahn und Berufslaufbahn auftut, macht eine Berechenbarkeit der künftigen Lebenslaufbahn von Jugendlichen aus allen sozialen Schichten sehr schwierig. Welche Auswirkungen diese Tatsache auf die Lebensplanung von Jugendlichen, insbesondere auch in geschlechtsspezifischer Perspektive hat, bedarf dringend weiterer Klärung. Interessante erste Erkenntnisse dieser Art liefern die Studien von *Friebel* (1983) und *Blancpain/Zeugin/Häuselmann* (1983). Insbesondere in der zuletzt genannten Schweizer Studie wird mit lebenslauftheoretisch relevanten Konzeptionen der Sozialisationsforschung gearbeitet, die differenzierte Aussagen über Verläufe des Verselbständigungs- und Integrationsprozesses Jugendlicher gestatten. Durch die Blockierung von Statuspassagen, vor allem im zentralen ökonomischen Bereich, ergeben sich erhebliche Probleme für die Gestaltung des persönlichen Werdegangs. *Wir gehen von einer grundlegenden Bedeutung der Erwerbstätigkeit für die Persönlichkeitsentwicklung von Jugendlichen aus. Die gesamte Balance von Handlungsmöglichkeiten und Handlungserwartungen beim Übergang in das Erwachsenenalter wird durch eine Blockierung in diesem Bereich gestört* (vgl. *Heitmeyer* 1987a). Mit der Teilrolle des Erwerbstätigen werden die Handlungsspielräume und -erwartungen angesprochen, die sich auf die durch eigene Arbeit gesicherte ökonomische Situation beziehen. Der eigene Verdienst, die beruflichen Selbstbestimmungsmöglichkeiten, die Fähigkeit, den Lebenswandel relativ frei von der Herkunftsfamilie zu bestimmen, sind objektiv nachprüfbare Maßstäbe, die den Grad der erreichten Verselbständigung in diesem Bereich markieren. Diese Teilrolle muß in vielerlei Hinsicht als Voraussetzung für die Entfaltung der Selbständigkeit in anderen Bereichen angesehen werden, weil sie wegen ihrer hohen psychischen und sozialen Wertigkeit für die Jugendlichen und für die soziale Umwelt mehr als nur die materielle Basis bereitstellt. Wir gehen von der Annahme aus, daß die Lebenssituation Jugendlicher immer auch in Abhängigkeit von der Arbeitssituation analysiert werden muß. Die Jugendphase muß in diesem Sinne als ein Vergesellschaftungsprozeß in Richtung einer Eingliederung in das Berufsleben und den wirtschaftlichen Verwertungsprozeß angesehen werden.

Die Befriedigung der Bedürfnisse nach sozialer Anerkennung, Selbstverwirklichung, Unabhängigkeit und Sicherheit ist bei Nichtteilhabe am Arbeitsleben ohne reale Grundlage. Damit entfällt die Basis für wirkliche „Individualisierungschancen“, selbst dann, wenn sie in anderen Teilrollen des Übergangsstadiums gegeben sind. Im übrigen tritt an die Stelle der vorenthaltenen Arbeitserfahrung im Berufsbereich eine andere Art „Arbeitserfahrung" im Bildungs- und Ausbildungsbereich mit den für diesen Sektor spezifischen Leistungs- und Selektionskriterien, die von Jugendlichen in lebenszeitlicher Perspektive als wenig individualitätsfördernd empfunden werden (*Arbeitsgruppe Schulforschung* 1980, *Hurrelmann/Wolf* 1986). Zu bedenken sind dabei auch gravierende Erfahrungsdefizite für die Entwicklung des politischen Bewußtseins.

Aus diesen Überlegungen und Befunden ergibt sich, daß der für viele Jugendliche existierende Spielraum für individuelle Handlungskoordinationen nicht blindlings mit subjektiven Entfaltungschancen in eins gesetzt werden kann. Individuierung im Sinne von Persönlichkeitsbildung, Formung eines eigenen Lebensstils, Selbstbestimmung und Ich-Stärke kann nicht in einer Lebenssituation erwartet werden, die hierfür nur teilweise die Voraussetzungen und Grundlagen bietet. Es ist zu fragen, woher die Jugendlichen etwa aus Arbeiterfamilien die materiellen und immateriellen Ressourcen nehmen sollen, um diesen persönlichen Entfaltungszustand zu erreichen und aufrecht zu erhalten. In der ihnen zugänglichen familialen Tradition bildet die Erwerbstätigkeit den wesentlichen Kristallisationspunkt für Lebensentwürfe und Lebensplanungen und damit auch für Chancen der Persönlichkeitsentwicklung.

Jugendliche als Verarbeiter und Gestalter ihrer Lebenswelt

Der **Strukturwandel der Jugendphase**, von anderen Autoren auch als Entstrukturierung und De-Standardisierung (*Olk* 1985) oder als gesellschaftliche Ausdifferenzierungs- und Pluralisierungsprozesse (*Ferchhoff* 1985) interpretiert, verlangt danach, daß sozial vorgegebene Biographien in selbsthergestellte und herzustellende transformiert werden, „und zwar so, daß der einzelne selbst zum ‚Gestalter seines eigenen Lebens' wird" (*Beck* 1983, S. 58). Im Zuge des Individualisierungsprozesses muß der Einzelne lernen, sich selbst als „Handlungszentrum" zu begreifen. Hierdurch ergeben sich neue Konstellationen und Anforderungen, denn einerseits werden über den Strukturwandel im Sinne von Ausdifferenzierungs- und Pluralisierungsprozessen neue Möglichkeiten zur Etablierung neuen Sinns eröffnet, die der Einzelne ausfüllen kann oder auch ausfüllen muß, was Problemlagen für Teile der Jugendlichen erzeugt. Andererseits wird der zukunftsbezogene „Sinn" der Lebensphase Jugend bedroht, etwa wenn sich **Bildungs-** und **Beschäftigungssystem** weit auseinander entwickeln und zukunftsbezogene Lebensplanungen aufheben. Von daher müssen neue „Möglichkeitshorizonte" (*Ziehe* 1985) individuell erprobt und „ausgehandelt", neue Bedeutungen eingeführt und durchgesetzt, neue „persönliche Sinngebungen" entwickelt werden (vgl. *Sander/Vollbrecht* 1985; *Fuchs* 1985).

Wie die Darstellung zeigt, wird in der einschlägigen Literatur viel mit den oben skizzierten, in der wissenssoziologischen Tradition stehenden Ansätzen einer Lebensweltanalyse gearbeitet. Diese Studien gehen der Frage nach, wie Jugendliche ihre Alltagswelt erfahren, um daraus Handlungspläne und Orientierungsmuster zu entwickeln. Sie haben gegenüber anderen Modellen in der empirischen Sozialforschung den Vorteil, daß sie eine Übersetzung von Sozialdaten und Hintergrundwissen in konkrete Alltagssituationen und die dort gegebenen Handlungsmöglichkeiten erlauben (*Baacke* 1983, S. 63).

Neben dem lebenswelttheoretischen Ansatz spielt in der sozialwissenschaftlichen Jugendforschung der oben skizzierte Ansatz der interaktiven **Handlungstheorie** (Konzept der „produktiven Realitätsverarbeitung“) eine große Rolle. Wie die vorangehende Darstellung zeigt, gelingt es mit diesem Ansatz, sowohl die strukturellen Grundmerkmale und Wandlungen der Lebensphase „Jugend“ einzubeziehen, als auch daraus Folgerungen für die Handlungsmöglichkeiten der Individuen abzuleiten. Von besonderem Wert ist dieser handlungstheoretische Zugang, wo es darum geht, die verschiedenen Handlungswege zu eruieren, die Jugendliche ausfindig machen (müssen), um sich etwa gegenüber deutlich widersprüchlichen Situationsanforderungen zur Wehr zu setzen: Wie gehen z.B. Mädchen mit dem Widerspruch um, daß ihnen gesellschaftlich immer deutlicher gemacht wird, daß sie die Chancen des eigenständigen Berufsweges gehen sollen, gleichzeitig aber restriktive Schranken vor sich sehen, wenn sie diese Postulate ernst nehmen? Für die Jugendforschung ist dieser Ansatz nicht nur interessant, weil er die theoretischen Bemühungen unterschiedlicher wissenschaftlicher Disziplinen bündelt und verbindet, sondern auch, weil er ein begriffliches Instrumentarium für die Wechselseitigkeit der Beziehungen zwischen Umwelt und Individuum, zwischen äußerer und innerer Realität zur Verfügung stellt und zugleich damit eine Akzentuierung des Prozesses der Persönlichkeitsentwicklung ermöglicht, durch den die Lebensphase Jugend gekennzeichnet ist.

In handlungstheoretischer Perspektive wird die *Persönlichkeitsentwicklung* im Jugendalter unter Berücksichtigung sowohl der sozialen, ökologischen und ökonomischen Lebensbedingungen als auch der organismusinternen psychischen Strukturen, der körperlichen Grundmerkmale und der physiologischen Prozesse untersucht. Persönlichkeitsentwicklung wird hier als die individuelle, in Interaktion und Kommunikation mit Dingen wie mit Menschen erworbene Organisation von Merkmalen, Eigenschaften, Einstellungen, Selbstwahrnehmungen und Handlungskompetenzen eines Menschen auf der Basis der natürlichen Anlagen verstanden. Persönlichkeitsentwicklung ist das Ergebnis der Bewältigung von Entwicklungs- und Lebensaufgaben zu jedem Zeitpunkt der Lebensgeschichte. Im Jugendalter müssen sowohl die spezifischen Bildungs-, Arbeits-, Freizeit- und sonstige Lebensbedingungen als auch die spezifischen körperlichen, physiologischen und psychischen Merkmale der individuellen Entwicklung als wesentliche Komponenten der äußeren und der inneren Realität gelten. Im Prozeß der Auseinandersetzung der oder des Jugendlichen mit der äußeren und inneren Realität bildet und entwickelt sich die Persönlichkeit. Dieser Vorgang kann anschaulich mit dem Begriff der „produktiven Realitätsverarbeitung“ beschrieben werden (*Hurrelmann* 1983).

Zum Abschluß soll noch einmal an drei konkreten Beispielen aus empirischen Untersuchungen gezeigt werden, welche Ergebnisse mit diesem Ansatz gewonnen werden können. Bei der Darstellung wollen wir auf die von *Geulen* (1977) formulierten Kategorien zurückgreifen. Danach sollten sich handlungstheoretische Analysen darauf beziehen, wie (1) Jugendliche adäquat ihre Situation wahrnehmen, (2) definitive Zielvorstellungen (den subjektiven „Sinn“) entwickeln und (3) Konzeptionen der Mittel aufbauen, um die Handlungsmöglichkeiten auszufüllen, etwa im Sinne der Erfüllung gesellschaftlich vordefinierter Lebenslaufbahnen und/oder um die Handlungsräume selbst zu verändern.

1. Die Subkulturforschung im Zusammenhang mit Jugendlichen zeigt uns wiederholt, wie vorgefundene Realität produktiv handelnd — gewissermaßen „gegenstrukturell“ — umgestaltet wird (vgl. auch *Baacke* 1972, *Zinnecker* 1981). Zum Beispiel haben Punks, (1) indem sie ihren Stil entwickeln, für sich subjektiv ihre Situation adäquat insofern wahrgenommen, als für einen wesentlichen Teil

von Jugendlichen erhebliche Probleme einer sinnvoll erlebten Integration in die konsum- und leistungsorientierte (Erwachsenen-)Gesellschaft vorliegen. (2) Daraus entwickeln sich — nicht nur gedanklich — definitive Zielvorstellungen, die von der zeitweiligen Präsentation des Andersseins bis zum faktisch gelebten Gegenentwurf der bürgerlichen Gesellschaftsnormen reichen. (3) Um diese Lebenswelt gegen integrative oder auch repressive gesellschaftliche Kräfte abzusichern, wurden entsprechende Stil- und Provokationsmittel entwickelt, um den identitätsstiftenden Handlungen dauerhafte und manifeste „Leitlinien" zu geben. Insofern lassen sich etwa Punks als durchaus handlungsfähig innerhalb der existierenden Gesellschaft identifizieren, auch — oder gerade weil — sie sich nicht den gängigen Normen und „Standardisierungen" unterwerfen.

2. Während diese zahlenmäßig wohl sehr begrenzte Gruppierung von Jugendlichen fast spektakulär gegen gesellschaftliche Reglementierungen handelnd angeht, indem sie stilistisch und kommunikativ „laut" ihren Unmut kundtut, spielt sich solches auch auf der Kehrseite der Reglementierung ab bei jenen, die Handlungsorientierungen als Vorgaben darüber, „wo es lang gehen soll", vermissen. Solche Jugendlichen nehmen (1) situationsadäquat wahr, daß gesellschaftliche Utopien fehlen, die ihnen handlungsleitend Zukunftsperspektiven vermitteln können. (2) Daraus resultieren nun keinesfalls neue Zielvorstellungen, sondern sie pochen eher auf die Einhaltung von gesellschaftlichen Versprechungen, betonen die Diskrepanz zwischen proklamierten Werten und (vor-)gelebter Alltagsrealität. (3) Die fehlenden eigenständigen Zielsetzungen verhindern nun aber gerade die Entwicklungen eigenständiger Mittel und Wege, um den belastenden Situationen zu entkommen oder sie völlig neu auszugestalten. Insofern können die Folgen gerade darin bestehen, „leise" und unauffällig den Handlungsanforderungen nachzujagen, ein „muddling through" zu perfektionieren, um Problembelastungen auf möglichst niedrigem Niveau zu halten. Gerade hier zeigt sich auch die Gefahr, daß die Probleme nicht erreichter Handlungsfähigkeit bzw. Handlungssicherheit auf der Basis einer sinnvoll erlebten Einbindung in soziale Bezüge, gekoppelt mit unausgefülltem Bewußtsein von sich selbst, dazu führen können, sich in die Gewißheiten surrogathafter Angebote zu flüchten, seien sie herangetragen über religiöse Gewißheiten im Kontext neuer Jugendreligionen oder auch etwa im Gefolge rechtsextremistischer, hierarchisch klar konturierter Anforderungen und Anweisungen (*Heitmeyer* 1985).
3. Ein drittes Beispiel kann eine weitere Variante mit Hilfe der handlungstheoretischen Kategorie verdeutlichen: das Pendeln zwischen dem Versuch der zeitlich begrenzten eigenständigen Identitätsentwürfe und der umstandslosen Anpassung oder gar Verstärkung vorgegebener gesellschaftlicher Standards, Vorlieben und Mentalitäten. Fußballfans können hier als Beispiel dienen: (1) Zahlreiche Jugendliche benutzen den Fußball dazu, ihre eigene gesellschaftliche Situation zeitweilig zu illusionieren durch ein Eintauchen in die Erlebniswelt von Gleichaltrigen und in den spannungsvollen Rahmen von Massenprozessen. Insofern folgen sie z.T. hastig den unterschiedlichen Ideologien des Fußballspiels, der „Kameradschaft" etc. Sie überdecken dadurch ihre realistische Situationswahrnehmung, die für einen erheblichen Teil durchaus tiefreichende Restriktionen des Alltags und der Lebensbiographie enthält. Gleichwohl erscheinen solche „Fluchtversuche" notwendig, um trotzdem — paradoxerweise — handlungsfähig zu werden für die Zeit zwischen den Wochenenden. (2) Ihren spezifischen „Sinn" entwickeln sie — gewissermaßen defensiv — nicht, um neue Lebensperspektiven zu entdecken (die eigene Profikarriere bleibt ohnehin nur ein Traum), sondern um die Zwischenzeit bis zum nächsten Spiel zu überstehen. Daher werden die „Kutten" auch nicht dauerhaft, als „handelnder" Beweis einer speziellen Lebensweise getragen, sondern nur situationsbezogen, ansonsten taucht man unter in den kommerzialisierten Jugendstilen und -moden. (3) Konzeptionen, die Realität grundlegend zu verändern, bestehen daher nicht. Es sei denn, sie finden über diese Aktivitäten Zugang zu zielgerichteten politischen Gruppen, die definitiv dieses Feld als Rekrutierungschance sehen, um daran neue Handlungsziele zu knüpfen und z.T. überaschende Verbindungen zwischen Fußball und Politik zu knüpfen, indem sie handelnd in die Umgestaltung ihrer Lebensrealität eingreifen und sich zum Ziele setzen, etwa gegen „Alternative" und Ausländer gewalttätig vorzugehen (vgl. *Heitmeyer/Peter* 1988).

5 Persönlichkeitsentwicklung und Identität unter den Bedingungen des Strukturwandels

Wenn auch nicht in allen handlungstheoretischen Konzepten, so stellt doch der Identitätsbegriff ein fokussierendes Moment dar, auf das zahlreiche Grundlagenkonzepte wie jugendspezifische Umsetzungen etwa zur Bewältigung von Entwicklungsaufgaben unter den Bedingungen des tiefreichenden Strukturwandels Bezug nehmen, wenn es um **Handlungskompetenzen** geht. Da **Handlungstheorie** als Rekonstruktion interaktiver Handlungsfähigkeit der Subjekte in sozialen Zusammenhängen aufzufassen ist, erscheint es angemessen, identitätstheoretische Ansätze in diesen Diskussionszusammenhang zu rücken. So wie *Mead* aus soziologischer Perspektive subjektive **Identität** aus der Vergesellschaftung abgeleitet hat (vgl. *Geulen* 1980, S. 41), so kann man *Eriksons* Konzept auf der psychologischen bzw. psycho-analytischen Seite betrachten und handlungstheoretisch fruchtbar machen.

Folgt man den psychodynamischen Überlegungen, wie sie *Erikson* herausgearbeitet hat, so kann davon ausgegangen werden, daß sich erst im Verlaufe der Jugendphase die individuellen Voraussetzungen gebildet haben, um **Identität** aufzubauen. Demnach ist erst mit dem Abschluß der Jugendphase eine Abfolge von psychosozialen „Krisen" durchlaufen worden, deren Bewältigung die notwendigen Persönlichkeitsstrukturen entstehen läßt, die zur Entwicklung von Identität führen:

„Die Identität wird am Ende der Adoleszenz phasenspezifisch, d.h. das Identitätsproblem muß an dieser Stelle seine Integration als relativ konfliktfreier psychosozialer Kompromiß finden — oder es bleibt unerledigt und konfliktbelastet." (*Erikson* 1973, S. 149)

Im Verlaufe der Jugendzeit wird offenbar ein immer differenzierteres und komplexeres Koordinationsgefüge für die Steuerung der eigenen Handlungen aufgebaut, das immer besser in der Lage ist, die verschiedenen Anforderungen und Bedürfnisse miteinander in Einklang zu bringen, abzustimmen und so weit wie möglich zu befriedigen. Das Bewußtwerden der eigenen Bedürfnisse und Motive und die Fähigkeit, dieses Bewußtwerden mit der äußeren Realität zu koordinieren, erreicht in der Regel in der Jugendzeit ausgereifte Stufen der Entfaltung (*Döbert/Nunner-Winkler* 1975), deren Interpretation dann besonders aufschlußreich ist, wenn sie im Zusammenhang mit Persönlichkeitstheorien erfolgt, wie sie von *Piaget* (1936/1969) und *Kohlberg* (1974) für die kognitive Entwicklung sowie moralische Kompetenz zur Beurteilung von Handlungen, Zielen, Zwecken vorgelegt wurden.

Dennoch ist es unmöglich, für heutige Bedingungen einen altersspezifischen Punkt der Persönlichkeitsentwicklung anzugeben, zu dem die Voraussetzungen für die Bildung und die Aufrechterhaltung der Identität gegeben sind.

Veränderte sozialstrukturelle Lebensbedingungen haben ganz offensichtlich die Konstitutionsbedingungen für **Identität** *in den verschiedenen Lebensphasen verändert* (*Nunner-Winkler* 1990) so daß die Vorstellung, mit dem Abschluß der Jugendphase sei auch ein definitiver „Abschluß" der Identitätsbildung erreicht, als problematisch angesehen werden muß. Durch Schulzeitverlängerung, Verschiebung des Berufseintritts, schnelle Veränderungen der beruflichen Anforderungsstrukturen, Angebote neuartiger Lebensformen und kultureller Sinndeutungsmuster sind zudem stärkere **Individualisie-**

rungen von lebensrelevanten Entscheidungen, jedenfalls im subjektiven Empfinden, nötig geworden, die zugleich im weiteren Lebenslauf leichter und schneller veränderbar werden als vor einer Generation.

Die wachsende Partikularisierung von Lebensbereichen erhöht das Risiko, zu einer gelingenden Identitätsbildung zu kommen ebenso, wie der zunehmende Druck zur individualisierten Gestaltung von Lebenslaufübergängen, durch den die eigene Lebensgeschichte anfällig für unvorhersehbare Brüche und Umdispositionen wird. Die Bildung und Aufrechterhaltung einer Kontinuität des Selbsterlebens ist zu jedem einzelnen Zeitpunkt der Lebensgeschichte prekär, muß in jeder konkreten Situation immer wieder erneut hergestellt werden. Es ist zu vermuten, daß hierdurch auch die Gefahren für Problembelastung und Problemverhalten gerade im Jugendalter steigen.

Der Jugendlichen häufig oberflächlich angekreidete „Sinnverlust" erhält vor diesem Hintergrund einen ganz anderen Stellenwert, der sich gerade nicht — wie vielfach erfolgt — als „Defizit" von Jugendlichen interpretieren läßt. Besonders an den brisanten Schwellen des Übergangs von der Schulausbildung in die Berufsausbildung bzw. später die Berufstätigkeit stellen sich zahlreiche identitätsgefährdende Konstellationen (vgl. *Heitmeyer/Möller* 1986). Handlungsfähigkeit wird durch Handlungsohnmacht bedroht. Der darin zum Ausdruck kommende Verlust von kollektiver Identitätsbildung enthält weitreichende Aufgaben handlungstheoretischer Analyse, um aufzudecken, wie trotzdem versucht wird, zumindest autonomiebezogene Facetten unterschiedlicher Situationsbedingungen — wenn auch zeitlich begrenzt — zu einem „einheitlichen Selbst" zu synthetisieren.

In der weiteren Forschung wäre vor allem zu untersuchen, ob sich unter den skizzierten veränderten Lebensbedingungen zunehmend „neue" **Identitäten** herausbilden, die sich vor allem durch „extreme Formationen" auszeichnen (vgl. *Heitmeyer* 1985, 1987[4] 1991 am Beispiel rechtsextremistischer Orientierungen unter Jugendlichen): In der einen Formation wird die soziale Identität preisgegeben und der Jugendliche flüchtet in die persönliche Isolation und Apathie; ein Vorgang der beispielsweise durch Ausgrenzung von Arbeit und Beruf eingeleitet werden kann. Oder die personale Identität wird preisgegeben in Form einer Überanpassung an die gesellschaftlichen Anforderungen. Die Jagd nach Konkurrenzvorsprüngen etwa in schulischen Institutionen kann einen solchen Prozeß begünstigen. Die Gefahren liegen vor allem darin, daß sich auf diese Weise die intersubjektive Verständigungsbasis als soziologischer Sinn von **Identität** auflösen kann (vgl. *Döbert/Habermas/Nunner-Winkler* 1977), d.h. daß soziales, kollektives Handeln schwieriger und konfliktreicher wird, oder als Verlust von kollektiver Identitätsbildung zu existenzbedrohender gesellschaftlicher Desintegration führt und insofern zu einem Zentralproblem der bürgerlichen Gesellschaft werden kann (vgl. *Baethge* 1985, S. 207). Handlungstheoretische Analysen können wesentlich dazu beitragen, diese Prozesse zu analysieren.

Literatur

Arbeitsgruppe Schulforschung (Leitung: K. Hurrelmann): Leistung und Versagen. München 1980

Baacke, D.: Jugend und Subkultur. München 1972

Baacke, D.: Die 13-18jährigen. Einführung in die Probleme des Jugendalters. Weinheim/Basel 1983

Baacke, D./Heitmeyer, W. (Hrsg.): Neue Widersprüche. Zur Notwendigkeit einer integrierten Jugendtheorie. In: dies. (Hrsg.): Neue Widersprüche. Jugendliche in den 80er Jahren. Weinheim/München 1985, S. 7-23
Baethge, M.: Individualisierung als Hoffnung und als Verhängnis. Aporien und Paradoxien der Adoleszenz in spätbürgerlichen Gesellschaften oder: die Bedrohung der Subjektivität. In: Soziale Welt 36 (1985), H.3, S. 299-313
Baltes, P. B. (Hrsg.): Entwicklungspsychologie der Lebensspanne. Stuttgart 1979
Beck, U.: Jenseits von Stand und Klasse? Soziale Ungleichheiten, gesellschaftliche Individualisierungsprozesse und die Entstehung neuer Formationen und Identitäten. In: Kreckel, R. (Hrsg.): Soziale Ungleichheiten, Sonderband 2, Göttingen 1983, S. 35-74
Berger, P. L./Luckmann, R.: Die gesellschaftliche Konstruktion der Wirklichkeit. Frankfurt/M. 1969
Blancpain, R./Zeugin, P./Häuselmann, E.: Erwachsen werden. Ergebnisse und Folgerungen aus einer Repräsentativbefragung. Bern 1983
Bourdieu, P.: Ökonomisches Kapital, kulturelles Kapital, soziales Kapital. In: Kreckel, R. (Hrsg.): Soziale Ungleichheiten. Soziale Welt, Sonderband 2. Göttingen 1983, S. 183-198
Blumer, H.: Symbolic Interactionism. Perspective and Method. Englewood Cliffs 1969
Brandtstädter, J.: Entwicklung in Handlungskontexten: Aussichten für die entwicklungspsychologische Theoriebildung und Anwendung. In: Lenk, H. (Hrsg.): Handlungstheorien interdisziplinär. Band 3, zweiter Halbband, München 1984, S. 848-878
Brusten, M./Malinowski, P. (Hrsg.): Jugend — Ein soziales Problem? Opladen 1983
Coleman, J.C.: The Nature of Adolescence. New York 1980
Döbert, R./Nunner-Winkler, G.: Adoleszenzkrise und Identitätsbildung. Frankfurt/M. 1975
Döbert, R./Habermas, J./Nunner-Winkler, G. (Hrsg.): Die Entwicklung des Ichs. Königstein 1977
Engel, U./Hurrelmann, K.: Psychosoziale Belastung im Jugendalter. Berlin/New York 1989
Erikson, E. H.: Identität und Lebenszyklus. Frankfurt/M. 1973 (Orig. 1959)
Ferchhoff, W.: Zur Pluralisierung und Differenzierung von Lebenszusammenhängen bei Jugendlichen. In: Baacke, D./Heitmeyer, W. (Hrsg.): Neue Widersprüche. Jugendliche in den 80er Jahren. Weinheim/München 1985, S. 46-85
Friebel, H. (Hrsg.): Von der Schule in den Beruf. Alltagserfahrungen Jugendlicher und sozialwissenschaftliche Deutung. Wiesbaden 1983
Fuchs, W.: Jugendliche Statuspassage oder individualisierte Jugendbiographie? In: Soziale Welt 34 (1983), H. 3, S. 341-371
Fuchs, W.: Soziale Orientierungsmuster: Bilder vom Ich in der sozialen Welt. In: Jugendwerk der deutschen Shell (Hrsg.): Jugendliche und Erwachsene '85. Opladen 1985, S. 133-194
Geulen, D.: Das vergesellschaftete Subjekt. Zur Grundlegung der Sozialisationstheorie. Frankfurt/M. 1977
Geulen, D./Hurrelmann, K.: Zur Programmatik einer umfassenden Sozialisationstheorie. In: Hurrelmann, K./Ulich, D. (Hrsg.): Handbuch der Sozialisationsforschung, Weinheim/Basel 1980, S. 51-67
Glaser, B. G./Strauss, A. L.: Status Passage. London 1971
Goffman, E.: Stigma. Über Techniken der Bewältigung beschädigter Identität. Frankfurt/M. 1973
Habermas, J.: Theorie des kommunikativen Handelns. 2 Bde. Frankfurt/M. 1981
Habermas, J.: Vorstudien und Ergänzungen zur Theorie des kommunikativen Handelns. Frankfurt/M. 1984
Haferkamp, H.: Zur soziologisch-handlungstheoretischen Analyse von Entwicklungen sozialer Strukturen. In: Lenk, H. (Hrsg.): Handlungstheorien interdisziplinär IV. München 1977, S. 101-120
Haferkamp, H.: Interaktionsaspekte, Handlungszusammenhänge und die Rolle des Wissenstransfers. Eine handlungstheoretische Kritik der Theorie des kommunikativen Handelns. In: Kölner Zeitschrift für Soziologie und Sozialpsychologie 36 (1984), H. 4, S. 783-798
Havighurst, R. J.: Developmental Tasks and Education. New York 1972
Heitmeyer, W.: Identitätsprobleme und rechtsextremistische Orientierungsmuster. In: Baacke, D./Heitmeyer, W. (Hrsg.): Neue Widersprüche. Jugendliche in den 80er Jahren. Weinheim/München 1985, S. 175-198

Heitmeyer, W.: Jugendforschung und (interdisziplinäre) Wissenschaftspraxis. Ein Beitrag zur Soziologie von Jugendforschung. In: ders. (Hrsg.): Interdisziplinäre Jugendforschung. Weinheim/München 1986, S. 17-40

Heitmeyer, W./Möller, K.: Die politische Sozialisation von Jugendlichen aus Arbeiterfamilien im Zusammenhang mit der Bedrohung durch Arbeitslosigkeit und neofaschistische Orientierungsmuster. Forschungsbericht zu einer DFG-Längsschnittstudie (Zwischenergebnisse). Universität Bielefeld 1986

Heitmeyer, W.: Gewaltförmiges Handeln von Straßencliquen. Ausdruck zunehmender Vereinzelung und Ausgrenzung? In: Olk, Th./Neubauer, G. (Hrsg.): Clique — Arbeit — Mädchen, Weinheim/München 1987a, 11-36

Heitmeyer, W./Olk, Th. (Hrsg.): Individualisierung von Jugend. Gesellschaftliche Prozesse, subjektive Verarbeitungsformen, jugendpolitische Konsequenzen. Weinheim/München 1990

Heitmeyer, W.: Rechtsextremistische Orientierungen bei Jugendlichen. Weinheim/München 1987b ([4]1991)

Heitmeyer, W./Peter, J.-I.: Jugendliche Fußballfans. Gesellungsformen, politische Orientierungen, Gewalt. Weinheim/München 1988

Holzkamp, K.: Grundlegung der Psychologie. Frankfurt a.M./New York 1983

Hoff, E.: Sozialisation als Entwicklung der Beziehungen zwischen Person und Umwelt. In: Zeitschrift für Sozialisationsforschung und Erziehungssoziologie, 1 (1981), H. 1, S. 91-115

Holodynski, M./Rückriem, G./Seeger, D.: Menschliche Subjektivität und Individualität als Problem der materialistischen Wissenschaft. In: Zeitschrift für Sozialisationsforschung und Erziehungssoziologie, 6 (1986), H. 1, S. 47-69

Hurrelmann, K.: Das Modell des produktiv-realitätsverarbeitenden Subjekts in der Sozialisationsforschung. In: Zeitschrift für Sozialisationsforschung und Erziehungssoziologie, 3 (1983), H. 1, S. 91-103

Hurrelmann, K./Rosewitz, B./Wolf, H.K.: Lebensphase Jugend. Eine Einführung in die sozialwissenschaftliche Jugendforschung. Weinheim/München 1985

Hurrelmann, K./Mürmann, M./Wissinger, J.: Persönlichkeitsentwicklung als produktive Realitätsverarbeitung. In: Zeitschrift für Sozialisationsforschung und Erziehungssoziologie 6 (1986), H. 1, S. 91-109

Jessor, R./Jessor, S. L.: Problem Behavior and Psychosicial Development. A Longitudinal Study of Youth. New York 1977

Jugendwerk der Deutschen Shell (Hrsg.): Jugend '81. Lebensläufe, Alltagskulturen, Zukunftsbilder. 3 Bde. Hamburg 1981

Jugendwerk der Deutschen Shell (Hrsg.): Jugend und Erwachsene '85. Generationen im Vergleich. 5 Bde. Opladen 1985

Keupp, H.: Soziale Netzwerke. In: Keupp, H./Rerrich, D. (Hrsg.): Psychosoziale Praxis — gemeindepsychologische Perspektiven. München 1982, S. 43-53

Kohlberg, L.: Zur kognitiven Entwicklung des Kindes. Frankfurt/M. 1974

Krappmann, L.: Soziologische Dimensionen der Identität. Stuttgart 1969

Lantermann, E.: Interaktionen — Person, Situation und Handlung. München 1980

Leontjew, A. N.: Probleme der Entwicklung des Psychischen. Frankfurt/M. 1973

Leontjew, A. N.: Tätigkeit, Bewußtsein, Persönlichkeit. Köln 1982

Lerner, R./Spanier, G.: Adolescent Development: A Life Span Perspective. New York 1980

Mead, G. H.: Geist, Identität und Gesellschaft. Frankfurt/M. 1969 (Amerik. Orig. 1934)

Moriarty, A. E./Toussieng, M. D.: Adolescent Coping. New York 1976

Nunner-Winkler, G.: Veränderte Wertorientierungen, neue Identitätskonzepte. In: Forum Jugend 2000, Informationsdienst Nr. 3, Bad Boll 1990, S. 3-8

Oerter, R./Montada, L. (Hrsg.): Entwicklungspsychologie. München 1982

Oerter, R.: Jugendalter. In: Oerter, R./Montada, L.: Entwicklungspsychologie. München 1982, S. 242-313

Oerter, R.: Die Anpassung von Jugendlichen an die Struktur von Arbeit und Beruf. In: Oerter, R. (Hrsg.): Lebensbewältigung im Jugendalter. Weinheim 1985, S. 69-110

Olbrich, E.: Jugendalter — Zeit der Krise oder der produktiven Anpassung. In: Olbrich, E./Todt, E. (Hrsg.): Probleme des Jugendalters. Berlin u.a. 1984, S. 1-49

Olk, Th.: Jugend und gesellschaftliche Differenzierung — Zur Entstrukturierung der Jugendphase. In: Sonderheft der Zeitschrift für Pädagogik 1985, S. 290-302

Piaget, J.: Das Erwachen der Intelligenz beim Kinde. Stuttgart 1969 (Orig. 1936)

Sander, U./Vollbrecht, R.: Zwischen Kindheit und Jugend. Träume, Hoffnungen und Alltag 13- bis 15jähriger. Weinheim/München 1985

Schweitzer, F./Thiersch, H. (Hrsg.): Jugendzeit — Schulzeit. Von den Schwierigkeiten, die Jugendliche und Schule miteinander haben. Weinheim 1983

Seiffge-Krenke, I.: Formen der Problembewältigung bei besonders belasteten Jugendlichen. In: Olbrich, E./Todt, E. (Hrsg.): Probleme des Jugendalters. Berlin u.a. 1984, S. 353-386

Silbereisen, R. K./Kastner, P.: Jugend und Problemverhalten. In: Oerter, R./Montada, L. (Hrsg.): Entwicklungspsychologie. München 1986

Silbereisen, R.: Entwicklung als Handlung im Kontext. Entwicklungsprobleme und Problemverhalten im Jugendalter. In: Zeitschrift für Sozialisationsforschung und Erziehungssoziologie 6 (1986), H. 1, S. 29-46

Silbereisen, R. K./Noack, P.: Adolescence and environment. In: Canter, D./Krampen, M. (Hrsg.): Action and place, Vol. 1: Environmental Cognition, culture and change. Aldershol 1986

Silbereisen, R. K./Kastner, P.: Jugend und Drogen. Entwicklung von Dorgengebrauch — Drogengebrauch als Entwicklung? In: Oerter, R. (Hrsg.): Lebensbewältigung im Jugendalter. Weinheim 1985, S. 192-199

Silbereisen, R. K./Reitzle, M./Dwyer, J.: Self-esteem, leisure motive, and adolescents' subtance use. In: Bronfenbrenner, U. (Hrsg.): Classic and Contemporary studies in human development. 1986

Silbereisen, R. K./Eyferth, K./Rudinger, G. (Hrsg.): Development as action in context: Problem behavior and normal youth development. New York 1986

Ziehe, Th.: Vorwärts in die 50er Jahre? Lebensentwürfe Jugendlicher im Spannungsfeld von Postmoderne und Neokonservatismus. In: Baacke, D./Heitmeyer, W. (Hrsg.): Neue Widersprüche. Jugendliche in den 80er Jahren. Weinheim/München 1985, S. 199-216

Zinnecker, J.: Jugendliche Subkulturen. Ansichten einer künftigen Jugendforschung. In: Zeitschrift für Pädagogik 27 (1981), H. 3, S. 421-440

Zinnecker, J.: Jugend im Raum sozialer Klassen. Neue Überlegungen zu einer alten Frage. In: Heitmeyer, W. (Hrsg.): Interdisziplinäre Jugendforschung. Weinheim/München 1986, S. 99-132

Dieter Baacke

Sozialökologische Ansätze in der Jugendforschung

1 Geschichte und Entwicklungslinien der Debatte

1.1 Gründe für eine sozialökologische Fragestellung

In den Sozialwissenschaften (besonders: Soziologie, Psychologie, Pädagogik) ist seit längerem eine kritische Bewegung gegen bisher vorwiegend herangezogene Theorien und Methoden feststellbar. Im Rahmen der **Sozialisationsforschung** könnte man die Probleme einer eingeschränkten Behandlung innerfamilialer Prozesse anführen, die häufig als freischwebendes Interaktionssystem interpretiert wurden, ohne daß die Bedingungen des räumlichen Gefüges, in dem sie sich vollzogen, berücksichtigt wurden. Die schicht-soziologische Forschung geriet ebenfalls ins kritische Visier, weil der Schichtfaktor nur teilweise die Varianz des Erziehungsverhaltens von Eltern, ihre Persönlichkeitsmerkmale und die ihrer Kinder erklären konnte. Die benutzten Schichtmodelle und Schichtindikatoren beschränkten sich meist auf die Diskussion sozialer Ungleichheit. Gerade der sozialstrukturelle Ansatz fordert aber die Berücksichtigung von Umweltvariablen, die insbesondere dazu geeignet sind, unmittelbare Erfahrungen Heranwachsender, die sie mit und in ihrer Umwelt machen, einzubeziehen (*Bertram* 1976, 1982; *Vaskovics* 1982). Auch *Lüscher* u.a. (1985) betont die Notwendigkeit der Erweiterung schichtspezifischer Sozialisationsforschung um die Erfassung *subjektiver Klimata* in der Verknüpfung individueller und struktureller Daten. Die Auffassungen beispielweise von Familienmitgliedern über sich selbst und die Konkretheit familiärer Einlagerung in Umwelten sind ebenso handlungsrelevant wie sozialstrukturelle Merkmale, die die Verarbeitungskapazität und Erfahrungsdimensionen der Subjekte außen vor lassen. Außerdem zwingt der sozialökologische Ansatz, die anthropologische Grundannahme eines Menschenbildes explizit zu machen. Es besteht zunehmend Einigkeit darin, daß bestimmte Grundauffassungen vom Menschen nicht allein durch Beobachtung oder Experiment direkt empirisch überprüfbar sind, aber in Forschungs- wie Handlungskonzepte eingehen. Unter der Annahme, der Mensch sei zu aktiver Umweltaneignung fähig, wird er unter dieser handlungstheoretischen Prämisse als jemand gesehen, dessen motivationale Grundstrukturen und Handlungsimpulse letztlich nur aus ihm selbst, aber immer in Verbindung mit seiner Umwelt, in der er aus sich heraustritt, erfahr- und realisierbar sind, wobei kulturelle und historische Dimensionen nicht außen vor bleiben können. Die Kritische Psychologie beispielsweise entwickelt ein Bild der menschlichen Natur als „artspezifische, auf biologisch-evolutionärem Weg entstandene Befähigung zu vergegenständlichender gesellschaftlicher Arbeit und zur reproduktiven Aneignung ihrer Resultate" (*Reipert* 1978, S. 173); aber auch die **Psychoanalyse** und die ökologische **Entwicklungspsychologie** haben inzwischen Konzepte entwickelt, die den Menschen und seine gesellschaftlich konkretisierte Umwelt insbesondere auch über die Kategorie des Handelns verbinden (*Walter* 1979, S. 26ff.).

Solche Überlegungen treffen auf ein spezifisch *pädagogisches* Interesse, das sich ja primär an handelnden Subjekten orientiert. Im Gegensatz zur **Systemtheorie**, die Systeme und System-Differenzierungen „handeln" läßt, stehen Handeln und Handlungschancen von Individuen im Mittelpunkt einer sozialökologisch orientierten Konzeption; im Gegensatz zum Behaviorismus, der Verhalten in Reiz-Reaktions-Modellen gesteuert sieht, sieht er das Individuum als handlungsmächtig und verflochten mit der Umwelt. Dies sind, auf der Ebene von Grundannahmen, auch Prämissen pädagogischer Interaktions-Deutung. Jugendliche beispielsweise werden — in zunehmend begrenzter Weise — als erziehungs*bedürftig* angesehen (auf der Grundlage einer grundsätzlichen Erzieh*bar*keit des Menschen); ein wesentliches Charakteristikum dieser Altersgruppe besteht jedoch gerade auch in der zunehmenden Ablösung satellitenhafter Abhängigkeit von Elternhaus und allen nicht selbst verantworteten und mitbestimmten Einwirkungen. Der sozialökologische Ansatz hat also insofern nichts mit der klassischen Anlage-Umwelt-Debatte zu tun. Vielmehr wird gerade die Umwelt als Grundbedingung für die Ausarbeitung der Handlungsfähigkeit des Menschen angesehen.

Eine noch stärker sich an pädagogischer *Praxis* orientierende Argumentation hebt insbesondere die *deskriptiv-phänographischen* Akzente des sozialökologischen Ansatzes hervor. Die sozialwissenschaftlichen Klassifizierungen und Typisierungen („Unterschicht", „Mittelschicht", „bürgerliche Sozialisation", „Selektions-, Integrations- und Qualifikationsfunktion" der Schule etwa) seien abstraktifizierende Generalisierungen, die die differenzierte Erfahrungswirklichkeit von Kindern und Jugendlichen nicht hinreichend erfaßten. Unter dem Begriff der **„Szene"** (*Baacke* 1983, S. 43ff.) werden durch Raumelemente und Handlungen durchstrukturierte, aber auch situationsgebundene ökologische Handlungskontexte zu erfassen versucht. In **„Szenen"** zeige sich die — im Vergleich zu sozialwissenschaftlichen Theorien — widersprüchliche, differenzierte und facettenreiche Lebenswelt von Jugendlichen. Darüber hinaus erfasse bisherige Forschung Jugendliche immer nur im defizienten Modus ihrer Realität, während szenenhaltige Erzählungen und Beobachtungen Jugendliche in Situationen zeigten, die ganzheitlichen Charakter haben und über die wir sonst kaum etwas erfahren. Damit wird das Bild sozialer Realität komplettiert. Zusammenhänge mit der pädagogischen Kasuistik sind deutlich: **„Fallstudien"** oder „Fallbeschreibungen", in der Rechtswissenschaft und Medizin durchweg geläufig, sind ohne die Einbeziehung räumlicher Aggregate nicht vorstellbar. Auf diese Weise wird Plastizität, Anschaulichkeit, historisch-gesellschaftliche Konkretheit am ehesten erreicht (*Hopf* 1979, S. 113). Eine solche *ganzheitliche* Auffassung wird methodisch häufig „naturalistisch" genannt. Es handelt sich um „eine Forschungsstrategie, die sich auszeichnet durch möglichst minimale Manipulation der antezedenten (vorhergehenden) Bedingungen des zu untersuchenden Verhaltens — in diesem Fall also der ökologischen Kontexte — und dem Verzicht auf Bildung vorgegebener Einheiten bei der Erfassung des Verhaltens selbst" (*Caesar* 1969, S. 147). Man spricht darum auch von „Objektorientierung", im Gegensatz zu einer „analytischen Orientierung" wissenschaftlichen Vorgehens sonstiger Art: „Der ökologische Ansatz geht nicht von einem theoretischen System von Regeln und Sätzen aus, setzt sie zumindest nicht absolut, sondern bezieht Problemstellungen aus der Realität mit ein, will auch auf die Realität Einfluß nehmen" (*Baacke* 1983, S. 46; vgl. *Eckensberger* 1979,

S. 265 f.). Dies hat seinen Grund auch darin, daß sozialökologische Konzepte die Kategorien „Lebenschancen“ und „Sinn“ zusammenzuführen erlauben: „Es wäre unrichtig, die Kategorie der Lebenschancen nur auf die objektivierten Bedingungen zu beziehen und die Kategorie des Sinns nur auf die Umwelt als Erfahrungs- und Handlungswelt. Sie stehen vielmehr quer dazu. Denn in den ‚objektivierten Bedingungsgefügen‘ sind Chancen vorhanden oder sie fehlen, sind Sinnstrukturen realisiert oder unterlassen. Ebenso wird in der ‚subjektiven Situationskognition‘ nicht nur sozialer Sinn hergestellt (über Werte, Normen, Wissen), sondern auch soziale Chancen, und zwar durch Handlungsstrategien und interessegeleitetes Handeln.“ (*Bargel* u.a. 1982, S. 235) In Austauschprozessen mit der sozialen Umwelt realisieren sich die Entwicklung von Aspirationsniveaus, Handlungsstrategien und Zukunftschancen in gleicher Weise. Damit erhält die Praxis nicht nur konkrete Hinweise, sondern (darauf weist *Bronfenbrenner* in allen Schriften immer wieder hin) auch Lösungsmodelle für Sozial-, Familien- und Jugendpolitik.

1.2 Multidisziplinäre Traditionen der sozialökologischen Fragestellung

Der sozialökologische Ansatz ist in seiner Komplexität notwendig interdisziplinär. Seine Prämissen und Ausarbeitungen befinden sich darüber hinaus noch in der Entwicklung. Dafür ist kennzeichnend, daß jeder Beitrag zu diesem Bereich in der Regel mit Grundsätzlichem beginnt, also erläutert, *warum* man sozialökologisch vorgeht, welche Begriffe und Konzepte man verwendet und wie sich diese von bisher benutzten abheben. Dennoch hat der Ansatz Wurzeln, die ziemlich tief in die historische Dimension hineinreichen; es gibt eine Fülle von Ideen und Vorläufern, die in verschiedener Weise jeweils aufgegriffen und verarbeitet werden.

(1) Die **Öko-Biologie** hat die längste Tradition. Der hier zuerst entwickelte Begriff des **Ökosystems** umfaßt Lebensgemeinschaften verschiedener Arten von Pflanzen, Tieren etc. (Biozönose) mit der Beschreibung und Analyse des *Lebensraums,* in dem sie sich entwickeln (Biotop).

(2) Wesentliche Beiträge stammen sodann von der **Human Ecology** der Chicagoer Schule der Soziologie (*Park, Burgess* und *Kenzie* veröffentlichten wichtige Schriften bereits in den 20er Jahren). In der von ihnen vorangetriebenen **Gemeindeforschung** geht es um die Beschreibung, Erklärung und Funktionsvoraussage sozialer Organisation in Nachbarschaften, Vorstädten, Cities etc. mit sozialpolitischen Empfehlungen, etwa der Warnung vor „overcrowding“ (*Malmberg* 1980; *Micklin/Choldin* 1984). Konzepte der Pflanzen- und Tierökologie wurden auf die menschliche Gesellschaft übertragen. In dieser freilich wird der Kampf ums Dasein durch das Prinzip der Kooperation ergänzt, denn diese allein garantiert das Überleben der Gruppe. Die biotische Ebene wird überlagert durch die kulturelle, die basiert auf Kommunikation und sozialem Konsens. Gesellschaft ist damit ein Bereich „within which biotic competition has declined and the struggle for existence has assumend higher and more sublimated forms“ (*Park* 1961, S. 25).

(3) Auch der Einzelgänger *Hellpach* unterschied bereits in den 20er Jahren *natürliche* (Wetter, Licht, Luft, Bodenverhältnisse etc.), *soziale* und *kulturelle* Umwelt (1924) und trug zur Entwicklung eines differenzierten Umweltbegriffs bei (sehr positiv zu seiner Wiederentdeckung: *Graumann* 1976).

(4) Wirkungsvoller war *Lewins* **Psychological Ecology** in den 30er Jahren. Neben der personenunabhängigen objektiven Umwelt wird die soziale zum Handlungsfaktor dadurch, daß sie psychisch repräsentiert wird.

(5) Bedeutsam wurde sodann *Barkers* **Ecological Psychology** (z.B. 1968). Sein **behavior-setting**-Konzept geht von zwei Prämissen aus: die soziale Umwelt ist strukturiert (durch Funktionszuweisung,

Institutionalisierung etc.); sie ist sodann relativ unabhängig von menschlichem Handeln, doch bestehen Wechselwirkungen. So begegnet dem Jugendlichen in der Schule ein set von Regeln und Rollenanforderungen, in denen er sich zu bewegen hat; *innerhalb* dieses Rahmens sind dann begrenzte Handlungsalternativen wählbar. Kritisiert wird an diesem Ansatz, daß die Menschen austauschbar seien (Ausschließlichkeit des Rollenkonzepts) und individuelle Motivationen nicht erfaßt würden. Die biographische Komponente wird ebenso wenig berücksichtigt wie Mehrpersonen-Interaktionen in Umwelten, deren Handlungsregeln nicht auf alle verallgemeinbar sind, die sich in ihnen bewegen. So halten sich viele Jugendliche zwangsweise auf der Straße auf, verhalten sich aber nicht nach den Verkehrsregeln, sondern bestimmen ihre Gruppen-Interaktionen nach eigenen Interessen (spielen, herumstehen).

(6) In den 70er Jahren entwickelten *Moos* und *Insel* (1974; 1976) darum ihr Konzept einer **Social Ecology**, in dem sie im Gegensatz zu *Barker* auf soziale Klimata und psychische Dynamiken eingingen. Damit konnten sie auch *Störungen* des Wohlbefindens (Auseinanderklaffen von Umweltbedingungen und menschlichen Erwartungen) herausfinden und von einer eher deskriptiven Sicht der Dinge sozialpsychologische Konzepte einer verbesserten Umwelt entwickeln.

(7) Ebenfalls in den 70er Jahren entwickelten *Prohansky, Ittelson, Rivlin* (1970) das Konzept einer **Environmental Psychology.** Unter dem Begriff „environment" wird die gesamte Umwelt, darunter die von Menschen geschaffene, verstanden, werden ihre Auswirkungen auf den Menschen untersucht und interpretiert. Hier wird die *Anwendungsorientierung* am deutlichsten, etwa in der Kritik von Wohnsilos, die die Bewegungs- und Entfaltungsräume von Menschen einschränken und sie sozial isolieren.

(8) Damit ist der Anschluß an die Umweltplanung durch Architekten, Raumplaner, Soziologen erreicht. Die destruktiven Auswirkungen des Lebens in Slums und Hochhäusern (*Gump* 1975) werden in problemorientierter und sozialkritischer Weise diskutierbar. Die weltweit sich zuspitzenden Umwelt-Probleme haben das Bewußtsein für problematische ökologische Situationen inzwischen verschärft. Abbau und Verknappung natürlicher Ressourcen, Umweltverschmutzung, Überbevölkerung sind viel diskutierte Beispiele (z.B. *Gruhl* 1975).

(9) Die *soziale* Interaktion zwischen einzelnen, Familien und Institutionen (Kindergarten, Schule etc.) wird insbesondere von *Bronfenbrenner* in seinen zahlreichen Schriften thematisiert. (1974; 1976; 1979; 1981).
Er analysiert die Umwelt als komplexes System auf verschiedenen Ebenen und vesucht, sozialpolitisch interessiert, eine Integration (dazu 2.3).

Die übergreifenden Berührungspunkte der sozialökologischen Konzepte in den einzelnen Disziplinen wurden in 1.2 skizziert. Es darf jedoch nicht übersehen werden, daß es bisher nicht gelungen ist, die Interdisziplinarität der Sozialökologie (der Terminus wird hier übergreifend verwendet) auf gemeinsame Begrifflichkeiten, theoretische Vorannahmen, Methoden, Interessenrichtungen und Zielsetzungen zu fokussieren.

2 Grundbegriffe, Zugänge, Modelle

2.1 Räume, Soziotope, behavioral setting, System, Netzwerk

Vernachlässigt man die Einbindung in den jeweiligen Diskussions- und Theoriezusammenhang, den die jeweiligen Autoren favorisieren, lassen sich in der Interpretation der Umwelt als sozialökologisch doch einige Begriffe und Konzepte ausmachen, die immer wiederkehren und tendenziell einverständig verwendet werden. Einige dieser zentralen, weil den „Öko“ -Aspekt betreffenden Begriffe sollen hier beispielhaft und knapp diskutiert werden:

(1) Raum, Räume

Der **Raum**-Begriff ist der umfassendste. Dies zeigt schon die Art und Weise, in der man Räume klassifizieren kann. Dies ist möglich etwa in den Polaritäten

— natürlich vs. künstlich
— öffentlich vs. privat
— eng vs. weit
— offen vs. geschlossen
— besonders vs. alltäglich
— überdauernd vs. veränderlich
— handlungsoffen vs. handlungsfestlegend
— angenehm vs. unangenehm

Kategoriale Bestimmungen, soziale Überformungen, Nutzungsweisen und psychische Reaktionsformen können sich in gleicher Weise auf **„Raum“** beziehen. *Porteous* (1977) versucht, in Art einer allgemeinen Umwelttaxonomie (dazu: *Roos* 1968) ein System konzentrischer Raumzonen zu entwickeln. Die kleinste Raumeinheit ist der *Mikroraum, personal space,* die Zone, die jemand notwendig braucht und die er gegen zu starke Annäherungen verteidigt („bubble of privacy“). Der *Mesoraum* ist individuumsaber auch gruppenbezogen, meist kollektiv genutzt; es handelt sich um festliegende Orte, den Wohn- und engeren Lebensraum („home base“). Der *Makroraum* ist der eher öffentliche Raum, der abwechselnd und verschieden intensiv genutzt wird; er besteht aus einem Netz von Zugängen und Knotenpunkten. Während der Mesoraum eher den Wohn-Bereich und den engeren Lebensraum umfaßt, eröffnet der Makroraum Bereiche wie Einkauf, Freizeit usf. Der Begriff der **Territorialität** gehört in diesen Zusammenhang: Menschen und Menschengruppen besitzen (wie Tiere) bestimmte Territorien, die Bedeutung für sie haben und die sie deshalb verteidigen; in denen sie gedeihen oder Gefährdungen ausgesetzt sind. (Guter Überblick bei *Malmberg* 1980). Physikalische Umwelt und Verhaltens- wie Handlungsmuster sind im Raum-Konzept vernetzt.

(2) *Barker* präzisiert das Raumkonzept durch den Begriff des **Soziotops.** Es handelt sich um regionale Einheiten (Gemeinden, Stadtteile) mit jeweils spezifischer demographischer Zusammensetzung und Infrastruktur (Angebot an Schulen, Einkaufsmöglichkeiten, Kultureinrichtungen etc.). Das Konzept haben *Bargel* u.a. (1982, S. 208ff.) konkretisiert am Beispiel lokaler Umwelten für Familien, die man so inhaltlich differenzieren kann: *Randgemeinden* (traditionelle ländliche Kleingemeinden/Arbeiterpendlergemeinden/industrialisierte Landgemeinden/verstädternde Wohndörfer); Kleinstädte (gewerbliche Kleinstadt und Dienstleistungszentrum) sowie Städtische Viertel (Viertel der Industriearbeiterschaft/Wohnviertel „moderner“ Arbeiterschaft/Viertel der „kleinbürgerlichen“ Angestelltenschaft/Viertel von Besitz und Bildung). Verwandtschafts- und Nachbarschaftsbeziehungen, das Verhältnis von Wohnbereich und Arbeitsplatz, die Inanspruchnahme von Bildungs- und Kulturinstitutionen variieren nach der jeweiligen Ausprägung der unterschiedlichen **Soziotope**.

(3) *Barker* (1973) hat das Konzept der **behavioral settings** entwickelt, die in die Soziotope eingelagert sind, sie freilich manchmal auch übergreifen können. Settings sind z.B. Kindergartengruppen, Schulklassen, aber auch ein Restaurant. Sie werden verstanden als raum-zeitlich lokalisierbare Phänomen-Konstellationen, die zusammengesetzt sind aus (a) einem kollektiv standardisierten Verhaltensmuster („standing activity pattern"), das an einem bestimmten Ort und zu einer bestimmten Zeit auftritt und von den einzelnen ausführenden Individuen prinzipiell ablösbar ist sowie (b) einem räumlichen und personellen Milieu, das das kollektive Verhaltensmuster umgibt und ihm „synomorph", das heißt funktional angepaßt ist (*Cäsar* 1979, S. 140). Die starke Rollenbezogenheit und die Vernachlässigung individueller Bestrebungen waren schon hervorgehoben (1.1). „Subsettings" sind Untergliederungen der **behavioral settings** (z.B. eine Spielecke im Gruppenraum des Kindergartens; der Übungsraum für Rockgruppen in einem Jugendheim). (c) Umwelten — unabhängig davon, wie man die ökologischen Einheiten gliedert: als Soziotop, behavioral setting, subsetting oder noch anders — sind mannigfach miteinander verbunden und gegliedert und *beeinflussen* einander auch. Dieses wird ausgedrückt im Begriff des **Ökosystems.** Ökosysteme haben gemeinsam, „daß die Art der wechselseitigen Beziehungen durch Anpassung der Lebewesen an die natürlichen und vorgegebenen Umweltbedingungen oder durch Veränderung dieser Bedingungen bestimmt ist." (*Mogel* 1984, S. 32) Dabei gibt es keinen einlinigen Kausalnexus von der Umwelt auf den Menschen oder umgekehrt; der Begriff des Systems beinhaltet vielmehr, daß es sich um *Wechselwirkungen* handelt. Jugendliche eines Stadtteils (Soziotop) fordern beispielsweise ein Jugendheim, weil sie sonst keine Treffmöglichkeiten besitzen, die sie ungestört lassen (mangelnde infrastrukturelle Ausstattung an pädagogischen behavioral settings); sie setzen sich für ein solches Jugendheim ein, erreichen ihr Ziel und verändern dadurch die Lebensqualität des Soziotops für sich selbst (Verbesserung der infrastrukturellen Ausstattung für Jugendliche). Es handelt sich also jeweils um *dynamische Systeme,* die für Veränderungen offen sind, wobei der Anstoß dafür von unterschiedlichen Stellen ausgehen kann — aber das Resultat betrifft wiederum *alle.* In **Öko-Systemen** beeinflussen also Menschen ihre Umwelt, werden aber auch von ihr beeinflußt (z.B.: Lebensbedingungen in einer Obdachlosensiedlung). (d) Der Begriff des **Netzwerks** betont stärker als der System-Begriff die *soziale Vernetzung* von Handlungen und Maßnahmen. Der Begriff ist nicht nur deskriptiv, sondern auch *proskriptiv* in sozialpolitischem Sinn. Für Kinder etwa, deren Eltern beide berufstätig sind, müssen, um ihrer Isolation und fehlender Beaufsichtigung mit ihren Folgen vorzubeugen, Kindergärten eingerichtet werden; die in ihnen arbeitenden Erzieher sollten wiederum Kontakt zu den Eltern aufnehmen, um sich über die kindlichen Erfahrungen in den Elternhäusern zu unterrichten, aber auch die Eltern über die pädagogischen Programme der Kindergärten zu informieren und auf diese Weise Zusammenarbeit zu ermöglichen. Ähnliches gilt für die Zusammenarbeit von Schulen und jugendbildenden Einrichtungen (bisher unzureichend entwickelt). Je ausgebauter **soziale Netzwerke** sind (als Insgesamt an Beziehungen zwischen einzelnen, Familienmitgliedern, Freunden, Arbeitskollegen, Nachbarn etc.), desto widerstandsfähiger sind offensichtlich insbesondere Heranswachsende gegenüber sozialen Belastungen (*Sommer/Rellermeyer* 1983): die Entwicklung sozialer Netzwerke stellt also eine Form sozialer *Unterstützung* dar (*Keupp* 1982), die Problembelastungen erleichtern können. Am Beispiel des Netzwerk-Gedankens zeigt sich noch einmal deutlich der Zusammenhang von sozialökologischer

Grundlagen-Orientierung und praktischen Resultaten (Entwicklung von Interventions-Strategien, Hilfsmaßnahmen etc.).

2.2 Entwicklung und Umwelt

Insbesondere entwicklungspsychologisch orientierte Fragestellungen haben, im Rahmen einer allgemeinen **Öko-Psychologie,** zum Aufgreifen der ökologischen Frage geführt. *Graumann* (1974) weist (im Anschluß an *Hellpach*) darauf hin, daß die wissenschaftliche Psychologie bisher die Lebensverhältnisse der Menschen zu wenig berücksichtigt hat. Damit ist die Generalisierbarkeit psychologischer Theorien und Forschungsergebnisse auf die Alltagswirklichkeit der Menschen eingeschränkt, denn alle **Ökosysteme** sind von Menschen beeinflußt, wie der Mensch umgekehrt seine Lebensverhältnisse in Ökosystemen organisiert. Psychische Prozesse als Bestandteil menschlicher Entwicklung, insbesondere in den Dimensionen Kognition und Emotion, sind nicht per se als Ablaufschema verstehbar, sondern entfalten sich in Rückkopplung mit der Umwelt.

Schon *Piaget,* der in seinen Experimenten und Beobachtungen die real-gegebene Umwelt eher vernachlässigt hat, geht doch in seinen Grundlagenüberlegungen davon aus, daß jeder Mensch in seiner Entwicklung zunehmend differenzierte und vielfältige **Schemata** ausbildet. Schemata „leiten die Wahrnehmung von Sachverhalten ein, die dem Individuum bisher wenig oder nicht bekannt sind (z.B. Neugierverhalten). Sie werden durch die dabei zu verarbeitende Information verändert. Dabei sind sie aktive intrapsychische Bestandteile des Bezugssystems, aufgrunddessen das Individuum Informationen verarbeitet, sich den Umweltumständen anpaßt oder die Umweltumstände so verändert, daß sie ihm selbst angepaßt sind. Wahrnehmen allein verändert allenfalls die Person, indem diese die verfügbare Information verarbeitet, es verändert aber noch nicht die Umwelt. Letzteres geschieht erst dadurch, was das Individuum bezüglich der Umwelt macht und wie es handelt.“ (*Mogel* 1984, S. 78). Während die Schemata die Bedeutung auf Ereignisse der Umwelt durch **Assimilation** übertragen, werden sie im Prozeß der **Akkomodation** gemäß der jeweiligen Bedeutung von Umweltereignissen verändert. Die zwei Aktivitätsformen der Assimilation und der Akkomodation bestimmen die Entwicklung jedes einzelnen in Form fortwährender **Adaptation.** Diese stellt eine zentrale Verhaltensstrategie des Individuums in Beziehung zur Umwelt dar. Denn „lebende Systeme streben einen stabilen inneren Status an (homeostasis), gehen aber über die reine Selbsterhaltung hinaus, sie streben nach Wachstum und Produktion. Das lebende System ist gegenüber der Umwelt teilweise offen und wird dadurch ein funktionaler Teil von ihm. Des weiteren strebt es nach Autonomie, sonst wäre das Konzept der Adaptation unmöglich. Ihm ist die Tendenz zur Bestimmung des Handeln durch innere Kräfte und ein gewisser Widerstand gegen die Bestimmung durch äußere Kräfte eigen.“ (*Schmidt-Denter* 1984, S. 20). So gibt es „Abwehrmechanismen“, deren Funktion vor allem die psychoanalytische Theorie thematisiert hat (*A. Freud* 1946). Sie werden vom Individuum beispielsweise eingesetzt, wenn es durch äußere Einflüsse in seinem intern aufgebauten Äquilibrium (Gleichgewicht) bedroht ist. „Mastery“ bezieht sich auf die Bewältigung von Frustrationen und stellt eher erfolgreiche Anpassungsleistungen an

Umweltanforderungen dar. Während die Abwehrmechanismen nach Sicherheit streben und Gefahr abwehren wollen, geht es bei Mastery-Prozessen eher um Selbstbehauptung oder Unterwerfung unter eine Situation. Schließlich gibt es die Verhaltensstrategie des **„coping“**. Diese kommt dann zum Zuge, wenn ungewöhnliche, bisher nicht erfahrene Lebenssituationen eintreten und Veränderungen, die mit dem bisher gelernten Interpretations- und Verhaltensinventar nicht mehr bewältigt werden können. Die Entwicklung neuer Verhaltensformen ist notwendig: „Coping beinhaltet immer zwei Aufgaben, die sich auf die äußere Situation und auf die eigenen Gefühle über diese Situation beziehen. Das Individuum muß einerseits z.B. neue Herausforderungen der Umwelt bewältigen und sich andererseits mit Gefühlen wie Angst, Bedrohung, Unsicherheit auseinandesetzen.“ (*Schmidt-Denter* 1984, S. 21) In allen diesen Prozessen entwickelt der Mensch eine **Handlungskompetenz**, die ihn nicht nur überleben läßt, sondern auch kreativ reagieren läßt auf neue Situationen bzw. die ihm nahelegt, selbst neue Situationen zu schaffen.

Auch *Bronfenbrenner* übernimmt in seinem sozialökologischen Konzept diese Deutung und fordert die wissenschaftliche Untersuchung fortschreitender und wechselseitiger Angleichung zwischen einem menschlichen Organismus im Wachstum und den sich verändernden unmittelbaren Umgebungen, in denen er lebt (1977). Im Gegensatz zu *Piaget* geht es jedoch *Bronfenbrenner* nicht so sehr um die Beschreibung und Erklärung primär kognitiver Entwicklung, sondern um die sich aus diesem Grundlagen-Konzept ergebenden *praktischen* Fragen und Probleme. Wie verhalten sich Heranwachsende, wenn ein Elternteil ausfällt (durch Tod oder Scheidung); was bedeutet es für sie, in verschieden organisierten Umwelten sich zurechtzufinden (Elternhaus, Schule, Auslandsaufenthalt); wie verarbeiten sie entstehende Widersprüche, und wie kann man ihnen helfen, sich in der Umwelt so zurechtzufinden, daß auch ein Wachstum an Verhaltenssicherheit und Entwicklungschancen gegeben ist? Gerade das Konzept der Entwicklung zwingt zur *kontextuellen Realisierung,* will es zu erzieherischen und/oder interventorischen Resultaten gelangen. Nicht nur das Kind, auch der Jugendliche ist hier in besonderer Weise gefordert. Neben physischen Umstellungen (Pubertät) muß er seine psychische Konstitution stabilisieren (Identität), und dies in einer Phase, da er zwar nicht mehr den Schutzraum des Kindes beanspruchen darf, aber noch nicht in der Lage und mit den hinreichenden Legitimationen ausgestattet ist, seine Autonomie (z.B. in Hinsicht auf Berufs- und Partnerwahl, aber auch durch die eigenständige Sicherung ökonomischer Ressourcen und die uneingeschränkte Beteiligung an kulturellen und politischen Anregungen und Herausforderungen) unbehindert zu behaupten und auszubauen. „Jugend“ ist im Lebenszyklus also eine besonders geforderte, aber auch gefährdete Phase.

2.3 Versuche integrierender Modelle

Der sozialökologische Ansatz insistiert darauf, daß die *objektiven* Merkmale eines **Raums**, einer Umwelt, ebenso wesentlich sind wie das Erleben dieser Umwelt durch die beteiligten Personen. H. *Dreesmann* (1986, S. 254ff.) versucht, im Rahmen der Pädagogischen Psychologie die unterschiedlich gehandhabten *ökologischen Dimensionen* („physikalische und architektonische Merkmale, Charakteristika der sozialen Umwelt, Organisationsstrukturen, das soziale Klima oder Verstärkereigenschaften von Umwelt als ökologische und verhaltensrelevante Bedingungen") in Anlehnung an *Moos* (1973) in sechs Gruppen zusammenzufassen, die er in den beispielhaften Einzelmerkmalen Familie, Schule, Organisationen/Betriebe und informelle Lernumwelten konkretisiert:

Ökologische Dimensionen im pädagogisch-psychologischen Feldern

Ökologische Dimensionen	Beispiele für Einzelmerkmale Familie	Schule	Organisationen/ Betriebe	informelle Lernumwelten
Physikalische, dingliche und architektonische Dimensionen	- Wohnungs- und Zimmergröße - Wohnungseinrichtung - Spielzeug, Bücher	- Schulort - Ausstattung der Klassen mit Lernmaterial - Starre vs. flexible Raumgestaltung	- Betriebsinternes bzw. externes Bildungszentrum - Ausstattung mit Lernmaterial - Lärmbelastung der Seminarräume	- Natürliches und gebautes Freizeitangebot - Spielplatzgröße und Ausstattung - Einrichtung eines Jugendzentrums
Behavior setting	- Kinderzimmer - Bastelraum - Leseecke	- Große Schule Kleine Schule - Klassenzimmer - „Raucherecke" im Hof	- Bildungszentrum - Lehrwerkstatt - Qualitätszirkel	- Jugendzentrum - Sportplatz - Disco
Dimensionen der Organisationsstruktur	- Familiengröße - Familientyp (Groß-/Kleinfamilie) - Dominansverhältnis	- Schulart - Disziplinarische Vorschriften - Klassenverband/ Kurse	- Regelungen für Freistellung bei Fortbildung - Schriftliche Empfehlungen und Regeln für Besuch von Fortbildungen	- Selbstverwaltung/ Leitung eines Jugendzentrums - Bürgerinitiativen - Kosten für Freizeiteinrichtungen
Psychosoziales Klima	Erlebte - Offenheit von Gefühlen - Konfliktfähigkeit - Zusammengehörigkeit	Erlebte - Kooperation zwischen Lehrern und Schülern - Kameradschaft - Erfolgsaussicht	Erlebte - Förderung der eigenen Entwicklung - Anerkennung - Aufgabenorientiertheit	Erlebte - soziale Aufgeschlossenheit - Gemeinschaft - Möglichkeit zur Selbstverwirklichung
Funktionale Dimensionen	- Straf- bzw. Sanktionstechniken - Belohnung und Unterstützung - Modell- und Identifikationsmöglichkeiten	- Sanktionsmaßnahmen Lob, Tadel etc. - Prämien für Leistungen - Notensystem	- Konsequenzen für bestimmte Verhaltensweisen - Beförderung nach Fort- und Weiterbildung - Versetzungen	- Bewertung von Arbeit /Freizeit durch Eltern/ Bekannte/Freunde - Unterstützung von Freizeitaktivitäten - Identifikationsmöglichkeiten

Aus: *Dreesmann* (1986), S. 458f.

Konkretisiert man diese zunächst statisch erscheinende Tabelle und ihre Zuordnungen dadurch, daß man sich der Frage zuwendet, in welcher Reihenfolge und mit welchen Erfahrungen heranwachsende Menschen allmählich immer stärker in die Umwelt ausgreifen und wie sich beispielsweise Familie und Schule unter *dieser* Perspektive unterscheiden, kann die Beschreibung nach vier expandierenden **„sozialökologischen Zonen"** herangezogen werden, die *Baacke* versucht hat (1983, S. 48ff.; vgl. das in seinen Akzenten freilich unterschiedliche Konzept von *Porteous* im Abschnitt 2.1):

(1) *Ökologisches Zentrum:* der erste unmittelbare Umraum, in den man hineingeboren wird: meist handelt es sich um die Familie. Kennzeichnend für diese Zone sind enge emotionale Bindungen, face-to-face-Kommunikation, starke Abhängigkeit der jüngeren von der älteren Generation, starke „Privatheit".

(2) *Ökologischer Nahraum:* die unspezifizierte Umgebung von Zone (1), oft auch „Nachbarschaft" genannt. Es handelt sich um den Stadtteil, das Viertel, die „eigene Wohngegend". Hier werden die ersten Außenbeziehungen aufgenommen; der Heranwachsende findet hier Spielkameraden und neue Außen-Orientierungen. Auch hier sind die Beziehungen diffus, wenig vorab geregelt und stark erlebnisoffen.

(3) *Ökologische Ausschnitte:* hier handelt es sich um funktionsdifferenzierte Teilsysteme, die die Ganzheitlichkeit des Erlebens und Handeln reduzieren und zu bestimmten Zwecken der Aufgabenbewältigung menschliche Beziehungen zunehmend verregeln und in Rollensets organisieren. Die Schule, der Betrieb, aber auch ein Geldinstitut, die Konsumsphäre der Kaufhäuser, Freizeitstätten etc. gehören dazu. Der Übergang von Familie und Nachbarschaft in diesen Bereich ist am schwierigsten und problematischsten und führt entsprechend zu Krisen (Einschulung; Ablösung von der Familie; Abschluß der Schule und Übergang in die berufliche Ausbildung). Widersprüche zu familiären und nachbarschaftlichen Umwelten werden hier am intensivsten erfahren, wirken sich auch am stärksten auf Zukunftschancen und Sinnorientierungen aus (etwa, wenn ein Jugendlicher aus einer stark milieugebundenen Familie in die relative Neutralität einer Ausbildungsstätte eintritt).

(4) *Ökologische Peripherie:* dies ist die Zone eher gelegentlicher Kontakte, die dann häufig als Alternativen zum routinisierten Alltag erfahren werden (vom Besuch eines Konzerts, eines Theaters, über Besuche bei entfernter wohnenden Freunden und Verwandten bis zum Urlaub). Jugendliche Ausreißer suchen die ökologische Peripherie, um bedrükkenden oder widersprüchlichen Lebensverhältnissen zu entgehen oder die eigenen Handlungskompetenzen eigenverantwortlich auszuprobieren. Dem Wachstum der ökologischen Zonen vom Zentrum in räumlich immer entferntere und offenere Soziotope mit wechselnd eingeschränkten oder offenen Zugängen, Anforderungen und Bedeutungszuschreibungen entspricht das allmähliche Wachstum von Jugendlichen in die Selbständigkeit:

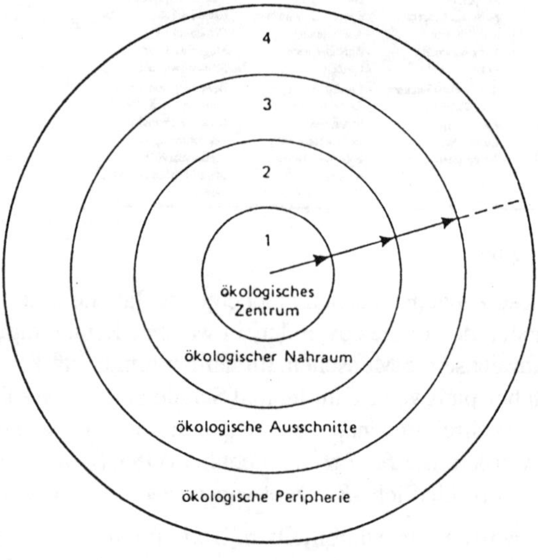

Schematische Darstellung der vier ökologischen Zonen

Aus: *Baacke* (1983, S. 50)

Die „Einzelmerkmale“ bei *Dreesmann* mit ihren ökologischen Dimensionen sind in der Zonen-Anordnung in deskriptiv-erschließender Absicht aufgehoben, das meint: das Zonen-Konzept erlaubt die Entwicklung sowohl systematischer Fragestellungen wie die sozialökologische Zuordnung von Ergebnissen. In das Konzept läßt sich eine Fülle von

Material hineindenken, und es liegt auch vor. Ein *Mangel* des bisherigen Konzepts besteht in seiner ausschließlichen *Deskriptivität.* Die räumlichen Beziehungen werden in ihrer Konkretheit zwar erfaßt, aber nicht mit ihren strukturellen Implikationen und in ihrer Einlagerung ins gesamtgesellschaftliche System gedeutet.

Hier kann *Bronfenbrenner* (1981, insbesondere S. 32ff; 199ff.) eine substanzielle Ergänzung bringen. Er interpretiert den Zusammenhang eines **Öko-Systems** nach *Struktur-Ebenen* folgender Art:

(1) *Mikro-Systeme:* unmittelbar erlebte Umwelten mit direkten zwischenmenschlichen Interaktionen. Das häusliche Milieu, die Schule wären Beispiele. Alle eben genannten „Zonen" können *ein* (Familie) oder *mehrere* Mikrosysteme umfassen (ökologische Ausschnitte).

(2) Meso-System: dies „umfaßt die Wechselbeziehungen zwischen den Lebensbereichen, an denen die sich entwickelnde Person aktiv beteiligt ist" (*Bronfenbrenner* 1981, S. 41); für einen Jugendlichen sind es beispielsweise die Beziehungen zwischen Familie, Schule und kirchlicher Jugendgruppe oder zwischen Familie, Arbeitswelt, Bekanntenkreis und Freizeitangeboten.

(3) Exosystem: hier ist die sich entwickelnde Person selbst nicht mehr enthalten. Gedacht ist an gesellschaftliche Institutionen wie Massenmedien, Behörden, Verkehrssysteme etc. Dennoch hat ein Exosystem *Einfluß* auf die Umwelt-Verarbeitung etwa im Mikrosystem Familie. Gewährtes Kindergeld kann (unter anderen Faktoren selbstverständlich) die Familieninteraktion *positiv* beeinflussen, ebenso wie die Tatsache, daß das Exosystem Wirtschaft Jugendlichen keinen Arbeitsplatz zur Verfügung stellen kann, deren Alltag im Mikrosystem und die von ihm erlebten und interpretierten Beziehungen im Mesosystem stark beeinträchtigen kann. Dies fassen wir unter „Vergesellschaftung": selbst die privateste Interaktion ist in ihren Strukturen und Formen beeinflußt durch Maßnahmen, die außer ihr selbst getroffen werden, aber in sie hineinwirken.

(4) Das Makrosystem: damit sind gemeint kulturelle sowie subkulturelle Normen, Weltanschauungen und Ideologien, die in einem bestimmten ökonomischen, sozialpolitischen, rechtlichen, kulturellen und politischen System einer Gesellschaft zur Geltung kommen.

Offen bleibt die Frage, inwieweit insbesondere das Exo- wie Makro-System im unmittelbaren Erlebnisraum eines Jugendlichen tatsächlich repräsentiert sind. An dieser Frage scheiden sich die Geister: eine *nur* entwicklungspsychologisch orientierte Forschung findet keine Anknüpfungspunkte, den gesellschaftstheoretischen Rahmen, den *Bronfenbrenner* anbietet, in ihre Arbeit einzubeziehen (dazu: *Trudewind* 1978, S. 41; *Vaskovics* 1982, S. 14f.). Problematisch für ein Handlungskonzept ist sicherlich auch die relative Allgemeinheit der von Bronfenbrenner eingeführten Systeme, deren Konkretheits- und Operationalisierungsgrad zu wünschen übrig läßt. Dennoch: gerade *Bronfenbrenner* ist es gelungen, den Zusammenhang gesellschaftsstruktureller Größen system-ökologisch zu *reformulieren* und damit — seinem sozialpolitischen Handlungsinteresse folgend — die Verbindung von eher soziologisch erfaßten *sozialen* Einflußgrößen (Institutionen wie Schule, Ausbildungsstelle etc.) und *psychischen* Repräsentanzen im eher entwicklungspsychologischen oder Sozialisationsforschungs-Interesse zu verbinden. Die Verbindung der ökologischen Dimensionen mit einem deskriptiven, für die

Heuristik aber äußerst aufschlußreichen Zonen-Modell und der ökosystematischen gesellschafts-strukturellen Ebenen-Schichtung *Bronfenbrenners* kann auch für die Jugendforschung zumindest ein *Orientierungsmodell* abgeben, indem sich Fragestellungen wie Problemlösungen auch auf der Ebene der Forschung wie auch der Anwendung ihrer Ergebnisse einander zuordnen lassen.

3 Methodische Probleme, Kontroversen

3.1 Methodische Probleme

Der sozialökologische Zugang führt verstärkt zu einer Verbindung von schon bekannten quantitativen Erhebungsmethoden (z.B. im Bereich der Demographie, Daten zur Struktur der Soziotope etc.) mit *qualitativen,* also eher dem interpretativen Paradigma oder sogar der Handlungsforschung verbundenen Verfahren. Je gesellschaftlich *konkreter* die sozialökologische Untersuchung sein soll, desto eher kommen letztgenannte Methoden ins Blickfeld. Die Zuwendung zu alltäglichen Kontexten (**„Lebenswelt"**, *Schütz*) fordert *komplexe Beobachtungen:* Beziehungen, Personen, die soziale, kulturelle und physische Umwelt müssen gleicherweise erfaßt und zueinander in Relation gesetzt werden. Dabei liegt ein besonderer Schwerpunkt auf der methodischen Erhebung der *Wechselwirkung* zwischen Individuum(en) und Umwelt. Da diese häufig nicht kurzfristig ist, sondern in ihrer sozialisatorischen Bedeutung nur durch *Langzeitbeobachtungen* erfaßt werden kann (die noch wenig vorliegen), erfordert sozialökologisches Vorgehen einen nicht unerheblichen methodischen *Aufwand.* Dabei sollte man *Bronfenbrenners* Hinweis beachten (1977), bei der Analyse von Beziehungssystemen diese zu verändern, weil sich dann am ehesten beobachten läßt, wie einzelne Faktoren aufeinander einwirken und eine neue Ausbalancierung entsteht. Im übrigen dienen solche (methodisch gesteuerten) Variationen nicht nur einem wissenschaftlichen Erkenntnisinteresse, sondern auch einem praktischen, weil beobachtete Veränderungen in pädagogisches Handeln oder sozialpolitische Konzepte eingehen können.

Beispiel: für Jugendliche ist in einem Stadtteil ein Haus der offenen Tür in kommunaler Trägerschaft erstellt worden. Dieses wird, obwohl sonst kaum Treffpunkte nichtkommerzieller Art vorhanden sind, kaum besucht. Eine Analyse zeigt, daß ein Kaufhaus und mehrere Discos Zeit und Kaufkraft der Jugendlichen absorbieren — insbesondere darum, weil sie tagsüber und abends zugänglich sind, während das **Jugendhaus** begrenzte Öffnungszeiten hat. Man variiert die Öffnungszeiten (verlängert sie in den Abenden, schließt am Samstag erst in der Nacht): nun orientieren sich die Jugendlichen in ihrem Freizeitverhalten neu.

Ein Problem des sozialökologischen Zugangs besteht darin, daß die einzelnen Faktoren noch nicht hinreichend präzisiert sind (vgl. die Modelle in 2.3). Die jeweils als ‚sozialisationsrelevant' ausgewählten Umweltmerkmale bleiben „relativ beliebig; überzeugende theoretische Begründungen werden durch die Tendenz zur Aufsummierung von immer mehr Variablen ersetzt" (*Cyprian* 1982, S. 305). Hinzu kommt, daß es schwierig ist, beobachtete Sozialisationseffekte spezifischen Umweltvariablen zuzuordnen, weil es schwierig ist, den jeweiligen Stellenwert zu überprüfen.

Zu bedenken ist auch, daß die sozialökologische Dimension häufig zu bisher schon beachteten *hinzu kommt;* auch damit werden die Methodenprobleme nicht einfach. So zeigen *Vaskovics/Watzinger* (1982) in ihrer Untersuchung von „Wohnumweltbedingungen der Sozialisation bei Unterschichtfamilien", daß bestimmte Merkmale, „die innerhalb der Familie der Unterschicht den Sonderschulanteil erklären können, mit Schichtzugehörigkeit der Familie signifikant korrelieren". Neben der Schichtzugehörigkeit spielt der Anteil familienstruktureller Merkmale (Kinderzahl) sowie sozialökologischer Merkmale (Wohnverhältnisse) eine Rolle. Eine pfadanalytische Überprüfung der Zusammenhänge zeigt, daß zwar auch die Schichtzugehörigkeit ein Faktor ist, von dem abhängt, ob ein Kind die Sonderschule besucht, aber die Berücksichtigung von Familien- und Umweltvariablen (Wohnbelegung und Qualität der Wohnung) helfen, den Anteil der erklärten Varianz erheblich zu erhöhen (von 5 % auf 13 %). Die Autoren ordnen die erklärenden Variablen folgendermaßen an:

Status → Kinderzahl → Wohnverhältnisse → Sonderschüler

Der *Vergleich* von **Familien** in Obdachlosensiedlungen mit Unterschichtfamilien in normalen Wohnverhältnissen (Kontrollgruppen) zeigt dann, daß sich insbesondere die „Wohn und Wohnumweltbedingungen dieser Familien extrem stark voneinander unterscheiden. Der Anteil der Sonderschüler ist bei Familien, die in Obdachlosensiedlungen unter äußerst schlechten Wohnbedingungen leben, am höchsten (77 %)." (S. 287) Während sich die Unterschichtfamilien in ökonomischer und familiär-struktureller Hinsicht kaum unterscheiden, helfen die unterschiedlichen Wohn- und Wohnumweltbedingungen die festgestellten Sozialisationsdefizite erklären — und damit sind wichtige Hinweise für interventorische Maßnahmen gegeben: eine verbesserte Wohnumwelt gleicht am ehesten festgestellte Lerndefizite aus.

Mit solchen relativ komplexen methodischen Ansätzen ist die primär *deskriptive* Ebene sozialökologischen Vorgehens überwunden. Letztere dominiert beispielsweise in *Barkers* behavioral-setting-Konzeption. So untersuchte er mit *Schoggen* (1977) die Bedeutung ökologischer Faktoren im Vergleich einer amerikanischen und einer englischen Kleinstadt (Midwest und Yoredale). Das Ergebnis ist eine komplexe Darstellung kleinstädtischer Umwelten, wobei das Datenmaterial über naturalistisch-beobachtende Verfahren (Aktivitäten der Einwohner, Struktur und Funktion sowie Nutzung der behavior-settings, Führerrollen, deren räumliche und soziale Streuung) gewonnen wurde. Dabei bleiben die erfaßten Dimensionen im einzelnen unspezifiziert, nach Art eines at-random-Vorgehens (vgl. dazu: *Fietkau/Görlitz* 1981, S. 100ff.). *Fietkau/Görlitz* schlagen vor, dieses Verfahren zu ergänzen durch ein fixed-Modell, in dem bestimmte Variablen in ihrer Beziehung durch Methoden in bekannter Weise von abhängig/unabhängig festgelegt werden. Dies kann geschehen durch traditionelle Testmethoden (Intelligenztests, Rollenübernahme-Aufgaben, Persönlichkeitsskalen usw.), die zwar nicht das alltägliche Verhalten in konkreten Umräumen erfassen, aber durchaus helfen, dies besser zu verstehen und auch zu erklären. So können *Haggard* (1973) sowie *Hollos* (1975) und *Hollos/Cowan* (1973) zeigen, wie die deskriptiv anschaulich zu machenden Lebensbedingungen biespielsweise norwegischer Farmkinder, die in starker sozialer Isolation aufwachsen, vor allem zu einer Beeinträchtigung ihrer kognitiven Entwicklung führen. Ist auf diese Weise aber der Nachweis gelungen, daß soziale Isolation zu starker Beeinträchtigung geistiger Mobilität und Entwicklung führt, können entsprechende Entwicklungsprogramme eingesetzt werden.

4 Themen sozialökologischer Jugendforschung

Vorbemerkung: Im folgenden geht es um die inhaltlich bestimmte Themenstruktur sozialökologischer Forschung, ohne daß die mit den einzelnen Arbeiten verbundenen methodischen und theoretischen Probleme, aber auch Lösungswege im einzelnen wiederum aufgezeigt werden. Sie wären zu lesen und zu diskutieren im Rahmen der vorangehenden Darstellung. Zu betonen ist, daß gerade der sozialökologische Ansatz eine starke *Integrationsfunktion* besitzt derart, daß das Sozialökologiekonzept gerade *wegen* seines Kontextbezuges häufig nicht einzelne Altersgruppen oder „Problemfälle" isoliert. Dies entspricht der zunehmenden Einsicht in das Gewicht, das *lebenslaufspezifische* Konzepte haben, in denen Entwicklung und Sozialisation nicht begrenzt, sondern im lebenslaufzyklischen Zusammenhang gesehen werden. Da in Umwelten häufig unterschiedliche Geschlechter, Altersgruppen (Familie!) etc. zusammenleben, wird genau dieser Zusammenhang häufig thematisiert. Eine Fokussierung auf Jugend speziell ist dann angebracht, wenn es um den Alltag und den Jetzt-Status von Jugend geht und um die Entwicklung von Ansatzpunkten, Unterstützungsmaßnahmen jeder Art nicht nur in Hinsicht auf Zukunft zu entwickeln, sondern auch unter Berücksichtigung der Maxime, daß jedes Leben in seiner Jetzt-Erfahrung gelebt wird und hier seinen Wert erhalten muß.

4.1 Familie, Wohnqualität

Inzwischen liegen zahlreiche Untersuchungen zur Bedeutung von Haus (home, dwelling) und Nachbarschaft vor. Ausgegangen wird von der Behauptung, daß eine stabile Identität nur durch gelungene soziale Beziehungen herstellbar ist, und diese wiederum sind von der Organisation **sozialökologischer „Zonen"** abhängig.

Der *Ressourcen-Ansatz* betont die Bedeutung des sozialökonomischen Umfelds einer **Familie** (Betriebe, Geschäfte, Ämter, soziale Netzwerke); das Stichwort „Umweltpartizipation" öffnet den Blick für die Frage, unter welchen Umständen Familien mit ihrer sozialen Umwelt in Kontakt treten (sich unterwerfend oder mitwirkend), und das Konzept der „familialen Lebenslage" schließlich „gibt auch die strukturellen Bedingungen an, unter denen Familien in Austauschprozessen mit der sozialen Umwelt aktiv werden können, um Ressourcen verfügbar zu machen." (*Vaskovics* 1982, S. 12; dazu die Arbeiten *Kaufmanns* u. Mitarbeiter 1979, 1980). *Schneewind* u.a. (1979; 1980) ergänzen die meist kontextunspezifische Analyse elterlicher **Erziehungsstile** um materielle und soziale Merkmale des familialen Lebensraums, erfassen Personen- und Erziehungsmerkmale der für Heranwachsende besonders wichtigen Interaktionspartner Mutter/Vater und versuchen, im Rahmen einer Mehrebenenanalyse, Kontextbedingungen, Erziehungsverhalten und Persönlichkeitsmerkmale zu verbinden. *Trudewind* (zuerst: 1975) hält für die Entwicklung des Leistungsmotivs ebenfalls nicht nur elterliches Erziehungsverhalten, sondern auch die tätige Auseinandersetzung des Kindes mit seiner konkreten Umwelt für wesentlich. Die Ergebnisse, in fünf Variablenclustern geordnet, betonen als Bedingungen für das jeweilige Ausmaß des intellektuellen und leistungsthematischen Anregungsgehaltes

- Weite des Erlebnishorizontes (z.B. Bewegungsfreiheit im Haus und im Nahraum, Selbständigkeitserziehung, Reisen, Ausflüge und Besichtigungen)
- Stimulation durch Ausstattung der häuslichen Umwelt (z.B. Spielzeug, Malgeräte, Tierhaltung, Basteln, Hobbies, Bücher, Massenmedien)
- Hilfe und Förderung bei den Schularbeiten (z.B. Verfügbarkeit von Hilfsmitteln, Intensität der Hilfe)
- Anregung durch soziale Kontakte (Vielfalt, Häufigkeit, Qualität)
- Intensität der Spracherziehung (*Trudewind* 1982, S. 178)

Da auch Jugendliche ihren Ausgang von der Familie nehmen (wenn zwar ihr spezifischer Altersstatus in den zitierten Untersuchungen weniger berücksichtigt wird), enthalten diese Untersuchungen thematisch wie methodisch nicht nur ein reiches Anregungspotential für die Jugendforschung, sondern sie stellen auch Ergebnisse bereit, die stärker als bisher in die Analyse jugendlichen Verhaltens eingehen sollten, insbesondere dann, wenn man dieses auch unter *genetischen* Aspekten behandeln will.

4.2 Kinderforschung

Die starke Familienorientierung in der sozialökologisch orientierten Forschung hat ein Pendant in der **Kinderforschung.** Diese Schwerpunkte könnten erstaunen, da Jugendliche in sehr viel mehr **sozialökologischen Zonen** leben und stärkere Disparatheits-Erfahrungen machen (vgl. 4.3). *Ein* Grund scheint mir darin zu liegen, daß eine kindzentrierte Forschungstradition insbesondere in der **Entwicklungspsychologie** stärker ausgebaut ist als eine erst neuerdings in breiterer Front sich artikulierende Jugendforschung.

Einige Beispiele für sozialökologische **Kinderforschung:** *Schoggen* (1973) hat „subsettings" im Gruppenraum eines Kindergartens („setting") analysiert. Sie fand fünf verschiedene Organisationsformen einer Vorschulgruppe heraus: strukturierte Gruppenaktivitäten, Übergangsaktivitäten, Freispiel, Gruppenunterricht, Frühstück. Die Konstanzer Gruppe „Umwelttaxonomie" (*Bargel/Kuthe/Mundt* 1976; *Mundt* 1980) untersuchte Sozialisationseffekte unter dem Konzept des „Soziotops"; *Trudewind* u.a./*Schneewind* u.a. (Kurzdarstellung in: *Walter/Oerter* 1979, S. 229ff.; S. 246ff.) untersuchten den Zusammenhang zwischen Hausaufgabenbewältigung und Mütter-Verhalten, Familienklima und Familienumwelt, als Erweiterungen der Erziehungsstil-Forschung. Was ergab sich? „In der Kombination ‚hohe mütterliche Gütestandards', wenig Gewährung von Entscheidungsfreiheit bei gleichzeitig häufiger Ablehnung von Hilfe (Selbständigkeitsforderung)' gepaart mit ‚Bevorzugung neutraler Reaktionen auf Erfolg und negativer emotionaler Sanktionen auf Mißerfolg' ergeben sich Bedingungen, die in den ersten Grundschuljahren zu einer zunehmenden Mißerfolgsängstlichkeit der Jungen führt" (S. 245) oder „ein intellektuell stimulierendes und ein aktives, vielgestaltiges Familienleben ist für die Entwicklung einer internalen Bekräftigungsüberzeugung förderlich. Diese Aspekte der Familienumwelt ermöglichen den Aufbau von Kompetenzen, die ihrerseits eine wichtige Voraussetzung für Selbstverantwortlichkeitserfahrungen sind" (S. 260). Die zitierten Ergebnisse machen auf ein schon angesprochenes Problem aufmerksam: die sozialökologische Komponente ist in vielen Untersuchungen schwach ausgeprägt. Im Mittelpunkt der eben zitierten Arbeiten stehen eher Verhaltens- und Beziehungs-Dimensionen; „sozialökologisch" ist allenfalls die Einbeziehung der Kategorie „Familienklima". Eine eindeutig sozialökologisch angelegte Untersuchung hat *Engelbert* (1986) vorgelegt.

4.3 Problem-Orientierung

Der sozialökologische Zugang erweist seine Fruchtbarkeit auch, wenn man ihn unter dem Stichwort „Jugend als Problem“ behandelt, das sowohl unter subjektiven wie gesellschaftlich-objektiven Bedingungen analysiert werden kann (*Hornstein* 1979; *Baacke/Heitmeyer* 1985). *Vaskovics* hat in dem von ihm herausgegebenen Band „Raumbezogenheit sozialer Probleme“ (1982) insbesondere Probleme abweichenden und auffälligen Verhaltens thematisieren lassen: Jugendkriminalität und Selbstmordversuche, Fußballrowdytum, Obdachlosigkeit, ethnische Minoritäten sind Gruppen, deren Deprivation durch soziales Milieu, zugeordnete Normsysteme, soziale Situationen und Raum-Konstellationen bedingt ist. Der Lebensstatus des Jugendlichen versammelt in sich besonders zahlreiche Krisen-Abschnitte im **Lebenszyklus:**

— Einschulung
— Verbleib in der Schule
— Schulwechsel
— Schulabschluß und Übergangsphase ins Berufsleben
— Berufsausbildung, Hochschul-Eintritt
— Erprobung dauerhafter Beziehungen
— Berufseintritt

Jeder dieser Abschnitte ist mit einem Wechsel differenzierter und differenter Lebenszonen verbunden. Der Übergang vom Zentrum Familie in den Ausschnitt Schule, die zunehmende Orientierung am Nahraum, die Disziplinierung durch Schule und Beruf — überall liegen raumstrukturierte Bedingungsfolien für die Bewältigung dieser Übergänge oder ihr Scheitern vor. Desweiteren unterliegen Jugendliche einer *sozialen Beschleunigung*, die erst im Erwachsenenleben etwas zum Stillstand kommt. So verändert sich das Eltern-Verhalten je nach den Altersstufen, Jugendliche erfahren sich plötzlich nicht mehr als „Kind“, müssen sich fremden Menschen zuwenden und, häufig unvorbereitet, ihre Geschlechtsrolle definieren und ausprobieren. Dies alles ballt sich auf relativ kurze Zeit zusammen und zwingt zur schnellen Aneignung von unterschiedlichen Anforderungen (Schule und Arbeit vs. Freizeit, Intimität vs. Öffentlichkeit etc.). Zum dritten stellen die erhöhten Wahlmöglichkeiten in modernen Gesellschaften einen starken Streßfaktor dar (*Moos/Tsu* 1976). Eine Fülle von Alternativen zwischen verschiedenen Lebensbedingungen, Lebensstilen, denen eine zunehmende Kommerzialisierung mit einem vielfältig gestuften Warenangebot entsprechen, zwingen Jugendliche dazu, die Bedeutung immer neuer Anregungen für ihr persönliches und zukünftiges Leben einzuschätzen und die Sach-Umwelt mit ihrer Beziehungs-Umwelt abzustimmen. Angesichts dieser Schwierigkeiten ist es insgesamt erstaunlich, wie relativ unbefangen sich Jugendliche in neuen behavioral settings bewegen und wie sie — häufig ohne pädagogische Unterstützung — ihre Orientierungsexperimente erfolgreich abschließen. Dies gilt nicht für Jugendliche in deprivierten Wohnquartieren, in sozialer Isolation, verbunden mit individuellen Entwicklungshemmungen. Isolation auf der einen Seite, Über-Mobilität in Welten mit widersprüchlichen Verhaltensanforderungen auf der anderen sind Probleme, die Jugendliche in ihren Lebenschancen wie Sinnfindungsmöglichkeiten erheblich einschränken können.

4.4 Spezielle Beiträge der Jugendforschung

Auch hier können nur auswählende Hinweise gegeben werden. Schon die historische Jugendforschung konnte nicht davon absehen, unterschiedliche Lebensräume der Jugend zu berücksichtigen (z.B. Landjugend vs. Stadtjugend; Wanderungsbewegungen vom Land in die städtischen Ballungszentren im Prozeß der Industrialisierung im 19. Jahrhundert; vgl. z.B. *Gillis* 1980). Englische Studien der sogenannten Birmingham-Schule (z.B. *Willis* 1977; *Clarke* u.a. 1979) wenden sich, wie die Devianzforschung in der Untersuchung von jugendlichen Gangs seit jeher, Arbeiter-Wohnquartieren und ihren Bedingungen zu und interpretieren sie als subkulturelle Milieus unter einer hegemonialen bürgerlichen Kultur, in denen die Jugendlichen eigene Überlebensstrategien entwickeln — Widerstandsrituale, die freilich ihre soziale Depravierung nicht grundsätzlich verbessern, aber doch aushaltbar machen. Sehr anschaulich wird hier die Einwirkung von Exo- und Makrosystem: indem durch die Zeitungs-Berichterstattung das Verhalten von Jugendlichen in diesen Vierteln besonders kritisch thematisiert wird („Jugendkrawalle"), wird die gesellschaftliche Isolation des Stadtteils, „sein schlechter Ruf" in der Öffentlichkeit verstärkt — mit der Folge, daß polizeiliche Kontrollen erhöht werden und die Jugendlichen in den Circulus virtiosus potenzierter Kriminalisierungs-Effekte gelangen. Gerade bei Unterschicht- bzw. Arbeiterjugendlichen ist die Quartiergebundenheit groß, so daß dieser Faktor in allen Untersuchungen, ohne daß er als „sozialökologisch" herauspräpariert wird, eine spezifische Rolle spielt.

In der Bundesrepublik hat die *Projektgruppe „Jugendbüro und Hauptschülerarbeit"* die „Lebenswelt von Hauptschülern" (1975) untersucht. Von vier achten Klassen einer Hauptschule, in einem noch einmal ökologisch differenzierten Stadtteil angesiedelt, der vorwiegend von sozial nicht Begünstigten bewohnt wird, wurden einzelne Gruppen befragt sowie beobachtet. Man fand in einer typisierenden Polarisierung „familienzentrierte" Hauptschüler (Wertschätzung familiärer Kontakte, häufigerer Aufenthalt zu Hause und Mithilfe in der Familie; Interesse vor allem an sportlicher Betätigung, jedenfalls bei den Jungen) sowie „subkulturorientierte" Hauptschüler (auffällig gekleidet, eigene Treffs, stärkere Aggressivität gegenüber Erwachsenen, starke Popmusik-Orientierung, Wertschätzung mit Beziehungen zum anderen Geschlecht im Rahmen einer Clique, diffuse Freizeitorientierungen). Die Differenzierung stützt sich vor allem auf sozialökologische Faktoren: die familienzentrierten Heranwachsenden kommen meist aus vollständigen und behütenden Familien, während die subkulturorientierten Altersgruppen mit einer gewissen sozialen und kulturellen Distanz gegenüber ihrer sozialen Umgebung (Beispiel: Schule) eher aus Wohngebieten mit schlechter Ausstattung kommen, aus engen Wohnungen, aus zum Teil unvollständigen Familien. Verstärkte Peer-Orientierung ist offenbar sozialökologisch mitbedingt.

Explizit stärker an sozialökologischen Komponenten orientieren sich z.B. *Krauß/Tippelt* in ihrer Untersuchung der „Bedeutung der Wohngemeinde und der Bildung für das Freizeitverhalten junger Menschen" (1985). Unter Verweis auf die **Gemeindeforschung,** die den Stadtteil seit jeher als sekundäre Sozialisations- und Erziehungsinstanz betrachtet (schon *Muchow/Muchow* 1935), wird die Gemeinde als „kultureller Mikrokosmos" aufgefaßt, der die Subjekte zu aktiver Auseinandersetzung zwingt. Die Autoren führten Interviews mit 4000 14- bis 19jährigen Jugendlichen in vier Gemeinden durch, um genauere Aufschlüsse über das Freizeitverhalten von Jugendlichen zu erhalten. Unterschiede ergaben sich zwischen Wohngebieten, den Wohnverhältnissen der Jugendlichen, der Ausstattung mit **Freizeiteinrichtungen** nach Umfang und Qualität, zwischen der unterschiedlichen Erreichbarkeit der Einrichtungen sowie der Versorgungsdichte. Jugendliche aus dörflichen Umgebungen sind beispielsweise auf Mitfahrgelegenheiten oder eigene Fahrzeuge angewiesen, um Cafés, Discotheken, Kinos und andere kommerzielle Einrichtungen zu erreichen. Je weiter die Urbanisierung der dörflichen Strukturen vorangeschritten ist, desto stärker wirkt sich diese Orientierung auch auf das Freizeitverhalten aus, während traditionell-dörfliche Strukturen bei geringerem Generationengegensatz Jugendliche in der Regel stärker in die gewachsenen Lebensformen und Freizeitangebote einbinden (Feuerwehrverein, Schützenverein, Posaunenchor etc.). Eine enge Anbindung von Arbeitervierteln ans Stadtzentrum führt dazu, daß Jugendliche diese auch stärker nutzen, während Jugendliche aus bildungsbürgerlichen Milieus nicht nur ihre Eltern positiv einschätzen, sondern ihre Erwachsenenorientierung mit Interesse an politischen Themen und kulturellen Aktivitäten sowie extravaganten Sportarten (Rugby, Judo, Reiten, Rudern, Hockey, Squash, Bodybuilding) verbinden.

Hübner/Funk u.a. untersuchten in einer 6jährigen Studie „Sozialisation und Umwelt: Jugendliche im sozialökologischen Kontext" (Veröffentlichung unter anderem Titel 1983) mit dem Ziel der Praxisnähe außer-institutionelle Sozialisationsprozesse von Hauptschulabgängern in einem Neubauviertel, einem Altstadtviertel (München) und einer ländlichen Kleinstadt. Der Statusübergang von der Schule zur Berufsausbildung berücksichtigt den Krisen-Ansatz der Problemorientierung (vgl. 4.3). Interaktions- und Kommunikationsnetze in den unterschiedlichen Wohngebieten wurden in Hinsicht auf berufliche Orientierung, Gesellungsformen und Umweltaneignung untersucht, und zwar mit Hilfe eines halbstrukturierten Interviewleitfadens. Sechs Monate nach Schulende fanden außerdem Gruppendiskussionen statt, und Experteninterviews (Klassenlehrer, Berufsberater, Freizeitheimleiter, Pfarrer, Jugendpolizisten, streetworker, Leiter von Sportvereinen) ergänzten das Bild.

Ein Beispiel für die Vielfalt der Ergebnisse aus dem Kapitel zur beruflichen Orientierung. Jugendliche aus einer traditional-orientierten ländlichen Kleinstadt machen bei der Arbeitsplatz- und Ausbildungsstellensuche die Erfahrung „ohne Beziehungen geht nichts!" Das intakte soziale Netz und Verwandtschaftsbeziehungen am gleichen Ort privatisieren weitgehend die Stellensuche. Ganz anders in einer Neubausiedlung mit monostruktureller Auswirkung aufs Wohnen und unterentwickelter Infrastruktur. Hier gibt es kein gewachsenes **soziales Netzwerk**; Abwicklungen finden über die „Ämter" statt, so daß das Deutungsmuster entsteht „der Staat ist zuständig"! Im teilweise verwahrlosten, aber in den Kauf- wie Freizeitangeboten bunt durchmischten Altstadtviertel hingegen entwickelt sich die Devise „jeder hilft sich selbst am besten!" Die Mischung von reizreicher Umwelt mit einem relativ hohen Maß an Selbständigkeit führt bei knappen Arbeitsplatzressourcen zu dieser Devise.

Vergleichbar mit der Münchner ist die Berliner Untersuchung über die „Umweltaneignung von **Stadtkindern**" (*Jacob* 1984). In drei Berliner Stadtbezirken wird nach der „Aneignung" von Räumen durch Heranwachsende gefragt. Als Methoden wurden verwandt: die „Momentaufnahme"; problemorientierte Beobachtungen, Befragung und Straßeninterviews. Verglichen wurden in den drei Untersuchungsgebieten der Aufenthalt der Kinder außerhalb der Wohnung, im Wohnumfeld; die Aufenthaltsorte (Straßen, Spielplätze, Park- und Grünanlagen, Wege); die Art der Aktivitäten (Mobilität, Kommunikation, Spiel, sonstiges) und die Spielformen (z.B. Rollenspiele, Bewegungsspiele). Die Ergebnisse werden von den Autoren in ihrer Generalisierbarkeit m.E. überschätzt, geben dennoch interessante Hinweise. So halten sich Heranwachsende, relativ unabhängig von den lokalen Bedingungen, „in einem erheblichen Umfang draußen auf" (*Jacob* 1984, S. 692), wobei Mädchen heute gegenüber den Jungen nicht mehr zurückstehen und ihre Interessen — bezogen auf das Wohnumfeld — sogar vielseitiger sind als die der Jungen. Bemerkenswert ist, daß verkehrsberuhigte Straßen für den Aufenthalt nicht bevorzugt wurden. Geschätzt wird „draußen" der größere Bewegungsraum und die Möglichkeit unkontrollierterer Erfahrungen. Am bemerkenswertesten ist auch die sonst gemachte Beobachtung, daß sich Heranwachsende vorwiegend auch „draußen" aufhalten, um in einer Art erzwungener Mobilität Freunde, Sportplätze, Freizeitveranstaltungen zu erreichen. Der öffentliche Lebensraum nimmt so „immer mehr den Charakter ‚isolierter Inseln' an", die „nur noch über Transportwege miteinander verbunden sind" (*Jacob* 1984, S. 695). Die letztgenannte Untersuchung läßt sich auch dem Themenkomplex **„Straßensozialisation"** (*Zinnecker* 1979) zuordnen. Gerade bei beengten Wohnverhältnissen ist die Straße die einzige Ausweichmöglichkeit. Es handelt sich um ein behavioral setting besonderer Art, weil Jugendliche öffentliche Orte nur teilweise entsprechend ihren den ihnen zugedachten Funktionen nutzen.

Daß Jugendliche auch raumschaffend-kreativ tätig sind — aus Zwang, aus Protest oder anderen Gründen —, sich also eigene **Sozialräume** schaffen, zeigen die Untersuchungen von *Becker* u.a. (knappe Übersicht: 1983). Ihnen geht es weniger um das Konstatieren sozialer Desorganisation, sondern um die produktive Leistung von Jugendlichen, sich ihre Handlungsräume zu schaffen. Dabei unterwerfen sie sich nicht notwendig der Funktionalität des Vorhandenen. Wenn Punks an Rolltreppen zum Hauptbahnhof „lagern", konterkarieren sie durch eine für die Funktionalität des Raums widersprüchliche Nutzung (die darin besteht, schnell zu den Zügen gelangen zu können) Lebensstile und Zwecksetzungen des öffentlichen Raums. Ja gerade jugendkulturell orientierte Jugendliche besitzen, besonders in Gruppen, ein außergewöhnliches Potential der Raumaneignung und Raumumdeutung: handelt es sich um Demonstrationen und Massenversammlungen (Friedensbewegung; Rockkonzerte), um Straßenfeste, aber auch Straßenschlachten und Herumlungern (Punks, Straßencliquen), um Schaufensterbummel, Zurschaustellung eigener Ausstaffierung (Mode-Jugend) oder die Hausbesetzerszene mit dem Ziel, für die Spekulation freigegebene Areale in ihrem tradierten Bestand bewohnbar zu machen. Die letztgenannten Untersuchungen (auch: *Baacke* 1983, S. 241ff.) bestätigen in besonderer Weise das eingangs (vgl. 1.1) formulierte handlungstheoretische Postulat sozialökologischer Forschung, daß Umwelten Handeln nicht „determinieren", sondern die Subjekte auch in der Lage sind, sich diese anzueignen und sie zu verändern. Freilich darf man die Grenzen solcher Impulse nicht übersehen. Insgesamt entwickelt sich die sozialökologische Jugendforschung derzeit von einem eher stark problemorientierten Ansatz (Jugenddelinquenz, Straßencliquen) zu einer Forschung, die die *kulturellen* Gestaltungsbeiträge von Jugendlichen ebenso hervorhebt. Damit sind nicht nur, sozialpolitisch gesehen, Hilfs- und Interventionsstrategien zu entwickeln (soziale Netzwerke), sondern auch die Bereitstellung von gestaltbaren Aktionsräumen und Materialien gefordert: die Jugendforschung entdeckt über den sozialökologischen Zugang ihre *kultur*politische Dimension.

Fazit: Der sozialökologische Ansatz in der Jugendforschung steht in einer inter-, derzeit eher multidisziplinären Tradition. Diese gilt es zu kennen, will man die Möglichkeiten dieses Ansatzes für die Jugendforschung fruchtbar machen. Es gibt derzeit keine über die Disziplinen gehende Einigung auf Grundbegriffe, theoretische Konzepte, Methoden. Die Erschließungskraft sozialökologischer Komponenten ist jedoch unbestritten; sie können heute eigentlich in empirischen Untersuchungen nicht mehr vernachlässigt werden. Eine Geringschätzung des sozialökologischen Ansatzes ist heute ebenso wenig mehr begründet möglich wie eine isolierende Überschätzung seiner Erklärungskraft. Mehrebenenanalysen und multidimensionale Konzepte können vorhandene Kontroversen überwinden helfen, zumal diese sich meist der Favorisierung *eines* Blickwinkels verdanken. Auch nur-deskriptive Beiträge im Rahmen des sozialökologischen Ansatzes können dabei schon hinreichende Praxishilfen bieten und für pädagogische **Fallstudien** verwendet werden. Die Themen sozialökologischer Jugendforschung sind bis heute disparat, unterliegen keinem Forschungsprogramm — ebenso, wie die einzelnen Projekte nur selten aufeinander aufbauen und daher häufig eher als Pilot-Studien zu klassifizieren sind. Eine Isolierung der Jugendforschung wird durch den sozialökologischen Zugang nicht favorisiert, im Gegenteil. Dies ist für die Jugendforschung selbst fruchtbar und nützlich, da sie Gefahr läuft, wichtige Aspekte auszublenden (lebenszyklische Ganzheit, genetische Faktoren, die historische und die biographische Dimension etc.). Stärken des sozialökologischen Ansatzes sind — neben seiner Offenheit zu anderen Ansätzen — seine Anschaulichkeit, seine Konkretheit (Alltag, Lebenswelt) und seine Praxisnähe. Sozialpolitische Empfehlungen sind aus diesem Ansatz am ehesten abzuleiten, kulturpolitische sollten stärker als bisher hinzukommen.

Literatur:

Altmann, I./Werner, C.M.: Home Environments, New York/London 1985

Baacke, D.: Die 13- bis 18jährigen. Einführung in Probleme des Jugendalters. Weinheim ^{4}1985

Baacke, D./Heitmeyer, W. (Hrsg.): Neue Widersprüche. Jugendliche in den 80er Jahren. Weinheim 1985

Baacke, D./Sander, U./Vollbrecht, R.: Lebenswelten sind Medienwelten. Opladen 1990

Bargel, T./Kuthe, M./Mundt, J. W.: Zur Bestimmung sozialisationsrelevanter Areale (Soziotope). Modelle, Verfahren und Probleme, Konstanz 1976

Bargel, T./Fauser, R./Mundt, J.W.: Soziale und räumliche Bedingungen der Sozialisation von Kindern in verschiedenen Soziotopen. In: Walter, H. (Hrsg.): Region und Sozialisation, Band 1, Stuttgart 1981, S. 186-260

Bargel, T./Fauser, R./Mundt, J. W.: Lokale Umwelten und familiale Sozialisation: Konzeptualisierung und Befunde. In: Vaskovisc, L. A. (Hrsg.): Umweltbedingungen familialer Sozialisation, Stuttgart 1982, S. 204-236

Barker, R. G.: Wanted: an Eco-Behavioral Science, in: Willems, E. P./Raush, H. L. (Hrsg.): Naturalistic viewpoints. In: psychological research, New York 1969, S. 31-43

Barker, R. G./Schoggen, P: Qualities of community life. Methods of measuring environment and behavior applied to an American and English town. San Francisco 1973

Becker, H./Eigenbrodt, J./May, M.: Der Kampf um Raum — von den Schwierigkeiten Jugendlicher, sich eigene Sozialräume zu schaffen. In: Neue Praxis 13 (1983), H. 2, S. 125-137

Becker H./Eigenbrodt, J./May, M.: Unterschiedliche Sozialräume von Jugendlichen in ihrer Bedeutung für pädagogisches Handeln. In: Zeitschrift für Pädagogik 30 (1984), H. 4, S. 499-519

Beckmann, M./Krohns, H.Ch./Schneewind, K.A.: Ökologische Belastungsfaktoren, Persönlichkeitsvariablen und Erziehungsstil als Determinanten sozialer Scheu bei Kindern. In: Vaskovics, L.A. (Hrsg.): Umweltbedingungen familialer Sozialisation. Stuttgart 1982, S. 143-167

Bertram, H.: Probleme einer sozialstrukturell orientierten Sozialisationsforschung, In: Zeitschrift für Soziologie 5 (1976), S. 103-117

Bertram, H.: Sozialökologische Konzepte in der Sozialisationsforschung und Mehrebenenmodelle. Methodologische Überlegungen zur sozialökologischen Perspektive in der Sozialisationsforschung, dargestellt an einer Untersuchung über gesellschaftliche und familiäre Bedingungen moralischen Urteilens. In: Walter, H./Oerter, R. (Hrsg.): Ökologie und Entwicklung. Mensch — Umwelt — Modelle in entwicklungspsychologischer Sicht. Donauwörth 1979, S. 210-228

Bertram, H.: Sozialstruktur und Sozialisation. Zur mikroanalytischen Analyse von Chancenungleichheit. Darmstadt/Neuwied 1981

Bertram, H.: Von der schichtspezifischen zur sozialökologischen Sozialisationsforschung. In: Vaskovics, L. A. (Hrsg.): Umweltbedingungen familialer Sozialisation. Stuttgart 1982, S. 25-54

Bronfenbrenner, U.: Wir wirksam ist kompensatorische Erziehung? Stuttgart 1974

Bronfenbrenner, U.: Ökologische Sozialisationsforschung. Stuttgart 1976

Bronfenbrenner, U.: Toward an experimental ecology of human development. In: America psychologist 32 (1977), S. 513-531

Bronfenbrenner, U.: The experimental ecology of human development. Boston 1979

Bronfenbrenner, U.: Die Ökologie menschlicher Entwicklung. Stuttgart 1981

Caesar, B.: Der Beitrag der ökologischen Perspektive Barkers zur Erforschung von sozialhistorischen Umwelten: eine methodologisch orientierte Betrachtung. In: H. Walter/Oerter, R. (Hrsg.): Ökologie und Entwicklung. Donauwörth 1979, S. 146-156

Clarke, J./P. Cohen/P. Corrigan u.a.: Jugendkultur als Widerstand. Milieus, Rituale, Provokationen. Frankfurt/Main 1981

Cohen, P.: Territorial- und Diskursregeln bei der Bildung von „peer-groups" unter Arbeiterjugendlichen. In: Clarke, J. u.a.: Jugendkultur als Widerstand. Milieus, Rituale, Provokationen. Frankfurt/Main 1981, S. 238-266

Cyprian, G.: Ökologische Umweltbedingungen der Sozialisation in Wohngemeinschaften. In: Vaskovics, L. A. (Hrsg.): Umweltbedingungen familialer Sozialisation. Stuttgart 1982, S. 291-306

Dreesmann, H.: Zur Psychologie der Lernumwelt. In: Weidenmann, B. u.a. (Hrsg.): Pädagogische Psychologie. München/Weinheim 1986, S. 447-469

Eckensberger, L. H.: Die Grenzen des ökologischen Ansatzes in der Psychologie. In: Graumann, C. F. (Hrsg.): Ökologische Perspektiven in der Psychologie. Bern 1978, S. 49-82

Eckensberger, L. H.: Die ökologische Perspektive in der Entwicklungspsychologie: Herausforderung oder Bedrohung. In: Walter, H.; Oerter, R. (Hrsg.): Ökologie und Entwicklung. Mensch — Umwelt— Modelle in entwicklungspsychologischer Sicht. Donauwörth 1979, S. 264-281

Engelbert, A.: Kinderalltag und Familienumwelt. Eine Studie über die Lebenssituation von Vorschulkindern. Frankfurt/Main — New York 1986

Freud, A.: Das Ich und die Abwehrmechanismen. London 1946

Gillis, J. R.: Geschichte der Jugend. Tradition und Wandel im Verhältnis der Altersgruppen und Generationen. Weinheim 1980

Graumann, C. F. (Hrsg.): Ökologische Perspektiven in der Psychologie. Bern 1978

Gruhl, H.: Ein Planet wird geplündert. Frankfurt/Main 1975

Gump, P. V.: Ecological psychology and children. In: Hetherington, E. M. (ed.): Review of child development research, Bd. 5, Chicago 1975, S. 75-103

Haggard, E. A.: Some effects of geographic and social isolation in natural settings. In: Rasmussen, J. (ed.): Man in isolation and confinement. Chicago 1973, S. 99-143

Hamm, B.: Aktuelle Probleme sozialökologischer Analyse. In: Kölner Zeitschrift für Soziologie und Sozialpsychologie 36 (1984), S. 277-292

Heipert, R.: Menschliche Natur und Persönlichkeit — der historisch begründete Zugang der Kritischen Psychologie. In: Rückriem, G. (Hrsg.): Historischer Materialismus und menschliche Natur. Köln 1978, S. 165-178

Hellpach, W.: Psychologie der Umwelt. In: Abderhalden, E. (Hrsg.): Handbuch der biologischen Arbeitsmethoden, Band 1, Berlin/Wien 1924, S. 112-134

Hellpach, W.: Mensch und Volk in der Großstadt. Stuttgart ^{2}1951

Hellpach, W.: Sozialpsychologie. Stuttgart ^{3}1951

Herlyn, I.: Sozialökologische Sozialisationsforschung: Ersatz, Ergänzung oder Differenzierung des

schichtspezifischen Ansatzes? Versuch einer Zwischenbilanz. In: Kölner Zeitschrift für Soziologie und Sozialpsychologie 37 (1985), S. 116 - 128
Hollos, M./Cowan, F. A.: Social isolation and cognitive development: Logical operations and ole-Taking abilities in three Norwegian social settings. In: Child development 4 (1973), S. 630 - 641
Hollos, M.: Logical operation and role-taking abilities in two cultures: Norway and Hungrya. In: Child development 46 (1975), S. 638 - 649
Hopf, W.: Bewußtseinsformen der Mensch-Umwelt-Beziehung. In: H. Walter, H./R. Oerter, R. (Hrsg.): Ökologie und Entwicklung. Donauwörth 1979, S. 112 - 133
Hornstein, W.: Jugend als Problem. Analyse und pädagogische Perspektiven, in: Zeitschrift für Pädagogik 25 (1979), S. 671 - 696
Hübner-Funk, S./Müller, H. U./Gaiser, W.: Sozialisation und Umwelt. Berufliche Orientierungen und Gesellschaftsformen von Hauptschülern im sozialökologischen Kontext. München 1983 (Deutsches Jugendistitut)
Jacob, J.: Umweltaneignung von Stadtkindern. Wie nutzen Kinder den öffentlichen Raum? In: Zeitschrift für Pädagogik 30 (1984), H. 5, S. 687 - 697
Kaufmann, F.-X./Herlth, A./Schulze H.-J./Strohmeier, K. P.: Wirkungen öffentlicher Sozialleistungen auf den familialen Sozialisationsprozeß. In: Lüscher, K. (Hrsg.): Sozialpolitik für das Kind, Stuttgart 1979, S. 181 - 211
Keupp, H./Rerrich, D. (Hrsg.): Psychosoziale Praxis — gemeindepsychologische Perspektiven. München 1982
Keupp, H.: Soziale Netzwerke. In: Keupp, H./Rerrich, D. (Hrsg): Psychosoziale Praxis — gemeindepsychologische Perspektiven. München 1982, S. 43 - 53
Krauß, J./Tippelt, R.: Die Bedeutung der Wohngemeinde und der Bildung für das Freizeitverhalten junger Menschen. In: Neue Praxis. 16 (1986), H. 3, S. 236 - 248
Lüscher, K. (Hrsg.): Sozialpolitik für das Kind. Stuttgart 1979
Lüscher, K./Fisch, R./Pape, Th.: Die Ökologie von Familien. In: Zeitschrift für Soziologie 14 (1985), H. 1, S. 13 - 27
Malmberg, T.: Human territoriality. Survey of behavioural territories in Man with preliminary analysis and discussion of meaning. Lund 1980
Micklin, M./Choldin, H.M.: Psychological human ecology: contemporary issues and applications. Boulder/London 1984
Mogel, H.: Ökopsychologie. Stuttgart 1984
Moos, R.H./Insel, P.M.: Issues in social ecology: Human milieus. Palo Alto, Californien 1974
Moos, R.H./Tsu, V.D.: Human competence and coping: an overview. In: Moos, R.D. (ed.): Human adaption. Coping with a life chrisis. Lexington 1976, S. 3 - 16
Moos, R.H.: The human context-environmental determinance of behavior. New York 1976
Muchow, M.: Der Lebensraum des Großstadtkindes. Hamburg 1935
Mundt, J.W.: Vorschulkinder und ihre Umwelt. Weinheim/Basel 1980
Park, R.: Human ecology. In: Theodorson, G. (ed.): Studies in human ecology. Evanston 1961, S. 22 - 29
Porteous, J.: Environment and behavior. Manlo Park 1977
Projektgruppe Jugendbüro und Hauptschülerarbeit: Die Lebenswelt von Hauptschülern. München 1975
Proshansky, H.M./Ittelson, W.H./Rivlin, L.J. (eds.): Environmental Psychology: Man and his physical setting. New York 1970
Rodax, K.: Kommentar zum Aufsatz von I. Herlyn „Sozialökologische Sozialisationsforschung: Ersatz, Ergänzung unter Differenzierung des schichtenspezifischen Ansatzes. Versuch einer Zwischenbilanz“. In: Kölner Zeitschrift für Soziologie und Sozialpsychologie 37 (1985), H. 2, S. 807 - 809
Roos, P.D.: Juris diction: An Ecological Concept. In: Human relations 21 (1968), S. 75 - 84
Schmidt-Denter, U.: Die soziale Umwelt des Kindes. Berlin/Heidelberg 1984
Schneewind, K.A./H. Lukesch, H. (Hrsg.): Familiäre Sozialisation: Probleme, Ergebnisse und Perspektiven. Stuttgart 1977

Schneewind, K.A./Engfer, A.: Ökologische Perspektiven der familiären Sozialisation. Konzepte, Methode und Befunde eines Forschungsprojektes zur Analyse von Eltern-Kind-Beziehungen unter besonderer Berücksichtigung sozialökologischer Merkmale. In: Walter, H./Oerter, R. (Hrsg.): Ökologie und Entwicklung. Donauwörth 1979, S. 247-261

Sommer, G./Rellermeyer, M.: Soziale Unterstützung. Einige theoretische Überlegungen und empirische Befunde zu einem vernachlässigten Konzept. In: Kommer, D./Röhrle, B. (Hrsg.): Gemeindepsychologische Perspektiven 3, Ökologie und Lebenslagen, Deutsche Gesellschaft für Verhaltenstherapie (DGVT), Gesellschaft für wissenschaftliche Gesprächspsychotherapie (GwG), München 1983, S. 53-60

Trudewind, C.: Häusliche Umgebung und Motiventwicklung. Göttingen 1975

Trudewind, C.: Probleme einer ökologischen Orientierung in der Entwicklungspsychologie. In: Graumann, C.F. (Hrsg.): Ökologische Perspektiven in der Psychologie. Bern 1978, S. 33-48

Trudewind, C./Husarek, B.: Mutter-Kind-Interaktion bei der Hausaufgabenanfertigung und die Leistungsmotiventwicklung im Grundschulalter. Analyse einer ökologischen Schlüsselsituation. In: Walter, H./Oerter, R. (Hrsg.): Ökologie und Entwicklung, Donauwörth 1979, S. 229-246

Vaskovics, L.A. (Hrsg.): Umweltbedingungen familialer Sozialisation. Beiträge zur sozialökologischen Sozialisationsforschung. Stuttgart 1982

Vaskovics, L.A./Watzinger, D.: Wohnumweltbedingungen der Sozialisation bei Unterschichtfamilien, in: Vaskovics, L.A. (Hrsg.): Umweltbedingungen familialer Sozialisation. Beiträge zur sozialökologischen Sozialisationsforschung. Stuttgart 1982, S. 272-290

Walter, H./Oerter, R. (Hrsg.): Ökologie und Entwicklung. Mensch — Umwelt — Modelle in entwicklungspsychologischer Sicht. Donauwörth 1979

Walter, H.: Ökologie und Entwicklung. Zur Standortbestimmung des Konstanzer Symposiums. In: Walter, H./Oerter, R. (Hrsg.): Ökologie und Entwicklung. Mensch — Umwelt — Modelle in entwicklungspsychologischer Sicht. Donauwörth 1979, S. 10-32

Willis, P.: Spaß am Widerstand. Gegenkultur in der Arbeitsschule. Frankfurt/Main 1979

Willis, P.: „Profane culture". Rocker, Hippies: subversive Stile der Jugendkultur. Frankfurt/Main 1981

Zinnecker, J.: Straßensozialisation. Versuch, einen unterschätzten Lernort zu thematisieren. In: Zeitschrift für Pädagogik 25 (1979), H. 5, S. 727-746

Michael May/Andreas von Prondczynsky

Kulturtheoretische Ansätze in der Jugendforschung

1 Vorbemerkungen

Vor mehr als dreißig Jahren sammelten *Kroeber/Kluckhohn* (1952) in bewundernswerter Fleißarbeit dreihundert Definitionen des Kulturbegriffs — in der Zwischenzeit hat sich diese Anzahl wahrscheinlich nicht unbeträchtlich vergrößert. Das signalisiert ein Problem des Forschungsgegenstandes: Seine Grenzen dehnen sich in dem Maße aus, wie man ihn zu präzisieren versucht. Je breiter in den letzten Jahren der Topos von einer „Krise der Arbeitsgesellschaft“ rezipiert wurde, desto stärker rückten kulturtheoretische Ansätze in den Vordergrund. Dabei wird die Generalisierungstendenz („Kulturalismus“) selbst zum Thema kontroverser Grundlagendiskussionen zwischen Gesellschafts- und Kulturtheorie.

Um die Vielfalt von Ansätzen in der Jugendforschung ist es kaum anders bestellt. Da **„Jugendkultur“** im Laufe der 70er Jahre zu einem um Eigenständigkeit bemühten Untersuchungsfeld avancierte (vgl. *Marzahn* 1987), steigerte sich für diesen Bereich der Klärungsbedarf eines empirisch gehaltvollen Kulturbegriffs. Man suchte ihn in Anlehnung an diverse Bezugswissenschaften bzw. -theorien, deren bedeutsamste wir skizzieren werden, zu befriedigen. Dabei gestattet die Art des Zugriffs auf eine Reihe von Elementen verschiedener **Kulturtheorien,** die sich von ihrer wissenschaftstheoretischen Verortung her durchaus nicht immer ohne Not verbinden lassen, es nicht, die angezapften Kulturtheorien im neuen Anwendungsbereich als in sich konsistente zu rekonstruieren. Die Untersuchung „Kulturtheoretischer Ansätze in der Jugendforschung“ gerät so zur Arbeit in einem Steinbruch. Andererseits erweist sich kaum einer der Ansätze, denen die neuere Jugendforschung ihre kulturellen Orientierungen entlehnt, als „reine“ Kulturtheorie. Oftmals sind sie eher Teilbereiche komplexer Theorien. Insofern ist es unumgänglich, die anderen Theoriebeiträge dieses Handbuchs als Ergänzungen heranzuziehen.

2 Kulturtheoretische Grundlagen

Weil zwischen Sein und Bewußtsein, objektiven und subjektiven Strukturen, materiellen Bedingungen, geistigen Prozessen und Handlungen keine Unmittelbarkeit besteht, treten **Kulturtheorien** mit dem systematischen Anspruch in den wissenschaftlichen Diskurs, Vermittlungsglieder gesellschaftlicher Reproduktion aufzuzeigen.

2.1 Materialistische Theorien der Kultur

Alle Ansätze, die sich einer „materialistischen **Kulturtheorie**" zurechnen lassen, bemühen sich, das erstarrte Modell von ökonomischer Basis und kulturellem Überbau entweder zu überwinden oder zu verfeinern. Versuche der Überwindung sehen sich veranlaßt, die Bedeutung der Kultur theoretisch zu stärken, während Verfeinerungsabsichten den Ideologiecharakter betonen.

Die frühe **„Kritische Theorie"** gibt sich das anspruchsvolle Programm, eine „materialistische Theorie der Kultur" zu entwickeln (vgl. *Dubiel* 1990), die, indem sie Kultur als Totalitätsbegriff versteht, die Perspektive einer Verknüpfung materieller und geistiger Elemente als einer spannungsvollen Einheit verfolgt (vgl. *Horkheimer* 1931). Dieses Programm wendet sich zugleich gegen die zeitgenössische „Kultursoziologie" (*Spengler, Weber* u.a.) und gegen den Vulgärmaterialismus des „Basis-Überbau"-Schemas (u.a. II. Internationale).

Horkheimer knüpft an die Formulierung der „vermittelten Reflexionsform" von „Basis" und „Überbau" (*Korsch, Lukaçs*) an. Er weist jedoch das der Hegel-Tradition verpflichtete Moment der Subjekt-Objekt-*Identität* bei *Lukaçs* zurück, und fundiert die Programmatik einer „materialistischen Theorie der Kultur" vielmehr in der *Nicht-Identität* von Sein und Bewußtsein. Dies zwingt die frühe „Kritische Theorie", die Enge des philosophischen Diskurses zu überschreiten: sie öffnet sich einer psychoanalytisch angereicherten Sozialpsychologie und schiebt diese in die theoriestrategische Position eines zwischen Sein und Bewußtsein vermittelnden Wissens.

Die historische Erfahrung des Faschismus führt in den späten 30er und den 40er Jahren zum Bruch mit dieser Konzeption. Waren in der frühen **„Kritischen Theorie"** die nicht-identischen Strukturen von Sein und Bewußtsein zum Motor einer kulturellen Fortschrittskonzeption gewendet worden, so betonen Horkheimer und Adorno nun in der universalen Perspektive der „Dialektik der Aufklärung" kritisch die Nicht-Identität von Geist, der sich instrumentalisiert habe, und Natur, die dieser Instrumentalisierung geopfert werde.

Unter dem Primat einer „geschichtsphilosophischen Konstruktion der Weltgeschichte", die in dieser kompromißlosen zivilisationstheoretischen Weise die Geschichte der Naturbeherrschung am Menschen i.S. einer Unterdrückung der „ersten Natur" rekonstruiert, erscheint Kultur in der Form einer instrumentalisierten Restgröße des Geistes und fällt als Medium der Verdinglichung, Rationalisierung und Entzauberung der Welt selbst einer kompromißlosen Kritik anheim (*Horkheimer/Adorno* 1968, S. 265). In den Begriffen „Massenkultur" und „Kulturindustrie" schmilzt Kultur auf den Status eines bloßen technischen Integrationsmechanismus von Gesellschaft und Individuum zusammen und degradiert zur Ideologie, die bis in die subtilsten Verzweigungen subjektiver (als immer schon instrumentalisierter) Verhaltensweisen vordringt (*Horkheimer/Adorno* 1968, S. 151ff.). Mit der Konfrontation von „Kulturindustrie" und „avancierter Kunst" in der „Dialektik der Aufklärung" (*Horkheimer/Adorno* 1968, S. 153) rücken ästhetische Fragen in den Vordergrund einer überarbeiteten Verhältnisbestimmung von Kultur, Ökonomie und Politik.

Adorno, diese Linie konsequent weiterverfolgend, fokussiert alle Kultur, die nicht per se sich die Blöße kulturindustrieller Verblendung gibt, im Fluchtpunkt des avantgardistischen Kunstwerks (*Adorno* 1966, 1970). Nur im mimetischen Anschmiegen an es als einem Nicht-Identischen vermöchte ein Subjekt noch die Möglichkeit zu retten, über sich selbst zu bestimmen. Dies impliziert die Absage an das Projekt der gesellschaftlichen und kulturellen Moderne gleichermaßen, die in den Begriffen von „Massenkultur" und „Kulturindustrie" ihre Aversion gegenüber „Kultur" anmeldet.

Drei Reaktivierungsversuche der *Adorno*'schen Kulturkritik zeichnen sich gegenwärtig ab. Einerseits das Aufbrechen der zu eng gezogenen Grenzen einer allein auf musik- und literaturästhetische Positionen reduzierten kulturellen Moderne (*Bürger* 1983); zweitens die Explikation des Adorno'schen Spätwerks i.S. einer theoretischen Vermittlungsinstanz zwischen Moderne und Postmoderne (*Wellmer* 1985); und schließlich der Versuch, die in Aporien einmündende Theoriegeschichte der Frankfurter Schule so zu rekonstruieren, daß Adornos Rückzug auf die für ihn einzig haltbare Stellung einer „ästhetischen Rationalität" in einer Theorie der „kommunikativen Rationalität" aufgehoben werden kann (*Habermas* 1981). Diese dreifache Neuinterpretation der in ihrer Beweglichkeit gehemmten **„Kritischen Theorie"** kommt Tendenzen eines *erweiterten Kulturbegriffs*, einer *radikalisierten Vernunftkritik*, die die Logosstrukturen der okzidentalen Rationalität verabschieden möchte, sowie der Sichtweise einer *Pluralisierung* und *Individualisierung* von *Lebenswelten* bzw. *-stilen* so weit entgegen, daß man ohne Umschweife behaupten kann: Der Entwicklungspfad, den der Kulturbegriff der **„Kritischen Theorie"** genommen hat, ist für kulturtheoretische Ansätze allgemein symptomatisch, weil sie, wie immer eng oder locker am Historischen Materialismus orientiert, mit den gleichen Relationierungsproblemen konfrontiert werden.

In *Gramsci* (1967) besitzt der „westliche Marxismus" ein weiteres Zentrum kulturtheoretischer Überlegungen. *Gramsci* greift auf den **„Hegemonie"**-Begriff zurück und schlägt zwei Typen der Reflexion von Basisstrukturen im „Überbau" vor. In den kulturellen Institutionen der bürgerlichen Gesellschaft (z.B. Schulen, Universitäten, Kirche, Gewerkschaften) erzeuge die hegemoniale *Führungsfunktion* der Intellektuellen eine Art spontanen Konsensus der Klassen. Während in den politischen Institutionen des Staates (Justiz, Polizei, Militär etc.) die hegemoniale *Herrschaftsfunktion* der Intellektuellen einen Konsens zwischen den Klassen erzwinge (zu weiterführenden Erläuterungen vgl. *Anderson* 1979, *Kebir* 1980).

Die nicht per se unter Herrschaftsanspruch stehenden kulturellen Institutionen erlauben die Entwicklung von symbolischen Deutungs- und sozialen Handlungsmustern, die die hegemoniale Führungs- und Herrschaftsfunktion unter Legitimationszwang stellen, wobei ein Überhang an Legitimationsdefiziten zur Zurücknahme der permissiven zugunsten der repressiven Hegemonie-Struktur führt. In dieser flexibilisierten Gestalt des kulturellen und politischen Überbaus blieb *Gramsci*s Hegemonie-Konzept für Folgediskussionen anschlußfähig.

Die Arbeiten von *Thompson* und *Williams* lassen sich als verschiedene Anknüpfungsversuche an *Gramsci* lesen. Wer gleichzeitig Realität als künstlerische Schöpfung des Menschen (*Williams* 1983, S. 23) begreift und diesen Prozeß materialistisch zu verstehen versucht, muß bestrebt sein, den „Basis-Überbau"-Schematismus durch ein differenziertes Menschenbild zu ersetzen. In dieser Absicht totalisiert *Williams* einerseits den Hegemonialcharakter der Kultur (1983, S. 189) und schlägt andererseits ein Verfahren der Kulturanalyse vor, das einen weitgehend unausgeführt gebliebenen Schlüsselbegriff materialistischer **Kulturtheorie** — den der „gesamten Lebensweise" — in den

Mittelpunkt rückt. Unter **„Lebensweise“** soll ein bestimmtes kulturelles Muster verstanden werden, dessen Elemente — wie Produktionsorganisation, Familienstruktur, soziale Institutionen, Kommunikationsformen etc. — historisch geworden sind und zwischen denen Beziehungen wirken, die Kulturanalyse zu entdecken und zu deuten habe (1983, S. 45ff.). Neben der Differenzierung von internen Beziehungen eines kulturellen Musters, die eine spezifische Lebensweise konstituiert, intendiert *Williams* als Gegenstand der allgemeinen Kulturanalyse die Ausdifferenzierung von externen Relationen dieser komplexen Muster (1983, S. 50), also den Zusammenhang verschiedener Lebensweisen in historischer Perspektive. Dieser Zusammenhang wird als durch **Hegemonie** geregelt gedacht. Sie „durchtränkt“ (*Williams*) eine Gesellschaft bis in ihre feinsten Verästelungen als herrschende dann, wenn es ein — dynamisches — „zentrales System von Praktiken, Bedeutungen, Werten“ gibt, das „organisiert und gelebt“ wird (1983, S. 190) und so die Sinnkonstitution von Realität für die Menschen leitet. Die spezifische Formung kultureller Muster als Organisation von Elementen und ihrer Beziehung untereinander hält sich durch den selektiven und strukturierenden Einfluß von „Interessen und Tätigkeiten“ (1983, S. 51) in Bewegung. In Prozessen der „selektiven Tradition“, die im Rahmen der Ausbildung, Familien, Arbeit, Wissenschaft stattfinden, werden Bedeutungen und Praktiken so ausgewählt, daß die herrschende Kultur sich nicht als bloß aufgesetzte Ideologie reproduziert.

Doch bleiben die Selektionsprinzipien eine dunkle Seite in *Williams* kulturanalytischem Verfahren. Daß *Williams* über einen Korpus von Regeln, nach denen aus den materiellen und symbolischen Beständen sowohl die Elemente der herrschenden Kultur wie die ihrer Alternativen selektiert werden, in seinem kulturtheoretischen Ansatz nicht verfügt, ist an den Möglichkeiten von Gegenpositionen zur dominanten Kultur ablesbar. Der bloße Hinweis auf deren Abhängigkeit von historisch sich verändernden Lebenssituationen ist zu allgemein gehalten, um theoretisch befriedigen zu können. Wir meinen, hier den systematischen Ort der notwendigen Einfügung des *Bourdieu*'schen **Habitus-Konzepts** in die materialistische **Kulturtheorie** identifizieren zu können. Die für eine materialistische Theorie der Kultur zentrale Frage nach der Entstehung neuer Praxen, die man nur oberflächlich beantwortet, wenn man sie allein an die Entwicklung neuer Klassen bindet, verliert ihre theoretische Brisanz in der von *Williams* formulierten Überschußthese kultureller Kräfte. Daß alle möglichen Praxisformen niemals von einer dominanten Kultur hervorgebracht werden können (*Williams* 1983, S. 195), setzt die Grenzziehung zwischen aktualisierten und potentiellen kulturellen Möglichkeiten ins Belieben der Akteure, ohne zwischen die Praxisformen und die Produktionsbedingungen eine relationierende Ebene kultureller Transformationsregeln einzuschieben. Diese könnte theoriestrategisch einem Entgleiten des Konzepts der Untersuchung einer „gesamten Lebensweise“ in den Kulturalismus oder gar Subjektivismus vorbeugen[1].

Am Beispiel *Thompson*'s, einem der Initiatoren der Kulturgeschichtsschreibung „von unten“, wird deutlich, wie leicht die entschiedene Ablehnung auch eines „verfeinerten“ Basis-Überbau-Schemas (*Thompson* 1980, S. 309ff.; 1980a, S. 148) in das andere Extrem des kulturellen Subjektivismus umzuschlagen vermag.

Aufsehen erregte *Thompson* nicht zuletzt aufgrund der Definitionen, die er den Begriffen „Klasse“, „Erfahrung“ und „Klassenbewußtsein“ gab (*Thompson* 1974, S. 9f.). Deren empirische und methodische Umsetzung hat dazu geführt, von einem besonderen „Thompsonian view“ zu sprechen (*Groh* 1980, S. 17), der drei Untersuchungsebenen vereint, indem er a) soziale Handlungslogiken decodiert, die b) kulturell-normative, politische und ökonomische Elemente im c) historischen Kontext verknüpfen. Zentral ist für *Thompson* die Frage, wie materielle Erfahrungen unter bestimmten Produktionsverhältnissen kulturell verarbeitet und in Wert- bzw. moralische Systeme transformiert werden. Theoriestrategisch müßte dabei dem Erfahrungsbegriff eine Mittelposition zukommen. *Thompson*'s Polemik gegen *Althusser* intendiert, die Ausgrenzung des menschlichen Handelns (Subjekt) und der historischen Zeit (Prozesse) in einer Theorie der Produktion historisch-kultureller Erfahrung rückgängig zu machen (*Thompson* 1980a, S. 138ff., 222ff.). Diese hebt Erfahrungen in die Position eines kulturelle und gesellschaftliche Entwicklung bedingenden Komplexes. Ausschlaggebend sei immer „in letzter Instanz“ der Erfahrungswandel der Menschen (*Thompson* 1980, S. 315). Eine in dieser Weise sich auf den „Erfahrungshorizont der Betroffenen“ (*Groh* 1980, S. 24) konzentrierende Decodierung vermag jedoch kaum die sozialen Handlungslogiken zu rekonstruieren, weil sie weder die in Erfahrungen nicht aufgehobenen strukturellen Handlungszwänge noch die ins soziale Unbewußte abgesunkenen Desymbolisierungen objektiven Sinns erfaßt. Sie begnügt sich mit der Auslegung subjektiven Sinns. Sollen aber soziale Logiken dechiffriert werden, kann man bei objektivistischen oder subjektivistischen Reduktionen nicht verharren. Daher schlägt *Groh* eine Orientierung an *Bourdieu*'s **Habitus-Konzept** vor (*Groh* 1980, S. 26f.)[2].

2.2 Kulturanthropologische und ethnologische Ansätze

In der Geschichte anthropologischen und ethnologischen Denkens begegnen wir einer ähnlichen Konstellation von Positionen wie in den Ansätzen einer materialistischen Theorie der Kultur. Man sucht — ob in „cultural“ oder „social-anthropology“ — nach den binnenstrukturellen Regelhaftigkeiten, die die kulturellen Systeme reproduzieren. Auch hier lassen sich zwei Extrempositionen voneinander unterscheiden. Die eine betont den symbolischen („cultural anthropology“), die andere den funktionalen Charakter („social anthropology“) von Kultur. Von der „strukturalen Anthropologie“ kann man sagen, daß sie diese beiden Fäden unter der spezifischen Perspektive verknüpft, Modelle kultureller Wirklichkeit zu erstellen. Aber indem sie diese Modelle mit der empirischen Struktur von Praxis identifiziert, fällt sie in einen radikalen Objektivismus zurück und gibt ihre Vermittlungsintention preis. So scheinen auch **Kulturanthropologie** und **Ethnologie** keinen nicht-reduzierten oder nicht-hypertrophen Kulturbegriff hervorgebracht zu haben. Vergegenwärtigen wir uns in großen Zügen die Theoriegeschichte.

Die amerikanische „cultural anthropology“ wurde maßgeblich von *Boas* geprägt, dessen Schule sich in Folge ihrer Ablehnung wertender Kultur-Hierarchien einem „kulturellen Relativismus“ hingab. Ethnische Vielfalt und Wertungsfreiheit waren jedoch Voraussetzungen einer verstehenden Grundhaltung dem „Fremden“ gegenüber, die mit einer reflexiven Rückwirkung auf das Verständnis der eigenen Kultur einherging. In Konsequenz dieser Einstellung konnte nicht ausbleiben, auch des „Fremden“ in der eigenen Kultur gewahr zu werden. Auf sehr allgemeinem Niveau sind alle Arbeiten jugendkultureller Forschung der letzten zehn Jahre auf diesen Basiskonsens eingeschworen: Verstehender Zugang ohne normative Wertungen der inner-kulturellen Heterogenität.

Die Kontextrelativität der Bedeutungen („context of situation") verlangte nach linguistischen Erklärungsmodellen (vgl. *Whorf* 1956). *Malinowski* (1975) vertrat darüber hinaus den Standpunkt, daß alle kulturellen Elemente funktional bestimmbar wären, d.h. sich zu sozialen Institutionen in dem Maße zusammenfügten, wie sie zum Zwecke der Bedürfnisbefriedigung nützliche Leistungen erfüllten. In diesem Falle repräsentieren Institutionen Handlungsmuster (vgl. *Nadel* 1951). Es war *Firth* (1958), der den Zusammenhang von „meaning" und „function" in einer linguistischen Theorie darstellte. Allerdings versagte diese Theorie beim Ausschluß von Mehrdeutigkeiten kontextrelativer Bedeutungen, so daß — auf linguistischer Ebene — die Relationen zwischen Funktion und Institutionen nicht immer eindeutig bestimmt werden konnten (zur Kritik siehe zusammenfassend *Robins* 1971).

Solchen Mängeln wollte die „ethnoscience" durch Rekonstruktion komplexer „kognitiver Systeme" begegnen. Ihr geht es um die Erkenntnis der „Ordnung der Dinge in den Köpfen der Menschen, um die Modelle der Wahrnehmung und der Deutung, die von ihnen gehandhabt werden." (*Goodenough* 1957). Getreu der kulturrelativistischen Haltung zeichne sich jeder Ethnos durch die Einmaligkeit seiner kognitiven Ordnungsstruktur aus.

An dieser Stelle begann der ethnologische Diskurs sich in zwei — linguistisch unterfütterte — Alternativen zu verzweigen, von denen die eine — phänomenologisch-lebensweltorientierte — eher von der bundesrepublikanischen Jugendforschung rezipiert, die andere — strukturalistisch-semiologische — eher von der englischen Jugendforschung aufgegriffen wurde. Damit sind erneut jene objektivistischen und subjektivistischen Positionen benannt, in denen sich uns die materialistische Theorie der Kultur darstellte.

Auch die Ethnographie widmet sich der Erforschung kognitiver Systeme (*Frake* 1973; *Psathas* 1973), die (idealiter) in die Erstellung von „Taxonomien" münden soll. Sie dienen der Lokalisierung und Interpretation von für die kulturelle Lebensweise regulativen Objektbedeutungen. Eine „verstehende **Kulturanthropologie**", die mittels solcher objektiver Klassifizierungsmodelle auf die Erfassung der Gesamtheit menschlicher Erfahrungen drängt, steht in der Gefahr einer linguistischen Verengung des erhobenen Materials und des Erhebungsblickwinkels. Diese Tendenz kennzeichnet ebenfalls eine entschieden durchgesetzte Perspektive der **Ethnomethodologie** (vgl. *Garfinkel* 1967), die ihre Herkunft aus der von *Schütz* (1974) sozialwissenschaftlich transformierten **Phänomenologie** *Husserl*'s (zur Einführung des Lebensweltkonzepts siehe Husserl 1962) betont. Über das Konzept der **„Lebenswelt"** fand diese Tradition Aufnahme in Ansätze der Jugendforschung (vgl. *Projektgruppe Jugendbüro* 1977, S. 161ff.; *Griese* 1982, S. 161ff.), ohne aber die von *Husserl* der Lebensweltbestimmung mitgegebenen ontologischen Prämissen, die auch *Schütz* noch teilt, ernsthaft zu reflektieren. Diese Rezeption bereitete die Grundlage einerseits für die Ersetzung des Gesellschaftsbegriffs, andererseits für die alltagstheoretische Wende in den Sozialwissenschaften und der Jugendforschung vor. Mit ihr wurden die Grenzen zwischen gesellschafts-, kultur- und handlungstheoretischen Ansätzen unscharf (vgl. *Bernstein* 1979, S. 207ff.; *Böhme/v. Engelhardt* 1979).

Die lebensweltorientierte Jugendforschung hat sich der von *Schütz/Luckmann* (1979, S. 369) analysierten altersgruppenbezogenen Verteilung von Wissensvorräten sowie den damit verknüpften Biographisierungsanforderungen — über die dann die Rede von der Gesellschaft als Muster von **Alterskulturen** (*Jugendwerk der Deutschen Shell* 1982) entstand — angeschlossen und konnte so die konzeptionellen Mängel der gesellschaftstheoretischen Ansprüche einer sozialwissenschaftlichen **Phänomenologie** ignorieren. Konsequenterweise verlagerte sie ihr Erkenntnisinteresse von der Ebene strukturtheoretischer Analyse auf die des ethnographisch informierten Sammelns und Ordnens kulturellen Materials jugendspezifischer Wissenvorräte. In dieser Einstellung vermochte sie problemlos den Stilbegriff zu verwenden, der, in einer grundsätzlich anders orientierten Theorievariante linguistischer **Kulturanthropologie** verankert, in die Fußstapfen der Kulturanalyse trat.

Barthes und *Lévi-Strauss* als Vertreter der strukturalistisch semiologisch orientierten Variante des ethnologischen Diskurses setzen beide an de *Saussure's* Unterscheidung zweier Komponenten linguistischer Zeichen — „signifié" und „signifiant" — an. Diese Unterscheidung zwischen Zeichen und Bezeichnetem greift Barthes in seiner Semiologie als Frage nach den Gesetzmäßigkeiten, unter denen Zeichen geschaffen — und angewandt — werden auf. Indem im Zuge der Herausarbeitung einer solchen Gesetzmäßigkeit alle Arten von Zeichensystemen zusammengefaßt werden, führt diese Entwicklung der semiologischen Perspektive im sogenannten Poststrukturalismus zur Negation der jeweiligen Eigenlogiken von philosophischen, wissenschaftlichen und alltagskulturellen Sprachspielen zur Nivellierung ihrer grenzerhaltenden Regelkomplexe (vgl. *Eco* 1984, S. 76ff., *Lyotard* 1982).

Bei *Lévi-Strauss* findet die Unterscheidung zwischen Zeichen und Bezeichnetem Eingang in seine Analyse der nicht-bewußten „Infra*struktur* der bewußten Sprach*erscheinungen*" (*Lévi-Strauss* 1967, S. 45). Gestützt auf den in der Phonologie zur Kennzeichnung bedeutungsdiskriminierender Laute (z.B. Maus/Haus) entwickelten Terminus des Phonems, untersucht er in Analogisierung dieses Modells die Ähnlichkeit von Bedeutungsunterschieden in Verwandschaftssystemen. Und auch seine vergleichende Mythenanalyse stützt sich auf diese Analogie.

Dabei interessieren ihn „soziale Beziehungen" nur insofern, als sie das „Rohmaterial" bereitstellen, das zur Konstruktion von Modellen dient, an denen die „soziale Struktur" erkennbar wird (1967, S. 301). Die zu konstruierenden Modelle müssen Bedingungen der allgemeinen **Systemtheorie** und der mathematischen Gruppentheorie genügen (1967, S. 302). Sie dienen zur Klassifikation von „Objekten", die unabhängig vom Bewußtsein existieren (1967, S. 136). Wenn nur die Entdeckung der unbewußten Strukturen zählt (1967, S. 35 und S. 303ff.), dann versteht sich von selbst, daß historische Veränderungen nicht als solche bedeutsam sind, sondern allein weil sie bloßlegen, daß das, was sich erhält, die „strukturalen Elemente" von Institutionen und Bräuchen sind (1967, S. 37).

Selbst in seiner Unterscheidung zwischen „modernem" und „wildem Denken" hält er daran fest, daß auch dem wilden Denken die Fähigkeit zur Klassifizierung nicht fremd ist. Diese „Wissenschaft vom Konkreten" gewinnt ihre Struktur methodisch durch **„bricolage"** (*Lévi-Strauss* 1981, S. 29). Die Bastelei des „Wilden" bewegt sich auf einer mittleren Ebene (Zeichen) zwischen Bild und Begriff. Sie empfiehlt sich dadurch besonders für die Stiftung von Mehrdeutigkeiten, denn das „Zeichen" ist einerseits konkret („Bild"), besitzt jedoch andererseits Verweisungscharakter („Begriff"); es ist weder ganz das eine, noch ganz das andere. *Lévi-Strauss* sucht nach „Axiomen",

„die zur Begründung eines Codes nötig sind, der es gestatten würde... *das andere* in *das unsere* und umgekehrt zu übersetzen" (*Lévi-Strauss* 1980, S. 81). Man kann nicht ohne Folgen für die Konsistenzstruktur einer Theorie das konkretistische Konzept des **„bricolage"** *ohne* das Modell der strukturalen Transformationsgrammatik aus dem Argumentationszusammenhang bei *Lévi-Strauss* herausbrechen. Jugendforschung scheint sich diesem Bedenken nicht zu beugen. Sie versteht Theorien als Maschinen, die auch dann noch ganz gut laufen, wenn sie aus Teilen ganz unterschiedlicher Maschinen zusammengesetzt sind. So haben sowohl das CCCS wie auch die letzten Studien des *Jugendwerks der Deutschen Shell* (und darüber hinaus eine Vielzahl von Publikationen über jugendkulturelle **Stile**) das Konzept der Stil-Bastelei von Jugend(sub)-Kulturen übernommen[3].

3 Jugendforschung und Kulturtheorie. Exemplarische Analysen

3.1 Das „Centre for Contemporary Cultural Studies" (CCCS)

Die Anwendung literatursoziologischer Methoden auf die Analyse von Bedeutungen und Werten der Massenkultur in der Arbeiterklasse prägte die ersten Arbeitsphasen des 1964 gegründeten CCCS. Kulturanalyse konzentrierte sich auf die „Klärung der Bedeutungen und Werte..., die von einer bestimmten Lebensweise, einer bestimmten Kultur implizit oder explizit verkörpert werden" (*Williams* 1983, S. 45). Das im Kontext der „National Deviancy Conference" vom CCCS durchgeführte Projekt „Resistance through Rituals", dessen Ansatz auch in der Bundesrepublik zu einer „new orthodoxy of youth" (*Clarke* 1983) avancierte, zeichnete sich durch den Versuch einer politisierenden Integration von „labeling-approach" und einer Theorie des kapitalistischen Staates aus. Es konzentrierte sich auf die Analyse von Jugend-**Subkulturen** der Arbeiterklasse. Die größte Leistung dieses Projektes besteht darin, unter Bezug auf *Gramsci*'s Konzept der **Hegemonie** die Bedeutung von Kultur für Herrschaft, gesellschaftliche Reproduktion und Veränderung zu betonen. Durch die Verknüpfung dieses Konzeptes mit *Althusser*'s *Marx*-Rezeption gelang es dem CCCS, einen idealistischen Begriff von Kultur zu überwinden.

Dies dokumentiert die auf reale Veränderungen in der Organisation der Arbeit, der Familienstruktur sowie auf die Verbreitung und Wirkung der Massenmedien bezogene historische Analyse des Verhältnisses von **Hegemonie** und der Ideologie der Wohlstands- und nivellierten Mittelstandsgesellschaft im Nachkriegs-England (vgl. *Clarke* u.a. 1976). Jene Faktoren tragen dazu bei, die Gemeinschaft der Arbeiterklasse zu polarisieren und „eine Reihe von Diskursen am Rande der weiten Grenzen von Klassenerfahrung zu etablieren" (*Hebdige* 1983, S. 70). Als Moment dieses Polarisierungsprozesses wird vor dem Hintergrund der Veränderungen im Schulsystem und der Entstehung eines jugendspezifischen Marktes die Entwicklung jugendkultureller Ausdrucksformen gesehen.

In Kleidung, Aktivitäten und Lebensstil reagieren jugendliche **Subkulturen** anders auf Probleme, die sich ihnen aufgrund ihrer materiall-sozialen Klassenposition und -erfahrung stellen als Mitglieder derselben Klasse, die kulturell gesehen nicht so eigenständig und herausgehoben sind. Hier verdeutlicht sich ein weiterer — dem *Althusser*'schen Strukturalismus entgegenstehender — Strang der Subkulturtheorie, der auf *Thompson*'s Bestimmung von Klasse fußt. Statt Klasse als abstrakte Menge rein äußerer Bedingungen darzustellen, versuchten die Subkulturanalysen des CCCS zu zeigen, wie Klasse sich als „materielle Kraft — gekleidet in Erfahrung und zur Schau gestellt im Stil — in der Praxis auswirkte" (*Hebdige* 1983, S. 71). „Stilschöpfung" sei die Konkretisierung von Vereinnahmungs- und Widerstandsprozessen, welche die kulturelle Dialektik zwischen den Kulturen definieren. Die englischen Nachkriegs-Subkulturen kennzeichnet die Verschmelzung von Elementen aus zwei Hauptquellen: solchen der klassenspezifischen Herkunftskultur; und Bezügen zur Objektwelt und zum Symbolsystem der hegemonial dominanten Kultur. Jugend-**Subkulturen** werden gewissermaßen „doppelt artikuliert": im Verhältnis zu ihrer Stammkultur und über sie — wie durch ein Prisma gebrochen — zur dominanten Kultur. Um die Anziehungskraft eines bestimmten **Subkultur-Stils** auf eine bestimmte Gruppe von Jugendlichen systematisch zu erklären, hat das CCCS die auf *Lévi-Strauss* zurückgehenden Konzepte einer (subkulturellen) **„bricolage"** und der **„Homologie"** gekreuzt. Homologie nimmt eine strukturelle Entsprechung von Werten und Interessen einer Gruppe mit den von ihr bevorzugten symbolischen Objekten an.

Das Interesse an subkultureller **bricolage**, läßt die Beschränkung der Untersuchung von **Subkulturen** auf deren Entstehungszeitraum als begründet erscheinen. Nur aufgrund dieser Konzentration konnten die CCCS-Forscher von wenigen exemplarischen Analysen kultureller Objekte und Lebensäußerungen zu verallgemeinerten Deutungen der symbolischen Dimension von Jugendsubkulturen gelangen. Doch hat das vage **Stil**-Konzept einmal den Status einer objektiven Kategorie angenommen, der einzig Semiotikern die Kompetenz zugesteht, zu dekodieren, was die ursprünglichen und authentischen Mitglieder einer Subkultur durch den Stil ausdrücken, dann gerät nicht nur die Dynamik und Bewegung innerhalb der Subkulturen aus dem Blick, sondern mit der anmaßenden „originals/hangers-on" -Unterscheidung wird das Kreativitäts- und Widerstandspotential der als „straight" abgetanen überwältigenden Mehrheit der nicht in auffälligen Subkulturen eingebundenen Jugendlichen schlichtweg ignoriert.

Konsequent ist dann, daß *Hebdige* einerseits **Hegemonie** nur noch als aufgeherrschten Wertekonsens interpretiert (stilistische Normalität einer „general public"), und andererseits diesen „common sense mystifications" die Nachkriegssubkulturen als ein Untergraben und Aufbrechen der Hegemonie gegenüberstellt. Das dieser Interpretation zugrundeliegende Verständnis von Kultur ist dann aber auch nicht mehr das der Analyse der Beziehungen von Elementen einer **Lebensweise**, sondern bezieht sich mehr und mehr auf das Konzept der semiotischen Analyse, das Kultur nur noch als Komplex von Zeichen erfaßt, den es als Ideologie zu entziffern gilt. Damit wird von den CCCS-Forschern auf der konkreten Ebene ihrer Analysen der im Hegemoniekonzept entwickelte konsistente theoretische Zusammenhang von Klasse, Kultur und Subkulturen tendenziell wieder preisgegeben, um sich in strukturalistisch verkürzte Analysen eines semiotischen Labyrinths zu verirren (vgl. v. *Prondczynsky* 1985).

3.2 Shell-Studie „Jugend '81"

Die theoretisch offene Situation der Integration Jugendlicher in die Gesellschaft möchte die Shell-Studie nicht gewaltsam schließen (*Jugendwerk der Deutschen Shell* 1982, Bd. I, S. 131). Die Autoren intendieren die Berücksichtigung sowohl der „soziale(n) Reguliertheit der Altersstatusgruppen" wie der „innovativen Möglichkeiten der Jungen". Die mit der Biographisierung der Jugendforschung verbundene Absage an den „Sozialisationsansatz" wird nicht theoretisch begründet, sondern aus der zunehmenden „Individualisierung und Biographisierung der Lebenspraxis und der sie begleitenden Sinnwelten" (*Jugendwerk der Deutschen Shell* 1982, Bd. II, S. 8) abgeleitet.

Gleichwohl sehen die Autoren in der Ergänzung der Untersuchung jugendlicher **Alltagskulturen** durch die biographische Methode eine wesentliche Erweiterung gegenüber der Stilanalyse des CCCS. Während dieses einem Ansatz der Reproduktion sozialer Formation verpflichtet ist — „Kulturen" konzipiert als Vermittlungsinstanz zwischen „Strukturen" und „Biographien" (*Clarke/Jefferson* 1976, S. 51) —, visiert die Shell-Studie ein handlungstheoretisches Konzept von Alltagskultur an. Es geht davon aus, daß die Angehörigen einer Generation mit „bestimmte(n) alltägliche(n) Handlungsroutinen und Handlungsdilemmata" (*Jugendwerk der Deutschen Shell* 1982, Bd. I, S. 423) als Teil ihrer „Lebenswelt" umgehen können müssen.

In diesem Zusammenhang konstituieren **Individualisierung** und Institutionalisierung von Lebenslaufmustern „Altersstrukturen", deren schöpferische Elemente von Verdinglichungstendenzen nicht ausgeschlossen sind. In rivalisierenden subkulturellen Stilen verarbeitete Handlungsprobleme lassen sich weder allein klassen- noch altersspezifisch erklären, sondern unterliegen der doppelten Berechung durch Alter *und* Klasse. „Ein biographisch-sozialisatorischer Sinn von Jugendkultur ist durchaus die persönliche Aneignung von Klassengesellschaft und Klassenposition — allerdings reformuliert und um-akzentuiert entsprechend jugendlicher Lebenswelt." (*Jugendwerk der Deutschen Shell* 1982, Bd. I, S. 480). Das heißt: Der gegenwärtige soziale Altersstatus (Dauer der Adoleszenz) und die korrespondierende subkulturelle Verortung in der Altersgesellschaft beeinflußt stärker als das soziale Herkunftsmilieu die zukünftige klassenspezifische Situierung (*Jugendwerk der Deutschen Shell* 1982, Bd. I, S. 497). Die „öffentlichen Gruppenstile", in denen sich solche Orientierungen ausdrücken, gelten den Autoren der Shell-Studie als bloßes Ausdruckshandeln.

Demzufolge wird Stilbildung auch in der Shell-Studie gedeutet als selektive Aneignung symbolischer Objekte, mit der sich eine Gruppe „integrierte kulturelle Tätigkeitsfelder" (*Jugendwerk der Deutschen Shell* 1982, Bd. I, S. 484) schafft, um nach außen die Beziehung zur direkten Umwelt zu reformulieren und nach innen die kollektive Identität zu stabilisieren. Anders jedoch als die Arbeiten des CCCS mußte die Shell-Studie von bereits institutionalisierten, regional und sozial verallgemeinerten „öffentlichen Gruppenstilen" ausgehen, die von den Jugendlichen allein oder mit Freunden auf deren örtliche Lebenswelt bezogen und für deren Zwecke umgebastelt wurden. Um die kulturindustriell diversifizierten und vorproduzierten Stil-Moden mit den darauf zurückgreifenden subkulturellen Gruppenstilen vermitteln zu können, bedurfte es eines differenzierten Analyseinstrumentariums: Aus der „Lexikographie" des **Stils** als „kulturelle(m) ‚Rohmaterial' " (*Jugendwerk der Deutschen Shell* 1982, Bd. I, S. 484) sollten sich die oppositionellen Bedeutungen herauslesen lassen.

Diese Intention verfehlt die Studie im empirischen Teil. Werden hier über bestimmte Schreibpraxen, Moden, Orientierungen, Ausdrucks- und Verhaltensweisen etc. jugendliche Alltagskulturen zu identifizieren versucht, so drehen die Autoren ihre theoretische Argumentation geradezu um.

Die soziale Wirklichkeit entschwindet hinter Fragebatterien, deren Kategorien zur Verdinglichung einer als souveräne Welt erscheinenden Alters- und Alltagskultur beitragen. Aus den über statistische Häufungen entstandenen Profilen leiten die Autoren weitreichende Interpretationen über die Aneignung entsprechender Ausdrucksformen in bestimmten sozio-kulturellen Traditionen ab. Von der theoretischen Argumentation her hätten die in der Totalität des Lebenszusammenhangs einer bestimmten Gruppe auftretenden Probleme und die korrespondierenden generativen Themen — einschließlich der „Zukunftsperspektiven" — operationalisiert werden müssen. Voraussetzung dafür aber wäre ein gesellschaftlich-historisch begründbarer Begriff der Problem- und Interessenlagen von Jugendlichen. Dieser läßt sich jedoch nicht aus dem theoretisch bewußt offen gelassenen Bezugsrahmen der Shell-Studie gewinnen.

3.3 Jugendkultur zwischen Moderne und Postmoderne

Seit Mitte der 80er Jahre häufen sich Arbeiten, die kulturelle und soziale, gesellschaftliche und psychische Probleme der Jugendfrage — ausgehend von *Becks* Analysen (1983, 1986) — um die Theoreme der Individualisierung und Pluralisierung gruppieren (*Esser* 1989; *Ferchhoff* 1989, 1990; *Ferchhoff/Neubauer* 1989; *Heitmeyer/Olk* 1990; kritisch: *Baethge* 1986). Exemplarisch stellen wir hier den Ansatz *Ziehe*'s dar.

„Kulturelle Freisetzung" und „Kulturbruch" sind die Stichworte, unter denen man die Untersuchungen *Ziehe*'s zur Jugendsituation (*Ziehe/Stubenrauch* 1982, *Ziehe* 1982, 1985a) zusammenfassen kann[4]. Sie wollen eine zugleich historische und systematische Analyse des ambivalenten Verweisungszusammenhangs von Gesellschaft, Kultur und subjektiven Strukturen geben.

Gesellschaftstheoretisch orientiert sich *Ziehe* an *Habermas* (1973, 1981) und konstatiert einerseits die Technokratisierung von Lebensbereichen als „Kolonialisierung der Lebenswelt", andererseits die tendenzielle Pulverisierung von Traditionen, die zur Explosion von Möglichkeiten der Selbst- und Weltdeutung führt und die Kolonialisierung bis in die subjektiven Kernstrukturen hineintreibt. Dieser Prozeß „kultureller Modernisierung" zerstöre sowohl die Orientierungspolster der „lebensgeschichtlichen Erinnerungsbasis" wie der „vorindustriellen Handlungs- und Deutungsmuster" (*Ziehe/Stubenrauch* 1982, S. 28f.) und trage so zur Transformation der Subjektgeschichte bei. Auf der Ebene subjektiver Strukturen tritt, über den Freisetzungsschub kultureller Modernisierungsprozesse vermittelt, die „narzißtische Problematik" in den Vordergrund (1982, S. 65ff.).

Auf der kulturtheoretischen Argumentationsebene — der Drehscheibe zwischen objektiven Lebensbedingungen und subjektiven Strukturen — wird deutlich, daß „Kultur" nicht als ein aparter Realitätsbereich, sondern als semantisches System und Deutungspotential betrachtet wird (*Ziehe* 1985, S. 311). Insofern es keinen symbolfreien Raum gesellschaftlicher Realität gibt, verabschiedet diese Sichtweise das orthodoxe Verräumlichungsmodell von Kultur und tritt in eine radikale Verzeitlichungsperspektive ein, die die Prozesse kultureller Freisetzung unter Beschleunigungsperspektiven betrachtet (vgl. *Ziehe/Stubenrauch* 1982, S. 56). Die im Sinne dieser Beschleunigungsprozesse in Schwung gekommene Eigendynamik der Moderne, die ihre eigenen traditionellen Grundlagen aufzehrt, kennzeichnet unsere Gegenwart mit einer folgenreichen Schärfe: daß im Zuge der kulturellen Erosionen auch die Basis stabiler **Identitäten** zerfällt. Die damit freigelassenen Möglichkeiten der Identitätsbildung führten einerseits zu mannigfaltigen Identitätsexperimenten, andererseits aber gerade bei Jugendlichen zu hohen Belastungen („Identitätsarbeit"), die sie in privatisierten Anstrengungen einer symbolisch vervielfältigten Realität, die jedoch zugleich keine gesicherten Traditionsbezüge mehr enthielten, zu bewältigen haben. In dem Maße aber, wie die Pluralisierung der kulturellen Möglichkeiten Jugendlichen **Individualisierung** und Subjektivitätsaufwertung zubilligte, eröffneten sich gesellschaftlich auch neue Wege der kulturellen und psychischen Enteignung (*Ziehe/Stubenrauch* 1982, S. 35ff.). Die Realität werde immer aufdringlicher, die Wahlmöglichkeiten immer fiktiver, die psychischen Kosten der Freisetzung wüchsen bis zur Unerträglichkeit.

Was mit der These „kultureller Freisetzung" begann und in die Analyse ambivalenter Prozesse einmündete, bündeln *Ziehe/Stubenrauch* in die scharfe Formel vom „Kulturbruch", mit der sie die „Ausbruchsversuche" einer am Sinnschwund der „alten" kulturell-symbolischen Deutungsmuster nicht resignierenden Jugend anhand der Perspektiven der Erfindung einer neuen Kultur verfolgen wollen.

Aus dieser Perspektive blickend, betonen *Ziehe/Stubenrauch*, es stünde „tendenziell das gesamte industrielle System zur Disposition, einschließlich seines kulturellen Überbaus" (1982, S. 260). Doch die Konfrontation von „industriellem System" und „kulturellem Überbau" gehörte nicht zum Begriffshorizont ihrer Analyse „kultureller Freisetzung". Damit verbunden verschiebt sich nun ihre Kulturdefinition. War zunächst in einem umfassenden Sinne von Kultur als dem „Zusammenhang der materiellen Hervorbringung einer Gesellschaft", zu dem auch Symbole, Sinndeutungen und Identitätsmuster gehörten, die Rede (*Ziehe/Stubenrauch* 1982, S. 25), so reduziert sich jetzt Kultur auf einen „Set von Sätzen" (S. 257). Dazu gehört nicht zuletzt die Stützung auf *Inglehart*, der jene „tiefgreifende Wertzerstörung" „herausgearbeitet" habe (*Ziehe/Stubenrauch* 1982, S. 260ff.). Die grundsätzliche methodische und theoretische Fragwürdigkeit der *Inglehart*'schen Untersuchungen zu postmaterialistischen Werten (vgl. *Baethge* u.a. 1983, S. 147ff.; *Thome* 1985) wird übergangen. Zwischen „alter" und „neuer" Kultur gibt es keine Vermittlungsstellen mehr, nur noch die „Schnittstelle" des „Kulturbruchs" (*Ziehe/Stubenrauch* 1982, S. 267). Gegen die „Ohnmacht" wird die Ironie gesetzt; die „Suchbewegung" avanciert zur „Befreiungsbewegung" auf dem Wege zu Glück, Sinn und Selbst (*Ziehe/Stubenrauch* 1982, S. 266ff.). Die jugendlichen Bauarbeiter der Kultur werden zu Enthnographen des Fremden in der eigenen Kultur und der Jugendforscher steht staunend und sammelnd dabei.

Gerade in der theoretisch schroffen Trennung von der „alten" Kultur fördert diese Sichtweise den von *Ziehe* (1985, S. 311) kritisierten „Exotismus des Blicks". Mit ihm gleiten die Autoren unversehens in die Gefilde des postmodernistischen Jargons.

Deutlich wird dies an einem Systematisierungsversuch jugendlicher Lebensentwürfe (vgl. *Ziehe* 1985a; s.a. 1987). Die kulturelle Modernisierung entläßt für Selbst- und

Weltdeutungen drei als Wissenstrukturen verstandene Möglichkeitshorizonte: zunehmende Reflexivität, gesteigerte Machbarkeit, vermehrte Individuierung (*Ziehe* 1985a, S. 200ff.). In ihnen spitze sich die „Dialektik der Aufklärung" zu; der Bezug auf die **Kritische Theorie** bleibt allerdings rhetorisch.

Im Kontext der kulturellen Modernisierungsprozesse seien heute drei Antworten auf diese Möglichkeitshorizonte identifizierbar. *Ziehe* befaßt sich ausschließlich mit zwei dieser Antworten: den „kulturellen Suchbewegungen" und den „neokonservativen Gegenangeboten". Der dritte Typus, den er als „Konventionalismus" bezeichnet, bleibt, weil er nur an der Geltung alter Gewißheiten orientiert sei, außer Betracht. Da er anachronistisch sei, fallen aus der typologischen Jugendanalyse alle die Jugendlichen heraus, die weder nach „Nähe" und „Expressivität", „Wiederverzauberung" der Welt, „Intensität" auf der Suche sind, noch als „yuppies" einer „Dynamisierung der Lebensplanung" huldigen (*Ziehe* 1985a, S. 209ff.). Der Rest ist hoffnungslos unzeitgemäß (siehe auch *Ziehe* 1985b). Gekrönt wird dieser kulturtheoretische Avantgardismus ohne Avantgarde schließlich durch den postmodernistischen Jargon, der sich als „Rückgriff" gibt: „Die kulturellen Epochen sind zitatfähig geworden", instrumentalisieren sich zum bloßen „symbolischen Material", werden zum „Ausdruck einer Postmodernität"(*Ziehe* 1985a, S. 216).

Die Verortung der Jugendforschung in den allgemeinen sozialwissenschaftlichen Diskurs um Moderne-Postmoderne läßt die Frage nach eigenständigen kulturtheoretischen Ansätzen zunehmend obsolet werden. Mit Recht hält *Ferchhoff* (1985, S. 53) daher fest: „Jugendphänomene sind ... als soziokulturelle Phänomene nicht zu erklären ohne die ökonomische, politische und zeitgeistige Struktur der Gesellschaft."

3.4 Jugendkultur und Ästhetik

Mit der Fokussierung seines Erkenntnisinteresses auf den historischen Status bestimmter Jugendphantasien greift *Hartwig* (1980) eine antizipatorische Dimension auf, die theoretisch kategorial erst noch eingeholt sein will. Indem er sich immer wieder Interpretamenten aus *Bloch*'s (1962) materialistischem Konzept der Genesis subjektiver Antizipationsformen bedient, hat er sich kulturtheoretisch an einer die Phänomenologie utopischer Erfahrung beanspruchenden Kritik der Alltagspraxis von Jugendlichen orientiert.

Hartwig bezieht sich auf *Negt*'s bzw. *Kluge*'s Kategorie der **Phantasie**, mit der diese die Prozeßseite des Totalitätsgedankens als besonderen Arbeitsprozeß der Vermittlung von Triebstruktur, Bewußtsein und Außenwelt gekennzeichnet haben. In ihr dokumentiert sich — in Anlehnung an *Bloch* — eine Suchbewegung von der Mangelerfahrung in Richtung auf noch nicht realisierte Möglichkeiten. In dieser Weise sieht *Hartwig* Phantasie immer bezogen auf ein Zentrum von Verlusterfahrung. Jugendphantasien sind nur durch Bezug auf die historisch dominierende Form der Arbeit und des gesellschaftlichen Lebens zu klären. Dabei sind von entscheidender Bedeutung für Jugendliche diejenigen Prozeßinhalte und -formen, in denen sie als Heranwachsende an das herrschende Arbeitssystem angepaßt werden.

Hartwig begreift den von *Williams* erweiterten und auf die Analyse einer „gesamten **Lebensweise**" bezogenen Kulturbegriff als einen kritischen, der es ihm gestattet, ästhetische Aktivität als Moment der kulturellen Alltagspraxis zu diskutieren, deren Spielräume, Entwicklungsperspektiven und Inhalte vorgegeben sind durch die Möglichkeiten, die das kulturelle System jedem einzelnen bietet. In der konkreten Untersuchung verlangt dies von ihm, zwischen kulturellem System und individuellen Verhaltensweisen wechselnde Perspektiven einzunehmen.

So zielt für *Hartwig* die Frage nach der Bedeutung von Kultur auf das Spannungsverhältnis zwischen den im Prozeß der Qualifikation von Arbeitskraft unbearbeitet zurückgebliebenen bzw. blockierten Wünschen und Möglichkeiten menschlicher Praxis sowie den Ausdrucksformen und deren Entfaltung als Widerstandsmomente gegen die Subsumtion unter Arbeit, Pflicht, Zwang und Norm. In diesem Feld entfaltet *Hartwig* seinen Begriff von ästhetischer Praxis. Dieser muß historisch ausgerichtet sein, denn was gestern Arbeit war (z.B. handwerkliche Produktionsweise) kann heute zur ästhetischen Praxis werden. Kulturelle Bedürfnisse und die Bedeutung ästhetischer Symbolik für Jugendliche müssen ins Verhältnis zu bestimmten Arbeitstätigkeiten, zu den kulturell anerkannten Formen der Nichtarbeit und den Formen der Verweigerung und des Protestes gesetzt werden.

Über die konkrete Beschreibung der sozialen Orte, an denen ästhetische Aktivität stattfindet, wird der Blick auf klassen- und schichtenspezifische Unterschiede geschärft. Bezugspunkt ist hierbei die Geschichte der Trennung von Kopf- und Handarbeit. *Hartwig*'s Begriff von ästhetischer Praxis gibt ihm auf, die Auswirkung dieser Trennung in einer Spätphase von Arbeitsteilung zu analysieren, in der diese Trennung tendenziell wieder rückgängig gemacht wird in Verbindung mit einer Verschärfung von sekundären Abspaltungsprozessen. Von diesem Standpunkt aus nähert er sich der Vielfalt und den Widersprüchen in den Verkehrsformen mit der Kategorie „Jugend als Möglichkeit". Mit ihr verbindet er die empirische Frage nach den Formen von Protestpotentialen bei Jugendlichen und nach den Chancen, zukunftsgerichtete Wunschpotentiale zu entfalten. Von dieser Position aus betont *Hartwig* gegenüber dem CCCS, daß das in der Stilanalyse als Struktur charakterisierte real als Produktionsweise und Prozeß existiert. Ebenso rückt er *Hebdige*'s abstraktes Modell des Zyklus einer **Subkultur** mit dem Hinweis zurecht, daß „im dialektischen Bezug auf die herrschenden organisatorischen Gewalten von Familie, Schule, Politik, Arbeit, Medienöffentlichkeit" unter den historischen Bedingungen einer verlängerten Jugend sich so etwas wie ein „Kontinuum wechselnder opositioneller Tendenzen" auszubilden scheint, in denen „Elemente aus der herrschenden Kultur aufgegriffen, Bedürfnissen unterworfen und zu vorübergehend neuen Arrangements zusammengefaßt werden, bevor sich dann die Medien, der Markt, die herrschende Kultur dieser Arrangements wieder bemächtigt". (*Hartwig* 1980, S. 74)

4 Perspektiven kulturtheoretischer Jugendforschung

Wie willkürlich die Trennung der handlungs-, kultur- und gesellschaftstheoretischen Grundlagen einer sozialwissenschaftlichen Jugendforschung wäre, zeigen die beiden Ansätze, die wir abschließend als einzuholende Theorieperspektiven wenigstens andeuten wollen.

Gemeinsam ist *Bourdieu* und *Negt/Kluge* das Insistieren auf dem Programm einer kritischen Gesellschaftstheorie. In dessen Reformulierung nehmen sie — weil in Anlage und Zielrichtung nicht kongruent — gewissermaßen komplementäre Perspektiven ein. *Bourdieu* reichert seinen Blick auf den gesellschaftlichen Herrschaftszusammenhang insofern kulturtheoretisch an, als er ihn in terms eines Kampfes um Klassifizierungen kultureller Gewohnheiten sozialer Gruppen zu systematisieren versucht. Der Rekonstruktion des symbolischen Ordnungsgefüges, welches als Vielfalt von Lebensstilen erscheint, nähert sich *Bourdieu* über den Zusammenhang von sozialer Struktur und Praxisformen in der Weise, daß zwischen ihnen ein in Sozialisationsprozessen erworbener Habitus zugleich als strukturierte und strukturierende Struktur vermittele. Er übernimmt regulativ die Funktion einer „Handlungs-, Wahrnehmungs- und Denkmatrix" (*Bourdieu* 1979, S. 169), die in der Erzeugung von Dispositionen die objektiven Lebensbedingungen und die Praktiken der Akteure reproduziert. In diesem Sinne versteht sich *Bourdieu* als ein „genetischer Strukturalist" (1986, S. 152), der sowohl mit dem objektivistischen Strukturalismus wie mit den phänomenologischen Lebensweltanalysen bricht, um gleichsam auf einem dritten Wege **Gesellschafts-, Kultur-** und **Handlungstheorie** in kritischer Tradition fortzuführen.

In der (zögernden) bundesrepublikanischen Rezeption (z.B. *Bohn* 1991; *Eder* 1989; *Liebau* 1987; *Raphael* 1987; für die Jugendforschung: *Zinnecker* 1986) ist *Bourdieu* gerade der in diesem doppelten Bruch implizierte radikale Realismus als Determinismus (*Krais* 1981) oder versteckter Utilitarismus (*Honneth* 1984) vorgeworfen worden. Aber hinter der Überzeichnung des engen Zusammenhangs von objektiven Strukturen, Praxisformen und Lebensstilen — der als solcher Aufklärungswert darüber, warum die Menschen so handeln wie sie handeln, innewohnt (*Pfeffer* 1985) —, verbirgt sich die mögliche Lesart eines auf Transformationsprozesse geradezu angewiesenen internen Lernprogramms des Habitus. In neueren Arbeiten scheint sich *Bourdieu* zunehmend diesen Flexibilisierungen des **Habitus** — ohne dessen regulative Bedeutung preiszugeben — bewußt zu werden (1985; vgl. *v. Prondczynsky* 1989). Er fundiert diese Reflexionen in der Überlegung, „daß den symbolischen Strukturen in bestimmten Grenzen eine außerordentliche Konstitutionsmacht innewohnt, die bisher noch sehr unterschätzt wurde" (1989, S. 153). Dies impliziert die Aufgabe, mittels des generativen Konzepts des **Habitus** auch die „erfinderische(n), aktive(n), ‚kreative(n)' Fähigkeiten" der handelnden Akteure (*Bourdieu* 1986, S. 152; s.a. 1987 z.B. S. 104) zu erfassen.

An dieser Stelle öffnet sich eine naheliegende Einstiegsmöglichkeit der Jugendkulturforschung in die *Bourdieu*'sche Kultursoziologie, die jedoch ihre grundlegend-konzeptionellen Chancen sogleich wieder verspielt, wenn sie sich des Habitus- und Lebensstilbegriffs als bloßer Kategorien verdinglichend bedient. Diese Gefahr sehen wir bei *Baacke* bereits im Ansatz gegeben, wenn er zur Gruppierung jugendkultureller Musikstile eine „strukturalistische Argumentation auf die Jugendforschung zu übertragen" bemüht ist (1985, S. 202) oder ohne weiteres einen „jugendkulturellen Habitus" einführt (1985a, S. 163), um sich für die phänomenale Ebene kultureller Praxisformen ein wohlfeileres Ordnungsschema anzueignen (1985a, S. 168ff.).

Die klassifizierenden und generativen Prinzipien des **Habitus**, so deuteten wir an, verharren nicht notwendig in der einfachen Reproduktion festgeschriebener Strukturen, sondern verweisen schon logisch — der **Habitus** als Erzeugungsmodus einer individuell kaum ausschöpfbaren Menge von Möglichkeiten — auf die Relevanz „erfinderischer

Fähigkeiten". Hier lassen sich Überlegungen von *Negt/Kluge* (1981) anschließen, um die Analyse von Blockierungszusammenhängen in eine Analyse von deren latenten Aufhebungsmöglichkeiten überzuführen. *Negt/Kluge* gehen, was wir hier nicht näher darstellen können, den Produktionsbedingungen von Arbeitsvermögen nach, wobei für die Jugendphase die Verarbeitung der Trennung von Spielprinzip (Kindheit) und Arbeitsprinzip im Zentrum steht. Arbeitsvermögen als ambivalentes Produkt der „Bewältigung" dieser Trennung konstituiert zugleich ein spezifisches gesellschaftliches Verhältnis von Jugend. Im Begriff der „Jugendöffentlichkeit" wird diesem Produktionsprozeß von Erfahrungen nachgespürt, um die Potentiale der nicht-selbstentfremdenden subjektiven Antworten zu entdecken. Im Zentrum dieses Interesses stehen die dialektischen Prozesse zwischen instrumentalisierter und utopischer Phantasie, Gleichzeitigkeit und Ungleichzeitigkeit. Beide können, wie dies auch *Hartwig*'s (1980) Ansatz auszeichnete, der systematischen Verortung einer antizipatorischen Perspektive jugendkultureller Praxisformen dienen (vgl. hierzu *May* 1986).

Die Verknüpfung von *Bourdieu*'s Ansatz mit dem geschärften Blick für Ungleichzeitigkeiten und zukunftsorientierten Phantasiepotentialen scheint uns eine Richtung kulturtheoretischer Jugendforschung anzudeuten, in der sowohl die Mängel der einschlägigen Bezugstheorien wie die kulturtheoretischen Verkürzungen der Jugendforschung selbst aufgehoben werden könnten.

Anmerkungen

1 So haben z.B. sozialanthropologisch orientierte Historiker, die sich mit materialistischer Theorie der Kultur befaßten, die (zumindest heuristische) Fruchtbarkeit einer Ergänzung durch zivilisationstheoretische Überlegungen *Elias* einerseits wie kultursoziologischer Reflexionen *Bourdieu*'s andererseits betont (vgl. *Berdahl* 1982, S. 267ff.; *Schindler* 1982, Anm. 12/19, S. 249/250; *Sider* 1982, S. 130ff.).

2 Es hat zwischen *Thompson* und *Bourdieu* einen Gedankenaustausch gegeben (siehe *Actes* 1976). *Bourdieu* beansprucht, eine Theorie der Praxis zu entwerfen, die die Praxis weder „als Objekt behandel(t)", noch „auf eine gelebte Erfahrung reduzier(t)" (*Bourdieu* 1979, S. 143). Man erkennt, in welcher Position sich *Bourdieu* situieren möchte und hätte erwarten dürfen, daß er angesichts des gestiegenen Erläuterungsbedarfs eines kritischen und empirisch prüfbaren Kulturbegriffs breiter rezipiert worden wäre.

3 Auf Herkunft und Verwendung des Subkulturbegriffs in der Jugendforschung brauchen wir hier umso mehr nicht einzugehen, als dazu zwei leicht zugängliche Arbeiten von *Brake* (1981) und *Lindner* (1981) (als Überblick siehe *Greverus* 1978, S. 200-218) vorliegen (s.a. *Baacke* 1987, S. 86ff.; *Ferchhoff* 1990; *Lüdtke* 1989).

4 Wir gehen hier nicht auf *Ziehe*'s frühe narzißmustheoretische Arbeiten (z.B. 1975) ein.

Literatur

Actes de la Recherche en Sciences Sociales No. 2/3, 2° annèe, Juin 1976, S. 133 - 151

Adorno, Th. W.: Negative Dialektik. Frankfurt/M. 1966

Ders.: Ästhetische Theorie. Frankfurt/M. 1970

Anderson, P.: Antonio Gramsci. Eine kritische Würdigung. Berlin 1979

Baacke, D.: Jugendliche Lebensstile: Vom Rock'n Roll bis zum Punk. In: Bildung und Erziehung 38 (1985), H. 2, S. 201 - 212

Ders.: Jugendkulturen und Popmusik. In: Ders./W. Heitmeyer (Hrsg.): Neue Widersprüche. Jugendliche in den achtziger Jahren. München/Weinheim 1985a, S. 154-174
Baacke, D.: Jugend und Jugendkulturen. Darstellung und Deutung. Weinheim/München 1987
Baethge, M. u.a.: Jugend und Krise — Krise aktueller Jugendforschung. Frankfurt a.M./New York 1983
Baethge, M.: Individualisierung als Hoffnung und als Verhängnis. In: Lindner, R./Wriebe, H.H. (Hrsg.): Verborgen im Licht. Neues zur Jugendfrage. Frankfurt 1986, S. 98-123
Barthes, R.: Elemente der Semiologie. Frankfurt/M. 1966
Ders.: Mythen des Alltags. Frankfurt/M. 1970
Beck, U.: Jenseits von Stand und Klasse? Soziale Ungleichheiten, gesellschaftliche Individualisierungsprozesse und die Entstehung neuer Formationen und Identitäten. In: Kreckel, R. (Hrsg.): Soziale Ungleichheiten (Soziale Welt. Sonderband 2), Göttingen 1983, S. 35-74
Ders.: Risikogesellschaft. Auf dem Weg in eine andere Moderne. Frankfurt 1986
Berdahl, R.M.: Anthropologie und Geschichte. In: Ders. u.a.: Klassen und Kultur. Sozialanthropologische Perspektiven in der Geschichtsschreibung. Frankfurt/M. 1982, S. 263-287
Bernstein, R.J.: Restrukturierung der Gesellschaftstheorie. Frankfurt/M. 1979
Bloch, E.: Erbschaft dieser Zeit. Frankfurt/M. 1962
Böhme, G./Engelhardt, M. v.: Zur Kritik des Lebensweltbegriffs. In: Dies. (Hrsg.): Entfremdete Wissenschaft. Frankfurt/M. 1979, S. 7-25
Bohn, C.: Habitus und Kontext. Ein kritischer Beitrag zur Sozialtheorie Bourdieus. Opladen 1991
Bourdieu, P.: Entwurf einer Theorie der Praxis. Frankfurt/M. 1979
Ders.: Sozialer Raum und „Klassen"/Leçon sur la lęcon. Frankfurt/M. 1985
Ders.: Der Kampf um die symbolische Ordnung. Pierre Bourdieu im Gespräch mit A. Honneth, H. Kocyba und B. Schwibs. In: Ästhetik und Kommunikation. 16 (1986), H. 61/62, S. 142-164
Ders.: Sozialer Sinn. Kritik der theoretischen Vernunft. Frankfurt 1987
Brake, M.: Soziologie der jugendlichen Subkulturen. Frankfurt a.M./New York 1981
Bürger, P.: Das Altern der Moderne. In: Friedeburg, L. v./Habermas, J. (Hrsg.): Adorno-Konferenz 1983. Frankfurt/M. 1983, S. 177-197
Clarke, G.: Defending Ski-Jumpers: A Critique of Theories of Youth-Subcultures. CCCS-Birmingham, Stencilled Occasional Paper No. 71, 1983
Clarke, J./Jefferson, T.: Jugendliche Subkulturen in der Arbeiterklasse. In: Ästhetik und Kommunikation (1976), H. 24
Clarke, J. u.a.: Subkulturen, Kulturen und Klassen. In: Dies. u.a.: Jugendkultur als Widerstand. Frankfurt/M. 1976
Dewe, B./Frank, G.: „Kulturarbeit" = Krise der Kultur oder Kultur der Krise? In: Kübler, H. D. (Hrsg.), Jenseits von Orwell. Analysen zur Instrumentierung der Kultur. Frankfurt/M. 1984, S. 169-197
Dewe, B./Ferchhoff, W.: Die Lust am Schein — Postmodernistische Notizen über Trends, Geschmäkker und Redensarten unter Pädagogen. In: Baacke, D. u.a. (Hrsg.): Am Ende — Postmodern? Next Wave in der Pädagogik. München/Weinheim 1985, S. 42-70
Dubiel, H.: Kulturtheorie der Frankfurter Schule. In: Brackert, H./Wefelmeyer, F. (Hrsg.): Kultur. Bestimmungen im 20. Jahrhundert. Frankfurt 1990, S. 255-275
Eco, U.: Nachschrift zum „Name der Rose", München 1984
Eder, K. (Hrsg.): Klassenlage, Lebensstil und kulturelle Praxis. Theoretische und empirische Beiträge zur Auseinandersetzung mit Pierre Bourdieus Klassentheorie. Frankfurt 1989
Esser, H.: Gesellschaftliche „Individualisierung" und das Schicksal der (Bindestrich-)Soziologie. In: Markefka, M./Nave-Herz, R. (Hrsg.): Handbuch der Familien- und Jugendforschung. Band 2: Jugendforschung. Neuwied-Frankfurt 1989, S. 197-216
Ferchhoff, W.: Die Wiederverzauberung der Modernität? Krise der Arbeitsgesellschaft, Wertwandel, Individualisierungsschübe bei Jugendlichen. In: Kübler, H. D. (Hrsg.): Jenseits von Orwell. Analysen zur Instrumentierung der Kultur. Frankfurt/M. 1984, S. 94-168
Ders.: Zur Pluralisierung und Differenzierung von Lebenszusammenhängen bei Jugendlichen. In: D. Baacke/W. Heitmeyer (Hrsg.): Neue Widersprüche. Jugendliche in den achtziger Jahren. München/Weinheim 1985, S. 46-85
Ders.: Jugendkulturen im 20. Jahrhundert. Von den sozialmilieuspezifischen Jugendsubkulturen zu den

individualitätsbezogenen Jugendkulturen. Frankfurt-Bern-New York-Paris 1990
Ders./Neubauer, G.: Jugend und Postmoderne. Analysen und Reflexionen über die Suche nach neuen Lebensorientierungen. Weinheim/München 1989
Firth, J. R.: Papers in Linguistics 1934-1951. London 1958
Frake, C. O.: Die ethnographische Erforschung kognitiver Systeme. In: Arbeitsgruppe Bielefelder Soziologen (Hrsg.): Alltagswissen, Interaktionen und gesellschaftliche Wirklichkeit. 2. Bd., Reinbek b. Hamburg 1973, S. 323-337
Garfinkel, H.: Studies in Ethnomethodology. Englewood Cliffs 1967
Goodenough, W. H.: Cultural Anthropology and Linguistics. In: Garvin, P. L. (Hrsg.): Report of the Seventh Annual Table Meeting on Linguistics and Language Study. Washington 1957
Gramsci, A.: Philosophie der Praxis, hg. und übersetzt v. Ch. Riechers. Frankfurt/M. 1967
Greverus, I.-M.: Kultur und Alltagswelt. München 1978
Griese, H.: Sozialwissenschaftliche Jugendtheorien. Weinheim/Basel 1982
Groh, D.: Einführung zu: E. P. Thompson 1980. Frankfurt/M. 1980, S. 5-28
Habermas, J.: Legitimationsprobleme im Spätkapitalismus. Frankfurt/M. 1973
Ders.: Theorie des kommunikativen Handelns. 2 Bde., Frankfurt/M. 1981
Hartwig, H.: Jugendkultur. Ästhetische Praxis und Pubertät. Reinbek b. Hamburg 1980
Hebdige, D.: Subculture. Die Bedeutung von Stil. In: Diederichsen, D., Hebdige, D., Marx, O.-D.: Schocker. Stile und Moden der Subkultur, Reinbek b. Hamburg 1983. S. 7-120
Heitmeyer, W./Olk, T. (Hrsg.): Individualisierung von Jugend. Gesellschaftliche Prozesse, subjektive Verarbeitungsformen, jugendpolitische Konsequenzen. Weinheim-München 1990
Honneth, A.: Die zerrissene Welt der symbolischen Formen. Zum kultursoziologischen Werk von P. Bourdieu. In: Kölner Zeitschrift für Soziologie und Sozialpsychologie 36 (1984), S. 147-164
Horkheimer, M.: Die gegenwärtige Lage der Sozialphilosophie und die Aufgaben des Instituts für Sozialforschung (1931). In: Ders.: Sozialphilosophische Studien, hg. v. W. Brede, Frankfurt/M. 1972. S. 33-46
Ders./Th. W. Adorno: Dialektik der Aufklärung (1944). Amsterdam 1968
Husserl, E.: Die Krisis der europäischen Wissenschaften und die transzendentale Phänomenologie. Den Haag 1962
Jugendwerk der Deutschen Shell (Hrsg.): Jugend '81. Lebensentwürfe, Alltagskulturen, Zukunftsbilder. Opladen 1982
Kebir, S.: Die Kulturkonzeption Antonio Gramscis. München 1980
Krais, B.: Einleitung zu: P. Bourdieu u.a.: Titel und Stelle. Über die Reproduktion sozialer Macht. Frankfurt/M. 1981, S. 7-21
Kroeber, A. L./Kluckhohn, C.: Culture. A Critical Review of Concepts and Definitions. Papers of the Peabody Museum of American Anthropology and Ethnology, Harvard University, XLVII, 1, 1952
Lévi-Strauss, C.: Strukturale Anthropologie. Frankfurt/M. 1967
Ders.: Mythos und Bedeutung. Frankfurt/M. 1980
Ders.: Das wilde Denken. Frankfurt/M. 1981
Liebau, E.: Gesellschaftliches Subjekt und Erziehung. Weinheim/München 1987
Lindner, R.: Jugendkultur und Subkultur als soziologische Konzepte. In: Brake, M.: Soziologie der jugendlichen Subkulturen, Frankfurt a.M./New York 1981. S. 172-193
Lüdtke, H.: Jugend — Gesellschaft in der Gesellschaft: die These von der Subkultur. In: Markefka, M./Nave-Herz, R. (Hrsg.): Handbuch der Familien- und Jugendforschung. Band 2: Jugendforschung. Neuwied/Frankfurt 1989, S. 113-124
Lyotard, J. F.: Beantwortung der Frage: Was ist postmodern? In: Tumult. Zeitschrift für Verkehrswissenschaft, Nr. 3/1982, S. 131-142
Ders.: Immaterialität und Postmoderne. Berlin 1985
Malinowski, B.: Eine wissenschaftliche Theorie der Kultur. Frankfurt/M. 1975
Marzahn, Ch.: Jugend und Kultur — Stationen einer gedachten Beziehung. In: Liebel, M./Schonig, B. (Hrsg.): Ist die Zukunft schon verbraucht? Berlin 1987, S. 163-171
May, M.: Provokation Punk. Versuch einer Neufassung des Stilbegriffs in der Jugendforschung (Veröffentlichungen des Instituts für Jugendforschung und Jugendkultur e.V., Bd. 6). Frankfurt/M. 1986

Nadel, S. F.: The Foundations of Social Anthropology. Glencoe (Ill.) 1951
Negt, O.: Keine Demokratie ohne Sozialismus. Frankfurt/M. 1977
Ders./Kluge, A.: Geschichte und Eigensinn. Frankfurt/M. 1981
Pfeffer, G.: Das fehlende Positive. Sozialdeterministische Aspekte bei Bourdieu und ihr möglicher „Aufklärungswert". In: Neue Sammlung 25 (1985), H. 3, S. 279-297
Projektgruppe Jugendbüro: Subkultur und Familie als Orientierungsmuster. München 1977
Prondczynsky, A. v.: Die englische Jugendforschung am Beispiel des „Centre for Contemporary Cultural Studies" (CCCS). In: Zeitschrift für Sozialisationsforschung und Erziehungssoziologie 5 (1985), H. 1, S. 150-155
Ders.: Das Konzept der „gesamten Lebensweise" als Einheit von kultureller und materieller Reproduktion. Reflexionen zur sozialwissenschaftlichen Grundlegung der Jugendforschung, Opladen 1989, S. 49-64
Psathas, G.: Ethnotheorie, Ethnomethodologie und Phänomenologie. In: Arbeitsgruppe Bielefelder Soziologen (Hrsg.): Alltagswissen, Interaktion und gesellschaftliche Wirklichkeit, 2. Bd., Reinbek bei Hamburg 1973. S. 263-284
Raphael, L.: „Die Ökonomie der Praxisformen". Anmerkungen zu zenralen Kategorien P. Bourdieus. In: Prokla 68 (1987), H. 3, S. 152-171
Robins, R.H.: Malinowski, Firth and the „Context of Situation". In: E. W. Ardener (Hrsg.): Social Anthropology and Language. London 1971
Saussure, F. D.: Grundfragen der allgemeinen Sprachwissenschaft. Berlin 1931
Schütz, A.: Der sinnhafte Aufbau der sozialen Wirklichkeit. Frankfurt/M. 1974
Ders./Luckmann, Th.: Strukturen der Lebenswelt, Bd. 1. Frankfurt/M. 1979
Schindler, N.: Freimaurerkultur im 18. Jahrhundert. In: Berdahl, R. M. u.a.: Klassen und Kulturen, Frankfurt/M. 1982. S. 205-261
Sider, G. R.: Bande, die zusammenbinden. In: Berdahl, R. M. u.a.: Klassen und Kulturen, Frankfurt/M. 1982. S. 108-156
Thome, H.: Wandel zu postmaterialistischen Werten? In: Soziale Welt 36 (1985), H. 1, S. 28-59
Thompson, E. P.: The Making of the English Working Class. Harmondsworth [4]1974
Ders.: Plebeische Kultur und moralische Ökonomie. Aufsätze zur englischen Sozialgeschichte des 18. und 19. Jahrhunderts. Frankfurt a.M./Berlin/Wien 1980
Ders.: Das Elend der Theorie. Zur Produktion geschichtlicher Erfahrung. Frankfurt/M. 1980a
Wellmer, A.: Zur Dialektik von Moderne und Postmoderne. Vernunftkritik nach Adorno. Frankfurt/M. 1985
Whorf, B.L.: Language, Thought and Reality. New York 1956
Williams, R.: Innovationen. Über den Prozeßcharakter von Literatur und Kultur. Frankfurt/M. 1983
Ziehe, Th.: Pubertät und Narzißmus. Frankfurt/M. 1975
Ders.: Zur gegenwärtigen Motivationskrise Jugendlicher. In: K. Wasmund (Hrsg.): Jugendliche — Neue Bewußtseinsformen und politische Verhaltensweisen. München 1982. S. 13-27
Ders.: Die Jugenddebatte — Argumente für eine Fortführung. In: Beiheft der Zeitschrift für Pädagogik 19/1985, S. 309-313
Ders.: Vorwärts in die 50er Jahre? Lebensentwürfe Jugendlicher im Spannungsfeld von Postmoderne und Neokonservatismus. In: D. Baacke/W. Heitmeyer (Hrsg.): Neue Widersprüche. Jugendliche in den achtziger Jahren. München/Weinheim 1985a. S. 199-216
Ders.: Höhenrausch und Alltagsfrust. In: Widersprüche 15/1985b, S. 35-53
Ders.: Handelt die Jugenddebatte von Jugendlichen? Jugenddiskurs und Jugendkulturen im Sog gesellschaftlicher Modernisierung. In: Liebel, M./Schonig, B. (Hrsg.): Ist die Zukunft schon verbraucht? Berlin 1987, S. 123-129
Ders./Stubenrauch, H.: Plädoyer für ungewöhnliches Lernen. Ideen zur Jugendsituation. Reinbek 1982
Zinnecker, J.: Jugend im Raum gesellschaftlicher Klassen. Neue Überlegungen zu einem alten Thema. In: Heitmeyer, W. (Hrsg.): Interdisziplinäre Jugendforschung. Weinheim/München 1986, S. 99-132

Thomas Olk

Gesellschaftstheoretische Ansätze in der Jugendforschung

1 Einleitung

Gesellschaftstheoretische Ansätze in der Jugendforschung thematisieren die Wechselbeziehungen zwischen Jugend und Gesellschaft. In seiner mittlerweile klassisch gewordenen Arbeit „Die skeptische Generation“ (1957) hat *Helmut Schelsky* die hiermit angesprochenen Erkenntnisinteressen und Forschungsprobleme in die beiden Grundfragen gekleidet: „Was bedeutet die Jugend für die Gesellschaft?“ und „Was bedeutet die Gesellschaft für die Jugend?“ (S. 26f.).

Die erste Frage zielt auf die mögliche Funktion von Jugend bzw. einer eigenständigen Jugendphase für die Reproduktion der übergreifenden Gesellschaft aber auch auf die möglichen Wirkungen jugendlichen Verhaltens auf Stabilität oder Veränderung sozialstruktureller und sozialkultureller Zusammenhänge. Die zweite Frage zielt umgekehrt auf die Wirkungen von Gesellschaft auf Jugend. Unter welchen gesellschaftlichen Bedingungen bildet sich Jugend als eigenständige Phase im Lebensablauf heraus, und welche gesellschaftlichen Faktoren beeinflussen auf welche Weise die objektive Lage, die subjektiven Werte und Deutungen und individuellen wie kollektiven Verhaltensweisen der als Jugendliche definierten Teilmenge der Gesamtbevölkerung?

Die Kombination beider Fragestellungen macht deutlich, daß zwischen Jugend und Gesellschaft keine einfache Ursache-Wirkung-Beziehung besteht. Weder ist Jugend ein reines passives Objekt und Resultat gesellschaftlicher Einwirkungen und Bedingungskonstellationen, noch ist Jugend durchgängig und ohne weiteres dazu in der Lage, die Gesellschaft nach ihren Bedürfnissen und Interessen umzugestalten. Gesellschaftstheoretisch angeleitete Jugendforschung ist daher darum bemüht, die komplexen Wechselbeziehungen zwischen Gesellschaft, ihrer Struktur, Wirtschaftsweise, Kultur auf der einen Seite und Jugend, ihren Institutionalisierungsformen, Gruppenbildungen und Deutungen auf der anderen Seite aufzuklären.

Im folgenden Beitrag sollen zunächst die Argumentationsmuster, zentralen Thesen und Probleme „klassischer“ Arbeiten zu einer gesellschaftstheoretisch orientierten Jugendforschung vorgestellt und diskutiert werden (vgl. Abschnitt 2). In einem zweiten Schritt geht es sodann um die unterschiedlichen Ausprägungen und Verlaufsformen von Jugend in verschiedenen, historisch unterscheidbaren Gesellschaftsformationen (vgl. Abschnitt 3). Sodann werden drittens Indizien und Begründungen für einen aktuellen Strukturwandel der Jugendphase vorgestellt (vgl. Abschnitt 4), um schließlich einige offene Fragen und Forschungsprobleme angesichts des gegenwärtigen Standes sozialwissenschaftlicher Forschung zum Verhältnis von Jugend und Gesellschaft zu skizzieren (vgl. Abschnitt 5).

2 Klassische gesellschaftstheoretische Ansätze in der Jugendforschung

Alle grundlegenden sozialtheoretischen Arbeiten, die sich mit dem Verhältnis von Jugend und Gesellschaft beschäftigen, stellen dieses Forschungsproblem in den generelleren Kontext der gesellschaftlichen Strukturierung von Lebensaltern und **Lebensläufen** überhaupt. Jede Sozialstruktur muß in irgendeiner Form auf die Endlichkeit des Lebens und den Prozeß des Alterns als biologische Grundtatsachen reagieren. Die unübersehbare Vielzahl von Altersphaseneinteilungen und geschlechtsspezifischen Zuordnungen von Rechten und Pflichten in verschiedenen Gesellschaften und über unterschiedliche historische Epochen hinweg macht allerdings deutlich, daß die tatsächlich institutionalisierten Problemlösungen höchst unterschiedlich ausfallen.

Aus der Perspektive des älteren Funktionalismus und auf der Basis ethnographischen Materials hat bereits *Linton* (1942) darauf aufmerksam gemacht, daß alle Gesellschaften in irgendeiner Form die Kategorien Alter und Geschlecht in Anspruch nehmen, um soziale Zuordnungsregelungen von Rollenanforderungen und Pflichten zu den Mitgliedern der Gesellschaft zu institutionalisieren. Im Anschluß daran haben insbesondere *Cain* (1964) sowie *Riley* u.a. (1972) weiterführende Überlegungen zur Struktur und Funktion von Systemen der Altersschichtung beigesteuert. Altersstatussysteme reflektieren danach das Problem der Kontinuitätswahrung von Gesellschaften unter der Bedingung begrenzter Lebensdauer und des biologischen Alterns der Gesellschaftsmitglieder sowie der hiermit eng zusammenhängenden Tatsache, daß die Individuen altersbedingt unterschiedliche Fähigkeiten und Fertigkeiten zur Erfüllung der Anforderungen von gesellschaftlichen Schlüsselrollen aufweisen. Die Einteilung des Lebensablaufs in unterschiedliche Altersphasen erlaubt es, die ständig nachrückenden Gesellschaftsmitglieder in die zur Erfüllung der Rollenanforderungen notwendigen Normen, Werte und Wissensbestände schrittweise einzuweisen sowie auf der individuellen Ebene eine Überschaubarkeit und Kontinuität des Lebensablaufs zu ermöglichen. Wenn auch diese frühen theoretischen Bemühungen um eine Klärung der Bedeutung von Alter (und Geschlecht) als sozialen Ordnungsprinzipien und -kategorien noch auf einer rein klassifikatorischen Ebene beruhen, und die Beziehungen solcher Altersgruppeneinteilungen zu anderen Bestandteilen der Sozialstruktur unklar bleiben (wie z.B. Klasse, Schicht etc.), so weisen sie dennoch bereits auf die Tatsache hin, daß soziale Alterseinteilungen eine nicht unerhebliche — wenn auch wechselnde — Bedeutung für die Reproduktion übergreifender Sozialstrukturen besitzen.

Die möglichen Zusammenhänge zwischen Jugend als spezifischer Phase im Lebensablauf und gesellschaftlichen Funktionen und Strukturen sind ein zentrales Thema der klassischen jugendtheoretischen Arbeiten gewesen. Insbesondere der **Struktur-Funktionalismus** parsonianischer Prägung hat zunächst einmal Bemühungen um eine Sozialtheorie des Jugendalters angeregt. Es war weniger *Parsons* selbst, der eine Jugendtheorie ausgearbeitet hat (vgl. für seine Bemühungen insbesondere 1942 und 1965), sondern vor allem *Eisenstadt*, der mit seiner Arbeit „From Generation to Generation" (1956) den ersten geschlossenen Theorieentwurf aus dieser Perspektive vorlegte.

Eisenstadt, der die Altersrollen im Gegensatz zu den enger eingegrenzten und präziseren übrigen Rollenverpflichtungen als grundlegende und allgemeine Rollen*dispositionen* verstanden wissen wollte, und der von einer Komplementarität und Kontinuität vorhandener Altersstufen ausging, betonte bereits, daß die altersgebundenen Erwartungen und Verpflichtungen zu den wichtigsten und stärksten Vermittlungsmechnismen zwischen gesellschaftlichen Strukturzusammenhängen und den Persönlichkeitssystemen der Individuen gehören.

Die Jugendphase ist nun aus der Perspektive dieses theoretischen Ansatzes dadurch geprägt, daß in ihrem Verlauf der Übergang zwischen zwei strukturell gegenläufig angelegten Lebensbereichen bewältigt werden muß. Im Anschluß an *Parsons* geht *Eisenstadt* davon aus, daß die Beziehungen in der Familie durch Partikularität gekennzeichnet sind und auf affektiver Zuneigung beruhen, während in den übrigen gesellschaftlichen Bereichen, vor allem in Wirtschaft und Politik, universalistische, leistungsbezogene und affektiv neutrale Beziehungsstrukturen vorherrschen. Unter solchen Bedingungen tendieren Jugendliche dazu, ihre Identitäts- und Verhaltensprobleme durch Bildung altershomogener Gruppen zu bewältigen. Solche Gruppen von Altersgleichen, in denen Merkmale familienähnlicher Geborgenheit neben Leistungsbeziehungen zwischen Gleichen koexistieren, können systemintegrativ wirken, da sie den Übergang von der Familie in die Gesamtgesellschaft erleichtern. *Eisenstadt* hat allerdings ebenso die Möglichkeit mitbedacht, daß diese **Gleichaltrigen-Gruppen** unter bestimmten Bedingungen durchaus abweichende Tendenzen verstärken können, indem sie etwa Merkmale der Familienbeziehungen auf Dauer stellen etc. Obwohl also in diesen Gleichaltrigen-Gruppen immer auch eine Abwehr gegen zukünftige Erwachsenenrollen zum Ausdruck kommt, orientieren sie die Jugendlichen doch zugleich auf die zukünftigen Rollen hin und stellen daher eine Vermittlungsinstanz, („interlinking sphere") zwischen beiden gesellschaftlichen Bereichen dar.

Diese Argumentation von *Eisenstadt* ist wiederholt aus unterschiedlicher Sicht kritisiert worden. Wie alle Funktionalisten neigt auch *Eisenstadt* dazu, ein historisch vorgefundenes Phänomen — hier die Gleichaltrigen-Gruppen — als funktional notwendig für den Bestand moderner Gesellschaften zu erklären, ohne anzugeben, was Stabilität der Gesellschaft genau bedeutet und ohne riskieren zu müssen, einem historischen Gegenbeweis — etwa in Form des Nachweises der Existenz einer modernen Gesellschaft, in der keine Gleichaltrigen-Gruppen existieren — ausgesetzt zu werden. Auch ist argumentiert worden, daß der Strukturgegensatz der gesellschaftlichen Lebenshorizonte durch verschiedene Vermittlungsmechanismen in der Realität abgeschwächt wird (vgl. etwa *Allerbeck/Rosenmayr* 1976 sowie *Kreutz* 1974, S. 79f.). Dennoch hat Eisenstadt mit seiner Argumentation einen klassischen Erklärungsversuch vorgelegt, der die jugendtheoretische Diskussion bis heute inspiriert und beeinflußt hat.

Ähnlich wie Eisenstadt argumentiert auch *Schelsky* in seinem bereits erwähnten Buch „Die skeptische Generation" (1957). Auch er schließt von dem grundlegenden Strukturunterschied zwischen Familie und Wirtschaftssystem auf ein für Jugend charakteristisches Vermittlungsproblem zwischen gegensätzlichen Verhaltensanforderungen. Jugend sei daher durch eine spezifische Verhaltensunsicherheit gekennzeichnet. Anders als *Eisenstadt* versucht *Schelsky*, durch eine Differenzierung gesellschaftlicher Einflußfaktoren die Zusammenhänge zwischen Jugend und Gesellschaft präziser zu erfassen. Insbesondere die Unterscheidung zwischen dem Einfluß des Gesellschaftstyps (epochale Sozialstruktur) und zeitgeschichtlich-politischer Ereignisse und Situationen auf Jugend erlaubt es ihm, die Abfolge von unterschiedlichen Generationsgestalten mit gesellschaftlichen Bedingungskonstellationen in Verbindung zu bringen. In diesem Zusammenhang ist auch seine Charakterisierung der Nachkriegsjugend als „skeptische Generation" einzuordnen, die seit ihrem Erscheinen intensiv und kontrovers diskutiert worden ist.

Auch die jugendtheoretische Argumentation von *Tenbruck* (1962) greift auf generelle gesellschaftstheoretische Hintergrundannahmen zurück. Ihr Ausgangspunkt ist der insbesondere von *Durkheim* analysierte Prozeß sozialer Differenzierung und Arbeitsteilung, verknüpft mit handlungstheoretischen Überlegungen. Im Zuge der Auslagerung immer weiterer Aufgaben und Funktionen aus der Familie bietet diese den Heranwachsenden einen immer beschränkteren Erfahrungsbereich und werden altersheterogene Gruppen für die Sozialisation nachwachsender Generationen in ihrer Bedeutung relativiert. Jugend wird als Altersgruppe aus dem Interaktionszusammenhang mit der älteren Generation herausgelöst und — vor allem durch die Verschulung — in altershomogenen Gruppen organisiert. Tenbruck geht nun davon aus, daß die faktische Zusammenfassung der Jugendlichen in **Gleichaltrigen-Gruppen** auch zur Ausbildung jugendlichen Selbstbewußtseins und Verhaltens führt und sich damit Jugend schließlich auch selbst als soziale Gruppe konstituiert. Jugend bildet ein eigenes System der Beziehungen zwischen Altersgleichen sowie eigene kulturelle Praktiken, Deutungen und Handlungsformen aus. Unterstützt wird dieser Prozeß der Herausbildung einer **jugendlichen Teilkultur** durch die Massenmedien und die kommerzielle Auswertung jugendspezifischer Bedürfnisse, Interessen und Ausdrucksformen.

Tenbruck betont mit seiner These von der Herausbildung einer jugendlichen Teilkultur die Diskontinuität der Lebenssphären, Werte und Handlungsorientierungen der Altersgruppen und verweist auf hieraus resultierende gesamtgesellschaftliche Probleme, wie etwa die Weitergabe des kulturellen Erbes unter diesen Bedingungen und die Nivellierung der Statushierarchie zwischen den Altersgruppen etc. Die Kritik an diesem Ansatz hat sich daher folgerichtig auf die Behauptung einer eigenständigen **Subkultur** Jugendlicher konzentriert. Die in empirischen Untersuchungen immer wieder feststellbaren Übereinstimmungen bzw. Ähnlichkeiten in den Werten und Orientierungen von Jugendlichen und ihren Eltern haben zu der Behauptung Anlaß gegeben, eine eigenständige jugendliche Teilkultur gebe es nicht bzw. sei nicht so stark ausgeprägt wie behauptet werde.

Hinter dieser Auseinandersetzung steckt im Grunde genommen die grundsätzliche Frage danach, ob und in welchem Ausmaß Jugendliche aufgrund ihrer Zugehörigkeit zu dieser spezifischen Lebensphase eine bestimmte objektive Chancenstruktur vorfinden, sich bestimmten normativen Verhaltenserwartungen ausgesetzt sehen und wegen ihrer ähnlichen Verortung in der Sozialstruktur die Disposition entwickeln (können), sich aneinander zu orientieren und kollektive, jugendspezifische Verhaltensformen auszubilden. Je ausgeprägter dies der Fall ist, desto stärker wird die objektive Lebenslage, die sich durch die soziale Herkunft der Eltern ergibt, durch altersphasenspezifische Überlagerungen modifiziert und verändert. Mittlerweile dürfte unbestritten sein, daß die Tendenz zur Herausbildung einer jugendspezifischen Lebenslage insbesondere in den letzten 30 Jahren in den modernen Industriegesellschaften enorm vorangeschritten ist und daß in diesem Zusammenhang auch die Orientierung Jugendlicher an Altersgleichen und an jugendkulturellen Zusammenhängen und jugendspezifischen Normen und Wertorientierungen eher an Bedeutung gewonnen hat.

Jugend läßt sich also als eine relativ eigenständige Phase im Lebensablauf markieren, die sich von Kindheit einerseits und Erwachsenenalter andererseits unterscheidet. Aus entwicklungspsychologischer Sicht ergeben sich die Altersphaseneinteilungen aus der Relevanz jeweils unterschiedlicher **Entwicklungsaufgaben** (vgl. *Havighurst* 1972): Geht es in der Kindheit primär darum, basale kognitive, soziale, psychische und sprachliche Kompetenzen in einer Lebenssituation zu erwerben, die durch vollständige Abhängigkeit von den Unterstützungsleistungen der Herkunftsfamilie gekennzeichnet ist, so steht der Jugendliche vor einer gänzlich anderen Situation. Mit dem Beginn der Geschlechtsreife (**Pubertät**) sieht sich der betreffende Jugendliche nicht lediglich mit beschleunigten Veränderungen anatomischer und physiologischer Merkmale seiner eigenen Person konfrontiert, sondern er muß auch in psychodynamischer und sozialer Hinsicht neue Aufgaben und Probleme bewältigen. Unter Bedingungen des Inzest-Tabus muß der Pubertierende seine neuen Bedürfnisse außerhalb der Herkunftsfamilie befriedigen können, muß also etablierte Bindungen (z.B. an seine Eltern) lockern und neue suchen und eingehen. Die Jugendphase (bzw. **Adoleszenz**) ist also diejenige Phase, in der die eigene Geschlechtsrolle ausgebildet und heterosexuelle Partnerbeziehungen aufgenommen, Kompetenzen zur späteren Übernahme einer beruflichen Arbeit entwickelt und ein eigenes Wert- und Normensystem bzw. moralisches Bewußtsein entwickelt werden (vgl. *Oerter* 1982 sowie *Olbrich* 1984).

In soziologischer Hinsicht läßt sich das Jugendalter als diejenige Phase im Lebenslauf identifizieren, in der der Prozeß der Integration in die zentralen erwachsenenspezifischen Positionen und Rollen bewältigt und zum Abschluß gebracht werden muß. Dies bedeutet zugleich, daß den Jugendlichen (noch) bestimmte, den Erwachsenen vorbehaltene, Rechte und Pflichten vorenthalten, sie also in einer Art von „altersphasenspezifischer Marginalsituation" (vgl. *Kreutz* 1974) verharren müssen. In diesem Sinne betrachten strukturtheoretische Ansätze Jugend als eine **altersphasenspezifische Status-Rollen-Konfiguration**, die die in dieser Lebensphase befindlichen Gesellschaftsmitglieder in der Sozialstruktur der Gesellschaft verortet und sie mit bestimmten legitimen Handlungschancen und Verhaltenserwartungen konfrontiert (vgl. *Blancpain/Häuselmann* 1974 sowie *Neidhardt* 1970). Da Jugendliche typischerweise die volle Autonomie in den einzelnen institutionellen Sektoren der Gesellschaft (Beruf, Konsum, Familie etc.) zu unterschiedlichen Zeitpunkten erreichen, ist ihre Status-Rollen-Konfiguration durch charakteristische Inkonsistenzen und Spannungen gekennzeichnet. So kann es etwa sein, daß Jugendliche in bestimmten gesellschaftlichen Bereichen bereits wie Erwachsene behandelt werden (z.B. in den Feldern von Konsum und Freizeit), während sie in anderen Bereichen noch als unselbständig bzw. abhängig kategorisiert werden (etwa im Beschäftigungssystem), bzw. daß ihnen bestimmte gesellschaftliche Handlungsbereiche gänzlich verschlossen bleiben. Der Übergang zum Erwachsenenalter ist daher erst dann beendet, wenn in allen relevanten gesellschaftlichen Handlungsbereichen die vollgültigen Mitgliedschaftsrechte erworben worden sind.

Welches diese zentralen gesellschaftlichen Bereiche sind, variiert natürlich je nach Typ der Gesellschaft und historischem Zeitpunkt der Untersuchung. Für die entwickelten westlichen Industrienationen kann allerdings unterstellt werden, daß Abschluß der beruflichen Ausbildung und Eintritt in die Erwerbstätigkeit bzw. Gründung einer eigenen Zeugungsfamilie (Heirat) die zentralen Statusübergänge vom Jugend- in das Erwachsenenalter sind. Dementsprechend definiert *Neidhardt* Jugendliche als diejenigen Gesellschaftsmitglieder, „welche mit der Pubertät die biologische Geschlechtsreife erreicht haben, ohne mit Heirat und Berufsfindung in den Besitz der allgemeinen Rechte und Pflichten gekommen zu sein, welche die verantwortliche Teilnahme an wesentlichen Grundprozessen der Gesellschaft ermöglichen und erzwingen" (1970, S. 14). Diese strukturtheoretische Begriffsbestimmung von Jugend als Übergangsphase zwischen der Status-Rollen-Konfiguration des Kindes und der des Erwachsenen hat den Vorzug, Jugend als *gesellschaftliches* Phänomen relativ unabhängig von Merkmalen wie „chronologisches Alter" bzw. „Stand der biologischen bzw. psychologischen Reifungsprozesse" zu verstehen. Aus dieser Perspektive ist der 17jährige Anlernling ebenso wie der 27jährige Student unter die soziologische Kategorie „Jugend" zu subsumieren, da beide weder verheiratet sind noch ihre Berufsausbildung abgeschlossen haben.

Trotz der Erkenntnisträchigkeit einer solchen strukturtheoretischen Definition von Jugend lassen sich natürlich Einwände verschiedener Art formulieren. Zunächst einmal fällt auf, daß mit dem Rückgriff auf „Aufnahme einer Erwerbstätigkeit" und „Gründung einer eigenen Zeugungsfamilie" als zentrale Statusübergänge in das Erwachsenenalter eine geschlechtsspezifisch verzerrte Perspektive eingenommen wird. Geht man von dem Tatbestand geschlechtsspezifisch polarisierter **Normalbiographien** aus (der männliche Lebenslauf ist an der beruflichen Karriere orientiert, der weibliche an der Familienkarriere), dann stellt sich die Frage, ob Frauen, die diesem Muster gemäß heiraten, aber keinen Erwerbsberuf aufnehmen, den vollständigen Erwachsenenstatus gar nicht erreichen. Da Frauen vor noch gar nicht allzu ferner Zeit in einigen relevanten gesellschaftlichen Bereichen keineswegs die vollen Teilhaberechte erwerben konnten (Vorenthaltung des Wahlrechts, eingeschränkte Geschäftsfähigkeit, gesetzliche Festlegungen auf bestimmte innerfamiliale Pflichten), spricht durchaus einiges für diese These der dauerhaften Infantilisierung der weiblichen Mitglieder der Gesellschaft.

In jedem Falle läßt sich aber festhalten, daß die ungleiche Relevanz der beiden Statusübergänge für die Geschlechter bei *Neidhardt* und anderen weitgehend ausgeblendet blieb. Hinzu kommt, daß in jüngster Zeit einige Indizien für eine zeitliche Verschiebung aber auch qualitative Veränderung der Relevanz der beiden Statusübergänge sprechen. Es wäre daher auch danach zu fragen, welche Relevanz solche Entwicklungen für den hier vorgestellten Ansatz haben (müßten). Ob die Zuerkennung des Erwachsenenstatus heute immer noch an die Gründung einer Zeugungsfamilie und die Aufnahme einer Erwerbstätigkeit geknüpft ist, mag man mit Fug und Recht bezweifeln (vgl. dazu näheres weiter unten).

Auf einer grundsätzlicheren Ebene setzt die Kritik der marxistischen Jugendforschung an, die sich in den 70er Jahren kritisch mit den Ansätzen sogenannter „bürgerlicher" Jugendforschung auseinandergesetzt hat. Im Gegensatz zu der Behauptung „bürgerlicher" Jugendtheoretiker, daß sich Jugend tendenziell über alle Schichten und Klassen hinweg als ein relativ homogener Status mit vergleichbaren Handlungschancen und -zwängen ausbreite, halten marxistische Autoren an der Dominanz der Klassenlage gegenüber altersgruppenbezogenen Differenzierungen der Lebenschancen fest. Dementsprechend führt *Liebel* aus, daß es darum gehe, „erst einmal die verhaltensrelevanten Sozialschicksale zu ‚differenzieren' und dann zu fragen, ob innerhalb von Personengruppen mit ähnlichen Sozialschicksalen vielleicht verhaltensrelevante Differenzen mit dem Alter korrelieren" (1974, S. 50). Abgesehen von der Betonung des Klassenschicksals als primärer objektiver Determinationskraft für die Lebenslagen der Bevölkerung differieren die theoretischen Bestimmungen der Jugendphase und ihre Bedeutung für die betroffenen Individuen zwischen verschiedenen marxistischen Autoren allerdings erheblich.

So ist etwa für *Liebel* (vgl. auch 1976) die Herausbildung und zeitliche Verlängerung einer Jugendphase auch für die abhängig Beschäftigten im industriellen Sektor nicht primär als ein Vorgang zu bewerten, in dessen Verlauf Arbeiterjugendliche vor dem unmittelbaren Verschleiß ihrer Arbeitskraft geschützt werden und höhere Qualifikationen erwerben können, sondern es handelt sich aus seiner Sicht in erster Linie um deren Subsumierung unter eine Lebensform der erzwungenen Unselbständigkeit, Inferiorität und Abhängigkeit. Die Begründung liegt für ihn darin, daß die Herausbildung und zeitliche Ausdehnung einer Jugendphase keine zwangsläufige Begleiterscheinung des Industrialisierungsprozesses bzw. der immer komplexer werdenden Strukturen einer arbeitsteilig organisierten Gesellschaft darstelle, sondern ein spezifisches Produkt der kapitalistischen Produktionsweise sei. Auf diese kapitalistische Produktionsweise sei es nämlich zurückzuführen, daß die Menschen fortan ihre Fähigkeiten nicht mehr unmittelbar im Arbeitsprozeß entfalten und weiterentwickeln können, sondern hierzu in ein von der Produktion getrenntes Ausbildungssystem überwiesen werden müssen.

Anstatt also die Jugendlichen „durch pädagogisch orientierte Teilnahme an der Produktion des gesellschaftlichen Reichtums schon frühzeitig aus ‚Naturabhängigkeiten', also Abhängigkeiten von Eltern, Erwachsenen zu befreien" (*Liebel* 1974, S. 53), bewirke die Konstruktion von „Schonräumen" eine Verlängerung der Abhängigkeit von den Eltern und eine Unterstellung der Jugendlichen unter die Disziplinargewalt einer an abstrakten Lerninhalten orientierten, antiemanzipatorischen Schule.

Während also *Liebel* aus dieser theoretischen Bestimmung die Herausbildung und Konstitution von Jugend unter kapitalistischen Produktionsbedingungen ausschließlich als Verweigerung einer aktiven und selbständigen gesellschaftlichen Praxis und die Verlängerung der Schulzeit als Perpetuierung der Unselbständigkeit und Inferiorität begreift, kommt *van Onna* (1976) — ebenfalls aus marxistischer Sicht — zu einer ganz anderen, positiven Einschätzung der kollektiven und individuellen Bedeutung einer Jugendphase für den Nachwuchs der Arbeiterklasse. Diese Sichtweise ergibt sich daraus, daß er die Entstehung und Verlängerung einer Jugendphase auf das Erfordernis der Verfügbarkeit eines ausreichend qualifizierten Arbeitsvermögens für das Kapital bezieht. Für ihn ist Jugend daher eine sozial eigenständige Phase, in der die Herstellung von Arbeitsvermögen zum Zwecke ihrer späteren Verwertung durch das Kapital erfolgt. Diese Qualifizierungsphase ist durch einen spezifischen inneren Widerspruch geprägt, der sich aus der besonderen Struktur des Kapitalverwertungsprozesses ergibt. Die Tatsache, daß das Gesamtkapital auf ein allgemein verfügbares, disponibles Arbeitsvermögen angewiesen ist, die Einzelkapitale aber unter bestehenden Konkurrenzverhältnissen auf eine Vereinseitigung des Arbeitsvermögens im Hinblick auf die konkreten Arbeitsanforderungen drängen, macht eine Auslagerung der Qualifizierungsvorgänge aus dem Produktionsprozeß notwendig. Die durch diese Widersprüchlichkeit begründete Entstehung eines Ausbildungssystems konstituiert nicht lediglich die eigenständige Jugendphase, sondern führt auch dazu, daß im Zuge technologischer Umwälzungen und hiermit verbundener Veränderungen in den Qualifikationserfordernissen sich die Jugendphase auf tendenziell alle Schichten und Klassen der Bevölkerung ausdehnt und zugleich zeitlich verlängert. Obwohl *van Onna* diesen Vorgang als reelle Subsumtion der Ausbildung und damit auch der Jugend unter das Kapitalverhältnis betrachtet, bewertet er diese Verlängerung und Verallgemeinerung von Jugend dennoch positiv, da sie eine tendenzielle Loslösung aus dem qualifikatorischen Bezug zum Einzelkapital und damit die Möglichkeit einer höheren Disponibilität des je individuellen Arbeitsvermögens mit sich bringt (vgl. 1976, S. 144ff.).

Bei allen sonstigen Differenzen besteht die Gemeinsamkeit beider Autoren darin, daß sie die Herausbildung und Entwicklung der Jugendphase monokausal auf den Kapitalverwertungsprozeß beziehen. Eine Um- bzw. Neubewertung von Altersphasen durch relativ autonome kulturelle Definitionsprozesse, die erst in ihrer Folge sozialstrukturelle Konsequenzen zeitigen, werden mit dieser Argumentationsweise von vornherein ausgeblendet. Auch ist die Behauptung von *Liebel*, wonach die Jugendphase ein Produkt der kapitalistischen Produktionsweise sei, wohl kaum belegbar. Die Ubiquität von Jugend in sämtlichen modernen Gesellschaften, seien sie nun real sozialistisch oder privatwirtschaftlich verfaßt, spricht eher gegen diese These. Auch kann die der Jugendphase inhärente Ambivalenz, die sich in der gleichzeitigen Vorenthaltung bestimmter erwachsenenspezifischer Vorrechte *und* der Einräumung eigentümlicher Entfaltungs- und Entwicklungschancen ausdrückt, nicht angemessen erfaßt werden, wenn man die Jugendphase ausschließlich als Status der Unabhängigkeit und Infantilität begreift. Allerdings wäre es ebenso zu einfach, Entstehung und Ausdehnung der Jugendphase — wie es *van Onna* tut — ausschließlich auf die Qualifikationserfordernisse des Kapitalverwertungsprozesses zu beziehen. Auf diese Weise würde weder die relative Autonomie des Ausbildungssystems und der anderen jugendbezogenen Institutionen gegenüber dem ökonomischen Subsystem angemessen zum Ausdruck kommen, noch die Tatsache erfaßt, daß sich Jugend als Vorbereitungsphase auch auf Lebens- und Erfahrungsbereiche jenseits des Wirtschaftssystems bezieht. Im übrigen läßt sich an der längeren „Beschulung“ der (potentiell) von Arbeitslosigkeit betroffenen Jugendlichen recht gut demonstrieren, daß das Ausbildungssystem nicht nur Qualifizierungs- sondern auch Aufbewahrungsfunktionen erfüllt. Dieser Aspekt wird zwar auch von *Liebel* hervorgehoben, aber nur um den Preis, daß die Schule hier wiederum *ausschließlich* als Disziplinierungs- und Aufbewahrungsanstalt analysiert und damit ihre immer auch vorhandenen Qualifizierungsfunktionen unterschätzt werden.

3 Veränderungen von Jugend im gesellschaftlichen Wandel

Wie bereits erwähnt, verweisen die diversen Einteilungen des Lebensablaufs in verschiedene Lebensalter auf biologische Grundtatsachen zurück. Auch für die Jugendphase gilt, daß sie durch bestimmte körperliche und geschlechtliche Reifungsprozesse fundiert ist, deren unabweisbares, universales Vorhandensein jede Gesellschaftsform akzeptieren muß. Dies bedeutet nun allerdings nicht, daß Jugend in jeder Gesellschaft die gleiche Form und die gleiche Bedeutung aufwiese. Ein Vergleich zwischen unterschiedlichen Gesellschaftstypen bzw. -epochen zeigt vielmehr, daß auf den universalen Tatbestand körperlicher und geschlechtlicher Reifung sozial höchst unterschiedlich reagiert wird.

Einfache Naturvölker etwa, die einen geringen Grad der Arbeitsteilung ausgebildet haben und die ihre Reproduktionsmittel aus einem mühevollen und stets gefährdeten Austausch mit der Natur gewinnen, benötigen weder eine lange Vorbereitungszeit ihres

Nachwuchses über die Phase körperlicher und geschlechtlicher Reifung hinaus, noch können sie sich eine solche Freistellung jüngerer Gesellschaftsmitglieder von der täglichen mühevollen Gewinnung von Nahrungsmitteln leisten. In diesen Gesellschaften erfolgt der Übergang von der Phase der Unreife in die der Reife abrupt und wird durch entsprechende Initiationsriten, Bewährungszeiten und Zeremonien gesellschaftlich sichtbar gemacht (vgl. *van Gennep* 1909). Der Zeitpunkt der Durchführung dieser Riten und Zeremonien scheint dabei relativ unabhängig vom Stand körperlicher Reifungsprozesse zu erfolgen. Zudem umfaßt die Gruppe der „Heranwachsenden", die jeweils die Statuspassage durchläuft, Personen unterschiedlichen chronologischen Alters. Der Zeitpunkt des Erreichens des vollen Erwachsenenstatus hängt also auch in diesen Gesellschaften weder unmittelbar mit biologischen Prozessen noch mit dem Lebensalter zusammen, sondern bemißt sich nach dem Gutdünken der erwachsenen Gesellschaftsmitglieder, die darüber befinden, wann sie den Zeitpunkt des Übergangs für gekommen halten. Es ist allerdings zu berücksichtigen, daß auch in diesen einfach strukturierten Gesellschaften die Übergangszeremonien geschlechtsspezifisch differieren und darüber hinaus durch weitere Teilreifungen abgelöst werden können (vgl. *Rosenmayr* 1976, S. 50f.). Ausgesprochen jugendspezifische Formen des Sozialverhaltens oder normative Idealvorstellungen im Hinblick auf das Jugendalter sind allerdings durchgängig nicht nachweisbar.

Mit zunehmender Arbeitsteilung und anwachsender wirtschaftlicher Produktivität wird es möglich, die nachwachsenden Mitglieder der Gesellschaft für längere Zeiten in eine Phase der Vorbereitung und Halbabhängigkeit zu verweisen. Dies läßt sich für die altständische Gesellschaft des mittelalterlichen Europa bereits in ausgeprägter Form nachweisen. Unter den demografischen, ökonomischen und politischen Bedingungen der schicht-hierarchisch gegliederten vormodernen Ständegesellschaft differenziert sich Jugend als Vorbereitungsphase entlang der klar ausgeprägten und unüberschreitbaren Schichtgrenzen aus. Die sozial ausgebildeten Sukzessionsregeln, die Dauer und Inhalt der jeweiligen Jugendphase festlegen, orientieren sich dabei am Erhalt der Familie bzw. des Hofes und des Standes. Dementsprechend sind es insbesondere die Institutionen des Ritter- und Knappentums, der universitären Korporationen und der Zünfte, die die Handlungschancen und Verhaltenserwartungen der Heranwachsenden im Mittelalter entscheidend präformieren (vgl. *Rosenmayr* 1976, S. 73).

Für die überwiegende Mehrzahl der Bevölkerung, die entweder dem Bauern- oder Handwerkerstand angehört, wird die Phase der Jugend durch das **„europäische Heiratsmuster"** bestimmt. Diese, vor allem in West-, Mittel- und Nordeuropa verbreitete, Regelung läuft darauf hinaus, daß erst mit der Übernahme des bäuerlichen Hofes bzw. des handwerklichen Betriebes geheiratet werden darf. Der Übergang in das Erwachsenenalter erfolgt unter diesen Bedingungen erst relativ spät durch den kombinierten Vorgang ökonomischer Verselbständigung und Gründung einer eigenen Zeugungsfamilie. Jugend ist hier eine Phase, die sich über einen langen Zeitraum des Lebens erstreckt (geheiratet wurde oft erst kurz vor dem 30. Lebensjahr), und die vor allem durch eine relativ frühe Trennung von der Herkunftsfamilie und durch ein ausgeprägtes Jugendbrauchtum gekennzeichnet ist.

Obwohl für die Verhältnisse in vormodernen Gesellschaften ganz generell berücksichtigt werden muß, daß sämtliche biographischen Ereignisse einer breiten chronologischen Streuung unterliegen, läßt sich dennoch idealtypisch folgendes Muster herausdestillieren (vgl. *Gillis* 1974 sowie *Mitterauer* 1986): Bereits relativ früh — nämlich mit 7 oder 8 Jahren — verlassen die Kinder ihre Herkunftsfamilie, um bei einer fremden Familie in den „Gesindedienst“ einzutreten. Erst wenn der Vater sich auf sein Altenteil zurückzieht bzw. stirbt, kehren die Heranwachsenden zurück, um die elterliche Stelle bzw. den Betrieb zu übernehmen. Jugend ist also unter diesen gesellschaftlichen Rahmenbedingungen eine lang ausgedehnte Phase des Übergangs, die allerdings durch verschiedene Teilübergänge strukturiert ist. Läßt sich schon der Übertritt in den Gesindedienst als Wechsel von der vollständigen Abhängigkeit in die Halbabhängigkeit verstehen, so erfolgt oft noch einmal eine interne Gliederung der Dienstzeit in eine Phase der informellen Lehrzeit und eine Phase des vertraglich geregelten Lehrverhältnisses.

Im Gegensatz zu *Gillis* warnt *Mitterauer* (1986) davor, das Jugendalter mit dem Gesindedienst gleichzusetzen. Hiergegen spricht nicht lediglich, daß es vor allem die männlichen Jugendlichen sind, die diesen Dienst ableisten, sondern zudem sind keineswegs alle (männlichen) Jugendlichen hiervon betroffen und die tatsächliche Dauer dieser Dienstzeit hängt von den je besonderen Erfordernissen und Bedürfnissen der Herkunftsfamilie ab. Der Grund für diesen gigantischen Austausch jugendlicher Dienstkräfte ist in den demografischen und ökonomischen Bedingungen der altständischen Gesellschaft zu suchen. Da auf der einen Seite die hohe Säuglingssterblichkeit eine hohe Fruchtbarkeit erzwingt, auf der anderen Seite aber der bäuerliche oder handwerkliche Betrieb Beschäftigungsmöglichkeiten und Nahrung nur für eine begrenzte Personenzahl ermöglicht, entsteht ein „Überschuß“ an Kindern und Jugendlichen, der durch Wanderschaft und Gesindedienst gesellschaftlich kanalisiert und untergebracht wird. Da es vor allem die Erstgeborenen sind, die zumeist den elterlichen Betrieb erben, sind unter dem Druck demografischer Entwicklungen und ökonomisch begrenzter Produktivität Konflikte zwischen der „überschüssigen“ Jugendpopulation und den Erwachsenen ebenso an der Tagesordnung wie das Schicksal des sozialen und ökonomischen Abstiegs für die Nicht-Erstgeborenen sämtlicher sozialer Schichten.

Unter diesen Bedingungen haben die Vereinigungen der bäuerlichen und handwerklichen Jugend und das von ihnen entwickelte Jugendbrauchtum vor allem die Funktion, die mobile Jugend zu kontrollieren und sie aus dem Heiratsmarkt herauszunehmen. Insbesondere auf dem Lande, wo die Anzahl der Heiratsfähigen begrenzt ist, betätigen sich die Bruderschaften und Gruppen Jugendlicher nicht nur im Bereich der Brautwerbungsriten, sondern vor allem auch im Sinne einer Abschreckung potentieller (auch erwachsener) Konkurrenten und als Tugendwächter. Erst mit dem Auftreten der Heimindustrie und später dann der Lohnarbeit lockert sich die traditionelle Bindung zwischen Erbschaft und Heirat und bekommen auch die zünftischen Bruderschaften und Bünde angesichts der Verelendung eines großen Teils der nachwachsenden Jugendgeneration veränderte politische und ökonomische Funktionen.

Zusammenfassend kann festgehalten werden, daß Jugend in der mittelalterlichen Gesellschaft eine lang andauernde Phase darstellt, die vor allem durch Ausschluß von legitimer Sexualität und Unterordnung unter die Befehlsgewalt eines fremden Hausvaters geprägt ist. Da die Hausväter als Mitglieder der mittleren Generation sämtliche Dispositionsbefugnisse auf sich vereinigen, ist der Machtunterschied zwischen den Altersgruppen stark ausgeprägt und gestaltet sich der Übergang in das vollverantwortliche Erwachsenenalter als relativ scharf ausgeprägter Bruch mit vorhergehenden Lebensformen. In jedem Falle aber sind Verlauf und Beendigung der Jugendphase schicht- und geschlechtsspezifisch unterschiedlich ausgeprägt.

Mit der Heraufkunft der modernen Gesellschaft wandeln sich nun die demografischen, ökonomischen und politischen Bedingungen derart tiefgreifend, daß auch die Phase der Jugend einen grundlegenden Gestaltwandel erfährt. Erst in der modernen, funktionsspezifisch ausdifferenzierten Gesellschaft sind die sozialstrukturellen Voraussetzungen für die Entstehung und Ausbreitung einer homogenen Jugendphase tendenziell über alle Schichten und Klassen hinweg gegeben. Allerdings haben verschiedene Jugendforscher (vgl. *Tenbruck* 1986, *Zinnecker* 1985 sowie *Kett* 1977) mit Recht darauf hingewiesen, daß zur Entstehung der Jugendphase in ihrer heutigen, modernen Form zweierlei zusammenkommen muß: Die Herausbildung der entsprechenden sozialstrukturellen (ökonomischen, sozialen und politischen) Voraussetzungen ist hierfür lediglich die „notwendige" Bedingung; hinzu kommen muß als „hinreichende" Bedingung die „Erfindung" bzw. „Entdeckung" von Kindheit und Jugend durch die Entwicklung entsprechender Leitvorstellungen und Ideale in Reaktion und als Antwort auf die sich verändernden strukturellen Lebensverhältnisse. Ganz in diesem Sinne kann *Jean-Jaques Rousseau* als „Erfinder" bzw. „Baumeister" der Jugendphase gelten. Seine Bestimmung des Jugendalters als Phase eigenen positiven Wertes mit entsprechenden inhaltlichen Bestimmungen (pädagogisch ausgestalteter Schonraum etc.) hat auch den späteren literarischen und sozialwissenschaftlichen Propagandisten der Jugend als Vorbild und Leitlinie vor allem zu Beginn dieses Jahrhunderts gedient.

Was die Veränderung der sozialstrukturellen Kontextbedingungen anbelangt, so muß insbesondere auf die Durchsetzung eines neuen Vergesellschaftungsmodells der Individuen bzw. — anders gewendet — auf die Herausbildung eines *neuen Lebenszeitregimes* verwiesen werden. Hervorstechendes Merkmal der Modernisierung unter dieser Perspektive ist der Wechsel von einem Modus der Integration der Individuen in Gesellschaft über ständische Lebensformen zu einem *chronologisierten, lebenslaufbezogenen* Integrationsmodus in der modernen Gesellschaft. Wie insbesondere *Kohli* (vgl. 1985 und 1986) herausgearbeitet hat, erfolgt mit dem Übergang zur modernen, funktionsspezifisch ausdifferenzierten Gesellschaft ein Übergang zu einem verzeitlichten, standardisierten Lebenslaufregime. Die demografischen und sozialstrukturellen Voraussetzungen dieses neuartigen lebenszeitlichen Regelsystems lassen sich etwa folgendermaßen knapp zusammenfassen:

Mit dem Rückgang der Sterbewahrscheinlichkeiten vor allem im Säuglings- aber auch im mittleren Erwachsenenalter und ihrer Konzentration im höheren Alter und der Erhöhung der Lebenserwartung wird überhaupt erst so etwas wie die Erwartung einer gesicherten Lebensspanne möglich. Hiermit eng verbunden ist die Entwicklung einer „chronologischen Standardisierung der familienrelevanten Ereignisse im Lebenslauf" (Familienzyklus) (*Kohli* 1985, S. 6): Es entwickelt sich eine **„weibliche Normalbiographie"** (*Levy* 1977), die durch frühes Heiratsalter, Konzentration der Geburten auf die frühen Erwachsenenjahre der Frau und — wegen der Verringerung der Geburtenzahl — deren Freisetzung für eine nachfamiliale „empty nest" -Phase charakterisierbar ist. Auf der anderen Seite orientiert sich die **„männliche Normalbiographie"** im Verlaufe der Trennung von Haushalt und Wirtschaftsbetrieb an den Erfordernissen der Berufskarriere: Einer Phase der schulischen und beruflichen Ausbildung folgt die aktive Erwerbstätigkeit bis dann der Rückzug in den Ruhestand erfolgt. Der entscheidende Sachverhalt besteht also darin, daß bestimmte zentrale Lebensereignisse (wie z.B. Heirat) tendenziell für die gesamte Bevölkerung erreichbar werden, ihr zeitliches Auftreten einer weniger breiten Streuung unterliegt und sich daher insgesamt stärker an einem bestimmten „angemessenen" chronologischen Lebensalter orientiert. Parallel zu dieser Entwicklung werden die Gesellschaftsmitglieder aus ihren kollektiven institutionellen Bindungen (des Standes, Hofes und der Familie) herausgelöst, als Individuen freigesetzt und mit der neuen Anforderung konfrontiert, das vor ihnen liegende Leben biographisch vorausschauend zu planen und den jeweils abgelaufenen Lebensweg angesichts aktueller Deutungsprobleme jeweils neu in einen einheitlichen biographisch artikulierten Identitätsentwurf zu reintegrieren (vgl. zu diesem Aspekt *Kohli* 1982). Das eigene Leben wird nun als Entwicklung interpretiert, die progressiv voranschreitet und durch eigene Investitionen in die Zukunft gelenkt und beeinflußt werden kann und muß.

Erst unter diesen Bedingungen eines sich chronologisierenden Lebenslaufes durchläuft jedes Individuum im Verlaufe seines Lebens eine Sequenz von Lebensaltern (vgl. etwa *Rosenmayr* 1978), die jeweils spezifische Verhaltensanforderungen bzw. -zumutungen und Handlungschancen einschließen, und für deren „kompetente" Bewältigung jeweils unterschiedliche, altersphasenabhängige Wissensbestände erforderlich und mobilisierbar sind. Die Gründe für diese Entwicklung sind an anderer Stelle ausführlich erörtert worden (vgl. *Olk* 1986, 1989), so daß hier einige Hinweise genügen mögen. Modernisierung der Gesellschaft bedeutet, daß sich vor allem und zu allererst im Wirtschaftssystem das Prinzip „formaler Rationalisierung" durchsetzt. „Sachfremde" Wertorientierungen und Handlungsprinzipien werden ausgeschlossen und in andere gesellschaftliche Bereiche abgedrängt.

Im Verlaufe dieses Prozesses erfolgt nicht lediglich die Trennung von Arbeit und Familie, sondern auch die Herausbildung von Teilsystemen für Politik, Religion, Erziehung, Wissenschaft etc. Die gesellschaftliche Teilnahme und Teilhabe an diesen, sich ausdifferenzierenden, Funktionssystemen ist zwar im Prinzip für alle Gesellschaftsmitglieder offen (Inklusionsprinzip), wird aber aus pragmatischen Rationalisierungserwägungen nicht selten an das chronologische Alter geknüpft. Dieser Vorgang der Durchsetzung altersbestimmter Inklusions- und Exklusionsrechte ließe sich am Beispiel des Bildungssystems, wohlfahrtsstaatlicher Sicherungs- und Rentensysteme aber auch des Wirtschaftssystems recht gut verdeutlichen. Obwohl im Verlaufe des gesellschaftlichen Modernisierungsprozesses gerade auch sozialwissenschaftliche Forschung zunehmend den Beweis antritt, daß chronologisches Alter und funktionsbezogene Leistungsfähigkeit auseinandertreten (können), setzt sich ironischerweise parallel dazu die Chronologisierung der Zugangsrechte immer stärker durch. Die Folge dieser Vorgänge besteht in der Aufteilung des Lebenslaufes in eine wohlgeordnete Sequenz von lebensaltersabhängigen Teilhaben an unterschiedlichen gesellschaftlichen Bereichen bzw. in der Modellierung „standardisierter Normalbiographien", die darauf hinauslaufen, daß jeder Lebenslauf als wohlgeordneter Durchlauf durch eine Abfolge von Positionssequenzen entsprechend der Zeitprogramme der einzelnen Teilsysteme organisiert ist (vgl. *Cain* 1964 sowie *Clausen* 1972).

Die Entstehung von **Kindheit** und Jugend in ihrer heutigen, modernen Form läßt sich im Kontext eben jener demografischer Entwicklungen und funktionaler Ausdifferenzierungsprozesse verorten. Es sind vor allem zwei gesellschaftliche Teilbereiche, die diese Entwicklung steuern: Die moderne intimisierte Privatfamilie und die Schule. Es wäre sogar keineswegs überspitzt formuliert, würde man Kindheit und Jugend als Produkt eines gleichzeitig ablaufenden Prozesses der „Familialisierung" (bzw. Verhäuslichung) von Kindheit und der „Verschulung" von Kindheit und Jugend bezeichnen würde.

Indem sich ein neues System der intimisierten Beziehungsstruktur in den Familien, ausgehend vom Bürgertum, herausbildet, wird der Binnenraum der Familie affektiv aufgeladen und gegen äußere Einflüsse abgeschirmt. Unter diesen Bedingungen gelingt es, die Kinder unter die nahezu ausschließliche Kontrolle einer sorgfältig geplanten und zeitaufwendigen elterlichen Erziehung zu bringen und auf diese Weise Kindheit als eigenständige Lebensphase mit entsprechenden Altersnormen und Entwicklungsaufgaben hervorzubringen (vgl. *Ariès* 1975 sowie *Schlumbohm* 1981). Parallel hierzu wird mit der Herausbildung und Expansion des öffentlichen Bildungs- und Ausbildungswesens Kindheit und Jugend verschult und intern chronologisiert (vgl. hierzu *Gillis* 1974 sowie *Hornstein* 1965). Lateinschulen oder Klosterschulen gab es zwar bereits im Mittelalter, allerdings waren in ihnen Schüler unterschiedlichen Alters in Lerngruppen zusammengefaßt und auch Ein- und Austrittsalter wenig reglementiert. Erst mit der Durchsetzung von Schulpflicht und moderner Schulform gelingt es, Jugendliche in Jahrgangsklassen zusammenzufassen und damit auch Kindheit und Jugend an chronologische Entwicklungsverläufe zu binden.

Unter den Bedingungen eines chronologisierten und standardisierten Lebensablaufs setzt sich nun — ganz im Gegensatz zu den Gegebenheiten in der vormodernen Gesellschaftsformation — auch eine Verzeitlichung und Standardisierung des Jugendalters durch. Wie bereits angesprochen, stellen nun Kindheit und Jugend Phasen im Lebenslauf dar, an die sich je spezifische pädagogische und soziale Vorstellungen, Ideale und Handlungsanforderungen knüpfen und die mit je eigenen Handlungsbereichen und Lebenswelten verbunden sind. Der Erwerb erwachsenenspezifischer Teilhaberechte und Pflichten wird nun zunehmend an vorhergehende Vorbereitungs- und Schulungsphasen und die Bewältigung altersphasenspezifischer Entwicklungsaufgaben geknüpft, die in einer bestimmten Reihenfolge durchlaufen werden müssen, ehe die vollständige Teilnahme am Erwachsenenleben eingeräumt wird. In objektiver Hinsicht stellt sich daher der **Lebenslauf** für das einzelne Individuum als ein Ablaufprogramm von Positionen dar, die schrittweise in einer bestimmten Reihenfolge durchlaufen werden müssen, um die je folgende Stufe erreichen zu können. Aus strukturell-funktionaler Theorieperspektive wird argumentiert, daß diese objektive Positionssequenz mit einem System von Altersnormen verknüpft ist (vgl. *Neugarten/Datan* 1979 sowie *Neugarten/Hagestad* 1976), welches die betreffenden Individuen mit mehr oder weniger impliziten Vorstellungen darüber versorgt, zu welchem Zeitpunkt welches Lebensereignis bzw. welche biographische Wendemarke erreicht sein sollte.

Dementsprechend läßt sich die Homogenisierung und Standardisierung von Jugend tendenziell über alle Schichten und Klassen (und Geschlechter) hinweg an der Angleichung des Zeitpunkts bestimmter zentraler Übergangsereignisse ablesen. Geht man davon aus — wie in Abschnitt 2 expliziert —, daß Abschluß der Schulausbildung bzw. Eintritt in den Beruf sowie Gründung einer eigenen Zeugungsfamilie (Heirat) die beiden für den Übergang in das Erwachsenenalter zentralen Lebensereignisse sind, so läßt sich zeigen, daß sich diese Lebensereignisse auf eine immer kürzere Lebensspanne konzentrieren und zeitlich aneinander angleichen (vgl. *Modell* u.a. 1978, *Winsborough* 1978). Die Beendigung der Jugendphase wird von immer mehr Jugendlichen tendenziell in der

Abfolge der Schritte Abschluß der Berufsausbildung — Berufseintritt — Heirat absolviert. Es läßt sich nicht lediglich zeigen, daß sich dieses Verlaufsmuster immer weiter verbreitet, sondern daß individuelle Abweichungen hiervon negative Konsequenzen (in Form benachteiligter Lebenslagen) zur Folge haben können (vgl. *Hogan* 1980 sowie *Marini* 1984).

Solche Tendenzen einer „Homogenisierung" der Jugendphase bringen natürlich schicht- und klassenspezifische bzw. geschlechtsspezifische Differenzierungen keineswegs völlig zum Verschwinden. Indes spricht vieles dafür, daß sich insbesondere in den letzten 20 Jahren, vor allem begünstigt durch die zunehmende Bildungsbeteiligung auch unterer sozialer Schichten und vor allem der weiblichen Gesellschaftsmitglieder, schicht- und geschlechtsspezifische Polarisierungen der Jugendphase abgeschwächt haben. Es muß allerdings berücksichtigt werden, daß sich diese Vereinheitlichungstendenz auf die vergangenen 20-30 Jahre bezieht und keine Prognose für die Zukunft erlaubt.

Immerhin stellen die Prozesse der Ausdifferenzierung von Jugend aus dem engen Geflecht der Altersgruppen und ihre Zuweisung in eine eigene „jugendgemäße" Sozialwelt sowie die Herausbildung eines Kommunikationszusammenhangs zwischen Altersgleichen und die hiermit zusammenhängende Einebnung territorialer, milieuspezifischer, schicht- und geschlechtsspezifischer Unterschiede ebenso die Voraussetzung für die Entstehung von **Generationsgestalten** dar. Die insbesondere von *Mannheim* (1928) entwickelte Vorstellung, daß eine Gruppe von Individuen aufgrund ihrer Zugehörigkeit zu eng beieinanderliegenden Geburtsjahrgängen einen Generationszusammenhang bildet, der sich einen neuartigen Zugang zur bestehenden Kultur erschließt und der unter dem Einfluß entsprechender zentraler Kollektivereignisse bzw. beherrschender Erlebnisse (Revolution, Krieg, Katastrophen) sich zu einer Erlebnisgemeinschaft entwickelt, die bestimmte gemeinsame Deutungen der Welt und ihres eigenen kollektiven Platzes in dieser Welt entwickelt, ist an die Herauslösung aus den ständischen, partikularistischen Bindungen und Bornierungen der vormodernen Gesellschaft gebunden. In der vormodernen Gesellschaft konnten die Jugendlichen, die unterschiedlichen Ständen angehörten, weder gemeinsame prägende Erlebnisse haben, noch sie in einem kollektiv verbindlichen Interpretationsrahmen einordnen und deuten (vgl. *Mitterauer* 1986, S. 347ff.). Dementsprechend kann die Jugendbewegung des beginnenden 20. Jahrhunderts als erste Generationsgestalt im engeren sozialwissenschaftlichen Sinne verstanden werden. Läßt man die bisher propagierten bzw. definierten Jugendgenerationen Revue passieren, so spricht allerdings einiges dafür, daß nach der „Generation der Jugendbewegung", der „politischen Generation" der Phase des Dritten Reiches und der „skeptischen Generation" (diese Periodisierung von Generationen geht auf *Schelsky* (1957) zurück) sowie der „Generation der Studentenbewegung" und der „Alternativkultur" (vgl. hierzu *Fogt* 1982, die Generation der „Unbefangenen" von *Viggo Graf Blücher*, vgl. 1966, dürfte aus heutiger Sicht kaum als Generationsgestalt im eigentlichen sozialwissenschaftlichen Sinne verstanden werden), dann kann angesichts der heute beobachtbaren immer rascher folgenden und zugleich immer folgenloseren Versuche neuer Generationsdefinitionen („überflüssige" Generation, „Aussteiger"-Generation etc.) durchaus der Eindruck entstehen, daß mit dem erneuten Strukturwandel der Jugend auch die Vorbedingungen für die Herausbildung solcher Generationsgestalten mit einem eigenen Kollektivbewußtsein und entsprechender Abgrenzung zu den anderen Generationen allmählich wieder zu zerfallen scheinen (vgl. dazu *Hornstein/Lüders* 1985).

4 Zur Destandardisierung des Jugendalters

Jugend — so lassen sich die bisherigen Ausführungen zusammenfassen — stellt diejenige Phase im Lebenslauf dar, in der der Übergang in das Erwachsenenalter in Angriff genommen und zum Abschluß gebracht werden muß. In idealtypisierender Manier könnte man sie als *„kollektive Statuspassage“* betrachten, die mit dem Eintritt bestimmter Ereignisse (körperlicher Wachstumsschub, sexuelle Reifung, Beginn der entsprechenden jugendspezifischen Verhaltensdispositionen und Aktivitäten) beginnt und mit dem Durchlaufen bestimmter Übergangsereignisse (Abschluß der (Aus-)Bildung, Aufnahme einer Berufstätigkeit und Gründung einer eigenen Zeugungsfamilie) zum Abschluß kommt.

Es sprechen nun einige Anzeichen dafür, daß wir gegenwärtig Zeugen eines erneuten **Strukturwandels der Jugendphase** sind. Die Status-Rollen-Konfiguration Jugend scheint intern immer unausgewogener zu werden, durch zunehmende Inkonsistenzen und Spannungen gekennzeichnet zu sein, sich zeitlich immer mehr in die Länge zu strecken, zum Ende hin zu zerfasern und an inhaltlicher Struktur und Gestalt zu verlieren. In der sozialwissenschaftlichen Jugendforschung der letzten Jahre sind diese Beobachtungen und Indizien in Thesen von einem „Verschwinden der Jugend“ (vgl. *v. Trotha* 1982), einer „Entstrukturierung der Jugendphase“ (vgl. *Olk* 1985) bzw. einer „Individualisierung der Jugendbiographie“ (vgl. *Fuchs* 1983) zum Ausdruck gebracht worden. Welche Entwicklungen verbergen sich hinter solchen Überlegungen und Behauptungen?

Mitterauer (1986) kommt in seiner materialreichen und detaillierten Rekonstruktion der historischen Entwicklung verschiedener Zäsuren der Jugendphase von der vormodernen Gesellschaft bis zur modernen Gesellschaft der Gegenwart zu dem Ergebnis, daß sich ganz generell die wichtigsten Übergangsereignisse vom Jugend- ins Erwachsenenalter enttraditionalisiert und individualisiert haben. Ereignisse, wie der Beginn einer Lehrzeit oder einer selbständigen Arbeit, Abitur, aber auch vor allem Heirat werden heute nicht mehr so stark durch entsprechende Initiationsriten, Zeremonien und Feierlichkeiten in ihrer individuellen und gesellschaftlichen Bedeutung hervorgehoben und sichtbar gemacht. Zudem sind mittlerweile einige „neue“ Ereignisse (wie der Besuch des ersten Tanzkurses, Erwerb des Führerscheins und Zugang zu bestimmten Konsumgütern) hinzugekommen, die heute einige Funktionen der Initiationsriten übernehmen.

Deutet sich hier schon an, daß der Übergang in das Erwachsenenalter sich in eine tendenziell zusammenhanglose Abfolge von Teilübergängen, die zudem zeitlich immer breiter streuen, auseinandergezogen wird, so läßt sich diese erneute *„Destandardisierung“* des **Lebenslaufs** und des Jugendalters (vgl. *Olk* 1986, 1989) insbesondere an den beiden zentralen Übergangsereignissen am Ende der Jugendphase nachvollziehen: der Gründung einer eigenen Zeugungsfamilie (Heirat) und der Aufnahme einer Erwerbsarbeit.

Besonders auffällig ist die Destandardisierung bzw. Deinstitutionalisierung des Familienzyklus. Seit Mitte der 70er Jahre ist das mittlere Heiratsalter wieder angestiegen, die Streuung des Zeitpunkts des Eintritts in die Ehe wird wieder breiter, die Scheidungen haben zugenommen und die Wiederverheiratungsraten sinken (vgl. für einen Überblick: *Rosenmayr* 1986). Da bei der tendenziellen Verspätung des Heiratsalters aber im

Gegenzug die Aufnahme von Intimbeziehungen, z.T. auch die Gründung eines gemeinsamen Hausstandes, immer früher erfolgen, kann man mittlerweile durchaus von einer Tendenz zur *„Deinstitutionalisierung" der Ehe* (vgl. *Tyrell* 1979 und 1985) sprechen. Hierauf verweist auch die Entwicklung zu einer Reduktion der Geburten und des Anstiegs der Zahlen von freiwillig kinderlosen Ehen. Der insbesondere für Frauen bislang wichtigste Initiationsritus der Heirat und die mit der Institution Ehe verbundene institutionalisierte Verhaltenssequenz Aufnahme einer intimen Zweierbeziehung, Heirat, Mutterschaft/Vaterschaft haben innerhalb von wenigen Jahren einen tiefgreifenden Bedeutungswandel erlebt. Alternativ zum standardisierten Familienzyklus werden nun alternative Verlaufsformen (wie verspätete Familiengründung, mehrmalige Familiengründung oder alternative Formen der Familiengründung) quantitativ immer relevanter. Ob diese Entwicklung in Zukunft darauf hinauslaufen wird, daß sich ein alternatives Verlaufsmodell individualisierten „familialen" Handelns institutionalisieren wird, oder ob sich eher gruppenspezifisch differenzierte Typen von Verlaufsmodellen durchsetzen werden (vgl. *Kohli* 1986, S. 199) kann zum jetzigen Zeitpunkt noch nicht sicher prognostiziert werden. In jedem Falle ist klar, daß sich im privatisierten Lebensbereich „Familie" Differenzierungs- und Individualisierungsprozesse durchsetzen, die dem bisherigen Trend zur Durchsetzung eines einheitlichen Familienzyklus zuwiderlaufen.

In dem Bereich Abschluß der (Aus-)Bildung und Aufnahme der Erwerbstätigkeit sind Deinstitutionalisierungs- bzw. Destandardisierungstendenzen nicht in gleicher Intensität zu beobachten. Dennoch zeigen alle neueren empirischen Studien, daß auch die Zäsuren „Abschluß der Schulausbildung" und „Aufnahme einer Berufsarbeit" zeitlich immer später erreicht werden und zugleich wieder breiter streuen (vgl. *Allerbeck/Hoag* 1985 sowie *Jugendwerk der Deutschen Shell* 1985). In diesem Zusammenhang gehört auch der Befund, daß mit immer höheren Partizipationsraten an weiterführenden Bildungsgängen und vollzeitschulischen „Warteschleifen" und der arbeitsmarktbedingten „Labilisierung" des Übergangs ins Beschäftigungssystem sich die Phase der ökonomischen Abhängigkeit immer weiter verlängert, während der Zeitpunkt der soziokulturel len Mündigkeit (Teilhabe am Bereich von Freizeit, Konsum und Sexualität) sich immer weiter nach vorne verschiebt (vgl. z.B. *Fuchs* 1985).

Fragt man nach den Gründen für diese, sich zumindest in ersten Ansätzen abzeichnende Destandardisierung des Lebensablaufs, so lassen sich Antworten auf zwei Ebenen finden. Auf einer grundätzlichen Ebene kann argumentiert werden, daß Störungen und Gegenbewegungen gegen die Institutionalisierung des **Lebenslaufes** als Ablaufprogramm paradoxerweise in dem modernen Lebenszeitregime selbst eingebaut sind. Denn die Durchsetzung dieses Lebenslaufregimes bedeutet immer zweierlei: Auf der einen Seite werden standardisierte und routinisierte Positionssequenzen als „objektiv vorgegebenes Korsett" durchgesetzt, auf der anderen Seite werden die Individuen zugleich aus vormodernen kollektiven, ständischen Lebenszusammenhängen herausgebrochen, als Individuen freigesetzt und mit der neuen Aufgabe konfrontiert, nach Maßgabe institutionalisierter Ablaufprogramme ihr eigenes Leben als „biographisches Projekt" zu inszenieren. Von dem Zeitpunkt an aber, an dem die Individuen ihr eigenes Leben nach Maßgabe individueller Bedürfnisse und Interessen modellieren, ist die Möglichkeit von Widersprüchen und Diskrepanzen zwischen diesen individuellen Lebensentwürfen und objektiv vorgegebenen Ablaufprogrammen immer schon mitgegeben.

Abgesehen von solchen grundsätzlichen Wirkungen einer Freisetzung der Individuen muß nun auch der historische Verlauf des Individualisierungsprozesses selbst als Verursachungsmechanismus in Anschlag gebracht werden. Insbesondere für die Nachkriegsentwicklung in der Bundesrepublik Deutschland zeigt *Beck* (1986, S. 121 ff., vgl. aber auch *Mooser* 1984), daß mit fortschreitender Modernisierung der Gesellschaft ein Prozeß der *Individualisierung und Diversifizierung von Lebenslagen und Lebensstilen* abläuft, der das bislang dominierende vertikale System sozialer Klassen und Schichten überlagert und unterläuft. Insbesondere die enorme Expansion universalistischer wohlfahrtsstaatlicher Sicherungssysteme, der Anstieg des Lohnniveaus, der „Massenkonsum" höherer Bildungsgänge und die Mobilisierung der Bevölkerung durch geographische und soziale Umschichtungen, verdichten sich zu einem „zweiten Individualisierungsschub", in dessen Folge sich die individuellen Lebenswege und Zukünfte gegenüber tradierten regionalen, milieuspezifischen, klassen- und schichtspezifischen Bindungen verselbständigen und somit die Gesellschaftsmitglieder zu selbstverantwortlichen Akteuren ihrer eigenen Zukunft werden. Vor allem der Sachverhalt, daß das eigene Schicksal zunehmend von Investitionen in individuelle Bildung abhängt (bzw. abzuhängen scheint), begünstigt die Schwächung traditioneller kollektiver Solidaritäten und Orientierungen zugunsten eines individualisierten, karrierebezogenen Lebensentwurfes. Unter diesen Bedingungen werden auch Erscheinungen wie die neue Massenarbeitslosigkeit und Armut nicht mehr als Rückbewegungen zu hierarchischen Ungleichheitsrelationen interpretiert, sondern den unmittelbar Betroffenen als selbstverschuldetes Schicksal zugerechnet.

Gerade für die Jugendlichen, die lebensphasenspezifisch mit der Entwicklung und ersten Erprobung eigener Lebensentwürfe befaßt sind, wirkt sich diese Entwicklung höchst ambivalent aus: Zum einen sichert die erhöhte **Individualisierung** auch und gerade ihnen neue Wahlmöglichkeiten und Dispositionschancen bei der experimentellen Konstruktion biographischer Zukunftsentwürfe. Zum anderen laufen sie angesichts weiterbestehender und sich zum Teil sogar verschärfender struktureller Restriktionen und Unsicherheiten Gefahr, nicht nur an den gesellschaftlichen Umständen und Widrigkeiten zu scheitern, sondern zusätzlich noch für Mißerfolge und Scheiternprozesse persönlich haftbar gemacht zu werden (vgl. *Heitmeyer/Olk* 1990). Angesichts dieser Sachlage kann es kaum noch verwundern, wenn die den Jugendlichen gesellschaftlich zugemutete Orientierung an Zukunft (in Form des Imperativs „investiere jetzt in deine eigene Zukunft, damit du später davon in Form von verbesserten Lebenschancen profitieren kannst") individuell zugunsten einer stärkeren Orientierung an Gegenwart zurückgewiesen wird (vgl. *Hornstein* 1985). Welche individuellen und kollektiven Bewältigungsformen Jugendliche im Umgang mit diesen neuen Kontextbedingungen und Anforderungslagen entwickeln (werden), ist zum gegenwärtigen Zeitpunkt keineswegs klar ersichtlich und muß in zukünftigen Forschungsvorhaben und Studien näher in Erfahrung gebracht werden.

5 Schlußbemerkung und Ausblick

Anstatt die in diesem Beitrag zusammengetragenen sozialwissenschaftlichen Theorieansätze, Befunde und Studien noch einmal zusammenzufassen, soll abschließend versucht werden, einige offene Fragestellungen und „weiße Flecken" in der Forschungslandschaft zu skizzieren. Anknüpfend an die Ausführungen zur Destandardisierung des **Lebenslaufs** im allgemeinen und der Jugendphase im besonderen stellen sich mindestens die folgenden Fragen für die sozialwissenschaftliche Jugendforschung:

(a) Eines der wichtigsten offenen Probleme beim gegenwärtigen Stand der Forschung ist die stärkere Thematisierung *geschlechtsspezifischer Differenzierungen* bzw. die „Entdeckung" und Integration der Mädchen in die Jugendforschung. In letzter Zeit wird mit Recht darauf hingewiesen, daß die Gruppe der weiblichen Jugendlichen in der bisherigen Tradition sozialwissenschaftlicher Jugendforschung entweder abwesend oder aber zumindest unsichtbar blieb (vgl. zusammenfassend *Ostner* 1986). So ist etwa — um ein prominentes Beispiel zu geben — in der lang andauernden und intensiv geführten Debatte über jugendliche **Subkulturen** entweder wie selbstverständlich unterschlagen worden, daß Mädchen an diesen Aktivitäten zumeist gar nicht teilnehmen, oder aber, wenn ihre spezifisch marginale Partizipation doch thematisiert wurde (als Rockerbräute etc.) wurde weder nach den Gründen noch nach den positiv bestimmbaren, tatsächlichen mädchenspezifischen Jugendaktivitäten gefragt.

So sind zwar in den englischen Subkulturforschungen aus dem Umkreis des CCCS in Birmingham die Zusammenhänge zwischen objektiver Klassenlage der Arbeiterjugendlichen und dem Machismo ihrer jugendkulturellen Aktivitäten sehr klar herausgearbeitet worden (vgl. *Clarke* u.a. 1979 sowie *Brake* 1981, vgl. jetzt *Cohen* 1986), aber es konnte auf diese Weise auch nicht verhindert werden, daß Mädchen immer nur als die Negation und als Gegenstücke zu den von Jungen dominierten jugendkulturellen Aktivitäten in den Blick gerieten. Es wäre daher durchaus zunächst einmal notwendig, sämtliche Grundbegriffe und Konzepte der Jugendforschung, wie etwa Entwicklungsaufgaben, jugendspezifische Status-Rollen-Konfiguration, jugendliche Subkulturen etc. auf mögliche geschlechtsspezifische Verzerrungen hin zu überprüfen und gegebenenfalls aufzugeben bzw. zu differenzieren.

Im Hinblick auf die hier präsentierten Thesen einer Destandardisierung und Individualisierung der Jugendbiographie wäre zudem zu untersuchen, ob die behauptete Tendenz zu einer Angleichung geschlechtsspezifischer Lebensläufe überhaupt zutrifft, bzw. in welcher Form sie zutreffen könnte. Zunächst einmal ist zu berücksichtigen, daß der gesellschaftliche Individualisierungsschub der letzten Jahrzehnte neben den Arbeiterschichten vor allem auch die Frauen in den umfassenden Vorgang der Herauslösung aus überkommenen Bindungen und Abhängigkeiten einbezogen hat. Veränderungen im weiblichen Lebensablauf lassen sich daher in mehreren Hinsichten feststellen: Zum einen haben gerade weibliche Jugendliche überdurchschnittlich an der Bildungsexpansion partizipiert und haben sogar die männlichen Jugendlichen im Hinblick auf ihre Anteile an höheren Bildungsabschlüssen überrundet (vgl. *Hurrelmann* u.a. 1985, S. 39ff. sowie *Allerbeck/Hoag* 1985, S. 74ff.).

Aber nicht nur im Hinblick auf die Bildungsaspirationen, sondern auch im Hinblick auf die Arbeitsorientierungen haben sich die Geschlechter wechselseitig angeglichen.

An die Stelle der bislang dominierenden scharfen geschlechtsspezifischen Polarisierung zwischen männlicher Erwerbsarbeitsorientierung und weiblicher Familienorientierung ist eine zunehmende Orientierung weiblicher Jugendlicher an der Erwerbsarbeit und eine tendenzielle Relativierung der Erwerbsarbeitsfixierung bei männlichen Jugendlichen getreten (vgl. *Allerbeck/Hoag* 1985, S. 69ff.).

Allerdings ist es den weiblichen Jugendlichen und Frauen bislang keineswegs gelungen, diese neuen Aspirationen und Kompetenzen in eine entsprechende gleichberechtigte Beteiligung am Erwerbsarbeitsmarkt umzusetzen. Ihnen stehen auch heute noch tendenziell nur einige wenige geschlechtsspezifische Berufssparten und Ausbildungsrichtungen offen, sie sind vornehmlich am unteren Ende der Statushierarchie angesiedelt, sind überdurchschnittlich in Beschäftigungsbereichen mit hohem Arbeitslosigkeitsrisiko, geringen Aufstiegschancen und schlechten Arbeitsbedingungen etc. anzutreffen (vgl. z.B. *Engelbrech* 1987).

Auch im privaten Lebensbereich der Ehe kann — trotz einiger jüngster Tendenzen in diese Richtung — keineswegs von einer Angleichung von Rechten und Pflichten zwischen den Geschlechtern gesprochen werden. Zwar scheinen weibliche Jugendliche und jüngere Frauen ihre Opfer- und Unterordnungsbereitschaft im Bereich von Haushalt und Ehe aufzugeben und einen „Anspruch auf ein Stück eigenen Lebens" (vgl. *Beck-Gernsheim* 1986) zu entwickeln. Allerdings sind männliche Jugendliche und jüngere Männer auch heute noch keineswegs dazu bereit und in der Lage, im familialen Lebenszusammenhang einen spürbar stärkeren Beitrag zu leisten. Dennoch ist unübersehbar, daß die Geschlechterbeziehungen in Beruf und Familie in Bewegung geraten sind. Auch der bereits angesprochene Sachverhalt, daß die traditionell für Frauen zentrale Statuspassage der Heirat mittlerweile in ihrer Bedeutung stark relativiert und entdramatisiert worden ist (man denke nur an die sinkende Bedeutung der Riten und Zeremonien rund um die „weiße Hochzeit"), weist auf Gewichtsverschiebungen in den geschlechtsspezifischen biographischen Orientierungen hin.

Bevor nun allerdings von einer gleichlaufenden Entwicklung zu einer Destandardisierung männlicher *und* weiblicher Lebensverläufe gesprochen werden kann, muß berücksichtigt werden, daß bereits der Prozeß der Standardisierung für die Frauen nicht die gleiche Bedeutung hatte wie für die Männer. Da ihr Lebensablauf während der familialen Phase wie auch in der Ruhestandsphase viel stärker von fremdbestimmten Einflüssen und zufälligen Lebensereignissen abhängig blieb (in der Ehe war sie der Autoritätsbeziehung zum Manne unterstellt und auch ihre Rente erhielt sie nur abgeleitet über die Rentenansprüche des Ehemannes) war ihr Lebensablauf immer schon von Brüchen und unvorhergesehenen Wendemarken bedroht. Es wird also zukünftiger Forschung vorbehalten bleiben, die geschlechtsspezifischen Wege durch die Jugendphase differenzierter herauszuarbeiten.

(b) Wenn es zutrifft, daß die scharfen Differenzen und Hierarchiegefälle zwischen den einzelnen Altersphasen und -gruppen (vor allem zwischen Erwachsenen und Jugendlichen) an Bedeutung abnehmen, stellt sich die Frage nach den Folgen solcher *lebensaltersbezogenen Entdifferenzierungsprozesse* für die Formen und Resultate biographischer Selbstthematisierung und Lebenslaufkonstruktion (vgl. *Fuchs-Heinritz/Krüger* 1991). Was bedeutet es etwa für die Zukunftsperspektiven und Zukunftsentwürfe Jugendlicher, wenn sie ihre Planungen und Aktivitäten nicht in der Auseinandersetzung mit der (elterlichen) Autorität und Macht entwickeln müssen, sondern eher vor dem

Hintergrund des Wirkens anonymer Institutionen und organisierter Einflüsse in einer Gesellschaft, die sich *insgesamt* jugendkulturell geprägt präsentiert? Erneute Auseinandersetzungen und Konflikte zwischen Jugendlichen und Erwachsenen um zugestandene Partizipationsrechte und/oder illegitime Partizipationsverweigerungen sind die mögliche Folge solcher Tendenzen.

Machtkonflikte zwischen den Altersgruppen werden schon aus dem Grund wahrscheinlicher, weil die Konkurrenz um die begehrten Zielpositionen des Erwachsenenalters angesichts verengter Arbeitsmärkte zumindest kohortenspezifisch intensiviert worden ist. Die Machtüberlegenheit der Erwachsenengeneration ergibt sich zu einem erheblichen Teil daraus, daß sie es ist, die im Prozeß der Plazierung Jugendlicher im ökonomischen und politischen Teilsystem die Zugangswege kontrolliert. Wenn nun aber in sozio-kultureller Hinsicht die Machtunterschiede zwischen Jugendlichen und Erwachsenen schwinden, dann ist es nicht unwahrscheinlich, daß die Legitimität sich tendenziell verstärkender Machtdifferenziale im ökonomischen und politischen Bereich von der nachdrängenden Generation angezweifelt wird. Angesichts der leichteren Zugänglichkeit neuer Technologien für nachrückende Generationen sind die Durchsetzungschancen entsprechend wachsender Ansprüche sogar eher gestiegen.

(d) Inwieweit die erst in jüngster Zeit aufgetauchten Anzeichen für einen **Strukturwandel der Jugendphase** zukünftige Entwicklungsmuster von Jugend und Jugendalter präformieren, ist gerade wegen der Neuheit der aufgetretenen Phänomene schwer zu entscheiden. Nicht nur, aber auch aus diesem Grunde, bietet sich eine verstärkte Hinwendung zu interkulturellen Vergleichsstudien zwischen Ländern mit unterschiedlicher ökonomischer, politischer und sozialer Struktur und kultureller Tradition sowie intertemporale Vergleiche von Verlauf und Ausprägung der Jugendphase in Gesellschaften aus unterschiedlichen historischen Epochen an (vgl. *Ferchhoff/Olk* 1988). Erst auf der Grundlage solcher interkultureller Vergleichsstudien wird es möglich sein, die Auswirkungen spezifischer sozialökonomischer, politischer und kultureller Bedingungen auf Dauer und Ausformung der Jugendphase genauer zu unterscheiden und zukünftige Entwicklungstrends von Jugendphase und Jugendbiographie treffsicherer herauszuarbeiten.

Literatur

Allerbeck, K./Hoag, W: Jugend ohne Zukunft? Einstellungen, Umwelt, Lebensperspektiven. München 1985

Allerbeck, K./Rosenmayr, L.: Einführung in die Jugendsoziologie. Heidelberg 1976

Ariès, Ph.: Geschichte der Kindheit. München/Wien 1977 (Orig.: Paris 1960)

Beck, U.: Risikogesellschaft. Auf dem Weg in eine andere Moderne. Frankfurt 1986

Beck-Gernsheim, E.: Von der Liebe zur Beziehung? Veränderungen im Verhältnis von Mann und Frau in der individualisierten Gesellschaft. In: Berger, J. (Hrsg.): Die Moderne — Kontinuitäten und Zäsuren (Sonderband 4 der Sozialen Welt), Göttingen 1986, S. 209-233

Blancpain, R./Häuselmann, E.: Zur Unrast der Jugend. Frauenfeld/Stuttgart 1974

Blancpain, R./Zeugin, P./Häuselmann, E.: Erwachsen werden. Bern/Stuttgart 1983

Blücher, v.G.: Die Generation der Unbefangenen. Düsseldorf/Köln 1966

Brake, M.: Soziologie der jugendlichen Subkulturen. Frankfurt/New York 1981

Cain, L.D.: Life Course and Social Structure. In: Faris, R.E.L. (Ed.): Handbook of Modern Sociology. Chicago 1964, S. 272-309

Clarke, J. u.a.: Jugendkultur als Widerstand. Frankfurt 1979
Clausen, J.A.: The Life Course of Individuals. In: Riley, M./Johnson, M./Foner, A.: Aging and Society, Bd. 3, New York 1972, S. 457-476
Cohen, Ph.: Die Jugendfrage überdenken. In: Ders.u.a.: Verborgen im Licht. Neues zur Jugendfrage. Frankfurt/M. 1986, S. 22-97
Eisenstadt, S.N.: From Generation to Generation. New York 1956 (deutsch: Von Generation zu Generation, München 1966)
Engelbrech, G.: Zukunftsperspektiven für Mädchen und Frauen im Erwerbsleben. In: Soziale Welt 38 (1987), S. 57-73
Ferchhoff, W./Olk, Th. (Hrsg.): Jugend im internationalen Vergleich. Weinheim/München 1988
Fogt, H.: Politische Generationen. Opladen 1982
Fuchs, W.: Jugend als Lebenslaufphase. In: Jugendwerk der Deutschen Shell: Jugendliche und Erwachsene '85. Generationen im Vergleich, Bd. 1, Opladen 1985, S. 195-263
Fuchs-Heinritz, W./Krüger, H.H.: Feste Fahrpläne durch die Jugendphase? Opladen 1991
Gennep, A. van: Rites de Passage. Paris 1909
Gillis, J.R.: Youth and History. Tradition and Change in European Age Relations 1770 — Present, New York 1974 (deutsch: Geschichte der Jugend, Weinheim/Basel 1980)
Havighurst, R.: Developmental Tasks and Education. New York 1972
Heitmeyer, W./Olk, Th. (Hrsg.): Individualisierung von Jugend. Weinheim/München 1990
Hogan, D.P.: The Transition to Adulthood as a Career Contingency. In: American Sociological Review 45 (1980), S. 261-276
Hornstein, W.: Jugend. Strukturwandel im gesellschaftlichen Wandlungsprozeß. In: Hradil, S. (Hrsg.): Sozialstruktur im Umbruch. Opladen 1985, S. 323-342
Hurrelmann, K./Rosewitz, B./Wolf, H.: Lebensphase Jugend. Eine Einführung in die sozialwissenschaftliche Jugendforschung. Weinheim/München 1985
Jugendwerk der Deutschen Shell: Jugendliche und Erwachsene '85, 5 Bde., Opladen 1985
Kett, J.: Rites of Passage.Adolescence in America 1790 to the Present. New York 1977
Kohli, M.: Zur Theorie der biographischen Selbst- und Fremdthematisierung. In: Matthes, J. (Hrsg.): Lebenswelt und soziale Probleme. Verhandlungen des 20. Deutschen Soziologentages zu Bremen 1980. Frankfurt/M./New York 1981, S. 502-520
Kohli, M.: Die Institutionalisierung des Lebenslaufs. In: KZfSS 37 (1985), H. 1, S. 1-29
Kohli, M.: Gesellschaftszeit und Lebenszeit. Der Lebenslauf im Strukturwandel der Moderne. In: Berger, J. (Hrsg.): Die Moderne — Kontinuitäten und Zäsuren (Sonderband 4 der Sozialen Welt), 1986, S. 183-208
Kreutz, H.: Soziologie der Jugend. München 1974
Levy, R.: Der Lebenslauf als Statusbiographie. Stuttgart 1977
Liebel, M.: Produktivkraft Jugend. Über aktuelle und historische Aspekte der Arbeiterjugendfrage im Kapitalismus. Frankfurt 1976
Liebel, M.: Jugend als Gegenstand bürgerlicher Soziologie. In: Lessing, H./Liebel, M.: Jugend in der Klassengesellschaft. München 1974, S. 39-59
Linton, R.: Age and Sex Categories. In: American Sociological Review 7 (1942), N. 5, S. 589-603
Mannheim, K.: Das Problem der Generationen. Kölner Vierteljahreshefte für Soziologie 6 (1928), H. 2/3, S. 157-185 u. S. 309-330
Marini, M.M.: The Order of Events in the Transition to Adulthood. In: Sociology of Education 57 (1984), S. 63-84
Mc Robbie/Savier, M. (Hrsg.): Autonomie — Aber wie! Mädchen, Alltag, Abenteuer. München 1982
Mitterauer, M.: Sozialgeschichte der Jugend. Frankfurt 1986
Modell, J. u.a.: Social Change and Transitions to Adulthood in Historical Perspective. In: Journal of Family History 1 (1976), S. 7-32
Mooser, J.: Arbeiterleben in Deutschland 1900-1970. Klassenlagen, Kultur und Politik. Frankfurt 1984
Neidhardt, F.: Bezugspunkte einer soziologischen Theorie der Jugend. In: Jugend im Spektrum der Wissenschaften. Beiträge zur Theorie des Jugendalters. München 1970, S. 11-48
Neugarten, B.L./Datan, N.: Soziologische Betrachtung des Lebenslaufs. In: Baltes, P.B./Eckensberger,

L.H. (Hrsg.): Entwicklungspsychologie der Lebensspanne. Stuttgart 1979, S. 361-378
Neugarten, B.L./Hagestad, G.O.: Age and the Life Course. In: Binstock, R./Shanas, E. (Hrsg.): Handbook of Aging and the Social Services. New York 1976, S. 35-55
Oerter, R.: Jugendalter. In: ders./Montada, L. u.a.: Entwicklungspsychologie. Ein Lehrbuch. München/Wien/Baltimore 1982, S. 242-313
Olbrich, E.: Jugendalter — Zeit der Krise oder der produktiven Anpassung? In: ders./Todt, E. (Hrsg.): Probleme des Jugendalters. Neuere Sichtweisen. Berlin/Heidelberg/New York/Tokyo, S. 1-47
Olk, Th.: Jugend und gesellschaftliche Differenzierung — Zur Entstrukturierung der Jugendphase. In: Zeitschrift für Pädagogik, 19. Beiheft. (1985), S. 290-301
Olk, Th.: Jugend und Gesellschaft. Entwurf für einen Perspektivenwechsel in der sozialwissenschaftlichen Jugendforschung. In: Heitmeyer, W. (Hrsg.): Interdisziplinäre Jugendforschung. Weinheim/München 1986, S. 41-62
Olk, Th.: Jugend an den Grenzen der Moderne. Ein gescheitertes Projekt. In: Breyvogel, W. (Hrsg.): Pädagogische Jugendforschung. Opladen 1989, S. 31-48
Onna, B. van: Jugend und Vergesellschaftung. Eine Auseinandersetzung mit der Jugendsoziologie. Frankfurt 1976
Ostner, I.: Die Entdeckung der Mädchen. In: KZfSS 38 (1986), H. 2, S. 352-371
Parsons, T.: Age and Sex in the Social Structure of the United States. In: American Sociological Review 8 (1942), S. 604-615
Parsons, T.: Jugend im Gefüge der amerikanischen Gesellschaft. In: Friedeburg, L.v. (Hrsg.): Jugend in der modernen Gesellschaft. Köln/Berlin 1965, S. 131-155
Riley, M./Johnson, M./Foner, A.: Elements in a Model of Age Stratification. In: Riley u.a.: Aging and Society, Vol III: A Sociology of Age Stratification, New York 1972, S. 3-26
Rosenmayr, L.: Jugend. In: König, R. (Hrsg.): Handbuch der empirischen Sozialforschung. Band 6. Stuttgart 1976
Rosenmayr, L.: Fragmente zu einer sozialwissenschaftlichen Theorie der Lebensalter. In: ders. (Hrsg.): Die menschlichen Lebensalter. Kontinuität und Krisen. München/Zürich 1978, S. 428-457
Rosenmayr, L.: Über Familien in den Strukturumbrüchen heute. In: Archiv für Wissenschaft und Praxis der sozialen Arbeit 17 (1986), H. 1, S. 48-73
Schäfers, B.: Soziologie des Jugendalters. Opladen 1982
Schelsky, H.: Die skeptische Generation. Düsseldorf/Köln 1957
Schlumbohm, J.: ‚Traditionale' Kollektivität und ‚moderne' Individualität: einige Fragen und Thesen für eine historische Sozialisationsforschung. In: Vierhaus, R. (Hrsg.): Bürger und Bürgerlichkeit im Zeitalter der Aufklärung. Heidelberg 1981, S. 265-320
Tenbruck, F.H.: Jugend und Gesellschaft. Freiburg 1962
Tenbruck, F.H.: Jugend: Gesellschaftliche Lagen oder gesellschaftliches Versagen? In: Remschmidt, H. (Hrsg.): Jugend und Gesellschaft. Realitätsbewältigung, Krisen und Auswege. Stuttgart 1986, S. 17-44
Trotha, T.v.: Zur Entstehung von Jugend. In: KZfSS 34 (1982), H. 2, S. 254-277
Tyrell, H.: Familie und gesellschaftliche Differenzierung. In: Pross, H. (Hrsg.): Familie — wohin? Leistungen, Leistungsdefizite und Leistungswandlungen der Familien in hochindustrialisierten Gesellschaften, Reinbek 1979, S. 13-77
Tyrell, H.: Literaturbericht. In: Geißler, H. (Hrsg.): Nichteheliche Lebensgemeinschaften in der Bundesrepublik Deutschland. Schriftenreihe des Bundesministers für Jugend, Familie und Gesundheit, Band 170, Stuttgart u.a. 1985, S. 93-140
Winsborough, H.H.: Statistical Histories of the Life Cycle of Birth Cohorts: the Transition from Schoolboy to Adult Male. In: Taeuber, K. u.a. (Hrsg.): Social Demography. New York 1978, S. 231-259
Zinnecker, J.: Jugend der Gegenwart — Beginn oder Ende einer historischen Epoche? In: Baacke, D./Heitmeyer, W. (Hrsg.): Neue Widersprüche. Jugendliche in den 80er Jahren. Weinheim/München 1985, S. 24-48

Helga Bilden / Angelika Diezinger

Historische Konstitution und besondere Gestalt weiblicher Jugend — Mädchen im Blick der Jugendforschung

In diesem Artikel kann nicht die Geschichte weiblicher Jugend geschrieben werden. Noch können wir die Ergebnisse der Mädchenforschung darstellen (der Jugendbericht ist dafür eine gute Zusammenfassung, nur wenig veraltet). Stattdessen wollen wir

— fragen, inwiefern und seit wann die „klassischen" Kriterien für Jugend auch für Mädchen zutreffen bzw. ob für weibliche Jugend z.T. andere Bestimmungsmomente wichtig sind (Teil 1);
— charakterisieren, unter welchen Blickwinkeln und mit welchen Konzepten sich Jugendforschung heute mit Mädchen auseinandersetzt (Teil 2).

In beiden Teilen gelten unsere Aussagen — mangels entsprechender Analysen für die ehemalige DDR — nur für die alte BRD.

1 Zur historischen Konstitution weiblicher Jugend (Helga Bilden)[1]

Seit fast 20 Jahren beschäftige ich mich mit weiblicher Jugend und werde mir der Problematik des Begriffs immer bewußter. Das liegt nicht nur an der historischen Veränderung oder Auflösung dessen, was unsere Gesellschaft klassischerweise unter Jugend als definiter Lebensphase zwischen Kindheit und Erwachsensein versteht: Vorbereitungszeit aufs Erwachsenenalter, d.h. Qualifikationsphase, um durch individuelle Leistung einen eigenen gesellschaftlichen Status erwerben zu können, und psychosoziales Moratorium, um eine „autonome Persönlichkeit" mit individuellen Werthaltungen und Handlungsfähigkeiten entwickeln zu können. Diese Veränderung / Auflösung ist von vielen Autoren konstatiert bzw. angekündigt worden (*Gillis* 1980, *Trotha* 1982, *Jugendwerk der Deutschen Shell* 1981, *Fuchs / Zinnecker* 1985 u.a.m.).

Vielmehr ist auch Begriff und Konnotationsfeld von ‚Jugend' immer so sehr vom Bezug auf männliche Jugendliche und männlichen Lebenslauf bestimmt gewesen, daß die Einbeziehung von Mädchen in Jugend immer nur für einen kleinen Anteil junger Frauen und nur unter bestimmten Aspekten Sinn ergab. Gleichwohl wurden Mädchen in diesem Jahrhundert zunehmend subsumiert — aber nicht konkret mitbedacht —, wenn Gesetzesmaßnahmen zu Jugendschutz und Jugendhilfe ergriffen wurden, wenn die Jugendbewegung definiert, was den „Aufbruch der Jugend" ausmacht, wenn Jugendforscher sich Gedanken über die Jugend machen.

Jugend wurde gesellschaftlich-praktisch und wissenschaftlich-theoretisch an und für Jungen unter den Bedingungen der bürgerlichen Gesellschaft entwickelt. Das bringt auch historisch-theoretische Überlegungen zur ‚vergessenen' weiblichen Jugend in eine Zwickmühle: Wer exakt, anhand der klassischen Kriterien für Jugend, vorgeht, setzt die Jungen als Norm. Mädchen, weibliche Jugend, müssen unter dieser Perspektive als defizitär, nachhinkend erscheinen. Andererseits geht der Versuch, eigene, neue Kriterien für weibliche Jugend zu entwerfen, an der gesellschaftlichen Realität vorbei, die Mädchen praktisch unter den männlich geprägten Jugendbegriff subsumiert. Ich werde also irgendetwas dazwischen versuchen ...

Vorab soll unterschieden werden zwischen ‚Jugend' als

- Bezeichnung für eine bestimmte abgrenzbare *Phase* in einer historisch gegebenen Form von Lebenslauf / Normalbiographie[2];
- *Zusammenfassung aller jungen Menschen*, die ‚in' dieser Phase sind[3];
- Bezeichnung einer *sozialen Gruppe*, die *sich selbst* als ‚die Jungen' (sic!), als ‚Jugend' in Abgrenzung von den ‚Erwachsenen' oder den Älteren versteht.

Allgemeinste Voraussetzung von Jugend ist ein bestimmter historischer Lebenslauf, eine bestimmte ‚Normalbiographie'. Die historische Konstitution von Jugend und ihre wissenschaftliche Rekonstruktion („Vom jungen Herrn zum hoffnungsvollen Jüngling", *Hornstein* 1965, *Gillis* 1980) beziehen sich auf den männlichen **Lebenslauf**. Darin bildet sich im frühen Bürgertum eine abgrenzbare Phase Jugend heraus. Sie wird für Bürgersöhne gegen Ende des 19. Jahrhunderts institutionalisiert als spezielle gesellschaftliche Organisationsform gut kontrollierter **Sozialisation** zum Erwachsenen (*Trotha* 1982).

Die Abgrenzbarkeit der Lebensphase Jugend setzt die definiten Lebensphasen Kindheit und Erwachsensein voraus.

Diese Voraussetzungen erodieren (*Hornstein* 1988): Zeitgenössische Destandardisierung des Lebenslaufs, allgemeine Freisetzungsprozesse und der Jugendlichkeitskult, der Erwachsensein entwertet, lassen die Grenzen von Jugend verschwimmen.

Während Jugend als begrenzbare Lebensphase fragwürdig geworden ist (vgl. etwa *Zinnecker* 1985 oder *Hurrelmann* u.a. 1985), hat sich ein verallgemeinertes gesellschaftliches Verständnis, das alle Angehörigen der Altersgruppe 13 / 14 bis 20/25 (bei Studenten gar bis 30) zur Jugend zählt, längst durchgesetzt. Zunehmend bestimmt auch das Selbstverständnis der Jugendlichen als sozialer Gruppe, die sich von den Älteren abgrenzt, den Begriff Jugend.

Mädchen gehören inzwischen sowohl von den objektiven Bedingungen als auch vom allgemein-gesellschaftlichen Verständnis wie auch von ihrem Selbstverständnis in der Mehrheit zur Jugend. Aber das ist noch nicht lange so, und ‚Jugend' ist für ihre weiblichen Angehörigen nicht in gleicher Weise bestimmt wie für die männlichen.

Bei der Frage, wie sich weibliche Jugend konstituiert hat und was sie bestimmt, gehe ist z.T. von den ‚klassischen' Kriterien von Jugend aus; allerdings bleiben sie nicht unverändert, wenn sie auf Mädchen bezogen werden. Andere Gesichtspunkte gewinnen ihre Bedeutsamkeit jedoch v.a. durch den Blick auf den weiblichen Lebenszusammenhang, die **weibliche Normalbiographie** (vgl. *Diezinger* u.a. 1983, Bd. 1, S. 47ff.).

1.1 Historisch ist der **Erwachsenenstatus** *von Frauen* eine relativ neue Erscheinung. Solange Frauen nicht voll mündig, also autonom handlungsfähig im Sinne des bürgerlichen Individuums werden sollten, gab es für sie keine Jugendphase, die sie darauf vorbereiten sollte. Rechtlich hatten Frauen bis 1919 keinen Erwachsenenstatus. Bürgerliche Frauen blieben in einer Art Kind-Status, unmündig. Proletarische Frauen mußten schon als Kinder ‚wie Erwachsene' arbeiten, waren aber als Ehefrauen der ehemännlichen Gewalt unterworfen. Die rechtliche Anerkennung des Erwachsenenstatus für Frauen war ein langsamer Prozeß, der teilweise der sozialen Realität vorauseilte.

Die Stationen: 1919 erlangten Frauen die Gleichberechtigung „im Prinzip", aber nicht im BGB, v.a. nicht im Familien- und Vermögensrecht, d.h. Ehefrauen blieben unmündig. In der NS-Zeit wurde selbst dieses ‚Prinzip' zurückgenommen. Trotz der immensen Leistungen von Frauen im Krieg und in der Nachkriegszeit reichte es in der Verfassung der BRD 1949 nur knapp für den Gleichberechtigungsparagraphen Art. 3 GG. Schleppend folgten 1957 und 1977 entsprechende Veränderungen des Familienrechts, die Mütter bzgl. der Entscheidung über ihre Kinder den Vätern gleichstellten, und, endlich, die **geschlechtsspezifische Arbeitsteilung** nicht mehr festschrieben: Erst 1977 erlangten Frauen das Recht auf Berufstätigkeit, unabhängig vom Votum des Ehemannes.

So langsam Frauen den gesellschaftlichen Erwachsenenstatus erlangten, so zögernd wurde für Mädchen ‚Jugend' zugänglich. So ist *Zinnecker* (1985) zuzustimmen, daß erst in den 50er Jahren, als das ‚klassische' Konzept von Jugend zuende ging, die „Realgeschichte der Jugend" für Mädchen, jedenfalls für eine größere Anzahl von ihnen, begann.

Trotzdem bedeutet Jugend für Mädchen nicht dasselbe wie für Jungen, solange die **geschlechtsspezifische Arbeitsteilung** fortbesteht und **männliche** und **weibliche Normalbiographien** systematisch differieren.

1.2 Unbestrittenes Moment der Entstehung von Jugend war die **höhere Schulbildung**, die Jungen in Altersklassen außerhalb des Elternhauses zusammenführte. Jugend als Schul-Zeit, frei von Berufs-Arbeit, aber darauf bezogen, entstand. Die Auseinandersetzung um höhere **Mädchenbildung** im 19. Jahrhundert dagegen bezieht weibliche Schulbildung auf die ‚Bestimmung der Frau': auf Familie, Kindererziehung, Hausarbeit, nicht auf Außerhäusliches, auf Beruf, Leistung, Individualität. Trotzdem wurde damit Erziehung / Bildung von Mädchen ansatzweise schon im 19. Jahrhundert aus der Familie herausgenommen, wurden Mädchen gleichen Alters zusammengebracht. Der Kampf um Mädchenbildung Ende des 19. und in den ersten Jahrzehnten des 20. Jahrhunderts wurde von der *Frauenbewegung* in den Zusammenhang von Beruf(sausbildung), v.a. den Lehrerinnenberuf als *den* bürgerlichen Frauenberuf, gestellt. Mit der zögernden Zulassung von Mädchen zu Abitur und Studium wurde einer kleinen Zahl junger Frauen Jugend als Qualifikationsphase zum Erwerb von individuellem Status durch Beruf zugänglich. Aber noch in den 20er Jahren blieb die Zahl der Abiturientinnen relativ gering; „Frauenschulen" mit hauswirtschaftlicher Ausrichtung dominierten. In der NS-Zeit wurden die Studien und v.a. die qualifizierten Berufsmöglichkeiten für Mädchen / Frauen wieder eingeschränkt. In den 50er Jahren blieben die Mädchen bei der gymnasialen Bildung weit hinter den Jungen zurück; nur im Realschulbereich holten die Mädchen etwas auf. Seit der Bildungsexpansion der 60er Jahre haben Mädchen bis Anfang der 80er Jahre bei der höheren Bildung mit Jungen gleichgezogen. Sie stellen fast 40 % der Studierenden an Hochschulen. Insgesamt haben heute Mädchen in beträchtlichem Umfang teil an der verlängerten Schulbildung und damit an Jugend. Hauptschülerinnen sind eine Minderheit geworden.

1.3 Durch **Berufsausbildung** und *qualifizierte Berufstätigkeit* von Mädchen/Frauen hat sich die weibliche ‚Normalbiographie' in gewissen Aspekten und für bestimmte Zeiträume der männlichen angenähert. Berufstätigkeit ist aber auch heute nicht als lebenslange selbstverständlich für alle Frauen. Qualifizierte Berufe ergreifen sie seltener als Männer. Beruf bestimmt nicht in gleichem Maße ihren Status. Immerhin ist Berufsausbildung im Unterschied noch zu den 50er Jahren ein selbstverständliches Ziel der Mädchen und ihrer Eltern geworden. Allerdings scheitert(e) sie häufig am Ausbildungsstellenmarkt für Mädchen. Das gilt weiterhin insbesondere für ausländische und behinderte Mädchen. Der Frauenarbeitsmarkt erschwert für Ungelernte und für viele Berufsgruppen Einstieg und Verbleib im Berufssystem. Sofern sie ihn unter allen Umständen anstreben — das ist die Regel — stehen Mädchen/junge Frauen unter starkem Druck. Sofern sie sich resigniert in Arbeitslosigkeit einrichten und sich evtl. früh einen Lebenssinn durch eine (Quasi-)Ehe und/oder ein Kind beschaffen, ist der Freiraum Jugend schnell beendet. Der hohen Berufsmotivation der jungen Frauen stehen weiterhin schlechte Chancen der Vereinbarkeit von Beruf und Familie gegenüber (*Funk/Heiliger* 1987).

Das Bild der ‚jungen, berufstätigen Frau', finanziell unabhängig, freizeitaktiv, bot schon die kurzlebige „Revolutionierung der Frau" in den Goldenen Zwanzigern als die beste, die freieste Zeit des Frauenlebens an. Realität war es damals nur für wenige: Die vielen kleinen Verkäuferinnen und Büroangestellten hatten weder genügend Geld noch Freizeit noch Unabhänigkeit von der Familie, um das Bild zu realisieren. Inzwischen ist gerade für die Mädchen mit Hauptschulbildung die Zeit als ‚junge berufstätige Frau' ein besonders erstrebenswerter Teil ihres Lebens geworden: ein paar Jahre „eigenen" Lebens, Genießen von Beziehung, Freizeit und Konsum ohne Verantwortung als Mutter, die viele durch Aufschub des Kinderbekommens verlängern. Allerdings können und wollen die meisten die Unabhängigkeit von der Herkunftsfamilie nur durch Zusammenziehen mit dem Freund realisieren. Weiblicher Selbstbestimmungs-Suche sind dadurch enge Grenzen gesetzt.

1.4 Aus der **geschlechtsspezifischen Arbeitsteilung**, d.h. der *Zuständigkeit* der Frauen *für* **Familie** und ihrer stärkeren Einbindung in die Familie folgt, daß die historischen Formen von Familie(nideologie), die sich verändernden Familienbeziehungen für Existenz und Gestalt weiblicher Jugend wesentlich bestimmender sind als für männliche Jugend.

Für das 19. Jahrhundert zeigt *Rosenbaum* (1982) die starke Differenzierung der Familienformen von Bürgern, Bauern, Handwerkern, Heimarbeitern und Proletariern auf. In allen arbeitenden Schichten gab es keine Jugend, nicht für Jungen und erst recht nicht für Mädchen: Alle waren von Kind auf in den Produktionsprozeß eingegliedert; Mädchen waren, zuhause oder als Dienstmägde, unter strenger Aufsicht. Bürgertöchter blieben Kinder.[5] *Mädchen sollten in der Familie für die Familie erzogen werden.*

Historisch besonders interessant ist das Ideal der bürgerlichen Familie und seine Verbreitung über alle Schichten: Die Haus-Frau, die ein gemütliches Heim gewährleistet und für Mann und Kinder da ist, wird im 20. Jahrhundert zum allgemeinen Ideal für den größten Teil weiblichen Lebens. Entsprechend dieser Bestimmung der Frau für die Familie wird die Ideologie vom Wesen der Frau immer durchdringender propagiert. Für ‚Jugend' als Freiraum zur Entwicklung einer individuellen innengesteuerten Persönlichkeit, als Qualifikationsphase für außerfamiliäre Arbeit blieb da vom Prinzip her kein Platz. Der Kontroll-Aspekt und die Familienbindung dominierten.

Die kurze Liberalisierungs- und Aufbruchzeit 1925 - 1929 veränderte die Familienformen und die Stellung der Frauen darin nicht sonderlich. Aber für berufstätige junge Frauen in (größeren) Städten entstanden kurzlebige Jugendfreiräume (*Frevert* 1986, S. 180ff.). Die NS-Zeit brachte eine widersprüchliche Entwicklung: Der Familie als gehätschelter Institution zur Produktion arischen Menschenmaterials, patriarchalisch, aber mit ideologischer Aufwertung der Hausfrau und Mutter möglichst vieler Kinder, standen Tendenzen zur Auflösung der **Familie** in politisierte Kollektive (von SA und SS über Reichsfrauenschaft bis BDM und HJ) gegenüber. Auch die Mädchen wurden über BDM und Reichsarbeitsdienst der Familie zeitweise entzogen.

Die Kriegs- und Nachkriegszeit setzte die patriarchalische Familie real, wenn auch nicht ideologisch, außer Kraft. Mutter, Kinder sowie weibliche und alte Angehörige der weiteren Familie lebten in der Not zusammen, soweit sie nicht völlig zerstreut waren. Die väterlich-männliche Kontrolle entfiel. Sexual- und Eigentumsnormen waren ebenso brüchig wie das Autoritätsverhältnis Eltern-Jugendliche-Kinder.

In den 50er Jahren begann ein geradezu zwanghaftes Bemühen, Zivilisation und „Kultur", „gute Sitten" wiederherzustellen. Dem „Verfall der Moral", besonders der außer Kontrolle geratenen **weiblichen Sexualität**[6], folgte die rigide Re-Etablierung von Normalität, sprich patriarchalisch-autoritärer Familie, Arbeitsteilung und männlicher bzw. weiblicher Normalbiographie. Kindheit und Jugend wurden als von Familie und Staat kontrollierte Sozialisationsphase reorganisiert, besonders eng für Mädchen. Aber trotz der Bemühungen, an viktorianisch-bürgerliche Sexualnormen und Mädchenhütung anzuknüpfen, gelang das Unternehmen, Mädchen kindlich-unschuldig und daheim zu halten, allenfalls kurzfristig. Mädchen kämpften offen und mit Lügen und Tricks ums Ausgehen und um Teilhabe an der seit ca. 1960 entstehenden **Jugendkultur**. Medien- und Konsumindustrie und das von ihr geförderte Selbstbewußtsein auch der Mädchen als Jugend verringerten in einem konfliktreichen Prozeß die vordem extreme Familienbindung der Mädchen; die familiäre, v.a. väterliche, Kontrolle über sie blieb nicht unangefochten. Für türkische Mädchen entstehen daraus lebensbedrohliche Konflikte. Folgt man der These von *Schultz* (1983), daß die letzten 30 Jahre eine Entwicklung „Von der Institution ‚Familie' zu den Teilbeziehungen von Mann, Frau und Kind" gebracht haben (vgl. *Rerrich* 1983, *Allerbeck/Hoag* 1985, S. 62f., *Jugendwerk der Deutschen Shell* 1985, kritisch dazu: *Nave-Herz* 1985), dann ist hier eines der wichtigsten Momente für die Entstehung eines potentiellen Jugend-Freiraums für Mädchen zu sehen (s.u. 7). Darüber hinaus hat die relative Bedeutung von Familie für Jugendliche überhaupt abgenommen (vgl. *Hurrelmann* u.a. 1985).

1.5 **Sexualität** *und* **Geburtenkontrolle** sind für die Situation weiblicher Jugendlicher entscheidende Gesichtspunkte, von anderer Bedeutung als für männliche. Zur „klassischen" (bürgerlichen) Jugend gehört die strikte Geschlechtertrennung, der Versuch der Gesellschaft, sexuelle Bedürfnisse und Beziehungen der Jugendlichen so lange wie möglich hinauszuschieben, bis sie in Ehe und Familie ihren legitimen Platz finden. So ganz ernst ist das für Jungen nie gemeint gewesen. Die Mädchen der gleichen Schichten sollten aber unschuldig und ahnungslos bis zur Hochzeitsnacht bleiben. Diese sprichwörtliche Doppelmoral des 19. Jahrhunderts bedeutet, daß bürgerliche Mädchen wegen der angeblichen Triebstärke der Männer vor Schaden bewahrt, d.h. bis zur Ehe lückenlos beaufsichtigt wurden. Für Arbeiter- und bäuerlich-ländliche Mädchen galt das nicht ganz so streng. Aber die bürgerlichen Normen gewannen auch hier im 20. Jahrhundert an Geltung.

Die 20er Jahre brachten kurzfristig neue Ideen, aber wenig reale Änderungen: Ehe wurde in Frage gestellt, ledige Mutterschaft erschien denkbar; die „spezielle sexuelle Ansprechbarkeit der Frau" wurde thematisiert. Die Nazi-Ideologie stellte die Sexualität der Frauen wieder ganz in den Dienst der Fortpflanzung; Verhütungsmittel waren seit 1941 verboten. Die Sexualität junger Mädchen war tabu. Nach der sexuellen Anomie der Nachkriegszeit wurden Kinder und Jugendliche wieder rigider Sexualunterdrückung und -tabuisierung unterworfen; Behütung und (väterliche) Kontrolle durchdrangen den Alltag der Mädchen. Die Unzugänglichkeit von Verhütungsmitteln und der Abtreibungsparagraph sorgten für ausreichende Angst vor Schwangerschaft, die den Verboten, dem Schweigen und Ablenken, der Erzeugung von Scham-, Schuld- und Ekelgefühlen Nachdruck verlieh. Es gelang, die Körper vieler Mädchen zu „Abwehrmaschinen" gegen männliche Begierden (*Bammé* u.a. 1983, S. 180) zu konditionieren. Auch die sorgfältige Trennung der Geschlechter in Schulen, Jugendgruppen usw. entsprach den klassischen Vorstellungen von sexuell abstinenter Jugend.

Sexuelle Aufklärungs- und Liberalisierungswelle der 60er und 70er Jahre und die „Pille" stellten zunehmend die Restriktion jugendlicher Sexualität, schließlich auch die der Mädchen, in Frage — ein durchaus ambivalenter Prozeß: Mädchen mußten nicht mehr auf Sexualität verzichten, konnten aber gegenüber den Jungen auch schlechter „nein" sagen. Sie brauchten keinen „Körperpanzer" (*Preuß-Lausitz* 1983) mehr, aber sie unterlagen auch früher männlich-penis- und orgasmusfixierten Sexualitätsvorstellungen. Abtreibungsmöglichkeit und zunehmende soziale Akzeptierung unehelicher Mutterschaft verringerten weiter die Angst vor Schwangerschaft, ohne sie aufzuheben. Erst langsam, zu den 80er Jahren hin, scheinen Mädchen etwas größere Chancen zu haben. Ob, Wann und auch Wie sexueller Aktivität mit Jungen auszuhandeln. Für eine winzige Minderheit lockert sich der Heterosexualitätszwang. Andererseits wird erst seit kurzem bekannt, in welchem Ausmaß sexuelle Gewalt die körperliche und psychische Integrität von Mädchen ab dem Kleinkindalter bedroht (*Gutjahr/Schrader* 1988).

1.6 *Gesellschaftliche Organisierung und gesellschaftliches Bewußtsein* von Jugend und das sich entwickelnde *Selbstbewußtsein von Jugend* beziehen zunehmend *die Mädchen* ein: Während im 19. Jahrhundert Jugend für (bürgerliche) Jungen entstand, brachte das beginnende 20. Jahrhundert zögernd eine gewisse Einbeziehung von (bürgerlichen) Mädchen: Das bürgerliche Bewußtsein von Jugend schlug sich scheinbar geschlechtsneutral in Jugendgesetzen, -institutionen und in pädagogischen und psychologischen Vorstellungen von Jugend nieder. Höhere Schulbildung führte zunehmend weibliche Jugendliche zusammen. Die **Jugendbewegung** organisierte sich zwar als Jungen-Bewegung, aber für die wenigen, eher widerwillig zugelassenen (bürgerlichen) Mädchen bedeutete dieser Bezugspunkt außerhalb von Familie und Schule sehr viel. Im Ersten Weltkrieg und danach definierten sie sich erstmals als Teil der gesellschaftlichen Gruppierung Jugend bzw. in ihrer Besonderheit als weibliche Jugend (vgl. *Busse-Wilson* 1925). Ironischerweise beförderte gerade der Nationalsozialismus mit der Organisierung praktisch aller Mädchen im BDM die schichtenübergreifende Einbeziehung junger Frauen in Jugend. Das bedeutete zeitweise Herausnahme aus der Familie, Organisation in Altersgruppen, Entwicklung eines Gruppenselbstbewußtseins als „Mädel", die sich nicht auf die Vorbereitung zu ihrer ‚Bestimmung' als Gebärmaschine und Hausfrau beschränkten. Die Kriegszeit mit Reichsarbeitsdienst, Bombenangriffen, Flucht, Evakuierung usw. und die Nachkriegszeit suspendierten mit dem Großteil der normativen und hierarchischen Sozialorganisation eine zeitlang auch Kindheit und Jugend als ‚zivilisatorische Errungenschaften': kein Schonraum, keine systematische Erziehung, keine Schule, dafür harte Arbeit, Eingespanntsein in Existenzsicherung, oft fern der Wohnung usw. (vgl. *Frevert* 1986, S. 235ff.).

Die Idee „Jugend" erlebte in den 50ern eine gesellschaftliche Prononcierung, die schließlich über das klassische Konzept hinausführte: durch die Sorge um „Arbeitslosigkeit und Berufsnot der Jugend" (*Schelsky* 1952) wie um ihre „Verwahrlosung" (Jugendschutz und Sittenschnüffelei); wohl auch durch die Abgrenzung der jungen „Skeptischen Generation" (*Schelsky* 1957) von der politischen Vergangenheit ihrer Eltern. Folgenreicher war die „Halbstarken"-Bewegung, am wichtigsten aber die Ende der 50er Jahre sich verbreitende kommerzielle **Jugendkultur**, die Momente genuiner Jugendstile aufgriff und umformte. Jugendkultur und v.a. das von Medien und Konsumgüterindustrie lancierte und gestylte Teenager-Bild bewirkten, daß immer mehr auch die Mädchen als Teil der Jugend betrachtet und behandelt wurden und sich selbst auch so verstanden. Als jugendliche Konsumenten wurden Mädchen wie auch Jungen ‚für voll genommen': *Der Markt des ‚Konsumkapitalismus' war der stärkste Motor der Einbeziehung tendenziell aller Jugendlicher, auch der Arbeitersöhne und der Mädchen, in Jugend.*

Von nicht zu unterschätzender Bedeutung für das sich entwickelnde Selbst-Bewußtsein der Jugend war die Lehrlings- und Studentenbewegung. Jugend wurde dabei für Mädchen wie für Jungen zur Bezugsgruppe. Auch Mädchen entzogen sich allmählich der Eltern- und Erwachsenenkontrolle. Sie ersetzten die noch in den 50ern dominierende Erwachsenenorientierung zunehmend durch die Orientierung an Gleichaltrigen („Trau keinem über dreißig"). Das gilt *allgemein* für die Orientierung am markt- und medienvermittelten Bild von Jugend und Jugendlichkeit. Es gilt auch für den Bezug auf die *konkreten* informellen Jugendcliquen (*Allerbeck/Hoag* 1985, S. 34ff.), die wohl erst seit den 70er Jahren in größerem Umfang Mädchen als reguläre Mitglieder, nicht nur als „Bräute" von Jungen, zulassen.

Mädchen haben teil an dem neuen Selbst-Bewußtsein von Jugend. Allerdings bleiben Mädchen bei aller Gleichaltrigenorientierung durch Hausarbeit, durch elterliche Sorge bzw. Kontrolle und durch die enge Mutter-Tochter-Beziehung doch mehr an die Herkunftsfamilie gebunden als Jungen: Für Mädchen ist der *Konflikt zwischen Familie und peers vorprogrammiert.*

Jugend als allgemeine Bezugsgruppe für Jugendliche — das bedeutet auch, daß Mädchen der 50er Jahre ihre eigene Situation und ihre Ansprüche an der Masse der un- und angelernt arbeitenden Altersgenossinnen, an den sich ausweitenden Büroberufen für Mädchen, an den vielen mithelfenden Familienangehörigen, maßen. Heute hat sich das Verhältnis umgekehrt: Hauptschulabsolventinnen, ungelernte Arbeiterinnen müssen sich als zurückgebliebene, unterprivilegierte Minderheit betrachten. Vor allem aber vergleichen heute Mädchen selbstverständlich ihre Situation und ihre Möglichkeiten mit denen der Jungen und sitzen dabei gerade als Jugendliche meist der *Illusion der Gleichheit* auf — zumindest solange sie nicht ans Kinderhaben denken.

Entscheidend verändert ist Jugend dadurch, daß *Jugendlichkeit zur gesellschaftlichen Norm* wurde, daß der normative Bezugspunkt sich von den Erwachsenen auf „die Jungen" verlagerte. Damit veränderten sich die **Beziehungen** der **Generationen** (*Fuchs/Zinnecker* 1985).

Jugendlichkeit ist, besonders durch Werbung und Studentenbewegung, immer mehr im gesellschaftlichen Wert gestiegen. Inzwischen ist „Jugend" nicht nur für die Jugendlichen, sondern für die Gesellschaft überhaupt zum soziokulturellen Bezugspunkt geworden: als Träger neuer Werte und sozialen Wandels oder einfach als jung-schön-unabhängig-konsumfreudig.

1.7 Die klassische sozialpsychologische Konzeption von Jugend als psychosozialem *Moratorium zur Identitätsfindung*, zur individuellen Persönlichkeitsbildung setzt Freiräume, auch ganz konkret in Raum und Zeit, voraus. Zwar ist Jugend kaum noch Moratorium, zwar ist die Suche nach Identität angesichts des Neben- und Gegeneinander einer Vielzahl von Werten, Ansprüchen, Milieus, Lebensformen usw. in einer Biographie aussichtslos und ein Teil der Jugendlichen verzichtet darauf und stilisiert ihr Leben zum Patchwork, für das der Begriff „Identität" unangemessen ist. Aber die Freiheitsgrade individuellen Handelns, die individuell zu verantwortenden Lebensentscheidungen nehmen zu. Der *individuelle Lebensentwurf* ist zu *erarbeiten* (*Baethge* u.a. 1988) in Auswahl und Aneignung von Lebensstil-Optionen aus einem unübersehbaren Spektrum (*Ferchhoff/Neubauer* 1990, S. 143). Auch diese Gestaltungsarbeit braucht konkrete Freiräume und Autonomie. Für Mädchen sind Freiräume, wie oben deutlich wurde, eng mit der **Veränderung von Familienformen**, mit **Berufstätigkeit**, mit dem **Erwachsenenstatus** von Frauen und mit dem Verhältnis zur **Sexualität** verknüpft. Im Topos der „jungen berufstätigen Frau" klang schon in den 20er Jahren ein gewisser außerhäuslicher Bewegungsspielraum an. Die für die Masse der Mädchen zugänglichen Berufe boten allenfalls kurzfristig Raum für Persönlichkeits- und Fähigkeitsentwicklung. Trotzdem empfanden junge Frauen sie wenigstens eine zeitlang als Bereicherung ihrer Entwicklungsmöglichkeiten, ebenso wie Sport und Freizeitkultur. Ähnlich schildern viele Frauen die BDM-Gruppe, obwohl straff geführt, als Freiraum und Bewährungsmöglichkeit für ihre Fähigkeiten — das wirft Licht auf das damals übliche Maß an familiärer, schulischer usw. Kontrolle der Mädchen. Die Anpassung von Arbeiter- und kleinbürgerlichen Schichten an die bürgerliche Familienideologie und die restriktive **Sexualmoral** ebenso wie frühe ungelernte Berufstätigkeit oder Mithilfe zuhause ließen den meisten Mädchen in den 50er Jahren wenig Freiraum und Freizeit. Auch bürgerliche Mädchen verfügten kaum über außerhäuslichen Aktionsraum und ein eigenes Zimmer als Vorbedingungen für Distanz zum Elternhaus und relativ elternunabhängige Persönlichkeitsentwicklung (Experimentieren, selbstbestimmte Tätigkeiten/Beschäftigungen, Selbstreflexion). Zuerst wurde ihnen, wenn der Raum vorhanden war, der innerhäusliche Freiraum eines eigenen Zimmers, oft eines halben, mit der Schwester geteilten, zugestanden. Für Mädchen aus unteren Sozialschichten war aber auch in den 70ern ein eigenes Zimmer die Ausnahme, es fiel ihnen allenfalls zu, wenn Geschwister oder der Vater auszogen. Die für Mädchen so bedeutsame „Kultur der eigenen 4 Wände" fand nur langsam ihren Raum. Die selbstbestimmungsfähige Frei-Zeit der Mädchen hängt, hing von der (heute noch stark nach Stadt-Land variierenden) Einbeziehung in Hausarbeit und von der Arbeitszeit der Berufstätigen ab. Der heftige Kampf der Mädchen in den letzten Jahrzehnten um Frei-Raum und Frei-Zeit außerhalb der Familie hat zu sehr unterschiedlichen Bedingungen geführt: Manche Mädchen sind raumzeitlich und bzgl. ihrer Kontakte immer noch sehr lange stark kontrolliert, andere können schon sehr früh praktisch tun und lassen, kommen und gehen, wann sie wollen. Die Beziehungen von Jugendlichen und Erwachsenen haben sich dahingehend verändert, daß die Erwachsenen nicht mehr einfach die Anpassung der Jugendlichen fordern und autoritär durchsetzen können (*Jugendwerk der Deutschen Shell* 1985, Bd. 3). Das gilt besonders für die Mütter: viele Väter können so leicht nicht von ihren Autoritätsansprüchen lassen. Die Mutter-Tochter-Beziehungen werden aber bei eher freundschaftlichem Verhältnis nicht einfacher, sondern eher noch ambivalenter: die innere Distanz zu gewinnen, wird den Töchtern noch schwerer. Trotz vieler oberflächlicher Freiräume halten die Mutter-Tochter-Beziehungen die Mädchen oft lange fest.

Für die Selbstdefinition und -gestaltung von Mädchen geht es aber nicht nur um Freiräume und *Autonomie-Gewinn gegenüber den Eltern*, sondern auch *gegenüber den männlichen Gleichaltrigen:* denn auch in der Jugend ist das Dominanzverhältnis von Männern gegenüber Frauen keineswegs außer Kraft, was die Jugendforschung allerdings weitestgehend ignoriert. In den Schulen benutzen Jungen die Mädchen als negative Bezugsgruppe, um sich als Überlegene zu konstruieren (*Enders-Dragässer/Fuchs* 1989), und sie dominieren in Jugendhäusern, konfessionellen Jugendgruppen und informellen Cliquen — besonders machistisch in extremeren Subkulturen wie Rocker, Skinheads u.a. (vgl. *Willis* 1979). Mädchenfreundschaften haben zwar in der frühen Jugend ihren festen und für die Mädchen sehr bedeutsamen Platz, aber später treten sie in ihrer Bedeutung gegenüber der Beziehung zu einem Freund zurück oder brechen ab. Für die meisten Mädchen heißt die Orientierung an peers und Jugendkultur(en), sich ohne viel Chancen fürs Finden eines eigenen Standpunktes in eine Jungen- und Männerkultur zu integrieren und ihr Selbstverständnis über ihre mehr oder weniger von Jungen definierte Stellung darin zu suchen. Jugend-(=Jungen-)Kulturen dienen der Konstitution männlicher Geschlechtsidentität, indem die Jungen Abgrenzungen und Überlegenheitsrelationen zu den Mädchen aufbauen — so *Ostners* (1985) These.

Für die Entstehung von *unabhängigem Selbstbewußtsein*, für *Selbst-Definition* als junge Frauen bieten die diversen Jugendkulturen den Mädchen miserable Bedingungen. Da auch die Ablösung von den Müttern für die Mädchen schwer ist, *haben sie an Jugend als Zeit von Ablösung und Verselbständigung immer noch nicht voll Anteil.* Mehr Autonomie für weibliche Jugendliche würde aber v.a. auch andere Familien- und Lebensformen voraussetzen, welche soziale bindung und individuelle Autonomie nicht dichotom auf die Geschlechter verteilen (vgl. *Gilligan* 1982).

Die verschiedenen Momente der (relativen) Freisetzung aus Familie und traditionellen Milieu-Bindungen der letzten Jahrzehnte haben auch Frauen und Mädchen einem starken Individualisierungsdruck ausgesetzt. Das ist einer der Hauptgründe für die Einbeziehung von Mädchen in Jugend. Aber weibliche Jugend ist eine historisch relativ neue und fragile Erscheinung. Ihre Verallgemeinerung ist an die Auflösung des **klassischen Jugendkonzepts** geknüpft und an die Herausbildung einer Vielfalt von Jugendgestalten und -kulturen, von Selbstdefinitionen und Stilen, differierend nach Bildung, Geschlecht, Stadt-Land, Nationalität u.a. (vgl. *Ferchhoff/Neubauer* 1990, S. 140ff.). Über alle Differenzierungen hinweg ist Jugend heute vom SchülerIn-Status (*Hurrelmann* 1989) und vom Jugendkultur-Markt sowie vom Bezug auf andere (vorrangig männliche) Jugendliche bestimmt. Narzißstischer Individualismus, erbarmungslose Konkurrenz und radikaler Hedonismus — Trends postmoderner Individualität gerade auch unter Jugendlichen — können von jungen Männern weitaus erfolgreicher, problemloser und länger gelebt werden als von jungen Frauen, die gesellschaftlich weiterhin für Beziehungsarbeit und Kindererziehung „zuständig" sind und sich fühlen. Trotz aller Angleichung von weiblicher an männliche Jugend in einzelnen Kriterien und Verhaltensweisen, trotz unübersichtlicher Vielfalt von „Jugenden" durchdringen die Ungleichheiten des Geschlechterverhältnisses scheinbar Gleiches mit unterschiedlichen Bedeutungen, ungleichen Chancen, divergierenden Zukunftsaussichten. Die prinzipielle *Bedeutung des Geschlechterverhältnisses* für ihren Gegenstand hat die Jugendforschung (abgesehen von der Mädchenforschung) noch zu entdecken.

2 Mädchen in der Jugendforschung — aktuelle Entwicklungen (Angelika Diezinger)

Schlaglichter

> „Unsere Überlegungen … betreffen vorwiegend männliche Jugendliche, da Untersuchungen über Mädchen nur spärlich vorhanden sind." (v. *Friedeburg* 1965, S. 177)

> „In Forschung und wissenschaftlicher Literatur über Kinder- und Jugendfragen kommen Mädchen wenig vor, da durchwegs ohne Unterscheidung über die Lebenskonzepte, die Berufsorientierung, Ausbildungs-, Schul- oder Freizeitprobleme, Familiensituation und Konfliktlagen ‚der Jugendlichen' oder ‚der Kinder' nachgedacht wird. Schon beim ersten Hinsehen zeigt sich: Es wird praktisch nur von Jungen berichtet — Mädchen erscheinen subsumiert bzw. allenfalls als eine (defizitäre) Untergruppe des ‚Normalfalls' der männlichen Jugendlichen." (*Sachverständigenkommission 6. Jugendbericht* 1984/85, S. 5)

Wie wenig sich in den zwanzig Jahren, die zwischen den beiden Zitaten liegen, geändert hatte, verdeutlichten die Expertisen zum 6. Jugendbericht, die eine erste Zusammenschau von Studien, Forschungsprojekten, Datenanalysen und Praxiserfahrungen zum Lebenszusammenhang weiblicher Jugendlicher darstellten.[6] Sie zeigten, wie viele Fragestellungen aufgrund der Vernachlässigung der Mädchen in der Jugendforschung bis dahin offen geblieben waren.

Eine Bestandsaufnahme der Literatur zur „Mädchenforschung in der Bundesrepublik" (*Bruner* 1991) für die 80er Jahre läßt erkennen, daß zumindest innerhalb der sich ausdifferenzierenden Frauenforschung die Mädchenforschung einen eigenen Stellenwert gewinnt.[7]

Auch in repräsentativ angelegten Jugendstudien der 80er Jahre wird der Jungenwelt eine Mädchenwelt gegenübergestellt (*Jugendwerk der Deutschen Shell* 1981) oder den Veränderungen der ‚Geschlechtsrolle der Mädchen' ein eigenes Kapitel gewidmet (*Allerbeck/Hoag* 1985, *Sinus* 1985). Darin wird übereinstimmend betont, daß die Unterschiede in den Einstellungen der Geschlechter bei fast allen Themen kleiner werden oder verschwinden. Wenn die Jugendforschung gerade jetzt die Situation der Mädchen stärker berücksichtigt, folgt sie hier dem gesellschaftlichen Wandel, der im Verlauf der vergangenen drei Jahrzehnte den Mädchen Jugend als eigenständige Lebensphase erst zugänglich gemacht hat (s. Teil 1; vgl. auch *Hurrelmann* u.a. 1985). Mädchen sind also durchaus zum ‚Gegenstand' der Jugendforschung geworden. Doch geht es nicht allein um die Frage, ob sie stärker als bisher berücksichtigt werden, sondern in welcher Weise dies geschieht.

Wenn man unterscheidet, aus welcher Perspektive Jugendforscher/innen weibliche Jugendliche wahrnehmen, dann lassen sich grob drei Ansätze gegenüberstellen:

— Vor dem Hintergrund einer scheinbar geschlechtsneutralen Bestimmung von Jugend werden im Rahmen repräsentativer Erhebungen Einstellungen und Verhaltensweisen von Mädchen im Vergleich mit denen der Jungen erforscht und analysiert.
— Aus der Kritik an diesem Ansatz entwickelte sich im Umfeld der **Frauenbewegung** und **Frauenforschung** eine andere Perspektive: Die Kennzeichnung weiblicher Jugend als eine spezifische Phase der **‚weiblichen Normalbiographie'** und als besonderer ‚Lebenszusammenhang' dient als Grundlage für die Bestimmung und Analyse der Problemlagen und Handlungsmöglichkeiten von Mädchen.
— Im Rahmen des Konzepts der **Individualisierung** wird von einer Erosion der verhaltensprägenden Kraft tradierter Lebensformen und kollektiver Normen ausgegangen. Im Mittelpunkt stehen nunmehr die unterschiedlichen individuellen Interessen, Handlungsorientierungen und -möglichkeiten von Jugendlichen in unterschiedlichen Lebenslagen. In überwiegend qualitativen Studien wird dabei auch die Differenzierung der Lebenslagen von Mädchen thematisiert.

Während sich die beiden ersten Ansätze in ihren Forschungsfragen, methodischen Vorgehensweisen und Interpretationen der Lebenssituation von Mädchen grundsätzlich unterscheiden, ist es in feministischen Ansätzen zu einer produktiven Auseinandersetzung mit dem Konzept der Individualisierung gekommen.

Der erstgenannte Ansatz wird im folgenden relativ kurz an Beispielen aus repräsentativ angelegten Jugendstudien abgehandelt. Im Mittelpunkt steht dabei die Denklogik, mit der Einstellungen und Verhaltensweisen von Mädchen interpretiert werden — soweit sie überhaupt ausgewiesen sind. Von Interesse ist auch, ob die Interpretationsmuster im Zeitverlauf konstant blieben oder sich verändert haben. Ausführlicher werde ich auf die feministischen Ansätze einer ‚Mädchenforschung' eingehen. Hier möchte ich verdeutlichen, was es heißt, Geschlecht als gesellschaftliche Strukturkategorie und nicht nur als Merkmalsausprägung zu begreifen. Dies läßt sich auch am Konzept der Individualisierung aufzeigen. In diesem Zusammenhang werden von Jugendforschern allmählich auch die Ansätze der feministischen Mädchenforschung rezipiert.

2.1 Mädchen sind fast so wie Jungen: Das Bild der Mädchen in Repräsentativerhebungen der Jugendforschung

Es ist nicht so, daß Mädchen von Jugendforschern früher überhaupt nicht befragt wurden: Ein Blick auf die Zusammensetzung der Stichproben älterer repräsentativer Studien macht das deutlich. Im Text allerdings gehen sie unter, da dominiert die Globalkategorie ‚Jugendliche'.[8] Geschlechtsspezifische Unterschiede werden in einigen Bereichen dargestellt und kommentiert, „jedoch nicht in einen Erklärungshorizont eingebunden" (*Mayr-Kleffel* 1985, S. 133).

Im Freizeitverhalten von Mädchen und Jungen zeigen sich z.B. 1966 markante Unterschiede: So verbringen Mädchen ihre Abende häufig zuhause, sind stärker eingespannt in die ‚Freizeitaktivitäten in Haus und Garten' und weniger als halb so oft in informellen Gruppen, Vereinen und Verbänden als Jungen (*Blücher* 1966).

Das Interpretationsmuster, mit dem diese Unterschiede erklärt werden, wird deutlich, wenn in diesem Zusammenhang öfters der Satz auftaucht, „daß die Unterschiede zwischen männlichen und weiblichen Jugendlichen gradueller, nicht prinzipieller Natur sind" (*Blücher* 1966, S. 114, 116). Die formale Gleichbehandlung in der Forschung, bei der Mädchen und Jungen über einen Leisten geschoren werden, führt wie in der Realität dazu, daß die geschlechtsspezifischen Lebensverhältnisse ausgeblendet bleiben. Sie tauchen dann als persönliche Defizite auf: Mädchen haben also nicht ‚prinzipiell' andere Probleme und Verhaltensspielräume in einzelnen Lebensbereichen, sondern sie hinken einfach noch ein bißchen hinter den Jungen her.

Das war 1966 — die Zeiten und vor allem die Mädchen haben sich geändert:

„Bei fast jedem der Themen ... war eines der Ergebnisse, daß sich das Verhältnis der Geschlechter hinsichtlich dieses Themas verändert hat. Die allgemeine Tendenz bestand darin, daß die Meinungsunterschiede der Geschlechter kleiner wurden oder ganz verschwinden: ... Inzwischen nehmen Mädchen fast so oft an informellen Gruppen oder an Vereinen teil, sie haben den Bildungsrückstand gegenüber den Jungen nicht nur aufgeholt, sondern haben sie übertroffen, ihre Antworten im Bereich der persönlichen Lebenspläne ähneln inzwischen denen der Jungen." (*Allerbeck/Hoag* 1985, S. 111)[9]

Die Forschungsperspektive ist jedoch die gleiche geblieben: Das Verhalten der Mädchen wird immer noch gemessen an dem der Jungen.

Die Angleichung in den Einstellungen von Mädchen und Jungen wird explizit oder implizit als Ausdruck erreichter Chancengleichheit angesehen und scheint deshalb noch weniger erklärungsbedürftig zu sein als geschlechtsspezifische Unterschiede.

Wenn überhaupt ein Erklärungsmuster für die Differenz oder Annäherung der Einstellungen von Mädchen und Jungen herangezogen wird, dann meist das der ‚Geschlechtsrolle'.[10] Damit wird die Ebene der normativen Erwartungen angesprochen, wie sie an Angehörige des weiblichen Geschlechts in einer bestimmten historischen Situation gerichtet werden und in welchem Grad sie von Mädchen als verhaltensbestimmend übernommen werden.

Veränderungen in den Einstellungen der Mädchen werden im Rahmen der Veränderungen der ‚Geschlechtsrolle' interpretiert: Das traditionelle Leitbild der ‚Familienfrau und Mutter' wird abgelöst von der ‚Doppelrolle', die mit berücksichtigt, daß Frauen ‚auch' berufstätig sein müssen/wollen. In diesem Bereich fällt der Vergleich mit den

Jungen nun auch zugunsten der Mädchen aus: Sie lösen sich von überkommenen Geschlechtsrollen in weit stärkerem Maße als die Jungen (*Allerbeck/Hoag* 1985; *Sinus* 1983, 1985; für die DDR: *Nickel* 1990). Das traditionelle Muster wird nicht durch ein neues, verbindliches abgelöst, sondern es existieren mehrere nebeneinander, zwischen denen sich die Mädchen entscheiden müssen (*Allerbeck/Hoag* 1985, S. 129) bzw. statt neuer Leitbilder entsteht eine „neue Flexibilität", eine situative Aktualisierung von Rollenbestandteilen der ehedem getrennt gedachten weiblichen und männlichen Rollen (*Sinus* 1985).

Immer jedoch bleibt das Konzept der *Geschlechtsrollen* auf der Ebene der normativen Erwartungen und Anforderungen. Es können Konflikte zwischen traditionellen Normen und modernen Normen erfaßt werden, wie auch die Diskrepanz zwischen Normen und sozialer Realität. Beide Konfliktebenen werden auch in den oben genannten Studien dargestellt: Zum einen der Konflikt mit den männlichen Altersgenossen, die zwar ‚egalitärer' denken als ihre Väter, aber weit hinter den Vorstellungen der Mädchen zurückbleiben. Zum anderen wird auf die große Diskrepanz zwischen den veränderten Normen der Mädchen und der sozialen Realität hingewiesen. Die ist, was berufliche Qualifizierung, gesicherte Erwerbsarbeit, Vereinbarkeit von Beruf und Hausarbeit sowie Arbeitsteilung im Haus anbelangt, weit entfernt von den Interessen und Erwartungen der Mädchen. Solange die Alltagspraxis von Mädchen und Frauen ausgeklammert bleibt, in der sie sich mit eben jenen Widersprüchen auseinandersetzen müssen, kann den Betroffenen jedoch ‚unter der Hand' selbst die Schuld an ihrer sozialen Situation zugeschrieben werden (vgl. auch die Kritik von *Mayr-Kleffel* 1985, S. 134).

Wählen Mädchen ‚immer noch' typische Frauenberufe, dann verhalten sie sich ‚rückständig'. Daß die Angebotsstruktur des Arbeitsmarktes die **Berufswahl** der Mädchen entscheidend vorstrukturiert und geschlechtstypische Erklärungsmuster von den Mädchen herangezogen werden, um die eingeschränkte Entscheidungsmöglichkeit nachträglich individuell stimmig zu machen (*Heinz/Krüger* 1981, S. 675), gerät dann nicht in den Blick. Wird jedoch festgestellt, daß Mädchen sich in ihren Kriterien bei der **Berufswahl** kaum von den Jungen unterscheiden und ‚Flexibilität und Vereinbarkeit mit Kindererziehung' dabei eine nachgeordnete Rolle spielt, dann wird konstatiert, daß aus ihren Antworten keine Strategie erkennbar wird, wie sie den Konflikt zwischen Beruf und Kindererziehung bewältigen wollen (*Allerbeck/Hoag* 1985, S. 120). Die Argumentation im Rahmen des Geschlechtsrollenkonzepts endet damit, an die Mädchen zu appellieren, sich angesichts einer widersprüchlichen Situation doch eindeutig zu verhalten.

2.2 Der andere Blick: Mädchen aus der Sicht der Frauenforschung

Wie schaut Frauenforschung auf Mädchen? Woher nimmt sie ihre Fragestellungen und Erklärungsansätze?

Frauenforschung hat sich in allen Bereichen der Wissenschaft ihren ‚Gegenstand' erst selbst schaffen müssen. Die Lebenssituation und die Problemlagen von Frauen waren entweder weitgehend unberücksichtigt geblieben oder, subsumiert unter allgemeinen Fragestellungen, in ihrer Besonderheit nicht erfaßt worden. Das Interesse von Frauenforscherinnen richtet sich nicht allein darauf, die Unterdrückung und Diskriminierung von Frauen zu beschreiben und zu analysieren, sondern die Voraussetzungen und Möglichkeiten für eine Veränderung ihrer sozialen Lage herauszuarbeiten.

In der Forschungspraxis überwiegen qualitative Methoden (*Zentraleinrichtung* 1984). Sie ermöglichen es, den Zusammenhang und die Wechselwirkung zwischen verschiedenen Lebensbereichen von Frauen zu berücksichtigen, die Bedingungszusammenhänge der Lebenssituation tiefer zu durchdringen und erlauben auf diese Weise ein besseres Verständnis der Wahrnehmungs-, Interpretations- und Verhaltensweisen der Frauen. Sie werden auch in der Hoffnung benützt, daß sie eine wechselseitige Verständigung von forschenden und beforschten Frauen über ein gemeinsames Interesse an Veränderung erleichtern.

Die einzig repräsentativ angelegte Studie, die sich ausschließlich mit der Lebenssituation und den Einstellungen von Mädchen befaßt, ist „Mädchen 82" (Brigitte *DJI* 1982). Aufgrund ihrer methodischen Anlage kann sie Zusammenhänge nur in aggregierter Form darstellen, dafür aber über die Verteilung bestimmter Einstellungsmuster Auskunft geben. Qualitative Ergebnisse können vor diesem Hintergrund auf ihre Verallgemeinerbarkeit überprüft werden.

Frauenforschung hat sich zuerst und vor allem mit der Lebenssituation und den Konflikten erwachsener Frauen befaßt. Ihr Augenmerk galt v.a. der ‚zentralen Phase' im weiblichen Erwachsenenleben, in dem die widersprüchlichen Anforderungen von Haus-, Familien- und Erziehungsarbeit auf der einen und Erwerbsarbeit auf der anderen Seit aufeinandertreffen. Erst allmählich hat sich das Interesse auch auf die Lebenssituation der Mädchen gerichtet.

Bei der Auseinandersetzung mit der Lebensphase ‚weibliche Jugend' und mit der Lebenssituation weiblicher Jugendlicher lassen sich zwei Stränge erkennen, die sich gegenseitig ergänzen:

— die gesellschaftstheoretische Analyse der Lebenssituation von Frauen wird für diese Lebensphase/Altersgruppe von Frauen differenziert und
— die bisher bestehenden Ansätze und Ergebnisse der Jugendforschung werden kritisch auf ihre Anwendbarkeit für die Analyse des Lebenszusammenhangs weiblicher Jugendlicher hinterfragt.

Somit ergeben sich für die Mädchenforschung zwei Bezugspunkte, um die spezifische Situation weiblicher Jugendlicher zu kennzeichnen: die Lebenssituation erwachsener Frauen und die Strukturveränderungen der Jugendphase selbst. Der Vergleich mit den erwachsenen Frauen thematisiert zweierlei: Die Auseinandersetzung mit vorhandenen ‚Modellen' des Lebensentwurfs als erwachsene Frau (von traditionellen bis ‚alternativen' Entwürfen) und die umgekehrte Perspektive, die Bestimmung der Möglichkeiten als ‚Nicht-Erwachsene', die neue Spielräume und Alternativen aufzeigen kann. Der Bezug auf die strukturellen Veränderungen der Jugendphase ist wiederum notwendig, um feststellen zu können, so sich subjektive Handlungsspielräume auftun bzw. neue Anpassungszwänge wirksam werden.

2.2.1 Erklärungsmuster für den ‚Lebenszusammenhang weiblicher Jugendlicher: Geschlechtshierarchische Arbeitsteilung und weibliche Normalbiographie

Um den Schein zu durchbrechen, als ließe sich Diskriminierung allein auf der Einstellungs- und Verhaltensebene (und hier wiederum allein bei Frauen und Mädchen) ändern, hat die Frauenforschung die strukturellen Bedingungen der gesellschaftlichen Situation von Frauen in den Mittelpunkt ihrer Analysen gestellt: die **geschlechtshierarchische** Arbeitsteilung. Damit ist der materielle Inhalt der sozial vorgegebenen ‚Rolle der Frau' benannt.

Frauen sind verantwortlich für die private Reproduktionsarbeit in Haushalt und Familie. Sie erfolgt unbezahlt und in Abhängigkeit von einem außerhalb der Familie erzielten Einkommen. Dieses gleichzeitig strukturelle und persönliche Abhängigkeitsverhältnis kennzeichnet die gesellschaftliche Lage von Frauen. Mit dieser gesellschaftlichen Arbeitszuweisung und ihrer gesellschaftlichen Minderbewertung müssen sich alle Frauen auseinandersetzen, auch die erwerbstätigen. Sie prägt daher den „weiblichen Lebenszusammenhang" (*Prokop* 1976, S. 44). Das gilt für die sozial-räumlichen Aspekte weiblicher Lebenstätigkeit, d.h. die Lebensbereiche, Räume, die ‚zentral', ‚zugänglich' oder ‚fremd' für Frauen sind. Die ausschließliche Zuordnung zu einem Arbeitsbereich ist auf Seiten der Frauen asymmetrisch aufgelöst. Frauen sind einer „doppelten Vergesellschaftung" unterworfen: durch Familien- und Erwerbsarbeit mit ihren unterschiedlichen Anforderungen und Handlungsmöglichkeiten.

Diese grundlegende strukturelle Bestimmung setzt sich für die Frauen aus unterschiedlichen sozialen Schichten und sozialen Milieus verschieden durch und prägt die unterschiedlichen Auseinandersetzungsmöglichkeiten. Das ist auch bei der Analyse der Lebensphase Jugend zu beachten.

Exkurs: Geschlechtsspezifische Sozialisation

Zunächst wurde sozialisationstheoretisch zu klären versucht, wie es zur Stabilisierung der geschlechtshierarchischen Arbeitsteilung kommt. Durch **‚geschlechtsspezifische Sozialisation'** (ein Terminus, der praktisch nur für Frauen gilt) wird ein dieser Arbeitszuweisung entsprechender ‚Sozialcharakter Frau' hergestellt. Die Forschung konzentriert sich weitgehend auf die Kindheit. Verhaltensweisen, Einstellungen und Konflikte von weiblichen Jugendlichen werden demnach durch die vorangegangenen Zurichtungs- und Aneignungsprozesse erklärt.

Aus der Perspektive der ‚doppelten Vergesellschaftung' kann dieser Sozialisationsprozeß jedoch nicht mehr als bloße Zurichtung zur Mütterlichkeit aufgefaßt werden — wie noch in den ersten Analysen der feministischen Sozialisationsforschung (*Scheu* 1977) —, sondern muß als lebenslanger, widersprüchlicher Prozeß gesehen werden, in dem auch berufliche Orientierungen und Qualifikationen, männliche Muster der Lebensführung und neue Lebensformen von Frauen eine eigenständige Wirkung entfalten (*Knapp* 1990). Dies gilt insbesondere in der Jugend, die auch für Mädchen eine Qualifizierungsphase für den Beruf geworden ist.

Wird dem Eigenanteil der Subjekte an ihrer Sozialisation mehr Aufmerksamkeit geschenkt, dann können auch ihre Versuche der Selbstverwirklichung jenseits enger Geschlechtergrenzen (*Metz-Göckel* 1988) erfaßt werden. Gleichzeitig kann auch die Bedeutung von Geschlechtsstereotypen im Prozeß der Identitätsbildung in einem kulturellen System der Zweigeschlechtlichkeit (*Hagemann-White* 1985; *Bilden* 1991) beachtet werden, und damit deren psychische Zählebigkeit angesichts der Erosion tradierter Leitbilder gerade auch bei den Mädchen selbst geklärt werden.

Die ‚doppelte Vergesellschaftung' prägt auch die „weibliche Normalbiographie".

Dieses Konzept stammt ursprünglich von *Levy* (1977). Grundgedanke ist, daß eine weibliche Biographie aufgrund ihrer Familienzentriertheit, zumindest in bestimmten Phasen, eine systematisch andere Konfiguration von Rollen enthält als eine männliche. Nicht sein rollentheoretischer Erklärungsansatz, sondern der Konfigurations- und Sequenzgedanke sind zumeist gemeint, wenn der Begriff in der Frauenforschung verwandt wird (*Diezinger* u.a. 1983).

Normalbiographie bedeutet die durch die geschlechtsspezifische Arbeitsteilung vorstrukturierte regelhafte Abfolge von jeweils spezifischen Lebens- und Arbeitszusammenhängen (Konfiguration). Die Konfiguration ist nicht bloß als Addition verschiedener Lebensbereiche zu begreifen, sondern als ‚Gestalt': Veränderungen in einem zentralen Handlungsfeld wirken sich auf die Handlungs- und Erfahrungsmöglichkeiten insgesamt aus.

Die faktischen Veränderungen im Erwerbsverhalten und im Familienzyklus von Frauen in den letzten zwei bis drei Jahrzehnten weisen darauf hin, daß die zentrale Bedeutung der Familie/Hausarbeit für die *gesamte* Biographie relativiert wurde: Während die Variationsbreite von weiblichen Lebensläufen zunimmt, bleibt das familienzentrierte Modell der Normalbiographie jedoch implizite Norm institutioneller Regelungen.

Erwerbsarbeit ist zumindest phasenweise zu einem selbstverständlichen Bestandteil weiblicher Normalbiographie geworden, während umgekehrt die eigentliche Familienphase, in der kleine Kinder zu versorgen sind, verkürzt wurde. Sie verliert an identitätsstiftender Wirkung für die Phasen vor und nach der Kinderaufzucht. Der Anstieg des Anteils von Ehefrauen und Müttern an den erwerbstätigen Frauen macht deutlich, daß der Lohn des Mannes immer seltener als Familienlohn gelten kann; auch das Interesse an ökonomischer Absicherung können Frauen nicht mehr ausschließlich an der Familie festmachen. Die Chancen, über Erwerbstätigkeit eine lebenslange Absicherung der materiellen Existenz und der sozialen Identität zu finden, bleiben angesichts der geschlechtsspezifischen Diskriminierung am Arbeitsmarkt ebenfalls begrenzt. Frauen sind zunehmend gezwungen, alltäglich und in ihrem Lebenslauf eine Balance zwischen Familie und Beruf zu finden.

Das Konzept der Normalbiographie ermöglicht die strukturelle Bestimmung der ‚weiblichen Jugend' in Abgrenzung zu anderen Phasen des weiblichen Lebenslaufs und zur ‚männlichen Jugend'. Sie ist diejenige, in der die Verantwortung für die Hausarbeit zurücktritt hinter den Anforderungen der beruflichen Qualifizierung. Sie kann eine eigenständige Gegenwart für die Mädchen darstellen, „in der sie selbst und für sich selbst als Person im Mittelpunkt" stehen (*Rabe-Kleberg* 1984, S. 300). Das besondere Verhältnis von Berufs- und Hausarbeit in der Jugend verteilt die Gewichtungen im Lebenszusammenhang neu und eröffnet Handlungsspielräume. Die ‚doppelte Orientierung' auf Beruf und Familie kennzeichnet die mögliche Vielfalt weiblicher Jugend, markiert aber zugleich die biographischen Zwickmühlen im Alltag und in der Lebensplanung, mit denen männliche Jugendliche nicht konfrontiert sind.

Der Themenkreis von Berufswahl, Erwerbsverhalten, Erwerbslosigkeit und die damit verknüpften *Lebensentwürfe* von Mädchen zählen zu den am intensivsten erforschten Fragestellungen der Mädchenforschung. Hier zeigt sich die Diskrepanz zwischen erhöhten Ansprüchen der Mädchen und mangelnden Realisierungschancen am deutlichsten. Dabei dient das Konzept der Normalbiographie dazu, die Reichweite und Grenzen individueller Lösungsmöglichkeiten zu bestimmen (vgl. *Heinz* u.a. 1985; *Diezinger* u.a. 1983; *Mayer u.a.* 1984; *Hantsche* 1989, *Oechsle* 1990).

Übereinstimmend zeigen diese Studien eine starke Berufsorientierung der Mädchen und erforschen, wie sie mit spezifischen Benachteiligungen am Arbeitsmarkt und im Betrieb umgehen. Weil die Erwerbstätigkeit mit Wünschen nach Selbständigkeit, persönlicher Entwicklung und Erweiterung von Fähigkeiten verbunden ist, können die Mädchen sie nicht umstandslos zugunsten einer ‚Alternative'

Familie aufgeben: Sie wollen beides, Beruf und Familie. Bei der Verwirklichung ihrer Pläne stehen strukturelle Grenzen und mangelnde Ressourcen diesem Konzept der Balance entgegen (*Diezinger* 1991).

2.2.2 Freizeit und Jugendkultur im Lebenszusammenhang weiblicher Jugendlicher

Die Frage nach dem Alltagsleben von Mädchen zielt stärker auf die horizontale Konfiguration von Handlungsfeldern im ‚Lebenszusammenhang weiblicher Jugendlicher'. Lebensbereiche jenseits von (Erwerbs- und Haus-)Arbeit wie Freizeit, Beziehungen zu Gleichaltrigen und Erwachsenen und Probleme, die hier und jetzt Entscheidungen verlangen und nicht allein im Medium Arbeit zu lösen sind, geraten in den Blick.

Studien, die das Alltags- und Freizeitleben von Mädchen in den Mittelpunkt stellen[11], interessiert, ob und wie Mädchen Jugend als ‚eigenständige' Lebensphase, als ‚Gegenwart' leben und erleben, wie sie ihre Alltagsprobleme meistern, ob sie dabei anderen Gestaltungsmöglichkeiten entwickeln als die Generation vor ihnen, kurz gesagt: Wie sie versuchen, ihre reale Lebenssituation ihren Wünschen ein Stück näher zu bringen. Alltag ist der ‚Ort', wo sich ihr Wille nach Veränderung, ihr Widerstand gegen Verhaltenszumutungen, ausdrückt.

Aus den Selbstdeutungen und -thematisierungen der Mädchen lassen sich jedoch nur dann Handlungspotentiale und -perspektiven extrapolieren, wenn die strukturelle Analyse der Lebenssituation mit erfaßt wird. Das gilt auch für das Konzept der Alltagskultur der Jugendlichen als Medium der praktischen und symbolischen Auseinandersetzung mit alltäglichen Problemen. Die Annahme von der relativen Eigenständigkeit der ‚Alltagskultur der Jugendlichen' besagt, daß Jugendliche die strukturellen Bedingungen ihres Handelns nicht in der Hand haben, aber sie doch eigenwillig, d.h. auch gegen herrschende Normen der Erwachsenen, auslegen, ausnutzen oder damit umgehen können.

Es ist umstritten, inwieweit die Jugendkultur den Mädchen andere Orientierungsmöglichkeiten, einen Freiraum bietet, in dem sie Widerstand gegen die herkömmlichen Lebenskonzepte im Rahmen einer weiblichen Normalbiographie proben können.

Zunächst ist nicht davon auszugehen — wie dies etwa in der Konzeption der letzten beiden Shell-Studien zum Ausdruck kommt —, daß die Alltagsprobleme von weiblichen und männlichen Jugendlichen als gemeinsam geteilte erfahren und bearbeitet werden können.

Zwei Beispiele: Wenn es um das Jugendlichen gemeinsame Handlungsproblem geht, von zuhause wegzukommen und frei über Ort und Zeitverwendung zu entscheiden, wie oft muß sich da ein Junge die Frage stellen: „Wie erreiche ich es, heute nachmittag weggehen zu können und nicht auf meine jüngeren Geschwister aufpassen zu müssen?" „Wie komme ich nach der Disco nach Hause?" Auch bei der Lösung dieses Problems stellen sich für Mädchen spezifisch andere Risiken und Möglichkeiten.

Ein Alltagsproblem von Mädchen dürfte es gerade sein, wie sie angesichts ihrer größeren Mit-Verantwortung für die Hausarbeit in der Herkunftsfamilie und angesichts der Behütungstendenzen der Eltern überhaupt Zugang zur ‚Jugendkultur' finden. Auch dort bietet sich kein Freiraum, in den sie quasi eindringen können. Diese Räume sind schon besetzt. Dort erfahren sie sich als „Fremde in der eigenen Kultur" (*Rentmeister* 1983), denn die medial vermittelte kommerzielle Jugendkultur, die verschiedenen subkulturellen Stile und die meisten Gleichaltrigengruppen in Wohnvierteln und Schulen sind männlich dominiert (vgl. *Fromm / Savier* 1984; *Eichelkraut / Simon* 1984). Das bezieht sich auf die Ausdrucksmittel ebenso wie auf die Situationsdefinitionen, die zur Bewältigung von Alltagsproblemen herangezogen werden. Mädchen werden leicht zur Projektionsfläche männlicher Überlegenheit, können so gerade deren traditionelle Geschlechtsidentität stärken (*Ostner* 1984) und werden eingeübt in hierarchische Beziehungsformen.

Der Rückzug in die häuslichen vier Wände, in eine Welt enger, meist exklusiver Mädchenfreundschaften schützt die Mädchen vor dem Assimilierungsdruck an die Normen ihrer männlichen Altersgenossen, v.a. auch vor sexueller Stigmatisierung (*Fromm / Savier* 1984). Die Diskriminierung durch Erwachsene entfällt, weil sich diese Kultur mit der Verpflichtung zur Hausarbeit verbinden läßt; gleichzeitig besteht eine größere Abhängigkeit und Kontrolle durch die Eltern.

Die Erfahrungen mit Mädchenarbeit als eigenständigem Teil der Jugendarbeit zeigen, wie wichtig für Mädchen ein Raum jenseits familialer Einbindung und männlicher Dominanz ist. Sie können die Vielfalt der Verhaltensweisen und Orientierungen innerhalb ihres eigenen Geschlechts erkennen, Anerkennung für Grenzüberschreitungen erhalten und souveräner mit Verhaltenszumutungen umgehen lernen. Der Gefahr der Pädagogisierung weiblicher Jugend kann durch die Möglichkeit der Selbstorganisation der Mädchen entgegengearbeitet werden (*Heiliger / Funk* 1987; *Hagemann-White / Hermesmeyer-Kühler* 1987). In diesem Praxisfeld wurde auch öffentlich gemacht, in welch ungeheurem Ausmaß Mädchen in der Familie und in der Jugendkultur durch sexuelle Gewalt bedroht bzw. betroffen sind (*Gutjahr / Schrader* 1988).

2.3 Individualisierung weiblicher Jugend — Veränderung des Geschlechterverhältnisses?

Die empirisch feststellbare Vielfalt der Lebensformen von Mädchen wird als Indiz dafür gesehen, daß auch sie vom Prozeß der **Individualisierung** erfaßt werden. Damit ist die Herauslösung aus vorgegebenen Mustern der Lebensführung und Bindungen an Familie, Milieu und Schicht gemeint — eben auch die aus tradierten Geschlechtsrollen.[12] Das eröffnet den Mädchen bei der Suche nach ihrer Lebensform Wahlmöglichkeiten und stärkt den Anspruch auf ein ‚eigenes Leben'. Es macht sie gleichzeitig abhängiger von institutionell vermittelten, individuellen Ressourcen materieller, sozialer und persönlicher Art.

Hierin liegt der Grund für die äußere Angleichung im Bildungs-, Ausbildungs- und Erwerbsverhalten von Mädchen und Jungen. Damit werden jedoch neue spezifische Probleme für Mädchen virulent: Durch diese Angleichung erhöht sich auch der Selektionsdruck und dabei erhalten ‚alte', askriptive Dimensionen sozialer Ungleichheit, wie das Geschlecht, neues Gewicht. Mädchen können dann aber die Risiken und weniger die Chancen von Individualisierung zu spüren bekommen. Das kann überkommenen Mustern weiblichen Lebens neuen Glanz verleihen (*Bilden / Diezinger* 1984). Innerhalb ihres Geschlechts verteilen sich Handlungschancen je nach Bildung, Generationenlage, Region etc. unterschiedlich: nicht alle Lebensformen sind allen Mädchen gleich zugänglich. Hinter der Pluralisierung der Lebensformen lauert die Gefahr der Polarisierung. Das Bild des autonomen Individuums entspricht dem eines von Bindungen freien und deshalb für alle Chancen offenen Menschen und ignoriert damit eine Seite der ,doppelten Vergesellschaftung' von Frauen. Zwar können und wollen gerade weibliche Jugendliche noch am ehesten diesem Bild folgen. Doch muß das keineswegs dazu führen, daß alte Arbeitsteilungsmuster aufgeweicht werden. Das soziale Umfeld, aber auch die Mädchen selbst gestehen sich oft nur dann ein Leben in Eigenregie zu, wenn sie nicht nur selbst für ihre materielle Existenzsicherung sorgen können, sondern als ,Selbstversorgerinnen' im Alltag von niemanden anderen Unterstützung verlangen (*Hantsche* 1989, *Diezinger* 1991).

In der Mädchenforschung muß daher die Individualisierung und Differenzierung weiblicher Jugend als widersprüchlicher Prozeß mit neuen Chancen und Risiken weiter erforscht werden, um die Frage nach der Aufweichung oder Stabilisierung des tradierten Geschlechterverhältnisses klären zu können.

Anmerkungen

1 Die benutzte Literatur kann hier nicht im einzelnen angeführt werden. Verwiesen sei v.a. auf: Perlonzeit 1985, *Krüger* 1985, Katalog 1984, Immer diese Jugend!, *Freier / Kuhn* 1984; *Frevert* 1986 sowie Angaben im Text.

2 In der historischen Jugendforschung ist von „Lebenszyklus" die Rede (vgl. *Gillis* 1980). Für heute wäre der Begriff ,Normalbiographie(n)' angemessener.

3 Das gilt für Herrn Meyers Rede von der „heutigen" Jugend ebenso wie für die Jugendforschung; so untersuchten etwa die Shell-Studien regelmäßig aus pragmatischen Gründen die 14 - 25jährigen als Jugend.

4 *Kössler*'s „Mädchenkindheiten im 19. Jahrhundert" bezieht entsprechend die Altersstufe, die wir heute „Jugend" nennen, mit ein.

5 Ich denke an die „Fräuleins" und allerlei „Verhältnisse" der Frauen, deren Männer tot, vermißt, gefangen waren.

6 Veröffentlicht in der Reihe: Alltag und Biographie von Mädchen, Opladen.

7 Die Bibliographie umfaßt rund 280 Buchtitel, Zeitschriftenartikel und graue Materialien, wobei neben theoretischen und empirischen Arbeiten aus den Sozialwissenschaften auch Praxisberichte enthalten sind.

8 Zum Beispiel sucht man im Sachregister der Studie von *Blücher* 1966, die den programmatischen Untertitel: „Zur Soziologie der jungen Menschen heute" trägt, vergebens nach den Stichworten: Mädchen, Frau, Geschlechtsrolle.

9 *Allerbeck / Hoag* beziehen sich dabei auf den Zeitraum von 1962 - 1983.

10 Das Konzept der Geschlechtsrolle impliziert, daß es auch eine männliche Geschlechtsrolle gibt. Allerdings suggeriert dieses Konzept allzuleicht ein gleichberechtigtes Nebeneinander der beiden Rollen und verdeckt die unterschiedlichen Bewertungskriterien, das Machtgefälle und die Chancenungleichheit (*Beck-Gernsheim* 1980, S. 18).

11 Viele davon sind aus Praxiszusammenhängen der Jugendarbeit und Jugendhilfe heraus entstanden.

12 Daher hat sich in der Mädchen- und Frauenforschung — wie in der Jugendforschung — der Schwerpunkt des Interesses auf die Deutungs-, Orientierungs- und Handlungsebenen der Individuen verlagert. Wo diese allerdings nicht an strukturelle Bedingungen des jeweiligen Handlungsspielraums rückgebunden werden, besteht leicht die Gefahr, gesellschaftliche Ursachen zu personalisieren oder dem Mythos der Machbarkeit zu verfallen.

Literatur

Allerbeck, K., Hoag, W.: Jugend ohne Zukunft? Einstellungen, Umwelt, Lebensperspektiven. München 1985

Baethge, M. u.a.: Jugend: Arbeit und Identität, Opladen 1988

Bammé, A. u.a.: Maschinen-Menschen, Mensch-Maschinen, Reinbek 1983

Beck-Gernsheim, E.: Das halbierte Leben, Männerwelt Beruf — Frauenwelt Familie. Frankfurt / M. 1980

Bilden, H.: Geschlechtsspezifische Sozialisation. In: Hurrelmann, K., Ulich, D. (Hrsg.): Handbuch der Sozialisationsforschung II, Weinheim 1991, S. 281 - 303

Bilden, H., Diezinger, A.: Individualisierte Jugendbiographie? Zur Diskrepanz von Anforderungen, Ansprüchen und Möglichkeiten. In: Zeitschrift für Pädagogik, 30 (1984), H. 2, S. 191 - 207

Blücher, V., Graf: Die Generation der Unbefangenen. Zur Soziologie der jungen Menschen heute. Düsseldorf 1966

Böhnisch, L. / Funk, H.: Jugend im Abseits? Zur Lebenslage Jugendlicher im ländlichen Raum. München 1989

Brigitte, Deutsches Jugend-Institut (Seidenspinner, G. / Burger, A.): Mädchen '82. Hamburg 1982

Bruner, C.F.: Mädchenforschung in der Bundesrepublik Deutschland. Eine Literaturdokumentation. München 1991

Bundesminister für Jugend, Familie und Gesundheit (Hrsg.): Verbesserung der Chancengleichheit von Mädchen in der Bundesrepublik Deutschland. 6. Jugendbericht. Bundesdrucksache 10 / 1 007, Bonn 1984

Busse-Wilson, E.: Stufen der Jugendbewegung. Jena 1925

Deutsches Jugendinstitut (Hrsg.): Immer diese Jugend! München 1985

Diezinger, A.: Frauen: Arbeit und Individualisierung. Opladen 1991

Diezinger, A. / Marquardt, R. / Bilden, H. / Dahlke, K.: Zukunft mit beschränkten Möglichkeiten. Entwicklungsprozesse arbeitsloser Mädchen, 2 Bde. München 1983

Eickelkraut, R. / Simon, A.: Neue Wege der Jugendarbeit mit Mädchen. In: Alltagsbewältigung: Rückzug — Widerstand (Reihe: Alltag und Biographie von Mädchen, Bd. 7). Opladen 1984, S. 103 - 150

Enders-Dragässer, U. / Fuchs, C.: Interaktionen der Geschlechter. Sexismusstrukturen in der Schule. Weinheim, München 1989

Ferchhoff, W. / Neubauer, G.: Jugend und Postmoderne. Weinheim, München 1989

Freier, A. / Kuhn, A. (Hrsg.): Frauen in der Geschichte V. Düsseldorf 1984

Frevert, U.: Frauen-Geschichte. Zwischen bürgerlicher Verbesserung und Neuer Weiblichkeit. Frankfurt 1986

Friedeburg, v.L.: Zum Verhältnis von Jugend und Gesellschaft. In: ders. (Hrsg.): Jugend in der modernen Gesellschaft, 1965 (zit. nach 7. Aufl. 1971)

Fromm, C. / Savier, M.: Widerstandsformen in Subkulturen. In: Alltagsbewältigung: Rückzug — Widerstand (Reihe: Alltag und Biographie von Mädchen, Bd. 7). Opladen 1984, S. 11 - 48

Fuchs, W. / Zinnecker, J.: Nachkriegsjugend und Jugend heute. In: Zeitschrift für Sozialisationsforschung und Erziehungssoziologie 5 (1985), S. 5 - 28

Gilligan, C.: Die andere Stimme. München 1982

Gillis, W.: Geschichte der Jugend. Weinheim, Basel 1980

Gutjahr, K. / Schrader, A.: Sexueller Mädchenmißbrauch: Ursachen, Erscheinungen, Folgewirkungen und Interventionsmöglichkeiten, Köln 1988

Hagemann-White, C.: Sozialisation weiblich — männlich? (Reihe: Alltag und Biographie von Mädchen, Bd. 1). Opladen 1984

Hagemann-White, C. / Hermesmeyer-Kühler, A.: Mädchen zwischen Autonomie und Abhängigkeit. In: Schlapeit-Beck, D. (Hrsg.): Mädchenräume, Hamburg 1987

Hantsche, B.: Schritte zur Aneignung des eigenen Lebens. Stellenwert, Definition und Realisierungsmöglichkeiten von Selbständigkeitsbestrebungen junger Frauen und Männer der ‚60er Generation'. In: Müller, U., Schmidt-Waldherr, H. (Hrsg.): FrauenSozialKunde. Bielefeld 1989

Heinz, W. / Krüger, H.: Berufsfindung unter dem Diktat des Arbeitsmarktes. In: Zeitschrift für Pädagogik 27 (1981), S. 661 - 676
Heinz, W. u.a.: Hauptsache, eine Lehrstelle. Jugendliche vor den Hürden des Arbeitsmarktes. Weinheim 1985
Heiliger, A. / Funk, H.: Feministische Mädchenarbeit als Antwort auf die gesellschaftliche Ausgrenzung / Funktionalisierung von Mädchen und Frauen und die alltägliche Gewalt. In: Neubauer, G. / Olk, Th. (Hrsg.): Clique, Mädchen, Arbeit. Opladen 1987
Hornstein, W.: Vom „jungen Herrn" zum „hoffnungsvollen Jüngling". Heidelberg 1965
Hornstein, W.: Strukturwandel der Jugendphase in der Bundesrepublik Deutschland. In: Ferchhoff, W. / Olk, Th. (Hrsg.): Jugend im internationalen Vergleich. Weinheim / München 1988, S. 70 - 92
Hurrelmann, K. / Rosewitz, B. / Wolf, H.: Lebensphase Jugend, Weinheim 1985
Hurrelmann, K.: Warteschleifen. Keine Berufs- und Zukunftsperspektiven für Jugendliche? Weinheim / Basel 1989
Jugendwerk der Deutschen Shell (Hrsg.): Jugend '81. Lebensentwürfe, Alltagskulturen, Zukunftsbilder. Hamburg 1981
diess.: Jugendliche und Erwachsene '85. 5 Bde. Hamburg 1985
Katalog „Frauenalltag und Frauenbewegung 1890 - 1980" (Historisches Museum Frankfurt). Frankfurt a.M. / Basel 1981
Klaus, M.: Mädchen im Dritten Reich. Köln 1983
Knapp, G.-A.: Zur widersprüchlichen Vergesellschaftung von Frauen. In: Hoff, E.-H. (Hrsg.): Die doppelte Sozialisation Erwachsener. Weinheim und München 1990
Kössler, G.: Mädchenkindheiten im 19. Jahrhundert. Gießen 1979
Krüger, H.-H. (Hrsg.): „Die Elvis-Tolle, die hatte ich mir unauffällig wachsen lassen." Opladen 1985
Levy, R.: Der Lebenslauf als Statusbiographie. Stuttgart 1977
Mayer, Ch. / Krüger, H. / Rabe-Kleberg, U. / Schütte, I. (Hrsg.): Mädchen und Frauen. Beruf und Biographie. München 1984
Mayr-Kleffel, V.: Mädchen — endlich ein Gegenstand der Jugendforschung. In: neue praxis (1985), Nr. 2 / 3, S. 133 - 141
Metz-Göckel, S.: Geschlechterverhältnisse, Geschlechtersozialisation und Geschlechtsidentität. In: ZSE (1988), H. 2
Nave-Herz, R.: Familiäre Veränderungen in der Bundesrepublik Deutschland seit 1950. In: Zeitschrift für Sozialisationsforschung und Erziehungssoziologie 5 (1985), H. 1, S. 45 - 64
Nickel, H.M.: Geschlechtersozialisation in der DDR. Oder: Zur Rekonstruktion des Patriarchats im realen Sozialismus. In: Sozialisation im Sozialismus. Lebensbedingungen in der DDR im Umbruch, Beiheft 1 der ZSE, 1990, S. 17 - 32
Oechsle, M.: Von der Selbstverleugnung zur Selbstverwirklichung — ein neues kulturelles Modell. In: du Bois-Reymond, M. / Oechsle, M. (Hrsg.): Neue Jugendbiographie? Opladen 1990, S. 155 - 173
Ostner, I.: Die Entdeckung der Mädchen. In: Kölner Zeitschrift für Soziologie und Sozialpsychologie 38 (1986), S. 353 - 371
Perlonzeit. Wie die Frauen ihr Wirtschaftswunder erlebten. Berlin 1985
Prokop, U.: Weiblicher Lebenszusammenhang. Von der Beschränktheit der Strategien und der Unangemessenheit der Wünsche. Frankfurt / M. 1976
Preuss-Lausitz, U.: Vom gepanzerten zum sinnstiftenden Körper. In: Ders. u.a.: Kriegskinder, Konsumkinder, Krisenkinder. Weinheim / Basel 1983, S. 89 - 106
Rabe-Kleberg, U.: Es wird Zeit! Überlegungen zur Organisation von Zeit im Alltag und Lebenslauf von Mädchen und Frauen. In: Mayer, Ch. u.a. (Hrsg.), S. 295 - 314
Rentmeister, C.: Kultur. In: Bayer, J. / Lamott, F. / Meyer, B. (Hrsg.): Frauenhandlexikon. Stichworte zur Selbstbestimmung. München 1983
Rerich, M.: Veränderte Elternschaft-Entwicklungen in der familialen Arbeit mit Kindern seit 1950. In: Soziale Welt 34 (1983), S. 420 - 449
Sachverständigenkommission des sechsten Jugendberichts (Hrsg.): Alltag und Biographie von Mädchen, 17 Bde. Opladen 1984 / 85
Schelsky, H. (Hrsg.): Arbeitslosigkeit und Berufsnot der Jugend. 2 Bde. Köln 1952

Ders.: Die skeptische Generation. Düsseldorf/Köln 1957

Schultz, W.: Von der Institution „Familie" zu den Teilbeziehungen zwischen Mann, Frau und Kind. In: Soziale Welt 34 (1983), S. 401-419

Sinus-Institut: Die verunsicherte Generation. Jugend und Wertewandel. Opladen 1983

dies.: Jugend privat. Verwöhnt? Bindungslos? Hedonistisch? Opladen 1985

Trotha, T. v.: Zur Entstehung von Jugend. In: Kölner Zeitschrift für Soziologie und Sozialpsychologie 34 (1982), S. 254-277

Willis, P.: Spaß am Widerstand. Frankfurt/M. 1979

Zentraleinrichtung zur Förderung von Frauenstudien und Frauenforschung an der FU Berlin (Hrsg.): Methoden in der Frauenforschung. Frankfurt/M. 1984

Zinnecker, J.: Jugend der Gegenwart — Beginn oder ende einer historischen Epoche. In: Baacke, D./Heitmeyer, W. (Hrsg.): Neue Widersprüche. Weinheim/München 1985, S. 24-45

II. Die Methodendiskussion in der Jugendforschung

Rudolf Tippelt

Methoden und Ergebnisse der quantitativ orientierten Jugendforschung

1 Einleitung: Zur Bedeutung empirischer Jugendforschung

Die Erhaltung und Erweiterung der empirischen Forschungskapazität ist auch im sozial- und erziehungswissenschaftlichen Teilbereich der Jugendforschung von zentraler Bedeutung. Mehr als andere Forschungszweige steht die Jugendforschung unter dem unkomfortablen Erwartungsdruck einer ungeduldigen Öffentlichkeit, die anwendungsfähige, praxisnahe und umfassende Lösungen und Deutungen sozialer Probleme erwartet. Diese Erwartungshaltung der die Jugendforschung finanzierenden Öffentlichkeit und die gegebene zeitkritische Funktion der Jugendforschung darf nicht dazu führen, daß die Fortentwicklung der Forschungsmethodologie und die beständige empirische Prüfung von hypothetischen Deutungsformeln und Theorien vernachlässigt wird. In der methodisch kontrollierten Jugendforschung wird versucht, die notwendige Produktion jugendtheoretischer Sinndeutungen und theoretischer Konstruktionen sozialer Wirklichkeit empirisch einzuholen.

Durch die Akkumulation gewonnener Erkenntnisse entstand in den letzten Jahren ein spezialisiertes Expertenwissen, auf das — und hier sollte man sich nicht täuschen — allerdings bei jugend- und bildungspolitischen Entscheidungen nur teilweise zurückgegriffen wird. Zum einen liegt dies an den Forschungsergebnissen selbst, die noch zu wenig konkrete Implementierungserfordernisse und organisatorische Alternativen berücksichtigen, zum anderen liegt es an dem prinzipiellen Problem, daß empirische Analysen zur wissenschaftlichen Komplexitätserweiterung und nicht zur anwendungsfreundlichen Komplexitätsvereinfachung beitragen, teilweise harmonieren aber auch empirische Ergebnisse mit den normativen Prämissen von Entscheidungsträgern nicht.

Institutionell bedeutsam ist, daß sich im Bereich der Jugendforschung die empirische Wissenschaft — wenn auch noch ausbaufähig — zur systematischen Dauerbeobachtung jugend-, erziehungs- und bildungsspezifischer gesellschaftlicher Probleme an Hochschulen und speziellen Forschungsinstituten etablierte (insbesondere am Deutschen Jugendinstitut) und sich durch die im Jahre 1961 gesetzlich geregelte Form der Jugendberichterstattung eine Institutionalisierung empirischer Jugendforschung verankern ließ. Die Jugendberichterstattung erfolgt nach §25 JWG im Blick auf Konsequenzen für die **Jugendhilfe,** wird von einer unabhängigen Sachverständigenkommission geleistet und die Berichte werden mit einer Stellungnahme der Bundesregierung, dem Bundestag und Bundesrat vorgelegt (diese Berichterstattung erfolgt seit 1965 regelmäßig).

In der früheren DDR hat das Zentralinstitut für Jugendforschung (ZIJ) in den letzten zwei Jahrzehnten zahlreiche größere quantitative Erhebungen bei Schülern, Studenten,

Lehrlingen und jungen Arbeitern durchgeführt. Allerdings konnten diese Forschungsergebnisse bis Herbst 1989 nicht veröffentlicht werden, sofern sie für das DDR-System kritische Befunde enthielten.

Im Innenverhältnis dominierten im letzten Jahrzehnt in der Jugendforschung unter methodologischen Gesichtspunkten die Dispute zwischen Vertretern quantitativer und qualitativer Forschungsmethoden. Mittlerweile ist man dazu übergegangen, in Einzelstudien verschiedene Forschungsmethoden zu kombinieren. Dieses methodenpluralistische Verfahren ist sinnvoll. Es gibt zwar Fragestellungen, die nur auf der Basis repräsentativ erhobener Daten beantwortet werden können, beispielsweise wenn Wandlungsprozesse der sozialen Integration und Partizipation von jugendlichen Teilgruppen in einem bestimmten geographischen Raum untersucht werden (vgl. *Allerbeck/Hoag* 1985; *Sinus* 1983; *Friedrich* 1990), es gibt aber auch Sozialisationsprobleme und Entwicklungsaspekte, die besser (oder nur) auf der Basis qualitativer Beobachtungsverfahren, Tiefeninterviews und **Fallstudien** rekonstruiert werden können. In der Jugendforschung wird zunehmend anerkannt, daß quantitative und qualitative Methoden zueinander komplementär stehen und beide Untersuchungsmethoden zur kontrollierten erziehungs- und sozialwissenschaftlichen Erkenntnisgewinnung beitragen können. Im folgenden wird aus Gründen der Arbeitsteilung der Beitrag quantitativ orientierter Jugendforschung diskutiert.

Grundsätzlich steht der quantitativ orientierten Jugendforschung das entwickelte Instrumentarium der **empirischen Sozialforschung** zur Verfügung. An dieser Stelle sollen spezifische Aspekte der Anwendung dieser Methoden in der Jugendforschung dargelegt werden; zur allgemeinen Einführung in die Methoden der empirischen Sozialforschung (Messen, Skalierung, Stichprobentheorie, Beobachtung, Soziometrie, Befragung, Experiment u.a.) wird auf die einschlägigen Lehrbücher verwiesen (z.B. *Mayntz/Holm/Hübner* 1972; *Friedrichs* 1981; *König* 1967; *Bortz* 1984).

2 Datenerhebungsstrategien in der quantitativen Jugendforschung

Das grundlegende Interesse empirischer Jugendstudien ist es, die Beziehung zwischen den Umweltbedingungen und der Lebenslage junger Menschen und ihrem Verhalten, Denken, Fühlen u.a. aufzuzeigen. Es geht in diesen Studien in soziologischer Perspektive um die Suche nach Unterschieden zwischen abgrenzbaren Gruppen innerhalb einer **Generation,** nach den historisch interessanten Wandlungsprozessen zwischen **Generationen** und nach gesellschaftstypischen Formen sozialer Integration und Partizipation. In entwicklungspsychologischer Perspektive setzt sich die empirische Jugendforschung primär mit altersabhängigen individuellen Veränderungen und interindividuellen Unterschieden von Jugendlichen in komplexen Umwelten auseinander. In pädagogischer Perspektive geht es primär um die Implementierung von Handlungsstrategien in verschiedenen Erziehungs- und Sozialisationsinstanzen.

Da diese genannten Perspektiven ineinander greifen und Grenzlinien zwischen den genannten Nachbardisziplinen nicht unproblematisch zu ziehen sind, hat sich die empirische Jugendforschung als interdisziplinärer Teilbereich in der Erziehungs- und Sozialforschung herausgebildet. Die Grundannahmen der Jugendforschung werden mit **Quer-** und **Längsschnittstudien** geprüft. Neben traditionellen Ansätzen bildeten sich komplexe, multivariate Modelle heraus, die Alter, Kohorte (Generation) und Befragungszeitpunkt berücksichtigen und es entwickelten sich komplexe Mehrebenenmodelle, die den Zusammenhang von Makro-, Exo-, Meso- und Mikrosystemen im Blick haben.

Zentrales Instrument der empirischen Jugendforschung aber blieb in den letzten Jahren die repräsentative **Umfrage**. Das methodische Instrument der **Umfrage** hat in den letzten Jahren bei verschiedenen Praktikern und Jugendforschern Skepsis ausgelöst und Umfrageergebnissen wurde mit pauschalen Zweifeln begegnet. Berechtigt sind solche Zweifel immer dort, wo mit abenteuerlichen Stichproben gearbeitet wird oder grotesken und isolierten Zahlen ein Sinn unterschoben wird, der in keiner nachprüfbaren Weise zu den realen Antworten von Befragten steht. Neben solchen offenkundigen Fehlern gibt es aber auch weniger durchsichtige Probleme. Es überwiegen in der Jugendforschung noch immer Befragungen in institutionellen Bereichen, wie Schulen, organisierten Jugendgruppen, Heimen, weil zu den entsprechenden Populationen leicht Kontakt hergestellt werden kann. Man sollte sich hüten, die in besonderen Lebensbereichen und Institutionen erhobenen Daten vorschnell zu verallgemeinern, weil in pädagogischen Institutionen, in organisierten Jugendgruppen oder Heimen jeweils nur bestimmte Jugendliche anzutreffen sind und — dies ist der theoretisch wichtigere Einwand — weil in einer differenzierten Gesellschaft teilbereichsspezifische Verhaltensweisen, Wertorientierungen und Einstellungen auftreten können. Jugendliche können sich z.B. in der Schule durchaus anders verhalten, andere Normen akzeptieren, andere Erwartungen und Einstellungen entwickeln, als im Elternhaus oder ihrem jugendlichen Freundeskreis (diese theoretisch einleuchtende Hypothese ist bislang empirisch noch nicht hinreichend geprüft).

Klar sollte auch sein, daß Umfragen kein Ersatz für die politische Artikulation der Forderungen von Jugendverbänden, Organisationen, Vereinen und Initiativgruppen sein können, und daß sie das lebendige Gespräch von Erwachsenen und Jugendlichen keineswegs ersetzen können. Für sozialwissenschaftliche Umfragen sprechen aber mehrere Gründe, denn

— Umfragen kennzeichnen die Lebenslagen, Lebensperspektiven und Orientierungen von jungen Menschen auch aus der Perspektive der Befragten und nicht nur aus der Perspektive von Experten und Erwachsenengruppen.
— Wie in unserer Gesellschaft die Lebenslagen verschiedener Bevölkerungsgruppen zu beurteilen sind, läßt sich nur unzureichend aufgrund von Alltagserfahrungen und besser auf der Basis vergleichender repräsentativer Umfragen beurteilen.
— Umfragen zielen nicht auf die Erhebung isolierter Prozentzahlen von Einzelfragen, sondern auf den Vergleich zwischen definierten Teilgruppen (Milieu, Schicht, Geschlecht, Bildung, Region, etc.) oder festgelegten Zeitpunkten. Jugendforscher konzentrieren ihre Aufmerksamkeit auf Muster, die in Antworten auf Fragen zum Ausdruck kommen, nicht auf isolierte Prozentsätze (vgl. *Allerbeck* 1985, S. 15). Auf diese Weise lassen sich Aussagen über sozialen Wandel oder soziale Ungleichheit und Differenzierung im Jugendbereich zuverlässiger formulieren als ohne Umfrageergebnisse.
— Detaillierte Umfragen sind notwendig, weil die amtliche Bildungs-, Jugend- und Jugendhilfestatistik zwar wichtige Informationen über institutionelle Entwicklungen,

teilweise auch im Zeitvergleich, enthält, aber über die objektiven Lebensbedingungen von differenzierten Milieus und insbesondere die subjektive Bewertung dieser Lebensbedingungen durch Jugendliche nicht bzw. nicht hinreichend informiert. Für die Jugendarbeit und die Jugend- und Bildungspolitik auf kommunaler, länderspezifischer und bundesweiter Ebene sind für rationale Entscheidungen entsprechende Informationen aber wichtig.

2.1 Querschnittstudien

Die **Querschnittstudie** zeichnet sich zunächst durch ihre Ökonomie aus, denn in Abgrenzung zu **Längsschnittstudien** werden definierte altersspezifische Stichproben nur zu einem Meßzeitpunkt untersucht. Sinnvoll lassen sich in der Querschnittstudie geschlechts-, bildungs-, region-, milieu- oder schichtspezifische (u.a.) Vergleiche vornehmen, während der Vergleich von Altersgruppen regelmäßig zu Konfundierungen führt. Von Konfundierung ist zu sprechen, wenn sich mindestens zwei Variablen in ihrem Informationsbereich überlappen. Stellen wir beispielsweise in einer Querschnittstudie fest, daß das politische Interesse von 19jährigen größer als jenes von 16jährigen ist, wissen wir nicht präzise, ob es sich um einen Alterseffekt oder um einen Kohorteneffekt handelt. Nimmt das politische Interesse mit wachsendem Alter zu oder sind die verschiedenen Altersgruppen (Kohorten) in der kulturell oder sozial sich rasch wandelnden Gesellschaft in ihrer Sozialisation unterschiedlichen Einflüssen bzw. Anregungen ausgesetzt? Über sozialen Wandel sind auf der Basis der Querschnittstudie ebenfalls keine Aussagen zu machen, denn hierzu sind mindestens zwei Meßzeitpunkte erforderlich. Dennoch sind Querschnittstudien — bei entsprechender Fragestellung — in der Jugendforschung fruchtbar und haben eine lange Tradition.

2.1.1 Anfänge und Panoramastudien

Die Anfänge empirischer **Querschnittstudien** im Jugendbereich sind mit den Forschungsaktivitäten von *P. F. Lazarsfeld* verbunden (1931). Dominierten zu Beginn wissenschaftlicher Jugendkunde die qualitativen Analysen von Tagebüchern (z.B. *Ch. Bühler*), deren begrenzte Verallgemeinerbarkeit dadurch schon gegeben war, daß vor allem Jugendliche der mittleren und höheren Sozialschichten Tagebücher schrieben, so sah sich Lazarsfeld bei der Untersuchung von Arbeiterjugendlichen gezwungen, auf andere empirische Materialien zurückzugreifen. Aus erhobenen Fragebogendaten über politische und sportliche Beteiligungen, über Berufswahl und Lektüre u.a. schließt Lazarsfeld auf die Persönlichkeitsentwicklung jugendlicher Arbeiter und interpretiert diese Ergebnisse im Kontext von Umweltvariablen. Bereits in diesen frühen Studien ist von „gestreckter" und „verkürzter" Pubertät die Rede (Schüler/Lehrlinge), werden „subjektive Berufswünsche" und „objektive ökonomische Strukturen" der Umwelt (Städte) im Zusammenhang gesehen. Nach dem Zweiten Weltkrieg knüpft insbesondere *L. Rosenmayr* in Österreich an diese, für die quantitative Jugendforschung wichtige Tradition an und versucht dem völligen Mangel empirisch wissenschaftlicher Information über

Verhalten und Einstellungen Jugendlicher der Nachkriegszeit durch zielgruppenspezifische Studien auf repräsentativer Basis abzuhelfen. In der Bundesrepublik Deutschland legen *Schelsky* (Die skeptische Generation, 1957) und *V. G. Blücher* (Die Generation der Unbefangenen, 1966) publizistisch äußerst wirksame theoretische und empirische Studien vor, wobei insbesondere Blüchers Arbeit als ein typisches Beispiel für den Entwurf eines ‚enzyklopädischen Bildes der deutschen Jugend' gelten kann (vgl. *Rosenmayr* 1976, S. 3).

In den 60er Jahren forderte das Bundesministerium für Familie und Jugend, daß ein „annähernd geschlossenes Bild von der Situation der deutschen Jugend in der modernen Gesellschaft" von der Jugendforschung erarbeitet werde. Dieser (problematischen) Zielsetzung des ersten Jugendberichtes entsprechen die sogenannten **Panoramastudien** der damaligen Meinungsforschungsinstitute am besten. Die frühen Emnid-Studien, teilweise vom Jugendwerk der Deutschen Shell finanziert, teilweise von staatlicher Stelle veranlaßt, liefern auf der Basis repräsentativer demoskopischer Untersuchungen die damals erwünschten breiten empirischen Erkenntnisse (zur historischen Entwicklung dieses Zweiges quantitativer Jugendforschung bis hin zu den neuorientierten Shell-Jugendstudien '81 und '85 (vgl. *Jugendwerk der Deutschen Shell* 1985, Bd. 3, S. 409ff.).

Die Schwächen der **Panoramastudien** liegen in der enormen Breite der angesprochenen Themen und der einseitigen Konzentration auf die Erfassung von Einstellungen: Jugend und Religion, Politik, Bildung, Familie, Region, Konsum, Massenkommunikation etc. Mit der stärkeren Fokusierung auf Einzelthemen, aber auch mit der nach durchgängigen unabhängigen Variablen (z.B. Geschlecht, Bildung, Milieu, Region) vorgenommenen selektiven Auswertung und Interpretation der Daten, könnte zumindest einigen dieser Schwächen wirksam begegnet werden. Insbesondere kann die systematische Einbeziehung der „objektiven Entwicklungen" (über Mikrozensen, Indikatorenforschung) und die Analyse jeweils angesprochener Organisationen und Institutionen den Erkenntniswert der weiterhin notwendigen repräsentativen Attitüdenforschung erhöhen.

2.1.2 Kultureller und regionaler Vergleich

Sinnvoll lassen sich im Querschnitt Lebenslagen und Orientierungen von Jugendlichen verschiedener Länder, verschiedener Kulturen und ethnischer Gruppen vergleichen (z.B. *Milev* 1983). Es gibt noch immer einen großen Mangel solcher interkulturell vergleichender Studien. Die am häufigsten diskutierten methodischen Probleme des interkulturellen Vergleichs sind diejenigen der Vergleichbarkeit von Messungen, der Übertragbarkeit von theoretischen Konzepten und deren formal identischen Operationalisierungen in verschiedenen Kulturen (vgl. *Eckensberger* 1983, S. 162). Greift man auf gängige **Indikatoren** zurück, werden diese nicht immer in den länderspezifischen **amtlichen Statistiken** in derselben Weise operationalisiert sein. Die vergleichende Jugendforschung wird — ähnlich entwicklungspsychologischen Arbeiten — auf formal identische Messungen verzichten und statt dessen funktional äquivalente Vergleiche verschiedener Kulturen vornehmen müssen.

Ebenfalls sinnvoll ist die **Querschnittstudie** für den regionalen Vergleich zu nutzen. In einer eigenen Regionalstudie konnte die Lebenssituation von Jugendlichen (Freizeit, Gleichaltrigenkontakte, Einstellungen zum Wohnort, politische Partizipation) in einem urbanen Dorf, einer traditionellen Arbeitersiedlung, einer Trabantensiedlung und einem Quartier des Besitz- und Bildungsbürgertums verglichen werden (vgl. Tippelt u.a. 1986). Es konnte nachgewiesen werden, daß sich der Wohnkontext eindeutig auf die sozialen Basisprozesse am Wohnort und verschiedene soziale und politische Orientierungen der Jugendlichen auswirkt. Es zeigte sich u.a., daß sich eine dualistische Auffassung eines einfachen Stadt-Land-Gegensatzes nicht aufrecht erhalten läßt. Für die Jugendlichen vom Dorf sind keine „kulturell-politischen Lücken" oder „Provinzialität" typisch, vielmehr werden kulturelle Mischformen erkennbar, die im Prozeß der fortgesetzten Modernisierung entstehen. Traditionelle, überlieferte Gewohnheiten bestehen neben modernen, ursprünglich urbanen Orientierungen (vgl. *Tippelt* 1985).

2.1.3 Gruppenvergleiche

Mit dem Gruppenvergleich kann empirisch nachgewiesen werden, daß einzelne „Gruppen" unter den Jugendlichen sehr unterschiedlich auf den aktuellen, gegenwärtigen Zustand der Gesellschaft reagieren. In vielen Jugendstudien wurde immer wieder die Schichtzugehörigkeit oder das Bildungsniveau von Jugendlichen in ihren Auswirkungen auf Verhalten, Einstellungen und Wertorientierungen geprüft, um Hinweise auf die vertikale Ungleichheit in unserer Gesellschaft zu erhalten. Auch askriptive Merkmale, wie die ethnische Herkunft und das Geschlecht von Jugendlichen erwiesen sich als wichtige Variablen, um Unterschiede der **Sozialisation** und Persönlichkeitsentwicklung zu verdeutlichen. Selbstverständlich eignen sich auch Variablen, die der unmittelbaren sozialen Umwelt der Jugendlichen zuzurechnen sind, für vergleichende Analysen — wie peer group und Vereinsmitgliedschaft, Erziehungsstil der Eltern, Geschwisterkonstellation etc.

Einen besonders auffallenden Befund des Einstellungsvergleichs ergab übereinstimmend über verschiedene Jugendstudien der Vergleich von Jungen und Mädchen: Mädchen erscheinen demnach in gleicher Weise politisch interessiert, haben eigene Meinungen, wollen wie die Jungen beruflich arbeiten, sind bildungsorientierter und sind in manchem sozialen und politischen Bereich sensibler und kritischer (vgl. *Allerbeck/Hoag* 1985, S. 111f.; *Sinus* 1985, S. 47f.; *Jugendwerk der Deutschen Shell* 1985). Freilich bedürfen solche globalen Unterschiedsbeschreibungen der weiteren Differenzierung, was aber ebenfalls in Querschnittstudien geleistet werden kann (z.B. *Sinus* 1985).

Wollen wir über die Deskription hinaus auf Ursachen eingehen, benötigen wir jedoch weitere Materialien, z.B. zur Bildungs- und Berufsentwicklung von Frauen oder zum modernen Familienzyklus. Über den geschlechtsspezifischen Rollenwandel in der modernen Gesellschaft oder intrapersonale Veränderungen des Rollenverhaltens über die Zeit lassen sich auf der Basis von **Querschnittstudien** keine Aussagen ableiten. In Querschnittstudien ist der aktuelle Vergleich von Gruppen angesagt, während historische Interpretationen lediglich im Rekurs auf zurückliegende (vergleichbare) Studien möglich werden: Daß Frauen im Vergleich zu Männern, was Bildungs- und Berufsaspirationen betrifft, „aufgeholt" haben, ist aus einer einzelnen Querschnittstudie nicht abzulesen, sondern erfordert den Bezug auf historisches Material. Nichtsdestrotrotz ist der Gruppenvergleich von Jugendlichen zur Deskription der Differenzierung im Jugendmilieu nicht wegzudenken.

2.1.4 Typisierende Jugendstudien

Typisierungen haben in der Jugendforschung eine lange Tradition: Gemeint sind an dieser Stelle nicht die globalen Benennungen von Jugendgenerationen, wie skeptische (*Schelsky* 1957), unbefangene (*Blücher* 1966) und verunsicherte (*Sinus* 1983) Generation oder einfach chronologisch Jugend '81 (*Jugendwerk der Deutschen Shell* 1981), Mädchen '82 (*Burger/Seidenspinner* 1982); Jugendliche '85 (*Jugendwerk der Deutschen Shell* 1985), sondern die innerhalb eines ausdifferenzierten Lebensbereiches vorgenommenen Typisierungen von Einstellungen und Wertorientierungen. So fanden *Müller/Nimmermann* (1969, S. 27) bei Berliner Jugendlichen in Jugendfreizeitheimen „Jugendangepaßte, Erwachsenenangepaßte und Cliquenangepaßte" oder *Sugarman* (1968) bei Londoner Studenten hinsichtlich der Freizeitgewohnheiten „Sport- und Spielbegeisterte, Bummler und hard boys". Im Rückgriff auf Deutungen der Autoritarismusforschung wurden auch dichotome Konzepte der **Jugendkultur** vorgetragen und „jugendzentrierte und erwachsenenzentrierte" Jugendliche unterschieden (vgl. *Projektgruppe Jugendbüro* 1977, S. 16; *Jugendwerk der Deutschen Shell* 1981, S. 628).

Von einer deskriptiv-typisierenden Auswertung empirischer Befunde wurde in der jüngeren Zeit stark in der *Sinus*-Studie (1983; 1985) Gebrauch gemacht. Mit Hilfe der Clusteranalyse wurden befragte Jugendliche, die ein ähnliches Antwortprofil über die Statements eines Themenkomplexes aufwiesen, zu typisierten Gruppen (Cluster) zusammengefaßt. Durch die Clusteranalyse wurden Einstellungstypen gefunden, die ein Maximum an Homogenität bei der Beantwortung von Fragen innerhalb eines Typs mit der größtmöglichen Distanz zwischen verschiedenen gefundenen Einstellungstypen verband. Bei verschiedenen Themenkomplexen (Einstellungen zur Welt der Erwachsenen, Arbeit, Ehe und Partnerschaft u.a.) erwiesen sich 3-Typen-Modelle als die methodisch und inhaltlich angemessenste Lösung. Der Vorteil dieses deskriptiven Auswertungsverfahrens besteht in der Komplexitätsreduktion von Umfrageergebnissen, denn hinsichtlich wichtiger Einstellungen und Werte lassen sich Jugendliche zu überschaubaren typisierten Gruppen zusammenfassen und außerdem kann die quantitative Bedeutung bestimmter Einstellungsmuster in der Grundgesamtheit mittels relativer Häufigkeiten bestimmt werden (vgl. *Sinus* 1985, S. 22). Die sprachliche Benennung statistisch gefundener, typisierter Einstellungsmuster wird aus dem Vergleich von Einstellungstendenzen gewonnen und ist — dies sollten Leser kritisch berücksichtigen — nicht das einfache Spiegelbild der Wirklichkeit, sondern beruht auf der kreativen, theoretisch geleiteten Zuschreibung der Jugendforscher. In der *Sinus*-Studie (1985) zeigten sich in bezug auf ausgewählte Themenkomplexe bei den 15 - 25jährigen folgende Einstellungstypen: (Abb. 1).

Theoretische Bedeutung kommt solchen deskriptiven Beschreibungen der Einstellungstendenzen von Jugendlichen im Zusammenhang der Analyse differenzierter Lebensstile und milieutheoretischer Erörterungen zu. Wie auch *Bargel* (1979) bei seinen Erziehungstypologien zeigt, lassen sich den Trägern von Einstellungsmustern sozialstrukturelle Merkmale zuordnen.

Abbildung 1: Beispiele für Einstellungstypisierungen (vgl. zur ausführlichen Beschreibung dieser Einstellungstypen Sinus 1983; 1985)

Thema	Typisierungen					
Welt der Erwachsenen	konventionell-erwachsenen-orientiert	37 %	strategisch-erwachsenen-orientiert	34 %	autonom-jugendorientiert	29 %
Ehe und Partnerschaft (Männer)	partnerorientiert	39 %	traditionell	32 %	hedonistisch	36 %
Ehe und Partnerschaft (Frauen)	konventionell	39 %	verunsichert	31 %	neu	30 %
Arbeit und Freizeit	interessengeleitet - engagiert	ca. 1/3	konventionell - materiell	ca. 1/2	freizeitbezogen - hedonistisch	ca. 1/5

2.2 Längsschnittstudien

Traditionelle **Längsschnittstudien** (Panel) gehen von einer Stichprobe aus und untersuchen diese mit dem gleichen Frageninventar zu verschiedenen Meßzeitpunkten (T1 ...Tn). Auf diese Weise werden Aussagen über (altersbezogene) Veränderungen von Individuen und Gruppen möglich. Die zentralen Probleme der Längsschnittstudien liegen in den Schwierigkeiten der Stichprobengewinnung, den höheren finanziellen Kosten, der systematischen drop-outs bei langfristigen Untersuchungen und der sinnvollen Wahl von Meßzeitpunkten. Sinnvolle Meßzeitpunktintervalle lassen sich allgemein nicht festlegen, sondern hängen von der inhaltlichen Fragestellung einer Studie ab.

Längsschnittstudien erfordern von Seiten der Jugendlichen ein relativ hohes Engagement, das man nicht bei allen Befragten voraussetzen kann. Neben Desinteresse können auch andere Gründe, wie Schul-, Berufs- oder Wohnortwechsel zum Ausscheiden aus Untersuchungen führen. Stehen die Ausfälle mit den in einer Studie berücksichtigten abhängigen Variablen im Zusammenhang, spricht man von selektiven Ausfällen (z.B. wenn bei einer Berufswahlstudie die arbeitslos gemeldeten Jugendlichen ausfallen; oder man bei einer Studie zur Drogenabhängigkeit jene nicht mehr untersucht, die von Drogen freikommen, usw.).

Eine andere Schwierigkeit resultiert — selbst bei begrenzter Zahl der Meßzeitpunkte — aus den Problemen der Testungseffekte, also der Überforderung von Befragten. Testungseffekte können sich sowohl durch Routinisierung als auch durch besondere Anstrengung von Befragten einstellen.

Neben der traditionellen **Längsschnittstudie** lassen sich auch in den sogenannten **Replikationsstudien** Zeitvergleiche durchführen. **Replikationsstudien**, wie sie in der Jugendforschung vorliegen, liefern für den Vergleich von zwei oder mehreren Jugendgenerationen Informationen, während altersbezogene und individuelle Veränderungen nicht erfaßt werden. Im Gegensatz zu Panelstudien, bei denen dieselben Personen mehrfach befragt werden, wird in Replikationsstudien mit vergleichbaren Stichproben zu verschiedenen Meßzeitpunkten gearbeitet, nicht jedoch mit denselben Personen (also mit unabhängigen Stichproben).

2.2.1 *Kohorten-Sequenz-Analyse und Alters-, Kohorten- und Testzeiteffekte*

Um die bereits genannten Fehlerquellen von **Querschnitts-** und **Längsschnittstudien** zu minimieren, wurde der Versuch gemacht, beide Datenerhebungsstrategien zu kombinieren (vgl. *Baltes* u.a. 1977, S. 132 ff.). Im Anschluß an Schaie wurde vor allem in der entwicklungspsychologischen Jugendforschung berücksichtigt, daß jedes Ergebnis einer Befragung im Sinne von Alterseffekten, Kohorten (Generationen)-effekten und Testzeit (Perioden)-effekten interpretiert werden kann.

Alterseffekte umfassen hierbei reifungsbedingte Einflüsse (neurophysiologische Prozesse), Kohorteneffekte beinhalten alle Umwelteinflüsse, die auf die Mitglieder einer Kohorte (Generation) in ähnlicher Weise wirken und Testzeiteffekte subsumieren die historisch sich wandelnden kulturellen, sozialen, ökonomischen und politischen Einflüsse, die zu einem festgelegten Meßzeitpunkt auf die untersuchten Kohorten einwirken (diese inhaltlichen Zuschreibungen blieben nicht unstrittig, vgl. *Trautner* 1978, S. 412).

Abbildung 2: Minimalplan der drei Sequenzmodelle nach *Schaie* (in Anlehnung an *Trautner* 1978, S. 407).

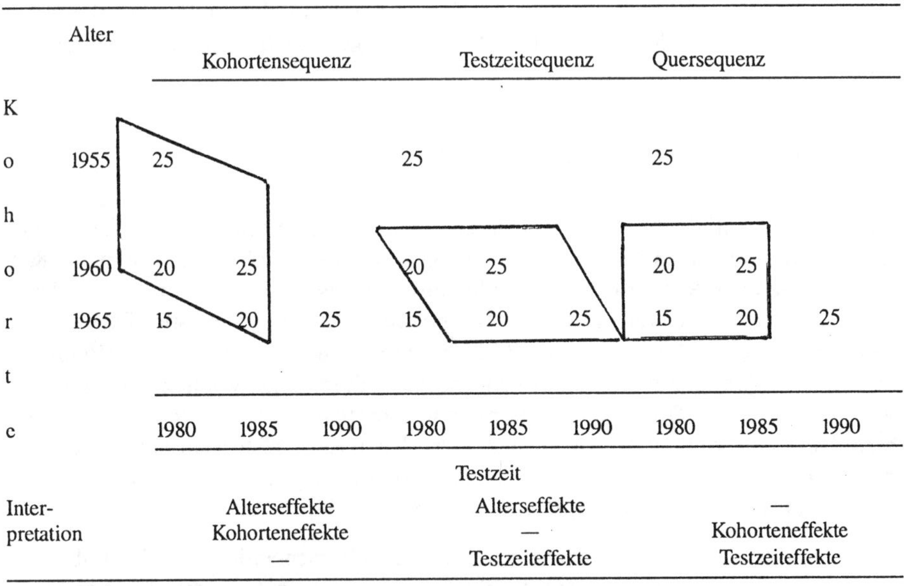

Bei den drei genannten Modellen können immer nur zwei der drei Komponenten Alter, Kohorte, Testzeit unabhängig voneinander berücksichtigt werden (vgl. auch *Allerbeck/Rosenmayr* 1976, S. 52). *Baltes* hat ein zweifaktorielles Modell mit den Komponenten Alter und Kohorte **(Generation)** aufgestellt und in einer empirischen Jugendstudie auch genutzt:

Es wurden 1.800 männliche und weibliche Jugendliche der Kohorten 1954 - 1957 (Alter: 13 - 18) in den Jahren 1970, 1971 und 1972 mit verschiedenen Persönlichkeitsfragebogen untersucht. Die Ergebnisse der Kohorten-Sequenz-Studie (Längsschnitt-Sequenz mit abhängigen Stichproben) zeigen, daß die Veränderung verschiedener Persönlichkeitsmerkmale im genannten Zeitraum unabhängig vom Alter erfolgte, statt dessen der kulturelle Wandel Veränderungen bewirkte. Diese Interpretation ergab sich, weil beispielsweise der Rückgang von Über-Ich-Stärke, von emotionaler Ängstlichkeit und Leistungsmotivation und die gleichzeitige Zunahme von Unabhängigkeitswünschen zwischen 1970 und 1972 bei allen Altersgruppen der Jugendlichen auftrat (vgl. *Nesselroade/Baltes* 1974). Weder in einer einfachen **Längsschnittstudie** (eine Altersgruppe mehrfach untersuchen), noch in einer einfachen **Querschnittstudie** (mehrere Altersgruppen einmal untersuchen) hätten die Effekte des kulturellen Wandels herausgefunden werden können.

Daß es sinnvoll ist, zwischen Testzeiteffekten und Kohorteneffekten zu differenzieren, zeigt *Trautner* (1978, S. 417) anschaulich, wenn er darauf hinweist, daß das seit Mitte des vergangenen Jahrhunderts beobachtete Phänomen der säkularen Akzeleration, d.h. der Vorverlegung des puberalen Wachstumsschubs und des Anstiegs der endgültigen Körperhöhe als Kohorteneffekt zu interpretieren ist, während „sich die vorübergehenden Verlangsamungen des Körperwachstums, wie sie im Zusammenhang mit extrem ungünstigen Ernährungsbedingungen während Kriegs- und Nachkriegszeiten auftreten können, besser als Testzeiteffekte interpretieren" lassen.

Es sei nur darauf hingewiesen, daß die Abgrenzung von Kohorten **(Generationen)** — wenn man sich nicht formal auf die Altersjahrgänge bezieht — große definitorische Schwierigkeiten bringt.

2.2.2 Replikationsstudien und sozialer Wandel

Bereits frühzeitig gab es Mahnungen an die Meinungsforschung, auch für die Geschichtsforschung einen Beitrag zu leisten (vgl. *Lazarsfeld* 1968), aber erst in den 80er Jahren entstand im Rückgriff auf methodologische Hinweise Duncans in der Bundesrepublik eine methodisch reflektierte und bewußt durchgeführte jugendspezifische **Replikationsstudie** (vgl. *Allerbeck/Hoag* 1985). Im Jahre 1983 führten *Allerbeck/Hoag* eine für die 16 - 18jährigen repräsentative Jugendstudie durch und „wählten" als base-line-study die 1962 vom Divo-Institut unter der wissenschaftlichen Leitung von *v. Friedeburg/Becker/Baumert* vorgelegte Jugendstudie. Da diese 1962 ausgearbeitete Studie als erste Untersuchung wichtige Gesichtspunkte berücksichtigte, konnte sie für eine Replikation herangezogen werden (vgl. *Allerbeck/Hoag* 1984, S. 760f.):

- sie beruhte auf einer replizierbaren nationalen Wahrscheinlichkeitsstichprobe;
- die (maschinenlesbaren) Daten der Studie waren (im Zentralarchiv für empirische Sozialforschung in Köln) erhältlich;
- die Studie enthielt ein hinreichend interessantes und für den historischen Zeitvergleich geeignetes Frageninventar.

Bei **Replikationsstudien** ist genau darauf zu achten, daß die Fragen und die Antworten zu verschiedenen Meßzeitpunkten in derselben Form den Befragten vorgelegt werden. Selbstverständlich müssen auch die zugrundegelegten Populationen und die Stichproben vergleichbar sein. Bereits leichte Abweichungen bei den Frage- und Antwortvorgaben können sich auf die Randverteilungen von Umfragedaten auswirken, und es wird für die Jugendforscher unentscheidbar, ob veränderte Meßzahlen einen realen historischen Trend signalisieren oder ob es sich lediglich um Artefakte der methodischen Vorgehensweise handelt. Auch „Nachbesserungen“ und „kreative Umformulierungen“ von in base-line-Studien enthaltenen Fragen verbieten sich (und mögen sie sich auch noch so aufdrängen), denn bei der gegebenen Sensibilität von Umfrageergebnissen wird dadurch jede Aussage über historische Trends und sozialen Wandel unmöglich. Selbstverständlich kann sich die Replikation einer Studie auch auf ausgewählte Altersgruppen, Themenkomplexe und Fragen beziehen (vgl. z.B. *Jugendwerk der Deutschen Shell* 1985), insofern müssen base-line-studies nicht einfach wiederholt werden. Aufgrund des sprachlichen und normativen Wandels läßt sich ohnehin manches nicht mehr replizieren.

Der Zeitvergleich in Replikationsstudien läßt einige interessante Rückschlüsse auf soziale und kulturelle Veränderungen im Jugendbereich zu: So offenbart sich zwischen 1962 und 1983 eine dramatische Zunahme der Mitgliedschaft von Jugendlichen in informellen Gruppen (vgl. *Allerbeck/Hoag* 1985, S. 40). Die Haltung gegenüber autoritären Erziehungsvorstellungen ist noch kritischer geworden und die Abgrenzung „der Jugendkultur“ von der Welt der Erwachsenen ist deutlicher als früher. Entgegen verbreiteten Vermutungen zeigen die Replikationsergebnisse des empirischen Zeitvergleichs, daß neonazistische Tendenzen heute noch häufiger abgelehnt werden, als in den 60er Jahren. Der Wunsch, selbst einmal zu heiraten, ist weniger stark zurückgegangen als erwartet (bei männlichen Befragten von 96,3 % auf 85,6 %, bei weiblichen von 98,4 % auf 89,4 %). Allerdings wollen Jugendliche heute im krassen Gegensatz zu 1962 häufig vor der Ehe miteinander zusammenleben (vgl. *Allerbeck/Hoag* 1984, S. 768).

Replikationsstudien bergen weitere, in der Jugendforschung bislang kaum genutzte Erkenntnischancen, denn erstens können weitere Studien mit anderen Populationen, anderen thematischen Schwerpunkten und zu einem späteren Zeitpunkt auch mit elaborierterem Frageninventar als base-line-studies herangezogen werden und zweitens wären auch mehrfache Replikationen zu verschiedenen Zeitpunkten (drei und mehr) derselben Studie sinnvoll, um auf diese Weise zu **Zeitreihen**daten zu gelangen und sozialen Wandel als Prozeß zu interpretieren.

Replikationsstudien in der Jugendforschung zielen darauf, Generationeneffekte (Kohorteneffekte) aufzudecken, also wie sich die Jugendlichen eines zurückliegenden Zeitpunktes von jenen eines späteren Zeitpunktes unterscheiden. Weil auf sozialen Wandel geschlossen wird, muß immer kontrolliert werden, welche besonderen gesellschaftlichen Entwicklungen Antworttendenzen auslösen.

Auf der Basis solcher Replikationsstudien kann *Friedrich* (1990, S. 25ff.) den Mentalitätswandel der jungen Generation in der ehemaligen DDR im Zeitverlauf von 1970 bis 1990 für zentrale Orientierungsbereiche dokumentieren. Die Betrachtung der Verlaufsformen politischer Überzeugungen zeigt massive Veränderungen, die am Ende der achtziger Jahre zu einer weitreichenden Abkehr von den propagierten Werten des realsozialistischen Systems führten. Weisen die Daten in den siebziger Jahren auf ein kritisch-distanziertes Verhältnis der DDR-Jugend zur Bundesrepublik hin, so belegen die neueren replizierten Befunde einen starken Identitätsverlust gegenüber der DDR und eine zunehmende Verbundenheit mit der Bundesrepublik. Interessanterweise trat die kritische Distanz zum realsozialistischen System der DDR bei Lehrlingen, Arbeitern und Schülern früher und viel deutlicher auf als dies bei Studenten zu beobachten war. Mit

Hilfe von Replikationsstudien läßt sich auch der tiefgreifende Wandel in bezug auf die Lebensziele und Bedürfnisse junger DDR-Bürger beschreiben. Das Streben nach Selbstbestimmung und Selbstverwirklichung, nach Lebensgenuß und Spannung, informellen Sozialkontakten und nach materiellen Werten sowie das Bedürfnis nach persönlicher Sicherheit haben in den 80er Jahren stark zugenommen (vgl. *Friedrich* 1990, S. 34f.).

2.2.3 Amtliche Statistiken und nicht-reaktive Datenerhebung

Erste Anhaltspunkte über Entwicklungstrends und die aktuelle Situation von Jugendlichen in der Bundesrepublik Deutschland liefern die amtlichen Fachserien des Statistischen Bundesamtes: Die Daten der Fachserien, z.B. Bevölkerung und Erwerbstätigkeit (1), Bildung und Kultur (11), Sozialleistungen (13), Rechtspflege (10), Gesundheitswesen (12) basieren auf den jährlich stattfindenden Mikrozensus-Erhebungen (1 % — Repräsentativstatistik der Bevölkerung) und verschiedener nationaler repräsentativer Sozialerhebungen. Je nach der Fragestellung lassen sich den verschiedenen Reihen der amtlichen Fachserien Informationen über die Lebenslage verschiedener Altersgruppen und über institutionelle Entwicklungen entnehmen (zusammenfassend: *Statistisches Bundesamt* 1984). Besondere Relevanz kommt im Jugendbereich der Bildungs- und der Jugendhilfestatistik zu (13/Reihe 6). Diese Statistiken liefern Hinweise auf institutionelle Entwicklungen, weil großenteils aus den statistischen Daten **Zeitreihen** gebildet werden können.

Die Jugendhilfestatistik über „erzieherische Hilfen", „Jugendarbeit", „Einrichtungen und dort tätige Personen" sowie „Ausgaben und Einnahmen" gibt einen in Zahlen gefaßten Überblick über diese Bereiche. Wir können der Jugendhilfestatistik neben differenzierten Expansionstendenzen im sozialen Bereich beispielsweise entnehmen, daß in den letzten Jahren die „freiwillige Erziehungshilfe" nicht rückläufig, die vormundschaftliche Anordnung von „Fürsorgeerziehung" dagegen stark rückläufig war. Wir sehen aus den Daten, daß trotz der in Fachkreisen gestiegenen Akzeptanz therapeutischer Wohngemeinschaften, diese Alternative zur Heimunterbringung nach wie vor eine untergeordnete Rolle spielt oder Jugendrichter immer häufiger Erziehungsmaßnahmen (insbesondere Weisungen) vorschlagen, dagegen von Zuchtmitteln (Arresten etc.) weniger Gebrauch machen.

Trotz ihrer unzweifelhaften Bedeutung kann die **amtliche Statistik** nicht jenen Grad der Differenzierung erreichen, der spezielle Umfragen und Untersuchungen der Lebenslage von Jugendlichen überflüssig werden ließe. Insbesondere zur Erfassung der Dynamik von Lebenslagen und subjektiven Wertorientierungen kann die amtliche Statistik keine Auskunft geben.

Für die Beantwortung einer so grundlegenden Frage, ob sich in modernen Industrie- und Dienstleistungsgesellschaften die Jugendphase weiter verlängert, lassen sich der amtlichen Statistik dagegen mehrere Argumente entnehmen: Operationalisiert man mit *Neidhardt* (1970) oder *Allerbeck/Rosenmayr* (1976, S. 28) das Ende der Jugendphase nicht durch eine bestimmte Altersangabe, sondern nimmt das — im Kontext der Entstrukturierungsthese freilich umstrittene — individuell stark variierende Berufseintritts- oder Heiratsalter zum Kriterium, zeigt sich,

— daß sich nach einer historisch langfristigen Senkung des Heiratsalters um 1970 der Trend umkehrt und seither Frauen und Männer wieder später heiraten (vgl. Abbildung 3);

Abbildung 3: Durchschnittliches Heiratsalter Lediger 1920 - 1983

Jahr	Männer	Frauen
Reichsgebiet		
1920	28,6	25,7
1930	27,5	25,3
Bundesgebiet		
1950	28,1	25,4
1960	25,9	23,7
1970	25,6	23,0
1980	26,1	23,4
1988	28,0	25,5

Quelle: Statistisches Bundesamt 1990, S. 62

— daß seit 1960 die Erwerbstätigkeitsquote der 15 - 20jährigen Frauen und Männer erheblich sinkt, sie infolge verlängerter Ausbildungszeiten also heute später berufliche Tätigkeiten aufnehmen (vgl. *Statistisches Bundesamt* 1985, S. 159);
— daß Frauen bei der Geburt ihres ersten Kindes heute ca. 1 Jahr älter sind als vor zwanzig Jahren (1983: 25,7 Jahre).

Neben der **amtlichen Statistik** sind für die Beantwortung verschiedener Fragestellungen die Sammlung und Sichtung sogenannter prozeßgebundener Daten sinnvoll, also solcher Daten, die im sozialen Prozeß selbst entstehen. So können die Karteien der Arbeitsämter wichtige Informationen über Berufswahl- und Berufsfindungsprozesse enthalten, können die Lesekarteien von Bibliotheken Rückschlüsse auf das Leseverhalten junger Menschen zulassen, können Verkaufsauflagen populärer Schriften Hinweise auf die Jugendkultur geben und die Analyse von Mitgliedszahlen in Vereinen und Verbänden wichtige Aspekte sozialer Integration und politischer Partizipation signalisieren. Auf die Nutzung und den Vergleich solcher verschiedener Informationsquellen, zum Teil in Kombination mit empirischen Erhebungen, kann in der empirischen Jugendforschung nicht verzichtet werden (vgl. *Allerbeck/Rosenmayr* 1976, S. 46; *Lazarsfeld* 1931). Prozeßgebundene Daten können meist zu verschiedenen Meßzeitpunkten erhoben werden und dadurch zur Analyse sozialen Wandels beitragen.

2.3 Komplexe strukturelle Modelle

In den letzten Jahren haben sich die Bemühungen verstärkt, die Lage der Jugendlichen im Zusammenhang mit ökonomischen, kulturellen, politischen und sozialen Wandlungsprozessen und Strukturveränderungen der Gesellschaft aufzuzeigen. Um dem Anspruch komplexer und umfassender Sozialisationstheorien zu entsprechen, die den gesellschaftlichen, institutionellen, interaktionellen und individuellen Wandel in seinen differenzierten Beziehungen analysieren, wurden komplexe strukturelle Analysemodelle entwickelt, die in der Lage sind, die theoretischen Überlegungen empirisch einzuholen. Insbesondere in der **ökologischen Jugendforschung** wird in Anknüpfung an eine mehrebenenanalytische Sichtweise versucht, den Einfluß der Gesellschaftsebene, der Institutionenebene und der Interaktionsebene bei der Entwicklung von Persönlichkeitsmerkmalen differenziert herauszuarbeiten (vgl. *Bronfenbrenner* 1981; 1976; *Geulen/Hurrelmann* 1980, S. 65; *Bertram* 1982; *Tippelt* u.a. 1986).

In der **ökologischen Jugendforschung** kommt dem „ökologischen Experiment" besondere Bedeutung zu. Bei dieser Form des Experiments konzentriert man sich auf „ökologische Übergänge", d.h. darauf, daß Jugendliche ihre Position in der ökologisch verstandenen Umwelt durch den Wechsel ihrer Rollen und ihrer Lebensbereiche verändern (vgl. *Bronfenbrenner* 1981, S. 43). Ökologische Übergänge kommen im Jugendalter häufig vor. Um nur einige zu nennen: Der Jugendliche wechselt von der Schule in den Beruf — wechselt die Bezugsgruppe — schließt sich Cliquen oder Vereinen an — macht erste erotische Erfahrungen — Reisen, Urlaube — Umzug, Wohnortwechsel — neue Konsumanschaffungen wie Moped oder Auto — Loslösung vom Elternhaus etc. Nach *Bronfenbrenner* ist „jeder ökologische Übergang Folge wie Anstoß von Entwicklungsprozessen", die man in der Forschung entdecken kann. Eine weitere Möglichkeit des „ökologischen Feldexperiments" besteht im Vergleich zwischen mindestens zwei zu analysierenden Gruppen, wobei bei der Untersuchungsgruppe ein Lebensereignis erfolgte, eine Veränderung der Umwelt eintrat etc. und bei der (ansonsten ähnlichen) Kontrollgruppe gerade diese Veränderung in anderer Weise oder gar nicht auftritt. In der allgemeinen Definition von *Bronfenbrenner* (1981, S. 53) erforscht ein ökologisches Experiment „die fortschreitende Anpassung zwischen dem sich entwickelnden Vergleich von zwei oder mehr Umweltsystemen oder ihrer Strukturkomponenten; die Kontrolle anderer Einflüsse geschieht entweder durch Zuordnung nach Zufall (geplantes Experiment) oder durch sorgfältig abgestimmte Zuordnung einander entsprechender Bedingungen (natürliches Experiment)."

Die Forschung versucht beim ökologischen Experiment also so viele relevante Kontraste zwischen Untersuchungsgruppe und Kontrollgruppe, zwischen „vorher und nachher" — wenn wir an ein wichtiges Lebensereignis denken (ökologischer Übergang) — zu entdecken, wie es strenge experimentelle Planung und praktische Durchführbarkeit erlauben (vgl. ausführlich *Cook/Campbell* 1979).

3 Ausgewählte methodische und methodologische Probleme

Im folgenden wird auf *einige selektiv* gewählte Probleme des Forschungsprozesses wie sie typischerweise bei empirischen Jugendstudien auftreten, hingewiesen. Dabei folgt die Reihenfolge der diskutierten Probleme den Arbeitsschritten im empirischen Forschungsprozeß.

3.1 Theorien, Modelle und Indikatoren

Forschung hat in theoretischen Überlegungen ihren Ausgangspunkt. *Theorien* sind Sätze, die Regelmäßigkeiten ausdrücken und die Definition von Begriffen beinhalten. Auf einer sehr allgemeinen Ebene lassen sich organismische, mechanistische und „reziproke" (dialektische) Theorien unterscheiden. Jedes empirische Jugendforschungsprojekt sollte geklärt haben, welchem Theorietypus der eigene Ansatz grundsätzlich zuzuordnen ist, weil dadurch Design und Interpretation von Studien stark bestimmt werden (vgl. *Baltes* u.a. 1977, S. 23f.).

In mechanistischen theoretischen Konzepten erscheint der Jugendliche als Ergebnis seiner Umweltbedingungen, also jener Reize, zu denen er sich reaktiv verhält. Das Verhalten und die Einstellungen gelten nach Maßgabe der Antezedensbedingungen als vorhersagbar und determiniert, insofern durch gezielte Intervention als bildbar. Frühe behavioristische Lerntheorien veranschaulichen diesen theoretischen Typus am besten. In organismischen theoretischen Konzepten wird die Aktivität der Jugendlichen hervorgehoben und die Welt in einem fortwährenden Wandlungsprozeß gesehen. Wissen über die Realität wird von den Erkenntnissuchenden permanent aktiv konstruiert, was sowohl für das Alltagswissen der Jugendlichen als auch das wissenschaftliche Wissen der Forschenden gilt. Ziel der Forschung ist es nicht, nach statistischen Gesetzen zu suchen, sondern die Bedingungen zielorientierter Wandlungsprozesse gesellschafts-, umwelt- und zeitspezifisch zu erkennen.

In „reziproken" theoretischen Konzepten wird die dynamische Interaktion von Subjekten und Umweltbedingungen herausgearbeitet und es wird auf deren simultane wechselseitige Verursachung eingegangen. Das ökologisch-systemische Modell *Bronfenbrenners*, das „die in Entwicklung begriffene Person nicht als tabula rasa betrachtet, auf der die Umwelt ihre Eindrücke hinterläßt, sondern als wachsende dynamische Einheit, die das Milieu, in dem sie lebt, fortschreitend in Besitz nimmt und umformt" (1981, S. 38), kann dieser Perspektive zugeordnet werden.

Von Theorien sind Modelle zu unterscheiden. Mit *Modellen* beschreibt und erklärt man die Wirklichkeit nicht, sondern man sucht nach einer adäquaten Begrifflichkeit und Abbildung möglicher empirischer Zusammenhänge. Modelle sind nicht auf der Basis von Wahrheitskriterien zu evaluieren (wahr/falsch), sondern im Hinblick auf ihre Nützlichkeit für einen begrenzten Zweck im theoretischen Konstruktionsprozeß. Die **ökologische Jugendforschung** beispielsweise lieferte bislang noch wenige empirisch überprüfte theoretische Zusammenhänge, entwickelte aber ein brauchbares Modell für die weitere Forschungsarbeit.

Indikatoren wiederum stellen Operationalisierungen theoretischer Begriffe dar, mit deren Hilfe man prüfen kann, ob vermutete theoretische Zusammenhänge in der Realität empirisch gegeben sind. Auch wenn jeder Einzelindikator nur eine operationale Partialdefinition eines Begriffes sein kann, ist die Wahl der „richtigen" Indikatoren, die insbesondere in der Umfrageforschung so weit operationalisiert und „übersetzt" werden müssen, daß sie jeder Befragte unmißverständlich versteht, ein wichtiger und kreativer Teil eines Forschungsprojektes. Schicht-, Milieu- und Erfahrungsdifferenzen zwischen Forschern und Befragten haben schon in manchem Forschungsprojekt Resultate verzerrt (sehr bemüht um jugend- und zeitgemäße Operationalisierungen siehe *Jugendwerk der Deutschen Shell* 1981).

Die Qualität einer empirischen Jugendstudie wird wesentlich auch davon abhängen, ob die Messung gewählter Indikatoren den Bedingungen der „Reliabilität" (Zuverlässigkeit) und „Validität" (Gültigkeit) entspricht. Die Reliabilität bezieht sich allgemein auf die Konsistenz und Stabilität einer Messung. Die zeitliche Stabilität von Messungen kann durch die „Wiederholungsreliabilität" bestimmt werden (problematisch, weil nicht zwischen Meßfehler und Veränderung des wahren Wertes unterschieden werden kann), die Konsistenz wird durch die „Halbierungsreliabilität" (split-halves) und die „Paralleltestreliabilität" (equivalent forms) ermittelt (vgl. *ausführlich Lienert* 1969; *König* 1974, Bd. 3a, S. 160ff.). Bei der Validität wird zwischen Typen unterschieden: Inhalts-, Kriteriums- und Konstruktvalidität. In quantifizierenden Jugendstudien am gebräuchlichsten dürfte die Ermittlung der Kriteriumsvalidität sein, bei der die Validierung einer Messung durch die Vorhersage oder Übereinstimmung mit einem anderen Außenkriterium hergestellt wird (auf mannigfache Probleme machen *Baltes u.a.* 1977, S. 38ff. aufmerksam). Der Hauptzweck von Zuverlässigkeits- und Gültigkeitsprüfungen liegt darin, die von Forschern vorgenommenen Schlußfolgerungen über den Zusammenhang von Variablen abzusichern.

Ein weiteres Interesse der Jugendforschung ist es, daß über die interne Validität hinaus, die Ergebnisse einer empirischen Arbeit auch verallgemeinerbar sind. Forscher fragen sich „to what populations, settings, treatment variables and measurement variables can what has been observed generalized?" (*Baltes u.a.* 1977, S. 48). Eines dieser Probleme ‚externaler Validität' stellt sich in der quantitativen Jugendforschung besonders dringlich — das Verhältnis von sample zur Population.

3.2 Repräsentativität und Stichproben

Voraussetzung für die Verallgemeinerung von Aussagen von quantitativen Jugendstudien ist die **Repräsentativität** der untersuchten Stichprobe. In der Vergangenheit dominierte in der Jugendforschung bei der Stichprobenziehung die sogenannte ‚**Quotenauswahl**'. Der Vorteil von quotierten Stichproben nach vorgegebenen Kategorien (Alter, Geschlecht, Bildungsgrad...) liegt in der Ökonomie, da der einzelne Interviewer zeitsparend lediglich gehalten ist, Personen zu finden, welche den vorgegebenen Quoten entsprechen. Der gravierende Nachteil der ‚Quotenauswahl' besteht aber darin, daß durch die den Interviewern gewährten Spielräume, die Befragten selbst zu bestimmen, eklatante Verzerrungen der Stichproben auftreten und die Forschungsergebnisse durch einen ‚bias' verfälscht werden können. Höher ist daher die sogenannte ‚**Random-Auswahl**' einzuschätzen, die bei **Survey-Studien** auf der zufälligen Ziehung von Adressen aus vorliegenden Einwohnermelderegistern beruht (z.B. realisiert in *Sinus* 1983; 1985; *Tippelt* u.a. 1986). Also jedes Mitglied einer Population hat hierbei grundsätzlich die gleiche Chance, in eine Stichprobe (sample) zu gelangen. Soll die Studie für das Bundesgebiet repräsentativ sein, müssen auch die Gemeinden, in denen Befragungen durchgeführt werden, einer Random-Auswahl unterzogen werden. Kommen Interviews mit den vorher ausgewählten (und verständigten) Jugendlichen aus verschiedenen Gründen nicht zustande (nicht antreffen, eigene, elterliche Ablehnung...), werden Ausfälle registriert, um die möglichen Verzerrungen von Stichproben zu kontrollieren. Erfahrungsgemäß fordert das Vertrauen in einen gesicherten Datenschutz (vgl. *Glatzer/Zapf* 1984, S. 393) sowie das Verständnis der grundlegenden Fragestellung der jeweiligen Jugendstudie, die bei Jugendlichen ohnehin hohe Bereitschaft, an Untersuchungen teilzunehmen. Die Qualität einer Random-Auswahl kann durch den Vergleich mit den bekannten Charakteristiken der Grundgesamtheit überprüft werden.

3.3 Datenerhebung: Interviewereffekte

Wir müssen die Befragung oder Beobachtung in der Jugendforschung als eine Interaktion von mindestens zwei Subjekten auffassen, die wechselseitig Erwartungen aneinander richten. In diesem Interaktionsprozeß wird aktuelles Verhalten beeinflußt. Die Interaktion zwischen einem Interviewer/Beobachter und einem Untersuchungssubjekt in einer gegebenen Situation enthält eine Fülle von Fehlerquellen, die sich auf Untersuchungsergebnisse verfälschend auswirken können. Zu den bekanntesten Fehlerquellen gehören (vgl. *McDavid/Harari* 1974, S. 14ff.)

- *Interviewereffekte:* Das Geschlecht, Alter, ethnische Herkunft, persönliche Charaktereigenschaften und besonders erkennbare Erwartungen an die Ergebnisse durch Interviewer können unvorhersagbare Effekte auf die Antworttendenzen von Befragten haben (z.B. Rosenthal-Effekt)
- *Effekte des settings*: der Ort, an dem Jugendliche Interviews geben, kann sich auf die Antworten stark auswirken. So wissen wir, daß Jugendliche in Anwesenheit ihrer Eltern, Lehrer oder Freunde durchaus unterschiedliche Antworten auf Fragen geben können.
- *Hawthorne-Effekte*: Obwohl Sozialforscher mit Recht auf die Offenheit von Interview- und Beobachtungssituationen hinweisen, weil z.B. die Fremdheit des Interviewers und der punktuelle Kontakt zu ihm vor Sanktionen schützt (vgl. *Glatzer/Zapf* 1984, S. 393), daher auch ehrliche Antworten zu erwarten sind, muß damit gerechnet werden, daß allein die Tatsache, an einer Untersuchung teilzunehmen, zu Veränderungen des Verhaltens bzw. von Antworttendenzen beiträgt.

Zur Minimierung solcher Fehlerquellen sind Interviewerschulungen und eine genaue Reflexion des Untersuchungssettings unabdingbar. Es sei nur darauf hingewiesen, daß Tiefeninterviews und andere qualitative Methoden mit diesen Problemen in ähnlicher Weise konfrontiert sind.

3.4 Datenauswertung: Korrelation und Kausalmodelle

Wie in anderen sozial- und erziehungswissenschaftlichen Teilbereichen dominieren in der Jugendforschung univariate Auswertungsverfahren, d.h. man untersucht in der Regel die Veränderungen einer Variablen (z.B. Medienverhalten, politisches Engagement, Weiterbildungsverhalten, Drogenabhängigkeit) in Abhängigkeit von *einer* anderen Variablen (z.B. Schichtzugehörigkeit, Geschlecht, Bildungsniveau, elterlicher Erziehungsstil, Alter). Es werden Häufigkeiten errechnet, Mittelwerte verglichen und Korrelationen festgestellt, d.h. es wird mittels eines Korrelationskoeffizienten der Ausprägungsgrad eines Zusammenhangs zwischen Variablen ausgedrückt. Wenn beispielsweise festgestellt wird, daß das Bildungsniveau von Jugendlichen hoch mit deren politischem Interesse korreliert (.80), kann dies nicht kausal interpretiert werden, denn es ist durchaus möglich, daß eine Anzahl von Variablen an der Ausbildung der **Korrelation** beteiligt sind. Kausalität existiert zwar, man weiß nur nicht genau wo. **Korrelationen** müssen als deskriptive Maße und nicht als kausalerklärende interpretiert werden. Studien, mit von Forschern herbeigeführten oder in ‚natürlichen Feldexperimenten' gegebenen Variationen der unabhängigen Variablen — die kausal interpretiert werden könnten —, sind in der Jugendforschung äußerst selten.

Um komplexe Variablenverknüpfungen zu prüfen, bietet sich das Verfahren der Pfadanalyse an, mit deren Hilfe man globale Korrelationen zwischen einer unabhängigen und einer abhängigen Variable in Einflußbereiche zerlegen kann. Für den Zusammenhang von Variablen lassen sich ‚Pfadkoeffizienten' (Standardpartialregressionskoeffizienten — Beta-Gewichte) berechnen, die das Ausmaß und die Richtung des Einflusses auf die Zielvariable angeben. Pfadanalysen zwingen den Jugendforscher, sich auf ein theoretisches System zu beziehen, das die zu berücksichtigenden Variablen benennt und deren vermutete Abhängigkeitsstruktur angibt. Außerdem kann die theoretisch vermutete Verknüpfung der Variablen in graphischer Weise in ‚Pfaddiagrammen' festgehalten werden (vgl. ausführlich und verständlich *Opp/Schmidt* 1976).

Abbildung 4: Mögliche Faktoren, die sich auf die Entwicklung von politischen Interessen Jugendlicher auswirken (← → rekursive, → nicht-rekursive Einflüsse)

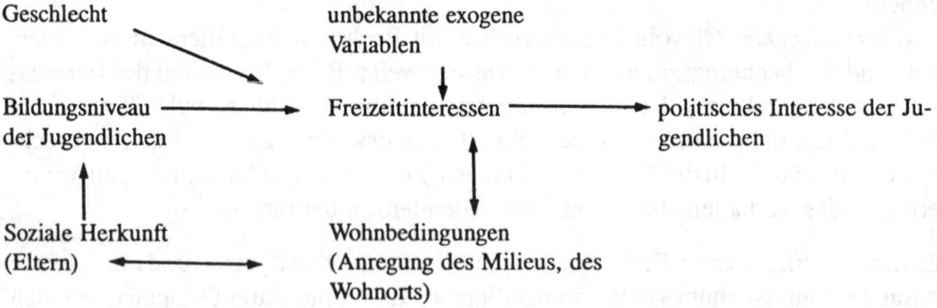

Zu Recht weist *Köckeis-Stangl* (1980, S. 342) darauf hin, daß komplexere Variablenverknüpfungen, die in eine multivariate Datenanalyse eingebracht werden, sich nicht einfach (optimal) den vorhandenen empirischen Daten anpassen sollen, sondern daß multivariate Datenanalysen (z.B. auch Faktor- und Clusteranalysen) auf entsprechende theoretische Hypothesen bezogen sein müssen. Dies ist schon wegen der notwendigen intersubjektiven Prüfbarkeit und grundsätzlichen Replizierbarkeit von Untersuchungen methodologisch zu fordern. Die Anforderungen an die Forschungsmethodik von Jugendstudien korrespondiert, so zeigt sich auch an dieser Stelle, mit der Differenziertheit und Komplexität jugendspezifischer Theorien.

3.5 Dateninterpretation

Die Dateninterpretation ist an die Art der Datenauswertung gekoppelt, die wiederum an die Fragestellung eines Forschungsvorhabens gebunden ist. Harmoniert die Datenauswertungsstrategie mit der zugrunde liegenden Fragestellung und den theoretischen Grundlagen eines Forschungsvorhabens, sind grundsätzlich verschiedene Auswertungsstrategien möglich: Korrelation vs. Kausalität; Deskription vs. Inferenz; univariate vs. multivariate Analyse. Keines dieser Datenanalyseverfahren ist dem jeweils anderen überlegen, sondern abhängig von dem spezifischen Untersuchungsanliegen kann jedes sinnvoll eingesetzt werden (vgl. *Baltes u.a.* 1977, S. 81). Wichtig ist, daß die Dateninterpretation nicht an den durch die Analyseverfahren gegebenen Möglichkeiten vorbeigeht.

Allgemein lassen sich **hypothesen-testende** von **explorativen** Forschungsarbeiten unterscheiden. Die Interpretation von **hypothesen-testenden** Studien ist strenger an die zugrunde liegenden theoretischen Annahmen gebunden, während **explorative** Studien nicht von einem klaren, theoretisch begründeten Hypothesennetz ausgehen, sondern das Ziel haben, gerade solche Hypothesen und theoretische Zusammenhänge zu finden, die später genauerer Überprüfung ausgesetzt werden.

3.6 Anwendung und Praxisrelevanz

Über eine systematische Wirkungsgeschichte der Jugendforschung, in der u.a. die komplexen Wechselwirkungen von quantitativer (und qualitativer) Jugendforschung, von pädagogischer Praxis, Öffentlichkeit und politischem Handeln analysiert wären, verfügen wir nicht (vgl. *Hornstein* 1982, S. 59ff.). Es scheint allerdings evident, daß die in den letzten Jahrzehnten stattgefundene Ausdifferenzierung von Wissenschaftssystem, praktischem Erziehungssystem und ressortspezifischem politischen System die Kooperation von Forschung, pädagogischer und politischer Praxis zumindest nicht leichter werden ließ. Jugendforschung, die im Wissenschaftssystem geleistet wird, ist aus der Perspektive der Anwendung und Praxisrelevanz weiter zu differenzieren. So ist von der **Grundlagenforschung** besonders ein hohes ‚Konsistenzniveau von Begriffen und Theorien‘ (*Luhmann*) und damit verbunden, die Entwicklung von besonderen ‚wissenschaftlichen Sprachen‘ und der Anschluß an den problemspezifischen Wissens- und Methodenstand zu erwarten. Die unmittelbare Verwertung von Forschungsergebnissen wird dagegen nicht angestrebt, dennoch kann Grundlagenforschung einen im einzelnen schwer nachzuweisenden ‚Bedeutungswert‘ (*Tenbruck*) erlangen. Grundlagenforschung wird in erster Linie durch *Anträge* von Forschern in Gang gesetzt.

In Ergänzung hierzu steht eine auf Anwendung ausgerichtete **Maßnahmenforschung**, die den ‚zweckgerichteten Transfer spezifischen Wissens in eine soziale Situation oder Struktur‘ zum Ziel hat, um mit Hilfe von Forschungsergebnissen planvoll sozialen Wandel einzuleiten (vgl. *Rosenmayr* 1982, S. 36). Maßnahmenforschung wird vermutlich häufiger als Auftragsforschung in Gang gesetzt. Vorschläge, Praktiker in Forschungsgruppen zu integrieren, um die Praxisnähe und Verwendbarkeit von Forschungsergebnissen zu steigern, scheint bei diesem Forschungstypus besonders naheliegend und angemessen.

Ein dritter abgrenzbarer Typus ist die praxisbeziehbare **Orientierungsforschung**, die durchgeführt wird, um über politische, moralische, wertorientierte und religiöse Grundhaltungen verschiedener Teilgruppen in einer Gesellschaft Wissen, häufig auch im historischen oder kulturellen Vergleich zu erarbeiten. Es soll ein Überblick gewonnen werden, um erste Ansatzpunkte für Handlungsstrategien und Maßnahmen zu erhalten. Mit Recht wurde hervorgehoben, daß jugendspezifische Orientierungsforschung immer dann Konjunkturen erlebt, wenn im Zusammenhang mit Jugendlichen Probleme und Symptome gesellschaftlich wahrgenommen werden: Schulmüdigkeit, resignativer Rückzug aus Organisationen, motivationale Probleme, Kriminalität und Verhaltensstörungen, politische Unruhe, Drogenmißbrauch etc. Auch wenn der Anlaß für die Jugendstudien aus *spezifischen* Verunsicherungen und einem besonderen Informationsbedürfnis der Öffentlichkeit entspringen mag, sind solche Studien meist *breit* angelegt. Aufgrund ihrer leichten Auswertbarkeit nutzen Massenmedien deren Informationsgehalt für diverse propagandistische Zwecke. Sofern solche Studien reflektiert durchgeführt werden, sind sie in der Lage, durch Wissen auch Aufklärung zu leisten, indem sie beispielsweise verbreiteten abwertenden Stereotypen von jungen Menschen, sachliche Informationen entgegensetzen. Die Gefahren liegen darin, neue unzutreffende Jugendbilder zu kreieren, die Chancen jugendspezifischer Orientierungsforschung darin, noch diffuse Bewußtseinsänderungen durch Wissensvermittlung einzuleiten. Durch methodische Solidität lassen sich die Gefahren neuer unzutreffender Zuschreibungen von Eigenschaften reduzieren. Der Praxisbezug von Ergebnissen der Jugendforschung — so ist zusammenfassend festzuhalten — ist keineswegs ausschließlich auf die gezielte Anwendung und Umsetzung der Forschungsergebnisse gerichtet, sondern Forschungsergebnisse können in verschiedener Weise gesellschaftswirksam werden.

4 Ausblick

Abschließend lassen sich — selektiv und thesenartig — einige Anregungen für die weitere Entwicklung quantitativ orientierter Jugendforschung formulieren:

- Die **amtliche Statistik**, insbesondere die Jugendhilfestatistik, bedarf der Fortschreibung und weiteren Differenzierung. Jugendstudien können prinzipiell die Daten der Mikrozensen und prozeßgebundene Daten intensiver nutzen.
- **Replikationsstudien** zur Analyse sozialen Wandels haben einen unbestreitbaren Erkenntniswert und sollten methodisch reflektiert und inhaltlich gezielt weiter durchgeführt werden. Darüber hinaus besteht in der Jugendforschung ein Mangel von Kohorten-Sequenz-Analysen.
- Die **ökologische Jugendforschung** braucht keine vorübergehende Erscheinung zu bleiben, sondern gemäß *Bronfenbrenners* Vorschlägen (1976; 1981) bietet dieser Ansatz Möglichkeiten, gesellschaftliche Strukturveränderungen (Makroebene), institutionelle Entwicklungen (Meso- und Exoebene) sowie Lebenslagen und Orientierungen von Jugendlichen im Zusammenhang zu erforschen. Die externe Validität

ökologischer Feldforschung ist hoch zu gewichten. Allerdings bedarf die ökologische Jugendforschung weiterer theoretischer Anregungen.

- Die gewünschte Anwendungs- und Praxisrelevanz von Forschungsergebnissen könnte vermutlich dadurch gesteigert werden, daß die Jugendforschung stärker als bisher dem Prozeß der gesellschaftlichen Differenzierung Rechnung trägt und sich intensiv der fokusierenden Analyse ausdifferenzierter Lebensbereiche (Beruf und Arbeit, Freizeit und Kultur, Familie, Schule und Bildung, Wohnort und Region, Freundschaft und peer-group, Jugendarbeit, Vereine und Organisationen) widmet.
- Es hat sich als nützlich erwiesen ,objektive' **Indikatoren** zur Lebenslage in engem Bezug zu ,subjektiven' Daten der Orientierungen, Werte und Einstellungen von Individuen zu diskutieren (vgl. *Glatzer/Zapf* 1984). Empirische Jugendstudien sollten daher objektive und subjektive **Indikatoren** berücksichtigen.
- In der Nachkriegszeit hat sich die Jugendforschung stark auf die gesellschaftlich-soziale Seite der Lebenssituation von Jugendlichen konzentriert. So wichtig soziologisch und pädagogisch orientierte Studien sind, sollten doch die entwicklungspsychologischen Dimensionen der Jugendforschung, die noch in den 20er und 30er Jahren dominant waren, weitere intensive Beachtung finden.
- Der speziell sozialpädagogische Bereich der Jugendforschung könnte durch eine stärkere Konzentration empirischer Forschung auf einzelne vergleichbare Typen von Institutionen, also durch Stärkung des kumulativen Charakters von Forschung, an Einfluß gewinnen.
- Die quantitative Jugendforschung ist gut beraten, künftig auf publikumswirksame vereinheitlichende Generationenbilder zu verzichten (vgl. *Hornstein 1985*, S. 352f.), besonders wenn es sich um gehaltvolle, differenzierte und daher wissenschaftlich kritisierbare Studien handelt, die über Lebenslagen und soziale Orientierungen verschiedener Gruppen informieren.
- Sowohl quantitative Daten als auch qualitative Befunde können in der Jugendforschung zur theorieorientierten Erkenntnissicherung und zur anwendungsorientierten Erkenntnisgewinnung beitragen. Beide forschungsmethodischen Zugänge bedürfen daher der kontinuierlichen finanziellen und institutionellen Zuwendung.

Literatur

Allerbeck, K.R.: Systemverständnis und gesellschaftliche Leitbilder von Jugendlichen. In: Aus Politik und Zeitgeschichte. Beilage zur Wochenzeitung das Parlament, B 50/84, S. 14-26

Allerbeck, K./Hoag, W.: Jugend ohne Zukunft? Einstellungen, Umwelt, Lebensperspektiven. München 1985

Allerbeck, K./Hoag, W.: Umfragereplikation als Messung sozialen Wandels. Jugend 1962-1983. In: KZfSS (1984), S. 755-772

Allerbeck, K./Rosenmayr, L.: Einführung in die Jugendsoziologie. Methoden, Theorien, Materialien. Heidelberg 1976

Arbeitsgruppe Max-Planck-Institut für Bildungsforschung: Das Bildungswesen in der Bundesrepublik Deutschland. Ein Überblick für Eltern, Lehrer, Schüler. Neuwied/Reinbek 1984

Baltes, P.B./Reese, H.W./Nesselroade, J.R.: Life-Span Developmental Psychology: Indroduction to Research Methods. Belmont 1977

Bargel, T.: Überlegungen und Materialien zu Wertdisparitäten und Wertwandel in der BRD. In: Klages, H./Kmieciak, P. (Hrsg.): Wertwandel und gesellschaftlicher Wandel. Frankfurt/M. 1979, S. 147-184

Bertram, H.: Gesellschaft, Familie und moralisches Urteil. Weinheim 1978
Bertram, H.: Von der schichtspezifischen zur sozialökologischen Sozialisationsforschung. In: Vaskovics, L.A. (Hrsg.): Umweltbedingungen familialer Sozialisation. Beiträge zur sozialökologischen Sozialisationsforschung. Stuttgart 1982, S. 25-54
Blücher, V.G.: Die Generation der Unbefangenen. Düsseldorf/Köln 1966
Bortz, J.: Lehrbuch der empirischen Forschung für Sozialwissenschaftler. Berlin u.a. 1984
Bronfenbrenner, U.: Die Ökologie der menschlichen Entwicklung. Stuttgart 1981
Bronfenbrenner, U.: Ökologische Sozialisationsforschung. Stuttgart 1976
Bundesministerium für Bildung und Wissenschaft (BMBW): Grund- und Strukturdaten. Bonn 1976-1986
Bundesministerium für Bildung und Wissenschaft (BMBW): Berufsbildungsberichte 1977-1986
Bundesministerium für Jugend, Familie und Gesundheit - BMJFG (Hrsg.): Fünfter Jugendbericht. Bericht über Bestrebungen und Leistungen auf dem Gebiet der Jugendhilfe. Bonn 1980
Coleman, J.S.: The Adolescent Society. The School Life of the Teenager and its Impact on Education. New York 1961
Conger, J.J.: Adolescence and Youth. New York 1973
Cook, T.D./Campbell, D.T.: Quasi-Experimentation. Design and Analysis Issues for Field Settings, Chicago 1979
Deutsches Jugendinstitut (Hrsg.): Immer diese Jugend! Ein zeitgeschichtliches Mosaik 1945 bis heute. München 1985
Durkheim, E.: (1985) Die Regeln der soziologischen Methode. Frankfurt/M. 1984 (zuerst 1895)
Emnid: Jugend in Europa. Ihre Eingliederung in die Welt der Erwachsenen. Bielefeld 1977
Emnid: Jugend zwischen 13 und 24. Vergleich über 20 Jahre. Bielefeld 1975
Emnid: Jugend 1964 — Gesellungsform, Lebensbereiche, Denkweisen. Bielefeld 1964
Fend, H./Prester, H.G.: Jugend in den 70er und 80er Jahren: Wertwandel, Bewußtseinswandel und potentielle Arbeitslosigkeit. In: ZSE (1985), H. 1, S. 43-70
Flora, P.: State, Economy and Society in Western Europe 1815-1975. A Data Handbook, Volume I: The Growth of Mass Democracies and Welfare States. Frankfurt/London/Chicago 1983
Friedrich, W.: Mentalitätswandlungen der Jugend in der DDR. In: Aus Politik und Zeitgeschichte. Beilage zur Wochenzeitung Das Parlament, B16 (1990), S. 25-37
Friedrichs, J.: Methoden empirischer Sozialforschung. Opladen 9 1981
Fuchs, W./Zinnecker, J.: Nachkriegsjugend und Jugend heute. Werkstattbericht aus einer laufenden Studie. In: ZSE (1985), H. 1, S. 5-28
Geulen, D./Hurrelmann, K. (Hrsg.): Zur Programmatik einer umfassenden Sozialisationstheorie. In: Hurrelmann, K./Ulich, D. (Hrsg.): Handbuch der Sozialisationsforschung. Weinheim/Basel 1980, S. 321-370
Glatzer, W./Zapf, W. (Hrsg.): Lebensqualität in der Bundesrepublik. Objektive Lebensbedingungen und subjektives Wohlbefinden. Frankfurt/M. 1984
Haft, H./Kordes, H. (Hrsg.): Methoden der Erziehungs- und Bildungsforschung. In: Enzyklopädie Erziehungswissenschaft Bd. 2. Stuttgart 1984
Hille, B./Jaide, W.: DDR-Jugend. Politisches Bewußtsein und Lebensalltag. Opladen 1990
Hornstein, W.: Jugendforschung — kennt sie die Jugend?. In: Deutsches Jugendinstitut (Hrsg.): Immer diese Jugend! Ein zeitgeschichtliches Mosaik 1945 bis heute. München 1985, S. 351-362
Hornstein, W.: Sozialwissenschaftliche Jugendforschung und gesellschaftliche Praxis. In: Beck, U. (Hrsg.): Soziale Welt, Sonderband 1, 1982, S. 59-92
Jugendwerk der Deutschen Shell (Hrsg.): Die Einstellungen der jungen Generation zur Arbeitswelt und Wirtschaftsordnung 1979. Hamburg 1980
Jugendwerk der Deutschen Shell (Hrsg.): Jugend '81 — Lebensentwürfe, Alltagskulturen, Zukunftsbilder, Shell-Studie. Hamburg 1981
Jugendwerk der Deutschen Shell (Hrsg.): Jugendliche und Erwachsene '85, Generationen im Vergleich, Bd. 1-5. Opladen 1985
Klages, H./Kmieciak, P. (Hrsg.): Wertwandel und gesellschaftlicher Wandel. Frankfurt/M. 1979
Köckeis-Stangl, E.: Methoden der Sozialisationsforschung. In: Hurrelmann, K./Ulich, D. (Hrsg.):

Handbuch der Sozialisationsforschung. Weinheim/Basel 1980, S. 321-370
König, R. (Hrsg.): Handbuch der empirischen Sozialforschung, Bd. 2 u. Bd. 3a, Grundlegende Methoden und Techniken. Stuttgart ^{3}1967
Lazarsfeld, P.F.: Jugend und Beruf. Jena 1931
Lepsius, R.M. (Hrsg.): Zwischenbilanz der Soziologie. Verhandlungen des 17. Deutschen Soziologentages. Stuttgart 1976
Lienert, G.A.: Testaufbau und Testanalyse. Weinheim 1969
Mayntz, R./Holm, K./Hübner, P.: Einführung in die Methoden der empirischen Soziologie. Opladen 1972^{3}
Mc David, J.W./Harari, H.: Psychology and Social Behavior. New York 1974
Müller, C.W./Nimmermann, P.: In Jugendclubs und Tanzlokalen. München 1969
Neidhardt, F. u.a.: Jugend im Spektrum der Wissenschaften. München 1970
Nesselroade, J.J./Baltes, P.B.: Adolescent personality development and historical change: 1970-1972. In: Monographs of the Society for Research in Child Development, 1974, 39 (1), Serial No. 154
Oerter, R.: Jugendalter. In: Oerter, R./Montada, L. (Hrsg.): Entwicklungspsychologie. München u.a. 1982
Opp, K.-D./Schmidt, P.: Einführung in die Mehrvariablenanalyse. Grundlagen der Formulierung und Prüfung komplexer sozialwissenschaftlicher Aussagen. Reinbek bei Hamburg 1976
Projektgruppe Jugendbüro: Subkultur und Familie als Orientierungsmuster. Zur Lebenswelt von Hauptschülern. München 1977
Projektgruppe Jugendbüro und Hauptschülerarbeit: Die Lebenswelt von Hauptschülern, Ergebnisse einer Untersuchung. München 1975
Rosenmayr, L.: Wider die Harmonie — Illusion, Praxisbeziehung als Herausforderung zur Neubestimmung der Soziologie. In: Beck, U. (Hrsg.): Soziale Welt, Sonderband 1, 1982, S. 27-58
Rosenmayr, L.: Jugend. Handbuch der empirischen Sozialforschung, hrsg. v. René König, Bd. 6. Stuttgart 1976
Schelsky, H.: Die skeptische Generation. Düsseldorf 1957
Seidenspinner, G./Burger, A.: Mädchen '82. Eine repräsentative Untersuchung über die Lebenssituationen und das Lebensgefühl 15-19jähriger Mädchen in der Bundesrepublik. München 1982
Silbereisen, R.K.: Jugendentwicklung und Drogengebrauch. Entwicklungspsychologische Perspektiven. In: Montada, L. (Hrsg.): Bericht über die 7. Tagung Entwicklungspsychologie. Trier 1985, S. 161-173
Silbereisen, R.K./Montada, L. (Hrsg.): Entwicklungspsychologie. Ein Handbuch in Schlüsselbegriffen. München u.a. 1983
Sinus (Hrsg.): Jugend privat. Opladen 1985
Sinus (Hrsg.): Jugendforschung in der Bundesrepublik. Opladen 1984
Sinus (Hrsg.): Die verunsicherte Generation. Jugend und Wertewandel. Opladen 1983
Statistisches Bundesamt: Bevölkerung gestern, heute und morgen. Wiesbaden 1985
Statistisches Bundesamt (Hrsg.): Bildung im Zahlenspiegel. Wiesbaden 1984, 1985, 1986
Statistisches Bundesamt (Hrsg.): Zur Situation der Jugend in der Bundesrepublik Deutschland. Bonn 1984
Statistisches Bundesamt (Hrsg.): Erzieherische Hilfe und Aufwand für die Jugendhilfe, Fachserie 13, Reihe 6.1. Wiesbaden 1982
Statistisches Bundesamt: Statistisches Jahrbuch 1990 für die Bundesrepublik Deutschland. Wiesbaden 1990
Tippelt, R.: Jugend und Region. Sozialleben, Freizeit und Politik auf dem Lande und in großstädtischen Wohngebieten. In: Aus Politik und Zeitgeschichte. Beilage zur Wochenzeitung das Parlament, B 38 (1985), S. 3-15
Tippelt, R.: Soziale Haltungen und Politische Einstellungen arbeitsloser Jugendlicher. In: Neue Praxis (1979), S. 273-183
Tippelt, R./Krauß, J./Baron, S.: Jugend und Umwelt. Soziale Orientierungen und soziale Basisprozesse im regionalen Vergleich. Weinheim/Basel 1986
Trautner, H.M.: Lehrbuch der Entwicklungspsychologie. Göttingen u.a. 1978

Vaskovics, L.A. (Hrsg.): Umweltbedingungen familialer Sozialisation. Beiträge zur sozialökologischen Sozialisationsforschung. Stuttgart 1982
Walter, H. (Hrsg.): Region und Sozialisation. Beiträge zur sozialökologischen Präzisierung menschlicher Entwicklungsvoraussetzungen, Bd. 1 und Bd. 2. Stuttgart-Bad Cannstatt 1981

Werner Fuchs-Heinritz

Methoden und Ergebnisse der qualitativ orientierten Jugendforschung

1 Wahlverwandtschaft von qualitativer Forschung und Arbeitsfeld Jugend

Welchen Beitrag erbrachte qualitative Jugendforschung zur Entwicklung der qualitativen Sozialforschung insgesamt? Welche Anregungen sind den umgekehrten Weg gegangen? Es läge nahe, das Thema im Spannungsfeld von qualitativer Methodenentwicklung und Jugendforschung, einem angewandten, soziologische, pädagogische sowie psychologische Beiträge umfassenden Arbeitsbereich zu behandeln. Eins bliebe übersehen: Die wissenschaftsgeschichtlich wie aktuell deutliche Wahlverwandtschaft von Methodik und Arbeitsfeld.

Ein Grund für diese Wahlverwandtschaft dürfte darin liegen, daß Jugend seit der Jugendbewegung auf das Leben der Gesellschaft einwirkt: Insofern Jugend „unter modernen Bedingungen nicht nur ihre Geschichte hat, sondern in gewisser Weise auch ‚macht' " (*Hornstein* 1985, S. 158; auch *Hornstein* 1986, S. 45), wird man sie angemessen nur kennenlernen können durch Materialien, in denen sie selbst spricht.

Zweitens: Wird die (schriftliche) Beschäftigung von Jugendlichen mit sich selbst als charakteristisches Merkmal von Jugend gedacht — dies legte *Charlotte Bühler* (1931, S. 331) nahe —, dann handelt es sich bei qualitativer Untersuchung von **Selbstzeugnissen** um den Königsweg der Jugendforschung, der durch Beobachtung, statistische Erhebung von Verhaltensdaten usw. allenfalls ergänzt werden kann.

Drittens: Die Gruppen, die die Ergebnisse der Jugendforschung vor allem zur Kenntnis nehmen, Pädagogen, Betreuer und Berater von Jugendlichen, haben spezifische Rezeptionsformen. Weil ihr berufliches Handeln zu fallspezifischem Denken herausfordert, werden sie von Jugendforschung, die repräsentative Gesamtüberblicke oder Verteilungsaussagen bietet, enttäuscht; sie sehen sich mit der Aufgabe allein gelassen, Aggregataussagen in den fallspezifischen Orientierungshorizont ihres beruflichen Handelns zu transponieren (vgl. *Schön* 1978, S. 26f., *Fuchs* 1983b, S. 535f.). *Flitner* hat dies als Verständnisbarriere zwischen Pädagogen und Soziologen allgemein formuliert: Den Pädagogen sei „die differenzielle, ja letzten Endes die biographische Betrachtung berufseigentümlich..., während die soziologische Aussage sich ... leicht in einer Region bewegt, die der Erzieher mit seiner konkreten Aufgabe nicht zu verknüpfen vermag" (*Flitner* 1963, S. 70).

Viertens: Die Nähe von qualitativer und Jugendforschung ist Erbe der pädagogischen Jugendforschung (vgl. *Baacke* 1986, S. 85-86).

In dieser Perspektive findet sich die Frage nach der Methodik eingespannt in die nach der Kooperation mehrerer sozialwissenschaftlicher Disziplinen am Gegenstandsbereich Jugend.

2 Zur Geschichte der qualitativen Jugendforschung

So wie die **Jugendbewegung** Anregungen gegeben hat zur Ausbildung einer Jugendforschung überhaupt (vgl. *Flitner* 1963, S. 18), so hat sie dies auch und gerade für die qualitative geleistet; *Rosenmayr* erinnert an die **Selbstzeugnisse**, die in der Jugendbewegung als ein wichtiger Ausdruck von ihr entstanden waren (*Rosenmayr* 1962, S. 13; *Rosenmayr* 1976, S. 19ff.). Die laufende Beobachtung eines Kindes in einem Eltern-Tagebuch geht in die „Gründerjahre der Entwicklungspsychologie“ zurück (*Gstettner* 1978, S. 341). Bis zu *Campe* und *Rousseau* reichende Wurzeln sieht *Flitner* (1963, S. 11 ff.; ähnlich *Baacke* 1986, S. 85f.). Andere weisen auf die Kriminologie hin, die bereits im letzten Jahrhundert Selbstzeugnisse jugendlicher Delinquenten interpretierte (*Bennett* 1981). Frühe Schriften über die Gefährdung der Jugend suchten sich durch das autobiographische Zeugnis von Jugendlichen zu stützen (vgl. das Buch über den „Halbstarken“ des Pfarrers *Schultz* 1912, S. 39; die Untersuchung der „religiösen Gedankenwelt der Proletarierjugend“ des Pfarrers *Dehn* 1929, S. 5).

Als wissenschaftliches Arbeitsfeld beginnt Jugendforschung als qualitative im Österreich der zwanziger Jahre. In seiner Dissertation „Über den Begriff der Jugend“ (*Bernfeld* 1914/15) hatte *Bernfeld* Befragungen von Kindern und Jugendlichen mit feststehenden Fragen kritisiert und war zum Vorschlag einer qualitativen Methodik gelangt, einer „Art Inventarforschung“, so *Rosenmayr.* „Wir bedürfen eines ‚Antworten‘-Materials, das nicht durch eine gestellte Frage angeregt... ist ... Alle Produkte jugendlicher, spontaner Tätigkeit sind als Material dieser Art verwertbar: Zeichnungen, Sammlungen, Gedichte, Tagebücher, Briefe, Notizen, Gespräche, Organisationen“ (nach *Rosenmayr* 1962, S. 30). Zur Sammlung und Interpretation solcher Daten forderte Bernfeld ein Institut für Psychologie und Soziologie der Jugend sowie ein Archiv für Jugendkunde.

Die Psychologin *Ch. Bühler* sieht sich als Pionierin der **Tagebuchforschung**. Zur 4. Auflage von „Das Seelenleben des Jugendlichen“ (1927) schreibt sie rückblickend: „Mit Experiment und Erhebung war an wesentliche Grundprobleme zunächst nicht heranzukommen. So wurde ein neuer methodischer Weg gewählt und vorgeschlagen, nämlich der der systematischen Analyse ... der **Tagebücher** von Jugendlichen.“ (*Bühler* 1927, S. V-VI, auch *Bühler* 1931, S. 331). Bei aller notwendigen Skepsis gegen die Wahrhaftigkeit von Selbstbeobachtungen sprächen Merkmale des **Tagebuchs** für seine Verläßlichkeit: „Der Jugendliche ... hat ... so gut wie immer das Bestreben, vor sich wahr zu sein und zu seiner eigenen Klärung zu schreiben“ (*Bühler* 1927, S. 8). Kontrollen könnten „Beobachtung und Kenntnis des Jugendlichen von außen durch den Umgang, Unterricht oder Experiment“ sein (*Bühler* 1927, S. 8 f.). Auch daß es gelungen sei, **Tagebücher** durch Textanalyse als Fälschungen zu entlarven — darunter ein von *Freud* als „Juwel“ gelobtes —, macht *Bühler* sicher in der Verläßlichkeit des Materials (*Bühler* 1931, S. 334f.; *Freud* hatte ein von *Hug-Hellmuth* herausgegebenes Tagebuch eines Mädchens durch ein Vorwort zu wissenschaftlicher Bedeutung erhoben. Zur Diskussion über die Echtheit vgl. *Hug-Hellmuth* 1922, S. V-VII; *Bühler* 1922, S. III; *Busemann* 1925, S. 46; *Krug* 1927). Die Bedeutung von **Tagebüchern** und anderen **Selbstzeugnissen** als Daten leitet *Bühler* aus dem Gegenstand ab: *„Die selbstdarstellende Niederschrift ist ... ein Alterscharakteristikum der fünften Phase ...“* (*Bühler* 1931, S. 331), der Phase vom 14. bis zum 19. Lebensjahr also.

Als Beginn der qualitativen Jugendforschung können die Arbeiten von *Ch. Bühler* auch deshalb gelten, weil sie weitere Verfahren für nützlich hielt: Experiment, Fragebogenerhebung und Verhaltensbeobachtung (*Bühler* 1927, S. VII; ihre Schülerin *H. Hetzer* hatte Mädchen in einem Jugendhort beobachtet und für diese Jugendlichen proletarischer Herkunft festgestellt, daß auch sie literarisch produktiv sind. *Hetzer* 1926). Mit der Erweiterung ihrer Tagebuchsammlung kommt auch eine historische Dimension in den Blick; auf der Suche nach dem „Wandel der Zeiten im Tagebuch" (*Bühler* 1934, S. 1) will sie die **Generation** der „heutigen 20jährigen, ihrer Eltern und ihrer Großeltern" (*Bühler* 1934, S. 7) untersuchen. Für jede Generation wählt sie ein **Tagebuch** aus — als „Prototyp", als „markante Vertreterin", als „Paradigma" (*Bühler* 1934, S. 6ff.). Lassen wir die für eine heutige Beurteilung schmale Materialbasis beiseite, so bleiben wertvolle Vorschläge: Abgesehen vom Gedanken, durch vergleichende Fallanalyse zu „Prototypen" zu gelangen die Vorschrift, „aus dem Material heraus völlig unvoreingenommen genau ermitteln, was es enthält" (*Bühler* 1934, S. 30).

Bei *Ch. Bühlers* Schüler *Lazarsfeld* geraten die qualitativen Möglichkeiten in den Vorhof der Forschungsschritte, auf die es ankomme (bereits bei *Ch. Bühler* finden sich Anmerkungen, die eine statistische Auswertung als Ziel ihrer methodischen Bemühungen vorsehen, z. B. *Bühler* 1927, S. VI; vgl. *Rosenmayr/Köckeis/Kreutz* 1966, S. XI und *Rosenmayr* 1976, S. 35). Programmatisch heißt es jetzt, daß „quantitative Feststellungen ... jeder qualitativen, d. h. verstehenden oder erklärenden Arbeit erst ihre sicheren Grundlagen geben." (*Lazarsfeld* 1931, S. 160). Selbstbewußt ordnet er seinen Ansatz in die noch kurze Geschichte der Jugendforschung ein, erklärt die bisherigen Bemühungen zur Vorgeschichte, weil es ihnen nicht gelungen sei, „mit objektiven Methoden verifizierbare Antworten zu finden ..." (*Lazarsfeld* 1931, S. 52).

Nationalsozialismus und Emigration haben dazu beigetragen, daß Ansätze und Leistungen der Zwischenkriegszeit nahezu vergessen wurden (vgl. *Rosenmayr* 1962, S. 9; *Flitner* 1963, S. 61; *Griese* 1980); zudem etablierte sich seit den vierziger Jahren die quantitative Methodenlehre, wurden einflußreiche Jugendstudien aus dieser Logik vorgelegt. Auch wenn sie monographische mit statistischen Möglichkeiten zu kombinieren suchten (vgl. *Flitner* 1963, S. 45) — die Entwicklung einer selbständigen qualitativen Jugendforschung schien gebrochen (ironisch nennt *Jaide* „altmodisch" den qualitativen und „modern" den quantitativen Weg. *Jaide* 1963, S. VII). Gegen Beiträge, die ohne breites empirisches Material Typologien entwerfen oder jugendkulturelle Phänomene zu zeitgeschichtlich prägnanten Gestalten verallgemeinern, erhebt sich Kritik (vgl. die an *Muchows* epochaltypologischem Ansatz, *Muchow* 1959, *Muchow* 1962; dem läge „kaum sachlich differenziertes Material" zugrunde, *Rosenmayr/Köckeis/Kreutz* 1966, S. 2).

Allerdings mehren sich in den gleichen Jahren, auch als Reaktion auf *Schelskys* Gesamtbild einer skeptischen Jugend, bei Pädagogen und Psychologen typologisierende und monographische Ansätze. Für eine vergleichende Generationsanalyse sieht *Flitner* einen Weg „... in der Sammlung *vergleichbarer Dokumente,* spontaner Zeugnisse, schriftlicher Äußerungen ... und ähnlichen Materials" (*Flitner* 1963, S. 104). Ähnlich *H. Roth* (Vorwort zu *Bertlein* 1960, S. 7f.): „Heute besteht das Bedürfnis ..., wieder mehr *von der Innenseite her* über die Jugend zu erfahren... Kann man jugendliches Verhalten ohne Eigenkommentare richtig deuten?" Von erheblicher methodologischer Reflexion getragen ist auch ein Beitrag der Jugendpsychologie: *Jaides* Untersuchungen über Werthaltungen und Leitbilder (1961) sind durch Methodenvielfalt und Interesse an Fallanalysen gekennzeichnet. Eine Renaissance der qualitativen Jugendforschung beginnt jedoch wie in der Sozialforschung allgemein erst Mitte der siebziger Jahre. Klassiker werden neu herausgegeben (*Bernfeld* 1978; *Muchow/Muchow* 1978), Kindheits- und Jugenderfahrungen früherer Generationen anhand autobiographischer Materialien durchgesehen (*Schonig* 1979); andere unternehmen Re-Interpretationen früher entwicklungspsychologischer Interpretationen (*Gstettner* 1978). Einflußreich war die Wiesbadener Studie über die Lebenswelt von Hauptschülern (*Projektgruppe Jugendbüro* 1975; 1977). Beigetragen haben die Tagungen und Forschungen im DFG-Schwerpunkt „Pädagogische Jugendforschung", hier fand der qualitative Weg engagierte Forschergruppen (vgl. den Rückblick auf dieses Forschungsprogramm bei *Hornstein* 1989). Hinzu kam das wiedererwachte Interesse an **Biographieforschung** sowie — vom Materialinteresse her damit verwandt — an **historischer Sozialisationsforschung** (vgl. *Herrmann* 1980; 1984). Von der Wirkung her dürften auch einzelne Studien, z. B. „Jugend '81" (*Fischer/Fuchs/Zinnecker* 1981), Einfluß gehabt haben (so *Sander/Vollbrecht* 1985, S. 10).

3 Motive und grundlegende Probleme der qualitativen Jugendforschung

3.1 Warum überhaupt qualitativ?

Die Entscheidung für einen qualitativen Weg fällt meist in der Absicht, Daten zu gewinnen, die nicht durch Vorwegnahmen deformiert sind, wie dies bei der Erstellung eines Fragebogens für eine quantitative Studie im Wege von Operationalisierung gewöhnlich geschieht (vgl. *Heinz* u. a. 1985, S. 11; ähnlich *Burger/Seidenspinner* 1977, S. 34f.; *Gerdes/Wolffersdorff-Ehlert* 1974, S. 1; bereits *Traphagen* 1955, S. 13).

Prozesse, in denen Entscheidungen oder Aushandlungsvorgänge hin- und herpendeln, die Austarierung von Möglichkeiten Zeit braucht, die Anpassung an gegebene Chancenstrukturen nicht in einem Schritt vollzogen werden kann — etwa die Berufsfindung angesichts schwieriger Arbeitsmarktverhältnisse (vgl. *Heinz* u. a. 1985, S. 19), die Entwicklung von Familien- bzw. Berufsorientierung bei jungen Frauen (vgl. *Weltz* u. a. 1979, S. 127) —, verlangten qualitative Zugänge. Gewichtiges Argument für die Bevorzugung qualitativer Methoden ist also das Erfordernis, die Prozeßhaftigkeit des Sozialen erfassen zu können (vgl. *Köckeis-Stangl* 1980, S. 341ff.). Mindestens steht fest, daß die quantitative Jugendforschung nicht alle Seiten ihres Gegenstandes beleuchten kann, insbesondere nicht das Selbst- und Wirklichkeitsverständnis von Handelnden (vgl. *Arbeitsgruppe Schulforschung* 1980, S. 7).

Bedeutsam ist auch eine Überlegung, die sich von qualitativer Jugendforschung eine Leistung erhofft, die pädagogische Arbeit nicht (mehr) zustandebringe: „Sich mit Selbstäußerungen von Jugendlichen ... zu beschäftigen, wird vor allem dann relevant, ... wenn Jugendliche ... zu Objekten außergewöhnlicher pädagogischer Maßnahmen bestimmt werden, ohne daß die Eigendefinitionen der Jugendlichen in den zuständigen

Institutionen bekannt wären“ (*Kieper* 1980, S. 52f.). Auch das ältere Motiv, mittels Veröffentlichung von **Selbstzeugnissen** den Gruppen zur Sprache zu verhelfen, die geringe Chancen zur Teilnahme am kulturellen Diskurs haben, ist wirksam (Anmerkungen bei *Hetzer* 1926, S. V; grundsätzlich: *Zinnecker* 1980; 1982b). Zu den Gründen für qualitative Wege gehört auch die Erwartung einer Horizonterweiterung auf Seiten der Forscher, die Hoffnung auf Herausforderungen zu neuen theorierelevanten Einsichten aus dem Material (vgl. *Diezinger/Marquardt/Bilden/Dahlke* 1983, I, S. 38).

Begründungen aus der Spezifik des Jugendalters (Tagebuchschreiben als Ausdrucksweise der Pubertät bei *Ch. Bühler*; Entwicklungsdynamik des Jugendalters bei *Jaide* 1961, S. 19) sind in den Hintergrund getreten. Allenfalls in der Hervorhebung der Chancen, soziale Prozesse erfassen zu können (z. B. *Köckeis-Stangl* 1980, S. 353; *Schön* 1978, S. 23; *Gstettner* 1978, S. 340), ist ein Echo jener älteren Begründungen aus dem genuin prozeßhaften Gegenstand Jugend zu hören. Ebenso erinnern Argumente an jene älteren Begründungen, die sich auf Jugendkultur und Jugendgruppe sowie insbesondere auf die zu Beginn der achtziger Jahre kräftig spürbare politische Artikulation als „neuer Jugendbewegung“ stützen (*Baacke* 1982, S. 476). Die meisten Gründe jedoch, die für qualitative Jugendforschung angeführt werden, unterscheiden sich nicht von denen in anderen Arbeitsfeldern. Hat die qualitative Jugendforschung eine zentrale methodologische Möglichkeit vergessen? Oder ist auf der Seite des Gegenstandes die Begründungsmöglichkeit entfallen, etwa weil Jugend ihr spezielles Profil verloren hat („Ende der Jugend“, „Entstrukturierung“ und „Individualisierung der Jugendphase“ sind hier die Stichworte)?

3.2 Probleme qualitativer Forschungsdesigns

Qualitativ in einem vorläufigen Sinne kann auch ein Bericht genannt werden, der sich von der journalistischen Arbeitsweise nicht durch die Methoden, sondern durch den Fragenhorizont unterscheidet (vgl. *Freigang/Frommann/Giesselmann* 1986, S. 74ff.). Auch die Tradition der Erfahrungsberichte aus der pädagogischen Arbeit mit Jugendlichen ist (durch die experimentelle pädagogische Situation in der Jugendarbeit in den siebziger Jahren) zu neuer Blüte gelangt (z. B. *Kraußlach/Düwer/Fellberg* 1978). Bei allen Verdiensten solcher Arbeiten — der fachlich-methodischen Diskussion stehen sie meist fern.

Einzelmethoden — Interview, Gruppendiskussion, Beobachtung usw. — setzt die qualitative Jugendforschung häufig ergänzend im Sinne eines ethnographischen Zugangs ein. Dafür gibt es unter der Absicht, eine dem Forscher prinzipiell fremde Welt jugendlichen Lebens zu beschreiben und ihrer eigenen Logik folgend zu analysieren, gute Gründe (so *Köckeis-Stangl* 1980, S. 355; *Arbeitsgruppe Schulforschung* 1980, S. 34). Zumindest erlaubt eine Ergänzung des Interviewverfahrens es den Forschern, ihre bruchstückhafte Kenntnis von der Welt der Befragten zu verbessern (so *Sander/Vollbrecht* 1985, S. 18; vgl. auch *Hübner-Funk/Müller/Gaiser* 1983, S. 33; *Stüwe* 1982, S. 46).

Nicht geklärt ist die Bedeutung von **Fallstudien**. Sie galten traditionell als Terrain der Pädagogik; aber selbst aus pädagogischer Sicht wird der Einzelfallstudie oft nicht mehr als „Eindringlichkeit" der Wirkung auf den Leser zugestanden (so *Flitner* 1963, S. 89; ähnlich *Gravenhorst* 1984). Im Unterschied zu Quer- bzw. Längsschnittuntersuchungen von Gruppen hat sie auch in der Jugendpsychologie keinen respektierten Status gewinnen können (vgl. *Ausubel* 1970, S. 51). Unbestritten ist der Wert von Fallstudien (ohne weitere Versuche, mehrere Fälle aufeinander zu beziehen) allenfalls im Hinblick auf praktisch-pädagogische Wirkungen (so *Köckeis-Stangl* 1980, S. 361f.). Daß wenige Fallanalysen, die etwa ein abweichendes Lebensmuster herausarbeiten, von theoretischer Bedeutung sein können, wird noch selten gesehen (vgl. *Gravenhorst* 1984, S. 42). Der am besten ausformulierte Weg zur Verallgemeinerung von Einzelfällen, der der „theoretischen Sättigung" im Wege sukzessiver Auswahl und vergleichender Fallanalysen in Richtung auf Strukturmuster, wird allerdings auch in der Jugendforschung vorgeschlagen (so *Sander/Vollbrecht* 1985, S. 14 - 15; die Autoren sind diesem Vorschlag übrigens nicht konsequent gefolgt.)

Noch wenig genutzt wurden Möglichkeiten wiederholter Befragungen derselben Gruppe. Mit spürbarem Stolz halten *Diezinger/Marquardt/Bilden/Dahlke* ihre Untersuchung für „die erste vorliegende Verlaufstudie über berufliche und persönliche Entwicklungsprozesse arbeitsloser weiblicher Jugendlicher" (1983, I, S. 11). Studien also, die erhellen wollen, wie „sich die Sichtweisen der Jugendlichen in einem biographischen Prozeß ... herausbilden", sehen sich auf „eine Längsschnittuntersuchung sowie ein prozeßorientiertes Auswertungsverfahren" angewiesen (*Heinz* u. a. 1985, S. 11; vgl. das Design einer sozialökologisch orientierten Untersuchung des Statusübergangs vom Hauptschüler in den Beruf: *Hübner-Funk/Müller/Gaiser* 1983, S. 43).

Ebenfalls eher selten sind Ansätze, die das Interaktionsgeschehen abbilden, das von mehreren Gruppen in ihrem sozialen Verhältnis hergestellt wird; meist werden die Deutungsmuster usw. allein einer Personengruppe erhoben und analysiert, nicht die der ihnen gegenüberstehenden Gruppen. Beispiele für solche, die wirkliche Interaktionsbeziehung berücksichtigenden Designs finden sich in der **Schulforschung**, die *Arbeitsgruppe Schulforschung* erhob in diesem Sinne Daten von Schülern, Lehrern sowie Eltern (vgl. *Arbeitsgruppe Schulforschung* 1980, S. 115). Insoweit diese Studie auch den Weg wiederholter Befragung gegangen ist, war sie ein wichtiger Schritt zu komplexen Forschungsdesigns in der qualitativen Jugendforschung (vgl. *Wolf* 1986, S. 254f.).

Noch wenig genutzt sind die Möglichkeiten des Vergleichs mehrerer Datensorten im Hinblick auf ihre Aussagefähigkeit zum gleichen Thema (z.B. *Fuchs/Heinritz* 1985); immerhin finden sich methodenkritische Anmerkungen zur Übereinstimmung der Informationen aus Fragebogen und qualitativem Interview (so *Heinz* u. a. 1985, S. 36 - 37). Wenig entwickelt ist nach wie vor die Interpretation von Bildmaterial und anderen ästhetischen Produkten (Ausnahmen: *Hartwig* 1980, 58 ff.; *Zinnecker* 1983). Die Geringschätzung fotografischer Möglichkeiten (als Ausnahmen vgl. *Corbin* 1982; *Zinnecker* 1983) besteht wie eh und je.

3.3 Unsicheres Verhältnis zur quantitativen Methodenlehre

Wie in der qualitativen Sozialforschung insgesamt haben in der qualitativen Jugendforschung manche Forscher ein unsicheres, ein unnötig ehrfurchtsvolles Verhältnis zur ungeliebten quantitativen Methodenlehre. Deutlich wird das an Entschuldigungen, daß die Zahl der Befragten oder deren soziodemographischen Merkmale Repräsentativität nicht ermöglichten (z. B. *Kreyssig/Kurth* 1984, S. 55; *Stüwe* 1982, S. 10; ähnlich defensiv *Ulich* 1983, S. 14). Eine Untersuchung über jugendliche Ausreißer klagt sich an: „Die Auswahl unserer Befragten erfolgte nicht streng nach den Prinzipien der Zufallsauswahl." (*Elger/Hofmann/Jordan/Trauernicht* 1984, S. 35) Studien, die sich am „theoretical sampling" orientieren, legitimieren ihre Aussagekraft durch Vergleiche der Struktur ihrer Befragtengruppe mit der der Grundgesamtheit (*Heinz* u. a. 1985, S. 47). Kurz und gut, forschungslogische Mißverständnisse sind verbreitet: Eine Zufallsauswahl nähme einer Studie mit kleiner Fallzahl gerade ihre wichtigste Erkenntnischance, die einer durch gezielt **kontrastive Auswahl** ermöglichten Typologie. Repräsentative Ergebnisse im Sinne von Verteilungsaussagen über eine Grundgesamtheit können nicht Ergebnis einer Studie sein, die nicht auf das Gesetz der großen Zahl setzt; wozu auch, wo sie doch in der Lage ist (viel besser als repräsentative Studien), das Feld von Lebensentwürfen, Deutungsmustern, Interaktionskonstellationen usw. als sozialkulturelles Repertoire herauszuarbeiten — wenn auch ohne sicheren Anhalt dafür, wie oft die einzelnen Varianten dieses Repertoires vorkommen.

Entsprechend ist eine Kinderkrankheit qualitativer Jugendforschung (und allgemein der qualitativen Sozialforschung) bis heute nicht überwunden: Die Verallgemeinerung aufgrund von Häufigkeiten im Fallmaterial, die heimliche (manchmal auch explizite) Befolgung einer quantitativen Logik der Auswertung also. Auswertungsformen dieser Art verschenken einen erheblichen Teil des Erkenntnisgewinns, den die qualitative Befragung für die Auswertung ermöglicht, zugunsten von quantitativen Aussagen auf niedrigstem Niveau („die meisten", „viele" usw.). Wegen der meist nicht am Repräsentativitätsmodell orientierten Auswahl sind solche Häufigkeitsaussagen zudem höchst unsicher. Obwohl auf diese Unstimmigkeit mehrfach hingewiesen worden ist (so *Brezinka* 1964, S. 214; vgl. *Fuchs* 1984, S. 288f.), setzt sich eine alle Schritte umgreifende **qualitative Forschungslogik** erst langsam durch.

Oft verbunden mit dieser quantitativen Auswertungslogik ist die Praxis, Originalmaterial im Sinne von Belegen für Verallgemeinerungen in die Ergebnisdarstellung einzustreuen (z.B. *Weltz* u.a. 1979, aber auch viele andere). Wie die Forscher zur Annahme gelangt sind, bei solchen Zitaten handele es sich um typische oder um „Mehrheitsmeinung", bleibt unüberschaubar; die Textstellen werden meist nicht gründlich interpretiert (sondern im Sinne von Zeugenaussagen behandelt); das Spektrum möglicher Varianten wird selten vorgestellt.

Verbreitet ist der Versuch, vorweg bekannte Merkmale zum Grund für Verallgemeinerbarkeit für Jugendliche mit diesen Merkmalen zu nehmen. Bildungs- und Ausbildungssituationen (z. B. *Burger/Seidenspinner* 1977, S. 22), soziale Herkunft, Umweltbedingungen, Merkmale der sozialkulturellen Lage werden als derart prägend angenommen, daß die Deutungsmuster usw. der Befragten von vornherein auf die Folien gemeinsamer Lagen hin interpretiert werden — meist ohne Rückfrage an die Daten, ob sie nicht eine andere Analyse verlangen. So wird die theoretisch begründete kollektive Qualität von Deutungsmustern o.ä. empirisch hypostasiert (vgl. *Lenz* 1986, S. 126 - 127). Offenbar verteidigen sich hier qualitative Jugendforscher gegen den Vorwurf, „die vorgelegten Ergebnisse könnten Gültigkeit nur für die analysierten Einzelfälle beanspruchen" (*Heinz* u.a. 1985, S. 17; ähnlich *Burger/Seidenspinner* 1977, S. 22), mit den falschen Mitteln, nämlich mit der durch die eigene Empirie meist nicht begründeten

Annahme, Typen kämen durch die Prägekraft äußerer Merkmale zustande, Einzelfälle könnten direkt auf jene Merkmale hin strukturell interpretiert werden.

Es liegt auf der Hand, daß solche Rückgriffe auf quantitative Forschungslogik auch auf die Erwartungen von Förderungseinrichtungen, Geldgebern, Rezipientengruppen reagieren, die Sozialforschung weithin noch mit dem Repräsentativmodell identifizieren. Aber wie sollen sich diese Erwartungen ändern, wenn die **qualitative Forschungslogik** von den Forschern selbst nicht überzeugend vertreten wird? In der Sache ist es wahrscheinlich, daß ein Aufsatz von *Blücher* (1967, zuerst 1962) die unausgesprochene Referenz für die Idee bildet, qualitatives Material aus kleinen Stichproben ähnlich bearbeiten zu können wie Daten aus repräsentativen Stichproben. Ermöglicht sah *Blücher* die Verallgemeinerung anhand kleiner Stichproben — er nennt als Faustregel mindestens 100 Befragte, um „genügende Genauigkeit" zu erreichen — dadurch, „daß der Grad der Verallgemeinerungsfähigkeit offensichtlich höher ist, als dies durch die Zahl der Befragten nach dem Gesetz der großen Zahl an sich gegeben wäre" (*Blücher* 1967, S. 454). Demgegenüber hatte *Jaide* festgestellt: „Eine Auskunft darüber, wie stark ... Typen zahlenmäßig ins Gewicht fallen, steht einer nicht quantitativ aufgezogenen Untersuchung nicht zu." (*Jaide* 1961, S. 42)

3.4 Kombination von qualitativem und quantitativem Zugang?

Ebensowenig wie allgemein in der Sozialforschung wird dem qualitativen Weg in der Jugendforschung eine Funktion bestritten: die der Beschaffung explorativen Materials zu einer quantitativen Hauptstudie. **Gruppendiskussion** und offene Interviews gelten als Hauptwege zur Beschaffung von Eindrücken aus dem Feld, die den Sozialforscher anregen, seine Frageinstrumente zu entwerfen. Gewiß überläßt man diese Vorstudie manchmal wenig qualifizierten Interviewern (so *Allerbeck/Hoag* 1985b, S. 21, die „strukturierte Interviews mit offenen Antworten" zurückbekommen, vgl. *Treumann* 1986, S. 209). Eine „eher dienende Funktion" (*Treumann* 1986, S. 213) aber wird dem qualitativen Zugang nicht bestritten. Qualitative Materialien aus solchen Vorstudien werden (über ihren Beitrag zur Instrumentenkonstruktion hinaus) auch zur Interpretation von quantitativ gefundenen Ergebnissen genutzt (vgl. *Sinus-Institut* 1985, S. 36ff.; *Treumann* 1986, S. 201). Eine Hilfsfunktion haben qualitative Informationen hin und wieder auch im Hinblick auf eine „zeitgeschichtliche Kontextuierung" von Umfrageergebnissen. Denn „Umfragen ... fangen das spezifische Selbstverständnis einer Zeit nur unvollständig ein; sie lassen das aus, was ‚selbstverständlich' ist, wonach man natürlich nicht fragt." (*Allerbeck/Hoag* 1985a, S. 23; vgl. *Allerbeck/Rosenmayr* 1976, S. 44) Um derart ihre Vergleichsstudie von 1962 „verständlich" zu machen, ziehen *Allerbeck/Hoag* Presseartikel aus dem Jahr 1962 hinzu (sowie Statistische Jahrbücher u.ä.) und versuchen eine Einbettung der damaligen Befragung in deren zeitgeschichtliche „Welt" (*Allerbeck/Hoag* 1985, S. 24ff.).

Ist man jedoch der Überzeugung, daß gerade für **Sozialisationsforschung** der quantitative Zugang weniger taugt als der qualitative, dann kehrt sich dies Verhältnis um, dann ist das quantitativ-standardisierte Vorgehen „eher als verkürzendes und ungenaueres Verfahren anzusehen, ... um *nach* den entscheidenden intensiven Fallstudien die ungefähre Verteilung von Patterns in Gesamtpopulationen und eventuell Zusammenhänge z.B. mit globalen Sozialindikatoren zu ermitteln ..." (*Köckeis-Stangl* 1980, S. 352; ähnlich *Treumann* 1986, S. 213, *Ferchhoff* 1986, S. 216-217, *Arbeitsgruppe Schulforschung* 1980, S. 36). Schritte in dieser Richtung hatte Jaide bereits in den sechziger Jahren unternommen, sie blieben jedoch auf riskante Schlußformen angewiesen (z.B. *Jaide* 1963, S. 18); offenbar war der Fragebogen der quantitativen Erhebung nicht direkt auf die Typen hin erarbeitet worden. Seitdem aber ist kein Versuch mehr unternommen worden, die Resultate einer qualitativen Jugendstudie (etwa eine Typologie von biographischen Bewegungsformen oder eine von Gruppenstrukturen) im Hinblick auf eine quantitative Untersuchung zu operationalisieren, um dann Auskunft über die Verteilung der qualitativ identifizierten Typen geben zu können.

Vereinzelt gibt es auch Versuche, repräsentativ-quantitative Studien zur Auswahl charakteristischer Einzelfälle zu nutzen, um diese dann monographisch darzustellen (so Vorschläge bei *Scharmann* 1965, S. 68; in ähnlicher Absicht: *Heinz/Wachtveitl/Witzel* 1978, S. 232; *Friebel* 1983, S. 46; allgemein: *Treumann* 1986, S. 202). Neuere Versuche zur Integration von qualitativen und quantitativen Wegen (*Fischer/Fuchs/Zinnecker* 1981, 1985) haben die gegenseitige Anregungskraft beider gesteigert, sind aber wohl forschungslogisch „nicht optimal gelungen" (*Ferchhoff* 1986, S. 234; ähnlich *Lenz* 1986, S.107).

4 Erhebungsmethoden, Auswertungsverfahren und Themen qualitativer Jugendforschung

4.1 Offenes oder Leitfaden-Interview?

Wie in der Sozialforschung allgemein sind in der qualitativen Jugendforschung verschiedene Gestalten des Befragungsgesprächs im Gebrauch: Einige halten sich an „die Regeln der ... non-direktiven Methode" (*Kieper* 1980, S. 23; ähnlich *Lenz* 1986, S. 143). Daneben steht das von einer Bremer Projektgruppe (*Heinz* u.a. 1985, *Witzel* 1982) entwickelte „**problemzentrierte Interview**": Es ist durch Zentrierung auf ein Problem (etwa Berufsvorstellungen) charakterisiert sowie durch den Versuch, durch Erläuterungsfragen den Informationsgehalt des Interviews zu erhöhen, eine „Vorinterpretation" im Interview zu erreichen (*Heinz* u.a. 1985, S. 36; ähnlich das „statarisch-narrative Interview" bei *Sander/Vollbrecht* 1985, S. 16). Auch das **narrative Interview** nach *Schütze* wird inzwischen in der Jugendforschung benutzt.

Trotz aller Kritik an einer „Leitfaden-Bürokratie" (*Hopf* 1978), an dem durch Leitfaden hergestellten „Pseudogespräch" (*Köckeis-Stangl* 1980, S. 355) ist das **Leitfaden-Interview** weiterhin im Gebrauch (ihm ähnlich ist das Oral-History-Interview, das in der historischen Jugendforschung eingesetzt wird: *Becker* u.a. 1985, S. 17-19; *Krüger* 1985). Die Entscheidung für einen Leitfaden wird meist damit begründet, es müsse Vergleichbarkeit der erlangten Informationen gesichert werden (*Arbeitsgruppe Schulforschung* 1980, S. 211). Eine kaum noch riskierte Begründung sieht als Gefahr, daß der Befragte ohne Steuerung durch den Leitfaden über das spricht, was *ihm*, aber nicht dem Forscher wichtig ist (*Schön* 1978, S. 19). Gegen „vollständig offene" Befragung von Jugendlichen wird außerdem vorgebracht, daß (jüngere) Jugendliche, denen ihr Leben als biographischer Rahmen noch nicht greifbar ist, knapp auf narrative Aufforderungen reagieren (so *Diezinger/Marquardt/Bilden/Dahlke* 1983, I, S. 25; *Lenz* 1986, S. 139). Ähnlich wie für das narrative Interview scheint sich auch für das Leitfaden-Interview die Maxime bewährt zu haben, als Interviewer „in der Rolle des ‚interessierten Fremden' aufzutreten, der sich für die Meinungen und Erfahrungen des Interviewten interessiert." (*Arbeitsgruppe Schulforschung* 1980, S. 211). Gewöhnlich wird dem Leitfaden auch keine vollständig strukturierende Rolle zugestanden: Spricht der Befragte Inhaltsbereiche späterer Punkte des Leitfadens von sich aus bereits an, so können spätere Fragereize entfallen (z. B. *Kiersch* 1986, S. 229; die Differenz von spontaner und durch Fragereiz provozierter Äußerung wird allerdings meist übergangen).

4.2 Auswahl und Feldzugang

Im großen und ganzen sind zwei Auswahlverfahren im Gebrauch: Die **Quotierung** nach vorweg als bedeutsam erachteten Merkmalen und das „**theoretische Sampling**". Letzteres will Möglichkeiten kontrastiver Auswertung der Einzelfälle durch ein Auswahlverfahren sichern, das sich von unterschiedlichen Merkmalen, Ausprägungen, Varianten usw. im Hinblick auf die theoretisch interessierende Dimension leiten läßt (vgl. *Lenz* 1986, S. 126-127). Verbreiteter ist nach wie vor die Auswahl nach vorweg für einflußreich gehaltenen Merkmalen im Sinne von **Quotierung** bzw. nach äußeren Merkmalen konstituierten Kontrastgruppen. Zwischen beiden Verfahren gibt es Übergänge; einige beginnen mit einer Auswahl nach vorweg bestimmten Merkmalen, um nach erstem Überblick über die möglichen Varianten zu einer theoretischen Auswahl überzugehen. Andere nehmen eine theoretische Auswahl im Sinne von „symptomatischer Repräsentativität" für sich in Anspruch, sind de facto aber nach Quotierung vorgegangen (*Heinz* u.a. 1985, S. 44). Gemeinsam ist beiden Verfahren die Absicht, „eine unbeabsichtigte Konzentration der Fälle auf nur bestimmte Ausprägungen der schließlich als bedeutsam herauszuarbeitenden Variablen zu verhindern." (*Heinz* u.a. 1985, S. 43) Die Differenz steckt in der Frage, ob dies durch Berücksichtigung der Varianz äußerer Merkmale erreichbar ist, oder durch die der Varianz des durch die Fragestellung bestimmten Gegenstandes der Forschung (also etwa typische Verlaufsprozesse, Deutungsmuster o.ä.).

Ein weiteres Auswahlverfahren ist gebunden an ein Design, das quantitative und qualitative Zugänge verbindet: Es löst aus einer großen, quantifizierend analysierten Stichprobe eine Gruppe heraus und befragt diese (zusätzlich) qualitativ (z.B. *Sinus* 1983; *Friebel* 1983).

Inwieweit Gründe in der sozialen Welt die Auswahl beeinträchtigen, wird am Beispiel der problematischen Erreichbarkeit von ausländischen Mädchen diskutiert (z.B. *Stüwe* 1982, S. 75). Nach „unten" (wie nach „ganz oben") hin wird es schwierig, Interviewpartner zu erreichen — das weiß die Umfrageforschung, das trifft auch qualitative Zugänge (vgl. *Diezinger/Marquardt/Bilden/Dahlke* 1983, I, S. 20-21 über die Erreichbarkeit von arbeitslosen Mädchen). Auch für Studien, die auf die Zusammenarbeit mit Bürokratien angewiesen sind, ergeben sich häufig unerwünschte Einflüsse auf die Auswahl (vgl. *Burger/Seidenspinner* 1977, S. 29; ähnlich *Diezinger/Marquardt/Bilden/Dahlke* 1983, I, S. 19-20). Wegen dieser Problematik entscheiden sich manche gegen eine Zusammenarbeit mit Schulverwaltung, Lehrerschaft usw. (so *Hübner-Funk/Müller/Gaiser* 1983, S. 43-44).

4.3 Beobachtung und Gruppendiskussion

Beobachtungsstudien ziehen meist auch Befragung, soziometrische Tests o.ä. als Erhebungsverfahren hinzu. Bereits *Hildegard Hetzer* hatte bei ihrer Beobachtung von Arbeitermädchen in einem Wiener Jugendhort eine Vielfalt von Datenformen genutzt (vgl. *Hetzer* 1926, S. 2-3; ähnlich vielfältig: *Večerka* 1926; *Hargreaves* 1973. Im Sinne von Lebensweltstudien: *Bietau* 1989; *Helsper* 1989. Eine Verbindung von biographischen Interviews mit teilnehmender Beobachtung bei *Baerenreiter/Fuchs-Heinritz/Kirchner* 1990). Teilnehmende Beobachtung in Gruppen, die gegenüber der sozialen Außenwelt Grenzen sichern oder zu denen hin hohe Barrieren des Zugangs bestehen, geht oft notgedrungen über in beobachtende Teilhabe — anders wäre der Zugang nicht erreichbar und begründbar. Ungeplante Übergänge zur Teilhabe sind demgegenüber selten (vgl. *Baumann* 1983, S. 31).

Soweit die Gruppendiskussionsmethode eingesetzt wird, unterscheiden sich Verfahren und Probleme nicht von denen, die aus der Tradition des Verfahrens sonst bekannt sind: Mittels nach vorweg für bedeutsam gehaltenen Merkmalen homogener Diskussionsgruppen, die durch vorgegebene Diskussionsanlässe zum Reden gebracht werden, können (vergleichend) typische Denk- und Bewertungsformen je nach sozialer Lage, Erfahrungshintergrund usw. ermittelt werden (so *Burger/Seidenspinner* 1977, S. 145ff.). Allein eine neuere Studie von *Bohnsack* (1989) über jugendliche Cliquen und die in ihnen wirkenden biographischen Orientierungen nutzt das Gruppendiskussionsverfahren nicht einfach als bewährte Methode, sondern legt eine anspruchsvolle methodologische Neubegründung vor (im Anschluß an Mannheim als „dokumentarische Methode der Interpretation").

4.4 Inhaltsanalyse und Aktenanalyse

Gängig war lange ein Verfahren der Aussagenisolierung aus zusammenhängenden Texten. Heute hat es in der Jugendforschung an Bedeutung verloren, ist nur noch in demoskopischen Untersuchungen dominant: Zusammenhängende Originaläußerungen werden auf Aussagen hin durchgesehen, die einen möglichst eng begrenzten Inhalt zum Ausdruck bringen. Diese (und ihr Zusammenhang pro Fall) können dann vergleichend betrachtet, unter Umständen kodiert und quantifizierend untersucht werden. Dazu können Aussagen-Sammlungen für weitere methodische Aufgaben verwendet werden: als Grundmaterial für die Formulierung eines standardisierten Fragebogens, als Belegstellen für eine bestimmte Interpretation usw. (so z.B. *Krumm* 1967, S. 13-14).

Einen thematischen Schwerpunkt inhaltsanalytischer Bemühungen bildet in den letzten Jahren das Bild von Mädchen und Frau im Fernsehen, in Zeitschriften und Zeitungen, in Schulbüchern usw. (als Überblick: *Schmerl* 1984). Diese Forschungen sind meist von der frauenpolitischen Absicht getragen, Einseitigkeiten in diesen Bildern nachzuweisen sowie Überlegungen über die Wirkung solcher Verzerrungen in den Medien auf die Persönlichkeitsentwicklung von Mädchen vorzulegen. Methodisch sind viele dieser Untersuchungen wenig elaboriert: Typen von Mädchen- und Frauen-Darstellung in Medien entstammen meist theoretischen (oder frauenpolitischen) Vorannahmen, sind selten aus der Analyse des Materials gewonnen. Insofern setzen sie ältere Forschungen über Leitbilder, Stereotypen, Images fort. Entsprechendes gilt für viele Studien über die Ideologiehaltigkeit von Jugend- oder Frauenzeitschriften (nicht aber z.B. für eine bescheidene, aber einfallsreiche Inhaltsanalyse von jugendspezifischen Zeitschriften im Hinblick auf die Momente von jugendlichen „Freizeitkarrieren"; *Eckert/Drieseberg/Willems* 1990).

Die Aktenanalyse wird in Forschungen über „Problemgruppen" aus der Sicht von Kontrollinstitutionen oder Handlungsgruppen, die im Bereich von sozialer Kontrolle, bzw. Rehabilitation arbeiten (Sozialarbeit, Polizei, Gericht, Psychiatrie usw.), verwendet. Hier stellt sich das Problem, worüber die durch diese Institutionen oder Gruppen geführten Akten Auskunft geben; Einigkeit besteht, daß eher über die Wahrnehmung der Kontrolleure als über die Wirklichkeit der Kontrollierten informiert wird (vgl. *Blandow/Winter/von Gregory/Schmitz* 1986, S. 210).

4.5 Vorstellung von Originalmaterial ohne Interpretation

Häufiger als in anderen Wissenschaftsbereichen finden sich in der Jugendforschung Passagen aus Interviews, Interviewprotokolle o.ä. ohne Interpretation abgedruckt; diese Übung, die wissenschaftsgeschichtlich weit zurückreicht, wird unterschiedlich begründet. Zuerst muß eine illustrative Verwendung herausgestellt werden, die sich nicht vom Einsatz entsprechender Materialien bei Journalisten und Sachbuchautoren unterscheidet. Originalzitate werden eingeführt als „ein Interview" oder „hier das Erlebnis eines Punks" (so *Fromm/Savier* 1984, S. 25 und 37), um dann Bedingungen oder Konfliktlagen von Jugendlichen recht kurzschlüssig zu entwickeln.

Oft handelt es sich dann um Hilfen für den Leser, sich in eine ihm vermutlich fremde Lebenserfahrung hineindenken zu können (so *Jordan/Trauernicht* 1981, S. 13; ähnlich: *Becker* u.a. 1985, *Becker-Schaum* u.a. 1986, *Savier* 1982, S. 35). Der kommentarlose Abdruck von Originalmaterial kann Teil der Forschungsdokumentation sein (ähnlich wie quantitative Studien oft eine Grundauszählung mitteilen). So fügt *Krumm* eine „Auswahl charakteristischer Niederschriften" seinem Forschungsbericht an. „Die Texte werden im Anhang zitiert, weil auf sie immer wieder zurückgegriffen wird," heißt es (*Krumm* 1967, S. 27, Fußn. 1). Daneben dürfte die Absicht eine Rolle spielen, Quellen für andere Forscher zur Verfügung zu stellen, wie sie bereits von *Ch. Bühler*, aber auch in der psychoanalytischen Arbeitsrichtung (z.B. *Ferenczi* 1929) verfolgt worden war. Hin und wieder wird den Einzelfällen zu nachträglicher Bedeutung verholfen, indem sie dokumentiert werden, wiewohl sie für die Interpretation als Einzelfälle wenig

Relevanz haben. Diese Absicht der Rehabilitation der Einzelfälle dürfte die *Arbeitsgruppe Schulforschung* (1980, S. 38) bewogen haben, Fallmaterial vorzustellen. Unübersehbar ist auch die Absicht, durch das angefügte Material einen Eindruck davon zu vermitteln, was eine quantitative Studie alles wegschneiden muß (so *Fischer/Fuchs/Zinnecker* 1981, II; *Gurny/Cassée/Hauser/Meyer* 1984, S. 102; vgl. auch *Seidenspinner/Burger* 1984, S. 13; *Sigusch/Schmidt* 1973, S. 77).

Wiewohl die Wiedergabe von Originalmaterial als Auswertung nicht gelten kann, vorläufigeren Zwecken dient, wird selten gesehen, daß die Editionsarbeit interpretatorische Entscheidungen impliziert, nämlich welche Materialstücke präsentiert werden (vgl. *Jaide* 1961, S. 25; *Boßmann* 1982, S. 8-9) und in welcher Verschriftlichungsform (vgl. *Zinnecker* 1982b).

4.6 Probleme der Auswertung

Zwar kommt es noch vor, daß die Interpretation durch Formeln wie „unter bestimmten Fragestellungen qualitativ ausgewertet" (*Elger/Hofmann/Jordan/Trauernicht* 1984, S. 32) beschrieben wird. Spätestens seit Ende der siebziger Jahre aber ist eine Grundposition für die Auswertung klar begründet, die der konstrastiven **Fallanalyse**. Bereits *Stern* hatte Entsprechendes vorgeschlagen: „Wir haben die Durchführung eines Falles vor uns, dem sich viele weitere ... anders gelagerte Fälle werden anschließen müssen, damit die generellen und die differentiellen Züge der Pubertätsentwicklung immer deutlicher hervortreten können." (*Stern* 1925, S. 3). Auswertungsverfahren hingegen, die Merkmale, Dimensionen oder quantifizierbare Informationen aus den Einzelmaterialien herausgreifen und sofort auf die Gesamtgruppe hin ordnen (s.o.), verschenken möglichen Erkenntnisgewinn; „... ich frage mich ..., ob sich unter diesen Umständen die aufwendige Form der Material*gewinnung* lohnt." (*Köckeis-Stangl* 1980, S. 358-359)

Ähnlich wie in der qualitativen Sozialforschung insgesamt stellte sich für die qualitative Jugendforschung seit den siebziger Jahren heraus, wie zeitaufwendig eine regelgeleitete vergleichende Fallinterpretation ist; verschiedentlich finden sich Berichte, man habe erst während der Auswertungsarbeit realisiert, wie arbeitsintensiv sie sei (so *Diezinger/Marquardt/Bilden/Dahlke* 1983, I, S. 35). Die Klärung der Auswertungsschritte war von manchen Forschungsvorhaben zu Beginn auf ein Später verschoben worden. So blieb bei vielen Projekten unklar, „wer wohl am Ende der Sieger ist, der unüberschaubare Berg von produziertem Papier ..., oder der Forscher, der diese Daten sinnvoll strukturiert und daraus relevante Schlußfolgerungen ableitet" (*Schön* 1978, S. 22; ähnlich *Ferchhoff* 1986, S. 242; Gründe im Forschungsdesign bei *Lüders* 1984, S. 219).

Deutungsmuster-Analysen wollen die Muster, die die gegenwärtige Deutung der Lebensgeschichte, der Lebenserfahrungen usw. anleiten (z.B. *Kieper* 1980, S. 56; zur Arbeit der Gruppe um *Mollenhauer* vgl. *Heinze* 1987, S. 71ff.) rekonstruieren. So berücksichtigt *Kieper* anhand autobiographischer Berichte von zehn Heimmädchen drei Dimensionen: Selbstdeutungen, Deutungen der Lebensumstände, Deutungen von interpersonalen Beziehungen. Ergebnis solcher Interpretation sind Aussagen über die Deutungsmuster der Befragten (z.T. in der Sprache der Befragten, z.B. daran angelehnt), von denen angenommen wird, daß sie die Struktur der Persönlichkeit kennzeichnen; deshalb wahrscheinlich wird der Gesamttext ohne Rücksicht auf die Sequenziertheit der Hervorbringung im Interview analysiert (dem Deutungsmusteransatz sind zuzurechnen: *Bietau* 1983; *Sander/Vollbrecht* 1985). Der Deutungsmuster-Analyse verwandt ist das Auswertungsverfahren einer Bremer Projektgruppe (*Heinz* u.a. 1985, S. 37ff.): Mittels „Satz-für-Satz-Interpretation der vollständig transkribierten Forschungsinterviews" werden pro Fall die situationsspezifischen Deutungen der Jugendlichen „problembezogen" durch „Verdichtung" und (noch nicht theoriegeleitete) Formulierung von Kernaussagen herausgearbeitet. Der Interaktionsverlauf zwischen Befragtem und Interviewer bietet für diese Auswertung den sukzessiven Rahmen. Ähnlichkeiten der Deutungen bei mehreren Jugendlichen, auffindbare Varianten usw. schließen sich allmählich zu Deutungsmustern zusammen, die — fallübergreifend — das Repertoire situationsspezifisch erfassen lassen. „Daraus entsteht im systematischen Vergleich der Einzelfälle ein Gerüst erster theoretischer Konzepte ..." (*Heinz* u.a. 1985, S. 39-40).

Auch typologisierend ansetzende Interpretationen verlassen oft rasch die Ebene der Einzelfälle: „Die Einzeläußerung interessiert uns in erster Linie in ihrer Typizität; wir fragen sie jeweils danach ab, ob sie das in der ganzen Gruppe vorherrschende ‚Muster' repräsentiert und reproduziert oder ob sie es relativiert und modifiziert oder ganz vom Muster abweicht." (*Arbeitsgruppe Schulforschung* 1980, S. 38). Offen bleibt die Frage, wie denn ein „vorherrschendes ‚Muster'" identifiziert werden kann bzw. Abweichungen davon. Die Schritte der Auswertung verlassen das Originalmaterial zugunsten eines „Textextrakts" sowie einer „themenbezogenen Synopse", die die Sequenziertheit des Textes übergeht (*Arbeitsgruppe Schulforschung* 1980, S. 216-217; vgl. *Arbeitsgruppe Schulforschung* 1978, S. 179-181).

Als Beispiel für eine Studie, die sich in allen Forschungsschritten nicht von ihrer qualitativ-typologischen Absicht abbringen läßt, kann — bei aller möglichen Detailkritik — die von *Lenz* gelten (1986). Sie verzichtet auf eine Auswahl nach äußeren Merkmalen (verwendet allerdings Leitfäden), sucht diejenigen Fälle, die „als ‚interessant' erschienen für die Weiterentwicklung der angestrebten Theoriebildung", um durch vergleichende Fallinterpretation über wenige „eindeutige Fälle" zu einer Typologie von Handlungstypen bei Jugendlichen zu gelangen. Wenn auch die Textinterpretation ein wenig handgestrickt anmutet (die **Objektive Hermeneutik** wird wegen zu hohen Arbeitsaufwands verworfen, das Verfahren nach *Schütze* wegen seiner Bindung ans **narrative Interview**: *Lenz* 1986, S. 144ff.), sind hier Rückgriffe auf quantitative Logik vermieden.

4.7 Tagebücher und Selbstzeugnisse, der Jugendforschung eigentümliche Datenformen und Auswertungswege

Die besondere Bedeutung von **Tagebüchern** und anderen **Selbstzeugnissen** für die Jugendforschung wird darin gesehen, daß das Verfassen solcher Zeugnisse an Pubertät bzw. Jugend gebunden ist. Anders die Kindheit: „Dem Kinde ist ... die Reflexion über sich selbst etwas durchaus Fernliegendes." (*Stern* 1925, S. 1) Zweitens: Daß die Jugendpsychologie auf **Selbstzeugnisse** angewiesen ist, begründet *Busemann* damit, daß der (erwachsene) Psychologe eine Verständnisdistanz zum Jugendlichen zu überwinden hat, wenn er allein auf Fremdbeobachtung vertraut: „... indem der Psychologe die Selbstschilderungen der Jugend mit den von ihm beobachteten objektiven Symptomen ihres Zustandes vergleicht, gewinnt er Boden unter den Füßen." (*Busemann* 1926, S. 11) Das Jugendtagebuch als Quelle für die Jugendforschung ist drittens begründet in dessen „Unverfälschtheit": „Es gibt kaum eine Tätigkeit, die so wenig durch ich-fremde Umstände erzwungen und beeinflußt wurde, wie das Tagebuchführen" (*Stern* 1925, S. 1-2; ähnlich *Allerbeck/Rosenmayr* 1976, S. 43-44).

Trotz aller Einsamkeit des Tagebuchschreibers aber könne das Produkt keineswegs als ‚„publikumslose' Niederschrift" aufgefaßt werden: „Selbst-*Bekenntnis* und Selbst-*Darstellung* sind doch nie ganz zu trennen; und wer sich darstellt, handelt irgendwie bereits mit Rücksicht auf einen ‚anderen'" (*Stern* 1925, S. 2; ähnlich *Bernfelds* Einwand gegen den Gedanken, das Tagebuch spiegele das Seelenleben: Darin werde die Wirkung der kulturellen Formtradition übergangen. *Bernfeld* 1978, zuerst 1931; vgl. *Projektgruppe Jugendbüro* 1978). Daraus folgt für Stern die Notwendigkeit einer „psychologischen Deutungstechnik", womit er sich kritisch von *Ch. Bühler* und anderen absetzt (*Stern* 1925, S. 2; ähnlich *Busemann* 1926, S. 231). *Busemann* wendet die Frage nach der Wahrhaftigkeit des **Tagebuchs** methodologisch: „ Wir verwerten nicht die Aussagen der Kinder über sich selbst als *Zeugnisse* für ihr Beschaffensein, sondern als Exempel für ihre Art, sich selbst darzustellen, und von da aus als Symptome für ihre Struktur." (*Busemann* 1926, S. 12; vgl. *Flitner* 1963, S. 21) Das methodische Problem besteht also darin, keine „voreiligen Schlüsse aus den Selbstdarstellungen auf das Selbstbild oder gar das Selbstsein zu ziehen" (*Busemann* 1926, S. 7). *Busemann* nimmt damit Überlegungen vorweg, die in den letzten Jahren in der **Biographieforschung** unter dem Stichwort „Formen der Selbstthematisierung" erörtert und methodisch berücksichtigt werden.

Über die Tauglichkeit von einerseits **Tagebüchern**, andererseits **Niederschriften**, über die Brauchbarkeit von **Selbstzeugnissen** beiderlei Art entwickelte sich eine Diskussion, die bis heute nicht abgeschlossen ist: Den Unterschied zu Tagebüchern und anderen spontan verfaßten Selbstzeugnissen sieht *Busemann* darin, daß „provozierte" Selbstzeugnisse (z.B. Aufsätze) in größerer Zahl verfügbar sind. Zwar „haben die spontanen Selbstdarstellungen den Vorzug größerer Echtheit, Glaubwürdigkeit und Intimität. Aber dem steht gegenüber, daß die provozierte Selbstdarstellung alle Altersstufen und Bildungsschichten umfassen kann, während das Tagebuchschreiben ein Vorrecht gewisser Altersstufen und Bildungsstufen sein dürfte." (*Busemann* 1926, S. 27-28; *Stern* 1925, S. 4; entsprechend *Bertlein* 1960, S. 18-19). Sehr kritisch hingegen beurteilt *Jaide* die Tauglichkeit von Tagebüchern, „gar ... literarischen Produktionen": „Bevor man Zuflucht nimmt zur höheren Prägnanz und Geschlossenheit literarischer Aussagen anstelle von trockenen vieldeutigen Interviewprotokollen, müßte ... mit Hilfe aller modernen methodischen Möglichkeiten die Bedeutung solcher Stimmen in bezug auf die gegenwärtige Generation eindeutig geklärt sein ... Die Historie des gemeinen Mannes in seinen Jugendjahren ist noch nicht geschrieben." (*Jaide* 1963, S. 65; skeptisch *Blücher* 1966, S. 105.) Eben dies Interesse an der Jugend der Arbeiterschaft hatte *Lazarsfeld* dazu geführt, den qualitativen Ansatz von *Ch. Bühler* zu verlassen (vgl. *Rosenmayr* 1962, S. 75; *Allerbeck/Rosenmayr* 1976, S. 44).

Umstritten bleibt auch die Gültigkeit (vgl. *Rosenmayr* 1962, S. 71-72). Die Frage nach der Gültigkeit von **Niederschriften** stellt sich noch schärfer: Liegt doch hier die

Möglichkeit nahe, daß die Jugendlichen „keineswegs geneigt sind, fremden Ausfragern wirklich das zu sagen, was sie denken, oder daß sie dies in einem immerhin doch schulmäßigen Aufsatz tun werden." (*Dehn* 1929, S. 106; ähnlich *Muchow* 1959, S. 83; vgl. Berichte über Verletzungen der Anonymitätsregel durch beauftragte Lehrer usw. bei *Busemann* 1926, S. 41-53; *Traphagen* 1955, S. 9-10). Offenbar ergab sich auch für *Busemann* der Grund für seine Auswertung in quantitativer Logik aus seinem Mißtrauen in seine eigenen Daten (*Busemann* 1926, S. 215-216; quantitativ auch: *Hetzer* 1931). Eine (nicht immer gangbare) Lösung hat eine Studie über Gruppenstrukturen in Gymnasialklassen durch interne Gegenkontrolle der Angaben in den Schüleraufsätzen erprobt (*Schäfer/Lemberg/Klaus-Roeder* 1965, S. 24).

Ein Problem des **Aufrufverfahrens** sowie der Sammlung von Schüleraufsätzen ist die Gewinnung von „äußeren" Informationen über die Verfasser: Aus manchen Aufsätzen bzw. Einsendungen gehen nicht einmal Geschlecht und Alter hervor, geschweige denn Bildungsniveau, Wohngegend, familiäres Herkunftsmilieu o.ä. Hierfür schlug *Traphagen* (1955, S. 13) vor, „sollte man — wohlverstanden: nur als Ergänzung — den Fragebogen haben." *Ch. Bühlers* Verfahren, die Verfasserinnen von Jugendtagebüchern brieflich um entsprechende Informationen zu bitten (*Bühler* 1932), wird von der *Arbeitsgruppe Jugend* '83 (1984; 1985) wieder aufgenommen.

Seit rund zehn Jahren haben Selbstzeugnisse sowie das **Aufrufverfahren** zur Erhebung eine neue Blüte erreicht: Die Überraschung über die politische Artikulation in neuen Jugendbewegungen seit Ende der siebziger Jahre legte Versuche nahe, „Einblicke in das ‚Innenleben' der Protestszene" (*Krüger* 1983b, S. 131; ähnlich *Zinnecker* 1985, S. 146f.) zu gewinnen. „Literarische Dokumente jugendlicher Existenz" werden als Quellen rehabilitiert (*Projektgruppe Jugendbüro* 1978, S. 123; *Abels/Krüger/Rohrmann* 1989), Aufsatzsammlungen (*Boßmann* 1982), der öffentliche Aufruf im Rahmen der 10. Shell-Jugendstudie (*Arbeitsgruppe Jugend* '83 1984; 1985) sind Beispiele. So sehr bei letzterem die Anbindung an eine quantitative Studie möglich war und methodische Neuerungen (Korrespondenz, Auswertung der Begleitschreiben, Statistik der Einsender usw.) gelungen sind — die qualitative Auswertung folgt methodisch eher konventionellen Bahnen (kritisch: *Treumann* 1986, S. 210-211).

4.8 Themenbereiche und Theoriebezüge

Das thematische Spektrum der qualitativen Jugendforschung reicht von Gegenständen, die immer schon einen qualitativen Zugang nahelegten, zu solchen, die sich wegen ihrer zeitgeschichtlichen Prägnanz aufdrängen: In Übereinstimmung mit der qualitativen (insbesondere der biographischen, vgl. *Fuchs* 1984, S. 138ff.) Forschung insgesamt sind es schwer erreichbare Lebensformen, die aufgrund qualitativen Materials beschrieben werden (z.B. „Mädchen auf Trebe", *Colla* 1977). Sollen Deutungsperspektiven erschlossen werden, die durch die Gestalt der wirklichen Sozialbeziehungen wenig Chancen haben, gehört zu werden — die von Schülern in der Schule (z.B. *Graf* 1912, *Hellpach* 1954, *Reinert/Zinnecker* 1978, *Zinnecker* 1982a) oder die Erfahrungen von Schülern in bestimmten Schulfächern (für den Geschichtsunterricht z.B. *Küppers* 1961, *Roth* 1968, *Friedeburg/Hübner* 1970), liegt die Erhebung qualitativer Materialien nahe.

Das traditionsreiche Interesse an Strukturen und kulturellen Leistungen von Jugendgruppen und Jugendbewegungen ist gleichfalls unübersehbar: Cliquen und **Jugendkulturen** sind ein zentraler Arbeitsbereich (vgl. z.B. *Bietau* 1989; *Helsper* 1989). Hier geht es darum, wie sie den sozialen **Raum** ihres Jugendlebens erfahren und gestalten (*Becker/Eigenbrodt/May* 1983; *Becker/Eigenbrodt/May* 1984a; *Becker/Eigenbrodt/May* 1984b), welche Formen das Gruppenleben hat, welche symbolischen Eigengestalten es aufweist. Ausgelöst durch einen Einspruch gegen die Untersuchung hauptsächlich der Gesellungsformen und Stilmuster von männlichen Jugendlichen (*McRobbie* 1982) ist mehrfach versucht worden, die „Produktionsweise" der Mädchen aufzufinden (z.B. *Becker/Eigenbrodt/May* 1984a, 157ff.; *Engler/Friebertshäuser* 1984; vgl. *Ostner* 1986). Hinzu kommt das Interesse an der Rekonstruktion von Kindheits- und Jugendleben. Es wandte sich bevorzugt entsprechenden Erfahrungen bei Arbeitern zu (*Becker* u.a. 1985; *Becker-Schaum* u.a. 1986) sowie der Erforschung der Vorgeschichte heutiger Jugendkulturen, der „Halbstarken", der „Exis", der „Teenager" der fünfziger Jahre (*Krüger* 1983a; *Krüger* 1985; *Preuss-Lausitz* u.a. 1983) sowie der „Wilden Cliquen" der zwanziger und dreißiger Jahre (*Lessing/Liebel* 1981); autobiographische Zeugnisse werden zu ähnlichen Fragestellungen genutzt (*Heinritz* 1985). Erste Studien zur historischen Sozialisationsforschung in international vergleichender Perspektive liegen vor (vgl. *Behnken/du Bois-Reymond/Zinnecker* 1989).

Auswirkungen der neuen **Frauenbewegung** sowie allgemein der Rollenwandel bei jungen Frauen gehören wegen ihrer zeitgeschichtlichen Prägnanz zu den wichtigsten Themen der qualitativen Jugendforschung (z.B. *Sinus-Institut* 1985, S. 31). Ein weiterer Schwerpunkt ist, seit **Jugendarbeitslosigkeit** als Strukturproblem unübersehbar wurde, die Untersuchung von **Berufswahl**, Lehrstellensuche, Arbeitslosigkeit. Der Übergang von der Schule in den Beruf, besonders von Jugendlichen des unteren Schulniveaus (vgl. *Heinz* u.a. 1985; *Hübner-Funk/Müller/Gaiser* 1983; *Baerenreiter/Fuchs* 1983; *Friebel* 1983; *Friebel* 1985; *Schumm* 1983) als aus dem Takt geratener Statuspassage wurde Arbeitsfeld mehrerer Untersuchungen. Im Rahmen dieses Interesses richten sich Fragestellungen betont auf die von den Mädchen gegangenen Wege, weil die Mädchen in großer Mehrheit auf Berufsarbeit, wie auch immer mit Ehe und Familie verbunden, eingerichtet sind (z.B. *Heinz* u.a. 1985, S. 13. Zum Themenspektrum biographischer Studien zur Jugendphase vgl. *Fuchs-Heinritz* 1990, S. 62ff.). Hingegen steht eine „biographische Medienforschung" noch am Anfang (so *Sander/Vollbrecht* 1989).

Wenn qualitative Forschung im Thema Jugend nicht ein Anwendungsfeld wie andere auch hat, sondern innigere Beziehungen zwischen Methode und Gegenstand bestehen, liegt die Frage nahe, ob sie spezifische Theoriebezüge aufweist. Der Jugendforschung insgesamt wird ja seit Beginn der siebziger Jahre öfter Theorielosigkeit vorgehalten (*Griese* 1980, S. 395ff.; vgl. *Lenz* 1986, S. 84). Hat die Renaissance qualitativer Jugendforschung mithelfen können, dem überzeugende Beweise entgegenhalten zu können? Hier muß im Gesamteindruck ein eher flexibles Verhältnis von Theorie und Forschung konstatiert werden. Dies geht (auch) auf eine wirkliche Schiefe im Verhältnis von qualitativer Jugendforschung und Theorien zurück: Qualitative Jugendforschung ist an **Verlaufsstrukturen**, an Prozessen interessiert; psychologische, sozialpsychologische und soziologische Theorien der Jugend hingegen sind meist stärker an stabilen Strukturen (z.B. anthropologisch fundierten „Entwicklungsaufgaben", an festen Stufen der Reifung) orientiert oder aber denken normativistisch, z.B. *Eriksons* Sozialisationstheorie sowie die im Umkreis der kritischen Theorie vorgelegten Ansätze zur Identitätsentwicklung (vermutlich deshalb auch die geringe Orientierungskraft von Triebtheorien — außer in pragmatischen Rückgriffen, z.B. *Kannicht* 1983). Es liegt auf der Hand, daß sich qualitative Jugendforschung aus dieser Problematik dadurch zu lösen versucht, daß sie ihre Aufgabe als eine explorative oder als ein theoriegenerierende bestimmt — in beiden Fällen sich dem Vorrangigkeitsanspruch vorhandener Theorien nicht unterwirft (vgl. *Diezinger/Marquardt/Bilden/Dahlke* 1983, I, S. 38-39). Daß bei solch offen-flexiblem Theoriebezug manche Integrationsversuche von Dimensionen aus unterschiedlichen Denktraditionen scheitern (z.B. die Absicht von *Sander/Vollbrecht* 1984, Deutungsmuster, Sozialökologie und Zeiterfahrung aufeinander bezogen zu analysieren, oder die von *Hübner-Funk/Müller/Gaiser* 1983, berufliche Orientierungen, Gesellungsformen und Umweltorientierung zusammen zu beschreiben, vgl. auch *Lüders* 1984, S. 211-212), kann nicht verwundern.

Im Hintergrund des offensiv vertretenen flexiblen Theoriebezugs steht die Aversion gegen eine ältere, milieutheoretische **Sozialisationsforschung**, die die deutenden und handelnden Beiträge der Individuen und Gruppen zur Produktion und Reproduktion der sozialen Wirklichkeit übersah (*Lenz* 1986, S. 85; vgl. die Bemühungen um ein „Modell des produktiv realitätsverarbeitenden Subjekts in der Sozialisationsforschung", *Hurrelmann* 1983; *Hurrelmann/Neubauer* 1986). Ähnlich wie in der Sozialforschung allgemein ist auch in der Jugendforschung das *Schütz*'sche Konzept der **Lebenswelt** in diesem Sinne wichtiger theoretischer Bezugspunkt geworden (zuerst *Projektgruppe Jugendbüro* 1975 und 1977; vgl. auch *Kieper* 1980, S. 26, hier manchmal amalgamiert mit Theoremen aus der Kritischen Theorie; unklar teilweise auch *Heinze* 1987, S. 22ff.). Theoriebezug heißt hier nicht, daß Theorie den Rahmen, das Netz für Empirie bildet, sondern die Empirie wird so angelegt, daß die vorliegende Theorie erweitert bzw. ergänzt werden kann (vgl. *Heinz* u.a. 1985, S. 33).

Auf der Basis dieser Grundorientierung waren es drei Vorgaben aus der internationalen Sozialforschung, die sich als von theoretischer sowie methodologischer Anregungskraft erwiesen haben:

- der auf Cliquen und Stile gerichtete Ansatz der Forschergruppe des Center for Contemporary Cultural Studies in Birmingham (z.B. *Willis* 1979, *Willis* 1981, *Hebdige* 1983), dessen Faszination aus der seltenen Mischung von deskriptiv-empirischer Neugier und gesellschaftstheoretischer Reflektiertheit rührt (zu den marxistischen Theoriebezügen vgl. *Brake* 1985, S. 3ff., 65ff.; zur Rezeption in der westdeutschen Jugendforschung: *von Prondczynsky* 1985)
- die auf Verlaufsstrukturen gerichteten Untersuchungen von *A. Strauss* sowie die von ihm und *B.B. Glaser* vorgelegte Methodologie qualitativer Sozialforschung
- die empirischen und theoretischen Arbeiten von *Bourdieu* über soziale Distinktion und Popularkultur.

Alle drei Anregungen verbanden sich mit einem in der westdeutschen Sozial- (und Jugend-)forschung sich verbreitenden Interesse, die Vielfalt kultureller und biographischer Optionen beschreiben und begreifen zu können. Konzeptualisierungen von **Jugendkulturen** und biographischen Verläufen, Thesen zur **Individualisierung** (*Beck-Gernsheim* 1983; *Fuchs* 1983a; *Bilden/Diezinger* 1984; *Olk* 1986) sind diesen Gedanken kongenial (vgl. *Ferchhoff* 1986, S. 236). Auch Rekonstruktionen der räumlichen

Erfahrungs- und Handlungswelt sind am Pluralismus von Umwelten, Lebenslagen und Verarbeitungsformen interessiert (z.B. *Sander/Vollbrecht* 1985, S. 29ff.), z.T. erweitert durch die Frage nach der Territorialität im Sinnbereich jugendlicher Subkulturen (z.B. *Becker/Eigenbrodt/May* 1984), z.T. durch den Versuch, die regionale Differenziertheit von jugendlichen Lebenslagen aufzuweisen (z.B. *Hübner-Funk/Müller/Gaiser* 1983; *Gaiser* 1989). Bei all diesen Anregungen und Entsprechungen kann allerdings nicht übersehen werden, daß sich die Hoffnung auf ein theoriegenerierendes Potential der qualitativen Jugendforschung in einem prägnanten Sinn nicht erfüllt hat (vgl. *Fuchs-Heinritz* 1990, S. 79-80): Trotz aller wichtigen Beschreibungen von Prozessen und aller anregenden Typenbildung ist bislang aus der qualitativen Jugendforschung heraus (noch) kein neues Theorem entstanden, ist aufgrund ihrer Arbeiten (noch) keine vorliegende Jugendtheorie überzeugend umformuliert worden.

Produktiv sind auch die Vorschläge gewesen, die Jugendforschung in einen größeren konzeptuellen Rahmen zu stellen, einerseits die Ausweitung der Sozialisationstheorie auf die gesamte Lebensspanne, andererseits die dieser Erweiterung zuarbeitenden Vorschläge aus der Soziologie des Lebenslaufs und der **Biographieforschung** (vgl. *Kohli* 1980, S. 299ff. Zur heimlichen Ambivalenz einer biographisch orientierten Jugendforschung vgl. *Fuchs-Heinritz* 1990, S. 60-61). Sosehr sich Hoffnungen auf Integration und weiten Horizont an diese Vorschläge knüpfen — man darf skeptisch sein, ob sie eine Einordnung der Jugendforschung in Disziplinen erreichen werden, die aus dem biographischen Gesamtrahmen heraus arbeiten. Dagegen stehen nicht nur Gewohnheiten und Institutionalisierungen, sondern auch das Eigenprofil von Jugend als einer Lebenssituation, die die Gesellschaft auch künftig zu speziellen Vorgaben, Lösungen und Maßnahmen herausfordern wird.

5 Perspektiven der qualitativen Jugendforschung

Für die Entwicklung der qualitativen Jugendforschung wird viel davon abhängen, ob sie sich mit größerem Selbstbewußtsein als bisher ihren eigenen Möglichkeiten zuwendet — statt weiterhin qualitativ erhobenes Material (auch) nach quantitativer Logik zu interpretieren. Wie steht es mit der Rezeption und Verarbeitung der soziologischen Vorschläge für eine qualitative Methodenlehre und Methodologie (skeptisch hierzu: *Lüders* 1984, S. 217)? In der allgemeinen Methoden- und methodologischen Debatte haben besonders die Vorschläge von *Oevermann* **(Objektive Hermeneutik)** und *Schütze* **(narratives Interview)** Aufmerksamkeit gefunden. In der Jugendforschung ist die Objektive Hermeneutik vergleichsweise früh zur Kenntnis genommen worden (wenn auch selten „angewendet"), der Vorschlag *Schützes* zum narrativen Verfahren hingegen zögernder. Beide können als Überwindung der allein erkenntnistheoretischen und methodologischen Debatte der sechziger Jahre gelten, insofern sie nicht (nur) Normen für richtige Sozialforschung enthalten, sondern aus produktiven Forschungserfahrungen entstanden sind und sich immer wieder an ertragreiche Forschungsvorhaben zurückbinden (vgl. *Gruschka* 1985, S. 92).

Inzwischen liegen einige Studien vor, die dem Vorschlag des narrativen Verfahrens — wenn auch nicht päpstlich — folgen oder doch mehr oder weniger entschieden einer qualitativen Forschungslogik: *Lenz'* schon genannte Arbeit über jugendliche Handlungstypen (*Lenz* 1986; 1988; 1990), eine Untersuchung über jugendliche Computer-Fans (*Baerenreiter* 1989; *Baerenreiter/Fuchs-Heinritz/Kirchner* 1990), eine Studie über Altersnormen und ihre Bedeutung für die „Bewegungsformen" durch die Jugendphase (*Fuchs-Heinritz/Krüger/Ecarius* 1991; *Fuchs-Heinritz/Krüger* 1991), *Heinemeiers* Arbeit über „Zeitstrukturkrisen" am Beispiel von jugendlichen Arbeitslosen (*Heinemeier* 1991). Im weiteren Sinne (weil nur teilweise einer qualitativen Logik folgend) können hierzu eine Studie über Arbeitsorientierungen und Lebenskonzepte (*Baethge/Hantsche/Pelull/Voskamp* 1988; *Hantsche* 1990) gerechnet werden sowie die Untersuchung von *Zoll* u.a. (1989; vgl. auch *Oechsle* 1991), die zwei „kulturelle Modelle" der Lebensführung und -auffassung bei Jugendlichen gegenüberstellt.

Noch ist nicht überschaubar, welchen Einfluß diese und andere Studien (für Italien vgl. *Cavalli* 1985; für die Niederlande vgl. *Miedema/Janssen* 1986; *Miedema/Eelman* 1987; de *Bie/Miedema* 1990) auf die Jugendforschung haben werden. Erste Reaktionen (vgl. *du Bois-Reymond/Oechsle* 1990) diskutieren die Gründe für den geringen Grad der dimensionalen Passung verschiedener Typologien aus diesen Forschungen und vermuten sie — abgesehen von den jeweils unterschiedlichen jugendtheoretischen Interessen (z.B. Lebenskonzepte, Handlungstypen, biographische Bewegungsformen) — in methodischen Vorentscheidungen (z.B. Alter der befragten Jugendlichen sowie andere Auswahlkriterien: Vgl. auch den Generaleinwand gegen Jugendtypologien bei *Heinz/Krüger* 1990, S. 85).

Sowohl die methodologischen Vorschläge (Objektive Hermeneutik, narratives Verfahren u.a.) als auch die vorliegenden, einer qualitativen Forschungslogik verpflichteten Studien deuten auf eine veränderte Konstellation der an Jugendforschung beteiligten Disziplinen. Lange war es üblich (und möglich), die an quantitativen Modellen orientierte Jugendsoziologie für Probleme und Sackgassen in der Jugendforschung verantwortlich zu machen (z. B. *Flitner* 1963, S. 8; *Hornstein*, Vorwort zu *Ausubel* 1970, S. 9). Nunmehr liegen ausgearbeitete Vorschläge für eine alle Forschungsschritte einbegreifende Logik qualitativer Forschung gerade aus der Soziologie vor. Wir können gespannt sein, wie sich künftig die Beiträge von Soziologie, Pädagogik und Psychologie zum Arbeitsfeld Jugendforschung neu gruppieren werden.

Literatur

Abels, H./Krüger, H.H./Rohrmann, H.: „Jugend im Erziehungsfeld." Schüleraufsätze aus den fünfziger Jahren im Roeßler-Archiv. In: BIOS. Zeitschrift für Biographieforschung und Oral History 2 (1989), H. 1, S. 139-150

Allerbeck, K./Hoag, W. J.: Jugend ohne Zukunft? Einstellungen, Umwelt, Lebensperspektiven. München/Zürich 1985a

Allerbeck, K./Hoag, W. J.: Zur Methodik der Umfragen. Projekt: Integrationsbereitschaft der Jugend im sozialen Wandel. Frankfurt a. M., Februar 1985b

Allerbeck, K./Rosenmayr, L.: Einführung in die Jugendsoziologie. Theorien, Methoden und empirische Materialien. Heidelberg 1976

Arbeitsgruppe Jugend '83: Jugend — Vom Umtausch ausgeschlossen. Eine Generation stellt sich vor. Reinbek b. Hamburg 1984

Arbeitsgruppe Jugend '83: Jugend in Selbstbildern. In: Fischer, A./Fuchs, W./Zinnecker, J.: Jugendliche und Erwachsene '85, Bd. 4, Opladen 1985

Arbeitsgruppe Schulforschung: Alltagstheorien von Schülern und Lehrern über Schulversagen. In: Schön, B./Hurrelmann, K. (Hrsg.): Schulalltag und Empirie. Weinheim/Basel 1978, S. 172 - 191
Arbeitsgruppe Schulforschung: Leistung und Versagen. Alltagstheorien von Schülern und Lehrern. München 1980
Ausubel, D. P.: Das Jugendalter. Fakten — Probleme — Theorien. München [2]1970
Baacke, D.: Peer-groups und Jugendkultur. Formen des Gruppenlebens und seine Funktionen. In: Neue Sammlung 22 (1982), H. 5, S. 468-480
Baacke, D.: Pädagogische Jugendforschung — eine Disziplin mit offenen Rändern. In: Heitmeyer, W. (Hrsg.): Interdisziplinäre Jugendforschung. Fragestellungen, Problemlagen, Neuorientierungen. Weinheim/Basel 1986, S. 77-87
Baerenreiter, H.: Computerinteresse in der Jugendbiographie. Eine Fallgeschichte. In: BIOS. Zeitschrift für Biographieforschung und Oral History 2 (1989), H. 2, S. 239-253
Baerenreiter, H./Fuchs, W.: Übergangsprobleme: Vier biographische Porträts. In: Null Bock auf euer Leben. Braunschweig 1983, S. 99 - 130
Baerenreiter, H./Fuchs-Heinritz, W./Kirchner, R.: Jugendliche Computerfans: Stubenhocker oder Pioniere? Biographieverläufe und Interaktionsformen. Opladen/Wiesbaden 1990
Baethge, M./Hantsche, B./Pelull, W./Voskamp, U.: Jugend: Arbeit und Identität. Opladen 1988
Baumann, H. D.: Szenen aus dem deutschen Rockerleben. In: deutsche jugend 31 (1983), S. 31-38
Beck-Gernsheim, E.: Vom „Dasein für andere" zum Anspruch auf ein Stück „eigenes Leben". Individualisierungstendenzen im weiblichen Lebenszusammenhang. In: Soziale Welt 34 (1983), H. 3, S. 307-340
Becker, H. u. a.: Es hat immer mir grad' so gereicht ... Arbeiterkinder und -jugendliche in Bockenheim 1918-1933. Frankfurt a. M. 1985
Becker, H./Eigenbrodt, J./May, M.: Cliquen und Raum. Zur Konstituierung von Sozialräumen bei unterschiedlichen sozialen Milieus von Jugendlichen. In: Kölner Zeitschrift für Soziologie und Sozialpsychologie. Sonderheft Nr. 25 (1983), S. 451-481
Becker, H./Eigenbrodt, J./May, M.: Pfadfinderheim, Teestube, Straßenleben. Jugendliche Cliquen und ihre Sozialräume. Frankfurt a. M. 1984a
Becker, H./Eigenbrodt, J./May, M.: Unterschiedliche Sozialräume von Jugendlichen in ihrer Bedeutung für pädagogisches Handeln. In: Zeitschrift für Pädagogik 30 (1984b), H. 4, S. 499-517
Becker-Schaum, Ch. u.a.: „Wer klassenbewußt war, war im Konsum." Arbeiterkinder und -jugendliche im Gallus-Viertel 1918-1933. Frankfurt a. M. 1986
Behnken, I./du Bois-Reymond, M./Zinnecker, J.: Stadtgeschichte als Kindheitsgeschichte. Lebensräume von Großstadtkindern in Deutschland und Holland um 1900. Opladen 1989
Bennett, J.: Oral History and Delinquency. The Rhetoric of Criminology. Chicago/London 1981
Bernfeld, S.: Über den Begriff der Jugend. Diss. Wien 1914/15
Bernfeld, S.: Trieb und Tradition im Jugendalter. Kulturpsychologische Studien an Tagebüchern. Bensheim 1978 (zuerst 1931)
Bertlein, H.: Das Selbstverständnis der Jugend heute. Eine empirische Untersuchung über ihre geistigen Probleme, ihre Leitbilder und ihr Verhältnis zu den Erwachsenen. Hannover/Berlin/Darmstadt/Dortmund 1960
de Bie, E./Miedema, S.: Respectabiliteit onder druk? Een kwalitatief onderzoek naar levensstijlen van jongvolwassen vrouwen met een uitkering. Groningen 1990
Bietau, A.: Arbeiterjugendliche zwischen Schule und Subkultur. Eine Straßenclique in einer ehemaligen Bergarbeitersiedlung des Ruhrgebietes. In: Breyvogel, W. (Hrsg.). Pädagogische Jugendforschung. Erkenntnisse und Perspektiven. Opladen 1989, S. 131 - 159
Bietau, A.: Ein 14-jähriger Streetfighter in der Szene — Interpretation eines Interviews. In: Breyvogel, W. (Hrsg.): Autonomie und Widerstand. Zur Theorie und Geschichte des Jugendprotestes. Essen 1983, S. 30-40
Bilden, H./Dietzinger, A.: Individualisierte Jugendbiographie? Zur Diskrepanz von Anforderungen, Ansprüchen und Möglichkeiten. In: Zeitschrift für Pädagogik 30 (1984), H. 2, S. 191-207
Blandow, J./Winter-von Gregory, W./Schmitz, J.: „Erzieherische Hilfen" — Untersuchungen zu Geschlechtsrollen — Typisierungen in Einrichtungen und Diensten der Jugendhilfe. In: Blandow, J.

u.a.: Mädchen in Einrichtungen der Jugendhilfe. Alltag und Biographie von Mädchen. Band 15, Opladen 1986, S. 133-227
Graf Blücher, V.: Die Generation der Unbefangenen. Zur Soziologie der jungen Menschen heute. Düsseldorf und Köln 1966
Graf Blücher, V.: Die Intensivuntersuchung mit halbstrukturierten Interviews. Zur Erfassung politischer Haltungen und Verhaltensweisen. In: Schmidt, R.H. (Hrsg.): Methoden der Politologie. Darmstadt 1967, S. 448-455 (zuerst 1962)
du Bois-Reymond, M./Oechsle, M.: Jugendforscher streiten sich — statt einer Einleitung. In: Dies. (Hrsg.): Neue Jugendbiographie? Zum Strukturwandel der Jugendphase. Opladen 1990, S. 7-24
Bohnsack, R.: Generation, Milieu und Geschlecht. Ergebnisse aus Gruppendiskussionen mit Jugendlichen. Opladen 1989
Boßmann, D.: Zukunftserwartungen der Jugend. Eine Schülerumfrage. Tübingen 1982
Brake, M.: Comparative Youth Culture. The Sociology of Youth Cultures and Youth Subcultures in America, Britain and Canada. London/Boston/Melbourne/Henley 1985
Brezinka, W.: Die Pädagogik und die erzieherische Wirklichkeit. In: Röhrs, H. (Hrsg.): Erziehungswissenschaft und Erziehungswirklichkeit. Frankfurt a. M. [23]1967 (zuerst 1964), S. 192-220
Bühler, Ch. (Hrsg.): Tagebuch eines jungen Mädchens. Quellen und Studien zur Jugendkunde, Heft 1, Jena 1922
Bühler, Ch.: Das Seelenleben des Jugendlichen. Versuch einer Analyse und Theorie der psychischen Pubertät. Jena [4]1927 (zuerst 1921)
Bühler, Ch.: Kindheit und Jugend. Genese des Bewußtseins. Leipzig [33]1931 (zuerst 1928)
Bühler, Ch. (Hrsg.): Jugendtagebuch und Lebenslauf. Zwei Mädchentagebücher mit einer Einleitung. Jena 1932
Bühler, Ch.: Drei Generationen im Jugendtagebuch. Jena 1934
Burger, A./Seidenspinner, G.: Jugend unter dem Druck der Arbeitslosigkeit. München 1977
Busemann, A.: Die Sprache der Jugend als Ausdruck der Entwicklungsrhythmik. Sprachstatistische Untersuchungen. Jena 1925
Busemann, A.: Die Jugend im eigenen Urteil. Eine Untersuchung zur Jugendkunde. Langensalza 1926
Cavalli, A.: Il tempo dei giovani, Bologna 1985
Cavalli, A.: Zeiterfahrungen von Jugendlichen. In: Zoll, R. (Hrsg.): Zerstörung und Wiederaneignung von Zeit. Frankfurt am Main 1988, S. 387-404
Colla, H. E.: Mädchen auf Trebe. In: Kerscher, I. (Hrsg.): Konfliktfeld Sexualität. Darmstadt/Neuwied 1977, S. 225-233
Corbin, A.: Die Mädchen kommen. Eine „bildhafte" Geschichte. In: Mc Robbie, A./Savier, M. (Hrsg.): Autonomie — aber wie! Mädchen, Alltag, Abenteuer. München 1982, S. 112-136
Dehn, G.: Proletarische Jugend. Lebensgestaltung und Gedankenwelt der großstädtischen Proletarierjugend. Berlin 1929
Diezinger, A./Marquardt, R./Bilden, H./Dahlke, K.: Zukunft mit beschränkten Möglichkeiten. Entwicklungsprozesse arbeitsloser Mädchen. 2 Bände. München 1983
Eckart, R./Drieseberg, Th./Willems, H.: Sinnwelt Freizeit. Jugendliche zwischen Märkten und Verbänden. Opladen 1990
Elger, W./Hofmann, H.-J./Jordan, E./Trauernicht, G.: Ausbruchsversuche von Jugendlichen. Selbstaussagen — Familienbeziehungen — Biographien. Ergebnisse eines Forschungsprojekts. Weinheim und Basel 1984
Engler, St./Friebertshäuser, B.: Chicago-Mädchen, ein Gruppenporträt. Die kulturellen Praxen von Mädchen in einer männlich geprägten Jugendsubkultur. Marburg 1984
Ferchhoff, W.: Zur Differenzierung qualitativer Sozialforschung. Mit einem Vergleich von qualitativer und quantitativer Jugendforschung. In: Heitmeyer, W. (Hrsg.): Interdisziplinäre Jugendforschung. Fragestellungen, Problemlagen, Neuorientierungen. Weinheim/München 1986, S. 215-244
Ferenczi, S.: Aus der Kindheit eines Proletariermädchens. Aufzeichnungen einer 19jährigen Selbstmörderin über ihre ersten zehn Lebensjahre. In: Zeitschrift für psychoanalytische Pädagogik 3 (1929), H. 5/6, S. 141-172
Fischer, A./Fuchs, W./Zinnecker, J.: Jugend '81. Lebensentwürfe, Alltagskulturen, Zukunftsbilder. 9.

Shell-Jugendstudie. Hamburg 1981
Fischer, A./Fuchs, W./Zinnecker, J.: Jugendliche und Erwachsene '85. Generationen im Vergleich. 10. Shell-Jugendstudie. Opladen 1985
Flitner, A.: Soziologische Jugendforschung. Darstellung und Kritik aus pädagogischer Sicht. Heidelberg 1963
Freigang, W./Frommann, A./Giesselmann, A.: Mädchen in Heimen und Wohngemeinschaften. In: Blandow, J. u.a.: Mädchen in Einrichtungen der Jugendhilfe. Alltag und Biographie von Mädchen. Band 15, Opladen 1986, S. 9-132
Friebel, H. (Hrsg.): Von der Schule in den Beruf. Alltagserfahrungen Jugendlicher und sozialwissenschaftliche Deutung. Opladen 1983
Friebel, H. (Hrsg.): Berufliche Qualifikation und Persönlichkeitsentwicklung. Alltagserfahrungen Jugendlicher und sozialwissenschaftliche Deutung. Opladen 1985
von Friedeburg, L./Hübner, P.: Das Geschichtsbild der Jugend. München ^{2}1970 (zuerst 1964)
Fromm, C./Savier, M.: Widerstandsformen von Mädchen in Subkulturen. In: Eichelkraut, R. u.a.: Alltagsbewältigung: Rückzug — Widerstand. Alltag und Biografie von Mädchen. Band 7, Opladen 1984, S. 11-48
Fuchs, W.: Jugendliche Statuspassage oder individualisierte Jugendbiographie? In: Soziale Welt 34 (1983a), H. 3, S. 341-371
Fuchs, W.: Bibel der Jugendkunde? Anmerkungen zur Rezeption der Shell-Jugendstudie 1981. In: Jugendwerk der Deutschen Shell (Hrsg.): Näherungsversuche. Jugend '81: Eine Studie, eine Tagung, Reaktionen. Opladen 1983b, S. 488-538
Fuchs, W.: Biographische Forschung. Eine Einführung in Praxis und Methoden. Opladen 1984
Fuchs, W./Heinritz, Ch., Erinnerungen an die Fünfziger Jahre. In: Fischer, A./Fuchs, W./Zinnecker, J.: Jugendliche und Erwachsene '85. Opladen 1985, Bd. 3, S. 43-96
Fuchs-Heinritz, W.: Biographische Studien zur Jugendphase. In: Mayer, K.U. (Hrsg.): Lebensverläufe und sozialer Wandel. Sonderheft 31 der Kölner Zeitschrift für Soziologie und Sozialpsychologie (1990), S. 58-88
Fuchs-Heinritz, W. / Krüger, H.H.: Feste Fahrpläne durch die Jugendphase? Jugendbiographien heute. Opladen 1991
Fuchs-Heinritz, W. / Krüger, H.H. / Ecarius, J.: Feste Fahrpläne durch die Jugendphase? In: du Bois-Reymond / Oechsle, M. (Hrsg.): Neue Jugendbiographie? Zum Strukturwandel der Jugendphase. Opladen 1990, S. 25-39
Gaiser, W.: Hauptschule — Ausbildung — Arbeit. Die Verflechtung von biographischen Phasen mit sozialökologischen Lebensbedingungen. In: Breyvogel, W. (Hrsg.): Pädagogische Jugendforschung. Erkenntnisse und Perspektiven. Opladen 1989, S. 211-226
Gerdes, K./von Wolffersdorff-Ehlert, Ch.: Drogenscene: Suche nach Gegenwart. Ergebnisse teilnehmender Beobachtung in der jugendlichen Drogensubkultur. Stuttgat 1974
Graf, A.: Schülerjahre. Erlebnisse und Urteile namhafter Zeitgenossen. Berlin-Schöneberg 1912
Gravenhorst, L.: Die ambivalente Bedeutung von „Familie" in den Biographien von Mädchen und Müttern. In: Dies./Schablow, M./Cramon-Daiber, B.: Lebensort: Familie. Alltag und Biographie von Mädchen, Band 2, Opladen 1984, S. 9-47
Griese, H.M.: Entwicklung und Stand sozialwissenschaftlicher Jugendforschung. In: deutsche jugend 28 (1980), H. 8, S. 391-401
Gruschka, A.: Von Spranger zu Oevermann. In Zeitschrift für Pädagogik 31 (1985), H. 1, S. 77-95
Gestettner, P.: Störungsanalysen. Methodologische Hinweise für eine kritische Re-Interpretation entwicklungspsychologisch relevanter Tagebuchaufzeichnungen. In: Neue Sammlung 18 (1978), H. 4, S. 340-358
Gurny, R./Cassée, P./Hauser, H.-P./Meyer, A.: Karrieren und Sackgassen. Wege ins Berufsleben junger Schweizer und Italiener in der Stadt Zürich. Dissenhofen 1984
Hantsche, B.: Veränderte Sozialisationsmuster in der Adoleszenz — welchen Stellenwert hat Arbeit für die Identität von Jugendlichen? In: du Bois-Reymond, R. / Oechsle, M. (Hrsg.): Neue Jugendbiographie? Zum Strukturwandel der Jugendphase. Opladen 1990, S. 59-78
Hargreaves, D.H.: Social Relations in a Secondary School. London/New York ^{4}1973 (zuerst 1969)

Hartwig, H.: Jugendkultur. Ästhetische Praxis in der Pubertät. Reinbek b. Hamburg 1980
Hebdige, D.. Subculture. Die Bedeutung von Stil. In: Diedrichsen, D./Hebdige, D./Marx, O.D.: Schocker. Stile und Moden der Subkultur. Reinbek bei Hamburg 1983 (zuerst 1979), S. 7-120
Heinemeier, S.: Zeitstrukturkrisen. Biographische Interviews mit Arbeitslosen. Opladen 1991
Heinritz, Ch.: Schlüsselszenen in Autobiographien der 1929 bis 1940 Geborenen. In: Fischer, A./Fuchs, W./Zinnecker, J.: Jugendliche und Erwachsene '85. Opladen 1985, Bd. 3, S. 7-41
Heinz, W.R./Krüger, H./Rettke, U./Wachtveitl, E./Witzel, A.: „Hauptsache eine Lehrstelle." Jugendliche vor den Hürden des Arbeitsmarktes. Weinheim/Basel 1985
Heinz, W.R./Wachtveitl, E./Witzel, A.: Vorberufliche Sozialisation und Berufsfindung. In: Schön, B./Hurrelmann, K. (Hrsg.): Schulalltag und Empirie. Weinheim/Basel 1978, S. 218-234
Heinz, W.R. / Krüger, H.: Jugendliche vor den Hürden des Arbeitsmarktes. In: du Bois-Reymond, M. / Oechsle, M. (Hrsg.): Neue Jugendbiographie? Zum Strukturwandel der Jugendphase. Opladen 1990, S. 79-93
Heinze, Th.: Qualitative Sozialforschung. Erfahrungen, Probleme und Perspektiven. Opladen 1987
Hellpach, W.: Erzogene über Erziehung. Dokumente von Berufenen. Heidelberg 1954
Helsper, W.: Jugendliche Gegenkultur und schulisch-bürokratische Rationalität: Zur Ambivalenz von Individualisierungs- und Informalisierungsprozessen. In: Breyvogel, W. (Hrsg.): Pädagogische Jugendforschung. Erkenntnisse und Perspektiven. Opladen 1989, S. 161-185
Herrmann, U.: Probleme und Aspekte historischer Ansätze in der Sozialisationsforschung. In: Hurrelmann, K./Ulrich, D. (Hrsg.): Handbuch der Sozialisationsforschung. Weinheim/Basel 1980, S. 227-252
Herrmann, U.: Geschichte und Theorie. Ansätze zu neuen Wegen in der erziehungswissenschaftlichen Erforschung von Familie, Kindheit und Jugendalter. In: Zeitschrift für Sozialisationsforschung und Erziehungssoziologie 4 (1984), H. 1, S. 11-28
Hetzer, H.: Der Einfluß der negativen Phase auf soziales Verhalten und literarische Produktion pubertierender Mädchen. Beobachtungen an Proletariermädchen. In: Bühler, Ch. (Hrsg.): Quellen und Studien zur Jugendkunde, Heft 4, Jena 1926, S. III-43
Hetzer, H.: Der Einfluß von Begabung und sozialem Milieu auf die Zukunftswünsche junger Mädchen. In: Lazarsfeld, P.F.: Jugend und Beruf. Kritik und Material. Jena 1931, S. 140-156
Hopf, Ch.: Die Pseudo-Exploration — Überlegungen zur Technik qualitativer Interviews in der Sozialforschung. In: Zeitschrift für Soziologie 7 (1978), S. 97-115
Hornstein, W.: Jugend 1985 — Strukturwandel, neues Selbstverständnis und neue Problemlagen. In: Mitteilungen aus der Arbeitsmarkt- und Berufsforschung (1985), S. 157-166
Hornstein, W.: Jugend in ihrer Zeit — Historische Anmerkungen zur Situation der Jugend. In: Remschmidt, H. (Hrsg.): Jugend und Gesellschaft. Stuttgart/Frankfurt a.M. 1986, S. 45-59
Hornstein, W.: Ein halbes Jahrzehnt „Pädagogische Jugendforschung". Überlegungen am Ende eines Forschungsprogramms. In: Breyvogel, W. (Hrsg.): Pädagogische Jugendforschung. Erkenntnisse und Perspektiven. Opladen 1989, S. 227-257
Hübner-Funk, S./Müller, H.-U./Gaiser, W.: Sozialisation und Umwelt. Berufliche Orientierungen und Gesellschaftsformen von Hauptschülern im sozialökologischen Kontext. München 1983
Hug-Hellmuth, H. (Hrsg.): Tagebuch eines halbwüchsigen Mädchens (von 11-14 1/2 Jahren). Leipzig/Wien/Zürich ³1922 (zuerst 1919)
Hurrelmann, K.: Das Modell des produktiv realitätsverarbeitenden Subjekts in der Sozialisationsforschung. In: Zeitschrift für Sozialisationsforschung und Erziehungssoziologie 3 (1983), H. 1, S. 91-103
Hurrelmann, K./Neubauer, G.: Sozialisationstheoretische Subjektmodelle in der Jugendforschung. In: Heitmeyer, W. (Hrsg.): Inderdisziplinäre Jugendforschung. Fragestellungen, Problemlagen, Neuorientierungen. Weinheim/München 1986, S. 157-172
Jaide, W.: Eine neue Generation? Eine Untersuchung über Werthaltungen und Leitbilder der Jugendlichen. München 1961
Jaide, W.: Das Verhältnis der Jugend zur Politik. Empirische Untersuchungen zur politischen Anteilnahme und Meinungsbildung junger Menschen der Geburtsjahrgänge 1940-1946. Berlin-Spandau/Neuwied 1963

Jordan, E./Trauernicht, G.: Ausreißer und Trebegänger. Grenzsituationen sozialpädagogischen Handelns. München 1981

Kannicht, A.: Herumhängen — Blödeln — Action machen. In: deutsche jugend 31 (1983), S. 311-322

Kieper, M.: Lebenswelten „verwahrloster" Mädchen. Autobiographische Berichte und ihre Interpretation. München 1980

Kiersch, G.: Die jungen Deutschen. Erben von Goethe und Auschwitz. Opladen 1986

Köckeis-Stangl, E.: Methoden der Sozialisationsforschung. In: Hurrelmann, K./Ulich, D. (Hrsg.): Handbuch der Sozialisationsforschung. Weinheim/Basel 1980, S. 299-317

Kraußlach, J./Düwer, F.W./Fellberg, G.: Aggressive Jugendliche. Jugendarbeit zwischen Kneipe und Knast. München [3]1978 (zuerst 1976)

Kreyssig, U./Kurth, A.: Daneben gelebt... Drogenabhängige Mädchen und ihre Lebenswelt. In: Eichelkraut, R. u.a.: Alltagsbewältigung: Rückzug — Widerstand. Alltag und Biografie von Mädchen, Band 7. Opladen 1984, S. 49-102

Krüger, H.-H.: Sprachlose Rebellen? Zur Subkultur der „Halbstarken" in den Fünfziger Jahren. In: Breyvogel, W. (Hrsg.): Autonomie und Widerstand. Zur Theorie und Geschichte des Jugendprotestes. Essen 1983a, S. 78-82

Krüger, H.-H.: Die neue Jugendrevolte — ein Literaturbericht. In: Breyvogel, W. (Hrsg.): Autonomie und Widerstand. Zur Theorie und Geschichte des Jugendprotestes. Essen 1983b, S. 130-134

Krüger, H.-H. (Hrsg.): „Die Elvis-Tolle, die hatte ich mir unauffällig wachsen lassen." Lebensgeschichte und jugendliche Alltagskultur in den fünfziger Jahren. Opladen 1985

Krug, J.: Kritische Bemerkungen zu dem „Tagebuch eines halbwüchsigen Mädchens". In: Zeitschrift für angewandte Psychologie 27 (1927), S. 370-381

Krumm, V.: Das Zukunftsbild der Jugend. Eine Untersuchung über Lebenspläne und Zukunftserwartungen männlicher Jugendlicher unter besonderer Berücksichtigung kaufmännischer Berufsschüler. Weinheim/Berlin 1967

Küppers, W.: Zur Psychologie des Geschichtsunterrichts. Eine Untersuchung über Geschichtswissen und Geschichtsverständnis bei Schülern. Bern/Stuttgart 1961

Lazarsfeld, P.F.: Jugend und Beruf. Kritik und Material. Quellen und Studien zur Jugendkunde. Heft 8. Jena 1931

Leccardi, C.: Die Zeit der Jugendlichen. Was heißt männlich und weiblich in der Zeiterfahrung? In: du Bois-Reymond, M. / Oechsle, M. (Hrsg.): Neue Jugendbiographie? Zum Strukturwandel der Jugendphase. Opladen 1990, S. 95-114

Lenz, K.: Alltagswelten von Jugendlichen. Eine empirische Studie über jugendliche Handlungstypen. Frankfurt a.M./New York 1986

Lenz, K.: Die vielen Gesichter der Jugend. Jugendliche Handlungstypen in biographischen Portraits. Frankfurt am Main und New York 1988

Lenz, K.: Jugend im Plural. Theoretische Grundlagen, Methodik und Ergebnisse aus einem Forschungsprojekt. In: du Bois-Reymond, M. / Oechsle, M. (Hrsg.): Neue Jugendbiographie? Zum Strukturwandel der Jugendphase. Opladen 1990, S. 115-133

Lessing, H./Liebel, M.: Wilde Cliquen. Szenen einer anderen Arbeiterjugendbewegung. Bensheim 1981

Lüders, Ch.: Vernachlässigte Probleme erziehungswissenschaftlicher Forschung — aufgezeigt anhand von vier Projekten aus der pädagogischen Jugendforschung. In: Zeitschrift für Pädagogik 30 (1984), H. 2, S. 209-228

Mc Robbie, A.: Abrechnung mit dem Mythos Subkultur. In: Dies./Savier, M. (Hrsg.): Autonomie — aber wie! Mädchen, Alltag, Abenteuer. München 1982, S. 205-226

Miedema, S. / Janssen, O.: Respectabiliteit en deviantie in levensstijlen. Een kwalitatief onderzoek naar de leefwerelden van oud-leerlingen met een LBO-opleiding en vroegtijdige schoolverlaters in de tertiaire sozialisatie fase. Groningen 1986

Miedema, S. / Eelman, N.: Over Pumps en Punks. Een kwalitatief onderzoek naar levensstijlen van meisjes uit de lagere social-economische strata. Groningen 1987

Muchow, H.H.: Sexualreife und Sozialstruktur der Jugend. Reinbek bei Hamburg 1959

Muchow, H.H.: Jugend und Zeitgeist. Morphologie der Kulturpubertät. Reinbek bei Hamburg 1962

Muchow, M./Muchow, H.H.: Der Lebensraum des Großstadtkindes. Bensheim 1978 (zuerst 1935)
Oechsle, M.: Von der Selbstverleugnung zur Selbstverwirklichung. Ein neues kulturelles Modell. In: du Bois-Reymond, M. / Oechsle, M. (Hrsg.): Neue Jugendbiographie? Zum Strukturwandel der Jugendphase. Opladen 1991, S. 155 - 173
Olk, Th.: Jugend und Gesellschaft. Entwurf für einen Perspektivenwechsel in der sozialwissenschaftlichen Jugendforschung. In: Heitmeyer, W. (Hrsg.): Interdisziplinäre Jugendforschung. Fragestellungen, Problemlagen, Neuorientierungen. Weinheim/München 1986, S. 41 - 62
Ostner, I.: Die Entdeckung der Mädchen. Neue Perspektiven für die Jugendsoziologie. In: Kölner Zeitschrift für Soziologie und Sozialpsychologie 38 (1986), H. 2, S. 352 - 371
Preuss-Lausitz, U. u.a.: Kriegskinder, Konsumkinder, Krisenkinder. Zur Sozialisationsgeschichte seit dem Zweiten Weltkrieg. Weinheim/Basel 1983
Projektgruppe Jugendbüro und Hauptschülerarbeit: Die Lebenswelt von Hauptschülern. Ergebnisse einer Untersuchung. München 1975
Projektgruppe Jugendbüro: Subkultur und Familie als Orientierungsmuster. Zur Lebenswelt von Hauptschülern. München 1977
Projektgruppe Jugendbüro (Hrsg.): Karin Q: „Wahnsinn, das ganze Leben ist Wahnsinn." Ein Schülertagebuch. Frankfurt a.M. 1978
von Prondczynsky, A.: Die englische Jugendforschung am Beispiel des „Center for Contemporary Cultural Studies" (CCCS). In: Zeitschrift für Sozialisationsforschung und Erziehungssoziologie 5 (1985), H. 1, S. 150 - 155
Reinert, G.-B./Zinnecker, J. (Hrsg.): Schüler im Schulbetrieb. Berichte und Bilder vom Lernalltag, von Lernpausen und vom Lernen in den Pausen. Reinbek bei Hamburg 1978
Rosenmayr, L.: Geschichte der Jugendforschung in Österreich 1914 - 1931. Wien 1962
Rosenmayr, L.: Jugend. In: Handbuch der empirischen Sozialforschung, hrsgg. von René König. Band 6. Stuttgart 1976 (zuerst 1969)
Rosenmayr, L./Köckeis, E./Kreutz, H.: Kulturelle Interessen von Jugendlichen. Eine soziologische Untersuchung an jungen Arbeitern und höheren Schülern. Wien und München 1966
Roth, H.: Kind und Geschichte. Psychologische Voraussetzungen des Geschichtsunterrichts der Volksschule. München [5]1968 (zuerst 1955)
Sander, U. / Vollbrecht, R.: Biographische Medienforschung. In: BIOS. Zeitschrift für Biographieforschung und Oral History 2 (1989), H. 1, S. 15 - 29
Sander, U./Vollbrecht, R.: Zwischen Kindheit und Jugend. Träume, Hoffnungen und Alltag 13- bis 15jähriger. Weinheim/München 1985
Savier, M.: Mädchen in Bewegung. In: Mc Robbie, A./Savier, M. (Hrsg.): Autonomie — aber wie! Mädchen, Alltag, Abenteuer. München 1982, S. 13 - 56
Schäfer, O./Lemberg, E./Klaus-Roeder, R.: Studien zur Soziologie der Gymnasialjugend. Heidelberg 1965
Scharmann, D.-L.: Konsumverhalten von Jugendlichen. München 1965
Schmerl, Ch.: Das Frauen- und Mädchenbild in den Medien. Alltag und Biografie von Mädchen. Band 5. Opladen 1984
Schön, B.: Quantitative und qualitative Verfahren in der Schulforschung. In: Dies./Hurrelmann, K. (Hrsg.): Schulalltag und Empirie. Weinheim/Basel 1978, S. 17 - 29
Schonig, B. (Hrsg.): Arbeiterkind. Kindheit und Schulzeit in Arbeiterlebenserinnerungen. Bensheim 1979
Schultz, C.: Die Halbstarken. Leipzig 1912
Schumm, W.: Zur Entstehung von Berufsbiographien: Die Bedeutung betrieblicher Ausbildung und der der ersten Berufsjahre für die berufliche Sozialisation. In: Zeitschrift für Sozialisationsforschung und Erziehungssoziologie 3 (1983), H. 2, S. 245 - 261
Seidenspinner, G./Burger, A.: Gute Noten sind kein Schlüssel zum Arbeitsmarkt. In: Dies. u.a.: Vom Nutzen weiblicher Lohnarbeit. Alltag und Biographie von Mädchen, Bd. 3, Opladen 1984, S. 9 - 44
Sigusch, V./Schmidt, G.: Jugendsexualität. Dokumentation einer Untersuchung. Stuttgart 1973
SINUS-Institut: Jugend privat. Verwöhnt? Bindungslos? Hedonistisch? Ein Bericht im Auftrag des Bundesministers für Jugend, Familie und Gesundheit. Opladen 1985

Stern, W.: Anfänge der Reifezeit. Ein Knabentagebuch in psychologischer Bearbeitung. Leipzig 1925
Stüwe, G.: Türkische Jugendliche. Eine Untersuchung in Berlin-Kreuzberg. Bensheim 1982
Traphagen, W.: Die jugendliche Arbeiterin. Ihre Stellung im Betrieb, nach Berufsschulaufsätzen dargestellt. Dortmunder Schriften zur Sozialforschung, H. 15. Dortmund 1955
Treumann, K.: Zum Verhältnis qualitativer und quantitativer Forschung. Mit einem methodischen Ausblick auf neuere Jugendstudien. In: Heitmeyer, W. (Hrsg.): Interdisziplinäre Jugendforschung. Fragestellungen, Problemlagen, Neuorientierungen. Weinheim/München 1986, S. 193-214
Ulich, K.: Schüler und Lehrer im Schulalltag. Eine Sozialpsychologie der Schule. Weinheim/Basel 1983
Večerka, L.: Das soziale Verhalten von Mädchen während der Reifezeit. Auf Grund von Erhebungen und Beobachtungen. In: Bühler, Ch. (Hrsg.): Quellen und Studien zur Jugendkunde, H. 4, Jena 1926, S. 47-121
Weltz, F./Diezinger, A./Lullies, V./Marquardt, R.: Junge Frauen zwischen Beruf und Familie, Frankfurt a.M./New York 1979
Willis, P.: Spaß am Widerstand. Gegenkultur in der Arbeiterschule. Frankfurt a.M. 1979 (zuerst 1977)
Willis, P.: „Profane Culture". Rocker, Hippies: Subversive Stile der Jugendkultur. Frankfurt a.M. 1981 (zuerst 1978)
Witzel, A.: Verfahren der qualitativen Sozialforschung. Überblick und Alternativen. Frankfurt a.M./New York 1982
Wolf, H.K.: Jugendforschung als Prozeßanalyse — Erkenntnischancen von Längsschnittstudien. In: Heitmeyer, W. (Hrsg.): Interdisziplinäre Jugendforschung. Fragestellungen, Problemlagen, Neuorientierungen. Weinheim/München 1986, S. 247-259
Zinnecker, J.: Parteiliche Untersuchung pädagogischer Alltagskultur. Methodische und strategische Überlegungen zur Praxis. In: Lenzen, D. (Hrsg.): Pädagogik und Alltag. Methoden und Ergebnisse alltagsorientierter Erziehungswissenschaft. Stuttgart 1980, S. 61-75
Zinnecker, J. (Hrsg.): Schule gehen Tag für Tag. Schülertexte. München 1982a
Zinnecker, J.: Einige strategische Überlegungen zur hermeneutisch-lebensgeschichtlichen Forschung. In: Zeitschrift für Sozialforschung und Erziehungssoziologie 2 (1982b), H. 2, S. 297-306
Zinnecker, J.: Accessoires. Ästhetische Praxis und Jugendkultur. In: Jugendwerk der Deutschen Shell (Hrsg.): Näherungsversuche. Jugend '81: Eine Studie, eine Tagung, Reaktionen. Opladen 1983, S. 15-312
Zinnecker, J.: Literarische und ästhetische Praxen in Jugendkultur und Jugendbiographie. In: Fischer, A./Fuchs, W./Zinnecker, J.: Jugendliche und Erwachsene '85, Bd. 2, Opladen 1985, S. 143-348.
Zoll, R. u.a.: „Nicht so wie unsere Eltern." Ein neues kulturelles Modell? Opladen / Wiesbaden 1989

III. Probleme, Aspekte und Ergebnisse der historischen Jugendforschung

Heinz-Hermann Krüger

Theoretische und methodische Grundlagen der historischen Jugendforschung

1 Theoretische und methodische Bezugspunkte der „klassischen" Studien zur Geschichte der Jugend

Die Anfänge der historischen Jugendforschung gehen bereits in die zwanziger Jahre zurück. Damals waren es vor allem die Erscheinungen der Jugendbewegung, die zum Nachdenken über den Wandel des Lebensgefühls der Jugend Anlaß gaben. So waren es insbesondere Vertreter der klassischen Jugendpsychologie wie *Eduard Spranger* (1924) und *Hans Schlemmer* (1926), die ausdrücklich eine „Geschichte der jungen Menschen" forderten. Zu bemerkenswerten historischen Ausführungen dieses Themas kam es in den zwanziger Jahren jedoch nicht (vgl. *Flitner/Hornstein* 1964, S. 311). Eine Ausnahme stellen lediglich die Arbeiten *Charlotte Bühlers* (1925, 1927, 1934) dar, die auf der Basis des Vergleichs von Tagebüchern verschiedene Jugendgenerationen voneinander abzugrenzen versuchte.

In der Nachkriegszeit erhielt die geschichtliche Betrachtung des Jugendlebens ihre stärksten Impulse durch Arbeiten aus der Psychologie, der Pädagogik und der Soziologie. In der westdeutschen Geschichtswissenschaft hingegen war das Thema „Jugend" bis weit in die sechziger Jahre kein relevanter Forschungsgegenstand, da die Beschäftigung mit jugendgeschichtlichen Fragestellungen nach der vorherrschenden Meinung westdeutscher Historiker eher die Aufgabe einer „minderwissenschaftlichen" Disziplin, nämlich der Volkskunde, sein sollte (vgl. *Klönne* 1986). So erklärt es sich auch, daß die ersten umfassenderen Arbeiten zur Geschichte der Jugend aus dem Kontext der Jugendpsychologie und der Jugendsoziologie kamen.

Daß die Erscheinungen des Jugendlebens historisch betrachtet werden müssen, ist einem größeren Publikum des deutschsprachigen Raumes vor allem durch die Arbeiten *Hans Heinrich Muchows* (1953, 1959, 1962) nahegebracht worden. Die „epochaltypologische Jugendpsychologie", die der Autor in Fortführung der Arbeiten *Martha Muchows* entwickelt hat, knüpfte theoretisch und methodologisch an die geisteswissenschaftlich orientierte Jugendpsychologie *Sprangers* an und versuchte die von *Spranger* formulierte Forderung nach einer Geschichte der Jugend einzulösen. Methodisch stützte sich *Muchow* bei seinem Versuch, das Seelenleben der Jugend vergangener Epochen zu erschließen, auf eine traditionell hermeneutische Interpretation von Tagebüchern, literarischen Erzeugnissen und Autobiographien (vgl. *Muchow* 1962, S. 203). Inhaltlich ist seine epochaltypologische Betrachtungsweise durch das Bestreben gekennzeichnet, Jugendgenerationen, deren Angehörige durch das gleiche Lebensgefühl verbunden sind, zu beschreiben und zu Einheiten zusammenzufassen.

Muchows Arbeiten zur Geschichte der Jugend stellten sicherlich im Rahmen der historischen Jugendforschung insofern einen wichtigen Erkenntnisfortschritt dar, als es ihm gelang, die Entstehung und Entwicklung des Jünglingkonzepts in der Zeit von 1770 bis 1920 materialreich zu beschreiben. Dennoch weisen seine Untersuchungen mehrere Schwachpunkte auf. So ist *Muchows* Vorstellung von dem unerklärbar Schöpferischen der Jugend, das die „Quantensprünge" der Geschichte zustandebringt (vgl. *Muchow* 1962, S. 29), Ausdruck einer spekulativen Geschichtsphilosophie, die noch ganz im Zeichen des literar- und kunsthistorischen Generationsbegriffs der zwanziger Jahre steht (vgl. *Flitner/Hornstein* 1964, S. 314). Außerdem muß *Muchows* Versuch, aus den historisch untersuchten Formen des Jugendalters unveränderliche Züge des Jung-Mensch-Seins herzuleiten, als unzulässige Anthropologisierung historischer Tatbestände charakterisiert werden, da Merkmale der literarischen Jünglingsgestalten des 18. und 19. Jahrhunderts zu Invarianten jugendlichen Seins schlechthin erklärt werden.

Neben den Untersuchungen *Muchows* waren es aus dem Bereich der Jugendsoziologie insbesondere die jugendgeschichtlichen Überlegungen *Helmut Schelskys,* die in der wissenschaftlichen Diskussion der Nachkriegszeit eine große Beachtung fanden. Ähnlich wie die Pädagogen *Wilhelm* (1963) und *Spranger* (1958) in kleineren Arbeiten unternahm auch *Schelsky* in seinem Buch die „Skeptische Generation" (1957) den Versuch, unterschiedliche Jugendgenerationen für das Deutschland des 20. Jahrhunderts zu umreißen. Ausgehend von der anthropologisch-soziologischen Grundannahme, daß Jugend in der modernen Gesellschaft nach Verhaltenssicherheit strebe, fragt *Schelsky,* welche Möglichkeiten und Formen der Lösung dieses Grundbestrebens die zeitgeschichtlichen Situationen der deutschen Geschichte den verschiedenen Jugendgenerationen geboten haben. Vom Material her stützt er sich dabei auf die zeitgenössische Fachliteratur sowie für die Nachkriegszeit auf die Ergebnisse von Repräsentativumfragen.

An *Schelskys* Studie zur Geschichte der deutschen Jugend im 20. Jahrhundert lassen sich geradezu paradigmatisch jene Defizite aufzeigen, die auch für viele andere jugendsoziologische und jugendpädagogische Arbeiten aus den fünfziger und sechziger Jahren, die sich mit dem historischen Wandel von Jugendgenerationen beschäftigt haben, charakteristisch sind. Zumeist wird in diesen Arbeiten der Generationsbegriff intuitiv, allenfalls deskriptiv verwendet und das Problem der zeitlichen Abgrenzung von Generationen wird kaum reflektiert (vgl. *Fogt* 1982, S. 14). Arbeiten wie die von *Schelsky* oder *Muchow,* die epochaltypologisch argumentieren, d.h. das Gesamtbild der Jugend in einem bestimmten historischen Zeitabschnitt in einem Typus zusammenzufassen suchen, laufen zudem Gefahr, notwendige soziologische Differenzierungen und präzise sozialgeschichtliche Analysen zugunsten einer mehr oder weniger „intuitiven Schau" zurücktreten zu lassen (vgl. *Rosenmayr* 1976, S. 43). Die in der historischen Jugendforschung insbesondere der fünfziger und sechziger Jahre unternommenen Versuche, das Erscheinungsbild einer Gruppe von jungen Leuten zum Typus einer ganzen Generation zu stilisieren, erweisen sich als problematisch, weil sie klassen-, schicht-, geschlechts- und gruppenspezifische Differenzierungen innerhalb eines Generationszusammenhang vernachlässigen.

2 Historische Jugendforschung als Teildisziplin historischer Sozialisationsforschung

2.1 Annäherungen an das Programm

Zu einem entscheidenden Wandel in der Theorie- und Methodendiskussion der historischen Jugendforschung sowie zu einer Neuentdeckung des Gegenstandsfelds „Geschichte der Jugend“ kam es erst im Verlauf der siebziger Jahre. Veränderte gesamtgesellschaftliche Konstellationen und Problemlagen, u.a. die verschiedenen Jugendprotestbewegungen seit den späten sechziger Jahren oder die Jugendarbeitslosigkeit, führten zu einem enormen Ansteigen der Diskussion um Jugend auch unter historischer Perspektive. Damit einher ging ein Wandel in den theoretischen und methodischen Grundlagen der historischen Jugendforschung von einer eher geistes- und ideengeschichtlichen hin zu einer sozialgeschichtlichen Orientierung, dessen Ursachen in innerwissenschaftlichem „Wertwandel“ und methodologischen Umorientierungen in den an der historischen Jugendforschung vor allem beteiligten Disziplinen, der Geschichtswissenschaft, der Soziologie und der Pädagogik, lagen.

In der Geschichtswissenschaft kam es im Verlauf der sechziger Jahre zu einer Öffnung gegenüber den Theorieansätzen und Methoden der Sozialwissenschaft. Die Ablösung der traditionellen, historistisch geprägten Geschichtswissenschaft durch das Konzept einer Sozialgeschichte bedeutete nicht nur eine Annäherung an die sozialwissenschaftliche Theoriebildung und eine Verknüpfung der traditionell vorherrschenden hermeneutisch-verstehenden mit analytischen Verfahren, sondern führte auch dazu, daß die moderne Sozialgeschichte nach einer vorübergehenden Konzentration auf ihre klassischen Schwerpunkte in Ökonomie und **„Strukturgeschichte“** sich neuerdings zunehmend auch der Familien-, Kindheits- und Jugendgeschichte zugewandt hat (vgl. *Wehler* 1972, 1979, *Mommsen* 1981).

Genau wie die Geschichtswissenschaft im Verlauf der sechziger Jahre sich gegenüber der Soziologie öffnete, so fand umgekehrt auch eine Historisierung der Sozialwissenschaften statt. Die Soziologie, die in ihrer Entstehungsphase ja keineswegs unhistorisch gearbeitet, im 20. Jahrhundert und besonders nach 1945 die historische Dimension jedoch weitgehend vernachlässigt hatte, begann erst seit den sechziger Jahren die Geschichte wieder zu entdecken (vgl. *Lundgreen* 1977). Insbesondere die Forschungsergebnisse der neu belebten **historischen Anthropologie** brachten für die historische Jugendforschung sowie für die historische Sozialisationsforschung insgesamt neue Erkenntnisse, da sie zeigten, daß für elementar gehaltene menschliche Verhaltensweisen wie Sexualität oder Affektregulierung oder oft als quasi natürlich angesehene Lebensformen wie Kindheit oder Jugend keine konstanten anthropologischen Gegebenheiten sind, sondern sich im Verlaufe der Geschichte verändert haben (vgl. *Lepenies* 1977, *Honneth/Joas* 1980, Süßmuth 1984). Wesentliche Impulse gingen auch von der in der Bundesrepublik in der zweiten Hälfte der siebziger Jahre neu begründeten **Lebenslaufforschung** (vgl. *Kohli* 1978) sowie von der wiederentdeckten **Biographieforschung** (vgl. *Fuchs* 1984) aus, die mit der Untersuchung des Wandels von **Lebensläufen** von

Gruppen bzw. Einzelnen vor dem Hintergrund historischer Bedingungen, Anschluß an geschichtliche Fragestellungen zu gewinnen suchten.

Durch diese Forschungen und Entwicklungen wurde auch die historische Pädagogik nachhaltig beeinflußt. In der Geschichte der Pädagogik hatte die Beschäftigung mit ihrer eigenen Geschichte im 19. Jahrhundert einen hohen systematischen Stellenwert gehabt. Die relative Bedeutung der historischen Pädagogik ging im 20. Jahrhundert und insbesondere in der Zeit nach 1945 zunehmend zurück (vgl. *Lundgreen* 1977, S. 96). Orientiert an den Traditionen der geisteswissenschaftlichen Pädagogik lagen die inhaltlichen Schwerpunkte der historischen Arbeiten in den ersten beiden Jahrzehnten der Nachkriegszeit auf der pädagogischen Ideengeschichte der klassischen Denker und Systeme und auf einer eher narrativen Institutionengeschichte der Verfassung und Einrichtung pädagogischer Institutionen (vgl. *Herrmann* 1978, S. 284). Mit der Wende der geisteswissenschaftlichen Pädagogik hin zur empirischen Pädagogik bzw. zur kritischen Erziehungswissenschaft in den sechziger Jahren drohte zunächst die historische Dimension in der Erziehungswissenschaft ganz verloren zu gehen. Anschluß an die Ansätze und Methoden der modernen Sozialgeschichte gewann die historische Pädagogik erst Anfang der siebziger Jahre. Die Historisierung einer sozialwissenschaftlich orientierten Erziehungswissenschaft hatte zunächst Auswirkungen im Bereich der historischen Schulforschung, wo bildungssoziologische und bildungsökonomische Theorieansätze rezipiert und detaillierte empirische Forschungen zur historischen Schulentwicklung durchgeführt wurden (*Zymek* 1983, S. 57). Eine Ausweitung der Untersuchungen auf außerschulische Sozialisationsbereiche und damit einhergehend eine Weiterentwicklung der historischen Pädagogik in Richtung auf ein umfassendes Konzept **historischer Sozialisationsforschung,** das Anschluß an die Theorie- und Methodendiskussion in der historischen Gesellschaftswissenschaft und der Sozialisationsforschung zu gewinnen suchte, setzte erst in den späten siebziger Jahren ein.

Das Programm und die Zielsetzungen eines komplexen und interdisziplinär angelegten Konzeptes der **historischen Sozialisationsforschung,** das die Themenbereiche der Kindheits-, Jugend- und Familienforschung zusammenfaßt, wurde ausführlich und präzise insbesondere von *Herrmann* in mehreren Arbeiten (1978, 1980, 1984, 1991) formuliert. **Historische Sozialisationsforschung** hat für ihn zunächst eine wissenschaftskritische und eine ideologiekritische Funktion, die in der historischen Wissenschaftssoziologie von Sozialisationstheorien erkenntnisleitend sein soll. Sie hat zweitens eine Grundlegungsfunktion, indem sie die übergreifenden Theorien gesellschaftlichen Wandels durch die historische Analyse der Vergesellschaftungsprozesse von Subjektivität ergänzt. Sie hat drittens eine erkenntniskritische Funktion, indem sie die oft unterstellten Langzeitwirkungen von Sozialisationserfahrungen in der Kindheit und Jugend überprüft und sie hat schließlich eine pragmatische Funktion, indem sie nach der Relevanz des historischen Wissens für die aktuelle Praxis fragt.

2.2 Aufgaben der historischen Jugendforschung

Ein Konzept historischer Jugendforschung, das sich als Teildisziplin einer umfassenden **historischen Sozialisationsforschung** versteht und das an die Forschungsansätze,

-methoden und -ergebnisse in der neueren Sozialgeschichte, der historischen Anthropologie sowie der Lebenslauf- und Biographieforschung anzuknüpfen sucht, sollte sich unter Berücksichtigung dieser allgemeinen Zielsetzungen der historischen Sozialisationsforschung folgende Forschungsfelder erschließen bzw. Forschungsaufgaben bewältigen, für die bereits eine Reihe von Vorarbeiten vorliegen:

1. Aufarbeitung der für die historische Jugendforschung relevanten Studien besonders aus dem Bereich der modernen Sozialgeschichte unter gleichzeitiger Berücksichtigung der Ergebnisse der Familien- und Kindheitsforschung. Historische Analysen zur Jugend müssen im Zusammenhang mit Untersuchungen zur **Kindheit** und **Familie** rezipiert werden, weil sich diese Lebensphasen und Lebensformen und mit ihnen die konkreten Lebenssituationen und Sozialfunktionen von Kindern, Jugendlichen und Erwachsenen gegenseitig definieren. Die bibliographischen Vorarbeiten für diesen Themenkomplex wurden von *Herrmann/Renftle/Roth* (1980) weitgehend abgeschlossen. Erste zusammenfassende Überblicksdarstellungen zur Sozialgeschichte der **Familie,** die im deutschsprachigen Raum erst im letzten Jahrzehnt Anschluß an die Standards der internationalen historischen Familienforschung gewonnen hat (vgl. *Hausen* 1977), wurden von *Mitterauer/Sieder* (1977), Sieder (1987), *Rosenbaum* (1982) und *Borscheid/Teuteberg* (1983) vorgelegt. Von den neueren Studien zur Geschichte der **Kindheit** sind insbesondere die Arbeiten von *Schlumbohm* (1979), *Flecken* (1981) und *Seyfahrt-Stubenrauch* (1985) hervorzuheben. Sammlungen zur Geschichte der Jugend finden sich bei *Hornstein* (1966). Erste sozialgeschichtliche orientierte Überblicksdarstellungen zur Geschichte der Jugend wurden von *Gillis* (1980) und *Mitterauer* (1986) vorgelegt.
2. Eine kritische Wissenschaftsgeschichte der Jugendforschung, die zum einen die einschlägige Tradition der Theoriebildung über Jugend internalistisch rekonstruktiv untersucht und die zum anderen die Entwicklung von Theorien über Jugend sozialgeschichtlich — wissenschaftssoziologisch im gesellschaftsgeschichtlichen Kontext nachzuzeichnen versucht (vgl. *Lepenies* 1977). Erste Vorarbeiten zu einer „internen“ Geschichte der Jugendforschung wurden bereits von *Flitner/Hornstein* (1964), *Hornstein* (1965, 1966) und *Rosenmayr* (1976) geleistet. Umfassende Darstellungen der Entstehungsgeschichte der Jugendforschung um die Jahrhundertwende haben neuerdings von *Bühler* (1990) und *Dudek* (1990) vorgelegt. Arbeiten, die sich auf die „externe“ Geschichte der Jugendforschung konzentrieren, d.h. die die Herausbildung und Weiterentwicklung des wissenschaftlichen Wissens über Jugend insbesondere seit dem 18. Jahrhundert vor dem Hintergrund gesamtgesellschaftlicher Wandlungsprozesse zu analysieren versuchen, sind hingegen noch weitgehend ein Desiderat.
3. Im Mittelpunkt der historischen Jugendforschung sollte jedoch das Bemühen stehen, sich ein eigenes Forschungsfeld zu erschließen. Welche Leitbilder Erwachsene und Jugendliche von Jugend hatten, wie der Prozeß des Erwachsenwerdens verlief in verschiedenen Schichten, unterschiedlich für Jungen und Mädchen, in Stadt und Land, an unterschiedlichen Lernorten und wie die Menschen diese Vorgänge dargestellt, bewertet und verarbeitet haben, das sind die zentralen Fragekomplexe, die für die historische Jugendforschung richtungsweisend sein sollten und die sich in folgende thematische Schwerpunktbereiche ausdifferenzieren lassen:

a) Geschichte der Leitbilder und Vorstellungen, die Erwachsene und Jugendliche über Jugend hatten. Studien, die sich auf die Untersuchung von Jugendkonzepten der Erwachsenen konzentrieren, wurden von *Hornstein* (1965) vornehmlich für das 18. Jahrhundert und von *Roth* (1983) für das 19. Jahrhundert vorgelegt, während *Muchow* (1962) das Jugendbild dieser historischen Ära in der Beschreibung der Psychologie der Jünglinge zu finden sucht. Der Schwerpunkt der drei Arbeiten liegt jedoch auf der ideen- und begriffsgeschichtlichen Rekonstruktion von Jugendkonzepten an Hand literarischer Quellen, während die sozialgeschichtliche Erklärung für den Wandel der Begriffsbildung vom „jungen Herrn" des 18. Jahrhunderts über den „Jüngling" des 19. Jahrhunderts zum „Jugendlichen" des 20. Jahrhunderts noch zu kurz kommt.

b) Geschichte der Jugend als Lebensphase. Im Gegensatz zu den klassischen Studien zum Jugendalter aus der Pädagogik von *Rousseau* (1968) bis *Spranger* (1924) und aus der Entwicklungspsychologie von *Stern* (1923) und *Bühler* (1925, 1927), die eher Idealbilder von der Lebensphase Jugend entwarfen, die allenfalls auf die kleine Schicht der bürgerlichen akademischen Jugend zutrafen und die dabei zudem noch oft Gefahr liefen, historisch gewordene Entwicklungsformen des Jugendalters zu anthropologischen Konstanten zu erklären, ist es die Aufgabe einer Sozialgeschichte der Lebensphase Jugend schon bei scheinbar rein biologischen Sachverhalten wie Eintritt der Geschlechtsreife oder Ausmaß des körperlichen Wachstums deren gesellschaftliche Überformtheit und historische Wandelbarkeit aufzuzeigen. Die maßgeblichen Schwerpunkte einer sozialhistorischen Beschäftigung mit der Lebensphase Jugend betreffen jedoch die sozialen Regelungen, durch die der Übergang vom Kind zum Erwachsenen in verschiedenen historischen Gesellschaften geordnet wird (vgl. *Mitterauer* 1986, S. 21). Studien zur Realgeschichte der Lebensphase Jugend, die sich auf statistische Daten und empirische **Umfragen** stützen, sind in der Bundesrepublik in den letzten Jahren vor allem für die Zeit nach 1945 vorgelegt worden (vgl. *Fuchs* 1983, *Zinnecker* 1985, *Fend* 1988, *Krüger* 1990). In diesen Arbeiten wird aufgezeigt, daß eine Realgeschichte von Jugend erst seit den späten 50er Jahren begonnen hat, da insbesondere bedingt durch den Ausbau des Bildungswesens sich eine Verallgemeinerung und Homogenisierung der Jugendphase abzeichnet.

c) Geschichte der Jugend als Geschichte der Binnendifferenzierung des Jugendlebens in verschiedenen Schichten und Gruppen, in der Stadt und auf dem Land, in unterschiedlichen **Jugendbewegungen**, getrennt nach Jungen und Mädchen etc. Erste sozialgeschichtlich orientierte Gesamtdarstellung zur Geschichte der ländlichen, der bürgerlichen und proletarischen Jugend mit ihren Bräuchen, Leitbildern und Traditionen haben *Gillis* (1980) und *Mitterauer* (1986) vorgelegt. **Fallstudien** zur Lebenssituation der Jugend in einem schwäbischen Dorf seit der zweiten Hälfte des 19. Jahrhunderts bzw. zum Wandel der städtischen Lebenswelt von Kindern um 1900 bis 1920 haben *Herrmann* u.a. (1983) bzw. *Behnken* u.a. (1989) abgeschlossen. Zur Bedeutung des Lernorts Straße für Jugendliche haben *Schlumbohm* (1979), *Zinnecker* (1979) und *Lindner* (1984) interessante sozialgeschichtliche Skizzen vorgelegt. Aus dem breiten Spektrum von Veröffentlichungen zur bürgerlichen und zur proletarischen Jugendbewegung bzw. zur Geschichte oppositioneller Jugendsubkulturen im 20. Jahrhundert sei exemplarisch auf den zusammenfassenden Sammelband „Schock und Schöpfung, Jugendästhetik im 20. Jahrhundert" (1986) sowie auf das Begleitbuch zur Ausstellung „Land der Hoffnung — Land der Krise. Jugendkulturen im Ruhrgebiet 1900 - 1987" (*Breyvogel / Krüger* 1987) hingewiesen. Insgesamt noch wenig erforscht ist die Geschichte der Mädchen. Die bislang vorliegenden Studien beschränken sich in ihren Analysen zumeist auf kürzere historische Zeiträume, z.B. zur Situation der Dienstmädchen um die Jahrhundertwende (vgl. *Wierling* 1985), zur Rolle der Mädchen im BDM (vgl. *Möding* 1985), zur Situation der Mädchen in den 50er Jahren (vgl. *Bartram/Krüger* 1985).

d) Geschichte der für Jugendliche geschaffenen Institutionen. In diesem Kontext gehört u.a. die Geschichte der Schule, Hochschule und Berufsausbildung ebenso wie die Geschichte der Jugendarbeit, der Jugendfürsorge und ihrer Institutionen. Eine informative Einführung in den Diskussionsstand und die Ergebnisse der historischen Schulforschung gibt *Lundgreen* (1977). Erste sozialgeschichtlich orientierte Überblicksdarstellungen zur Geschichte der **Jugendarbeit** bzw. der **Jugendfürsorge** haben *Krafeld* (1985) bzw. *Peukert* (1986) vorgelegt.

e) In Anlehnung an die Fragestellungen der **Lebenslauf-** und **Biographieforschung** und der **„oral history"**-Forschung sollte sich die historische Jugendforschung nicht nur darauf beschränken, die objektiven Bedingungen und Determinanten vergangenen Jugendlebens zu untersuchen, sondern auch die Wirksamkeit von Sozialisationsinstanzen, die lebensgeschichtliche Konstituierung von Sinn und Bedeutung im vergangenen Lebensalltag in der Familie, der Nachbarschaft, in den peer groups, in den pädagogischen Institutionen und die daraus entstehenden subjektiven Verarbeitungsformen (vgl. *Herrmann* 1984, S. 15). Studien aus dem Bereich der sozialgeschichtlich orientierten Autobiographieforschung (vgl. *Dittrich/Dittrich-Jacobi* 1979), aus der Volkskunde und der empirischen Kulturwissenschaft, für die Lebenszusammenhang und Autobiographie wichtige Bezugspunkte geworden sind (vgl. *Brednich* u.a. 1981, *Schenda* 1982), aus der historisch orientierten Lebenslaufforschung (vgl. zusammenfassend *Kohli* 1978, 1980) und aus der „oral history"-Forschung, wo sich inzwischen eine Reihe von Projekten (vgl. *Steinbach* 1980, *Herrmann* u.a. 1983, *Krüger* 1985, *Niethammer* 1985) um eine alltags- und erfahrungsgeschichtliche Rekonstruktion vergangener jugendlicher Lebenswelten bemühten, haben in den letzten Jahren in diesem Forschungskontext erste wichtige Erkenntnisfortschritte gebracht.

3 Theoretische Bezugspunkte der historischen Jugendforschung

3.1 Theoretische Ansätze in der historischen Jugendforschung

Ein Konzept historischer Jugendforschung, das Anschluß an die allgemeinen theoretischen Standards in der **historischen Sozialisationsforschung** zu finden sucht und das sich zum Ziel setzt, die Genese jugendlicher Subjektivität vor dem Hintergrund zeitgeschichtlicher Veränderungsprozesse zu beschreiben und zu erklären, ist bei der Analyse ihres Gegenstandsfeldes auf zumindest zwei theoretische Bezugsgrößen angewiesen, zum einen auf Theorien gesellschaftlichen und kulturellen Wandels und zum anderen auf persönlichkeitstheoretische Ansätze, die die geschichtlich-gesellschaftliche Genese und Bestimmtheit jugendlicher Subjektwerdung zu untersuchen vermögen.

3.1.1 Gesellschafts- und kulturtheoretische Ansätze

Aspekte des historischen Wandels von Jugend wurden in den jugendgeschichtlichen Arbeiten der Nachkriegszeit vor allem unter Bezugnahme auf das Generationskonzept zu erklären versucht. Der Generationsbegriff wurde in den meisten dieser Arbeiten jedoch bestenfalls deskriptiv verwendet. An das Reflexionsniveau, das die **Generationstheorie** in den Schriften *Mannheims* (1928) bereits erreicht hatte, wurde hingegen nicht angeknüpft.

Für *Mannheim* ist die Jugendfrage vor allem ein Problem der Generation. Die **Generation** ist für ihn weder eine biologische Gegebenheit noch eine bevölkerungsstatistische Kategorie, sondern ein durch ein Geburtsdatum bestimmte soziales Konstrukt, eine Funktion gemeinsamer kultureller Symbole und sozialer Lagerungen. Generationslagerung, d.h. die Zugehörigkeit der einander verwandten Geburtsjahrgängen angehörenden Individuen zu demselben historisch-sozialen Raum, Generationszusammenhang, d.h. die Partizipation an den gemeinsamen historisch-sozialen Problemen und Generationseinheit, d.h. die gemeinsame Verarbeitung der historischen Erlebnisse und Erfahrungen in weltanschaulich und politisch kohärenten Gruppen (vgl. *Mannheim* 1928, S. 170ff.), bilden die Grundbegriffe seines Konzeptes.

Mannheims Arbeiten stellen sicherlich im Kontext der generationstheoretischen Diskussion eine wissenschaftliche Pionierarbeit dar. Obwohl er darauf hinweist, daß die Bildung von Generationszusammenhängen historisch-gesellschaftliche Ursachen hat, fehlt in seiner Konzeption jedoch eine explizite Theorie gesellschaftlichen Wandels. In *Mannheims* Annahme von der Generationenfolge als dialektischem Motor des Geschichtsprozesses stecken vielmehr noch erhebliche Restbestände historistischen Denkens (vgl. *Jaeger* 1977, S. 442). Ebenso wenig gelingt es *Mannheim* in seiner Theorie der Generationsbildung schichtspezifische Differenzen hinreichend zu berücksichtigen und seine Hypothese von der lebenslangen Prägekraft historischer Jugenderfahrungen empirisch zu überprüfen. Theoretische Präzisierungen der *Mannheimschen* Theorie durch Einbezug der Dimension der sozialen Differenzierung in die Generationsdynamik haben *Buchhofer* u.a. (1970) versucht. Erste systematische Untersuchungen zu *Mannheims* Prägungshypothese, d.h. der Annahme von der Langzeitwirkung politisch-historischer Jugenderfahrungen, haben *Breitsamer* (1976) und *Fogt* (1982) vorgelegt.

Dominierte in den jugendgeschichtlichen Arbeiten der Nachkriegszeit zunächst das Bemühen, in loser Anlehnung an das Generationskonzept zeitgeschichtlich typische jugendliche Generationsgestalten herauszuarbeiten, so fand die historische Jugendforschung erst in den sechziger Jahren Anschluß an gesellschaftstheoretisch begründete Konzepte sozialen Wandels. In der Bundesrepublik waren es vor allem *Tenbruck* (1962) und *Hornstein* (1966), die bei ihren Ausführungen zur Entstehung von Jugend und Jugendkultur am Übergang von der traditionellen, vorindustriellen zur modernen, industriellen Gesellschaft an Grundannahmen der strukturfunktionalistischen **Modernisierungstheorie** anknüpfen, wie sie von *Parsons* (1972) und *Eisenstadt* (1966) formuliert worden waren.

Die zentralen Argumentationslinien dieses Ansatzes lassen sich wie folgt beschreiben. In der traditionellen Gesellschaft vermittelt die **Familie** noch ein adäquates Modell für das spätere Leben, denn es besteht eine grundsätzliche Kontinuität zwischen den Rollen, die das Kind in der Familie, und den Rollen, die der Erwachsene im gesellschaftlichen Rahmen zu erfüllen hat. Im Zuge des gesellschaftlichen Modernisierungsprozesses kommt es nun zu einer Ausdifferenzierung gesellschaftlicher Teilsysteme (vgl. *Parsons* 1972). Es entsteht ein fundamentaler Bruch zwischen der an partikularistischen Normen orientierten familialen Sozialisation und den universalistischen Rollen, die der Erwachsene als Arbeiter, Staatsbürger und Konsument in der modernen Gesellschaft einzunehmen hat. Genau an dieser Übergangsschwelle von der traditionalen zur modernen Gesellschaft kommt es nach Auffassung der strukturfunktionalistisch orientierten Autoren zur Herausbildung der Jugend als spezifischer Altersphase und zur Entwicklung von altershomogenen Jugendgruppen, deren latente Aufgabe es ist, zwischen dem traditionellen und dem modernen Wertsystem zu vermitteln (vgl. *Eisenstadt* 1966, S. 37ff.).

Die strukturfunktionalistische **Modernisierungstheorie** bot sicherlich der historischen Jugendforschung der sechziger Jahre erste gesellschaftstheoretische Bezugspunkte für eine sozialgeschichtliche Erklärung der Entstehung von Jugend und **Jugendkultur.** Allerdings weist dieses Theoriekonzept eine Reihe von Schwachpunkten auf. So dominiert in der strukturfunktionalistischen Sichtweise auf die Geschichte von

Jugendkulturen eine Anpassungsperspektive. Abweichendes Verhalten, sei es in Formen politischer Rebellion oder sei es als Jugendkriminalität, wird nur unter dem Aspekt der Dysfunktionalität für gesellschaftliche Systemerfordernisse interpretiert. Die strukturfunktionalistische Annahme von der Herausbildung einer einheitlichen, allgemeinen Jugendkultur vernachlässigt zudem Aspekte der Klassen- und Geschlechtszugehörigkeit in der historischen Analyse (vgl. *Cohen* 1986, S. 28). Schließlich setzt sich die strukturfunktionalistische Modernisierungstheorie einer Kritik aus, die auch andere Varianten der Modernisierungstheorie etwa in der Tradition Max *Webers* (vgl. *Kocka* 1977) trifft: Es wird eine undialektische Geradlinigkeit von Fortschritt angenommen und in „ethnozentrischer" Betrachtungsweise die westliche Welt zum Modell der Modernität stilisiert, auf das sich alle Gesellschaften hin entwickeln oder entwickeln sollten (vgl. *Schlumbohm* 1979, S. 698).

Genau an diesen Defiziten der klassischen **Modernisierungstheorien** setzte die gesellschafts- und kulturtheoretische Diskussion in der historischen Jugendforschung im letzten Jahrzehnt an. So ergänzte bzw. korrigierte *Gillis* (1980) in seiner Studie die Sichtweisen der strukturfunktionalistischen Modernisierungstheorie, in dem er im Anschluß an *Thompsons* (1963) Vorstellung von der Formierung gesellschaftlicher Klassen als einem aktiven und bewußten Prozeß Jugend als einen aktiven Agenten ihrer eigenen Geschichte begreift und er in seiner sozialgeschichtlichen Analyse gerade aufzeigt, daß in der Folge der industriellen Revolution die relativ einheitliche Kultur der männlichen Jugend, die im 17. und 18. Jahrhundert in vielen ländlichen Gemeinden und in manchen städtischen Nachbarschaften noch bestanden hatte, sich in eine Reihe klassen- und schichtenspezifischer Jugendkulturformen auflöst.

Gillis Vorstellung von Jugend als aktivem Agenten der Geschichte und seine Charakterisierung des Jugendbrauchtums als **Subkultur,** die sich einerseits von den entsprechenden Klassenkulturen der Erwachsenen abhebt, andererseits aber mit ihnen verbunden ist, weist Parallelen zu den Grundannahmen des gesellschafts- und kulturtheoretischen Ansatzes des Birminghamer Centre for Contemporary Cultural Studies auf, wie er von *Clarke, Cohen, Willis, Hebdige* u.a. entwickelt worden ist. In Anlehnung an *Gramscis* Konzept einer marxistischen **Kulturtheorie** und an Theorieelemente aus der strukturalistischen Anthropologie und der Semiologie von *Barthes, Lévi-Strauss* bzw. *Eco* unterscheiden die Birminghamer Autoren zwischen einer hegemonialen, dominanten Kultur und einer Kultur der untergeordneten Klassen, in deren Kontext jeweils spezifische Jugendsubkulturen aus der Arbeiterschaft bzw. Gegenkulturen aus der Mittelschicht gesellschaftlich verortet und die oppositionellen Lebensstile jugendlicher Subkulturen als imaginäre Lösungen von Problemen mit der jeweiligen Stammkultur interpretiert werden (vgl. *Clarke* u.a. 1979, S. 76 ff.). In einer Reihe von ethnographischen Studien mit lokalhistorischem Bezug versuchen die englischen Jugendforscher den Wandel spektakulärer jugendkultureller Lebensstile z.B. der Teds, der Mods, der Hippies oder der Punks vor dem Hintergrund der ökonomischen und kulturellen Veränderungsprozesse der britischen Nachkriegsgesellschaft zu beschreiben und sozialgeschichtlich zu erklären. Eine Rezeption des gesellschafts- und kulturtheoretischen Ansatzes von *Clarke* u.a. hat in der historischen Jugendforschung im deutschsprachigen Raum erst in den letzten Jahren eingesetzt (vgl. z.B. *Peukert* 1983, *Krüger* 1985).

Gegen das einseitige Fortschrittskonzept der klassischen **Modernisierungstheorien** hat *Peukert* (1982, 1986) unter Bezug auf *Habermas* neuerdings eine „umgekehrte

Modernisierungstheorie" in die gesellschaftstheoretische Diskussion der historischen Jugendforschung eingeführt, die es erlaubt, Konzepte von Modernisierungsprozeß und Fortschritt zu entkoppeln und sie in der historischen Analyse je nach Situation als partiell deckungsgleich, aber auch als gegensätzlich zu beschreiben. *Habermas* (1981) faßt im Unterschied zu *Weber* den Prozeß der Konstituierung der modernen Gesellschaft mit einem dualen Begriffssystem. Er geht von der dialektischen Spannung systemischer und lebensweltlicher Logiken aus. Ein solches analytisches Modell ermöglicht es ihm, die Ausdehnung der Strukturen der kapitalistischen Wirtschaft und der bürokratischen Verwaltungsapparate im Zuge des Modernisierungsprozesses in der Ambivalenz von fortgeschrittenen Leistungen und pathologischen Nebenwirkungen zu sehen, da deren Übergreifen in die lebensweltlichen Bereiche von Kultur, Sozialintegration und Sozialisation, die sich nicht systemisch-rational regeln lassen, eine Kolonialisierung der Lebenswelt und eine Zerstörung der Erfahrungszusammenhänge der Individuen zur Folge hat. *Peukert* (1986) betrachtet nun die Herausbildung der staatlichen **Jugendfürsorge** und das gleichzeitige Aufkommen von subkulturellen jugendlichen Gegenwelten in Gestalt der Halbstarken und der wilden Cliquen seit Beginn des 20. Jahrhunderts, genau vor dem Hintergrund des Aufeinanderprallens von expandierenden staatlichen Kontroll- und Disziplinierungssystemen und dem Bemühen jugendlicher Arbeiter sich in flüchtigen Netzen informeller Solidarität und Selbsthilfe den organisatorischen Vereinnahmungsversuchen von politischen Parteien und staatlicher Jugendpflege zu entziehen.

3.1.2 Subjekttheoretische Ansätze

Historische Jugendforschung, die sich als Teildisziplin eines umfassenderen Konzeptes **historischer Sozialisationsforschung** versteht, ist nicht nur auf makrosoziologische Theorieansätze angewiesen, die in der Lage sind, den Wandel von Jugend vor dem Hintergrund von Prozessen gesellschaftlicher Modernisierung und kultureller Differenzierung zu fassen, sondern auch auf persönlichkeitstheoretische Ansätze, die es ermöglichen, die historischen Vergesellschaftungsprozesse jugendlicher Subjektivität zu beschreiben und zu analysieren. So einleuchtend die Forderung nach einer Verschränkung von individueller Lebensgeschichte und Gesellschaftsgeschichte auch ist, so defizitär ist jedoch der Stand der subjekttheoretischen Diskussion in der **historischen Sozialisationsforschung.** *Geulen* hat in mehreren Arbeiten (1977, 1981) die Vielfalt entwicklungspsychologischer und sozialisationstheoretischer Modelle idealtypisch ordnend zusammengefaßt und kritisch festgestellt, daß die historische Zeitdimension in den meisten persönlichkeitstheoretischen Ansätzen weitgehend vernachlässigt wird. Die Gründe dafür liegen in der Exklusivität des Gegenwartsbezuges von **Sozialisationsforschung,** in der oft synchronischen Beschränkung auf die ontogenetische Zeitebene und in der psychologischen Strukturierung des ontogenetischen Sozialisationsprozesses auf der Grundlage der Annahme einer universellen, überzeitlichen Entwicklungsstruktur, die sich bei kritischer Betrachtung, jedoch oft als zeit- und milieuspezifisch eingebundene Erscheinung erweist (vgl. *Reyer* 1980, S. 58f.).

In der Jugendforschung haben ahistorisch statische Konzeptionen der **Adoleszenz** ihre Wurzeln vor allem in der Tradition der klassischen **Entwicklungspsychologie** und der **Psychoanalyse**. So schreibt *Spranger* in seiner Entwicklungspsychologie des Jugendalters (1924) der Adoleszenz überzeitlich gleichbleibende Merkmale wie „ästhetische Form der Liebe“ oder „Naturgefühl“ zu, die realiter Ausdruck der zeit- und schichtspezifischen Einstellung und Verhaltensweisen jugendbewegter Gymnasiasten aus gehobenem Milieu in den zwanziger Jahren gewesen sind. Und auch in dem von *Erikson* in Weiterentwicklung der *Freudschen* Phasentheorie formulierten Konzept der lebenslangen **Sozialisation,** in dem die Jugendzeit als Phase der Identitätsdiffusion und Identitätssuche definiert wird, wo der junge Mensch durch freies Rollenexperimentieren seinen festen Platz in der Gesellschaft sucht (vgl. *Erikson* 1971, S. 56), spiegelt sich keineswegs ein universelles Modell vom Adoleszenzverlauf, sondern seine Aussagen treffen allenfalls auf die Lebenssituation einer privilegierten Minderheit amerikanischer Mittelschichtjugendlicher in der Nachkriegszeit zu. Die fehlende Einbindung persönlichkeitstheoretischer Überlegungen in eine explizite Theorie gesellschaftlichen Wandels sowie damit einhergehend die Vernachlässigung der Analyse der diachronen Zeitdimension von Sozialisationsprozessen kennzeichnet nicht nur das psychoanalytisch geprägte Lebenszyklusmodell von *Erikson,* sondern auch die entwicklungspsychologischen Ansätze von *Piaget* und *Kohlberg* und das aus der *Mead*-Tradition stammende interaktionistische Identitätskonzept (vgl. *Geulen* 1981).

3.1.3 Mehrdimensionale Theorieansätze

Im Unterschied dazu hat *Habermas* in seinen Studien (1976) ein ausgefeiltes Konzept vorgelegt, das einerseits die Arbeiten von *Piaget* zur kognitiven Entwicklung und von *Kohlberg* und *Mead* zur moralischen Entwicklung in einem umfassenden Modell der Persönlichkeitsentwicklung integriert und gleichzeitig diese entwicklungstheoretischen Ansätze in eine Theorie der sozialen Evolution einbezieht. *Habermas* verbindet die ontogenetische und die anthropogenetische Ebene der **Sozialisation,** indem er die Entwicklung des Persönlichkeits- und des Gesellschaftssystems als dialektischen Prozeß ansieht. Evolutionäre Wandlungsprozesse im Bereich der Produktivkräfte und der Produktionsverhältnisse, des technischen Wissens und der moralischen Einsichten, werden von ihm als soziokulturelle Lernprozesse gefaßt, die auf die Bewußtseinsstrukturen vergesellschafteter Subjekte angewiesen sind, genau wie umgekehrt Homologien zwischen der individuellen Entwicklung und makrosozialen Wandlungsprozessen angenommen werden. So versucht *Habermas* aufzuzeigen, daß sich die Stufen der individuellen Moralentwicklung als Muster in der sozialen Entwicklung von Rechts- und Moralvorstellungen wiederauffinden lassen und sich die Stufen der Identitätsentwicklung in der gesellschaftlichen Evolution von Weltbildern abbilden.

Orth-Peine (1984) hat dieses Stufen-Konzept von *Habermas* in einer Arbeit über die Bedingungen der Identitätsbildung in sozialgeschichtlicher Perspektive mit Ansätzen der **Identitätstheorie** von *Krappmann* verbunden und in einer Analyse von historischen Autobiographien verfeinert. Dabei kommt sie zu dem Ergebnis, daß die Formen der Identität der Erwachsenen in der traditionellen Gesellschaft des 18. und frühen 19. Jahrhunderts noch durch eine Gruppen- und Rollenidentität gekennzeichnet sind, der eine reflektive Auseinandersetzung mit gesellschaftlichen Rollenerwartungen und der eigenen Biographie fehlt. Ansätze einer flexiblen und reflexiven **Ich-Identität** als Grundzüge der Erwachsenenrolle — und damit als Zielpunkt der Jugendphase — sind hingegen selbst im ausklingenden 19. Jahrhundert noch die Ausnahme und werden in der Studie von *Orth-Peine* (1984, S. 351) vor allem im Sozialmilieu des Bildungsbürgertums ausgemacht.

Eine andere Variante eines mehrdimensionalen Theorieansatzes, der versucht, sozialgeschichtliche und sozialpsychologische Sichtweisen zu verbinden, stammt ebenfalls aus der Tradition der **Kritischen Theorie.** Insbesondere in der Studie „Autorität und Persönlichkeit" (1936) haben *Horkheimer, Fromm* u.a. in Anlehnung an Erklärungsansätze der marxistischen Gesellschaftstheorie und an Grundannahmen der *Freudschen* **Psychoanalyse** die Genese der bürgerlichen Kleinfamilie vor dem Hintergrund der Herausbildung der kapitalistischen Produktionsweise untersucht und die Sozialisationsbedingungen für die Entstehung autoritärer Persönlichkeitsstrukturen in einem familialen Binnenklima festgemacht, in dem den Heranwachsenden insbesondere durch den autoritativen Machtanspruch des Vaters ein äußerstes Maß an Triebunterdrückung und Pflichterfüllung abverlangt wurde. In kritischer Weiterentwicklung dieses klassischen Erklärungsmodells und unter Bezugnahme auf gesellschaftstheoretische Arbeiten von *Habermas* und *Offe* und auf neuere psychoanalytische Arbeiten von *Kohut* (1972) hat *Ziehe* (1975) in seiner Jugendtheorie aufzuzeigen versucht, daß unter den gegenwärtigen gesellschaftlichen Bedingungen des Spätkapitalismus die Voraussetzungen für die Konstituierung eines autoritären Sozialcharakters brüchig geworden sind.

Neben den Arbeiten aus dem Kontext der Tradition der Kritischen Theorie war es vor allem *Elias,* der schon in den dreißiger Jahren in seinen Studien „Über den Prozeß der Zivilisation" (1969) darauf abzielte, eine in großen historischen Zügen abgelaufene Veränderung der Persönlichkeitsstrukturen mit langfristigen sozialstrukturellen Prozessen zu koppeln. *Elias* zeichnet die Prozesse der Persönlichkeits- und der Gesellschaftsentwicklung am Beispiel der europäischen Geschichte beim Übergang vom Mittelalter zur Neuzeit nach, wobei er sich bei der historischen Rekonstruktion des Über-Ichs lose an *Freud* anlehnt, während er die fortschreitende Differenzierung gesellschaftlicher Funktionen und die damit einhergehende Ausweitung der Interdependenzketten, in denen jeder Mensch mit anderen verflochten ist, mit dem Begriff der Figuration theoretisch zu fassen sucht. Seine Hauptthese läuft darauf hinaus, daß die Etablierung zunehmender Affektkontrolle und Selbstdisziplin des einzelnen Handelnden nur verstanden werden kann als Ausfluß von Prozessen zunehmender sozialer Verflechtung, welche auf gesamtgesellschaftlicher Ebene ihren Niederschlag in der Herausbildung des absolutistischen Staates als erster Form des modernen Staates finden.

Im Bereich der historischen Sozialisations- und Jugendforschung haben insbesondere *Behnken, du Bois-Reymond, Zinnecker* (1983) und *Büchner* (1983) *Elias* Theorie der Zivilisation rezipiert und den Wandel der Sozialisationsbedingungen und -prozesse von Kindern und Jugendlichen im 20. Jahrhundert damit zu erklären versucht. Orientiert an *Elias* **Zivilisationstheorie** sowie an stadtgeschichtlichen Ansätzen aus der Tradition der Chicago-Schule haben *Behnken* u.a. (1989) den Wandel der städtischen **Lebenswelt** von Kindern und Jugendlichen seit der Jahrhundertwende rekonstruiert. Die historische Entwicklung des Quartierlebens ist für sie durch die Verlagerung vieler Aktivitäten von Außen- in Innenräume bestimmt — die voranschreitende Peinlichkeitsschwelle verweist bestimmte körper- und personennahe Tätigkeiten als intime Handlungen hinter die Kulissen — sowie durch einen Funktionswandel der sozialen Kontrolle im Stadtteil von informellen Quartierswächtern wie Nachbarn oder Hauswarte hin zur Selbst- und anonymisierten Fremdkontrolle. *Büchner* (1983) konzentriert sich bei seiner Analyse des Wandels der Sozialisationsbedingungen nach 1945 insbesondere auf die Umgangsformen zwischen Älteren und Jüngeren und stellt vornehmlich im familialen Erziehungsklima der neuen Mittelschichten eine Verschiebung von einem Befehlshaushalt zu einem Verhandlungshaushalt, d.h. eine Liberalisierung und Informalisierung der Beziehungen, fest. In diesem veränderten Sozialisationsmilieu wächst nun ein neuer moderner Sozialcharakter heran, der nicht mehr wie der klassische bürgerliche Sozialcharakter durch die Merkmale des Gehorsams und der Pflichterfüllung gekennzeichnet ist, sondern der angesichts der Lockerung bzw. größeren Toleranzbreite der Verhaltensformen über die Fähigkeit zur kalkulierten Selbstkontrolle bzw. Selbstbeherrschung verfügen muß.

3.2 Theoretische Leitlinien für die historische Jugendforschung

Historische Jugendforschung kann bei der Analyse ihres komplexen, mehrdimensionalen Gegenstandsfeldes, zu der die objektiven, makro- und mesosozialen, Bedingungen von Jugendsozialisation ebenso gehören, wie die Formen und Faktoren von Generationsablöse- und Ich-Findungsprozessen, an die vorab dargestellte Theoriediskussion anknüpfen und in konkreten jugendgeschichtlichen Forschungsvorhaben mehrere Theorieansätze miteinander zu kombinieren suchen. So zeigen die Arbeiten von *Gillis* (1980) und *Peukert* (1986) in unterschiedlicher Weise, wie durch die Kombination von modernitäts- und kulturtheoretischen Sichtweisen ein differenziertes sozial- und kulturgeschichtliches Analyseinstrumentarium bereit gestellt werden kann, das in der Lage ist, die historische Genese der gesamtgesellschaftlichen Bedingungen von Jugend und **Jugendkulturen**, die Prozesse sozioökonomischen Strukturwandels und klassenspezifischer kultureller Differenzierung, zu untersuchen. Zur makrosoziologischen Analyse der Geschichte weiblicher Jugendlicher, der Bedingungen und Prozesse **geschlechtsspezifischer Sozialisation,** haben Arbeiten aus dem Kontext der **Frauenforschung** wichtige, alternative Erkärungsansätze vorgelegt, die mit dem Konzept der **geschlechtsspezifischen Arbeitsteilung** und den daraus resultierenden geschlechtsspezifischen Rollenfestlegungen operieren (vgl. dazu den Beitrag von *Bilden/Diezinger* in diesem Band). Bei der historischen Untersuchung der mesosozialen Umweltbedingungen von Jugend, des Wandels von Sozialisationsinstanzen (z.B. der Schule) und der Bereiche der primären Lebenswelt (z.B. Nachbarschaft, peers, Straße) können sich, wie die Studie von *Behnken* u.a. (1983) zeigt, stadtgeschichtliche Ansätze aus der Tradition der Chicago-Schule bzw. die **Zivilisationstheorie** von *Elias* als hilfreiche theoretische Bezugspunkte erweisen. Zur Analyse des generationsspezifischen Lebenstils von Gruppen, Bünden, Bewegungen in historischen Umbruchsituationen eignet sich die Generationstheorie Mannheims, wenn man sie um klassen- und geschlechtsspezifische Untersuchungsperspektiven erweitert und in eine umfassende Theorie gesellschaftlichen Wandels einbezieht (vgl. *Jaeger* 1977, S. 445 f). Für die Analyse der historischen Vergesellschaftungsprozesse jugendlicher Subjektivität, liefern die Arbeiten aus der Tradition der **Kritischen Theorie** bzw. von *Elias* wichtige Erklärungsansätze, da sie sozialgeschichtliche und sozialpsychologische Interpretationen verbinden und die diachrone, historische Zeitdimension von Sozialisationsprozessen berücksichtigen.

Die hier positiv hervorgehobenen Theorieansätze können bei der Konzipierung historischer Jugendforschungsprojekte jedoch allenfalls als heuristische Bezugsgrößen fungieren, die Fragerichtungen für konkrete historische Untersuchungen abstecken. Denn historische Forschung ist nicht im Lichte von Theorien Illustrations- und Bestätigungs-Forschung. Vielmehr können umgekehrt historische Forschungsergebnisse die Aussagekraft globaler Theorieansätze relativieren. Genauso wie theoriegeleitete historische Forschung auf empirische Überprüfung und historische Differenzierung angewiesen ist, so bedarf umgekehrt alltagsorientierte historische Forschung der theoretischen Dimensionierung, will sie nicht Gefahr laufen, einen neuen Historismus zu beleben, der sich mit dem Auffinden historischer Erfahrung begnügt (vgl. *Tenfelde* 1984, S. 392). Geschichte und Theorie stehen somit in einem dialektischen Spannungsverhältnis, wo theoriegeleitete historische Forschung ohne empirische Konkretion und historische Detaillierung genauso wenig auskommt, wie historisch ausgemachte Erfahrungen ohne Theorie.

4 Methoden der historischen Jugendforschung

Die strikte Trennung in qualitativ-verstehende und quantitativ-analytische Zugriffe gibt es gerade in neueren Projekten und Arbeiten aus dem Kontext der historischen Jugendforschung häufig nicht. Denn im Unterschied zum gegenwartsbezogen arbeitenden Jugendforscher, der sich seine Materialbasis durch Interviews, Beobachtung oder sogar Experiment selber schaffen kann, ist der historisch forschende Wissenschaftler oft allein auf Quellen angewiesen, die seinerzeit von anderen und zu anderen Zwecken produziert und mehr oder weniger zufällig übrig geblieben sind. Demographische, Zensus- und ähnliche quantitative Daten liefern allgemeine Informationen zu vergangenen familialen, beruflichen oder schulischen Lebensbedingungen von Jugendlichen. Pädagogische Schriften enthalten oft Aussagen über eine verbesserungswürdig gehaltene Wirklichkeit. Überlieferungen, Lieder, Sprichworte bieten Fragmente vergangener jugendkultureller Ausdrucksformen. Autobiographien und Biographien geben einen detaillierten Einblick in die psychischen Mechanismen eines einzelnen Sozialisationsprozesses (vgl. *Schlumbohm* 1979, S. 699). Gerade durch die Kombination dieser heterogenen Informationselemente ergibt sich oft erst ein komplexes Gesamtbild von den objektiven Bedingungen und subjektiven Dimensionen des vergangenen Jugendlebens.

Dennoch haben die verschiedenen Forschungsrichtungen und -ansätze innerhalb der historischen Jugendforschung eine unterschiedliche Affinität zu eher quantitativen bzw. eher qualitativen Verfahren und Daten. Ansätze aus dem Kontext der strukturorientierten Sozialgeschichte ergänzen gerade in den letzten Jahren verstärkt hermeneutische durch analytische Verfahren quantifizierender Art. Arbeiten aus der historisch ausgerichteten **Lebenslaufforschung** stützen sich auf Sozialstatistiken und die Ergebnisse von **Längsschnittuntersuchungen.** Die historisch orientierte quantitative Jugendforschung bemüht sich insbesondere in jüngster Zeit darum, repräsentative Jugendumfragen aus vergangenen Jahrzehnten zu wiederholen bzw. **Retrospektivbefragungen** durchzuführen. Umgekehrt stützen sich Arbeiten aus dem Kontext der alltagsorientierten

Sozialgeschichte, der **„oral history“** und der **Biographieforschung** vor allem auf alltagskulturelle Materialien (Tagebücher, literarische Darstellungen, Schulhefte etc.) und auf erzählte Lebensgeschichten. Sie konzentrieren sich auf die Untersuchung von Einzelfällen und sozialen Mikroeinheiten. Im Vordergrund steht nicht das Interesse an statistischer Repräsentativität, sondern das Bemühen aus der Analyse des Einzelfalls zu Generalisierungen zu gelangen.

4.1 Methoden und Ergebnisse der quantitativ orientierten historischen Jugendforschung

Der Einsatz quantitativer Verfahren in den an der historischen Jugendforschung beteiligten Disziplinen ist noch jüngeren Datums. Dies gilt sowohl für die Geschichtswissenschaft, wo vor allem in den Bereichen der Wirtschaftsgeschichte, der historischen Demographie, der Familien- und der Schulgeschichte erst seit Mitte der siebziger Jahre mit diffizilen statistischen Verfahren gearbeitet wird als auch für den Bereich der **Lebenslaufforschung,** wo quantitative Studien insbesondere in Gestalt von **Kohortenanalysen,** die den Einfluß längerfristiger historischer Trends auf den **Lebenslauf** von unterschiedlichen Geburtskohorten untersuchen, zumeist erst in den siebziger Jahren durchgeführt wurden. Eine längere Tradition hat hingegen der quantitative Forschungstypus der Replikation von Jugendumfragen. Bereits 1964 wiederholte EMNID aus Anlaß des Ersten Jugendberichtes der Bundesregierung erstmals Teile der Basisstudien aus den Jahren 1953 - 1955.

4.1.1 Historische Sozialstatistik

Erste wichtige Informationen zur historischen Lebenssituation Jugendlicher liefert der umfangreiche Fundus statistischen Quellenmaterials zur Bevölkerungsentwicklung, zur Familiengröße, zum Heiratsalter, zur Erwerbstätigkeit, zum Schulbesuch etc., der für einzelne deutsche Staaten etwa seit Anfang des 19. Jahrhunderts, für Gesamtdeutschland etwa ab 1880 vorliegt (vgl. *Hohorst* 1976, S. 117). So zeigen z.B. die statistischen Daten, daß der Studentenanteil an der Gesamtgruppe der 20 - 24jährigen im Verlaufe des 20. Jahrhunderts erst in den letzten zwanzig Jahren anstieg: 1900 betrug die Quote in Deutschland 0,89 %, 1930 1,96 %, 1950 4,39 %, 1960 6,31 % und 1978 25,46 % (vgl. *Mitterauer* 1986, S. 85). Gerade die Bildung solcher **Zeitreihen** stellt für die historische Jugendforschung jedoch oft ein schwieriges Problem dar, da die Erhebungskategorien und die Erhebungstechniken beträchtlichen Wandlungen im Zeitablauf unterliegen und statistische Materialien für einzelne Amtsbezirke und Kreise nur schwer auffindbar oder gar verlorengegangen sind. Aufgrund solcher Datenmängel ist es dem Historiker oft nicht möglich einen statistischen Hypothesentest überhaupt durchzuführen. Da er auf die vorfindlichen Materialien angewiesen ist, muß er sich zumeist mit einer theoretischen Begründung und einer Indiziensammlung, die diese empirisch plausibel macht, zufriedengeben.

Dennoch gibt es in der historischen Jugendforschung durchaus auch einige Arbeiten, die sich auf exakte statistische Analysen und eine umfassende Datenbasis stützen. So bezogen sich z.B. *Modell, Fürstenberg* und *Hershberg* (1978) bei der Untersuchung der Frage, ob sich die Jugendphase seit dem 19. Jahrhundert verkürzt oder verlängert hat, auf die Zensusdaten für Philadelphia von 1870 und für die gesamte USA von 1970. Den Ausgangspunkt für die Berechnung dieser Daten bildete die Analyse von fünf Statusübergängen, nämlich Schulabgang, Arbeitsaufnahme, Verlassen der Herkunftsfamilie, Gründung eines eigenen Haushalts und Heirat. Dabei kamen sie zu dem überraschenden Ergebnis, daß die Jugendphase sich im Vergleich zum 19. Jahrhundert nicht verlängert hat, sondern der Weg ins Erwachsenenleben heute kürzer und integrierter geworden ist.

4.1.2 Kohortenanalysen

Ein vor allem in der historisch orientierten **Lebenslaufforschung** zugrundegelegter quantitativer Untersuchungstypus ist das Modell der **Kohortenanalyse.** Unter Kohorte wird eine Gruppe von Individuen verstanden, die im selben Zeitraum geboren werden oder einen Übergang im Lebenslauf abschließen, z.B. Berufseintritt. Die gleichzeitig lebenden Kohorten unterscheiden sich nach dem Alter und nach früher gemachten Erfahrungen. Historische Ereignisse haben für sie nun unterschiedliche Bedeutungen, da sie sie an unterschiedlichen Punkten des **Lebenslaufs** und auf der Grundlage unterschiedlicher Erfahrungen erleben (vgl. *Kohli* 1980, S. 307, *Mayer* 1987). Im Mittelpunkt des Interesses der historisch ausgerichteten Lebenslaufforschung steht nun die Analyse von Periodeneffekten, d.h. der Auswirkungen des historischen Wandels auf den Lebenslauf, und Kohorteneffekten, d.h. der Nachwirkungen der spezifisch früheren Erfahrungen auf den weiteren Sozialisationsprozeß einer Kohorte, während die Entwicklungspsychologen eher an Alterseffekten, d.h. an Veränderungen durch den Lebenslauf als Altersprozeß, interessiert sind.

Die **Kohortenanalyse** bietet den Vorteil, bereits vorliegendes Datenmaterial der allgemeinen Statistik oder der Umfrageforschung sekundäranalytisch verarbeiten zu können. So hat z.B. *Müller* (1978) auf der Grundlage von Bildungs-, Ausbildungs- und Berufsstatistiken die kohortenspezifischen Bildungs- und Berufsverläufe von Männern der Geburtsjahrgänge zwischen 1901 und 1946 untersucht und aufgezeigt, daß Bildungs- und Berufschancen vom Auf und Ab der wirtschaftlichen Konjunktur, von politischen Ereignissen und demographischen Größen abhängen. *Elder* und *Rockwell* (1974, 1978) unterzogen hingegen die Daten aus mehreren entwicklungspsychologischen **Längsschnittuntersuchungen** einer Sekundäranalyse unter der Fragestellung des Kohortenansatzes. Dabei kamen sie zu dem interessanten Resultat, daß Entwicklungsnachteile aus der Kindheit und Jugend in der Zeit der amerikanischen Weltwirtschaftskrise später zu einem großen Teil wieder aufgeholt wurden. Die Ursachen dafür sehen sie zum einen in späteren historischen Entwicklungen (z.B. der erhöhten Bildungschancen durch den Ausbau des Collegesystems nach dem Krieg), zum anderen in persönlichen Entscheidungen für Laufbahnmuster, die die persönliche und berufliche Entwicklung förderten (vor allem Militärdienst, Collegebesuch sowie frühe und stabile Festlegung auf eine Berufslaufbahn).

4.1.3 Replikationsstudien und Retrospektivbefragungen

Replikationsstudien, die in der Jugendforschung in methodisch reflektierter Form erst in den letzten Jahren häufiger durchgeführt werden (vgl. *Allerbeck/Hoag* 1985, *Fischer/Fuchs/Zinnecker* 1985), bieten für den Vergleich von zwei oder mehreren Jugendgenerationen wichtige Informationen. Bei Replikationsstudien ist darauf zu achten, daß die Fragen wortgetreu wiederholt werden und daß die zugrunde gelegten Stichproben vergleichbar sind. Auch lassen sich aufgrund des normativen und sprachlichen Wandels nicht alle Fragen replizieren. Die Ergebnisse der bislang vorliegenden Replikationsstudien liefern interessante Hinweise zum historischen Wandel der Lebenssituation und der Werte von Jugendlichen in den vergangenen drei Jahrzehnten. So zeigt z.B. die neue *Shell*-Jugendstudie, die die Jugendgeneration der fünfziger und der achtziger Jahre miteinander vergleicht, daß die Jugendlichen heute in ihren Erziehungsvorstellungen liberaler, in ihren politischen Orientierungen toleranter und demokratischer geworden sind (vgl. *Fischer/Fuchs/Zinnecker* 1985). In dieser Studie wurden jedoch nicht nur einige Fragen aus den Jugendstudien der 50er Jahre repliziert. Zusätzlich wurde eine repräsentative Stichprobe von Erwachsenen im Alter zwischen 45 und 54 Jahren gebeten, zu einigen Fragen aus Jugendstudien der 50er Jahre heute noch einmal Stellung zu nehmen. Außerdem wurden die Erwachsenen in einer quantitativen **Retrospektivbefragung** nach ihrer Jugend in den 50er Jahren befragt. Gerade im Hinblick auf die untersuchten Erwachsenen kamen *Fischer/Fuchs/Zinnecker* (1985) dabei zu überraschenden Resultaten. Im Vergleich zu ihrer eigenen Jugend in den 50er Jahren sind die Erwachsenen heute in manchen Fragen, etwa in ihren Erziehungsvorstellungen oder in ihrem Körperbewußtsein, informierter und liberaler geworden.

Quantitativ ausgerichtete Retrospektivbefragungen, wie sie in der *Shell*-Studie 1985 oder in der Untersuchung von *Schörken* (1984, 1990) durchgeführt wurden, der ehemalige Luftwaffenhelfer nach ihrer Jugend im zweiten Weltkrieg befragte, implizieren jedoch noch eine Reihe methodisch nicht hinreichend gelöster Probleme. Über die Validität solcher erinnerter Daten gibt es bislang kaum Erhebungen und die wenigen hierzu vorliegenden empirischen Untersuchungen stellten bei Erinnerungsbefragungen die Tendenz fest, daß sich die Befragten in einem „besseren Licht" darstellten (vgl. *Tölke* o.J., S. 16).

4.2 Methoden und Ergebnisse der qualitativ orientierten historischen Jugendforschung

Während der Rekurs auf quantitative Verfahren in der historischen Jugendforschung noch neueren Datums ist, haben qualitative Methoden eine längere Tradition. Bereits in den zwanziger Jahren widmete sich Charlotte *Bühler* (1925, 1934) der Sammlung und geisteswissenschaftlichen Interpretation von Jugendtagebüchern mit dem Ziel, den historischen Wandel der Lebenssituation und Lebensvorstellungen verschiedener Jugendgenerationen seit dem späten 19. Jahrhundert zu rekonstruieren. Die Tradition dieser älteren (Auto-)**Biographieforschung** war in der Nachkriegszeit jedoch abgerissen, sieht man einmal von den singulären Arbeiten von *Küppers* (1964) und *Bertlein* (1966) ab. Erst mit der Alltagswende in der Geschichtswissenschaft, der Entdeckung der **„oral history“** und der Renaissance der **Biographieforschung,** die das Interesse an Dokumenten des Alltagslebens, an Autobiographien und Lebenserinnerungen verbindet, erlebten auch qualitative Methoden seit den späten siebziger Jahren in der historischen Jugendforschung einen neuen Aufschwung. Die Methode des diachronen Interviews, die die offene Frage nach der Lebensgeschichte mit anschließenden Informationsfragen zu bestimmten lebens- und sozialgeschichtlichen Ereignissen verknüpft, bekam als Erhebungsinstrument eine zentrale Bedeutung und ergänzte die Sammlung und Suche nach schriftlichen Überlieferungen. Um das vergangene „Alltagsleben“ und „Alltagsbewußtsein“ nicht nur beschreiben, sondern auch erklären zu können, wurden individualisierend — verstehende und sozialgeschichtlich-generalisierende Interpretationsverfahren miteinander kombiniert.

Im Mittelpunkt der stärker qualitativ orientierten historischen Jugendforschung steht die historische **Fallstudie.** In historischen Regionalstudien wird der vergangene Lebensalltag von Kindern und Jugendlichen in begrenzten zeitlichen und räumlichen Kontexten analysiert. Die sozialgeschichtlich ausgerichtete (Auto-)Biographieforschung versucht an Einzelfällen, Zusammenhänge zwischen Lebensgeschichte und Zeitgeschichte exemplarisch aufzuzeigen.

4.2.1 Historische Regionalstudien

Im Rahmen der alltagsorientierten Sozialgeschichte wurden gerade in den letzten Jahren eine Reihe von historischen Feldstudien durchgeführt, die die objektiven Determinanten und subjektiven Dimensionen des Alltagslebens von Jugendlichen in überschaubaren historischen und sozialen Kontexten untersucht haben (vgl. *Steinbach* 1980, *Behnken* u.a. 1983, *Herrmann* u.a. 1983, *Safrian/Sieder* 1985). Um ein möglichst komplexes Bild vom vergangenen Lebensalltag Jugendlicher in einem städtischen Quartier oder einer dörflichen Gemeinde zeichnen zu können, stützten sich diese Arbeiten zumeist auf ein breites Spektrum unterschiedlicher Daten- und Quellentypen. Demographische Daten wurden dabei oft ebenso berücksichtigt wie überlieferte amtliche Dokumente (Rats- und Kirchenkonventsprotokolle, Erlasse, Zeugnisse), die im Lichte des alltagsgeschichtlichen Erkenntnisinteresses neu interpretiert wurden. Außerdem wurden neue Überreste und Quellen der Sachkultur des Alltagslebens (wie Kleiderordnungen für Schule und Arbeit, Grundrisse, Hausordnungen, städtische Reiseführer etc.) erschlossen. Da die archivalen Quellen und die Sekundarüberlieferung über die Familienorganisation, das Wohnen, die Arbeit oder das Freizeitverhalten unterprivilegierter Bevölkerungsgruppen nur sehr begrenzte Informationen liefern, nimmt das lebensgeschichtliche Interview mit Zeitzeugen in diesen Projekten einen zentralen Stellenwert ein.

Gerade der Bereich der Alltagsroutine, der Nahrungs- und Kleidungsgewohnheiten, des alltäglichen Freizeitverhaltens läßt sich durch diachrone Interviews relativ zuverlässig ermitteln, weil er der im Laufe eines Lebens sich ändernden Deutung am wenigsten zu unterliegen scheint (vgl. *Wierling* 1985, S. 31). Werden solche Auskünfte von mehreren Mitgliedern einer durch eine gemeinsame Praxis verbundenen Bevölkerungsgruppe erfragt, so kann man durch die Auswertung vergleichbarer Erinnerungen zur „dichten

Beschreibung" sozialer Beziehungen in der vergangenen Lebenswelt gelangen. Der „ethnologische" Blick, der gerade die Fremdheit und nicht die Identität des Forschers mit der vergangenen historischen Lebenswirklichkeit betont, ermöglicht neue Erkenntnisse über die Veränderung alltäglicher Lebensweisen, die auch die Grundannahmen makrosoziologischer Theorieansätze infrage stellen können (vgl. *Medick* 1984, S. 314).

Ein gutes Beispiel dafür findet sich in der Untersuchung von *Herrmann* u.a. (1983) zur Familie, Kindheit und Jugend im schwäbischen Dorf Ohmhausen seit dem späten 19. Jahrhundert. In dieser historischen Feldstudie wurden gestützt auf archivale Quellenbestände und mündliche Überlieferungen die vielfältigen Formen des Jugendbrauchtums in dieser Gemeinde, für die weibliche Jugend das gemeinsame Handarbeiten in der Spinnstube, für die männliche Jugend das Zusammensitzen in den Lichtstuben, untersucht. Dabei kamen die Autoren zu dem Ergebnis, daß die Traditionen der jugendlichen Kultur nicht, wie vermutet, durch die Prozesse der Industrialisierung und Modernisierung der dörflichen Struktur zerstört wurden. Vielmehr unterbrach aus der Sicht der Befragten der Erste Weltkrieg diese Tradition, da die älteren Jugendlichen einrücken mußten und viele für Jahre oder für immer fortblieben (vgl. auch *Gestrich* 1986).

4.2.2 Biographie und Zeitgeschichte

Ein zweites Ziel, daß eine Reihe von jugendgeschichtlich orientierten **„oral history"**-Projekten mit den Studien der sozialgeschichtlichen (Auto-)**Biographieforschung** verbindet, ist das Interesse an den biographischen Verarbeitungsformen historisch vergangener Lebenserfahrungen. Während die gegenwartsbezogene Biographieforschung bei der Auswertung von (auto-) biographischem Material bereits auf ein breites Spektrum elaborierter Interpretationsstrategien zurückgreifen kann (vgl. *Fuchs* 1984, S. 280-300), haben die Auswertungsverfahren der sozialgeschichtlich orientierten Biographieforschung noch einen recht vorläufigen Charakter. Grob vereinfachend kann man jedoch zumindest zwei Interpretationsverfahren unterscheiden, die bei der Analyse der Zusammenhänge von individueller Lebensgeschichte und kollektiver Geschichte Verwendung finden.

Fuchs und *Heinritz* (1985) lehnten sich bei der Diskussion der Frage, welche Rolle die zeitgeschichtlichen Ereignisse der 50er Jahre in den Jugenderinnerungen heute 45-55jähriger spielen, lose an Vorschläge an, wie sie insbesondere von *Schütze* (1982) zur Interpretation narrativ-biographischer Stehgreiferzählungen entwickelt worden sind. Die formale und inhaltliche Analyse der autobiographischen und biographischen Materialien mündete in dem Ergebnis, daß die zeitgeschichtlichen Bedingungen der fünfziger Jahre in den Jugenderinnerungen der Erwachsenen nur wenig präsent sind. Nach den hohen Wellengängen der Zeitgeschichte in Krieg und Nachkriegszeit, die den Lebenslauf vieler umgekehrt, die ganze Lebenswelten erschüttert und zerstört haben, haben sich die ruhigen fünfziger Jahre relativ schwach ins individuelle und kollektive Gedächtnis eingeprägt.

Neben dem erzählanalytischen Zugriff, der danach fragt, wie sich makrohistorische Abschnitte in biographischen Abfolgemustern und Erzählstrukturen widerspiegeln, hat sich in der sozialgeschichtlich orientierten Biographieforschung noch ein zweiter Interpretationsansatz herausgebildet, der in biographischen Erinnerungen nach latenten kulturellen Deutungsmustern sucht, die sich auf lebens- und sozialgeschichtliche Erfahrungszusammenhänge zurückführen lassen. An dieses insbesondere von *Niethammer* (1983, 1985) entwickelte Interpretationsverfahren knüpften *Möding* und *von Plato* (1986) bei der Analyse der Einflüsse und weiterwirkenden Elemente von Sozialisationserfahrungen in der Hitler-Jugend an, die sie am Beispiel biographischer Erinnerungen von ehemaligen HJ-Führern und BDM-Führerinnen aus Arbeiterfamilien untersucht haben. Sie zeigen auf, daß die Befragten im Kontext der Sozialisation in den NS-Jugendorganisationen latente Deutungsmuster, weitgehend unbewußte und dauerhafte Dispositionen erworben haben, die auch ihr weiteres Handeln strukturieren. In HJ und BDM haben die ehemaligen Führer und Führerinnen Aufstiegs-, Selbständigkeits- und Aktivitätserfahrungen gemacht, die sie unter den veränderten zeitgeschichtlichen Bedingungen der Nachkriegszeit und der fünfziger Jahre in beruflichem Aufstiegsaktivismus, in der Aufopferung für die Familie und in dem Bemühen, die eigenen Kinder früh zur Selbständigkeit anzuleiten, fortzusetzen suchten.

5 Resümee und Ausblick

In diesem Beitrag wurde der aktuelle Stand der Theorie- und Methodendiskussion in der historischen Jugendforschung skizziert und an ausgewählten Untersuchungen exemplarisch verdeutlicht. Dabei wurde gezeigt, daß die historische Jugendforschung erst im letzten Jahrzehnt Anschluß an die Theoriediskussion in den historischen Gesellschaftswissenschaften und der Sozialisationsforschung gewonnen hat. Zur Analyse ihres komplexen Gegenstandsfeldes, zu der die makro- und mesostrukturellen Bedingungen des vergangenen Jugendlebens ebenso zu zählen sind, wie die Determinanten und Verläufe von Generationsablöse- und Identitätsfindungsprozessen, ist die historische Jugendforschung auf gesellschafts-, kultur-, generations- und persönlichkeitstheoretische Erklärungsansätze angewiesen. Zwar kann sich die historische Jugendforschung im konkreten Forschungsprozeß an solchen theoretischen Bezugsgrößen und Analyseschemata orientieren. Ihre konkrete Detaillierung ist aber ohne empirisches Wissen nicht möglich. Das historische Wissen ist die Instanz, die Theorien und Begriffe geschichtlich konkretisiert und deren Reichweite und Grenzen bestimmt (vgl. *Herrmann* 1984, S. 14).

In methodischer Hinsicht ist die historische Jugendforschung bei der Untersuchung ihres mehrdimensionalen Gegenstandsfeldes in der Regel sowohl auf quantitative Daten angewiesen, die Informationen zu den objektiven Determinanten der Lebenswelt der Jugendlichen liefern, als auch auf qualitative Daten und Quellen, die einen Einblick in das Denken und Gefühlsleben der Jugendlichen in der Vergangenheit geben. Sicherlich haben auch rein quantitative Forschungsansätze in der historischen Jugendforschung ihre Relevanz und Berechtigung. So gehört die Fortschreibung und methodische Verfeinerung von **Replikationsstudien,** die interessante Hinweise zum historischen Wandel der Lebenssituation und Einstellung von Jugendlichen bieten, ebenso zu den zentralen zukünftigen Aufgaben der quantitativ ausgerichteten historischen Jugendforschung wie die Durchführung von **Kohortenanalysen,** für die die historische Lebenslaufforschung bereits wichtige Vorarbeiten geleistet hat.

Im Zentrum der historischen Jugendforschung sollte jedoch die historische **Fallstudie** stehen, da viele Aussagen über vergangene Bildungs- und Sozialisationsprozesse von Jugendlichen nur von außerordentlicher begrenzter zeitlicher und räumlicher Reichweite sind. Denn es gab und gibt nicht die Jugend. Vielmehr macht es einen fundamentalen Unterschied aus, ob Jugendliche in einem städtischen Arbeiterquartier oder in einem schwäbischen Dorf groß wurden. Deshalb sollten die von *Herrmann* u.a. (1983), *Behnken* u.a. (1983, 1991), *Niethammer* u.a. (1983, 1985) durchgeführten historischen Regionalstudien in Nachfolgestudien fortgeführt werden, die zeitgeschichtliche, sozioökonomische, ökologische und kulturelle Rahmenbedingungen systematisch variieren.

Gerade die zuletzt genannten historischen Jugendforschungsprojekte, die sozial- und sozialisationsgeschichtliche sowie biographische Untersuchungsperspektiven bei der Analyse der objektiven und der subjektiven Dimensionen des vergangenen Lebensalltags von Jugendlichen verbinden, machen zudem deutlich, daß trotz heftig geführter wissenschaftstheoretischer Kontroversen zwischen den Repräsentanten der **Strukturgeschichte** und der **Alltagsgeschichte** in der Geschichtswissenschaft (vgl. *Kocka* 1984b/*Medick* 1984) in der konkreten historischen Forschungspraxis die Gräben zwischen der stärker empirisch-analytisch ausgerichteten historischen Sozialwissenschaft und der qualitativen Sozialgeschichte gar nicht so tief sind. Denn mit der Ausweitung der wissenschaftlichen Kontrollen, der Kombination von quantitativen und qualitativen Daten, der Einbindung der Deskription vergangener alltäglicher Lebenswelten und biographischer Verarbeitungsmuster in strukturgeschichtliche und sozialpsychologische Interpretationen, knüpfen diese Studien aus dem Kontext einer eher qualitativ orientierten Sozialgeschichte an theoretische und methodologische Prämissen an, wie sie von den Vertretern der historischen Sozialwissenschaft geteilt werden. Struktur- und erfahrungsgeschichtliche Forschungsperspektiven sollten somit im Rahmen der historischen Jugendforschung nicht in einem Konkurrenz-, sondern in einem dialektischen Spannungsverhältnis zueinander stehen. Makrohistorische Analysen übergreifender Strukturen und Prozesse und Detailanalysen alltäglicher Lebensweisen und Erfahrungen sollten sich wechselseitig ergänzen bzw. korrigieren und sich dabei am Erkenntnisinteresse einer „histoire engagée“ (*Kocka* 1984a) orientieren, die historische Forschung nicht um ihrer selbst willen betreibt, sondern mit dem Ziel, die Möglichkeiten der Menschen zur Selbstreflexion und Selbstgestaltung in einer sich wandelnden Lebenswelt zu verbessern.

Literatur

Allerbeck, K./Hoag, W.: Jugend ohne Zukunft. München 1985

Bartram, C./Krüger, H.H.: Vom Backfisch zum Teenager, Mädchensozialisation in den 50er Jahren. In: Krüger, H.H. (Hrsg.): Die Elvis-Tolle, die hatte ich mir unauffällig wachsen lassen“, Lebensgeschichte und jugendliche Alltagskultur in den 50er Jahren. Opladen 1985, S. 84-102

Behnken, I./du Bois-Reymond, M./Zinnecker, J.: Stadt und Quartier als Lebensraum von Kindern, Jugendlichen und ihren Pädagogen. Leiden-Wiesbaden 1983, Projektantrag

Behnken, I./du Bois-Reymond, M./Zinnecker, J.: Stadtgeschichte als Kindheitsgeschichte. Opladen 1989

Behnken, I./du Bois-Reymond, M.: Kinder unter sich, Spielwelten in alten Stadtquartieren. In: Berg, Ch. (Hrsg.): Kinderwelten. Frankfurt a.M. 1991, S. 132-154

Bertlein, H.: Jugendleben und soziales Bildungsschicksal. Hannover 1966

Borscheid, P./Teuteberg, H.J. (Hrsg.): Ehe, Liebe, Tod. Münster 1983
Buchhofer, B. u.a.: Alter, Generationsdynamik und soziale Differenzierung. In: Kölner Zeitschrift für Soziologie und Sozialpsychologie 22 (1970), S. 300-334
Büchner, P.: Vom Befehlen und Gehorchen zum Verhandeln. Entwicklungstendenzen von Verhaltensstandards und Umfangsformen seit '45. In: Preuss-Lausitz, U. u.a.: Kriegskinder, Konsumkinder, Krisenkinder. Weinheim/Basel 1983, S. 196-212
Bühler, Ch.: Drei Generationen im Jugendtagebuch. Jena 1934
Bühler, Ch.: Zwei Knabentagebücher. Jena 1925
Bühler, Ch.: Zwei Mädchentagebücher. Jena 1927
Bühler, J.Ch. von: Die gesellschaftliche Konstruktion des Jugendalters. Weinheim 1990
Brednich, R.W. u.a. (Hrsg.): Lebenslauf und Lebenszusammenhang. Freiburg 1982
Breitsamer, J.: Ein Versuch zum „Problem der Generationen". In: Kölner Zeitschrift für Soziologie und Sozialpsychologie 28 (1976), S. 451-478
Breyvogel, W./Krüger, H.H. (Hrsg.): Land der Hoffnung — Land der Krise, Jugendkulturen im Ruhrgebiet 1900-1987. Berlin/Bonn 1987
Clarke, J. u.a.: Jugendkultur als Widerstand. Frankfurt a.M. 1979
Cohen, Ph.: Die Jugendfrage überdenken. in: Lindner, R./Wiebe, H.-H. (Hrsg.): Verborgen im Licht, Neues zur Jugendfrage. Frankfurt/M. 1986, S. 22-97
Deutscher Werkbund (Hrsg.): „Schock und Schöpfung", Jugendästhetik im 20. Jahrhundert. Darmstadt/Neuwied 1986
Dittrich, E./Dittrich-Jacobi, J.: Die Autobiographie als Quelle zur Sozialgeschichte der Erziehung. In: Baacke, D./Schulze, T. (Hrsg.): Aus Geschichten lernen. München 1979, S. 99-120
Dudek, P.: Jugend als Objekt der Wissenschaften. Opladen 1990
Eisenstadt, S.N.: Von Generation zur Generation. München 1966
Elder, G.H./Rockwell, R.C.: Historische Zeit im Lebenslauf. In: Kohli, M. (Hrsg.): Soziologie des Lebenslaufs. Darmstadt/Neuwied 1978, S. 78-103
Elias, N.: Über den Prozeß der Zivilisation, 2 Bde, Bern/München ²1969
Erikson, E.: Identität und Lebenszyklus. Frankfurt a.M. 1971
Fend, H.: Sozialgeschichte des Aufwachsens. Frankfurt a.M. 1988
Fischer, A./Fuchs, W./Zinnecker, J.: Jugendliche und Erwachsene 1985, 5 Bde, Opladen 1985
Flecken, M.: Arbeiterkinder im 19. Jahrhundert. Weinheim/Basel 1981
Flitner, A./Hornstein, W.: Kindheit und Jugend in geschichtlicher Betrachtung. In: Zeitschrift für Pädagogik 10 (1964) S. 311-339
Fogt, H.: Politische Generationen. Opladen 1982
Fuchs, W.: Biographische Forschung. Opladen 1984
Fuchs, W.: Jugendliche Statuspassage oder individualisierte Jugendbiographie. In: Soziale Welt 34 (1983) S. 341-371
Fuchs, W./Heinritz, C.: Erinnerungen an die fünfziger Jahre. In: Fischer, A./Fuchs, W./Zinnecker, J.: Jugendliche und Erwachsene 1985, Bd. 3, Opladen 1985, S. 43-96
Fuchs, W./Zinnecker, J.: Nachkriegsjugend und Jugend heute. Werkstattbericht aus einer laufenden Studie. In: Zeitschrift für Sozialisationsforschung und Erziehungssoziologie 5 (1985), H. 1, S. 5-28
Gestrich, A.: Traditionelle Jugendkultur und Industrialisierung. Göttingen 1986
Geulen, D.: Das vergesellschaftete Subjekt. Frankfurt a.M. 1977
Geulen, D.: Zur Konzeptualisierung sozialisationstheoretischer Entwicklungsmodelle. In: Matthes, J. (Hrsg.): Lebenswelt und soziale Probleme. Verhandlungen des 20. Deutschen Soziologentages. Frankfurt a.M./New York 1981, S. 537-556
Gillis, R.: Geschichte der Jugend. Weinheim 1980
Habermas, J.: Theorie des kommunikativen Handelns, 2 Bde, Frankfurt a.M. 1976
Hausen, K.: Historische Familienforschung. In: Rürup, R. (Hrsg.): Historische Sozialwissenschaft. Göttingen 1977, S. 59-95
Herrmann, U.: Der „Jüngling" und der „Jugendliche". In: Geschichte und Gesellschaft 11 (1985), H. 2, S. 205-216

Herrmann, U.: Geschichte und Theorie, Ansätze zu neuen Wegen in der erziehungsgeschichtlichen Erforschung von Familie, Kindheit und Jugendalter. In: Zeitschrift für Sozialisationsforschung und Erziehungssoziologie 4 (1984), H. 1, S. 11-28

Herrmann, U.: Pädagogik und geschichtliches Denken. In: Thiersch, H./Ruprecht, H./Herrmann, U.: Die Entwicklung der Erziehungswissenschaft. München 1978, S. 173-230

Herrmann, U.: Probleme und Aspekte historischer Ansätze in der Sozialisationsforschung. In: Hurrelmann, K./Ulich, D. (Hrsg.): Handbuch der Sozialisationsforschung. Weinheim/Basel 1980, S. 227-252

Herrmann, U.: „Innenansichten", Erinnerte Lebensgeschichte und geschichtliche Lebenserinnerung. In: Berg, Ch. (Hrsg.): Kinderwelten. Frankfurt a.M. 1991, S. 41-67

Herrmann, U./Gestrich, A./Mutschler, S.: Kindheit, Jugendalter und Familienleben in einem schwäbischen Dorf im 19. und 20. Jahrhundert (bis zum Ersten Weltkrieg). In: Borscheid, P./Teuteberg, H.J. (Hrsg.): Ehe, Liebe, Tod. Münster 1983, S. 66-80

Herrmann, U./Renftle, S./Roth, L.: Bibliographie zur Geschichte der Kindheit, Jugend und Familie, München 1980

Horkheimer, M./Fromm, E. (Hrsg.): Autorität und Familie, Paris 1936

Hohorst, G.: Historische Sozialstatistik und statistische Methoden in der Geschichtswissenschaft, Literaturbericht. In: Geschichte und Gesellschaft 3 (1977), S. 109-124

Honneth, A./Joas, H.: Soziales Handeln und menschliche Natur. Frankfurt a.M. 1980

Hornstein, W.: Jugend in ihrer Zeit. Hamburg 1966

Hornstein, W.: Vom „jungen Herrn" zum „hoffnungsvollen Jüngling". Heidelberg 1965

Hornstein, W./Flitner, A.: Neuere Literatur zur Geschichte des Kindes- und Jugendalters. In: Zeitschrift für Pädagogik 11 (1965), S. 66-85

Imhof, A.E.: Bevölkerungsgeschichte und historische Demographie. In: Rürup, R. (Hrsg.): Historische Sozialwissenschaften. Göttingen 1977, S. 16-58

Jaeger, H.: Generationen in der Geschichte. In: Geschichte und Gesellschaft 3 (1977), S. 429-452

Jaide, W.: Generationen eines Jahrhunderts. Opladen 1988

Klafki, W. (Hrsg.): Verführung, Distanzierung, Ernüchterung. Kindheit und Jugend im Nationalsozialismus. Weinheim/Basel 1988

Klönne, A.: Einige Bemerkungen zum Stand zeitgeschichtlich-politischer Jugendforschung. In: Heitmeyer, W. (Hrsg.): Interdisziplinäre Jugendforschung. Weinheim/München 1986, S. 89-95

Kocka, J.: Historisch-anthropologische Fragestellungen — ein Defizit der historischen Sozialwissenschaft. In: Süssmuth, H. (Hrsg.): Historische Anthropologie. Göttingen 1984 a, S. 73-93

Kocka, J.: Sozialgeschichte, Begriff-Entwicklung-Probleme. Göttingen 1977

Kocka, J.: Zurück zur Erzählung? Plädoyer für historische Argumentation. In: Geschichte und Gesellschaft 10 (1984b), H. 3, S. 395-408

Kohut, H.: Die Analyse des Selbst. Frankfurt a.M. 1972

Kohli, M.: Lebenslauftheoretische Ansätze in der Sozialisationsforschung. In: Hurrelmann, J./Ulich, D. (Hrsg.): Handbuch der Sozialisationsforschung. Weinheim/Basel 1980, S. 299-318

Kohli, M.: Soziologie des Lebenslaufs. Darmstadt/Neuwied 1978

Krafeld, F.J.: Geschichte der Jugendarbeit. Weinheim/Basel 1984

Krahulec, P.: Die Entwicklung der FDJ. In: Böhnisch, L./Gängler, H./Rauschenbach, Th. (Hrsg.): Handbuch Jugendverbände. Weinheim/München 1991, S. 79-85

Krüger, H.H. (Hrsg.): „Die Elvis-Tolle, die hatte ich mir unauffällig wachsen lassen", Lebensgeschichte und jugendliche Alltagskultur in den 50er Jahren. Opladen 1985

Krüger, H.H.: Zwischen Verallgemeinerung und Zerfaserung — Zum Wandel der Lebensphase Jugend in der Bundesrepublik Deutschland nach 1945. In: Büchner, P./Krüger, H.H./Chisholm, L. (Hrsg.): Kindheit und Jugend im interkulturellen Vergleich, Opladen 1990, S. 113-124

Küppers, W.: Mädchentagebücher in der Nachkriegszeit. Stuttgart 1964

Lepenies, W.: Probleme einer historischen Anthropologie. In: Rürup, R. (Hrsg.): Historische Sozialwissenschaft. Göttingen 1977, S. 126-159

Lindner, R.: Bandenwesen und Klubwesen im wilhelminischen Reich und in der Weimarer Republik. In: Geschichte und Gesellschaft 10 (1984), H. 3, S. 352-375

Lundgreen, P.: Historische Bildungsforschung. In: Rürup, R. (Hrsg.): Historische Sozialwissenschaft. Göttingen 1977, S. 96-125
Mannheim, K.: Das Problem der Generationen. In: Kölner Vierteljahreshefte für Soziologie 6 (1928), H. 2/3, S. 157-185, S. 309-330
Mayer, K.-U.: Lebenslaufforschung. In: Voges, W. (Hrsg.): Methoden der Biographie- und Lebenslaufforschung. Opladen 1987, S. 51-73
Mommsen, W.: Gegenwärtige Tendenzen in der Geschichtsschreibung der Bundesrepublik. In: Geschichte und Gesellschaft 7 (1984), H. 2, S. 149-188
Medick, H.: Missionare im Ruderboot? Ethnologische Erkenntnisweisen als Herausforderung an die Sozialgeschichte. In: Geschichte und Gesellschaft 10 (1984), H. 3, S. 295-319
Mitterauer, M.: Sozialgeschichte der Jugend. Frankfurt a.M. 1986
Mitterauer, M./Sieder, R.: Vom Patriarchat zur Partnerschaft. Zum Strukturwandel der Familie. München 1977
Modell, J.u.a.: Sozialer Wandel und Übergänge ins Erwachsenenalter in historischer Perspektive. In: Kohli, M. (Hrsg.): Soziologie des Lebenslaufs. Darmstadt/Neuwied 1978, S. 225-250
Möding, N.: „Ich muß irgendwo engagiert sein — fragen Sie mich bloß nicht warum", Überlegungen zu Sozialisationserfahrungen von Mädchen in NS-Organisationen. In: Niethammer, L./von Plato, A. (Hrsg.): „Wir kriegen jetzt andere Zeiten". Bonn 1985, S. 256-305
Möding, N./von Plato, A.: Siegernadeln —Jugendkarrieren in BDM und HJ. In: Deutscher Werkbund (Hrsg.): Schock und Schöpfung, Jugendästhetik im 20. Jahrhundert. Darmstadt/Neuwied 1986, S. 292-301
Muchow, H.H.: Jugend im Wandel. Schleswig 1953
Muchow, H.H.: Jugend und Zeitgeist. Reinbek 1962
Muchow, H.H.: Sexualreife und Sozialstruktur der Jugend. Reinbek 1959
Müller, W.: Der Lebenslauf von Geburtskohorten. In: Kohli, M. (Hrsg.): Soziologie des Lebenslaufs. Darmstadt/Neuwied 1978, S. 54-78
Musgrove, F.: Youth and the social order. London [2]1968
Niethammer, L.: Fragen — Antworten — Fragen, Methodische Erfahrungen und Erwägungen zur Oral history. In: Niethammer, L./von Plato, A. (Hrsg.): „Wir kriegen andere Zeiten", Berlin / Bonn 1985, S. 392-445
Niethammer, L. (Hrsg.): Lebenserfahrung und kollektives Gedächtnis. Frankfurt a.M. 1980
Niethammer, L. (Hrsg.): „Die Jahre weiß man nicht, wo man die heute hinsetzen soll". Berlin/Bonn 1983
Orth-Peine, H.M.: Bedingungen der Identitätsbildung in sozialgeschichtlicher Perspektive. Diss. Bielefeld 1984
Parsons, T.: Das System moderner Gesellschaften. München 1972
Peukert, D.: Arbeiteralltag — Mode oder Methode? In: Arbeiteralltag, Argument Sonderband 94 (1982) S. 8-39
Peukert, D.: Die „Wilden Cliquen" der zwanziger Jahre. In: Breyvogel, W. (Hrsg.): Autonomie und Widerstand. Essen 1983, S. 66-77
Peukert, D.: Grenzen der Sozialdisziplinierung. Köln 1986
Reyer, J.: Sozialgeschichte der Erziehung als historische Sozialisationsforschung. In: Zeitschrift für Pädagogik 26 (1980), H. 1, S. 51-72
Rosenbaum, H.: Formen der Familie. Frankfurt a.M. 1982
Rosenmayer, K.: Schwerpunkte der Jugendsoziologie. In: König, R. (Hrsg.): Handbuch der empirischen Sozialforschung, Bd. 6, München 1976
Roth, L.: Die Erfindung des Jugendlichen. München 1983
Rousseau, J.J.: Emile oder über die Erziehung. Stuttgart 1968
Rürup, R.: Zur Einführung. In: Derselbe (Hrsg.): Historische Sozialwissenschaften. Göttingen 1977, S. 5-15
Safrian, H./Sieder, R.: Gassenkinder - Straßenkämpfer, Zur politischen Sozialisation einer Arbeitergeneration in Wien 1900-1938. In: Niethammer, L./von Plato, A. (Hrsg.): „Wir kriegen jetzt andere Zeiten". Berlin/Bonn 1985, S. 117-151

Seyfahrt-Stubenrauch, M.: Erziehung und Sozialisation in Arbeiterfamilien im Zeitraum 1870 bis 1914 in Deutschland. 2 Bde. Frankfurt a.M./Bern/New York 1985
Sieder, R.: Sozialgeschichte der Familie. Frankfurt a.M. 1987
Süssmuth, H. (Hrsg.): Historische Anthropologie. In: Ders. (Hrsg.): Historische Antropologie. Göttingen 1984, S. 5 - 18
Spranger, E.: Fünf Jugendgenerationen 1900 - 1949. In: Ders.: Pädagogische Perspektiven. Heidelberg [5]1958, S. 25 - 57
Spranger, E.: Psychologie des Jugendalters. Heidelberg 1924
Schelsky, H.: Die skeptische Generation. Düsseldorf/Köln 1957
Schenda, R. (Hrsg.): Lebzeiten, Autobiographien der Pro-Senectute-Aktion. Zürich 1982
Schlemmer, H.: Die Seele des jungen Menschen. Stuttgart/Heilbronn 1926
Schlumbohm, J.: Straße und Familie, kollektive und individualisierende Formen der Sozialisation im kleinen und gehobenen Bürgertum Deutschlands um 1800. In: Zeitschrift für Pädagogik 25 (1979), H. 5, S. 698 - 726
Schörken, R.: Luftwaffenhelfer und Drittes Reich. Stuttgart 1984
Schörken, R.: Jugend 1945. Politisches Denken und Lebensgeschichte. Opladen 1990
Schütze, F.: „Narrative Repräsentation kollektiver Schicksalsbetroffenheit. In: Lämmert, E. (Hrsg.): Erzählforschung. Stuttgart 1982, S. 568 - 590
Steinbach, L.: Lebenslauf, Sozialisation und „erinnerte Geschichte". In: Niethammer, L. (Hrsg.): Lebenserfahrung und kollektives Gedächtnis. Frankfurt a.M. 1980, S. 291 - 322
Stern, W.: Über die Entwicklung der Idealbildung in der reifenden Jugend. In: Zeitschrift für pädagogische Psychologie 24 (1923) S. 34 - 45
Tenbruck, F.H.: Jugend und Gesellschaft. Freiburg 1962
Tenfelde, K.: Schwierigkeiten mit dem Alltag. In: Geschichte und Gesellschaft 10 (1984), H. 3, S. 376 - 394
Thompson, E.P.: The Making of the English Working Class. New York 1963
Tölke, A.: Literaturbericht zu methodischen Problemen und Varianten von Retrospektivbefragungen bei der Erfassung von Lebensgeschichten, Arbeitspapier Nr. 10, Sonderforschungsbereich 3, J.W.-Goethe-Universität Frankfurt a.M. und Universität Mannheim, o.J.
Wehler, H.U.: Geschichte und Soziologie. Köln 1972
Wehler, H.U.: Geschichtswissenschaft heute. In: Habermas, J. (Hrsg.): Stichworte zur „geistigen Situation der Zeit", Bd. 2, Frankfurt a.M. 1979, S. 709-753
Wierling, D.: Dienstmädchen im städtischen Haushalt der Jahrhundertwende — eine kollektive Lebensgeschichte, Diss. Essen 1985
Wilhelm, T.: Die Vorstellungswelt dreier Jugendgenerationen. In: Zeitschrift für Pädagogik 9 (1963), H. 3, S. 242-262
Ziehe, Th.: Pubertät und Narzißmus, sind Jugendliche entpolitisiert. Frankfurt a.M. 1975
Zinnecker, J.: Jugend der Gegenwart — Beginn oder Ende einer Epoche? In: Baacke, D./Heitmeyer, W. (Hrsg.): Neue Widersprüche. Weinheim/München 1985, S. 24 - 45
Zinnecker, J.: Straßensozialisation. In: Zeitschrift für Pädagogik 25 (1979) H. 5, S. 727 - 746
Zymek, B.: Evolutionistische und strukturalistische Ansätze einer Geschichte der Erziehung. In: Lenzen, D./Mollenhauer, K. (Hrsg.): Theorien und Grundbegriffe der Erziehung und Bildung, Bd. 1 der Enzyklopädie Erziehungswissenschaft, Stuttgart 1983, S. 55 - 78

Peter Dudek

Geschichte der Jugend

Detlev J.K. Peukert zum Gedenken

1 Was heißt „Jugend" historisch?

Geschichte der Jugend ist immer interpretierte Geschichte, überformt von den Etikettierungen der Erwachsenengesellschaft, geprägt von Jugendlichkeitsmythen in Literatur, Kunst, politischer Öffentlichkeit und gefiltert durch je zeitspezifische Jugendbilder, denen zufolge Jugend nicht nur eine Geschichte hat, sondern selbst eine geschichtsformende Kraft darstellt (*Gillis* 1980). Alle am Jugenddiskurs Beteiligten sind sich zwar darüber einig, das gehört zum guten Ton der Vorworte, daß es „die Jugend" nicht gibt, daß begrifflich damit eine Alterskohorte, eine ontogenetische Entwicklungsphase oder eine soziale Gruppe gemeint sein kann, aber auch zwischen Land- und Stadt-, Arbeiter- und Bürgerjugend, zwischen Schülern und Auszubildenden, Mädchen und Jungen differenziert werden müsse. Aber solche Distinktionen schlichten nicht die Kontroversen über „die Jugend", und sie haben bislang auch nicht dazu beigetragen, die wissenschaftlich erzeugten und medial multiplizierten Jugendbilder kritisch zu hinterfragen oder ihre Verwendungsformen in Politik und Jugendarbeit zu untersuchen (*Lüders* 1990). Wer sich der Geschichte „der Jugend" nähert, sieht sich einem Konglomerat unterschiedlichster Theorieangebote und pädagogischer Deutungsmuster ausgesetzt (*Griese* 1982; *Hamann* 1982). Sie alle zeigen aber, daß man mit schlichten Definitionen dem gesellschaftlichen Phänomen nicht beikommt, eher schon durch die historische Rekonstruktion von Jugendbildern und die sozialgeschichtliche Analyse jugendlicher Lebenswelten. Denn Jugend und jugendtheoretisches Wissen unterliegen selbst einem historischen Funktionswandel. Die Frage, was heißt Jugend, ist also falsch gestellt bzw. so nicht beantwortbar. Im folgenden soll es deshalb nicht um die Erörterung begriffstheoretischer und methodischer Probleme historischer Jugendforschung gehen[1], sondern um eine knappe Skizze der Geschichte der deutschen Jugend von der Jahrhundertwende bis 1945, wie sie auf der Grundlage neuerer Forschungen und zeitgenössischer Studien unter ausgewählten Aspekten schon möglich ist[2] und in der zeitlichen Zäsur auch der Realgeschichte des modernen Jugendalters entspricht. Erschwert wird ein solcher Versuch durch die Geschichte selbst. Denn die Befunde der historischen Jugendforschung der letzten Jahre zeigen, daß das Bild der Jugend in jener Zeit „bemerkenswert uneinheitlich" (*Peukert* 1987, S. 304) war, und daß die gesellschaftlich verbreiteten Jugendbilder die Lebenswelten und Lebensentwürfe von Jugendlichen nicht angemessen wiedergeben.

Natürlich hat es zu allen Zeiten der Menschheitsgeschichte institutionelle Formen und Riten gegeben, die symbolisch die Übergänge ins Erwachsenenalter regelten. Die gesellschaftlichen Bedingungen des Aufwachsens waren aber für Nicht-Erwachsene in der Antike (*Müller* 1990) andere als in der mittelalterlichen Gesellschaft (*Feilzer* 1971), in Europa andere als auf den Südsee-Inseln. Wir wissen heute: Das gesellschaftliche Sozialsystem begrenzt historisch jeweils auch die Lebenshorizonte Heranwachsender, bestimmt ihre soziale Lage, das Spannungsfeld verschiedener Sozialisationsinstanzen (Familie, Schule, Arbeitswelt, peer-groups) und variiert die zeitliche Dauer, den Verlauf, die Struktur, die Autonomie und selbst die biologischen Determinanten (Geschlechtsreife, Körperwachstum) jener Lebensphase, die wir Jugend oder Adoleszenz nennen. Historischem Wandel und regionalen Unterschieden unterliegen auch die Zäsuren des Jugendalters, ihr Anfang und Ende, die Existenz oder das Fehlen von Trennungs- und Anschlußriten, die zivil- oder strafrechtlichen Mündigkeitsbestimmungen (*Mitterauer* 1986, S. 44 ff.). Je komplexer die Strukturen funktional differenzierter Gesellschaften werden, umso mehr verstärken sie die Kontingenz von Jugendentwicklung. Der Prozeß funktionaler Differenzierung hat zu einer zeitlichen Ausdehnung, und damit zu einer Entstrukturierung der Jugendphase geführt, die „Jugend" immer weniger als Entfaltung eines „Lebensplans" *(Spranger)* oder als einheitlich strukturierte Lebensphase im Sinne einer weiblichen und männlichen Normalbiographie deuten lassen. Längsschnittuntersuchungen zu den Veränderungen der Jugend und der Geschichte ihrer Bewegungen interpretieren diesen Wandel soziokulturell als Übergang von sozialmilieugeprägten Jugendsubkulturen zu individualitätsbezogenen Jugendkulturen (*Ferchhoff* 1990), sozialgeschichtlich im Modell politischer Generationen (*Fogt* 1982) und sozialpsychologisch im Theoriekonzept sozialer Bewegungen (*Scherer* 1988).

In den vorindustriellen europäischen Gesellschaften sind die Lebenslagen junger Heranwachsender mit geringer Kontingenz durch Stand und Status bestimmt, in der kapitalistischen Gesellschaft des 19. Jahrhunderts durch die soziale Schicht und die Universalisierung eines staatlich kontrollierten Bildungssystems, das gegen Ende des Jahrhunderts faktisch alle Heranwachsenden erfaßt, ihre Schulphase erweitert und differenzierte Bildungsangebote und Berechtigungen zu sozialem Aufstieg bereitstellt. Über die Zeitachse hinweg und im Vergleich zwischen verschiedenen europäischen Regionen, zwischen Stadt und Land und zwischen verschiedenen Schichten lassen sich recht deutliche Unterschiede der Jugendentwicklung beobachten, die man kaum ideengeschichtlich, sondern am ehesten historisch und sozialwissenschaftlich erklären kann.

Ein einheitliches sozio-kulturelles Konzept für die Jungfrauen und Jünglinge, die Mägde und Knechte, die Lehrlinge, Gesellen, die „Jungen Herren", die Gymnasiasten und Volksschüler kennt man deshalb bis zum Beginn des Jahrhunderts noch nicht. Sie alle aber verweisen auf jene dem sozialen Wandel unterliegende Zwischenstufe (*Rosenmayr* 1970) zwischen kurzer Kindheit und dem späten Erreichen des vollen Erwachsenenstatus. In den einschlägigen pädagogischen Lexika jener Zeit sucht man vergeblich nach einem Stichwort „Jugend". Wilhelm *Reins* „Encyklopädisches Handbuch der Pädagogik" (1 903ff.) enthält aber schon reichhaltige und bezeichnende Konnotationen, etwa jugendliche Verbrecher, Jugendspiele, Jünglingsvereine, Jugendfreundschaften, Verfrühung und Verführung, Alkohol und Jugend, Jugendliteratur, Lehrlingsvereine, Schülervereine, Kinderfehler und Fehler der Jugend, Entwicklungskrankheiten etc.

Das Bemühen um einen theoretisch ambitionierten „Begriff der Jugend“ (*Bernfeld*) hat die um die Jahrhundertwende entstehende Jugendforschung (*Dudek* 1990) vor allem nach den biologischen und anthropologischen Determinanten sowie nach den psychologischen Entwicklungsphasen des Jugendalters suchen lassen. Jugend wurde unter anthropologischen, somatischen, entwicklungspsychologischen, pädagogischen und soziologischen Fragestellungen als Phase des Übergangs vom Kind zum Erwachsenen erforscht.[3] Die Forderung nach einer Geschichte der Jugend ist zu jener Zeit aber noch ganz Programm. Sie inspiriert noch keine entsprechenden Forschungen, die, abgesehen von wenigen Ausnahmen, erst in den fünfziger und sechziger Jahre und dann unter ideengeschichtlicher (*Hornstein* 1965, 1966) bzw. in der Tradition *Sprangers* unter epochalpsychologischer Perspektive (*Muchow* 1959, 1962) einsetzen. Das wesentlich durch Ulrich *Herrmann* seit den siebziger Jahren innerhalb der Erziehungswissenschaft programmatisch ausformulierte Konzept einer **Historischen Sozialisationsforschung** (*Herrmann* 1974, 1975, 1984, 1984a) hat in jüngerer Zeit die historische Jugendforschung als theoretische und methodische Innovation spürbar beeinflußt, ihr den Anschluß an die moderne Sozialgeschichte ermöglicht und sie die Chancen interdisziplinärer und internationaler Forschungskooperationen nutzen gelehrt. Unter sozialgeschichtlicher Perspektive wird modern der Lebenszyklus Jugend, ähnlich wie Kindheit, Familie, Sexualität oder Geschlechterrollen, als gesellschaftlich bedingt und historisch wandelbar gesehen. Nicht zufällig haben sich die Hoffnungen der frühen Jugendforschung, ihre theoretische Identität in einem konsensfähigen Begriff „der Jugend“ zu finden, nicht erfüllt. Siegfried *Bernfeld* mußte sich nach über zwanzig Jahren eigener Forschungen eingestehen: Da die kontingenten Adoleszenzprozesse der Jugendphase so zahlreich sind, „entsteht jene unerschöpfliche Fülle von Verlaufsformen, welche die Verzweiflung des Wissenschaftlers bildet, der eine einheitliche Formel für die Pubertät sucht“ (*Bernfeld* 1935, S. 360). Jüngere Forschungen sprechen sogar von der „gesellschaftlichen Konstruktion des Jugendalters“ (*Bühler* 1990)[4] oder der „Erfindung des Jugendlichen“ (*Roth* 1983). Dahinter verbirgt sich im Grundsatz die Hypothese, die Geschichte der Jugend sei maßgeblich bestimmt durch die Geschichte der gesellschaftlich erzeugten Jugendbilder und -mythen. *Mitterauer* kann dagegen aber sozialgeschichtlich zeigen, daß der Rückgriff auf einzelne Indikatoren wie der Erfindungsthese dem historischen Prozeß ebenso wenig gerecht wird wie der Rückgriff auf die beliebte Scholarisierungsthese, nach der die Konstitution der modernen Jugendphase durch das Bildungssystem bewirkt werde. Vielmehr sieht er für das beginnende 20. Jahrhundert eine Reihe von Entwicklungen, die Jugend als eine „Phase vielfacher Teilübergänge“ (*Mitterauer* 1986, S. 48) bestimmen: die „Tendenz zu mehr Selbstbestimmung“, die „Entritualisierung der Statusübergänge“, die „Differenzierung der Jugendzäsuren“, den Bedeutungsverlust „milieuspezifischer Besonderheiten“ und die Angleichung der differenten geschlechtsspezifischen Muster (*Mitterauer* 1986, S. 92ff.), die schließlich ihren Ausdruck in der geschlechtsübergreifenden Kollektivbezeichnung „Jugend“ finden.

2 Jugend: Geschichte der Leitbilder und Vorstellungen des Jugendalters

Ideengeschichtlich wird im 18. Jahrhundert Jugend als Zeit des Lernens und Aufwachsens durch *Rousseau* in einer neuen Perspektive formuliert, die in Deutschland vor allem durch die Philantrophen popularisiert wird. *Rousseau* denkt Jugend nicht mehr von den sozialen Ständen und feudalen Lebensordnungen her, sondern anthropologisch, eingebettet in seine Kultur- und Gesellschaftskritik (*Hornstein* 1965; *Wollersheim* 1987), und er sieht Jugend als eine Altersstufe mit eigenen Bedürfnissen. Mit seinem Jugendbild wird pädagogisch das Bewußtsein einer natürlichen Eigenwertigkeit des Jugendalters vorbereitet und hier liegt erstmals die Vision einer subjektiv gelingenden Identitätsfindung in einer entfremdeten Gesellschaft vor, die zwei Aspekte betont: Jugend ist einmal die Zeit der Ideal-Bildung, in der der junge Mensch seine Zukunftspläne entwirft, seine sexuelle Reifung erfährt, Mitmenschlichkeit und Verantwortlichkeit ausbildet. Sie ist andererseits auch die Zeit eines sozialen Moratoriums, an dessen Ende mit der Familiengründung die ökonomische Selbständigkeit steht. Jugend als Moratorium, als pädagogische Provinz und als gesellschaftlicher Wert, diese Grundmuster des *Rousseauschen* Jugendbildes beeinflußen entscheidend die Stilisierung des „Jünglings" im 18. und frühen 19. Jahrhundert, der aber eher durch unterschiedliche esoterische Lebensstile kleiner Gruppen im Leipziger und Göttinger Studentenmilieu repräsentiert wird denn ein konzises erziehungstheoretisches Konzept darstellt (*Hornstein* 1966). Zwar ist die Jünglingsmetapher noch um 1900 in Gebrauch, aber sie bedeutete „etwas ganz und gar anderes als zur Zeit der Freiheitskriege, am Ende der Jünglingsära" (*Roth* 1983, S. 53).

In der Umgangsssprache bürgert sich seit Ende des 18. Jahrhunderts für die männlichen Jugendlichen auch der Begriff der „Flegeljahre" ein, während die Mädchen etwa 100 Jahre später mit dem Etikett des „Backfischs" versehen werden und das ihnen als typisch angedichtete Schwärmen sieht man zeitgenössisch als „Entwicklungskrankheit" „der Mädchen der oberen und mittleren Volksschichten im Alter von 14-18 Jahren" (*Glaue-Bultz* 1914, S. 13). Das Mädchenideal der höheren Schichten ist das der christlichen Jungfrau, dem die Denkfigur der Mütterlichkeit als psychologisches Entwicklungsprinzip und Erziehungsziel unterlegt wird.

In der Tradition der von W. *Hornstein* inspirierten und U. *Herrmann* weitergeführten Tübinger historischen Jugendforschung versuchen neuere Untersuchungen begriffsgeschichtlich die Entstehung und den Wandel des Jünglingskonzepts nachzuweisen. Sie zeigen, daß das gesellschaftlich erzeugte und alltagsgeschichtlich akzeptierte Jugendbild des 19. Jahrhunderts das des männlichen christlichen Jünglings war, das vorwiegend den Sohn aus bürgerlichen Schichten, nämlich den Gymnasiasten, repräsentierte. *Roth* (1983) zufolge ist das Leitbild nach 1871 in zwei Varianten ausdifferenziert worden, nämlich dem „Jüngling" im Gymnasium und den „Jünglingen aus dem Volk", eine zeitgenössische Beschreibung der aus der Volksschule entlassenen männlichen Jugendlichen, für die der Dresdener Pädagoge Richard *Seyfert* eine „verhängnisvolle Lücke im Erziehungsplane" (*Seyfert* 1901) diagnostiziert. Der Begriff des „Jugendlichen" taucht dagegen Ende des 19. Jahrhunderts erst in der Semantik der Juristen auf, und er identifiziert dort die potentiell kriminellen und verwahrlosten jungen Menschen. Erst mit Beginn der aktiven staatlichen Jugendpolitik zwischen 1911 und 1914 vollziehe sich eine Image-Korrektur und Umwertung des Bildes vom „Jugendlichen“ in eine „ins Positive gewendete Konzeption vom jungen Menschen, den es für Staat und Gesellschaft zu gewinnen gilt“ (*Roth* 1983, S. 137).

Als psychologischen Begriff und pädagogische Leitfigur komponiert mit großem Erfolg Eduard *Spranger* 1924 ein Idealbild des „neuen deutschen Jünglings“ (*Bühler* 1990, S. 385), in das „wie in einem Brennspiegel fast alle in der Zeit nach dem ersten Weltkriege wirkenden Erziehungstheorien zusammengefaßt werden“ (*Roessler* 1957, S. 73). Männliche Jugend als „geistige Wiedergeburt“ orientiert sich nach Spranger an drei Leitmotiven:

a) der Entdeckung des Ichs,
b) der Entstehung eines Lebensplanes und
c) dem Hineinwachsen in einzelne Lebensgebiete (*Spranger* 1924, S. 38).[5]

Mit den Instrumentarien der verstehenden Psychologie legt er eine pädagogische und psychologische Theorie des Jugendalters vor, die, basierend auf einer normativen Kulturtheorie, systematisch-anthropologisch die Entwicklung im Jugendalter mittels einer Wert-Typologie beschreibt. Persönlichkeitsentwicklung vollzieht sich nach *Spranger* primär als geistige Krise und Reifung in der Auseinandersetzung mit der objektiven Kultur und ihrem Wertesystem. Dieser theoretische Entwurf wird mit großer Wirkung bis weit in die sechziger Jahre hinein rezipiert und — entgegen *Sprangers* Intentionen — als ahistorisch gültiges Jugendkonzept wahrgenommen, ein Konzept an dem zeitgenössische Kritiker allerdings monieren, daß Jugendliche, wie die Theorie sie beschreibt, in der Realität „nur als seltene Prachtexemplare vorkommen“ (*Mann* 1928, S. 350), und daß der Theorie „mehr der Künstler als der Gelehrte Pate gestanden“ (*Kraudelat* 1924, S. 967) habe. Unübersehbar, und den Erfolg dieses Jugendbildes bestätigend, sind die Orientierungsleistungen und Sinnstiftungsfunktionen, die *Sprangers* Jugendpsychologie für die Zunft der Pädagogen erbracht und übernommen hatte. So unterschiedlich im einzelnen die wissenschaftlich erzeugten Jugendbilder auch immer sind, sie münden doch immer wieder in Krisendiagnosen und Erlösungsversprechen. Gesellschaftlich als Krise der Jugend, entwicklungspsychologisch Jugend als Krise im Lebenslauf beschrieben, setzen solche Wahrnehmungsmuster auch Visionen ihrer Überwindung frei.

Seit der Jahrhundertwende werden nämlich nicht nur in wissenschaftlichen und pädagogischen Reflexionen, sondern auch gesellschaftspolitisch Termini wie „Jugend“ und „junge Generation“ zu schillernden Schlüsselbegriffen, die sich nicht nur von den hier skizzierten Jugendbildern, sondern auch von Jugend als Altersphase und Statuspassage ablösen. Zunächst in der zeitgenössischen Diskussion um die Schülerselbstmorde und die „Überbürdungsfrage“ schon in der Rolle der Opfer, aber noch als Adressat des Bildungssystems wahrgenommen, stilisiert der literarische Expressionismus (*Bünger-Kohn* 1986) das Jugendthema zu einem grundsätzlichen dramatischen Vater-Sohn-Konflikt, der Jugend einerseits als Opfer familiärer und schulischer Erziehung beschreibt, andererseits Jugend als Protest und sozialen Träger einer kulturellen und ethischen Gegenposition zur Gesellschaft der Väter definiert. Im expressionistischen Drama beginnt eine Phase jugendlicher Selbstthematisierung, die in der Jugendkulturbewegung um *Wyneken* und *Bernfeld* (*Dudek* 1990, S. 327 ff.) eher ihren Repräsentanten findet als in der von liberalen Eltern und Lehrern „gelernten Rebellion“ (*Aufmuth*

1979) des Wandervogels. Angesichts der Krisenerfahrungen einzelner Bevölkerungsschichten und der Nation, des raschen sozialen Wandels und des Prestigeverlusts des kulturellen Kapitals Bildung, angesichts der notorischen Kulturkritik des Bildungsbürgertums und des grassierenden Kulturpessimismus knüpfen sich an Jugend als gesellschaftlicher Erneuerungskraft hochgespannte Erwartungen und Hoffnungen. Im ersten Jahrzehnt des Jahrhunderts wird „Jugend" so auch zu einem Etikett für Gesellschaftserneuerung und einen neuen Lebensstil, das sowohl in der politischen Propaganda wie in der Werbung für den expandierenden Konsumgütermarkt sich einen festen Platz erobert.

Gesellschaftspolitisch läßt sich bis in die dreißiger Jahre hinein beobachten, wie Jugend als Mythos kultiviert und reproduziert wird. Verselbständigt gegenüber den realen Problemen und Lebenslagen Jugendlicher, wird der Begriff zu einem gesellschaftlich relevanten Mechanismus, der offen für zahlreiche Assoziationen auch über eine semantische Vielfalt verfügt, mit der es gelingt, nationale und politische Krisendiagnosen samt ihren versprochenen Problemlösungen in einer appellativen Jugendsemantik zu formulieren, die bis 1933 die gravierenden sozialen und politischen Probleme der Weimarer Republik in Generations- und Jugendbildern deuten konnte. Der Mythos „Jugend" in den Kreisen der jungen Bürgersöhne, die im Wandern und Naturerleben Mittel zur Selbstfindung suchten, in ihren Selbsterziehungsgemeinschaften „Identität in kultureller Mehrdeutigkeit" (*Giesecke* 1981, S. 33) und Sozialisation in eigener Regie erprobten, erfährt in den zwanziger Jahren eine tiefgreifende Umwertung. Er bezeichnet nun nicht mehr das psychosoziale Moment der Konstitution von Persönlichkeiten und das Plädoyer für die gesellschaftliche Anerkennung des Eigenrechtes der Jugend. Unter dem Eindruck von Krieg und Kriegsfolgen zerbröckelt der Mythos Jugend in seiner Form der Selbstthematisierung. An seine Stelle tritt ein hochgradig politisierter „Mythos der jungen Generation" (*Stambolis* 1982), mit dessen Hilfe die gesellschaftliche Wirklichkeit umgedeutet werden konnte. Jugend und junge Generation werden in den zwanziger Jahren zu einer Oppositionsformel schlechthin. Ihre Gegenbegriffe waren Liberalismus und Bürgertum und die Nationalsozialisten reagierten in ihrer Propagandaformel „Gegen marxistischen Terror und bürgerliche Feigheit" auf jene gesellschaftskritische Haltung durchaus wirksam.

> „Der für die Krise dieser Jahrzehnte aufschlußreiche Antagonismus der Leitvorstellungen schimmert durch alle Parolen hindurch: Jungsein steht gegen Erwachsensein wie Leben gegen Tod, Zukunft gegen Vergangenheit, Lebendigkeit gegen Mechanik, Schöpferisches gegen Dekadenz, Geist gegen Materialismus, Reinheit gegen Schmutz" (*Koebner/Janz/Trommler* 1985, S. 11).

Über die politischen und gesellschaftlichen Lager hinweg ventilieren Parolen von den prometheischen Aufgaben der Jugend und ihre Heilsbotschaft lautet: Rettung durch die Jugend. Die Zeichen des **Jugendmythos** werden zwar durch die bürgerliche Jugendbewegung gesetzt, gehen jedoch weit über diese hinaus. Sie sind teils selbst-, teils fremdbestimmt, teils gelebt in den Männerbünden der Jugendbewegung, teils literarisch in der politisch-kulturellen Publizistik als „Mission ohne Ziel" (*Koebner/Janz/Trommler* 1985, S. 14 ff.) beschworen. Jugend als Chiffre für einen über den Parteien und Ideologien stehenden sozialen Träger einer neuen Gesellschaft wurde spätestens nach der Reichstagswahl von 1930, mit der die NSDAP zur Massenpartei aufsteigt, zu einem politisch folgenreichen Mythos, der in der Beschwörung der Frontkameradschaft und des

Schützengrabenerlebnisses seinen imaginären Bezugspunkt für die von Statusängsten erschütterte Kriegs- und Nachkriegsjugend besaß. Gerade weil der Jugendmythos in einer gesellschaftlichen Situation entstand, in der zwischen Fiktion und Realität von Jugend nicht mehr unterschieden wurde, konnte er seine erstaunliche Faszinationskraft entwickeln. Er trifft zudem in der Zwischenkriegszeit auf die quantitativ starken Jugendkohorten der Jahrgänge von 1900 bis 1914, deren Erfahrungen tatsächlich „ausgeprägt generationsspezifische Konturen" (*Peukert* 1986, S. 140) haben, die in Alltag und Mentalität und eben nicht nur als literatische Fiktion „die große Kluft" (*Ebermayer* 1931) zwischen den Generationen erleben und mit dem Gefühl aufwachsen, die beruflichen Karrieren seien alle verbaut und die Stellen würden verteidigt „von den Vätern gegen die Söhne" (***Heuß*** 1965, S. 288).

In jungkonservativen Kreisen ist schon seit der Jahrhundertwende die Rede vom „jungen Volk" als der Inkarnation der Geschichtsdynamik, als dem verheißungsvollen Symbol des Dritten Reiches. „Jugend eines Volkes ist Bereitsein, ist Anwartschaft, ist Recht auf Geltung" (*Moeller van den Bruck* 1904, S. 157). Beschworen wird hier die „Sendung der jungen Generation" (*Gründel* 1932) und gleichzeitig der Schulterschluß zwischen der „Frontgeneration" und der von der ökonomischen und politischen Krise besonders stark betroffenen Nachkriegsgeneration als dem Vortrupp des Kommenden propagiert (*Dingräve* 1931). Die bündische Jugendbewegung sah in ihren eigenen Sozialformen ein „Jugendreich", das sie als Lebenserneuerung durch den Geist der Jugend und verallgemeinerbares Gemeinschaftsmodell pries und selbst die Jugendgruppen der beiden christlichen Kirchen entwickelten in jener Zeit eine emphatische Gemeinschafts- und Reichsideologie im Geiste der Jugend (*Olenhusen* 1987). So vage und unterschiedlich diese Ideologien im einzelnen auch waren, sie konvergierten in der Überzeugung, Jugendlichkeit sei ein Wert an sich, eine dynamische Kraft, derzufolge die junge Generation vor der Geschichte immer recht habe und in der Lage sei, das „Volk" und die „Nation" aus dem Zustand kultureller und politischer Deprivation zu erlösen. Solche ideologischen Muster spiegelten aber auch die sozialen und biographischen Erfahrungen der Mehrheit der Jugendlichen in der Zwischenkriegszeit wider, in der die Erlösermetapher zur Projektionsfolie für die Tristesse des Alltags und die Krisendiagnosen wird.

Nach dem Wahlschock von 1930 begann selbst innerhalb der SPD eine Jugenddiskussion (*Martiny* 1978), in der die gesellschaftliche Krise der späten zwanziger Jahre in den Denkformen von Jung und Alt als Verschärfung des Generationskonfliktes in Partei und Wählerschaft wahrgenommen wird. Die emphatisch vorgetragene Überzeugung, Sozialismus sei nur durch und mit der Jugend zu erreichen (*Fischer* 1931), war in dieser Kontroverse keineswegs eine Außenseiterposition und sie paarte sich mit der innerparteilichen Kritik an der Überalterung des Funktionärsapparates, der wenig sensibel für die Probleme der Jugend sei. Statt einer Verjüngung, so die Beobachtungen des *Nohl*-Schülers Erich *Lehmensick*, habe sich aber in „fast grotesker Form eine Verjugendlichung des politischen Lebens" angebahnt, stelle sich die Politisierung der Jugend dar als ein „neuer Weg der Parteien im Kampf um Anhängerschaft, als eine neue Form einer Werbearbeit auf lange Sicht" (*Lehmensick* 1931, S. 383).

Politisch profitiert vor allem die NSDAP vom Mythos der jungen Generation. Sie bedient sich ihm nicht nur in ihrer Propaganda, sondern die Generationsspannungen werden selbst ein zentraler Entwicklungsfaktor der NS-Bewegung (*Kater* 1985) vor 1933.

Tatsächlich verkörperte die NSDAP durch ihre Mitglieder, die Mitgliedschaft ihrer Nebenorganisationen und ihre Wählerschaft das Bild einer „jungen Bewegung“ sowohl im Vergleich mit der Reichsbevölkerung wie mit den konkurrierenden Parteien. Nach der Reichstagswahl vom November 1932 entstammten 43,8 % ihrer Abgeordneten aus der Altersgruppe zwischen 25-30 Jahren und nochmals 48,8 % aus der Altersgruppe zwischen 31 und 40 Jahren. Die absolute Mehrheit der SPD-Abgeordneten war dagegen zwischen 40 und 60 Jahre alt. 1931 betrug der Anteil der 18-30jährigen SPD-Mitglieder 19,3 %, bei der NSDAP 61,3 % und in der Gesamtbevölkerung 31,1 % (*Dudek* 1987). Während die bündische Jugendbewegung und die Theoretiker der Konservativen Revolution abstrakt und bisweilen selbstbezogen den Jugendmythos kultivierten, gelang es der NSDAP ihn sowohl politisch für sich in Anspruch zu nehmen als auch mit modernen Organisationstechniken (Film, NS-Literatur) und agitatorischer Flexibilität funktional einzusetzen. Bis zur Entmachtung der SA 1934 spielt der Jugendmythos in der NS-Ideologie eine zentrale Rolle. Jugend steht als Chiffre für Zukunft, Deutschland, neue Zeit und sie wird vorgetragen in rhetorischen Mustern der Einheit von Führer und Bewegung, von Opfer und Sieg, von Kampf und Zukunft, von Revolution und Wille, von Jugend und Sehnsucht. Mit der auf Opfer, Kampf, Gewalt, Befreiung, Einsatz und Idealismus abgestellten Selbstinszenierung der NS-Bewegung wurde der Jugendmythos politisch formiert und instrumentalisiert. Trotz der HJ-Parole „Jugend führt Jugend“ und der Semantik des Jugendzentrismus machte das NS-Regime aber unvermißverständlich deutlich, daß es an der Fortsetzung einer eigenständigen Jugendideologie kein Interesse hatte. In diesem Sinne programmatisch lautet der Titel eines 1933 erschienenen Buches: „Schluß mit ‚junger Generation‘!“ (*Rauch* 1933). Die staatliche Jugendpolitik nach 1933 liquidierte den Mythos „Jugend“ zugunsten einer generationsübergreifenden Volksgemeinschaftsideologie und mit ihm das oppositionelle Potential, das er auch verkörperte.

In den Organisationen der **Staatsjugend** werden neue Jugendleitbilder, und zwar geschlechtsspezifisch differenziert, entworfen. Die Erziehung und Sozialisation in Formationen, die mit den traditionellen Erziehungssystemen Familie und Schule konkurrieren (*Scholtz* 1985), soll nicht nur alle Jugendliche und alle ihre Lebensbereiche erfassen, sie führt in den Augen der NS-Erziehungspolitiker zu einer neuartigen Zäsur. Als Kinder bezeichnet Reichsjugendführer Baldur *von Schirach* „die nichtuniformierten Wesen niedriger Altersstufen, die noch nie einen Heimabend oder Ausmarsch mitgemacht haben“ (*Schirach* 1934, S. 87). Das staatlich verordnete Leitbild des HJ-Jugendlichen war der „äußerlich aktivierte und leicht aktivierbare, körperlich leistungsfähige, beruflich tüchtige, an Organisationsdisziplin gewöhnte Junge, der … an die Einhaltung der von der Organisation gelieferten Normen sich unreflektiert binden, Initiative nur im Rahmen der Organisation und seine Position innerhalb derselben beziehen sollte“ (*Klönne* 1982, S. 82). Das Weiblichkeitsbild für die im Bund Deutscher Mädel (BDM) sozialisierten Mädchen orientierte sich an einer Synthese von körperlicher Ertüchtigung, Gesundheit, Pflichtbewußtsein und der Bereitstellung von Angeboten, die ein jugendliches Eigenleben auch für die Mädchen garantieren sollten. Entgegen einer verbreiteten These war Erziehung im BDM „nicht Erziehung zur Weiblichkeit, Erziehung zur Mütterlichkeit, geschlechtspolare Erziehung, sondern eine Erziehung zur Fungibilität, die auf Vereinzelung gründete, und in deren Mittelpunkt für die Mädchen wie für die Jungen Körperbeherrschung und Disziplin, Rationalität und Effizienz standen“ (*Reese* 1989, S. 59).

3 Geschichte der Jugend in Staat und Gesellschaft

Wesentlich nüchterner als die emphatischen Jugendleitbilder gestalteten sich die gesellschaftlichen Rahmenbedingungen jugendlichen Aufwachsens. Zur Durchsetzung des Jugendmythos trug auch die demographische Entwicklung seit dem späten 19. Jahrhundert bei. Das ideologische Konstrukt vom „jungen Volk" fand eine sehr spezifische Entsprechung in den sozialstrukturellen und demographischen Veränderungen, die der gesellschaftliche Modernisierungsprozeß ausgelöst hatte.

Zwischen 1880 und 1900 wächst die Reichsbevölkerung von 45 auf 56 Millionen an. Da in jener Zeit die Sterblichkeitsrate stärker zurückging als die Zahl der Neugeburten, setzt ein Prozeß gradueller Verjüngung der Bevölkerung mit starken regionalen Abweichungen und bei gleichzeitiger Stabilität der Alterspyramide ein. Sinkende Säuglingssterblichkeit und hohe Geborenenziffern führen bis 1910 in Deutschland zu einer „ausgesprochen jugendlichen Bevölkerung" (*Tenfelde* 1986, S. 18). Um 1910 beträgt die Gruppe der 15-25jährigen immerhin schon 18 % der Reichsbevölkerung und sie wuchs bis 1925 auf 20 % an. Um die Jahrhundertwende sind es vor allem die neuen Großstädte im Ruhrgebiet und in Oberschlesien, die zum Prozeß einer „kumulativen Großstadtverjüngung" (*Tenfelde*) beitragen. Besonders die Jahrgänge 1900-1914 sind stark besetzt und weder Arbeitsmarkt noch Bildungssystem konnten mit dieser Entwicklung Schritt halten. Diese Alterskohorten sind es auch, die in der Zwischenkriegszeit dann am stärksten von beruflicher Dequalifizierung und Erwerbslosigkeit betroffen werden und vom kollektiven Gefühl beherrscht sind, zu einer „überflüssigen Generation" (*Peukert* 1986) zu zählen. Untersuchungen zur Alters- und Sozialstruktur der SA zeigen, daß drei Viertel der SA-Führerschaft den Jahrgängen 1894 bis 1914 angehörten, die einfachen SA-Mitglieder fast ausschließlich der Nachkriegsgeneration entstammten und 1933 nicht älter als 30 Jahre waren (*Jamin* 1984).

Bedingt durch die Kriegsfolgen und den zunehmenden Trend zur Ein- oder Zweikind-Familie bleibt in der Weimarer Republik vom optimistischen Bild des „jungen Volkes" der Vorkriegszeit wenig übrig. Betrug der Anteil der Altersgruppen unter 20 Jahren 1911 44 % der Gesamtbevölkerung, so sank er bis 1934 bedingt durch Geburtenrückgang, Krieg und erhöhter Lebenserwartung auf 29 %. Neben dem Schlagwort vom „Volk ohne Raum" kursierte nach der Volkszählung von 1925 das Schreckgespenst vom „Volk ohne Jugend". Denn die Zählung hatte für die Kriegsjahrgänge einen drastischen Geburtenrückgang offenbart. Lag der Anteil der unter 15jährigen 1910 noch bei 33,9 % der Bevölkerung, so waren es 1925 nur noch 25,7 % (*Maaß* 1928, S. 350). Die rund 12,7 Mio 15-25jährigen gliedern sich in 6,3 Mio weibliche und 6,4 Mio männliche Jugendliche. Von den 7,8 Mio 14-20jährigen standen 1925 6,1 Mio im Erwerbsleben. Im Vergleich mit entsprechenden Erhebungen von 1907 bedeutete dies ein leichter Rückgang. Beobachter führen diesen Rückgang auf die ansteigenden Besuchszahlen der mittleren und höheren Schulen zurück. Dennoch gehören 1925 immerhin 73 % der 14-18jährigen „dem Arbeiterstande (einschließlich der Lehrlinge!) an und 11,5 v.H. zu den Angestellten und Beamten" (*Niffka* 1932, S. 71 f.).

Seit Ende des 19. Jahrhunderts beginnt der Staat zunehmend deutlich die Jugendphase auch rechtlich zu normieren und damit die gesellschaftliche Normalität jugendlicher Existenz zu definieren. Damit wird einerseits ein Zugewinn an Autonomie freigesetzt, andererseits die Möglichkeit sozialer und pädagogischer Kontrolle ausgebaut. Die Einführung einer besonderen Jugendgesetzgebung ist eng an die Entwicklung der Jugendfürsorge und Jugendpflege gebunden. Ihrem Ursprung nach ist sie im Sinne einer Zwangserziehung zunächst an „verwahrloste" Kinder adressiert[6], dann im Preußischen Fürsorgegesetz von 1900 aber schon auf „verwahrloste" Jugendliche ausgedehnt. Hier löst dann der Begriff der Fürsorgeerziehung den der Zwangserziehung ab, greift der sozialpädagogische Gedanke Raum, die Fehlentwicklungen des Modernisierungsprozesses erzieherisch zu korrigieren bzw. ihnen in Form einer staatlich angeregten und finanziell geförderten Jugendpflege präventiv zu begegnen. Gerichtet sind diese Regelungen gegen die Arbeiterjugend und den politischen Einfluß der Sozialdemokratie auf sie (*Saul* 1971). Verbot 1908 das Reichsvereinsgesetz Jugendlichen die Zugehörigkeit zu politischen Vereinigungen sowie die Teilnahme an politischen Versammlungen, so erklärte der Preußische Jugendpflegeerlaß vom 18. 1. 1911 **Jugendpflege** zu einer nationalen Aufgabe, welche die Freizeiterziehung der schulentlassenen männlichen Jugend zu organisieren habe. Der mit 1 Million Mark ausgestattete Erlaß stärkte die Arbeit der bestehenden nationalen und konfessionellen Jünglingsvereine und schloß faktisch alle sozialdemokratischen Jugendorganisationen von der Finanzierung aus. 1913 wird der Etat finanziell aufgestockt, mit dem Erlaß vom 30. 4. 1913 auch die weibliche Jugend in die Jugendpflege einbezogen. Um die „Kontrollücke“ zwischen Volksschule und Militär zu schließen, erwog man zeitweilig sogar eine Jugendpflegepflicht für die schulentlassene Jugend (*Hasenclever* 1978, S. 40).

Jugendpflege und -fürsorge unterliegen seither einem Prozeß der Verrechtlichung und Pädagogisierung (*Peukert* 1986a), aber entsprechende Vorstöße in Richtung eines einheitlichen Jugendgesetzes, das vom Recht des Kindes auf Erziehung ausgeht, werden auch in der Weimarer Republik nicht realisiert. Dennoch enthält die Weimarer Verfassung eine Reihe einschlägiger Artikel (Art. 118,2; Art. 120; Art. 122), die unter dem Gedanken des Jugendschutzes und des Rechtes auf Erziehung das staatliche Zugriffsrecht auf die Jugend sanktionierten. Das 1922 verabschiedete und 1924 in Kraft gesetzte **Reichsjugendwohlfahrtsgesetz** (RJWG) (*Münder* 1990) erklärte die Jugenderziehung zu einer öffentlichen Aufgabe, faßte Jugendpflege und **Jugendfürsorge** unter den Begriff der öffentlichen Jugendhilfe zusammen und schuf ein Netz kommunaler Jugendämter, deren Aufgabendefinitionen bei allen pädagogischen Ambitionen die polizei- und strafrechtliche Herkunft nicht verleugnen können. Mit diesem Gesetz wird Jugendpflege zu einer kommunalen Aufgabe in den Händen der Jugendämter, die 1928 aber nur zu 30,6 % eigenständig und zu 65,7 % Teil des Wohlfahrtamtes sind (*Hasenclever* 1978, S. 100ff.).

Das 1923 verabschiedete **Reichsjugendgerichtsgesetz** (RJGG) setzt die Altersgrenze für den Beginn der Strafmündigkeit von 12 auf 14 Jahren hinauf, definiert die Phase von 14 bis 18 Jahren als das Alter relativer Strafunmündigkeit und mangelnder Einsichtsfähigkeit. Es trägt zwar alle Züge eines Kompromisses, setzt aber doch den Vorrang der Erziehungsmaßregeln vor denen der Strafe. 1920 tritt das Lichtspielgesetz in Kraft, nach dem Kindern und Jugendlichen zwischen 6 und 18 Jahren Filme nur nach Genehmigung durch die Filmprüfstellen vorgeführt werden dürfen. Das Verbot des Verkaufs indizierter Schriften regelt das 1926 verabschiedete Gesetz zur „Bewahrung der Jugend vor Schund- und Schmutzschriften“. Nach 1933 bleibt das RJWG unverändert in Kraft, aber das NS-Regime schuf eine Reihe neuer gesetzlicher Regelungen zur Formierung der Jugend in einem integrierenden und einem separierenden Sinne.

Die Nationalsozialisten werten vor allem das Feld der außerschulischen Zwangsformationen auf. Am 29. 3. 1934 wird das Preußische Gesetz über das Landjahr verabschiedet, nach dem 14-15jährige Schulentlassene für 8 Monate in Lagern auf dem Lande erzogen wurden. 1935, dem Jahr der Einführung der allgemeinen Wehrpflicht, wird die „arische“ männliche Jugend zwischen 18 und 25 Jahren zu einem halbjährigen Arbeitsdienst verpflichtet (*Dudek* 1988), 1939 dann die weibliche Jugend, um „die deutsche Jugend im Geiste des Nationalsozialismus zur Volksgemeinschaft und zur wahren Arbeitsauffassung, vor allem zur gebührenden Achtung der Handarbeit (zu) erziehen" (*RGBl. I,* 1935, S. 769).

Am 1. 12. 1936 tritt das Gesetz über die Hitler-Jugend in Kraft, um die HJ zu ermächtigen, „die gesamte deutsche Jugend ... körperlich, geistig und sittlich im Geiste des Nationalsozialismus zum Dienst am Volk und zur Volksgemeinschaft zu erziehen" (*RGBl. I,* 1936, S. 993). Am Ende des Weges zur totalen Erfassung aller Jugendlichen steht die 2. Durchführungsverordnung zum HJ-Gesetz vom 25. 3. 1939, nach der alle Jugendlichen deutscher Staatsangehörigkeit zwischen 10 und 18 Jahren zum HJ-Dienst verpflichtet werden und damit einer öffentlich-rechtlichen Erziehungsgewalt unterliegen. Für die von den Behörden als asozial, arbeitsscheu, unerziehbar oder politisch oppositionell eingestuften Jugendlichen entwickelt das NS-Regime eine Reihe repressiver Maßnahmen, die teils in der Tradition des Ausleseparadigmas der Weimarer Republik standen (*Peukert* 1986a, S. 274 ff.), teils neuartigen Charakter hatten wie die NSV-Jugendhilfe, der 1940 eingeführte Jugendarrest, die Arbeitserziehungslager und Jugendschutzlager als SS-Sonderlager.[7] Nicht zu übersehen ist aber die Tatsache, daß Regelungen wie das Jugendarbeitsschutzgesetz von 1938 oder die Novellierung des RJGG von 1943, Aktivitäten der HJ oder der NSV den als förderungswürdig angesehenen Jugendlichen auch soziale und rechtliche Vorteile brachten.

In der Dreiteilung von Erziehungsfürsorge, Fürsorgeerziehung und Jugendschutzlager spiegelt sich die Grundauffassung der „völkischen" Jugendhilfe wider (*Hasenclever* 1978, S. 130 ff.). Sie knüpfte damit an die im RJWG getroffene Unterscheidung zwischen Erziehungswürdigen und Unverbesserlichen an, die dann „im Nationalsozialismus nur noch rassebiologisch überhöht und mit der Bedenkenlosigkeit der Diktatur praktiziert werden mußte. Am Ende stand der Anspruch von Himmlers Polizei, über die präventive ‚Behandlung Gemeinschaftsfremder' die gesamte Kontrollücke zwischen Gefängnis und Irrenhaus zu besetzen" (*Peukert* 1989, S. 332).

4 Geschichte der Jugend in Organisationen

Diskutiert man die Geschichte der Jugend vom Aspekt des Jugendmythos her, so entsteht für die Zwischenkriegszeit das Zerrbild einer hochgradig politisierten Jugend, die aktiv an der Zerstörung der Republik beteiligt war. In Wirklichkeit waren die Verhältnisse komplizierter, das Bild der organisierten Jugend differenzierter und der Politisierungsgrad schwächer. Schon die gängige Einteilung in bürgerliche Jugendbewegung und die Arbeiterjugendbewegung (*Krafeld* 1984) wird der Lebenswelt Jugendlicher ebensowenig gerecht wie der vielfältigen Gestalt der Jugendorganisationen. Die politische Kultur der deutschen Gesellschaft vor 1933 war geprägt durch die Existenz unterschiedlicher sozial-moralischer Milieus, die sowohl schichtenspezifische wie -übergreifende Figurationen bildeten und die politische Kultur der Zwischenkriegszeit polarisierten.

Wenn Jugendliche um die Jahrhundertwende überhaupt organisiert sind, dann in den konfessionell gebundenen Jünglingsvereinen mit geringer Autonomie. Erst mit der

Gründung des „Wandervogel — Ausschuß für Schülerfahrten" am 4. 11. 1901 ist organisatorisch die Geburtsstunde jener **Jugendbewegung** beschrieben, die in zahlreichen Gleichaltrigen-Gruppen und Bünden eigene symbolische Formen und Kommunikationsstile zur gemeinsamen Gestaltung der Freizeit entwickelten, im Erlebnis der Gemeinsamkeit auf Wanderungen, Fahrten und Heimabenden eine jugendliche Subkultur praktizieren, deren Faszination weit über die zahlenmäßige Bedeutung der Bewegung hinausgeht. Umgangston und Verkehrsformen waren anfangs noch dem studentischen Verbindungswesen entlehnt, wie die Selbstbezeichnungen „Burschen", „Vaganten" oder „Scholaren" andeuten. Ihre typische Organisationsform finden sie in dem kleinen **Bund** von Gleichgesinnten, einem eher dezentralen Konzept, das zu zahlreichen Spaltungen und Gegengründungen führte. Höhepunkt der Vorkriegsentwicklung der bürgerlichen Jugendbewegung war der legendäre Freideutsche Jugendtag im Oktober 1913 auf dem Hohen Meißner, den ein Dutzend Jugendbünde und zahlreiche sympathisierende Erwachsene als Gegenveranstaltung zu der Hundertjahrfeier der Völkerschlacht bei Leipzig organisierten (*Mogge/Reulecke* 1988). Diese antinationalistische und antimilitaristische Demonstration jugendlichen Selbstbewußtseins, konnte aber nicht verhindern, daß ein Jahr später die jugendbewegten Wandervögel begeistert in den Weltkrieg zogen (*Fiedler* 1989).

Wenn zwar in der Minderheit und vielen antifeministischen Widerständen ausgesetzt, kennt die bürgerliche Jugendbewegung doch auch eigene Mädchengruppen (*Musial* 1982; *Ras* 1988; *Klönne* 1990) und koedukative Vereinigungen, die erst in jüngster Zeit und in ihrer Bedeutung noch unzureichend wahrgenommen werden. Aber auch ein dezidierter Antisemitismus (*Winnecken* 1991) ist der bürgerlichen Jugendbewegung ebenso wie der Studentenschaft nicht fremd wie andererseits jüdische Jugendliche und Studenten seit 1912 nach dem Vorbild des Wandervogels und unter dem Einfluß von Erwachsenen eigene Jugendgruppen gründeten (*Fölling/Melzer* 1989). Sie boten ihren Mitgliedern nicht nur das Gefühl innerer Geborgenheit. Unter dem Einfluß nationaljüdischer Ideen entwickelte sich eine, in der Forschung häufig übersehene, Jugendbewegung, die nicht mehr bereit war, „das permanent schlechte jüdische Gewissen der älteren Generation mit sich herumzuschleppen. Als Alternative zum Selbsthaß als krassester Ausdrucksform des seelischen Zwischen-den-Stühlensitzens bot sich ihr die projektive Revolte, die alles und jedes, was man als schlecht empfand, mit der Generation der Eltern identifizierte" (*Meier-Cronemeyer* 1969, S. 18).

Die Jugendbewegung wirkt zum anderen durch ihre älteren Mitglieder in die Studenten- und Hochschullehrerschaft (*Bias-Engels* 1988) hinein und dieser Einfluß läßt sich in der Theorie- wie in der Professionsgeschichte der Pädagogik über Jahre hinweg nachweisen (*Dudek* 1988a). Nach der Weltkrieg-Erfahrung und dem Zusammenbruch des Kaiserreiches organisiert sich die Jugendbewegung in dem Bewußtsein neu, eine umfassende gesellschaftliche Erneuerung müsse angestrebt und in den Bünden der Bewegung vorgelebt werden. Kern dieser bündischen Bewegung bildete die 1926 entstandene Deutsche Freischar. Heimat und Volk werden nun zu Schlüsselbegriffen der politisch-sozialen Identität der Bewegung und sie äußern sich in der Vereinheitlichung der Kluft, der Änderung des Fahrtenstils, dem Ausbau des Lagerlebens. Der Marsch ersetzte das wilde Wandern, das romantisch-verbrämte Liedgut wich politischen Liedern, das Führer-Gefolgschafts-Verhältnis des Bundes löste die eher informellen Hierarchien der Vorkriegszeit ab.

1904 deutet sich mit der Gründung des „Vereins der Lehrlinge und jugendlichen Arbeiter Berlins“ an, daß auch innerhalb der Arbeiterbewegung die Identifikationsangebote der Sozialdemokratie nicht mehr vollständig die Problemlagen junger Arbeiter abdecken. Die Resonanz, die die proletarische Jugendbewegung trotz politischer Repressionen vor 1914 erlangen konnte, zeigt, daß auch organisierte Arbeiterjugendliche auf der Suche nach neuen Wegen der Selbstfindung waren, diese zwar noch innerhalb des Organisationszusammenhangs der Arbeiterbewegung suchten, doch deren Vorgaben nicht mehr unbesehen folgten. Auch wenn ihre Lebenswelt, ihr sozial-moralisches Milieu und ihre politischen Ausgangspunkte andere waren als die des Wandervogels, so ist doch unverkennbar, daß diese organisierte Jugend „als Generationsgruppe eigene politische Forderungen zu formulieren begann, die nicht mehr unbedingt identisch waren mit den Interessen der erwachsenen Arbeiter“ (*Giesecke* 1981, S. 50). Ähnlich wie die bürgerliche Jugendbewegung organisationsgeschichtlich vielfältige Sezessionen[8] kennt, machte die Arbeiterjugendbewegung durch ihre enge Anbindung an die Erwachsenenorganisationen auch deren Entwicklungen und Spaltungen mit. Nach 1918 zersplittert die Bewegung deshalb in den Kommunistischen Jugendverband (*Roger* 1956; *Jahnke* 1973)) einerseits, die Sozialistische Arbeiterjugend (SAJ) (*Schley* 1987), die Jungsozialisten (*Walter* 1983), die Naturfreunde (*Zimmer* 1984) und die mit über 200000 Mitgliedern pädagogisch bedeutsame Kinderfreundebewegung (*Richartz* 1981) andererseits. Das Schwergewicht der politischen Arbeit dieser Organisationen lag einmal in dem Bemühen um die Verbesserung der sozialen und betrieblichen Lage der Arbeiterjugend, zum anderen aber bedeutsam in der demokratischen Selbsterziehung und Bildung ihrer Mitglieder mit der Vision in einer entfremdeten Gesellschaft so den Grundstein für den „neuen Menschen“ (Max *Adler*) des Sozialismus zu legen.

Für die Zwischenkriegszeit gilt, daß nicht nur die Zahl der Jugendverbände rapide ansteigt, der Organisationsgrad der Weimarer Jugend relativ hoch ist, sondern auch, daß ihr sozialpolitisches Engagement bei allen machtpolitisch begrenzten Einflußmöglichkeiten beachtlich ausgebildet war (*Zwerschke* 1963). Im Frühjahr 1927 gehörten 3,6 Millionen Jugendliche zwischen 14 und 21 Jahren (= 40 %) den Gruppen an, die im **Reichsausschuß der Deutschen Jugendverbände** (*Kindt* 1974, S. 1613 ff.) zusammengeschlossen waren.[9] Von den 4,6 Millionen männlichen Jugendlichen dieser Alterskohorten waren 54 %, von den 4,5 Millionen weiblichen Jugendlichen 26 % in Jugendverbänden organisiert. Zahlenmäßig am bedeutendsten waren mit über 1,5 Millionen Mitgliedern die Sportverbände, gefolgt von den katholischen (881 121), den evangelischen Gruppen (595 772) und den berufsständischen Verbänden (401 897). Dagegen kamen die bündischen Gruppen etwa auf 30000 und die Jugendverbände der Parteien auf 44 300 Mitglieder (*Kneib* 1974, S. 205 f.). Im November 1932 waren dem Reichsausschuß 117 Mitgliederverbände mit 4,75 Millionen Jugendlichen angeschlossen.

Eine vollends marginale Rolle in der jugendpolitischen Landschaft der Weimarer Republik spielten dagegen die Schüler- und Jugendgruppen der NSDAP. Anfang 1933 hatte die HJ ca. 55000 Mitglieder, der BDM maximal 15000 Mitglieder. In einer Kombination von Verordnungen, Polizeiunterstützung, Einschüchterung und nackter Gewalt gelang es der HJ-Führung sukzessive die konkurrierenden Jugendverbände mit Ausnahme der bis 1937/38 unter dem Schutz des Konkordates stehenden katholischen Gruppen zu verbieten bzw. zu integrieren. Bereits im April 1933 ließ *Schirach* im Handstreich die Räume des Reichsausschusses besetzen, enthob den amtierenden Vorstand und übernahm selbst den Vorsitz. Zwang und Repression erklären aber nicht den enormen Mitgliederanstieg von HJ und BDM. Denn gerade in der Anfangsphase des NS-Regimes übten beide Gruppen durch ihre vielfältigen und durchaus modernen Freizeitangebote, die speziell für die Mädchen bislang nicht gekannte Entfaltungsmöglichkeiten boten, erhebliche Faszination auf viele Jugendliche aus. Ende 1933 sind bereits 30,5 % der Jugendlichen Mitglieder, 1936 sind es ca. 62 % und zu Beginn des Jahres 1939 tragen dann über 91 % der 10-18jährigen die Uniform der Staatsjugendbewegung.

Nach 1945 wurde die rigide Verbotspolitik der NS-Jugendführung gegenüber den Jugendverbänden in der Wahrnehmung der Mitglieder der Jugendbewegung als Indiz für die prinzipielle Unvereinbarkeit von Jugendbewegung und HJ bewertet. Erst jüngere Forschungen (*Hellfeld* 1987) betonen auch die „ideologischen Schnittmengen“ (*Klönne* 1980) beider Bewegungen und zeigen mikroanalytisch wie organisationsgeschichtlich die Gleichzeitigkeit von Affinität und Distanz, den semantischen Gleichklang jugendpolitischer Leitbilder, Überschneidungen in der pädagogischen Praxis wie Versuche der Abwehr des Totalitätsanspruchs der NS-Jugendbewegung vor und nach 1933.[10] Über den Anteil und das Ausmaß der vielfältigen organisierten und individuellen Verweigerungsformen Jugendlicher sind speziell in den achtziger Jahren eine Fülle verbands-, regional- und alltagsgeschichtlicher Studien vorgelegt worden, die die falsche Eindeutigkeit einer erfolgreichen Erfassung und Indoktrinierung der Jugend durch den Nationalsozialismus ebenso nachhaltig destruieren wie die Einengung der Opposition und des Widerstandes auf die „Weiße Rose“ oder die organisierte Arbeiterjugend.

Abseits von den großen Jugendverbänden, die mit ihrer Arbeit stets selbst Teil der Jugendpflege waren, gab es in der Geschichte der Jugend immer auch eine vergessene Jugendbewegung, nämlich die Vielzahl der losen Zusammenschlüsse vorwiegend männlicher Jugendlicher in Banden, Cliquen oder Freundschaftsgruppen, die nicht selten das Objekt pädagogischer Jugendarbeit waren. Entstanden im proletarischen Milieu der Großstädte entwickeln diese Jugendlichen Verhaltensmuster und Formen der Freizeitgestaltung, die von den Pädagogen besorgt als Einstieg in die Verwahrlosung wahrgenommen werden, ihnen als Projektionsfolie eines negativen Jugendbildes dienen und die Debatten über die Grenzen der Erziehbarkeit beleben. Im Hamburg der Vorkriegszeit sind es die „Halbstarken“ (*Dudek* 1990a), im Berlin der zwanziger Jahre die „wilden Cliquen“ (*Lessing/Liebel* 1981), im Ruhrgebiet und der Industrieregion um Leipzig in den vierziger Jahren die Meuten und Edelweißpiraten (*Peukert* 1980; *Klönne* 1981; *Muth* 1982). Über drei unterschiedliche politische Systeme hinweg begründen sie zwar keinen genuinen Traditionszusammenhang einer Jugendbewegung, aber gemeinsam ist ihnen doch, daß sie sich konsequent dem jeweils gesellschaftlich gewünschten Sozialverhalten entziehen, von pädagogisch inszenierter Jugendarbeit unbeeindruckt bleiben, Straße und Kneipe als soziale Orte bevorzugen (*Lindner* 1983, 1984), ein Leben zwischen Spontaneismus und Kriminalität führen und dabei jeweils einen eigenen subkulturellen Stil ausprägen. Verweigerung als Verhaltensmuster führt dann in den Jahren des Zweiten Weltkrieges manche der Edelweißpiraten in die Grauzone von politischer Opposition und lokalem Untergrundskampf gegen HJ und Gestapo. Als „bündisch“, „gegenvölkisch“ und „homosexuell zersetzend“ verfolgte die HJ-Führung in Zusammenarbeit mit Gestapo und Polizei die illegalen Jugendcliquen. Einen präzisen Einblick in den Prozeß der Kriminalisierung und Verfolgung dieser Jugendlichen bietet die 1941 als „streng vertraulich“ erstellte Denkschrift „Kriminalität und Gefährdung der Jugend“ (*Klönne* 1981a), die auch das Ausmaß und die Schwierigkeiten der Verfolgung nicht systemkonformer Jugendlicher dokumentiert.

Erst in den letzten zehn Jahren sind die verschiedenen Formen von Resistenz, Verweigerung und organisierter Opposition unter Jugendlichen näher beleuchtet worden. Diese Untersuchungen haben damit die Verengung des Jugendwiderstandes auf die Geschwister Scholl und die „Weiße Rose“, wie sie sich seit den fünfziger Jahren in der Öffentlichkeit eingebürgert hatte, aufgebrochen. Man ist inzwischen informierter über den Widerstand bündischer Gruppen (*Ebeling/Hespers* 1983; *Klönne* 1981b; *Krolle* 1985), die Unterdrückung, Opposition, aber auch Ohnmacht (*Beilmann* 1989) der katholischen Jugendbewegung (*Neisinger* 1982; *Goldhammer* 1987; *Reineke* 1987), die schwierigen Bedingungen evangelischer Jugendarbeit (*Priepke* 1957; *Riedel* 1976) und den Widerstand der organisierten Arbeiterjugend (*Neugebauer* 1982; *Jahnke/Buddrus* 1989) und inzwischen liegen auch Untersuchungen über die Lage jüdischer Jugendlicher und die Entwicklung des Reichsausschusses der jüdischen Jugendverbände im Dritten Reich vor (*Angress* 1985).[11] Diese historischen Forschungen haben neben zahlreichen autobiographischen Zeugnissen inzwischen die Vielfalt von Verhaltensmustern Jugendlicher unter den Bedingungen der Diktatur nachgewiesen, gleichzeitig auch das Ausmaß an Hoffnung und Terror regional- und alltagsgeschichtlich beleuchtet.

5 Geschichte der Lebenswelten Jugendlicher

Der Prozeß der industriellen Modernisierung, die Veränderung der demographischen Bevölkerungsstrukturen und die zunehmende Urbanisierung veränderten auch entscheidend die Lebenswelten Jugendlicher. Großstädtische Lebensweise prägt ihre Verhaltensstile, aber auch die Erziehungsverhältnisse in den Familien. 1933 lebte nur noch ein Drittel aller Jugendlichen auf dem Lande, zwei Drittel dagegen in Städten, jeder zweite von ihnen sogar in einer Großstadt (*Siemering* 1937, S. 91). Mit der Industrialisierung werden Jugendliche zudem zu einem entscheidenden Faktor auf dem Arbeitsmarkt. Ihre Beschäftigungsverhältnisse werden weitgehend den Spielregeln des Arbeitsmarktes unterworfen, Jugendarbeit erhält die Gestalt der lohnabhängigen Erwerbsarbeit. Die staatliche Durchsetzung der allgemeinen Unterrichtspflicht zwingt alle Kinder bis zum 14. Lebensjahr, einen Teil ihres Tages in der Schule zu verbringen. Das Bildungssystem setzt aber auch eine andere Zäsur. 1906 besuchen nämlich 93,3 % aller Schüler die Volksschule. Für sie endet die Schulkarriere mit dem 14. Lebensjahr und ihre Jugendphase bleibt bestimmt von den Erfahrungen lohnabhängiger Erwerbsarbeit. Neben dem Dienstleistungsgewerbe und der Landwirtschaft nutzt verstärkt das Handwerk Jugendliche als billige Arbeitskräfte. Nach *Pierenkemper* trugen Jugendliche einen erheblichen Teil der Last des Strukturwandels im Beschäftigungssystem. Ihnen wurde nicht nur eine hohe Mobilität zugemutet, man muß auch davon ausgehen, „daß vor 1913 der Berufseintritt der Jugendlichen in unzureichendem Maße in den wachsenden Sektoren erfolgte und daß die Anpassung an die Veränderungen des Beschäftigungssystems nicht überwiegend durch die Berufswahl der Jugendlichen, sondern durch die berufliche Mobilität im Laufe des weiteren Berufslebens erfolgte" (*Pierenkemper* 1986, S. 58).

Für die Alterskohorten ab 1902, die nicht mehr zum Kriegsdienst eingezogen wurden, brachte die Zeit zwischen 1914 und 1918 aber nicht nur eine Erweiterung ihres gesellschaftlichen Handlungsspielraumes. Mit ihrer Arbeitskraft ersetzten sie in vielen Bereichen der Kriegswirtschaft erfolgreich die Erwachsenen. Als Jugendliche waren sie häufig für die materielle Reproduktion ihrer Familien zuständig. Entgegen aller Disziplinierungsversuche beteiligten sie sich gegen Kriegsende an Hungerkrawallen und Streiks und gewannen durch diese Erfahrungen ein gesteigertes Selbstbewußtsein, das allerdings nach 1918 durch die krisenhafte ökonomische Entwicklung harten Belastungsproben ausgesetzt war. Denn die beruflichen Perspektiven für Jugendliche in den 20er und 30er Jahren waren alles andere als günstig. Dies gilt für die Arbeiterjugendlichen ebenso wie für den akademischen Nachwuchs. Die Studentenzahlen steigen seit dem letzten Drittel des 19. Jahrhunderts bis 1931 kontinuierlich an, sinken dann drastisch auf weit unter die Hälfte des Höchstandes von 1931. Im letzten Friedenssemester gibt es gerade noch 62000 Studenten. Vor allem das Frauenstudium breitet sich in den 20er Jahren stark aus und erreicht zu Beginn der 30er Jahre mit ca. 20 % seinen Höhepunkt (*Titze* 1990). Nach den Erfahrungen mit der Inflation von 1923 fühlten sich die akademischen Schichten zunehmend durch die „Bildungsinflation" bedroht, die jährlichen Absolventenzahlen erreichten das Doppelte bis Dreifache dessen, was der akademische Arbeitsmarkt aufnehmen konnte. Die von Zeitgenossen häufig als „Berufsnot" oder „Berufsüberfüllung" bezeichnete Überfüllungskrise führt z. B. bei angehenden Studienräten Ende der zwanziger Jahre zur Verringerung der Anstellungsquoten und zu einer Verlängerung der Wartezeiten. Die männlichen Studienassesoren, die 1935 ihre Studienratskarriere beginnen, haben in der Regel bereits 10 Jahre gewartet. Es verwundert kaum, daß angesichts solcher Berufsperspektiven gerade die Studentenschaft als eine der ersten Gruppen zum sozialen Träger des völkischen Radikalismus wurde (*Kater* 1975).

Als trostlos müssen aber auch die Berufschancen der lohnabhängigen Jugendlichen bezeichnet werden. Einmal war ihre Stellung im System der Erwerbs- und Arbeitslosenversicherung schwach, und sie wurde durch verschiedene Novellen zwischen 1929 und 1932 zunehmend ausgehöhlt. Seit 1927 stieg die **Jugendarbeitslosigkeit** zunehmend schneller als die der Erwachsenen (*Dudek* 1988, S. 99ff.; *Hermanns* 1990), während zugleich die Unterstützungsansprüche drastisch gesenkt wurden. Zunehmend weniger verlief die Scheidelinie zwischen gelernten und ungelernten Jungarbeitern, sondern zwischen erwerbslosen und gelernten Jugendlichen, die auf dem Wege in die Arbeitslosigkeit Tätigkeiten als ungelernte Arbeiter annehmen. Die Arbeitslosigkeit trifft besonders die Altersgruppen zwischen 20 und 25 Jahren, zwar mit regionalen und branchenspezifischen Ungleichgewichten, von denen männliche Heranwachsende eher als weibliche betroffen sind, aber mit dem gemeinsamen entsolidarisierenden Effekt einer verbauten Zukunft.[12] Insgesamt verlief die Verdrängungswettbewerb zuungunsten der ungelernten Jugendlichen, aber auch in der Gruppe der Ausgelernten gab es ein erhebliches Freisetzungspotential. Kelchner und Lau eruierten schon 1927 aus jugendlichen Selbstzeugnissen[13] „die ganze Stufenleiter der traurigen Folgen der Arbeitslosigkeit ...

seelische Depression, sittlicher Niedergang, Verzweiflung am Leben" (*Kelchner/Lau* 1927, S. 329).

Die staatliche Organisierung der Jugendarbeitslosigkeit beschränkte sich, begünstigt durch die Deflationspolitik der Regierung Brüning, auf möglichst kostengeringe Maßnahmen, etwa in folgenlosen Versuchen, die Schulpflicht zu verlängern, die Berufsschulpflicht auszuweiten oder arbeitslose Jugendliche zur Teilnahme an außerschulischen Bildungsmaßnahmen zu verpflichten. Die Bekämpfung der Wirtschaftskrise durch staatliche Arbeitsbeschaffung hatte darin keinen Platz. Für die Organisierung der Jugendarbeitslosigkeit hatte das die Konsequenz, daß Lösungen außerhalb des Beschäftigungssystems gesucht wurden, die zwei Zielsetzungen garantieren sollten: die Erhaltung der Arbeitsfähigkeit der Erwerbslosen und ihre politische Integration. Das Kriseninstrument, das hier greifen sollte, war der im Juni 1931 für die 18-25jährige erwerbslose Jugend eingerichtete Freiwillige Arbeitsdienst (FAD) (*Dudek* 1988). In diesem **Arbeitsdienst** waren im November 1932 immerhin etwa 285 000 Jugendliche beschäftigt. Nach der Machtübernahme durch die Nationalsozialisten wurden mit der Verordnung vom 28. August 1934 zunächst ca. 130 000 ledige Arbeiter unter 25 Jahren entlassen, um Arbeitsplätze für erwerbslose Familienväter freizumachen. Durch Maßnahmen wie den Reichsarbeitsdienst und durch den erhöhten Arbeitskräftebedarf im Baugewerbe und der Rüstungsindustrie verbesserten sich dann aber die Arbeitsmarktchancen für Jugendliche merklich.

„Der Versuch, die Jugend fest in den Produktionsprozeß einzugliedern, gehörte als Kernbestandteil zur allgemeinen industriellen Mobilisierung und zur Disziplinierung der Gesellschaft durch ein nationalsozialistisches Arbeitsethos unter dem Schlagwort ‚Arbeit adelt', das jedoch bald zur Arbeitshetze und zu neuen Formen der Ausbeutung gerade auch der jugendlichen Arbeitskraft pervertierte" (*Reulecke* 1989, S. 92).

Eine vom Reichsausschuß der deutschen Jugendverbände 1927 unter ca. 200 000 Berufsschülern durchgeführte Untersuchung informierte erstmals über die hier nicht näher darzustellenden Gesundheits-, Wohn- und Arbeitsverhältnisse sowie über die Urlaubs- und Freizeitmöglichkeiten und Nutzung der erwerbstätigen Jugend (*Meves* 1929). Zusammen mit anderen zeitgenössischen empirischen Studien zur gelernten und ungelernten Großstadtjugend, den jugendlichen Fabrikarbeiterinnen, die von *Peukert* (1987, S. 97 ff.) und *Dudek* (1990, S. 296 ff.) sekundäranalytisch neu aufbereitet wurden, erhält man inzwischen ein sehr differenziertes und facettenreiches Bild über die soziale Lage, die familiären Verhältnisse, das Freizeit- und Konsumverhalten, die Freundschaftsbeziehungen und Lebensentwürfe Jugendlicher in der Zwischenkriegszeit. Sie zeigen eine Lebenswelt voller Widersprüche, Generationsschicksale in den Krisenjahren der Moderne, die einerseits tiefes materielles Elend dokumentieren, andererseits die Nutzung moderner Medien (Film, Radio, Grammophon) im Alltag nachweisen. Sie zeigen auch ein verändertes Rollenverständnis junger proletarischer Mädchen. Für sie bedeutet aber der Freiheitsgewinn durch Erwerbsarbeit nicht automatisch Emanzipation. Zwischen Heiratsperspektive und Erwerbsarbeit, traditioneller Rollenzuweisung und ökonomischer Unabhängigkeit befinden sich proletarische Mädchen in einer ambivalenten Situation, die eine Veränderung weiblicher Selbstdefinition und zum Teil ein verstärktes Selbstbewußtsein andeutet, aber zugleich zeigt, daß diese durch soziale Krisenerfahrungen und gesellschaftliche Tradition verunsichert werden.

Die politische Kultur der Weimarer Republik war in der Selbstdefinition Jugendlicher nicht nur sozial, sondern auch mentalitätsgeschichtlich fragmentiert. Ausdruck solcher Fragmentierungen war u.a. die Existenz jugendlicher Subkulturen, deren Selbstdefinitionen und Verhaltensmuster stark von jenen sozialen Milieus geprägt waren, aus denen die Jugendlichen stammten. Die identitätstiftende Funktion der Sozialmilieus wird besonders stark in den Subkulturen der Arbeiterjugend deutlich, die nicht nur der Ort für sozialkulturelle Tradierungen bestimmter Wertvorstellungen waren, sondern häufig auch starke regionalspezifische Profile aufwiesen.[14] Andererseits wachsen Jugendliche in der Zwischenkriegszeit auch in einer zunehmend medienindustriell geprägten Öffentlichkeit auf, bestimmen Illustrierte und Rundfunk, Schallplatten und der Film auch das Freizeitverhalten nicht nur bürgerlicher Jugendlicher. Zeitgenössische Untersuchungen betonen zwar schicht- und geschlechtsspezifische Besonderheiten, aber doch auch die Bedeutung familienorientierter Freizeitgestaltung (*Dinse* 1932; *Krolzig* 1930). Mit den traditionellen Gestaltungsformen der Freizeit wie den Straßenspielen, den sonntäglichen Spaziergängen und Ausflügen, der individuellen Lektüre konkurrieren seit Mitte der zwanziger Jahre zunehmend die modernen Medien. Mit Einführung des Tonfilms 1929 wird das Spektrum des Films ausgebaut und auch auf Jugendliche zugeschnitten. Ähnlich bietet der Rundfunk spezielle Jugendsendungen an, vom Schulfunk (ab 1926) bis hin zu Programmen mit populärer Unterhaltungsmusik, die auch einen Multiplikatoreneffekt hatten, machten sie doch den Besuch von Tanzsälen und Tanzcafés attraktiver. Die Medialisierung der Freizeitangebote vollzieht sich allerdings in den Großstädten schneller als auf dem Lande. Nach einer Münchner Untersuchung zählte 1933 der wöchentliche Kinobesuch bei 16,6 % der befragten Jugendlichen zu einer festen Größe (*Funk* 1934).

Die im Vergleich zum Kaiserreich offene Gesellschaft der Weimarer Republik nahm schließlich für viele Jugendliche über die sozialen Lager hinweg „unter den Bedingungen der Krisenerfahrung Züge von Orientierungslosigkeit und Perspektivlosigkeit an" (*Peukert* 1987, S. 302). Es ist nicht von der Hand zu weisen, daß in einer solchen Situation die Formationserziehung des Nationalsozialismus kurzzeitig jene gesuchte Verhaltenssicherheit versprach, die sie zehn Jahre später systematisch destruierte.

6 Ausblick

Die Effekte der NS-Jugendpolitik sind einerseits leicht zu beschreiben. Zunächst hat der Nationalsozialismus die milieuspezifischen Jugendsubkulturen irreversibel zerstört und den Jugendmythos der Zwischenkriegszeit beendet. Historisch muß man auch sehen, daß die bürgerliche Jugendbewegung 1933 an ihr Ende gelangt ist, die Arbeiterjugendbewegung in Westdeutschland eher von ihrer Tradition zehrte als sich nochmals zu einer wirklich dynamischen Kraft zu entwickeln. Nach 1945 können beide trotz aller Revitalisierungsversuche nicht mehr jene Ausstrahlungskraft zurückgewinnen, die sie einst besaßen. Die jungen Bünde heute, die sich selbst in die Tradition dieser Bewegung stellen, führen ein Schattendasein, die sozialdemokratische und gewerkschaftlich organisierte Jugend sind weit davon entfernt, eine jugendpolitisch eigenständige Position zu vertreten bzw. sich erfolgreich auf die Pluralisierung der Lebensstile und das Verschwinden einer **Normalbiographie** einzustellen. Sie zollen damit nicht nur einem veränderten Arbeits- und Politikverständnis Jugendlicher Tribut, sondern auch der Auflösung der homogenen Milieus der Arbeiterschaft, dem Bedeutungsverlust institutioneller Politik-und Interessenvertretung und dem Strukturwandel von Solidarität (*Zoll* u.a. 1989, S. 18 ff.). Gewerkschaftserfahrungen werden heute zunehmend weniger familiär vermittelt und haben ihren einstmals engen lebens- und arbeitsweltlichen Zusammenhang verloren. „Man registriert die Aktivitäten der Interessenvertretung zwar durchaus, doch erfährt man sie eher als selbstverständliche, beinahe schon verwaltungsmäßige Vorgänge, mit denen man selbst wenig zu tun hat ..." (*Baethge* u.a. 1988, S. 367).

Wesentlich schwieriger ist die Frage zu beantworten, welche Wirkungen die Erziehung und Sozialisation im Dritten Reich mentalitätsgeschichtlich gehabt haben. Sie ist von der historischen Jugendforschung erst in jüngster Zeit intensiver untersucht worden. Unter Berücksichtigung der Vorläufigkeit der Befunde läßt sich beobachten, daß die Forschung einmal mit Hilfe von Interviews die subjektiven Verarbeitungsmuster ehemaliger HJ- und BDM-Mitglieder (*Rosenthal* 1986; *Hübner-Funk* 1990) rekonstruiert, die Selbstreflexion der eigenen Lebensgeschichte bemüht (*Preuss-Lausitz* 1983; *Klafki* 1988) und unter Berücksichtigung der Ergebnisse zeitgenössischer Demoskopie (*Zinnecker* 1987) sowie im Rahmen der politischen Kulturforschung Antworten auf diese Frage sucht. Bei allen methodischen Problemen, die auf diesem Gebiet offensichtlich sind, lassen sich knapp erste Befunde resümieren:

Die Generation jener, die bewußt ihre Kindheit und Jugend in der NS-Diktatur verleben mußte, hat Politik nicht rational abwägend abgelehnt oder auch nur skeptisch beurteilt, sondern ihr Verhältnis zum politischen System war bestimmt durch die aufgezwungene subjektive Unfähigkeit, die Glaubwürdigkeit jeglicher Politik zu akzeptieren. Mißtrauen und Abwehr alles Politischen aufgrund einer kaum zu verarbeitenden Situation bei Kriegsende prägten die Deutungen und Orientierungsmuster einer ganzen **Generation.** Und doch wird man die Wirkungen der NS-Sozialisation für einzelne Generationseinheiten unterschiedlich gewichten müssen. War etwa die Bindungskraft des Nationalsozialismus bei jenen am ausgeprägtesten, die sich schon vor 1933 der „Bewegung" angeschlossen haben oder unmittelbar nach 1933 Mitglied in der HJ wurden? Und liefen vielleicht die Erziehung und Sozialisation in den NS-Formationen bei jenen leer, deren Phase politischer Bewußtwerdung bestimmt war durch die Kriegserfahrungen, die Bombennächte und den Verlust naher Angehöriger, für die also der Extremfall zur Normalität ihrer Jugendbiographie wurde?

Rolf *Schörken* hat in einer Untersuchung über die Generationseinheit der Luftwaffenhelfer (LWH) (*Schörken* 1984), also der Jahrgänge 1926 bis 1928, die ab 1943 als sog. „Schüler-Soldaten" in den Krieg geschickt wurden, starke Argumente zur Bejahung dieser Frage zusammengetragen. Gerade jene Jahrgänge waren am längsten und extremsten der nationalsozialistischen Beeinflußung ausgesetzt und verfügten über keinerlei Erfahrung gesellschaftlicher Realität außerhalb des „Dritten Reiches". Das Ergebnis seiner Fragebogenaktion unter ehemaligen Luftwaffenhelfern (n=228) ist überraschend eindeutig. Selbst bei vorsichtiger Interpretation läßt sich eine weitgehende Ablehnung nationalsozialistischer Werte und Haltungen in den Jahren des LWH-Dienstes nachweisen.

„Die Herauslösung der drei Jahrgänge aus dem Elternhaus und ihre organisatorische Einbindung in den Kriegsdienst hatte psychologische und weltanschauliche Wirkungen, die den Absichten der nationalsozialistischen Führung kraß zuwiderliefen" (*Schörken* 1984, S. 218).

Unter dem biographisch belastenden Druck des Krieges wurde auch die „Verhinderung politischen Nachdenkens" (*Klönne*) wirkungslos. Die LWH-Jugendlichen entwickelten schrittweise gruppenspezifische Verhaltensmuster und Stilnischen, etwa durch ihre Begeisterung durch Jazz-Musik, die zur Aushöhlung alter Identifikationen führten. Wenn nach *Schörken* im Fall der LWH-Jugendlichen auch nicht von bewußten oppositionellen Haltungen gesprochen werden kann, so doch von einem vagen Gegengefühl, das sich in der starken Ablehnung der NS-Organisationen ebenso manifestierte wie im Aufbau einer altersspezifischen Gegenkultur, die die Möglichkeit bot, „verbotene Alternativen von Lebensstil gruppenintern durchzuspielen" (*Schörken* 1984, S. 236). Andererseits korrespondierte die Ablehnung der NS-Sozialisationsagenturen und ihrer Orientierungsimperative mit einem hohen Maß an Loyalität gegenüber der Wehrmacht. Aber genau hierin sieht Schörken die verdeckten Wirkungen der NS-Sozialisation. Denn die selbstverständliche Gewöhnung an Autorität, an Gehorsam, an hierarchische Gesellschaftsbilder, Unwissenheit und Unfähigkeit zu diskursiven Umgangsformen, Unsicherheit und Isolation gegenüber dem Ausland erschwerten ihnen den Zugang zur Demokratie und der Anmeldung eigener Interessen. *Bude* hat diese Generationseinheit deshalb als sprachlos, vaterlos und geschichtslos bezeichnet, die zu jung war, „um Nazi gewesen zu sein, aber alt genug, um vom Nazi-System mitgeprägt worden zu sein — das ist das historische Dilemma der Flakhelfer-Generation .... Es sieht so aus, als habe sich die Flakhelfer-Generation in einen geschichtslosen Pragmatismus geflüchtet" (*Bude* 1987, S. 69).

In dieser Generationseinheit sind Gefühle der Enttäuschung, die Verbitterung über den Verlust an Jugend und über die Verspätung schulischer und beruflicher Qualifizierungen besonders dominant. Paul *Emunds* berichtet in einer Studie zu den LWH-Oberschülern im Großraum Aachen, daß vielen die Integration in das bürgerliche Leben schwerfiel und nicht alle die Energie aufbrachten, den Schulabschluß nachzuholen. Einer der von ihm befragten Schüler-Soldaten schilderte rückblickend:

„Wir sind hoffnungslose Idealisten gewesen. Ich war der Ansicht, es muß klappen. Jetzt kam man mit der Enttäuschung des jungen Menschen, ... und wir standen vor einem Trümmerhaufen. Und nun schlug das ins Gegenteil um. Hier anfangs nach dem Kriege, als man anfing, uns politisch demokratisch zu schulen, haben wir uns dagegen gesperrt, haben uns verschlossen ... Mit Politik sollen sie uns allemal in Ruhe lassen, wollen wir nichts mehr von wissen. Und als der erste Bundesstaat gegründet wurde, waren wir da noch weit entfernt. Die erste Adenauer-Regierung, die haben wir gar nicht für voll genommen, noch aus einer Enttäuschung heraus, die wir Jahre nicht überwinden konnten ... Wir haben uns dann zunächst mal aufs Lernen verlegt. Unsere Lücken aufholen, war unser erstes Gebot .... Wir sind dann also an unsere Berufsausbildung in aller Härte herangegangen. ... Wir haben also unsere Enttäuschung durch selbstauferlegtes Vorwärtskommenwollen kompensiert" (*Emunds* 1976, S. 53).

In einer Nachfolgeuntersuchung hat *Schörken* gezeigt wie facettenreich 1945 die Prozesse der politischen Neuorientierung unter Jugendlichen verliefen. In den von ihm untersuchten autobiographischen Zeugnissen findet er Erleichterung und Trauer, Verzweiflung und neuen Lebensmut angesichts der totalen Niederlage Deutschlands, die vorpolitische Aufnahmebereitschaft für ein liberales demokratisches System, häufig verbunden mit dem „raschen und lautlosen In-Sich-Zusammenfallen des Führermythos und der heroischen Weltsicht“ (*Schörken* 1990, S. 45). Freilich wurde die Besatzungszeit von kaum jemanden als das Reich der Freiheit erlebt. Nach *Schörkens* Befunden verliefen die Versuche eines neuen Freiheitsgewinns bei jenen am schwierigsten, die sich total mit dem Nationalsozialismus identifizierten. Entweder fanden sie eine Neuidentifikation im Kommunismus oder sie machten einen langwierigen Prozeß der Loslösung von politischer Fremdbestimmung mit. Auf alle Fälle hat der Nationalsozialismus als Orientierungsmaßstab für Jugendliche das Jahr 1945 nicht überlebt. „Das Neue, das ins Bewußtsein trat, war ziemlich amorph. Es mischten sich Idealistisches und Realistisches, Neugier auf die bisher verschlossene Außenwelt und Resignation über das Betrogenwordensein, Versuche der Anknüpfung an unterbrochene Bildungstraditionen und richtungsloser guter Wille, es einmal besser zu machen“ (*Schörken* 1990, S. 110). Die Selbstinterpretation Jugendlicher 1945 offenbart stattdessen auf der Ebene individueller Lebensgeschichten und kollektiver Generationserfahrungen die Wahrnehmung einer tiefen Zäsur der geläufigen sozialen Orientierungen und zugleich das Gefühl eigener Lebenskontinuität. In den Aufsätzen und Lebensläufen, die Schüler unmittelbar nach 1945 verfaßt haben, spiegelt sich eine tiefgreifende Orientierungskrise und dominiert das Gefühl des Getäuscht- und Betrogenseins. In den von Haß und Schörken dokumentierten Abitursaufsätzen stand der Nationalsozialismus aber schon nicht mehr im Mittelpunkt des jugendlichen Interesses. Vor allem war die Verfolgung und Vernichtung der europäischen Juden kein Thema für diese Jugendlichen, und Schule war zu jener Zeit auch nicht der Ort, sich darüber Gedanken zu machen. *Schörken* spricht von einer „verschwommenen Abgrenzung“. Verschwommen deshalb, weil ihre Einsichten undeutlich waren und die gedanklichen wie sprachlichen Mittel der Auseinandersetzung höchst unzureichend blieben. Dennoch spielte die NS-Ideologie bei den Abiturienten der späten vierziger Jahre keine identifizierbare Rolle mehr (*Schörken* 1990, S. 137).[15] Vorherrschend war vor allem das Gefühl, um die Jugend betrogen und von einem verbrecherischen System skrupellos ausgenutzt worden zu sein.

1963 stellt Ernst *Fischer* in einer Diagnose der deutschen Jugend fest, das Erbe, das ihr 1945 hinterlassen worden sei, war ein Trümmerhaufen der Städte und Ideologien. „Die Demokratie wird von den Jungen hingenommen wie ein amtliches Formular, mit gelangweiltem Blick, wegwerfender Handbewegung“ (*Fischer* 1963, S. 62). Dieses politische Einstellungsmuster, von Adorno verschiedentlich als „Ticket-Denken“ qualifiziert, wird faktisch von allen zeitgenössischen Jugendforschern beobachtet und beklagt. Aber hatte die vom Faschismus geprägte Jugendgeneration nach 1945 überhaupt andere Verhaltensmöglichkeiten?

Anmerkungen

1 Man ist ja jüngst von Hartmut *von Hentig* belehrt worden, daß solche Fragen in einem Handbuch zurückzustehen hätten (Hentig 1991).

2 Die zeitliche Eingrenzung orientiert sich einerseits an der politischen Zäsur des Jahres 1945, andererseits sollen dadurch Überschneidungen mit anderen Beiträgen des Bandes vermieden werden. Zum dritten würde eine differenzierte Darstellung der Jugendentwicklung in der BRD und DDR die Möglichkeiten eines Handbuch-Beitrages überfordern.

3 Vgl. hierzu den Beitrag von *Krüger* in diesem Band. Analytisch ist die historische Jugendforschung als die sozialisationshistorische Analyse der Entwicklung und des Wandels des Jugendalters zu unterscheiden von der wissenschaftsgeschichtlichen Rekonstruktion der Jugendforschung. Jene beschäftigt sich mit den historisch wandelbaren Bedingungen des Aufwachsens, diese mit den wissenschaftlich erzeugten Jugendbildern, den Theorien, Methoden und sozialen Institutionalisierungsformen des Jugenddiskurses innerhalb des Wissenschaftssystems.

4 Die sozialisationstheoretisch entschiedendste Abkehr von der Vorstellung, Jugend sei eine Lebensphase, hat *Trotha* in Anlehnung an *Foucault* formuliert. Danach ist die Erfindung der Jugend die „Erfindung und Durchsetzung eines neuen Systems sozialer Kontrolle, das als Teil jenes säkularen Entwicklungsvorgangs entsteht, der heute unter dem Stichwort ‚Sozialdisziplinierung' diskutiert wird" (*Trotha* 1982, S. 258).

5 Eine von *Sprangers* Jugendpsychologie inspirierte Studie über die „Psyche der weiblichen Jugend" legte Else *Croner* (1928) vor. Zu den Mädchenbildern der zeitgenössischen Jugendforschung (vgl. *Dudek* 1990, S. 206 ff.; S. 230 ff.; S.296 ff.).

6 So im Anschluß an die Novellierung des Reichsstrafgesetzbuches von 1876 durch das Preußische Gesetz betreffend die Unterbringung verwahrloster Kinder v. 13. 3. 1878, wonach straffällig gewordene Kinder bis zu 12 Jahren einer öffentlichen Zwangserziehung unterworfen wurden.

7 Gemeint sind damit die 1940 eingerichteten Konzentrationslager für sog. „schwererziehbare" Jugendliche in Moringen (Jungen) und Uckermark (Mädchen). Zur Entwicklung der Jugendgerichtskeit nach 1933 vgl. *Wolff* (1985); *Dömer* (1991).

8 Wenn auch nicht immer fehlerfrei, so ist von der Breite der Quellen noch immer die Organisationsgeschichte der bürgerlichen Jugendbewegung gut dokumentiert bei Kindt (1974).

9 Fundamentaloppositionelle Gruppen wie die NSDAP-Jugendorganisationen oder der Kommunistische Jugendverband gehörten dem Reichsausschuß ebensowenig an wie die kleineren und elitären Bünde der bürgerlichen Jugendbewegung.

10 Auf diese Forschungen kann hier im einzelnen nicht eingegangen werden. Erste kritische Anstöße erfuhren sie in den Jahren 1980 und 1981 durch das Jahrbücher des Archivs der deutschen Jugendbewegung (Band 12 und 13), die dem Thema Jugendbewegung und Nationalsozialismus gewidmet waren, nachdem bereits *Kater* (1977) eine materialreiche Studie zum Verhältnis von Jugendbewegung und HJ vorgelegt hatte, die dezidiert der Unvereinbarkeitsthese widersprach.

11 Hierzu noch immer lesenswert ist die Studie von *Meier-Cronemeyer* (1969, S. 96 ff.).

12 Materialreich und differenziert ist diese Entwicklung auch aus der Sicht betroffener Jugendlicher von *Peukert* (1987) dargestellt worden. Es gibt zur Zeit keine instruktivere Arbeit zur Sozialgeschichte der Jugend als diese Studie.

13 Die Methode, Jugendliche zu bestimmten Fragen Aufsätze schreiben zu lassen, war zur damaligen Zeit das wichtigste Instrument der empirischen Jugendforschung.

14 Zu historischen Jugendkulturen im Ruhrgebiet vgl. *Breyvogel, Krüger* (1987), zu den Bedingungen des Aufwachsens von Arbeiterjugendlichen in Frankfurt / M vgl. *Becker, Brandecker, Dudek* (1986). Trotz des unterschiedlichen methodischen Ansatzes beider Studien dokumentieren sich doch auch die Vielfalt der Verhaltens- und Orientierungsmuster von Arbeiterjungen und -mädchen innerhalb und außerhalb der organisierten Jugend.

15 *Schörken* weist aber zugleich darauf hin, daß zwar die NS-Ideologie ihre Wirkungsmacht verlor, aber „eingeschliffene Strukturen nationalsozialistischer Mentalität blieben um so länger erhalten, als sie dem analysierenden Zugriff unsichtbar blieben" (*Schörken* 1990, S. 148).

Literatur

Angress, W.: Generation zwischen Furcht und Hoffnung. Jüdische Jugend im Dritten Reich. Hamburg 1985

Aufmuth, U.: Die deutsche Jugendbewegung unter soziologischem Aspekt. Göttingen 1979

Baethge, M. u.a.: Jugend: Arbeit und Identität. Opladen 1988

Becker, H. / Brandecker, F. / Dudek, P. (Hrsg.): Studien zur Arbeiterkindheit und -jugend in ausgewählten Stadtteilen von Frankfurt am Main zur Zeit der Weimarer Republik (3 Bände). Frankfurt / M 1986

Beilmann, Chr.: Eine katholische Jugend in Gottes und dem Dritten Reich. Wuppertal 1989

Bernfeld, S.: Über die einfache männliche Pubertät. In: Zeitschrift für psychoanalytische Pädagogik 9 (1935), S. 360-379

Bias-Engels, S.: Zwischen Wandervogel und Wissenschaft. Köln 1988

Breyvogel, W. / Krüger, H.H. (Hrsg.): Land der Hoffnung. Land der Krise. Jugendkulturen im Ruhrgebiet 1900-1987. Berlin / Bonn 1987

Bude, H.: Deutsche Karrieren. Frankfurt / M 1987

Bühler, J.-Chr.: Die gesellschaftliche Rekonstruktion des Jugendalters. Zur Entstehung der Jugendforschung zu Beginn des 20. Jahrhunderts. Weinheim 1990 (Diss.)

Bünger-Kohn, C.: Schulkritik in der Literatur des frühen 20. Jahrhunderts. Bonn 1986 (Diss.)

Croner, E.: Die Psyche der weiblichen Jugend. Langensalza ^{4}1928

Dingräve, L.: Wo steht die junge Generation? Jena 1931

Dinse, R.: Das Freizeitleben der Großstadtjugend. Berlin 1932

Dömer, Ch.: Erziehung durch Strafe. Die Geschichte des Jugendstrafvollzugs 1871-1945. Weinheim / München 1991 (Diss.)

Dudek, P.: Die Rolle der „jungen Generation" und ihr Bedeutungswandel in der nationalsozialistischen Ideologie. In: Bildung und Erziehung 40 (1987), S. 183-199

Ders.: Erziehung durch Arbeit. Arbeitslagerbewegung und Freiwilliger Arbeitsdienst 1920 — 1935. Opladen 1988

Ders.: Leitbild: Kamerad und Helfer. Frankfurt / M 1988a

Ders.: Jugend als Objekt der Wissenschaften. Geschichte der Jugendforschung in Deutschland und Österreich 1890-1933. Opladen 1990

Ders.: „Bewußte Feinde jeder Ordnung". Die Entdeckung der „Halbstarken" und der Lehrlingsverein als eine sozialpädagogische Antwort. In: Neue Praxis 20 (1990a), S. 25-36

Ebeling, H. / Hespers, D. (Hrsg.): Kameradschaft — Schriften junger Deutscher. Mönchengladbach 1983

Ebermayer, E.: Die große Kluft. Wien 1931

Emunds, P.: Luftwaffenhelfer im Einsatz. In: Aus Politik und Zeitgeschichte B 45 (1976), S. 33-53

Feilzer, H.: Jugend in der mittelalterlichen Ständegesellschaft. Wien 1971

Ferchhoff, W.: Jugendkulturen im 20. Jahrhundert. Frankfurt / Bern 1990

Fiedler, G.: Jugend im Krieg. Bürgerliche Jugendbewegung, Erster Weltkrieg und sozialer Wandel 1914-1923. Köln 1989 (Diss.)

Fischer, E.: Die Krise der Jugend. Wien / Leipzig 1931

Ders.: Probleme der jungen Generation. Wien 1963

Fölling, W. / Melzer, W. (Hrsg.): Gelebte Jugendträume. Jugendbewegung und Kibbutz. Witzenhausen 1989

Fogt, H.: Politische Generationen. Empirische Bedeutung und theoretisches Modell. Opladen 1982 (Diss.)

Funk, A.: Film und Jugend. Eine Untersuchung über die psychischen Wirkungen des Films im Leben der Jugendlichen. München 1934 (Diss.)

Giesecke, H.: Vom Wandervogel zur Hitlerjugend. München 1981

Gillis, R.: Geschichte der Jugend. Weinheim 1980

Glaue-Bultz, H.: Das Schwärmen der jungen Mädchen. Leipzig 1914

Goldhammer, K.W.: Katholische Jugend Frankens im Dritten Reich. Frankfurt / Bern 1987
Griese, H.: Sozialwissenschaftliche Jugendtheorien. Weinheim / Basel 1982
Gründel, G.: Die Sendung der jungen Generation. München 1932
Hamann, B.: Jugend im Blickfeld der Wissenschaft. Bad Heilbrunn 1982
Hasenclever, Chr.: Jugendhilfe und Jugendgesetzgebung seit 1900. Göttingen 1978
Hellfeld, M.: Bündische Jugendbewegung und Hitlerjugend. Zur Geschichte von Anpassung und Widerstand 1930-1939. Köln 1987 (Diss.)
Hentig von, H.: Ablagerungen versus Gärungsprozesse, oder: Erwartungen an ein Handbuch. In: Zeitschrift für Pädagogik 37 (1991), S. 123-138
Hermanns, M.: Jugendarbeitslosigkeit seit der Weimarer Republik. Opladen 1990
Herrmann, U.: Historisch-systematische Dimensionen der Erziehungswissenschaft. In: Wulf, Chr. (Hrsg.): Wörterbuch der Erziehung. München 1974, S. 283-289
Ders.: Probleme einer erziehungswissenschaftlichen Historik. In: Blaß, J. (Hrsg.): Bildungstradition und moderne Gesellschaft. Hannover 1975, S. 268-282
Ders.: Probleme und Aspekte historischer Ansätze in der Sozialisationsforschung. In: Hurrelmann, K. / Ulich, D. (Hrsg.): Handbuch der Sozialisationsforschung, Weinheim / Basel 1980, S. 227-252
Ders.: Geschichte und Theorie. Ansätze zu neuen Wegen in der erziehungsgeschichtlichen Erforschung von Familie, Kindheit und Jugendalter. In: Zeitschrift für Sozialisationsforschung und Erziehungssoziologie 4 (1984), H. 1, S. 11-28
Ders.: Neue Wege der Sozialgeschichte. Zur Forschungspraxis der Historischen Sozialisationsforschung und zur Bedeutung ihrer Ergebnisse für pädagogische Theoriebildung. In: Pädagogische Rundschau 38 (1984a), S. 171-187
Heuß, Th.: Erinnerungen 1905-1933. Frankfurt / M 1965
Hornstein, W.: Vom „jungen Herrn" zum „hoffnungsvollen Jüngling". Heidelberg 1965 (Diss.)
Ders.: Jugend in ihrer Zeit. Geschichte und Lebensformen des jungen Menschen in der europäischen Welt. Hamburg 1966
Hübner-Funk, S.: Hitler's Grandchildren in the Shadow of the Past: The Burden of a Difficult Heritage. In: Tel Aviver Jahrbuch für deutsche Geschichte XIX (1990), S. 103-115
Jahnke, K.-H. u.a.: Geschichte der deutschen Arbeiterjugendbewegung 1904 bis 1945. Berlin (DDR) 1973
Ders. / Buddrus, M.: Deutsche Jugend. 1933-1945 — eine Dokumentation. Hamburg 1989
Jamin, M.: Zwischen den Klassen. Zur Sozialstruktur der SA-Führerschaft. Wuppertal 1984 (Diss.)
Kater, M.: Studentenschaft und Rechtsradikalismus in Deutschland 1918-1933. Hamburg 1975
Ders.: Bürgerliche Jugendbewegung und Hitler-Jugend in Deutschland. In: Archiv für Sozialgeschichte XVII (1977), S. 127-174
Ders.: Generationskonflikt als Entwicklungsfaktor in der NS-Bewegung vor 1933. In: Geschichte und Gesellschaft 11 (1985), S. 217-243
Kelchner, M. / Lau, E.: Die jugendliche Arbeiterschaft und die Arbeitslosigkeit. In: Thurnwald, R. (Hrsg.): Die neue Jugend. Leipzig 1927, S. 321-340
Kindt, W. (Hrsg.): Die deutsche Jugendbewegung 1920-1933. Die bündische Zeit. Düsseldorf 1974
Klafki, W. (Hrsg.): Verführung. Distanzierung. Ernüchterung. Kindheit und Jugend im Nationalsozialismus. Autobiographisches aus erziehungswissenschaftlicher Sicht. Weinheim / Basel 1988
Klönne, A.: Jugendbewegung und Faschismus. In: Jahrbuch des Archivs der deutschen Jugendbewegung 12 (1980), S. 23-34
Ders.: Jugendprotest und Jugendopposition. Von der HJ-Erziehung zum Cliquenwesen der Kriegszeit. In. Broszat M. u.a.: Bayern in der NS-Zeit. Band IV. München / Wien 1981, S. 527-620
Ders. (Hrsg.): Jugendkriminaliät und Jugendopposition im NS-Staat. Ein sozialgeschichtliches Dokument. Münster 1981a
Ders.: Die „Deutsche Jugendfront". Eine bündische Gruppe im antifaschistischen Exil. In: Jahrbuch des Archivs der deutschen Jugendbewegung 13 (1981b), S. 51-64
Ders.: Jugend im Dritten Reich. Düsseldorf / Köln 1982
Klönne, I.: „Ich spring, in diesem Ringe". Mädchen und Frauen in der deutschen Jugendbewegung. Pfaffenweiler 1990

Kneib, R.: Jugend der Weimarer Zeit. Handbuch der Jugendverbände 1918-1938. Frankfurt/M 1974
Koebner, Th., Janz, R.-P., Trommler, F. (Hrsg.): „Mit uns zieht die neue Zeit". Der Mythos Jugend. Frankfurt/M 1985
Krafeld, F.-J.: Geschichte der Jugendarbeit. Weinheim/Basel 1984
Kraudelat, J.: Zur geisteswissenschaftlichen Seelenkunde des Jugendalters. In: Allgemeine Deutsche Lehrerzeitung Nr. 52 (1924), S. 967-969
Krolzig, G.: Der Jugendliche in der Großstadtfamilie. Berlin 1930
Lehmensick, E.: Politisierung der Jugend und Verjugendlichung der Politik. In: Die Erziehung 6 (1931), S. 382-389
Lessing, H. / Liebel, M.: Wilde Cliquen. Szenen einer anderen Arbeiterjugendbewegung. Bensheim 1981
Linder, R.: Straße — Straßenjunge — Straßenbande. Ein zivilisatorischer Streifzug. In: Zeitschrift für Volkskunde H 2 (1983), S. 192-208
Ders.: Bandenwesen und Clubwesen im Wilhelminischen Reich und in der Weimarer Republik. Ein Beitrag zur historischen Kulturanalyse. In: Geschichte und Gesellschaft 10 (1984), S. 352-375
Lüders, Chr.: Jugendtheorie zwischen Banalität und Sinnstiftung. In: Drerup, H. / Terhart, E. (Hrsg.): Erkenntnis und Gestaltung. Weinheim 1990, S. 201-225
Maaß, H.: Die Jugend in der Bevölkerung des Deutschen Reiches. In: Das Junge Deutschland 22 (1928), S. 347-355
Mann, O.: Kritische Gedanken zu Sprangers „Psychologie des Jugendalters". In: Die Scholle 4 (1928), S. 348-351
Martiny, M.: Sozialdemokratie und junge Generation am Ende der Weimarer Republik. In: Luthardt, W. (Hrsg.): Sozialdemokratische Arbeiterbewegung und Weimarer Republik. Frankfurt/M 1978, S. 56-117
Meier-Cronemeyer, H.: Jüdische Jugendbewegung. In: Germania Judaica (8) 1969, S. 1-123
Meves, B.: Die erwerbstätige Jugend. Eine statistische Untersuchung. Berlin/Leipzig 1929
Mitterauer, M.: Sozialgeschichte der Jugend. Frankfurt/M 1986
Moeller van den Bruck, A.: Das Recht der jungen Völker. Berlin 1932 (Org. 1904)
Mogge, W. / Reulecke, J. (Hrsg.): Hoher Meißner 1913. Der Erste Freideutsche Jugendtag in Dokumenten, Deutungen und Bildern. Köln 1988
Muchow, H.H.: Sexualreife und Sozialstruktur der Jugend. Reinbek 1959
Ders.: Jugend und Zeitgeist. Reinbek 1962
Müller, C.: Kindheit und Jugend in der griechischen Frühzeit. Gießen 1990 (Diss.)
Münder, J.: Das Jugendwohlfahrtsgesetz von 1922 — „in Kraft getreten" — 1953. In: Recht der Jugend und des Bildungswesens 38 (1990), S. 43-53
Musial, M.: Jugendbewegung und Emanzipation der Frau. Essen 1982 (Diss.)
Muth, H.: Jugendopposition im Dritten Reich. In: Vierteljahreshefte für Zeitgeschichte 30 (1982), S. 369-417
Neisinger, O.: Flugblätter — Katholische Jugend im Widerstand gegen den Nationalsozialismus. Würzburg 1982
Neugebauer, R.: Identität und historisch-politisches Bewußtsein: am Beispiel des Arbeiterjugendwiderstandes gegen den Faschismus. Frankfurt/M 1982 (Diss.)
Niffka, E.: Die berufliche Lage der Jugend in der Gegenwart unter besonderer Berücksichtigung der männlichen Jugendlichen von 14 bis 21 Jahren. Handbuch der Jugendpflege. Band 1. Eberswalde/Berlin 1932, S. 63-91
Olenhusen Götz von, I.: Jugendreich. Gottesreich. Deutsches Reich. Junge Generation, Religion und Politik 1928-1933. Köln 1987 (Diss.)
Peukert, D.: Edelweißpiraten. Köln 1980
Ders.: Alltagsleben und Generationserfahrungen von Jugendlichen in der Zwischenkriegszeit. In: Dowe, D. (Hrsg.): Jugendprotest und Generationskonflikt in Europa im 20. Jahrhundert. Bonn 1986, S. 139-150
Ders.: Grenzen der Sozialdisziplinierung. Köln 1986a
Ders.: Jugend zwischen Krieg und Krise. Köln 1987

Ders.: Sozialpädagogik. In: Langewiesche, D. / Tenorth, H.E. (Hrsg.): Handbuch der Bildungsforschung, Bd. V. München 1989, S. 307-335
Pierenkemper, T.: Jugendliche im Arbeitsmarkt. In: Dowe, D. (Hrsg.): Jugendprotest und Generationskonflikt in Europa im 20. Jahrhundert. Bonn 1986, S. 49-73
Preuss-Lausitz, U. (Hrsg.): Kriegskinder, Konsumkinder, Krisenkinder. Zur Sozialisationsgeschichte seit dem Zweiten Weltkrieg. Weinheim / Basel 1983
Priepke, M.: Die evangelische Jugend im NS-Staat von 1933-1936. Marburg 1957 (Diss.)
Ras, M. de: Körper, Eros und weibliche Kultur. Mädchen im Wandervogel und in der Bündischen Jugend 1900-1933. Pfaffenweiler 1988 (Diss.)
Rauch, K.: Schluß mit „junger Generation"!. Leipzig 1933
Reese, D.: „Straff, aber nicht stramm — herb, aber nicht derb". Zur Vergesellschaftung von Mädchen durch den Bund Deutscher Mädel im sozialkulturellen Vergleich zweier Milieus. Weinheim / Basel 1989 (Diss.)
Rein, W. (Hrsg.): Encyklopädisches Handbuch der Pädagogik, 11 Bände. Langensalza 1903 ff. (2. Aufl.)
Reineke, A.: Jugend zwischen Kreuz und Hakenkreuz. Paderborn 1987
Reulecke, J.: Jugend und „Junge Generation" in der Gesellschaft der Zwischenkriegszeit. In: Langewiesche, D. / Tenorth, H.E. (Hrsg.): Handbuch der Bildungsforschung, Band V. München 1989, S. 86-110
Richartz, N.: Die Pädagogik der „Kinderfreunde". Weinheim / Basel 1981 (Diss.)
Riedel, H.: Der Kampf um die Jugend. Evangelische Jugendarbeit 1933-1945. München 1976
Roessler, W.: Jugend im Erziehungsfeld. Düsseldorf 1957
Roger, G.: Die pädagogische Bedeutung der proletarischen Jugendbewegung. Berlin (DDR) 1956 (Diss.)
Rosenmayr, L.: Jugend als Faktor sozialen Wandels. In: Neidhardt F. u.a.: Jugend im Spektrum der Wissenschaften. München 1970, S. 203-228
Rosenthal, G. (Hrsg.): Die Hitlerjugend-Generation. Biographische Thematisierung als Vergangenheitsbewältigung. Essen 1986 (Diss.)
Roth, L.: Die Erfindung des Jugendlichen. München 1983 (Diss.)
Saul, K.: Der Kampf um die Jugend zwischen Volksschule und Kaserne. In: Militärgeschichtliche Mitteilungen 9 (1971), S. 97-143
Scherer, K.-J.: Jugend und soziale Bewegung. Opladen 1988 (Diss.)
Schirach, B.: Die Hitler-Jugend. Idee und Gestalt. Leipzig 1934
Schley, C.: Die Sozialistische Arbeiterjugend Deutschlands (SAJ). Frankfurt / M 1987
Schörken, R.: Luftwaffenhelfer und Drittes Reich. Die Entstehung eines politischen Bewußtseins. Stuttgart 1984
Ders.: Jugend 1945. Politisches Denken und Lebensgeschichte. Opladen 1990
Scholtz, H.: Erziehung und Unterricht unterm Hakenkreuz. Göttingen 1985
Seyfert, R.: Zur Erziehung der Jünglinge aus dem Volke. Vorschläge zur Ausfüllung einer verhängnisvollen Lücke im Erziehungsplane. Leipzig 1901
Siemering, H.: Deutschlands Jugend in Bevölkerung und Wirtschaft. Berlin 1937
Spranger, E.: Psychologie des Jugendalters. Leipzig 1924
Stambolis, B.: Der Mythos der jungen Generation. Bochum 1982 (Diss.)
Tenfelde, K.: Demographische Aspekte des Generationenkonflikts seit dem Ende des 19. Jahrhunderts: Deutschland, England und Frankreich. In: Dowe, D. (Hrsg.): Jugendprotest und Generationskonflikt in Europa im 20. Jahrhundert. Bonn 1986, S. 15-27
Titze, H.: Der Akademikerzyklus. Historische Untersuchungen über die Wiederkehr von Überfüllung und Mangel in akademischen Karrieren. Göttingen 1990
Trotha von, T.: Zur Entstehung von Jugend. In: Kölner Zeitschrift für Soziologie und Sozialpsychologie 34 (1982), S. 254-277
Walter, F.: Jungsozialisten in der Weimarer Republik. Göttingen 1983
Winnecken, A.: Ein Fall von Antisemitismus. Zur Geschichte und Pathogenese der deutschen Jugendbewegung vor dem Ersten Weltkrieg. Köln 1991 (Diss.)

Wolff, J.: Hitlerjugend und Jugendgerichtsbarkeit 1933-145. In: Vierteljahreshefte für Zeitgeschichte 33 (1985), S. 640-667
Wollersheim, H.-W.: Jugend: Ideal und „Wirklichkeit". Historisch-systematische Studien zur Genese und pädagogischen Relevanz moderner Jugendkonzepte. Bonn 1987 (Diss.)
Zimmer, J. (Hrsg.): „Mit uns zieht die neue Zeit". Die Naturfreunde. Köln 1984
Zinnecker, J.: Jugendkultur 1940-1985. Opladen 1987
Zoll, R. u.a.: Nicht so wie unsere Eltern! Ein neues kulturelles Modell? Opladen 1989
Zwerschke, M.: Jugendverbände und Sozialpolitik. München 1963

IV. Untersuchungen zu zentralen Instanzen der Jugendsozialisation

Yvonne Schütze

Jugend und Familie

1 Jugend und Familie — eine vernachlässigte Kategorie der Jugendforschung

Traditionellerweise haben weder die Jugend- und Familiensoziologie noch die Sozialisationsforschung dem Thema Jugend — Familie — verglichen mit der Forschung über Kind und Familie — besondere Beachtung geschenkt. Dies zeigt ein Blick in die Handbücher über Sozialisation oder Familie über einen Zeitraum von etwa zwanzig Jahren (vgl. *Bell/Vogel* 1968, *Goslin* 1971, *Adams* 1980, *Hurrelmann/Ulrich* 1980, *Adelson* 1980, *Tippelt* 1984). Seit einigen Jahren deutet sich aber in der Forschung ein zunehmendes Interesse für diesen Gegenstandsbereich an (vgl. *Oswald* 1989).

Ich möchte im folgenden einigen der mutmaßlichen Gründe nachgehen, die für die bisherige relative Vernachlässigung und die sich gegenwärtig abzeichnende vermehrte Aufmerksamkeit für das Thema Jugend — Familie ausschlaggebend sein könnten.

1.1 Theoretische Annahmen der jugendsoziologischen Forschung

Jugendsoziologische Forschung beschäftigt sich primär mit dem Status des Jugendlichen in der Gesellschaft — nicht mehr Kind aber auch nicht gleichberechtigter Erwachsener — und den sich hieraus ergebenden, meist als problematisch wahrgenommenen Konstellationen. Die Argumentation verläuft etwa folgendermaßen: Jugend ist eine gesellschaftliche Erfindung des Industriezeitalters. („Der Jugendliche ist zur selben Zeit erfunden worden, wie die Dampfmaschine“, *Musgrove* 1965, S. 33) Über die Einführung der Schulpflicht und überdehnter Ausbildungsprozesse wurden die Jugendlichen, für deren Arbeitskraft man keine Verwendung hatte, aus dem Leben der Erwachsenen ausgeschlossen und gleichzeitig mittels dieser Institution unter Kontrolle gehalten. Die Legitimationsbasis für dieses Vorgehen lieferten alsbald psychologische Theorien, die die Menschheit in den industrialisierten Gesellschaften einschließlich der Jugendlichen selbst von der Notwendigkeit eines „Moratoriums“ zwischen **Kindheit** und **Erwachsenenalter** überzeugten. Einerseits wird dieses „Moratorium“ als Manöver der Erwachsenen diskreditiert, die Jugendlichen aus gesellschaftlichen Positionen ausschließen zu wollen und sie in einem oft jahrelang andauernden frustrierenden Schwebezustand zu halten (vgl. *Musgrove* 1965, *Campbell* 1971). Andererseits wird betont, daß der Jugendliche somit über einen Entscheidungsspielraum verfügt, der es ihm ermöglicht, verschiedene Alternativen auszuprobieren und sich Gewißheit über Neigungen und Interessen zu verschaffen (vgl. *Erikson* 1966).

Aus der Annahme, daß das Jugendalter eine Erfindung der Erwachsenen ist, um Jugendliche auszugrenzen, folgt die weitere Annahme, daß Jugendliche aufgrund ihres nicht geklärten Status in der Gesellschaft auch eine andere Haltung zu den verschiedenen gesellschaftlichen Bereichen einnehmen als Erwachsene. Ziel des Großteils jugendsoziologischer Forschung ist es daher, über Befragungen herauszufinden, wie die junge Generation sich selbst verortet, welche Stellung sie bezieht zu Politik, Arbeits- und Ausbildungsinstitutionen, Freizeit, Konsum, Familie usw. Und schließlich möchte man antizipieren, welche Konsequenzen möglicherweise aus der Einschätzung der Jugendlichen folgen könnten.

Neuerdings werden auch verstärkt Vergleiche zwischen verschiedenen Generationen oder Jugendkohorten (vgl. *Allerbeck/Hoag* 1985, *Jugendwerk der Deutschen Shell* 1985) angestellt, um auf diese Weise über die Zeit stattfindende Veränderungen von Einstellungen und Werthaltungen beschreiben und analysieren zu können. Dabei spielt implizit oder explizit der Gedanke eine Rolle, daß die Jugend eine Art Schrittmacherfunktion im gesellschaftlichen Wertwandel inne hat. Prominentestes Beispiel hierfür ist die Inglehart-These vom Übergang einer materialistischen zu einer postmaterialistischen Werthaltung der Jugendlichen (vgl. *Inglehart* 1977).

Daß also in einer theoretischen Konzeptualisierung von Jugend, die primär auf den **Generationenkonflikt** und die Unterschiedlichkeit von Wertsystemen Erwachsener und Jugendlicher abstellt, der **Familie** kein bedeutsamer Stellenwert zugewiesen werden kann, ist evident. Seit Jahren nämlich schon bestätigt sich immer wieder, daß der Konflikt zwischen den Generationen sich weniger auf der familialen, als auf der gesellschaftlichen Ebene abspielt, und daß Kritik an *den* Erwachsenen ungleich schärfer artikuliert wird, als an den eigenen Eltern (vgl. *Schelsky* 1957, *Musgrove* 1965, *Campbell* 1971, *Jugendwerk der Deutschen Shell* 1985).

Schon *Schelsky* hatte in seiner Studie „Die skeptische Generation" (1957) darauf aufmerksam gemacht, daß die patriarchalische Familienstruktur, wie sie gegen Ende des 19. und bis in die 20er Jahre unseres Jahrhunderts geherrscht hatte, von einer eher partnerschaftlichen nichtautoritären abgelöst worden war. Damit habe auch das klassische **Konfliktverhältnis zwischen Eltern und Jugendlichen** eine Umstrukturierung erfahren (vgl. *Schelsky* 1957).

Keniston hatte in einer Analyse des studentischen Protests der 60er Jahre befunden:

> „Das am häufigsten bestätigte amerikanische Ergebnis ist, daß die Eltern radikaler Studenten politisch aktiv und linksorientiert sind. Die Daten liefern keinerlei Unterstützung für die Hypothese, daß studentischer Radikalismus eine Form von Rebellion gegen die Eltern ist." (*Keniston* 1971, S. 93)

Und *Allerbeck* kam aufgrund einer fünf Länder vergleichenden Untersuchung, die die politische Meinungsbildung von Eltern und Jugendlichen zum Gegenstand hatte, zu dem Schluß, daß Eltern und Kinder sich nur graduell in ihrem politischen Engagement unterscheiden, und daß von einem Zusammenhang zwischen Protest in der Familie und Protest gegen politische Institutionen keine Rede sein könne. Die Mehrzahl der Jugendlichen kennzeichnete die Beziehung zu den Eltern als positiv und benannte als alleinige Vertrauenspersonen die Eltern, die Mutter häufiger als den Vater (vgl. *Allerbeck* 1979).

Die gleiche Tendenz war auch in der ehemaligen DDR zu beobachten. Wie *Kühnel* (1990) berichtet, spielte die Familie als sozialer Rückzugsraum für Jugendliche eine große Rolle und fühlten sie sich im Vergleich zu anderen Erwachsenen von den Eltern am gerechtesten behandelt.

Aus einer Untersuchung von *Bentson* (1975) ging hervor, daß sogar über drei Generationen die Übereinstimmung hinsichtlich zentraler Werte innerhalb der Familien größer war als die Übereinstimmung zwischen den Mitgliedern der einzelnen Generationen. *Lerner* und *Knapp* (1975) befragten Eltern und ihre adoleszenten Kinder nicht nur nach ihren eigenen Einstellungen zu Themen wie Krieg, Rassismus, Sexualität, Drogengebrauch und Kleidungsstil, sondern gleichzeitig wurden beide Parteien auch befragt, was ihrer Meinung nach die Kinder bzw. die Eltern zu diesen Themen äußern würden. Es zeigte sich, daß es mehr Übereinstimmung zwischen Eltern und ihren Kindern gab, als beide Parteien vermutet hatten. Allerdings überschätzten die Eltern die Übereinstimmung mit ihren Kindern, während die Kinder größere Diskrepanzen zwischen den eigenen Auffassungen und denen ihrer Eltern vermuteten.

Obwohl also die Ergebnisse der erwähnten Untersuchungen genügend Anreize dafür lieferten, der Frage nachzugehen, wieso und warum die Jugendlichen eigentlich ihre eigenen Eltern in einem positiveren Licht darstellten als die anderen Erwachsenen, richtete sich das Interesse der Jugendforschung gleichwohl eher auf Konflikte als auf Gemeinsamkeiten. Dies könnte mit einem im Alltagsverständnis und der Wissenschaft gleichsam etablierten Familienpessimismus zusammenhängen, der immer wieder neuen Auftrieb erhält (vgl. *Beck* 1986, *Held* 1986, *Kohli* 1985). Entscheidender aber scheint mir ein anderer Grund zu sein: Die jugendsoziologische Forschung hat sich gerade bei diesem Thema stets an die psychologischen Adoleszenztheorien angelehnt und deren Konzepte gleichsam ungefragt in die eigenen integriert.

1.2 Theoretische Annahmen psychologischer Adoleszenzforschung

Adoleszenztheorien konzentrieren sich 1. auf die biologischen, psychosozialen und kognitiven Entwicklungsaspekte des Jugendalters und 2. auf die Bedingungen, unter denen interindividuelle Differenzen bezüglich dieser Dimensionen entstehen bzw. entstanden sein könnten. Normativer Zielpunkt der Adoleszenz ist die Ausbildung von Ich-Identität oder Ich-Autonomie. In der adoleszenztheoretischen Forschungstradition spielt die **Familie** insofern eine wichtige Rolle, als in der frühen Eltern-Kind- (bzw. Mutter-Kind-)Beziehung die Grundqualifikationen von Ich-Identität angelegt werden. Beispielhaft hierfür ist das Modell *Eriksons,* das über Urvertrauen, Autonomie und Initiative zur Ich-Identität in der Adoleszenz führt (vgl. *Erikson* 1966). **Ich-Identität** entfaltet sich in einer meist krisenhaften Auseinandersetzung mit der inneren Natur, dem kulturellen Wertsystem und der äußeren Umwelt. Bisher unbefragt übernommene Werte und Normen, aber auch Beziehungen z.B. zu den Eltern, werden grundsätzlich in Frage gestellt und gleichsam neu rekonstruiert. Ob jemand Ich-Identität erworben hat, bemißt sich an der Fähigkeit, gesellschaftlichen Erwartungen folgen und gleichzeitig eine prinzipiengeleitete Distanz zu Normen und Regeln anzeigen und bewahren zu können (vgl. *Döbert/Habermas/Nunner-Winkler* 1977).

Als ein zentraler Mechanismus in diesem Prozeß des Erwerbs von Ich-Identität gilt die Fähigkeit des Jugendlichen, sich von den Eltern ablösen zu können und ein von Familienbindungen unabhängiges Selbst-Bild zu konstruieren. Wurden die Eltern vom kleinen Kind bedingungslos akzeptiert und idealisiert, so stürzt während der frühen

Adoleszenz dieses idealisierte Elternbild in sich zusammen mit der Konsequenz, daß die Eltern nunmehr überkritisch gesehen werden. Erst in der späten **Adoleszenz** oder Postadoleszenz pendelt sich eine realistischere Wahrnehmung der Eltern ein. Dem jungen Erwachsenen sollte es dann gelingen, sowohl eine Bindung an die Eltern aufrechtzuerhalten, als auch ein von den Eltern unabhängiges, selbständiges Leben zu führen (vgl. *Blos* 1973). Als Grundvoraussetzung dieses Modells gilt eine enge affektive Eltern-Kind-Beziehung, die gleichsam die psychischen Kräfte fördert, sich später aus dieser Bindung lösen zu können. Umgekehrt gilt, daß eine emotional distanzierte frühe Eltern-Kind-Beziehung die Ablösung verhindert oder erschwert, da der Jugendliche aufgrund unbefriedigter frühkindlicher Bindungswünsche an einem Nachholbedürfnis leidet.[1] Das heißt, das Leitmotiv der Adoleszenztheorien im Hinblick auf die Familie ist die Ablösung. So beginnen z.B. *Douvan/Adelson* in ihrem Buch „The Adolescent Experience" das Kapitel über die Familie mit dem bezeichnenden Satz: „The guiding term for this chapter will be departure" (*Douvan/Adelson* 1966, S. 119).

Seit einigen Jahren deutet sich allerdings ein Wandel in der adoleszenztheoretischen Konzeption der Familie an.[2] In der Serie „New Circections of Child Development" erschien 1983 eine Aufsatzsammlung mit dem Titel „Adolescent Development in the Family", deren Autoren sämtlich von der These ausgehen, daß es sich bei der Familie nicht nur um eine Institution handelt, aus der es sich zu lösen gilt, sondern daß „ein Individuum zu sein und gleichzeitig eine Beziehung zu seinen Eltern zu haben, kein Gegensatz ist, sondern die beiden Seiten eines einzigen Ganzen repräsentiert" (*Youniss* 1983, S. 96, Übersetzung Y.S.). Kritisiert wird die bisherige Forschung, die implizit immer davon ausgegangen sei, daß der Adoleszente sich, dank selbst-reflexiver und selbstbestimmter Mechanismen, außerhalb der Eltern-Kind-Beziehung zum Individuum entwickele. *Dieses Konstrukt nennt Youniss die „stone face"-Theorie, womit betont sein soll*, daß Andere in dieser Konstruktion nur wenig Einfluß auf die Entwicklung nehmen. Die Funktion Alters oder der Familie besteht lediglich darin, dem Adoleszenten Gelegenheit für Diskrepanzerlebnisse zu verschaffen, die ein Ungleichgewicht in ihm hervorrufen und somit das Selbst zu einer internen Reflexion zwingen. In der „stone face"-Theorie erfolgt die Entwicklung von **role-taking** — so *Youniss* — als eine zwar auf den anderen bezogene Fähigkeit, gleichwohl selbst-initiiert und selbst-tätig. Gegen diese Orientierung macht *Youniss* geltend, daß die Annahme, Autonomie entwickele sich gleichsam außerhalb oder gegen die Familie, eine rein psychologische *Konstruktion* sei, die der soziologischen Realität nicht Rechnung trage.

„... Kurz gesagt, Autonomie als Auflösung der Beziehung hat keine soziologische Glaubwürdigkeit. Die Annahme dagegen, daß die Beziehung transformiert und nicht aufgegeben und daß sie während des Erwachsenenlebens weiterentwickelt wird, bringt die psychologische Theorie genau in Übereinstimmung mit der soziologischen Realität." (*Youniss* 1983, S. 98, Übersetzung Y.S.)

Nun zeichnet *Youniss* hier allerdings ein Bild, das in dieser Weise — zumindest die psychoanalytischen Konstrukte — über die Ablösung von den Eltern nie beherrscht hat. So wird bei den meisten Autoren betont, daß die Distanzierung von den Eltern und der damit verbundene Anspruch auf Autonomie nicht bedeutet, daß die alten Bindungen völlig aufgegeben werden, sondern daß eine Transformation der frühkindlichen Bindungen stattfindet, die eine spätere Integration von Unabhängigkeit einerseits und emotionaler Beziehung zu den Eltern andererseits gestattet.

„Wenn wir beobachten, daß die Identifizierungen des Adoleszenten mit seinen Eltern an Bedeutung verlieren, oder wenn wir von seinem Kummer über den Verlust der inzestuösen Liebesobjekte sprechen, müssen wir sofort hinzufügen, daß das endgültige Zerreißen der ödipalen Bindungen, die Herstellung neuer Objektbeziehungen und die Vorgänge von neuer Strukturbildung und Reorganisation während der Adoleszenz nur dann erfolgreich verlaufen, wenn sie die libidinösen Besetzungen nicht völlig aufzehren und die Identifizierungen der Vergangenheit nicht gänzlich auslöschen." (*Jacobsohn* 1977, S. 198)

Youniss ist allerdings zuzustimmen, wenn er kritisiert, daß die interaktiven und psychodynamischen Mechanismen, die den Prozeß des Autonomieerwerbs konstituieren, einseitig aus der Sicht des Adoleszenten rekonstruiert werden, während der Part, den die Eltern in diesem Prozeß übernehmen, kaum Beachtung findet. In diesem Sinne sind die empirischen Untersuchungen, die in „Adolescent Development in the Family" versammelt sind, darauf angelegt, die elterlichen Einflüsse auf die Persönlichkeitsstruktur des Jugendlichen herauszustellen (vgl. *Powers* et al. 1983, *Bell/Bell* 1983, *Cooper* et al. 1983, *White* et al. 1983). Das heißt, Untersuchungen dieses Typs setzen im Prinzip die Konzeption der frühkindlichen Sozialisationsforschung in Kombination mit familientherapeutischen Ansätzen fort: Die Ergebnisse demonstrieren nicht mehr aber auch nicht weniger, als daß die Entwicklung von Autonomie, Ich-Identität, role-taking usw. davon abhängig zu sein scheint, inwiefern Eltern ihrerseits Nicht-Übereinstimmung, Distanz vom anderen und Selbständigkeit des Urteils signalisieren und beim Jugendlichen tolerieren können. In Experimentalsituationen (die Familie muß gemeinsam eine Entscheidung treffen, an einem kollektiven Interview teilnehmen u.ä.) werden die Kommunikationsprozese zwischen Eltern und Adoleszenten daraufhin analysiert, inwiefern spezifische Merkmale des Jugendlichen einen statistisch signifikanten Zusammenhang mit Interaktionsmustern oder Selbsteinschätzungen der Eltern haben.

So fanden z.B. *Cooper, Grotevant* und *Condon* (1983), daß die Fähigkeit der Väter, Distanz zu signalisieren ebenso wie die Nicht-Übereinstimmung zwischen Vater und Mutter mit der Fähigkeit der Jugendlichen korreliert, alternative Selbstkonzepte zu explorieren. Väterliche Kompromißfreudigkeit und Wahrnehmung der Gefühle anderer stehen in einem Zusammenhang, sowohl mit der Ausbildung von **Ich-Identität** beim Jugendlichen, als auch seiner Fähigkeit zum **role-taking**. Anscheinend ermöglicht eine solche Haltung es dem Jugendlichen, verschiedene Perspektiven anderer Menschen zu registrieren, um sie dann miteinander verbinden zu können. Diese und viele andere ähnliche Ergebnisse lassen den Schluß zu, daß eine autonome Persönlichkeitsstruktur nicht außerhalb der Familie oder in Abgrenzung von ihr sich entwickelt, sondern in alltäglichen familialen Interaktionen.

Ob nun der neue Trend der psychologischen Adoleszenzforschung sich auch in der Jugendforschung durchzusetzen beginnt und/oder ob eine veränderte Realität einen anderen Umgang mit dem Thema Jugend/Familie aufzwingt, ist schwer zu entscheiden. Jedenfalls deutet sich z.B. in der Shell-Studie 85 insofern eine andere Sichtweise an, als nicht, wie sonst üblich, nur die Jugendlichen über die Eltern und deren Erziehungsstile befragt werden, sondern umgekehrt kommen auch die Eltern zu Wort. Dies könnte ein Anzeichen für eine veränderte Orientierung sein, die sich z.B. in der frühkindlichen Sozialisationsforschung schon seit etlichen Jahren durchgesetzt hat, nämlich Sozialisation als einen Wechselwirkungsprozeß aufzufassen (vgl. *Lewis/Rosenblum* 1974, *Lerner/Spanier* 1978). Daß hier die frühkindliche Sozialisationsforschung Pionierarbeit leisten mußte, ist um so erstaunlicher, als der Gedanke einer wechselseitigen Strukturierung von Interaktionsmustern zwischen Eltern und Jugendlichen sehr viel näher liegt als die Annahme, daß bereits ein Säugling aktiv auf die familialen Handlungsstrukturen Einfluß nimmt. Wie bescheiden allerdings die Anzahl der Untersuchungen bisher noch ist, die sich mit **retroaktiver Sozialisation** beschäftigen, geht aus der sehr sorgfältigen Sekundäranalyse „Retroaktive Sozialisation — Einflüsse Jugendlicher auf ihre Eltern" von Jochen Klewes hervor. Klewes konnte im Prinzip nur Forschungen ausmachen, die sich tendentiell in diese Richtung bewegen.

„Die Überlegungen ... zu einer mikrosoziologischen bzw. makrosoziologischen Interpretation von retroaktiver Sozialisation sind bislang nicht im strengen Sinn empirisch nachweisbar. Es blieb relativ verschwommen, wieviel man bereits über Einflüsse der jungen auf die Eltern-Generation weiß." (*Klewes* 1983, S. 113)

Stierlins Modell der Adoleszenzkrise z.B. bildet zwar nicht nur die Perspektiven des Jugendlichen, sondern auch die der Eltern ab, ist aber ausschließlich auf einen konfliktuösen, wenn nicht pathogenen Ablösungsprozeß angelegt. In *Stierlins* Typologie von Ablösungsprozessen können sich die Eltern entweder nicht lösen und binden den Jugendlichen an sich (Bindungsmodus), oder sie vollziehen eine radikale Trennung und stoßen ihr Kind aus (Ausstoßungsmodus), oder sie versuchen, massiven Einfluß auf den Jugendlichen zu nehmen, indem sie bestimmte, eigene bewußte oder unbewußte Wünsche und Aspirationen an ihn delegieren (Delegationsmodus) (vgl. *Stierlin* 1975).

Im folgenden Abschnitt sollen nun die sozialstrukturellen und innerfamilialen Prozesse erörtert werden, die dazu beitragen mögen, das Verhältnis des Jugendlichen zu seinen Eltern einmal nicht dominant unter dem Gesichtspunkt der Ablösung zu betrachten. Damit soll keineswegs behauptet werden, daß die Ablösung als zentrale Entwicklungsaufgabe der Adoleszenz etwa abgedankt hätte. So scheint z.B. die Ablösung der Töchter von den Müttern (und umgekehrt) ein spezifisches Problem darzustellen, dessen Erforschung allerdings erst noch in Anfängen steckt (vgl. *Gravenhorst/Schablow/Cramon-Daiber* 1984, *Rerrich* 1983, *Ostner* 1986).

2 Vermutungen über Veränderungen im Eltern-Kind-Verhältnis

2.1 Sozial-strukturelle Veränderungen

Eine entscheidende sozial-strukturell bedingte Änderung in der Beziehung zwischen Jugendlichen und ihren Eltern dürfte mit der seit Ende der 70er Jahre einsetzenden Arbeitsmarktkrise in Gang gekommen sein. Seit der deutschen Vereinigung stellt sich die Situation allerdings insofern anders dar, als in den alten Bundesländern die Arbeitslosigkeit sinkt, während sie in den neuen Bundesländern in noch nicht absehbarer Weise steigt. Bis Mitte der 80er Jahre identifizierten jedenfalls sowohl die Mitglieder der Eltern-Generation als auch die Generation der Jugendlichen Arbeitslosigkeit als das zentrale Problem, mit dem sie sich konfrontiert sahen (*Jugendwerk der Deutschen Shell* 1985, Bd. 5, S. 146).

Aus der gemeinsamen Sorge um einen Arbeitsplatz könnte — ähnlich wie schon *Schelsky* (1957) für die Zeit der hohen Arbeitslosigkeit in der Nachkriegszeit konstatierte — ein erhöhter Familienzusammenhalt resultieren. Wie *Allerbeck/Hoag* (1985) berichten, setzen sich Eltern auch tatkräftig dafür ein, ihren Kindern einen Ausbildungs- oder Arbeitsplatz zu beschaffen. In ihrer Untersuchung zeigte sich, daß 38 % der Lehrlinge, die in einem Betrieb mit mehr als 500 Beschäftigten tätig sind, einen nahen Verwandten in der gleichen Firma hatten.

Wenn allerdings die Suche nach einem Ausbildungs- oder Arbeitsplatz erfolglos ist und die Jugendlichen beschäftigungslos im elterlichen Haushalt leben, ist dies häufig ein Grund für die Verschlechterung des Familienklimas. Da arbeitslose Jugendliche zu 65 % aus Arbeiterfamilien und zu einem Drittel aus kinderreichen Familien stammen (vier und mehr Geschwister), ist die Arbeitslosigkeit eines oder mehrerer Kinder zunächst einmal eine schwere finanzielle Belastung, gleichgültig ob es sich um Söhne oder Töchter handelt. Dennoch kommt es mehr zu Spannungen in Familien mit arbeitslosen Söhnen als mit arbeitslosen Töchtern (*Dörr* 1986, *Institut für Arbeitsmarkt und Berufsforschung* 1980). Dies mag erstens daran liegen, daß die Notwendigkeit einer Berufstätigkeit immer noch in erster Linie mit der männlichen Geschlechtsrolle assoziiert ist. Der zweite Grund mag sein, daß die Eltern die Mithilfe im Haushalt, die beinahe ausschließlich von Töchtern aber nicht von Söhnen geleistet wird, sowohl als Entlastung als auch als nützliche Vorbereitung auf ein zukünftiges Dasein als Ehefrau wahrnehmen.

Eltern sind heute zwar allgemein der Auffassung, daß Söhne und Töchter eine Berufsausbildung haben sollten, aber in Zeiten der Arbeitsmarktkrise gewinnen die traditionellen Einstellungen zu geschlechtsspezifischer Arbeitsteilung offenbar wieder Oberhand: Eine andauernde berufliche Tätigkeit der Mädchen wird nicht erwartet. Dem widerspricht auch nicht die Tatsache, daß Mädchen im Hinblick auf schulische Ausbildung die Jungen überholt haben. Da eine höhere Schulbildung heute keineswegs auch einen Arbeitsplatz garantiert, sagen sich die Eltern — wie *Allerbeck/Hoag* vermuten — „Mach ruhig das Abitur — du heiratest ja doch." (*Allerbeck/Hoag* 1985, S. 77)

Aus der Untersuchung „Strategien der Lehrstellensuche" von *Hübner-Funk* (1988) geht hervor, daß offenbar auch die aus einem Beruf resultierende Befriedigung für Mädchen nicht allzu hoch veranschlagt wird. Danach haben die Mütter von Hauptschülerinnen primär das Ziel, die Töchter bis zur Verehelichung materiell versorgt zu wissen und empfehlen zum Beispiel auch Berufe, die aus eigener Kenntnis als unbefriedigend empfunden werden. Väter dagegen geben ihre eigenen negativen Berufserfahrungen „gleichsam als ‚Verbote' weiter, einen entsprechenden Beruf zu ergreifen" (*Hübner-Funk* 1988, S. 503). Umgekehrt wirkt sich Arbeitslosigkeit der Eltern, besonders des Vaters, negativ auf die Eltern-Kind-Beziehung aus. 14- bis 16jährige Jugendliche urteilten, das Familienklima habe sich mit der Arbeitslosigkeit des Vaters verschlechtert. Die Altersgenossen sind der Auffassung, daß die Väter durch eigenes Verschulden in diese Lage gekommen sind, eine Auffassung, die den Jugendlichen deshalb besonders zu schaffen macht, weil sie sie insgeheim teilen (*Schindler/Wetzels* 1985; zitiert nach Informationen für die Beratungs- und Vermittlungsdienste der Bundesanstalt für Arbeit 1989).

Eine zweite Veränderung in der Beziehung zwischen Eltern und Jugendlichen bringen die verlängerten Ausbildungs- und Berufsfindungszeiten mit sich, aufgrund derer junge

Erwachsene heute häufig bis ins dritte Lebensjahrzehnt von ihren Eltern ökonomisch abhängig sind:

„1981 / 82 waren noch weniger als 40 % der bis 21jährigen jungen Männer und Frauen darauf angewiesen, daß die Eltern den Lebensunterhalt bestreiten. 1985 / 86 ist diese Gruppe der finanziell abhängigen auf etwa 50 % angewachsen. Auch bei den 22- bis 24jährigen Männern stieg der Anteil der finanziell abhängigen; und zwar von etwa 20 % auf 30 %. Und immerhin sind es noch 10 % der 25- bis 28jährigen, deren Lebensunterhalt von den Eltern bestritten wird." (*Vaskovics* u.a. 1988, S. 25-26)

Diese verlängerte ökonomische Abhängigkeit führt aber bemerkenswerter Weise in der Mehrzahl der Fälle nicht zu Konflikten. In der von *Vaskovics* u.a. (1990) durchgeführten Pilotstudie zur „Familienabhängigkeit junger Erwachsener" äußerten 62 % der Befragten, daß sie keine ernsthaften Meinungsunterschiede mit ihren Eltern hätten. Die Unterstützung, die sie von ihren Eltern erhalten, wird nicht als selbstverständlich hingenommen und ein Großteil versucht, durch Eigenverdienst die Eltern zu entlasten. Die überwiegende Mehrheit — 82 % — der befragten Eltern äußert, daß es eine „Selbstverständlichkeit" ist, die Kinder zu unterstützen, wobei dies nicht als „freiwillige" Leistung, sondern als „Pflicht" empfunden wird, „der man als Eltern zu entsprechen habe" (*Vaskovics* u.a. 1990, S. 21). Ebenfalls in den Bereich der Pflicht scheint es zu fallen, daß man Kinder nach deren Scheidung wieder ins Elternhaus aufnimmt, wie dies aus einer amerikanischen Untersuchung berichtet wird (*Hagestad* 1987).

Ein weiteres Indiz für einen engeren Familienzusammenhalt zwischen Eltern und Jugendlichen scheint mir die von Allerbeck / Hoag berichtete Tendenz einer längeren **Verweildauer im Elternhaus** zu sein.

„1983 wohnen 80 % der befragten Jugendlichen mit beiden Eltern im selben Haushalt zusammen. (Dies gilt sowohl für die Gesamtstichprobe, die 15- bis 19jährige einschließt, als auch für die 16- bis 18jährigen allein.) Dieser Anteil ist nicht nur nicht niedriger als der entsprechende Anteil 1962, sondern *höher* (um 8 %). 1962 lebten nur 72 % der 16- bis 18jährigen mit ihren Eltern bzw. Stiefeltern zusammen." (*Allerbeck / Hoag* 1985, S. 54)

Von den 15- bis 24jährigen leben noch 67 % zu Hause (*Jugendwerk der Deutschen Shell* 1985, Bd. 5, S. 171). Allerdings wenden die Shell-Autoren gegen *Allerbeck / Hoag* ein, daß deren Behauptung von einer verlängerten Bindung an das Elternhaus bezüglich des Wohnens auf „schwankendem Boden" stünde. So wohnten 1954 noch 74 % der 21- bis 24jährigen zu Hause. 1984 waren es nur noch 36 %. Diese große Differenz deutet aber primär darauf hin, daß es die über 21jährigen sind, die heute früher ausziehen, denn von den 18- bis 20jährigen lebten 1954 89 % zu Hause und 1984 waren es 78 % (*Jugendwerk der Deutschen Shell* 1985, Bd. 3, S. 465). Wenn man nun die damalige dramatische Wohnungsnot in Rechnung stellt, die die Jugendlichen ans Elternhaus fesselte, so sind es offenbar mehrheitlich die jungen Erwachsenen, die heute von einem größeren Wohnungsangebot Gebrauch machen und das Elternhaus verlassen, was sie unter Umständen in den 50er Jahren auch schon getan hätten, wenn dies möglich gewesen wäre.

Aus der Untersuchung von *Mayer / Wagner* (1989) geht hervor, daß der Anteil der 20- bis 29jährigen, die im elterlichen Haushalt leben oder zumindest gemeldet sind, ansteigt. Bei den jungen Männern im Alter zwischen 20 bis 24 stieg er von 62 % auf 66 %, bei den jungen Frauen von 31 % auf 41 %, bei den 25- bis 29jährigen Männern von 20 % auf 24 % und bei den Frauen von 7 % auf 9 %.

Nun ist eine längere **Verweildauer im Elternhaus** — wenn sich denn die angedeutete Tendenz tatsächlich bestätigen sollte — prima facie kein Beleg für einen engeren Familienzusammenhalt. Die aufgrund längerer Ausbildungszeiten möglicherweise bedingte materielle Notwendigkeit, länger zu Hause zu bleiben, garantiert keineswegs auch eine solidarische oder gar harmonische Beziehung. Nun scheint es allerdings nicht so zu sein, daß die Jugendlichen aus *rein* materiellen Erwägungen im Elternhaus wohnen bleiben. Und umgekehrt ziehen offensichtlich nicht nur die aus, die es sich finanziell leisten können.

Doch auch wenn man von der plausiblen Annahme ausgeht, daß materielle Erwägungen, und zwar sowohl von seiten der Eltern als auch von seiten der Jugendlichen, bei der Entscheidung, im Elternhaus zu wohnen,eine gewichtige Rolle spielen, so bedeutet dies im Normalfall, daß man sich häufiger sieht, daß man miteinander redet und einen Teil der Alltagsprobleme teilt. Kurz, die Interaktionsdichte und -häufigkeit ist sehr viel größer, als wenn nicht in einem gemeinsamen Haushalt gelebt wird. So sehen z.B. nach Ergebnissen der Shell-Studie '81 88 % der Jugendlichen, die zu Hause wohnen, die Eltern täglich; rund 90 % der Jugendlichen, die selbständig wohnen, sehen ihre Eltern nicht jeden Tag (*Jugendwerk der Deutschen Shell 1981*).

Für meine These von einem vermehrten solidarischen Familienzusammenhalt zwischen Eltern und Jugendlichen spricht aber nicht nur die gemeinsame Sorge um den Arbeitsplatz und das hohe Maß an Unterstützung, das Eltern ihren Kindern leisten, sondern ich vermute einen weiteren sozial-strukturell bedingten Grund, der bisher keine große Rolle gespielt zu haben scheint: Seit die Altersversorgung der Eltern nicht mehr direkt von den Unterstützungsleistungen der eigenen Kinder abhängig ist, sondern über einen politisch geschlossenen Generationenvertrag gewährleistet wird, dem gemäß die Jungen über ihre Beiträge zur Sozialversicherung die Renten der Alten sichern, hatte sich das ökonomisch begründete Abhängigkeitsverhältnis zwischen Eltern und Jugendlichen aufgelöst. Die Eltern konnten gewiß sein, daß für ihr Alter gesorgt war, auch ohne Beistand der Kinder, und die Kinder durften hoffen, daß sie als Erwachsene nicht mehr für die Eltern aufzukommen hätten. Seit sich aber der Altersaufbau in der Bundesrepublik so verschoben hat, daß immer mehr Alte einer vergleichsweise geringen Zahl von beitragszahlenden Erwerbspersonen gegenüberstehen, und die Befürchtung wächst, daß die Renten der jetzigen Elterngeneration in den nächsten Jahrzehnten nicht mehr gesichert sind, bzw. nicht mehr in der bisherigen Relation zu den Löhnen ausgezahlt werden können, und weiterhin die Kosten für die Unterbringung alter Menschen explosionsartig in die Höhe schnellten, beginnt sich die Situation für Eltern und Jugendliche zu verändern. Die Eltern haben Grund zu der Befürchtung, daß sie im Alter nur unzureichend versorgt sein werden, daß sie in Alters- und Pflegeheimen leben müssen, die auch nicht ein Minimum an Lebensqualität mehr aufweisen. Von staatlicher Seite drängt man darauf, wieder zu traditionellen Verfahren der Altersversorgung zurückzukehren.

Angesichts solcher Zukunftsaussichten werden objektiv neue Abhängigkeiten geschaffen. Eltern werden im Alter mehr und mehr auf die Benevolenz ihrer Kinder angewiesen sein, und solidarische elterliche Unterstützung der Jugendlichen könnte sich in der Zukunft dahingehend auszahlen, im Alter nicht in einem Heim abgeliefert zu werden.

Ein weiterer Grund für ein verändertes Verhältnis zwischen Eltern und Jugendlichen ist der vielfach belegte Bildungsvorsprung, den Jugendliche heute vor ihren Eltern haben (vgl. *Jugendwerk der Deutschen Shell* 1985, *Allerbeck/Hoag* 1985). Das heißt, konnten die Eltern der 50er und frühen 60er Jahre noch auf eine Autorität qua Wissen und in Arbeitsprozessen gewonnene Erfahrungen pochen (das Versagen dieser Generation während des Nationalsozialismus wurde ja bekanntlich erst in der Antiautoritären Bewegung der späten 60er Jahre thematisiert), so sind Wissen und Erfahrung heute einmal durch die technologische Entwicklung und zum anderen durch höhere formale Bildung der Jugendlichen weitgehend überholt. Das Konzept Margaret *Meads*[3] von der präfigurativen Kultur, in der die Jungen sich nicht mehr an den Vorbildern der älteren Generation orientieren können und umgekehrt die Zukunft davon abhängt, daß die Alten Zugang zum „experimentellen Wissen" der Jungen finden, gewinnt zumindest auf dem Sektor der Technologieentwicklung mehr und mehr an Plausibilität (vgl. *Mead* 1970). Und dies in zwei Richtungen, einmal erwerben die Jungen detaillierte Kenntnisse über neue Technologien, z.B. auf dem Gebiet der Computertechnik und Informatik, zum anderen sind ihnen aber auch die Gefahren der neuen Technologien wie Kernkraftwerke, Genmanipulation usw. stärker bewußt. Und schließlich findet auch die allgemeine kulturelle Wertschätzung von „Jugendlichkeit" ihren Ausdruck darin, daß sich die Älteren an den Habitus Jugendlicher, z.B. in bezug auf Kleidung, Konsumgewohnheiten, Geschmacksurteile, Sprachstil u.a., anpassen. Wie *Ariès* konstatierte, präferiert das 19. Jahrhundert das Kind, das 20. dagegen den Adoleszenten (vgl. *Ariès* 1975).

2.2 Innerfamiliale Veränderungen

Doch sind es nicht nur außerfamiliale Veränderungsprozesse, die einen neuen Akzent in den Eltern-Kind-Beziehungen setzen, sondern es hat gleichermaßen auch ein innerfamilialer Strukturwandel stattgefunden, den z.B. *Habermas* in „egalisierten Beziehungen, individuierten Verkehrsformen und liberalisierten Erziehungspraktiken" erkennt (*Habermas* 1981, Bd. II, S. 568). Kehren wir noch einmal zur Bestandsaufnahme innerfamilialer Wirklichkeit, wie sie *Schelsky* für die 50er Jahre machte, zurück. *Schelsky* konstatierte, daß nach dem ersten Weltkrieg die Struktur der Familie nicht wirklich gefährdet war und daß es sich bei den liberalisierten Umgangsformen der 20er Jahre, der „roaring twenties", um Oberflächenphänomene handelte. Die junge Generation befreite sich von alten Zöpfen der Konvention, ohne daß jedoch die Institution der Familie ernsthaft angetastet wurde. Anders dagegen die Situation nach dem 2. Weltkrieg. Das Ende des Krieges bedeutete nicht nur den Zusammenbruch der nationalen Identität, sondern gleichermaßen auch einen Zusammenbruch der **bürgerlichen Familienstruktur**. Der Mann verlor sowohl seine bis dahin kaum bestrittene Position als Autoritäts- und Respektsperson, als auch die des alleinigen Ernährers der Familie. Die Frau dagegen hatte — nolens volens — eine nie gekannte Selbständigkeit erreicht und gleichzeitig an innerfamilialer Autorität gewonnen (*Schelsky* 1960). Ähnlich wie Schelsky beurteilte auch Adorno die Situation der Nachkriegsfamilie. Die Selbständigkeit der Frauen und komplementär dazu der Autoritätsverlust der Männer waren nicht subjektiv gewollt, sondern die Frucht objektiver Verhältnisse. Und der innerfamiliale Umbruch ließ sich — selbst wenn dies gewünscht wurde — nicht mehr rückgängig machen (vgl. *Adorno* 1954, Vorwort zu *Baumert* 1954).

Die Verschiebung der **Autoritätsstrukturen** innerhalb der Ehebeziehung blieb natürlich auch für das Eltern-Kind-Verhältnis nicht folgenlos. Und wie die Untersuchungen der Nachkriegszeit demonstrieren, bewegt(e) sich die Familie mehr und mehr in Richtung auf partnerschaftliche Umgangsformen, sowohl im Hinblick auf die Ehe- als auch auf die Eltern-Kind-Beziehung (vgl. *Schelsky* 1960[4], *Wurzbacher* 1958[3], *Baumert* 1952, *Baumert* 1954).

„Jungen und Mädchen, die zwischen den beiden Weltkriegen die Adoleszenz erreichten, wuchsen noch in der Mehrzahl in autoritären, auf Anpassung gerichteten Familien auf; Jungen und Mädchen, die in den Gründungsjahren der Bundesrepublik ins Jugendalter kamen, wurden dagegen schon sehr viel zahlreicher an Familienentscheidungen beteiligt, also zur Selbständigkeit erzogen." (*Pross* 1982, S. 87)

Gleichwohl, bewußt hatte keine Abwendung von traditionellen Erziehungskonzepten stattgefunden, aufgrund der veränderten Realität gelang nur die Durchführung der alten **Erziehungsmethoden** nicht mehr (vgl. *Schütze/Geulen* 1983). Erst mit der Antiautoritären Bewegung der späten 60er Jahre, die mit der Vätergeneration in eine längst fällige Auseinandersetzung über die faschistische Vergangenheit eintritt, wird bewußtseinsmäßig das eingeholt, was objektiv bereits vorhanden war: der Bruch mit überkommenen Traditionen in allen möglichen Lebensbereichen, u.a. auch dem Erziehungssektor.[4]

Das heißt, die heutige Elterngeneration der Jugendlichen — folgen wir der Shell Studie 85, also die 45- bis 54jährigen — erlebt während den frühen Jahren ihrer Elternschaft eine radikale Infragestellung bisheriger Erziehungsmethoden. Und selbst wenn man davon ausgeht, daß nur eine hauchdünne Minderheit dieser Elterngeneration aktiv an den Auseinandersetzungen der 60er Jahre teilgenommen hat, so blieb doch kaum jemand von der öffentlichen Diskussion um neue Erziehungswerte unberührt. Kaum jemand dieser Generation, der heute noch körperliche Züchtigung als legitimes Erziehungsmittel akzeptiert, auch wenn körperliche Züchtigung noch vorkommt, allerdings in tatsächlich geringem Ausmaß (vgl. *Jugendwerk der Deutschen Shell* 1985). Und kaum jemand, der heute noch behaupten würde, daß man den Willen des Kindes brechen muß. Zahlreiche Untersuchungsergebnisse, von denen hier exemplarisch nur einige aufgeführt werden sollen, weisen in die gleiche Richtung: Die Eltern sind bemüht, Verständnis für ihre adoleszenten Kinder an den Tag zu legen, ihnen eher als Freunde denn als Autoritätspersonen zu begegnen, Entscheidungen gemeinsam zu treffen, Kompromisse auszuhandeln und sich in vielen Hinsichten den Jugendlichen anzupassen, anstatt Anpassung an eigene Prinzipien und Verhaltensmuster zu verlangen.

So geht aus der *Allerbeck/Hoag*-Studie eindeutig hervor, daß Jugendliche heute mehr an familialen Entscheidungsprozessen mitwirken als früher. Auf die Frage „Welchen Einfluß hatten Sie als Kind bei Familienentscheidungen?" antworteten 16- bis 18jährige Jugendliche 1962 zu 14 %, daß sie viel Einfluß hatten, 1983 waren es 27 %. Gar keinen Einfluß hatten 1962 24 % und 1983 nur 9 % (*Allerbeck/Hoag* 1985, S. 65).

Aus einer amerikanischen Untersuchung geht hervor, daß 15- bis 16jährige ihre Mütter mehr und mehr als Personen beziehungsweise als Freunde wahrnehmen und nicht als Träger der Elternrolle. Dies gilt nicht für Väter. Die Autoren erklären sich diese Diskrepanz im Hinblick auf Mütter und Väter damit, daß die Umgangsweisen der Väter nicht dazu angetan sind, den Kindern die Gelegenheit zu geben, ihren Vater als Freund zu betrachten. Väter investieren relativ wenig Zeit, um über Alltagsfreuden und -sorgen zu sprechen und außerdem sind sie offenbar nicht in der Lage, sich gegenüber ihren Kindern als Person darzustellen (*Youniss / Smollar* 1985). Eine Art Nicht-Beziehung scheint es zwischen Vätern und adoleszenten Töchtern zu geben. Wie sowohl *Steinberg* (1987) als auch *Youniss / Smollar* (1985) feststellen, ist die Mutter-Tochter-Beziehung die intensivste sowohl in positiver als in negativer Hinsicht. Von der Vater-Tochter-Beziehung dagegen heißt es, daß sie flach (flat) und arm an Interaktionen sei. Das heißt, da Väter anscheinend nicht in gleichem Maße wie Mütter egalisierte Umgangsformen pflegen, zeichnet sich für sie ein gewisser Nachholbedarf ab.

Die Shell Studie 85 demonstriert, daß Jugendliche als Gesprächs- und Ansprechpartner für ihre Eltern hoch im Kurs stehen. Die meisten Sorgen und Nöte besprechen 73 % der 45- bis 49jährigen Väter und 88 % der 50- bis 54jährigen Väter mit ihren Kindern. Bei den Müttern sind es sogar 91 % der 45- bis 49jährigen und 82 % der 50- bis 54jährigen (*Jugendwerk der Deutschen Shell* 1985, Bd. 3, S. 280).

Auf die nicht ganz vergleichbare Frage der Fröhner-Untersuchung „Mit wem sprechen Sie in erster Linie, wenn Sie eine Sorge haben, die Sie sehr bedrückt oder wenn Sie einen wichtigen Rat brauchen?" hatten 1956 nur 8 % der Befragten ihre eigenen jugendlichen bzw. erwachsenen Kinder genannt (*Fröhner,* Familie und Ehe, 1956; zitiert nach *Jugendwerk der Deutschen Shell* 1985, Bd. 3, S. 281).

Daß sie sich unter dem Einfluß ihrer Kinder verändert haben, bejahen 41 % der Befragten aus der Eltern-Generation (*Jugendwerk der Deutschen Shell* 85, Bd. 3, S. 267ff.). Und daß dieser Einfluß sich eher auf eine verständnisvollere und liberalere Haltung gegenüber der Umwelt auswirkt als auf eine durch die Kinder erzwungene Anpassung im Sinne notwendiger Einschränkungen, geht aus dem Datum hervor, daß die Eltern am häufigsten betonen, verständnisvoller und toleranter, großzügiger und lockerer geworden zu sein (*Jugendwerk der Deutschen Shell* 1985, Bd. 3, S. 269).

1962, 1983 und 1986 wurden Jugendlichen jeweils die Aussagen „Wir haben uns lieb und bedeuten uns alles" und „Wir verstehen uns und kommen gut miteinander aus" vorgelegt. Diesen Aussagen stimmten mit Blick auf die Mutter 1962 88 %, 1983 73 % und 1986 81 % zu. Was den Vater betrifft, stimmten 1962 76 %, 1983 58,5 % und 1986 65 % zu (*Allerbeck / Hoag* 1985, S. 60; *Oswald* 1989, S. 368). Das heißt im Vergleich zu 1983 scheint sich das Verhältnis zu den Eltern drei Jahre später verbessert zu haben.

Ähnliche Ergebnisse erbrachten Untersuchungen in der ehemaligen DDR, die von *Hille* (1985) zusammengestellt wurden. Danach sind die Einstellungen der Jugendlichen zu ihren Eltern mehrheitlich positiv. Die Eltern sind die wichtigsten Vertrauenspersonen und werden als kompetente Ratgeber anerkannt. 92 % der 18- bis 19jährigen sehen im Hinblick auf Arbeitsmoral in ihrem Vater ein Vorbild, 94 % in der Mutter. Was die Gleichberechtigung von Mann und Frau angeht, so sehen 81 % in ihrem Vater und 89 % in der Mutter ein Vorbild. Weniger vorbildhaft scheint das Freizeitverhalten der Eltern zu wirken, dennoch sind es auch hier immerhin 63 %, die den Vater und 66 %, die die Mutter als Vorbild akzeptieren (*Friedrich* und *Müller* 1980, zitiert nach *Hille* 1985, S. 154).

Angesichts eines Erziehungsklimas, in dem die Eltern mehr oder weniger die Rolle älterer Freunde einnehmen, ist es nicht unplausibel zu vermuten, daß die bereits erwähnte längere Verweildauer der Jugendlichen im Elternhaus sich neben ökonomischen Gründen auch dem Umstand verdankt, daß die Jugendlichen ihre Wünsche nach Autonomie und Selbständigkeit nicht mehr — wie die Generation ihrer Eltern — primär erst *nach* Verlassen des Elternhauses realisieren können, sondern daß dies weitgehend auch innerhalb der Wohngemeinschaft mit den Eltern möglich ist. Freilich ist eine Einschränkung angebracht, nach den Ergebnissen der Shell Studien 81 und 85 haben die Jugendlichen, die noch im Elternhaus leben, im großen und ganzen traditionellere Einstellungen und zeigen weniger gesellschaftspolitisches Engagement als die, die das Elternhaus bereits verlassen haben (*Jugendwerk der Deutschen Shell* 1981, 1985). Dies könnte möglicherweise bedeuten, daß Jugendliche, die das Elternhaus verlassen haben, autonomer sind als die, die noch zu Hause wohnen. Es könnte aber auch bedeuten, daß die, die zu Hause ausgezogen sind, stärker von nicht-familialen Institutionen oder Personen (z.B. Peers) beeinflußt werden als die, die noch zu Hause wohnen. Das heißt **Autonomie,** Selbständigkeit und Abgrenzung von den Eltern hängen sicherlich nicht allein mit räumlicher Distanz zusammen, sondern hängen vielmehr davon ab, inwiefern die Familie dem Jugendlichen sowohl auf der psychologischen, als auf der Handlungsebene Spielräume zur Verfügung stellt, die **Ablösung** und Bindung, Selbständigkeit und wechselseitige Abhängigkeit nicht als einander ausschließende Entwicklungspfade erscheinen lassen.

Anmerkungen

1 Dagegen hat *Green* den seinerzeit relativ unbeachteten Einwand gemacht, daß es geradezu neuroseninduzierend sei, das Kind zunächst in eine allumfassende bedingungslose Abhängigkeit zu bringen, um sodann die Überwindung dieser Abhängigkeit zu fordern. Umgekehrt postulierte *Green* ein Modell, das dem Kind von vornherein mehr Bindungsfreiheit gewährt und somit eine krisenhafte Erschütterung während der Adoleszenz obsolet macht (vgl. *Green* 1968).

2 Es handelt sich hier — wie meistens — allerdings nicht um eine völlig neue Forschungsrichtung. Bereits in den 30er Jahren hatten W.E. *Burgess* und seine Mitarbeiter im Auftrage des Weißen Hauses eine umfangreiche Studie erstellt, die Jugendliche aller Schichten und verschiedener ethnischer Gruppen umfaßte. In „The Adolescent in the Family" wird nicht nur die Wichtigkeit des Ablösungsprozesses betont, sondern gleichermaßen die Notwendigkeit aufgezeigt, in den Eltern Vertrauenspersonen zu haben und eine freundschaftliche Beziehung zu ihnen aufrechtzuerhalten (*Committee on the Family and Parent Education* 1934).

3 Margaret *Meads* Modell der intergenerationellen Einflußprozesse umfaßt drei Stadien. 1) Die postfigurative Kultur, die in traditionalen Gesellschaften herrscht. Die Älteren repräsentieren das soziale und kulturelle Leben und geben Werte, Normen und Handlungsmuster an die jüngere Generation weiter. 2) Die konfigurative Kultur, in der primär die Gleichaltrigen voneinander lernen. Konfigurative Kulturen entstehen durch Einbrüche des postfigurativen Systems. Ein Beispiel sind die Immigrantengruppen, die um die Jahrhundertwende in die USA auswanderten und dort neue Lebensstile entwickeln mußten, die im Gegensatz zur Tradition des Heimatlandes und der Elterngeneration standen. 3) Die präfigurative Kultur, die *Mead* Mitte des 20. Jahrhunderts ansetzt, und in der, wie erwähnt, aufgrund neuer Technologien und weltweiter Kommunikationsnetze die Alten von den Jungen lernen müssen (vgl. *Mead* 1970).

4 Aus heutiger Sicht waren freilich die Erziehungshaltungen der 50er Jahre keineswegs so liberal, wie dies von den Autoren der Nachkriegsstudien dargestellt wird. Dies liegt vermutlich in erster Linie an einer Veränderung des Maßstabes dessen, was als „liberale" bzw. „autoritäre" Erziehungspraxis gilt. Die Nachkriegsautoren hatten die Erziehungspraktiken der Vorkriegszeit im Auge und damit verglichen verzeichneten sie einmütig einen Trend zu mehr Liberalität (vgl. *Schelsky* 1960[4], *Wurzbacher* 1958[3], *Baumert* 1952, *Baumert* 1954). Nach der Liberalisierungswelle der späten 60er Jahre erscheint verständlicherweise den heutigen Zeitgenossen das Erziehungsklima der 50er Jahre eher autoritär, wenn nicht reaktionär.

Literatur

Adams, J.F. (Hrsg.): Understanding Adolescence. Boston 1980

Adelson, J. (Hrsg.): Handbook of Adolescent Psychology. New York 1980

Adorno, T.W.: Vorwort. In: G. Baumert (Hrsg.): Deutsche Familien nach dem Kriege. Darmstadt 1954

Allerbeck, K.R.: Beziehungen zwischen Jugendlichen und Eltern(-generation). In: H. Pross (Hrsg.): Familie — wohin? Leistungen, Leistungsdefizite und Leistungswandlungen der Familien in hochindustrialisierten Gesellschaften. Reinbek 1979, S. 133-162

Allerbeck, K. / Hoag, W.J.: Jugend ohne Zukunft? München 1985

Ariès, P.: Geschichte der Kindheit. München 1975

Baumert, G.: Jugend der Nachkriegszeit. Darmstadt 1952

Baumert, G.: Deutsche Familien nach dem Kriege. Darmstadt 1954

Beck, U.: Risikogesellschaft. Auf dem Weg in eine andere Moderne. Frankfurt a.M. 1986

Bell, N.W. / Vogel, E.F. (Hrsg.): A Modern Introduction to the Family. New York 1968

Bell, D. / Bell, L.: Parental Validation and Support in the Development of Adolescent Daughters. In: H.D. Grotevant / D.R. Cooper (Hrsg.): Adolescent Development in the Family. New Directions for Child Development, Nr. 22. San Francisco 1983, S. 27-42

Bengtson, V.L.: Generation and Family Effects in Value Socialization. In: American Sociological Review (1975), 40, S. 358-371

Blos, P.: Adoleszenz — Eine psychoanalytische Interpretation. Stuttgart 1973

Campbell, E.: Adolescent Socialization. In: D.A. Goslin (Hrsg.): Handbook of Socialization Theory and Research. Chicago 1971, S. 821-859

Committee on the Family and Parent Education: The Adolescent in the Family. San Francisco 1934

Cooper, C.R. / Grotevant, H.D. / Condon, S.M.: Individuality and Connectedness in the Family as a Context for Adolescent Identity Formation and Role-Taking Skill. In: H.D. Grotevant / C.R. Cooper (Hrsg.): Adolescent Development in the Family. New Directions for Child Development, Nr. 22. San Francisco 1983, S. 43-60

Döbert, R. / Habermas, J. / Nunner-Winkler, G. (Hrsg.): Entwicklung des Ichs. Köln 1977

Dörr, W.: Jugendliche und Arbeitslosigkeit. Dissertation an der pädagogischen Fakultät. Bielefeld 1986

Douvan, E. / Adelson, J.: The Adolescent Experience. New York 1966

Erikson, E.H.: Identität und Lebenszyklus. Frankfurt 1966

Goslin, D.A. (Hrsg.): Handbook of Socialization Theory and Research. Chicago 1971

Gravenhorst, L. / Schablow, M. / Cramon-Daiber, B. (Hrsg.): Lebensort: Familie. Opladen 1984

Green, A.W.: The Middle-Class Male Child and Neurosis. In: N.W. Bell / E.F. Vogel (Hrsg.): A Modern Introduction to the Family. New York 1968, S. 618-627

Grotevant, H.D. / Cooper, C.R. (Hrsg.): Adolescent Development in the Family. New Directions for Child Development, Nr. 22. San Francisco 1983

Habermas, J.: Theorie des kommunikativen Handelns. Frankfurt 1981

Hagestad, G.O.: Parent-Child Relations in Later Life: Trends and Gaps in Past Research. In: J.B. Lancaster, J. Altmann, A.S. Rossi, L.R. Sherrod (Hrsg.): Parenting Across the Life Span. New York 1987, S. 405-434

Held, T.: Institutionalization and Deinstitutionalization of the Life Course. Human Development 29 (1986), 3, S. 157-162

Hille, B.: Familie und Sozialisation in der DDR. Opladen 1985

Hübner-Funk, S.: Strategien der Lehrstellensuche. Berufsfindungsprozesse von Jugendlichen im interregionalen Vergleich. München 1988

Hurrelmann, K. / Ulrich, D. (Hrsg.): Handbuch der Sozialisationsforschung. Weinheim 1980

Informationen für die Beratungs- und Vermittlungsdienste der Bundesanstalt für Arbeit, Nürnberg 1989, Nr. 14

Inglehart, R.: The Silent Revolution. Changing Values and Political Styles Among Western Publics. Princeton 1977

Institut für Arbeitsmarkt- und Berufsforschung der Bundesanstalt für Arbeit: Jugendliche beim Übergang in Ausbildung und Beruf. Nürnberg 1980
Jacobsohn, E.: Die Trieb- und Gefühlskonflikte des Adoleszenten und die Umgestaltung und das Wachsen seiner seelischen Strukturen. In: R. Döbert / J. Habermas / G. Nunner-Winkler (Hrsg.): Entwicklung des Ichs. Köln 1977, S. 196 - 211
Jugendwerk der Deutschen Shell: Jugend 81. Lebensentwürfe, Alltagskulturen, Zukunftsbilder. Band 1 - 3, Hamburg 1981
Jugendwerk der Deutschen Shell: Jugendliche und Erwachsene '85, Band 1 - 5. Leverkusen 1985
Keniston, K.: Neue empirische Forschungen zu den Studentenrevolten: die amerikanische Studentenbewegung. In: K. Allerbeck / L. Rosenmayr (Hrsg.): Aufstand der Jugend? Neue Aspekte der Jugendsoziologie. München 1971, S. 83 - 107
Klewes, J.: Retroaktive Sozialisation. Einflüsse Jugendlicher auf ihre Eltern. Weinheim 1983
Kohli, M.: die Institutionalisierung des Lebenslaufs. Historische Befunde und theoretische Argumente. In: KZSS 37 (1985), H. 1, S. 1 - 29
Kühnel, W.: Scheinbar konfliktfrei aneinander vorbei. Eine Retrospektive auf die Generationenbeziehungen in den achtziger Jahren in der DDR. In: PROKLA 80 (1990), Nr. 3, S. 28 - 39
Lerner, R.M. / Spanier, G.B. (Hrsg.): Child Influences on Marital and Family Interaction. New York 1978
Lewis, M. / Rosenblum, L.A. (Hrsg.): The Effect of the Infant on its Caregiver. New York 1974
Mayer, K.U. / Wagner, M.: Wann verlassen Kinder das Elternhaus? In: A. Herlth / K.P. Strohmeier (Hrsg.): Lebenslauf und Familienentwicklung. Mikroanalysen des Wandels familialer Lebensformen. Opladen 1989, S. 17 - 37
Mead, M.: Der Konflikt der Generationen. Olten 1971
Musgrove, F.: Youth and the Social Order. Bloomington 1965
Ostner, I.: Die Entwicklung der Mädchen. In: KZSS 38 (1986), S. 352 - 371
Oswald, H.: Intergenerative Beziehungen (Konflikte) in der Familie. In: R. Nave-Herz / M. Markefka (Hrsg.): Handbuch der Familien- und Jugendforschung, Band II: Jugendforschung. Neuwied & Frankfurt 1989, S. 367 - 381
Powers, S. / Hauser, S. / Schwartz, J. / Noam, G. / Jacobson, A.: Adolescent Ego Development and Family Interaction: A Structural-Developmental Perspective. In: H.D. Grotevant / C.R. Cooper (Hrsg.): Adolescent Development in the Family. New Directions for Child Development, Nr. 22, San Francisco 1983, S. 5 - 26
Pross, H.: Was ist heute deutsch? Reinbek 1982
Rerrich, M.S.: Veränderte Elternschaft. Entwicklungen in der familialen Arbeit mit Kindern seit 1950. Soziale Welt (1983), H. 4, S. 420 - 449
Schelsky, H.: Die skeptische Generation. Düsseldorf 1957
Schelsky, H.: Wandlungen der Deutschen Familie in der Gegenwart. Stuttgart 1960[4]
Schütze, Y. / Geulen, D.: Die „Nachkriegskinder" und die „Konsumkinder". Kindheitsverläufe zweier Generationen. In: Preuss-Lausitz, U. (Hrsg.): Kriegskinder, Konsumkinder, Krisenkinder. Zur Sozialisationsgeschichte seit dem zweiten Weltkrieg. Weinheim 1983, S. 29 - 52
Steinberg, L.: Recent Research on the Family at Adolescence: The Extent and Nature of Sex Differences. In: Journal of Youth and Adolescence, (1987), 16, 3, S. 191 - 198
Stierlin, H.: Eltern und Kinder im Prozeß der Ablösung. Frankfurt 1975.
Tippelt, R.: Jugendforschung in der Bundesrepublik. Ein Bericht des SINUS Instituts im Auftrag des Bundesministeriums für Jugend, Familie und Gesundheit. Opladen 1984
Vaskovics, L.A. (Hrsg.): Familienabhängigkeit junger Erwachsener und ihre Folgen. Zwischenbericht und Ergebnisse der Reanalyse. Forschungsbericht der Sozialwissenschaftlichen Forschungsstelle / Universität Bamberg. Bamberg 1988
Vaskovics, L.A. (Hrsg.): Familienabhängigkeit junger Erwachsener und ihre Folgen. Forschungsbericht der Sozialwissenschaftlichen Forschungsstelle / Universität Bamberg. Bamberg 1990
White, K. / Speisman, J. / Costos, D.: Young Adults and Their Parents: Individuation to Mutuality. In: H.D. Grotevant / C.R. Cooper (Hrsg.): Adolescent Development in the Family. New Directions for Child Development, Nr. 22, San Francisco 1983, S. 61 - 76

Wurzbacher, G.: Leitbilder gegenwärtigen deutschen Familienlebens. Stuttgart 1958[3]
Youniss, J.: Social Construction of Adolescence by Adolescents and Parents. In: H.D. Grotevant / C.R. Cooper (Hrsg.): Adolescent Development in the Family: New Directions for Child Development, Nr. 22, San Francisco 1983, S. 93 - 110
Youniss, J. / Smollar, J.: Adolescent Relations with Mothers, Fathers, and Friends. Chicago 1985

Werner Helsper

Jugend und Schule

1 Einleitung

Die Schule, dies ist wohl eine der wenigen unumstrittenen Auffassungen, ist zur zentralen gesellschaftlichen Organisation des Jugendalters geworden, die den jugendlichen Alltag und die jugendliche Biographie stark beeinflußt (vgl. *Schweitzer/Thiersch* 1983, *Hurrelmann/Rosewitz/Wolf* 1985, *Colemann* 1986).

Trotz dieser Übereinstimmung ist allerdings ein weitgehend unverbundenes Nebeneinander von Schul- und Jugendforschung festzustellen. Obwohl die Entstehung der Jugend auf das engste mit der Verallgemeinerung und Ausdehnung des Schulbesuchs einhergeht, blendet die Jugendforschung, insbesondere die dominierende Subkultur- und Stilforschung der letzten Jahre, die zentrale Bedeutung der Schule für Jugendliche allzuoft aus. In ähnlicher Form reproduziert sich in einem großen Teil der Schultheorie und empirischen Schulforschung die eigenlogische Ausdifferenzierung und Systemrationalität der Schule: Der Jugendliche mit seinen komplexen Weltbezügen, seinem Handeln in separierten Lebenssphären und den Anforderungen sozialer Integration und gleichzeitiger Individuation wird in der Schulforschung zur „Realabstraktion Schüler" verdünnt (vgl. *Lenhardt* 1984).

In den zentralen Fragestellungen zahlreicher empirischer Untersuchungen, die auf die Effekte unterschiedlicher schulischer Organisationsformen, auf deren Effizienz, Leistungsfähigkeit, Durchlässigkeit und auch erzieherische Auswirkungen zielen, reproduziert sich auf der Bildungsebene jene Einseitigkeit der Bildungsreform, die *Hornstein* mit heute ungebrochener Aktualität bereits zu deren Blütezeit diagnostizierte: Ausgeklammert werden die Folgen einer Ausweitung des Schulbesuchs, einer Bildungsmobilisierung und Erhöhung der Bildungsaspirationen, insgesamt der Bedeutungszuwachs schulischer Leistungen und Anforderungen hinsichtlich einer Umstrukturierung der Jugendphase, schulische Eingriffe und „Übergriffe" in lebensweltliche Milieus, die gesellschaftliche „Neuverteilung" von Erziehungsaufgaben und die damit einhergehenden Problemlagen für Jugendliche (vgl. *Hornstein* 1971).

Entgegen diesen Ausblendungen in Jugend- und Schulforschung ist eine integrative und interdisziplinäre Sicht auf die Jugendphase notwendig, in der, wenn auch mit der Schule nur eine Lebenssphäre Jugendlicher im Mittelpunkt steht, das Verhältnis von Schule und Jugendlichen vor deren gesamten Lebenszusammenhang gespiegelt, auf die Veränderungen der jugendlichen Lebenslaufphase bezogen und in die modernisierten Bedingungen kultureller und sozialer Reproduktion eingebettet werden kann. Allerdings gibt es in den letzten Jahren Versuche, die Modernisierung des Bildungssystems mit Überlegungen zum Strukturwandel der Jugendphase zu verbinden und die daraus resultierenden Konsequenzen für die jugendlichen Lebenslagen zu durchdenken (vgl. *Büchner* 1985, *Fend* 1988, *Hornstein* 1989, *Melzer/Hurrelmann* 1990).

In einem ersten Schritt werden im folgenden relevante schultheoretische Ansätze auf ihren Beitrag zum Verhältnis von Schule und Jugend untersucht. In einem zweiten Schritt erfolgt eine, notwendigerweise sehr selektive, Sichtung empirischer Ergebnisse der Schul- und Jugendforschung mit interdisziplinärer Ausrichtung. Anschließend wird das Verhältnis von Jugend und Schule in der DDR mit Blick auf die deutsch-deutsche Vereinigung betrachtet. Abschließend soll eine übergreifende Perspektive auf das Verhältnis von Schule und Jugend vorgeschlagen werden.

2 Zum Verhältnis von Schule und Jugend in schultheoretischen Ansätzen und Forschungstraditionen

In der folgenden knappen Skizze schultheoretischer Positionen wird herausgearbeitet, wie jeweils das Verhältnis von Jugend und Schule theoretisch bestimmt wird, welche Ausschnitte dieses Verhältnisses jeweils im Mittelpunkt stehen und welche Aspekte ausgeblendet werden.

2.1 Reproduktions- und qualifikationstheoretische Ansätze

Hierzu sind insbesondere strukturfunktionalistische und marxistisch orientierte Ansätze zu rechnen. Trotz deren Divergenz besteht ihre Gemeinsamkeit darin, daß sie die Schule als die zentrale Institution der sozialen, qualifikatorischen und ideologischen Reproduktion der Gesellschaft betrachten (vgl. *Parsons* 1981, *Dreeben* 1980, *Fend* 1974, *Bowles/Gintis* 1978, *Bourdieu/Passeron* 1971, *Lenhardt* 1984, *Tippelt* 1990).

Während etwa *Parsons* Sozialisations- und Selektionsfunktion als reproduktive Funktionen des Schulsystems unterscheidet, differenziert *Fend* zwischen Qualifikations-, Selektions- und Legitimationsfunktion (*Parsons* 1981, S. 161ff., *Fend* 1974). Im strukturfunktionalistischen Ansatz erscheint die Schule als erste gesellschaftliche Organisation, die den Jugendlichen mit den Werten und Strukturprinzipien moderner Großsysteme konfrontiert und von ihm „instrumentalen Aktivismus“ und „instrumentalen Individualismus“ einfordert (*Parsons* 1981, S. 199f. u. 248f.).
Indem der Jugendliche diese Wertmuster im Verlauf der schulischen Sozialisation internalisiert, sich damit „zu maximaler Anstrengung im Interesse wertvoller Leistung im Rahmen eines Systems normativer Ordnung verpflichtet“ (*Parsons* 1981, S. 199), wird er durch die Übernahme dieser „instrumentalen Rolle“ befähigt, in formalen Organisationen zu handeln. Dadurch stiftet die Schule jenen Zusammenhang von Sozialstruktur und Persönlichkeit, der zu einem an die Erfordernisse hochkomplexer Systeme angepaßten modernisierten Sozialcharakter führt, mit den normativen Mustern von Unabhängigkeit, Leistung, Universalität und Spezifität (vgl. *Dreeben* 1980).

Trotz grundlegender Kritik der marxistisch orientierten Ansätze an den Reproduktionsfunktionen, dem bruchlos unterstellten Internalisierungskonzept und der affirmativ-harmonistischen Konzeption von Subjekt und Gesellschaft zeigt sich, auch wenn in ihnen Widerspruch und Konflikt stärker betont werden, eine grundlegende Gemeinsamkeit zwischen strukturfunktionalistischen und materialistischen Ansätzen. Im Ansatz von *Bowles* und *Gintis* wird ebenfalls eine strukturelle Übereinstimmung von Schule und gesellschaftlichen Organisationen, etwa der Fabrik, unterstellt, wobei die Schulformunterschiede wiederum aus Qualifikationsprofilen verschiedener Arbeitspositionen abgeleitet werden (*Bowles/Gintis* 1978). Ähnlich wie bei *Parsons* und *Dreeben* — wenn auch mit einer entgegengesetzten Bewertung der Formalisierung und Universalisierung schulischer Prozesse — wird mit der These einer „ideologischen Strukturkorrespondenz" von Schule und Fabrik, die in den siebziger Jahren auch in der bundesdeutschen Diskussion Konjunktur hatte (vgl. *Beck* 1974, *Tillmann* 1976), eine schulische Sozialisierung Jugendlicher nach den Erfordernissen ökonomischer Systeme unterstellt, da die Sozialbeziehungen der Schule den Strukturen ökonomischer Großorganisationen nachgebildet erscheinen. Betonen *Bowles* und *Gintis* die Sozialintegration, so *Lenhardt* die systemintegrative Wirkung der Schule, die die Jugendlichen mittels Außensteuerung auf die systemischen Imperative vorbereitet, ohne daß die Jugendlichen von diesen Anforderungen subjektiv überzeugt sein müssen (vgl. *Lenhardt* 1984).

Gelingt es den **Reproduktionstheorien** — wenn auch teilweise mit ökonomistischen Verkürzungen — einen umfassenden Blick auf die gesellschaftliche Einbettung schulischer Prozesse zu entwickeln, so bleibt der Blick auf die Jugendlichen zumeist systemtheoretisch verengt: die schulischen Mikroprozesse werden aus der vorab gesetzten übergreifenden System- oder ökonomischen Logik „abgeleitet". Der systemtheoretische Blick blendet eine eigenständige subjekttheoretische Perspektive aus und gerät in die Gefahr einer subsumtionslogischen Ableitung des Jugendlichen als bloßem Objekt der Reproduktionsprozesse.

2.2 Symbolisch-interaktionistische und kritisch-kommunikative Ansätze

Gegenüber dieser systemtheoretischen Perspektive werden in symbolisch-interaktionistischen und kritisch-kommunikativen Theorien, das lebensweltliche Alltagshandeln und die interpretativen Deutungsmuster der schulisch Interagierenden in den Mittelpunkt gerückt. Dabei ist sowohl die „emanzipative Wende" wie die „Alltagswende" in der Schulforschung auf die Verbindung kritisch-emanzipativer, kompetenztheoretischer und symbolisch-interaktionistischer Theorien zurückzuführen.

Vor allem in Anschluß an die Ethnotheorie und die phänomenologische Tradition wendet sich die Schulforschung den situativen Kontexten schulischer Interaktionsprozesse zu und untersucht die Deutungsmuster und die subjektive Bewältigung schulischer Anforderungen und Probleme. Ohne die organisatorischen Vorstrukturierungen schulischer Interaktionsprozesse aus den Augen zu verlieren, wird gegenüber der eindimensionalen These von der „bürokratischen Schule" der Blick dafür geöffnet, daß sowohl Schüler wie Lehrer als handelnde Subjekte die alltäglichen Interaktionsprozesse mit gestalten, die Situationsdefinitionen aushandeln, die schulischen Prozesse mit subjektivem Sinn versehen oder ihren Intentionen entsprechend umdefinieren. Jugendliche erscheinen in dieser Perspektive als „produktiv-realitätsverarbeitende Subjekte" (*Hurrelmann/Neubauer* 1986), die nicht nur Objekt organisatorischer Reproduktionsprozesse sind, sondern sich mit den schulischen Anforderungen auseinandersetzen und schulische Problemlagen, wie etwa Leistungsversagen, aufgrund interpretativer Leistungen zu bewältigen versuchen (vgl. *Arbeitsgruppe Schulforschung* 1980) und eigenständige, auch subversive Bewältigungsformen und jugendliche Kulturen kreieren (vgl. *Heinze* 1980, *Zinnecker* 1978). Allerdings verdeutlichen gerade die Ergebnisse des **Labeling-Ansatzes**, daß Jugendliche in schulischen Problemlagen davon bedroht sind, sich nicht mehr „produktiv" mit der schulischen Realität auseinandersetzen zu können. Vielmehr erscheinen die Jugendlichen eher als diejenigen, die sich den Fremdeinschätzungen der definitionsmächtigeren Lehrer anpassen.

Darin liegt zugleich auch das kritische Potential dieses Ansatzes: Denn damit wird der Blick auf die Bedingungen einer produktiven Auseinandersetzung mit der sozialen Realität gerichtet und die Perspektive auf gestörte oder verzerrte Kommunikationsprozesse eröffnet, in denen die zwanglose und reziproke Einigung auf Situations- und Selbstdefinitionen scheitert, die Kompetenzentwicklung behindert wird und gleichzeitig massive Störungen der Lernprozesse und Schulschwierigkeiten auf seiten der Jugendlichen produziert werden (vgl. *Krüger/Lersch* 1982; *Wissinger* 1988 u. 1991).

2.3 Ökologische Ansätze

In Anknüpfung an die Feldtheorie *Lewins* und Weiterentwicklungen bei *Barker* und *Bronfenbrenner* wurde in der Schulforschung der ökologische Ansatz in Gestalt von Umweltpsychologie, **ökologischer Psychologie** oder **pädagogischer Ökologie** zusehends relevanter. Sprach *Wilhelm* schon 1969 von der „Ökologie der Schule" (*Wilhelm* 1969), eine Perspektive, die sich in der neubelebten Diskussion um die Schule als Lebensraum unter dem Stichwort „Schulleben" fortsetzt (vgl. *Thomann* 1985), so knüpfen die Konzepte einer „pädagogischen Ökologie" (vgl. *Lange/Kuffner/Schwarzer* 1983) oder „strukturell-funktionalen Erziehungsforschung" (vgl. *Kleber* 1985) stärker an ökologische Theorietraditionen an.

Damit wird der Blick auf die umfassenden Bedingungen der „Umwelt" von Individuen eröffnet: Den gemeinsamen Nenner der verschiedenen ökologischen Ansätze bildet die Frage nach den Effekten, die spezifische Merkmale der Umwelt in Form von Handlungen, psychischen Befindlichkeiten und Einstellungen bei den Individuen oder auch bei Gruppen hervorrufen und die sich daran anschließende Frage wie die Umwelt gestaltet sein muß, um (erwünschte) Effekte auf seiten der Individuen zu erzielen. Diese schulische Wirkungsforschung entwickelte sich, auch wegen ihres Einflusses auf die Schulformvergleiche im Kontext der Gesamtschulevaluation, zur dominierenden empirischen Schulforschung der siebziger Jahre (vgl. zus. *Thienel* 1985).

Ohne detaillierter auf die Ergebnisse einzugehen sollen drei Aspekte dieser Forschungsrichtung festgehalten werden: Es gibt nicht „die" ideale schulische Umwelt für alle Jugendlichen, sondern schulisch-ökologische Bedingungen (z.B. Lehrereinstellungen, Unterrichtsmethoden usw.) führen hinsichtlich psychischer Befindlichkeit und schulischen Leistungen zu divergierenden Effekten bei unterschiedlichen Jugendlichen (vgl. *Fend* 1980). Zweitens darf der Einfluß „objektiver", baulicher, Ausstattungs- und organisatorischer Umweltfaktoren auf die Jugendlichen nicht überschätzt werden. Vielmehr sind unmittelbar interaktionsrelevante Aspekte des Schul- und Klassenklimas von zentraler Bedeutung für die psychische Befindlichkeit und die Einstellungen Jugendlicher gegenüber der Schule, was sich darin äußert, daß die Unterschiede zwischen Schulen einer Schulform mit gleichen organisatorischen Rahmenbedingungen teilweise größer sind als die Unterschiede zwischen verschiedenen Schulformen. Zugleich bestehen teilweise gravierende Unterschiede zwischen Klassen innerhalb einer Schule (vgl. *Fend* 1977, *Rutter* u.a. 1980, *Fend* 1982, *Dreesmann* 1982, *Pekrun* 1985a).

Drittens schließlich bleibt festzuhalten, daß die schulischen Umweltbedingungen nicht unmittelbar auf die Jugendlichen einwirken, sondern immer vermittelt über die jeweilige „subjektive Perzeption". Im Anschluß an das letzte Ergebnis gewinnt ein „transaktional-ökologischer" Ansatz (vgl. *Fatke* 1977, *Kleber* 1985) oder ein „transaktionales Person-Umwelt-Modell" (*Lange/Kuffner/Schwarzer* 1983) an Bedeutung, in dem eine „objektive Ökologie" von Umweltmerkmalen und eine „subjektive Ökologie" unterschieden werden.

2.4 Psychoanalytische Ansätze

Wird in den reproduktionstheoretischen Ansätzen der Jugendliche als Objekt schulisch vermittelter strukturaler Reproduktionsprozesse begriffen, in interaktionistischen und kritisch-kommunikativen Ansätzen aus der Alltagsperspektive als Interpret seiner schulischen Situation und Konstrukteur seiner Deutungen und Bewältigungsversuche in das Blickfeld gerückt, im schulisch-ökologischen Ansatz als „Schnittmenge" sozialisatorischer Effekte einer Lernumwelt verstanden, so wird der Jugendliche in psychoanalytisch orientierten schultheoretischen Beiträgen unter lebensgeschichtlicher Perspektive in den Mittelpunkt gerückt, als sinnlich-leidenschaftliches Subjekt, dessen Lebensgeschichte in unbewußten Szenen und Beziehungsdynamiken fundiert ist.

Der lange Zeit dominierende psychoanalytische Blick auf das Verhältnis von Jugend und Schule findet sich bereits in einem frühen Aufsatz *Freuds*: Die schulischen Beziehungen, insbesondere das Lehrer-Schüler-Verhältnis, erscheinen als Wiederbelebung kindlicher Gefühlsambivalenzen im Gefolge des Ödipuskomplexes. Für den jugendlichen Gymnasiasten, der im familialen Ablösungskonflikt das väterliche Idealbild relativiert, sich distanziert und enttäuscht vom realen Vater abwendet, tritt der Lehrer an die Stelle des Vaters, auf den die ödipale Ambivalenz übertragen wird (vgl. *Freud* 1914).

Diese Grundfigur der Wiederkehr der unbewußten psychischen Dynamik der Kindheit in den schulischen Szenen und Beziehungen bildet die immer wieder leicht modifizierte Basis zahlreicher psychoanalytischer Beiträge. Steht bei *Freud* die Wiederkehr der ödipalen Problematik im Vordergrund, so werden zunehmend auch symbiotische und narzißtische Dynamiken berücksichtigt, Probleme der „Lernhemmung", der Prüfungsangst und Leistung in den Mittelpunkt gerückt, massenpsychologische Ansätze für eine Analyse der Schulklasse als Gruppe fruchtbar gemacht, die fördernde oder hemmende Bedeutung schulischer Prozesse für die Ichentwicklung berücksichtigt und schließlich neben der Übertragung des Schülers auf den Lehrer zunehmend auch dessen Gegenübertragung auf den Schüler Beachtung geschenkt (vgl. *Bittner/Rehm* 1964, *Bernfeld* 1973, *Singer* 1970, *Wellendorf* 1973, *Brück* 1978, *Fürstenau* 1964, *Muck/Muck* 1985, *Fatke* 1986, *Büttner / Trescher* 1991). Zunehmend findet auch eine Auseinandersetzung um das veränderte Verhältnis von Schule und Familie, die Veränderungen des Generationsverhältnisses und die daraus resultierenden Konsequenzen für jugendliche Identitäts- und Selbstentwicklung, für Ablösung und Generierung von Autonomie im schulischen Rahmen statt (vgl. *Wagner-Winterhager* 1988 u. 1990, Ziehe 1991).

Trotz dieser Differenzierungen bleibt der psychoanalytische Blick auf das Verhältnis von Jugend und Schule zumeist familialistisch beschränkt und die „gesellschaftliche Produktion von Unbewußtheit" innerhalb der Schule unterbelichtet.

Letztlich stellen die schon klassischen Arbeiten von *Wellendorf* und *Fürstenau* noch die umfassendsten Versuche zur Klärung der Entstehung von Unbewußtheit in schulischen Prozessen dar (vgl. *Wellendorf* 1973, *Fürstenau* 1964). In den schulischen Ritualen wird den Jugendlichen eine generalisierte „soziale Identität" und ein generalisierter Sinn zugewiesen. Zugleich beinhalten die Rituale kollektive Abwehrmechanismen und Entthematisierungen, die den generalisierten Sinn gegen Infragestellungen abschirmen und die schulischen Prozesse gegen das Eindringen privater, subjektiv überschüssiger lebensgeschichtlicher Hintergründe immunisieren sollen. Dadurch entstehen kollektive Sprachzerstörungen und darin die Produktion des aktuellen Unbewußten schulischer Interaktionsprozesse. Das Entthematisierte aber kehrt entstellt und von der öffentlich-reflexiven Bearbeitung ausgeschlossen, als Störung und latenter Sinngehalt in den schulischen Prozessen wieder. Zugleich wird durch den Ausschluß lebensgeschichtlicher Hintergründe eine schulisch induzierte Belastung der Ichidentität erzeugt.

Vor allem aber fehlen empirische Studien, die in der Schule nicht nur die Wiederholung familialer Dynamiken herausarbeiten, sondern im Sinn einer sozialwissenschaftlich reflektierten Psychoanalyse der Frage des Verhältnisses von Sinnlichkeit und institutionellem „Gesetz" und der Frage der institutionellen Erzeugung von Unbewußtheit nachgehen (vgl. *Erdheim* 1982). Dieses Defizit wiegt besonders schwer, da gerade in dieser vernachlässigten Perspektive der genuine und unersetzbare psychoanalytische Forschungsbeitrag zum Verhältnis von Jugend und Schule zu sehen ist.

2.5 Modernitäts- und zivilisationstheoretische Ansätze

Modernitäts- und zivilisationskritische Analysen des Verhältnisses von Schule und Jugendlichen zielen auf die Formierung jugendlicher Subjektivität durch die „Zivilisationsform Unterricht" (vgl. *Rauschenberger* 1985).

Im Anschluß an *Elias'* Überlegungen einer zivilisatorischen Zurichtung des Selbst, des Anwachsens von Interdependenzen und Affektunterdrückung in der Transformation des Fremd- in den Selbstzwang oder *Foucaults* Position der Hervorbringung des Individuums als Resultante disziplinarischer Machtstrukturen, analysiert insbesondere *Rumpf* den Unterricht als Treibriemen des Zivilisationsprozesses (vgl. *Rumpf* 1981, 1986). Der Unterricht mit seiner Homogenisierung der Lernverläufe und der abstrakten Ordnung der Lernzeiten, -räume und -inhalte zielt nach *Rumpf* darauf ab, eine strikt wissenschaftlich gereinigte Erkenntnis- und Wahrnehmungsform durchzusetzen, den Jugendlichen in ein distanziertes Verhältnis zur Phantasie, den „subjektiven Weltversionen" oder dem „Anderen der Vernunft" zu zwingen. Damit soll eine strikte Grenzziehung zu leiblich-sinnlichen Wahrnehmungsorganisationen aufgebaut werden, eine Dämpfung und Selbstkontrolle der Affekte eingeschliffen und ein abstraktes Subjekt mit einer formal-kognitiven Lernform erzeugt werden, das sich schließlich der entqualifizierten schulischen Zeitstruktur überantwortet, in der es, in Verbindung mit der Disziplinarmacht der ständigen Leistungsüberprüfung, in ständigem Vergleich und „Abstandsmessung" zu anderen individualisiert wird. Die Schule als wesentliches „Instrument zivilisatorischer Zähmung menschlicher Sinnlichkeit" (*Rumpf* 1985, S. 107) wirkt an der Zuspitzung einer Krise des Subjekts mit. Die instrumentell-rationale Zurichtung des Selbst, die einerseits Autonomie verheißt und aus Naturzwängen befreit, tastet fundamentale Ressourcen menschlichen Lebens an, geht auf Kosten der leiblich-sinnlichen Basis — das Selbst als Opfer, so die geschichtsphilosophische Figur der „Dialektik der Aufklärung".

Gegenüber *Rumpf* heben andere die kulturellen Lockerungen des Autoritätsverhältnisses hervor und interpretieren sie entweder unter der an Elias angelehnten Perspektive einer „ Informalisierung" pädagogischer Machtverhältnisse mit wachsenden Anforderungen an Selbstkontrolle und -disziplinierung oder unter der *Foucault*schen Perspektive einer „Deinstitutionalisierung" der panoptischen Macht im Sinne von Pädagogisierungs- und Therapeutisierungsstrategien (vgl. *Thiemann* 1985 , *Büchner* 1985 u. 1991, *Pongratz* 1989, *Helsper* 1990). So wie das Pult als Überwachungszentrale an Bedeutung verliert, wird auch die Sitzordnung der Schüler aufgelockert, werden größere Bewegungsmöglichkeiten zugelassen. Dem paßt sich die Bewegung des Lehrers in der Klasse — seine „Lokomotion" — an. Die Überwachungsfunktion verliert ihren festen Ort, wird ungreifbarer und gerade dadurch omnipräsent. So besteht auch die Tendenz das zeremonielle Prüfungsritual in die versachlichte Form des „Testens" zu überführen und entgegen dem abgesonderten Ritual zu einem allgegenwärtigen Bestandteil des Unterrichts zu machen. Zugleich wird in den modernisierten Unterrichtsprozessen eine Öffnung angestrebt. Das im traditionellen Unterricht Ausgegrenzte soll öffentlich werden. Nicht mehr die Ausgrenzung subjektiver Anteile stellt den zentralen Modus schulisch-zivilisatorischer Zurichtung dar. Vielmehr ermöglicht die „neue Mechanik der Lehrherrschaft" im Gewand kultureller Modernisierung und pädagogischer Humanisierung einen tieferen Zugriff auf die jugendlichen Subjekte.

Sieht *Thiemann* in der modernisierten Variante des Unterrichts eine tieferreichende zivilisatorische Zurichtung von Subjektivität, so weist *Ziehe* eher auf das Anwachsen der Diskrepanzen zwischen Schule und Jugendlichen im Modernisierungsprozeß hin (vgl. *Ziehe/Stubenrauch* 1982). Weder den klassischen didaktischen Konzepten noch den „modernen" Formen der Öffnung gelingt nach *Ziehe* ein weitgehender Zugriff auf die Jugendlichen. Vielmehr entziehen die Jugendlichen sich gerade auch den Öffnungstechniken modernisierter Unterrichtsprozesse. Diese von *Ziehe* konstatierten zunehmenden Diskrepanzen zwischen den schulischen Lernprozessen und den jugendlichen Subjekten verortet er — an die *Habermas*sche Konzeption der Lebensweltrationalisierung anknüpfend — in kulturellen Freisetzungsprozessen, durch die die tradierten soziokulturellen Einbettungen der jeweiligen Schulformen relativiert werden. Aus dieser „neuen" Fremdheit zwischen Schule und Jugendlichen resultieren allerdings auch neue

Konflikte und Belastungen für Jugendliche. Das Verhältnis von Schule und Jugendlichen ist vor allem auch Ausdruck einer Auseinandersetzung um die Grammatik von Lebensformen.

Die umfassende modernitätstheoretische Perspektive ermöglicht einerseits eine Verortung der Umstrukturierungen der Jugendphase und der damit einhergehenden Verschiebungen im Verhältnis von Jugend und Schule in den gesellschaftlichen und kulturellen Rationalisierungsprozessen. Daraus resultiert die Aktualität dieser Beiträge für die Debatte um das Ende oder die Krise der Moderne und des Subjekts für die Erziehungsverhältnisse. Andererseits aber handeln diese Ansätze, auch aufgrund der geringen empirischen Fundierung, sich den Vorwurf des bloß Spekulativen und Unabgesicherten ein, wenngleich auch neuerdings Versuche einer empirischen Überprüfung von Modernisierungsdiagnosen des Bildungssystems vorliegen (vgl. *Tippelt* 1990).

3 Ausgewählte quantitative und qualitative Ergebnisse zum Verhältnis von Schule und Jugendlichen

Im folgenden werden anhand besonders relevanter Aspekte des Verhältnisses von Schule und Jugend exemplarisch Ergebnisse quantitativer und qualitativer Studien vorgestellt.

3.1 Ausdehnung der Schulzeit und Verlängerung der Jugendphase

Die zentrale Bedeutung der Schule für den jugendlichen Lebenszusammenhang beruht vor allem darin, daß die Herausbildung einer eigenständigen Jugendphase auf das engste mit der Entstehung des allgemeinen Schulsystems verbunden ist. Seit den 60er Jahren erfolgt aufgrund der Verlängerung der Pflichtschulzeit, der Ausweitung qualifizierter Schulabschlüsse und schließlich des Einsatzes von Beschulungsmaßnahmen zur kosmetischen Korrektur der Jugendarbeitslosenstatistik eine deutliche lebensgeschichtliche Ausdehnung des Schulbesuchs.

Während für den größten Teil der Jugendlichen in den 50er Jahren die Schulzeit mit 14 oder 15 Jahren beendet war, trifft dies heute erst für die 16- oder 17jährigen zu, wobei sich ein beträchtlicher Teil 18jähriger im Bildungssystem befindet. Die Verweildauer in der Schule ist gegenüber den 50er Jahren somit um zwei bis drei Jahre gewachsen, eine Tendenz, die auch für die Hauptschüler zutrifft (vgl. *Baethge/Voskamp/Schomburg* 1983, *Fuchs* 1985).

Diese lebensgeschichtliche Ausdehnung der Schulzeit wird von erheblichen Verschiebungen in der Verteilung der Schüler auf die Schulformen begleitet: Von den 50er zu den 80er Jahren kommt es zu einer Verkehrung des Verhältnisses der Volks- bzw. Hauptschüler zu den Schülern weiterführender Schulen. Besuchten 1952/53 79,3 % aller Schüler des 7. Jahrganges die Volksschule, 6,1 % die Realschule und 13,2 % das Gymnasium, so lauten die entsprechenden Zahlen für das Schuljahr 1980/81: 38 %

Hauptschüler, 26,4 % Realschüler und 27,2 % Gymnasiasten. Im Schuljahr 1989/90 besuchen nur noch 31,7 % der Schüler die Hauptschule, demgegenüber 27,1 % die Realschule und 31,2 % das Gymnasium (*Hansen/Rolff* 1990, S. 48ff.).

Damit aber geht auch eine alltägliche Ausweitung der Schulzeit einher, denn neben der Ausdehnung der täglichen Unterrichtszeit, wachsen auch die schulischen Fahr- und Wartezeiten und wird für immer mehr Schüler an weiterführenden Schulen ein höheres Maß an häuslicher Schularbeit notwendig.

Parallel zu dieser lebensgeschichtlichen und alltäglichen Ausdehnung der Schulzeit reduziert sich die Bedeutung von Arbeit und Erwerbstätigkeit für Jugendliche (vgl. *Baethge/Schomburg/Voskamp* 1983, *Fuchs* 1985). Jugendliche der 80er Jahre schließen etwa zwei Jahre später eine erste Berufsausbildung ab als Jugendliche der 50er Jahre, allerdings mit deutlichen geschlechts- und schulformspezifischen Differenzen. Wird so die Zeit zwischen 13 und 18 zentral durch die Schule und zusehends weniger durch Erwerbstätigkeit bestimmt, so wird die damit einhergehende Verlängerung der Jugend gegensätzlich eingeschätzt. Eröffnet für die einen der längere Aufenthalt in Bildungsinstitutionen Entfaltungs- und Verselbständigungsmöglichkeiten sowie jugendlich-experimentelle Freiräume und entsteht somit erstmalig eine Universalisierung des „jugendlichen Moratoriums", sowie ein Strukturwandel der Jugendphase von einem „Übergangs-" zu einem „Bildungsmoratorium" (*Fuchs* 1983, *Zinnecker* 1987, 1990 u. 1991), so weisen andere auf schulische Sinndefizite, den Verlust produktiver Erfahrungen und insbesondere eine Kolonialisierung lebensweltlicher Zusammenhänge durch schulische Leistungs- und Plazierungszwänge hin (vgl. *Baethge* 1985). Allerdings lassen sich hier kaum generelle Aussagen formulieren, denn die jugendliche Lebensform „Schüler" bedeutet für unterschiedliche jugendliche Gruppierungen wiederum sehr verschiedenes (vgl. *Bilden/Diezinger* 1984, *Hurrelmann/Rosewitz/Wolf* 1984, *Helsper* 1989).

3.2 Soziale und geschlechtsspezifische Benachteiligung in der Schule

In dem Maße, wie das Bildungssystem als Dirigierungsstelle sozialer Chancen interpretiert und im Zuge des Bildungskatastrophentheorems die Ausschöpfung ungenutzter Bildungsressourcen angezielt wurde, richtet sich das Augenmerk auf die Bildungsbenachteiligung spezifischer Bevölkerungsgruppen und die Frage der Chancengleichheit. Besondere Beachtung finden vor allem **schicht-**, aber auch **geschlechtsspezifische**, regionale oder konfessionelle **Benachteiligungen** (vghl. *Roth* 1968, *Rolff* 1973), wobei als zentrales Ergebnis immer wieder die grundlegende Bedeutung des familialen Hintergrundes und der soziokulturellen Einbettung für Bildungsaspirationen, Schulformwahlen und Schulerfolg hervorgehoben werden.

Muß für die 60er Jahre noch von einer deutlichen Bildungsbenachteiligung von Mädchen ausgegangen werden, so kommen neuere Studien, auch im internationalen Vergleich, zur übereinstimmenden Aussage, daß im Laufe der 70er Jahre die Bildungsbenachteiligung zumindest stark zurückgegangen und für die BRD verschwunden ist (vgl. *Faulstich-Wieland* u.a. 1984, *Hurrelmann/Rodax/Spitz* 1986, *OECD* 1986). So wird die Hauptschule, die immer deutlicher Restschule wird, seit Anfang der 70er Jahre von Mädchen deutlich weniger als von Jungen frequentiert. In den weiterführenden Schulen sind Mädchen demgegenüber stärker vertreten als Jungen. Ihre wachsende Bildungsbeteiligung zeigt sich vor allem im Gymnasium: Der Anteil der Gymnasiastinnen an allen 16jährigen Mädchen betrug 1960 10,9 % gegenüber 15,1 % bei den Jungen, steigerte sich 1970 auf 14,7 % gegenüber 18 % um 1980 mit 22,8 % den Anteil der Jungen mit 21,0 % sogar zu übertreffen (vgl. *Faulstich-Wieland* u.a. 1984, *Hurrelmann/Rodax/Spitz* 1986). Dieser Vorteil der Mädchen im Bildungssystem — auch der ehemaligen DDR (vgl. *Chalupsky/Hoffmann* 1991) — zeigt sich durchgängig in verschiedenen Soziallagen. So gilt für die 13-14jährigen Arbeitermädchen: Sie besuchen die Hauptschule eindeutig seltener als Arbeiterjungen (55,5 % gegenüber 64,3 % aller Arbeiterjungen des Jahrganges), sind in der Realschule eindeutig stärker (28,6 % gegenüber 21,4 %) und im Gymnasium noch leicht überrepräsentiert (12,2 % gegenüber 10,3 %) (vgl. *Klemm* u.a. 1990, S. 98). Diese Tendenz wird dadurch unterstützt, daß Mädchen auch bessere schulische Leistungen als Jungen erzielen und im Vergleich die Schule seltener ohne Abschluß verlassen (*Hurrelmann/Rodax/Spitz* 1986).

Diese eindeutige geschlechtsspezifische Egalisierung im Verlauf der 70er Jahre relativiert sich allerdings bei differenzierter Betrachtung. Das neu entstehende „Bildungsprivileg" der Mädchen im allgemeinbildenden Schulsystem zahlt sich nicht in entsprechenden Beteiligungen im dualen Ausbildungssystem aus. Vielmehr sind Mädchen bei den unvermittelten Ausbildungsplatzbewerbern deutlich überrepräsentiert und zugleich geht der weibliche Anteil mit steigendem Bildungskapital deutlich zurück, beträgt etwa für abgeschlossene Promotionen am Anfang der 80er Jahre lediglich noch 20,8 % (vgl. *Faulstich-Wieland* u.a. 1984, *OECD* 1986, *Klemm* u.a. 1990).

Die Frage **geschlechtsspezifischer Benachteiligung** ist aber auf der Ebene quantitativer Bildungsbeteiligung nur unzureichend zu beantworten. So zeigen sich etwa geschlechtsspezifische humanistisch-sprachliche Kurs- und Fächerwahlen und Interessenpräferenzen, die einen „Feminisation process" einleiten, der zu einer Reproduktion geschlechtsspezifischer Ausbildungsgänge und Bildungsverläufe führt und damit in oft unterbezahlte, minderqualifizierte oder von Arbeitslosigkeit besonders betroffene Berufsbereiche (vgl. *OECD* 1986). Zugleich bestehen subtile und quantitativ nur schwer faßbare geschlechtsspezifische Diskriminierungen im curricularen Bereich, in den Lehrer-Schüler- und vor allem auch den Peerinteraktionen, etwa in dem Sinne, daß Mädchen von Lehrern weniger beachtet werden, von den „auffälligen" Jungen oftmals an den Rand gedrängt werden, trotz besserer Schulleistungen ein geringeres Selbstwertgefühl aufweisen und zudem oftmals die Beziehungs- und „Sozial" -arbeit in der Klassengemeinschaft übernehmen (vgl. *Brehmer* 1982, *Wildt/Naundorf* 1986, *Horstkemper* 1988, *Enders-Dragässer/Fuchs* 1989, *Nickel* 1991, *Hille* 1991).

Damit aber ergibt sich ein ambivalentes Bild: Einerseits wird die quantitative Bildungsbenachteiligung von Mädchen abgebaut, werden Bildungs- und berufliche Verselbständigungswünsche bei den Mädchen der 80er Jahre dominant. Zugleich stoßen diese auch aus verstärkter Bildungsbeteiligung resultierenden Ansprüche auf gesellschaftliche Barrieren, die nicht nur die Gefahr des Scheiterns infolge des latenten „Feminisation Processes" nahelegen, sondern auch die Ambivalenz zwischen Verselbständigungsforderungen und weiterbestehenden geschlechtsspezifischen Stereotypen und familialistischen Orientierungen der Mädchen krisenhaft zuspitzen können (vgl. *Seidenspinner/Burger* 1982, *Bilden/Diezinger* 1984, *Beck/Beck-Gernsheim* 1990).

Ist zumindest auf der quantitativen Ebene eine Aufhebung der **geschlechtsspezifischen** schulischen **Benachteiligung** festzustellen, so muß selbst dies für die schichtspezifische Benachteiligung verneint werden. Durchgängig zeigt sich vielmehr eine deutliche **schichtspezifische Benachteiligung**, wenn im Verlauf der 70er Jahre auch eine Verringerung festzustellen ist (vgl. *Eigler/Klemm/Koch* 1982, *Hurrelmann/Rosewitz/Wolf* 1985, *Noll* 1985, *Rodax* 1989). Obwohl 1988 11,1 % aller Arbeiterkinder gegenüber ca. 5 % in den 50er Jahren das Gymnasium besuchen, und auch eine Steigerung des Realschulbesuchs festzustellen ist, wird die schichtspezifische Benachteiligung im Vergleich mit den Beamtenkindern drastisch deutlich: 1988 gehen 58,7 % aller 13- bis 14jährigen Beamtenkinder auf das Gymnasium und lediglich 13,9 % auf die Hauptschule (vgl. *Hansen / Rolff* 1990). Während also jedes zweite Beamtenkind das Gymnasium besucht, gilt dies lediglich für jedes 10. Arbeiterkind. Wenn die enge Beziehung von sozialer Lage und Schulerfolg auch vielfach belegt ist, so besteht über die kausalen Zusammenhänge zwischen sozialer Lage, milieuspezifischen Einstellungen, familialen Interaktionsverhältnissen und Bildungsaspirationen eher noch Unklarheit (vgl. *Rodax/Spitz* 1982, *Steinkamp/Hamel* 1985). In neueren empirischen Untersuchungen wird auf die zentrale Bedeutung insbesondere der mütterlichen Bildungsaspirationen hingewiesen, wird der sozialen und soziokulturellen Homogenität oder Heterogenität des Wohnquartieres eine wichtige Rolle für die Schullaufbahnentscheidung zugeschrieben und vor allem auf die familiale Sozialbiographie, die inter- oder intragenerationelle Statusinkonsistenz im Sinne von Aufwärts- oder Abwärtsmobilität und die familiale Binnendynamik, also die affektive Bedeutung des Schulbesuchs für die Eltern, verwiesen (vgl. *Bolder* 1983, *Rodax/Spitz* 1982, *Meulemann* 1985, *Fauser* u.a. 1985).

Zusammenfassend ist festzuhalten, daß die Schule trotz aller Veränderungen seit den 60er Jahren eine Institution der Reproduktion sozialer Ungleichheit geblieben ist, eine Instanz sozialer Schließungsprozesse vor allem für Jugendliche aus Arbeitermilieus. Insgesamt ermitteln empirische Untersuchungen eine nur geringe eigenständige Relevanz schulischer Bedingungen für die Bildungskarrieren Jugendlicher. Vielmehr setzen sich in der Schule die wesentlichen außerschulischen Determinanten des Schulerfolgs, die der Veränderung schwer zugänglich und dem Zugriff der Jugendlichen entzogen sind, weitgehend durch (vgl. *Bourdieu/Passeron* 1971).

3.3 Das schulische Leistungssystem und die psychosoziale Problembelastung Jugendlicher

Wurden im vorhergehenden Abschnitt die makrosozialen Auswirkungen schulischer Selektionsprozesse skizziert, so geht es hier um die psychosozialen Auswirkungen schulischer Bewertung auf die Jugendlichen. Denn diese erfahren in den schulischen Alltagsprozessen eine ständige Bewertung, erleben Erfolg und Versagen und müssen sich in einer Hierarchie individualisierter Fähigkeitsbesitzer verorten lassen, wodurch das jugendliche Selbst nicht nur erheblichen Belastungen ausgesetzt, sondern als konkurrierende Monade auch formiert wird. Zugleich stellen die schulischen Beurteilungsprozesse die unauffälligste — weil institutionell selbstverständliche — und zugleich wirksamste Form der Machtausübung und Sanktionierung dar. Außerdem ist davon auszugehen, daß das Leistungs- und Selektionsprinzip für die schulischen Prozesse immer zentraler wird, eine These, die empirisch nur schwer belegbar ist, aber gerade im Zusammenhang des Verdrängungswettbewerbs um knappe berufliche Chancen und der drastischen Erhöhung der elterlichen Bildungsaspirationen weiter an Plausibilität gewinnt (vgl. *Fend* 1980 u. 1988, *Furtner-Kallmünzer/Sardei-Biermann* 1982, *IFS* 1990).

In der Schulstreßdebatte der 70er Jahre wurde vor allem die **Schulangst** als eine zentrale Auswirkung zunehmender Leistungsorientierung hervorgehoben. Allerdings sind gesicherte Trendaussagen über die Entwicklung der Schulangst kaum möglich: Zum einen sind die ermittelten Ausmaße der **Leistungsangst** aufgrund unterschiedlicher Instrumentarien kaum vergleichbar und äußerst unterschiedlich. Zudem liegen kaum solide interpretierbare Kohortenvergleiche vor. Daß allerdings mit Leistungsituationen einhergehende psychische Belastungen von großer Relevanz sind, zeigt sich darin, daß Ende der 70er Jahre fast die Hälfte aller Schüler über Sorgen und Übelkeit vor Klassenarbeiten berichtet, ein Drittel über stärkere psychosomatische Reaktionen klagt und über 20 % aller Jugendlichen Vermeidungsreaktionen gegenüber schulischen Leistungssituationen an den Tag legen (*Fend* u.a. 1976, S. 149, *Fend* 1982, S. 330f.).

Als gesichert kann der Zusammenhang von **Leistungsangst** und tatsächlichen schulischen Leistungen gelten: Je besser die Schulleistung, desto geringer die Angst vor Leistungsituationen (vgl. *Helmke* 1983). Allerdings konnte *Helmke* für die Spitzenschüler einen deutlichen Anstieg der Leistungsangst feststellen, Ausdruck davon, daß sie etwas zu verlieren haben, und bei extrem schlechten Schülern ein deutliches Absinken des Angstniveaus am Ende der Regelschulzeit, Ausdruck davon, daß sie die Relevanz schulischer Leistung für ihre Person reduziert haben.

Während die rein organisatorischen Schulformunterschiede das Schulangstniveau nur unwesentlich beeinflußten, wird das Ausmaß der **Leistungsangst** und der psychosozialen Problembelastung Jugendlicher zentral durch das Schul- oder Klassenklima beeinflußt (vgl. *Fend* u.a. 1976, *Fend* 1977, *Dreesmann* 1982, *Helmke* 1983, *Lange/Kuffner/Schwarzer* 1983, *Pekrun* 1983 u. 1985a). Hoher Leistungsdruck, aber auch deutlicher Disziplin- oder Anpassungsdruck, sowie Strenge und restriktive Kontrolle von seiten der Lehrer führen zu einer Erhöhung der Leistungsangst, ebenso wie zu Konkurrenz und mangelnder solidarischer Kooperation in den Schülerbeziehungen. Die geringere Angst und Problembelastung der Gesamtschüler gegenüber den Schülern anderer Schulformen ist vor allem auf das positive Klassenklima, auf geringeren Leistungs- und Anpassungsdruck der „progressiven", engagierten Gesamtschullehrerschaft zurückzuführen.

Von wesentlicher Bedeutung für die Entstehung hoher Leistungsangst sind auch die elterlichen Erziehungseinstellungen. Wenn Eltern den schulischen Leistungsdruck verdoppeln, die Beziehungen zu ihren Kindern stark durch deren schulische Leistungen beeinflußt wird, sie zu Überforderung und negativem Sanktionierungsverhalten gegenüber schulischen Leistungen neigen, dann erhält schulisches Versagen erst seine emotionale Bedrohlichkeit (vgl. *Fend* 1982, *Helmke* 1983, *Furtner-Kallmünzer/Sardei-Biermann* 1982, *Knapp* 1986, *Melzer* 1985 u. 1987, *Ulich* 1989).

In Längsschnittstudien ergeben sich Hinweise auf die Entwicklung der Leistungsangst in Abhängigkeit von Alter, Jahrgangsstufe und Schulform (vgl. *Lange/Kuffner/Schwarzer* 1983, *Tillmann* u.a. 1984). Kann generell von einer Angstverminderung von der 5. Klasse bis zum Ende der Regelschulzeit ausgegangen werden, so ergeben sich doch schulformspezifische Differenzen. Während in der 5. Klasse die Angstwerte noch stark von den Leistungen der Grundschule bestimmt sind, Gymnasiasten die niedrigsten, Hauptschüler die höchsten Angstwerte zeigen, verschieben sich diese Verhältnisse bis zum Ende der Schulzeit. Während die Gesamtschüler ihre Leistungsangst immer deutlicher reduzieren, Ausdruck des positiven Schulklimas, die Hauptschüler ihre Ängstlichkeit ebenfalls deutlich senken, steigert sich bei den Gymnasiasten die Leistungsangst bis zum 10. Jahrgang. Damit ergibt sich das paradox anmutende Bild, daß die Gymnasiasten mit der objektiv erfolgreichsten Schulkarriere sich zu den ängstlichsten Schülern entwickeln, während die Hauptschüler mit der ungünstigsten Schullaufbahn im dreigliedrigen Schulsystem die niedrigsten Angstwerte aufweisen. Als Erklärung bietet sich das Bezugsgruppentheorem an: Den Bezugsrahmen für die jeweilige Selbsteinschätzung eigener Leistungen bildet nicht der gesamte Schülerjahrgang, sondern lediglich die schulformspezifische Population. Während ein großer Teil der Hauptschüler innerhalb der Hauptschule gemessen an ihrer Grundschulerfahrung erfolgreich ist, erfährt ein großer Teil der Gymnasiasten gemessen an ihrem Grundschulerfolg im Gymnasium schulisches Versagen.

Auch für die psychosozialen Belastungen Jugendlicher im Sinne depressiver Syndrome, emotionaler Anspannung oder psychosomatischer Reaktionen ist die Belastung durch schulische Leistungsanforderungen, vor allem Leistungsversagen oder drohendes Versagen, von wesentlicher Relevanz (vgl. *Fend/Schroer* 1989, *Marschall/Zenz* 1989, *Hurrelmann/Holler/Nordlohne* 1988, *Hurrelmann/Engel* 1989). Etwa 20 % der Jugendlichen einer „Normalpopulation" weisen mittlere oder starke depressive Symptome auf (*Fend/Schroer* 1989), 48 % der 14- bis 16jährigen klagen oft oder manchmal über Kopfschmerzen, 41 % über Nervosität, 36 % über Konzentrationsschwierigkeiten, 30 % über Magenschmerzen und 28 % über Schlafprobleme (*Hurrelmann/Holler/Nordlohne* 1988, S. 31). Wenn Gefährdungen der Leistungsposition auftreten, die Schullaufbahn durch Leistungsversagen gekennzeichnet ist oder die schulischen Bildungswege nicht den elterlichen Erwartungen entsprechen, verstärken sich diese psychosozialen Symptombelastungen (ebd. u. *Hurrelmann/Engel* 1989). Von wesentlicher Bedeutung ist allerdings, ob es infolge der schulischen Leistungsprobleme zu Konflikten mit den Eltern kommt, damit die emotionale Anspannung durch das Zusammenwirken von Schule und Elternhaus steigt und das familiale Netzwerk durch das Ausfallen kompensatorischer Stützung und den Entzug emotionalen Rückhalts problemverschärfend wirkt (vgl. *Helsper* 1991).

Von großer Relevanz für die psychosoziale Befindlichkeit Jugendlicher ist auch das **Selbstbild** und **Selbstwertgefühl**, wobei Leistungsangst und Leistungsselbstbild eng zusammenhängen und wesentliche Ergebnisse zur Leistungsangst auch auf die Entwicklung des Leistungsselbstbildes zu übertragen sind. Zentral ist, daß im Laufe der Schulzeit die Selbsteinschätzung eigener Fähigkeiten zunehmend durch schulische Bewertungsprozesse beeinflußt wird und vor allem bei standardisierter Beurteilungspraxis und uniformem Lehrerverhalten der schulische Fähigkeitsbegriff immer wesentlicher für die Selbsteinschätzung wird (vgl. *Bloom* 1976, *Fend* 1980, *Pekrun* 1983 u. 1985b, *Rosenholtz/Rosenholtz* 1981). Während etwa zu Beginn der Schulzeit die Einschätzung der eigenen Fähigkeit bei guten und schlechten Schülern noch eng zusammenliegt, entwickelt sie sich von Schuljahr zu Schuljahr bei den erfolgreichen Schülern immer positiver, um bei den schlechten Schülern ständig abzusinken, so daß sich die Fähigkeitsselbstbilder am Ende der Schulzeit gravierend unterscheiden (vgl. *Kiefer* 1975).

Während der Zusammenhang zwischen schulischen Leistungen und den schulischen Fähigkeitsselbstkonzepten eng ist, sind die Auswirkungen schulischer Leistung auf das allgemeine **Selbstwertgefühl** von Jugendlichen nicht so eindeutig (vgl. *Fend* u.a. 1976, *Bachmann* 1984, *Pekrun* 1985b). In einer neueren Studie geht *Fend* dieser Frage, inwiefern die schulischen Bewertungen den „Kern der Persönlichkeit" erreichen, ob die schulischen Auf- und Abwertungen sich linear in die Selbstachtung fortsetzen, nach (*Fend* 1984). Es zeigt sich, daß die Zusammenhänge zwischen schulischer Leistung und genereller Selbstbewertung nur gering sind, daß also keine Isomorphie von schulischer Leistungseinstufung und Selbstachtung vorliegt. Vielmehr ist davon auszugehen, daß Jugendliche mit schlechten schulischen Leistungen den subjektiven Stellenwert des Schulerfolgs reduzieren können, und daß es im Kontext von Peermilieus Möglichkeiten kompensatorischer Selbstwertstützung und einer Immunisierung gegen schulische Abwertungen gibt (vgl. *Fend* 1984, *Bachmann* 1984).

Allerdings weist eine zentrale qualitative Studie der letzten Jahre eindrucksvoll auf die Bedeutung schulischen Erfolgs und Versagens hin, indem sie die schulischen Deutungsmuster von jeweils 20 Hauptschülern und Gymnasiasten in einer Längsschnittperspektive von der 8. Klasse bis zum Alter von ca. 22 Jahren untersucht (vgl. *Arbeitsgruppe Schulforschung* 1980, *Hurrelmann/Wolf* 1986). Ein zentrales Ergebnis der ersten Querschnittsauswertung ist, daß die versagenden wie die erfolgreichen Jugendlichen beider Schularten die Gültigkeit des allgemeinen schulischen Leistungsprinzips nicht grundlegend in Frage stellen. Trotz einer personenzentrierten Kritik vor allem der versagenden Hauptschüler an ihren Lehrern, erscheint die Schule letztlich als festgefügte Organisation, die weder grundlegend in Frage gestellt wird, noch in ihrer auf Leistungssachzwängen beruhenden Ordnung Möglichkeiten zur Veränderung oder eigenverantwortlicher Gestaltung eröffnet.

Die Wirksamkeit schulischer Leistungsideologie zeigt sich auch in den subjektiven Erklärungen für Erfolg und Versagen. Die versagenden Jugendlichen führen zwar auch äußere Ursachen für ihr Versagen an, die Hauptschüler vor allem Konflikte mit Lehrern und deren mangelndes Verständnis für Jugendliche, aber letztlich schreiben sie dem eigenen Lernverhalten und damit sich selbst die „Schuld" zu. Auch für die erfolgreichen Schüler ist das eigene Lernverhalten und ihre Fähigkeit das entscheidende Kriterium für ihren Erfolg, woraus für sie allerdings — im Gegensatz zu den versagenden Jugendlichen — eine zusätzliche Bestätigung resultiert.

Die belastende Situation der versagenden Jugendlichen, die der Bedrohung ihrer Identität und ihres **Selbstwertes** trotz aller Verarbeitungsversuche nur wenig entgegenzusetzen haben, verdichtet sich noch in der Längsschnittperspektive. Bei den Jugendlichen mit scheiternder Hauptschullaufbahn akkumulieren sich die Versagenserfahrungen auch im nachschulischen Bereich. Die nahezu aussichtslose Lage am Arbeitsmarkt und ihre marginalisierte Position erscheinen ihnen als Ausdruck individuellen Versagens in einem letztlich leistungsgerechten Ausleseprozeß. Ähnliches gilt für die Jugendlichen mit gescheiterter Gymnasialllaufbahn, wenn auch mit weniger drastischen Belastungen. Der anfängliche Versuch das Scheitern im Gymnasium auf mangelnde Anstrengung und Anpassung zurückzuführen, weicht zunehmend einer Revision des Gymnasialschülerselbstbildes: Letztlich sind sie doch nicht begabt und fähig genug. Zudem zieht das erste Versagen beim größeren Teil dieser Jugendlichen weitere Brüche in der Biographie nach sich. Dadurch droht die gesamte Jugendbiographie durch Scheitern überschattet zu werden.

Demgegenüber erfahren erfolgreiche Schüler eine weitere Bestätigung ihres Erfolgs. Tendiert die Jugendbiographie der scheiternden Schüler zur Mißerfolgs-, so die der erfolgreichen zur Erfolgskarriere. Allerdings zeigen sich auch Belastungen, die bei den erfolgreichen Hauptschülern aus der harten Konkurrenz mit besser qualifizierten Schülern bei der Weiterqualifikation, bei den erfolgreichen Gymnasiasten aus der Unsicherheit über das Erreichen hochqualifizierter beruflicher Karrieren resultieren.

3.4 Schulinvolvement und Sinnbezug schulischer Prozesse

Schulverdrossenheit, Schulunlust oder Schulentfremdung, unter diesen Begriffen wurde eine scheinbar massenhafte Absetzbewegung Jugendlicher von der Schule diskutiert. Mit diesem Schulentfremdungssyndrom wird das Wohlbefinden in schulischen Lernprozessen und damit die Grundlage eines subjektiven Sinnbezugs schulischen Lernens thematisiert (vgl. *Fend* u.a. 1976, *Lange/Kuffner/Schwarzer* 1983, *Tillmann* u.a. 1984).

Dabei zeigt sich, daß die Akzeptanz des Lebensraumes Schule für einen beträchtlichen Teil der Jugendlichen in Frage gestellt ist. Bis zur Hälfte aller Gymnasiasten zeigen deutliche Unlustreaktionen gegenüber der Schule. In den anderen Schulformen trifft dies für ca. 25 % bis 40 % der Jugendlichen zu (vgl. *Fend* u.a. 1976).

Das *SINUS-Institut* ermittelte, daß 1982 42 % aller Befragten mit der Schule unzufrieden waren. Allerdings zeigen sich deutliche Unterschiede bei verschiedenen „Jugendtypen“, wobei die „autonom Jugendzentrierten“ die größte Unzufriedenheit mit der Schule bekunden (vgl. *SINUS-Institut* 1983 u. 1985).

Während auch für das **Schulinvolvement** genuin organisatorische Unterschiede der Schulformen nur geringe Relevanz besitzen, ausgenommen der schon erwähnte „Bezugsgruppeneffekt“, bestimmt auch hier das Klassenklima deutlich die Schulzufriedenheit. Hoher Disziplin- und Anpassungsdruck führt eher zu **Schulverdrossenheit** und -entfremdung. Die deutlichsten Unterschiede im **Schulinvolvement** aber finden sich in Abhängigkeit von Alter und Jahrgangsstufe. Während die psychosoziale Belastung durch Leistungsangst und Selbstbildproblematik aufgrund kompensatorischer Bewältigungsprozesse bis zum Ende der Regelschulzeit sinkt, steigt die Belastung in Form von **Schulunlust** deutlich an. Die Schule wird im Laufe der Zeit immer mehr zu einer Institution, die keinen Spaß macht und als Zwang empfunden wird. Besonders drastisch ist der Anstieg der Schulunlust von der 5. zur 6. Klasse. *Tillmann* u.a. stellen allerdings fest, daß an Schulen, die die Übergangserfahrungen der Schüler durch Erhaltung von Grundschulgruppen und Kontinuität der Lehrer-Schüler-Beziehungen positiver gestalten, die drastische Negativentwicklung abgeschwächt oder gar verhindert wird. Dieses Ergebnis verdeutlicht die große Relevanz konkreter pädagogischer Maßnahmen an einzelnen Schulen und auch, daß der Anstieg der Schulunlust kein genereller Alterseffekt ist, sondern den institutionell-pädagogischen Bedingungen zuzuschreiben ist.

Wächst unter bestehenden schulischen Bedingungen die **Schulentfremdung** im Verlauf der Jugendbiographie deutlich an, so deutet sich auch eine Steigerung der **Schulunlust** im historischen Vergleich an (vgl. *Allerbeck/Hoag* 1985, *Fuchs/Zinnecker* 1985, *Fend/Prester* 1985). Zugespitzt kann festgehalten werden: In dem Maße, wie die Schulzeit verlängert wird, der Alltag Jugendlicher „verschult“ zu werden droht und die Relevanz der Schule für zukünftige Lebenschancen wächst, umso negativer wird die Schule erlebt. So sinkt der Anteil der Jugendlichen, die gern oder sehr gern zur Schule gehen, von 1962 bis 1983 von 75 % auf 43 % (*Allerbeck/Hoag* 1985). Diese Tendenz wird durch Ergebnisse der *Shell-Studie* erhärtet: Während in der Mitte der 50er Jahre die positiven Schuleinstellungen die negativen deutlich übertrafen, hat sich das Verhältnis von **Schulunlust** und **-involvement** in den 80er Jahren angeglichen. Zentral aber ist, worauf sich die Kritik in den 80er Jahren richtet: auf den Unterricht (1953: 5 %, 1984: 20 %), auf Tests, Zeugnisse, den schulischen Leistungsdruck (6 % zu 41 %) und auf das Verhältnis zu den Lehrern (11 % zu 47 %). Damit sind gerade die institutionellen Kernzonen der Schule von einer drastischen Zunahme der Kritik betroffen. Demgegenüber richten sich die positiven Schulbezüge eher auf die informellen Randzonen: auf Schulausflüge und schulische Freizeit (1953: 18 %, 1984: 24 %), die Möglichkeit zu einer „sorglosen“ Jugendzeit (7 % zu 15 %), auf „viel Freizeit“ und Ferien (8 % zu 26 %, 1990: 49 %) und — ganz zentral — auf das Verhältnis zu Gleichaltrigen (8 % zu 47 %, 1990: 45 %) (*Fuchs/Zinnecker* 1985, *Aster/Kuckartz* 1988, *Behnken* u.a. 1991).

Diese epochalen Trendaussagen decken sich mit Überlegungen zu einer Ausweitung der Sinnproblematik Jugendlicher gegenüber der Schule (vgl. *Furtner-Kallmünzer* 1983) und korrespondieren mit Ergebnissen qualitativer Forschungen zum Verhältnis von Schule und Jugendlichen: Die Lernprozesse und Lerninhalte erscheinen bei unterschiedlichsten Schülergruppierungen kaum sinnstiftend. Die subjektive Sinnhaftigkeit schulischen Lernens ist eher die beglückende Ausnahme gegenüber der Dominanz von Langeweile und Sinnlosigkeit (vgl. *Bietau/Breyvogel/Helsper* 1983, *Furtner-Kallmünzer* 1983, *Sander/Vollbrecht* 1985, *Lenz* 1986, *Helsper* 1987). Der positive Schulbezug stellt sich vielmehr eher durch die Beziehungen zu den Mitschülern, durch den Zusammenhang der Gleichaltrigenfreundschaften und die Schule als „alltäglichen Jugendtreffpunkt“ her (vgl. *Arbeitsgruppe Schulforschung* 1980, *Furtner-Kallmünzer* 1983, *Helsper* 1989). Auch der schulische Leistungsbereich, die Verknüpfung schulischer Leistungen und beruflicher Möglichkeiten, als ein zentrales schulisches Sinnkriterium Jugendlicher, ist zum einen angesichts einer massiven Entwertung des „Bildungskapitals“ von einer grundlegenden Relativierung betroffen und zum anderen, durch die drohende Dominanz instrumentell-strategischer Handlungsorientierungen, gerade konstitutiv für die Destruktion inhaltlich-qualitativer Sinnbezüge (vgl. *Furtner-Kallmünzer* 1983).

Die Schule in ihrer realhistorischen Gestalt muß somit für einen großen Teil der Jugendlichen, zumindest was die institutionellen Kernzonen betrifft, als Ort von Unlust und Entfremdung betrachtet werden. Zugleich bildet sie einen Lebensraum mit nur geringer sinnstiftender Relevanz, obwohl sie gerade infolge einer zunehmenden Herauslösung Jugendlicher aus stabilisierenden Lebenswelten, auch als Ergebnis einer zunehmenden „Veschulung“, gerade sinnstiftende Ressourcen zu eröffnen hätte. Vielmehr erzeugt sie zumindest „latente“ Sinnproblematiken und trägt als zentrale gesellschaftli che Organisation des Jugendalters wesentlich zur Entstehung jugendlicher **Sinnkrisen** bei.

3.5 Vom abweichenden Verhalten in der Schule zur schulischen Alltagskultur Jugendlicher

Wenn Jugendliche den Sinn der Schule in den informellen Beziehungsnetzen suchen, dann zeigt sich, daß neben den offiziellen schulischen Anforderungen ein informeller Beziehungskontext besteht, dessen Werte mit den offiziellen nicht übereinstimmen müssen. Die Schule ist somit auch der zentrale Ort einer langdauernden Zusammenfassung von Kindern und Jugendlichen zu altershomogenen Gruppen und damit ein Ort der Entstehung von Freundschaften und Cliquen, der als Multiplikator und Umschlagplatz der **Jugendkultur** und als Entstehungsort jugendlicher **Subkulturen** fungiert (vgl. *Coleman* 1961, *Specht* 1982). Im Beziehungsnetz der Gleichaltrigen entsteht in der Schule ein zweites sozialisatorisches Feld, das zwar durch schulische Inhalte und das Leistungssystem vorstrukturiert wird, das aber eigenständige Einflüsse auf die Jugendlichen hat und für jugendliche Gestaltungsmöglichkeiten offen ist (vgl. *Parsons* 1981, *Fend* 1980, *Specht* 1982). So interpretiert etwa *Coleman* seine Untersuchungen dahingehend, daß sich in der Gleichaltrigengruppe ein schulfremder Wertekontext herausbildet, wodurch er letztlich den Erfolg schulischer Norminternalisierung bedroht sieht (vgl. *Coleman* 1961, *Fend* 1980).

An die angloamerikanische Tradition anschließend entstanden in der BRD, mitbeeinflußt auch durch die Erschütterungen der Schülerbewegung und die Debatte um zunehmende Gewalt in der Schule, verschiedene Forschungsrichtungen zum Verhältnis von Gleichaltrigengruppe und Schule:

1. Studien zur Gruppendynamik der Schulklasse und zur Außenseiterproblematik (vgl. *Petillon* 1980);
2. im Rahmen des Labeling-Ansatzes Studien zu abweichenden jugendlichen Karrieren infolge institutioneller Definitions- und Kontrollprozesse (vgl. *Brusten/Hurrelmann* 1973, *Tornow* 1978, *Asmus/Peuckert* 1979, *Holtappels* 1984 u. 1985, *Bach* u.a. 1986);
3. im Anschluß an *Coleman* Studien zur sozialisatorischen Relevanz und zum Wertekontext der Gleichaltrigengruppe in der Schule (*Fend* 1980 u. 1989, *Specht* 1982, *Fend/Schneider* 1984);
4. in Anknüpfung an *Youniss* und *Piaget* Forschungen zur Bedeutung symmetrischer oder konkurrenzorientierter Beziehungen von Gleichaltrigen im Schulalltag für die Herausbildung sozialer und moralischer Kompetenzen (vgl. *Krappmann/Oswald* 1985);
5. inspiriert durch ethnographische Traditionen der Erforschung des Schülerlebens (vgl. *Zinnecker* 1975, *Willis* 1979) entstanden Studien zum Verhältnis von Schule und jugendlicher Lebenswelt (vgl. *Projektgruppe Jugendbüro* 1975 u. 1977, *Zinnecker* 1978, *Bietau/Breyvogel/Helsper* 1981, *Bietau* 1989, *Helsper* 1989).

Die am **Labeling-Ansatz** orientierten Arbeiten zur schulischen Abweichung gehen von der Annahme aus, daß das abweichende Verhalten kein psychisches Merkmal der Jugendlichen ist, sondern Ergebnis von Typisierungsprozessen. Insbesondere schulisches Versagen legt nahe, vom Lehrer nicht nur als „schlechter Schüler" eingestuft zu werden, sondern in der „pragmatischen Alltagstheorie" der Lehrer auch als deviant und tendenziell kriminell zu erscheinen. Die Typisierungen der institutionell definitionsmächtigeren Lehrer setzen sich, wenn auch abgeschwächt, in der Wahrnehmung der Mitschüler fort und werden schließlich auch zu einem entsprechenden Selbstbild verdichtet (vgl. *Brusten/Hurrelmann* 1973, *Tornow* 1978). Im Zusammenspiel mit weiteren gesellschaftlichen Kontrollinstanzen (z.B. dem Jugendamt), wobei sich eine große Bereitschaft und zugleich ein fehlendes Problembewußtsein der Lehrer bei der Weitergabe von Informationen über Schüler an andere Kontrollinstanzen feststellen läßt (vgl. *Brusten/Holtappels* 1985) — können die schulischen Typisierungsprozesse zur Einleitung „sekundärer Devianz" und einer devianten Karriere führen.

Aus der Kritik an der einseitigen Betonung der institutionellen Typisierungen bei der Entstehung der Abweichung und dem Konzept des passiv in die Abweichung gedrängten Subjekts entwickelten sich Differenzierungen. So stellt etwa das, was aus der Sicht der Institution als abweichendes Verhalten erscheint, aus der Schülerperspektive problembewältigendes Handeln dar, wobei die Probleme durch die schulischen Lernbedingungen entscheidend mitbedingt werden (vgl. *Götzl* 1979, *Holtappels* 1984 u. 1985). Diese Bewältigungsversuche, fast der Normalfall schulischen Alltagshandelns (vgl. *Fend/Schneider* 1984, *Holtappels* 1985), nehmen erst über ständige Devianztypisierungen den Charakter einer „abweichenden Rolle" an. Von besonderer Relevanz für die Entstehung einer abweichenden Identität ist aber die soziale Abstützung der Abweichung durch einen jugendlichen Beziehungszusammenhang mit abweichenden Werten, also die Ausbildung einer jugendlichen **Subkultur** (vgl. *Cohen* 1961, *Hargreaves* 1979, *Fend/Schneider* 1984, *Helsper/Müller/Nölke/Combe* 1991).

An dieser Frage des Verhältnisses der „offiziellen pädagogischen Programme" und der subkulturellen jugendlichen Wertekontexte setzen die Studien von *Specht* und *Fend* an. Den Ausgangspunkt bildet die Überlegung, daß die Schule die Interaktionsmöglichkeiten, die Interaktionsformen und -inhalte vorstrukturiert und die Jugendlichen zugleich in die ambivalente Situation versetzt werden einerseits eine gemeinsame Lage zu teilen und andererseits in dieser Gemeinsamkeit strukturell in Konkurrenzverhältnisse eingebunden zu sein (vgl. *Fend* 1980, *Specht* 1982). Für jede Schulform wird von *Fend* und *Specht* ein informelles „Peer-Klima" ermittelt, mit typischen jugendlichen Einstellungen zu schulischen Anforderungen.

Insbesondere für städtische Hauptschulen ist eine „schulentfremdete" Altersgruppe festzustellen, mit deutlicher Distanz gegenüber schulischen Leistungsanforderungen. Dabei wächst diese Entfremdung gegen Ende der Pflichtschulzeit drastisch an und führt zu einem „Auszug aus dem pädagogischen Programm". Das Peer-Klima der Realschule ist demgegenüber schulkonformer. Schulische Leistung besitzt einen hohen Stellenwert, wobei die Gleichaltrigengruppe zugleich auch kompensatorische Schutzhaltungen gegenüber schulischen Anforderungen wahrnimmt. Insbesondere die Realschulmädchen entsprechen dem Bild einer „konformen Altersgruppe". Für das Gymnasium ist eine „ambivalent-oppositionelle" Altersgruppe typisch. Von zentraler Bedeutung ist hier intellektuelles Leistungsvermögen und schulischer Erfolg, aber auch Distanz und Kritik gegenüber der Schule. Daraus resultiert eine Cross-Pressure-Situation für die Jugendlichen, denen die Anpassung an schulische Leistungsforderungen bei gleichzeitiger Demonstration von Schuldistanz gelingen muß. Dabei wird die Schulleistung für die Wertschätzung unter den Gleichaltrigen im Lauf der Schulzeit immer wesentlicher. Die Gesamtschule schließlich ist durch ein „schulkonvergentes" Peer-Klima gekennzeichnet. Eine hohe Wertschätzung schulischer Leistung geht mit einer positiven Einschätzung der Gesamtschule und einer positiven Sanktionierung kritisch-progressiven Bewußtseins einher. Hier kann von einer Kongruenz von informellem Wertekontext und kritisch-progressivem Gesamtschulklima gesprochen werden (vgl. *Fend* 1980 u. 1989, *Specht* 1982).

Gegenüber diesen Studien bleibt kritisch anzumerken, daß die sehr unterschiedlichen und nur aus einer oft einmaligen Kumulation von organisatorischen, informellen und epochalen Aspekten resultierenden Milieus Gleichaltriger schulformspezifisch generalisiert und interne Differenzierungen eingeebnet werden. Trotz aller Bemühungen auch die positiven sozialisatorischen und stabilisierenden Funktionen der Altersgruppe zu berücksichtigen, bleibt eine Sichtweise dominant, die die Gefahren des „heimlichen Miterziehers" Peergroup hervorhebt und von der Befürchtung getragen wird, daß die Gleichaltrigengruppe bei den Jugendlichen leistungsfeindliche Einstellungen fördern und die Jugendlichen gegen erzieherische Bemühungen immunisieren könne (vgl. *Fend* 1980).

Gegenüber diesem stark durch die Organisationsperspektive gekennzeichneten Blick, bemühen sich ethnographische Studien um einen stärker die jugendlichen Alltagspraxen berücksichtigenden Blick auf die Schule und ihre Bedeutung für jugendliche Milieus. *Willis* etwa verbindet in seiner Studie der Jugendkultur in der Arbeiterschule, in der er auf eine schulische Gegenkultur, die „lads", und eine schulkonforme Kultur, die „earoles", stößt, eine brilliante Ethnographie des informellen Widerstandes mit einer reproduktionstheoretischen Analyse der Arbeiterkultur. Er arbeitet heraus, wie gerade im Widerstand der Gegenschulkultur gegen die schulischen Regeln die kulturellen Praxen der Arbeiterstammkultur von den Jugendlichen subjektiv reproduziert werden und gerade durch die subversive Auseinandersetzung mit der Schule die Integration in die Arbeiterkultur und die Überführung in Arbeiter-Jobs erfolgt (vgl. *Willis* 1979).

Obwohl die Annahme einer homogenen Arbeiterstammkultur und einer Homologie von Fabrik- und Gegenschulkultur, das Kernstück der Analyse von *Willis,* für die BRD kaum zu übernehmen ist, hier vielmehr von weitreichenden Auflösungs- und Individualisierungsschüben in lebensweltlichen Milieus ausgegangen werden muß, zeigen sich in bundesrepublikanischen Studien frappierende Ähnlichkeiten mit der Studie von *Willis.* Auch hier wird eine schulkonforme Jugendkultur der „Familienzentrierten", institutionell Integrierten oder sich engagiert Anpassenden von einer schuloppositionellen „jugendzentrierten Subkultur", einem maskulin orientierten Handlungstypus oder einer verweigerten Anpassung unterschieden (vgl. *Projektgruppe Jugendbüro* 1975 u. 1977, *Bietau/Breyvogel/Helsper* 1983, *Lenz* 1986). Bis in Details gleichen die in diesen Studien beschriebenen kulturellen Praxen der schuloppositionellen **Subkultur** der „lads": Machismo und Sexismus, körperliche Härte, Action und Thrill, die Hochschätzung körperlicher und die Entwertung der Schul-Arbeit, der Wunsch schnell erwachsen zu werden und die schulischen Widerstandsformen sind weitgehend ähnlich beschrieben.

Im Gegensatz zu *Willis* weist die *Projektgruppe Jugendbüro* aber den institutionellen Erfahrungen der Jugendlichen, insbesondere dem Scheitern der Schulkarriere, eine zentrale Bedeutung für die Entstehung der oppositionellen Schulkultur zu, wobei diese Jugendlichen, auch von Mittelschichtpositionen aus, auf expressive kulturelle Praxen von Arbeiterjugendlichen zurückgreifen können.

Für die 80er Jahre geht eine neue Studie dezidiert von einer Zuspitzung der Krisen der Moderne, von Individualisierungsschüben und einer fortgeschrittenen Auflösung lebensweltlicher Milieus aus und untersucht vor diesem Hintergrund das Verhältnis von Schule und jugendlichen Kulturen am Beispiel einer maskulin orientierten Clique aus einer ehemaligen Zechensiedlung und der alternativen Gegenkultur einer großen Gesamtschule (vgl. *Bietau* 1989, *Helsper* 1989). Für beide Bereiche bestätigt die Studie eine krisenhafte Zuspitzung infolge der Individualisierungs- und Auflösungsprozesse, wobei die Schule sowohl in der maskulin orientierten Subkultur wie auch in der alternativen Gegenkultur eher als Ort der Krisenverschärfung erscheint. Während die Zechensiedlungsclique sich in einer deutlichen Grenzziehung gegenüber der Schule und angesichts eines realen Zerbrechens des Bergarbeiterzusammenhangs, durch eine imaginäre Wiederbelebung von Arbeitertraditionen, wobei Freizeit und insbesondere die Geschlechterbeziehungen zum eigentlichen Schauplatz maskuliner Überlegenheit werden, zu stabilisieren versucht, ist die Gegenkultur der Gesamtschule weit stärker durch die internen Widersprüche der Bildungsinstitution gekennzeichnet. Gerade die strukturelle Ambivalenz zwischen Bildungsidealen der Gesamtschule, die bei den Jugendlichen Zuspruch finden, und den Enttäuschungen des instrumentell dominierten Schulalltags führen dazu, daß die Schule für diese Jugendlichen zum wesentlichen Schauplatz der Auseinandersetzung zwischen ihren Lebensvorstellungen und dem „System“ wird. Dadurch verschärfen sich die um Sinn, Autonomie und Individuation gerankten Problematiken der schulischen Gegenkultur und es droht eine systemisch erzeugte Verödung des gegenkulturellen Alltags und eine Überlastung der kommunikativen und kompensatorischen Ressourcen.

4 DDR-Schule und Jugend — Überlegungen vor dem Horizont der deutsch-deutschen Vereinigung

Die schnelle deutsch-deutsche Vereinigung hat im vereinigten Deutschland zu einer gespaltenen Generationslage geführt. Während sich für die westdeutschen Schüler durch die Vereinigung relativ wenig veränderte — ausgenommen die Auseinandersetzung mit dem anderen Teil Deutschlands oder die Konfrontation mit jugendlichen Übersiedlern (vgl. *Ronge* 1986 u. 1990, *Helsper/Bertram/Stelmaszyk* 1991) — sich für die westdeutschen Jugendlichen am Ende der 80er Jahre eher eine Entspannung des Status- und Verdrängungswettbewerbs vollzieht, werden die ostdeutschen Jugendlichen mit dem Zerfall der ökonomischen, politischen, kulturellen und schulischen Strukturen konfrontiert und müssen sich mit der schubartigen Freisetzung aus staatlich kontrollierten, politisch überwachten, aber auch sozial abgesicherten beruflichen Laufbahnen auseinandersetzen. Binnen kürzester Frist müssen sie sich auf den grundlegenden Wandel des Bildungssystems einstellen, werden in die damit einhergehenden anomischen Entstrukturierungen des DDR-Bildungssystems einbezogen und vor die Aufgabe der kurzfristigen Bewältigung der neuen Bildungsanforderungen gestellt. Dabei gehen die bisherigen sozialisatorischen Erfahrungen im DDR-Bildungssystem konstitutiv in die Umstrukturierungen der Schule mit ein.

Die zentralen Unterschiede des DDR- und BRD-Schulsystems, auf der Grundlage der für beide Staaten gültigen Struktur schulförmiger Unterrichtung und Sozialisation, die als wesentliche Voraussetzungen der Probleme zu begreifen sind, die mit der Implementierung der Westschule in die „Bildungslandschaft" der ehemaligen DDR einhergehen, können holzschnittartig in folgenden Punkten zusammengefaßt werden:

— Obwohl es auch in der ehemaligen DDR eine erhebliche Ausweitung der Schulzeit gegeben hat (von 1965 bis 1985 stieg der Anteil der Absolventen der 10. Klasse von 52,7 % auf 86,8 % eines Jahrganges), ist diese Expansion gegenüber der BRD geringer: lediglich 8,4 % eines Jahrganges absolvierten 1984 die Erweiterte Oberschule (EOS), die als einzige Vollzeitschule mit der gymnasialen Oberstufe oder Fachoberschule der BRD vergleichbar ist, also lediglich jeder 12. des Jahrganges gegenüber nahezu jedem 3. eines Jahrganges in der BRD (vgl. *Anweiler* 1988, *Waterkamp* 1987).
— Gegenüber dem dreigliedrigen, stärker selegierenden, aber auch vielfache „Karrierevarianten" und Übergangsmöglichkeiten beinhaltenden Schulwesen der BRD, das eine „Biographisierung" der Schulkarriere ermöglicht, ist das Schulwesen der DDR homogener, standardisierter und vorstrukturierter. Das „Bildungsmoratorium" (*Zinnecker* 1991) der DDR-Schüler war sozial stärker reguliert und weniger individualisiert (vgl. *Chalupsky/Hoffmann* 1991, *Behnken* u.a. 1991).
— Obwohl die Einheitsschule der DDR bis zum 10. Jahrgang (POS) auf eine Aufhebung der sozialen Ungleichheit und vor allem der ungleichen Bildungsbeteiligung zielte, setzten sich auch in der wenig differenzierten Einheitsschule familiale Bildungshintergründe und damit eine bildungsspezifische Reproduktion sozialer Ungleichheit durch, wenn auch die schichtspezifische Benachteiligung im Bildungswesen der DDR längst nicht so gravierend war, wie im bundesrepublikanischen Schulsystem mit seiner frühen Selektion (vgl. *Waterkamp* 1987, *Steiner* 1991, *Hille* 1985).
— Das Schulwesen der DDR war aber nicht nur hinsichtlich der Schülerkarriere standardisierter und die Statuspassage Jugend damit sowohl vorhersehbarer, sicherer aber auch sozial stärker kontrolliert, sondern es gab auch eine stärkere „Übersichtlichkeit" der alltäglichen schulischen Verhältnisse in der Spannung von Unterstützung und stärkeren Kontrollmöglichkeiten: die Klassen waren kleiner, die Schüler-Lehrer-Relation geringer, die Durchdringung von Schule, Freizeit, Familie und Betrieb dichter, ebenso wie die Verbindung von Wohngebiet und Schule (vgl. *Waterkamp* 1987, *Steiner* 1991).
— Während das bundesrepublikanische Schulsystem zunehmend eine individualisierte Leistungskultur ohne eine Ausrichtung an partikularen weltanschaulichen Überzeugungen besitzt (vgl. *Fend* 1988), zielte die DDR-Schule auf die Formung der „sozialistischen Persönlichkeit" und damit auf die Erziehung des „ganzen Jugendlichen". Die „ideologische Okkupation" der Schule im Sinne der „marxistisch-leninistischen Pädagogik", die sich bis zum Ende der 50er Jahre vollzog (vgl. *Anweiler* 1988, S. 40ff., *Klier* 1990), läßt die DDR-Schule als eine staatlich kontrollierte und enggeführte „Gesinnungsschule" erscheinen, mit einer in Ritualen, Disziplinierungen, Gratifikationen, in Sprachgebrauch und teleologischen Vervollkommnungs- und Vollendungskonzepten sich manifestierenden, säkularisierten „Erziehungsreligion" (vgl. *Oelkers* 1990, *Schlosser* 1990). Schulischer Erfolg, Bildungs- und Berufskarriere waren somit auf das engste mit der „richtigen Überzeugung", der aktiven Mitgliedschaft in den Jugendorganisationen, der „richtigen" institutionell präformierten Freizeitkarriere und der Bekundung sozialistischer Haltungen verbunden (vgl. *Chalupsky/Hoffmann* 1991, *Griessmann* 1990).

— Während sich im Schulsystem der BRD eine „Informalisierung" der pädagogischen Kultur vollzog, eine Verschiebung vom unmittelbaren zum anonymen Fremdzwang, zur Forderung von Selbstkontrolle verbunden mit einem Zurücktreten von Unterordnung und Gehorsam (*Büchner* 1985), dominierten im Schulwesen der DDR noch stärker „autoritäre" Strukturen, Gehorsams-, Ordnungs- und Disziplinforderungen (vgl. *Freiberg* 1990, *Helsper/Bertram/Stelmaszyk* 1991). Die Modernisierungsprozesse, die es im Schulsystem der DDR auch gegeben hat (vgl. *Anweiler* 1988), betrafen vor allem die Inhalte und weniger die pädagogische Kultur. Zwar gab es in den 80er Jahren Hinweise auf Veränderungen der DDR-Jugend, Vorschläge im Unterricht stärker die „Subjektposition" zu berücksichtigen, die realen Erfahrungen der Jugendlichen einzubeziehen und die Widersprüche von „Individualität und Kollektivität" zu beachten. Allerdings fanden diese Hinweise staatlicherseits kaum Beachtung, erreichten den Schulalltag nicht und waren zudem eher als Vorschläge für eine Effektivierung weltanschaulicher Erziehung gedacht (vgl. *Anweiler* 1988).

Allerdings darf aus diesen Unterschieden nicht gefolgert werden, daß der DDR-Schulalltag vollständig formiert gewesen sei. Vielmehr belegen Zeitreihen der DDR-Jugendforschung eindrucksvoll einen gravierenden Wertewandel unter DDR-Jugendlichen, etwa eine drastische Relativierung sozialistischer Überzeugungen im Verlauf der 80er Jahre, eine stärkere Orientierung an „hedonistischen" und Individualitäts- oder Selbstentfaltungswerten (vgl. *Friedrich* 1989, *Lange/Stiehler 1990, Förster* 1991, *Müller* 1991). Darin kommt einerseits zum Ausdruck, daß der DDR-Schule jene umfassende erzieherische Formierung der Jugendlichen im sozialistischen Sinne nicht gelang. Zum anderen deutet sich in diesen Entwicklungen auch eine stärker werdende Diskrepanz zwischen schulischen Erziehungsprogrammen und der DDR-Jugendgeneration der 80er Jahre an, die westliche Freizeitorientierungen, Wünsche nach Selbstverwirklichung und Selbständigkeit entwickelte. Bei aller Vorsicht aufgrund der Forschungslage in der DDR, vor allem dem weitgehenden Fehlen qualitativer Forschungen, finden sich doch Hinweise auf jugendliche Taktiken, sich dem Unterricht und der Kontrolle zu entziehen (vgl. *Freiberg* 1990). Es ist davon auszugehen, daß sich gerade aufgrund der stärkeren Kontrolle des Schulalltags bei den Jugendlichen um so eher Gegenstrategien und eine strategische Haltung gegenüber den offiziellen Unterrichtsforderungen entwickelten, daß eine abgeschirmte „Hinterbühne" mit symbolischen Distanzierungsmöglichkeiten und Verarbeitungsformen der schulischen Überwachung entstand, in der die Distanzierung gegenüber staatlich-institutionellen Forderungen gemeinsamkeitstiftend für die Jugendlichen wurde (vgl. *Helsper/Bertram/Stelmaszyk* 1991). Die „Schülerstudie 90" ermittelt etwa für Mitte 1990 keine gravierenden Unterschiede in den schulischen Regelverletzungen bei DDR- und BRD-Jugendlichen. Allerdings dominieren bei den DDR-Jugendlichen eher „kleinere Disziplinverstöße", während lediglich 17 %, gegenüber 38 % bei den westdeutschen Jugendlichen, die Schule schwänzen (*Behnken* u.a. 1991, S. 126). Allerdings ist bei diesen Angaben zu berücksichtigen, daß diese Werte für die Zeit nach der „Wende" gelten, die Regelverstöße gegenüber dem von drastischem Legitimationsverlust gekennzeichneten DDR-Bildungssystem begangen werden und nicht ohne weiteres auf die „intakte" DDR-Schule bezogen werden können. Auch die geringere Ausprägung inhaltlicher Interessen und die starke Ablehnung der weltanschaulich geprägten Fächer (Russisch, Staatsbürgerkunde etc.) deuten auf eine Distanz der DDR-Jugendlichen gegenüber der Schule hin (ebd. S. 123 f.). Aber nicht nur dadurch wird das Bild einer Formierung des DDR-Schulalltags relativiert, sondern für die 80er Jahre ist auch eine Abnahme der Lernfreude (*Chalupsky/Hoffmann* 1991), eine Relativierung des Lebenswertes Bildung (*Hoffmann* 1991) und ein drastisches Absinken des Schulerfolgs als Lebenswert von 1959 zu 1988 von 43 % auf 8 % bei den Jungen und von 53 % auf 9 % bei den Mädchen festzustellen (vgl. *Müller* 1991).

Diese drastische Relativierung von Schulfreude und Schulinvolvement in der DDR ist nicht nur aus der wachsenden Fremdheit zwischen sozialistischem Erziehungssystem und der Jugendgeneration der 80er Jahre zu erklären, sondern auch aus Widersprüchen in der schulischen Leistungs- und Selektionspraxis. So kam es einerseits zu einer Inflationierung guter Noten in der POS, einer ständigen Steigerung der POS-Abschlüsse nach der 10. Klasse, zugleich aber — aufgrund der Planungsabstimmung von Abiturientenquote und Studienplätzen — zu einem geringeren Übergang der Jugendlichen in die Erweiterte Oberschule (EOS): Gingen 1969 noch 14,8 % der Absolventen der 10. Klasse auf die EOS, so 1980 nur noch 9,1 % und 1984 — aufgrund demographischer Entwicklungen — 10,1 % (*Waterkamp* 1987, S. 151 f., *Gläßer* 1991, *Hoffmann* 1991). In der Abnahme des Lebenswertes Schulerfolg äußert sich auch die Relativierung der schulischen Leistung für die berufliche Laufbahn und eine Verschärfung der Selektionspraxis (vgl. *Kühnel* 1990).

Diese sozialisatorischen Erfahrungen im DDR-Bildungssystem bringen die ostdeutschen Jugendlichen in den Prozeß der deutsch-deutschen Vereinigung und die kurzfristige Umstellung des DDR-Schulsystems auf westdeutsche Bildungsstrukturen ein. Diese Generationserfahrungen, Widersprüche und Verunsicherungen der ostdeutschen Jugendlichen der 90er Jahre im sich verändernden Bildungssystem müssen verstärkt zum Gegenstand der Jugendforschung gemacht werden und können hier lediglich hypothetisch angedeutet werden:

— Nach der Wende zeigt sich in der ehemaligen DDR ein deutlicher Anstieg der Bildungsambitionen (vgl. *Steiner* 1991). So streben 56 % der ostdeutschen Jugendlichen gegenüber 51 % der westdeutschen (Mai / Juni 1990) Abitur bzw. Fachabitur an und 72 % der ostdeutschen gegenüber 56 % der westdeutschen Jugendlichen formulieren, daß sich eine hohe berufliche Qualifikation mehr lohne als bisher (*Behnken* u.a. 1991, S. 127 f.). Diese Expansion der Bildungswünsche trifft aber zumindest vorerst noch auf geringere Bildungsmöglichkeiten und zugleich deutet sich darin die Gefahr eines noch schärferen Verdrängungswettbewerbs um knappe Ausbildungs- und Arbeitsplätze an, als er für die Kinder der Bildungsexpansion, die um die Bildungsversprechungen „geprellte Jugendgeneration" der späten 70er und 80er Jahre, in der BRD typisch war.

— Die schnelle Einführung der individualisierten schulischen Leistungskultur bedeutet, daß sich die ostdeutschen Jugendlichen schnell auf die individuelle, konkurrenzhafte und stärker in die eigene Verantwortung gestellte Leistungserbringung einstellen müssen. Diese „Leistungsindividualisierung" erfolgt in der ehemaligen DDR zudem unter Bedingungen einer anomischen Entstrukturierung und Desorientierung im Bildungssystem: Es entfallen nicht nur alte — wenn auch zumeist abgelehnte — Stabilisierungen und pädagogische Stützungen, die Jugendlichen werden nicht nur stärker auf ihre eigenen Anstrengungen und Ressourcen verwiesen, sondern zugleich ist die Etablierung des neuen Bildungssystems auf absehbare Zeit instabil, von Verunsicherungen der Lehrer bestimmt, die — delegitimiert und selbst neue Orientierungen suchend — als stabilisierende erwachsene Stützen der Schüler eher ausfallen.

— Mit den steigenden Bildungsambitionen und der individualisierten schulischen Leistungskultur verbindet sich die Gefahr, daß die alte „Gesinnungskontrolle“ durch eine modernisierte „Leistungskontrolle“ ersetzt wird. Der strategische Umgang mit den sozialistischen Zielen und Lernstoffen der DDR-Schule könnte nahtlos in eine strategische Anpassung an westliche Leistungsvorgaben und -gratifikationen münden. „Alte“ Gesinnungskontrolle, Immunisierung gegen kritische Aufarbeitung, Tabuisierung neuralgischer Vergangenheitspunkte, Abwehr akuter sozialer Problematiken könnten im Gewand modernisierter Leistungskontrolle und -disziplinierung Bestand haben. Diese Befürchtung wiegt besonders schwer, da damit der schulische Bildungsprozeß, als der sozial instituierte zentrale Ort der reflexiven Auseinandersetzung sowohl mit der DDR-Geschichte aber auch den Problemen der deutsch-deutschen Vereinigung, diese Aufgabe verfehlen würde.

— Mit der Ausdifferenzierung des Schulsystems (Dreigliedrigkeit) und dem gleichzeitigen Abbau „öffentlicher Bildung“ verschiebt sich das Verhältnis von Familie und Schule. Einerseits greift damit staatliche Gesinnungskontrolle weniger in die Familie und die jugendliche Lebenswelt ein, andererseits bedeutet der Abbau öffentlicher Bildungsmaßnahmen aber auch eine Privatisierung und Individualisierung struktureller Problemlagen Jugendlicher. Damit ist die Gefahr verbunden, daß gerade jene Familien, die durch den sozialen, ökonomischen und kulturellen Strukturwandel besonders destabilisiert sind, mit der Bewältigung jugendlicher Problemlagen überlastet sind und für die Jugendlichen in der Auseinandersetzung um Bildungslaufbahnen und Zukunftsorientierungen als stabilisierender und beratender Zusammenhang ausfallen.

— Insgesamt ist davon auszugehen, daß sich aufgrund der Differenzierungen des Bildungssystems, der stärkeren Ungleichheit der Bildungswege und damit der sozialen Plazierungschancen auch „neue Ungleicheiten“ unter den Jugendlichen durchsetzen. Die im Vergleich zu Westdeutschland relativ homogene Gruppe der Gleichaltrigen, was sowohl aus der Gemeinsamkeit stiftenden Abgrenzung gegenüber dem sozialistischen Staat und seinen Organen, aber auch aus der insgesamt homogeneren und stärker durch sozioökonomische Gleichheit gekennzeichneten DDR-Gesellschaft resultiert, differenziert sich aus und entwickelt entlang spezieller familialer Vereinigungs-Soziobiographien und Bildungswege Abgrenzungen und Profile sozialer Ungleichheit. Diese neuen Formen sozialer Ungleichheit im Osten Deutschlands dürften sich auch in Form symbolischer Abgrenzungen und realer aggressiver Auseinandersetzungen zwischen den sich ausdifferenzierenden jugendlichen Gruppierungen äußern, die sich auch entlang der Bildungsgrenzen ergeben. Die „Verlierer“ und „Gewinner“ der deutsch-deutschen Vereinigung werden im Schmelzofen der schulischen Selektion getrennt, wobei sich die Bildungs-Verlierer, mit allen Problemen enttäuschter Westhoffnungen und -mythen, in der neu geschaffenen Hauptschule der ehemaligen DDR wiederfinden.

5 Zusammenfassung und Perspektiven

Im Durchgang durch verschiedene theoretische Ansätze zeigt sich, daß sie zumeist nur Teilaspekte des Verhältnisses von Jugend und Schule erfassen. Ein umfassender Blick ist somit nur durch eine reflektierte interparadigmatische und interdisziplinäre Kombination verschiedener Ansätze zu erreichen. Anregungen dazu finden sich etwa in der Verknüpfung umfassender reproduktionstheoretischer Positionen mit ethnotheoretischen und strukturalpsychoanalytischen Konzepten, etwa im Bereich der Forschungen zum Verhältnis von Schule und Jugendkultur (vgl. *Willis* 1979, *Cohen* 1986), oder auch in der Verknüpfung symbolisch-interaktionistischer mit lebenslauftheoretischen und organisationssoziologischen Ansätzen (vgl. *Arbeitsgruppe Schulforschung 1980, Hurrelmann/Wolf* 1986).

Vor allem bedarf es einer umfassenden Perspektive, die, ohne subsumtionslogische Verkürzungen, die Ebene des Subjekts, der interaktiven Netzwerke, die organisatorische und die makrosoziale Ebene gesellschaftlicher Reproduktions- und Transformationsprozesse verbindet, um daraus sinnvolle Forschungsperspektiven zu entwickeln wie auch eine strukturierte Sichtung der zersplitterten, spezialisierten und kaum noch überschaubaren empirischen Ergebnisse zum Verhältnis von Jugend und Schule zu leisten.

Der Blick auf das Verhältnis der sich krisenhaft zuspitzenden Modernisierungsprozesse, der schulischen Rationalisierungs- und Modernisierungsverläufe, den damit einhergehenden Wandlungen des Reproduktionsverlaufs und den veränderten Bedingungen der Lebenslaufphase Jugend, sowie den unterschiedlichen Generationslagerungen und den stärker über Bildungspartizipation vermittelten neuen sozialen Ungleichheiten (*Zinnecker* 1987, *Hradil* 1987), wäre eine sinnvolle Perspektive, die folgende Ebenen und Interdependenzen zu berücksichtigen hätte:

- die im Zuge sozialer Differenzierungs- und Modernisierungsprozesse stattfindenden Verschiebungen und Umgewichtungen zwischen den Sozialisationsbereichen, etwa Familie und Schule, und dem damit einhergehenden Wandel und den neuen Erfordernissen „öffentlicher Erziehung“ (vgl. ZfPäd 5/1988 u. 4/1991);
- die Veränderungen des Schulsystems im Rahmen der Modernisierungsprozesse in der Ambivalenz kultureller Freisetzungsprozesse und gesellschaftlicher Systemrationalisierung;
- die Auswirkungen dieser Prozesse auf die organisatorische und interaktive Binnenrealität der Schule zwischen den Polen einer technokratischen Modernisierung des Schulsystems und einer Informalisierung und „Humanisierung“ der pädagogischen Kultur;
- das Eingreifen des modernisierten Schulsystems in die außerschulischen lebensweltlichen Zusammenhänge und damit die Frage einer kolonialisierenden Durchdringung der lebensweltlichen Bereiche und biographischen Verläufe Jugendlicher durch systemische Leistungs- und Selektionsimperative der Schule;
- das Verhältnis systemischer Imperative und lebensweltlicher Prozesse im schulischen Lebenszusammenhang Jugendlicher selbst, eine zentrale Perspektive, da die Schule sich auf Kosten lebensweltlicher Bereiche ausdehnt, an der Aufstörung le-

benswelticher Milieus mitwirkt, sich aufgrund ihrer „Tiefenstruktur", einer strukturell von biographischen Hintergründen abstrahierenden kognitiven Instruktion und zweckrationalen Selektion zusehends von lebensweltlichen Bereichen ablöst und gerade aufgrund ihrer Ausweitung „Ersatz" für die verlorengehenden außerschulischen kommunikativen und praktischen Erfahrungen bereitzustellen hätte;

— schließlich die Situation der jugendlichen Subjekte in den schulischen Prozessen im Verhältnis zu ihrer außerschulischen Realität und dabei vor allem die Ermöglichung oder Blockierung der Entwicklung kognitiver, kommunikativer und soziomoralischer Kompetenzen, der Herstellung und Erprobung von Selbstentwürfen, Identitäts- und Lebensformen und der Erzeugung motivationaler und sinnlich-expressiver Grundlagen „innerer Natur".

Den Hintergrund bildet die übergreifende Frage, inwiefern die Krisen der Moderne auch in Form einer „Schulkrise" auf die sozialen Netzwerke und die jugendlichen Subjekte durchschlagen, sich in Form von Identitäts- und Selbstwertproblematiken, als Sinn-, Orientierungs- und Motivationskrise bei Jugendlichen äußern und damit nicht nur eine lebensgeschichtliche Belastung und Blockierung von Entwicklungsmöglichkeiten erfolgt, sondern die Entfaltung humaner Ressourcen bedroht ist (vgl. *Groddeck* 1977, *Baumert* 1981, *Schweitzer/Thiersch* 1983, *Bohnsack* 1984, *OECD* 1985, *Fend* 1988, *Melzer/Hurrelmann* 1990, *Helsper* 1991).

Literatur

Allerbeck, K./Hoag, W.: Jugend ohne Zukunft. Einstellungen, Umwelt, Lebensperspektiven. München/Zürich 1985

Anweiler, O.: Schulpolitik und Schulsystem in der DDR. Opladen 1988

Arbeitsgruppe Schulforschung: Leistung und Versagen. München 1980

Asmus, J./Peuckert, R. (Hrsg.): Abweichendes Schülerverhalten. Zur Devianzetikettierung in der Schule. Heidelberg 1979

Aster, R. / Kuckartz, U.: Jugend und Schule. Eine Sekundäranalyse schulspezifischer Fragen der Shell-Studie „Jugendliche und Erwachsene 85". In: Zeitschrift für Sozialisationsforschung und Erziehungssoziologie 8 (1988), H. 3, S. 200-213

Bach, H. u.a.: Verhaltensauffälligkeiten in der Schule. Berlin 1986

Bachmann, J.G.: Die Bedeutung des Bildungsniveaus für Selbstwertgefühl, berufsbezogene Einstellungen, Delinquenz und Drogenkonsum bei Jugendlichen. In: Olbrich, E./Todt, E. (Hrsg.): Probleme des Jugendalters. Berlin/Heidelberg/New York/Tokyo 1984, S. 131-159

Baethge, M.: Individualisierung als Hoffnung und als Verhängnis. In: Soziale Welt 36 (1985), H. 3, S. 299-313

Baethge, M./Schomburg, H./Voskamp, U.: Jugend und Krise — Krise aktueller Jugendforschung. Frankfurt a.M./New York 1983

Baumert, J.: Schulkrise: Krise der staatlichen Regelschule? In: Zeitschrift für Pädagogik 27 (1981), H. 4, S. 495-519

Beck, J.: Lernen in der Klassenschule. Reinbek 1974

Beck, U./Beck-Gernsheim, E.: Das ganz normale Chaos der Liebe. Frankfurt 1990

Behnken, I. u.a.: Schülerstudie 90. Jugendliche im Prozeß der Vereinigung. Weinheim/München 1991

Bernfeld, S.: Sisyphos oder die Grenzen der Erziehung. Frankfurt/M. 1973

Bietau, A.: Arbeiterjugendliche zwischen Schule und Subkultur — Eine Straßenclique in einer ehemaligen Bergarbeitersiedlung des Ruhrgebietes. In: Breyvogel, W. (Hrsg.): Pädagogische Jugendforschung. Opladen 1989; S. 131-159

Bietau, A./Breyvogel, W./Helsper, W.: Zur Selbstkrise Jugendlicher in Schule und Subkultur. In: Zeitschrift für Pädagogik 27 (1981), H. 3, S. 339-363
Bietau, A./Breyvogel, W./Helsper, W.: Subjektive Verarbeitung schulischer Anforderungen und Selbstkrisen Jugendlicher — Schülerfallstudien und deren vergleichende Interpretation. Essen 1983
Bloom, B.S.: Human Characteristics and School Learning. New York 1976
Bilden, H./Diezinger, A.: Individualisierte Jugendbiographie? Zur Diskussion von Anforderungen, Ansprüchen und Möglichkeiten. In: Zeitschrift für Pädagogik 30 (1984), H. 2, S. 191-209
Bittner, G./Rehm, W. (Hrsg.): Psychoanalyse und Erziehung. Ausgewählte Beiträge aus der „Zeitschrift für psychoanalytische Pädagogik". Bern/Stuttgart 1964
Bohnsack, F. (Hrsg.): Sinnlosigkeit und Sinnperspektive. Die Bedeutung gewandelter Lebens- und Sinnstrukturen für die Schulkrise. Frankfurt a.M./Berlin/München 1984
Bolder, A.: Ausbildung und Arbeitswelt. Eine Längsschnittuntersuchung zu Resultaten von Bildungsentscheidungen. Frankfurt a.M./New York 1983
Bourdieu, P./Passeron, J.C.: Die Illusion der Chancengleichheit. Stuttgart 1971
Bowles, S./Gintis, H.: Pädagogik und die Widersprüche der Ökonomie. Das Beispiel USA. Frankfurt a.M. 1978
Brehmer, I. (Hrsg.): Sexismus in der Schule. Der heimliche Lehrplan der Frauendiskriminierung. Weinheim/Basel 1982
Brück, H.: Die Angst des Lehrers vor seinem Schüler. Reinbek 1978
Brusten, H./Hurrelmann, K.: Abweichendes Verhalten in der Schule. Eine Untersuchung zu Prozessen der Stigmatisierung. München 1973
Brusten, M./Holtappels, G.: Kooperieren oder verweigern? Empirische Ergebnisse zur „Schulberichts"praxis und Problematik der Weitergabe von Informationen über Schüler an schulexterne Institutionen. In: Soziale Welt 36 (1985), H. 3, S. 313-336
Büchner, P.: Einführung in die Erziehungssoziologie. Darmstadt 1985
Büchner, P.: Sozialisation und Auslese beim schulischen Lernen. Trends der westdeutschen Schulentwicklung sei den 60er Jahren. In: Ders./Krüger, H.H. (Hrsg.): Aufwachsen hüben und drüben. Opladen 1991, S. 163-179
Büttner, C./Finger-Trescher, U. (Hrsg.): Psychoanalyse und schulische Konflikte. Mainz 1991
Chalupsky, J./Hoffmann, A.: Lernen in der Schule. Zum Verhältnis von unterrichtlichen und außerunterrichtlichen Angeboten in ostdeutschen Schulen. In: Büchner, P./Krüger, H.H. (Hrsg.): Aufwachsen hüben und drüben. Opladen 1991, S. 149-163
Cohen, A.K.: Kriminelle Jugend. Reinbek 1961
Cohen, P.: Die Jugendfrage überdenken. In: Lindner, R./Wiebe, H.H. (Hrsg.): Verborgen im Licht. Neues zur Jugendfrage. Frankfurt a.M. 1986, S. 21-98
Coleman, J.S.: The Adolescent Society. The social Life of the Teenager and its Impact on Education. New York 1961
Coleman, J.S.: Die asymmetrische Gesellschaft. Vom Aufwachsen mit unpersönlichen Systemen. Weinheim/Basel 1986
Dreeben, R.: Was wir in der Schule lernen. Frankfurt a.M. 1980
Dreesmann, H.: Unterrichtsklima. Weinheim/Basel 1982
Eigler, H./Klemm, K./Koch, H.: Quantitative Entwicklungen: Schule im Zeichen des Rotstifts. In: Rolff, H.G./Klemm, K./Tillmann, K.J. (Hrsg.): Jahrbuch der Schulentwicklung, Bd. 2, Weinheim/Basel 1982, S. 49-75
Enders-Dragässer, U./Fuchs, C.: Interaktion der Geschlechter. Sexismusstrukturen in der Schule. Weinheim/München 1989
Erdheim, M.: Die gesellschaftliche Produktion von Unbewußtheit. Frankfurt a.M. 1982
Fatke, R.: Schulumwelt und Schülerverhalten. Adaptionsprozesse in der Schule. München 1977
Fatke, R.: Psychoanalytische Beiträge zu einer Schultheorie. Eine Erinnerung an verdrängte Anstöße. In: Die Deutsche Schule (1986), H. 1, S. 4-16
Faulstich-Wieland, H. u.a.: Erfolgreich in der Schule, diskriminiert im Beruf: Geschlechtsspezifische Ungleichheiten bei der Berufseinmündung. In: Rolff, H.G. u.a. (Hrsg.): Jahrbuch der Schulent-

wicklung, Bd. 3, Weinheim/Basel 1984, S. 117-144

Fauser, R. u.a. (Hrsg.): Schulbildung, Familie und Arbeitswelt. München 1985

Fend, H.: Gesellschaftliche Bedingungen schulischer Sozialisation. Weinheim/Basel 1974

Fend, H.: Schulklima: Soziale Einflußprozesse in der Schule. Soziologie der Schule III. 1. Weinheim/Basel 1977

Fend, H.: Theorie der Schule. München/Wien/Baltimore 1980

Fend, H.: Gesamtschule im Vergleich. Weinheim/Basel 1982

Fend, H.: Selbstbezogene Kognitionen und institutionelle Bewertungsprozesse im Bildungswesen: Verschonen schulische Bewertungsprozesse den „Kern der Persönlichkeit"? In: Zeitschrift für Sozialisationsforschung und Erziehungssoziologie 4 (1984), H. 2, S. 251-270

Fend, H.: Sozialgeschichte des Aufwachsens, Bedingungen des Aufwachsens und Jugendgestalten im 20. Jahrhundert. Frankfurt 1988

Fend, H.: „Pädagogische Programme" und ihre Wirksamkeit. Das Beispiel der Umdeutung schulischer Normen und Erwartungen in der Altersgruppe. In: Breyvogel, W. (Hrsg.): Pädagogische Jugendforschung. Opladen 1987 (im Erscheinen)

Fend, H./Schneider, G.: Schwierige Schüler — schwierige Klassen. Abweichendes Verhalten, Sucht- und Delinquenzbelastung im Kontext der Schule. In: Zeitschrift für Sozialisationsforschung und Erziehungssoziologie 4 (1984), H. 1, S. 123-143

Fend, H./Prester, H.G.: Jugend in den 70er und 80er Jahren: Wertewandel, Bewußtseinswandel und potenzielle Arbeitslosigkeit. In: Zeitschrift für Sozialisationsforschung und Erziehungssoziologie 5 (1985), H. 1, S. 43-71

Fend, H./Schroer, S.: Depressive Verstimmungen in der Adoleszenz — Verbreitungsgrad und Determinanten in einer Normalpopulation. In: Zeitschrift für Sozialisationsforschung und Erziehungssoziologie 9 (1989), H. 4, S. 264-285

Förster, P.: Weltanschaulich-politisches Bewußtsein. In: Friedrich, W./Griese, H. (Hrsg.): Jugend und Jugendforschung in der DDR. Gesellschaftspolitische Situationen, Sozialisation und Mentalitätsentwicklung in den achtziger Jahren. Opladen 1991, S. 135-150

Freiburg, A.: Schüler, Ordnung und Disziplin. Deutsch-deutsche Fakten und Überlegungen zum Schulalltag. In: Hille, B./Jaide, W. (Hrsg.): DDR-Jugend. Politisches Bewußtsein und Lebensalltag. Opladen 1990, S. 276-323

Freud, S.: Zur Psychologie des Gymnasiasten. In: Sigmund Freud Studienausgabe Bd. IV, Psychologische Schriften. Frankfurt a.M. 1970, S. 235-241

Friedrich, W.: Mentalitätswandel der Jugend in der DDR. In: Aus Politik und Zeitgeschichte. Beilage zu Das Parlament, B 16/17 (1990), S. 25-37

Ders./Hennig, W. (Hrsg.): Jugend in der DDR. Daten und Ergebnisse der Jugendforschung vor der Wende. Weinheim/München 1991

Fuchs, W.: Jugendliche Statuspassage oder individualisierte Jugendbiographie? In: Soziale Welt 34 (1983), H. 3, S. 341-372

Fuchs, W.: Jugend als Lebenslaufphase. In: Fischer, A./Fuchs, W./Zinnecker, J.: Jugendliche und Erwachsene 85, Generationen im Vergleich. Bd. 1, Studie im Auftrag des Jugendwerks der Deutschen Shell. Opladen 1985, S. 195-265

Fuchs, W./Zinnecker, J.: Nachkriegsjugend und Jugend heute. Werkstattbericht aus einer laufenden Studie. In: Zeitschrift für Sozialisationsforschung und Erziehungssoziologie 5 (1985), H. 1, S. 5-29

Fürstenau, P.: Zur Psychoanalyse der Schule als Institution. In: Das Argument 6 (1964), S. 65-78

Furtner-Kallmünzer, M./Sardei-Biermann, S.: Schüler: Leistung, Lehrer und Mitschüler. In: Beisenherz, G.H. u.a.: Schule in der Kritik der Betroffenen. München 1982, S. 21-63

Furtner-Kallmünzer, M.: Wenn du später was werden willst... Berufsbezug und Sinn der Schule. München 1983

Gläßer, A.: Was hat die polytechnische Oberschule aus bzw. mit der Jugend gemacht? In: Melzer, W. u.a. (Hrsg.): Osteuropäische Jugend im Wandel. Weinheim/München 1991, S. 194-207

Glötzl, H.: Das habe ich mir gleich gedacht. Der Einfluß von Lehrerverhalten und Schulsystem auf die Ausprägung und Verfestigung abweichenden Verhaltens. Weinheim 1979

Griessmann, B.: Die FDJ an den Schulen der DDR — Chancen und Grenzen der Funktionswahrnehmung. In: 1. Beiheft der Zeitschrift für Sozialisationsforschung und Erziehungssoziologie: Erziehung im Sozialismus (1990). S. 91 - 105

Groddeck, N.: Theorie schulisch organisierter Lernprozesse. Weinheim/Basel 1977

Hansen, R./Rolff, H.G.: Abgeschwächte Auslese und verschärfter Wettbewerb — Neuere Entwicklungen in den Sekundarschulen. In: Rolff, H.G. u.a. (Hrsg.): Jahrbuch der Schulentwicklung Band 6. Weinheim/München 1990, S. 45 - 81

Hargreaves, D.H.: Die delinquente Subkultur und die Schule. In: Asmus, H.J./Peuckert, R. (Hrsg.): Abweichendes Schülerverhalten. Zur Devianzetikettierung in der Schule. Heidelberg 1979, S. 125 - 141

Heinze, T.: Schülertaktiken. München/Wien/Baltimore 1980

Helmke, A.: Schulische Leistungsangst. Erscheinungsformen und Entstehungsbedingungen. Frankfurt a.M./Bern/New York 1983

Helsper, W.: Jugendliche Gegenkultur und schulisch-bürokratische Rationalität: Zur Ambivalenz von Informalisierungs- und Individualisierungsprozessen. In: Breyvogel, W. (Hrsg.): Pädagogische Jugendforschung. Opladen 1989

Helsper, W.: Jugendliche Motivationskrise und schulisches Lernen. In: Kremer, A./Stäudel, L. (Hrsg.).: Praktisches Lernen im naturwissenschaftlichen Unterricht. Bedeutung, Möglichkeiten, Grenzen. Marburg 1987, S. 84 - 123

Helsper, W.: Schule in den Aporien der Moderne. In: Krüger, H.H. (Hrsg.): Abschied von der Aufklärung? Opladen 1990, S. 175 - 195

Helsper, W.: Das imaginäre Selbst der Adoleszenz: Der Jugendliche zwischen Subjektentfaltung und dem Ende des Selbst. In: Ders. (Hrsg.): Jugend zwischen Moderne und Postmoderne. Opladen 1991, S. 73 - 95

Helsper, W./Bertram, M./Stelmaszyk, B.: Jugendliche Übersiedler zwischen vordergründiger Integration und Ausschlußerfahrung. In: Büchner, P./Krüger, H.H. (Hrsg.): Aufwachsen hüben und drüben. Opladen 1991, S. 267 - 287

Helsper, W./Müller, H./Nölke, E./Combe, A.: Jugendliche Außenseiter. Zur Rekonstruktion scheiternder Bildungs- und Ausbildungsverläufe. Opladen 1991

Helwig, G.: Jugend und Familie in der DDR. Leitbild und Alltag im Widerspruch. Köln 1984

Herrlitz, H.G./Hopf, W./Titze, H.: Institutionalisierung des öffentlichen Schulsystems. In: Enzyklpädie Erziehungswissenschaft Bd. 5, Organisation, Recht und Ökonomie des Bildungswesens. Herausgegeben von Martin Baethge und Knut Nevermann. Stuttgart 1984, S. 55 - 71

Hille, B.: Familie und Sozialisation in der DDR. Opladen 1985

Hille, B.: Weibliche Jugend in der DDR. In: Dies./Jaide, W. (Hrsg.): DDR-Jugend. Politisches Bewußtsein und Lebensalltag. Opladen 1990, S. 251 - 276

Hoffmann, A.: Jugend und Schule. In: Friedrich, W./Griese, H. (Hrsg.): Jugend und Jugendforschung in der DDR. Opladen 1991, S. 46 - 58

Holtappels, H.G.: Abweichendes Verhalten oder Schulalltagsbewältigung? Subjektive Deutungsmuster von Schülern zu Problemen im Schulalltag. In: Die Deutsche Schule (1984), H. 1, S. 18 - 31

Holtappels, H.G.: Schülerprobleme und abweichendes Verhalten aus der Schülerperspektive. In: Zeitschrift für Sozialisationsforschung und Erziehungssoziologie 5 (1985), H. 2, S. 291 - 324

Hornstein, W.: Bildungsplanung ohne sozialpädagogische Perspektiven. In: Zeitschrift für Pädagogik 17 (1971), H. 3, S. 285 - 315

Hornstein, W.: Aufwachsen mit Widersprüchen — Jugendsituation und Schule heute. Stuttgart 1989

Horstkemper, M.: Schule, Geschlecht und Selbstvertrauen. Eine Längsschnittstudie über Mädchensozialisation in der Schule. Weinheim/München 1988

Hradil, S.: Sozialstrukturanalyse in einer fortgeschrittenen Gesellschaft. Opladen 1987

Hurrelmann, K./Rosewitz, B./Wolf, H.: Die Belastung von Jugendlichen durch die Schule. In: Die Deutsche Schule (1984), H. 5, S. 381 - 392

Hurrelmann, K./Rosewitz, B./Wolf, H.: Lebensphase Jugend. Eine Einführung in die sozialwissenschaftliche Jugendforschung. Weinheim/München 1985

Hurrelmann, K./Wolf, H.: Schulerfolg und Schulversagen im Jugendalter. Weinheim/München 1986

Hurrelmann, K./Neubauer, G.: Sozialisationstheoretische Subjektmodelle in der Jugendforschung. In: Heitmeyer, W. (Hrsg.): Interdisziplinäre Jugendforschung. Fragestellungen, Problemlagen, Neuorientierungen. Weinheim/München 1986, S. 157-173

Hurrelmann, K./Rodax, K./Spitz, N.: Zur Bildungssituation von Mädchen im allgemeinbildenden Schulbereich. In: Hurrelmann, K. u.a.: Koedukation — Jungenschule auch für Mädchen? Alltag und Biografie von Mädchen 14. Opladen 1986, S. 9-88

Hurrelmann, K. u.a.: Statusunsicherheit und psychosoziale Beschwerden. In: Zeitschrift für Sozialisationsforschung und Erziehungssoziologie 7 (1987), H. 1, S. 44-60

Hurrelmann, K. u.a.: Die psychosozialen „Kosten" verunsicherter Statuserwartungen im Jugendalter. In: Zeitschrift für Pädagogik 34 (1988), H. 1, S. 25-45

Hurrelmann, K./Engel, U.: Psychosoziale Belastung im Jugendalter. Empirische Befunde zum Einfluß von Familie, Schule und Gleichaltrigengruppe. Berlin/New York 1989

IFS: IFS-Umfrage. Die Schule im Spiegel der öffentlichen Meinung. Ergebnisse der sechsten IFS-Repräsentativumfrage der bundesdeutschen Bevölkerung. In: Rolff, H.G. u.a. (Hrsg.): Jahrbuch der Schulentwicklung Band 6. Weinheim/München 1990, S. 11-45

Kifer, E.: Relationships between Academic Achievement and Personality Characteristics. In: American Educational Research Journal 12 (1975), H. 2, S. 191-210

Kleber, E.W.: Ökologische Erziehungswissenschaft — ein neues metatheoretisches Konzept? In: Twellmann, W. (Hrsg.): Handbuch Schule und Unterricht. Band 7.2. Schule und Unterricht als Feld gegenwärtiger interdisziplinärer Forschung. Düsseldorf 1985, S. 1167-1194

Klemm, K. u.a.: Bildungsgesamtplan 90. Ein Rahmen für Reformen. München/Weinheim 1990

Klier, F.: Lüg Vaterland. Erziehung in der DDR. München 1990

Knapp, A.: Der Zusammenhang von elterlichem Engagement für Schule und Schulleistung mit Einstellungen und Selbstwahrnehmungen der Kinder. In: Zeitschrift für Pädagogik 32 (1986), H. 1, S. 115 - 129

Krappmann, L./Oswald, H.: Schulisches Lernen in Interaktionen mit Gleichaltrigen. In: Zeitschrift für Pädagogik 31 (1985), H. 3, S. 321-339

Krüger, H.H./Lersch, R.: Lernen und Erfahrung. Perspektiven einer Theorie schulischen Handelns. Bad Heilbrunn 1982

Kühnel, W.: Der Lebenszusammenhang DDR-Jugendlicher im Spannungsfeld von institutioneller Verregelung und alltagskultureller Modernisierung. In: 1. Beiheft der Zeitschrift für Sozialisationsforschung und Erziehungssoziologie: Erziehung im Sozialismus (1990), S. 105-111

Lange, B./Kuffner, H./Schwarzer, R.: Schulangst und Schulverdrossenheit. Eine Längsschnittanalyse von schulischen Sozialisationseffekten. Opladen 1983

Lange, G./Stiehler, J.: Abschied von der Utopie? Jugend der DDR im sozialen Wandel der achtziger Jahre. In: 1. Beiheft der Zeitschrift für Sozialisationsforschung und Erziehungssoziologie: Erziehung im Sozialismus (1990), S. 55-70

Lenhardt, G.: Schule und bürokratische Rationalität. Frankfurt a.M. 1984

Lenz, K.: Alltagswelten von Jugendlichen. Eine empirische Studie über jugendliche Handlungstypen. Frankfurt a.M./New York 1986

Marschall, P./Zenz, H.: Psychophysiologische Befunde in der Schule und das Beschwerdebild von Kindern und Jugendlichen. In: Zeitschrift für Sozialisationsforschung und Erziehungssoziologie 9 (1989), H. 4, S. 305-320

Melzer, W. (Hrsg.): Eltern — Schüler — Lehrer. Zur Elternpartizipation an Schule. Weinheim/München 1985

Melzer, W.: Familie und Schule als Lebenswelt. München 1987

Melzer, W./Hurrelmann, K.: Individualisierungspotentiale und Widersprüche in der schulischen Sozialisation von Jugendlichen. In: Heitmeyer, W./Olk, T. (Hrsg.): Individualisierung von Jugend. Weinheim/München 1990, S. 35-61

Meulemann, H.: Bildung und Lebensplanung. Die Sozialbeziehungen zwischen Elternhaus und Schule. Frankfurt a.M./New York 1985

Muck, M./Muck, G.: Die Institution Schule — psychoanalytisch betrachtet. In: Westermanns Pädagogische Beiträge (1985), H. 12, S. 578-585

Müller, H.: Lebenswerte und nationale Identität. In: Friedrich, W./Griese, H. (Hrsg.): Jugend und Jugendforschung in der DDR. Opladen 1991, S. 124-135
Nickel, H.M.: Sozialisation im Widerstand? Alltagserfahrungen von DDR-Jugendlichen in Schule und Familie. In: Zeitschrift für Pädagogik 37 (1991), H. 4, S. 603-617
Noll, A.: Arbeiterkinder im Bildungssystem — realisierte Bildungslebensläufe. In: Fauser, R. u.a. (Hrsg.): Schulbildung, Familie und Arbeitswelt. München 1985, S. 39-65
OECD: Becoming adult in a Changing Society. Paris 1985
OECD: Girls and Women in Education. Paris 1986
Oelkers, J.: Am Ende der „sozialistischen Erziehung"? — Bemerkungen zum Verhältnis von Utopie und Wirklichkeit in der Pädagogik. In: Zeitschrift für Pädagogik 37 (1991), H. 3, S. 431-453
Parsons, T.: Sozialstruktur und Persönlichkeit. Frankfurt a.M. 1981
Pekrun, R.: Schulische Persönlichkeitsentwicklung. Frankfurt a.M./Bern/New York 1983
Pekrun, R.: Schulklima. In: Twellmann, W. (Hrsg.): Handbuch Schule und Unterricht Band 7.1. Dokumentation: Schule und Unterricht als Feld gegenwärtiger pädagogisch-personeller und institutionell-organisatorischer Forschung. Düsseldorf 1985 (a), S. 524-548
Pekrun, R.: Schulischer Unterricht, schulische Bewertungsprozesse und Selbstkonzeptentwicklung. In: Unterrichtswissenschaft (1985 b), H. 3, S. 220-248
Pongratz, L.: Pädagogik im Prozeß der Moderne. Weinheim 1989
Projektgruppe Jugendbüro: Die Lebenswelt von Hauptschülern. Ergebnisse einer Untersuchung. München 1975
Projektgruppe Jugendbüro: Subkultur und Familie als Orientierungsmuster. Zur Lebenswelt von Hauptschülern. München 1977
Petillon, H.: Soziale Beziehungen in Schulklassen. Weinheim/Basel 1980
Rauschenberger, H. (Hrsg.): Unterricht als Zivilisationsform. Zugänge zu unerledigten Themen der Didaktik. Königsstein/Wien 1985
Rodax, K. (Hrsg.): Strukturwandel der Bildungsbeteiligung 1950-1985. Darmstadt 1989
Rodax, K./Spitz, N.: Soziale Umwelt und Schulerfolg. Eine empirisch-soziologische Untersuchung der ökologisch und sozialstrukturell variierenden Determinanten des Schulerfolgs. Weinheim/Basel 1982
Rolff, H.G.: Sozialisation und Auslese durch die Schule. Heidelberg 1973
Ronge, V.: Die Kinder der Übersiedler aus der DDR. In: Deutschland Archiv (1986), H. 5, S. 746-753
Rosenholtz, S.J./Rosenholtz, S.H.: Class Room Organisation and the Receptions of Ability. In: Sociology of Education 54 (1981), H. 1, S. 132-140
Roth, H. (Hrsg.): Begabung und Lernen. Gutachten und Studien der Bildungskommission, Bd. 4, Stuttgart 1968
Rumpf, H.: Die übergangene Sinnlichkeit. Drei Kapitel über die Schule. München 1981
Rumpf, H.: Schulunterricht als Treibriemen des Zivilisationsprozesses. In: Twellmann, W. (Hrsg.). Handbuch Schule und Unterricht, Band 7.1. Dokumentation: Schule und Unterricht als Feld gegenwärtiger pädagogisch-personeller und institutionell-organisatorischer Forschung. Düsseldorf 1985, S. 107-132
Rumpf, H.: Die künstliche Schule und das wirkliche Lernen. Über verschüttete Züge im Menschenlernen. München 1986
Rutter, M. u.a.: Fünfzehntausend Stunden. Schulen und ihre Wirkung auf die Kinder. Weinheim/Basel 1980
Sander, U./Vollbrecht, R.: Zwischen Kindheit und Jugend. Träume, Hoffnungen und Alltag 13- bis 15jähriger. Weinheim/München 1985
Schlosser, H.D.: Die deutsche Sprache in der DDR. Zwischen Stalinismus und Demokratie. Köln 1990
Schweitzer, F./Thiersch, H. (Hrsg.): Jugendzeit — Schulzeit. Von den Schwierigkeiten, die Jugendliche und Schule miteinander haben. Weinheim/Basel 1983
Seidenspinner, G./Burger, A.: Mädchen 82. Eine repräsentative Untersuchung über die Lebenssituation und das Lebensgefühl 15- bis 19jähriger Mädchen in der Bundesrepublik, durchgeführt vom deutschen Jugendinstitut München im Auftrag der Zeitschrift Brigitte, Hamburg 1982
Singer, K.: Lernhemmung, Psychoanalyse und Schulpädagogik. München 1970

Sinus-Institut: Die verunsicherte Generation. Jugend und Wertewandel. Opladen 1983
Sinus-Institut: Jugend privat. Verwöhnt? Bindungslos? Hedonistisch? Opladen 1985
Specht, W.: Die Schulklasse als soziales Beziehungsfeld altershomogener Gruppen. Konstanz 1982
Steiner, I.: Strukturwandel der Jugendphase in Ostdeutschland. In: Büchner, P./Krüger, H.H. (Hrsg.): Aufwachsen hüben und drüben. Opladen 1991, S. 21-33
Steinkamp, G./Hamel, P.: Familiale Sozialisationsprozesse als Antezendenzbedingungen für Bildungsentscheidungen. Anmerkungen zu einer vernachlässigten Perspektive der Bildungsforschung. In: Fauser, R. u.a. (Hrsg.): Schulbildung, Familie und Arbeitswelt. München 1985, S. 9-39
Thiemann, F.: Schulszenen. Vom Herrschen und vom Leiden. Frankfurt a.M. 1985
Thienel, A.: Schul- und Unterrichtsforschung aus ökopsychologischer Sicht. In: Zeitschrift für Sozialisationsforschung und Erziehungssoziologie 5 (1985), S. 336-345
Thomann, W.: Schulleben ökologisch — ein humanistisch-synthetisches Konzept. In: Twellmann, W. (Hrsg.): Handbuch Schule und Unterricht Band 7.2. Schule und Unterricht als Feld gegenwärtiger interdisziplinärer Forschung. Düsseldorf 1985, S. 1211-1221
Tillmann, K.J.: Unterricht als soziales Erfahrungsfeld. Frankfurt a.M. 1976
Tillmann, K.J. u.a.: Die Entwicklung von Schulverdrossenheit und Selbstvertrauen bei Schülern der Sekundarstufe. In: Zeitschrift für Sozialisationsforschung und Erziehungssoziologie 4 (1984), H. 4, S. 231-249
Tippelt, R.: Bildung und sozialer Wandel. Eine Untersuchung von Modernisierungsprozessen am Beispiel der Bundesrepublik Deutschland. Weinheim 1990
Tornow, H.: Verhaltensauffällige Schüler aus der Sicht des Lehrers. Empirische Untersuchung zum Labeling Ansatz. Weinheim/Basel 1978
Ulich, K.: Schule und Familie, In: Zeitschrift für Sozialisationsforschung und Erziehungssoziologie 9 (1989), H. 3, S. 179-195
Wagner-Winterhager, L.: Erziehung durch Alleinerziehende. Der Wandel der Familienstrukturen und seine Folgen für die Erziehung und Bildung. In: Zeitschrift für Pädagogik 34 (1988), H. 5, S. 641-657
Wagner-Winterhager, L.: Jugendliche Ablösungsprozesse im Wandel des Generationsverhältnisses: Auswirkungen auf die Schule. In: Die deutsche Schule 82 (1990), H. 4, S. 452-466
Waterkamp, D.: Handbuch zum Bildungswesen der DDR. Berlin 1987
Wellendorf, F.: Schulische Sozialisation und Identität. Weinheim/Basel 1973
Wildt, C./Naundorf, G.: „Der Streit um die Koedukation". In: Hurrelmann, K. u.a.: Koedukation — Jungenschule auch für Mädchen? Alltag und Biografie von Mädchen 14. Opladen 1986, S. 88 175
Wilhelm, T.: Theorie der Schule. Stuttgart 1969
Willis, P.: Spaß am Widerstand. Gegenkultur in der Arbeiterschule. Frankfurt a.M. 1979
Wissinger, J.: Schule als Lebenswelt. Frankfurt/New York 1988
Wissinger, J.: Der Jugendliche — ein „produktiver Realitätsverarbeiter"? In: Helsper, W. (Hrsg.): Jugend zwischen Moderne und Postmoderne. Opladen 1991, S. 95-113
Ziehe, T.: Vom vorläufigen Ende der Erregung — Die Normalität kultureller Modernisierungen hat die Jugendsubkulturen entmächtigt. In: Helsper, W. (Hrsg.): Jugend zwischen Moderne und Postmoderne. Opladen 1991, S. 57-73
Ziehe, T./Stubenrauch, H.: Plädoyer für ungewöhnliches Lernen. Ideen zur Jugendsituation. Reinbek 1982
Zinnecker, J.: Der heimliche Lehrplan. Untersuchungen zum Schulunterricht. Weinheim/Basel 1975
Zinnecker, J.: Die Schule als Hinterbühne oder Nachrichten aus dem Unterleben der Schüler. In: Reinert, B./Zinnecker, J. (Hrsg.): Schüler im Schulbetrieb. Reinbek 1978
Zinnecker, J.: Jugendkultur 1940-1985. Opladen 1987
Zinnecker, J.: Jugend als Bildungsmoratorium. In: Melzer, W. u.a. (Hrsg.): Osteuropäische Jugend im Wandel. Weinheim/München 1990, S. 9-26
Zinnecker, J.: Zur Modernisierung von Jugend in Europa. Adoleszente Bildungsschichten im Gesellschaftsvergleich. In: Combe, A./Helsper, W. (Hrsg.): Hermeneutische Jugendforschung. Theoretische Konzepte und methodologische Ansätze. Opladen 1991, S. 71-99
Zeitschrift für Pädagogik 34 (1988), H. 5
Zeitschrift für Pädagogik 37 (1991), H. 4

Günter Pätzold

Jugend, Ausbildung und Beruf

1 Einleitung

Gesellschaftliche Entwicklungen der letzten Jahre, wie z.B. die Rationalisierung und Technologisierung vieler Lebensbereiche, die Veränderung tradierter Kultur- und Beziehungsformen und nicht zuletzt die zunehmende Instrumentalisierung von Erziehungs- und Bildungsmaßnahmen mit den vor dem Hintergrund unsicher gewordener Lebensperspektiven deutlicher hervortretenden Konsequenzen sozialer Selektionen, haben für viele Jugendliche ein Erlebnis der Verunsicherung und emotionalen Verarmung zur Folge. Ein „Aufwachsen in Widersprüchen" wird für sie zur Normalität. Individuellen Lebenssinn im gesellschaftlichen Rahmen zu erleben, ohne dabei Schwierigkeiten und Widersprüche bewußt auszuklammern, wird immer problematischer. „Es findet gegenwärtig eine weitreichende Neudefinition der gesellschaftlichen Rolle der Jugend statt, ein Prozeß, an dem ökonomische, kulturelle, soziale, politische Wandlungen beteiligt sind, eine Neudefinition, auf die die Jugend auf ihre Weise ‚antwortet', der sie sich teilweise unterwirft, der sie sich aber auch entzieht, insofern sie unter modernen Bedingungen nicht nur ihre Geschichte im gesellschaftlichen Zusammenhang hat, sondern in gewisser Weise auch ‚macht' " (*Hornstein* 1985, S. 158). In der gegenwärtigen gesellschaftlichen Situation, die durch krisenhafte Umbrüche und Wandlungen gekennzeichnet ist, verändert sich das, „was Jugend einmal traditionell... bis etwa in die 60er Jahre hinein war, ...und zwar sowohl im Sinne einer Erosion der herkömmlichen Form der Jugend wie auch im Sinn einer neuen Selbstdefinition der Jugend" (*Hornstein* 1985, S. 158).

Für den zu diskutierenden Zusammenhang zwischen Jugend, Ausbildung und Beruf ist von Bedeutung, daß in den letzten zwei Jahrzehnten immer mehr Jugendliche immer länger andauernde Bildungsgänge durchlaufen. Die Erwerbstätigkeit wird auch für Jugendliche aus unteren **sozialen Schichten** immer weiter hinausgeschoben. Die Folge ist eine zeitliche Ausdehnung der ökonomischen Abhängigkeit (z.B. von der Familie), während der Heranwachsende gleichzeitig im rechtlichen Sinn früher als volljährig gilt. Zudem scheint die Bedeutung, die das Jugendalter aus der Perspektive des **Beschäftigungssystems** hat, nämlich als eine zukunftsbezogene Vorbereitungsphase, für die Jugendlichen zunehmend in Frage zu stehen, woraus Konsequenzen für das grundsätzliche Verhältnis der Jugend zu Arbeit und Beruf zu erwarten sind.

Jugendliche sind in der Regel vom allgemeinbildenden Schulwesen entbunden, ohne vollständig in produktive Arbeit einbezogen zu sein; sie durchlaufen meist eine berufliche Lern- und Ausbildungsphase, die ihren vorläufigen Abschluß findet, wenn sie ihre erworbenen Qualifikationen auf dem **Arbeitsmarkt** zum Verkauf anbieten. Während der Vorbereitung auf das spätere (Berufs-)Leben bleiben die Jugendlichen von zentralengesellschaftlichen Bereichen, die dem Zweck eines vorbereitenden Lernens dienen, weitgehend ausgeschlossen. Sie nehmen quasi eine soziale Sonderstellung ein, deren Ambivalenz dadurch gekennzeichnet ist, daß sie aus der Sicht der Erwachsenen-(berufs-)welt zwar Gegenstand von Ausbildung und Erziehung, aber gleichzeitig auch unproduktiver Kostenfaktor sind, also kaum von ihren individuellen Entwicklungsmöglichkeiten her verstanden werden.

Das Jugendalter wird in unserer berufsorientierten Gesellschaft zweck- und zielorientiert interpretiert und behandelt. Jugend ergibt sich „als gesellschaftliche Einrichtung ...in ihren Bestimmungen von ihrem klar definierten Ende her, nämlich eben von der ‚fertigen' Berufspersönlichkeit, auf die hin junge Menschen zu erziehen sind" (*Beck/Brater/Daheim* 1980, S. 225). Der Sinn des Jugendalters in diesem Konzept liegt entsprechend in der Vorbereitung auf eine doch im ganzen als sicher vorgestellte Zukunft.

Jedoch ist die konkrete Situation, in der sich Jugendliche heute befinden, durch tiefgreifende Veränderungen des Verhältnisses zwischen **Bildungs-** und **Beschäftigungssystem** bestimmt. Sowohl der Übergang der Jugendlichen von den allgemeinbildenden Schulen in eine **qualifizierte Berufsausbildung** als auch von dort in eine die Existenz langfristig sichernde Berufstätigkeit hat sich in den letzten Jahren deutlich erschwert. Die gesellschaftliche Funktion und Rolle des (Berufs-)**Bildungssystems** ist prekär und widersprüchlich geworden. Vor dem Hintergrund geänderten Bildungsverhaltens der jungen Generation und vor allem einer demographisch bedingten steigenden Nachfrage nach **zukunftsorientierter Ausbildung** und knappem betrieblichen **Ausbildungsplatzangebot** finden immer mehr Jugendliche keinen Ausbildungsplatz. Für einen großen Teil von ihnen reduziert sich die **Berufswahl** auf die Entscheidung, entweder überhaupt keine Berufsausbildung zu erhalten oder irgendein Ausbildungsverhältnis einzugehen, wobei oft zu Beginn der Berufsausbildung bereits feststeht, daß die **Arbeitsmarktchancen** in diesem Beruf nur sehr gering sind. Den Jugendlichen gegenüber wird zwar einerseits die Wichtigkeit schulischer bzw. beruflicher Abschlüsse behauptet, jedoch sehen die Jugendlichen andererseits, daß weiterführende Abschlüsse und gute Noten nicht unbedingt einen Ausbildungs- oder Arbeitsplatz garantieren.

Damit scheint die Argumentation, die Jugendlichen den Eintritt in die und Anstrengungen zur Durchführung der Berufsausbildung nahelegen soll, indem sie Aufschub aktueller Bedürfnisse zugunsten in Aussicht gestellter, zukünftiger Gratifikationen anrät, die Teil des traditionellen gesellschaftlichen Verständnisses vom Jugendalter ist und dem einzelnen Jugendlichen die notwendige Motivation verleihen soll, die gesellschaftlichen Anforderungen dieser Lebensphase zu erfüllen, brüchig geworden zu sein. Zumindest erweist sie sich gegenwärtig in der Erfahrung der Jugendlichen als unzutreffend, wenn sie auch im Bewußtsein vieler Erwachsener noch fest verankert ist (*Hornstein* 1984, S. 270). Viele Jugendliche erleben heute, daß unter den restriktiven Bedingungen des Ausbildungs- und Arbeitsmarktes selbst trotz noch so großer Bemühungen ihr Wunsch nach einem angemessenen Ausbildungs- oder Arbeitsplatz nicht erfüllt wird.

2 Der Prozeß der beruflichen Sozialisation

Berufliche Sozialisation kann als komplexer Lern- und Erfahrungsprozeß verstanden werden, in dessen Verlauf sich der Einzelne mit den materiellen und sozialen Bedingungen seiner Ausbildungs- und Arbeitssituation auseinandersetzt und dabei zentrale Interpretationen sozialer Sachverhalte derart konkretisiert und modifiziert, daß seine damit verbundenen Persönlichkeitsveränderungen entweder stabilisierend oder transformierend auf die gesellschaftlichen Verhältnisse zurückwirken. Dieser Prozeß der Auseinandersetzung mit den objektiven Bedingungen der Ausbildungs- und Arbeitssituation — gemeint sind damit nicht nur absichtsvolle pädagogische Aktivitäten, wofür ja im allgemeinen der Begriff „berufliche Erziehung" steht, sondern auch Lerneffekte, die nicht als pädagogische Zielsetzungen planmäßig angestrebt, jedoch bei der Verfolgung betrieblicher Ziele nebenher hervorgebracht werden — umfaßt neben dem Erwerb von berufsbedeutsamen Qualifikationen auch die Entfaltung allgemeiner Orientierungen und Verhaltensmuster. Die Auswirkungen, die berufliche Arbeits- und Ausbildungsprozesse in ihrer je spezifischen Struktur auf einen Menschen haben, beziehen sich nicht nur auf seine Fachkompetenz — die jeweils spezifische Kombination von Kenntnissen und Fertigkeiten, theoretischen und praktischen Fähigkeiten —, sondern sie erstrecken sich auch auf seine gesamte Persönlichkeitsentwicklung und sind eine wichtige Voraussetzung für seine Identitätsbildung.

Spezifische Grundstrukturen der Persönlichkeit sind bereits vor dem **Berufseintritt** entwickelt. Vor allem formen Industriegesellschaften ein soziales Entwicklungsmilieu für Jugendliche heraus, das in entscheidenden Teilen geprägt ist von beruflichen Anspruchskatalogen, weshalb wesentliche Dispositionen nicht mehr erst während der Ausbildung und der anschließenden Berufstätigkeit herausgebildet werden müssen. Insbesondere schichtspezifische Orientierungen erweisen sich häufig als tief verankert und im Erwachsenenalter als Barrieren für berufliche und andere soziale Veränderungsprozesse. Sozial vermittelte Unterschiede werden nicht selten als angeborene Differenzen der Lern- und Leistungsfähigkeit gedeutet und zur Rechtfertigung einer Auslese für ungleiche Berufskarrieren herangezogen. Dies gilt in gleicher Weise für die **geschlechtsspezifische Sozialisation.** Sie vollzieht sich ebenfalls im wesentlichen schon vor dem Berufseintritt, auch bestimmt sie, welche Berufsbereiche dem bzw. der einzelnen leicht, welche schwer und welche überhaupt nicht zugänglich sind. Dabei haben die **geschlechtsspezifische** und die **schichtspezifische Sozialisation** gemeinsam, daß sie Voraussetzungen nicht nur für die Ausübung verschiedener beruflicher, sondern auch für die Besetzung unterschiedlicher hierarchischer Positionen schaffen. Jedoch bedeutet dies alles nicht, daß soziale Orientierungen und Handlungsmuster später nicht mehr veränderbar seien. Dies geschieht nämlich durchaus im Verlauf der Berufsausbildung und auch noch während der Erwerbstätigkeit, wenn auch die Bandbreite für Veränderungen dann nur noch sehr eng ist: zum einen, weil bestimmte Ausbildungsgänge nur mit entsprechenden Schulabschlüssen und bestimmte Erwerbstätigkeiten nur für Absolventen darauf bezogener Ausbildungsgänge zugänglich sind, zum anderen, weil bereits entwickelte spezifische Interessen, Motivationen und Verhaltensmuster, Arbeits- und Lerngewohnheiten im Jugend- und Erwachsenenalter weit stärker festgelegt sind als im Kindesalter. Es gibt aber auch Konflikterfahrungen bzw. Unzufriedenheiten, die eine intensive persönliche Auseinandersetzung mit den gegebenen Lebenssituationen, Lernmöglichkeiten, Verhaltensanforderungen und Arbeitsbedingungen geradezu herausfordern. Wie diese im einzelnen verläuft, ist aber nicht zuletzt durch vorausgegangene Sozialisationserfahrungen bestimmt. Der Eintritt in eine Berufsausbildung, der Übergang in eine Erwerbstätigkeit, ein möglicher **Berufswechsel**, ein beruflicher Auf- oder Abstieg — all dies wird mit bereits erworbenen Qualifikationen und Orientierungen zu bewältigen versucht, die in der Regel dann auch weiterentwickelt werden.

Jedoch gibt es aufgrund der institutionellen Gliederung unseres Bildungssystems Phasen in der Berufsbildungskarriere, die besonders „sensibel" auf aktuelle Einflüsse reagieren. Wie *Blossfeld* (1985 und 1988) zeigt, können Benachteiligungen beim Berufsstart im späteren Erwerbsleben kaum noch ausgeglichen werden.

Beschreibt und erklärt man berufliche Sozialisationsprozesse als Wechselwirkung zwischen subjektiven Voraussetzungen der Individuen und historisch vermittelten objektiven Faktoren beruflich-betrieblicher Arbeit, dann ist nach tragfähigen erkenntnisleitenden Modellen und Theorien zu fragen, die weder Besonderheiten der Individuen noch Spezifikationen der beruflich organisierten Arbeit ausblenden. Die wichtigsten jüngeren Theorievarianten (vgl. *Heinz* 1980, S. 499ff.) gehen davon aus, daß die Bildung der menschlichen Persönlichkeit und die Entwicklung der gegenständlichen und sozialen Umwelt im wesentlichen aus der Person-Umwelt-Interaktion zu verstehen und zu erklären sind. Sie wenden sich damit ab von Vorstellungen einer „linearen einfaktoriellen Determination der Persönlichkeitsentwicklung" (*Hurrelmann* 1986, S. 63) sog. objektivistischer oder subjektivistischer Konzeptionen. Objektivistische Konzeptionen gehen von den **Arbeitsstrukturen** aus, **berufliche Sozialisation** wird gesehen als weitgehend problemlose Integration der Arbeitenden in das soziale System des Betriebes, also als funktionalistische Anpassung an die Arbeitsverhältnisse und an deren Veränderungen, ohne daß der menschlichen Persönlichkeit eine Eigenstruktur und Eigendynamik zugestanden wird. Dem kann ein subjektivistischer Ansatz gegenübergestellt werden, der von den Entwicklungsbedürfnissen der Individuen ausgeht und in dessen Zentrum die Fähigkeit steht, weitgehend autonom zu handeln. Erst im zweiten Schritt wird nach den beruflichen Ausbildungs- und Arbeitsbedingungen gefragt, von denen es abhänge, ob diese Fähigkeit sich entfalte oder verkümmere (*Hoff* u.a. 1982, S. 511ff.). Für eine vollständige und sinnvolle Analyse des Verhältnisses zwischen Arbeit und Persönlichkeit genügt es jedoch keineswegs, entweder von der Arbeit oder von der Persönlichkeit auszugehen und den anderen Faktor vom jeweiligen Ausgangspunkt her zu betrachten. Vielmehr ist zu versuchen, die zu verwendenden Strukturmodelle der Ausbildungs- bzw. Arbeitssphäre und der Persönlichkeit aufeinander abzustimmen, gesellschaftliche Institutionalisierungsprozesse und intrapsychische Prozesse der Persönlichkeitsentfaltung aufeinander zu beziehen und miteinander zu verbinden. Darauf bezogene Konzeptionen gehen von der Vorstellung aus, daß jedes Individuum seine eigene Situation bewußt reflektieren und in die eigenen Handlungsabläufe einbeziehen kann. Unter der Voraussetzung, daß alternative Handlungsmöglichkeiten vorhanden sind und von den Menschen auch genutzt werden, entwickelt jedes Individuum seine Persönlichkeit „im Prozeß einer Auseinandersetzung mit der ‚inneren' und der ‚äußeren' Realität", wobei es „Fähigkeiten der Realitätsaneignung, -verarbeitung, -bewältigung und -veränderung" besitzt, einsetzt und weiterentwickelt (*Hurrelmann* 1986, S. 62ff.; *Heinz* 1980, S. 499ff.)

3 Berufsausbildung im dualen System

Fast Dreiviertel aller Jugendlichen der entsprechenden Altersjahrgänge in der Bundesrepublik Deutschland haben 1984 eine berufliche Ausbildung im **dualen System** begonnen, das sind zur Zeit über 1,8 Millionen. Dieses „Kooperationssystem“ von betrieblicher und schulischer Ausbildung ist dadurch gekennzeichnet, daß an mindestens zwei, in ihrer Struktur sehr unterschiedlichen Ausbildungsorten beruflich qualifiziert wird, also in betrieblich-arbeitsplatzgebundenen und schulischen Formen, wobei die Vermittlung berufsbedeutsamer Qualifikationen im Vordergrund steht. Der Jugendliche befindet sich in einer Doppelrolle: Er ist Auszubildender aufgrund eines privatrechtlichen Ausbildungsvertrages und gleichzeitig Berufsschüler gemäß den Schulpflichtgesetzen der Länder. Das bestehende System der Berufsausbildung ist nicht nach berufspädagogischen und berufsbildungsplanerischen Erkenntnissen konzipiert, es ist in den wesentlichen Grundstrukturen und Rahmenbedingungen seit dem 18. Jahrhundert historisch gewachsen und von vielen Zufälligkeiten geprägt. Die Entstehung und Entwicklung der Berufsschule hatte dabei eine die betriebliche Ausbildung ergänzende Funktion, was manche aktuellen Problembereiche des dualen Systems (wie z.B. die Abstimmung zwischen schulischer und betrieblicher Ausbildung oder die Unterbewertung der Berufsschule und ihrer Leistungen) erst erklärbar macht. Von der historischen Entwicklung her ist gleichfalls erst zu verstehen, daß das Geschehen innerhalb dieses Systems sehr stark differiert — und dies von Betrieb zu Betrieb, von Berufsschule zu Berufsschule, von Ort zu Ort. Aufgrund des hohen Anteils der Praxis während der Ausbildung verfügen die Lehrabsolventen in der Regel über vergleichsweise breite praktische Qualifikationen. Defizite liegen meist in der systematisch-theoretischen Ausbildung.

Übersicht 1: Das duale System als Rechtsfigur

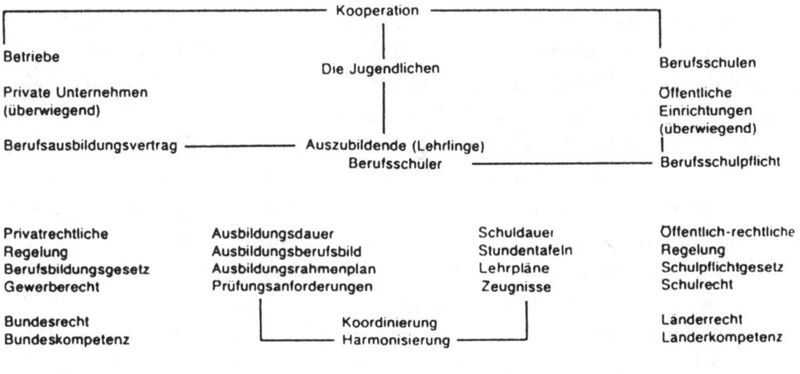

(Münch 1979, S. 32)

Die Jugendlichen bzw. deren gesetzliche Vertreter schließen mit dem **Ausbildungsbetrieb** einen Ausbildungsvertrag ab, der die Art, die sachliche und zeitliche Gliederung sowie das Ziel der Berufsausbildung, insbesondere die Berufstätigkeit, für die nach der **Ausbildungsordnung** ausgebildet werden soll, enthalten muß. Die Auszubildenden er-

Übersicht 2: Das duale System als berufspädagogische Figur

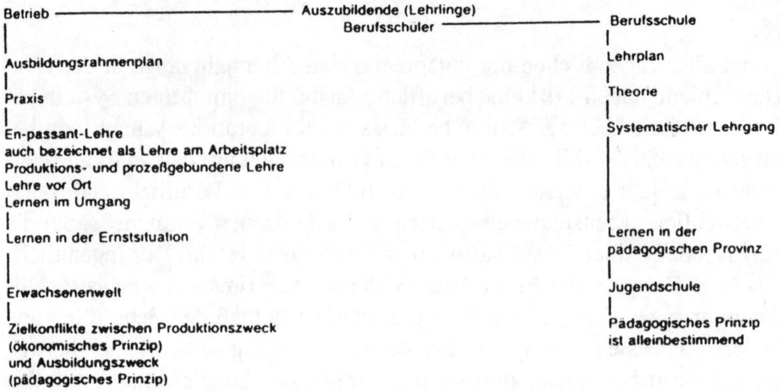

(*Münch* 1979, S. 33)

halten eine vertraglich abgesicherte und von Ausbildungsjahr zu Ausbildungsjahr steigende **Ausbildungsvergütung,** die durchschnittlich rund 600,— DM im Monat beträgt. Bei der Unterscheidung nach Wirtschaftsbereichen und nach einzelnen Ausbildungsberufen treten erhebliche Abweichungen hervor. Die höchsten Ausbildungsvergütungen wurden in den vergangenen Jahren im Handel, in der Industrie und im Bergbau erreicht. Sie betrugen 1984 durchschnittlich 1.034,— DM beim Beruf Bergmechaniker und 982,— DM beim Berg- und Maschinenmann. Am Ende der Vergütungsskala rangierten die Friseurlehrlinge und die angehenden Damenschneider, ihnen wurden 1984 durchschnittlich 332,— DM bzw. 196,— DM pro Monat gezahlt.

Die betriebliche Ausbildung wurde 1969 durch das Berufsbildungsgesetz (BBiG) bundeseinheitlich geregelt. Nach diesem „Grundgesetz" der betrieblichen Berufsausbildung darf nur in staatlich anerkannten Ausbildungsberufen ausgebildet werden, für die jeweils eine **Ausbildungsordnung** vorliegt. Die Ausbildungsordnung hat nach dem BBiG mindestens folgendes festzulegen: die Bezeichnung des Ausbildungsberufs, die Dauer der Ausbildung, die Fähigkeiten, Fertigkeiten und Kenntnisse, die während der Berufsausbildung zu vermitteln sind, eine detaillierte Angabe zum zeitlichen Verlauf der Ausbildung und zur sachlichen Gliederung sowie die Prüfungsanforderungen. Die Ausbildungsordnungen sollen die Einhaltung von Mindeststandards der Ausbildungsqualität und des Leistungsniveaus der zukünftigen Facharbeiter sichern helfen. Bei der Stellenbesetzung erfüllt der durch die bestandene Abschlußprüfung erworbene Facharbeiterbrief eine wichtige Orientierungsfunktion. Die Erfolgsquote bei den Lehrabschlußprüfungen der letzten Jahre lag bei ca. 90%.

Hauptsächlich wird in privaten Betrieben des Handwerks, der Industrie und des Handels ausgebildet. Mit weitem Abstand folgen der öffentliche Dienst, freie Berufe, die Hauswirtschaft und sonstige Bereiche.

Ausbildungsplätze werden hauptsächlich in kleineren und mittleren Betrieben bereitgestellt, in denen **berufliche Qualifikationen** in der Regel an den Arbeitsplätzen, also während der Arbeitsprozesse selbst vermittelt und erworben werden. Im Unterschied zu schulisch organisiertem beruflichen Lernen, wie zum Beispiel in den **Lehrwerkstätten** der Großbetriebe, in denen systematisch-lehrgangsmäßig und relativ umfassend — auch

Übersicht 3: Auszubildende nach Ausbildungsbereichen in der BRD (in Tausend)

Jahr	Auszubildende insgesamt	davon in Industrie und Handel	Handwerk	Landwirtschaft	öffentlicher Dienst	Freie Berufe Hauswirtschaft Seeschiffahrt
1972	1301,4	722,2	432,7	27,8	30,6	88,1
1976	1316,6	611,2	510,4	37,4	43,9	113,9
1979	1644,6	748,4	676,2	46,6	53,8	119,6
1980	1715,5	786,9	702,3	46,8	53,8	125,6
1982	1676,2	764,7	655,7	50,0	58,3	137,7
1983	1722,4	791,9	674,9	52,0	63,7	139,9
1984	1800,1	841,1	693,2	53,2	69,2	143,3

(BMBW: Grund- und Strukturdaten 1985/86)

fachlich-theoretisch fundiert — ausgebildet wird und reale Arbeitsprozesse simuliert werden, sind Auszubildende in den kleinen und mittleren Betrieben überwiegend mit den betrieblichen Ernstsituationen konfrontiert. Die Ausbildung bleibt eng an das jeweilige betriebliche Arbeitsprogramm gebunden. Die Jugendlichen sind überwiegend auf die Lernchancen angewiesen, die ihnen die Arbeitsprozesse liefern. Sie sind vielfach enger spezialisiert als es die laut **Ausbildungsordnung** vorgesehenen Tätigkeitsbereiche der einzelnen Ausbildungsberufe vorsehen. Anforderungen anderer Betriebe und künftige Entwicklungen werden wenig berücksichtigt, selbst wenn die Auszubildenden zum Ausgleich für kurze Zeit in eine überbetriebliche Ausbildungsstätte geschickt werden.

Die Gesamtzahl der Ausbildungsberufe beträgt knapp über 400. Jedoch konzentrieren sich die Berufwahlentscheidungen auf verhältnismäßig wenige Berufe; über ein Drittel der Jugendlichen wählt zwischen nur 10 Berufen.

Knapp 70 % der Mädchen erhalten eine Ausbildung in einem von 18 Ausbildungsberufen. Es sind dies z.B. die Ausbildungsberufe Verkäuferin, Friseurin, Industrie-, Büro-, Einzelhandels- oder Bankkauffrau, (Zahn-)Arzthelferin, Bürogehilfin, Hauswirtschafterin oder Rechtsanwaltsgehilfin. 50 % der Jungen werden in einem von 16 Ausbildungsberufen ausgebildet: z.B. Kraftfahrzeugmechaniker, Elektroinstallateur, Maschinenschlosser, Werkzeugmacher, Industrie- oder Bankkaufmann, Maler und Lackierer, Maurer, Tischler, Bäcker oder Fleischer.

Die Verlängerung der Pflichtschulzeit und die Einrichtung beruflicher Vollzeitschulen haben dazu geführt, daß die Jugendlichen in der Regel nicht mehr mit 15 oder 16 Jahren ihre Ausbildung beginnen, sondern 17 Jahre sind und älter. Gleichzeitig hat sich in den letzten Jahren der Anteil der Auszubildenden mit höherem allgemeinen Bildungsabschluß stark erhöht und zu einem Verdrängungseffekt zuungunsten Minderqualifizierter geführt. Fast 12 % der Abiturienten absolvieren heute eine betriebliche Ausbildung; vor zehn Jahren waren es noch lediglich knapp 4 %. Offensichtlich hat sich die Einstellung auch dieser Jugendlichen — nicht zuletzt beeinflußt durch die schlechten Berufschancen der Akademiker — zur betrieblichen Ausbildung verändert: Das Streben vieler Jugendlicher nach Selbständigkeit spielt zudem heute eine größere Rolle als früher. Mit der

Erhöhung des schulischen Ausbildungsniveaus hat auch der Wunsch nach anspruchsvolleren und attraktiveren betrieblichen Ausbildungsgängen zugenommen. Von den Abiturienten werden attraktive Ausbildungsberufe in der Industrie, in der Datenverarbeitung, im Handel, in der Werbebranche, bei Banken, im Buchhandel und bei Versicherungen bevorzugt, zu gewerblich-technischen Ausbildungsberufen haben sie nur eine geringe Affinität. Dies gilt ebenfalls für das Handwerk, welches sich zwar angesichts des Rückgangs der Hauptschülerzahlen immer mehr um Absolventen aus diesen Schulen bemüht, jedoch haben bisher nur ca. 5 v.H. der Lehrlinge im Handwerk das Abitur oder die Fachhochschulreife. Ausbildungsberufe, die vorzugsweise von Hauptschülern ergriffen werden, sind u.a. Maurer, Maler, Dreher, Bäcker, Verkäuferin; Berufe für Realschulabsolventen sind attraktive gewerblich-technische Ausbildungsberufe, Laboranten-, aber auch Büroberufe. In den Ausbildungsberufen, in denen Hauptschüler ausgebildet werden, wird weniger systematisch, selten vollständig und zudem perspektivenarm, in den von Realschülern und Abiturienten stark frequentierten Berufen dagegen eher intensiv qualifiziert. Vorberufliche Niveauunterschiede werden durch die Ausbildung nicht verringert, eher vergrößert.

Am Beispiel der Berufswege von Facharbeitern können Abstimmungsprobleme sichtbar werden, die das Verhältnis von **Berufsausbildungs-** und **Beschäftigungssystem** kennzeichnen. Nach einer Untersuchung des Instituts für Arbeitsmarkt- und Berufsforschung (*Hofbauer* 1981) waren 1979 nur noch 52 % aller ausgebildeten Facharbeiter als Facharbeiter beschäftigt; 16 % hatten sich durch den Besuch von Fach-, Fachhoch- und Hochschulen weiterqualifiziert und übten eine andere Tätigkeit aus. 27 % waren ohne formelle Weiterqualifizierung ins Angestellten- und Beamtenverhältnis übergegangen oder hatten einen eigenen Betrieb gegründet. Aus diesen Zahlen geht bereits hervor, daß Absolventen einer Facharbeiterausbildung ihren Beruf verhältnismäßig häufig wechseln. Selbst diejenigen, die Facharbeiter blieben, wechselten zu 23 % in einen anderen Facharbeiterberuf über. Besonders hoch sind dabei die Berufswechselquoten der Absolventen einiger traditioneller handwerklicher Berufe wie Schneider, Schuster, Bäcker und Fleischer, die nur je zu rund einem Drittel noch in ihrem Lehrberuf arbeiten. Ihr Berufswechsel ist meist mit Umschulung und/oder Eintritt in eine Un- oder Angelerntenposition verbunden. Mit dem Wechsel der Berufstätigkeit wird die berufliche Erstausbildung jedoch nicht notwendig entwertet. So gaben 70 % der Absolventen von Fachschulen und 50 % derjenigen von Fachhoch- und Hochschulen, die zuvor eine Facharbeiterausbildung durchlaufen hatten, an, sie könnten viele während der Ausbildungszeit erworbene Fertigkeiten, Fähigkeiten und Kenntnisse in ihrer jetzigen Tätigkeit verwenden. Nur bei den Angelernten und Hilfsarbeitern lag diese Quote sehr niedrig, nämlich bei nur 24 % (*Hofbauer* 1981).

Unter der Perspektive der **Arbeitsmarktchancen** ist die Ausbildung im Handwerk besonders prekär. 1982 wurden rund zwei Drittel aller gewerblichen Lehrlinge der Bundesrepublik im Handwerk ausgebildet, dagegen war nur ein Drittel aller Beschäftigten der gewerblichen Wirtschaft dort tätig. Auch wenn man unterstellt, daß die Industrie mit einer niedrigeren Facharbeiterquote auskommt als das Handwerk, und daß eine Reihe von Handwerksberufen auch im industriellen Kontext ausgeübt werden kann, muß hier nicht nur von Minderqualifikation, sondern auch von Fehlqualifikation gesprochen werden. Eine große Gruppe von Auszubildenden erhält nur relativ enge, schnell obsolete und schwer transferierbare Qualifikationen in Berufen ohne Zukunft. Es sind dies

Qualifikationen, die eher den kurzfristigen Gewinninteressen ihrer meist kleinen Ausbildungsbetriebe entsprechen, als daß sie dem langfristigen Bedarf der Volkswirtschaft und den Reproduktionsinteressen der Ausgebildeten gerecht würden.

Berufliche Fehlstrukturierung und eine relativ geringe Qualität der schulischen wie betrieblichen Ausbildung sind seit langem Ansatzpunkte der Kritik am **dualen System.** Die regionalen, betriebs- und berufsspezifischen Unterschiede in der Ausbildungsqualität und den Berufswahlmöglichkeiten der Jugendlichen werden als Folge der unmittelbaren Bindung der Berufsausbildung an die betriebswirtschaftlichen Interessen der Einzelunternehmen angesehen. Die einzelbetrieblich finanzierte Berufsausbildung muß — so geht es aus Untersuchungen (vgl. z.B. *Sachverständigenkommission* 1974) hervor — zu Strukturverzerrungen führen, die noch durch Konjunktureinflüsse verstärkt werden. Dabei ist die Einhaltung öffentlich-rechtlicher Normenvorschriften für die Berufsausbildung abhängig von der Betriebsgröße. Offensichtlich genügt der bei zunehmender Betriebsgröße steigende Organisationsgrad der Ausbildung eher den Ansprüchen der gesetzlichen Vorgaben als kleinbetriebliche Ausbildungsbedingungen, die eher durch den Faktor „Personal" bestimmt sind. Eine differenzierte Betrachtung deutet an, daß sich insbesondere Mittelbetriebe in einer kritischen Situation befinden. Hier wirken sich der niedrige Organisationsgrad der Ausbildung und die nicht selten fehlende persönliche Betreuung durch geeignetes Ausbildungspersonal negativ auf die Qualität der Ausbildung aus (*Stratmann* 1977).

4 Der Übergang von der Schule in die Berufsausbildung und von dort in das Beschäftigungssystem

Ob ein Jugendlicher eine attraktive Ausbildungsstelle in einem von ihm gewünschten **Ausbildungsbetrieb** erhält, in der er — wenn auch nur in vorgegebenen Grenzen — eigene Berufsperspektiven entwickeln kann, hängt weitgehend von seiner sozialen Herkunft und der von ihr beeinflußten Bildungskarriere ab. Der Übergangsprozeß in eine Berufsausbildung ist durch **betriebliche Selektionseffekte** geprägt, die je nach (lokaler) Arbeitsmarktlage berufliche Chancen eröffnen oder verschließen und bei bestimmten Bevölkerungsgruppen wie Ausländerkindern, Behinderten, Mädchen und Jugendlichen mit niederen Schulabschlüssen kumulieren. Insbesondere diese Gruppe von Jugendlichen ist bei der Ausbildungsplatzsuche von Konkurrenz- und Mißerfolgserlebnissen sowie Etikettierungen und Stigmatisierungen negativ betroffen, wobei sie angesichts der als ungünstig erkennbaren Chancen ohnehin schon dazu neigt, ihre Erwartungen, Ziele und Ansprüche frühzeitig herunterzuschrauben. Der Druck der regionalen Ausbildungs- bzw. Arbeitsmarktbedingungen spielt eine bestimmende Rolle bei der **Berufswahl** der Jugendlichen, er produziert eine Situation, die die Realisierung des ursprünglichen Berufswunsches erschwert (*Hornstein* 1982, S. 137ff.; *Kruse* u.a. 1981). Viele Hauptschüler bzw. Arbeiterkinder kommen nicht umhin, anstelle eines zunächst nicht erreichbaren Ausbildungsplatzes eine berufliche Vollzeitschule (im Berufsvorbereitungsjahr, im Berufsgrundschuljahr, in der Berufsfachschule oder sonstigen berufsvorbereitenden Maßnahmen als Warteschleife bzw. Übergangslösung) zu besuchen, wodurch jedoch selten ihr primäres Interesse an einer betrieblichen Berufsausbildung verlorengeht. Während eines solchen Prozesses der Berufseinmündung nehmen diese Jugendlichen Modifikationen und Abstriche von ihren beruflichen Ansprüchen vor. Meist bedeutet dies eine Kanalisierung ihrer **Berufsorientierungen** in inhaltlich unterschiedliche Arten von Ausbildungsberufen oder Berufsfeldern. Selten können dann noch inhaltlich-tätigkeitsbezogene Berufsvorstellungen eingebracht werden; Interessen an Verdienst- und Aufstiegsmöglichkeiten, an Arbeitsplatz- und sozialer Sicherheit gilt es zurückzustellen. Bezugsmöglichkeiten zwischen dem schulischen Leistungsstand und der Berufsorientierung sind höchst selten, besonders dann, wenn damit z.B. über bestimmte Schulfächer inhaltliche Fähigkeitsmerkmale verbunden sein könnten (*Sardei-Biermann* 1984, S. 164).

Daß sich aus solchen Prozessen und den ihnen zugrundeliegenden Ursachenkomplexen auch besondere Problemlagen für die Berufsausbildung selbst ergeben, zeigt sich recht deutlich daran, daß mit der Verknappung des **Ausbildungsplatzangebotes** die Quote der **Ausbildungsabbrecher** gestiegen ist. Nach dem Berufsbildungsbericht der Bundesregierung aus dem Jahre 1983 stieg der Anteil der Abbrecher von 12 % im Jahre 1978 (insgesamt 69000) auf 16 % im Jahre 1981 (insgesamt 96000). Bemerkenswerterweise werden Berufe mit geringer Abbrecherquote als solche herausgestellt, auf die sich die Berufswünsche wegen der auszuübenden Tätigkeit oder der zu erwartenden günstigen Berufsperspektiven konzentrieren (*Der Bundesminister* 1983, S. 27f.). Überdurchschnittlich oft wurde die Berufsausbildung auch in solchen Ausbildungsbereichen abgebrochen, in denen besondere Anforderungen an das physische Leistungsvermögen gestellt werden und die Erwartungen an die schulische Vorbildung gering sind. Bei den Ausbildungsberufen reicht die Spanne von den Friseuren oder Köchen, wo fast jeder dritte neu abgeschlossene Ausbildungsvertrag gelöst wurde, bis zum Bankkaufmann oder Fernmeldehandwerker, wo es nur gut jeder dreißigste Vertrag war. Offensichtlich stellen neben gesundheitlichen Gründen die Perspektivlosigkeit des gewählten Ausbildungsberufs und die Ausbildungssituation selbst wichtige Gründe für einen Ausbildungsabbruch dar. Nach den Ergebnissen empirischer Untersuchungen über den Ausbildungsabbruch (vgl. u.a. *Weiss* 1982) sind ungefähr dreiviertel der Ausbildungsabbrecher nach eigenen Angaben aus dem Ausbildungsverhältnis ausgeschieden, weil sich bestehende Erwartungen bezüglich der Berufsausbildung nicht bestätigten. Bei einer zweiten Gruppe von Abbrechern, die mehr als ein Fünftel der Abbruchfälle umfaßte, beruhte das geringe berufliche Engagement darauf, daß der Ausbildungsberuf unter dem Zwang der Ausbildungsplatzknappheit gewählt wurde. Es ist davon auszugehen, daß mit einer zeitlichen Verzögerung diese Jugendlichen erneut auf dem **Ausbildungsstellenmarkt** auftauchen. Allenfalls der Hälfte dieser Jugendlichen gelingt es nach einer Vertragslösung, relativ problemlos in einen anderen Ausbildungsberuf bzw. Ausbildungsbetrieb zu wechseln.

Der **Berufseintritt** vollzieht sich heute kaum noch „gradlinig", eher „mit dazwischengeschobenen ‚Aufenthalten', mit Umwegen und Umleitungen der verschiedensten Art" (*Hornstein* 1982, S. 148). Obwohl die Berufseinmündung sich für einen großen Teil der heutigen Jugendlichen im Vergleich zu früheren Jahrgängen weiter hinausschiebt, kann dieser Prozeß immer seltener als rationale, systematisch vorbereitete Entscheidung eingeordnet werden. Vielmehr handelt es sich um eine notwendige Anpassung an Bedingungen des Ausbildungsstellenmarktes, wobei die Jugendlichen bei der

Zuweisung zu einem negativ eingeschätzten Beruf in besonders gravierender Weise erfahren, wie rigide das Berufssystem sich gegenüber subjektiven Bedürfnissen und Interessen verhält.

Die Wahl von gewerblich-technischen Berufen ist insgesamt eher fremdbestimmt als die Entscheidung für kaufmännische Berufe; innerhalb des Gewerbes erlernen besonders Handwerkslehrlinge einen anderen als den zunächst angestrebten Beruf (*Mayer* u.a. 1981, S. 149f.). Bei der Besetzung betrieblicher Ausbildungsstellen werden von Unternehmen zunehmend Realschulabsolventen bevorzugt. Hauptschüler treffen von Jahr zu Jahr auf eine größere Anzahl von Realschülern, die mit ihnen um Ausbildungsplätze konkurrieren. Vor allem die Verdrängung von weiblichen Hauptschülern durch Realschülerinnen ist besonders groß. Mädchen mit Hauptschulabschluß ziehen sich in dieser Situation wieder auf „frauentypische" Schulformen (Hauswirtschaft, Kinderpflege u.ä.) zurück und wählen Berufe, die sich durch eine enge Beziehung zur traditionellen Frauenrolle auszeichnen.

In der gegenwärtigen Krise auf dem **Arbeitsmarkt** werden diesen Jugendlichen die Probleme der Verwirklichung einer beruflichen Lebensplanung immer früher bewußt, und sie setzen sich damit auseinander. Mit dem Übergang in die Hauptschule wird eine Schulkarriere eingeleitet, durch die der Verlauf und das Resultat der Berufsfindung auch inhaltlich mitbestimmt werden, deren Bedeutung für die Jugendlichen zentrales Thema ist (*Heinz* u.a. 1985, S. 73). Eine Ausrichtung ihrer beruflichen Perspektiven an den Chancen zur Realisierung auf dem Ausbildungsstellenmarkt fängt schon Jahre vor dem Schulabschluß an (*Heinz* u.a. 1985, S. 83). Durch die besuchte Schulform und den dort erreichbaren Schulabschluß werden die Schüler sehr früh und auf formalem Wege bestimmten Arbeits- und Berufspositionen zugewiesen, wobei diese schulische Zuweisung — aufgrund der schichtspezifischen Selektivität der Schule — gleichfalls durch das sozio-ökonomische Herkunftsmilieu bestimmt ist. Die Orientierung an den Bedingungen des Arbeitsmarktes erscheint dabei den Jugendlichen vor dem Hintergrund der Individualisierung ihres schulischen Leistungsbildes als hinzunehmende Konsequenz ihrer unzureichenden persönlichen Leistungen, was sich nicht zuletzt in einer relativen Zufriedenheit mit der Berufsausbildung bemerkbar macht. Die Reduktion eigener Ansprüche und Erwartungen geht langsam vor sich. Wie *Heinz* u.a. nachgezeichnet haben, schrauben Jugendliche dann ihre Ansprüche zurück, wenn deutlich war, daß Besseres nicht erreichbar ist.

Wenn es auf den Ausbildungsabschluß zugeht, wird die vergleichsweise positive Einstellung zur Ausbildung von einer Skepsis bezüglich des weiteren beruflichen Werdegangs verdrängt. Nur jeder zweite Auszubildende sieht seiner beruflichen Zukunft mit Zuversicht entgegen. Jeder vierte hält es für ausgeschlossen bzw. für unwahrscheinlich, später vom **Ausbildungsbetrieb** übernommen zu werden und jeder dritte hat Bedenken, in seinem erlernten Beruf in einem anderen Betrieb arbeiten zu können. Lediglich 7 % der im Rahmen eines Forschungsprojekts des Bundesinstituts für Berufsbildung „Jugend, Ausbildung und Beruf", in dem 1985 unter anderem ein repräsentativer Querschnitt von 1.000 Auszubildenden im Bundesgebiet und in Berlin-West befragt wurde, schließen für sich selbst Arbeitslosigkeit innerhalb der nächsten Jahre aus. Offensichtlich haben die Probleme an der Übergangsschwelle von der Berufsausbildung in den Beruf mittlerweile ein ähnliches Ausmaß erreicht wie die Probleme beim Übergang von der **Schule** in die Berufsausbildung (vgl. *Kloas* 1986, *Davids* u.a. 1986).

Für viele Auszubildende ist es ungewiß, ob und wann sie nach Abschluß ihrer Ausbildung im erlernten Beruf arbeiten können bzw. ob sie überhaupt einen Arbeitsplatz finden. Daß der Übergang von einer Berufsausbildung in eine Erwerbstätigkeit in den letzten Jahren schwieriger geworden ist, zeigt sich an der überdurchschnittlich hohen Arbeitslosenquote für die Gruppe der 20- bis 24jährigen und an der Arbeitslosigkeit bei Berufsanfängern mit abgeschlossener Berufsausbildung im **dualen System.** Vor allem junge Fachkräfte mit den Ausbildungsberufen „Kraftfahrzeugmechaniker, Bürokaufmann/Bürogehilfin, Bäcker, Fleischer, Tischler, Friseurin, Gärtnerin, Verkäuferin im Nahrungsmittelhandwerk, Arzthelferin oder Apothekenhelferin" werden nach Abschluß der betrieblichen Berufsausbildung selten vom **Ausbildungsbetrieb** übernommen und finden auch in anderen Unternehmen kaum einen Arbeitsplatz, und wenn, dann in eher nicht ausbildungsadäquaten Tätigkeiten oder Teilzeitarbeiten mit befristeten Arbeitsverträgen. Es sind dies die Berufe, in denen in den letzten Jahren von Ausbildungsbetrieben über den Arbeitskräftebedarf hinaus ausgebildet wurde, während heute Facharbeiter im Elektro- und Metallbereich mit Kenntnissen in modernen Fertigungstechnologien fehlen. Zu bedenken ist zudem, daß die Wachstumsschwäche und der Beschäftigtenabbau im industriellen Sektor auch den Dienstleistungsbereich beeinflussen, der bis zum Beginn dieses Jahrzehnts Beschäftigungsverluste in der Industrie zumindest aufgewogen hatte. Die Dauer der Arbeitslosigkeit der Absolventen einer Berufsausbildung wird sich noch — ceteris paribus — erhöhen, da in diesem Jahrzehnt doppelt so viele junge Fachkräfte mit Abschluß einer betrieblichen Berufsausbildung (ca. 5 Millionen) das Erwerbstätigenpotential erhöhen, wie ältere Arbeitnehmer mit einer abgeschlossenen Berufsausbildung (ca. 2,5 Millionen) ausscheiden (vgl. *Kloas* 1986).

Vergegenwärtigt man sich, daß mit dem Einsatz neuer Technologien tendenziell die Möglichkeiten geringer werden, direkt an den Arbeitsplätzen und während der Arbeitsabläufe auszubilden und zu lernen, und daß zudem mit der Neuordnung von Ausbildungsberufen die seit langem notwendige Entspezialisierung der Berufsausbildung vorangebracht wird, dann werden berufliche Einstiegspositionen für den Übergang in spezifische Berufstätigkeiten, für das Sammeln von weiteren arbeitsplatzbezogenen wie handlungsorientierenden Berufserfahrungen und zur Vervollkommnung der beruflichen Erstqualifikationen immer wichtiger. Bei Wegfall dieser Erfahrungen fehlt eine wichtige berufsqualifizierende und berufsstabilisierende Voraussetzung für den weiteren Berufsverlauf. **Berufliche Qualifikationen,** die nicht permanent in der praktischen Berufstätigkeit gefordert werden, sind schnell verlernt und vergessen.

Trotz dieser zunehmenden Schwierigkeiten an der zweiten Übergangsschwelle scheinen der Wille und die Motivation der Jugendlichen, die Ausbildung mit einer erfolgreichen Prüfung abzuschließen, ungebrochen zu sein, wenn auch die positive Leistungsorientierung (Qualifizierung für einen Beruf) zum Teil einer defensiven Orientierung (Ausbildung zur Vermeidung von Arbeitslosigkeit) gewichen ist.

5 Der Beitrag der Berufsausbildung zur Entwicklung sozialer und politischer Handlungsorientierungen

Die betriebliche Ausbildung ist nicht nur auf eine Förderung der fachlichen Qualifikation im Hinblick auf die Anforderungen durch betriebliche Erfordernisse bzw. des jeweiligen Ausbildungsberufes gerichtet, sondern auch auf die Entwicklung sozialer Orientierungen. Mit der Vermittlung betriebskonformer Verhaltensweisen geht eine Integration der Jugendlichen in die betriebliche Hierarchie einher. Entsprechend nehmen jüngere empirische Untersuchungen zur **beruflichen Sozialisation** die Beziehung zwischen Qualifizierung und Disziplinierung als grundlegend für die betriebliche Berufsausbildung in ihren Untersuchungsansatz auf. Die Studie von Evelies *Mayer* u.a. (1981) geht von einem strukturellen Merkmal der betrieblichen Berufsausbildung aus, nämlich dem, daß die Ausbildungsbetriebe einer umfassenden Qualifizierung der Jugendlichen in unterschiedlicher Ausprägung Grenzen setzen. Während die Jugendlichen eine möglichst vollständige und branchenübergreifende Ausbildung anstreben, um insbesondere den Marktwert ihrer Arbeitskraft zu steigern, möchten die Unternehmen die Jugendlichen bereits während der Ausbildung lediglich für betriebsspezifische Arbeitsvollzüge qualifizieren und sie durch die Vermittlung betriebskonformer Orientierungen in die Betriebshierarchie integrieren. Ob die Jugendlichen nun in ihren Ausbildungsberufen branchenübergreifend qualifiziert werden, hängt wesentlich von der Organisation und der pädagogischen Systematisierung der Ausbildung in den jeweiligen Betrieben ab. Deshalb wird in der Studie zwischen systematisch und unsystematisch organisierten Ausbildungsformen unterschieden.

In den systematisch geplanten Ausbildungsgängen bestehen deshalb gute fachlich-theoretische Qualifizierungsmöglichkeiten, weil teilweise unabhängig vom Arbeitsvollzug, weitgehend losgelöst von den Ernstsituationen mit ihren ökonomischen Erfordernissen und dem unmittelbaren Praxisdruck betrieblicher Berufsausübung, in betrieblichen oder überbetrieblichen **Lehrwerkstätten** bzw. Lehrbüros systematisch und planmäßig nach arbeitspädagogischen Kriterien ausgebildet wird. Hauptberufliche Ausbilder besitzen dort im Umgang mit den Auszubildenden Handlungsräume für weitergehende pädagogische Interaktionen, die in den unsystematischen (meist arbeitsplatzgebundenen) Ausbildungsformen mit ihrer Produktionsnähe nicht gegeben sind. Die Koordination von Ausbildung und Arbeit erfolgt dezentral und ist personenabhängig. Die Ausbildung ist einerseits orientiert an den Arbeiten, die in der Produktion je nach Auftragslage und Spezialisierungsgrad des Betriebes anfallen. Andererseits hängt sie vom persönlichen Gutdünken der nebenberuflichen Ausbilder ab, wobei zu berücksichtigen ist, daß pädagogische Interessen dieser von den Anforderungen des Arbeitsprozesses zumeist vollständig in Anspruch genommenen nebenberuflichen Ausbilder auch bei bestem Willen — vor allem in ökonomischen Krisenzeiten — erheblich eingeschränkt werden. Verschärfter Leistungsdruck kann sie dazu zwingen, den Auszubildenden verstärkt für wenig qualifizierende Hilfs- und Nebentätigkeiten einzusetzen, wobei die Qualifizierungsmöglichkeiten im Rahmen der Mitarbeit im Produktionsprozeß ohnehin eher zufällig und situativ sind. In solchen betrieblichen Ausbildungsgängen, die meist unsystematisch verlaufen, und die von den organisatorischen und materiell-situativen

Gegebenheiten her auch annähernd den späteren realen Arbeitssituationen entsprechen, dominiert die Disziplinierung gegenüber der Qualifizierung, egal, ob in einem Handwerksbetrieb, in der Fabrik oder im Büro (*Mayer* u.a. 1981, S. 137). Disziplinierung heißt dabei im Handwerk eher Konformität mit Vorgesetzten, in der Industrie primär die Anerkennung von abstrakten Organisationsregeln, der „Logik von Sachzwängen". Dabei ist zu bedenken, daß auch in solchen Ausbildungsmaßnahmen, die überwiegend arbeitsplatzgebunden durchgeführt werden, der Übergang von der Ausbildung in spätere Erwerbstätigkeiten keineswegs unproblematisch verläuft. In den systematisch organisierten Ausbildungsgängen wird demgegenüber die fachliche Qualifizierung betont, jedoch wird nicht selten die individuelle Leistungsorientierung auf Kosten der Kooperationsfähigkeit verstärkt, und detaillierte Arbeitsanforderungen erschweren die Entwicklung der Selbständigkeit (*Mayer* u.a. 1981). Aus der Sicht des Arbeitssystems bergen solche beruflichen Lernprozesse weitere Probleme in sich. Beklagte Praxisferne, fehlende Bezüge zu den komplexen betrieblichen Berufssituationen haben zu Versuchen geführt, in derart schulisch organisierte Ausbildungsgänge auftragsbezogene Arbeitsprojekte zu integrieren. Vermeintlich falsche Vorstellungen über und Ansprüche an die berufliche Praxis sollen dadurch zurückgedrängt werden.

In der systematischen Ausbildung der Industriekaufleute dominiert ebenfalls die fachliche Qualifizierung, nicht zuletzt auch deshalb, weil die Betriebe sich Jugendliche mit gewünschten normativen Orientierungen vor allem durch Einstellungsverfahren sichern (*Mayer* u.a. 1981, S. 128). Selbständigkeit, Kritikfähigkeit und Entscheidungsvermögen werden hauptsächlich im Werksunterricht gefördert, kaum während der Arbeitsprozesse. Dabei gestehen Ausbilder im kaufmännisch-verwaltenden Bereich im Vergleich zu ihren gewerblichen Kollegen den Auszubildenden generell mehr Eigenverantwortung zu. Diese größere Liberalität ist nicht unabhängig davon zu sehen, daß gewünschte normative Orientierungen ein wichtiges Kriterium bei der Auslese der Lehrstellenbewerber sind.

Sehen die Auszubildenden ihre Interessen an einer vollständigen Qualifizierung und relativen Autonomie im Laufe ihrer Ausbildung zunehmend verletzt, reagieren sie mit Ablehnung und Forderungen nach mehr Rechten. Dabei zeigen sich deutliche Unterschiede zwischen gewerblichen und kaufmännischen Auszubildenden. Gewerbliche Lehrlinge tendieren einerseits eher zur beobachtbaren Anpassung, reagieren andererseits überempfindlich auf Verletzungen ihrer materiellen Interessen. Kaufmännische Lehrlinge äußern sich durchweg kritischer. Ihre Kritik bleibt freilich meist im Rahmen betrieblicher Erwartungen. Zudem neigen sie verstärkt zu individuellen Konfliktlösungen. Lediglich kaufmännische Auszubildende, die aus Arbeiterfamilien stammen, reagieren ähnlich wie ihre Kollegen aus dem gewerblichen Bereich (*Mayer* u.a. 1981, S. 215ff.). Zu Protest gegen betriebliche Anpassungsprozesse und ungerechtfertigte Leistungskonkurrenz tendieren am ehesten Jugendliche, die aus liberalen Elternhäusern stammen und die eine weiterführende allgemeinbildende Schule besucht haben. Dies gilt auch für solche Jugendliche, die gemeinsam zeitweise in Lehrwerkstätten ausgebildet werden.

Diese Befunde verweisen auf die Bedeutung der vorberuflichen Sozialisation, deren Effekte durch Ausbildung, Arbeit und Beruf anscheinend kaum noch zu verändern sind. Demgegenüber sprechen *Kärtner* u.a. (1983) in ihrer Studie von einem „generellen Aktivierungseffekt der Berufsausbildung im Hinblick auf die sozialen und politischen

Handlungsqualifikationen der Auszubildenden" (*Kärtner* u.a. 1983, S. 33). Danach ist davon auszugehen, daß die konkreten ausbildungs- und betriebsbezogenen Orientierungen (ihre Veränderung im Sinne von zunehmendem Engagement) stärker auf Einflüsse der betrieblichen Ausbildung zurückzuführen sind, während allgemeinere gesellschaftliche Orientierungen sich während der Ausbildungszeit kaum verändern. Sie werden stärker durch die Sozialisation in Elternhaus und Schule beeinflußt, wenn auch während der Ausbildungszeit stattfindende Veränderungen stets als Interaktionen zwischen den Bedingungen vorberuflicher Sozialisation und später wirkenden Einflußfaktoren einzuordnen sind. Die Enttäuschung von Berufswünschen, von Qualifizierungsinteressen und Karriereerwartungen führt in der Regel nicht zu einer betriebs- und gesellschaftspolitischen Bewußtseinsbildung und Aktivierung. Vor allem die stärker benachteiligten Auszubildenden in unsystematisch organisierten Ausbildungsgängen, die besonderen Grund hätten, gegen ihre Minder- und Fehlqualifizierung sowie gegen unbegründete Anpassungsforderungen zu agieren, bringen grundsätzlich weder die subjektiven Voraussetzungen hierfür mit noch bietet die betriebliche Ausbildung objektive Möglichkeiten, sich mit ihresgleichen zu solidarisieren.

6 Jugend und Einstellung zur beruflichen Arbeit

Von Arbeitslosigkeit betroffene Jugendliche sind erheblichen psycho-sozialen Belastungen ausgesetzt, die ihre Auswirkungen u.a. in der Verunsicherung hinsichtlich der Lebens-, Berufs- und Zeitperspektive, in Problemen der Familienbeziehung, in der Isolierung von außerfamilialen Bezugsgruppen, in sozialen Diskriminierungen und nicht zuletzt in finanziellen Engpässen zeigen, wenn auch der Grad der Belastung nicht unabhängig zu sehen ist von der Persönlichkeit des Jugendlichen, seinen biographischen Besonderheiten und seiner sozialen wie regionalen Herkunft (*Galuske* 1986, S. 703ff.). Das Fehlen der Sozialisationsinstanz „berufliche Arbeit" mit ihren spezifischen Strukturen und wechselseitigen Beziehungen zu anderen Lebensbereichen bedeutet insbesondere für davon betroffene Jugendliche, daß ein grundlegender Erfahrungsraum verlorengeht, in dem sich **Handlungskompetenz**, Qualifikation und personale **Identität** in Kommunikation mit Gleichaltrigen und in aktiver Auseinandersetzung mit Arbeitsaufgaben entwickeln. Arbeitslosigkeit bedeutet weitgehend Verlust der sinnerfüllenden Zeitverwendung, der sozialen Kontakte und des Berufsprestiges; Selbstsicherheit wie Selbst- und Fremdeinschätzung werden ungünstig entwickelt und stören den Integrationsprozeß der Betroffenen in die Gesellschaft. Veränderte Einstellungen und Verhaltensweisen gegenüber Arbeit und Beruf sind zu erwarten.

Neuere Jugendstudien sehen bei aller Unterschiedlichkeit der Befunde bei Jugendlichen einen Trend zur Individualisierung und eine Suche nach Identifikation. Die Konkurrenz der Jugendlichen um Kultur, Einkommen, Bildung usw. führt zu Individualisierungsschüben, womit Entstandardisierungen von Sozialisationsphasen und Enttraditionalisierungen von Lebensphasen (vgl. *Heitmeyer/Olk* 1990) verbunden sind. Milieugeprägte Weltanschauungen unterliegen einem verstärkten Wandel. Bildungsunterschiede zwischen den Geschlechtern nähern sich an, jedoch existieren weiterhin aufgrund der Strukturunterschiede über die „Dauer von Jugend“ unterschiedliche Freiheitsgrade zur Entwicklung von Individualität. Offen bleibt die Frage, ob sich mit diesen Individualisierungsprozessen neue Emanzipationsformen entwickeln oder ob Elemente individualistischer Identitätsbildung dominieren werden.

In einer Situation der angespannten Arbeitsmarktlage und der zunehmenden Labilisierung des Übergangs von der Schule in eine kontinuierliche Berufstätigkeit erhalten Schullaufbahnen und Zertifikate große Bedeutung, weshalb das Bemühen aller sozialen Schichten auf hohe Abschlußzeugnisse gerichtet ist. Die ungleiche Auseinandersetzung zwischen den **sozialen Schichten** um die beste Ausgangsposition auf dem **Ausbildungs-** und **Arbeitsmarkt** spielt sich weitgehend im Schulwesen ab. Dabei gelingt es Jugendlichen aus den (höheren) sozialen Schichten, die sich günstig auf Regeln des schulischen Kommunikations- und Sanktionssystems einstellen können, am leichtesten, notwendige Bildungszertifikate zu erwerben. Für die Entwicklung weiterer beruflicher Perspektiven ist dann von ausschlaggebender Bedeutung, unter welchen Bedingungen der Jugendliche in eine berufliche Ausbildung eintritt und wie er diese wahrnimmt und erlebt. Mit den durch Ordnungsmitteln geregelten Berufsausbildungen und den dadurch zu erwerbenden Abschlüssen und Zertifikaten werden Entwicklungsmöglichkeiten, Zukunftsperspektiven im Hinblick auf bestimmte weiterführende Bildungsgänge, auf Arbeitsplätze, auf gesellschaftliche Positionen eröffnet oder verschlossen. Vor allem angesichts der augenblicklich besonders krassen Diskrepanz zwischen den individuellen Berufswünschen und dem knappen Angebot an beruflichen Ausbildungs- und Arbeitsmöglichkeiten als strukturellem Problem unseres Wirtschaftssystems ist zu fragen, wie sich die Umlenkung bzw. die Modifizierung von Berufswünschen in Richtung auf das Berufsinteresse und die eigene Lebensplanung der Betroffenen auswirken. Aus einer Studie zur sozialen Verwandtschaft von Ausbildungsberufen geht dazu hervor, daß es zwar benachbarte (milieukonforme) Ausbildungsberufe gibt, auf die ohne Probleme ausgewichen werden kann, daß aus der Sicht der Betroffenen aber auch eng markierte Grenzen dieser Austauschbarkeit existieren, die nicht problemlos übertreten werden können. Werden „solche sozialen Grenzlinien zwischen den Berufen bei der Wahl mehr oder weniger unfreiwillig überschritten“, dann reagieren „viele auch mit Enttäuschung, Unzufriedenheit und dem Wunsch, den Beruf bald wieder zu wechseln“ (*Beck* u.a. 1979, S. 101). Dieses gilt insbesondere für Ausbildungsberufe, die nur geringe Beschäftigungsmöglichkeiten nach der Ausbildung bieten.

Können also Jugendliche nicht den Beruf ergreifen, den sie sich erhofft haben, und wird aufgrund dieser Umorientierung anschließend ein Berufswechsel erzwungenermaßen notwendig, oder bleiben Jugendliche über einen längeren Zeitraum hinweg ohne Ausbildungsplatz oder auch ohne berufliche Arbeit, also fern beruflich-betrieblicher Handlungsfelder, so daß eine kontinuierliche Identifikation mit dem Beruf gar nicht aufgebaut werden kann, dann ist zu vermuten, daß Beruf und Arbeit für ihre Identitätsbildung mehr und mehr an Bedeutung und Gewicht verlieren und dementsprechend auch als sinnstiftende Instanz für ihre Selbsteinschätzung und positive Lebensperspektive — und dies in unserer berufsorientierten Gesellschaft, in der zur beruflichen Arbeit kaum eine Alternative existiert; Wert, Status und Prestige eines Menschen also fast ausschließlich vom Beruf her bestimmt werden. Jugendliche aus unteren **sozialen Schichten** tendieren zudem dazu, ihre Arbeits- und Berufslosigkeit als Schicksal hinzunehmen, wobei dieses resignative Hinnehmen nicht selten auch noch von einer Schuldzuschreibung durch die eigenen Eltern verstärkt wird. Wird einem zunehmenden Teil Jugendlicher die Chance vorenthalten, sich durch befriedigende berufliche Arbeit die eigene Existenz zu sichern, wird also die „identitätsstiftende Potenz“ beruflicher Arbeit verringert, dann kann dies u.a. „bei den Jugendlichen zwei unterschiedliche Verhaltenskonsequenzen nach sich ziehen: die innere Abwendung von Arbeit als überhaupt möglichem Bereich persönlicher Selbstbestätigung und -entfaltung einerseits und andererseits eine erhöhte Anpassungsbereitschaft gegenüber vorgegebenen betrieblichen Arbeitsanforderungen und verstärkte individuelle Anstrengungen, sich doch noch Karrierechancen zu eröffnen und zu sichern“ (*Baethge* 1983, S. 108).

Die Auseinandersetzung mit den Anforderungen beruflicher Ausbildung und Arbeit bewirkt Veränderungen von **Handlungskompetenzen** und Selbstdefinitionen. Während der betrieblichen Ausbildung bauen Jugendliche realistische Einschätzungen ihrer weiteren beruflichen Entwicklungsmöglichkeiten und Karriereperspektiven auf und korrigieren oder relativieren frühere Zielvorstellungen. Dabei weisen vorliegende Untersuchungen darauf hin, daß ausgebildete junge Fachkräfte auch bei Arbeitslosigkeit und unterwertiger Beschäftigung an ihrem Anspruch auf eine ihrer Ausbildung entsprechende Arbeit festhalten. Die ungünstigen Arbeitsmarktbedingungen führen selten zu einer Reduktion der berufsbezogenen Erwartungen und Ansprüche. Die Notwendigkeit einer Ausbildung als Grundlage für einen qualifizierten Arbeitsplatz wird auch bei negativen Erfahrungen auf dem Arbeitsmarkt gesehen. Zumindest wird auch von denen, die keine Arbeit gefunden haben, die Berufsausbildung als der entscheidende Konkurrenzvorteil gegenüber Ungelernten eingeordnet, um überhaupt ins Erwerbsleben integriert zu werden. Arbeit und Beruf stellen für die Mehrzahl Jugendlicher mehr als nur ein Mittel zum Gelderwerb dar; sie denken kaum daran, sich den Anspruch auf eine sinnerfüllte Arbeit mit Vertröstungen auf die Freizeit abkaufen zu lassen. Berufsarbeit wird für sie notwendig zur finanziellen Unabhängigkeit von den Eltern und zur Anerkennung im Familien-, Freundes- und Kollegenkreis, was durch ein starkes Bedürfnis nach sinnvoller, eigenbestimmter Arbeit gestützt wird. Diese Orientierung auf Arbeit und die Dominanz arbeitsinhaltlicher und sozialkommunikativer Ansprüche ist begründet in langfristig wirkenden außerbetrieblichen gesellschaftlichen Veränderungen der Sozialstruktur und der Ausweitung von schulischen Bildungsmaßnahmen. Insofern wird sie auch als Trend durch die Krise auf dem **Arbeitsmarkt** nicht gebrochen, wohl aber für einzelne Gruppen von Jugendlichen modifiziert und schwerer einlösbar (*Baethge* u.a. 1985). Für die meisten Jugendlichen ist die Arbeit und das private Leben gleich wichtig. Veränderungen in der Arbeitsorientierung ergeben sich mit der Ablösung vom Elternhaus, der Aufnahme einer Partnerschaft, der Familiengründung und nicht zuletzt mit dem Eintritt in die betrieblichen Arbeitsprozesse selbst. Was die dort gemachten Erfahrungen betrifft, so haben *Baethge* u.a. (1988) gezeigt, daß Jugendliche, die kaum problematische Arbeitserfahrungen gemacht haben und kontinuierliche Berufsverläufe aufweisen, überwiegend arbeitszentrierte Lebenskonzepte als inhaltliche Identifikationsmomente bzw. im Sinne traditioneller Karriereplanungen entwickeln. Ganz anders die Jugendlichen mit diskontinuierlichen, von Krisenerfahrungen geprägten Berufsverläufen. Sie suchen ihre Orientierungen, ihr Lebenskonzept eher in der Freizeit oder in der Familie.

Sollten jedoch Beruf und Arbeit an identitätsbildender Wirkung verlieren, sind Auswirkungen auf die Lebensplanung und Lebensentwürfe der Jugendlichen zu erwarten.

Nicht von ungefähr zeigen sich bereits jetzt im Verlauf der Ausbildung von Jugendlichen Tendenzen zur Aufteilung des eigenen Lebens in die Bereiche des Berufs einerseits und der Freizeit, des Privaten, andererseits. Dieser Wandel könnte unter Beachtung der strukturell sich verändernden Arbeits- und Lebensverhältnisse bedeuten, daß viele Jugendliche Grund genug haben, berufliche Arbeit distanzierter zu betrachten als die Jugendgeneration der 50er und 60er Jahre, daß sie gleichzeitig weiterführende Ansprüche an ihr Leben und ihre Arbeit formulieren und genügend Selbstbewußtsein und Durchsetzungskraft erworben haben, diese Ansprüche erfolgversprechend zu artikulieren und produktiv gegen entgegenstehende soziale und materielle Lebensbedingungen zu wenden.

Literatur

Bammé, A./Holling, E./Lempert, W.: Berufliche Sozialisation. München 1983

Beck, U./Brater, M./Daheim, H.: Soziologie der Arbeit und der Berufe. Reinbek 1980

Baethge, M.: Jugend und Krise. Überlegungen zum Verhältnis von Jugendlichen zur Arbeit als gesellschaftlicher Institution unter den Bedingungen anhaltender Krise. In: Kärtner, G./Leu, H.-R./Otto, E.-M./Wahler, P. (Hrsg.): Ausbildung und Arbeitsplatzrisiko Jugendlicher. München 1983, S. 82 - 111

Baethge, M. u.a.: Ausbildungs- und Berufsstartprobleme von Jugendlichen unter den Bedingungen verschärfter Situationen auf dem Arbeits- und Ausbildungsmarkt. Göttingen 1978

Baethge, M. u.a.: Jugend und Krise — Krise aktueller Jugendforschung. Frankfurt/New York 1983

Baethge, M. u.a.: Arbeit und Gewerkschaften — Perspektiven von Jugendlichen. Kurzfassung erster Ergebnisse des Projekts „Jugend und Krise". Göttingen 1985

Baethge, M. u.a.: Jugend, Arbeit und Identität. Lebensperspektiven und Interessenorientierungen von Jugendlichen. Opladen 1988

Blossfeld, H.-P.: Bildungsexpansion und Berufschancen. Frankfurt a.M./New York 1985

Blossfeld, H.-P.: Berufseintritt und Berufsverlauf. Frankfurt/M. 1985

Blossfeld, H.-P.: Bildungsexpansion und Berufschancen. Empirische Analysen zur Lage der Berufsanfänger in der Bundesrepublik. Frankfurt a.M./New York 1988

Ders.: Sensible Phasen im Bildungsverlauf. Eine Längsschnittanalyse über die Prägung von Bildungskarrieren durch den gesellschaftlichen Wandel. In: Zeitschrift für Pädagogik 34 (1988), S. 45-63

Brater, M.: Arbeit-Beruf-Persönlichkeit. Bestand und Veränderung in einer Dekade. In: Lipsmeier, A. (Hrsg.): Berufsbildungspolitik in den 70er Jahren. Eine kritische Bestandsaufnahme für die 80er Jahre. Beiheft 4 zur ZBW. Wiesbaden 1983, S. 36-48

Crusius, R.: Krise von Jugend, Ausbildung und Beruf — Was sagt die Wissenschaft dazu? München 1985

Daheim, H.-J. u.a. (Hrsg.): Sozialisationsprobleme arbeitender Jugendlicher, 2 Bde.. München 1980

Davids, S./Hecker, U./Kloas, P.W.: Lehre '85: Was Auszubildende davon halten. In: Berufsbildung in Wissenschaft und Praxis 14 (1985), H. 6, S. 218 - 220

Der Bundesminister für Bildung und Wissenschaft: Berufsbildungsbericht 1983. Bad Honnef 1983

Der Bundesminister für Bildung und Wissenschaft (Hrsg.): Grund- und Strukturdaten 1985/86. Bad Honnef 1985

Friebel, H. (Hrsg.): Von der Schule in den Beruf. Jugend zwischen Familie, Bildung, Beruf und Freizeit (1). Opladen 1983

Friebel, H. (Hrsg.): Berufliche Qualifikation und Persönlichkeitsentwicklung — Jugend zwischen Familie, Bildung, Beruf und Freizeit (2). Opladen 1985

Galuske, M.: Sozialisation durch Arbeitslosigkeit? Zu den psychischen und sozialen Folgen von Jugendarbeitslosigkeit unter pädagogischer Perspektive. In: Zeitschrift für Berufs- und Wirtschaftspädagogik 82 (1986), H. 8, S. 703 - 717

Giesbrecht, A.: Jugend ohne Arbeit. Frankfurt/M. 1983
Gillis, J.R.: Geschichte der Jugend. Weinheim und Basel 1980
Haar, H./E. v.d.: Jugendarbeitslosigkeit und soziale Sicherung. Berlin 1983
Hegelheimer, A.: Bildung und Beruf. Perspektiven für die Zukunft. Köln 1983
Heinz, W.R.: Berufliche Sozialisation. In: Hurrelmann, K./Ulich, D. (Hrsg.): Handbuch der Sozialisationsforschung. Weinheim 1980, S. 499-519
Heinz, W.R. u.a.: Bremer Jugendstudie: Berufsfindung und Arbeitsmarkt. In: Friebel, H. (Hrsg.): Von der Schule in den Beruf. Wiesbaden 1983, S. 147-176
Heinz, W.R. u.a.: „Hauptsache eine Lehrstelle" — Jugendliche vor den Hürden des Arbeitsmarkts. Weinheim und Basel 1985
Heitmeyer, W./Olk, Th. (Hrsg.): Individualisierung von Jugend. Gesellschaftliche Prozesse, subjektive Verarbeitungsformen, jugendpolitische Konsequenzen. Weinheim/München 1990
Hofbauer, H.: Berufswege von Erwerbstätigen mit Facharbeiterausbildung. In: Mitteilungen aus der Arbeitsmarkt- und Berufsforschung 14 (1981), H. 2, S. 127-138
Hoff, E. u.a.: Sozialisationstheoretische Überlegungen zur Analyse von Arbeit, Betrieb und Beruf. In: Soziale Welt 33 (1982), H. 3/4, S. 508-536
Hoff, E.-H./Lempert, W./Lappe, L.: Persönlichkeitsentwicklung in Facharbeiterbiographien. Bern/ Stuttgart/Toronto 1991
Hornstein, W.: Unsere Jugend. Weinheim/Basel 1982
Hornstein, W.: Jugend: Strukturwandel und Problemlagen. In: Recht der Jugend und des Bildungswesens 32 (1984), H. 4/5, S. 269-281
Hornstein, W.: Jugend: Strukturwandel, neues Selbstverständnis und neue Problemlagen. In: Mitteilungen aus der Arbeitsmarkt- und Berufsforschung 18 (1985), H. 2, S. 157-166
Hurrelmann, K./Ulich, D. (Hrsg.): Handbuch der Sozialisationsforschung. Weinheim/Basel 1980
Hurrelmann, K.: Einführung in die Sozialisationstheorie. Über den Zusammenhang von Sozialstruktur und Persönlichkeit. Weinheim/Basel 1986
Hurrelmann, K./Wolf, H.-K.: Schulerfolg und Schulversagen im Jugendalter. Weinheim 1986
Jaide, W.: Zur Situation der jugendlichen Arbeitslosen. In: Wirtschaft und Berufs-Erziehung 37 (1985), H. 9, S. 270-275
Jaide, W./Veen, H.-J.: Bilanz der Jugendforschung. Ergebnisse empirischer Analysen in der Bundesrepublik Deutschland von 1975 bis 1987. Studien zur Politik. Band 13. Paderborn 1989
Kärtner, G./Leu, H.R./Otto, E.-M./Wahler, P. (Hrsg.): Ausbildung und Arbeitsplatzrisiko Jugendlicher. München 1983
Keck, E.: Bestimmungsfaktoren für den Abbruch der betrieblichen Berufsausbildung. In: Mitteilungen aus der Arbeitsmarkt- und Berufsforschung 17 (1984), H. 2, S. 247-256
Kloas, P.-W.: Ausbildung ins Ungewisse — Wie wirkt sich der Arbeitsplatzmangel innerhalb der Ausbildung aus? In: Recht der Jugend und des Bildungswesens 34 (1986), H. 1, S. 63-71
Krappmann, L.: Sozialisation in der Gruppe der Gleichaltrigen. In: Hurrelmann, K./Ulich, D.: Handbuch der Sozialisationsforschung. Weinheim 1980, S. 433-467
Kreutz, H.: Soziale Bedingungen der Sozialisation Jugendlicher in industriellen Gesellschaften. In: Hurrelmann, K. (Hrsg.): Sozialisation und Lebenslauf. Reinbek 1976, S. 151-171
Kruse, W./Kühnlein, G./Müller, U.: Facharbeiter werden — Facharbeiter bleiben? Betriebserfahrungen und Berufsperspektiven von gewerblich-technischen Auszubildenden in Großbetrieben. Frankfurt/M. 1981
Lempert, W.: Sozialisation in der betrieblichen Ausbildung. Der Beitrag der Lehre zur Entwicklung sozialer Orientierungen im Spiegel neuerer Längsschnittuntersuchungen. In: Thomas, H. u.a. (Hrsg.): Bildung und Beruf. Berlin 1986, S. 105-144
Mayer, E.: Sozialisation von Jugendlichen in der betrieblichen Ausbildung. In: Zeitschrift für Berufs- und Wirtschaftspädagogik, Beiheft 3/1982
Mayer, E./Schumm, W. u.a.: Betriebliche Ausbildung und gesellschaftliches Bewußtsein. Die berufliche Sozialisation Jugendlicher. Frankfurt a.M./New York 1981
Matthes, J. (Hrsg.): Lebenswelt und soziale Probleme. Frankfurt/M. 1981
Münch, J.: Das Duale System. Lehrlingsausbildung in der Bundesrepublik Deutschland. Bonn 1979

Olbrich, E./Todt, E. (Hrsg.): Probleme des Jugendalters. Berlin 1984
Otto-Brock, E.: Jugend und Arbeit — Ein Forschungsüberblick. In: Zeitschrift für Berufs- und Wirtschaftspädagogik 87 (1991), 3, S 208-224
Quandt-Stelling, A./Müller-Bauer, A.: Facharbeiterinnen im Metallbereich. Sozialisationserfahrungen zwischen Selbstausbeutung und Selbstbeschränkung. In: Zeitschrift für Berufs- und Wirtschaftspädagogik 87 (1991), 1, S. 19-31
Sachverständigenkommission Kosten und Finanzierung der beruflichen Bildung: Kosten und Finanzierung der außerschulischen beruflichen Bildung (Abschlußbericht). Bielefeld 1974
Sardei-Biermann, S.: Jugendliche zwischen Schule und Arbeitswelt. München 1984
Saterdag, H./Stegmann, H.: Jugendliche beim Übergang vom Bildungs- in das Beschäftigungssystem. Ergebnisse einer Längsschnittuntersuchung. — Beiträge zur Arbeitsmarkt- und Berufsforschung, Bd. 41, Nürnberg 1980
Stiksrud, A.: Jugend und Werte. Weinheim 1984
Stratmann, K.: Berufspädagogische Probleme des dualen Systems. In: Verband Bayerischer Berufsschullehrer aktuell 26 (1977), H. 4, S. 155ff., H. 5, S. 164ff.
Stratmann, K./Schlösser, M.: Das Duale System der Berufsbildung. Eine historische Analyse seiner Reformdebatten. Frankfurt am Main 1990
Tippelt, R.: Qualifikation und berufliche Sozialisation erwerbstätiger Jugendlicher, Frankfurt/M. 1981
Tippelt, R.: Die verunsicherte Generation — Jugend und Wertewandel, Bericht des Sinus-Instituts, Teil I. Opladen 1983
Tippelt, R.: Jugendforschung in der Bundesrepublik. — Bericht des Sinus-Instituts, Teil II. Opladen 1984
Tismer, K.-G.: Konstanz und Veränderung in der Einstellung von Berufsschülern zur Arbeit. In: Zeitschrift für Berufs- und Wirtschaftspädagogik 87 (1991), 5, S. 388-398
Vohland, U. (Hrsg.): Jugendarbeitslosigkeit. Darmstadt 1980
Weiß, R.: Abbruch der Berufsausbildung. Daten, Motive, Lösungsmöglichkeiten. Köln 1982
Weiß, R.: Gründe für den Abbruch der Berufsausbildung. In: Zeitschrift für Berufs- und Wirtschaftspädagogik 78 (1982), H. 8, S. 564-578

Dieter Baacke / Wilfried Ferchhoff

Jugend und Kultur

Im Anschluß an ein paar einleitende Bemerkungen zur Jugend(-sub)kulturdiskussion geht es im folgenden darum, den Jugend(-sub)kulturbegriff im Zusammenhang zentraler disziplinärer Verwendungskontexte zu entfalten und zu thematisieren.

Dies führt uns zunächst im zweiten Kapitel zur kriminologischen bzw. kriminalsoziologischen Debatte über **Jugendsubkulturen** und **abweichendes Verhalten**. In einem weiteren dritten Schritt verfolgen und diskutieren wir dann verschiedene (freilich vornehmlich strukturfunktionalistische) Versionen der Jugend(-sub)kulturkonzeptionen in der Jugendsoziologie. Im vierten Kapitel erinnern wir schließlich an — häufig notorisch vernachlässigte — genuin pädagogische Traditionslinien und -strömungen über Vorstellungen und Sichtweisen von Jugend(-sub)kulturen. Dabei versuchen wir einige Essentials der damaligen zu Anfang dieses Jahrhunderts ‚jugendbewegten' Jugend(-sub)kulturdiskussion für das heutige sozialwissenschaftliche Verständnis von Jugendkulturen fruchtbar zu machen. Es geht also darum, den Wandervogel und die Jugendbewegung in ihren vornehmlich kulturellen Auswirkungen bis heute zu verfolgen.

Wenn über **Jugendkulturen** oder **Jugendsubkulturen** räsoniert wird, dann darf freilich nicht der klassenkulturell orientierte und Stilbildungs- sowie Stilverwandlungsprozesse ins Zentrum rückende britische Ansatz des *Centre for Contemporary Cultural Studies (CCCS)* fehlen. Wenn also im fünften Kapitel der Zusammenhang von Jugend(-sub)kulturen und Stilbildungen analysiert wird, dann geht es uns einerseits um eine Rekonstruktion und kurze Charakterisierung dieses Ansatzes. Andererseits gilt unser Interesse aber auch insbesondere den jugend(-sub)kulturellen Stilbildungsvorgängen und -analysen, die — im tendenziellen Gegensatz zum CCCS — über die klassen- bzw. milieuspezifischen Zuordnungen hinausweisen oder quer zu diesen liegen. Das Letztgenannte scheint auch darauf hinzudeuten, daß wir heutzutage gut beraten sind, die Jugendsubkulturkonzeptionen hinter uns zu lassen, weil in der gesellschaftlichen Situation der Gegenwart inzwischen zahlreiche empirische Indikatoren darauf hinweisen, daß der Subkulturbegriff nicht nur definitorisch-analytische Unschärfen aufweist und normativ ideologisch belastet ist, sondern darüber hinaus auch angesichts der beobachtbaren Variation und Vielfältigkeit jugendlicher Lebensformen obsolet geworden ist. Analoge Konzepte wie ‚Jugendstile', ‚Jugendmilieus', ‚Jugendszenen', ‚Jugendbiographien' und vor allem ‚Jugend*kulturen*' scheinen vor dem Hintergrund der Differenzierung, Pluralisierung und Individualisierung von „Jugend" geeigneter zu sein, die neuen, flexibler, durchlässiger und zugleich flüchtiger werdenden kulturellen Ausdrucksmuster jugendlichen Verhaltens zu erklären. Das sechste und zugleich letzte Kapitel dieses Beitrags erörtert die Ursachen und Gründe, die den Abschied vom Jugend-*sub*kulturbegriff nahelegen.

1 Lesarten zur Jugend(-sub)kulturdiskussion

Im Rahmen der sozialwissenschaftlichen Theoriediskussion über ‚Jugend' bzw. Jugendprobleme nimmt die These von einer (eigenständigen) „Jugend- bzw. Subkultur" der Heranwachsenden zunächst mit der „deutschen Jugendbewegung" an der Wende des 19. Jahrhunderts und spätestens seit der ‚Erfindung des Teenagers' in den 50er Jahren einen wichtigen, aber auch zu kontroversen Interpretationen und Auseinandersetzungen führenden Stellenwert ein. Sie sind freilich auch vor allem vom Standpunkt und von den Interessen der Interpreten abhängig, die sich um eine analytische oder deskriptive Bestimmung der **Jugendkultur** bzw. **Jugendsubkultur** bemühen. Dazu gehört auch der vielerorts beliebte Versuch, Jugendkultur als Eigen-, Gegen-, Teil- oder Subkultur oder eben als Summe verschiedener jugendlicher Subkulturen zu begreifen. Entweder wird Jugendkultur als ein Teil der gesellschaftlichen Gesamtkultur verstanden, oder: Jugendkultur manifestiert sich in relativ eigenständigen „Unter" -(Sub-)Kulturen — vorwiegend im Bereich des Freizeitlebens oder -verhaltens —, die sich unter Umständen auch zum „Untergrund" (underground) mit der Absicht „verselbständigen können, sich von der institutionell verfaßten Gesellschaft und Kultur vollends zu lösen" (*Copray* 1985, S. 155).

Dabei scheint (trotz gewisser Aufweichungstendenzen) der bis in die 60er und späten 70er Jahre vielerorts dominierende, klassen-, schicht- oder milieuspezifisch zuordbare Begriff der jugendlichen Subkultur gegen Ende der 80er Jahre tendenziell durch den entsubstantialisierten und entmaterialisierten Plural eklektizistischer, modisch stilbezogener Jugendkulturen ersetzt zu werden. Die zumeist unterstellte hierarchische Beziehung zwischen dominanter Kultur und Subkultur etwa in dem Sinne, daß die spezifischen Jugendsubkulturen stets als Abweichung von einer enggeführten Normalität aufgefaßt und dementsprechend negativ etikettiert werden, scheint unter den heutigen gesellschaftlichen Lebensbedingungen der Differenzierung, Pluralisierung und „Dehierarchisierung kultureller Praxisformen" (*Buchmann* 1989, S. 627) sowie im Zusammenhang eines erweiterten „Normalitätskonzepts" zumindest ansatzweise in Frage gestellt zu sein.

Unabhängig davon, welche gesellschaftliche Funktion man den verschiedenen Jugend(-sub)kulturen insgesamt zuweist, scheint die entsprechende sozialwissenschaftliche und pädagogische Debatte nie ganz davon abzusehen, Jugend(-sub)kulturen aus dem gesamtgesellschaftlichen Gefüge zu erklären. ‚Jugendkultur' ist kein Wert an sich, sondern stets ein „zeittypisch definierter Begriff mit frag-würdigem Inhalt. Entmythologisierung" gegenüber einem geradezu zyklisch überbordenden Jugend(-subkultur)-mythos wäre vonnöten, „denn Gesellschaftsveränderung ist (bspw.) keine Aufgabe der ‚jungen Generation' allein, und gesellschaftliche Fronten verlaufen bei genauerem Hinsehen anders als zwischen jung und alt" (*Reulecke* 1986, S. 25).

Die jeweils zeittypisch aufscheinende ‚Autonomie' oder Eigenständigkeit von Jugend(-sub)kulturen ist folglich nur intern; sie selbst sind aber vornehmlich aus externen Strukturbezügen, eben jenseits des ‚Geschichte Machens' (*Gillis* 1980) ihrer Einlagerung in den sozialen Wandel und die gesamtgesellschaftlichen Bewegungen erklärbar. Die Erklärungen wiederum sind aber höchst unterschiedlich. **Jugend(-sub)kulturen** können betrachtet werden:

a) als „Ausnahmen von der Regel" (*Lindner* 1985b, S. 24)
b) als spezifische Formen abweichenden Verhaltens oder als ‚symbolische' (von Jugendlichen selbst zelebrierte) Regelverletzungen
c) als Widerstandsbewegungen gegen gesellschaftliche Zumutungen, Absetzbewegungen, jugendliche Auswanderungen oder jugendliche Selbstausbürgerungen
d) als Seismograph oder Katalysator gesamtgesellschaftlicher Problemlagen, als funktionale (gesamtgesellschaftlich gesehen) problemlösende Bewegungen, da die herkömmlichen gesellschaftlichen Vorkehrungen und Institutionen (Schulsystem, Familie usw.) nicht mehr einen hinreichenden Orientierungs- und Sozialisationsbeitrag in der modernen ausdifferenzierten Welt zu leisten vermögen; demzufolge spielt sich das „eigentliche", als „wichtig verstandene Leben" der Jugendlichen i.d.R. außerhalb und jenseits schulischer Lern- und „Unterrichtsanstalten" ab, aber „auch außerhalb der Familie, nämlich in den Grüppchen und Cliquen, im Verein, im Jugendhaus, in den Ferien an fernen Gestaden" (*Hermann* 1986, S. 672)
e) als Ausdruck und Zurschaustellung eigener Lebensformen, -erfahrungen und -gefühle, die im Zuge der Inanspruchnahme von Freiheiten gegen die konventionelle Enge oder gegen die biedere Wohlanständigkeit kleinbürgerlicher Normen und Wertvorstellungen gerichtet sein können (vgl. etwa *Lessing* u.a. 1986, S. 124)
f) als geschlossene Einheiten am Rande der „dominanten Kultur, teilweise in Überlappung oder nur in Berührung mit dieser" (*Vaskovics* 1989, S. 588)
g) als kulturindustriell mitproduzierte Kommunikationsgemeinschaften, die als Mittel der Zuordnung jeweils stilistische Vereinheitlichungen nach innen und zugleich Abgrenzungen nach außen durch Kleidung, musikalische Vorlieben, Körperhaltungen, Sprachstile, Moden etc. symbolisch ausdrücken können
h) als innovatorische „Speerspitzen des sozialen (Wert-)Wandels", also als nie „versiegendes Reservoir" von Hoffnungsträgern (*Michel* 1986, S. 13)
i) als kompensatorisch ‚entpädagogisierende' Bewegungen, die sich der oftmals übermächtigen sozialen Kontrolle durch Institutionen und Pädagogisierungen verschiedenster Art entziehen — obgleich im Zuge der lebenden Abkehr bzw. des lebenden Protests häufig eine latente „emotionale Tiefenbindung" an das Elternhaus bestehen bleibt (*Rosenmayr* 1976, S. 114)
j) als postmoderne Diskursabsetzbewegungen, in denen angesichts der heutigen Pluralität von Lebensformen und -stilen sowie angesichts der Erosion von „sozialmoralischen Milieus" und traditionellen Versorgungsbezügen, Lebensbindungen und -gewißheiten (*Beck* 1986) Varianten der Stilvermischung und -collagen oftmals reflexiv gebrochen zitierend und ironisierend erprobt werden; in einer Welt, in der nicht nur „Arbeit", sondern auch „Sinn" knapp geworden ist, kann dieser über den Mythos von Jugendkulturen sozusagen angeliefert werden; Sinn wird hier in besonderer Weise vermittelt: nicht als Traktat, Diskurs oder tiefenpsychologische Analyse, sondern über ‚hedonistische' Vehikel wie Tanz, Bewegung, Mode, erhöhtes Körpergefühl, Individualisierung durch Kleidung etc.; hier sind neue augenblicksorientierte Suchbewegungen und eklektizistische Replays ganzer Stilsets zu finden, die von konventionellen Verfahren der „Stilbildung" und „Sinnsuche" erheblich abweichen
k) und schließlich als situationsbezogene Aneignungen von Sozialräumen, in denen jugendliche Bezirksgefühle ausgebildet und ihre Ziele und Stile ausgebildet werden können, im Zuge von Raumaneignungen liegen inzwischen differenzierte Klassifizierungen vor; Jugendkulturen lassen sich, so *Baacke* (1987) in „lokal-ursprüngliche", „lokal-adaptierende", „lokal-synthetische" und „überregional bzw. lokal-organisierte" differenzieren; ein weiterer Klassifizierungsversuch stammt von

Becker u.a. (1984): sie unterscheiden „subkulturelle Milieus (Rekurrieren auf die eigene Körperlichkeit in der Aneignung öffentlicher Orte": Fußballfans, Rocker, Skinheads, Moped-Jungs, mit dominant maskuliner Prägung); „gegenkulturelle Milieus (soziale Nischen und kulturoppositionelle Provinzen", Protestgruppen, neue soziale Bewegungen, Ökologie-, Frauen- und Friedensbewegung, Kommunen); „Milieus manieristischer Strömungen (zelebriertes Herausgehobensein an den Kultorten der Zerstreuung", Discos, Jeans-Shops, Theater, Restaurants, Cafés, Kinos); „Milieus der Institutionell-Integrierten (unauffällige Interessenorganisation an institutionalisierten Orten"; die weniger in Jugendkulturen, sondern in traditionellen Familienorientierungen, Verbänden der Kirche, des Sports etc. vorwiegend organisierten Jugendlichen); schließlich gibt es noch den aus einer alltagsweltlichen Studie gewonnenen Klassifizierungsversuch von *Lenz* (1986; 1988), wo vier jugendliche Handlungstypen unterschieden werden: „familienorientierte Jugendliche", „maskulinorientierte Jugendliche", „hedonistisch orientierte Jugendliche" und „subjektorientierte Jugendliche" (vgl. auch *Ferchhoff* 1990; 1991 sowie Kapitel sechs in diesem Beitrag).

2 Jugendsubkultur und abweichendes Verhalten

Der Begriff und die Idee der (jugendlichen) **Subkultur** (vgl. etwa zur Karriere des Begriffs der Subkultur: *Arnold* 1970; *Albrecht* 1969; *Vaskovics* 1989) entstammen vornehmlich der angloamerikanischen Soziologie und Kulturanthropologie und wurden in den 20er, 30er und 40er Jahren in die entsprechende wissenschaftliche Diskussion und Literatur eingeführt. Wenn man allerdings das theoretische Konstrukt der „Subkultur auf einen einheitlichen Nenner zu bringen versucht", oder wenn man griffig präzisieren und operationalisieren sollte, „welche Phänomene sozialer und kultureller Art damit gemeint sind, wie sich das Konzept von anderen verwandten theoretischen Begriffen abhebt, wie es sich in das theoretische Rüstzeug der allgemeinen Soziologie und Anthropologie einfügt, welchen Stellenwert es in wissenschaftstheoretischer Hinsicht beanspruchen kann" (*Sack* 1971, S. 261), dann stößt man trotz enormer Popularität gerade auch in nicht wissenschaftlichen Kontexten eines solchen Konzepts angesichts sehr heterogener Verwendungskontexte „sehr bald an Grenzen eines solchen Unternehmens" (*Sack* 1971, S. 261). Entsprechend seines diffusen Bedeutungshorizonts ist Subkultur demnach kein geschlossener, in sich abgerundeter Begriff. Über das, was unter Subkultur zu verstehen ist, gibt es in der sozialwissenschaftlichen Debatte keine allgemeinverbindliche Auffassung, empirische Analysen fehlen: je nach dem wie man diese Konzeption ausdehnt oder verengt, ändert sich das Spektrum der erfaßten Phänomene und Erscheinungen (vgl. *Jahoda/Warren* 1965; *Oswald* 1989).

Historisch gesehen nahm — in einer der vielleicht bekanntesten Varianten — das Subkulturkonzept seinen Ausgang von den sogenannten ‚Gang-Studien' delinquenten (jugendlichen) Verhaltens der interaktionistisch und sozialökologisch ausgerichteten ‚Chicago-Schule', die in den Vereinigten Staaten der 20er, 30er und 40er Jahre durchgeführt wurden und dort (insbesondere auch unter „naturalistischen" methodologischen und methodischen Forschungsgesichtspunkten (vgl. *Faris* 1967; *Roberts* 1975) eine besondere Rolle spielten. Am einflußreichsten von diesen ‚Gang-Studien' waren wohl die von *F.M. Thrasher* vorgelegte Studie „The Gang" über Chicagoer Bandenbildungen in den 20er Jahren, die „Street Corner Society" von *William S. Whyte* aus dem Jahre 1943 und „Delinquent Boys" (dt. Kriminelle Jugend) aus dem Jahre 1955 von *Albert K. Co-*

hen. Es gehört zu den bedeutsamsten Entdeckungen der älteren ‚Chicago School', daß das Leben in jugendlichen Gangs gegen die etablierte Hegemonial-Kultur gerichtet ist und „eigenen Regeln und Normen folgt, die mitunter eine rigorosere und unerbittlichere Disziplin von ihren Mitgliedern verlangen als die Gesetze der dominanten Kultur" (*Sack* 1971, S. 271). Damit wird gleichsam der — „intragesellschaftlich" betrachtet — auf universelle Geltung der mittelschichtspezifischen Normen und Werte zielende Anspruch und Mythos zumindest ein Stück weit relativiert (vgl. *Lindner* 1981, S. 182).

Die Basisannahme dieses subkulturellen Ansatzes betrachtet **abweichendes Verhalten** als Konformität zu bestimmten Verhaltensstandards eines Subsystems der Gesellschaft, die von der Gesamtgesellschaft, insbesondere von ihren mächtigeren Teilen, nicht anerkannt werden. „Das Verhalten nach bestimmten kulturellen Erwartungen, die wesentliche Elemente des Lebensstils der Unterschicht in ihrer Gesamtheit ausmachen, verletzt automatisch gewisse Normen." (*Miller* 1968, S. 358) Die Konformität gegenüber den sogenannten Kristallisationspunkten der Unterschichtkultur (Focal Concerns; *Miller* 1968, S. 342), die gekennzeichnet sind durch die Betonung physischer Kraft und geistiger Cleverness, die Abneigung gegen Autoritäten, die Suche nach Spannung und Erregung sowie die Hoffnung auf das ‚schicksalbezogene Glück', erhöht die Wahrscheinlichkeit, mit den herrschenden Vorstellungen und Gesetzen in Konflikt zu geraten. Der Inhalt dieses zu abweichendem Verhalten motivierenden Kulturmusters wird also nicht als Funktion der gesellschaftlich dominierenden mittelschichtskulturellen Normen beschrieben, sondern als relativ autonomes System, das sich in reinster Form in den sogenannten jugendlichen Eckenstehergruppen artikulierte. Abweichendes Verhalten dieser subkulturellen Gruppen stellt somit eine beinah unwillkürliche Begleiterscheinung von Handlungen dar, die durchaus den ganz normalen kulturellen Traditionen der Unterschichten entsprechen.

In einer erweiterten Perspektive des subkulturellen Ansatzes abweichenden Verhaltens kann man feststellen, daß in entwickelten differenzierten Industriegesellschaften zwar bestimmte grundlegende Wertvorstellungen und Normen (bis auf wenige Ausnahmen) von den meisten Gesellschaftsmitgliedern (wenn auch latent) geteilt werden, daß es jedoch angesichts tiefgreifender sozialstruktureller Veränderungen und der Differenzierung und ‚Pluralisierung der sozialen Lebenswelten', in denen die einzelnen Lebensbahnen, Lebensbereiche und Lebensläufe immer mehr (ohne garantierte gesellschaftliche Integration) auseinandertreten, verschiedene soziale Gebilde und Subsysteme gibt, in denen kulturell höchst unterschiedliche, nuancierte Werte und Normen gelten können, die also ihrerseits gerade auch von den gesamtgesellschaftlichen Verhaltenserwartungen und Normen abweichen können. Demnach scheint man heutzutage von einer „einheitlichen dominanten Kultur" kaum noch auszugehen. „Dominante Kultur", „Teilkultur", „Gegenkultur" und „Subkultur" sind oftmals nur schwer auseinanderzuhalten; sie überkreuzen und mischen sich vielfach. Insbesondere in Zeiten eines drastischen sozialstrukturellen Wandels, wie er etwa durch erhebliche demographische Verschiebungen, durch grundlegende „technologische Wandlungen, durch Markterweiterungen und neue gesellschaftliche und transnationale Interaktionsmuster bewirkt wird, gerät auch die kulturelle Balance in Unordnung. Wenn die „dominante Kultur" diese Wandlungen nicht mehr verarbeiten und sinnvoll interpretieren kann, wenn eine große Zahl der individuellen Karrieren nicht mehr nach den alten Ordnungsprinzipien miteinander synchronisiert werden kann, dann formiert sich ... eine Vielzahl von Gegenkulturen, in denen gewissermaßen experimentell — und deshalb immer zu den Extremen von Rückzug und Aggression, von Vergeistigung und Sinnenrausch neigend — alternative Ordnungsmuster durchprobiert werden. Grundsätzlich gibt es (auch in ruhigeren Zeiten) keine Kultur ohne Gegenkulturen." (*Bühl* 1986, S. 123 / 124).

Solche kulturell und subkulturell unterschiedlichen und differenzierten Normen und Werte fußen freilich vornehmlich auf sozialstrukturellen Bedingungen, die gesamtgesellschaftlich gesehen, immer auch ungleich verteilt sind. „Wenn zur Gesamtkultur verschiedene Normen entwickelt werden, so entstehen diese als Anpassungsprozesse an unterschiedliche soziale Bedingungen. Aus bestimmten Wert- und Normenkonstellationen heraus ergeben sich dann solche Verhaltenserwartungen, die von der Gesamtgesellschaft als abweichend begriffen, innerhalb der Subkultur jedoch als mehr oder weniger zwingend erwartet werden, dort also (gerade) nicht als abweichend definiert sind" (*Lamnek* 1979, S. 185). Aus solchen Wert- und Normdifferenzierungen lassen sich ohne weiteres Erklärungen für abweichende Verhaltensweisen ableiten. In diesem Sinne kann auch die jugendliche Subkultur zu einem (kriminal)soziologischen Konzept der Definition und Erklärung abweichenden Verhaltens werden.

3 Jugendsoziologische Betrachtungen zum Subkulturkonzept

Neben soziologischen Betrachtungen zu abweichendem Verhalten ist — historisch gesehen — eine weitere wissenschaftliche Variante des Jugendkultur- bzw. Jugendsubkulturkonzepts im Kontext der Jugendsoziolgie auszumachen (vgl. immer noch grundlegend: *Rosenmayr* 1976; zuletzt auch: *Lüdtke* 1989; *Oswald* 1989). Das kriminalsoziologische Konzept der **Jugendsubkultur** stieß bald auf breitere Resonanz in der Jugendforschung und beschränkte sich nicht mehr nur auf Phänomene der Jugenddelinquenz. „Es war allen vorliegenden Quellen nach kein geringerer als Talcott Parsons, der 1942 den Terminus „youth culture" zur Bezeichnung einer distinkten, von der „adult culture" abgehobenen und zu ihr in einem gewissen Gegensatz stehenden Lebensform, einem Bündel von spezifischen „Mustern und Verhaltensweisen" prägte. *Parsons'* Argumentation, die das für die Jugendsoziologie zentrale Theorem des Generationenkonflikts beinhaltet, ist auf dem Hintergrund einer in den 30er Jahren in der „American Sociological Association (ASA)" geführten Debatte zu sehen, in der (angesichts der in den USA schon seinerzeit festzustellenden verlängerten Abhängigkeit der meisten Jugendlichen von schulischen und familialen Institutionen einerseits sowie andererseits eines insgesamt späteren Eintretens in die Berufswelt) die Frage nach einer eigenständigen Jugendwelt aufgeworfen wurde (vgl. Sociological Research in Adolescence, 1936 / 37)" (*Lindner* 1981, S. 172). Schon in *Parsons* dichotomisierter Betrachtung von Jugend- und Erwachsenenkultur sind jene wertwandelbezogenen gesellschaftlichen Überlegungen enthalten, die bspw. *Riesman* (1967) schlaglichtartig als „innengeleiteten" (Erwachsenenkultur) und „außengeleiteten" (Jugendkultur) Typus im Zuge des Übergangs „aus dem Zeitalter der Produktion in das Zeitalter des (hedonistischen) Konsums" (*Riesman* 1967, S. 23), der Freizeit und des Überflusses charakterisierte.

Vor mehr als 20 Jahren erreichte mit der Übersetzung des von *Robert R. Bell* verfaßten Aufsatzes „The Adolescent Subculture" (Original 1961) die sozialwissenschaftliche

Behandlung jugendlicher Subkulturen (zuweilen auch synonym als Teilkulturen, youth culture, Kontrakulturen, Gegenkulturen, Peer-Groups charakterisiert) in der Bundesrepublik einen ersten Höhepunkt. Die ,moderne Jugend' wird dort als relativ eigenständiges Sozialgebilde, als relativ — etwa bezüglich von Werten, Normen, Ideen und Symbolen — eigenständige und wechselseitige Verbindlichkeit beanspruchende Teilkultur vor allem im Freizeitbereich interpretiert.

Im Anschluß an *Sutherland* et al (1952) kennzeichnet *Bell* die jugendlichen Teilkulturen als „relativ kohärente kulturelle Systeme, die innerhalb des Gesamtsystems unserer nationalen Kultur eine Welt für sich darstellen". Solche Subkulturen entwickeln strukturelle und funktionale Eigenheiten, die ihre Mitglieder in einem gewissen Grade von der übrigen Gesellschaft unterscheiden". (1967, S. 83; im folgenden beziehen wir uns auf Überlegungen: *Baacke* 1972, S. 153ff.; sowie *Baacke* 1992, Kap. 3.1, erweitern diese aber wesentlich).

Wie viele Definitionen besitzt auch diese von *Bell* zur jugendlichen **Subkultur** einen so hohen Grad der Abstraktion, daß sie möglicherweise sogar noch mehr Fragen aufwirft als beantworten kann: worin, so könnte man bspw. fragen, besteht eigentlich die „relative Kohärenz" und inwieweit ist sie „relativ"? Warum werden gerade „kulturelle Systeme" angesprochen. Handelt es sich nicht auch um soziale, ökonomische und politische Systeme, und wenn nicht: warum eigentlich nicht? Stellt die Gesellschaft überhaupt, wie zumindest bei *Bell* nahegelegt wird, ein kompaktes Gesamtsystem von verhältnismäßiger Einheitlichkeit dar (dies wäre zu fordern, weil sonst „eine Welt für sich" gar nicht diagnostizierbar wäre?) Und wie groß muß der „gewisse Grad des Unterschiedes" sein, damit man überhaupt von Teil- oder Subkulturen sprechen kann? Handelt es sich um ein nur nationales oder vielleicht internationales Phänomen mit gleichen oder ähnlichen strukturellen Grundzügen in allen modernen Industriegesellschaften?

Nach *Bell* (der mehr deskriptiv verfährt), *Parsons* und *Eisenstadt*, (die beide eher historisch sowie in soziologisch strukturfunktionalistischer Perspektive systematisch analysieren) entstehen mehr oder weniger offene, nicht stets von Erwachsenen pädagogisch betreute und kontrollierte jugendliche Gleichaltrigengruppen der Teil- oder **Subkultur** (auch hier werden die beiden Begriffe synonym gebraucht)

- aufgrund der eher regressiven Funktion der primären altersheterogenen Gruppen (z.B. der neuzeitlichen Familie, in der wenigstens zwei Generationen, Eltern und Kinder beieinander sind; die altersheterogene Primärgruppe Familie büßt zunehmend ihre entscheidende Rolle im Erziehungsprozeß der Heranwachsenden ein; ihr Sozialisationsprivileg wird beschnitten; sie vermag heute aber deshalb nur noch partiell die notwendigen Orientierungshilfen an die Jugendlichen zu vermitteln; sie kann etwa nicht mehr wie früher, als bspw. der Sohn den Vater noch bei der Arbeit beobachten konnte und nicht selten dessen Tätigkeit auch übernahm, den Jugendlichen in die Arbeitswelt einführen, und die Freizeit- und Konsum-Sphäre ist längst zu einem ernst zu nehmenden Konkurrenz-Faktor geworden);
- aufgrund einer daraus resultierenden und durch den Wert- und Verhaltenspluralismus des beschleunigten sozialen Wandels der universalistischen Industriegesellschaft noch verstärkten Unsicherheit;
- aufgrund einer mangelhaften Rollendefinition oder eines marginalisierten Status für den Jugendlichen: weder Kind (im elternabhängigen Status) noch Erwachsener (mit der gesetzlich garantierten und praktischen, zumeist ökonomisch möglichen Selbstverfügung), befindet er sich, nach *Eisenstadt* (1966), in einem transitorischen Übergang, in einer ,interlinking-sphere' mit eingeschränkten Rechten und Mitwirkungsmöglichkeiten;
- aufgrund einer wiederum daraus entstehenden emotionalen und sozialen Labilität (Übergangsangst oder Desorientierung; *Ausubel* 1976, S. 342), die in Orientierungs- und Schutzbedürfnis um-

schlägt, aber doch den Schutz bei den traditionellen pädagogischen Ordnungsmächten nicht mehr finden kann; pointiert: Tradition, Lebensalter und Lebensweisheit kommen immer schon zu spät in einer mobilen, von der Dimension der Zukunft mehr als aus der Vergangenheit bestimmten Gesellschaft. Generell arbeitet das Bildungs- und Erziehungssystem heute stets mit antiquierten, zumindest verspäteten Methoden und Zielen gegenüber Jugendlichen; offensichtlich sind, so gesehen, jugendliche ‚Subkulturen' ein erklärbarer Reflex, eine Konsequenz einer unzureichend gewordenen Gesellschafts- und Erziehungsstruktur. Die Orientierung in altershomogenen Gruppen kann Sozialisationsaufgaben ergänzen oder Sozialisierungsdefizite von Familie, Schule und Ausbildung ersetzen.

In traditionalen, familistisch orientierten Gesellschaften übernahm die Familie noch weitgehend alle lebenswichtigen ökonomischen, biologischen und kulturellen Reproduktionsfunktionen. Säuglingspflege, Kinderaufzucht, Erziehung und Produktion waren mehr oder weniger in einem tendenziell geschlossenen und überschaubaren System vereint. Familienbeziehungen und Sozialisationsmuster vermittelten weitgehend ein adäquates und auch effektives Modell für das spätere Leben. Es bestand noch eine grundständige Kontinuität zwischen den Rollen, die das Kind in der Familie und den Rollen, die die Erwachsenen im gesellschaftlichen und öffentlichen Leben hatten. Dies trifft nun in modernen universalistischen Industriegesellschaften, in denen enorme Funktionsausdifferenzierungen stattfinden, nicht mehr so ohne weiteres zu. Zentrale Lebens- und Funktionsbereiche wie Ökonomie, Recht, Politik, Erziehung etc. sind aus der Familie strukturell ausgegliedert und haben sich tendenziell zu eigenen Systemen mit je spezifischen Handlungsrationalitäten ausdifferenziert. Der Familie werden sowohl ein Teil der erzieherischen als auch ein Teil der beruflichen Funktionen entzogen, die auf einer grundsätzlich anderen Basis als jene Rollen organisiert sind, die die Eltern-Kind-Beziehungen regulieren. In modernen entwickelten Industriegesellschaften sind Berufsrollen, ganz im Unterschied zu Familienrollen, eher affektiv neutral als affektiv, eher spezialisiert als diffus, eher universalistisch als partikularistisch sowie eher instrumentell als expressiv. Sie werden nicht mehr via Geburt einfach zugewiesen, sondern gründen eher auf Leistung und Qualifikation; man erbt sie nicht, man muß sie erwerben. Ihre Auswirkungen werden auch eher nach ‚universalistischen' denn ‚partikularistischen' Kriterien und Dimensionen bewertet. Berufsrollen sind in der Form von Marktrationalität und eher unpersönlichen bürokratischen Strukturen organisiert und werden vornehmlich durch einen konkurrenzbezogenen Individualismus aufrechterhalten (vgl. *Parsons* 1973; *Ferchhoff* 1987, S. 3 ff.).

Die Lebensphase Jugend wird nun nach *Parsons* am höchsten Spannungspunkt zwischen den beiden zentralen Wertsystemen Familie und Beruf angesiedelt. Das in den entwickelten Industriegesellschaften ausgeweitete Schulwesen wirkt auf die Jugendphase insofern ein, daß Jugendliche einerseits von den familialen Rollenbezügen und andererseits von den Rollenbezügen der Arbeit, Politik und Gesellschaft in der Erwachsenenwelt tendenziell ausgeschlossen werden. Über die Schule werden Jugendliche aber in einer strikten Altersklassenhierarchie organisiert. Sie selbst wird weitgehend zu einem Auslesesystem, das Lebenszertifikate und -berechtigungen vergibt, zu einer relevanten Selektionsinstanz auf dem Weg zum beruflichen Erfolg und zum Sozialprestige. Aus alledem entsteht nun nach *Parsons* in der Lebensphase Jugend ein weitgehendes Fehlen von Verpflichtungen, eine ‚strukturelle Unverantwortlichkeit', ein Moratorium zwischen Kindheit und Erwachsensein. In einer Art „sekundären Institution" werden

den Jugendlichen vorübergehend in begrenzten und zum Teil ausgegrenzten Lebensbereichen Lebensformen zugebilligt, die im Kontext des main-streams der Gesamtgesellschaft so nicht gebilligt werden.

In solchen entstehenden Freiräumen können sich, so *Parsons* und auch *Eisenstadt*, **Jugend(sub-)kulturen** bzw. Peer-Groups entwickeln, deren latente Aufgaben darin bestehen, zwischen den traditionellen und modernen Wertesystemen zu vermitteln. Dies geschieht etwa dadurch, daß sie Elemente von beiden aufnehmen. Jugendkulturen oder Gleichaltrigengruppen bieten somit ihren Mitgliedern sowohl die Möglichkeit, sich von den familialen Rollen ein Stück weit zu distanzieren als auch künftige Berufsrollen ein Stück weit einzuüben. Jugendliche Peer-Groups reproduzieren aber auch die Muster emotionaler Sicherheit und Abhängigkeit sowie die diffusen Rollenbeziehungen, die für frühkindliche Sozialisationsvorgänge maßgeblich sind, ermöglichen aber gleichzeitig auch, daß konkurrenz- und leistungsbezogene sowie instrumentelle Techniken erworben werden können, die im Arbeitsleben und im sonstigen gesellschaftlich-öffentlichen Leben relevant werden. Denn die jugendlichen Gleichaltrigengruppen besitzen einerseits Eigenschaften der Familie, andererseits solche univeralistischer Industriegesellschaften, in denen wir leben. So sind auf der einen Seite die Beziehungen in der Familie durch die Nähe und Emotionalität bestimmt, die Rollenzuschreibungen sind noch diffus und weitgehend offen und wenig durch rigide festgelegte Aufgaben geordnet oder festgeschrieben. Das verbindet die peers mit den Strukturen in der Familie. Auf der anderen Seite ist ein Status im Zusammenhang der peers nicht zugeschrieben, er muß erworben werden (Achtung und Anerkennung gleichaltriger peers stellen sich nicht von selbst ein, sondern aufgrund von in Jugendgruppen anerkannten Leistungen). Diese Art des Statuserwerbs und der Statussicherung ist wiederum etwas, was man in der Familie nicht, wohl aber in der Schule und vor allem später im ‚Erwachsenenleben‘ beherrschen muß. Dazu gehört auch das selbständige Arrangieren eines eigenen Lebensstils.

Während in der Familie von Kindern noch weitgehend übernommen wird, was die Eltern vorleben, wollen und müssen sich auch die Jugendlichen später doch als selbständig erfahren. Die jugendlichen peers erlauben ihnen, mit einer tendenziell eigenen Mode, eigener Musik, eigenen Umgangsformen ein Stück Selbstgestaltung zu erproben, vielleicht durch eine Art austariertem ‚abweichenden Verhalten‘ die Grenzen gesellschaftlich akzeptierter Möglichkeiten zu testen.

Die jugendlichen **Gleichaltrigengruppen** können durchaus als Pufferzonen aufgefaßt werden; sie halten über die ähnliche Lebenslage ihrer Mitglieder gewisse Intimbeziehungen aufrecht, bereiten aber zugleich angesichts einer ausgeprägten Prestige-Schichtung auf die späteren, zumeist hohen Leistungsanforderungen im Berufsleben vor. Für *Parsons* und *Eisenstadt* haben Jugendkulturen bzw. Gleichaltrigengruppen in modernen Industriegesellschaften zentrale lebenswichtige Funktionen im Übergang aus dem weitgehend Behütetsein der Kindheit der Herkunftsfamilie zum vollen Erwachsenenstatus (einschneidende Zäsuren: die Gründung einer eigenen Zeugungsfamilie und die Aufnahme einer beruflichen Tätigkeit) zu erfüllen. Somit haben in der Perspektive einer strukturfunktionalistischen Auffassung die jugendlichen Kulturen oder Gleichaltrigengruppen die Funktion, in der ‚interlinking sphere‘ der Jugend den Ablösungsprozeß von der Herkunftsfamilie zu unterstützen und zu gesamtgesellschaftlich funktionierenden Orientierungen hinzuführen. Dabei gibt es drei altershomogen orientierte Systemlösungen: das Schulbildungssystem, von Erwachsenen unterstützte Jugendorganisationen und zunehmend informelle Jugendgruppen als ‚jugendliche Subkulturen'. Nach solcher strukturfunktionalistischer Deutung sind Altersgruppenbildungen gesellschaftlich ‚funktional', also im Hinblick auf einen zu gelingenden Sozialisationsprozeß absolut notwendig. Schließlich unterstützen und ergänzen jugendliche Gruppenbildungen den (wenn auch von diesen nicht intendiert) Erziehungsprozeß. ‚Auffälligkeiten' jugendlichen Verhaltens sind somit völlig ‚normal' und gehören einer Übergangszeit an.

Daß *Parsons* und auch *Eisenstadts* Begriff von Jugendsubkulturen und Jugendkulturen nicht differenziert genug und zu abstraktifizierend angelegt ist und im wesentlichen auf die männlichen weißen Jugendlichen der amerikanischen Mittelschicht nach dem 2. Weltkrieg zugeschnitten war, liegt quasi auf der Hand. Wer mit einem solchen strukturfunktionalistischen Modell etwa schwarze Jugendliche aus der Arbeiterklasse oder Unterschicht oder weibliche Jugendliche oder Jugendliche aus anderen ethnischen Minderheiten erschließen oder verstehen will, kann zwangsläufig den Eindruck bekommen, als ob diese Jugendkulturen pathologisch seien (vgl. etwa *Cohen* 1985).

Kommen wir aber nun zu dem eingangs skizzierten Definitionsversuch von *Bell* zurück: ‚Teil- oder Subkulturen' sind für ihn vermutlich deshalb „kulturelle Systeme", weil die Jugendlichen z.B. ökonomisch, aber auch in Lernen und Ausbildung in die „Gesamtgesellschaft" eingegliedert bleiben, sich jedoch im Rahmen ihrer Freizeit eigene Symbole (Kleidung, Musik, Medien, Gruppen-Codes etc.) schaffen, in Peer-Groups Freundschaften schließen, Erlebnisse suchen, Aktivitäten unternehmen und im Zuge des „kleinen Bruchs mit der Routine des Alltags" Alltagsflips praktizieren (*Jugendwerk der Deutschen Shell*, 1985, Band 2, S. 34). Aber nicht die Grundlage ihrer Existenz, sondern nur bestimmte, als in der Regel vorübergehend angesehene Verhaltensweisen in eigenen Erlebnis- und Erfahrungsbereichen sind von subkulturellen Ausprägungen und Dimensionen betroffen („Popkultur" und „populare Kulturformen"). Und „relativ kohärent" im Sinne *Bells* sind ‚Subkulturen', weil sie schon raumzeitlich nicht geschlossen sind, sondern immer wieder Interventionen, Einbrüche und Kontrollen von gesamtgesellschaftlichen Institutionen mit ihren Anforderungen stattfinden. Angesichts der insgesamt erweiterten ‚Verschulung' des Lebensalltags der jungen Leute ist die ‚Subkultur' von Schülern und Schülerinnen etwa auf ihre — trotz institutioneller Überformungen und Pädagogisierungen des Freizeitlebens oftmals pädagogisch kontrollärmere — Freizeit am Nachmittag, am Abend sowie auf Wochenenden und die Ferien beschränkt. Eine „Welt für sich" stellen sie nur dar, wenn man von den äußeren Einwirkungen, aber auch von bestehenden (vornehmlich ökonomischen) Abhängigkeiten und emotionalen Bindungen zu Personen außerhalb des — freilich wichtiger werdenden — Teilbereichs „altershomogen bestimmten Freizeitaktivitäten" absieht.

Daran kann immerhin deutlich werden, daß es schwer ist, die jeweils „strukturellen und funktionalen" Eigen- und Besonderheiten jugendlicher ‚Subkulturen' zu bestimmen. Sie werden häufig aufgefaßt als Folge von Anpassungsschwierigkeiten der Jugendlichen und meinen einen nur randständigen und „akzidentiellen Dissens" (*Hollstein* 1975, S. 97) — also erheblich weniger, als die Definition Bells umfassen könnte. Jugendliche ‚Subkultur' — oder in gleichfalls identischer Bedeutung youth culture, Teilkultur, peer-groups — ist nach den Materialien, die Definition dieser Art auffüllen, nichts als ein funktionaler Bestandteil unserer Gesellschaft, eine Art notwendige Selbsthilfeaktion von Jugendlichen, die freilich bloß transitorisch ist und nur temporären Charakter hat sowie in der Reife und den Rollen des Erwachsenen schließlich aufgeht.

Bezeichnenderweise endet *Bells* Aufsatz folgendermaßen: „Man sollte begreifen, daß die jugendliche Subkultur einer Entwicklungsphase entspricht, durch die der Jugendliche hindurchgeht und der er wieder entwächst. Stellt Rock'n Roll ein System der Teilkultur der Heranwachsenden dar, so ist nichts dagegen einzuwenden, wenn Jugendliche mit 16 Jahren dem Rock'n Roll anhängen; bedenklich wird es aber, wenn sich jemand noch mit 26 Jahren mit dieser Art von Musik identifiziert. Die beibehaltene Identifizierung läßt vermuten, daß der Anschluß an die Erwachsenenwelt selbst dann nicht gelang, als es möglich wurde" (1965, S. 86). Hier wird besonders deutlich, daß die jugendsoziologische Subkultur-Diskussion in den USA — obgleich sie behauptet, allgemeine Strukturen moderner Industriegesellschaften bloßzulegen — nicht nur (vornehmlich) mittelschichtspezifisch, sondern insbesondere auch auf einen bestimmten historischen Ausschnitt beschränkt ist. Der Rock'n Roll der 50er und frühen 60er Jahre ist inzwischen selbst zu einem historischen Phänomen geworden, und auch die 20 oder 25-30jährigen sind inzwischen wichtige und entscheidende Träger vieler jugendkultureller Bewegungen.

„Was ist nun Teil-, Sub- oder Jugendkultur"? Eine solche Frage werden Definitionen allein also nicht beantworten können. Denn man muß ganz genau wissen, an welche Phänomene sie sich binden. Die Überlegungen von *Bell, Parsons* und *Eisenstadt* bis *Tenbruck*, der seinerseits in der damaligen zeitgenössischen Diskussion die These *Bells* von der jugendlichen Teilkultur aufgriff und in — wenn zwar in modifizierte Weise — die jugendsoziologische Debatte der Bundesrepublik einbrachte, gelten primär einer mittelständisch-bürgerlichen Jugend und ihrem weit gestreuten Freizeitverhalten. *Tenbruck* selbst spricht paradigmatisch davon, daß „Labilität und Gestaltlosigkeit" gegen Ende der 50er und Anfang der 60er Jahre zum „Kennzeichnen des normalen jugendlichen Verhaltens" geworden sein sollen. „Das zeigt sich sinnfällig ... an den in Musik, Tanz, Sprache, Umgang gepflegten Formen" (1962, S. 47). Die Jugendlichen besitzen aber nicht nur „ihre unverwechselbaren Formen des Umgangs, Sports, Vergnügens, sie besitzen auch ihre eigene Mode, Moral, Literatur, Musik und Sprache" (*Tenbruck* 1962, S. 48) und betreiben mit zunehmender Unabhängigkeit und Selbstbestimmung eine aktive „Sozialisierung in eigener Regie".

Mit der auch von *Tenbruck* vertretenen These, (trotz Umstelltsein von Jugendverbot und Jugendschutz gegen Schmutz) die ‚moderne Jugend' besitzt nicht nur eine eigene Teilkultur, sondern diese wird im Zuge des Puerilismus der Gesamtkultur" in mancher Hinsicht sogar zur „dominanten Teilkultur", wird auf eine gesellschaftliche Entwicklung reagiert, die in den entwickelten Industriegesellschaften insgesamt und auch im „Nachkriegsdeutschland in der Tat etwas Neues darstellte: die Herausbildung eines spezifischen, auf jugendliche Konsumenten zugeschnittenen Warenspektrums und Kulturangebots". Das wird besonders deutlich, wenn man sich vor Augen hält, daß die sogenannte „Teenager-Kultur", die durchaus auch als ‚Mädchenkultur' aufgefaßt wurde, gewissermaßen „als empirische Konkretion der allgemeinen These von der Jugendkultur angesehen wurde" (*Lindner* 1981, S. 177).

Die späten 50er Jahre waren ohnehin in der Bundesrepublik gekennzeichnet durch beginnenden Wohlstand, der — wie in England, in den USA früher — als Ursache für den Durchbruch der Teenager-Kultur gelten kann (hier folgen wir weitgehend *Baacke* 1992, Kap. 1.1): jeder wußte seiner Zeit, wie sie aussahen, die Teenager: „Pferdeschwanz entweder oder wild herabhängende Strähnen bei den Mädchen, Cäsarenfrisuren bei den

Jungen. Und: absatzlose Mokassins, Petticoats, Conny-Pulls oder Blue Jeans, buntkarierte Hemden und James Dean-Jacken. Das sind nicht nur Modeerscheinungen, das sind inzwischen Typen geworden, Typen aus der Retorte, erdacht in den Reklame-Laboratorien psychotechnischer Bedürfnislenker" (*Lamprecht* 1960, S. 33); immerhin, vielen Jugendlichen kamen die verbesserten materiellen Lebensbedingungen, die verringerten häuslichen Verpflichtungen sowie die Zunahme an arbeitsfreier Zeit zugute; die Jugendlichen verfügten nun über eigenes Taschengeld: die steigende Kaufkraft der Jugendlichen ließ einen eigenen Markt von Konsum- und Vergnügungsgütern entstehen; billigere, zugleich modische Kleidung wurde hergestellt und auch gekauft; spezielle Jugend- und Jugendmusikzeitschriften entstanden; der Plattenmarkt expandierte; Kosmetika wurden erstmalig auch preiswert und für Jugendliche angeboten, und die Massenmedien, insbesondere Schallplatten und die aufkommenden Transistorradios verbreiteten den internationalen Popsound mehr und mehr (*Chambers* 1985; *Frith* 1981). Damit fand auch endgültig eine (übrigens bisher noch nicht systematisch erforschte) Umstrukturierung jugendlichen Lebens in den eher informellen Jugendgruppen statt. Die formellen waren ja durch die Staatsjugend des Nationalsozialismus, in der sie hierarchisch streng organisiert waren, in Verruf geraten. Zwar hatten sich über die Nazizeit hinweg Traditionen jugendlicher Gesellung erhalten, da sie nicht zuletzt historisch stark angebunden waren. Dazu gehörten die Lokalgruppen der ländlichen Jugend mit ihren überlieferten Brauchtümern (Burschentreffen, Trinkkultur, Burschentanz, Rügespiele) oder städtische Gruppentraditionen, wobei die Unterschicht eher „quartierbezogene Territorialgruppen" bildete, während die Oberschicht sich in spezialisierten Gruppen wie Schützenbruderschaften, religiösen Bruderschaften u.a. organisiert hatten (vgl. dazu im einzelnen: *Mitterauer* 1986, S. 162ff.). Insbesondere die Kirchengemeinden, die auf dem Lande (Kirchplatz, Pfarrei, Gottesdienst etc.) seit jeher auch jugendliche Treffpunkte anboten, füllten nach dem Kriege den durch die Auflösung der organisierten Hitlerjugend entstandenen Leerraum. Hinzu kam das Wiederaufleben der Jugendbünde aus den 20er Jahren, während der Nazizeit verboten; Pfadfinderschaft, katholische Jugend und CVJM, Jugendverbände, Jugendorganisationen (cirka 30 % der Jugendlichen waren in Sportvereinen organisiert) und die kommunalen, mit Hilfe der Besatzungsmächte im Zuge der re-education-Maßnahmen eingerichteten Häuser der teiloffenen Tür, die als direkte Alternative zum Angebot kommerzieller Einrichtungen wie etwa Kino, Tanzlokal, Caféhaus, Kneipe, jugendpflegerische Maßnahmen und offene Jugendbildung praktizieren sollten — nicht zuletzt deshalb, um bislang unkontrollierte Lebensformen pädagogisch kontrollierbar zu machen (*Mitterauer* 1986, S. 230). Darüber hinaus entstand als zentrale neue Form jugendlichen Gemeinschaftslebens das — nicht mehr multifunktionale — spezialisierte Clubwesen in seinen verschiedenen Varianten: Tanz-, Jazz-, Film-, Funk-, Fan-, politische Clubs. Insofern kann das Clubwesen als eine „Zwischenform zwischen traditionellen Jugendvereinen und informeller Gruppe" aufgefaßt werden (*Mitterauer* 1986, S. 238). Sicher unterstützte die Tatsache, daß organisierte Jugend in Verruf gekommen war, die Entstehung tendenziell offener pluraler Cliquen mit wechselnden Mitgliedern und vielfältigen, lockeren Formen der Assoziation.

Schelsky hatte der „skeptischen Generation" (1957) der damaligen Zeit ja ohnehin Scheu vor Bindungen nachgesagt. Hinzu kam nun der Einfluß der Massenmedien (vornehmlich Radio, Transistorradio, zum Teil das Fernsehen), die Verkehrserschließung ländlicher Räume, der Erwerb des Führerscheins und die steigende Motorisierung von Jugendlichen (*Mitterauer* 1986, S. 187) — all dies trug ohne Zweifel zu einer Teenager-Kultur bei, die trotz zunehmender „Pädagogisierung und Verschulung des Lebensalltags (*Herrmann* 1986, S. 678) insgesamt auch pädagogisch organisierten Einflüssen schnell in pädagogikfreien Räumen entwuchs und schon damals statt dessen stark unter kommerziell- und konsumorganisierte Einflüsse geriet (Schallplatten- und Kosmetikindustrie bspw.). Tradierte Klassenlinien wurden schon ansatzweise überschritten, und die Heranwachsenden verwendeten Elemente, Zeichen und symbolische Praktiken, die sie „stilverwandelnd" aus dem kommerziellen Kulturbetrieb und der Medienindustrie ‚holten' (*Maase* 1992, S. 96). Jugendliche Treffs wurden nun öffentliche Lokale oder Wohnungen (Parties). Die traditionellen uniformierten Gruppen-Rituale entritualisierten, deinstitutionalisierten sich und lösten sich tendenziell auf, denn die informellen Jugendgruppen signalisierten einen Habitus und fragten nach ‚Stil' nicht in irgendeinem gestaltenden oder pädagogisch erzieherischen Sinne. An die Stelle ererbter Rituale trat ein sozialemotionales Interesse an Gleichaltrigen mit starker entpädagogisierender Betonung des Handlungsspielraums von Freizeit, Unterhaltung, Freundschaft und Liebe.

Die jugendsoziologischen und kulturkritischen Erörterungen der späten 50er und frühen 60er Jahre hatten neben den sich vornehmlich aus Oberschülern und Studenten zusammensetzenden Existentialisten und neben den sich aus überwiegend jugendlichen Arbeitern und Lehrlingen rekrutierenden ‚folk devils', den Halbstarken (vgl. etwa: *Krüger* 1985; *Kaiser* 1959) das Phänomen der ‚Teenager-Kultur' und des ‚Teenager-Marktes' im Visier, als sie ihre Versionen vom Konzept der **Jugend(-sub-)kultur** vortrugen. Jugend(sub-)kulturen wurden weitgehend mit den Aspekten der ‚Teenager-Kulturen', mit Mode, Musik und Freizeitkonsum identifiziert. In den USA war es bspw. *Coleman* (1961), der die These von der homogenen, schicht- und klassenübergreifenden Jugendkultur als Ausdruck einer fortschreitenden Polarisierung und Trennung von der Erwachsenenwelt vertrat, in Großbritannien *Abrams* (1959), der in den jugendspezifischen Verhaltensmustern und Konsumgewohnheiten der Teenager die Herausbildung und Entstehung einer „distinkten Teenagerwelt" erblickte und in der Bundesrepublik *Lamprecht* (1960), der, eher feuilletonistisch und kulturkritisch, die ‚hochgradige Uniformität der Jugend' quasi als Resultat einer kommerziell inszenierten psychotechnischen Bedürfnislenkung und den Teenager als ‚Typ aus der Retorte' deutete (vgl. *Lindner* 1981, S. 177).

In seinem vielbeachteten Standardwerk „The adolescent society" kam *Coleman* zu dem Schluß, daß es an den amerikanischen Schulen jugendliche Meinungsführer gäbe, deren Eigenschaften im besonderen Maße für alle erstrebenswert erschienen (wobei er freilich nicht genug betonte, daß diese Eigenschaften in der Regel durchaus elterliche Billigung fanden und finden!). Sportlichkeit, alltagspraktische Cleverness, Erfolg im football und attraktives Aussehen, das gilt als ebenso wichtiger Index für die Popularität wie ein ausgezeichneter Schüler zu sein oder zur ‚besseren Gesellschaft' zu gehören. Danach ist es nicht mehr nur die Familie, die Einschätzung, Status und Verhalten bestimmt, sondern eine relativ eigenständige „Schulwelt" sowie, daran angelehnt, eine „Jugendgesellschaft" mit Belohnungen, die den Selektionen und Sanktionen des Schulsystems in den Augen vieler Jugendlicher oft überlegen zu sein scheint. Ein „ganzer Kerl sein" und von Gleichaltrigen geschätzt zu werden gilt demnach als mindestens ebenso erstrebenswert wie die Belohnungen und der Beifall von Eltern und Lehrern.

Coleman, Abrams, Lamprecht und viele andere entdeckten im seinerzeit freilich noch weitgehend harmlosen ‚Teenager-Typ' die Heraufkunft einer in sich tendenziell geschlossenen, universell geltenden Jugend(sub-)Kultur. Jugendkulturelle Abweichungen von den gängigen sozialen Normen und Wertvorstellungen schienen allerdings in solchen mittelständisch-bürgerlichen Jugendkonzeptionen oftmals so gering zu sein, daß andere Jugendforscher aus jener Zeit — bspw. *F. Elkin* und *W. Westley* (1965, S. 99ff.) oder *A.B. Hollingshead* (1967) — der Jugend-(sub-)Kultur-These widersprachen mit dem Argument, daß die soziale Klassen- oder Schichtzugehörigkeit jugendliches Verhalten ebenso entscheidend bestimme wie eigene Symbolwerte der Freizeitkultur (Medien, Musik, Kleidung etc.); daß Jugendliche jenseits des Freizeit- und Konsumbereichs die Beratung, Entscheidung und Kontrolle Erwachsener in weiten Bereichen ihres Lebens durchaus akzeptieren (so z.B. in der Wahl der Schulart, bei Berufsplänen usw.); daß also das Subkulturtheorem aus diesen oder ähnlichen Gründen wenig Erklärungskraft für jugendliches Verhalten besitze.

Solche Einwände konnten freilich schon aufgrund einer allzu geringen Datenbasis seinerzeit nicht überzeugen. Hinzu kam noch, daß die traditionelle amerikanische Jugendsubkulturforschung nicht bedachte, daß ihre ohnehin schmalen momentgebundenen empirischen Querschnittsanalysen schnell überholt sein könnten. Ihre Diskussion besitzt schon lange keinen Aktualitätswert mehr, da sie auf bestimmte, dazu auch noch ‚nationale' Phänomene begrenzt war. In den 60er Jahren verliert sich auch allmählich die wissenschaftliche, aber auch alltägliche Verwendung des Ausdrucks Teenager, spätestens in den 80er Jahren wird er — obwohl immer noch im Gebrauch — antiquarisch (vgl. zuletzt: *Volkmer* 1991, S. 142ff.).

Inzwischen gibt es nicht nur die jugendlichen Peer-Groups, die als informelle Jugendgruppen einen immer wichtiger werdenden Part für alle Jugendliche (auch für Mädchen) einzunehmen scheinen, (Freundschaften beginnen früher, Gleichaltrige sind durchweg die liebsten Freizeitpartner, gleichzeitig sind die Jugend-Treffpunkte inzwischen vielfältiger und besser ausgestattet als noch vor einigen Jahren; (vgl. hierzu zuletzt *Allerbeck/Hoag* 1985, S. 34ff.), sondern internationale Jugend(stil)bewegungen, die die einzelnen Heranwachsenden viel intensiver erfassen als die importierte zwanglose amerikanische Partykultur der 50er Jahre nicht zuletzt auch, weil der Widerspruch nicht so sehr gegenüber den Eltern wie gegenüber ihrer Abstraktion als Erwachsene und damit gegenüber den institutionalisierten Kontroll-Einrichtungen unserer Gesellschaft stärker geworden ist. Man kann auch sagen: aus eher psychischen und pubertären Spannungen vorübergehender Art bzw. aus eher situationsbezogenen, diffusen Widerständen und Rebellionen der Halbstarken (vgl. *Krüger* 1985) sind in den 60er und 70er Jahren gesellschaftspolitische geworden, und diese haben dann teilweise einen grundsätzlich allgemeinen Charakter gewonnen. So umfaßt der Sammelbegriff ‚**Jugend(sub)kultur**' inzwischen sehr verschiedene Phänomene, die man sich auf einer gleitenden Skala von den Peer-Groups der 50er Jahre, den Teenager-Kulturen und dem main-stream der Pop-Musik über eine stärker durch grundsätzliche Ablehnung gesellschaftlicher Werte bestimmte Jugend bis zur radikalen Infragestellung und Absage an konventionelle Ordnungen und bisherige Lebensgewohnheiten etwa in den neuen manieristischen und postmodernen Szenen vorstellen muß. Die Übergänge sind allemal fließender geworden, sowohl, was die wechselnde Zugehörigkeit einzelner Jugendlicher zu bestimmten Szenen anbelangt, als auch, was die Bestimmungsmomente der verschiedenen Gruppierungen angeht (vgl. dazu *Baacke* 1972, S. 159).

Am bemerkenswertesten ist jedoch, daß die Internationalisierung durch Massenmedien, Konsum, Mode und Pop- wie Rockmusik nicht nur weiterhin zugenommen hat, sondern zugleich über diese Medien heute auch jugendliche Gruppenzugehörigkeiten sich definieren: je nach dem Stil, der in der Kleidung, im Tanz und Jargon, in der Art des Sprechens, in der Vorliebe für bestimmte Gesten und Körperhaltungen, dem musikalischen Ambiente, im gesamten ‚styling' angeboten wird, dessen ‚bildender Gehalt' freilich von Pädagogen oftmals bestritten werden dürfte. Die jugendliche Gruppenzugehörigkeit, seit jeher bestimmt durch persönliche Sympathie, bekommt damit ein entscheidendes formales Element zurück: am ‚Stil' oder ‚Habitus' scheiden sich Geister und Zugehörigkeit. Diese neue Entwicklung ist inzwischen zu einem zentralen Element mehr oder weniger aller Jugendkulturen geworden.

Ein zugleich ‚sympathisierender' und systematischer Zugang zum Thema **Subkultur** stammt von *Schwendter* (1971; 1979). Er versucht, die Unterschiedlichkeit und Differenzen von Subkulturen typologisch zu erfassen, an der Spitze der sozialen Schichtungspyramide steht nach ihm das sogenannte „establishment“, unter das er „die großen und mittleren Kapitaleigentümer, einschließlich jener Teile des Kleinbürgertums, die fest hinter diesen stehen, und die politischen und apolitischen Eliten eines Landes, die höheren Angestellten und Beamten im Staatsapparat, in den Konzernen, im Militärapparat, in den Medien etc., die leitenden Funktionäre der Verbände und anderen Lobbies und die verselbständigten Arbeiteraristokratien“ subsumiert. Personen, die dem Establishment nicht angehören, zählen zur „kompakten Majorität“ (Proletariat, Lumpenproletariat und die Teile des Kleinbürgertums, deren Proletarisierung weit fortgeschritten ist). An den Rändern dieser Gesellschaftspyramide entstehen die Subkulturen. *Schwendter* unterscheidet nun progressive (sie wollen den gegenwärtigen Zustand der Gesellschaft verändern, in heutiger Sprache: die Alternativen) und regressive (sie versuchen vergangene Werte und Normen wieder herzustellen, Beispiel heute: etwa Neonazis) Subkulturen und verfeinert seine Typologie dann im folgenden, indem er inhaltliche Kriterien für „progressiv“ und „regressiv“ herauszuarbeiten sucht, weitere Differenzierungen einführt — so etwa zwischen „emotionalen“ (beziehungs- und bewußtseinsorientiert: etwa Grüne) und eher „rationalistischen“ (politisiert, intellektualistische: etwa Rote, Neue Linke), „freiwilligen“ und „unfreiwilligen“ (z.B. Stigmatisierte, Gefängnisinsassen etc.) Subkulturen — und schließlich das Modell auffüllt, indem er im Gang durch die Geschichte allen „abweichenden Bewegungen“ einen Platz im Rahmen seiner Systematik zuweist (vgl. zu dieser Interpretation *Baacke* 1972, S. 175 / 176). Hinzu kommt noch, daß *Schwendter* eine praktisch politische Anleitung zur subkulturellen Praxis gibt, was die Selbstorganisation der Bedürfnisse bzw. die Institutionalisierung der Subkultur angeht, und schließlich werden auch noch Strategien einer Verallgemeinerung ihrer Handlungsprinzipien auf die Gesamtgesellschaft hin entworfen. Freilich beschränkt sich *Schwendter* in seinen ‚Empfehlungen' primär auf politisch engagierte, bewußt gesellschaftskritische „Subkulturen“. Die Alternativ-Szene ist aber nur eine mögliche Variante innerhalb der neuen sozialen Bewegungen.

4 Pädagogische Perspektiven und Betrachtungen zum Konzept der Jugendkulturen

Im Zuge der Konzentration auf den US-amerikanischen, z.T. britischen ideengeschichtlichen soziologischen Hintergrund wird jedoch allzu leicht übersehen, daß etwa die literarische Ausbildung von Jugendkultur schon im 18. Jahrhundert mit dem Wirken politisch interessierter „Jünglinge“ und Schriftsteller begann. Der Begriff Jugendkultur tauchte dann um die Jahrhundertwende auf in Verbindung zum durchaus schon vielfältigen Bild der Wandervogelbewegung als Jugendbewegung, die zunächst als reine Jungengemeinschaft antimilitaristische Züge“ (*Lieber* 1974, S. 15; *Gillis* 1980, S. 157) aufwies und sich historisch besehen relativ unbestimmt in ihren Gesittungs-, Gesellungs- und Kostümierungsformen an „Vorgaben des Vagantentums, der Scholaren und des Jünglingkultes im Umkreis der Werther-Stimmung orientierte“ (*Knoll* 1987, S. 20). Mädchen hatten dagegen erst ab 1911 ‚offiziell‘ die Berechtigung erhalten, zu wandern; und zu einer Gemeinschaftsbildung unter Mädchen oder gar zum Gemischtwandern kam es nicht zuletzt deshalb nur in Ansätzen, weil der rauhe Fahrtenstil und die „bewußt hochgeschraubten Anforderungen an die körperliche Leistungsfähigkeit“ (*Mitterauer* 1986, S. 224) sowie der romantische „Sinn und der Erlebnisgehalt des Wanderns“ (*Giesecke* 1981, S. 28) in genuin männlichkeitsspezifischen und männerbündischen Traditionen stecken blieb und insgesamt befürchtet wurde, daß durch das gemeinsame Wandern, wie es hieß, „die Buben verweichlichen, die Mädchen dagegen verbengeln und verwildern“, so *Hans Breuer*, einer der Führer der ersten Stunde des Wandervogels und Herausgeber des berühmten Wandervogelliederbuchs „Zupfgeigenhansl“ (zit. nach *Seidelmann* 1971; S. 58).

Nach Vorarbeiten der Wandervögel *Ahlborn, Fischer, Gurlitt, Blüher* bzw. der Wandervogelbewegung Nahestehenden wie *Wyneken, Diederichs, Lietz, Luserke, Natorp, Spranger, Bühler, Flitner* und *Bernfeld* spielte dann der Jugendkulturbegriff im Anschluß an die äußerst heterogene, politisch sich immer mehr polarisierende bündische Jugendbewegung der Weimarer Republik in der deutschen (Reform-)Pädagogik der 20er Jahre bereits eine bedeutsame Rolle. Diese Verbindung des Erziehungsgedankens zur Jugendbewegung kann den Status des Jugendkulturkonzepts als emphatische Betonung einer ‚eigenständigen‘, vornehmlich allerdings jungenspezifischen Jugendkultur (die Mädchenkultur war in jener Zeit ja noch eine terra incognita) freilich nur des gebildeten, humanistisch geprägten, aber gleichsam ökonomisch und politisch machtlosen (Bildungs-)Bürgertums und Mittelstandes (vgl. etwa *Linse* 1976, S. 119ff.; *Kluchert* 1988, S. 27; *Reulecke* 1988, S. 14; *Peukert* 1990, S. 183f.; *Herrmann* 1991) verdeutlichen.

Eine in bezug auf Geist und Lebensgefühl vorgelebte autonome Jugendkultur entstand quasi erstmalig mit dem Wandervogel in der wilhelminischen Ära um die Jahrhundertwende, obgleich der Wandervogel und die bündischen Gruppen in den 20er Jahren in der Regel nicht ohne „Führer“, also erwachsene „Berufsjugendliche“, die oftmals weit bis in das dritte und vierte Lebensjahrzehnt Jugendlichkeit verkörperten oder sich einfach mit „pädagogischem Eros“ ‚jugendlich‘ gebärdeten, auskamen (vgl. *Peukert* 1986, S. 343; *Reulecke* 1988);

Im letzten Jahrzehnt des 19. Jahrhunderts begannen sich Teile der aus dem Bildungsbürgertum stammenden Jugendlichen in einer keineswegs harmonischen und mit politischen „Zuordnungskategorien und Klassifikationen“ (*Knoll* 1987, S.12) schon gar nicht zu erfassenden Jugendbewegung zu sammeln, die sich zwar tendenziell von den Lebensformen und -idealen der Geldaristrokatie, der höheren Beamtenschaft, des freien Akademikertums, also der bildungsbürgerlichen Schicht der Erwachsenen absetzten, allerdings auch unter dem Schutz bestimmter Kreise einer „reformpädagogisch gesinnten Öffentlichkeit von Erwachsenen“ (*Dudek* 1990, S. 63) standen und von vorausblickenden und wohlwollenden Eltern, Erziehern, Kulturkritikern, Lebensreformern, Schriftstellern und Verlegern ausdrücklich auch toleriert, zuweilen sogar gefördert wurden, einen jugendlichen Freiraum suchten und ein Leben in eigener Regie, „aus eigener Verantwortung mit innerer Wahrhaftigkeit führen wollten“, wie es in der berühmten Kompromiß-Formel der Freideutschen Jugend auf dem Hohen Meißner vom 12. Oktober 1913 im Rahmen eines Anti-Festes gegen die Selbstbeweihräucherungen, „peinlichen Aufblähungen satter Bürgerlichkeit“ (*Hepp* 1987, S. 34) und „hurrapatriotischen Kundgebungen der ‚offiziellen‘ Gesellschaft aus Anlaß der hundertsten Wiederkehr der Völkerschlacht bei Leipzig“ (*Mogge* 1987, S. 40) hieß (*Reulecke* 1986, S. 22).

Die bürgerliche Wandervogeljugend an der Schwelle des 20. Jahrhunderts „stieß erstmals entscheidend über den Gedanken der schon in der antiken Stadtkultur vorgebildeten, in der mittelalterlichen Stadtwirtschaft und -demokratie gebilligten ständischen Freiheiten der Handwerker, Kaufleute und Studenten hinaus.“ Jugend wurde zum „Inbegriff von Zukunft“, zum „gesellschaftlichen Auftrag, ja zum mythologischen Faktor kultureller Entwicklung definiert“ (*Rosenmayr* 1974, S. 61).

Jugend, jung sein, Jugendlichkeit wurden ganz generell zum gesellschaftlichen Leitbild. „Nicht mehr ein biologisches Durchgangsstadium zwischen Kindheit und Erwachsenensein war damit gemeint, sondern ein altersunabhängiger Lebensstil, eine Chiffre für einen Aufbruch, der auf einen ‚neuen Menschen‘ hinzielte“ (*Reulecke* 1988, S. 17). Eine solche eher jugendkulturelle oder kulturalistische Deutung dieser Jugendbewegung bietet sich vornehmlich deshalb an, weil ihr inneres Aufbegehren sich „anders als in den politisch-sozialen Revolutionsprozessen des Jahres 1838 ... weder gegen die Verfassung, noch gegen politische Unfreiheit wie die Studenten im Jahre 1848, noch gegen ökonomische Unterdrückung und Ausbeutung wie die Revolutionäre und Reformer der Arbeiterbewegung“ (*Rosenmayr* 1974, S. 63) und später auch der proletarischen Jugendbewegung richtete. Die Arbeiterjugendbewegung unterschied sich in den Zielen der Gemeinschaften und Gesellungsformen wesentlich von der bürgerlichen — gerade auch was die jugendkulturellen Dimensionen betraf. Insgesamt rückten gegenüber den eigentümlichen, eher anarchisch-individualistischen und romantischen Tendenzen der bürgerlichen Jugendbewegung zumindest in der organisierten proletarischen Jugendbewegung (die zumeist männliche Härte, Ungebundenheit, Unerschrockenheit, Unabhängigkeit, manchmal auch Gewalttätigkeit signalisierenden und von den sowohl bürgerlichen als auch proletarischen „zeitgenössischen sozialmoralischen Standards abweichenden“ (*Peukert* 1986a, S. 147) städtischen „wilden Cliquen“ im Rahmen proletarischer Jugendsubkulturen in der Weimarer Republik nehmen eine hier nicht zu thematisierende Sonderstellung ein (vgl. hierzu: *Lessing/Liebel* 1981; *Peukert* 1983, S. 69ff.; *Mischok* 1985, S. 47ff.; *Rosenhaft* 1986, S. 345ff.); eher unmittelbar konkrete (Über-)Lebensfragen, Solidarisierungsbemühungen und -formen zur Durchsetzung sozialer und politischer „Kampfziele“ (verbesserter Jugendschutz am Arbeitsplatz, Ermöglichung von Freizeit und Bildungschancen) in den Mittelpunkt.

In den Jugendszenen des Wandervogels waren neben der „harten Opposition gegen das Couleurstudententum, das sich damals auch unter Schülern stark verbreitete" (*Mitterauer* 1986, S. 225), neben der „Ablehnung der traditionellen Formen studentischer Geselligkeit und universitärer Feiern" — „Festkommers" und „Kneipe", „Exbummel" und „Wichs" wurden nicht geschätzt — und den Gedanken und Lebenspraktiken der Alkohol- und Nikotinabstinenz (*Mogge* 1988, S. 42), neben der zuerst tendenziell apolitischen Haltung, neben naturmythischen und tief-religiösen Zügen vor allem auch vorindustrielle Kulturmuster sowie romantisch-burschenschaftliche Vorstellungen vom mittelalterlichen Scholarentum vorhanden.

Man definierte sich selbst als ‚fahrende Schüler' oder ‚Kunden', ‚Führer', ‚Bachanten', ‚Oberbachanten', ‚Vaganten', entwickelte eigene Stile (vgl. etwa *Parmentier* 1984) des Wanderns („Klotzmärsche", „Kilometerfresserei", „Lagerfeuer", „germanisierende Things", „Sonnenwendfeiern"), der ‚Fahrt' („Fahrt ohne Ende", „bloßes Unterwegssein", der „Weg ist das Ziel"), der Fahrten- und Kleidungsaccessoires (Abzeichen, Wimpel, Regenpellerinen, Bundhosen mit Wollstrümpfen, Kopfbedeckungen wie Schlapphüte und Baretts, Stürmer, geknotete Halstücher, saloppe Manchesteranzüge, Lodenkittel, Wanderstecken, Harmonika, Gitarre oder Mandoline, Schlafsack, Rucksack mit breiten Riemen und allerhand „schönen Sachen und Proviant" etc. (vgl. *Ziemer/Wulf* 1961, S. 139ff.), des volkstumhaften Laienspiels, Sprach-, Lied- und Tanzguts, auch als Abgrenzung gegen die zu jener Zeit gängigen Formen des Freizeitlebens (*Jancik/Kluchert* 1985, S. 35), gegen die „vielen jugendpflegerischen Zumutungen" (*Reulecke* 1988, S. 28) und gegen die zeitgenössischen Wander- und Touristenvereine: man übernachtete (‚naturverbunden', einfach, karg und asketisch) in Bauernhäusern, in Scheunen im Heu bzw. Stroh und im Freien, kochte anfangs mit Hilfe bescheidener Spirituskocher, später im „Hordentopf" über dem offenen Feuer, „baute Burgruinen, Stadttürme und verlassene Hütten zu ‚Nestern' aus" (*Mogge* 1987, S. 39). Die verschiedenen Gruppen der Wandervogelbewegung „haben zwar nur einen sehr geringen Prozentsatz der deutschen Jugendlichen als Mitglieder umfaßt (Schätzungen gehen von 2 % aus); die Ausstrahlungskraft ihrer Ideen (insbesondere der Autonomiegedanke), ihrer Stilmittel, ihrer äußeren Formen, ihrer neuen Aktivitäten und Gruppenstrukturen auf das Gemeinschaftsleben der Jugend war jedoch enorm" (*Mitterauer* 1986, S. 226).

Zwischen Kindheit und Erwachsenendasein entstand zumindest für die bürgerlich-männlichen Jugendlichen eine qualitativ neue jugendliche Lebensphase, und mit der jugendgemäßen Gestaltung der Freizeit jenseits von Schule und Arbeit wurden neue jugendkulturelle „Räume und Stile des Alltagslebens" in vielen Schattierungen „erprobt, die seitdem und bis heute prägend sind" (*Peukert* 1990, S. 185).

Die bürgerliche Jugendbewegung in der Gestalt der Wandervogeljugend als spezifisch deutsche Erscheinung ist soziologisch betrachtet (vgl. zusammenfassend etwa *Aufmuth* 1979; *Neuloh/Zilius* 1982; *Reulecke* 1988; vorher auch schon *Laqueur* 1962) vornehmlich entstanden als weitgehend sozialromantisch-lebenssinnsuchende Reaktion auf:

a) die abnehmende sozialisatorische Fähigkeit der wilhelminischen Gesellschaft, bestimmte bildungsbürgerliche Gesellschaftsmitglieder, insbesondere Teile der Gymnasialjugend an die in ihr geltenden und institutionalisierten Lebensformen, Normen und Wertvorstellungen anzupassen (*Giesecke* 1981, S. 30; *Neuloh/Zilius* 1982, S. 185); der explosionsartige industrielle Fortschritt und der rapide ökonomisch-soziale Wandel korrespondierte faktisch mit einer ebenso rapiden Entwertung neuhumanistischer Bildungsideale, traditioneller Wissensbestände, Verhaltensnormen und Wertmaßstäbe (*Kluchert* 1988, S. 28); die geistig-kulturelle auratische Qualität und Vorhut des Bildungsbürgertums in seiner Funktion als sinnstiftende und zukunftsdeutende Elite wurde angesichts neu aufkommender Eliten des Besitzbürgertums und der naturwissenschaftlich-technischen Berufsgruppen und Professionen aufgeweicht (*Reulecke* 1988, S. 14); — das Gefühl der „metaphysischen Obdachlosigkeit" und starken idealistischen Überforderung, Status- und Prestigeverlust, Unsicherheit und Orientierungslosigkeit der entwurzelten bildungsbürgerlichen Mittelschichten im Modernisierungsprozeß (*Trommler* 1985, S. 35; *Kluchert* 1988, S. 26f.; *Mogge* 1988, S. 38);

b) die zutiefst ‚menschliche Entfremdung' angesichts eines gesellschaftsstrukturell bedingten Übermaßes an Unnatürlichkeit, Entwurzelung, Erosion, Zersplitterung, Überreizung, Vereinseitigung, Oberflächlichkeit, Veräußerlichung und Mechanisierung der Lebensverhältnisse;
c) die erstarrten und „entseelten Mechanismen der Industriegesellschaft" (*Szemkus* 1974, S. 46), die technologischen Umbrüche der Hochindustrialisierung, wachsende Urbanität und industriell-bürokratische Zivilisation (Kritik am einseitigen und überzogenen Rationalismus und an der „Religion" des Fortschritts, Kritik an den „unnatürlichen Lebensräumen", den gestaltlosen und „toten Steinhaufen der Mietskasernen und ihrer Asphaltkultur", aber auch Kritik an der dekadenten und zugleich „ungesunden" Großstadtkultur (Bewegungsarmut, Großstadtmüdigkeit und Maschinenhaß);
d) die Öde und Langeweile der mechanischen Disziplin von „Bildungsvermittlungsbeamten" sowie den Druck und die Tretmühle des grauen Schulalltags in der „Lernkaserne" Oberschule bzw. des Gymnasiums;
e) den biederen und langweiligen sonntäglichen Familienspaziergang sowie die „Philostrosität manches Familienlebens" (*Wyneken* 1919, S. 98);
f) die permanente Beaufsichtigung, partikularen Funktionalisierungen und massiven Gängelungsversuche vieler Erwachsener, der Kirchen und des Staates;
g) neue Leitbilder, Lebensstile und Ideen in Kunst, Musik und Literatur sowie in einer Reihe ‚anderer', der Jugendbewegung nahestehender kulturkritischer Reformbewegungen (Landerziehungs-, Lebensphilosophie-, Lebensreform-, Freikörperkultur-, Gartenstadt-, Siedlungsreformbewegung, neue religiöse Bewegungen wie die Theosophie; einen Überblick bieten: *Conti* 1984, S. 66ff.; *Hepp* 1987), Zivilisations- und Zeitkritik (*Nietzsche, Lagarde, Langbehn* etc.), Natursehnsucht, Freiheit und Einheit von Körper, Seele und Geist, Echtheit und Wahrhaftigkeit, Gemeinschaftsgeist, Heimatgebundenheit, Wiederentdeckung des Volkstümlichen, der ‚einfachen' und ‚echten' Lebensformen, das geradezu parareligiös angehauchte, idealistisch-schöpferische und sinnsuchende Streben nach dem noch nicht Verdorbenen, nach der „substantiellen Sittlichkeit", dem innerweltlich und transzendent „Höchsten", die „opferbereite Hingabe an das als wahr und richtig Erkannte" (*Kluchert* 1988, S. 29); Idealismus statt materialistische Geschäftigkeit, Lebenswelt und Ganzheit an die Stelle von zweckrationalem Handeln und Fragmentierung der Lebensverhältnisse.

Das Jugendkulturkonzept stellte in gewisser Hinsicht eine begriffliche Verselbständigung des von der Jugend- und Wandervogelbewegung vorgelebten psychosozialen Moratoriums von Jugendlichkeit, Jugendstil und Jugendkultur dar. Hier kam es auch neben *Stanley Halls* entwicklungspsychologischem Versuch, die „Adoleszenz als eigenen Lebensraum mit sozial-kultureller Eigenständigkeit und Identität zu porträtieren" (*Knoll* 1987, S. 21), zur Geburtsstunde eines neuen Begriffs von ‚Jugend'. ‚Jugend' wurde nun nicht mehr nur verstanden als ein genau datierbares biologisches Durchgangsstadium auf dem Wege zum Erwachsensein, als ein „transitorischer, auf das Erwachsenenalter vorbereitender Lebensabschnitt, sondern auch ... mit Eigensinn versehen, der sich u.a. in (einem eigenen) ‚Jugendreich' und in (einer eigenständigen) stilbildenden Gesellungsform als ‚Jugendkultur' verwirklichen" (*Knoll/Schoeps* 1987, S. 6) sollte.

Seit jener Zeit war aber auch zumindest normativ der Boden vorbereitet, ‚Jugend' als historische „Sendung", als „Berufung zur Revolution, als „Aufstand gegen das Alter" und zugleich als der Inbegriff und die Chiffre für einen Aufbruch zu neuen Ufern in eine wie auch immer geartete bessere Zukunft (*Reulecke* 1985, S. 202; *Mogge* 1985, S. 194) zu betrachten und oft genug auch im Lichte heilsbringerischer Metaphern zu mißbrauchen. Jugendmythos und Politisierung sind „zwei Seiten der gleichen Medaille" (*Peukert* 1990, S. 190); und „Politiker wie Pädagogen, Kritiker wie Krieger benutzten die Jugendmythen und Jugendlichen, um ihre claims abzustecken und ihre jungen Fußtruppen zu mobilisieren (ebenda, S. 185).

Hatten sich große Teile des Wandervogels noch jenseits politischer Semantik in selbstgewählten politikfernen Räumen auf die Herausbildung und manchmal auch Separierung einer eigenen jugendlichen Lebensform konzentriert, so konnte man in nahezu allen Teilen der bündischen Jugend, teilweise aber auch der Arbeiterjugend in der Weimarer Republik beobachten, daß ‚Jugend' immer stärker in den Sog staatlicher, parteilicher, weltanschaulicher, berufsständischer und konfessioneller Massenorganisationen (inklusive ihrer massenwirksamen Rituale), der Straffung und Hierarchisierung der Organisationsformen, der Militarisierung und Disziplinierung, der Ritualisierung des Fahrtenstils und der Uniformierung der Fahrtenkluft (*Mitterauer* 1986, S. 227) sowie der politischen Veränderung der gesamten gesellschaftlichen Lebensformen und -verhältnisse geriet. „Mochte das Ziel, die Idee der einzelnen Bünde noch so verschieden sein — in der Lebensgestaltung in Christus, in einem neuen Judentum, in einem nationalrevolutionären Sozialismus, im Zielbild einer neuen Nation oder in der Vision vom Reich liegen" — (*Linse* 1978, S. 41), stets intendierte der Bund, „durch die verantwortliche Mitarbeit im Bund zu einer gesellschaftlichen und politischen Neuordnung in Volk und Staat" (*Raabe* 1961, S. 57) beizutragen. „Die gesamte bündische Ordens-Symbolik und der utopische Tat-Aktivismus dieser Jugend lief auf den Gedanken von der sozialen und politischen Heilsbringerschaft der Jugend, auf einen soteriologischen Jugendkult hinaus" (*Linse* 1978, S. 41).

Neben solchen eher „internen" Selbstvergewisserungen und Selbstverlautbarungen der Bünde wurde ‚Jugend' in der Weimarer Zeit in großen Teilen durch den Staat, die Gesellschaft, Verbände und Parteien mit politischen Mitteln, Versprechungen und Verheißungen als Ideenlieferant und Nachwuchspotential rekrutiert, geködert, funktionalisiert und „formiert" sowie gleichzeitig trotz eines „politischen Habitus" (*Kater* 1977, S. 138) — von „eigenständigem und verantwortlichem politischen Handeln" und „politischer Partizipation" weitgehend ausgeschlossen — in politikferne Räume abgeschoben (*Domansky* 1986, S. 129; 131).

Bis auf den heutigen Tag lassen sich — meistens latent bleibende und nicht thematisierte — Nachwirkungen in der sozialwissenschaftlich orientierten Jugendkulturforschung, insbesondere was die stilbildenden Elemente und Eigenheiten des auf den Wandervogel und die deutsche Jugend(kultur)bewegung zurückgehenden sowie von *Wyneken* und *Bernfeld* pädagogisch (vor)definierten Jugendkulturkonzepts angeht, feststellen. Sprechen wir also heute von ‚Jugendkulturen', so gilt es, den historisch-pädagogisch bereits gesättigten Begriff in der heutigen Jugendkulturdebatte ‚angemessen' zu berücksichtigen (vgl. *Baacke* 1992; *Ferchhoff* 1990a, S. 229 ff.; *Ferchhoff* 1991a, S. 125 ff.).

Folgende Konsequenzen wären eingedenk des geschichtlichen Verweisungszusammenhangs heute für die Verwendung eines ‚Jugendkultur'-Konzepts zu ziehen:

1. der Begriff ‚Jugendkultur' besitzt bereits eine (vornehmlich in Auseinandersetzung und zugleich Abgrenzung mit der deutschen bürgerlichen Jugendbewegung gewonnene) pädagogische Tradition (*Wyneken, Bernfeld*). Im Sinne *Wynekens* und *Bernfelds* ist ‚Jugendkultur' „ein Analogon zum ‚Wander-

vogel': (...) ein gemeinsames Wandern der Jugend auf geistigem Gebiet" (*Wyneken* 1919, S. 30). Der Wandervogel, so *Wyneken*, hat im Gegensatz zu jenen „jungdeutschen Bestrebungen, die wesentlich auf eine Wehrhaftmachung und oft genug auf eine Militarisierung der jungen Generation" hinausliefen (*Wyneken* 1991, S. 98), die „erste Jugendkultur geschaffen, die diesen Namen einigermaßen verdient" (ebenda, S. 98). Gustav *Wyneken* hat immerhin mit seinen Ideen vom „Jugendreich" und der „Jugendurkultur" die sogenannte Adoleszenz-Pädagogik eingeleitet, derer sich heute wieder viele lebhaft erinnern. Für *Wyneken* ist *‚Jugend'* das Lebensalter der größten Offenheit für alle hohen ethischen Werte und sittlichen Haltungen. Geist und Jugend sind wechselseitig aufeinander verwiesen und ergänzen sich einander in einem quasi gegenseitigen Befreiungsverhältnis. Jugend ist bei ihm weniger Lebensalter als Lebensideal. *Jugend* kommt nur durch geistige Beschäftigungen und gründliche geistige Fundierung ihrer Lebensgemeinschaften zu sich selbst, und die geistige Welt kann nur durch eine *neue Jugend* aus den Fesseln engstirniger Bürokraten und geisttötender Pädagogen befreit werden. Dies alles geschieht am besten in einer sich selbst erziehenden jugendlichen Gemeinschaft — unter Einschluß der Lehrenden, die als ‚geistige Führer' wirken dürfen. Mit einer solchen Auffassung wird *Wyneken* in die Nähe der Wandervogel- bzw. Jugendbewegung sowie der ihr ebenfalls nahestehende Reformpädagogik gerückt. Mit dem zu Anfang des 20. Jahrhunderts entstehenden Jugendkult und Jugendmythos sind freilich auch Generationsunterschiede eingeebnet und die Weisheit und die individuellen und kollektiven Erfahrungsdimensionen des Alters zurückgedrängt worden (*Reulecke* 1988, S. 12).

2. Für *Wyneken* ist die Jugendkultur „eine Idee, eine Aufgabe, eine Idealform, die ausdrücklich jenseits der bürgerlichen Familie auf die geistige Erneuerung bzw. Reform der Schule ohne technokratische Eingriffe bezogen bleiben muß. In seinem pädagogisch-utopischen Sinne ging es ihm um eine neue, freie Schulgemeinde, um eine „Heimstätte", in der sich Jugendliche wohnlich ‚einrichten' können. Jugendkultur ist, so *Wyneken* dezidiert emphatisch, „kein Programm, ... kein Mosaik von Lebensformen, sondern ein neues Leben" (ebenda, 1919, S. 127). Insofern war für *Wyneken* die im großen und ganzen zwar unbestreitbare Leistung der Jugendbewegung bzw. des Wandervogels dennoch auch immer in einem „geistigen Sinne" ein Stück weit unvollkommen und trug „deutliche Spuren geistiger Unterernährung" (ebenda, S. 122) in sich. Zwar hatte die Jugendbewegung in der Gestalt des Wandervogels, so *Wyneken*, „die Jugend entdeckt", zur Entstehung neuer Jugendbilder beigetragen, ihr „zu einem neuen Geschmack und Lebensgefühl, zu neuer Geselligkeit, zu eigener Sprache und Gesittung" (*Herrmann* 1985, S. 226), zu eigenen Verhaltens- und Kleidungsformen (vgl. *Grob* 1987) verholfen, und „in der Opposition gegen die Familie" war sie angesichts der Entwicklung eines eigenen Gemeinschaftslebens sogar schöpferisch gewesen, sie blieb allerdings, wie erwähnt, in einem geistig-intellektuellen Sinne unvollkommen. Diese jugendkulturelle Unvollkommenheit drückte sich vor allem dadurch aus, daß im Zuge des Wandervogels, so *Herrmann*, *Wyneken* zitierend, eine unzeitgemäße Regression in den romantischen Jugendkult, in die mittelalterliche jugendliche Rittergesinnung, „in das Vagantentum, in die Volkskunst, in das (puritanische) Bedürfnis nach größerer Einfachheit und Innigkeit" stattfand. „Wandern, Abkochen, Singen und Tanzen, im Heu nächtigen" hinterlassen für *Wyneken* merkliche Spuren geistiger Unterernährung. Jugendliches Treiben in einem freien Jugendraum ohne pädagogisches und politisches Ansinnen sowie ohne normative Ideen, Visionen und Zielvorstellungen eines „höheren Lebensstils und übervernünftiger Wertvorstellungen" erscheint *Wyneken* dann doch allzu „gehirnlos". Und aus bloßer jugendkultureller Geselligkeit und „Gesundheit" kann für ihn „keine (Hoch-)Kultur abgeleitet werden" (*Herrmann* 1985, S. 227). Der Wandervogel, so *Wyneken*, „lebte" den Autonomiegedanken nur halbherzig. Er war eher geprägt durch die „Ambivalenz" von Autonomie und pädagogischer Einflußnahme bzw. Kontrolle" (*Dudek* 1990, S. 64). Trotz der immer wieder von *Gustav Wyneken* aufscheinenden kritischen Solidarität und Distanz zugleich zum Wandervogel verdeutlicht Ulrich *Herrmann*, daß die *Wyneken*'sche Auffassung von Jugendkultur dennoch den Boden für eine „radikale Kritik der herrschenden pädagogischen und gesellschaftlichen Praxis" liefern kann. Denn der politische Anspruch des *Wyneken*'schen Jugendkulturkonzepts geht dahin, daß Jugend das geistige Fundament ist „auf dem Feld prinzipieller kultur- und gesellschaftspolitischer Auseinandersetzungen über das Recht und die Formen menschlicher Selbstverwirklichung in einer Gesellschaftsordnung, deren Fundamente und Normen brüchig geworden waren" (*Herrmann* 1985, S. 231).

3. Das Bildungssystem (Schule, Ausbildung, Universität) als Vermittler traditionellen kulturellen Wissens bleibt ein Bezugspunkt — in Anlehnung oder Abgrenzung. Dabei sind die heutigen Jugendkulturen im Gegensatz zu den klassischen Jugendkulturkonzepten und -praktiken entschieden schulferner. *Wyneken* selbst war noch der Ansicht, daß die Entwicklung der neuen (emanzipatorisch aufgefaßten) Jugendkultur („durch die Jugend, für die Jugend") pädagogisch begleitet in erster Linie von den sogenannten „Freien Schulgemeinden" etwa gegen den ‚Philologismus' des humanistischen Gymnasiums sowie gegen die Dominanz der ‚Realien' im Dienste nur technokratischer Zwecksetzungen ihren entscheidenden Ausgang nehmen müßte. ‚Jugend' sollte im Zuge einer jugendlichen Gegenöffentlichkeit eine „Zeit der Sammlung" sein und müsse, so etwa Martin *Luserke* (der Nachfolger *Wynekens* der Freien Schulgemeinde Wickersdorf), in der „Stille reifen", bevor sie „in den ‚Lebenskampf eintrete'" (*Mogge* 1988, S. 51). Wer allerdings heute jugendkulturell ‚lebt', orientiert sich zumeist nicht ausschließlich (sondern allenfalls pragmatisch) an den durch die Schule vermittelten geistigen, vornehmlich „innengeleiteten" Bildungsgütern, sondern an Maßstäben und Lebensformen, die weitgehend „außengeleitet" und außerhalb der Schule und der Familie produziert und auch ‚gelebt' werden: Ästhetik, Moral, Musik, Werbung, Mode, Medien, Konsum, Körperlichkeit, Stilvarianten, alternative Lebensweisen etc. Und nicht aus einer dem „Jugendgeist entsprungenen pädagogischen Beseeltheit", sondern in den Jugendkulturen erfahren heute viele Jugendliche Intensität und Leiblichkeit etwa in einem Rock- bzw. Popkonzert, beim Musikhören oder bei der Präsentation und Stilisierung eines ausgewählten Outfit, und es können radikale Experimente des Daseins stattfinden, die aus den Verwaltungsbezirken der pädagogischen Provinz(Schule) weitgehend ausgeschlossen sind. Und es gibt, aufs Ganze gesehen, wohl kaum Möglichkeiten, sie als Bewegungen in ein — wie auch immer — reformiertes Schulsystem (Verlebensweltlichung der Schule, inklusive eines veränderten, kognitiv geläuterten, sozial und emotional aufgeladenen Lernkanons) hereinzuholen. *Jugend* erzieht und bildet sich inzwischen tendenziell in weitgehend mediatisierten und kommerzialisierten, allerdings in gewisser Hinsicht in nichtorganisierten und nichtpädagogisierten Erlebnis- und Erfahrungsräumen sowie in kritischer Distanz zu den freilich subtiler werdenden Kontroll- und Überwachungspraxen selbst.
4. Die heutigen Jugendkulturen (von den Teddyboys bis zu den Postalternativen und den Techno-Kids) sind allemal freizeit-, häufig auch medien- und konsumbezogen, wenngleich auch schon die Anfänge, Teile der *‚Jugend'* als eigenständige Konsumentengruppe zu betrachten, bis in die Wandervogelzeiten vor dem 1. Weltkrieg (es gab seinerzeit schon spezifische Wandervogelinstrumente, -kluft, -zelte und auch sogar schon eine „Wandervogelschokolade" (*Domansky* 1986, S. 133), insbesondere bis in die zwanziger Jahre (obgleich Freizeit noch in den zwanziger Jahren für viele Jugendliche ein knappes „Gut" war) zurückreichen, und stellen auf der kulturellen Ebene angesichts der Schaffung von Stilen vorwiegend über Moden, Accessoires und Medien Absetzbewegungen dar.
5. „Kultur" ist im Zusammenhang heutiger Jugendkulturen aus den bürgerlichen Traditionen herausgetreten; in diesem Sinne ist „Kultur" weitgehend entnormiert und enthierarchisiert und verliert seinen in pädagogischer Emphase und Semantik vorgetragenen nachdrücklichen Appellcharakter. Kultur ist in den heutigen Strudel des Relativismus gezogen und hat — wie manche Kulturkritiker bedauern — eine „deviante Karriere" (*Prange* 1991, S. 109) durchgemacht. Sie ist aber auch (ein wenig wohlwollender betrachtet) die Spur einer neuen ‚Überlieferung' und Botschaft, die in der Geschichte jugendkultureller Neuorientierungen (Veränderungen in der Rock- und Popszene, Diversifizierung und Pluralisierung von unterschiedlichen Gruppierungen usw.) sowie in neuen Auffassungen von Stil (Kleidung, Körpersprache, aber auch in Konzepten und Auffassungen von pluralisierter und variantenreicher Individualität) zu finden sind. „Kultur" ist so gesehen nicht mehr nur einseitig und eindimensional Platzhalter für Gebildete, wird nicht mehr nur als etwas „Anspruchvolles", „Höheres", „Wertvolles" oder „Tiefsinniges" betrachtet. „Kultur" ist heute veralltäglicht, popularisiert, vieldeutig und zugleich konturlos, zu einer Art diffuser „Hintergrundgröße" (*Neidhardt*) in vielen Lebensbereichen geworden, hat neue, allerdings auch unscharfe Dimensionen gewonnen, die freilich nicht im bisher überlieferten, kulturell-bildungsbürgerliche Tiefendimensionen anzeigenden Begriff aufgehen.
6. Von *Wynekens* Auffassung, Kultur sei „geistige Welt", ist im heutigen Sinne hinüberzuretten, daß es sich auch heute um Fragen handelt, die *Wyneken* im Sinn hatte: um die Art und Weise, wie man

vor sich und anderen ‚dasteht', seine Individualität ausdrückt, aber auch unter erschwerten Bedingungen mit erheblichen Gefahren des Scheiterns ausdrücken muß, eben nicht nur über ‚Arbeit' und die Identifizierung mit kollektiven Normen und sozialen Zugehörigkeiten, sondern ganz wesentlich auch über unermüdliche Individualisierungsleistungen und -anstrengungen, zuweilen auch über arbeitsjenseitige Versuche der ‚Ich-Konstitution' mit anderen. Das Leben wird heute immer mehr angesichts des Verblassens und Verdampfens kollektiver Lebensdimensionen und angesichts zahlreicher Entregelungs-, Entnormierungs-, Destandardisierungs- und Entstrukturierungsprozesse zur „selbst-gestaltenden Aufgabe, zum individuellen Projekt" (*Kohli* 1986, S. 185; *Ferchhoff* 1991).

7. Die Analyse von *Wyneken*s Jugendkulturkonzept zeigt zudem, daß es sich (übrigens nicht nur bei ihm) um eine projektive Vorstellung, um einen Mythos handelt. Auch das heutige Debattieren über Jugendkulturen kommt ohne solche projektiven Elemente nicht aus, denn indem wir etwas, das ‚ist', zum Thema machen, projizieren wir schon immer unsere Deutungsmuster, Erwartungen und Vorstellungen hinein.
8. Auch *Bernfeld*s Konzept der tendenziell selbstorganisierten ‚neuen sozialen Treffpunkte' als sogenannte Sprechsäle (hier diskutierte man als junge intellektuelle Avantgarde Wiens mit Gleichaltrigen und Gleichgesinnten über Jugendthemen, Sexualmoral, Erziehungsfragen, Frauen- und Friedensbewegung, Kunst, Literatur etc.) ist bemerkenswert (vgl. hierzu *Laermann* 1985, S. 371 ff.; *Herrmann* 1985, S. 232 ff.; *Dudek* 1990, S. 327 ff.; *von Bühler* 1990), weil hier eine an aufklärender und räsonierender Geselligkeit orientierte Gegen-Öffentlichkeit zu Elternhaus, Schule und Hochschule geschaffen wurde, die „gesellschaftliche Tabus" aufgriff und „direkt und offensiv in die Öffentlichkeit trug (*Dudek* 1990, S. 336), wie sie viel später die Beatnik-Szene, die Schüler und Studentenbewegung der 68er Jahre und manche alternative Bewegungen anstrebten. Heutige Medien dafür sind Alternativ-Zeitungen, Stadt-Blätter, Fanzines oder Rock- und Popszene etc.
9. Jugendkulturen umfassen nicht nur eine (altersspezifisch gesehen) im Vergleich zur Zeit *Wyneken*s und *Bernfeld*s erheblich erweiterte Zeitspanne, sondern sie insistieren vielmehr, insbesondere auch im Zuge der längeren Freistellung von Erwerbsarbeit, auf Selbstbehauptung und Autonomie und wählen in diesem Bestreben viel weniger (oder allenfalls pragmatisch) die Bezugspunkte Familie oder Schule.
10. Gemeinsam ist *Wyneken*s und *Bernfeld*s Konzeptionen und der heutigen jugendkulturellen Lebenspraxis, daß sie die lebendigen jugendlichen Binnenperspektiven und die Eigenbilder ins „rechte" Licht rücken, und daß sie jenseits rigider, feststehender Fremdbilder von „Jugend" (wie auch immer) emanzipative Momente und Dimensionen enthalten. Es sind freilich heute oftmals andere und vielleicht auch differenzierte Selbstgestaltungen des Jugendlebens zu beobachten, die aber auch nicht immer in der (inzwischen erheblich erweiterten) gesellschaftlichen Akzeptanz und in den (wenn auch pluralisierten) kulturellen Traditionen und Überlieferungen aufgehen.
11. Während *Wyneken* (bürgerliche Jugend- bzw. Wandervogelbewegung, pädagogische Reformideen, Freie Schulgemeinde) und *Bernfeld* (Sprechsäle, Sozialistische Pädagogik) eine ganz bestimmte nationale mittelschichtspezifische Jugendkultur im Auge hatten, haben wir es heute klassen-, schicht- und milieuspezifisch übergreifend mit einer Vielzahl und Vielfalt internationalistisch geprägter sowie medial und kommerziell vermittelter Jugendkulturen zu tun, die in ihren Erscheinungsbildern (Kleidung, Haarschnitt, Kommunikationsstrukturen, Sprache, Musikformen, alltagskulturelle, sportive Lebenspraxis etc.) nicht mehr oder kaum noch an den Wandervogel oder die bündischen Gruppierungen erinnern.
12. Die vielfältigen differenzierten Mediatoren (von Illustrierten, Serienheften, Liebes- und Musikfilmen und Comics, vom Rundfunk über das Fernsehen bis zum Kassettenrekorder, Videogerät, Videoclip und Walkman) heutiger Jugendkulturen gab es zur Zeit *Wyneken*s und *Bernfeld*s in dieser Weise nicht. Diese Medien oder Massenmedien tragen nicht nur zur Internationalisierung der Jugendkulturen bei, sondern ermöglichen zumindest teilweise — oftmals freilich neben anderen gesellschaftlichen Wandlungsprozessen und zeitgeschichtlichen Bezügen — ihre Entstehung.
13. Immerhin: die bürgerliche Jugendkulturbewegung ermöglichte ein ganz neues, „absichtsloses" (*Bondy* 1929, S. 123) gemeinschaftsbezogenes Erziehungsverhältnis, ein neues — inzwischen immer mehr realisiertes — „Modell für den pädagogischen Bezug. Vorher konnte man sich als päd-

agogischen Bezug nur Variationen des Familienmodells, genauer: des Vater-Kind-Verhältnisses vorstellen" (*Giesecke* 1981, S. 34). Die Beziehungen von Lehrer-Schüler, Erzieher-Zögling, Erwachsenem-Jugendlichen, Meister-Lehrling, Leiter-Geleitetem, Führer-Geführtem, Vorgesetztem-Untergebenen waren als dem Familienverhältnis analoge konstruiert. In den Gleichaltrigengruppen der Jugendbewegung nun war dieses auf quasi objektiv-sachliche Autorität beruhende Erziehungsmodell nicht mehr (voll) zu realisieren; an seine Stelle trat (immer mehr) die Gruppe der Gleichaltrigen, die sich vornehmlich aufgrund persönlich-individueller Wahl und gegenseitiger Sympathie und Zusammengehörigkeit konstituiert.

14. In den heutigen jugendkulturellen Strömungen verliert „Jugendkultur" ihr im Bestimmungswort liegendes Ansinnen, an eine bestimmte Lebensphase (Jugend) gebunden zu sein. Jugendkultur wird vielmehr Ausdruck eines Lebensgefühls von Augenblicksversessenheit, Schnelligkeit, Plötzlichkeit und Intensität, das prinzipiell allen Altersgruppen zugänglich ist und sich in der Überbeanspruchung abnutzt. Dies ist keine Tiefendeutung mehr, sondern eine ästhetische Momentaufnahme, eine Lebenssinnmontage, eine *postmoderne* Signatur von „Jugendkulturen" insofern, als sie von *Bernfeld, Wyneken,* W. *Benjamin* u.a., obwohl Zeitzeugen des 20. Jahrhunderts, nicht vorausgesehen werden konnten.

5 Jugendsubkulturen und Stilbildung

Eine außerordentlich differenzierte Darstellung und Deutung in der Jugendkultur- bzw. Jugendsubkulturdiskussion haben die Sozialwissenschaftler des *Centre for Contemporary Cultural Studies* (CCCS) in Birmingham vorgelegt, bezogen freilich primär auf die Arbeiter- bzw. proletarischen Jugendkulturen. In einer marxistisch soziologisch grundierten Position untersuchten sie in Großbritannien in den 60er und 70er Jahren die Beziehungen zwischen Produktionsweisen, Lebensweisen und (sub-)kulturellen Hervorbringungen. Dabei gingen sie davon aus, daß Kultur stets eine gelebte Praxis einer bestimmten sozialen Gruppierung oder Klasse sei, und, so gesehen, sind **Jugendkulturen** auch immer zunächst Untereinheiten einer klassenkulturellen Stammkultur. Entscheidend ist das Verhältnis von dominanter Kultur (Kultur der Herrschenden, die die offiziellen Medien und die Bildungs- und Erziehungsinstitutionen besetzen) und spezifischer Klassenkultur. Diese wiederum differenziert sich in ‚parent culture', die Stammkultur der Eltern, und die generationsspezifische Verarbeitung des ‚kulturellen Erbes' der ihr zugehörigen Jugendkultur. (Jugend-)Subkulturtheorien, „die als deren differentia spezifica" einzig die Abweichung von der hegemonialen kulturellen Ordnung benennen, übersehen die Nabelstränge, die die jeweilige Subkultur mit ihrer Stammkultur verbinden. (Jugendliche) **Subkulturen** müssen mit ihrer Stammkultur wesentliches gemeinsam haben, um als deren Subkultur erkennbar zu sein; sie müssen sich von ihrer Stammkultur wesentlich unterscheiden, um als Subkultur erkennbar zu sein. Diese „doppelte Konstitution macht sie ‚vertraut' und ‚fremd' zugleich" (*Lindner* 1985a, S. 61). Jugendliche Subkulturen können auch niemals das ‚Ganz Andere' sein „noch im Gegen-Entwurf mit den Subkulturen schwingt das Erbe ihrer Stammkultur mit".

Jugendliche im traditionellen Arbeitermilieu machen Front gegen die ‚parent culture' ihrer Klasse, weil sie bspw. den Ausgrenzungen des Arbeitsmarktes und sonstigen Stigmatisierungen entgehen wollen. Neben individuellen Reaktionen sind vor allem die kollektiven Reaktionen zur manchmal heroischen „Wiederherstellung der Gemeinschaft"

(*Clarke* u.a. 1979) beachtenswert. Die untersuchten britischen Jugendlichen differenzieren dabei nicht nur ihre Herkunftskultur, sondern in erster Linie reagieren sie als Angehörige einer Klasse ohne allzu viel Zukunftsaussichten auf eine Umgebung, die zumeist auch kulturfremde Lebens- und Verhaltensweisen aufzwingt (z.B. das Schulsystem, das mittelschichtspezifisch orientiert ist). Dabei gelingt es diesen Jugendlichen oftmals nicht, ihre Klassenabhängigkeit zu überwinden oder ihre Lebenssituation grundsätzlich zu ändern — schon allein deshalb nicht, weil sie auf das Arbeits- und Beschäftigungssystem keinen Einfluß ausüben können und oft auch gar nicht hineingelangen, und wenn, dann zumeist an untere Positionen. So stellen die Jugend(sub-)kulturen bestenfalls Teillösungen dar für Widersprüche innerhalb ihrer Lebenssituation. Ihr wichtigster Beitrag ist dabei die Erhöhung des persönlichen sowie manchmal auch die Schaffung eines teilkollektiv orientierten Identitätsgefühls.

Da die meisten Erfahrungs- und Aktionsräume Arbeiterjugendliche eher behindern, zumal unsere hochzivilisierte und durchrationalisierte alltägliche Lebenswelt insgesamt viele mögliche Erlebnisräume für Jugendliche weitgehend zerstört hat, sind ihre Hauptaktionsfelder dennoch gerade (vornehmlich in dicht besiedelten städtischen Wohngebieten) die Straßen, die Straßenecken, die öffentlichen Plätze, die Rummelplätze, die Kneipen, Parks, Spielplätze, Fußballplätze oder andere territoriale Bezirke. Die Art und Weise, wie man in gefährlichen Situationen Mut, Kampfbereitschaft, Kraft und Haltung bewahrt, wie man Aggressivität ausagiert, wie man Zusammengehörigkeit durch eine Art ‚Dialektik von Zuordnungen und Abgrenzung' wesentlich signalisiert und beweist — dies alles sind ‚actionsbezogene' stilistische Mittel für die charakterisierten Teillösungen dieser Jugendphänomene und -probleme. Der identitätsstiftende Bezugspunkt dieser jugendkulturellen Szenen ist ‚action' (wilde Cliquen als Vorläufer; Jugendbanden, ‚Halbstarke', Rockgruppen, Teds, Neo-Nazis, Straßen-Cliquen, (streetgangs) teilweise Skinheads und Punks) — als ein Zustand, der die sonstigen Lebensroutinen in Arbeit und ‚normalgeregelter Freizeit' in intensiv erlebten Augenblicken durchbricht. So werden bspw. Räume durch einen aggressiv bestimmten körperlichen Zugriff angeeignet, eben durch — nicht selten gewaltförmige — ‚action'. Körperlicher Risikoeinsatz scheint Macht im Zuge faktischer Machtlosigkeit zu demonstrieren.

Die latente Funktion der jugendlichen Subkultur besteht nun darin, die Widersprüche, die in der Stammkultur verborgen oder ungelöst bleiben, zum Ausdruck zu bringen und auf symbolisch expressive und „magische" Weise zu verarbeiten. In diesem Prozeß spielt die Stilbildung eine ganz zentrale Rolle. Die Schöpfung jugend(sub)kultureller Stile umfaßt eine differenzierte Auswahl aus der „Matrix des Bestehenden". Es kommt „zu einer Transformation und Umgruppierung des Gegebenen in ein Muster, das eine neue Bedeutung vermittelt; einer Übersetzung des Gegebenen in einen neuen Kontext und seiner Adaption" (*Clarke* 1979, S. 138). Der Prozeß der Stilschöpfung verläuft als „bricolage" (*Lévi-Strauss*), als eine Art ‚Bastelei'. Damit wird eine „Neuordnung und Rekontextualisierung von Objekten" bezeichnet, „und zwar innerhalb eines Gesamtsystems von Bedeutungen, das bereits vorrangige und sedimentierte, den gebrauchten Objekten anhaftende Bedeutungen enthält" (*Clarke* 1979, S. 136). Zumeist Warenobjekte werden somit aus ihrem alltäglichen Lebenszusammenhang herausgenommen und verfremdet, um sie dann in jugendsubkulturellen neuen Bedeutungszusammenhängen wieder zu verwenden. Die ‚strukturalistisch tätigen Bastler' (*Barthes* 1966, S. 190ff.) setzen das Objekt in eine andere Gesamtheit von Zeichen; insofern wird auch eine andere

„Botschaft“ vom Objekt vermittelt (*Clarke* 1979, S. 136; *Jugendwerk der Deutschen Shell 1981, S. 483f.; Peinhardt/Sparschuh* 1983, S. 37). Im Zuge der ‚Stil-Bastelei‘ werden Objekte „von ihren vorgefunden Stammplätzen“ entfernt, um sie dann an einem „unmöglichen“ Ort — dem Ort des jugendsubkulturellen Lebenszusammenhangs — neu zu gruppieren und in andere Bedeutungskontexte zu überführen (*Jugendwerk der Deutschen Shell* 1981, S. 483, *Willis* 1981, s. 10 ff.; *Clarke* u.a. 1979, S. 101 ff.; *Zinnecker* 1981, S. 421 ff.; *Brake* 1985). Der Prozeß der jugendsubkulturellen Stilbildung, die Reorganisation und Umschreibung von Kontexten, die „gelebte Ideologiekritik“ durch Symbolveränderungen, rituelle Handlungen, Tabuverletzungen sind im Prinzip unbegrenzte Vorgänge strukturalistischer Tätigkeiten. Keine Kombinationsmöglichkeit scheint von vornherein ganz ausgeschlossen zu sein. Dennoch sind solche jugendsubkulturellen Stil-Basteleien nicht beliebig manipulierbar. Und die ‚strukturalistischen Tätigkeiten‘ sind nicht vollkommen frei. Infolge der Umschreibung in einen neuen Bedeutungskontext verschwindet der alte nicht gänzlich. „Die Zerlegung seines Herkunftskontextes führt nicht zu dessen völliger Neutralisierung. So wie die Materialien, die Abfälle und Bruchstücke, die der Bastler verwendet, immer an ihren letzten Verwendungszusammenhang erinnern, so auch die Materialien der subkulturellen Stil-Basteleien. Sie verweisen (wenn zwar auch oftmals nur sehr rudimentär) auf den Zusammenhang, aus dem sie stammen, und auf die Bedeutung, die sie dort innehatte“ (*Parmentier* 1983, S. 411).

Ein Beispiel solcher Umschreibungsmöglichkeiten oder ‚Stil-Bastelei‘ von vorgefundenen Objektbedeutungen: die „Teddy-Boys“ z.B. entlehnten den „Edwardian Look, einer von der Oberschicht und Studenten, dann auch von einzelnen Beatgruppen aus dem Umfeld proletarischer Jugendkulturen wie den Kinks wiederbelebten Mode; sie unterliefen damit frech selektierende Kleidervorschriften, nach denen in Gaststätten oder auch auf Sportplätzen Halbstarke diskriminiert wurden, konterkarierten aber gleichzeitig den propperen Anzug mit Kordelschlips und mokassinähnlichen Schuhen“ (*Zimmer* 1982, S. 40).

Wenn auch die jugendsubkulturellen Stilbildungen in die trivialsten Bereiche des Alltagslebens hineinreichen, und wenn sie auch immer wieder zur leichten Beute des Waren- und Konsummarktes sowie der Medien werden, so bleibt dennoch festzuhalten, daß im Auftauchen jugendsubkultureller Stilbildungsprozesse — zumindest in der analytischen Figur des *Centre for Contemporary Cultural Studies*, die subkulturelle Stilbildungen als temporäre Lösungen von kollektiv erfahrenen Konflikten auffassen —, eine in ‚Homologiebeziehungen‘ zu charakterisierende „grundlegende Spannung zwischen den Mächtigen und den zu untergeordnetem Leben zweiter Klasse Verdammten zum Ausdruck kommt“ (*Hebdige* 1983, S. 117). Denn die jugendsubkulturellen Stilbildungen, so die britischen Jugendforscher, sind immer noch abhängig von der historischen Situation, den widersprüchlichen gesellschaftlichen Lebenslagen und den klassenspezifischen Zuordnungen, in denen sich die Jugendlichen befinden. Die Einheitlichkeit der Lebensform, die sich freilich in höchst unterschiedliche alltagsbezogene Lebens- und Praxisformen ausdifferenzieren kann, wird mit den gesellschaftlichen Widersprüchen, die die soziale Lebenspraxis bestimmen, produziert (vgl. zuletzt auch *Willis* 1990).

Zweifellos stellt sich aus der Perspektive der einzelnen, auch in unterschiedlichen Lebenslagen sich befindenden Jugendlichen ‚die Jugendphase‘ als ein Lebensabschnitt dar, der trotz vieler Schattenseiten der Individualisierungsschübe durch — gegenüber früheren Jugendgenerationen — undenkbare und nicht vorstellbare Handlungsspielräume für biographisch bedeutsame Entscheidungen, aber auch für gegenwartsbezogenes Probe- und Suchhandeln sowie für Möglichkeiten des ungezwungenen subkulturellen Stils gekennzeichnet werden kann; dennoch sind auch die von einem Teil der Jugendlichen geäußerten sozial-kulturellen Lebenspraktiken und gelebten ‚Stil-Basteleien' immer auch bezogen (wenn auch sehr vermittelt in einer spezifisch imaginären Weise) auf die der im Kontext der Stilbildung zugrunde liegende Gesellschafts- und Sozialstruktur bzw. der verschiedenen (eben auch vom Bildungs- und Beschäftigungssystem abhängigen) jugendspezifischen Lebenslagen und Lebenszusammenhänge. So gesehen sind in der ‚Logik' der britischen Jugendforscher jugendsubkulturelle Stile stets oppositionelle Stile; sie sind eine Art ‚gelebte Ideologiekritik', insbesondere für diejenigen, die von der hegemonialen gesellschaftlichen Macht ausgeschlossen sind. Sie sind insofern auch eine „Ausdrucksweise" objektiver gesellschaftlicher Ohnmacht. Sie „bleiben an das Medium des Ausdruckshandelns gekettet. Lediglich den unmittelbaren Lebensraum vermögen jugendliche Subkulturen direkt mitzugestalten. Strukturveränderndes Handeln bleibt außerhalb ihrer Reichweite" (*Jugendwerk der Deutschen Shell* 1981, S. 485). Es sind somit immer auch nur „magische" Lösungen von gesellschaftlichen Widersprüchen, die sie zu leisten versuchen. „Magisch" deshalb, weil sie nicht dort, wo die Widersprüche entstehen, ansetzen (etwa: Arbeitsmarkt, Ausbildungssystem etc.), sondern immer nur „symbolisch" in der Freizeit, manchmal auch in der Schule. Die Grenzen, die solche Freizeitlösungen setzen, führen schließlich neben vereinnahmenden modebezogenen Prozessen der Kommerzialisierung und Mediatisierung zur Auflösung der ‚echten' jugendlichen Subkultur und damit zur Schnellebigkeit und tendenziellen Mode-Beliebigkeit jugendkultureller Stilbildungen. Was als ‚Protest oder Revolte' begann, wird nur noch ausgeliehen und endet, so *Lindner* im Anschluß an *Melly* (1972), im ‚Manierismus' (*Lindner* 1981, S. 189).

Die jugendsubkulturellen Einsichten und Einschätzungen der Mitarbeiter des Birminghamer Instituts sind nicht zuletzt deshalb auch in der Bundesrepublik in den 70er Jahren so lebhaft aufgefriffen und importiert worden, weil sie zum einen den Blick auf proletarische bzw. Arbeiterjugendliche lenkten, die bei den verschiedenen sozialwissenschaftlichen Varianten der Jugendkulturdiskussion nicht immer, aber häufig übersehen wurden, und zum anderen eine analytisch recht anspruchsvolle und differenzierte Deutung zur Lebenssituation von Jugendlichen anbieten — unter Betonung der Bedeutung alltagskultureller Lebenspraktiken.

Mit dem Akzent auf die ‚doppelte Artikuliertheit' (Herkunftskultur und dominante Kultur) jugend(sub-)kultureller Reaktionsformen wird an deren Klassen- bzw. Schichtcharakter festgehalten. Und in ethnologischer Ausrichtung ist ‚Kultur' nicht etwas, das bestimmten Einrichtungen und professionellen oder ausgegrenzten Lebenssituationen vorbehalten bleibt, sondern ein Über- und Umgreifendes, weil quasi alle Arten alltäglicher Selbstdarstellung einbegriffen sind. Insofern entdecken wir in den Jugendsubkulturen die einfache, aber häufige verdeckte Einsicht wieder, daß alltagskulturelle Kreativität gerade — auch jenseits der älteren Analysen der britischen Jugendforscher — bei Jugendlichen als Selbst- und Sinnfindungspraxis anzutreffen ist (vgl. dagegen *Willis* 1990).

Alltagskulturelle Lebenspraktiken haben aber auch eine wichtige Funktion als Überlebenshilfe, als Andeutung von Widerstands-Möglichkeiten, als Einholung des Menschenrechts auf Vergnügen und Spaß, vielleicht auch als Vorbereitung für weitergehende Widerstandsmaßnahmen in kollektiv organisierter Form. Einschränkungen sind allerdings notwendig. Die britische jugendliche Arbeiterkultur (Teds, Mods, Rocker, Skinheads, etc.) in ihrer territorialen Quartiersbezogenheit scheint es angesichts erheblicher Auflösungserscheinungen proletarischer Lebensmilieus in dieser Weise derart geschlossen nicht (mehr?) in der Bundesrepublik zu geben. Die Klassengebundenheit kultureller Widerstandsformen scheint somit auch nur noch sehr eingeschränkt gegeben zu sein, weil heute neue Formen der — weiterhin bestehenden — Ungleichheitsrelationen die traditionellen Klassen-Strukturen überlagern. Subkulturelle Klassenidentitäten und -bindungen scheinen ausgehöhlt bzw. ausgedünnt zu werden. „Gleichzeitig wird ein Prozeß der Individualisierung und Diversifizierung von Lebenslagen und Lebensstilen in Gang gesetzt, der das Hierarchiemodell sozialer Klassen und Schichten unterläuft und in seinem Wirklichkeitsgehalt in Frage stellt" (*Beck* 1986, S. 122). Insofern ist im Unterschied zu den Ergebnissen und entsprechenden Forschungen in Großbritannien davon auszugehen, daß Jugendsubkulturen und jugendsubkulturelle Stilbildungen in der Bundesrepublik nicht eindeutig mehr mit Klassen-bzw. Schichtkulturen korrespondieren (vgl. *Büchner / Krüger / Chisholm* 1990). Eine eindeutige klassen- oder schichtspezifische Zuordnung scheint somit kaum mehr möglich zu sein. Vielmehr handelt es sich (zumindest wenn man die ‚Logik' der britischen Jugendsubkulturforscher zugrundegelegt) hier um exportierte, sekundäre und inkorporierte **Stile**, um über Markt und Medien teilweise schon kommerzialisierte und in bestimmter Hinsicht um „aufgelöste", unechte Mode-Stile, von deren Entstehungszusammenhang nur noch wenige Elemente und Accessoires (Kleidung, Tanz, Musik, Frisuren, Sprachformen, Körpergesten, Fingerzeichen etc.) übrigbleiben. Für die Bundesrepublik muß also bezweifelt werden, ob sich derartige strukturelle Polarisierungen (die ‚hegemoniale Kultur' der Mächtigen und Kontrollierenden herrsche über die ‚Arbeiter-Subkultur' und ihre jugendsubkulturellen Ausprägungen) in der gleichen klassenspezifischen Schärfe nachweisen lassen (*Hurrelmann* u.a. 1985).

Zwar können jugendliche Subkulturen weiterhin im Anschluß an die britischen Jugendforscher des CCCS als eine Art Geschichte der latenten Widersprüche von Klassen- oder Soziallagen, ethnischer Herkunft usw. weitergelesen werden. Angesichts einer solchen Lesart scheint es konsequenterweise fragwürdig zu sein, daß Jugendsubkulturen nur anhand ihrer sichtbaren Ikonographien erschlossen und erforscht werden können. Wenn Subkulturen also nur noch über verschiedene Kleidungsformen, Musikstile, Körpersprachen, Territorialverhalten oder Interaktionsformen von Gleichaltrigengruppen entziffert werden, dann — so die Lesart — bestehe zumindest die Gefahr, daß das Leben selbst und die jeweiligen sozialen Lebenslagen angesichts kulturell überzogener Stilhypostasierungen allzu schnell aus dem Blickfeld geraten würden.

Allerdings scheint es heutzutage auch in der erweiterten Bundesrepublik Deutschland wenig Sinn zu machen, die jugendlichen subkulturellen Antworten auf bestimmte klassenspezifische Lebenslagen zu begrenzen. Sie können weder als schlichte Zustimmung noch als Ablehnung, weder als ‚kommerzielle Ausbeutung', noch als ‚authentische Revolte' aufgefaßt werden. Sie können nicht nur als bloße Widerstandsformen gegen aufgezwungene Lebensordnungen gelesen werden, noch können sie als einfache Übereinstimmungen oder als abgeleitete Variationen der Stammkultur der Arbeiterklasse gedeutet werden. Sie sind mehr oder weniger eine Unabhängigkeitserklärung derjenigen, die einfach anders sein, anders leben und denken wollen. Jugendliche Subkulturelle wollen einerseits Aufmerksamkeit erregen und weigern sich andererseits zugleich, wenn die Aufmerksamkeit auf eine breitere Resonanz gestoßen ist, buchstabengetreu ‚gelesen‘ zu werden (*Hebdige* 1985, S. 202).

Die oftmals gemachte strikte Trennung von politischen und kommerziellen Erscheinungsformen der jugendlichen Subkultur scheint inzwischen fragwürdig geworden zu sein. Dies gilt gleichsam auch für die oftmals puristische Trennung von Politik und Spaßhaben, von Werbung und Dokumentation.

Mit dem steigenden Wohlstand der 50er Jahre rückt freilich noch bei einer kleinen Gruppe von Arbeiterjugendlichen auch deren Konsumverhalten, Musikgeschmack und Vorlieben für bestimmte Markenartikel in das Zentrum sozialwissenschaftlicher Betrachtungen über ‚Jugend‘. Die Erfindung bzw. der Begriff des ‚Teenagers‘, der in den 50er Jahren aus den Vereinigten Staaten importiert wurde, ist untrennbar verbunden mit der Schaffung eines eigenen, identitätsbezogenen Marktes auch für (Arbeiter-)Jugendliche. Zu jener Zeit entstanden neue kommerzielle Freizeitangebote und auch diverse Konsumgüter für (Arbeiter-)Jugendliche, die in ökonomischer Hinsicht das überschüssige Geld aller, aber auch dieser Gruppe von Jugendlichen abschöpften.

Die neu entstandenen, zum Teil schon nicht mehr klassenspezifisch eindeutig zuordbaren Jugendkulturen, die vornehmlich um bestimmte Konsumgüter und leidenschaftlich verfochtene Geschmackskulturen kreisten, garantieren den Mitgliedern der einzelnen Gruppen relativ klare Grenzziehungen nach außen sowie Zugehörigkeitsgefühle nach innen und schließlich damit auch konturierte Identitäten. Besondere Arten der Musik, Sprache, Kleidung, Körperhaltung, Bewegung und Blicke wurden zum Zwecke der Abweichung und Abgrenzung nach außen und der Konsolidierung bzw. Verdeutlichung nach innen stilisiert und in den einzelnen Jugendkulturen ritualisiert und kontrolliert (vgl. *Hebdige* 1985, S. 196). Bestimmte Modskulturen hatten sogar eine besondere Art des Stehens entwickelt, wie sie ein ‚Face‘ (früher Mod-Typ) charakterisiert: „Die Füße mußten geradestehen. Wenn du die Hände in den Taschen hattest, durftest du die Ärmel nicht aufkrempeln, damit sie nicht knitterten. Wenn du die Ärmel hochziehen wolltest, mußte der oberste Knopf offen sein, damit nichts unordentlich aussah. Du durftest sowieso immer nur eine Hand in die Tasche stecken, wenn du ein Jackett anhattest...“ (*Barnes* 1980).

Subkulturelle Stilanalysen, die vor 20 Jahren selbst in der alten Bundesrepublik Deutschland noch gänzlich unbekannt waren, überrollen nun schon seit einigen Jahren die jugendlichen Szenen von gestern und heute sowohl im Westen als auch (in fast identischer Weise) im Osten (vgl. zu den jugend(sub)kulturellen Stilkonvergenzen und -differenzen in West- und Ostdeutschland: *Behnken* et al 1991; *Krüger* 1991). **Stile**, die immer auf eine ästhetisierende und kulturelle Überhöhung des ‚Alltäglichen‘ zielen (*Soeffner* 1986, S. 319), bekamen ein Eigenleben. Heutzutage spricht man ganz selbstverständlich etwa vom Stil der Wandervögel um die Jahrhundertwende, der wilden Cliquen in den 20er Jahren, der Edelweißpiraten in den 30er Jahren, der Swings in den 40er Jahren, der Teds, Halbstarken und Existentialisten der 50er Jahre, der Mods, Rocker und Hippies der 60er Jahre, der Punks und Popper der 70er Jahre, der Fußballfans, Skinheads, Alternativen, Manieristen und Postmodernen der 80er Jahre sowie schließlich der Technos anfang der 90er Jahre. Die zuweilen euphorische Begeisterung über diesen hermeneutischen Zugang zu jugendlichen Stilen hat inzwischen mancherorts zu seltsamen Stil-Blüten geführt. **Stil** kann aber ganz generell als „eine spezifische

Präsentation" gekennzeichnet werden und „manifestiert die Zugehörigkeit eines Individuums nicht nur zu einer Gruppe oder Gemeinschaft, sondern auch zu einem bestimmten Habitus und einer Lebensform, denen sich diese Gruppen und Gemeinschaften verpflichtet fühlen. Ein Stil ist ein Teil eines umfassenden Systems von Zeichen, Symbolen und Verweisungen für soziale Orientierung: er ist Ausdruck, Instrument und Ergebnis sozialer Orientierung. Dementsprechend zeigt der Stil eines Individuums nicht nur an, wer ‚was' oder ‚was' ist, sondern auch wer ‚wer' für wen in welcher Situation ist" (*Soeffner* 1986, S. 318).

Jugendsubkulturelle Stilanalysen haben in der Vergangenheit verdeutlicht, daß Jugendliche nicht nur im manipulationstheoretischen Sinne als willenlose Opfer des ‚Konsumterrors' aufgefaßt werden dürfen. Stilanalysen können in begrenztem Rahmen die Eigenartikulation und Eigentätigkeit von Jugendlichen in einer bestimmten symbolischen Struktur hervorheben. Wenn also bestimmte Stilelemente von Jugendlichen selbst erzeugt werden und ein nach außen verlegtes Selbstbild von Gruppenmitgliedern charakterisieren können, bedeutet dies allerdings nicht, daß „auch ein subkultureller Stil den Weg alles Irdischen innerhalb der auf Neuerungen angewiesenen Konsum- und Kulturindustrie geht und schließlich als Modevariante, ein wenig geglättet, in den Regalen der einschlägigen shopping-centers endet" (*Lindner* 1985a, S. 207). Genese, Verbreitung und Vermarktung von jugensubkulturellen Stilen gehören heutzutage in der Tat unweigerlich zusammen. So gesehen verhält sich der Stil zur Mode, wie bspw. die Avantgarde zum Trend (*Lindner* 1985a, S. 210).

Im Zusammenhang der Sozialforschung hat die Stilanalyse als ‚Decodierungs-Hermeneutik' unbestritten ihre Verdienste. Die ‚Jagd nach den latenten Codes' (*Cohen* 1985) kann aber auch allzu leicht dazu führen, daß das hermeneutische Entschlüsseln von ‚jugendlichen Stilelementen' zutiefst problematische Seiten hat. Solche ‚Stil-Entzifferungen' können nur allzu leicht zu unreflektierten positivistisch-verbrämten Definitionsinstrumenten werden. Sozialforscher können auf diese Weise etwa die unterschiedlichen jugendlichen Subkulturen „mittels Addition der Elemente ihres Stils, z.B.: The Who, Small Faces + Motorroller + Parka + smarte Frisur + Speed = Mod" (*Lindner* 1985a, S. 211) identifizieren. Ist erst einmal die sozialforscherische Identifikationsarbeit geleistet, dann steht meistens der Verbreitung vornehmlich durch Massenmedien und Modeschöpfer des **Stils** jenseits sozialhistorischer Kontexte nichts mehr im Wege. Der hermeneutisch orientierte Jugendsubkulturforscher, der den Sinngehalt und die ‚Logik' des subkulturellen Stils entziffert, um etwa auf diese Weise die ‚relative Autonomie' und Kreativität der jugendlichen Subkulturen jenseits der Kultur- und Konsumindustrie hervorzuheben, bereitet schließlich aber mit anderen Decodierern den Boden für die Mediatisierung und Vermarktung des Stils vor.

6 Der Abschied vom Jugendsubkulturbegriff

Warum wir heute nicht mehr von jugendlichen **Subkulturen** sprechen sollten, kann in aller Kürze (im Anschluß an und in Erweiterung von *Baacke* 1992) in folgenden Vorschlägen zusammengefaßt werden:

1. Der Subkulturbegriff verliert immer mehr an analytischem Aussagewert, wird konturlos und kann in Anbetracht der empirisch diagnostizierten vielfältigen gesellschaftlichen Differenzierungs- und Individualisierungsprozesse und der „Destrukturierung von Kulturformen" nicht mehr so ohne weiteres an frühere Bestandsaufnahmen und ältere Theorietraditionen anschließen (vgl. *Vaskovics* 1989).
2. Der Ausdruck „Subkultur" suggeriert, es handele sich um kulturelle Sphären, die unterhalb der (vermeintlich) allgemein akzeptieren ‚elitären' Kultur liegen — von teilweise zweifelhaftem Wert und jedenfalls einem (wie auch immer) „unteren" Bereich zugehörig sind. Diese Deutung entspricht nicht (mehr) den Tatsachen, wennzwar sie häufig vertreten wird.
3. ‚Subkultur' provoziert aber nicht nur möglicherweise nicht wünschenswerte Assoziationen. Zudem scheint die eindeutige Differenz zwischen sogenannten ‚authentischen' oder primären jugendlichen Subkulturen ‚von unten' und den sogenannten (oftmals importierten) kulturindustriell und massenmedial vermittelten Modesubkulturen ‚von oben' immer mehr zu verschwimmen. Darüber hinaus legt der Begriff nahe, es handele sich um „Teilsegmente" der Gesellschaft, die exakt auszudifferenzieren sind. Die Fülle von Übergängen und Mischformen zur „Gesamtkultur", der Anspruch an plurale, prinzipiell gleichwertige und gleichgewichtige Leistungen sowie die kultur- und medienindustriell mitkonstituierende jugendkulturell-diversifizierende Stilbildung jenseits emanzipatorischer, oppositioneller und sozialer Protesthandlungen lassen es nicht geraten erscheinen, weiterhin von „Subkultur" zu sprechen. Das Sub- wird ein bißchen schwindsüchtig (*Buchmann* 1989, S. 637).
4. Die „Jugendsubkultur"-Theorien gehen jeweils davon aus, daß die einzelnen Subkulturen präzise lokalisierbar seien (in einer bestimmten sozialen Klasse oder Schicht, in einer bestimmten engen Beziehung zu den ökonomischen und sozialen Ungleichheitsstrukturen einer Gesellschaft, in einer bestimmten politischen Grundhaltung usw.). Das ist nur begrenzt haltbar, wie das Beispiel der Punks schnell zeigen kann: sie sind weder ‚links' noch ‚rechts' oder ‚grün', sie sind teils kommerziell, teils — etwa als „Penner-Punks" — sozialstrukturell oder selbst deklassiert, teils unabhängig, insgesamt keinem politischen und sozialen griffigen Raster zuzuordnen. Auch zeigt ihr Beispiel (wie das der Teenager, der Beatniks, der Hippies, der Teds und Mods, der Rocker und Skins, der Fußballfans, der Disco-Fans, der Hillbillies und Heavy Metal-Fans, der Heinzis, Schnarcher und Grünis, der Popper, der neuen Bohème, Manieristen, Yuppies und Postmodernen), daß die aktuellen revivals und Strömungen jugendlicher „Subkulturen" keine eindeutigen Subaggregate einzelner Gesellschaften sind. Es handelt sich um kulturelle Stilvariationen und Gruppierungen, die sich international ausbreiten und unter dem gleichen Erscheinungsbild ganz unterschiedliche Formen von Selbstbehauptung, Selbständigkeit und Abhängigkeit ausagieren. Während die sogenannten ‚authentischen oder echten' vornehmlich britischen und z.T. auch US-amerikanischen Jugendsubkulturen früherer Jahre nicht aus ihrem historischen Kontext zu lösen waren, (d.h. etwa: die sogenannten ‚Halbstarken' waren nur in den 40er oder 50er Jahren, die Hippies nur in den 60er Jahren denkbar; *Lindner* 1981, S. 191) deutet der ‚ungleichzeitige' Rückgriff auf historisch (und auch in bestimmter Hinsicht klassen- und territorialmilieuspezifisch) überlebte Formationen (etwa Teds, Mods, Skinheads) darauf hin, daß heutzutage insbesondere im Kontext von Musikstilen und Modeelementen eine zuweilen hedonistisch-erotisch affektive ausdrucksstarke Orientierung sowie eine pluralisierte Stilmischung der Jugendkulturen zu beobachten ist. Wir scheinen in einer Welt der „Zitate zu leben", die zudem noch in immer kürzeren Zeitintervallen quasi jeden Tag wechseln. Neben der Neigung, sich über gewählte Kleidung, Düfte, Gebärden und ähnlichem eine gruppenbezogene, manchmal auch fremde, provozierende Ausstrahlung zu geben, durchdringen sich etabliert-kulturelle Stil-Imitationen; sie sind in ihrer Wertigkeit nicht abhebbar. Auch insofern sind Jugendkulturen kaum „Subkulturen": in ihren bisher zu sehr übersehenen camphaften Zügen sind sie nicht nur eine stilistische Avantgarde, sondern auch eine — freilich gesellschaftlich mitproduzierte und erzwungene — neue Spielform der Selbstbehauptung von Individualität, wenngleich die Wahl oder Option der Jugendkulturen nicht vollends beliebig ist, sondern für Jugendliche stets auch noch durch Soziallage, Bildungshintergrund, emotionale Entwicklungsstände, Kognitionen und weitere Faktoren weiterhin beeinflußt wird. Der ästhetische Glanz, der von ihnen ausgeht, ist keiner mehr „von innen", sondern die kulturell-produktive Verarbeitungsform bzw. Kraft, die trotz Kommerzia-

lisierung des Konsums und der Mode noch die Vermarktungsmechanismen immer wieder durchbricht.

5. Obgleich es jugendliche „Subkulturen" gibt, die relativ selbständig sind und versuchen, alternative Netzwerke aufzubauen, gilt dies keineswegs generell. Gerade die Aussagen zur Postadoleszenz (‚ältere Jugendliche', meist zwischen 20 und 30, die sozialkulturell selbständig sind, eine eigene Wohnung besitzen, und eine Ausbildung haben, aber noch keine Familie gegründet haben — oder dies gar nicht wollen — und auch nicht über einen Beruf verfügen, der ihre materielle Subsistenz sichert) kann verdeutlichen, daß ein Element in *Bells* Definition von „Subkultur" auf jeden Fall haltbar ist: die Betonung der Eigenständigkeit kultureller Systeme (prinzipielle Teilhabe an Konsum, Sexualität, Mode, Freizeit etc.). Eine Betonung dieser Tatsache schließt ein, daß ‚kulturell' hier nicht als „Überbau-Phänomen" gedeutet werden kann, sondern als ein spezifischer Habitus des Lebens, der bis in die Motive ökonomischer Lebenssicherung und politischer Selbstverortung hineinreicht. Dies ist zweifelsohne eine zentrale Leistung der (internationalisierten) Medien, aber auch der Waren- und Konsummärkte: daß sie dem kulturellen Habitus eine so durchschlagende Bedeutung verliehen haben, daß in ihm die Phänomene, die wir als Jugendkulturen oder -szenen diskutieren, in ihrer besonderen Eigenart wie in ihrem Beitrag für möglicherweise gesamtgesellschaftliche Entwicklungen am deutlichsten faßbar sind. Dennoch: auch die neuen, auf gesellschaftlich produzierte Variabilität, Optionsvielfalt und zugleich angesichts der beobachtbaren Erosion traditioneller sozialkultureller Lebensmilieus und Bindungen auf Zwangsindividualisierung reagierenden Jugendkulturen sind meistens — gesamtgesellschaftlich gesehen — transitorisch. Sie verändern nicht die Gesellschaft (eine mittlerweile ohnehin etwas eingetrocknete abstraktifizierende Floskel); wohl aber kann sich ein junger Mensch in ihnen (den Jugendkulturen) verändern.

Trotz der manchmal großen Gemeinschaftserlebnisse und Gruppenerfahrungen bieten Jugendkulturen primär individuelle Lösungen an. Und keine Sinndeutungswelten von Jugendkulturen sind geschlossen, keine Handlungs-Praktiken sind gesichert, sie sind allemal veränderbar. Dies bedeutet auch, daß es Menschen gibt, die in jugendkulturell gestalteten environments auf Dauer bleiben, manchmal auch müssen; die Mehrzahl aber durchschreitet sie ohne vorhersagbare Folgen für ihre Persönlichkeitsfügung. Es soll Jugendliche geben, die vom Kostüm des Punks über die Zugehörigkeit zu einer neonazistischen Gruppe bis zur abermaligen Wende in den Schoß der Trivialphilosophie Bhagwans diverse jugendkulturelle Angebote ergreifen (vgl. *Deutscher Werkbund* 1986, S. 128). Es gibt Berührungen, Abstoßungen, Übergänge, aber nicht letzthinnig verbürgte Verbindlichkeiten und Sicherheiten. Der resignierte „Müsli" oder „Grüni" ist in Feinkostrestaurants oder Gourmet-Tempeln der Schickeria zu finden. Ein radikales Sektenmitglied wird nach abermaliger paulinischer Läuterung zum hoffnungsvollen Informatiker. Nicht alles, aber vieles scheint möglich zu sein. In und an den Jugendkulturen wird das Prinzip mobiler, flexibler und pluralisierter, aber auch entstrukturierter oder destrukturierter Variation, auf Verschleiß angelegt, evident. Die Jugendkulturen eignen sich jenseits empirisch vorfindbarer Verwaltungsinstanzen gesellschaftlicher Kontrolle dieses — durchaus auch mit dem Anspruch auf individuelle Selbstverfügbarkeit zielende — Prinzip an. In den Jugendkulturen entsteht Intimität, Konnexität und Intensität — aber gerade nicht auf garantierte Dauer, weder in den menschlichen Beziehungen noch in den stofflich-räumlichen Aggregierungen. Oberflächenstilisierungen und -inszenierungen veralten und müssen stets durch neue, aktuellere, zeitauthentischere ersetzt werden. Indem aber trotz gesellschaftlich erzwungener Individualisierungsprozesse die Bedeutung und Kraft der Individualität behauptet und gelebt wird, ist sie auch vorhanden, wenn vielleicht auch nur in der Stabilität des permanenten Wandels, augenblicksweise, situationsbezogen, vorüberziehend wie eine Karawane oder

Sternschnuppe. Immerhin sind die Jugendkulturen für viele Jugendliche eine oftmals überlebenswichtige zentrale Sozialisationsinstanz, aber angesichts des Transitorischen keine, die Kontinuität der Entwicklung garantiert. Im Gegenteil: das Prinzip der Identitätskontinuität wird auch heute noch am ehesten von Elternhaus und Schule vertreten. Die vornehmlich freizeitbezogenen Szenen der Jugendkulturen wagen und müssen nicht zuletzt aufgrund der ungünstigen Arbeitsmarktlage für Jugendliche, die den Jugendstatus für viele Jugendliche geradezu ‚erzwingt', hier Offenheiten wagen, deren letzthinnige Einschätzung kaum möglich sein wird. Jedenfalls verstärken sie die Tendenz, daß Jugendliche nicht mehr für konventionelle Entwicklungs- wie Persönlichkeitsvorstellungen verfügbar sind, denn sie wählen (ohne immer nur zu leiden) in sensibler Reaktion auf gesamtkulturelle Zustände und Angebote, ihre eigenen Wege der Motivverwirklichung. Diese Wege sind jedoch nur für diejenigen möglich, die die Kraft haben, konstruktiv nach Orientierung und Auswegen zu suchen, also die gesellschaftlich mitproduzieren Anreize und die jugendkulturellen Angebote als Instrumente für sich nutzen können. Wer hier einfach nur (ohne sein Zutun) zwangsweise ‚eingeschleust' wird, sich im Irrgarten der Pluralität von Lebensstilangeboten verirrt, vorübergehend im diffusen Raum von Zugehörigkeit Unterschlupf sucht, wird in Jugendkulturen überwintern können, aber im Zuge permanenter Identitätsverunsicherungen sein ‚Ich' nicht dauerhaft nach Hause tragen. Die Jugendkulturen bieten ja auch keine Heimat an in dem Sinn, daß sie stabile Lebensformen in einer stabilen Lebenswelt offerieren, in denen man sich auf Dauer einrichten kann. Die historische Überholbarkeit von Jugendkulturen ist in hohem Grade ausgeprägt.

Dabei wird immer wieder der widersprüchliche Doppelcharakter der Jugendkulturen im Blick bleiben müssen: Jugendliche sind eben nicht nur als soziale Problemgruppen zu betrachten, obgleich dies sicherlich in Hinsicht auf bestimmte gesellschaftlich marginalisierte Gruppen von Jugendlichen, auf bestimmte Szenen und Lebenssituationen zutrifft, ja absolut notwendig ist. Dies ist aber nur die eine Seite der Medaille. Auf der anderen Seite sind Jugendkulturen sowohl Produkte von Werbekampagnen und kommerziellen Interessen, denen quasi jede Lebensäußerung, jeder Lebensstil sofort unterliegt; sie sind aber zugleich immer auch ein Stück weit autonome Konstrukteure alltagsweltlicher Lebensbezüge und Lebensordnungen; sie sind also in diesem Sinne durchaus als ‚kulturelle Neuerer' und ‚kreative Produzenten' zu betrachten. Darüber hinaus enthalten sie auch ein Moment von Widerstand, von kritischer Produktivität. Angesichts der vielen lebenslagenspezifischen Widersprüchlichkeiten und Paradoxien können sie durchaus auch als Ausdruck der Suche nach einer pluralen Identität, als Versuche der Artikulation konkurrierender Lebens- und Zukunftsentwürfe verstanden werden. Bestimmte Jugendkulturen tragen zu kulturellen Neuschöpfungen bei, die eben nicht nur in Objektivationen bestehen, sondern auch in neuen Formen der ‚Ich-Deutung'. Wenn nicht mehr nur der Überzeugungs-Diskurs, sondern das jugendkulturelle Szenen-Arrangement im Mittelpunkt steht; wenn nicht mehr nur die Tiefe des Subjekts, sein verborgenes Geheimnis, sondern seine erscheinende, einsehbare Oberfläche behauptet werden; wenn die Wahrheit der Oberfläche mit ihren abgeklärten wechselnden Schattierungen gilt; wenn auf die Optionsvielfalt durch Pluralisierung und bricolage geantwortet werden, dann entsteht eine ‚jugendkulturelle Identität', die das Bestimmungsmoment der Kontinuität hintanstellt zugunsten der Kontingenz-, Relativierungs- und Beziehungsleistung. Identität wird nicht mehr nur als starr und festgelegt erfahren, sie läßt sich ausprobieren und suchen. Eine Ästhetisierung der Lebenskultur, die Schaffung ästhetisch durchstrukturierter Lebensräume sind eine kulturell produktive Antwort auf eine Welt, die die Erosion von Tradition und Bindungen und den ‚präfigurativen Entwurf' zumutet. Das beinhaltet Risiken unter dem Signum der Vergänglichkeit; vielleicht sind sie heute unvermeidbarer geworden als zu anderen Zeiten. Wir meinen, dies alles gilt auch und gerade vor dem Hintergrund der folgenden, knapp zu skizzierenden Problemlagen, Orientierungsdilemmata und widersprüchlichen Lebenszusammenhängen für Jugendkulturen:

— Widersprüchlichkeiten der Lebens- und Wertbereiche Berufsausbildung, Arbeitsplatz und Schule fordern vornehmlich Tugenden wie: Selbstdisziplinierung, Selbstkontrolle, Planung, rationale Beweisführung, Ernsthaftigkeit in der Lebensführung und Bedürfnisaufschub; die Freizeitwelt dagegen andere Grundhaltungen wie: Gegenwartsorientierung, Narzißmus, Emotionalität, Augenblicksversessenheit und die Bereitschaft, Geld auszugeben, also schnelles Konsumieren)
— Verwischung der konventionellen Erwachsenen-Konturen bezüglich der ‚Reife' und des Wissensvorsprungs (Erwachsene werden in vielen Bereichen heute gerade auch von Jugendlichen in retroaktiven Prozessen der Sozialisation nachsozialisiert; sie imitieren heute überall einen jugendlichen freizügigen Habitus, sie setzen auf Jugendlichkeit, sie joggen, tragen Turnschuhe und Trainingsanzüge, gehen in Discos, pflegen und stilisieren ihr outfit; kurzum: die soziokulturellen Elemente der Jugendzeit werden im Erwachsenenleben übernommen und bieten auf dieser Ebene häufig keine nennenswerten Reibungspunkte mehr, an denen man seine eigene Kontur schleifend abarbeiten kann; diese genzenlose Permissivität führt allerdings nicht immer zwangsläufig zu einer wirklichen Annäherung von Älteren und Jüngeren.
— Die steigende Optionsvielfalt (Moden, Medien, Programme, Konsum; alles wird tendenziell verfügbar und jede tendenziell selbst zu verantwortende biographische Entscheidung bzw. Selektion für einen Lebensstil, eine Gruppe oder eine Mode bedeutet gleichzeitig einen Ausschluß von unzähligen anderen Wahl-Möglichkeiten, die man trotz Kontingenz damit versäumen könnte)
— Die geschlossene Arbeitsgesellschaft und die offene Freizeitgesellschaft (im Arbeitsbereich werden Statushierarchien, Positionen und Abhängigkeiten gewahrt; viele kommen erst gar nicht in die geschlossenen Arbeitsmärkte und Berufszirkel hinein, während im Freizeit- und Konsumbereich erst einmal jeder willkommen, wenngleich auch nicht immer gleichgestellt ist)
— Wohlstand und Sicherheit entlang an existentiellen Gefährdungen und Todeslinien (spätestens seit dem Super-GAU in Tschernobyl konnte jedem trotz individueller und kollektiver Vergessensstrategien deutlich werden, daß etwa alle Leistungen der Industriekultur und des Sozialstaats sowie die von ihm tendenziell garantierte Sicherung durch soziale Netze auf einer zweifelhaften energiebezogenen Produktionsbasis beruhen, die dem ‚Glück des Wohlstands', der im Lichte der neuen Armut ohnehin inzwischen größeren Minderheiten nicht mehr gewährt werden kann, die Kehrseite der totalen Lebenszerstörung aufprägt).

In einer freilich sehr groben Typisierung lassen sich etwa folgende jugendkulturelle ‚Antworten' auf die heutigen Lebenslagen und Lebenssituationen unterscheiden — trotz vieler Übergänge von einer Jugendszene in eine andere und eingedenk des vielfach üblichen ‚Stil'-, ‚Milieu'- oder ‚Szenen-Mix' bei einem Jugendlichen (Vorüberlegungen hierzu: *Ferchhoff* 1990; 1991; 1991a):

6.1 Religiös-Spirituelle

Zunächst gibt es die *religiös-spitituelle jugendkulturelle Szene.* Hierbei handelt es sich neben vielen weniger auffälligen, undramatischen und stillen religiösen Suchbewegungen in und jenseits der traditionellen Amtskirchen um zahlreiche und sehr verschiedene, neben utopischen Hoffnungen und Träumen, zumeist (zumindest politisch gesehen) regredierende Formen des sozialen Rückzugs (eine rückwärtsgewandte Sehnsucht nach dem verlorenen Paradies bzw. nach einem einstimmigen, einfachen Weltbild in einer komplexen Gesellschaft) in religiöses und manchmal mit pflanzlichen und pharmazeutischen Drogen und mit anderen Hilfsmitteln unterstütztes spirituelles Sektierertum, in die neoromantische Sehnsucht nach einer kosmologisch-mystischen Weltharmonie, in andere (zuweilen auch politisch aufgeladen und geprägte) organisierte Heilslehren, also in einfache und eindeutige (Heils-)Gewißheiten, die mehr oder weniger auf eine Schwarz-Weiß-Schablone und die dualistische Gegenüberstellung von Gut und Böse, Gerechtigkeit und Ungerechtigkeit, Gerettet und Verdammt fixiert sind (*Nipkow* 1981).

Da das traditionell christlich-religiöse Glaubensverständnis nur noch an den gesellschaftlichen Rändern zu überleben scheint und institutionalisierte Formen der Religionsausübung (Rückbindung und Absicherung durch weihevollen Kultus und gelebtes Brauchtum) jenseits der ohnehin entchristlichten und inzwischen hochgradig kommerzialisierten Feste der Kommunion und Konfirmation, von Weihnachten und Ostern etc. weitgehend verlorengegangen sind und die gleichsam wildwüchsigen, systemisch-nüchternen, bindungs- und glaubenslosen Lebensordnungen im Alltag oftmals nicht ausreichen, das zur reinen Privatsache gewordene Religiöse zu ersetzen, gibt es viele, höchst unterschiedliche religiöse, kryptoreligiöse und gott- bzw. geistdurchwirkte Suchbewegungen von Jugendlichen.

6.2 Kritisch-Engagierte

Eine weitere jugendkulturelle Szene kann als *kritisch-engagierte Szene im gegenkulturellen Milieu* gekennzeichnet werden. Offensichtlich eröffnen sich auch verschiedene Möglichkeiten in bezug auf die Entfaltung und Kultivierung alternativer, vor allem sozialer und kreativer (Überlebens-)Kompetenzen. Phantasien und Utopien von sowie die Suche nach ‚natürlichen, einfachen Lebensformen', moral-ökonomischen Perspektiven, solidarischen Kooperationen im Rahmen freigewählter Gemeinschaften und Assoziationen und die selbstgewählte konsumabstinente Bescheidenheit kreuzen und mischen sich mit den vornehmlich durch soziale Deklassierung und Verarmung geprägten und gesellschaftlich erzwungenen Überlebensstrategien. Hierbei handelt es sich vor allem um die Erben der gesellschaftskritischen Jugendbewegung der späten 60er Jahre. Ökologie-, Alternativ-, Friedens-, Dritte-Welt- und Frauenbewegung gehören als sogenannte neue soziale Bewegungen dazu. Es sind heute vornehmlich noch Gymnasiastinnen und Teile der *besser gebildeten*, „älteren", postadoleszenten und fortschrittskritischen Jugendlichen, die, jenseits einer radikalen Gegenwartsorientierung und zu kurz geratener Zeithorizonte, eine hochgradige Sensibilität für Erfordernisse der Selbstverwirklichung, der Selbstbehauptung sowie der Identitätsbildung mit der Sensibilität für die Ausbeutung der Natur und der Zerstörungs- und Entfremdungsfolgen militärischer, industrieller, wissenschaftlich-technischer und bürokratischer Modernisierungsvorgänge verbinden. Die vielen kleinen und großen, schleichenden und galoppierenden Grenzerfahrungen, Risiken, Systemgefährdungen und Selbstvernichtungsmöglichkeiten (atomare, chemische, genetische und ökologische) im weltgesellschaftlichen Maßstab lassen erahnen, daß die Grundlagen unserer Weltbeherrschung und Weltsicht: der wissenschaftlich-technische Fortschritt, das ungehemmte Wirtschaftswachstum, die ökonomische Rationalität und die sozialtechnische Funktionalität etwa in zwischenmenschlichen Lebensbereichen und in allen existentiellen Grenzsituationen wie Geburt (künstliche Befruchtung), Liebesbeziehung (Wahl und Kontinuität des Lebenspartners) und Tod (künstliche Lebensverlängerung), die Entmoralisierung und -ethisierung der Wirklichkeit u.v.m. problematische Voraussetzungen, unkalkulierbare Nebenwirkungen und Risiken und erhebliche Defizite und Kosten einschließen.

6.3 Manieristisch-Postalternative

Auch der neue Zynismus ist eine in vielen Jugendkulturen und -szenen anzutreffende provisorische und wenig anstrengende Überlebens- und Verarbeitungsform, mit der Dramatik und den Bedrohungen der Zukunftsgefahren und gesellschaftlichen Entwicklungen der Moderne fertig zu werden. Kleidung, Mode, Ästhetik, Musik, Stil und Styling scheinen — in Abwandlung von Paul *Valérie* — das ‚Tiefste' des Menschen zu sein. Das Spielerisch-Ironische haben diese manieristischen Jugendlichen zum obersten Lebensprinzip erhoben. All das ist erlaubt, was einem selbst und der eigenen Clique gefällt. Das je spezifische, individuelle outfit zählt. Dabei wird nicht selten tief in die Klamottenkiste vergangener Jahrzehnte gegriffen, und aus einer Vielzahl von Stil-Schnippseln wird oftmals ein buntes, aus scheinbar wahllos zusammengewürfelten Versatzstücken Mosaik zusammengebastelt. Als eine Art surrealistische Akkumulation scheinen die imitierten und geplünderten Symbole nichts mehr zu bedeuten. Sie sind nur noch Mosaiksteinchen in einem Mosaik, das nicht mehr ist als ein Mosaik. Der expressive Ausdruck wird zum flüchtigen bloßen Eindruck.

6.4 Körper- und Actionorientierte

Ein völlig anderes, komplex zusammengesetztes Milieu ist die maskulin beherrschte, derbe Umgangsformen und rauhes Kameradentum praktizierende und selbst vor körperlicher Gewalt nicht zurückschreckende Szene der *körper- und actionorientierten Jugendkulturen*.

Hierbei handelt es sich um ein Milieu der gesellschaftlich an den Rand Gedrängten, der Ausgegrenzten und Entrechteten, der Zukurzgekommenen und Outcasts, vornehmlich der Haupt- und Sonderschüler, der jungen Arbeiter und Arbeitslosen, die eher quartiersbezogen in städtischen oder vorstädtischen Milieus leben, in denen Auseinandersetzungen und Konflikte zumeist jenseits von langatmigen Diskursen und Reflexivitäten augenblicksorientiert, körperbetont und direkt ausgetragen werden. Das Revierbewußtsein und die Betonung von Territorialität sind in diesem „Low-Budget-Leben" stark ausgeprägt. Das Erfahrungsmilieu ist — vor allem zur Belebung und Verteidigung, aber auch zur Zerstörung des Quartiers — durchsetzt mit körperbezogenen Interaktionsformen, von Abenteuer, radikalem Gegenwartsbezug, Materialität und Dinglichkeit in spezifisch maskulinem Sinne. In diesen Cliquen und Kumpelnetzen herrscht immer noch ein männlicher Machismo vor und Mädchen können ihre Mitgliedschaft nur durch kulturelle Unterordnung sichern. Sie sind weitgehend abhängig von den Jungen (gerade auch in den engen Zweier-Beziehungen) und werden in der Regel selbst bei Anpassung der Äußerungsformen marginalisiert (vgl. *Becker/Eigenbrodt/May* 1984, S. 207 ff.) und in erster Linie „in ihrer Rolle als Sexualobjekt" gesehen.

6.5 Institutionell-Integrierte

Schließlich gibt es noch die *institutionell integrierten Jugendlichen*. Und dies ist allemal bei weitem die größte Gruppe von Jugendlichen. Dies sind die „auffällig" unauffälligen Jugendlichen, die am ehesten mit denen vor 40, 30 oder auch 20 Jahren zu vergleichen sind. Sie setzen auf vorwiegend bekannte und traditionelle (von den Enttraditionalisierungstendenzen bislang nur schwach oder gar nicht ‚infizierten') sowie oftmals ritualisierte und von den meisten Erwachsenen kaum unterscheidbare Wertvorstellungen, Lebens- und Arbeitsmuster, Normalitätsvorstellungen und -standards. Diese Gruppe von Jugendlichen ist weiterhin im Rahmen verschiedener, zumeist noch lokaler Verbands- und Vereinsmilieus organisiert (Sport-, Feuerwehr-, Schützen-, Tanz-, Alpenvereine etc.) und treffen sich in kirchlichen, gewerkschaftlichen und politischen Jugendgruppen. Es handelt sich jeweils um Einrichtungen, die von Erwachsenen mitkontrolliert werden und insofern am ehesten noch das bewahrende und schützende Moment einer durchschnittlichen Jugendformation fortsetzen. Diese institutionell integrierten Jugendlichen haben vornehmlich als Mädchen Ballett-, Klavier- und Reitstunden, sind als Jungen in Posaunenchören, Bistros, schulbezogenen Arbeitsgemeinschaften, Fußball- und Tennisvereinen zu finden, sind zuweilen in den Städten als Scater zu sehen, sind manchmal auch bereit, mit ihren Eltern zu verreisen und besuchen zwischendurch auch einmal die Netzwerke und Treffpunkte der (anderen) Jugendkulturen. Diese Jugendlichen sind übrigens auch ob ihrer in der Regel Unkompliziertheit, Angepaßtheit und guten Erreichbarkeit Freude jedes Erziehers. Pädagogen können sich hier noch zu Hause fühlen; hier kann Erziehung noch auf relativ stabile Traditionen rekurrieren und hier können die Maßstäbe und Normen der Erziehung auf fruchtbaren Boden stoßen. Allerdings sind bei diesen Jugendlichen in der Regel pädagogisch-psychologische Lebenshilfe und Prävention gar nicht notwendig. Dennoch lassen sie die Pädagogik aus Tradition, Höflichkeit oder auch Mitleid einfach gewähren oder entziehen sich ihr, freilich ohne daß die Erziehungswilligen ihr Gesicht verlieren. Ihre ‚Normalität' lenkt sie jedoch ohne Zutun in die ‚gewünschte' und ‚rechte' Bahn.

Der Ausdruck **„Subkultur"** bliebe schließlich jenen Bewegungen vorbehalten, die keinerlei Stoßrichtung aus der vorhandenen Gesellschaft auszeichnet (etwa in emanzipatorischer oder gesellschaftskritischer oder eben kulturell-gestaltender Absicht), sondern in ihr sich ansiedelnd, meist verborgen, teilweise auch verboten, also wirklich im genuinen Sinne „unter"grundig. Beispiele wären dann Subkulturen in bestimmten Zuhälter- und Prostituiertenmilieus, unter den Insassen der Gefängnisse oder auch die Mafia.

Literatur

Abrams, M.: The Teenage Consumer, L.P.E., Paper 5. London 1958

Albrecht, G.: Die „Subkultur der Armut" und die Entwicklungsproblematik. In: König, R. (Hrsg.): Aspekte der Entwicklungssoziologie. Köln / Opladen 1969, S. 431 - 469

Allerbeck, K. / Hoag, W.: Jugend ohne Zukunft? München 1985

Arnold, A.D. (Ed.): The Sociology of Subcultures. Berkely 1970

Aufmuth, U.: Die Wandervogelbewegung unter soziologischem Aspekt. Göttingen 1979

Ausubel, D.: Das Jugendalter. Fakten, Probleme, Theorie. München 1976

Baacke, D.: Jugend und Subkultur. München 1972

Baacke, D.: Jugend und Jugendkulturen. Weinheim / München 1992

Barnes, R.: Mods. London 1980

Beck, U.: Risikogesellschaft. Auf dem Weg in eine andere Moderne. Frankfurt a. Main 1986

Becker, H. / Eigenbrodt, J. / May, M.: Pfadfinderheim, Teestube, Straßenleben. Jugendliche Cliquen und ihre Sozialräume. Frankfurt a. Main 1984

Behnken, I. et al: Schülerstudie '90. Jugendliche im Prozeß der Vereinigung. Weinheim / München 1991

Bell, R.R.: Die Teilkultur der Jugendlichen. In: Friedeburg, L.V. (Hrsg.): Jugend in der modernen Gesellschaft. Köln / Berlin 1967, S. 83 - 86 (Original 1961)

Böhnisch, L. / Schefold, W.: Lebensbewältigung. Soziale und pädagogische Verständigungen an den Grenzen der Wohlfahrtsgesellschaft. Weinheim / München 1985

Böhnisch, L. / Blanc, K.: Die Generationenfalle. Von der Relativierung der Lebensalter. Frankfurt a. Main 1989

Bondy, C.: Die deutsche Jugendbewegung. In: Nohl, H. / Pallat, L. (Hrsg.): Handbuch der Pädagogik, Band 5: Sozialpädagogik, Langensalza 1929, S. 114 - 129

Brake, M.: Soziologie der jugendlichen Subkulturen. Eine Einführung. Frankfurt / New York 1981

Brake, M.: Comparative Youth Culture: The Sociology of Youth Cultures and Youth Subcultures, in America, Britain and Canada. London 1985

Brand, K.-W. / Büsser, D. / Rucht, D.: Aufbruch in eine andere Gesellschaft. Neue soziale Bewegungen in der Bundesrepublik. Frankfurt a. Main 1986

Breyvogel, W. (Hrsg.): Piraten, Swings und Junge Garde. Jugendwiderstand im Nationalsozialismus. Bonn 1991

Buchmann, M.: Subkulturen und gesellschaftliche Individualisierungsprozesse. In: Kultur und Gesellschaft: Verhandlungen des 24. Deutschen Soziologentags, des 11. Österreichischen Soziologentags und des 8. Kongresses der Schweizerischen Gesellschaft für Soziologie in Zürich; hrsg. im Auftrag der Deutschen, der Österreichischen und der Schweizer Gesellschaft für Soziologie von M. Haller / H.-J. Hoffmann-Nowotny / W. Zapf, Frankfurt a. Main / New York 1989, S. 627 - 638

Büchner, P. / Krüger, H.-H. / Chisholm, L. (Hrsg.): Kindheit und Jugend im interkulturellen Vergleich. Opladen 1990

Bühl, W.L.: Kultur als System. In: Neidhardt, F. (Hrsg.): „Kultur und Gesellschaft", Sonderheft 27 der Kölner Zeitschrift für Soziologie und Sozialpsychologie 1986, S. 118 - 144

Bühler, J.Ch. v.: Die gesellschaftliche Konstruktion des Jugendalters. Zur Entstehung der Jugendforschung am Beginn des 20. Jahrhunderts. Weinheim 1990

Chambers, J.: Urban Rhythms. Pop Music and Popular Culture. Houndmills / Basingstoke / Hampshire / London 1985

Clarke, J.: Stil. In: Clarke, J. u.a.: Jugendkultur als Widerstand. Frankfurt a. Main 1979, S. 133 - 157

Clarke, J. / Hall, St. / Jefferson, Y. / Roberts, B.: Subkulturen, Kulturen und Klasse. In: Clarke, J. u.a.: Jugendkultur als Widerstand. Frankfurt a. Main 1979, S. 39 - 131

Cohen, A.K.: Kriminelle Jugend. Reinbek 1961 (Original 1959)

Cohen, Ph.: Die Jugendfrage überdenken. In: Lindner, R. / Wiebe, H.-H. (Hrsg.): Verborgen im Licht. Neues zur Jugendfrage. Frankfurt a. Main 1985, S. 22 - 92

Coleman, J.S.: The Adolescent Society. New York 1961

Conti, Ch.: Abschied vom Bürgertum: Alternative Bewegungen in Deutschland von 1890 bis heute. Reinbek 1984
Copray, N.: Jugendkultur. In: Affolderbach, M. / Steinkamp, H. (Hrsg.): Kirchliche Jugendarbeit in Grundbegriffen: Stichworte zu einer ökomenischen Bilanz. Düsseldorf / München 1985, S. 155 - 172
Deutscher Werkbund (Hrsg.): Schock und Schöpfung: Jugendästhetik im 20. Jahrhundert. Darmstadt / Neuwied 1986
Domansky, E.: Politische Dimensionen von Jugendprotest und Generationenkonflikt in der Zwischenkriegszeit in Deutschland. In: Dowe, D. (Hrsg.): Jugendprotest und Generationenkonflikt in Europa im 20. Jahrhundert. Deutschland, England, Frankreich und Italien im Vergleich. Bonn 1986, S. 113 - 137
Dudek, P.: Jugend als Objekt der Wissenschaften. Geschichte der Jugendforschung in Deutschland und Österreich. Opladen 1990
Eisenstadt, J.N.: Von Generation zu Generation. Altersgruppen und Sozialstruktur. München 1966
Elkin, F. / Westley, W.: Der Mythos von der Teilkultur der Jugendlichen. In: Friedeburg, L.v. (Hrsg.): Jugend in der modernen Gesellschaft. Köln / Berlin 1965, S. 99 - 106 (Original 1955)
Faris, R.E.: Chicago Sociology: 1920 - 1932. University of Chicago Press 1967
Ferchhoff, W.: Zur Entwicklung des Berufs in entwickelten hochdifferenzierten Gesellschaften. In: Zeitschrift für Erziehungswissenschaftliche Forschung. Journal of Educational Research 21 (1987), H. 1, S. 3 - 11
Ferchhoff, W.: Jugendkulturen im 20. Jahrhundert. Von den sozialmilieuspezifischen Jugendsubkulturen zu den individualbezogenen Jugendkulturen. Frankfurt a. Main / Bern 1990
Ferchhoff, W.: Jugendbewegung und Jugendforschung. In: Melzer, W. et.al. (Hrsg.): Jugend in Israel und in der Bundesrepublik. Sozialisationsbedingungen im Kulturvergleich. Weinheim / München 1990a, S. 224 - 246
Ferchhoff, W.: Anything goes? Jugendkulturen der neunziger Jahre. In: Universitas 46 (1991), H. 541, S. 639 - 651
Ferchhoff, W.: Zur Lage der Jugend in den 90er Jahren. In: Archiv für Wissenschaft und Praxis der sozialen Arbeit 22 (1991a), H. 3, S. 161 - 177
Ferchhoff, W.: Jugendkulturkonzepte aus der bürgerlichen Jugendbewegung und ihre Wirkungen in der Gegenwart. In: Baacke, D. et al (Hrsg.): Jugend 1900 - 1970. Zwischen Selbstverfügung und Deutung. Opladen 1991, S. 125 - 141
Ferchhoff, W.: Jugend an der Wende des 20. Jahrhunderts. Lebensformen und Lebensstile. Opladen 1992
Ferchhoff, W. / Neubauer, G.: Jugend und Postmoderne. Analysen und Reflexionen über die Suche nach neuen Lebensorientierungen. Weinheim / München 1989
Frith, S.: Jugendkulturen und Rockmusik. Reinbek 1981 (Original 1978)
Giesecke, H.: Vom Wandervogel bis zur Hitlerjugend. Jugendarbeit zwischen Politik und Pädagogik. München 1981
Gillis, J.R.: Geschichte der Jugend. Tradition und Wandel im Verhältnis der Altersgruppen und Generationen in Europa in der zweiten Hälfte des 18. Jahrhunderts bis zur Gegenwart. Weinheim / Basel 1980
Gordon, M.M.: The Concept of the Sub-Culture and its Application. In: Arnold, D.O. (Ed.): The Sociology of Subcultures. Berkeley 1970, S. 31 - 36 (erstmals in: „Social Forces" 26 (1947), S. 40 - 42)
Grob, M.: Das Kleidungsverhalten jugendlicher Protestgruppen in Deutschland im 20. Jahrhundert am Beispiel des Wandervogels und der Studentenbewegung. Münster 1985
Hebdige, D.: Subculture. Die Bedeutung von Stil. In: Diederichsen, D. / Hebdige, D. / Marx, O.D. (Hrsg.): Schocker. Stile und Moden der Subkultur. Reinbek 1983, S. 17 - 120
Hebdige, D.: Versteckspiel im Rampenlicht. In: Lindner, R. / Wiebe, H.-H. (Hrsg.): Verborgen im Licht. Neues zur Jugendfrage. Frankfurt a. Main 1985, S. 186 - 205
Hepp, C.: Avantgarde. Moderne Kunst, Kulturkritik und Reformbewegungen nach der Jahrhundertwende. München 1987
Herrmann, U.: Was heißt „Jugend". Jugendkonzeptionen in der deutschen Sozialgeschichte. In: Weh-

ling, K.-G. (Hrsg.): Jugend, Jugendprobleme, Jugendprotest. Stuttgart / Berlin / Köln / Mainz 1982, S. 11 - 27
Herrmann, U.: Die Jugendkulturbewegung. Der Kampf um die höhere Schule. In: Koebner, Th. / Janz, R.P. / Trommler, F. (Hrsg.): „Mit uns zieht die neue Zeit". Frankfurt a. Main 1985, S. 224 - 244
Herrmann, U.: Der „Jüngling" und der „Jugendliche". Männliche Jugend im Spiegel polarisierender Wahrnehmungsmuster an der Wende vom 19. zum 20. Jahrhundert in Deutschland. In: Geschichte und Gesellschaft 11 (1985a), S. 205 - 216
Herrmann, U.: Die Pädagogisierung des Kinder- und Jugendlebens in Deutschland seit dem ausgehenden 18. Jahrhundert. In: Martin, J. / Nitschke, A. (Hrsg.): Zur Sozialgeschichte der Kindheit. Freiburg / München 1986, S. 661 - 683
Herrmann, U.: Jugendbewegung. In: Böhnisch, L. / Gängler, H. / Rauschenbach, Th. (Hrsg.): Handbuch Jugendverbände: eine Ortsbestimmung der Jugendverbandsarbeit in Analysen und Selbstdarstellungen. Weinheim / München 1991, S. 32 - 41
Hollingshead, A.B.: Elmtown's Youth. The Impact of Social Classes on Adolescents. New York / Wiley 1967
Hollstein, W.: Der Hedonismus in den „Subkulturen". In: Frankfurter Hefte, Heft 4 / 1975, S. 97 - 105
Hornstein, W.: Jugend in ihrer Zeit — historische Anmerkungen zur Situation der Jugend. In: Remschmidt, H. (Hrsg.): Jugend und Gesellschaft. Realitätsbewältigung, Krisen und Auswege. Frankfurt a. Main 1986, S. 45 - 59
Horx, M.: Das Wörterbuch der 90er Jahre. Ein Gesellschaftspanorama. Hamburg 1991
Hurrelmann, K. / Rosewitz, B. / Wolf, H.K.: Lebensphase Jugend. Eine Einführung in die sozialwissenschaftliche Jugendforschung. Weinheim / München 1985
Jahoda, M. / Warren, N.: The myth of youth. In: Sociology of Education 38 (1965), S. 138 - 149
Jancik, Ch. / Kluchert, G.: Mit Gesang ins Jugendreich. Der Wandervogel. In: Berliner Geschichtswerkstatt e.V. (Hrsg.): Vom Lagerfeuer zur Musikbox. Jugendkulturen 1900 - 1960. Berlin 1985, S. 11 - 46
Jarman, F.: Youth Subcultures in Britain 1950 - 1981. In: European and American Studies (1982), H. 1 / 2, S. 54 - 63
Jugendwerk der Deutschen Shell (Hrsg.): Jugend '81. Lebensentwürfe, Alltagskulturen, Zukunftsbilder, 3 Bände. Hamburg 1981
Jugendwerk der Deutschen Shell (Hrsg.): Jugendliche + Erwachsene '85. Generationen im Vergleich, 5 Bände. Opladen 1985
Kaiser, G.: Randalierende Jugend. Eine soziologische und kriminologische Studie über die sogenannten „Halbstarken". Heidelberg 1959
Kater, M.H.: Bürgerliche Jugendbewegung und Hitlerjugend in Deutschland von 1926 - 1939. In: Archiv für Sozialgeschichte 17 (1977), H. 2, S. 127 - 174
Kluchert, G.: Die deutsche Jugendbewegung. Sozialgeschichtliche Ansätze und Überlegungen zu ihrer Deutung. In: Neue politische Literatur 33 (1988), H. 1, S. 25 - 51
Knoll, J.H.: Typisch deutsch. Die Jugendbewegung. Ein essayistischer Deutungsversuch. In: Knoll, J.H. / Schoeps, J.H. (Hrsg.): Typisch deutsch: Jugendbewegung. Beiträge zu einer Phänomengeschichte. Opladen 1987, S. 11 - 33
Knoll, J.H. / Schoeps, J.H. (Hrsg.): Typisch deutsch. Die Jugendbewegung. Beiträge zu einer Phänomengeschichte. Opladen 1987
Kohli, M.: Gesellschaftszeit und Lebenszeit. Der Lebenslauf im Strukturwandel der Moderne. In: Berger, J. (Hrsg.): Die Moderne — Kontinuitäten und Zäsuren. Sonderband 4 der Sozialen Welt 1986, S. 183 - 208
Krüger, H.-H. (Hrsg.): „Die Elvis-Tolle, die hatte ich mir unauffällig wachsen lassen". Lebensgeschichte und jugendliche Alltagskultur in den fünfziger Jahren. Opladen 1985
Krüger, H.-H.: Zum Wandel von Freizeitverhalten und kulturellen Lebensstilen bei Heranwachsenden in Westdeutschland. In: Büchner, P. / Krüger, H.-H. (Hrsg.): Aufwachsen hüben und drüben. Opladen 1991, S. 203 - 222
Laermann, K.: Der Skandal um den Anfang. Ein Versuch jugendlicher Gegenöffentlichkeit im Kaiserreich. In: Koebner, Th. / Janz, R.-P. / Trommler, F. (Hrsg.): „Mit uns zieht die neue Zeit". Frankfurt a. Main 1985, S. 360 - 381

Lamnek, S.: Theorien abweichenden Verhaltens. München 1979
Lamprecht, H.: Teenager und Manager. München 1965
Laqueur, W.Z.: Die deutsche Jugendbewegung. Eine historische Studie. Köln 1962
Lenz, K.: Alltagswelten von Jugendlichen: eine empirische Studie über jugendliche Handlungstypen. Frankfurt a. Main / New York 1986
Lenz, K.: Die vielen Gesichter der Jugend: jugendliche Handlungstypen in biographischen Portraits. Frankfurt a. Main / New York 1988
Lenz, K.: Kulturformen von Jugendlichen: Von der Sub- und Jugendkultur zu Formen der Jugendbiographie. In: Aus Politik und Zeitgeschichte, B 27/91, vom 28. Juni 1991, S. 11 - 19
Lessing, H. / Damm, D. / Liebel, M. / Neumann, M.: Lebenszeichen der Jugend. Kultur, Beziehung und Lebensbewältigung im Jugendalter. Weinheim / München 1986
Lessing, H. / Liebel, M.: Wilde Cliquen. Bensheim 1981
Liebel, M.: Cliquen und informelle Gruppen. In: deutsche jugend 38 (1990), H. 5, S. 214 - 221
Lieber, H.-J.: Kulturkritik der Jahrhundertwende. In: Ruegg, W. (Hrsg.): Kulturkritik und Jugendkult. Frankfurt a. Main 1974, S. 9 - 22
Lindner, R.: Jugendkultur und Subkultur als soziologische Konzepte. Nachwort zu: Brake, M.: Soziologie der jugendlichen Subkulturen. Frankfurt a. Main / New York 1981, S. 172 - 193
Lindner, R.: Theorie der Subkultur: 12 Thesen. In: Tholen, G.-Ch. / Winheim, R.-M. (Hrsg.): Zeichen ohne Botschaft: Verliert die Forschung ihre Jugend? Frankfurt a. Main 1985, S. 59 - 66
Lindner, R.: Apropos Stil. Einige Anmerkungen zu einem Trend und seinen Folgen. In: Lindner, R. / Wiebe, H.-H. (Hrsg.): Verborgen im Licht. Neues zur Jugendfrage. Frankfurt a. Main 1985a, S. 206 - 218
Lindner, R.: Jugendkultur — stilisierte Widerstände. In: Deutsches Jugendinstitut (Hrsg.): Immer diese Jugend ... . München 1985b, S. 13 - 24
Linse, U.: Die Jugendkulturbewegung. In: Vondung, K. (Hrsg.): Das wilhelminische Bürgertum. Zur Sozialgeschichte seiner Ideen. Göttingen 1976, S. 119 - 138
Linse, U.: Lebensformen der bürgerlichen und proletarischen Jugendbewegung. In: Jahrbuch des Archivs der Deutschen Jugendbewegung, Band 10. Burg Ludwigstein 1978, S. 24 - 55
Lüdtke, H.: Jugend-Gesellschaft in der Gesellschaft: die These von der Subkultur. In: Nave-Herz, R. / Markefka, M. (Hrsg.): Handbuch der Familien- und Jugendforschung Band 2, Jugendforschung 1989, S. 113 - 124
Maase, K.: BRAVO Amerika. Erkundungen zur Jugend-Kultur der Bundesrepublik in den fünfziger Jahren. Hamburg 1992
May, M.: Provokation Punk: Versuch einer Neufassung des Stilbegriffs in der Jugendforschung. Frankfurt a. Main 1986
Melly, G.: Revolt into Style. Harmondsworth 1972
Michel, K.M.: Ikarus. Über das Verhältnis von ‚Jugendkultur' und ‚Offizialkultur'. In: Deutscher Werkbund (Hrsg.): Schock und Schöpfung. Jugendästhetik im 20. Jahrhundert. Darmstadt / Neuwied 1986, S. 12 - 15
Miller, W.B.: Die Kultur der Unterschicht als Entstehungsmilieu für Bandendelinquenz. In: Sack, F. / König, R. (Hrsg.): Kriminalsoziologie. Frankfurt a. Main 1986
Mischok, A.: „Wild und frei". Wilde Cliquen im Berlin der Weimarer Zeit. In: Berliner Geschichtswerkstatt e.V. (Hrsg.): Vom Lagerfeuer zur Musikbox. Jugendkulturen 1900 - 1960. Berlin 1985, S. 47 - 78
Mitterauer, M.: Sozialgeschichte der Jugend. Frankfurt / Main 1986
Mogge, W.: Wandervogel. Freideutsche Jugend und Bünde. Zum Jugendbild der bürgerlichen Jugendbewegung. In: Koebner, Th. / Janz, R.-P. / Trommler, F. (Hrsg.): „Mit uns zieht die neue Zeit". Der Mythos Jugend. Frankfurt a. Main 1985, S. 174 - 198
Mogge, W.: „Wann wir schreiten Seit' an Seit' ..." Das Phänomen Jugend in der deutschen Jugendbewegung. In: Knoll, J.H. / Schoeps, J.H. (Hrsg.): Typisch deutsch: Die Jugendbewegung. Beiträge zu einer Phänomengeschichte. Opladen 1987, S. 35 - 54
Mogge, W.: Der Freideutsche Jugendtag 1913: Vorgeschichte, Verlauf, Wirkungen. In: Mogge, W. / Reulecke, J. (Hrsg.): Hoher Meißner 1913. Der Erste Freideutsche Jugendtag in Dokumenten, Deutungen und Bildern. Köln 1988, S. 33 - 62

Muchow, H.H.: Jugend und Zeitgeist. Morphologie der Kulturpubertät. Reinbek 1962
Neuloh, O. / Zilius, W.: Die Wandervögel: eine empirisch soziologische Untersuchung der frühen deutschen Jugendbewegung. Göttingen 1982
Nipkow, K.E.: Neue Religiösität, gesellschaftlicher Wandel und die Situation der Jugendlichen. In: Zeitschrift für Pädagogik 27 (1981), H. 3, S. 379-402
Oswald, H.: Zur Konzeptualisierung der Jugend als Subkultur. In: Kultur und Gesellschaft: Verhandlungen des 24. Deutschen Soziologentags, des 11. Österreichischen Soziologentags und des 8. Kongresses der Schweizerischen Gesellschaft für Soziologie in Zürich; hrsg. im Auftrag der Deutschen, der Österreichischen und der Schweizer Gesellschaft für Soziologie von M. Haller / H.-J. Hoffmann-Nowotny / W. Zapf, Frankfurt a. Main / New York 1989, S. 600-613
Parmentier, M.: Stilexperimente und Mythenbildung bei Jugendlichen. In: Die Deutsche Schule 75 (1983), S. 406-416
Parsons, T.: Beiträge zur soziologischen Theorie. Neuwied / Berlin 1973
Parsons, T.: Sozialstruktur und Persönlichkeit. Frankfurt / Main 1979
Peinhardt, I. / Sparschuh, U.: Jugendkulturen als Bewältigung. In: Dies. (Hrsg.): Einblicke — Jugendkultur in Beispielen. Baden-Baden 1983, S. 35-42
Peukert, D.: Die „wilden Cliquen" in den zwanziger Jahren. In: Breyvogel, W. (Hrsg.): Autonomie und Widerstand. Zur Theorie und Geschichte des Jugendprotests. Essen 1983, S. 66-77
Peukert, D.: „Jugend" als Beruf. Der verbeamtete Wandervogel. In: Deutscher Werkbund (Hrsg.): Schock und Schöpfung. Jugendästhetik im 20. Jahrhundert. Darmstadt / Neuwied 1986, S. 342-344
Peukert, D.: Alltagsleben und Generationserfahrungen in der Zwischenkriegszeit. In: Dowe, D. (Hrsg.): Jugendprotest und Generationenkonflikt in Europa im 20. Jahrhundert. Deutschland, England, Frankreich und Italien im Vergleich. Bonn 1986a, S. 139-150
Peukert, D.: „Mit uns zieht die Zeit ..." Jugend zwischen Disziplinierung und Revolte. In: Nitschke, A. et al (Hrsg.): Jahrhundertwende. Der Aufbruch in die Moderne 1880-1930, Band 1, Reinbek 1990, S. 176-202
Plessner, H.: Über die gesellschaftlichen Bedingungen der modernen Malerei. In: DVjs 39 (1965)
Prange, K.: Pädagogik im Leviathan. Ein Versuch über die Lehrbarkeit der Erziehung. Bad Heilbrunn / OBB. 1991
Projektgruppe Jugendbüro und Hauptschülerarbeit: Subkultur und Familie als Orientierungsmuster. München 1977
Raabe, F.: Die Bündische Jugend. Ein Beitrag zur Geschichte der Weimarer Republik. Stuttgart 1961
Reulecke, J.: Jugend — Entdeckung oder Erfindung? Zum Jugendbegriff vom Ende des 19. Jahrhunderts bis heute. In: Deutscher Werkbund (Hrsg.): Schock und Schöpfung. Jugendästhetik im 20. Jahrhundert, Darmstadt / Neuwied 1986, S. 21-25
Reulecke, J.: Männerbund versus Familie. Bürgerliche Jugendbewegung und Familie in Deutschland im ersten Drittel des 20. Jahrhunderts. In: Koebner, Th. / Janz, R.-P. / Trommler, F. (Hrsg.): „Mit uns zieht die neue Zeit". Der Mythos Jugend. Frankfurt a. Main 1985, S. 199-223
Reulecke, J.: Jugendprotest — ein Kennzeichen des 20. Jahrhunderts? In: Dowe, D. (Hrsg.): Jugendprotest und Generationenkonflikt in Europa im 20. Jahrhundert. Deutschland, England, Frankreich und Italien im Vergleich. Bonn 1986a, S. 1-11
Reulecke, J.: Im Schatten der Meißnerformel: Lebenslauf und Geschichte der Jahrhundertgeneration. In: Mogge, W. / Reulecke, J.: Hoher Meißner 1913. Der Erste Freideutsche Jugendtag in Dokumenten, Deutungen und Bildern. Köln 1988, S. 11-32
Riesman, D.: Die einsame Masse. Reinbek 1967
Roberts, B.: Naturalistic Research into Subcultures and Deviance. In: Birmingham Centre for Contemporary Cultural Studies (Ed.): Cultural Studies (Working Papers in Cultural Studies), (1975), H. 7 / 8, S. 243-252
Rosenhaft, E.: Die wilden Cliquen. In: Deutscher Werkbund e.V. / Württembergischer Kunstverein (Hrsg.): Schock und Schöpfung. Jugendästhetik im 20. Jahrhundert. Darmstadt / Neuwied 1986, S. 345-349
Rosenmayr, L.: Jugendbewegung und Jugendforschung. In: Ruegg, W. (Hrsg.): Kulturkritik und Jugendkult. Frankfurt a. Main 1974, S. 61-85

Rosenmayr, L.: Jugend. In: König, R. (Hrsg.): Handbuch der empirischen Sozialforschung Band 6. Stuttgart 1976
Sack, F.: Die Idee der Subkultur: Eine Berührung zwischen Anthropologie und Soziologie. In: Kölner Zeitschrift für Soziologie und Sozialpsychologie 23 (1971), H. 2, S. 261 - 282
Schelsky, H.: Die skeptische Generation. Eine Soziologie der deutschen Jugend. Düsseldorf / Köln 1957
Schwendter, R.: Theorie der Subkultur. Frankfurt a. Main 1971, [3]1979
Seidelmann, K.: Gruppe — soziale Grundform der Jugend II. Berlin 1971
Semmelroth, F.: Jugendliche Subkulturen als soziale Katalysatoren. Ein Forschungsbericht. In: European and American Studies (1982), H. 1 / 2, S. 43 - 53
Soeffner, H.-G.: Stil und Stilisierung. Punk oder die Überhöhung des Alltags. In: Gumbrecht, H.U. / Pfeiffer, K.L. (Hrsg.): Stil, Geschichte und Funktion eines kulturwissenschaftlichen Diskurselements. Frankfurt a. Main 1986, S. 317 - 341
Stenger, H.: Der „okkulte" Alltag. Beschreibungen und wissenssoziologische Deutungen des „New Age". In: Zeitschrift für Soziologie 18 (1989), H. 2, S. 119 - 135
Sutherland, R.L. / Woodward, J.L. / Milton, M.A.: Introductory Sociology. Chicago 1952
Szemkus, K.: Gesellschaftliche Bedingungen zur Entstehung der deutschen Jugendbewegung. In: Ruegg, W. (Hrsg.): Kulturkritik und Jugendkult. Frankfurt a. Main 1974, S. 39 - 46
Tenbruck, F.H.: Jugend und Gesellschaft. Freiburg 1962
Thrasher, F.M.: The Gang. Chicago 1927
Trommler, F.: Mission ohne Ziel. Über den Kult der Jugend im modernen Deutschland. In: Koebner, Th. / Janz, R.-P. / Trommler, F. (Hrsg.): „Mit uns zieht die neue Zeit". Der Mythos Jugend. Frankfurt a. Main 1985, S. 14 - 49
Vaskovics, L.A.: Subkulturen — ein überholtes analytisches Konzept? In: Kultur und Gesellschaft: Verhandlungen des 24. Deutschen Soziologentags, des 11. Österreichischen Soziologentags und des 8. Kongresses der Schweizerischen Gesellschaft für Soziologie in Zürich; hrsg. im Auftrag der Deutschen, der Österreichischen und der Schweizer Gesellschaft für Soziologie von M. Haller / H.-J. Hoffmann-Nowotny / W. Zapf. Frankfurt a. Main / New York 1989, S. 587 - 599
Volkmer, I.: Teenager — Ausgangspunkt medialer und ästhetischer Kommerzialisierung der Jugendphase. In: Baacke, D. et.al. (Hrsg.): Jugend 1900 - 1970. Zwischen Selbstverfügung und Deutung. Opladen 1991, S. 142 - 153
Whyte, W.F.: Street Corner Society. The Social Structure of an Italian Slum. Chicago 1943
Willis, P.: „Profane Culture". Rocker, Hippies: Subversive Stile der Jugendkultur. Frankfurt a. Main 1981
Willis, P.: Common Culture. Symbolic work at play in the everyday cultures of the young. Celtic Courd 1990
Wyneken, G.: Die neue Jugend. Ihr Kampf um Freiheit und Wahrheit in Schule und Elternhaus. In: Religion und Erotik. München [3]1919
Ziemer, G. / Wolf, H.: Wandervogel und Freideutsche Jugend. Bad Godesberg 1961
Zimmer, J.: Flucht oder Widerstand: Zur sozialwissenschaftlichen Mühe mit den jugendlichen Subkulturen. In: European and American Studies (1982), H. 1 / 2, S. 33 - 42
Zinnecker, J.: Jugendliche Subkulturen. Ansichten einer künftigen Jugendforschung. In: Zeitschrift für Pädagogik 27 (1981), S. 421 - 440

Heinz-Hermann Krüger / Werner Thole

Jugend, Freizeit und Medien

1 Gegenstand und Fragestellungen

Der Kenntnis- und Forschungsstand zum Themenfeld „Jugend, Freizeit und Medien" ist ebenso komplex wie vielgestaltig. Umfangreiche Daten wurden in den letzten Jahrzehnten erhoben und vorgelegt (unter anderem *Schilling* 1977, *Allerbeck/Hoag* 1985; *Fischer* u.a. 1981, 1985, *Sinus* 1984, 1985). Eine Forschungslandschaft ist durch den Zusammenbruch des „real existierenden Sozialismus" in der DDR mit ihren Ergebnissen (siehe z.B. *Voß* 1981; *Friedrich* 1984; aktuell: *Lindner* 1991; *Müller* 1990) in die Wahrnehmung und Betrachtung zu reintegrieren. Quasi quer geschnitten wird die erweiterte Materiallage von einem Prozeß der thematischen Differenzierung. Das Themenfeld Jugend und Medien trennte sich von allgemeinen freizeitsoziologischen und -pädagogischen Fragestellungen ab und entwickelte sich zu einem eigenständigen Forschungs- und Darstellungsfeld. Diese wissenschaftspragmatische Ausdifferenzierung spiegeln sowohl thematische Einzeldarstellungen als auch die vorliegenden sozialisations-, jugend- und familientheoretischen Überblicksbände (*Hurrelmann/Ulich* 1980, 1991; *Markefka/Nave-Herz* 1989). Damit tragen sie dem quantitativ wie qualitativ breiten Wissensstand zum Themenfeld Rechnung, lösen sich jedoch von der Möglichkeit, den jugendlichen Freizeitalltag als eine, wenn auch widersprüchliche Homogenität zu verstehen und vorzustellen. Thematisch aufgegliederte Zugriffe zu „Jugend, Freizeit und Medien" unterliegen zudem zuweilen der Versuchung, jugendliches Freizeitverhalten im Alltag als handlungsbezogen, eigenaktiv und selbstsozialisierend zu beschreiben. Das Verhalten von Jugendlichen zu den Medien erhält demgegenüber eine rezeptive, inaktive, fremdsozialisierende Grundstimmung beziehungsweise die Sozialisation durch Medien wird im Vergleich zu der im Freizeitalltag als dominant angesehen.

Im Gegensatz zur Realgeschichte — die Jugend suchte und fand in ihrer Sozialgeschichte kontinuierlich Möglichkeiten zur Ausgestaltung der disponiblen Zeit zwischen Arbeitstätigkeit oder Schule und den nächtlichen Ruhezeiten — spürte die Jugendforschung Freizeitressourcen, -formen und ästhetisch-kulturelle Praxen der jeweiligen Jugendgeneration, insbesondere außerhalb altersheterogener, formaler und informeller Gruppen, nur diskontinuierlich nach. Ein Zeitvergleich der Themenschwerpunkte der Jugendforschung zeigt, daß im Gegensatz zu heute in den 20er Jahren Fragen nach Strukturen und Selbstdefinitionen von jugendlichen Cliquen und Kulturen, biographische Fragestellungen und Fragen nach dem Bedeutungsgehalt von Freizeit hinter denen nach der religiösen und moralischen Entwicklung zu einer stabilen personalen Identität zurückstanden (vgl. *Dudek* 1990, S. 205).

Gleichwohl dieser Hinweise kann die Geschichte der Jugendforschung auf eine Tradition an Freizeit interessierter Untersuchungen und Betrachtungen verweisen. Neben phänomenologisch-deskriptiven, stärker essayistisch angelegten Beschreibungen jugendlichen Alltags- und Freizeitlebens (z.B. *Schultz* 1912; *Dehn* 1919, 1929; *Kautz* 1929), Forschungen, die, im Kontext ihrer Fragestellungen, auch Orientierungen von Jugendlichen in ihrer Freizeit betrachteten (z.B. *Jüngst* 1929; *Meves* 1929; *Jung* 1930; *Staeven-Ordermann* 1933; *Muchow/Muchow* 1935) und Hinwendungen zu den Formen jugendlicher Freizeit in Konzeptualisierungen der noch jungen außerschulischen Pädagogik (z.B. *Ganzer* 1912; *Gruhle* 1913; *Hemprich* 1914; *Stern* 1927) kann die Jugendforschung der frühen Phase eine Survey-Untersuchung zum Freizeitleben der Großstadtjugend (*Dinse* 1932; vgl. auch *Peukert* 1987, S. 190ff.) vorweisen. In Kooperation mit dem Deutschen Archiv für Jugendwohlfahrt sammelte *Dinse* im Verlauf des Jahres 1930 5191 Aufsätze von Jugendlichen (2637 Jungen und 2554 Mädchen) zu dem Thema „Wie verbringe ich meine freie Zeit“. Der als Totalerhebung an fünf Berliner Berufsschulen, zwei Oberrealschulen und Reformgymnasien und einem Oberlyzeum durchgeführten schriftlichen Befragung lag ein umfangreiches, ausformuliertes Fragenset (zum Freizeitumfang und den -orten, zu Familien- und Gleichaltrigenbeziehungen, zum Medienumfang, zu den kulturellen, vereins- und jugendverbandlichen Aktivitäten) anleitend zugrunde (vgl. *Dinse* 1932, S. 1f.). Retrospektiv ist auffallend, daß nur 9 % der befragten Jugendlichen in ihren Aufsätzen über einen Mangel an Freizeit klagten, trotz eines im Vergleich zu heute fremdbestimmten Tagesablaufes. Schule, Arbeit und für Mädchen insbesondere häuslich-familiale Inanpruchnahmen begrenzten das disponible Zeitkontingent auf ein tägliches, von *Dinse* in Stunden leider nicht spezifiertes Minimum. Die jährlichen Urlaubszeiten lagen für knapp 50 % der Jugendlichen zwischen null und fünf Tagen und lediglich 15 % verfügten über mehr als neun Urlaubstage im Jahr (vgl. *Meves* 1929).

Dinse berichtet aber auch „traurige Erkenntnisse“: „Für die Mehrzahl der Jugend spielen Kirche und kirchliche Dinge keine Rolle. Alles andere bedeutet ihnen für die Freizeit mehr. (...) Für die Gestaltung der Freizeit der 14- bis 18jährigen Jugend (...) tritt das Bedürfnis nach einer Betätigung und Entwicklung individueller Kräfte in den Vordergrund. Die freie Zeit (...) wird selten zur zielgerichteten Fortbildung im Berufsleben verwendet, vielmehr werden die persönlichen Wünsche gepflegt, die das Berufsleben unberücksichtigt läßt: man treibt Liebhabereien (...) Sie suchen (...) das Zusammensein mit Gleichaltrigen, verlangen nach Freundschaften, Tanz und Geselligkeit“ (*Dinse* 1952, S. 121ff.; vgl. auch *Dehn* 1919; *Kautz* 1926). Wie andere vor und nach ihm orientiert *Dinse* seine Interpretationen an einem pädagogischem Blick. Und dieser klingt überraschend aktuell, betont, daß es „geboten scheint, der bunten Fülle an Jugendtypen dadurch in der Jugendpflege Rechnung zu tragen, daß die Gestaltung der Jugendarbeit möglichst großzügig und vielseitig gehandhabt wird (*Dinse* 1932, S. 124f.).

An die zentralen Fragestellungen und Kenntnisse der freizeit-, und das hieß immer zugleich auch medieninteressierten Studien der Weimarer Republik knüpfte die Jugendforschung nach 1945 bewußt an. *Blücher,* ein Nestor der Jugendforschung nach 1945, konnte nach der freizeitsoziologischen Auswertung einer vom Nordwestdeutschen Rundfunk durchgeführten, teilstandardisierten Repräsentativbefragung feststellen, daß seine Ergebnisse in quantitativer Hinsicht mit zum Vergleich herangezogenen Untersuchungen (*Dehn* 1929; *Franzen-Hellersbach* 1932) der 20er Jahre übereinstimmen und qualitative Interpretationen gleichfalls zu ähnlichen Ergebnissen führen. Resümierend gelangt *Blücher* zu dem Schluß, daß die Freizeitinteressen und -praxen „der proletarischen, nichtorganisierten Jugend“ sich bis zu den 50er Jahren „über die Gesamtheit der Jugendlichen“ verbreitet haben (*Blücher* 1956, S. 26f.).

Vor dem Hintergrund der diskontinuierlich verlaufenden Modernisierung der Gesellschaft in diesem Jahrhundert zeigen jugendliche Freizeitaktivitäten und -präferenzen im gewissen Sinne eine tendenziell, nur von leichten Umorientierungen und Modifikationen gebrochene, grundständige Kontinuität auf der Folie einer über die Jahrzehnte sich forcierenden Entfamilisierung jugendlicher Freizeit.[1]

Der Gegenstandsbeschreibung entsprechend wird nachfolgend versucht, die Ergebnisse der Freizeit- und Medienforschung zu integrieren. Der weitere Gang der Argumentation wird dabei insbesondere zwei Fragen diskutieren und zu beantworten versuchen:

1. Wie stellt sich die historische Entwicklung seit den 50er Jahren und die gegenwärtige Situation zum jugendlichen Freizeit- und Medienverhalten, auch in Interdependenz zu anderen Sozialisationsinstanzen, auf der Basis vorliegender Ergebnisse von quantitativen und qualitativen Studien dar?
2. Welche Desiderate weist die bisherige Jugendfreizeit- und -medienforschung auf und welche theoretischen und methodologischen Herausforderungen ergeben sich daraus für die zukünftige Forschung?

2 Zeitliche und materielle Freizeitressourcen von Jugendlichen und die biographische Bedeutung von Freizeit

Übereinstimmend teilen Jugendstudien mit, daß in den letzten drei Jahrzehnten für Jugendliche die frei gestaltbare Zeit ein konstantes Niveau hält. Im Durchschnitt konnten und können sie werktags über vier bis sechs Stunden, samstags über acht Stunden und sonntags über knapp 10 Stunden frei verfügen (vgl. unter anderem *Blücher* 1956; *Blücher* 1966; *Schilling* 1977; *Gehrmann* 1979; zusammenfassend: *Lüdtke* 1989; *Krüger* 1991). Demzufolge haben Jugendliche an dem gesellschaftlichen Programm der strukturellen Veränderung der Zeitdispositionen (vgl. *Negt* 1984) in den westlichen Bundesländern, also unter anderem an der Verkürzung der wöchentlichen und jährlichen Arbeitszeit, nicht partipizieren können (*Lüdtke* 1989).

Für die Kinder und Jugendlichen in den neuen Bundesländern stellte sich die Situation in der früheren DDR anders dar. Ungeachtet, hier nicht zu diskutierender Besonderheiten, die DDR-Forschung entwickelte eine eigene, mit der westdeutschen Perspektive nicht identische Interpretation von Freizeit (vgl. *Deja-Lölhöffel* 1986), lassen vorliegende Daten annehmen (vgl. *Fischer* 1964; *Röblitz* 1963; *Voß* 1981), daß DDR-Jugendliche im Vergleich mit den westdeutschen Jugendlichen über ein geringes Zeitvolumen täglich frei verfügen konnten. Korrespondierend mit der Tendenz eines seit 1974 nur leichten Anstiegs der nicht gesellschaftlich vorgeplanten Zeit (vgl. *Winkler* 1990) verfügten in den letzten drei Jahrzehnten Schüler und Schülerinnen täglich über dreieinhalb, berufstätige Männer über etwas mehr als zwei und berufstätige Frauen über weniger als zwei Stunden freie Zeit (vgl. retrospektiv *Müller* 1990).

Eine im Sommer 1990, also in der Vor-Vereinigungsphase durchgeführte deutsch-deutsche Vergleichsstudie präzisiert und erweitert das vorliegende Datenmaterial zu den temporären **Freizeitressourcen** von Schülern und Schülerinnen (*Behnken* u.a. 1991). Auch die Ergebnisse dieser Studie weisen für die befragte Schülergeneration aus dem Westen deutlich höhere Freizeitwerte aus als für die aus den östlichen Bundesländern. Erstgenannte haben durchschnittlich fast eine halbe Stunde mehr freie Zeit täglich zur Verfügung. Zudem hebt die Studie hervor, daß die Schüler und Schülerinnen der zum Untersuchungszeitraum Noch-DDR 1988 weniger freie Zeit zur Verfügung hatten als im Vereinigungsjahr 1990: „Der Durchschnittswert lag damals bei 3.88 Stunden pro Tag, bei den ostdeutschen Schülern und Schülerinnen liegt er heute bei 4.57 Stunden pro Tag" (*Behnken* u.a. 1991, S. 133). Mit aller Vorsicht kann demzufolge angenommen werden, daß sich das tägliche Zeitreservoir von Schülern und Schülerinnen in den fünf neuen Bundesländern, auch aufgrund der „Entschulung" der politisch-freizeitorientierten Jugendverbandsarbeit, quantitativ erweiterte. Eine entsprechende Entwicklung ist für die berufstätige Jugend in absehbarer Zeit aufgrund der Einführung neuer arbeits- und tarifrechtlicher Grundlagen gleichfalls zu erwarten.

Für die Schüler und Schülerinnen in den alten Bundesländern deutet sich im Kontrast zu dieser Entwicklung eine gegenläufige Tendenz an. Wie schon zu Beginn der 50er Jahre (*Blücher* 1956; auch *Müller* 1984) verfügen Schüler und Schülerinnen auch zu Beginn der 90er Jahre täglich über nicht mehr als durchschnittlich fünfeinhalb Stunden Freizeit (u.a. *Gehrmann* 1979). In bezug auf die temporären Ressourcen von Jugendlichen kann zusammenfassend festgehalten werden, daß Jugendliche in den alten gegenüber Jugendlichen aus den neuen Bundesländern über mehr disponible Zeit verfügen, Schüler und Schülerinnen (differenziert vgl. *Schilling* 1977) über mehr Zeit autonom entscheiden als berufstätige Jugendliche und Mädchen gegenüber Jungen über geringere Zeiten frei verfügen können (vgl. z.B. *Gehrmann* 1979). Aus der Zugehörigkeit zu einem sozialem Milieu kann nicht auf entsprechende temporäre Ressourcen geschlossen werden (vgl. *Schilling* 1977, S. 93).[2]

Die ökonomischen und materiellen Ressourcen, die der Jugendgeneration insgesamt zur Verfügung stehen und ihr die Teilnahme am kommerziellen Freizeit- und Konsummarkt ermöglichen, haben sich insgesamt im letzten Jahrzehnt nahezu verdoppelt, von 17 Milliarden DM 1977 auf cirka 31 Milliarden DM 1989 (*Bravo-Studie* 1986; G+J 1986; vgl. zusammenfassend *Wolsing* 1991), und im Vergleich zu den 60er Jahren (vgl. *Scharmann* 1965, S. 23) nahezu verzweieinhalbfacht. Konnte ein Schüler bzw. eine Schülerin in den 50er Jahren über durchschnittlich etwas mehr als 20 DM (*Blücher* 1956, S. 47) und in den 60er Jahren über DM 35 DM (vgl. *Blücher* 1966, S. 16) im Monat frei entscheiden, so können sie Anfang der 90er Jahre durchschnittlich Beträge zwischen 90 DM (*Wolsing* 1991, S. 176) und 115 DM (*Behnken* u.a. 1991, S. 134) eigenverantwortlich ausgeben (zur Entwicklung in der früheren DDR vgl. *Mitksch* 1972, S.46f.). Auch das eigenverfügbare Geldvolumen von älteren Jugendlichen vervielfachte sich in den letzten Jahrzehnten im Durchschnitt, obwohl seit den 80er Jahren immer weniger ältere männliche wie weibliche Jugendliche über ein eigenerwirtschaftetes Einkommen verfügen (vgl. *Vaskovics/Schneider* 1989, S. 407).

Die zu den materiellen Ressourcenlagen vorgetragenen Durchschnittswerte verdecken soziale, geschlechts-, alters- und milieuspezifische Unterschiede. Generell gilt, daß jüngere Jugendliche über geringere finanzielle Ressourcen verfügen als ältere, die eigenverfügbare Geldmasse von Mädchen geringer ist als die von Jungen, die materielle Kapitaldisposition der Eltern einerseits, andererseits der Zeitpunkt des Übergangs in das Berufsleben unterschiedliche materielle Ressourcenlagen bedingen (vgl. *Blücher* 1956; *Gehrmann* 1979; *Müller* 1984; zusammenfassend: *Vaskovics/Schneider* 1989; *Wolsing* 1991) und daß der finanzielle Ausstattungsgrad der Jugendlichen aus den fünf neuen Bundesländern noch nicht dem der Jugendgeneration der bisherigen Bundesrepublik entspricht (vgl. *Behnken* u.a. 1991). Diese Tendenz scheint auch nicht dadurch gebrochen, daß der Anteil jugendlicher Sozialhilfeempfänger in den 80er Jahren in den westlichen Bundesländern zunahm (vgl. *MAGS* 1989, S. 39). Unterhalb der auszumachenden Disparitäten bleibt festzuhalten, daß die materiellen Ressourcenlagen heute nicht mehr eindeutig an sozialstrukturelle Variablen gekoppelt sind.

Die überwiegende Mehrheit der Jugendlichen lebt auch heute noch in familialen Kontexten. Mehr Jungen als Mädchen und mehr ältere als jüngere Jugendliche wohnen mit einem Partner bzw. mit einer Partnerin oder in anderer Weise selbständig (*Fischer* u.a. 1981, S. 105). Von den Jugendlichen, die im Haushalt ihrer Eltern leben, und das ist immer noch die Mehrheit (zwischen 70 % und 80 % der bis 24-jährigen Jugendlichen), bewohnen über 95 % sowohl in den neuen als auch in den alten Bundesländern ein eigenes oder ein mit den Geschwistern geteiltes Zimmer (vgl. *Behnken* u.a. 1991; vgl. auch *SINUS* 1984).

Deutlich zugenommen hat in den letzten Jahrzehnten die **Medienausstattung** und die Ausstattung mit anderen konsumtiven Gütern.

Besaßen 1953 6 % der 15- bis 18jährigen Jugendlichen ein eigenes Radiogerät (vgl. *NWDR* 1955, S. 16), so konnten nach der „ersten Wirtschaftswunderphase" Mitte der 60er Jahre bereits 40 % der Jugendlichen auf den Besitz eines solchen Gerätes verweisen (*Scharmann* 1965). Aktuelle Studien präsentieren hierzu ein widersprüchliches Bild. Entgegen dem von den Autoren und Autorinnen der deutsch-deutschen Schülerstudie festgestellten Ausstattungsgrad von 93 % in den westdeutschen Bundesländern (*Behnken* u.a. 1991, S. 134) ergab eine kommerzielle Studie einen um 20 % niedrigeren Besitzgrad (*W&V* 1989). Auch bei Fotoapparaten und beim Walkman sind vergleichbare Unterschiede zu erkennen. Unabhängig prozentualer Diskrepanzen ist der Trend beim Jugendmedium der 80er Jahre, dem Walkman, jedoch eindeutig. Aktuell besitzen gut ein Drittel mehr Jugendliche als noch vor drei, vier Jahren sowohl in den westlichen als in den neuen Bundesländern einen Walkman (vgl. im einzelnen *Bonfadelli* u.a. 1986; *Lindner* 1991; *Behnken* u.a. 1991; *Wolsing* 1991). Wir können davon ausgehen, daß heute nur noch eine verschwindend kleine Minderheit der Jugend von der Möglichkeit, die klassischen Medien, Radio, Schallplatten und Kasettenrecorder, Fernseher und Fotoapparat täglich zu nutzen, ausgeschlossen ist (vgl. *Deutsches Jugendinstitut* 1988). Auch im Bereich der neuen Medien (Video, CD-Player und Heimcomputer) ist seit Mitte der 80er Jahre ein Zuwachs im persönlichen Besitz dieser Medien bei Jugendlichen zu verzeichnen. Verfügten nach einer Untersuchung von *Knoll* u.a. (1986; vgl. auch *Kolfhaus* 1988) 1984 nur 6 % der Jugendlichen zum Beispiel über einen Heimcomputer (vgl. auch *Fischer* u.a. 1985), 1988 11 % (*Klauser* 1988), hingegen ortet *Swobada* (1988) bei nur 3 % der Jugendlichen einen Computer im persönlichen Besitz (siehe auch *Baerenreiter* u.a. 1990), referiert *Krüger* (1991) einen Ausstattungsgrad von 38 % bei den Befragten einer Schülerstudie. Ungeachtet der in den Studien in bezug auf den persönlichen Besitz von Computern auszumachenden Diskrepanzen, ist davon auszugehen, daß in den westlichen Bundesländern mehr als die Hälfte und in den neuen Bundesländern cirka 20 % der Jugendlichen Erfahrungen mit neueren Medien und Technologien sammeln können.[3] Wenig überraschend, dennoch auffällig, daß weibliche Jugendliche beim Besitz neuer Medien, insbesondere aber beim Besitz und somit auch bei der Benutzung von Computern, weitestgehend ausgegrenzt bleiben (*Baerenreiter* 1990; *Noller/Paul* 1991; *Eckert* u.a. 1991; *Baacke* u.a. 1990, S. 64).

Über den Ausstattungsgrad mit Fortbewegungsmittel fehlen aktuelle Daten. *Scharmann* (1965, S. 34) gibt den Besitzgrad von Fahrrädern bei Jungen mit 80 % und bei Mädchen mit 65 % an. Motorisiert sind 26 % der Jungen, jedoch nur 1 % der Mädchen. Generell ist von einer „Untermotorisierung" der weiblichen im Vergleich zur männlichen Jugend auch heute noch und von dem Bedeutungsverlust unmotorisierter Fortbewegungsmittel in den 70er Jahren — der Studie von *Gehrmann* (1979, S. 111) zufolge verfügten nur noch 24 % der Jugendlichen über ein Fahrrad — auszugehen. Obgleich neuere empirische Studien nicht vorliegen, ist anzunehmen, daß sich diese Tendenz ab Mitte der 80er Jahre im Zuge der zunehmenden sportiven Belebung des Alltags und der ökologischen Debatten zu einer erneut höheren Bewertung des Fahrrades korrigierte.[4]

Die materiellen, finanziellen, häuslich-räumlichen, mobilen und zeitlichen Ressourcen, die Jugendlichen heute zur Verfügung stehen, scheinen zu Beginn der 90er Jahre nicht mehr wie noch bis in die 70er Jahre hinein schichtenspezifisch vermittelt und eindeutige Auskünfte über sozialstrukturelle Ungleichheiten zu enthalten. Diese, vornehmlich auf die altbundesrepublikanischen Länder zutreffende Feststellung stimmt mit den sozialwissenschaftlichen Diagnosen überein, die von einer Diversifizierung von Lebenslagen und von einer Ausdünnung sozialer Klassen und Schichten bei gleichzeitiger, sukzessiver „Verschärfung sozialer Ungleichheiten" (*Beck* 1986) ausgehen. Das Mehr an gesellschaftlichem Reichtum hat in der Gesellschaft insgesamt nicht zur Nivellierung von Ungleichheit beigetragen, sondern lediglich im Sinne eines Fahrstuhl-Effektes die Gesellschaft unter Beibehaltung sozialstruktureller Distinktionen eine Etage höher gehoben. Diese Entwicklung wird durch Marketing- und Jugendstudien bestätigt. Sie lassen darauf schließen, daß, abgesehen von den temporären Bedingungen, die sich in den letzten Jahrzehnten für Jugendliche nicht erweiterten, in Proportion zu den Erwachsenen sogar minimierten, eine auf hohem Level angesiedelte Generalisierung der Ressourcen, auf die Jugendliche in ihrer Freizeit zurückgreifen können, stattgefunden hat. Demzufolge formulieren sich soziale Ungleichheiten im Jugendalter nicht mehr ausschließlich über das „Haben", sondern die sozialen und intellektuellen Kompetenzen, die über Art und qualifizierten Umgang mit den Ressourcen befinden, gestalten auf einem quasi kulturell vermitteltem Niveau (vgl. *Zinnecker* 1990, S. 26f.) heute Ungleichheiten mit. Jugendliche aus den fünf neuen Bundesländern, ausländischer Nationalität und weibliche Jugendliche werden bei der abzusehenden Verschärfung dieses Prozesses, trotz potentieller Erweiterung der Möglichkeiten, zu partizipieren, vornehmlich auf der Verliererseite zu finden sein.

Vor diesem und dem Hintergrund des Bedeutungswandels von Arbeit (vgl. *Baethge* u.a. 1988; *Hantsche* 1990) enthalten Optionen für diese oder jene Freizeitressource auch zunehmend biographische Karriereentscheidungen. Zwar ist der Freizeitbereich auch heute noch vom Feld beruflicher Aktivität durch einen tiefen Graben getrennt (vgl. *Baerenreiter/Kirchner* 1988), doch Jugendliche, zumeist männliche, die sich in ihrer

Freizeit mit Computern beschäftigen, bewegen sich in einem fließenden, „in einem kulturell noch nicht (.....) definierten Zwischenbereich zwischen Freizeitinteressen und beruflicher Orientierung" (*Baerenreiter* u.a. 1990, S. 328; vgl. auch *Noller/Paul* 1991; *Eckert* u.a. 1990).[5] Hingegen gelingt es Jugendlichen, die sportive Freizeittätigkeiten, das Engagement in einem Jugendverband oder Angebote der traditionellen Jugendarbeit favorisieren, nur selten, individuelle berufliche Ambitionen und Karrieren im Freizeitbereich abzufedern oder Berufswege hier starten zu lassen (vgl. *Reichwein/Freund* 1989; *Eckert* u.a. 1990). Obgleich also die subjektive Bedeutung von Freizeit zunimmt (vgl. *Nahrstedt* 1988), bleiben jugendliche Freizeitkarrieren in ihrer überwiegenden Mehrheit noch von beruflichen Karrieren separiert.

3 Freizeit und Medienverhalten von Jugendlichen — Entwicklung und aktuelle Situation

Im folgenden werden einige zentrale jugendliche Freizeitaktivitäten und -präferenzen im historischen Zeitvergleich vorgestellt. Eine Konzentration auf diesem Aspekt liegt nahe, weil zu weiteren, tiefgreifenderen Fragestellungen, zum Beispiel zu der Frage, welche Bedeutung Freizeitbeschäftigungen für Jugendliche haben und mit welchem Sinn sie ihre Aktivitäten unterlegen, keine hinreichenden empirischen Antworten vorliegen.

3.1 Zur Struktur von Jugendfreizeit und zur Problematik von Zeitvergleichen

Die allgemeinen Entwicklungslinien jugendlicher Freizeitgestaltungen werden nachfolgend ungeachtet einiger problematischer Apekte, der Zeitvergleiche unterliegen, skizziert. Ein solches Vorgehen bedarf erklärender, aber auch relativierender Hinweise. *Blücher* (1966) wies in kritischer Diskussion des von ihm vorgelegten Vergleichs freizeitbezogener Aktivitäten von Jugendlichen der 50er und 60er Jahre darauf hin, daß Materialvergleiche nicht einfach durchzuführen sind, weil sowohl Auswahldifferenzen (Stichprobe) als auch die unterschiedlichen Fragetechniken zu beachten sind. Dennoch hält er Zeitvergleiche generell für möglich und opportun, belegen sie doch, „daß die Strukturen der Freizeitaktivitäten eher konstant als sich wandelnd erscheinen. (....) Strukturen erhalten sich, Geschmacksrichtungen befinden sich im Wandel" (*Blücher* 1966, S. 214f.; vgl. auch *Strzelewicz* 1965, S. 21). Dieser methodischen Selbstvergewisserung fügt *Zinnecker* (1987) inhaltliche Einwände hinzu. Zum einen haben sich die semantischen Codes im Bereich der freizeitbezogenen Aktivitäten gewandelt und die Kriterien, die älteren Jugendstudien zugrunde lagen, sind nur unzureichend mitgeteilt. Zum anderen ist für die frühen Emnid-Studien festzuhalten, daß sie das Freizeitfeld lediglich durch eine, nicht durch Begleitfragen abgestützte Einzelfrage zu erfassen suchten (vgl. *Zinnecker* 1987, S. 177f.; *Fuchs/Zinnecker* 1985, S. 12ff.). Die methodischen und semantisch-inhaltlichen Schwierigkeiten, die Vergleiche beinhalten, sind auch in der Synopse (vgl. Abb. 1) hinreichend dokumentiert. Würden in einer vergleichenden Betrachtung zum Beispiel Einzelergebnisse von *Gehrmann* (1979) und *Knoll* (1986) ausdrücklich einbezogen, ergäbe sich ein durch starke Schwankungen und Diskontinuitäten geprägtes Bild jugendlicher Freizeit im letzten Jahrzehnt.

Aufgrund der Tatsache, daß jugendliche **Freizeitpräferenzen** und **Freizeitaktivitäten** bei vielen Freizeitformen gleich rangieren (Entspannung / Erholung, Musikkonsum, Wandern / Spazierengehen, mit Freunden zusammen sein; bei Sport, Hobbies und Tanz liegt die Präferenz höher als die Aktivität; vgl. *Tokarski* u.a. 1985; vgl. auch *Blücher* 1967, S. 18) hält *Lüdtke* (1989) eine Inbeziehungsetzung der Ergebnisse von Studien mit nicht identischen Erkenntnisinteresssen für unproblematisch. Dies auch, weil „das Freizeitverhalten von Jugendlichen (...) als relativ konsistentes Orientierungsfeld der Wechselwirkung zwischen Interessen, Präferenzen und Aktivitäten" (*Lüdtke* 1989, S. 637; vgl. auch *Gehrmann* 1979) zu verstehen ist — subjektive Interessen beeinflussen sowohl Befriedigungsgrade als auch Aktivitätshäufigkeiten und darüber wiederum auch zukünftige Präferenzen. Umgekehrt ist der Aktivitätsgrad nicht unbedeutend für subjektive Befriedigungsgefühle und die Ausformulierung von Präferenzen.

Die aufgezeigten Interdependenzen zwischen Freizeitinteressen und Freizeitbedürfnissen, Freizeithäufigkeiten, -präferenzen und erlangter Befriedigung wurden von der Jugendforschung schon früh aufgegriffen (vgl. entsprechende Hinweise bei *Peukert* 1987) und von *Blücher* (1956, 1966) konzeptualisiert. Seine Erkenntnis, daß Freizeitinteressen von Jugendlichen nur zum Teil in dem empirisch erhobenem **Feizeitverhalten** wiederzufinden sind, mündete in dem Vorschlag, zwischen „harten" und „weichen" Aktivitätsformen zu unterscheiden: „Je stärker das ‚Hobby', umso ‚härter' die Bewußtseinsverankerung; je selbstverständlicher die Tätigkeit, umso ‚weicher' die Bewußtseinsreaktion (*Blücher* 1956, S. 65; auch 1966, S. 215). Welche Zuschreibung eine Aktivität schließlich erfährt, hängt von subjektiven Beweggründen, aber auch von der charakteristischen Semantik des Interessengebietes ab. Bücher lesen, sportive Praxen, Basteln und Handarbeiten sowie Musizieren können demnach als im Bewußtsein verankerte und dementsprechend oft ausgeübte, Tanzen und Kinobesuch als Interessengebiet mit einer weichen bewußtseinsmäßigen Verankerung charakterisiert werden. Unter erweiterter Perpektive ist wohlmöglich zu konstatieren, daß Freizeitaktivitäten von Jugendlichen, die eine hohe Integration in den Alltag genießen, zum selbstverständlichen, unhinterfragten Handeln gehören, eine geringere bewußtseinsmäßige Verdichtung erfahren als Freizeitformen, die nicht im Strom des Alltagstreibens verwoben sind, besondere Materialien und damit exclusiverer Aufmerksamkeit und Konzentration bedürfen (vgl. *Thole* 1991, S. 173).

Dem Vorschlag, zwischen „hartem" und „weichem" Freizeitverhalten zu unterscheiden, liegt die Idee, zwischen rezeptivem und aktivem Verhalten zu differenzieren, zugrunde. In der neueren Geschichte der Jugendforschung war es gleichfalls *Blücher* (1967, S. 18ff., auch 1966), der dieser naheliegenden Strukturierungsidee empirisch nachging. Als rezeptive Aktivitäten galten Tanzen, ins Kino oder in eine Gaststätte gehen, Geselligkeit und „Kameraderie". Das Streben nach „Welterkenntnissen", und dazu zählt das Bücher lesen, Reisen, Rezeption von Literatur, Musik und Kunst und die Weiterbildung, charakterisiert sich als aktives Tun. Zu einem dritten Faktor wurden aktive und passive Sportinteressen gebündelt. Der Vorschlag lehnte sich an die Beobachtung an, daß es Jugendlichen immer schwieriger fiel, eine Orientierung in der Freizeit zu finden, weil die klassischen Sozialisationsinstitutionen sie ungenügend ausrüsten (vgl. *Strzelewicz* 1965), Traditionslenkungen beseitigt wurden und Jugendliche eine „Rollenpluralität entwickeln, „die den Freizeitmöglichkeiten adäquat ist" (*Blücher* 1966, S. 245). Damit schloß die Klassifizierung an die kulturpessimistische Annahme einer zunehmenden massenmedialen Beeinflussung der Jugendlichen an. *Strzelewicz* (1965) mußte nach einem systematischen Vergleich von 17 Jugendstudien der 50er Jahre diese Ausgangsannahme jedoch korrigieren und feststellen, daß bei Jugendlichen Verhaltensweisen und Beschäftigungen im Vordergrund stehen, „die nicht unmittelbar an die direkte Vermittlung oder das direkte Angebot durch die sogenannten Massenmedien (....) gebunden sind" (*Strzelewicz* 1965, S. 23). Dieser Erkenntnis folgend konzipierte er eine Gruppierung jugendlicher Freizeitaktivitäten nach Tätigkeiten. Er sortierte nach Tätigkeiten, die ihren Ausgang im Familienhaushalt haben, individumsbezogenen Tätigkeiten und Teilnahmen am Freizeitsystem (vgl. ähnlich *Schilling* 1977; *Gehrmann* 1979). Nochmals war es *Blücher,* der diese Idee aufgriff, und eine monographische Einordnung sämtlicher Freizeitfragen der EMNID Jugendstudie von 1964 durchführen ließ, um aufgrund der Wirkungen des Freizeitsystems auf die Jugendlichen, also aufgrund eines angenommenen Beeinflussungsgrades, Jugendliche nach ihren primären Freizeitoptionen zu klassifizieren. Im Ergebnis zeigte sich, daß „die Zahl derer, die ihre Freizeit sehr bewußt steuern, höher als erwartet ist" und nur jeder zweite „Jugendliche überhaupt durch die Zugriffe des Freizeitsystems so wirksam erfaßt wird, daß man von Präferenzen sprechen kann" (*Blücher* 1966, S. 222f.).

Insgesamt sahen sich diese Strukturierungs- und Bündelungsversuche jugendlicher Interessen an und Aktivitäten in der Freizeit ab der zweiten Hälfte der 60er Jahre mit grundlegenden Kritiken konfrontiert. Explizit wurde ihnen eine Mißachtung klassen- bzw. schichtspezifischer Variabeln und Unterschiede vorgehalten (vgl. u.a. *Neidhardt* 1970; *Lessing/Liebel* 1974; *Onna* 1976;), implizit formulierten Studien zum Beispiel zu Freizeitgestaltungen von Arbeiterjugendlichen (*Backhaus-Starost/Backhaus* 1975), ökologisch beziehungsweise lebensweltlich orientierte Studien (vgl. unter anderem *Gehrmann* 1979; *Projektgruppe Jugendbüro* 1973; *Hübner-Funk* u.a. 1983; *Becker* u.a. 1984), aber auch Projekte mit ausgewählten, freizeitbezogenen Fragestellungen (vgl. zum Verhältnis von selbstbestimmter und organisierter Freizeit *Friebel* u.a. 1979 und *Schilling* 1977; zum Problemfeld „Jugend in organisierter Freizeit" *Lüdtke/Grauer* 1972; *Krisam/Tegethoff* 1977) Gegenpositionen. Wiederkehrend sind dabei Katalogisierungen der jugendlichen Freizeit nach häuslichen und außerhäuslichen Betätigungen sowie nach Aktivitäten in der Woche, am Samstag und Sonntag (vgl. unter anderem *Schilling* 1977; *Gehrmann* 1979) sowie nach schulischer bzw. beruflicher Einbindung (z.B. *Grieswelle* 1978) zu finden. Ein neuerlicher Versuch, jugendliche Freizeitaktivitäten strukturell zu bündeln, liegt mit der Jugendstudie der Deutschen Shell (*Fischer* u.a. 1985) vor. In Anlehnung an zivilisations- und kulturtheoretische Konzepte wird hier entlang der Phänomenologie des Alltags zwischen „Entspannungstechniken", Alltagsflips", sportiven und kulturell-ästhetischen Freizeitpraxen von Jugendlichen unterschieden. Als Ergebnis qualitativ-empirischer Studien bzw. in zusammenfassenden Beiträgen zur Ausfächerung jugendkultureller Stile (vgl. z.B. in diesem Band *Baacke/Ferchoff; Krüger/Thole* 1989, S. 281) finden sich Versuche, die Alltags- und Stilorientierungen von Jugendlichen für Beschreibungen des jugendlichen Freizeitverhaltens heranzuziehen.

3.2 Verortung jugendlichen Freizeitverhaltens im Alltag

3.2.1 Allgemeine Trends des Freizeitverhaltens von Jugendlichen

Trotz der hohen, vielleicht auch irritierenden Differenzialität der zeitvergleichenden Synopse ausgewählter Jugendstudien seit den 50er Jahren (vgl. Abb.1), sind einige Trends eindeutig zu identifizieren.

1. Unabhängig von einzelnen, zum Teil durchgängigen Disharmonien zeigt die Synopse, daß im Kern die zentralen Interessen- und Aktivitätsstrukturen von Jugendlichen hinsichtlich ihrer bevorzugten Freizeittätigkeiten über die letzten Jahrzehnte relativ stabil blieben: Das Lesen von belletristischer und fachlicher Literatur und von Zeitschriften, das gesellige, durch Erzählen, Unterhalten und Spiel geprägte Zusammensein mit Freunden und Bekannten, das Hören von Musik mittels Radio, Kassettenrecorder, Schallplattenspieler, aber auch im Fernsehen, Sport treiben, Wandern und Spazierengehen, sich in „praktische Liebhabereien" (vgl. *Zinnecker* 1987) zu vertiefen, wie einem Hobby nachgehen, im Haus oder Garten arbeiten oder basteln und handarbeiten, und der Besuch von Tanz- und Kinoveranstaltungen sind zumindest seit den 60er Jahren durchgehend jugendliche Freizeitaktivitäten von hoher Bedeutung.
2. Obgleich Geselligkeit für Jugendliche schon in den 50er Jahren einen hohen Stellenwert besaß (vgl. *Blücher* 1956, S. 96ff.; qualitativ-deskriptiv u.a. *Bals* 1962), verzeichnen die Jugendstudien ab Mitte der 60er Jahre eine eindeutige und auf hohem Niveau sich einpendelnde Zunahme jugendlicher Optionen für spiel-, unterhaltungs- und geselligkeitsorientierte Freizeitpraxen sowie für Aktivitäten, die auch kommunikativ-geselliges Verhalten ermöglichen oder bedingen (vgl. *Blücher* 1966; *Schilling* 1977; *Fischer* u.a. 1981, 1985).
3. Im gleichen Zeitraum wie die Bedeutung kultureller Geselligkeitspraxen nahm auch die jugendliche Präferenz für das Hören von Musik zu. Jugendlichen in den Vor-60er Jahrzehnten fehlten allerdings sowohl die individuellen, als auch die industriellen Ressouren der Medienindustrie, um eine vergleichbare Präferenz auszubilden. Deutlich scheint auch, daß es sich bei der gestiegenen Bedeutung dieses Bereiches im jugendlichen Alltag nicht nur um die Herausbildung einer neuen, attraktiven Freizeittätigkeit handelt, sondern um die Neuformulierung einer kulturellen Orientierung: „Rundfunk, Kassettenrecorder, Video (Clips) werden in erster Linie in den Dienst einer Musikkultur gestellt" (*Zinnecker* 1987, S. 180ff.).
4. Auffallend ist, daß trotz dieser Entwicklungen das Lesen seit den 50er Jahren über alle Zeitströme und Moden hinweg als Freizeittätigkeit nicht an Bedeutung verlor und das neben dem Lesen sich eine zweite individuelle Freizeitpraxis, die der „Entspannung und Erholung", etablierte. *Lüdtke* (1989, S. 638; auch *Fend* 1989) sieht hierin ein Indiz für die Zunahme von Streßerfahrungen durch Jugendliche.
5. Sportive Praxen, überraschend aber auch Wandern und Spazierengehen, haben generell nicht an Bedeutung eingebüßt. Interessant erscheint hier, hinter die Fassade des allgemeinen Trends zu sehen, um zu erfahren, ob die allgemeine Entwicklung sich auch in einer Optionskonstanz für die einzelnen Sportarten dokumentiert.

Freizeitbeschäftigungen und -präferenzen von Jugendlichen (Angaben in %)											
Studien Aktivitätsformen	NWDR 1953[A]	EMNID 1954[B]	EMNID 1960[C]	EMNID 1966[D]	EMNID 1977[E]	Studie 1979[F]	Jugend 1985[G]	Sinus 1985[H]	Knoll 1986[I]	Baacke 1989[J]	ZIJ 1988[K]
Musik hören (Musikkonsum)		5	7	46	71	36,6	19	49	21,4[9] 24,1[10]	47,5	
Fernsehen/Video	3			64	21,2	6	23	19,0	4,4[11] 27		
Wandern Spazierengehen/Radfahren Sport	24 8 33	8 23	15 33	19 28	20 47	5,9 19,7	12 40	 27	 6,8[8] 12,6	 52	25 41
Lesen Bücher - Zeitschriften	49	22	33	30	59	32,8	30[1]	34 4,0	 7,1	34,3 10	 36
Praktische Liebhabereien - Hobbies - Basteln/Handarbeiten - Haus-/Gartenarbeiten	 31 10	 21 2	 9 15	 32 15	 12[4] 14[3]	 26,3 6,5[7]	30	29 5[3] 10	 3,7	 32,5 11[5]	 29[6]
Motorrad-/Autofahren	4			35	27	9,2	16	20	9,8[13] 3,7[14]		
Musisch-kulturelle Aktivitäten (Zeichnen/Musizieren)	10[2]	5 9	11		13[2]	3,7[15]	10[2]	17 8[16]	2,1[2]	16	
Jugendverband/ gesellschaftliche Tätigkeiten		2					8	4,9			
Theater-/Konzertbesuch	4			16	13		2[1]	10			13
Weiter-/Fortbildung	6	2	3	14	15	20,8	8[1]	11			
Tanz/Flirt (Vergnügen)	4	5		 34	43	3,9	30	16	8,1		46
Kinobesuch	10	3			40	3,7	3[1]	16			39
Spiel/Geselligkeit (Erzählen/Unterhaltung)		 10	 17	 17	 40		 40[1]	10		34,6	
Mit FreundInnen zusammen sein				 47		 49,7	36		7,1 11	47	
Schlaf/Ruhe (Entspannung)		3	2	28 15[17]	35	12,9	13	17	5,1		
Besuch von Jugendheimen	3					3,9		5			22
Sonstiges	21	2	2		3						

Erläuterungen:

(A) Quelle: Blücher 1956; Fragetext: "Womit beschäftigen Sie sich in Ihrer Freizeit?" (Mehrfachnennungen möglich)
(B) Quelle: Blücher 1966; Fragetext: "Womit befassen Sie sich in Ihrer Freizeit am liebsten?" (Mehrfachnennungen möglich)
(C) Quelle: EMNID 1961; Fragetext: "Womit befassen Sie sich in Ihrer freien Zeit am liebsten?" (Mehrfachnennungen möglich)
(D) Blücher 1967; Fragetext: "In der Freizeit kann man mancherlei tun. Das eine tut man lieber, das andere weniger gern." (Liste mit Antwort- und Bewertungsmöglichkeiten)
(E) Jugendwerk der dt. Shell 1977 (Quelle: Jaide 1988, S. S. 136); Gefragt wurde nach den Freizeitpräferenzen.
(F) Quelle: Gehrmann 1979; Fragetext: "(...) Kreuzen Sie bitte (...) an, welche dieser Aktivitäten Sie am letzten Werktag nachgegangen sind." (Notierung der drei wichtigsten Beschäftigungen)
(G) Quelle: Fischer u. a. 1985; Fragetext: "Womit befaßt Du Dich in Deiner Freizeit am liebsten?" (Mehrfachnennungen möglich, Bewertungsskala vorgegeben)
(H) Gefragt wurde nach den Freizeitpräferenzen (Mehrfachnennungen unter den Vorgaben möglich)
(I) Quelle: Knoll u. a. 1986; Fragetext: "Ich habe hier einen Satz mit Kärtchen (...) Bitte sortieren Sie jedes Kärtchen danach, wie oft Sie die Freizeitaktivität tun." (Antworten vorgegeben, sortieren und bewerten)
(J) Quelle: Baacke u. a. 1990; Gefragt wurde nach den liebsten Freizeitbeschäftigungen
(K) Quelle: Zentralinstitut für Jugendforschung Müller 1990; Gefragt wurde nach nach der Beliebtheit von Freizeittätigkeiten (Antwortvorgaben mit einer fünfstufigen Bewertungsskala)

(1) Angaben nach Zinnecker 1987 (2) Musizieren (3) Sammeltätigkeiten (4) Fotografieren und Filmen (5) Basteltätigkeiten (6) Handwerkliche Aktivitäten (7) Reparieren (8) Radfahren (9) Radio hören (10) Kassette hören (11) Video sehen (12) Fernsehen (13) Autofahren (14) Motorradfahren (15) Fotografieren (16) Zeichnen und fotografieren (17) Nichtstun

(Abbildung 1)

6. Allen alltagsweltlichen Annahmen zum Trotz, ist gleichfalls zu konstatieren, daß eigenaktives, musisch-kulturelles Engagement, insbesondere das Musizieren, konstant über die Jahrzehnte hinweg von durchschnittlich circa 10 % der befragten Jugendlichen als eine bedeutungsvolle Aktivität genannt wird (*Fischer* u.a. 1985; *Fend* 1988, S. 271 f.).
7. Ein erster Vergleich bundesrepublikanischer Jugendstudien mit in der früheren DDR erhobenen Daten zeigt, daß Jugendliche in beiden Erhebungsgebieten in den letzten Jahrzehnten vergleichbare Freizeitaktivitäten favorisierten. Die sozialisatorische Wirkung der staatlichen Kinder- und **Jugendorganisationen** „Junge Pioniere" und „Freie Deutsche Jugend", in der immerhin cirka 80 % der Jugendlichen im Alter zwischen 15 und 25 Mitglied waren, darf als ein noch unerforschtes Feld betrachtet werden, auch in bezug auf die Gestaltung von Freizeitwelten und -präferenzen (erste Hinweise vgl. *Jaide* 1986, S. 51 f.; *Krahulec* 1991; *Süße* 1991; *DJI* 1990; für die Jugendclubs in der ehemaligen DDR vgl. *Müller* 1990, S. 72).

3.2.2 Ausgewählte Freizeittätigkeiten

Entlang der alltagsphänomenologischen Ausfächerung jugendlicher Freizeitformen (vgl. *Fischer* u.a. 1985) werden nachfolgend einige aktuelle Enwicklungen jugendlicher Freizeittätigkeiten diskutiert.

Fuchs (1985, S. 7 ff.) kann aufgrund der ihm vorliegenden Ergebnisse erstmals das zuvor immer allgemein unter dem Etikett „Ausruhen/Erholung" subsumierte Freizeitverhalten differenziert betrachten. Auch hier, unter dem Blickwinkel adoleszenter Entspannungspraktiken, findet sich die allgemeine Tendenz, daß kommunikative Praxen für Jugendliche eine große Bedeutung haben, bestätigt. Für knapp 80 % ist das Zusammensein mit Freunden von Entspannungswert. Die Notierungen für „in den Garten/die Natur gehen" liegen bei 38 %, für „ein Teil des Tages verträumen" bei 23 % und für weitere, wie telefonieren, in der Badewanne dösen, sich pflegen oder etwas Neues kaufen, bei um die 20 %. Anders als bei Erwachsenen, so resümiert *Fuchs* (1985), wo die Intensität und die Bindung an ausgewählte Entspannungstechniken an Belastungssituationen, aber auch an Bildungsvariablen gebunden ist, ist bei Jugendlichen ein Einfluß solcher Variablen nicht nachzuweisen. Das Erleben von intensiver Entspannung ist bei ihnen gekoppelt an präferierte Freizeitstile, Gesellschafts- und Selbstbilder und eingewoben in eine Dimension, „die als sozialpsychologische gefaßt werden muß" (*Fuchs* 1985, S. 26; *Ziehe* 1975; kritisch *Baethge* 1983). Gleichfalls entbunden von lebensweltlichen und normativen Hintergründen entfalten Jugendliche expressive „Flip-Praxen" als Pendant zu den Entspannungstechniken. Ebenso wie diese bilden sie für Jugendliche die „Kleinen Fluchten" aus der Alltagsroutine. „Musik irrsinnig laut hören", „beim Essen mal richtig sündigen", „seinen Körper mal bis zum letzten verausgaben", „sich in seine Liebhabereien vergraben" und „mit anderen die Nacht bis zum Morgen durchmachen" sind diejenigen Alltagsflips, die von den Jugendlichen mit Summenwerten von knapp 40 % bis über 50 % bedacht werden. Hingegen rangieren „blaumachen" in der Schule, an Spielautomaten spielen und „verrückte Sachen anziehen" mit Werten um 10 % in ihrer Bedeutung bei Jugendlichen niedriger. Eine hohe Flip-Intensität korreliert aussagekräftig mit dem Geschlecht, jedoch weder mit dem Schulniveau noch mit der Wohnortgröße. Jungen votieren expressiver als Mädchen. Zudem zeigt sich: Jugendliche mit hoher Flip-Intensität sind geselliger, bevorzugen außerhäusliche Aktivitäten und sind sportlich engagiert, in ihrer Freizeit extrovertierter und in ihren **Freizeitpräferenzen** vielfältiger (vgl. *Fuchs* 1985, S. 28 ff.). Eingesponnen in die gewählten und favorisierten Praxen, zu entspannen oder zu „flippen", zeichnen die Items Freizeittätigkeiten — Tanzen gehen, Sport treiben, Lesen und seinen Hobbies nachgehen und Praxen kommunikativer Geselligkeit mit Gleichaltrigen — nach, die bei Jugendlichen eine hohe Präferenz genießen.

Die weiter oben vorgetragene Argumentation, daß sich die Interessen, Freizeithäufigkeiten und damit Strukturen der inhaltlichen und quantitativen Gestaltung von jugendlicher Freizeit in den letzten Jahrzehnten nur partiell modifizierten, wird nicht durch die Vermutung in neueren Studien widerlegt, daß sich die selbstaktiven und damit inhaltlichen Optionen an und in der Freizeit vervielfältigten. In bezug auf bevorzugte, kreative Freizeittätigkeiten (vgl. *Krüger* 1991), sportive Praxen (vgl. *Zinnecker* 1987; *Behnken* u.a. 1991) auch bei bevorzugten Tänzen (vgl. *Fuchs* 1985; *Zinnecker* 1987), bei den Aufgaben, die Jugendliche peers, **Cliquen** oder entsprechenden Jugendszenen antragen (vgl. u.a. *Lenz* 1986; *Zinnecker* 1987; *Thole* 1991) und Urlaubsoptionen läßt sich eine solche Vervielfältigung und Ausdifferenzierung, unabhängig des für die einzelnen Tätigkeiten aufgewendeten Zeitvolumens (vgl. *Lüdtke* 1989), ausmachen. Zum einen mag diese, in den Studien dokumentierte inhaltliche Ausdifferenzierung, auf eine gewendete, deutlich „jugendzentriertere" Umfragetechnik zurückzuführen sein. Zum anderen dokumentiert sie jedoch eine reale Pluralisierung und Ausfächerung jugendlicher Optionen für einzelne Freizeitformen. Eine Diagnose, die für die westlichen Bundesländer als validiert gelten kann und für die neuen Bundesländer sich andeutet (vgl. *Müller* 1990; *Lindner* 1991; *Behnken* u.a. 1991) und in ihren Grundzügen schon zu DDR Zeiten herauskristalisierte.

Blüchers Makierung, daß „das Freizeitsystem (...) vielgestaltig, schwer zu übersehen und auf einen Nenner zu bringen" (*Blücher* 1966. S. 220) ist, hat an Aktualität keine Einbuße erfahren. Im Gegenteil: Die Unüberschaubarkeit hat sich potenziert, auch und gerade weil heute sozialstrukturelle Indikatoren die Interpretationen nicht mehr eindeutig strukturieren helfen. Zudem ist zu beobachten, daß viele Freizeitpraxen und -verhaltensweisen, trotz der Intensivierung entritualisierter Alltagsaktivitäten, ihre Unschuld verloren haben (vgl. *Fischer* u.a. 1985) und zu einem genuinen, integrierten, ja fast unauffälligen Bestandteil des Alltags wurden.

3.2.3. Medienpräferenzen und Medienwelten von Jugendlichen

Die alltäglichen Freizeitwelten von Jugendlichen sind gegenwärtig auch und insbesondere Medienwelten. Dies dokumentiert sich zum einen auf der Ebene der Ausstattung mit Medien, wo im Unterschied zu den 50er Jahren heute die meisten Jugendlichen über die klassischen Ton- und Bildmedien verfügen oder sie zumindest im familialen Haushalt mit nutzen können. Jedoch nicht nur beim Medienbesitz, sondern auch bei der **Mediennutzung** zeigen die Ergebnisse von Medienuntersuchungen aus den letzten Jahren, daß Jugendliche heute als Vertreter einer Multimediageneration charakterisiert werden können. So kamen *Bonfadelli* u.a. (1986, S. 141) in einer Studie zu dem Ergebnis, daß die 15-29jährigen der alten Bundesländer 5 Stunden am Tag für die Mediennutzung aufwenden, und zwar die Hälfte der Zeit für die auditiven Medien (Hörfunk, Platten, Kassetten), ein gutes Drittel für Fernsehen, einschließlich Video und eine gute halbe Stunde für Zeitungs-, Zeitschriften- und Buchlektüre. Zu für westdeutsche Jugendliche in der Tendenz ähnlichen Resultaten kam auch die 1990 realisierte deutsch-deutsche Schülerstudie. Sie fragte danach, wie häufig 13-20jährige Jugendliche in den letzten zwei Wochen verschiedene Medien genutzt haben. Auch hier stellte sich heraus, daß die auditiven Medien, Kassetten und Schallplatten, die zentralen Jugendmedien sind, die oft den ‚Background' für andere Aktivitäten bilden. Die neuen Medien, Video und Computer, spielten bei einem Viertel bzw. einem Drittel der befragten Jugendlichen eine große Rolle (*Krüger* 1991, S. 206-207). Im West-Ost-Vergleich zeigt sich beim Nutzungsverhalten von auditiven Medien eine ähnliche Tendenz, während im Bereich der neuen Medien die Nutzungsfrequenzen der ostdeutschen Jugendlichen nur gering ausgeprägt waren, u.a. vermutlich deshalb, weil nur eine kleine Minderheit der ostdeutschen Schüler im Jahre 1990 über die in der ehemaligen DDR sehr teuren Geräte verfügte (*Krüger/Lindner* 1991, S. 192).

Eine Analyse der westdeutschen Ergebnisse dieser Studie unter geschlechts-, schicht- und altersspezifischen Aspekten bestätigt in der Regel die aus anderen Medienuntersuchungen bekannten Trends. Übereinstimmend stellen eine Reihe neuerer Medienstudien fest, daß Mädchen eifrigere Bücherleser sind als Jungen, während sie hingegen beim Besitz und der Nutzung von Computern eklatant benachteiligt sind (vgl. *Baacke* u.a. 1990, S. 81; *Bauer/Zimmermann* 1989, S. 97, *Behnken* u.a. 1991, S. 137). Konsens besteht auch in der Diagnose, daß Jugendliche aus bildungsprivilegierten Schichten die Printmedien bevorzugen und den Computer eher zum Programmieren nutzen, Jugendliche aus bildungsmäßig unterprivilegierten Schichten hingegen eher Radio sowie Unterhaltungs- und Aktionfilme im Fernsehn und auf Video konsumieren und häufiger bei den Intensivnutzern von Telespielen zu finden sind (vgl. *Baacke* u.a. 1990, S. 74ff., Spannel 1988). Deutlich machen einige Studien zudem, daß die Mediennutzung im Lebenszyklus beträchtlich variiert (*Bonfadelli u.a. 1986, S. 83; Baacke* u.a. 1990, S. 249). Die auditiven Medien, vor allem der Kassettenrecorder nehmen bei den jüngeren Jugendlichen im Alter zwischen 14 und 18 den größten Raum ein, während der Fernsehkonsum bei Jugendlichen in diesem Alter rapide zurückgeht und gleichzeitig der Kinobesuch im Kreis der Gleichaltrigen deutlich ansteigt. Umgekehrt verhielt es sich bei den 20-29jährigen, bei denen die Häufigkeit des Kinobesuchs wieder sinkt und gleichzeitig der Fernsehkonsum deutlich zunimmt, vermutlich deshalb weil im Alter ab 25 jeder zweite verheiratet ist.

Eine Reihe neuerer Medienuntersuchungen beschränkt sich zudem nicht mehr nur darauf, mit Hilfe quantitativer Einstellungsbefragungen ein isoliertes und eindimensionales Medien-Rezipienten-Wirkungsverhältnis zu analysieren. Vielmehr versuchen sie, orientiert an medienökologischen und medienbiographischen Theorieperspektiven und gestützt auf quantitative und/oder qualitative Forschungsmethoden, Medienwelten als Ineinandergreifen vieler Medien innerhalb konkreter Lebenszusammenhänge und die biographische Bedeutung des Umgangs mit Medien genauer herauszuarbeiten. (vgl. zusammenfassend *Deutsches Jugendinstitut* 1988). *Baacke* u.a. (1990) haben in einer sozialökologischen Studie zum einen die Beliebtheit verschiedener Medienorte untersucht und festgestellt, daß Kino und Diskothek für ein Viertel bzw. ein Sechstel der 13-19jährigen die wichtigsten Medienumgebungen sind. Hingegen werden Videotheken und Spielhallen nur von circa 3 Prozent der befragten Jugendlichen intensiv genutzt. Zum anderen haben sie die mediale Infrastruktur in unterschiedlichen ökologischen Räumen (einem Dorf, einer Mittelstadt und einer Großstadt) analysiert. Dabei kamen sie zu dem Befund, daß mittelgroße Städte ein reichhaltigeres und im Unterschied zur Großstadt auch von Jugendlichen wahrgenommenes Angebot an Medienumgebungen bereitstellen, während im ländlichen Raum kaum Angebote vorhanden sind und zudem dort öffentliche Verkehrsmittel fehlen, die die Jugendlichen zu den gewünschten Medienorten in die nächstgrößere Stadt bringen können (*Baacke* u.a. 1990, S. 250).

Medienbiographische Untersuchungen wurden bislang vor allem zur biographischen Bedeutung der Beschäftigung mit dem Computer durchgeführt. Diese qualitativen Studien relativieren die kulturpessimistischen Diagnosen vom weltvergessenen Computerfreak und von der sich abzeichnenden Gefahr einer Verwechslung von Alltagswelt und Computerwelt. Deutlich wird vielmehr, daß sich Jugendliche aus Interesse am Spiel, aus Konformismus gegenüber der Jugendclique oder aus beruflichen Interessen intensiver mit dem Computer beschäftigen und daß insgesamt ein pragmatischer und realistischer Umgang mit den Möglichkeiten dieses neuen Gerätes dominiert (vgl. *Baerenreiter* u.a. 1989, S. 169; *Radde* 1988, S. 130). Die Nutzung neuer Medien geht zudem nicht generell zu Lasten anderer Mediennutzung und ersetzt auch nicht personale Beziehungen (vgl. *Baacke* u.a. 1990, S. 248; *Fauser/Schreiber* 1989).

Für alte und zunehmend auch für neue Medien gilt, daß sie zum selbstverständlichen Bestandteil jugendlichen Alltags geworden sind. Sicherlich gibt es auch den isolierten Vielnutzer eines Mediums, jedoch tritt dieser Extremfall in quantitativen Untersuchungen kaum in Erscheinung und kann auch nicht eindimensional auf mediale Ursachen zurückgeführt werden (vgl. *Baacke* u.a. 1990, S. 248). Auch zeigen neuere Medienuntersuchungen übereinstimmend (vgl. z.B. *Knoll* u.a. 1986, *Hurrelmann* 1990), daß das Problem der jugendlichen Vielnutzer von Medien nicht eindimensional auf den Grad der Ausstattung mit alten oder neuen Medien zurückgeführt werden kann, sondern auch und vor allem in anregungsarmen Lebenswelten und schwierigen Lebenslagen dieser Jugendlichen seine zentralen Ursachen hat (vgl. auch *Krüger/Wensierski* 1990).

3.3. Jugendliche in informellen und formellen Netzen

Die Beschäftigung mit den sozialen Gesellungsformen der Jugend war seit den 60er Jahren ein zentrales Betätigungsfeld der westdeutschen Jugendfreizeitforschung der 60er Jahre (vgl. *Rosenmayr* 1976). Motiviert war dieses Interesse von der Sorge, daß die Integrationsfähigkeit der Organisationen der Erwachsenengesellschaft nachlassen könnte und die Jüngeren sich statt dessen in Gruppen informeller Geselligkeit flüchten. So erklärt es sich dann auch, daß die Frage nach den informellen Gruppenbeziehungen Jugendlicher erstmals 1964 im Rahmen einer Umfrage des Emnid-Instituts gestellt wurde. Die Frage wurde im Rahmen der Shell-Studie 1984 wiederholt, so daß direkte Vergleiche über drei Jahrzehnte möglich sind. Während Anfang der 60er Jahre rund die Hälfte der damals befragten Jugendlichen sich regelmäßig oder öfter in einem Kreis von jungen Leuten traf, sind es Mitte der achtziger Jahre drei Viertel, die entsprechende

Gruppenkontakte anführen. Diese Veränderungen betreffen weit mehr das Mädchen- als das Jungenleben. Stieg bei den Jungen zwischen den 60er und den 80er Jahren die Partizipation von 59 auf 78 %, war bei den Mädchen eine Steigerungsrate von 42 auf 75 % zu beobachten (vgl. *Zinnecker* 1987, S. 262; in der Tendenz ähnlich *Allerbeck/Hoag* 1985, S. 38; vgl. Synopse Abb.1). Eine im Jahre 1990 durchgeführte Schülerstudie zeigt sogar, daß die Mädchen die Jungen bei der Mitgliedschaft in informellen Gruppenbezügen inzwischen sogar leicht überholt (82 % versus 79 %) haben (vgl. *Krüger* 1991, S. 211). Im West-Ost-Vergleich kamen die Ergebnisse dieser Studie zu dem überraschenden Befund, daß sich auch in der ehemaligen DDR außerhalb der staatlichen Großorganisationen bereits ein breites informelles Netz der Gesellschaft der Altersgleichen entwickelt hat. Allerdings nehmen die ostdeutschen Mädchen deutlich weniger als die Jungen (mit 55 % versus 68 %) an solchen informellen Gruppen teil. Die stärkere Einbindung der ostdeutschen Mädchen in familiale Kontexte und Pflichten gibt für diesen Unterschied sicherlich eine zentrale Erklärung (*Behnken* u.a. 1991, S. 148). Unter Altersgesichtspunkten weisen die Ergebnisse dieser Studie keine gravierenden Differenzen im Ost-West-Vergleich auf. Sie machen jedoch deutlich, daß bereits über die Hälfte der 13-jährigen in West- und Ostdeutschland in informelle Netzwerke eingebunden sind. Die in der jugendtheoretischen Diskussion vorgetragene Behauptung, daß typischerweise etwa ab dem 15. Lebensjahr eine aufgelockerte Form von Gleichaltrigengruppierung Bedeutung bekommt (vgl. *Hurrelmann/Rosewitz/Wolf* 1985, S. 72), muß somit erheblich relativiert werden.

Im Hinblick auf den Berufs- und Ausbildungsstatus der Mitglieder informeller Gruppen stellen verschiedene westdeutsche quantitative Untersuchungen aus den letzten Jahren übereinstimmend fest, daß Jugendliche aus oberen und niedrigen Ausbildungs- und Berufsniveaus in gleicher Weise an der Verbreitung informeller Geselligkeit partizipiert haben und deutliche Unterschiede nach sozialer Schicht oder Bildungsniveau nicht feststellbar sind (vgl. *Zinnecker* 1987, S. 266; *Krüger* 1991, S. 211). So richtig diese quantitative Trenddiagnose zu dem generellen Anstieg altershomogener jugendlicher Sozialbeziehungen in allen Statusgruppen auch ist (vgl. auch *Schulze* 1989, S. 557), so heißt das nun keineswegs gleichzeitig, daß sich die Zusammensetzung einzelner **Cliquen** von den Kriterien sozialer Differenzierung der Gesellschaft völlig abgelöst hätte. Gerade eine Reihe neuerer qualitativer Studien, die verschiedene jugendliche Handlungstypen herauszuarbeiten oder unterschiedliche jugendliche Cliquen dicht zu beschreiben suchen (vgl. z.B. *Lenz* 1986; *Bietau* 1989; *May* 1989; *Helsper* 1989; *Thole* 1991), machen deutlich, daß das Kriterium soziale Herkunft für die Konstituierung von Peer-Relationen keineswegs völlig bedeutungslos geworden ist. Dies gilt insbesondere für den Peer-Kontext der sogenannten maskulin-orientierten Jugendlichen, die fast ausschließlich aus Familien mit eher niedrigem Sozialstatus stammen. Ihre Freizeit organisieren diese Jugendlichen weitgehend unabhängig von der Familie sowie in Distanz zur Schule, die sie als sinnlos erfahren. Ein Hauptinhalt ihrer Peer-Interaktionen ist das ‚Nichtstun', das ‚Rumhängen' am Treffpunkt oder der Versuch durch ‚action' aus der Langeweile des Alltags auszubrechen (vgl. *Lenz* 1988, S. 86 ff.; ähnlich *Thole* 1991 S.150 ff.). Am anderen Ende der sozialen Hierarchie angesiedelt sind die Beziehungsnetze der sogenannten subjektorientierten Jugendlichen, die sich überwiegend aus Familien mit höherem Sozialstatus rekrutieren (vgl. *Lenz* 1988, S. 113 ff.; vgl. auch *Helsper* 1989). Die typischen Peer-Konstellationen dieser Jugendlichen, die zudem große Ähnlichkeit mit dem Peer-

Kreis hedonistisch orientierter Jugendlicher haben, sind nicht durch konstante und überschaubare Cliquen, sondern durch lose und unstrukturierte große Beziehungsnetzwerke gekennzeichnet, die im Kontext der progressiven Szene angesiedelt sind. Freizeitaktivitäten mit den Eltern kommen bei subjektorientierten Jugendlichen kaum vor. Vielmehr scheinen massive Familienkonflikte eher eine frühe Trennung vom Elternhaus zu fördern (*Lenz* 1988, S. 113). Genau umgekehrt verhält sich dies bei den sogenannten familienorientierten Jugendlichen, die ihre Freizeit häufig im Familienkontext verbringen. Die Peer-Relationen sind in ihrer Alltagsorganisation deutlich der Relevanz der Herkunftsfamilie nachgeordnet, stehen in sehr hohem Ausmaß in der Verbindung mit der Mitgliedschaft in Vereinen oder Verbänden und sind durch kleine Freundschaftsgruppen gekennzeichnet, an die hohe Erwartungen gestellt werden (*Lenz* 1988, S. 31; vgl. auch *Projektgruppe Jugendbüro* 1977).

Als generelles Strukturmerkmal von jugendlichen Gleichaltrigengruppen wird in der jugendtheoretischen Diskussion ferner angesehen, daß sie sich als freizeitbezogene Gesellungsformen außerhalb der Familie und der Schule konstituieren (*Hurrelmann/Rosewitz/Wolf* 1985, S. 70). Sozialökologisch orientierte Studien zeigen jedoch, daß das Quartier nur bei Jugendlichen aus großstädtischen Altstadtvierteln oder aus klein- und mittelstädtischen Zentren noch als Katalysator für Gleichaltrigenkontakte eine zentrale Bedeutung hat. Bei Jugendlichen aus großstädtischen Neubaugebieten oder vom Land bildet hingegen vor allem die Schule den Kristallisationspunkt für die Entstehung von Cliquen (vgl. *Hübner-Funk* u.a. 1983, S. 189ff.). Zugenommen hat auch die räumliche Mobilität altershomogener Beziehungen. Der Raumbezug jugendlicher Cliquen folgt dem generellen Trend zur Loslösung vom Wohnquartier und zur Verinselung (vgl. *Becker* u.a. 1983; *Schulze* 1989, S. 556).

Geht nun mit der Ausweitung der informellen Geselligkeit unter Jugendlichen in den letzten Jahrzehnten eine Organisationsunwilligkeit der westdeutschen Jugend einher? Historische Vergleichsstudien zeigen, daß institutionell eingebundene Kontakte sich nicht etwa in Gegenbewegung zur Intensivierung der informellen Kontakte reduzieren, sondern ebenfalls stark erhöht haben. Im Vergleich zu den 50er Jahren gaben Mitte der 80er Jahre fast 20 % mehr Jugendliche an, Vereinen oder Verbänden anzugehören, wobei die Differenz zwischen organisierten männlichen und weiblichen Jugendlichen mit 15 Prozentpunkten allerdings konstant geblieben ist (vgl. *Zinnecker* 1987, S. 255). Seit Mitte der 80er Jahre scheint sich dieser Trend jedoch umzukehren. Unterschiedlichen Befragungen zufolge (vgl. zusammenfassend *Rauschenbach* 1991) liegt der Organisationsgrad der heutigen Jugendgeneration wieder auf dem Stand der 60er Jahre, jedoch deutlich über dem der 50er Jahre. Im Hinblick auf die schichtspezifische Verteilung formeller Organisiertheit unter Jugendlichen fehlen die Vergleichsdaten für die 50er Jahre, da hierzu die publizierten EMNID-Studien nichts aussagen. Die Studien aus den 80er Jahren machen deutlich, daß die Organisationsmitgliedschaft bei Jugendlichen aus oberen sozialkönomischen Statusgruppen zwischen 10 und 20 Prozentpunkten höher ist als bei denen aus unteren sozialen Statusgruppen (vgl. *Lüdke/Pawelka* 1989, S. 577; *Griesewelle* 1978, S. 106f.).

Nicht partizipiert haben an diesem Zuwachs an Organisationsmitgliedschaften die lokalen und traditionsgebundenen Gruppierungen und Vereine, deren Mitglieder bei den Jüngeren seit den 50er Jahren konstant geblieben sind. Auf der Verliererseite stehen zudem die konfessionellen Jugendgruppen, deren Mitglieder im Vergleich zu den 50er

Jahren von 10 auf 6 % abgenommen haben. Angestiegen ist hingegen der Anteil bei den politisch-weltanschaulichen Gruppen (von 2 % auf 7 %), wobei dieser Zugewinn vor allem auf die Identifikation mit den neu hinzugekommenen Bürgerinitiativen zurückzuführen ist. Die großen Gewinner des Zuwachses an Organisationsmitgliedschaften sind die Sportvereine, deren jugendliche Mitglieder sich in den letzten 30 Jahren verdoppelt haben. Neben dem Sport als dem dominanten Interessensektor der Freizeitgesellschaft sind es vor allem die musikalischen und andere Interessengruppen, die den stärksten Anstieg (von 4 % auf 23 %) zu verzeichnen haben (vgl. *Zinnecker* 1987, S. 256-258). Gerade am Bereich der Interessengruppen läßt sich eine Verschiebung von konventionell-traditionswertigen hin zu informal-modernen Orientierungen der jugendlichen Organisationsbindungen besonders deutlich illustrieren. Zu den Interessengruppen der 50er Jahre wie z.B. Schachclub oder Rotes Kreuz sind Motorradclubs, Jugendzentrumsgruppen sowie vielfältige Hobby- und Fanclubs neu dazugekommen (vgl. *Krüger* 1991, S. 211). Verändert hat sich in den letzten Jahrzehnten auch die Art der Einbindung von Jugendlichen in Organisationen. Eine totale Bindungsbereitschaft der Jugendlichen wird immer seltener. Partielle Bindungen auf der Basis spezieller Zielsetzungen treten in den Vordergrund (*Mitterauer* 1986, S. 233). So hat z.B. eine der wenigen bislang vorliegenden qualitativen Studien aus dem Kontext der **Jugendverbandsforschung** gezeigt, daß die Mitgliedschaft in einem Jugendverband für Jugendliche ganz unterschiedliche biographische Bedeutungen haben kann. Herausgearbeitet wurden in diesem Projekt vier unterschiedliche Muster der Verarbeitung von Verbandserfahrungen, dessen Spektrum vom Verband als biographischer Karriereinstitution, über die Bedeutung des Verbandes als einer Instanz für psychosoziale Lebenshilfe bis hin zum Verband als Raum, in dem sich peer-group-Beziehungen konstituieren, die ihre eigene Freizeit interessant und abenteuerlich gestalten wollen oder aber auch Möglichkeiten für die Entfaltung gesellschaftspolitischen Engagements suchen, reicht (*Reichwein/Freund* 1991, S. 357-359). Gerade die Ergebnisse dieser Studie machen aus qualitativer Perspektive noch einmal deutlich, daß sich informelle Formen der Geselligkeit und die Zugehörigkeit zu einem Verband nicht ausschließen, sondern daß die Übergänge zwischen komplexen Organisationen und informellen Gruppierungen fließend geworden sind. Gleichzeitig ist heute bei Jugendlichen jedoch an die Stelle einer Identifikation mit kollektiven Vertretungs- und Sinnstiftungsinstanzen eine demonstrative Gebrauchswertorientierung und ein dienstleistungsorientiertes Mitgliedschaftsverständnis getreten. Nur solche **Jugendverbände** sind für Heranwachsende noch attraktiv, das zeigen die empirischen Trenddiagnosen, die ein klares Aufgabenprofil vorweisen können und die Jugendlichen Raum für selbstbestimmte Aktivitäten und Möglichkeiten zur Lebensstilwahl und Existenzbewältigung eröffnen (vgl. *Reichwein/Freund* 1991; *Böhnisch* 1991).

Diese Erfahrungen gilt es auch beim Aufbau eines pluralistischen Systems von Jugendorganisationen in den neuen Bundesländern mit zu berücksichtigen, wo bereits im Jahre 1990 die Mitgliederzahlen der staatsmonopolistischen Jugendorganisation, der FDJ, von 2,3 Millionen auf weniger als 20000 Mitglieder geschrumpft waren (vgl. *Brenner* 1990, S. 385). Die im gleichen Jahr durchgeführte deutsch-deutsche Schülerstudie macht zudem deutlich, daß die massenhaft aus der FDJ ausgetretenen Jugendlichen nicht verstärkt nach neuen politischen Organisationsformen suchen, sondern sich als Folge der quasi erzwungenen Mitgliedschaft in der FDJ gegenüber neuen politischen Jugendorganisationen eher reserviert verhalten (*Behnken* u.a. 1991, S. 152). Erschwerend beim Neuaufbau eines demokratisch legitimierten Systems von Jugendverbänden in den neuen Bundesländern kommt außerdem noch hinzu, daß man sich dabei abgesehen von der kirchlichen Jugendarbeit, an der sich rund 10 Prozent der ostdeutschen Jugendlichen im Jahre 1990 beteiligten, kaum auf historisch gewachsene und intakte Strukturen von unten stützen kann (vgl. *Krüger* 1991, S. 219).

4 Theoretische Desiderate und forschungsprogrammatische Perspektiven

Faßt man die referierten Daten und Ergebnisse der Jugendfreizeit- und -medienforschung noch einmal zusammen, so scheint Jugendfreizeit und jugendlicher Umgang mit Medien gegenwärtig durch drei Entwicklungstendenzen gekennzeichnet zu sein.

Erstens wird auch Anfang der 90er Jahre noch die Prognose von Blücher bestätigt, daß jugendliches Freizeitverhalten durch eine strukturelle Kontinuität gekennzeichnet ist.

Zweitens läßt sich konstatieren, daß sich als Resultat der wohlfahrtsstaatlichen Modernisierung in den letzten Jahrzehnten die materiellen, zeitlichen und finanziellen Ressourcenlagen der Freizeit von Jugendlichen auf hohem Niveau standardisiert haben. Diesem strukturellen Grundmuster gegenläufig, es dennoch nicht brechend, weisen die Freizeitoptionen von Jugendlichen seit Beginn der 80er Jahre einen hochdifferenzierten Geschmacks-, Ausgestaltungs- und Stilrichtungspluralismus auf. Die inhaltlichen Freizeitorientierungen von Jugendlichen haben sich flexibilisiert und ausdifferenziert. Hinter dieser vordergründigen Fassade einer Vielfalt ‚frei gewählter' kultureller Optionen bestehen jedoch alte schicht- und geschlechtsspezifische Ungleichheiten in neuem Gewande fort.

Drittens forciert der Prozeß gesellschaftlicher Modernisierung einerseits Prozesse der fortschreitenden konsumtiven Vergesellschaftung von Jugendfreizeit, andererseits der Individualisierung, der Entbindung von traditionellen, wert- und normsetzenden Sicherheiten sowie des Zwangs in immer früherem Alter selbst verantwortete biographische Entscheidungen für ein Medienangebot, eine Gruppe oder einen Lebensstil zu treffen.

Diese Diagnosen schließen an in der Jugendfreizeit- und -medienforschung rezipierte modernisierungstheoretische (vgl. *Beck* 1986; *Heitmeyer/Olk* 1990; *Krüger* 1991) und kultursoziologische Erklärungsansätze an. So fruchtbar sich die Anwendung der Individualsierungs- und Enttraditionalisierungsannahmen der Theorie reflexiver Modernisierung (*Beck* 1986) für die Analyse der Veränderungen jugendlichen Freizeitverhaltens auch bereits erwiesen hat, ist doch festzustellen, daß der Bezug zu diesem Theoriekonzept in den meisten Studien nicht theorieüberprüfend erfolgt. Vielmehr wird forschungspragmatisch und im nachhinein auf einzelne Theoreme von modernisierungstheoretischen Diagnosen zurückgegriffen, um ausgemachte empirische Trends zu bündeln. Die Schwäche der Beckschen Theorie selber besteht zudem darin, daß sie die Individualisierungkategorie ausschließlich in der Tradition der Lebenslagen- und Lebenslaufforschung als gesellschaftshistorische Kategorie verwendet und die subjektive Seite des Individualisierungsprozesses systematisch ausblendet. Dieses subjekttheoretische Defizit kann auch nicht durch Rekurs auf kultursoziologische Ansätze oder lebensweltliche bzw. sozialökologische Ansätze ausgeglichen werden, die als theoretische Erklärungsansätze in der Jugendfreizeit- und -medienforschung ebenfalls Konjunktur haben. Die Stärke der von *Bourdieu* (1984) entwickelten Kultursoziologie liegt sicherlich darin, daß sie durch die Unterscheidung zwischen ökonomischen, sozialen und kulturellen Kapitalressourcen die traditionelle marxistische Klassentheorie erweitert und sich als Theoriefolie eignet, um Veränderungsprozesse jugendlichen Freizeit- und Medienverhaltens im Raum sozialer Klassenfraktionen zu verorten. Der Nachteil des von *Bourdieu* vorgelegten gesellschaftstheoretischen Modells ist es, daß es sehr statisch ist und Wanderungs- und Assimilisierungsbewegungen im Raum sozialer Klassen ebenso wenig fassen kann wie aufgrund einer fehlenden Subjekttheorie auch Erosionsprozesse kultureller Identitäten. Sozialökologische und lebenswelttheoretische Ansätze bieten sicherlich den Vorzug, die Topographie soziokultureller Räume und den Alltag von jugendlichen Freizeitwelten adäquat analysieren zu können. Studien zum jugendlichen Freizeit- und Medienverhalten, die sich an diesen Ansätzen orientieren, haben eine Materialfülle und -qualität hervorgebracht wie kaum andere Forschungsansätze. Der Mangel dieser Theoriepositionen besteht jedoch darin, daß es aufgrund fehlender gesellschafts- und subjekttheoretischer Bezugsgrößen nicht gelingt, die Analyse der Meso- und Mikrostrukturen menschlicher Lebensräume mit der Analyse gesellschaftlicher Determinanten und individueller Entwicklungen zu vermitteln.

Zusammenfassend ist festzuhalten: soll bei der Untersuchung von jugendlichem Freizeit- und Medienverhalten die Dialektik von gesellschaftlichen sowie ökologischen Bedingungen und individuellen Prozessen hinreichend gefaßt werden, so sind modernisierungstheoretische Ansätze, ähnlich auch kultursoziologische Ansätze, auf die Ergänzung durch sozialökologische und subjekttheoretische Ansätze angewiesen. Unabhängig von der konkreten Ausformulierung einer für empirische Forschungen offenen Theorie jugendlichen Freizeit- und Medienverhaltens und der generellen Forderung, freizeit- und medienbezogene Fragestellungen und Forschungen wieder stärker zu verkoppeln, sind folgende Forschungsdesiderate benennbar:

1. Quantitative Studien zum Freizeit- und Medienverhalten, die modernisierungstheoretische und kultursoziologische Annahmen und Behauptungen empirisch zu überprüfen suchen. Erst solche Studien könnten die referierten Trends und Diagnosen validieren, einschränken, wohlmöglich sogar falsifizieren. Forschungsvorhaben in dieser Richtung hätten insbesondere auch den Blick auf die neuen Bundesländer zu richten, denn soziale Ungleichheiten sind vermutlich gerade in Ost-West-Vergleichen auszumachen.
2. Qualitative Untersuchungen zur biographischen Bedeutung der in der Adoleszenz gewählten Freizeit- und Medienpräferenzen sind bislang ebenso kaum vorhanden wie tiefer fragende Studien zur Bedeutung und dem Sinn, den Jugendliche ihren Freizeit- und Medienaktivitäten zuschreiben. Von Interesse sind auch biographische Studien, die nach Kontinuität oder Diskontinuität von Freizeitverhalten in Lebensgeschichten fragen oder nach der biographischen Bedeutung von Freizeit- und Medienkarrieren für spätere Berufswege.
3. Kaum durchgeführt wurden bislang auch Analysen der Anbieterseite: Inwieweit präformieren Freizeitangebote und -märkte das Freizeit- und Medienverhalten von Ju-

gendlichen bewußt und über welches Wissen verfügen die professionellen „Freizeitmacher“ von ihren jugendlichen Besuchern und Konsumenten.

Die konkreten Forschungsfragen sind auf die hier nur angedeutete, an anderer Stelle präzisierte interdisziplinäre Theorieperspektive zu beziehen (vgl. den Beitrag von *Krüger* zu diesem Gegenstand in diesem Band) und in solche Forschungsvorhaben zu übersetzen, die empirische Erkenntnisse nicht nur theorierezipierend, sondern auch theoriekorrigierend und theoriegenerierend auswerten. Ein im Kern derart anspruchsvolles Programm hat sich im Gleichklang mit seiner konzeptionellen Verdichtung von monolitischen, einseitig quantitative oder qualitative Methoden favorisierenden Grundlegungen der Methodologie zu verabschieden. Um einen mehrperspektivischen Zugang zur Realität jugendlichen Freizeit- und Medienverhaltens zu gewinnen, ist einer Kombination von qualitativen und quantitativen Methoden der Vorzug zu geben. Ergänzt werden müßte diese mehrdimensionale Methodenperspektive durch die bisher weitgehend unberücksichtigten biographischen Methoden und durch methodologische Konzepte, die einen Blick für die kreativen Äußerungen und Darstellungen von Jugendlichen entwickeln, sehen, daß auch das Feld jugendlicher Produktivität erkenntnisgewinnend ist. Erst die Ausformulierung eines solchen umfangreichen, aber in sich ausdifferenzierten und nicht in Beliebigkeit versinkenden Theorie- und Methodenpluralismus könnte den Bezugsrahmen für die Durchführung von Untersuchungen abgeben, die die skizzierten Forschungsdefizite im Bereich der Jugendfreizeit- und -medienforschung empirisch und theoretisch aufzuarbeiten suchen.

Anmerkungen

1 *Peukert* (1987) legt, trotz der Feststellung, daß „die typische Gesellschaftsform der Jugendlichen in ihrer Freizeit die peer-group war“ (*Peukert* 1987, S. 204), eine hiervon abweichende Interpretation vor. Er betont, daß seit der Jahrhundertwende „ allen zivilisationskritischen Unkenrufen (...) zum Trotz (...) die meiste freie Zeit auch im Arbeitermilieu familienbezogen verbracht“ wurde (*Peukert* 1987, S. 198). Die von *Peukert* herangezogenen Jugendstudien illustrieren zwar diese Deutung, verifizieren sie jedoch nicht (vgl. *Mitterauer* 1986).

2 Derartige Rückschlüsse sind schwierig, weil den einzelnen Untersuchungen unterschiedliche Definitionen von Freizeit zugrunde liegen. Auch haben sich die Vorstellungen darüber, was Freizeit ist und was nicht, gewandelt und in den letzten 20 Jahren subjektiviert und partiell zu einer eigenständigen „ Sinnwelt Freizeit“ (vgl. *Eckert* u.a. 1990) entwickelt.

3 Natürlich können entsprechende Prozentanteile von Jugendlichen nicht auch täglich über Medien frei verfügen. Die Diskrepanzen zwischen persönlichem Besitz und Nutzungsmöglichkeiten, insbesondere im Bereich der neueren Medien, sind zum Teil noch erheblich (vgl. *Baacke* u.a. 1990, S. 62ff., insbesondere 64f.).

4 *Baacke* (u.a. 1990, S. 54) haben Jugendliche in unterschiedlichen ökologischen Räumen danach befragt, wie sie in die nächste größere Stadt oder in das jeweilige Stadtzentrum gelangen. Das Ergebnis belegt die wichtige Bedeutung öffentlicher Verkehrsmittel für Jugendliche. 72,6 % der Befragten griffen auf sie zurück, 51 % benutzten auch Fahrräder, 47,2 % nahmen elterliche Fahrdienste in Anspruch und 40,3 % organisierten ihre Mobilität über Gleichaltrige.

5 *Blücher* (1966, S. 213), eine Intensivuntersuchung zitierend, hält für die 60er Jahre hierzu fest: „Oft hat das Hobby eine enge Beziehung zum Berufswunsch. Bei vielen Jugendlichen ist, wie wir sahen, der Berufswunsch identisch mit der Lieblingsbeschäftigung.“

6 *Krüger* (1991) hebt auf der Basis neuerer empirischer Ergebnisse (vgl. *Behnken* u.a. 1991) hervor, daß *Fuchs* (1985) Annahme, expressive Alltagsflips hätten für ältere eine größere Bedeutung als für

jüngere Jugendliche und würden intensiver von männlichen als von weiblichen Jugendlichen gelebt, sich tendenziell in den Voten von Schülern und Schülerinnen aus den neuen und den „alten" Bundesländern bestätigt. Jugendfreizeitstudien der 70er Jahre (*Grieswelle* 1978, S. 79) und aktuelle medienökologische Studien (*Baacke* u.a. 1990, S. 56) konstatieren, der skizzierten Tendenz gegenläufig, daß Gymnasiasten das Lesen, kulturell-kreative Tätigkeiten, Konzert- und Theaterbesuche, aber auch aktive sportliche Tätigkeiten höher präferieren als Hauptschüler beziehungsweise Berufsschüler, infrastrukturelle, sozialökologische Determinanten Freizeitinteressen, Freizeitverhalten und Bedürfnisorientierungen von Jugendlichen beeinflussen (vgl. *Gehrmann* 1979; *Tippelt* u.a. 1986; in bezug auf jugendliche Cliquen vgl. auch *Hübner-Funk* 1983), sozialstrukturelle Rahmenbedingungen wie vorhandenes Freizeitangebot und familiales Erziehungsverhalten über das Freizeitverhalten von Jugendlichen mitentscheiden und / oder besuchte Schulformen familien- beziehungsweise außerfamilienorientiertes Freizeitverhalten mitbeeinflussen (*Schilling* 1977).

Literatur

Allerbeck, K. / Hoag, W.: Jugend ohne Zukunft. Einstellungen, Umwelt, Lebensperspektiven. München 1985

Baacke, D. u.a.: Lebenswelten Medienwelten. Opladen 1990

Baacke, D.: Der sozialökologische Ansatz. In: deutsche jugend (1980), H. 11 S. 493-505

Backhaus-Starost, A. / Backhaus, E.: Freizeitaktivitäten von Arbeiterjugendlichen. Frankfurt a.M. 1975

Baerenreiter, H. u.a.: Jugendliche Computerfans : Stubenhocker oder Pioniere. Opladen 1990

Baerenreiter, H. / Kirchner, R.: Impressionen aus dem Feld. In: Verbund sozialwissenschaftlicher Technikforschung, Mitteilungen 4 / 1988, S. 121-161.

Baethge, M. u.a.: Jugend : Arbeit und Identität. Opladen 1988

Baethge, M. u.a.: Jugend und Krise — Krise aktueller Jugendforschung. Frankfurt a. M. 1983

Bals, Ch.: Halbstarke unter sich. Köln und Berlin 1962

Bauer, K.O. / Zimmermann, P.: Jugend, Joystik, Music-Box. Eine empirische Studie zur Medienwelt von Jugendlichen in Schule und Freizeit. Opladen 1989

Beck, U.: Risikogesellschaft. Auf dem Weg in eine andere Moderne. Frankfurt a. M. 1986

Beck,U.: Gegengifte. Die organisierte Unverantwortlichkeit. Frankfurt / Main 1988

Beck,U.: Jenseits von Stand und Klasse? Soziale Ungleichheiten, gesellschaftliche Individualisierungsprozesse und die Entstehung neuer Formationen und Identitäten. In: Kreckel,R. (Hrsg.): Soziale Ungleichheiten, Sonderband 2, Göttingen 1983, S. 35-74

Becker, H. u.a.: Pfadfinderheim, Teestube, Straßenleben. Jugendliche Cliquen und ihre Sozialräume. Frankfurt a.M. 1984

Behnken, I. u.a.: Schülerstudie '90. Jugendliche im Prozeß der Vereinigung. Weinheim und München 1991

Bietau, A.: Arbeiterjugendliche zwischen Schule und Subkultur. In: Breyvogel,W. (Hrsg.): Pädagogische Jugendforschung. Opladen 1989, S. 131-160

Bisky, L.: Nutzung der Massenmedien durch Jugendliche. In: Friedrich, W. u.a. (Hrsg.): Jugend Konkret. Berlin 1984, S. 183-215

Blücher, V. Graf: Die Generation der Unbefangenen. Düsseldorf / Köln 1966

Blücher, V. Graf: Freizeit in der Industriellen Gesellschaft. Stuttgart 1956

Blücher, V. Graf: Jugend, Bildung, Freizeit. Dritte Untersuchung zur Situation der deutschen Jugend (EMNID-STUDIE). Bielefeld 1967.

Böhnisch, L.: Jugenddebatten und Verwertungsprobleme der Jugendforschung. In: Neue Praxis 1983

Böhnisch, L.: Jugendverbandsarbeit im kirchlichen Raum. In: Böhnisch, L. u.a. (Hrsg.): Handbuch Jugendverbände. Weinheim / München 1991, S. 366-372

Bonfadelli, H. u.a.: Jugend und Medien. Frankfurt a. M. 1986

Bonfadelli, H.: Freizeitverhalten von Kindern und Jugendlichen und Medienkonsum. In: Sachverständigenkommission 8. Jugendbericht (Hrsg.): Lebensverhältnisse Jugendlicher. München 1990

Bourdieu, P.: Die feinen Unterschiede. Frankfurt/Main 1984
Bravo-Studie: Jugend, die kaufbeeinflussende Kraft in der Familie. München 1986
Brenner, G. Gesamtdeutsche Jugendverbände? Ein schneller Umbruch mit großen Problemen. In: deutsche Jugend 38 (1990), H. 9, S. 383-394
Bronfenbrenner, W.: Ökologische Sozialisationsforschung. Stuttgart 1976
Büchner, P.: Aufwachsen in den 80er Jahren. In: Büchner, P. / Krüger, H.-H. / Chisholm, L.(Hrsg.): Kindheit und Jugend im interkulturellen Vergleich. Opladen 1990, S. 79-93
Dehn, G.: Großstadtjugend. Berlin 1919.
Dehn, G.: Proletarische Jugend. Lebensgestaltung und Gedankenwelt der großstädtischen Proletarierjugend. Berlin 1929.
Deja-Lolhöffel, B.: Freizeit in der DDR. Berlin 1986.
Deutsches Jugendinstitut (Hrsg.): Entwicklungsbedingen und -perspektiven der Jugendhilfe in der früheren DDR nach der Vereinigung der beiden deutschen Staaten. München 1990
Deutsches Jugendinstitut (Hrsg.): Medien im Alltag von Kindern und Jugendlichen. München 1988
Dinse, R.: Das Freizeitleben der Großstadtjugend. 5000 Jungen und Mädchen berichten. Berlin 1932
Dudek, P.: Jugend als Objekt der Wissenschaft. Opladen 1990
Eckert, R. u.a.: Sinnwelt Freizeit. Jugendliche zwischen Märkten und Verbänden. Opladen 1991
Fauser, R. / Schreiber, N: Ansatzpunkte für eine informationstechnologische Grundbildung. In: Zeitschrift für Pädagogik 35 (1989), H. 2, S. 219-259
Fend, H.: Sozialgeschichte des Aufwachsens. Frankfurt a.M. 1988
Fischer, A. u.a.: Jugend '81. Lebensentwürfe — Alltagskulturen — Zukunftsbilder. Opladen 1981
Fischer, A. / Fuchs, W. / Zinnecker, J.: Jugend und Erwachsene '85. Generationen im Vergleich. Opladen 1985
Fischer, I.: Untersuchungen zur Freizeitproblematik bei 15- bis 16jährigen Oberschülern. Halle 1964
Franzen-Hellersbach, L.: Die jugendliche Arbeiterin. Ihre Arbeitsweisen und Lebensform. Tübingen 1932
Freitag, B.: Theorie des kommunikativen Handelns und genetische Psychologie. In: KFfSS (1983), S. 555-576
Friebel, H. u.a.: Selbstorganisierte Jugendgruppen zwischen Partykultur und politischer Partizipation. Opladen 1979
Fuchs, W. / Zinnecker, J.: Nachkriegsjugend und Jugend heute. Werkstattbericht aus einer laufenden Studie. In: ZSE, (1985),H. 1, S. 5-28
Fuchs, W.: Entspannung im Alltag. In: Fischer, A. u.a. (Hrsg.): Jugendliche und Erwachsene ,85. Generationen im Vergleich, Bd. 2. Opladen 1985, S. 7-34
Fuchs, W.: Jugendliche Statuspassage oder individuelle Jugendbiographie. In: Soziale Welt 34 (1983), S. 341-371
Funk, H. / Lösch, H.: Freizeit im Alltag von Jugendlichen. Erfahrungen und Analysen. München 1980
G + J: Branchenbild Nr. 65 / 1986
Ganzel, O.: Die Jugendpflege. Leipzig 1912
Gehrmann, H.-J.: Bedürfnisorientierungen und Freizeitverhalten von Jugendlichen. Eine sozialökologische Studie. Weinheim und Basel 1979
Grieswelle, D.: Jugend und Freizeit. Bedingungen außerschulische Jugendarbeit. München 1978
Habermas, J.: Theorie des Kommunikativen Handelns (2 Bd.). Frankfurt a.M. 1981
Hantsche, B.: Veränderte Sozialisationsmuster in der Adoleszenz — welchen Stellenwert hat Arbeit für die Identität von Jugendlichen. In: Bois-Reymond, M. / Oechsle, M. (Hrsg.) : Neue Jugendbiographie. Opladen 1990, S. 59-79
Heitmeyer, W. / Olk,Th. (Hrsg.): Individualisierung von Jugend. Weinheim / München 1990
Heitmeyer, W. / Peter,H.: Jugendliche Fußballfans. Weinheim / München 1988
Helsper, W.:Jugendliche Gegenkultur und schulisch-bürokratische Rationalität. In: Breyvogel,W. (Hrsg.): Pädagogische Jugendforschung. Opladen 1989, S. 161 - 186
Hemprich, K.: Handbuch und Wegweiser für die Arbeit in der Jugendpflege. Osterwieck / Leipzig 1914
Hübner-Funk, S. u.a.: Sozialisation und Umwelt. Berufliche Orientierungen und Gesellschaftsformen von Hauptschülern im sozialökologischen Kontext. München 1983

Hurrelmann, K. / Ulich, D. (Hrsg.): Handbuch der Sozialisationsforschung. Weinheim und Basel 1980, [2]1991
Hurrelmann, B.: Fernsehen in der Familie. Weinheim / München 1990
Hurrelmann, K. / Rosewitz, B. / Wolf, H.K.: Lebensphase Jugend. Weinheim / München 1985
Husserl, E.: Zur Phänomenologie der Intersubjektivität. Hamburg 1973
Jaide, W.: Generationen eines Jahrhunderts. Opladen 1988
Jung, H.: Das Phantasieleben der männlichen werktätigen Jugend. Münster 1930
Jüngst, H.: Die junge Fabrikarbeiterin. Paderborn 1930
Kautz, H.: Im Schatten der Schlote. Versuche zur Seelenkunde der Industriejugend. Einsiedeln 1929
Kieper, M.: Lebenswelten verwahrloster Mädchen. München 1980
Klauser, R.: Zur Soziodemographie des Heimcomputer-Bestandes in der Bundesrepublik 1984 — 1987. In : Hejl, P. u.a. (Hrsg.) : Computer-Kids. Siegen, S. 173 - 184
Knoll, H.J. u.a.: Das Bildschirmspiel im Alltag Jugendlicher. Opladen 1986
Kolfhaus, St.: Umgang Jugendlicher mit Videospielen. In: Fritz, J. (Hrsg.): Programmiert zum Kriegsspiel. Frankfurt a.M. 1988
Krakulec, P.: Die Entwicklung der FDJ. In: Böhnisch, L. u.a. (Hg.): Handbuch Jugendverbände. Weinheim und München 1991, S. 79 - 85
Kranzhoff, U. E. / Schmitz-Scherzer, R.: Jugendliche in ihrer Freizeit. Eine sozialpsychologische Studie. Basel 1978
Krisam, R. / Tegethoff, H.G.: Jugendfreizeitzentrum und soziales Umfeld. Ein Lehrforschungsprojekt zur stadtteilorientierten Jugendarbeit. Neuwied und Darmstadt 1977
Krüger, H.-H. / Lersch, R.: Lernen und Erfahrung. Bad Heilbrunn 1982
Krüger, H.-H. / Thole, W.: Jugendliche Selbstinszenierungen und soziokulturelle Phantasie. In: Förster, J. u.a. (Hrsg.): Wozu noch Germanistik. Stuttgart 1989, S. 280 - 292
Krüger, H.-H.: Zum Wandel von Freizeitverhalten und kulturellen Lebensstilen bei Heranwachsenen in Westdeutschland. In: Büchner, P. / Krüger, H.-H. (Hrsg.): Aufwachsen hüben und drüben. Opladen 1991, S. 203 - 223
Krüger, H.H. / Lindner, B.: Distanz und Nähe. Jugendkulturen im Prozeß der Vereinigung. In: Gegenwartskunde 40 (1991), H. 2, S. 187 - 200
Krüger, H.H: / von Wensierski, H.-J.: Wirklichkeit oder Simulation. Erziehungswissenschaft und Medienalltag. In: Krüger, H.H. (Hrsg.): Abschied von der Aufklärung? Opladen 1990, S. 195 - 210
Lenz, K.: Alltagswelten von Jugendlichen. Eine empirische Studie über jugendliche Handlungstypen. Frankfurt a.M. 1986
Lenz, K.: Die vielen Gesichter der Jugend. Frankfurt / Main 1988
Lessing, H. / Liebel, M.: Jugend in der Klassengesellschaft. Marxistische Jugendforschung und antikapitalistische Jugendarbeit. München 1974
Lindner, B.: Jugend und Freizeit. In: Friedrich, W. / Griese, H. (Hrsg.): Jugend und Jugendforschung in der DDR. Opladen 1991, S. 99 - 115.
Lüdtke, H. / Grauer, G.: Jugend — Freizeit — Offene Tür. Methoden und Daten der empirischen Erhebung in Jugendfreizeitheimen. Weinheim und Basel 1973
Lüdtke, H.: Jugendliche in ihrer Freizeit. Interessen und Verhalten. In: Markefka, M. / Nave-Herz, R. (Hrsg.): Handbuch der Familien- und Jugendforschung, Bd. 2, Neuwied / Frankfurt a.M. 1989, S. 571 - 588
Lüdtke, H. / Pawelka, A.: Jugend in Organisationen. In: Markefka, M. / Nave-Herz, R. (Hrsg.): Handbuch der Familien- und Jugendforschung, Bd. 2, Neuwied / Frankfurt / Main 1989, S. 571 - 588
Lüdtke, H.: Expressive Ungleichheit. Opladen 1989
Machwirth, E. / Guckenbehl, H.L. : Freizeitwünsche und Freizeitverhalten von Jugendlichen. Eine Jugendbefragung. Frankfurt a.M. 1984
MAGS: Jugend in NRW. 5. Jugendbericht der Landesregierung Nordrhein-Westfalen. Düsseldorf 1989
Markefka, M. / Nave-Herz, R. (Hrsg.): Handbuch der Familien- und Jugendforschung, Bd. 2. Neuwied / Frankfurt 1989
May, M.: Jugend als Artikulation ungleichzeitiger Widersprüche. In: Breyvogel,W. (Hrsg.): Pädagogische Jugendforschung. Opladen 1989, S. 65 - 79

Meves, B.: Die erwerbstätige Jugend. Eine statistische Untersuchung. Berlin / Leipzig 1929
Mitksch, J.: Jugend und Freizeit in der DDR. Opladen 1972
Mitterauer,M.:Sozialgeschichte der Jugend. Frankfurt/Main 1986
Muchow, M. / Muchow, H.H.: Der Lebensraum des Großstadtkindes. Berlin 1935
Müller, I.: Jugend und Freizeit. Aufgabe der allgemeinen Sozialisation oder einer intentionalen Erziehung durch die Schule. Frankfurt a.M. 1984
Müller, M.: Jugendfreizeit in der DDR. In: Burkhart, G. (Hrsg.): Sozialisation im Sozialismus. ZSE, Beiheft 1.(1990), S. 70-77
Nahrstedt, W.: Freizeit im Lebenslauf. In: Fromme, J. / Stoffers, M. (Hrsg.): Freizeit im Lebenslauf. Bielefeld und Erkrath 1988
Negt, O.: Lebendige Arbeit, enteignete Zeit. Frankfurt / New York 1984
Neidhardt, F.: Die junge Generation. Jugend und Gesellschaft in der Bundesrepublik. Opladen 1970.
Noller, P. / Paul, G.: Jugendliche Computerfans. Selbstbilder und Lebensentwürfe. Frankfurt a.M. 1991
NWDR (Hrsg.): Jugendliche heute. Hamburg 1955
Oester, H.G.: Zeitalter der Freizeit. Eine soziologische Bestandsaufnahme. Darmstadt 1988
Olk, Th.: Jugend und Gesellschaft. Entwurf für einen Perspektivwechsel in der sozialwissenschaftlichen Jugendforschung. In: Heitmeyer, W. (Hrsg.): Interdisziplinäre Jugendforschung. Weinheim und München 1986
Onna, B. van: Jugend und Vergesellschaftung. Eine Auseinandersetzung mit der Jugendsoziologie. Frankfurt a.M. 1976
Peukert, D.J.K.: Grenzen der Sozialdisziplinierung. Köln 1986
Peukert, D.: Jugend zwischen Krieg und Krise. Lebenswelten von Arbeiterjungen in der Weimarer Republik. Köln 1987
Projektgruppe Jugendbüro: Die Lebenswelt von Hauptschülern. München 1973
Projektgruppe Jugendbüro: Subkultur und Familie als Orientierungsmuster. München 1977
Radde, M.: Die Mediatisierung des Jugendalltags als Herausforderung an die Jugendarbeit. In: Radde, M. u.a. (Hrsg.): Jugendzeit — Medienzeit. Weinheim / München 1988, S. 119-135
Rauschenbach, Th.: Das Ehrenamt im Jugendverband. Historisches Relikt oder unverzichtbarer Bestandteil. In: Böhnisch, L. u.a. (Hrsg.): Handbuch Jugendverbände. Weinheim und München 1991, S. 282-297
Reichwein, S. / Freund, Th.: Zwischen Lebenshilfe und Karriere? Zur biographischen Bedeutung einer Verbandsmitgliedschaft Jugendlicher. In: deutsche jugend (1989), H. 7-8, S. 335-345.
Reichwein, S. / Freund,Th.: Von der „Sozialisationsagentur" zum „Lebensraum" In: Böhnisch, L. u.a. (Hrsg.): Handbuch Jugendverbände. Weinheim / München 1991, S. 353-361
Röblitz, G.: Das Freizeitverhalten von Jugendlichen im Alter von 14 — 15 Jahren. In: Pädagogik, 2. Beiheft 1963, S. 28-37
Rosenmayr, L.: Familie und Freizeitgewohnheiten jugendlicher Arbeiter. Wien 1963
Rosenmayr, L.: Schwerpunkte der Jugendsoziologie. In: König, R. (Hrsg.): Handbuch der empirischen Sozialforschung, Bd. 6, Stuttgart 1976
Rosenmayr, L.: Wege vom Ich vor bedrohter Zukunft. Jugend im Spiegel multidisziplinärer Forschung und Theorie. In: Neue Soziale Welt (1985), 3, S. 274-298.
Sander, U. / Vollbrecht, R.: Zwischen Kindheit und Jugend. Weinheim und München 1985
Saxer, U.: Jugend im Einfluß der Massenmedien — Nutzung und Wirkung. In: Markefka, M. / Nave-Herz, R. (Hrsg.): Handbuch der Familien- und Jugendforschung, Bd.II, Neuwied / Frankfurt / Main 1989, S. 647-664
Scharmann, D.-L.: Konsumverhalten von Jugendlichen. München 1965
Schilling, J.: Freizeitverhalten Jugendlicher. Eine empirische Untersuchung ihrer Gesellungsformen und Aktivitäten. Weinheim und Basel 1977
Schultz, C.: Die Halbstarken. Hamburg 1912
Schulze, G.: Spontangruppen der Jugend. In: Markefka, M. / Nave-Herz,R. (Hrsg.): Handbuch der Familien- und Jugendforschung, Bd. 2, Neuwied / Frankfurt / Main 1989, S. 553-569
SINUS-Institut: Jugend Privat. Verwöhnt? Bildungslos ? Hedonistisch? Opladen 1985

SINUS-Institut: Jugendforschung in der Bundesrepublik. Opladen 1984

Spanhel, D.: Neue Medien — Zur Bedeutung der neuen Medien für Jugendliche aus entwicklungstheoretischer und alltagsweltlicher Sicht. In: Unterrichtswissenschaft (1988) S. 19-31

Staeven-Ordermann, G.: Menschen der Unordnung. Die proletarische Wirklichkeit im Arbeiterschicksal der ungelernten Großstadtjugend. Berlin 1933

Stern, E.: Jugendfürsorge (Erster Teil). Breslau 1927

Strzelewicz, W.: Jugend in freier Zeit. München 1985

Süße, H.: Was kommt nach der FDJ. In : Böhnisch, L. u.a. (Hrsg.): Handbuch Jugendverbände. Weinheim und München 1991, S. 774-783.

Swoboda, H. W.: Jugend und Freizeit. (DGfF) Erkrath 1987

Thole, W.: Familie — Szene — Jugendhaus. Alltag und Subjektivität einer Jugendclique. Opladen 1991.

Tippelt, R. u.a.: Jugend und Medien. Weinheim und Basel 1986

Tokarski, W. u.a.: Freizeit. Stuttgart 1985

Vaskovics, L.A. / Schneider, N.F.: Ökonomische Ressourcen und Konsumverhalten. In: Markefka, M. / Nave-Herz, R. (Hrsg.): Handbuch der Familien- u. Jugendforschung, Bd. 2. Neuwied / Frankfurt a.M. 1989, S. 403-418

Vollbrecht, R.: Die Herausforderung der Medienforschung angesichts gesellschaftlicher Modernisierungsprozesse. In: Deutsches Jugendinstitut (Hrsg.): Medien im Alltag von Kindern und Jugendlichen. München 1989

Voß, P. u.a.: Die Freizeit der Jugend. Berlin 1981

W&V Nr. 38 / 1989, S. 64. Zitiert nach: Wolsing, Th.: Die Kommerzialisierung von Kindheit und Jugend. In: deutsche jugend (1991), H. 4, S. 177 ff.

Winkler, G. (Hrsg.): Sozialreport '90. Daten und Fakten zur sozialen Lage in der DDR. Berlin 1990

Wolsing, Th.: Die Kommerzialisierung von Kindheit und Jugend. In: deutsche jugend (1991), H. 4, S. 175-186.

Ziehe, Th.: Kulturkrise und Revolte. In: Breyvogel, W. (Hrsg.): Autonomie und Widerstand. Essen 1983, S. 106-110

Ziehe, Th.: Pubertät und Narzißmus. Sind Jugendliche entpolitisiert ? Frankfurt a.M. 1975

Zinnecker, J.: Jugendkultur 1940 — 1985. Opladen 1987

Zinnecker, J.: Kindheit, Jugend und soziokultureller Wandel in der Bundesrepublik Deutschland-Forschungsstand und begründete Annahmen über die Zukunft von Kindheit und Jugend. In: Büchner, P. / Krüger, H.H. / Chisholm, L. (Hrsg.): Kindheit und Jugend im interkulturellen Vergleich. Opladen 1990, S. 17-36

Lising Pagenstecher

Jugend und Sexualität

1 Hundert Jahre Sexualwissenschaft — ein Jubiläum zum Feiern?

Betrachtet man die 1886 veröffentlichte „Psychopathia sexualis" — ein zeitgenössisches Standardwerk über „Perversionen" — des Wiener Psychiaters Richard von *Krafft-Ebing* als Ausgangspunkt der Sexualwissenschaft, so hätte dieser Forschungszweig 1986 sein hundertjähriges Jubiläum feiern können. Das Fest wäre allerdings nicht sehr strahlend ausgefallen, denn schon ein halbes Jahrhundert nach ihrem Entstehen fand die in Österreich und Deutschland, namentlich durch jüdische Forscher begründete und zur Blüte gebrachte Sexualwissenschaft ein jähes und brutales Ende:

> Am 6. Mai 1933 stürmten Berliner Sportstudenten das 1919 von Magnus *Hirschfeld* gegründete, erste „Institut für Sexualwissenschaft", rissen die Bücher aus den Regalen und zerstörten die gesamte Einrichtung. „Mehr als 10000 Bände der wertvollen Bibliothek wurden auf Lastwagen geladen und abtransportiert.... Neben marxistischer und pazifistischer Literatur galt die sexualwissenschaftliche als bevorzugtes Material für die Bücherverbrennung des 10. Mai 1933. Vernichtet wurde in jenen Tagen das Lebenswerk des homosexuellen Juden Magnus *Hirschfeld* ... Der Schlag der Nazis gegen *Hirschfeld* und sein Institut war ein schrecklicher Anfang. Vom losgelassenen ‚deutschen Geist' wurde schließlich die gesamte Sexualwissenschaft zerstört, gleichgültig, ob sie kommunistisch und revolutionär wie die ‚Sozialistische Gesellschaft für Sexualberatung und Sexualforschung', in welcher Wilhelm *Reich* eine zentrale Rolle spielte, sozialdemokratisch und reformistisch wie das von Magnus *Hirschfeld* geführte ‚Wissenschaftlich-humanitäre Komitee' (die erste Organisation zur Befreiung der Homosexuellen, Anm. L.P.), deutschnational und reformunwillig wie die von Albert *Moll* repräsentierte Richtung oder antisemitisch und gegenaufklärerisch wie das Denken Hans *Blühers* orientiert war." (*Dannecker* 1983, S. 5f.)

Zerschlagen wurden — ab dem 17. Mai 1933 — auch die über 400 Sexualberatungsstellen, die in der Weimarer Republik zwischen 1919 und 1932 nach und nach aufgebaut worden waren, die erste am Berliner „Institut für Sexualwissenschaft".

Von diesem Schlag hat sich die Sexualwissenschaft bis heute nicht erholt.

> „Eine Sexualwissenschaft, die der deutschen vor ihrer Zerschlagung durch die Nazis vergleichbar wäre, existiert seither nicht mehr, weder hierzulande noch sonstwo." (*Dannecker* 1983, S. 6)

Die gesellschaftlichen Veränderungen gegen Ende des letzten Jahrhunderts, nicht zuletzt die durch die Alte **Frauenbewegung** ausgedrückten Emanzipationsbestrebungen der Frauen, stellten das viktorianische Frauenbild und die ihm eigene Entsexualisierung des weiblichen Körpers in Frage. Sie setzten neue Akzente für die wissenschaftliche Auseinandersetzung mit dem Thema „Sexualität", die sich um die Jahrhundertwende schlagartig ausbreitete (vgl. *Giese/Schmidt* 1968, S. 12). Allein zwischen 1890 und 1910 erschienen an die zwanzig bedeutende sexualwissenschaftliche Arbeiten und Werke. In dieser Zeit vollzog sich auch ein wichtiger Perspektivenwechsel: Nach der anfänglichen Fixierung auf die Sexualpathologie rückten zunehmend auch die „normalen" Formen der Sexualität ins Blickfeld der Sexualwissenschaftler. Neben August *Forel* und Ivan *Bloch* waren es vor allem Sigmund *Freud* (1905: Drei Abhandlungen zur Sexualtheorie) und Havelock *Ellis* (1900 — 1910: Studies in the psychology of sex), „...die die Sexualwissenschaft aus dem ‚Wachsfigurenkabinett' der Psychopathia sexualis befreiten" (*Giese/Schmidt* 1968, S. 13).

„Die Geschichten von Menschen, deren Geschlechtstrieb sehr erhebliche Perversitäten zeigt, sind in Büchern über das Geschlechtsleben oft mitgeteilt worden. Man hat aber bisher nicht daran gedacht eine Enquête über den Verlauf normaler geschlechtlicher Entwicklungen anzustellen." (Havelock *Ellis*, zitiert nach *Giese/Schmidt* 1968, S. 16)

Als Charakteristika der jungen Sexualwissenschaft fallen insbesondere auf: ihre interdisziplinäre Offenheit, die Auffassung von der Sexualwissenschaft als einer Naturwissenschaft, ihre enge Verbindung mit politischer Praxis (sei es in sexualrevolutionärer, sexualreformerischer oder in konservativer Tendenz), und das späte Einsetzen empirischer Untersuchungen zur Überprüfung theoretischer Annahmen.

Die empirische Sexualforschung, d.h. die Untersuchung sexuellen Verhaltens und sexueller Einstellungen mit den Erhebungs- und Auswertungsmethoden der Sozialwissenschaft oder der experimentellen Psychologie, setzte um die zwanziger Jahre herum in den USA und der UdSSR ein, in Deutschland erst nach dem Zweiten Weltkrieg.

Gemessen an heutigen Ansprüchen und Möglichkeiten bewegten sich die empirischen Untersuchungen der 20er, 30er Jahre auf einem methodisch noch sehr unzulänglichen Niveau. Erst die großangelegten Erhebungen Alfred C. *Kinseys* und seiner Mitarbeiter, die zwischen 1938 und 1953 in den USA viele Tausend Männer und Frauen aller Schichten und aus allen Regionen, darunter auch Jugendliche, über ihr sexuelles Verhalten befragten, setzten hier ganz neue Maßstäbe und „stellten die empirische Sexualforschung auf ein neues, bis dahin überhaupt unbekanntes Niveau" (*Giese/Schmidt* 1968, S. 17). Aber nicht nur methodisch betraten die amerikanischen Sexualforscher Neuland, sie schockierten auch ganz Amerika mit dem Befund, daß viele sexuelle Verhaltensweisen, die bis dahin als „pervers" oder „abnorm" gegolten hatten (z.B. oral-genitale Kontakte) zur alltäglichen Sexualpraxis der (befragten) Amerikaner gehörten.

Untersuchungen über Sexualverhalten und sexuelle Standards von Jugendlichen in der Pubertät, die für diese Gruppe repräsentativ sind, waren und sind bis heute eine Seltenheit, dagegen gibt es seit den 20er Jahren zahlreiche Befragungen über das Sexualverhalten von High-School- und College-Studenten.

Von Anbeginn bis in die Gegenwart ist die etablierte Sexualwissenschaft eine Männerdomäne, was sich in Theorie und Empirie immer noch deutlich bemerkbar macht.

2 Jugendsexualforschung in der Bundesrepublik — ein Thema für Krisenzeiten?

Eine breitere theoretische Diskussion über die Sexualität hat sich in der Bundesrepublik erst in den 60er Jahren entwickelt, ausgelöst durch die Studenten- und Schülerbewegung und die „Außerparlamentarische Opposition" (Apo). Weit mehr als die durch

Naziprüderie und kriegsbedingte Entbehrungen eingeschränkte Elterngeneration empfanden die neuen Wohlstandskinder die überkommenen und überholten sexuellen Fesseln. Jugendliche und junge Erwachsene, besonders männliche und besonders aus der Mittelschicht, wurden zum Motor der sexuellen und sozialen Befreiungsbewegung. Die Euphorie von Teilen der jungen (Männer-)Generation ging so weit, daß sie hoffte, mit den sexuellen Fesseln auch die sozialen Fesseln zu sprengen, und das hieß damals, die kapitalistische Gesellschaft zu überwinden.

Als besonderes Hemmnis für die sexuelle Befreiung wurde die Bindung der Sexualität an die bürgerliche Ehe-Institution und die in ihr angelegte Monogamie und Dauerbindung betrachtet. Daher galten nicht(oder „vor‘-) eheliche Sexualbeziehungen, Mehrfachbeziehungen, Sexualität in Gruppen und Partneroffenheit in Teilen der Studentenbewegung — zumindest theoretisch — als fortschrittlich, als „antiautoritär“ und „systemüberwindend“.

In dieser Zeit setzte auch die **empirische Sexualforschung** in der Bundesrepublik ein, und sie begann 1966 mit einer Studentenbefragung. Hans *Giese* und Gunter *Schmidt* untersuchten am Beispiel der „vorehelichen Beziehungen“, was es mit der „sexuellen Revolution“ auf sich habe und kamen zu dem Ergebnis, daß „die Abweichung von der traditionellen Moral... zwar beträchtlich“ sei, eine sexuelle Revolution aber „nicht stattgefunden“ habe (*Giese/Schmidt* 1968, S. 393). Inspiriert von der Studenten- und Apo-Bewegung, die in der Arbeiterklasse die entscheidende gesellschaftliche Veränderungskraft sah, war vermutlich auch die Jungarbeiter-Untersuchung von Volkmar *Sigusch* und Gunter *Schmidt* von 1968. Und auch ihre Schüleruntersuchung von 1970 paßt in den historisch-gesellschaftlichen Rahmen, die Zeit des wirtschaftlichen Aufschwungs und der Bildungsreform, der Schüler- und Lehrlingsproteste.

Im Themenspektrum der sonst eher üppigen Jugendforschung spielen **Sexualität** und sexuelle Beziehungen offenbar nur eine Rolle in Umbruch- oder Krisenzeiten. Nach dem Aufbruch der 60er/70er Jahre ebbte das breitere Interesse an der Jugendsexualforschung in der BRD wieder ab. Vermutlich ging man davon aus, daß der Liberalisierungsprozeß zum Stillstand gekommen sei und spektakuläre Veränderungen nicht zu erwarten wären. Zwei Untersuchungen mit spezifischer Themenstellung wurden Anfang der 80er Jahre noch durchgeführt. Die dann einsetzende Funkstille wurde erst Ende der 80er Jahre — angesichts der Ausbreitung von Aids — aufgehoben. Eine ganze Reihe von z.T. kleineren Untersuchungen wollte — im Interesse einer Aidsprävention — herausfinden, inwieweit SchülerInnen und StudentInnen die Gefahr von **Aids** bewußt ist, inwieweit sie sich davor schützen und ob die Angst vor Aids Einbrüche in das freizügigere Sexualklima unter Jugendlichen bewirkt hätte.

Die erste und lange Zeit einzige Untersuchung über „Jugendsexualität“ in der Bundesrepublik, (bei der ein repräsentatives Sample 16- und 17jähriger SchülerInnen verschiedener Schultypen befragt wurde) bezieht sich auf das Jahr 1970 (*Sigusch/Schmidt* 1973). Zehn Jahre später (1980/81) folgt eine Untersuchung über „Sexualität und Kontrazeption aus der Sicht der Jugendlichen und ihrer Eltern“, haushaltsrepräsentativ für 14 — 17jährige Mädchen und Jungen sowie jeweils einen Elternteil (*Schmid-Tannwald/Urdze* 1983). Faßt man den Jugendbegriff etwas weiter — also über die Zeit des sexuellen Reifeprozesses hinaus —, so können auch die Untersuchungen von 1966 und 1968 über sexuelle(s) Einstellungen und Verhalten von StudentInnen bzw. JungarbeiterInnen hinzugenommen werden (*Giese/Schmidt* 1968; *Sigusch/Schmidt* 1970). Durch den Vergleich von Geburtskohorten aus der Jugend-, Studenten- und Jungarbeiteruntersuchung konnten *Sigusch* und *Schmidt* (1973) auch Veränderungen in der Pubertätsphase feststellen.

Die erste Wiederholungsstudie in der bundesrepublikanischen Jugendsexualforschung wird 1981 von Ulrich *Clement* durchgeführt. Sie vergleicht sexuelles Verhalten und sexuelle Einstellungen westdeutscher StudentInnen von 1981 mit den entsprechenden Befunden von 1966 (*Giese / Schmidt*), ermittelt also Veränderungen über einen Zeitraum von 15 Jahren. Da die Aussagefreudigkeit der Studierenden zu sexuellen Themen zwischen 1966 und 1981 erheblich abgenommen hat, betrug die Rücklaufquote 1981 nur noch 37 %, gegenüber 60 % 1966. (Das Problem des Verweigererfehlers und seiner Bedeutung für die Repräsentativität der Untersuchungsergebnisse wird von *Clement* ausführlich behandelt und relativiert.)

Die Themen dieser Untersuchungen, die um das „Lernziel Koitus" (*Pagenstecher / Hartmann* 1985) und um die selbstverständlich werdenden vorehelichen Sexualerfahrungen kreisen, kommen uns heute z.T. überholt vor und ihre Erforschung als theoriearm und ausschnitthaft, d.h. von den übrigen Lebensbereichen abgeschnitten.

Diese Kritik — z.T. von den Sexualforschern selbst gesehen — bedarf jedoch einer gewissen historischen Relativierung:

Gemessen an den Vereinigten Staaten, in denen die *Kinsey*-Reporte über das sexuelle Verhalten von Männern und Frauen (1948 bzw. 1953) eine wirklichkeitsferne Moral mit der „Faktizität" des amerikanischen Sexuallebens konfrontierten, war die junge Bundesrepublik ein sexualwissenschaftliches Niemandsland, in dem Moral und Tabus das Wissen weitgehend ersetzten. So galt z.B. Selbstbefriedigung in den Nachkriegsjahren weithin noch als etwas Verwerfliches — bei Mädchen dezent übergangen —, vor dem in sog. Aufklärungsbüchern gewarnt wurde; „oral-genitale" Kontakte waren ein unaussprechliches, „perverses" Thema, und andere Stellungen als die Mann-oben / Frauen-unten-Position bei der sexuellen Vereinigung gehörten noch in den Grenzbereich des Obszönen. Niemand wußte so recht, wie sich Moral, Tabus und reales Sexualleben zueinander verhielten. Aus dieser Situation heraus und aufgerüttelt durch die *Kinsey*-Reporte forderte Ludwig von *Friedeburg* 1953, daß „auch die Intimsphäre... vorurteilsfrei zum Gegenstand sozialwissenschaftlicher Gruppenuntersuchungen gemacht werden" müsse (*Friedeburg* 1953, S. 1). In der von ihm 1949 am Allensbacher Institut für Demoskopie durchgeführten „Umfrage in der Intimsphäre", tauchte das Wort „Sexualität" fast nur in den englischen Originalzitaten aus den Kinsey-Studien auf, ansonsten war die Rede von „intimen Beziehungen" und „intimem Verkehr", so daß die Interviewer die Anweisung erhielten, durch entsprechende Nachfragen sicherzustellen, daß diese Begriffe von den Befragten auch wirklich auf sexuelle Handlungen und die sexuelle Vereinigung bezogen wurden.

Ab 1987 beginnt eine neue Welle von kleineren, regional begrenzten und nichtrepräsentativen Untersuchungen zur Jugendsexualität, die fast alle durch das Aidsproblem ausgelöst wurden, z.B.: „Sexualverhalten von Studenten und Aids" (*Böhm / Rohner* 1988), „Studentensexualität und Aids" (*Neubauer* 1989), „Jugendsexualität und Aids" (Untersuchung von Hamburger SchülerInnen, *Schmidt / Klusmann / Renter / Radizi* 1989), „Jugendliche und Aids: Sexualverhalten und Umgang mit dem Ansteckungsrisiko" (Untersuchung von Westberliner SchülerInnen, *von Salisch / Oswald* 1989). All diesen Untersuchungen ist gemeinsam, daß sie über die Deskription kaum hinauskommen. Eine neue Qualität erhält die Jugendsexualitätsforschung mit der Einführung eines sozialisationstheoretischen Modells durch Georg *Neubauer* in seiner Studie „Jugendphase und Sexualität", durchgeführt 1987 (vgl. *Neubauer* 1990 sowie *Neubauer / Ferchhoff* 1990).

3 Jugendsexualität heute — die Beschreibung eines Torsos

Versucht man, anhand der wenigen vorliegenden Untersuchungen, ein Bild jugendlicher **Sexualität** zu entwerfen, so bleibt dieses Bild relativ oberflächlich und farblos, weil die meisten Untersuchungen in deskriptiver Weise um einen kleinen Ausschnitt jugendlicher Sexualität kreisen, um das Lernziel „vorehelicher Koitus", neuerdings ergänzt um das Lernziel „Aidsprävention". Ich werde mich daher im wesentlichen auf die Beschreibung neuerer Verhaltens- und Einstellungs-Trends in einem kleinen Bereich jugendlicher Sexualität beschränken müssen.

Bei der Darstellung dieser neueren Trends beziehe ich mich *zum einen* auf die Ergebnisse der Vergleichsuntersuchung von Ulrich *Clement* über westdeutsche StudentInnen aus dem Jahre 1981. Es ist dies nämlich die einzige **Replikationsstudie** zum Thema „Sexualität" in der Bundesrepublik. Außerdem werden in dieser Untersuchung zwei zeitgeschichtliche Phasen in Beziehung gesetzt, die für die Herausarbeitung von Veränderungstrends besonders interessant sind: Der „Vorabend" der sexuellen Liberalisierungsphase, das Jahr 1966, wird verglichen mit einem Zeitpunkt der allem Anschein nach zur Ruhe gekommenen Liberalisierung, dem Jahr 1981. Außerdem spricht einiges dafür, daß „die gebildeten Mittelschichten, wozu die Studenten soziologisch zu rechnen sind, eine Art Pionierfunktion für die Sexualität in den westlichen Industriegesellschaften" haben (*Clement* 1986, S. 21), so daß die Veränderungen im studentischen Bereich in gewisser Weise als richtungweisend für andere soziale Gruppen angesehen werden können. Wo entsprechende Zahlen für Jugendliche im strengen Sinn, d.h. 14-18jährige, vorliegen, werde ich diese zum Vergleich heranziehen. *Zum anderen* stützt sich meine Beschreibung der neueren Trends auf erste Untersuchungsberichte zum Thema „Jugendsexualität und Aids" sowie auf die empirische Überprüfung eines „sozialisationstheoretischen Modells" zur Jugendsexualität. Die Erhebungen stammen aus den Jahren 1987-89.

Hat es auch im Anschluß an die 68er-Bewegung keine „sexuelle Revolution" gegeben, also eine radikale Veränderung der Gesellschaft durch die Befreiung der sexuellen Lebensweisen, wie damals manchmal erhofft und vermutet, so doch einige bemerkenswerte Veränderungen. Ehe und Familie verloren ihre Monopolstellung „als einziger legitimer Ort sexueller Betätigung" (*Clement* 1986), „voreheliche" Sexualerfahrungen (die nicht mehr unbedingt zur Ehe führen mußten) wurden gang und gäbe, was für die Jugendsexualität von großer Bedeutung war.

Eine besonders auffallende Trendverschiebung bei den *vorehelichen Sexualbeziehungen* der StudentInnen zwischen 1966 und 1981 ist die Verlagerung von der Einstellungsebene auf die Verhaltensebene: Wurden voreheliche Koituserfahrungen 1966 zwar moralisch akzeptiert, aber wenig realisiert — besonders von Studentinnen —, so hat sich das Verhalten der StudentInnen von 1981 an die liberale Einstellung angeglichen (vgl. *Clement* 1986, S. 76f.).

Interessanterweise hat sich gleichzeitig — offenbar durch die Möglichkeit der „Probeehe" — die sexuelle Situation in den StudentInnen-Ehen beträchtlich verändert. Im Vergleich zu 1966 hat 1981 die Häufigkeit und Intensität sexueller Kontakte erheblich abgenommen, wodurch sich die „Koitusaktivität" verheirateter und lediger Studierender angeglichen hat.

Vergleichen wir die *Heiratsfreudigkeit* von 1966, 1981 und 1987 befragten StudentInnen, so zeigt sich, daß die Anzahl der Verheirateten unter ihnen stetig abgenommen, die Institution Ehe also an Bedeutung verloren hat (vgl. *Giese/Schmidt* 1968, *Clement* 1986, *Böhm/Rohner* 1988). Dafür lebt heute über die Hälfte der in Berlin befragten ledigen StudentInnen in festen Beziehungen (vgl. *Böhm/Rohner* 1988, S.224). Auch die Heiratswünsche der ledigen StudentInnen sind zwischen 1981 und 1987 deutlich zurückgegangen (Vergleichsquoten für 1966 liegen nicht vor): während 1981 noch knapp die Hälfte von ihnen zu heiraten wünschte (rund 46 % der Frauen und 49 % der Männer) und ein Drittel sich diesbezüglich unentschieden äußerte, ist es bei den 1987 befragten Berliner StudentInnen fast umgekehrt: nur knapp ein Drittel äußert Heiratswünsche (34 % der Frauen, 29 % der Männer), aber fast die Hälfte ist unentschieden (vgl. *Clement* 1986, *Böhm/Rohner* 1988, S. 225). Relativ stabil ist die Quote der Heiratsunwilligen: ca. ein Viertel der 1981 und 1987 befragten StudentInnen gibt an, nicht heiraten zu wollen.

Erheblich anders sah es dagegen bei den von Klaus *Allerbeck* und Wendy *Hoag* 1982 befragten 16-18jährigen Jugendlichen aus. 69 % dieser Jungen und 77 % der Mädchen gaben an, einmal heiraten zu wollen (*Allerbeck/Hoag* 1985. S. 93). Das Heiratsbedürfnis der durchschnittlichen Jugendlichen war also 1982 weitaus größer als das der jungen „Bildungselite" von 1981. Bei 14-18jährigen SchülerInnen und Auszubildenden fand Georg *Neubauer* 1987, daß der größte Teil von ihnen sich vorstellen kann, einmal mit einer Partenerin/einem Partner zusammenzuziehen, die Hälfte verband damit auch einen Heiratswunsch, ein Drittel konnte darauf keine Antwort geben und 12 % sprachen sich gegen eine Heirat aus. Als Tendenz zeigt sich — wie schon in früheren Untersuchungen —, daß jüngere Jugendliche und solche mit niedrigen Schulabschlüssen stärker zum Heiraten tendieren als andere Jugendliche.

Die größten *Veränderungen im sexuellen Verhalten* der Studierenden in Richtung Freizügigkeit haben seit 1966 (*Giese/Schmidt* 1968) bei den *Frauen* stattgefunden. (Dies galt auch für die DDR. Vgl. *Clement/Starke* 1988.) Diese, 1981 bereits von *Clement* festgestellte Tendenz setzte sich bis Ende der 80er Jahre weiter fort: „Begreift man die Anzahl der Partner als einen wichtigen Indikator für sexuelle Liberalität, so wird ersichtlich, daß es vor allem die Frauen sind, die den Wandel im sexuellen Verhalten getragen und die Männer ‚überholt' haben" (*Böhm/Rohner* 1988, S. 227). Einige weitere Beispiele:

— 1981 hatten bis zum 20. Lebensjahr weit mehr Studentinnen die **Selbstbefriedigung** entdeckt (oder durften sich daran erinnern?) als 1966 (73 % gegenüber 43 %). Sie begannen 1981 vier Jahre früher damit, so daß ihre sexuelle Selbsterfahrung weit häufiger vor der ersten heterosexuellen Erfahrung stattfand als 1966 (66 % gegenüber 44 %). Bei den Studenten war die entsprechende Zahl etwa gleichgeblieben (1981 90 %, 1966 88 %). (Für 1987 liegen keine Vergleichszahlen vor.) Weit niedrigere Werte finden sich bei den 14-18jährigen SchülerInnen und Auszubildenden, die Georg *Neubauer* 1987 befragt hat: 42 % der Mädchen gaben an, noch keine Selbstbefriedigung praktiziert zu haben. Bei den Erfahrenen konzentrierte sich die erste Erfahrung auf das 12.-15. Lebensjahr. Anders als bei den 1981 befragten Studentinnen scheinen Selbstbefriedigungserfahrungen von Schülerinnen (aller Schultypen zusammengenommen) sowie von weiblichen Auszubildenden stärker von heterosexuellen Vorerfahrungen abzuhängen (vgl. *Neubauer* 1990, S. 73).

— Die Studentinnen (aller Teilstichproben) begannen 1981 durchschnittlich ein Jahr früher mit dem Geschlechtsverkehr als die Studenten, 1966 war es umgekehrt. Zum Beispiel waren von den 18jährigen Studentinnen 1981 60 % „koituserfahren", von den Studenten 45 % (1966 waren es 11 % der Studentinnen gegenüber 20 % der Studenten). Die von *Neubauer* 1987 befragten Schülerinnen und weiblichen Auszubildenden sind mit 18 Jahren zu 69 % koituserfahren, die Schüler und Auszubildenden dagegen zu 82 % (vgl. *Neubauer* 1990, S. 64). Haben diese Diskrepanzen mit der unterschiedlichen Stichprobenziehung zu tun oder zeichnet sich hier eine Umkehr ab?
— Gegenüber 1966 spielt „Liebe" als Motiv für die erste sexuelle Vereinigung eine abnehmende Rolle (1966: 71 %, 1981: 52 %), sie hat aber für die Studentinnen immer noch eine etwas größere Bedeutung als für die Studenten (1966: 42 %, 1981: 44 %). Von den von *Neubauer* 1987 befragten 14-18jährigen SchülerInnen und Auszubildenden sagen 60 % der Mädchen und 52 % der Jungen, „daß Sexualität nur dann ‚beglückend' erlebt werden kann, wenn man den Partner / die Partnerin richtig liebt." (*Neubauer / Ferchhoff* 1990, S.148). Diese Diskrepanz kann jedoch nicht ohne weiteres als „Wandel" interpretiert werden, da diese Befragten weit jünger sind als die StudentInnen und ihre Auswahl keine repräsentativen Aussagen erlaubt.
— Während 1966 die Studenten die Hauptverantwortung für die Verhütung trugen, hatte sich diese in den 70er Jahren auf die Studentinnen verlagert. Ende der 80er Jahre ist bei Berliner Studentinnen die Pilleneinnahme — im Vergleich zu früheren Jugenduntersuchungen — etwas seltener geworden, während der Kondomgebrauch bei Berliner Studenten im Interesse der Aidsprävention zugenommen hat. Allerdings betrifft das weniger die Situation innerhalb einer festen, also vertrauten Beziehung, als außerhalb (vgl. *Böhm / Rohner* 1989, S.227 f.).

Aufgrund seiner StudentInnen-Befragung von 1981 konstatierte *Clement* 1986: „Die Annäherung der Geschlechter und die Verringerung geschlechtstypischen Verhaltens, die wir beobachten, macht eine unsymmetrische Konvergenzbewegung: Frauen praktizieren sexuell zunehmend das, was ihnen lange versagt war, sie holen sich die bisher den Männern zustehenden Privilegien; Männer entwickeln mehr Möglichkeiten, regressive, passive, wenig genital-fixierte, also „weibliche" Sexualität auszudrücken." (*Clement* 1986, S. 78)

Trotz — oder wegen? — dieser Veränderungen im Verhalten der jungen Frauen sind einige wichtige Rahmenbedingungen konstant geblieben, z.B. die im Vergleich zu jungen Männern weit größere soziale Kontrolle sexueller Verhaltensweisen durch das Elternhaus (vgl. *Neubauer* 1990; S. 35), möglicherweise durch Aids verstärkt.

Bezogen auf das isolierte Merkmal *„Koituserfahrung" / „Koituspraxis"* zeigen die Ergebnisse der StudentInnen-Untersuchung von 1981 im Vergleich zu denjenigen von 1966 einige interessante — zum Teil auch schon in früheren Untersuchungen von Jugendlichen festgestellte — Trends:

— Beide Geschlechter lassen sich sexuell früher und häufiger aufeinander ein und wechseln auch etwas häufiger den Sexualpartner oder die Sexualpartnerin. Gleiche Tendenzen konstatieren *Schmid-Tannwald* und *Urdze* für 1980 / 81 befragte 14-17jährige Jugendliche (vgl. *Schmid-Tannwald / Urdze* 1983). Diese Tendenz hat bis Ende der 80er Jahre noch zugenommen, wobei Studentinnen und Schülerinnen heute mit mehr Sexualpartnern Erfahrungen sammeln als Studenten und Schüler (vgl. *Böhm / Rohner* 1989, S. 226 f. sowie *Neubauer* 1990).

— Die geographische Herkunft hat keinen Einfluß mehr auf das „Koitusvorkommen", denn das Verhalten der Studentinnen und Studenten vom Land hat sich entsprechend verändert. (Auch *Schmid-Tannwald* und *Urdze* stellen eine Angleichung des sexuellen Verhaltens von Land- und Stadtjugendlichen fest. Vgl. *Schmid-Tannwald / Urdze* 1983)
— Auch starke religiöse Bindung und höhere Schichtzugehörigkeit bewirken im Hinblick auf häufigeren „Sexualverkehr" keine besondere Zurückhaltung mehr. (Im Unterschied fanden *Schmid-Tannwald* und *Urdze* zwischen religiös gebundenen und nicht gebundenen Jugendlichen 1980/81 deutliche Verhaltensdifferenzen. Vgl. *Schmid-Tannwald / Urdze* 1983)

Mit Ulrich *Clement* läßt sich folgern, daß es sich bei diesen Trends um eine „übergreifende... Entwicklung handelt", „die sich nicht nur in bestimmten, besonders veränderungsbereiten Gruppen vollzieht". (*Clement* 1986 S. 47) Aktuell ist daher 1981 nicht mehr die Frage der sexuellen Permissivität, sondern inwieweit eine Partnerschaft oder Ehe zu „sexueller Treue" verpflichtet. *Böhm* und *Rohner* konstatieren bei Berliner StudentInnen 1987 gegenüber der Befragung von *Clement* 1981 eine zunehmende Tendenz zu sexuellen Außenbeziehungen bei fester Partnerschaft (vgl. dies., 1988, S. 226).

Auch die 1966 noch umstrittenen Einstellungen zur **Selbstbefriedigung** und zu **homosexellen Beziehungen** haben sich bis 1981 in eine weitgehende Real- bzw. Verbaltoleranz verwandelt (85 % der Befragten). Die geäußerten homosexuellen Erfahrungen haben in diesem Zeitraum bei den Studenten, etwas mehr noch bei den Studentinnen, leicht zugenommen. Vergleichbar den Ergebnissen von Ingolf *Schmid-Tannwald* und Andrejs *Urdze*, die 1980/81 14 -17jährige Mädchen und Jungen befragten, finden sich unter den 1981 von Ulrich *Clement* untersuchten Studentinnen und Studenten mehr homo- *und* heterosexuell Erfahrene als solche mit ausschließlich homosexuellen Kontakten. Gegenüber 1966 ist ihr Anteil um einiges gestiegen (von 4 auf 17 % bei den Studentinnen, von 14 auf 23 % bei den Studenten) oder trauten sich mehr Befragte, bisexuelle Erfahrungen zuzugeben?

Angesichts der immer noch starken (und durch Aids wieder zunehmenden) Homosexualitätsphobie und dem gesellschaftlich dominierenden Heterosexualitätsmuster muß allerdings selbst bei einer vergleichsweise so liberal denkenden Bevölkerungsgruppe wie den StudentInnen gefragt werden, inwieweit ihre Angaben über homosexuelle Einstellungen und eigene Erfahrungen mit ihrer gelebten Realität übereinstimmen. Es fällt jedenfalls auf, daß von den von *Clement* 1981 befragten Studierenden sich 51 % der Frauen und 33 % der Männer vom eigenen Geschlecht körperlich angezogen fühlen (vgl. *Clement / Starke* 1988, S. 38 f.).

In den neueren, insbesondere durch Aids ausgelösten Untersuchungen, wurde, soweit erste Untersuchungsberichte dies erkennen lassen, dem Verhältnis von hetero- und homosexuellen Erfahrungen nicht nachgegangen.

Die Ende der 80er Jahre wieder belebte Jugendsexualforschung in der BRD verdankt sich zwei verschiedenen Impulsen: zum einen dem Bedürfnis, diesen Forschungszweig mit Hilfe soziawissenschaftich-theoretischer Konzepte aus seiner bisherigen sexualwissenschaftlichen Isolation herauszuführen: zum anderen der Frage, wie die Jugendlichen auf die Bedrohung durch die sich unter Erwachsenen ausbreitende Immunschwächekrankheit Aids reagieren, mit dem Ziel, gegebenenfalls sozialisatorische und sozialpolitische Maßnahmen zu ergreifen.

Mit der Einführung eines *„sozialisationstheoretischen Modells"*, demzufolge die sexuelle Sozialisation im Jugendalter nur dann zufriedenstellend gelingen kann, wenn auch andere wichtige „Entwicklungsaufgaben" dieser Altersphase befriedigend gelöst werden, durchbricht Georg *Neubauer* theoretisch und methodisch die bisherige, weitgehend deskriptive und von der Gesamtlebenslage Jugend abstrahierende Linie der Jugendsexualforschung (*Neubauer*, Jugendphase und Sexualität, 1990). Eine Hauptthese seiner Untersuchung, daß Jugendliche ihre Entwicklungsaufgaben um so besser bewältigen, je besser sie in soziale Unterstützungsnetzwerke eingebunden sind (hier Elternhaus, Schule, Peers), wird durch die empirische Überprüfung bestätigt; allerdings widersprechen sich die Anforderungen dieser Netzwerke z.T. erheblich. Immer wichtiger wird in diesem Zusammenhang die Gleichaltrigengruppe.

Kritisch anzumerken ist auf theoretischer Ebene, daß *Neubauer* 1) die „Entwicklungsaufgabe Sexualität" in ihrer derzeitigen Form nicht hinterfragt; sie 2) kommentarlos auf die heterosexuelle Ausdrucksform reduziert; 3) den sexuellen Lernprozeß erst in der Jugendphase beginnen läßt — wie bisher *alle* SexualforscherInnen — also relevante, vorgängige Kindheitserfahrungen und ihre Bedeutung für die Aneignung von Körper und Sexualität im Jugendalter nicht mitreflektiert, wie z.B. auf der Positivseite Liebe zum eigenen Körper, Zärtlichkeitsaustausch mit Erwachsenen und Kindern, unüberwachte und unbestrafte Selbstbefriedigung und kindliche Körpererkundungsspiele; auf der Negativseite psychischen und sexuellen Mißbrauch; und daß er 4) zwar nach Geschlecht unterscheidet und interpretiert, aber kein geschlechtertheoretisches Konzept ausweist.

Als übereinstimmendes Ergebnis aller bisherigen Untersuchungsberichte zum Thema *„Jugendsexualität und Aids"* läßt sich bis Ende der 80er Jahre feststellen, daß — entgegen vieler Befürchtungen — der sexuelle „Liberalisierungsprozeß" im großen und ganzen gesehen noch nicht zum Stillstand gekommen ist. Dies läßt sich nicht zuletzt darauf zurückführen, daß zum einen die befragten SchülerInnen, Auszubildenden und StudentInnen sich von **Aids** relativ wenig bedroht fühlen (die Angst vor Schwangerschaft war bei den Jugendlichen größer), was mit einigen objektiven Fakten korreliert: zumindest die Zahl der freiwillig gemeldeten Aids-Fälle und der diagnostizierten HIV-Infektionen bei 13-19jährigen war per 30. Juni 1991 noch sehr gering (vgl. Bericht des Aidszentrums des BGAs... 6/91, S. 11). Zum anderen scheint mir die These von *Böhm* und *Rohner* plausibel, daß ein einzelner Faktor, und sei es ein so gravierender wie die Aids-Bedrohung, kaum in der Lage ist, solche langfristigen und vielschichtigen Entwicklungstendenzen wie den sexuellen Liberalisierungsprozeß kurzfristig massiv zu beeinflussen oder gar umzukehren (vgl. *Böhm/Rohner* 1988, S.229). Dem widerspricht nicht, daß viele StudentInnen „durch Aids beunruhigt sind, sich teilweise in ihrem Sexualleben Einschränkungen auferlegen und daß manche diese Einschränkungen subjektiv als Verlust von Errungenschaften der sexuellen Liberalisierung auffassen und betrauern". (*Böhm/Rohner* 1988, S.229)

Inwieweit die Bedrohung durch Aids und die öffentliche Aidsdiskussion zum „größten Sexualaufklärer" seit Bestehen der Bundesrepublik geworden sind, wie einige behaupten, müßte untersucht werden, insbesondere im Hinblick darauf, welche Moralvorstellungen mit der „Aufklärung" transportiert und rezipiert werden.

Betrachtet man die neueren Trends in den sehr begrenzten Untersuchungsbereichen des sexuellen Verhaltens und der sexuellen Einstellungen von Jugendlichen und jungen

Erwachsenen — empirisch belegt bis 1989 —, so zeigt sich neben durchgängig früher einsetzenden und umfangreicheren Sexualkontakten sowie einer zunehmenden „Experimentier„haltung eine auffallende Angleichung im Geschlechterverhalten — insbesonde ausgelöst durch Verhaltensänderungen auf seiten der Mädchen und Frauen.

Die These von der Angleichung des Geschlechterverhaltens und der Geschlechtermoral im Bereich der **Sexualität** könnte, oberflächlich gesehen, als merkliche Annäherung von Mädchen und Frauen an Ziele wie „sexuelle Gleichberechtigung“ oder „sexuelle Befreiung“ verstanden werden. Solche vorschnellen Interpretationen schleichen sich leicht ein, wenn Verhalten und Einstellungen abgetrennt von der Geschlechterhierarchie, den unterschiedlichen Soziallagen der Geschlechter und den mit ihr korrespondierenden Erlebnisweisen erforscht und dargestellt werden.

Aber, ist es wirklich vorstellbar, daß die sexuellen Rollen von Mädchen und Jungen, Frauen und Männern, sich immer mehr angleichen, die sexuelle Doppelmoral zunehmend durch eine Gleichberechtigungsmoral ersetzt wird, während die Lebenschancen der beiden Geschlechter in den übrigen Bereichen weiterhin und zum Teil zunehmend auseinanderklaffen? So z.B. auf dem Ausbildungsstellen- und Arbeitsmarkt und hinsichtlich der Teilhabe an gesellschaftlichem Reichtum und Einfluß. Eine Sexualforschung die sich auf die Erhebung einzelner Verhaltensweisen und Einstellungen beschränkt und den Bezug zu den übrigen Lebensbereichen (z.B. Ausbildung, Arbeit, Macht, Gewalt) ausblendet, läuft Gefahr, mit ihren Ergebnissen und Ergebnisinterpretationen ein Ausmaß an „Fortschrittlichkeit“ vorzutäuschen, das im Widerspruch zur übrigen sozialen Realität steht.

Ferner bringt die stillschweigend zugrundegelegte geschlechtliche Aufhol-Norm, die Setzung des durchschnittlich-männlichen Sexualverhaltens als Maßstab für die „Entwickeltheit“ der weiblichen Sexualität, es mit sich, daß die Erforschung sexuellen Verhaltens und sexueller Einstellungen sich zentral an der männlichen Sexualkonstitution und ihrer gesellschaftlichen Zurichtung orientiert, z.B. in Form von Potenz- und Penetrationszwängen und -glorifizierungen, sexualwisserschaftlich übersetzt in die subtile Erhebung von Koitusfrequenzen und Orgasmusraten. (Dies drückt sich symbolisch darin aus, daß in allen Untersuchungsberichten über Jugendsexualität die Daten für Jungen an erster Stelle genannt werden.)

Dabei kommen nicht nur die Besonderheiten zu kurz, die aus der weiblichen Sexualkonstitution resultieren und aus der historisch spezifischen weiblichen „Liebesfähigkeit“, sondern auch männliche Empfindungs- und Erlebnismöglichkeiten, die in der patriarchalen Funktionalisierung männlicher Sexualität keinen Raum haben. So bleiben z.B. die ausgeprägte Brustsinnlichkeit von Frauen, sexuelle Empfindungen während Menstruation und Schwangerschaft oder das komplizierte Zusammenspiel von Klitoris und Vagina bei einer Aufhol-Perspektive außer Betracht. Und auch der spezifisch weibliche oder männliche Bezug zum / zur SexualpartnerIn geht nicht einfach in der Frage bisheriger Sexualforschungsempirie auf, „ob der erste Koitus aus Liebe geschah“. Auch hat Ursula *Müller* Vorstellungen darüber entwickelt, wie feministische Forschung aus der Erfahrung und Reflexion weiblichen Körper- und Sexualerlebens heraus bestimmte Bereiche männlichen Körper- und Sexualerlebens thematisieren könnte, die in der herrschenden Betrachtung des „starken Geschlechts“ der Verdrängung oder dem Verschweigen anheim gefallen sind, wie z.B. massive Verletzungsängste im Bereich der Sexualorgane (*Müller* 1988).

Aus der Verdrängung hervorgeholt haben **Frauenbewegung** und **feministische Forschung** auch die bemächtigenden Formen und die gewalttätigen Anteile im heutigen

Umgang von Männern mit der Sexualität: die Vergewaltigung außerhalb und in der Ehe, den sexuellen Mißbrauch von Mädchen und die sexuelle Belästigung von Mädchen und Frauen in allen Lebensbereichen. Die große Verbreitung dieser patriarchal-männlichen Bemächtigungsformen steht in deutlichem Widerspruch zur These von der „Angleichung" des sexuellen Geschlechterverhaltens. Durch die Ausblendung der Gewaltdiskussion und der Gewaltforschung aus der heutigen Sexualempirie wird dieser Widerspruch jedoch weitgehend verschleiert.

So mutet es absurd an, wenn in der Jugendsexualforschung durch weitgehenden Ausschluß einer — zumindest theoretischen — Berücksichtigung von (hetero)sexuellen Kindheitserfahrungen unterstellt wird, daß junge Mädchen das „erste Petting" oder den „ersten Koitus" erst mit einem Jugendfreund erlebten, obwohl doch inzwischen bekannt ist, daß ein Teil der Mädchen in der Kindheit, also lange vor dem ersten Freund, eine sexuell mißbräuchliche „Vorsozialisation" erfahren hat, oft in der eigenen Familie.

4 Resümee: Kritik an der Jugendsexualforschung

Die Kritik an der alten und neueren Jugendsexualforschung läßt sich insgesamt darauf zurückführen, daß diese Forschung zu unkritisch und zu theorielos vorgeht.

So erwecken die neuesten Untersuchungen unhinterfragt und unkommentiert den Anschein, als ob Jugendsexualität in Heterosexualität aufginge. Insofern sind diese Untersuchungen hetero-sexistisch. Sie unterstützen mit ihrer selektiven, aber als allgemeingültig ausgegebenen Perspektive (z.B. „Jugendsexualität im Wandel") zwangsheterosexuelle Denkmuster. Es fehlt die theoretische Reflexion und die empirische Umsetzung des realen Sexualitätenspektrums und seiner wechselseitigen Bezogenheit, zumindest aber ein Kommentar darüber, warum sich die Forscher(Innen) auf einen bestimmten Ausschnitt jugendlicher Sexualität beschränken.

In allen Untersuchungen zur Jugendsexualität wird so argumentiert, als ob Erfahrungen mit Sexualität erst im Jugendalter begönnen und als ob Sexualität erst ab diesem Zeitpunkt schrittweise erlernt würde. (Z.B.: „Die ersten heterosexuellen Erfahrungen hängen in unserem Kulturbereich eng mit der sexuellen Reife (erste Monatsblutung bzw. erster Samenerguß)) zusammen. Erst wenn diese eingetreten ist, wenden sich Jugendliche in der Regel dem anderen Geschlecht zu, wenn man einmal von kindlichen Vorformen wie Doktorspielen, Küssen etc. absieht." (*Neubauer* 1990, S. 59). Daß der Hinweis, daß Jugendliche, die vor der Geschlechtsreife Koituserfahrungen hatten, in der Regel sexuell mißbraucht wurden, sich lediglich im Anhang findet (Anm. 15, S. 138) relativiert das Problem zu sehr.

Unterstellt werden also sexuell unerfahrene Kinder und Jugendliche. Dies trifft jedoch zumindest für den Teil der Mädchen und Jungen nicht zu, die als Kinder und/oder Jugendliche sexuell mißbräuchliche Erfahrungen gemacht haben, oft jahrelang. (Nach Schätzung des Bundeskriminalamts macht etwa jedes vierte Mädchen in der BRD sexuell mißbräuchliche Erfahrungen. Allerdings wurde in der BRD 1990 nur knapp 14500 mal wegen sexuellem Mißbrauch von Kindern bis zu 14 Jahren Anzeige erstattet. Dabei bezogen sich 75,6 % der Anzeigen auf Mädchen, 24,4 % auf Jungen. ((Vgl. Polizeiliche

Kriminalstatistik für das Jahr 1990.)) Bekanntlich ist jedoch die Dunkelziffer bei diesen tabuisierten Delikten hoch.)

Aus der Erfahrung eines sexuell mißbrauchten Mädchens kann es mit dem „Erlernen der Sexualität im Jugendalter" so aussehen: „Wie soll man mit anderen Mädchen herumkichern (...), wenn man nur zu genau weiß, worum's geht? (...) Ich kannte doch schon sämtliche Positionen aus eigener Erfahrung." (Zititiert nach *Lison* und *Poston* 1991, 5. 96f.) „Wie kann man die (...) ersten Entdeckungsreisen in das Gebiet der Sexualität (machen), wenn man schon viel zuviel weiß? Wie kann ein junges Mädchen im Kino Händchen halten und (...) altersgemäße Erfahrungen sammeln, wenn es bereits wohlbewandert in allen möglichen Sexualtechniken ist (...) ?" (*Lison/Poston* 1991, S. 96f.)

In neueren Untersuchungen kommt immer wieder heraus, daß ein Großteil der Mädchen und ein kleiner Teil der Jungen auch bei längerfristigen oder wechselnden heterosexuellen Beziehungen keinen Spaß am Geschlechtsverkehr hat, d.h. keine oder „fast nie eine Befriedigung" erlebt (55 % der von *Neubauer* 1987 befragten 14-18jährigen jungen Frauen, 10 % der jungen Männer, vgl. *Neubauer* 1990, S. 78), diese Beziehungen aber trotzdem beibehält oder neue eingeht, in denen es oft nicht anders ist.

Wie kommt es nun, daß Mädchen so häufig sexuell unbefriedigende Kontakte eingehen und beibehalten, sich also eigentlich „benutzen" lassen? Und wie kommt es, daß immerhin auch 10 % der Jungen solch unbefriedigende Beziehungen beibehalten? Leider ist solchen Fragen in der üblichen Jugendsexualforschung bisher nicht nachgegangen worden. Man hat dies offenbar für „normal" gehalten. Allenfalls erfährt man dazu, daß Mädchen die Beziehung mit Jungen, d.h. der soziale und seelische Kontakt, wie auch die Zärtlichkeit, wichtiger ist als die Sexualität.

Für mich werfen solche Ergebnisse viele Fragen auf, die zu untersuchen wären, wenn man die Qualität der sexuellen Kontakte zwischen Jugendlichen und das durch die letzte Sexualstrafrechtsreform formulierte Recht auf „sexuelle Selbstbestimmung" für wichtiger, zumindest aber für genau so wichtig hielte wie Liberalisierungserscheinungen an der Oberfläche. Zum Beispiel:

- Wie ist es eigentlich zu begreifen, daß 90 % der von *Neubauer* 1987 befragten Jungen fast immer eine „sexuelle Befriedigung" beim Geschlechtsverkehr erleben, wenn dies nur 45 % der befragten Mädchen empfinden (auch wenn diese Mädchen nicht identisch sind mit den Freundinnen der befragten Jungen)?
- Wie sieht eine Beziehung aus, in der ein Teil sich befriedigt und der andere Teil fast immer unbefriedigt bleibt? Wie und wieso halten soviele Jungen ein solches Mißverhältnis aus? Oder übertreiben sie das Ausmaß ihrer „Befriedigung", um den Anforderungen an ihre „potente Männlichkeit" zu entsprechen?
- Warum „erkaufen" sich Mädchen Beziehungen zu Jungen mit unbefriedigender Sexualität?
- Warum lassen sich viele Mädchen und einige Jungen immer wieder auf heterosexuelle Beziehungen ein, die ihnen sexuell keinen Spaß machen? Wie sieht die Lebensgeschichte solcher Mädchen und Jungen aus?
- Wie kommt es, daß ein großer Teil der Mädchen, aber auch ein kleiner Teil der Jungen keinen Spaß an ihren hetero-sexuellen Erlebnissen hat? Werden solche Mädchen und Jungen von außen unter Druck gesetzt, sich als Erwachsene zu beweisen? Spielt

die genitale Sexualität eine zu große Rolle? Sind solche Jugendlichen eher lesbisch oder schwul orientiert oder wissen noch nicht, wohin sie tendieren, dürfen dies aber aufgrund des heterosexuellen Drucks nicht zeigen? Oder haben sie sexuell mißbräuchliche Erfahrungen gemacht?

— Warum ist die Sexualität in lesbischen und schwulen Beziehungen so oft befriedigender als in heterosexuellen Beziehungen (vgl. *Bell* und *Weinberg* 1978)? Könnte es daran liegen, daß es hier keinen gesellschaftlichen Druck gibt, die „Entwicklungsaufgabe Sexualität" zu einer bestimmten Zeit anzugehen und zu vollziehen?

Viele junge Frauen und auch manche jungen Männer berichten, daß sie den ersten heterosexuellen Geschlechtsverkehr gesucht hätten, „um es hinter sich zu bringen", Mädchen tun es auch öfter, um „endlich eine Frau zu sein". Solche „zweckfremden" Begründungen würde man bei lesbischen Mädchen und schwulen Jungen selten hören, weil sie meistens erst durch ein massives sexuelles Begehren nach einer gleichgeschlechtlichen Person das Bedürfnis entwickeln, sich sexuell einzulassen.

5 Exkurs: Theoriediskussion in der Einbahnstraße oder Das männliche Allgemeine

In diesem Kapitel geht es auf den ersten Blick nicht um Fragen der Jugendsexualität, sondern um die zunehmende Ignorierung der *beiden* Geschlechter (ihrer Besonderheit und ihrer Bezogenheit) in der sexualtheoretischen Gesamtdiskussion zugunsten einer Verabsolutierung des männlichen Geschlechts und der männlichen Lebensweise. Dabei unterstelle ich, daß die Ausklammerung geschlechtertheoretischer Reflexionen aus der Sexualtheorie insgesamt verantwortlich ist für das geschlechtertheoretische Desinteresse der empirischen Jugendsexualforschung, die zwar heute ganz selbstverständlich nach Jungen *und* Mädchen differenziert, deren unterschiedliche Lebenswelten und Einflußchancen jedoch nicht reflektiert.

Geht man davon aus, daß Sexualität — gleich wie und mit wem sie gelebt wird — immer auch mit dem Verhältnis und den unterschiedlichen Lebensbedingungen der Geschlechter zu tun hat, so ist es verblüffend, daß dies in der sexualtheoretischen Diskussion der Bundesrepublik — außerhalb der feministischen Forschung — im Vergleich zu den Anfängen der Sexualwissenschaft immer weniger zum Thema gemacht wurde.

Der anfängliche Bezug der Sexualwissenschaft auf das Geschlechterverhältnis (zeitgemäß als hierarchisches vorgestellt) ist immer stärker zurückgetreten gegenüber:

— einer direkten oder indirekten Negierung der Bedeutung des Geschlechterverhältnisses für die Aneignung von Sexualität;
— scheinbar geschlechtsneutralen Theoriediskussionen und Forschungskonzeptionen, die in Wirklichkeit jedoch die jeweils männliche Sexualitätsform zur allgemein menschlichen erheben;
— einer irrealen Überschätzung der Veränderungen im Geschlechterverhältnis, ausgelöst durch Annäherungen des empirisch ermittelten weiblichen Sexualverhaltens an das männliche.

Es scheint, als ob eine uralte „narzistische Kränkung", die daraus entspringt, nur entweder Frau oder Mann, nie aber beides zugleich sein zu können (verbunden mit einem offenen oder heimlichen Neid auf das jeweils andere Geschlecht), in der Sexualwissenschaft zunehmend verdrängt worden wäre.

„Durch das Kunststück, das Männliche zum übergeordnet Menschlichen zu erklären, an dem alles Weibliche zu messen sei, kann der Gedanke an etwas genuin Weibliches wie etwas genuin Männliches, beides aufeinander bezogen und doch auch für sich zu betrachten, nicht entstehen." (*Walser* 1984, S. 50)

Indem sie „den Menschen" (in Gestalt des Mann-Menschen) zum zentralen Bezugspunkt macht und Frauen weitgehend ausklammert, hat die neuere Sexualtheorie das sexuelle Verhältnis der Geschlechter und die Heterosexualität als Ergebnis des Geschlechterverhältnisses nahezu ganz aus den Augen verloren. Dies gilt auch für die empirische Sexualforschung, die zwar Verhalten und Einstellungen beider Geschlechter untersucht, dabei aber eine implizite Aufhol-Norm für Frauen zugrunde legt. Durch den Verzicht auf die Entwicklung einer Geschlechtertheorie, steht die empirische Sexualforschung so z.B. vor dem Dilemma, weibliches „Überhol"-Verhalten (wie auch männliches „Aufhol"-Verhalten) nicht geschlechteradäquat interpretieren zu können.

Gab es zwar in der frühen Sexualtheorie noch ein Geschlechterkonzept, so war doch die sexuelle Rolle, die Mädchen und Frauen darin zugewiesen wurde, alles andere als positiv. So hatte z.B. Freud das sexuelle Geschlechterverhältnis dadurch zum Mißlingen verurteilt, daß er die weibliche Sexualität als biologisch determiniertes Negativmodell der männlichen konstruierte, die Frau entsprechend als „kastrierten Mann" darstellte und ihr — theoretisch folgerichtig — die Fähigkeit absprach, beim geschlechtlichen „Verkehr" sexuelle Empfindungen zu haben (vgl. *Schlesier* 1981), womit *Freud* die zwischengeschlechtliche Sexualität im Grunde auf eine Veranstaltung männlicher Selbstbefriedigung reduzierte, was sie zu seiner Zeit offenbar weitgehend war.

Wie hartnäckig sich diese ausweglose Geschlechterkonzeption in der psychoanalytischen Theoriediskussion bis heute erhalten hat, beschreibt Margarete *Mitscherlich*:

„*Freud* stieß mit seinen Weiblichkeits-Theorien nicht nur bei Feministinnen, sondern auch bei manchen Psychoanalytikern auf Widerspruch. In den Jahren zwischen 1920 und 1940 kam es über diese Theorien zwischen Psychoanalytikern zu lebhaften, manchmal heftigen Diskussionen, die dann aber ohne Klärung im Sande verliefen. Erst im letzten Jahrzehnt, mit der Neubelebung der Frauenbewegung und dem Ringen der Frau um ein neues Selbstverständnis, ist auch innerhalb der Psychoanalyse die Diskussion um die weibliche Entwicklung, wenn auch nur zögernd, wieder aufgenommen worden." (*Mitscherlich* 1985, S. 52)

Allzu häufig werden jedoch die *Freud'schen* Hypothesen über die weibliche Sexualität und das sexuelle Geschlechterverhältnis in der psychoanalytischen Gemeinschaft auch heute noch „in den Status einer etablierten und gesicherten Theorie erhoben" (Vgl. *Mitscherlich* 1985, S. 47). Dazu trägt gewiß auch das in dieser Gemeinschaft nach wie vor geltende Gebot der Geschlechtsneutralität bei, das mit einer impliziten Leugnung der Geschlechterhierarchie einhergeht (vgl. *Mischerlich* 1985, S. 23).

Helmut *Schelsky* ist einer der wenigen Humanwissenschaftler außerhalb der Psychoanalyse, für den das Geschlechterverhältnis noch von fundamentaler Bedeutung für die Ausprägung der Sexualität war. 1955 legte er für die Bundesrepublik die erste sexualtheoretische Analyse der Nachkriegszeit vor: „Soziologie der Sexualität — Über die Beziehung zwischen Geschlecht, Moral und Gesellschaft". *Schelsky* betrachtet darin die „Zwiegeschlechtlichkeit" als „soziale Superstruktur", als „fundamentales Gestaltungsprinzip aller Bereiche und Stufen des sozialen und kulturellen Lebens..." (*Schelsky* 1955, S. 23). Allerdings verschwindet die hierarchische Dimension im patriarchalen Geschlechterverhältnis bei *Schelsky* hinter einer kulturell hervorgebrachten, aber ungewichteten „Geschlechterpolarität", deren Aufweichung er als Bedrohung für den Bestand der herrschenden Kultur und des „Kulturniveaus" ansieht:

„Unsere Kultur beruht auf einer bestimmten, und zwar gegensätzlichen Formung der Rollen der Geschlechter; ihre Nivellierung bedeutet also zweifellos eine Veränderung der Grundlagen unserer tradierten Kultur. Ob ein neues kulturelles Gesamtgefüge sich auf der Angleichung der Geschlechter aufbauen kann und wird, ist durchaus ungewiß; daß unser kulturelles Erbe dabei nicht gewahrt werden kann, aber offensichtlich." (*Schelsky* 1955, S. 53).

Da *Schelsky* das Geschlechterverhältnis und die geschlechtliche Arbeitsteilung implizit als (kultur-)notwendiges Hierarchieverhältnis versteht, geht ihm der Blick für die minderbewertete weibliche Sexualität in seiner Analyse nur allzu oft verloren, seine Aufmerksamkeit richtet sich zentral auf die männliche Form. Als dreizehn Jahre später, 1968, Reimut *Reiche*, einer der führenden Köpfe der Studentenbewegung, eine neue sexualtheoretische Analyse vorlegt, „Sexualität und Klassenkampf — Zur Abwehr repressiver Entsublimierung", ist vom Geschlechterverhältnis und von geschlechtlicher Arbeitsteilung nicht mehr die Rede. Die sexuellen Umgangsformen und Einstellungen werden nun fast ausschließlich als Produkt der „spätkapitalistischen" Produktionsweise und dem von ihr hervorgebrachten Konsumzwang verstanden.

Zwar sieht *Reiche*, daß Männer in der spätkapitalistischen Gesellschaft aufgrund ihrer „Herrschaftsposition" gegenüber Frauen ihre eigene soziale und sexuelle Unterdrückung an diese weitergeben und daß dieses für die meisten „heterosexuellen Verbindungen" „wohl noch" zutrifft. Er bezeichnet es jedoch als einen „Rückfall in die Sexualreformation der zwanziger Jahre" sich „für die Aufhebung von derlei ‚Mißständen' (zu) begeistern" (S. 49). Denn:

„Mehr jedoch, als gerade die ‚unvoreingenommensten' Beobachter und Sexualreformer annehmen, hängen diese geschlechtsspezifischen Differenzen mit der schichtenspezifischen Form zusammen, in der die Individuen ihre ökonomische und soziale Existenz reproduzieren." (*Reiche* 1968, S. 50)

Indem *Reiche* das Geschlechterverhältnis als sexualitäts(mit)bestimmendes ausklammert, klammert er auch die geschlechtshierarchische Arbeitsteilung aus und orientiert sich allein an einem geschlechtsneutral formulierten Schichtenmodell, das aber implizit vom männlichen Lebenszuschnitt ausgeht. Demzufolge analysiert *Reiche* Mädchen in den Kategorien von Jungen, unter Ausschluß z.B. der für Mädchen sehr bestimmenden Zuständigkeit für die Hausarbeit oder der Tatsache, daß sie gesellschaftlich über Jungen definiert werden (vgl. *Pagenstecher/Jaeckel/ Brauckmann* 1985). Auch bei der Darstellung der frühkindlichen Entwicklungsphasen wird nicht geschlechtsspezifisch differenziert, sondern scheinbar allgemeingültig argumentiert. Und wie Schelsky engt auch Reiche „die Homosexualität" auf die männliche Form ein.

Betrachtet man nun die heutige Theoriediskussion in der etablierten Sexualwissenschaft der Bundesrepublik, so ist das Geschlechterverhältnis aus ihr entweder ganz herausgefallen oder in eine Geschlechter- bzw. Frauennische verbannt worden.

Bei Volkmar *Sigusch* z.B. wurde die Geschlechterfrage, da als unpolitisch und überflüssig angesehen, lange Zeit nur am Rande behandelt. So hieß es in seinem Buch „Vom Trieb und von der Liebe" (1984):

„Die individuelle Geschlechtsliebe ist eine Idee, die bisher nicht verwirklicht werden konnte, weil die eigentliche Menschheitsgeschichte noch nicht begonnen hat... Was sie wirklich vermag, werden wir vielleicht einmal wissen — jenseits einer Gesellschaft, in der der Heißhunger des Kapitals alles Menschliche verschlingt, in der der Geschlechterkampf den politischen zusätzlich zerfleddert." (*Sigusch* 1984a, S. 19)

Da sich *Sigusch* bis vor kurzem — ohne Zurkenntnisnahme der Korrekturen selbst marxistischer Theoretikerinnen — der klassischen Version marxistischer Gesellschaftsanalyse bediente, für die die unterschiedlichen Arbeits- und Lebensbedingungen der beiden Geschlechter eine nachgeordnete Rolle spielen, verwundert es nicht, daß er, da wo er von Sexualität, Liebe oder Trieb redet, „von den Dingen an sich" spricht, wie Alice *Schwarzer* treffend konstatiert hat.

In ihrem Vortrag auf der 85er Jahrestagung der „Deutschen Gesellschaft für Sexualwissenschaft" hat sie *Sigusch* z.B. an seinen Grundsätzen gemessen, daß Sexualität „eine gesellschaftliche Kategorie" sei; daß „eine von Geschichts- und Gesellschaftstheorie getrennte Theorie der Sexualität des Menschen" keine sei oder „daß es eine Sexualtheorie außerhalb einer umfassenden Persönlichkeitstheorie nicht geben kann" (*Sigusch* 1982). Alice *Schwarzer* kommt dabei zu dem Schluß, daß *Sigusch* seine eigenen Postulate nicht auf seine Forschung anwende, weil er z.B. die weibliche Sexualität, und zwar Hetero- wie Homosexualität, aus seinen Analysen weitgehend ausklammert; weil er die Geschlechterhierarchie und die Geschlechtsunterschiede verwischt und weil er das Patriarchat als Gesellschaftsform in seinen sexualtheoretischen Überlegungen ignoriert (vgl. *Schwarzer* 1986).

Im Unterschied zu Volkmar *Sigusch* bezieht Gunter *Schmidt* das Geschlechterverhältnis in seine neuen Analysen hie und da durchaus ein. In vier von zwölf Kapiteln seines Buches „Das große Der Die Das über das Sexuelle" (hervorgegangen aus einer 1984/85 im Hamburger Studium generale vor Studentinnen und Studenten gehaltenen Vorlesung über „Die Sexualität des Menschen") wird dieses Verhältnis thematisiert. Eines dieser vier Kapitel behandelt ausdrücklich die „Geschlechterfrage". Auch scheut sich Gunter *Schmidt* nicht, die „ungleiche (...) Machtverteilung zwischen den Geschlechtern" anzuerkennen, sieht auch die Abhängigkeit der Sexualität von der Geschlechtszugehörigkeit.

Dennoch: Auch bei *Schmidt* führt das Geschlechterverhältnis ein Schattendasein. In acht von zwölf Kapiteln des „Große(n) Der Die Das über das Sexuelle" wird nicht geschlechtsspezifisch differenziert, sondern „allgemein menschlich" argumentiert. Die konstatierten Sexualitätsunterschiede zwischen Frauen und Männern werden nicht auf die geschlechtsspezifische und -hierarchische Arbeitsteilung bezogen. *Schmidt's* Gesellschaftsanalyse bleibt allein dem Produktionsbereich verhaftet und enthält deshalb auch nur Verweise auf eine sehr verzerrte Wahrnehmung des (weiblichen) Reproduktionsbereichs, erstaunlich angesichts des Standes der feministischen Sozialwissenschaft.

Unter dem Allgemeingültigkeit versprechenden Titel „Homosexualität oder Wie gefährlich Wissenschaft für Minderheiten ist", bezieht sich Schmidt fast ausschließlich auf die Indienstnahme von Wissenschaft zur Unterdrückung und Verfolgung männlicher Homosexueller.

Nun ist es sicher eine weise Einsicht, Untersuchungen und Analysen der weiblichen Homosexualität den Frauen zu überlassen. Nur sollte dies dann auch gesagt und auch darauf verwiesen werden, daß es in der Bundesrepublik mittlerweile eine ausgedehnte Forschung von Frauen zu diesem Thema gibt. Die totale Ausblendung des besonderen lesbischen Lebenszusammenhangs und der diesbezüglichen Forschungsleistungen von Lesben aus dem beide Geschlechter betreffenden Thema „Homosexualität" trägt nämlich zu derjenigen Form von Diskriminierung lesbischer Mädchen und Frauen bei, die Brigitte *Reinberg* und Edith *Roßbach* als die verbreitetste und wirksamste bezeichnet haben, die „Totschweige-Strategie“ (vgl. *Reinberg / Roßbach* 1985).

In dem Kapitel, in dem *Schmidt* ausdrücklich auf das Geschlechterverhältnis eingeht, „Zur Geschlechterfrage oder Von der Unauflösbarkeit der Konflikte“, werden zwar viele wichtige Unterscheidungen gemacht, dennoch geht die Geschtechterdifferenzierung in diesem Kapitel schließlich doch verloren, und das sexuelle Geschlechterverhältnis bleibt weitgehend ungeklärt. Dies liegt zum einen daran, daß das „dialektische Machtverhältnis“ in sexuellen Beziehungen nicht mit den patriarchal-gesellschaftlichen Machtverhältnissen vermittelt wird, so daß männliche und weibliche „Machtformen“ als äquivalent erscheinen:

„Für den, der den Mut hat und die Kraft, sich der Konflikthaftigkeit der Sexualität zu stellen, sie auszuhalten, und dort, wo dies wechselseitig geschieht, wird Sexualität leidenschaftlich sein und vielleicht auch bleiben können; aber zugleich kann diese Konflikthaftigkeit auch immer wieder destruktiv entgleisen durch die Unterwerfung des einen durch den anderen, durch die Kontrolle des einen durch den anderen, durch die Entwertung des einen durch den anderen.“ (*Schmidt* 1986, S. 147)

Zum anderen scheitert die konkrete Verortung der beiden Geschlechter (einschließlich ihrer unterschiedlichen aggressiven Anteile) und die Klärung ihres Verhältnisses daran, daß Gunter *Schmidt* die Sexualität ins Dämonische entrückt. So, wenn er „von der gefährliche(n) und damit auch aggressiv machende(n) Seite der Sexualität“ spricht (S. 159) oder von ihrer, „dunklen“ und „bösen“ Seite. Damit entzieht er die Sexualität und das sexuelle Verhältnis der Geschlechter einer wissenschaftlich-erhellenden Durchdringung und mystifiziert deren soziale und psychische Voraussetzungen. (Auch wenn es so etwas wie wissenschaftlich nicht aufklärbare quasi-dämonische „Triebe“ gäbe, bestünde doch die Aufgabe von Wissenschaft darin, deren gesellschaftliche und biographische Überformung auszumachen.) Und so endet Schmidt‘s Kapitel „Zur Geschlechterfrage“ in einer (universal-?)katastrophischen „Unauflösbarkeit der Konflikte“:

„...die Möglichkeit einer lebendigen Sexualität ist immer bedroht und schwer zu verwirklichen. Wer Glück und Leidenschaft im Sexuellen riskieren will, so kann man, etwas pathetisch, sagen, muß der ‚Katastrophe‘ ins Auge blicken, er muß viel wagen — gegen seine Ängste und die des anderen.“ (*Schmidt* 1986, S. 147)

Die Einführung einer feministischen Theorieperspektive in die herrschende sexualtheoretische Diskussion hat die geschlechtsspezifische Einseitigkeit dieses Diskurses deutlich gemacht. Gleichzeitig hat diese, am Geschlechtermachtverhältnis orientierte Perspektive neue theoretische Akzente gesetzt im Hinblick auf die unterschiedlichen Voraussetzungen und Ausprägungen weiblicher und männlicher Sexualität. Die Weichen sind also gestellt für einen neuen Blick auf Sexualität. Denn indem das männliche Allgemeine als zu Überwindendes begriffen wird, wird den Geschlechtsunterschieden ihre Bedeutung zurückgegeben und beide Geschlechter können für sich und aufeinander bezogen in ihr Recht gesetzt werden.

6 Perspektiven für eine künftige Jugendsexualforschung

Wenn die Jugendsexualforschung aus ihrer isolierten, reduzierenden, querschnitthaften und herrschaftsfreien Betrachtungsweise herauskommen will, so muß sie sich ein Stück weit von ihrer theorie- und kritikarmen Deskription verabschieden. Das sollte z.B. bedeuten:

1. Jugendsexualität nicht als sozial isoliertes Phänomen zu untersuchen, also z.B. ohne Bezug zu Schule, Ausbildung, Arbeitswelt, Machtverhältnissen etc., weil sie aus sich allein heraus nicht hinreichend zu verstehen ist (vgl. auch *Neubauer* 1990).
2. Jugendsexualität nicht als lebensgeschichtlich isoliertes Phänomen oder gar als „Anfang" von körperlich erregenden oder von sexuellen Erfahrungen zu betrachten, sondern als Teil eines lebenslangen Prozesses (vgl. *Pagenstecher* 1991). Auch wenn es nicht schicklich erscheint, Sexualumfragen unter kleinen Kindern zu veranstalten — ganz abgesehen davon, daß wir gar nicht wissen, ob und wie sie ihre körperlich erregenden Gefühle verstehen und benennen — so wäre es doch zumindest notwendig, zur Kenntnis zu nehmen, daß Kinder eine körperlich-sinnliche, z.T. auch eine negative „sexuelle" Geschichte haben und Jugendliche daher keine total „unbeschriebenen Blätter" sind.
3. die Sexualität von Jugendlichen und jungen Erwachsenen nicht auf gesellschaftskonforme Inhalte wie Heterosexualität zu reduzieren und ihre Kehrseite, die Homosexualität, oder die Kombination beider, aus ihrem Blick verschwinden zu lassen. Allerdings reicht es nicht aus, dies als additiv-deskriptive Aufgabe zu verstehen. Es bedarf einer größeren theoretischen Anstrengung, um die Besonderheiten, Zusammenhänge und Wechselwirkungen zwischen diesen Sexualitäten herauszufinden, die sich — in geschlechterakzentuierenden Gesellschaften — noch dazu bei beiden Geschlechtern stark unterscheiden.
4. bei der Darstellung von Forschungsergebnissen die Einstellungen und das Verhalten von Mehr- und Minderheiten genauer zu analysieren, um das breite sexuelle Einstellungs- und Verhaltensspektrum herauszubekommen und in Beziehung zu setzen.
5. schließlich, daß sich die Jugendsexualforschung endlich mit den sexualwissenschaftlich relevanten Ergebnissen der feministischen Forschung vertraut macht. Das müßte z.B. dazu führen, daß das Geschlecht als soziale und als Machtkategorie auf die Phänomene jugendlicher Sexualität bezogen würde. Dies würde notwendig zu einer Revision des Paradigmas von der „sexuellen Liberalisierung" führen, das im Kern nur auf die Enttabuisierung und Ausweitung sexueller Kontakte gerichtet ist, sich dabei an heutigen männlichen Sexualstandards orientiert und das Machtverhältnis zwischen den Geschlechtern ignoriert.

Darüber hinaus wird sich die Jugendsexualforschung sicher noch einige Zeit mit der Frage auseinandersetzen müssen, wie sich die für Erwachsene immer noch beträchtliche *Aidsgefahr* längerfristig auf Jugendliche sowie deren Sexualmoral und konkretes Sexualverhalten auswirkt, auch wenn ihre konkrete Betroffenheit bisher relativ gering zu sein scheint.

Ein *neues Thema* müßte die Jugendsexualforschung beschäftigen, wenn die Bundesregierung ihr Vorhaben realisieren würde, den § 175 durch eine relative „Schutz"altersgrenze von 16 Jahren zu ersetzen, wie es der Referentenentwurf des Bundesjustizministeriums vom 21.10.91 vorsieht. (Zur Herstellung einer gleichen Rechtslage in Ost- und Westdeutschland ist nach der „Vereinigung" eine Änderung notwendig geworden, die im Koalitionsvertrag zwischen CDU und FDP vereinbart wurde.)

Aufgrund sexualwissenschaftlicher Erkenntnisse sind gegen die Anhebung der „Schutz"altersgrenze und gegen die vagen „Tatbestandsmerkmale" zu ihrer Relativierung (Kriminalisierung nur bei „Mißbrauch" von „sittlich-geistiger Unreife" und „sexueller Unerfahrenheit") gravierende Einwände zu erheben (bezüglich der juristischen Bedenken vgl. *Steinmeister* 1991 und 1992):

Nicht zuletzt aufgrund der bis vor kurzem zunehmend früher einsetzenden körperlichen Reifungsprozesse macht etwa ein Viertel der Jugendlichen heute seine ersten selbstgewählten sexuellen Erfahrungen, einschließlich Geschlechtsverkehr, vor dem 16. Lebensjahr (vgl. *Schmidt* u.a. 1989, *Neubauer* 1990). Erfahrungen mit „Petting" (einschließlich genitaler Stimulierung) hat ca die Hälfte der Jugendlichen unter 16 Jahren. (Über die Hälfte der von *Neubauer* 1987 befragten Jungen hatte solche Erlebnisse bereits vor dem 15. Lebensjahr. Vgl. Neubauer 1990, S. 63.) Im Hinblick auf die geplante Änderung des „Schutz"alters ist nun von großer Bedeutung, daß über drei Viertel der Mädchen und fast die Hälfte der Jungen ihre ersten selbstgewählten sexuellen Kontakte mit um einige Jahre älteren PartnerInnen eingehen (vgl. *Neubauer / Ferchhoff* 1990, S. 139). Sind diese älteren PartnerInnen über 18, die Jugendlichen unter 16 und werden als „sittlich-geistig unreif" definiert und / oder als „sexuell unerfahren", so wären diese Sexualkontakte nach dem geplanten Gesetz strafbar. Träte das Gesetz in Kraft und würde davon Gebrauch gemacht, so würden vermutlich die sexuellen Aktivitäten vieler altersdiskrepanter junger Paare ins Versteck gedrängt. Denn es ist zu befürchten, daß bei Realisierung des Referentenentwurfs vom 25.10.91 bei unter 16jährigen, aber auch bei Erwachsenen eine große Rechtsunsicherheit und Angst einträte. Alle unliebsamen „sexuellen Handlungen" von Jugendlichen unter 16, z.B. mit einem über 18 Jahre alten Ausländer, mit einer über 18 Jahre alten Frau, besonders aber mit über 18jährigen Lesben und Schwulen, wären der Gefahr der Kriminalisierung ausgesetzt. Die öffentliche Kritik am Referentenentwurf ist jedoch groß, so daß zu hoffen ist, daß er in der vorliegenden Fassung nicht verabschiedet wird.

Literatur

Aidszentrum des Bundesgesundheitsamtes, Bericht über aktuelle epidemiologische Daten: AIDS / HIV 6191

Allerbeck, K. / Hoag, W.: Jugend ohne Zukunft? Einstellungen, Umwelt, Lebensperspektiven. München und Zürich 1985

Bell, A.P. / Weinberg, M.S.: Der Kinsey-Institut Report über weibliche und männliche Homosexualität, München 1978

Bienewald, E.: Persönliche Beziehungen zwischen männlichen und weiblichen Arbeiterjugendlichen: Liebe, Sexualität, Freundschaften, Cliquen. Bensheim 1981

Böhm, A. / Rohner, R.: Sexualverhalten von Studenten und Aids. In: Zeitschrift für Sexualforschung (1988), S. 222-230

Bundesminister für Justiz: Reformentwurf eines... Strafrechtsänderungsgesetzes — §§ 175, 182 StGB (... StrÄndG), Stand 21.10.1991

Clement, U.: Sexualität im sozialen Wandel: eine empirische Vergleichsstudie an Studenten 1966 und 1982. Stuttgart 1986

Clement, U. / Starke, K.: Sexualverhalten und Einstellungen zur Sexualität bei Studenten in der BRD und in der DDR. Ein Vergleich. In: Zeitschrift für Sexualforschung I (1988), S. 30-44

Dannecker, M.: Vorwort zum Jahrbuch für sexuelle Zwischenstufen: e. Ausw. aus d. Jg. 1899-1923 / Magnus Hirschfeld (Hrsg.). Ne ed. von Wolfgang Johann Schmidt.-Frankfurt / M. / Paris 1983, S. 5-15

Dieckmann, R.: Neugierig, treu und sorglos. Eine Sternumfrage über das Sexualverhalten von Jugendlichen. In: Stern Heft Nr. 25 / 1990, S. 17f.

Freud, S.: Studienausgabe Bd. V: Sexualleben. Frankfurt / M. 1972

Friedeburg, L.v.: Die Umfrage in der Intimsphäre. Stuttgart 1953

Giese, H. / Schmidt, G.: Studentensexualität. Verhalten und Einstellung. Eine Umfrage an 12 westdeutschen Universitäten. Reinbek 1968

Hagemann-White, C.: Sozialisation: Weiblich-männlich? Opladen 1984

Kavemann, B. / Lohstüter I.: Väter als Täter. Sexuelle Gewalt gegen Mädchen. „Erinnerungen sind wie eine Zeitbombe". Reinbek 1984

Lesbenring e.V.: Einwände gegen den Reformentwurf eines Strafrechtsänderungsgesetzes — §§ 175, 182 StGB (...StrÄndG). Stellungnahme an den Bundesminister der Justiz vom 25.1.92

Lison, K. / Poston, C.: Weiterleben nach dem Inzest. Hamburg 1991

Mitscherlich, M.: Die friedfertige Frau. Eine psychoanalytische Untersuchung zur Aggression der Geschlechter. Frankfurt / M. 1985

Müller, U.G.T.: Neue Männerforschung braucht das Land. In: Hagemann-White, C. / Rerrich, M.S. (Hrsg.innen): FrauenMännerBilder, Bielefeld 1988, S. 98-119

Neubauer, G.: Jugendphase und Sexualität. Eine empirische Überprüfung eines sozialisationstheoretischen Modells, Stuttgart 1990

Neubauer, G. / Ferchhoff, W.: Jugendsexualität im Wandel. Neue Freiheiten und Zwänge? In: W. Heitmeyer / Th. Olk (Hrsg.): Individualisierung von Jugend. Gesellschaftliche Prozesse, subjektive Verarbeitungsformen, jugendpolitische Konsequenzen. Weinheim / München 1990, S. 131-158

Neubauer, G.: Studentensexualität und Aids, Bielefeld 1989 (Forschungsbericht)

Pagenstecher, L.: Biografische Weichenstellungen der körperlichen und sexuellen Sozialisation von Mädchen und Frauen. (Manuskript, München 1991)

Pagenstecher, L. / Jaeckel, M. / Brauckmann, J.: Mädchen und Frauen unter sich. Ihre Freundschaften und ihre Liebesbeziehungen im Schatten der Geschlechterhierarchie. In: Alltag und Biografie von Mädchen, Bd. 9: Sexualität-Unterdrückung statt Entfaltung. Opladen 1985, S. 95-143

Pagenstecher, L. / Hartmann, E.: Sexualität-Versuche und Tabus. In: Deutsches Jugendinstitut (hrsg.): Immer diese Jugend! Ein zeitgeschichtliches Mosaik; 1945 bis heute. München 1985, S. 47-68

Presse- und Informationsamt der Bundesregierung (Hrsg.). Auszug aus der polizeilichen Kriminalstatistik für das Jahr 1990.

Reiche, R.: Sexualität und Klassenkampf. Zur Abwehr repressiver Entsublimierung. Frankfurt / M. 1968

Reinberg, B. / Roßbach. E.: Stichprobe: Lesben: Erfahrungen lesbischer Frauen mit ihrer heterosexuellen Umwelt. Pfaffenweiler 1985

Reiß, L.: Freizügigkeit, Doppelmoral, Enthaltsamkeit. Verhaltensmuster der Sexualität. Reinbek 1970

Salisch von, M. / Oswald, H.: Jugendliche und Aids: Sexualverhalten und Umgang mit dem Ansteckungsrisiko. Ergebnisse einer Untersuchung an Westberliner Schülerinnen und Schülern. In: Zeitschrift für Sexualforschung 2 (1989), S. 216-226

Schelsky, H.: Soziologie der Sexualität — Über die Beziehungen zwischen Geschlecht, Moral und Gesellschaft. Hamburg 1955

Schlesier, R: Konstruktionen der Weiblichkeit bei Sigmund Freud. Zum Problem von Entmythologisierung und Remythologisierung in der psychoanalytischen Theorie. Frankfurt / M. 1981

Schmid-Tannwald, I. / Urdze, A.: Sexualität und Kontrazeption aus der Sicht der Jugendlichen und ihrer Eltern. Schriftenreihe des Bundesministers für Jugend Familie und Gesundheit, Bd. 132, Stuttgart u.a. 1983

Schmidt, G.: Das große Der Die Das über das Sexuelle. Herbstein 1986

Schmidt, G.: Kurze Entgegung auf Volkmar Siguschs „Lob des Triebes". In Dannecker, M. / Sigusch,

V. (Hrsg.): Sexualtheorie und Sexualpolitik. Stuttgart 1984, S. 17-19
Schmidt, G. / Klusmann, D. / Renter, K. / Radizi, R.: Jugendsexualität und Aids. Ergebnisse einer Untersuchung an Hamburger Schülerinnen und Schülern. In: Zeitschrift für Sexualforschung 2 (1989), S. 42-54
Schmidt, G. / Sigusch, V.: Arbeiter-Sexualität. Eine empirische Untersuchung an jungen Industriearbeitern. Neuwied und Berlin 1971
Schlaegel, J. / Schoof-Tams, K. / Walczak, L.: Beziehungen zwischen Jungen und Mädchen. Sexuelle Sozialisation in Vorpubertät, Pubertät und früher Adoleszenz. In: Sexualmedizin 4 (1975), S. 206-218
Schorsch, E.: Gewalt in den Beziehungen der Geschlechter. In: Dannecker, M. / Sigusch, V. (Hrsg.): Sexualtheorie und Sexualpolitik. Stuttgart 1984, S. 108-112
Schwarzer, A.: Alice Schwarzer contra Sigusch. Ganz linker Sex. In: Emma 3 (1986), S. 20-24
Sigusch, V. / Schmidt, G.: Jugendsexualität. Dokumentation einer Untersuchung. Stuttgart 1973.
Sigusch, V.: Thesen über Natur und Sexualität sowie Verfolgt, konform, subversiv — Bemerkungen zur gesellschaftlichen Lage des Homosexuellen. In: Ders. (Hrsg.): Die sexuelle Frage. Hamburg 1982, S. 168-175 bzw. S. 191-208
Sigusch, V.: Vom Trieb und von der Liebe, Frankfurt / M. 1984a
Sigusch, V.: Lob des Triebes. In: Dannecker, M. / Sigusch, V. (Hrsg.): Sexualtheorie und Sexualpolitik. Stuttgart 1984b, S. 3-16
Starke, K. / Friedrich, W.: Liebe und Sexualität bis 30. Berlin (DDR) 1984
Steinmeister, I.: Zur Aufhebung von § 175 StGB und §182 StGB und Einführung einer einheitlichen Jugendschutzvorschrift für sexuelle Handlungen. In: Kritische Justiz 2(1991), S. 197-205
Steinmeister, I.: Wenn er 18 und sie 15 innig knutschen, kann das bald strafbar sein. In: Frankfurter Rundschau vom 13.02.92 (Dokumentation)
Straver, C.: Lernziel: Partnersuche. Probleme von Jugendlichen beim Aufbau sexueller Beziehungen. DJI-Forschungsbericht, München 1984 (niederländische Ausgabe 1980)
Walser, K.: Frauen als Opfer. Heimliche Verleugnung des Geschlechtsunterschiedes und Vermeidung der Auseinandersetzung mit weiblicher Macht. In: Heenen, S. (Hrsg.in): Frauenstrategien. Frankfurt / M. 1984, S. 49-64

Günter Albrecht

Jugend, Recht und Kriminalität

1 Die soziale Bedeutung des Rechtes

Insofern als das Recht eines der fundamentalen Instrumente darstellt, durch die Gesellschaften das grundlegende Problem der gesellschaftlichen Ordnung zu lösen versuchen, ist es nicht verwunderlich, daß Jugend und Recht und Jugend und Kriminalität in einem prekären Spannungsverhältnis stehen. Versteht man Jugend als eine besonders kritische und entscheidende Phase der lebenslangen Sozialisation, die im Idealfall in einer Einpassung des jungen Erwachsenen in die gegebene gesellschaftliche Ordnung mündet, durch die gleichzeitig kulturelle und soziale Traditionen aufrecht erhalten, aber auch neue Denk- und Verhaltensweisen eingebracht werden, die Kontinuität im Wandel oder Wandel in der Kontinuität ermöglichen, so wird das besondere Verhältnis der Jugend zum Recht verständlich. In seiner allgemeinsten Bestimmung bezeichnet Recht alle Verhaltensregeln, bei deren Übertretung eine Sanktion droht oder eine autorisierte Instanz einschreiten kann. Da in ausdifferenzierten Gesellschaften die Zahl und die Komplexität dieser Verhaltensregeln immer größer und weniger durchschaubar wird, kann man mit Fug und Recht davon ausgehen, daß der Sozialisationsprozeß vor zunehmende Schwierigkeiten gestellt wird, die geltenden Normen hinreichend transparent und verbindlich zu machen. Selbst wenn sich die Zahl jener Rechtsregeln, die Strafrechtstatbestände festlegen, kaum vergrößert hat, so wird dadurch der Sozialisationsprozeß nicht entlastet, besteht doch das eigentliche Problem für die Sozialisation nicht so sehr bzw. nicht allein darin, die entsprechenden Normen an sich zu vermitteln, sondern die Regeln zu implementieren, nach denen diese Regeln — z.B. situationsspezifisch — anzuwenden sind. Zweitens schließlich wird nach Max *Weber* das Recht neben der Religion, der politischen Herrschaft, der Ökonomie etc. als ganz wesentlicher Bereich der Sozialstruktur angesehen. Der Jugendliche bzw. der Heranwachsende hat in bezug auf alle diese Aspekte der Sozialstruktur diffizile Übergangspassagen zu bewältigen, die auf der kognitiven, emotionalen und motivationalen Ebene schwere Herausforderungen darstellen (vgl. z.B. *Olbrich* 1984; *Thomae* 1984; *Seiffge-Krenke* 1984). Insofern als das Recht die gesellschaftliche Ordnung symbolisiert, stellt es auch den Adressaten für Handlungen Jugendlicher dar, die sich mit der geltenden Ordnung (noch) nicht abfinden wollen oder können. Die Verstöße gegen geltendes Recht haben — so *Durkheim* (vgl. *Durkheim* 1961; *Durkheim* 1977 bzw. 1988 sowie kommentierend und empirisch prüfend dazu *Albrecht* 1981; *Gephart* 1990) — dabei immer zwei wichtige Funktionen: Auf der einen Seite stellen sie den Anlaß dar, das geltende Recht deutlich zu machen und die Solidarität der Konformen in einer emotional aufgeladenen

Situation nachdrücklich empfinden zu lassen, auf der anderen Seite stellen die Normbrüche immer auch Anlässe dar, über die „Richtigkeit" oder Legitimität des geltenden Rechts nachzudenken und Alternativen ins Auge zu fassen. Abweichendes Verhalten mag Resultat und Ausdruck sozialen Wandels sein, der bisher noch nicht so weit durchgedrungen ist, daß er zu einer „neuen Moral" geführt hätte, aber der Verbrecher von gestern ist vielleicht der Moralist von morgen (vgl. *Durkheim* 1961, S. 159-161).

2 Die Kriminalität der Jugendlichen und ihre rechtliche Behandlung

2.1 Die rechtliche Wertung des kriminellen Handelns von „Jugendlichen" in der Vergangenheit

Das Recht hat diesem besonderen Verhältnis von Jugend und Recht, insbesondere wenn es um das Strafrecht geht, historisch betrachtet über lange Zeit nur begrenzt Rechnung getragen, wobei natürlich nicht übersehen werden kann, daß ohne die Existenz einer Altersphase der Jugend, so wie wir sie seit geraumer Zeit kennen, die reale Situation eines „Jugendlichen" eine andere war als sie heute ist. Dennoch wurde seit jeher die „Jugend" eines Täters als Grund für eine Milderung oder für ein Absehen von Bestrafung angesehen, allerdings lag die Altersgrenze auch im *Mittelalter* zunächst noch recht niedrig. So durften nach germanischem Recht im 11. Jahrhundert keinem Jugendlichen unter 12 Jahren die Hände abgeschlagen werden, sondern die von ihnen begangenen Rechtsverletzungen sollten durch Züchtigung mit der Rute oder Peitsche geahndet werden. Auch der aus dem ersten Drittel des 13. Jahrhunderts stammende Sachsenspiegel verbot Todesurteile gegen Kinder, und ein noch nicht 12jähriger Rechtsbrecher blieb straflos. Die „Peinliche Halsgerichtsordnung" Karls V von 1532 kannte Regelungen für Jugendliche unter 14 Jahren, die die Todesstrafe verboten und statt dessen Leibesstrafen vorsahen. Das deutsche Strafrecht unterschied bis zum Ausgang des 18. Jahrhunderts drei Altersstufen. Die Kinder im Alter von 0-6 Jahren waren nicht schuldfähig, während die Kinder im Alter von 7-14 Jahren bedingt zurechnungsfähig waren und der Richter von Fall zu Fall darüber zu entscheiden hatte, ob die Person zu bestrafen war. Die sog. „Minores", d.h. die 14-25jährigen Täter, waren strafrechtlich in vollem Umfang verantwortlich.

Auch die *Aufklärung* brachte keine relevanten Neuerungen im Strafrecht in bezug auf die Behandlung junger Rechtsbrecher. Noch das Strafgesetzbuch von 1871 kannte nur einige Sonderbestimmungen für jugendliche Straftäter, die jedoch immer noch stark beherrscht waren vom Strafgedanken. Das Strafmündigkeitsalter begann mit der Vollendung des zwölften Lebensjahres, und für Täter zwischen 12 und 17 Jahren mußte das Gericht feststellen, ob der Jugendliche als strafmündig anzusehen sei. Die Strafzumessung sollte jedoch gegenüber den Erwachsenen deutlich milder sein. Nach § 57 StGB von 1871 sollte die Strafe für jugendliche Angeklagte zwischen dem gesetzlichen Mindestbetrag der angedrohten Strafart und der Hälfte des Höchstbetrages liegen. Resultat dieser Regelung waren für Jugendliche häufig kurze *Freiheitsstrafen*, die sie in den allgemeinen *Strafanstalten* verbüßen mußten. Da die Haft oft nicht in Trennung vom Erwachsenenvollzug erfolgte und da der Makel des Vorbestraftseins lebenslänglich haften blieb, war diese Praxis von außerordentlicher Schädlichkeit.

Wenn bis zu dieser Zeit junge Rechtsbrecher eine mildere Behandlung bzw. Bestrafung erfuhren als Erwachsene, so war dies in der Regel in Mitleid begründet. Eine grundsätzlichere Fundierung einer besonderen Behandlung des jungen Rechtsbrechers ließ sich erst vornehmen, nachdem Kindheit und Jugend in der"*Neuzeit*" als besondere Phasen im Leben eines Menschen eindeutig sozial konstituiert und in ihrer besonderen Problematik auch wissenschaftlich erkannt waren (vgl. *Ariès* 1975), die auch „abweichendes Verhalten" in der Form von Rechtsbrüchen von Kindern und Jugendlichen als etwas anderes als das von Erwachsenen erscheinen ließen. Vor allem in den angelsächsischen Ländern gewann diese Sichtweise an Boden, so daß hier der Ausdruck „Delinquenz" für das rechtliche Fehlverhalten von Kindern und Jugendlichen üblich wurde, um es gegen die „Kriminalität" der Erwachsenen abzusetzen (vgl. zur Geschichte und Ideologiekritik dieser Bewegung der „Child savers" *Platt* 1969). Die internationale Reformbewegung strebte danach, den jugendlichen Rechtsbrecher nicht mehr als **jungen Erwachsenen** zu betrachten, sondern die biologischen, psychologischen und soziologischen Eigengesetzlichkeiten dieser Altersstufe zu berücksichtigen und entsprechend geeignete Maßnahmen zu konzipieren. Von besonderer Bedeutung war dabei der Gedanke, der bis in die Gegenwart weiterwirkt, daß die angemessene Behandlung nicht milder, sondern zweckmäßiger sein soll, was unter Umständen sogar eine härtere Behandlung erforderlich zu machen schien.

Ganz auf dieser Linie liegt die Tendenz, für Kinder und Jugendliche eine ganze Reihe von Tatbeständen als Straftatbestände zu definieren, die für Erwachsene nicht kriminalisiert sind. Dies ist bspw. im amerikanischen Strafrecht besonders ausgeprägt, in dem eine ganze Reihe von *„status offenses"* Auslöser strafrechtlicher Sanktionen sind. Dies gilt z.B. für den Genuß von Alkohol und Tabak, die Teilnahme an Tanzveranstaltungen in den späten Abendstunden, den vorehelichen Geschlechtsverkehr etc. Natürlich unterliegen diese Verhaltensweisen auch bei uns rechtlicher Reglementierung, doch bedient sich der Staat hier weitgehend eines anderen rechtlichen Instrumentariums bzw. sucht Problemlösungen unterhalb der Anwendung des Strafrechtes. Andererseits gibt es auch für die Bundesrepublik eine Reihe von Nachweisen dafür, daß das Strafrecht gegen Jugendliche teilweise konsequenter und härter angewendet wird als gegen Erwachsene, obwohl man doch allgemein meint, es müßte genau ungekehrt sein.

Im **Jugendgerichtsgesetz** von 1923 wurde in Deutschland erstmals innerhalb eines Strafgesetzbuches die Erziehung des Täters in den Vordergrund gerückt und dem Jugendrichter ein breiter Handlungsspielraum zur Verfügung gestellt (§§ 5-7 JGG 1923), wobei schon damals ausdrücklich vorgeschrieben war, von Strafe abzusehen, wenn Erziehungsmaßregeln ausreichten. Es erfolgte die Einrichtung reiner **Jugendgerichte**, *Jugendgerichtshilfe* wurde eingeführt, der Ausschluß der Öffentlichkeit gängige Praxis, und wenn Jugendstrafe unvermeidlich schien, so sollte sie doch rein erzieherisch gestaltet werden. Hier ist allerdings die Frage, inwieweit zwischen Anspruch und Realität nicht doch enorme Diskrepanzen die Regel waren.

Alle diese relativen Fortschritte wurden durch die nationalsozialistische Gesetzgebung mehr oder weniger rückgängig gemacht oder eingeschränkt. Das *JGG* des Jahres 1953 stellte die Erziehungsmaßregeln wieder eindeutig in den Vordergrund und hob einige Verschärfungen und Verwässerungen der Nationalsozialisten wieder auf, konnte jedoch nicht annähernd die relativ fortschrittlichen Weimarer Ideen aufgreifen oder gar mächtig weiterentwickeln. Allenfalls war die Aufnahme der *Heranwachsenden* in das JGG ein Schritt von erheblicher Bedeutung. Das Gesetz aus dem Jahre 1953 hat erstaunlicherweise bis in die Gegenwart keine grundlegenden Veränderungen, sondern nur Modifikationen in kleineren Details erfahren, so daß sich die durchaus beobachtbaren Veränderungen in den justitiellen Reaktionen auf die Jugendkriminalität als eine Art *„innerer Reform"* verstehen lassen, die jedoch weit hinter dem zurückbleibt, was aufgrund sozialwissenschaftlicher Erkenntnisse hätte geschehen sollen.

2.2 Eine Skizze der gegenwärtigen Rechtssituation im Jugendstrafrecht

Da die justitielle Reaktion auf kriminelles Handeln junger Menschen ohne die rechtlichen Hintergründe nicht angemessen verstanden werden kann, seien einige wenige Erläuterungen zum **Jugendstrafrecht** gegeben. Das Jugendstrafrecht ist im **Jugendgerichtsgesetz** geregelt. Gemäß §§ 1 Abs. 1, 4 JGG erfolgt die rechtliche Einordnung der Straftaten von Jugendlichen nach den Vorschriften des *allgemeinen Strafrechts*, d.h. die Tat behält auch im Jugendstrafrecht ihr zentrales Gewicht und wird ohne Rückgriff auf pädagogische Kriterien juristisch klassifiziert. Wenn man das Jugendstrafrecht dennoch durch Begriffe wie *„Täterstrafrecht"* und *„Erziehungsstrafrecht"* kennzeichnet (*Schaffstein* 1983, S. 11), so liegt das darin begründet, daß das JGG einen ganzen Kanon von jugendspezifisch konzipierten besonderen Sanktionen kennt, die die Sanktionen des allgemeinen Strafrechts gänzlich ersetzen.

Die Sanktionen gehen von einfachen „Erziehungsmaßregeln" (z.B. Erteilung von *Weisungen*, Erziehungsbeistandschaft, Heimerziehung) (§§ 9-12 JGG), über"*Zuchtmittel*" (z.B. Verwarnung, Auflagen, Jugendarrest) (§§ 13-16 JGG) bis zu verschiedenen Formen der *Jugendstrafe*, wobei ausdrücklich der Strafrahmen des Erwachsenenstrafrechts nicht gilt (§ 18 Abs. 1 JGG). § 8 JGG läßt eine große Vielfalt von Kombinationen von Sanktionen zu, so daß die Sanktionspraxis theoretisch ein sehr differenziertes Bild ergeben könnte. Allerdings legt § 5 Abs. 2 JGG eindeutig fest: „Die Straftat eines Jugendlichen wird mit Zuchtmitteln oder mit Jugendstrafe geahndet, wenn Erziehungsmaßregeln nicht ausreichen", und will damit erreichen, daß möglichst wenig eingriffsintensive Reaktionen gewählt werden, wenn mit ihnen der gewünschte Effekt erreichbar zu sein scheint. Merkwürdigerweise hat diese Regelung keine Änderung erfahren, obwohl sie doch z.B. insofern in sich widersprüchlich ist als z.B. die Heimerziehung / Fürsorgeerziehung als Erziehungsmaßregel sicher sehr viel eingriffsintensiver ist als die bloße Verwarnung, die als „Zuchtmittel" als die schwerere Sanktion gilt. Grundsätzlich gilt, daß im Jugendstrafrecht neben das *Schuldprinzip* das sog. *„Subsidiaritätsprinzip"* gestellt ist, das verlangt, daß die Rechtsfolgen primär an der Erforderlichkeit erzieherischer Maßnahmen in jedem Einzelfall zu orientieren sind. Kaiser stellt dazu fest: „Die eher tatorientierte Schuldfeststellung begrenzt sodann das Entscheidungsermessen des Gerichts hinsichtlich der Obergrenze der Intensität der angeordneten Rechtsfolge. Im Jugendstrafrecht kann weder allein um dieses Schuldausgleichs willen... gestraft werden, noch sind Maßnahmen zulässig, die zwar aus pädagogischer Sicht erforderlich, hinsichtlich der Tat jedoch unverhältnismäßig wären (*Kaiser* 1985, S. 174).

Für die justitielle Bearbeitung jugendlicher Rechtsbrüche war in der Vergangenheit der Umstand sehr bedeutsam, daß in § 10 die verschiedenen Formen von *Weisungen* nicht abschließend bestimmt, sondern zum einen allgemein umschrieben und dann eher beispielhaft und nicht abschließend aufgeführt sind. Dieser Umstand hat es ermöglicht und macht es weiterhin möglich, immer wieder neue sozialpädagogische Angebote zu konzipieren und in die Praxis einzuführen, die nach neuen Erkenntnissen positive Effekte auf straffällig gewordene Jugendliche zu haben versprechen (in der Vergangenheit bspw. Erziehungskurse, Betreuungsweisungen, Arbeitsweisungen, gemeinnützige Arbeiten, Täter-Opfer-Ausgleich etc.).

Die eher ahndenden *Zuchtmittel*, die nach der Devise „short, sharp and shocking" wirken sollten, sind im § 13ff JGG abschließend aufgezählt und konnten sich daher durch die Praxis nicht wesentlich weiterentwickeln. Insbesondere der *Jugendarrest*, dessen Dauer auf maximal vier Wochen begrenzt ist, wird durchgehend als veraltet und unsinnig bewertet, von einigen Bundesländern praktisch gar nicht mehr angewendet und von anderen im Grunde sehr stark eingeschränkt. Die in § 15 JGG in der Fassung von 1990 umschriebenen *Auflagen*, die die *Schadenswiedergutmachung*, die *Entschuldigung beim Opfer*, die Erbringung einer *Arbeitsleistung* sowie eine *Zahlung an eine gemeinnützige Einrichtung* vorsehen, haben sich dagegen durchaus weiterentwickelt und scheinen an Bedeutung zu gewinnen. Interessant ist in diesem Zusammenhang, daß der sog. *Täter-Opfer-Ausgleich*, von dem schon bei den Weisungen die Rede war, nun auch als Reaktionsform bei den *Auflagen* erwähnt wird. Dies ist ein weiterer Hinweis darauf, daß dem Sanktionskanon des JGG eine zwingende pädagogische Systematik im Grunde nicht unterliegt.

Die *Jugendstrafe* ist die einzige im juristischen, sicher nicht im subjektiven Sinne richtige „Strafe" des JGG und darf nur als letztes Mittel eingesetzt werden. Dies erklärt, warum ihr Mindestmaß 6 Monate beträgt. Ihr Höchstmaß liegt bei 5, in Ausnahmefällen 10 Jahren (§ 18 JGG). Für die Frage der Aussetzung der Strafe zur Bewährung gelten die Regeln des allgemeinen Strafrechtes. Gegen die Jugendstrafe werden — wie gegen die Freiheitsstrafe generell — gravierende Bedenken vorgetragen, die von der Kritik an einer unzureichenden rechtlichen Regelung des Vollzuges bis zu einer fundamentalen Kritik der Freiheitsstrafe reichen. Die Fragwürdigkeit der Freiheitsstrafe an Jugendlichen wird durch eine Reihe empirischer Arbeiten nachhaltig bewiesen (vgl. die Arbeiten in *Albrecht/Schüler-Springorum* 1983, insbesondere *Albrecht/Lamott; Bielefeld* sowie *Kersten/Kreissl/von Wolffersdorff-Ehlert*).

3 Epidemiologische Befunde zur Jugendkriminalität

3.1 Die Entwicklung und Häufigkeit der Jugendkriminalität und der offiziellen Reaktionen im Längsschnitt

Die Klagen über die vermeintlich immer mehr überhandnehmende Kriminalität und die besonders erschreckend erscheinende zunehmende Beteiligung junger Menschen, die zudem immer gewalttätiger zu werden scheinen, sind seit langem feststehender Bestandteil der öffentlichen Meinung und zahlreicher Berichte in den Medien auch in der Bundesrepublik Deutschland, obwohl die vorhandenen Daten eigentlich eine etwas andere Sprache sprechen. Zunächst einmal muß man, aus historischer Perspektive gesehen, die Behauptung, in Deutschland nehme die Gewaltkriminalität insgesamt seit langem zu, deutlich zurückweisen. Verglichen mit den Verhältnissen in der zweiten Hälfte des vorigen Jahrhunderts und den ersten Jahrzehnten dieses Jahrhunderts ist diese Entwicklung (langfristig betrachtet) entschieden rückläufig. Das heißt nicht, daß es kurzfristig nicht doch zu scheinbar erheblichen Steigerungen kommen kann bzw. in jüngster Zeit auch gekommen ist, doch muß beachtet werden, daß gerade bei besonders schweren Delikten, an denen sich die öffentliche Diskussion leicht entzündet, die Häufigkeitsziffern wegen ihrer sehr niedrigen Höhe durch vergleichsweise geringe Steigerungen der absoluten Fallzahlen exorbitante Steigerungsraten aufweisen können, die zu völlig falschen Schlußfolgerungen führen können.

Faßt man nun speziell die Kriminalität der Jugendlichen und der Heranwachsenden ins Auge und betrachtet einmal die Verhältnisse und die Entwicklungen in den 70er Jahren, für die wir über eine methodenkritische Studie verfügen (*Albrecht/Lamnek* 1979), so sollten wir einige wenige Fakten zur Kenntnis nehmen, die das Problem der „Jugendkriminalität" auf seine wirklichen Dimensionen zurückführen. Nach *Albrecht/Lamnek* (1979, S. 163) wurden im Jahre 1971 von der gesamten 6- bis unter 21jährigen Wohnbevölkerung der Bundesrepublik 2,5 % (KBZ=2517) und 1977 3,1 % (KBZ=3067) von der Polizei als einer Straftat verdächtig registriert. Damit wird deutlich, daß die Kriminalität der jungen Menschen in den 70er Jahren zwar ein nicht zu verkennendes soziales Problem darstellte, das jedoch im Grunde zu hysterischen Reaktionen keinen Anlaß gab.

Zwar ist die Zahl der bekanntgewordenen Straftaten insgesamt (also für alle Altersgruppen und Delikttypen) pro 100000 Einw. in den späten 70er und den frühen 80er Jahren deutlich gestiegen, aber seit dieser Zeit ist sie eindeutig *stagnierend* (ca. 7000 pro 100000 Einw.). Geht man in die Details, so zeigt sich bei der Verhältniszahl der strafmündigen Tatverdächtigen für die männlichen Jugendlichen, daß diese zwar in den 70er Jahren bis etwa 1982 gestiegen ist (von ca. 7400 auf ca. 8800), aber seit dieser Zeit ist sie zunächst stark rückläufig gewesen und bewegt sich zuletzt auf einem Niveau von ca. 6300 im Jahre 1988. Ein ganz ähnliches Bild — auf etwas höherem Niveau — ergibt sich bei den männlichen Heranwachsenden. Die Daten für die weiblichen Jugendlichen und Heranwachsenden weichen davon deutlich ab. Grundsätzlich beträgt die Häufigkeitsziffer der weiblichen Jugendlichen nur etwa ein Drittel der männlichen Jugendlichen (bei den Heranwachsenden sogar nur etwa ein Sechstel), aber auch hier gab es seit den 70er Jahren zunächst deutliche Steigerungen (von ca. 1400 im Jahre 1972 auf ca. 2000 im Jahre 1982 bei den weibl. Jugendlichen), denen dann nur ein schwacher Rückgang bis zu den späten 80er Jahren folgte. Diese Daten sprechen ganz eindeutig gegen die Behauptung einer dramatischen Zuspitzung der Jugendkriminalität; eher das Gegenteil ist der Fall. Wechselt man von der **Polizeilichen Kriminalstatistik** zur **Gerichtsstatistik**, die wegen der eindeutigeren rechtlichen Würdigung der Straftaten einerseits genauer, wegen ihrer größeren Selektivität jedoch theoretisch weniger aussagefähig ist, und spannt einen zeitlich weiteren Bogen, so sprechen auch hier die Verhältniszahlen eine eindeutige Sprache. Die Verurteiltenziffern bei den Jugendlichen insgesamt steigen zwar von 1588 im Jahre 1968 auf 2068 im Jahre 1982, aber bis zum

Jahre 1986 sind sie bspw. wieder auf 1532 gesunken (recht ähnliches Bild bei geschlechtsspezifischer Betrachtung). Für die Heranwachsenden insgesamt ergibt sich ein ähnlicher Verlauf — auf deutlich höherem Niveau —, der jedoch insgesamt für diesen Zeitraum ein Absinken der Verurteiltenziffer von 3252 auf ca. 2700 aufweist (bei den weiblichen Heranwachsenden bleibt bei zwischenzeitlich deutlichem Anstieg das Niveau der späten 60er Jahre erhalten). Auch hier also keinerlei Beleg für eine besondere Zuspitzung im Bereich der Jugendkriminalität, sondern eher das gegenteilige Bild. Dabei ist zu betonen, daß die von manchen Autoren (vgl. *Adler* 1975, 1981) erwartete bzw. behauptete Aufholbewegung der Frauen im Bereich der Kriminalität als Begleiterscheinung der Emanzipation offensichtlich nur begrenzt eingetreten ist (vgl. H.-J. *Albrecht* 1987; *Albrecht / Howe / Wolterhoff-Neetix* 1988; *Steffensmeier* 1978; *Steffensmeier / Steffensmeier* 1980).

Absolut gesehen ergeben sich daraus natürlich immer noch beachtenswert viele Fälle, in denen die gesellschaftlichen Kontrollinstanzen zum Strafrecht greifen zu müssen glauben, um dem abweichenden Verhalten von Jugendlichen Einhalt zu gebieten. Betrachtet man dazu absolute Zahlen, so wurden 1977 in ca. 100 000 Jugendgerichtsverfahren Urteile gefällt, während dies im Jahre 1987 bspw. immer noch ca. 67 000 waren. Betrachtet man die dabei ergangenen Sanktionen, so sind die relativen Anteile der drei Typen „Erziehungsmaßregeln" (37,1 %), „Zuchtmittel" (56,4 %) und „Jugendstrafe" (6,45 %) insofern im Wandel als zwar der Anteil der Jugendstrafen in diesen 10 Jahren völlig konstant, aber der Anteil der Erziehungsmaßregeln (von ca. 24 auf ca. 37 %) auf Kosten der Zuchtmittel deutlich expansiv ist. Das kann man so deuten, daß die Jugendgerichtsbarkeit anscheinend da, wo sie gewisse Spielräume sieht, auch davon Gebrauch macht und die weniger eingriffsintensiven Sanktionen wählt. Ob sie dabei wirklich weit genug geht, ist allerdings eine weitere Frage. Immerhin ergingen im Jahre 1987 in 4339 Verfahren gegen Jugendliche Verurteilungen zu Jugendstrafen, und damit zu einer Freiheitsstrafe, deren zweifelhafte Wirkung eigentlich nicht mehr zweifelhaft ist. Dabei ist ferner zu beachten, daß jeweils ca. 30 % dieser Jugendstrafen für Jugendliche (Heranwachsende sind hier nicht berücksichtigt) auf mehr als 1 Jahr lauten.

Bezieht man nun noch das Wissen mit ein, daß die Zahl der der Polizei bekannt gewordenen Straftaten und der Straftäter in hohem Maße eine Funktion der Anzeigebereitschaft der Bevölkerung ist (ca. 80 % der polizeilichen Ermittlungsverfahren gehen auf private Anzeigen zurück) und daß wiederum diese Anzeigebereitschaft gegenüber dem abweichenden Verhalten von jungen Leuten aus bestimmten Gründen *zugenommen* zu haben scheint (vgl. *Albrecht / Lamnek* 1979), so könnte es sein, daß die „Kriminalität" der Jugendlichen in Wirklichkeit gar nicht gestiegen oder konstant geblieben ist, sondern de facto sogar ganz entschieden zurückgegangen ist und in der Gegenwart nur anders als früher gedeutet und „problematisiert" wird (vgl. dazu unten den sog. *Labeling approach*).

3.2 Ausgewählte epidemiologische Befunde zur aktuellen Situation

Unser gegenwärtiges Wissen reicht also nicht aus, um zu entscheiden, welche dieser Deutungen die richtige ist. Eine solche Aussage wäre nur dann möglich, wenn wir im historischen *Längsschnitt* Kriminalitätsdaten zur Verfügung hätten, die nicht durch diese komplexen Selektionsfilter von informellen und formellen Kontrollinstanzen produziert bzw. deformiert sind (vgl. dazu *Kerner* 1972; *Sack* 1968; *Sack* 1978). Dazu könnten sog. „Self-Report-Daten" beisteuern, die seit einiger Zeit erhoben werden und zu sehr wichtigen Ergebnissen geführt haben. Eine der Schlüsselentdeckungen für die moderne Kriminalitätsforschung beruht auf solchen Daten (*Nye/Short/Olson* 1958; Short/Nye 1968). So zeigte sich, daß die auf der Basis offizieller Kriminalstatistiken immer wieder behauptete negative Korrelation zwischen Schichthöhe und Kriminalitätsbelastung, die den Ausgangspunkt vieler theoretischer Erklärungsansätze abgibt, nicht existiert, wenn man diese Datenquelle heranzieht (vgl. dazu vor allem die zentrale Arbeit von *Tittle/Villemez/Smith* 1978), sondern daß man von einer annähernden schichtmäßigen Gleichverteilung ausgehen muß. Nun zeichnet sich die Forschung auf der Basis der Self-Report-Daten dadurch aus, daß sie in der Regel allenfalls episodisch, bei kleineren, oft sehr selektiven und systematisch verzerrten Auswahlen durchgeführt wurde, so daß es nur selten möglich ist, auf der Basis dieser Daten Entwicklungen im Längsschnitt zu rekonstruieren oder Vergleiche zwischen verschiedenen Regionen oder sonstigen sozialen Einheiten anzustellen. Zwar verfügen wir nach den Studien von *Quensel* (1971), *Brusten/Hurrelmann* (1973) über einige andere lokale Studien, doch sind diese jeweils nur zu wenigen Zeitpunkten und an begrenzten Stichproben durchgeführt worden, so daß wir praktisch keine Entwicklungstrends aus diesen Daten ableiten können.

Dennoch haben diese Studien insofern einen großen Wert für die Kriminalitätsforschung als sie **Dunkelfelddaten** liefern, die den „wahren" Verhältnissen eher entsprechen als die Daten der Kontrollinstanzen. Um eine Vorstellung von der „wahren" Kriminalitätsbelastung der Jugend zu vermitteln, stellen wir einige wenige Daten aus den Untersuchungen von *Albrecht* u.a. dar (*Albrecht/Howe/Wolterhoff-Neetix* 1988; *Albrecht /Howe/Wolterhoff* 1991; *Albrecht/Howe* 1991), die aus einer für die Städte (mit Umland) Bielefeld und Münster repräsentativen Stichprobe aus dem Jahre 1986 stammen, ohne auf Details der Untersuchungsmethode eingehen zu können. Die Untersuchung erstreckte sich auf 13-17jährige, die anhand einer Umschreibung von 12 Deliktformen angeben konnten, ob sie eine entsprechende Handlung schon einmal in ihrem Leben angegeben haben bzw. wie oft dies im letzten Jahr schon einmal vorgekommen ist. Auf die vorgegebenen Delikttypen entfallen in der offiziellen Kriminalstatistik in der Regel ca. 75 % aller Delikte, so daß unsere Auswahl geeignet gewesen sein müßte, die ganz überwiegende Mehrzahl der Delikte zu erheben. Für die gesamte Lebenszeit betrachtet behaupten ca. 40 % der Probanden, daß sie keine der genannten kriminellen Handlungen begangen hätten (im Detail für die Oberkategorien Betrug ca. 65 %, einf. Diebstahl 68 %, Körperverletzung 75 %, Sachbeschädigung 78 %, schwerer Diebstahl 88 % ohne Delikt), doch ist dabei zu beachten, daß diese Daten nach Alter und Geschlecht der Probanden stark variieren. So behaupten nur ca. 34 % der Jungen, sie hätten keine Delikte begangen, und die Delikthäufigkeit steigt signifikant mit dem Alter. Insbesondere wird deutlich, daß die Zahl derjenigen Jugendlichen, die mehrfach delinquent gehandelt hat, mit dem Alter ansteigt. Zwischen den Geschlechtern zeigen sich ganz deutliche Disparitäten, die umso größer werden, je schwerer die Delikte sind (ganz entsprechend der internationalen Literatur; vgl. *Steffensmeier* a.a.O.). Für andere wichtige Details sei auf die entsprechenden Studien verwiesen. Insgesamt zeigen die Daten, daß wir davon ausgehen müssen, daß bis zum Erreichen des Status des Heranwachsenden bzw. des jungen Erwachsenenalters nahezu jeder Mensch Handlungen begangen hat — wenn auch meist im Dunkelfeld verbleibende —, die potentiell kriminalisierbar sind. So gesehen stimmte die Behauptung einiger wichtiger Theorien (vgl. z.B. *Sack* 1968; *Sack* 1978), daß Kriminalität ein *universell* verbreitetes Phänomen darstellt, das allerdings für verschiedene gesellschaftliche Subgruppen mit unterschiedlichen Kriminalisierungsrisiken verknüpft ist. Dieser Befund ist deshalb von besonderer Bedeutung, weil er allen dramatisierenden Reaktionen auf Jugendkriminalität den Boden entzieht. Offensichtlich betätigt sich ein erheblicher Teil aller Menschen in der Jugend in einem nicht unerheblichem Maße kriminell, ohne entdeckt zu werden, und offensichtlich werden aus fast allen diesen „Delinquenten" später doch mehr oder weniger gesetzestreue Bürger. Die von den Kontrollinstanzen nahezu durchgehend vertretene Meinung, daß ohne ihre Intervention (sei sie pädagogisch oder strafend) aus dem jugendlichen „Kriminellen" ein „Karriere-Krimineller" werde, erhält dadurch einen ersten schweren Schlag, dessen Wucht noch zunimmt, wenn man behauptet, daß gerade diese Intervention meist erst die Entwicklungsaussichten verschlechtert (vgl. *Albrecht* 1990), und dies umsomehr, je intensiver diese Intervention ausfällt (vgl. *McCord* 1990). Ob die Daten allerdings die Behauptung rechtfertigen, Kriminalität sei zwischen den gesellschaftlichen Gruppen, insbesondere zwischen den sozialen Schichten gleich verteilt, soll an anderer Stelle erörtert werden.

4 Ausgewählte Theorieansätze zur Erklärung von Jugendkriminalität und einige Forschungsbefunde

Betrachten wir die Geschichte der Theorien zur Erklärung von Kriminalität, so stellen wir fest, daß die unabhängigen, also die erklärenden Variablen, von der biologisch-genetischen, physiologischen, individualpsychologischen, sozialpsychologischen, mikrosoziologischen bis zur makrosoziologischen Ebene reichen. Lange Zeit waren die theoretischen Erklärungsansätze insofern unspezifisch als sie *Kriminalität insgesamt* zu erklären bemüht waren und nicht die Besonderheit des kriminellen Verhaltens von Jugendlichen beachtet haben. Allerdings kann man dies auch als einen relativen Vorteil ansehen, da natürlich grundsätzlich die allgemeinere Theorie, die sich auf eine breitere Palette von Phänomenen anwenden läßt, wertvoller ist. Es könnte sich jedoch herausstellen, daß jene Theorien, die auf der Basis des Wissens über die Kriminalität von Erwachsenen entwickelt wurden, nicht auf Jugendliche übertragbar sind etc. In den letzten Jahrzehnten befassen sich die meisten Theorien kriminellen Verhaltens jedoch eher mit dem Verhalten Jugendlicher bzw. Heranwachsender oder junger Erwachsener, so daß sich das obige Problem eigentlich nicht mehr stellt. Anders verhält es sich mit der Variable *Geschlecht*, da die empirische Forschung, und damit auch die Theoriebildung, aufgrund der für die meisten Gesellschaften immer wieder berichteten entschieden höheren offiziellen Kriminalitätsbelastung (gemessen durch die üblichen Häufigkeitsziffern bzw. Belastungsziffern der Polizeilichen Kriminalstatistik, der Gerichtsstatistik oder der Strafvollzugsstatistik) der männlichen Bevölkerung ihr Augenmerk fast nur auf das männliche Geschlecht gerichtet hat. Hinzu kommt, daß die Jugendkriminalität sich traditionell in den großen städtischen Gebieten in besonders prägnanter Weise präsentiert und daß sich wegen der aus ganz bestimmten Gründen besonderen Ausprägung des Kriminalitätsproblems in den USA gerade in diesem Land die Forschung dort ungeheuer stark entwickelt hat, so daß man fast versucht ist zu sagen, unser theoretisches und empirisches Wissen über Kriminalität sei in Wirklichkeit Wissen über das kriminelle Handeln männlicher Jugendlicher in den großen Metropolen der Vereinigten Staaten, dessen Übertragung auf das weibliche Geschlecht, andere Altersgruppen, die ländliche Bevölkerung, ja auf andere gesellschaftliche Konstellationen durchaus fragwürdig ist. Mit diesem Vorbehalt sei ein äußerst knapper Überblick über einige zentrale Theorien der Jugendkriminalität gegeben.

Dabei verzichten wir auf die Einhaltung disziplinärer Grenzen und vermeiden jegliches Vollständigkeitsstreben, da dies nie einzulösen wäre. Wir verzichten auch auf eine Darlegung biologisch-genetischer und/oder physiologischer Erklärungen, nicht deshalb, weil wir davon ausgehen, daß sie grundsätzlich ohne irgendeinen wissenschaftlichen Wert seien, sondern deshalb, weil sie ganz offensichtlich ungeeignet sind, die Kriminalität von Jugendlichen als eines Massenphänomens, das sozusagen jeden betrifft, verständlich zu machen. Bestimmte, aber in der Regel relativ seltene Fälle kriminellen Handelns von Jugendlichen mögen in einer genetischen Unregelmäßigkeit / Störung ihre Ursache haben, oder bestimmte problematische Ernährungsgewohnheiten mögen bei einem sehr kleinen Teil der Jugendlichen für bestimmte Kumulationen von Auffälligkeiten kausal bedeutsam sein, aber für 99 % aller Fälle sollte all das irrelevant sein, so daß wir auf eine nähere Diskussion verzichten können sollten (für umfassendere Darstellungen empirischer Forschungsergebnisse vgl. *Albrecht* 1982; *Amelang* 1986).

4.1 Der Psychologie nahestehende Ansätze

4.1.1 Psychoanalyse

Klassische Beiträge zur Kriminalitätserklärung hat die **Psychoanalyse** beizusteuern, die Kriminalität als Ausdruck einer Persönlichkeitsstörung deutet, deren Bedingungen in frühen Beeinträchtigungen der psychischen Entwicklung gesucht werden (z.B. traumatische Veränderungen oder Defekte der sozialen Umwelt). Auch wenn Psychoanalytiker grundsätzlich die Möglichkeit nicht leugnen, daß auch bei „normaler" Persönlichkeitsstruktur bei extremer aktueller Belastung der verschiedensten Art Kriminalität auftreten kann, so haben sie doch eher zwei Delinquenzkonzepte entwickelt, die auf bestimmte Persönlichkeitsstrukturen als Quelle abweichenden Verhaltens abstellen. Ergeben sich im Verlaufe der Sozialisation ungelöste Konflikte zwischen verdrängten Triebansprüchen des Es und einem zu starken Überich, das u.U. auf rigide elterliche Erziehungs- oder Unterwerfungsprozesse zurückgeht, so kommt es u.U. zur neurotisch bedingten Kriminalität, die auch als *„Ausagieren"* gedeutet wird, während andere Neurotiker sich in der Symptomwahl z.B. gegen die eigene Person richten. Erfolgt dagegen durch gravierende Störungen der frühen *Mutter-Kind-Beziehung*, die eine Identifikation mit der Mutter und eine Gewissensbildung verhindert oder behindert haben, die Ausbildung eines zu schwachen Über-Ichs, so muß mit durch *Verwahrlosung* bedingter Kriminalität gerechnet werden. Die wichtige Sozialisationstechnik des Liebesentzuges, die die Grundlage für das Lernen von Schuldgefühlen ist, bleibt in solchen Fällen relativ wirkungslos, denn da die intensive mütterliche Zuwendung nicht erfahren wurde, stellt ihr Entzug auch keine relevante Entbehrung mehr dar.

Neben diesen älteren Konzeptionen gibt es umfassendere Modelle eines psychoanalytischen Phasenmodells der Entstehung psychischer Störungen und Erkrankungen, durch das neurotische und verwahrlosungsbedingte Delinquenzformen kausal auf Entwicklungsstörungen in bestimmten Altersabschnitten der Kindheit zurückgeführt werden (vgl. *Toman* 1983). Während die Theorie des *„dissozialen Syndroms"* (*De Boor* 1977) vor allem die Bedeutung von Über-Ich-Defiziten betont, stellen andere Autoren stärker auf Probleme des *Realitätskonzeptes* bzw. Ich-Störungen ab, die sich bei den Individuen in mangelnder Frustrationstoleranz, mangelnder Konfliktbewältigungsfähigkeit, begrenzten Zeit-und Planungshorizonten, Fehlattributionen sowie unangemessenen Rationalisierungstendenzen auswirken und daher die Wahrscheinlichkeit kriminellen Handelns deutlich erhöhen (*Redl/Wineman* 1951).

Eine grundsätzliche wissenschaftstheoretische Kritik der psychoanalytischen Theorie kann hier unterbleiben. Auch wenn die Frage der empirischen Haltbarkeit vieler Aussagen durchaus skeptisch beurteilt werden muß, so kann nicht bestritten werden, daß die Bedeutung familialer Deprivationen, psychischer Konflikte, irrationaler Motive für die Erklärung abweichenden Verhaltens verschiedenster Art ernst genommen werden muß. Nachhaltig muß jedoch davor gewarnt werden, allzu vorschnell kriminelles Verhalten kausal auf bestimmte *Persönlichkeitsmerkmale* zurückzuführen, da eine solche Strategie mit der *Universalität* kriminellen Handelns nicht vereinbar sein würde. Desgleichen gerät die psychoanalytische Position zu schnell auf eine Bahn, die Kriminalitätsphänomene zu sehr *individualisiert* und *pathologisiert*, obwohl doch die soziale und kulturelle *Relativität der Normen*, gegen die kriminelles Handeln verstößt, auf der Hand liegt.

4.1.2 Die Theorie der moralischen Entwicklung und der Rechtssozialisation

Ein in den letzten Jahren besonders bekannt gewordener „kognitiver" Ansatz, der sich für die Entwicklung einer Theorie der Kriminalität eignen zu können schien, ist in der „Entwicklungstheorie des *moralischen Urteils*" von *Kohlberg* (1971) zu sehen, die auf einer Weiterentwicklung *Piaget*scher Ideen beruht. *Kohlberg* nimmt an, daß die Entwicklung des moralischen Urteils von der Entwicklung des Denkens (operativen Niveaus) und der Entwicklung sozial-kognitiver Kompetenzen (z.B. zur Perspektivenübernahme) abhängt. *Kohlberg* nimmt eine Entwicklungssequenz an, die als invariant und als universell gültig verstanden wird. Sie kennt drei Niveaus, die in sich jeweils zwei Stufen darstellen, wobei die letzte Stufe — empirisch gesehen — selten erreicht wird. Das sogeannte *„vorkonventionelle Niveau"* kennt auf der ersten Stufe die „Orientierung des Akteurs an Gehorsam und Strafe" und auf der zweiten Stufe die sog. „naiv-egoistische Orientierung", die sich dadurch auszeichnet, daß Handlungen nach ihrem instrumentellen Wert zur Befriedigung eigener Bedürfnisse bewertet werden. Stufe 3, als die untere Stufe des *„konventionellen Niveaus"*, ist gekennzeichnet durch die Orientierung am Bild des „braven Kindes", d.h. wichtig sind die Erwartungen anderer, während auf der Stufe 4 die „Orientierung an Autorität und sozialer Ordnung" bezeichnend ist. Auf der unteren (5.) Stufe des *nachkonventionellen oder prinzipiengeleiteten Niveaus* orientieren sich die Akteure an Recht und Sozialverträgen, deren Willkürlichkeit erkannt, aber doch als durch die Mehrheit vertretene Grundlage akzeptiert werden. Auf der 6. Stufe, der der sog. Prinzipienorientierung, basieren die Handlungsbewertungen auf universellen Prinzipien der Gerechtigkeit, die das Individuum in freier, vernünftiger Entscheidung wählt (vgl. als allgemeine Darstellungen zu diesem Theoriegebäude *Kohlberg* 1969; 1971; 1976; 1981; 1984; sowie *Tapp/Kohlberg* 1976).

Sehen wir von einigen fundamentalen methodischen Problemen der Handhabung der Forschungsoperationen ab, die zur Feststellung der moralischen Entwicklung von Individuen durchgeführt werden müssen, sondern konzentrieren uns auf die Frage des Bezuges dieser Entwicklungsstufen zur Jugendkriminalität, so ist klar, daß sich Bezüge zur Rechtssozialisation (vgl. dazu den interessanten Theorievergleich zwischen dem Ansatz *Kohlbergs* und der Lerntheorie aus der Tradition von *Akers* u.a. sowie die empirischen Befunde bei *Cohn/White* 1990) aufdrängen. Verlaufen Sozialisationsprozesse so, daß Probanden überhaupt nicht oder entwicklungsverzögert das konventionelle Niveau erreichen, so wäre mit einer deutlichen Erhöhung der Wahrscheinlichkeit kriminellen Handelns zu rechnen. Erreichen Jugendliche nur die Stufe drei, so wäre zu befürchten, daß sie sich weniger von den abstrakten Rechtsnormen, sondern eher von den antizipierten Erwartungen anderer, z.B. von *peers*, in potentiell devianten Jugendgruppen leiten lassen und damit der Gefahr, kriminell zu handeln, verstärkt ausgesetzt sind. Problematischer wird es schon, zwischen den erwartbaren Auswirkungen der Verortung auf der vierten bzw. 5. Stufe für das Legalverhalten zu unterscheiden. Vorstellbar wäre bspw., daß in bestimmten sozialen Situationen eine konsequente Orientierung auf der fünften Stufe die Wahrscheinlichkeit von Brüchen des konkret existierenden positiven Rechtes erhöht. Dies wird jedoch ganz zweifellos zu einem Problem auf der Stufe 6, der der Prinzipienorientierung, denn bei gegebener gesellschaftlicher Ordnung und gegebenem Recht mag eine konsequente Prinzipienorientierung auf die Begehung von Rechtsbrüchen hinauslaufen. Wie dem auch immer sei. Empirische Überprüfungen der Annahme, daß Kriminalität mit einem niedrigeren Niveau der Moralentwicklung korreliert, ergeben durchaus widersprüchliche Ergebnisse (vgl. *Irvine* 1979; *Schumann* 1985; *Cohn/White* 1990). Dies dürfte nicht zuletzt darin begründet liegen, daß diese Theorie zum einen die *emotionalen Faktoren* allzu sehr vernachlässigt, vor allem aber relativ unbegründet unterstellt, die Befähigung zu einem bestimmten Niveau der moralischen Reflektion sei bedeutungsgleich mit der Anwendung dieser Kompetenz im tatsächlichen Verhalten, ganz abgesehen davon, daß Handeln immer in bestimmten Situationen erfolgt, die hier völlig außer Betracht bleiben.

4.2 Soziologisch orientierte ätiologische Erklärungsansätze

4.2.1 Die Theorie der differentiellen Assoziation

Eine der klassischen Theorien der Erklärung von Kriminalität allgemein stammt von *Sutherland* (1968 bzw. 1939), der sich in seinen Ideen sehr stark an der Lerntheorie orientiert hat, die er jedoch in einer relativ groben Form entwickelte, wobei die Zuordnung seines Beitrages zur Kriminalpsychologie oder Kriminalsoziologie hier nicht näher diskutiert werden muß. Der entscheidende Grundgedanke der neun Hypothesen Sutherlands, die in sich wenig stimmig und teilweise widersprüchlich, teilweise redundant sind, besteht darin, daß abweichendes und kriminelles Verhalten wie jedes Verhalten erlerntes Verhalten ist. Für die Frage, ob ein Individuum kriminelles oder nichtkriminelles Verhalten zeigt, ist entscheidend, ob es in seiner mikrosozialen Umwelt einen Überschuß an Definitionen erlernt hat, die kriminelles Verhalten positiv bewerten und damit zulassen. Für den Lernprozeß ist besonders wichtig, welche interpersonellen Kontakte ein Individuum aufweist und welche Definitionsleistungen mit diesen Kontakten verknüpft sind. Je früher im Leben eine Person in Kontakt mit kriminellen Definitionsleistungen kommt, desto größer ist die Wahrscheinlichkeit, daß sie später selbst kriminell handelt. Je intensiver die Kontakte zu kriminellen Situationsdefinitionen sind, desto größer ist die Wahrscheinlichkeit, daß eigenes kriminelles Handeln daraus resultiert etc. *Sutherland* erklärt die Häufigkeit kriminellen Verhaltens als direkten Niederschlag dieser differentiellen Kontakte. Dabei ist natürlich auffällig, daß *Sutherland* die Verteilung solcher, Kriminalität positiv bewertender Situationsdefinitionen in der Gesellschaft selber nicht erklärt und auch die Entstehung der differentiellen Assoziationen nicht eigentlich thematisiert. So gesehen argumentiert er eher psychologisch als soziologisch, ganz abgesehen von einer ganzen Reihe von Vagheiten, auf die die Literatur immer wieder hingewiesen hat (vgl. *Opp* 1974). Auf der anderen Seite ist ganz eindeutig, daß seine Erklärungsmechanismen sehr gut auf die moderne Lerntheorie zurückzuführen sind, wie es verschiedene Autoren (*Akers* u.a. 1979; *Akers* 1985) auch wiederholt versucht haben. Im übrigen ist deutlich zu erkennen, daß diese *Sutherland'sche* Theorie sich als noch unzulänglicher Vorläufer der sozial-kognitiven Lerntheories *Banduras* (1979) deuten läßt, die deshalb mit Sicherheit bei einer Weiterentwicklung dieses Ansatzes zu berücksichtigen ist. Eine Reihe von neueren empirischen Arbeiten hat die Brauchbarkeit des Ansatzes der differentiellen Assoziation durchaus belegen können (vgl. vor allem *Akers* u.a. 1979), auch wenn sich bei genauerer Betrachtung zeigt, daß diese Autoren — teilweise uneingestanden — recht zahlreiche erklärende Variablen aus anderen Theorien (z.B. labeling approach u. Subkulturtheorie) einbeziehen und damit die Ursprungstheorie stark verwässern.

4.2.2 Die Anomietheorie

Stellte die Theorie der differentiellen Assoziation von *Sutherland* schon einen großen Fortschritt dar, weil sie darauf verwies, daß abweichende und kriminelle Dispositionen erlernt werden und nicht quasi naturwüchsig gegeben sind, so ergaben sich die größeren wissenschaftlichen Fortschritte im Bereich der Kriminologie in den Jahrzehnten nach Sutherland doch eher im Bereich der Kriminal*soziologie*. Hier ist an vorderster Stelle die **Anomietheorie** Robert K. *Mertons* zu nennen, die sich darum bemüht, die gesellschaftliche Verteilung abweichenden Verhaltens auf grundsätzliche sozialstrukturelle Gegebenheiten zurückzuführen (vgl. als beste Einführung und theoretische und empirische Wertung dieser Theorie *Bohle* 1975 sowie *Lamnek* 1983). *Merton* nimmt seinen Ausgangspunkt von der Beobachtung, daß in bestimmten Gesellschaften die kulturelle und die soziale Struktur nicht in idealer Weise aufeinander abgestellt sind, sondern teilweise dissoziiert sein können. Betont eine Gesellschaft bestimmte zentrale kulturelle Werte derart entschieden, daß sie von allen Subjekten der Gesellschaft im Sozialisationsprozeß äußerst stark internalisiert werden, stellt jedoch durch die Gestaltung des Sozialisationsprozesses nicht sicher, daß die Individuen mit der gleichen Intensität auch verinnerlichen, welche Mittel und Wege zur Erreichung dieser Ziele als legitim angesehen werden, so ergibt sich insbesondere dann eine sehr prekäre Situation, wenn die Chancen, auf legale Art und Weise die allgemein geteilten Werte und Ziele zu erreichen, nicht gleich verteilt sind. In dieser Situation des *„strains"* stehen dem Individuum bzw. bestimmten gesellschaftlichen Gruppen bestimmte Formen der Anpassung zur Verfügung, von denen die sog. „Innovation" eine solche ist, bei der zwar die allgemein geteilten Ziele und Werte beibehalten, die bisher als legitim angesehenen Mittel zur Erreichung dieser Ziele jedoch durch andere, „innovative" Lösungen ersetzt werden. Andere Anpassungsformen zeichnen sich dadurch aus, daß die Individuen die allgemein geteilten Ziele aufgeben, aber an den als legitim angesehenen Mitteln zur Erreichung dieser Ziele festhalten (Ritualismus); oder dadurch, daß sie sowohl in bezug auf die Ziele als auch in bezug auf die Mittel auf Distanz gehen (Rückzug) oder daß sie sowohl die Ziele als auch die als legitim angesehenen Mittel *aktiv* durch andere Ziele und Mittel zu ersetzen versuchen (Rebellion). *Merton* glaubte, durch Hinweise auf die Raten abweichenden Verhaltens in verschiedenen gesellschaftlichen Gruppen zeigen zu können, daß es tatsächlich zwischen dieser Dissoziation von kultureller und sozialer Struktur auf der einen Seite, die sich als Zustand der **Anomie** beschreiben läßt, und der Verteilung abweichenden Verhaltens auf der anderen Seite deutliche Beziehungen gibt.

Diese auf den ersten Blick bestechende makrosoziologische Theorie des abweichenden Verhaltens weist einige gravierende Mängel auf (vgl. jedoch auch *Merton* 1964), die sich insbesondere dann erkennen lassen, wenn man sich die Frage stellt, ob die Unterstellung, daß in modernen differenzierten Gesellschaften alle gesellschaftlichen Teilgruppen die zentralen Ziele und Werte der Gesellschaft wirklich teilen und in der gleichen Intensität verinnerlichen, stimmen kann. Tatsächlich gibt es zahlreiche Hinweise darauf, daß die höchsten Ziele und Werte sowohl qualitativ als auch quantitativ zwischen einzelnen Teilgruppen variieren, so daß sich die Anomietheorie in dieser einfachen Form mit Sicherheit nicht aufrecht erhalten läßt. Insbesondere scheint es angemessen, zwischen Aspirationen und Erwartungen zu unterscheiden, um angemessen differenzierende Aussagen machen zu können. Dadurch, daß sich die bei *Merton* unterstellte negative Korrelation zwischen Schichtzugehörigkeit und Delinquenzhäufigkeit in einer Vielzahl von Studien nicht zeigen ließ, ergibt sich von vornherein auch ein erheblicher Zweifel an der gesamten Konzeption *Mertons,* der durch viele empirische Analysen im Detail bestätigt wird (vgl. die Befunde in *Clinard* 1964). Mit Bezug auf die Frage des Zusammenhangs zwischen Schichtzugehörigkeit und Kriminalität hat *Tittle* (1983) aber auch nahezu allen anderen Kriminalitätstheorien immanente Inkonsistenzen nachweisen können, die Anlaß zur Revision nahezu aller Ansätze sein sollten. Da wundert es nicht, wenn sich empirisch ergibt, daß der Zusammenhang zwischen Schicht und Kriminalitätshäufigkeit nicht nur global nicht nachweisbar ist (*Tittle / Villemez / Smith* 1978), sondern auch dann im Grunde nicht, wenn man die verschiedensten in den Theorien vorgeschlagenen Spezifikationen dieser Relation berücksichtigt (vgl. *Tittle / Meier* 1990). Auch in der Bundesrepublik zeigen sich auf der Basis von Self-Report-Daten nur für ganz spezifische Delikte und soziale Untergruppen entsprechende, meist inhaltlich sehr schwache Zusammenhänge (vgl. *Albrecht / Howe* 1991). Andererseits ist zu beachten, daß ein Teil der Kritik an den Strain-Theorien aus der Sicht der Kontrolltheorie (s.u.) fragwürdig ist (vgl. *Bernard* 1984) und viele der empirischen Überprüfungen der *Mertonschen* Anomietheorie von einer falschen Methodologie ausgehen (vgl. *Bernard* 1987). Nach Jahren der Stagnation scheint wieder Leben in die Anomietheorie zu kommen, zumal sich zeigen läßt, daß makrosoziologische Studien, die Anleihen bei der Anomietheorie machen, passable Erklärungsleistungen erbringen (vgl. *Albrecht / Howe* 1992). Eine Wiederbelebung dieser Debatte kann man nur begrüßen, da Analysen auf der gesamtgesellschaftlichen Ebene seit langer Zeit selten geworden sind.

4.2.3 Die subkulturtheoretischen Ansätze

Haben wir gerade darauf hingewiesen, daß die *Merton*'sche Unterstellung eines allgemeinen Wertekonsenses durchaus zweifelhaft sein dürfte, so betonen bestimmte Versionen der **Subkulturtheorie** genau diesen Aspekt der Unterschiedlichkeit verschiedener Teilkulturen in der modernen Gesellschaft. So vertritt beispielsweise *Miller* (1968) die These, daß die in bestimmten westlichen Gesellschaften historisch seit langem gewachsene *Unterschichtkultur* sich dadurch auszeichnet, daß sie bestimmte Kristallisationskerne aufweist, die sich so darstellen, daß Jugendliche aus dieser unterschiedlichen Kultur dann, wenn sie sich den in dieser Subkultur geltenden Erwartungen gegenüber konform verhalten, zwangsläufig mit den geltenden bürgerlichen Regeln und Gesetzen in Konflikt kommen müssen. Damit würde die pädagogisch sehr prekäre Situaion ernsthaft in Erwägung gezogen werden müssen, daß eine subkulturelle Sozialisation in der Unterschicht nahezu zwangsläufig die Gefahr kriminellen Verhaltens — gemessen an den Normen der Mittelschicht — hervorruft.

Eine andere Variante der subkulturtheoretischen Erklärung liegt in der Theorie Albert K. *Cohens* (1955, 1968) vor, der sich darum bemüht hat, bestimmte typische Merkmale der Verhaltensweisen von amerikanischen Großstadtgangs zu erklären. Diese Verhaltensweisen zeichneten sich nach Meinung *Cohens* dadurch aus, daß sie nicht-utilitaristisch, hedonistisch und bösartig waren. Eine plausible Erklärung für diese drei Merkmale versuchte *Cohen* dadurch zu erreichen, daß er sie auf eine bestimmte problematische Stellung der Jugendlichen aus unteren sozialen Schichten in der dominanten Mittelschichtkultur zurückführte, die insbesondere durch die **Schule** repräsentiert wird. In der Schule als klassischer Mittelschichtsinstitution begegnen die Jugendlichen aus unteren, insbesondere der untersten sozialen Schicht einer Lebenswelt, deren Anforderungen sie nur begrenzt gewachsen sind. Sowohl in bezug auf den gesamten Lebensstil, in bezug auf die Kleidung, in bezug auf die sprachliche Kompetenz und in bezug auf die

Lernvoraussetzungen weisen Jugendliche aus unteren sozialen Schichten erhebliche Handicaps auf, die dazu führen, daß ein erheblicher Teil von ihnen die Situation in der Schule als eine Situation des notorischen Versagens erfährt, die ausgesprochen frustrierend ist. Ein Teil der Jugendlichen aus der unteren sozialen Schicht hält dennoch an dem Ziel des Statuserwerbs innerhalb der „Mittelschichtgesellschaft" — als die er die Gesellschaft durch die „Mittelschichtinstitution Schule kennengelernt hat — fest, obwohl nur wenige Jugendliche dabei erfolgreich sind. Andere Jugendliche geben das Ziel des Aufstiegs in die Mittelschicht auf, arrangieren sich mit der Schule mehr schlecht als recht und sind auf diese Weise in der Lage, ihre potentiell frustrierende Erfahrung relativ gut zu überwinden. Andere Unterschichtjugendliche aber, die am Ziel des gesellschaftlichen Aufstiegs und der Akzeptanz durch die „bürgerliche" Gesellschaft intensivst festhalten, aber ihr Scheitern des Versuchs, dies mit den von der Mittelschichtinstitution Schule vorgesehenen Mittel zu erreichen, nachhaltig erleben, befinden sich in einer Situation des *kollektiven Versagens* und der *kollektiven Frustration*, die unter bestimmten Gruppenbedingungen dazu führen kann, daß sie — sich in der *Gruppensituation* entschieden und entschlossen gegenseitig stimulierend — nun gezielt gegen die Institutionen und die Interessen der Mittelschichtgesellschaft verstoßen . In bestimmten Gruppensituationen agieren sie die massiv angestaute Frustration dadurch aus, daß sie durch bestimmte Verhaltensweisen diese Institutionen zu treffen versuchen. Dies mag beispielsweise dadurch geschehen, daß sie in Kaufhäusern ungezielt bestimmte Gegenstände entwenden, die zwar für sie nicht von materiellem Wert, jedoch von ideellem Wert sind; insofern nämlich als ihre Diebstähle bspw. verdeutlichen, daß sie gegen zentrale Regeln der bürgerlichen Gesellschaft verstoßen. So gesehen ist diese Form der Eigentumskriminalität nicht utilitaristisch, da kein direkter materieller Nutzen daraus resultiert, wohl aber hedonistisch insofern als der Verstoß gegen die Regeln der bürgerlichen Gesellschaft „lusterzeugend" zu sein vermag. In anderen Situationen führt die Frustration der Unterschichtjugendlichen aufgrund der oben genannten Gegebenheiten dazu, daß sie sich ausgesprochen bösartig verhalten, indem sie beispielsweise wehrlosen Opfern schweren körperlichen Schaden zufügen und auf grausame Art und Weise Opfer quälen. Hier spielen bestimmte Gruppenprozesse (vgl. *Short/Strodtbeck* 1965; *Yablonski* 1962; 1973) eine zentrale Rolle, die dazu beitragen, daß die empfundenen Frustrationen in sehr ungehemmter Art und Weise in kriminelles Verhalten umgesetzt werden. Für die Bundesrepublik fällt auf, daß man hier diese theoretische Konzeption in bezug auf Kriminalität nicht entscheidend aufgegriffen oder weiterentwickelt hat. Dies mag daran gelegen haben, daß eine so sehr zugespitzte soziale Differenzierung hier lange nicht bestanden hat, die sich jetzt erst durch die Verknüpfung von Arbeitslosigkeit, Armut, ethnischer Diskriminierung etc. zu entwickeln scheint — mit erkennbar negativen Folgeerscheinungen. Dies könnte ein Grund sein, die beispielhafte Studie von *Haferkamp* (1975) zu replizieren.

4.2.4 Die Theorie der sozialen Desorganisation

Verwiesen beide Varianten subkulturtheoretischer Argumentation ganz entschieden auf die Bedeutsamkeit makrosozialer Strukturmerkmale, so gilt dies in abgeschwächter Form auch für bestimmte Varianten der **Desorganisationstheorie**. Die Slum-Desorganisationstheorie betont z.B., daß in bestimmten Settings die soziale Situation dadurch gekennzeichnet ist, daß durch ein hohes Maß an Urbanität und Anonymität, durch eine große Mobilität und durch eine starke Industrialisierung die einstmals vorhandenen sozialen Strukturen zerstört und damit jene Regelsysteme und Kontrollmechanismen, die an sich ein gewisses Ausmaß an Konformität sichern, „desorganisiert" werden (soziale Desorganisation), so daß die davon betroffenen Individuen in einen Zustand der *personalen Desorganisation* verfallen, der das Auftreten abweichenden Verhaltens und insbesondere von Kriminalität sehr wahrscheinlich werden läßt (vgl. *Cohen* 1959). Dies liegt darin begründet, daß für die neu entstandene soziale Situation entweder keine Regelungsmechanismen zur Verfügung stehen oder solche, die miteinander im Widerspruch stehen, so daß keine klare Verhaltensregulierung erfolgen kann. Eine spezielle Variante der Desorganisationstheorie bezieht sich auf die **Familie**, die durch raschen sozialen Wandel, durch ökonomische Krisen, durch häufige Mobilität, durch räumliche Trennung der Familienmitglieder etc. aus den Fugen geraten kann, so daß sie ihre wichtige sozialisatorische Aufgabe nicht vollständig wahrnehmen kann. Diese theoretische Argumentation, die die sog. Desorganisation der Familie (vgl. allgemein *König* 1949, 1974a, 1974b) in den Vordergrund rückt, hat in der Soziologie abweichenden Verhaltens eine sehr zentrale Rolle gespielt, wobei jedoch das Interesse an dieser Fragestellung eher ideologischen Moden als vorliegenden wissenschaftlichen Erkenntnissen gefolgt ist (vgl. *Wilkinson* 1974). Die Argumentation hat sich noch dazu häufig auf die Fragestellung der „unvollständigen Familie" und ihrer kausalen Bedeutung für Jugendkriminalität eingeengt (vgl. allgemein zu konzeptuellen Ideen und empirischen Befunden *Johnson* 1986; *Wells/Rankin* 1986), obwohl vorsichtige Warner (vgl. *König* 1974b, S. 114, S. 117) schon lange auf potentielle Denkfehler dieser Argumentation hingewiesen haben. Es wäre dennoch voreilig, wie dies mancher Autor im deutschsprachigen Raum fordert, diese Fragestellung ganz aufzugeben, denn während *Albrecht/Howe/Wolterhoff* (1991) auf breiter Basis zwar die relativ geringe Relevanz verschiedener Konzeptualisierungen von „broken home" für die selbstberichtete Kriminalitätshäufigkeit zeigen konnten (Ausnahmen: bestimmte Kombinationen von Familienstruktur und sozialer Herkunft sowie bestimmte Altersgruppen (z.B. 16jährige)), berichten immer wieder psychologisch-orientierte Arbeiten (vgl. als hervorragende Übersicht *Hetherington* 1988) neben bestimmten Reifungsvorsprüngen von Kindern aus unvollständigen Familien von langfristigen psychischen Folgeschäden elterlicher Trennung. Allerdings scheint es auch dabei weniger auf die Unvollständigkeit der Familie an und für sich als vielmehr auf die *funktionale Qualität* des Familienlebens anzukommen (vgl.eine umfassende Meta-Analyse der deutschen Literatur zum Zusammenhang zwischen Familienvariablen und „psychopathologischen" Problemen *Lösel* 1991). Jedenfalls sollte dem Zusammenhang zwischen Familienprozessen und Kriminalität weiter nachgegangen werden, da die Hinweise auf kausale Beziehungen nicht zu übersehen sind (vgl. *Wells/Rankin* 1991 mit einer neuen Meta-Analyse der internationalen Befunde).

4.2.5 Die Theorie der differentiellen Gelegenheiten

Eine sehr wichtige Integration zweier verschiedener Theorierichtungen stellt die **Theorie der differentiellen Gelegenheiten** von *Cloward* und *Ohlin* (Vgl. *Cloward* 1968 bzw. *Cloward/Ohlin* 1960) dar. Diese Theorie bemüht sich darum, einen gravierenden Mangel der Anomietheorie *Mertons* zu beheben. Während bei *Merton* eine der zentralen kausalen Variabeln für die Erklärung von Anomie in der Variable „Blockierung des Zugangs zu legalen Mitteln zur Erreichung zentraler gesellschaftlicher Werte für bestimmte gesellschaftliche Teilgruppen" bestanden hatte, hatte er sich über die Frage des Zugangs zu bestimmten illegalen bzw. illegitimen Wegen zur Erreichung von gesellschaftlichen Zielen im Grunde nicht geäußert. Zwar vertrat Merton durchaus die Meinung, daß die Akteure auf diese Situation der Blockierung legaler Mittel in verschiedener Art und Weise reagieren können (vgl. verschiedene Reaktionsformen), doch hat er sich zu der sozialen Strukturierung der Wahl dieser Alternativen nicht im einzelnen geäußert. Von *Cloward* und *Ohlin* stammt nun die wichtige Einsicht, daß auch die Wahl der illegitimen bzw. illegalen Wege einer sozialen Strukturierung unterliegt, insofern nämlich, als nicht jeder Akteur die gleiche Chance hat, bestimmte illegale Wege zu wählen. *Cloward* und *Ohlin* arbeiteten im einzelnen heraus, von welchen sozialstrukturellen und subkulturellen Gegebenheiten es abhängt, welche illegalen Mittel den Akteuren zur Verfügung stehen. Von dieser sozialen und subkulturellen Strukturierung des Zugangs zu illegalen Wegen hängt dann die konkrete Form des gewählten abweichenden Verhaltens ab. Unter bestimmten Bedingungen beteiligen sich deviante Jugendliche bei blockierten Chancen im Bereich der legalen Mittel zur Erreichung der zentralen gesellschaftlichen Werte an der Welt des *organisierten Verbrechens*, unter anderen Bedingungen, in denen ihnen dieser Zugang nicht offen steht, wählen sie möglicherweise die Mitgliedschaft in bestimmten *conflict-gangs*, die die entstandenen Frustrationen in aggressives Bandenhandeln umsetzen. In wieder anderen sozialstrukturell und subkulturell geprägten Situationen sind den Jugendlichen auch diese beiden Alternativen nicht zugänglich, so daß sie u.U. als sog. „doppelte Versager" nur noch den Zugang in die *Subkultur der Süchtigen* finden. Diese Erweiterung bzw. Synthese aus Anomietheorie und Subkulturtheorie stellt einen gravierenden Fortschritt dar, da mit den genannten Erklärungsmechanismen die verschiedenen Delinquenzphänomene bzw. die altersspezifische, die soziale und ethnische Strukturierung der Kriminalität deutlich besser erklärt werden kann. Insbesondere ist dieser Gedankengang für die geschlechtsspezifische Ausprägung kriminellen Handelns von großer Bedeutung, da sich die spezifische Qualität und Quantität der weiblichen Kriminalität u.a. dadurch erklären läßt, daß die begrenzten Zugangschancen für Frauen auch in den Bereichen des abweichenden Verhaltens mitverantwortlich sind für den Umstand, daß Frauen in bestimmten Bereichen kriminellen Handelns absolut unterrepräsentiert sind (organisiertes Verbrechen, Gewaltkriminalität), während sie in anderen Bereichen im Zuge der Angleichung der Geschlechter schon erheblich an Boden gewonnen haben (s.o.). Ferner würden entsprechende Überlegungen bei einer gewissen Erweiterung auch erklärbar machen, warum sich die bekannten epidemiologischen Befunde in bezug auf die Belastung von Männern und Frauen mit kriminellen Handlungen, mit physischen und psychischen Erkrankungen etc. ergeben. Eine interessante Verknüpfung läßt sich auch zum sog. Routineaktivitäten-Ansatz herstellen, der davon ausgeht, daß Auslösung und spezifische soziale und räumliche Verteilung der Kriminalität eine Funktion der dominanten Routineaktivitäten von Tätern und Opfer darstellen, da sich entsprechende Delikte erst dann ergeben, wenn ein potentieller Täter durch die alltäglichen Aktivitäten einem potentiellen Opfer begegnet, das durch die situativen Gegebenheit keine oder nur geringe Chancen hat, sich oder seinen Besitz vor dem Zugriff zu schützen (vgl. *Felson* 1986). Merkwürdigerweise hat diese sehr wichtige Theorie, die zudem in ausdrücklich praktisch-politischer Absicht konzipiert worden ist, lange Zeit wenig Beachtung gefunden. Neuerdings belebt sich die Diskussion auch hier, und einige differenzierende Forschungsergebnisse erscheinen (z.B. *Simons/Gray* 1989; *Agnew* 1990), die insofern teilweise sehr interessante Ergebnisse liefern als sich zeigt, daß bei Jugendlichen teilweise mit steigenden finanziellen Ressourcen die Delikthäufigkeit steigt — offensichtlich deshalb, weil sie mit diesen Ressourcen einen Lebensstil pflegen können, der die Wahrscheinlichkeit des Zugangs zu kriminellen Handlungen erhöht.

4.2.6 Die Kontrolltheorie

Eine weitere soziologische Kriminalitätstheorie läßt sich als späte Folge der psychoanalytischen Kriminalitätstheorien interpretieren, die sich um eine stärkere soziologische Akzentuierung bemüht. Es handelt sich hierbei um die sog. **Kontrolltheorie** von *Hirschi* (1969), die sich durch den Umstand von den meisten anderen Kriminalitätstheorien unterscheidet, daß sie eigentlich nicht das abweichende bzw. kriminelle Verhalten als erklärungsbedürftig ansieht, sondern eher die *Konformität*. Darin kommt zum Ausdruck, daß diese theoretische Position grundsätzlich davon ausgeht, daß der Mensch ohne besondere *soziale Kontrolle* und Einbindung im Normalfall abweichendes Verhalten zeigen wird, das auch die Form der Kriminalität annehmen kann. Erst durch bestimmte gesellschaftliche Bindungen und Kontrollmechanismen wird ein Phänomen wie Konformität überhaupt erklärbar. Im einzelnen nimmt Hirschi an, daß verschiedene Arten von Bindungen für die Erzeugung von Konformität verantwortlich sind. Als erstes wäre die Dimension des *Attachments* zu nennen, die für die emotionalen Bindungen des Menschen an andere Personen, in diesem konkreten Fall für die emotionalen Bindungen von Kindern an ihre Eltern bzw. an ihre Erziehungspersonen, steht. Je intensiver und stärker das Attachment, desto geringer die Wahrscheinlichkeit des Auftretens von kriminellem Handeln. Die Akteure stellen in Rechnung, daß abweichendes Verhalten die emotionale Bindung an die Eltern bzw. an andere Personen gefährden würde, und vermeiden aus diesem Grunde abweichendes Verhalten. Der zweite Typ der Bindung, der bei Hirschi von Bedeutung ist, besteht in dem sog. *Commitment*, also einer Selbstverpflichtung auf bestimmte Handlungslinien bzw. bestimmte Ziele. Wenn eine Person in bezug auf einen bestimmten Lebensentwurf, z.B. ein bestimmtes berufliches Ziel, Arbeit und Mühe und Verzicht investiert hat, so wird sie das bisher Erreichte vor dem Hintergrund der starken Verpflichtung auf die zentralen Ziele nicht durch abweichendes Verhalten gefährden. Jede Form von kriminellem Handeln könnte die Chance, den eigenen Lebensentwurf entscheidend zu zerstören, deutlich erhöhen. Der dritte Typ der Bindung besteht in einer Verpflichtung auf bestimmte *normative Vorstellungen*, die im Sozialisationsprozeß erworben werden und von denen man sich im Regelfall nur unter ganz spezifischen Bedingungen lösen kann. Je stärker diese normativen Vorstellungen (*beliefs*) verinnerlicht worden sind, desto unwahrscheinlicher wird es, daß gegen sie ohne Vorliegen weiterer Gründe verstoßen wird, so daß die Beobachtung von *Sykes* und *Matza* (1968), daß die weit überwiegende Mehrheit aller Rechtsbrecher im Grunde die gebrochene Norm durchaus akzeptiert und sich wegen des Normbruches bei Entdecktwerden im hohen Maße schämt, plausibel erscheint. Das vierte Band schließlich besteht in einer Form der sozialen Einbindung in bestimmte **Netzwerke** und Handlungszusammenhänge (*involvement*), die den Akteuren die Zeit und die Gelegenheit zu kriminellem Handeln nimmt. Dahinter steckt die Alltagsbeobachtung, daß solche Personen, die durch Arbeitsauslastung und durch soziale Kontakte mit geschätzten anderen Personen nahezu nie alleine sind, auch keine Gelegenheit haben, kriminelle Handlungen zu begehen, da sie entweder von vornherein die Verurteilung durch die Anwesenden scheuen oder wegen der Einbindung in bestimmte Aktivitäten gar nicht auf den Gedanken, eine kriminelle Handlung zu begehen, kommen würden. Diese Theorie *Hirschis,* die in einer Reihe von Punkten modifiziert werden mußte (vgl.u.a. *Krohn/Massey* 1980), erweist sich in empirischen Untersuchungen als relativ brauchbar (vgl. als Übersicht *LaGrange/White* 1985; eher negativ dagegen die neueste Überprüfung durch *Agnew* 1991) und hat den Vorzug, daß sie bestimmte Möglichkeiten der pädagogischen und sozialen Intervention bietet. Andererseits ist sie in einigen Punkten doch entschieden revisionsbedürftig, zumal sie sich in bestimmter Hinsicht ohne Not von einer sozialstrukturellen Betrachtung des Phänomens Kriminalität absetzt. Durch Integration dieses Ansatzes in die allgemeinere Theorie sozialer Netzwerke und des social support dürften sich wichtige Fortschritte für die Kriminalitätstheorie ergeben (zu einem Versuch in diese Richtung vgl. *Albrecht* u.a.1991).

4.2.7 Die utilitaristische Theorie der Kriminalität (Abschreckungstheorie)

Eine weitere neuere Kriminalitätstheorie ist ebenfalls als Neuauflage von eher psychologischen Überlegungen zu verstehen. Es handelt sich dabei um die sog. **utilitaristische Theorie kriminellen Handelns**, die auch als *Abschreckungstheorie* bezeichnet wird. Der einfache Gedanke dieser Theorie besteht darin, daß die Häufigkeit kriminellen Handelns sich verstehen läßt als Funktion des Kosten-Nutzen-Kalküls der Akteure (vgl. zu den Grundlagen dieser Theorie u.a. *Vanberg* 1982; sowie *Liska* 1982, S. 89ff.). Während die Nutzenseite des kriminellen Handelns hier zunächst einmal außer acht bleiben kann, hat sich die ganze Aufmerksamkeit aus eher praktisch-politischen Gründen auf die Kostenseite der Kriminalität für den Akteur verlagert. Als relevante Kosten werden insbesondere die Entdeckungswahrscheinlichkeit, die erwartete Sanktionsschwere sowie die Schnelligkeit der Sanktion in Betracht gezogen. Während diese Theorie zunächst allein auf die *objektiven* Kostenfaktoren zentriert war, hat sich bald ergeben, daß es sinnvoller ist, die *subjektiven* Wahrnehmungen dieser Kostenfaktoren einzubeziehen. Allerdings zeigte sich alsbald, daß es unhaltbar wäre, von einer additiven Beziehung zwischen diesen Kostenfaktoren und der Wahrscheinlichkeit kriminellen Handelns auszugehen. Dies macht eine simple Überlegung sofort deutlich: Jener potentielle Täter, der die Wahrscheinlichkeit, entdeckt zu werden, für so niedrig hält, daß sie mathematisch gleich null gesetzt werden kann, wird sich auch von einer noch so harten

Strafe nicht abschrecken lassen, da er ja mit Strafe überhaupt nicht rechnet. Bei Vorliegen einer additiven Beziehung würde sich eine sehr schwere angedrohte Strafe bei einem subjektiven Entdeckungsrisiko von Null in einer mittleren Wahrscheinlichkeit der Begehung einer kriminellen Handlung umsetzen, während — realistischerweise — bei einem multiplikativen Modell eine noch so harte Sanktionsdrohung bei einer subjektiven Entdeckungswahrscheinlichkeit von Null oder annähernd Null ohne abschreckende Wirkung bliebe. Da eine Reihe von vorliegenden empirischen Arbeiten gezeigt hat, daß auf der einen Seite die bisherigen Überprüfungen der Abschreckungstheorie wichtige soziale Kostenfaktoren übersehen haben, insbesondere solche im informellen Bereich (vgl. *Meier* et al. 1984), während sie andere deutlich überschätzt haben (formale Sanktionierung), läßt sich der wirklich erwartbare Ertrag dieser theoretischen Richtungen nur schwer werten. Offensichtlich berücksichtigt diese Theorie noch zu wenig die Frage des Typs des kriminellen Handelns, um den es geht (mala in se vs. mala prohibita), und beachtet auch allzu wenig die konkreten Umstände, unter denen bestimmte Delikte begangen werden, bzw. die besonderen Merkmale bestimmter Akteursgruppen, die Kosten-Nutzen-Überlegungen in bestimmter Art und Weise strukturieren. In diesem Punkt dürften sich z.B. ältere Kinder und Jugendliche deutlich von jungen Erwachsenen mit eigenen festen Partnerbeziehungen unterscheiden. Zwar vertreten neuerdings nicht wenige Kriminologen die Ansicht, daß dieser Ansatz einen entscheidenden Fortschritt bringen wird (so die meisten Beiträge in *Cornish / Clarke* 1986), doch kommen die neueren empirischen Studien zu sehr bescheidenen Resultaten (vgl. *Bailey / Hubbard* 1990; *Piliavin* et al. 1986; *Smith / Gartin* 1989; anders dagegen *Klepper / Nagin* 1989), und *Paternoster* (1988,1989) meint gar, daß angesichts der Komplexität und der Widersprüchlichkeit seiner Befunde Abhilfe nur durch eine umfassendere Theorie der informellen sozialen Kontrolle gefunden werden kann, die die utilitaristische Theorie in dieser Form nicht bieten kann.

4.3 Die interaktionistische Theorie abweichenden Verhaltens

Während alle bisher genannten Theorien sog. *ätiologische* Theorien waren, die nach bestimmten realen Ursachen für das Auftreten kriminellen Handelns suchen, hat sich ein wesentlicher Fortschritt in der Betrachtung der Kriminalität durch den Labeling-Ansatz, eine ganz neue Perspektive, eingestellt, die diese alte Fragestellung als naiv erscheinen läßt. Diese *symbolisch-interaktionistische* Theorierichtung kommt zu einer Zurückweisung der ätiologischen Fragestellung, da sie den zu erklärenden Sachverhalt, die vermeintliche kriminelle Handlung, erst durch einen nachträglichen Definitionsprozeß, der in Interaktion zustande kommt, als solche konstituiert sieht (vgl. *Becker* 1963; *Sack* 1968; *Sack* 1978). Die vermeintliche kriminelle Handlung trägt nicht bestimmte objektive Verhaltensqualitäten, sondern diese werden erst durch die Beteiligten in einem komplizierten Interaktionsprozeß, bei dem bestimmte Alltagstheorien, Berufsroutinen, aber auch persönliche Interessen, Machtpositionen etc. von Bedeutung sind, diesem Handeln zugeschrieben- oder auch nicht. Da man *vor* der Handlung selbst gar nicht bestimmen kann, was sie bedeutet, kann man sie auch nicht im üblichen Sinne *kausal* erklären, denn bei etwas anderem Verlauf des Definitionsprozesses hätte sie vielleicht etwas ganz anderes bedeutet. Folgerichtig richtet dieser theoretische Ansatz sein Augenmerk auf ganze andere Fragen: Nicht mehr der Versuch steht im Vordergrund, aus der materiellen oder psycho-sozialen Situation bestimmter Kategorien von Jugendlichen deren kriminelle Handlungen zu erklären, sondern gefragt wird danach, wie es dazu kommt, daß durch bestimmte Reaktionen der Instanzen informeller und formeller sozialer Kontrolle einem prinzipiell sehr verschieden deut- und bewertbarem Handeln in Auseinandersetzung mit den Deutungen und Definitionen der Handelnden und/oder dem Handelnden ein bestimmtes Etikett oder Label zugeschrieben wird — oder auch nicht. Eine solche Position läßt das Hantieren mit offiziellen Statistiken abweichenden Verhaltens sehr fragwürdig erscheinen, da diese Daten durch einen sehr langen und komplexen Prozeß der Realitätskonstruktion entstehen, der von lokalen, regionalen und historischen Randbedingungen — um nur einige Möglichkeiten zu nennen — abhängen kann. Durch diesen Argumentationsgang werden auch fast alle Versuche als relativ wertlos anzusehen sein, durch eine Analyse der offiziellen polizeilichen Kriminalstatistik oder der Gerichtsstatistik zu entscheiden, ob sich im Zeitablauf die Kriminalitätshäufigkeit bei Jugendlichen erhöht hat etc. Erst wenn man gezeigt hat, daß sich im betreffenden Zeitraum weder die Anzeigebereitschaft der Bevölkerung, noch die Ermittlungsbereitschaft und Sanktionsbereitschaft von Polizei und Staatsanwaltschaft bzw. Gericht verändert haben, kann man von steigenden Häufigkeitsziffern auf eine wirkliche Zunahme „krimineller" Handlungen schließen. Tatsächlich kann man sehr glaubhaft machen, daß ein erheblicher Teil der z.B. für die 70er Jahre oft behaupteten kräftigen Zunahme der Jugendkriminalität daraus resultiert, daß — bedingt durch zunehmende Anonymität der Lebenszusammenhänge, durch reduzierte Toleranz, durch (oft unberechtigtes) Vertrauen auf die Handlunskompetenz professioneller Sozialkontrolleure etc. — gegenüber früher eine deutlich verstärkte Neigung besteht, wahrgenommenes abweichendes Verhalten zum Anlaß zu nehmen, formale Kontrollinstanzen zu informieren oder zu mobilisieren und auf diese Weise auch früher immer schon aufgetretene Ungezogenheiten, Streiche und übliche Händel zu kriminellen Handlungen zu machen (vgl. *Albrecht/Lamnek* 1979).

Eine ganz wesentliche Erkenntnis dieses Ansatzes besteht auch und gerade darin, aufgezeigt zu haben, daß Form und Inhalt dieser Definitionsprozesse eine Art Eigendynamik aufweisen, die es erforderlich erscheinen lassen, diese „Kreation" abweichenden Verhaltens durch „gesellschaftliche Reaktion" im Längsschnitt zu untersuchen (vgl. *Albrecht/Karstedt-Henke* 1987). Insbesondere betont dieser Ansatz, daß durch die spezifische Ausprägung dieses Definitionsprozesses der „abweichende Akteur" in doppelter Weise betroffen zu sein pflegt, denn erstens gehen mit den informellen, vor allem aber mit den formellen Sanktionen und deren oft unbeabsichtigten Nebenfolgen Beschneidungen des Rollenrepertoires einher (Role engulfment bei *Becker* 1963), die von ganz erheblicher langfristiger und irreversibler Bedeutung sein können (Berufsverbot für bestimmte Berufe, Versperrung des Studiums etc.), da sie die gesamte weitere Laufbahn betreffen können. Zweitens können derartige Definitionsprozesse, auch wenn sie rechtlich gesehen u.U. ohne gravierende Folgen bleiben, auf den betroffenen Akteur in fataler Weise einwirken, indem sie unter bestimmten Umständen Identitätstransformationen oder zumindest Selbstkonzept- bzw. Selbstwertveränderungen auslösen (vgl. als Übersicht *Albrecht/van Kampen* 1991). Hierbei ist allerdings zu unterscheiden, ob die Reaktionen bspw. im informellen Bereich durch solche Personen erfolgen, die das deviante

Handeln möglicherweise positiv bewerten (z.B. peers von delinquenten Jugendlichen), oder aber durch formelle Instanzen sozialer Kontrolle, die ihre Reaktion als eindrucksvolle öffentliche „Degradationszeremonie" inszenieren, durch die der Akteur so massiv stigmatisiert wird, daß es zu einer retrospektiven Neuinterpretation der gesamten Biographie kommt, die ihn als „zutiefst anders", als Außenseiter diskreditiert. Dadurch wiederum — so der besonders provokative Gedanke dieser Theorie — kommt es in der Regel erst zu dem, was die gesellschaftliche Reaktion schon unterstellt: War die erste abweichende Handlung, deren abweichende Qualität ohnehin erst post hoc zustande kommt, verstehbar als Resultat eines reinen Zufallsprozesses (primäre Devianz; vgl. *Lemert* 1967, 1975), so handelt der als deviant Etikettierte und Stigmatisierte in Reaktion auf diesen Degradationsprozeß, der zu einer Identitätsstransformation geführt hat, mit erhöhter Wahrscheinlichkeit deviant (sekundäre Devianz). Dabei gibt es gute Gründe dafür anzunehmen, daß gesellschaftliche Reaktionen dieser Art bei Personen, deren Identitätsbildungsprozeß aufgrund der typischen Verlaufsmuster der Biographieentwicklung in einer kritischen Phase ist, wie dies bei der Jugend der Fall ist, besonders gravierende Auswirkungen haben, während sie bei Personen mit konsolidierter Identität vergleichsweise geringe Folgen haben werden (vgl. *Heiss* 1981). Damit ergibt sich eine ganz eigentümliche Beziehung zwischen abweichendem Verhalten und Jugend: Man kann aus zwingenden Gründen annehmen, daß die Jugend als eine brisante Übergangsphase, in der eine aus bestimmten Gründen auftretende Kumulation von Statuspassageproblemen in einem solchen Ausmaß zu Streß führt, daß neben einigen anderen, teilweise problematischen Coping-Strategien (wie z.B. Drogenkonsum) auch zu kriminellen Handlungen gegriffen wird, auch jene Phase ist, in der gesellschaftliche Etikettierungen besonders explosive Folgen haben. Aus diesem Grunde ist diese Phase für die Problematik der kriminellen Karriere von zentraler Bedeutung und die Qualität der informellen und formellen sozialen Kontrolle so entscheidend wichtig. Angesichts dieser Tatsache ist es sehr erstaunlich, daß es nicht sehr viele Studien gibt, die die Auswirkungen formaler und informeller Etikettierungen auf methodisch einwandfreie Weise nachzuprüfen versucht haben. Es zeigt sich allerdings auch, daß man diese Effekte nicht überschätzen sollte (vgl. Übersicht bei *Albrecht* u.a. 1991).

4.4 Neuere integrative Ansätze

Dieser zuletzt vorgetragene Gedanke erhält seine ganze Tragweite, wenn man eine relativ neue sozialpsychologische Theorie der Abweichung hinzuzieht, die abweichendes Verhalten u.a. als einen Versuch der *Verteidigung des* **Selbstwertes** deutet (*Kaplan* 1975; 1980). Diese Theorie nimmt — äußerst verkürzt dargestellt — an, daß der Mensch ein Bedürfnis nach Erhaltung bzw. Steigerung seines Selbstwertes hat, so daß er dann, wenn er aufgrund mangelnder Fähigkeit, den Standards seiner Bezugsgruppe zu entsprechen, vor das Problem der Unterschreitung eines bestimmten Minimums an Selbstachtung gestellt wird, durch die Begehung von devianten Handlungen, die in den Augen einer neuen, devianten Bezugsgruppe Zustimmung und Anerkennung finden, eine Steigerung seines Selbstwertes erfährt, wodurch die Gefahr weiterer Straftaten steigt, da sie ja Achtung bringen, wenn auch nur in den Augen der neuen Bezugsgruppe. Das aber heißt, daß unangemessene Reaktionen auf Leistungsversagen und auf Verhaltensprobleme den Jugendlichen in eine Situation bringen können, aus der ihm nur die Begehung von abweichenden, oft eben auch kriminellen Handlungen herauszuhelfen scheint. Demnach wäre nicht in jedem Falle die Folge kriminellen Handelns ein schlechtes Selbstkonzept, sondern häufig eher die Ursache; ja kriminelles Handeln kann nach *Kaplan* unter bestimmten Bedingungen zu einer Selbstwertsteigerung führen; und wenn die Lerntheorie stimmte, dann würde sich daraus die Gefahr weiterer Delikte eindeutig ergeben. Nun ist die empirische Forschung zu dieser Frage jedoch bisher zu keinem eindeutigen Ergebnis gekommen (vgl. z.B. *Albrecht / van Kampen* 1991; *Rosenberg / Schoenbach / Schooler* 1989; *Scheff / Retzinger / Ryan* 1989; *Wells* 1989), so daß überzogene Schlußfolgerungen vermieden werden sollten. Es spricht aber vieles dafür, daß Selbstwertsteigerungen durch Kriminalität nur bei solchen Jugendlichen auftreten, die zunächst einen äußerst niedrigen Selbstwert aufweisen. Ferner scheint es so zu sein, daß die relative Bedeutung des Selbstwertes — verglichen mit anderen kausalen Variablen — bei Mittelschichtjugendlichen größer ist als bei Unterschichtjugendlichen. Wie dem auch immer sei, während die klassische interaktionistische Position für viele Fälle jugendlicher Kriminalität die Strategie der „radikalen Nicht-Intervention" empfahl (*Schur* 1973) und dafür viele Gründe angeben konnte, melden sich nun Autoren zu Wort, die die diesem Modell unterliegende „Normalisierungsstrategie" aufgrund theoretischer Überlegungen bedenklich finden. Sie empfehlen statt dessen, die aufgetretenen Fälle jugendlicher Devianz durchaus mißbilligend und kritisierend zur Kenntnis zu nehmen, ja sogar den betreffenden Akteur zu „beschämen", aber in einer solchen Art und Weise, daß er sich dennoch nicht als ausgeschlossen fühlen muß, da die Kritik und Sanktionierung ihm deutlich machen können, daß man ihm eine Chance gibt. Durch dieses „reintegrative shaming" könnten und sollten die moralischen Grenzen der Gemeinschaft verdeutlicht, aber Stigmatisierungen, die durch neue Subkulturbildungen neue Kriminalitätsursachen hervorrufen würden, vermieden werden (vgl. *Braithwaite* 1989). So interessant dieser Ansatz zu sein scheint, so bleibt er doch in bezug auf die Vorstellungen für die Entwicklung solcher Sanktionsprozeduren zu vage und beschwört andererseits die Gefahr herauf, daß jene, die immer schon für eine etwas „entschiedenere Gangart" waren, sich irrtümlicherweise bestätigt sehen.

5 Ausblick in theoretischer und praktischer Hinsicht

5.1 Theoretische Entwicklungen

Versucht man eine Bilanz der theoretischen Ansätze zur Erklärung von Jugendkriminalität, so fällt auf, daß die Mehrheit der existierenden Theorien zwar in der Auseinandersetzung mit empirischen Daten formuliert worden sind, die an jugendlichen Populationen gewonnen worden sind, daß sie aber dennoch die besonderen Probleme, die die Jugendphase bestimmen und die für die Stellung der Jugendlichen in modernen Gesellschaften bezeichnend sind, nicht systematisch für die Theoriebildung beachten. Wenn sie dies dennoch tun, so wählen sie aus den vielen wichtigen Aspekten der Jugendproblematik einige isolierte heraus, so daß meist nicht einmal Theorien mittlerer Reichweite resultieren. Nichtsdestoweniger sollte deutlich geworden sein, daß wir über einen bunten Strauß sehr unterschiedlicher Theorieansätze verfügen, die zumindest für die Erklärung von Teilaspekten relevant sein dürften und die für die gesellschaftliche Praxis des Umgangs mit der Kriminalität von Jugendlichen wichtige Anregungen geben könnten. Eine der ganz wesentlichen Voraussetzungen für entschiedene Fortschritte in der Theorie der Jugendkriminalität wäre jedoch, daß die Kriminalitätstheorien sich auf der einen Seite um eine systematische Berücksichtigung der sehr fruchtbaren theoretischen Entwicklungen in der allgemeinen Jugendforschung bemühen und auf der anderen Seite zur Kenntnis nehmen, daß die Kriminalität nur eine der verschiedenen möglichen problematischen Reaktionsweisen von Akteuren auf belastende Ereignisse und Situationen darstellt (z.B. neben psychischen Erkrankungen, physischen Erkrankungen, Drogenabhängigkeit, Suizid etc.), deren Auswahl durch den jeweiligen Akteur erklärt werden muß, wenn man einen wirklichen Erkenntnisfortschritt erreichen will.

5.2 Entwicklungstrends in der Kontrollpolitik

Ohne Zweifel lehrt ein Blick auf die Entwicklung des Umgangs mit der Jugendkriminalität, daß die Fortschritte in diesem Bereich bescheiden sind — jedenfalls verglichen mit dem, was sich Sozialwissenschaftler vorstellen könnten (vgl. *Albrecht* 1982). Dabei darf aber nicht übersehen werden, daß die Sozialwissenschaftler selbst durch etwas voreilige Slogans wie „Nothing works" (vgl. vor allem *Lipton/Martinson/Wilks* 1975) die Basis für die gesellschaftliche Abstinenz von Neuerungen mitgelegt haben. Diese Meinung war keinesfalls leichtfertig in die Welt gesetzt worden, sondern Ergebnis sehr ernsthafter Systematisierungsversuche der Evaluationsforschungen zur Behandlung bzw. der Intervention im Bereich der Kriminalität, die zur wissenschaftlichen Begleitung der vielen neuen Modelle durchgeführt worden waren, und noch heute tobt ein erbitterter Streit darüber, ob für die neueren Modelle nicht doch das gleiche negative Ergebnis gilt (vgl. bejahend dazu *Whitehead/Lab* 1989, entschieden in die gegenteilige Richtung dagegen *Andrews* et al. 1990). Die dabei gewählten Behandlungsmethoden und Modelle sind Legion und können hier nicht dargestellt werden.

Blicken wir nur auf einige wenige Modelle im Bereich der Jugendkriminalität, so schienen insbesondere jene Modelle vielversprechend, die sich um eine frühzeitige Herauslenkung (Diversion) delinquenter Jugendlicher aus dem Kriminaljustizsystem bemühen, die nach den Regeln des § 45 JGG in verschiedenen Formen, die hier nicht dargestellt werden können, immer schon möglich, ja vom Gesetzgeber offensichtlich gewollt, von den Staatsanwaltschaften jedoch relativ selten genutzt worden waren. In den letzten Jahren hat sich diese Praxis — wenn auch regional und lokal sehr unterschiedlich — deutlich ausgeweitet und nachweislich empirisch bewährt (*Heinz/Hügel* 1986/87). Gleiches gilt für die richterliche Diversion nach § 47 JGG, die aber insofern nur eine nachrangige Bedeutung haben sollte, als sie im Grunde schon durch den Staatsanwalt hätte praktiziert werden können.

Gegen viele dieser neuen Praktiken gibt es erhebliche Einwände. Während die eher konservative Position befürchtet, daß der Verzicht auf formelle Verfahren und insbesondere der Verzicht auf solche Maßnahmen, die zumindest subjektiv Bestrafungscharakter haben, bei den Betreffenden, vor allem aber bei den Jugendlichen allgemein, zu einer Normerosion führt, die mittel- und langfristig die Kriminalität wird ansteigen lassen, fürchten verschiedene kritisch-fortschrittliche Geister zum einen, daß die Informalisierung zu einem erheblichen Verlust an Rechtsstaatlichkeit führen kann, der sich insbesondere durch Rechtsungleichheit und Rechtsunsicherheit umschreiben ließe, zum anderen, daß die Vertreter der pädagogischen und sozialarbeiterischen Berufe, aber auch die Polizei und die Staatsanwaltschaften wegen der Annahme, eine Interventionsmaßnahme gegen bestimmte deviante Jugendliche ende ohnehin nahezu nie in einer strafrechtlich relevanten Entscheidung, verstärkt zu offiziellen Kontroll- und Interventionsmaßnahmen greifen würden, um dem Jugendlichen zu „helfen", und zwar auch bei Verhaltensweisen und Problemkonstellationen, in denen man bisher — mit Recht — eher weggesehen oder nur mit dem Finger gedroht habe (net widening).

Die bisher vorliegenden Forschungsergebnisse haben für die Bundesrepublik keine eindeutigen Hinweise auf solche negativen Begleiterscheinungen erbracht, wohl aber gezeigt, daß die verschiedenen neuen Modelle wie Täter-Opfer-Ausgleich, Konfliktschlichtungsgespräche, Gruppenpädagogik, Erlebnispädagogik, Wiedergutmachung, gemeinmützige Arbeiten etc. mindestens genau so gute Ergebnisse, meist jedoch bessere Ergebnisse erzielen als die alte Praxis. Noch sind wir aber noch weit davon entfernt, das vorhandene theoretische und empirische Wissen phantasievoll in einen wirklich neuen Umgang mit der Jugendkriminalität umgesetzt zu haben.

Literatur

Adler, F.: Sisters in Crime: The Rise of the New Female Criminal. New York 1975

Adler, F.: The Incidence of Female Criminality in the Contemporary World. New York 1981

Agnew, R.: Adolescents Resources and Delinquency. In: Criminology 28 (1990), S. 535-565

Agnew, R.: A Longitudinal Test of Social Control Theory. In: Journal of Research in Crime and Delinquency 28 (1991), S.126-156

Akers, R.L. / Krohn, M.D. / Lanza-Kaduce, L. / Radosevich, M.: Social Learning and Deviant Behavior: A Specific Test of a General Theory. In: American Sociological Review 44 (1979), S. 636-655

Akers, R.L.: Deviant Behavior: A Social Learning Approach, 3. Aufl. Belmont, C.A., 1985

Albrecht, G.: Zwerge auf den Schultern eines Riesen? Neuere Beiträge der Theorien abweichenden Verhaltens und sozialer Kontrolle in der Tradition Emile Durkheims. In: Alemann, H. von / Thurn, H.P. (Hrsg.): Soziologie in weltbürgerlicher Absicht. Festschrift für René König zum 75. Geburtstag. Opladen 1981, S.323-358

Albrecht, G.: Muß angewandte Soziologie konforme Soziologie sein? Zum Verhältnis von Theorie und angewandter Soziologie im Bereich des abweichenden Verhaltens und der sozialen Kontrolle. In: Beck, U. (Hrsg.): Soziologie und Praxis, Göttingen 1982, S. 161-204

Albrecht, G.: Möglichkeiten und Grenzen der Prognose „Krimineller Karrieren". In: Deutsche Vereinigung für Jugendgerichte und Jugendgerichtshilfen (Hrsg.): Mehrfach Auffällige- Mehrfach Betroffene. Erlebnisweisen und Reaktionsformen. Bonn 1990, S. 99-116

Albrecht, G. / Karstedt-Henke, S.: Alternative Methods of Conflict-Settling and Sanctioning: Their Impact on Young Offenders. In: Hurrelmann, K. / Kaufmann, F.-X. / Lösel, Fr. (Hrsg.): Social Intervention: Potential and Constraints. Berlin-New York 1987, S.315-332

Albrecht, G. / et al.: Alternative Konfliktlösungs- und Sanktionierungspraktiken: Auswirkungen auf strafrechtlich Auffällige. Finanzierungsantrag des SFB 227 für die dritte Förderungsphase (1992-1994), Bielefeld 1991

Albrecht, G. / Howe, C.-W. / Wolterhoff, J.: Familienstruktur und Delinquenz. In: Soziale Probleme 2 (1991), S. 107 - 156

Albrecht, G. / Howe, C.-W. / Wolterhoff-Neetix, J.: Neue Ergebnisse zum Dunkelfeld der Jugenddelinquenz: Selbstberichtete Delinquenz von Jugendlichen in zwei westdeutschen Großstädten. In: Kaiser, G. / Kury, H. / Albrecht, H.J. (Hrsg.): Kriminologische Forschungen in den 80er Jahren. Projektberichte aus der Bundesrepublik Deutschland. 2. Halbbd. Freiburg 1988, S. 661 - 696

Albrecht, G. / van Kampen, N.: Auswirkungen der Diversion auf die Entwicklung des Selbstbildes delinquenter Jugendlicher. Universität Bielefeld. SFB 227, Preprint Nr. 45, 1991

Albrecht, G. / Howe, C. W.: Soziale Schicht und Delinquenz. Verwischte Spuren oder falsche Fährte?, Universität Bielefeld, SFB 227, Preprint Nr. 43, 1991 (erscheint in gekürzter Form in der Kölner Zeitschrift für Soziologie und Sozialpsychologie, 1992)

Albrecht, H.-J.: Die sanfte Minderheit. In: Bewährungshilfe 34, 1987, S. 341 - 359

Albrecht, P.A. / Lamnek, S.: Jugendkriminalität im Zerrbild der Statistik. Eine Analyse von Daten und Entwicklungen. München 1979

Albrecht, P. A. / Lamott, F.: Innenansichten. Gruppendiskussionen mit Bediensteten des Jugendstrafvollzugs. In: Albrecht, P.A. / Schüler-Springorum, H. (Hrsg.): Jugendstrafe an Vierzehn-und Fünfzehnjährigen. Strukturen und Probleme. München 1983, S.135 - 176

Amelang, M.: Sozial abweichendes Verhalten. Entstehung, Verbreitung, Verhinderung. Berlin 1986

Andrews, D.A. / et al.: Does Correctional Treatment Work? A Clinically Relevant and Psychologically Informed Meta Analysis. In: Criminology 28 (1990), S. 369 - 404

Ariès, P.: Geschichte der Kindheit. München 1975

Bachman, J.G.: Die Bedeutung des Bildungsniveaus für Selbstwertgefühl, berufsbezogene Einstellungen, Delinquenz und Drogenkonsum von Jugendlichen. In: Olbrich, E. / Todt, E. (Hrsg.): Probleme des Jugendalters. Neuere Sichtweisen. Berlin etc. 1984, S. 131 - 157

Bailey, S.L. / Hubbard, R.L.: Developmental Variation in the Context of Marijuana Initiation among Adolescents. In: The Journal of Health and Social Behavior 31 (1990), S. 58 - 70

Becker, H.S.: Outsiders: Studies in the Sociology of Deviance. New York 1963

Bernard, T.: Control Criticisms of Strain Theories. An Assessment of Theoretical and Empirical Adequacy. In: Journal of Research in Crime and Delinquency 21 (1984), S. 353 - 372

Bernard, T.: Testing Structural Strain Theories. In: Journal of Research in Crime and Delinquency 24 (1987), S. 262 - 280

Bielefeld, U.: Exkurs: Geschlossene Heime als Alternative zum Jugendstrafvollzug? Eine Auswertung von Literatur zur Heimunterbringung. In: Albrecht, P.A. / Schüler-Springorum, H. (Hrsg.): Jugendstrafe an Vierzehn- und Fünfzehnjährigen. Strukturen und Probleme. München 1983, S. 177 - 185

Bohle, H.H.: Soziale Abweichung: Die Anomietheorie in der Diskussion. Darmstadt-Neuwied 1975

Boor, C. de: Soziotherapie als angewandte Psychoanalyse in einer Sondereinrichtung der holländischen Justiz. In: Lüderssen, K. / Sack, F. (Hrsg.): Seminar: Abweichendes Verhalten III. Frankfurt a.M. 1977, S. 402 - 416

Braithwaite, J.: Crime, Shame and Reintegration. Cambridge etc. 1989

Brusten, M. / Hurrelmann, K.: Abweichendes Verhalten in der Schule. Eine Untersuchung zu Prozessen der Stigmatisierung. München 1973

Burgess, R.L. / Akers, R.L.: A Differential Association-Reinforcement Theory of Criminal Behavior. In: Social Problems 14 (1966), S. 128 - 147

Cernkovich, St. A. / Giordano, P.C.: Family Relationships and Delinquency. In: Criminology 25 (1987), S. 295 - 322

Cloward, R.A. / Ohlin, L.E.: Delinquency and Opportunity. A Theory of Delinquent Gangs. New York 1960

Cloward, R.A.: Illegitime Mittel, Anomie und abweichendes Verhalten. In: Sack, F. / König, R. (Hrsg.): Kriminalsoziologie. Frankfurt a.M. 1968, S. 314 - 338

Cohen, A. K.: Zur Erforschung delinquenter Subkulturen. In: Sack, F. / König, R. (Hrsg.): Kriminalsoziologie. Frankfurt a.M. 1968, S. 372 - 394

Cohen, A.K.: Kriminelle Jugend. Hamburg 1955

Cohen, A.K.: The Study of Social Disorganization and Deviant Behavior. In: Merton, R.K. / Brown, L. / Cottrell, L. (Hrsg.): Sociology Today. Problems and Prospects. New York 1959, S. 461-484
Cohn, E.S. / White, S.O.: Legal Socialization. A Study of Norms and Rules. New York etc. 1990
Cornish, D.B. / Clarke, R.V. (Hrsg.): The Reasoning Criminal-Rational Choice Perspectives on Offending. New York-Berlin etc.1986
Durkheim, E.: Die Regeln der soziologischen Methode. Neuwied 1961
Durkheim, E.: Über die Teilung der sozialen Arbeit. Frankfurt a.M. 1977 (2. Aufl. unter dem Titel „Über soziale Arbeitsteilung". Frankfurt a.M. 1988)
Felson, M.: Linking Criminal Choices, Routine Activities, and Informal Control and Criminal Outcomes. In: Cornish, D.B. / Clarke, R.V. (Hrsg.): The Reasoning Criminal. New York-Berlin etc. 1986
Gephart, W.: Strafe und Verbrechen. Die Theorie Emile Durkheims. Opladen 1990
Haferkamp, H.: Kriminelle Karrieren. Handlunsgtheorie, Teilnehmende Beobachtung und Soziologie krimineller Prozesse. Reinbek 1975
Hagan, J. / Gillis, A.R. / Simpson, J.: The Class Structure of Gender and Delinquency: Toward a Power-Control Theory of Common Delinquent Behavior. In: American Journal of Sociology 90 (1985), S. 151-178
Hagan, J. / Gillis, A.R. / Simpson, J.: Class in the Household: A Power-Control Theory of Gender and Delinquency. In: American Journal of Sociology 92 (1987), S. 788-816
Heinz, W. / Hügel, Chr.: Erzieherische Maßnahmen im deutschen Jugendstrafrecht. Bonn 1986
Heiss, J.: The Social Psychology of Interaction. Englewood Cliffs, N.J., 1981
Hetherington, E.M. / Anderson, E.R.: The Effects of Divorce and Remarriage on Early Adolescents and Their Families. In: Levine, M.D. / McAnarney, E.R. (Hrsg.): Early Adolescent Transitions. Lexington und Toronto 1988, S. 49-67
Hirschi, Tr.: Causes of Delinquency. Berkeley 1969
Irvine, R.: Legal Socialisation- A Critique of a New Approach. In: Farrington, P. / Hawkins, K. / Lloyd-Bostock, S.M. (Hrsg.): Psychology, Law and Legal Process. London 1979
Johnson, R.E.: Family Structure and Delinquency: General Patterns and Gender Differences. In: Criminology 24 (1986), S. 65-80
Kaiser, G.: Jugendstrafrecht. In: Kaiser, G. / Kerner, H.-J. / Sack, F. / Schellhoss, H. (Hrsg.): Kleines Kriminologisches Wörterbuch. 2. neubearb. Aufl. Heidelberg 1985, S. 172-177
Kaplan, H.B.: Deviant Behavior in Defense of Self. New York 1980
Kaplan, H.B.: Self-Attitudes and Deviant Behavior. Pacific Palisades 1975
Kerner, H.-J.: Verbrechenswirklichkeit und Strafverfolgung. München 1972
Kersten, J. / Kreissl, R. / von Wolffersdorff-Ehlert, Chr.: Die sozialisatorische Wirkung totaler Institutionen. Eine Analyse von Lebensbildern. In: Albrecht, P.A. / Schüler-Springorum, H. (Hrsg.): Jugendstrafe an Vierzehn- und Fünfzehnjährigen. Strukturen und Probleme. München 1983, S. 186-244
Klepper, St. / Nagin, D.: The Deterrent Effect of Perceived Certainty and Severity of Punishment Revisited. In: Criminolgy 27 (1989), S. 721-746
Kohlberg, L.: From Is to Ought: How to Commit the Naturalistic Fallacy and Get Away with It in the Study of Moral Development. In: Mischel, T. (Hrsg.): Cognitive Development and Epistemology. New York 1971, S. 151-235
Kohlberg, L.: Essays on Moral Development, I.: In the Philosophy of Moral Development, New York 1981
Kohlberg, L.: Moral Stages and Moralization. In: Likona, T. (Hrsg.): Moral Development and Behavior. New York 1976, S. 31-53
Kohlberg, L.: Stage and Sequence: The Cognitive-Developmental Approach to Socialization. In: Goslin, D.A. (Hrsg.): Handbook of Socialization Theory. Chicago 1969, S. 347-480
Kohlberg, L.: The Psychology of Moral Development: The Nature and Validity of Moral Stages. San Francisco 1984
König, R.: Das Recht im Zusammenhang der sozialen Normensysteme. In: Hirsch, E.E. / Rehbinder, M. (Hrsg.): Studien und Materialien zur Rechtssoziologie. Sonderheft 11 der Kölner Zeitschrift für Soziologie und Sozialpsychologie. Köln-Opladen 1976, S. 36-53

König, R.: Die Familie in der Gegenwart. München 1974b
König, R.: Materialien zur Soziologie der Familie, Neuaufl. Köln 1974a
König, R.: Soziologie der Familie. In: König, R. (Hrsg.): Handbuch der empirischen Sozialforschung, 2., revid. Aufl., Bd. 7., Stuttgart 1976, S. 1-217
König, R.: Überorganisation der Familie als Gefährdung der seelischen Gesundheit. In: Pfister-Ammende, M. (Hrsg.): Die Psychohygiene. Grundlagen und Ziele. Bern 1949, S. 130-144
Krohn, M.D. / Massey, J.L.: Social Control and Delinquent Behavior. An Examination of the Elements of the Social Bond. In: Sociological Quarterly 21 (1980), S. 529-543
Lab, St. P. / Whitehead, J.T.: From „Nothing Works" to „The Appropriate Works": The Latent Stop on the Search for the Secular Grail. In: Criminology 28 (1990), S.405-417
LaGrange, R.L. / White, H. R.: Age Differences in Delinquency: A Test of Theory. In: Criminology 23 (1985), S. 19-45
Lamnek, S.: Sozialisation und kriminelle Karriere. In: Schüler-Springorum, H. (Hrsg.): Mehrfach auffällig. München 1982, S. 13-85
Lamnek, S.: Theorien abweichenden Verhaltens, 2. Aufl., München 1983
Lemert, E.M.: Der Begriff der sekundären Devianz. In: Lüderssen, K. / Sack, F. (Hrsg.): Seminar Abweichendes Verhalten I. Die selektiven Normen der Gesellschaft. Frankfurt a.M. 1975, S. 433-476
Lemert, E.M.: Human Deviance, Social Problems and Social Control. Englewood Cliffs, N.J., 1967
Liska, A. E.: Perspectives on Deviance. Englewood Cliffs, N.J., 1981
Lösel, Fr. (Hrsg.): Kriminalpsychologie. Weinheim 1983
Lösel, Fr.: Handlungskontrolle und Jugenddelinquenz. Stuttgart 1975
Lösel, Fr.: Meta-Analysis and Social Prevention: Evaluation and a Study on the Family-Hypothesis in Developmental Psychopathology. In: Albrecht, G. / Otto, H.-U. (Hrsg.): Social Prevention and the Social Sciences. Theoretical Controversies, Research Problems, and Evaluation Strategies. Berlin-New York 1991, S.305-332
Matza, D.: Delinquency and Drift. New York 1967
McCord, J.: Crime in Moral and Social Contexts. In: Criminology 28 (1990), S.1-26
Mead, G.H.: Geist, Identität und Gesellschaft. Frankfurt a.M. 1968 (zuerst Chicago 1934)
Meier, R. F. / Burkett, St. R. / Hickman, C. A.: Sanctions, Peers, and Deviance. Preliminary Models of Social Control Process. In: Sociological Quarterly 25 (1984), S.67-82
Merton, R.K.: Anomie, Anomia, and Social Interaction: Contexts of Deviant Behavior. In: Clinard, M.B. (Hrsg.): Anomie and Deviant Behavior. A Discussion and Critique. New York 1964, S. 213-242
Merton, R.K.: Social Theory and Social Structure, 2., rev. Aufl. New York 1957 (zuerst Glencoe, Ill. 1951)
Miller, W. B.: Die Kultur der Unterschicht als ein Entstehungsmilieu für Bandendelinquenz. In: Sack, F. / König, R. (Hrsg.): Kriminalsoziologie. Frankfurt a.M. 1968, S. 339-359 (zuerst 1958)
Nye, F.I. / Short, J.F. / Olson, V.J.: Socio-Economic Status and Delinquent Behavior. In: American Journal of Sociology 63 (1958), S. 381-389
Offer, D.: Das Selbstbild normaler Jugendlicher. In: Olbrich, E. / Todt, E. (Hrsg.): Probleme des Jugendalters. Neuere Sichtweisen. Berlin etc. 1984, S. 111-130
Olbrich, E.: Jugendalter- Zeit der Krise oder der produktiven Anpassung?. In: Olbrich, E. / Todt, E. (Hrsg.): Probleme des Jugendalters. Neuere Sichtweisen. Berlin etc. 1984, S.1-46
Opp, K.-D.: Abweichendes Verhalten und Gesellschaftsstruktur. Darmstadt und Neuwied 1974
Parsons, T.: The Social System. New York 1951
Parsons, T.: Entstehung und Richtung abweichenden Verhaltens. In: Sack, F. / König, R. (Hrsg.): Kriminalsoziologie. Frankfurt a.M. 1968, S. 249-260
Paternoster, R.: Examining Three-Wave Deterrence Models: A Question of Temporal Order and Specification. In: The Journal of Criminal Law and Criminology 79 (1988), S. 135-178
Paternoster, R.: Decisions to Participate in and Desist from Four Types of Common Delinquency: Deterrence and the Rational Choice Perspective. In: Law and Society Review 23 (1989), S. 7-40
Peters, H.: Kriminalität und Familie. In: Nave-Herz, R. / Markefka, M. (Hrsg.): Handbuch der Familien- und Jugendforschung, Bd. 1. Neuwied-Frankfurt a.M. 1989, S. 577-593

Platt, A.M.: The Child Savers: The Invention of Delinquency. Chicago 1969

Redl, F. / Wineman, D.: Children Who Hate. New York 1951

Rosenberg, M. / Schoenbach, C. / Schooler, C.: Self-Esteem and Adolescent Problems: Modelling Reciprocal Effects. In: American Sociological Review 54 (1989), S.1004 - 1018

Sack, F.: Neue Perspektiven in der Kriminalsoziologie. In: Sack, F. / König, R. (Hrsg.): Kriminalsoziologie. Frankfurt a.M. 1968, S. 400 - 431

Sack, F.: Probleme der Kriminalsoziologie. In: König, R. (Hrsg.): Handbuch der empirischen Sozialforschung, 2., revid. Auflage Stuttgart 1978, S. 192 - 492

Schaffstein, E.: Jugendstrafrecht. Stuttgart 1983

Schumann, K.F. / Berlitz, C. / Guth, H.-W. / Kaulitzki, R.: Jugendkriminalität und die Grenzen der Generalprävention. Eine empirische Untersuchung. Bremen 1985

Schur, E. M.: Abweichendes Verhalten und Soziale Kontrolle. Etikettierung und gesellschaftliche Reaktionen. Frankfurt a.M. 1974

Schur, E. M.: Interpreting Deviance. A Sociological Introduction. New York etc. 1979

Schur, E.M.: Radical Nonintervention: Rethinking the Delinquency Problem. Englewood Cliffs, N.J., 1973

Seiffge-Krenke, I.: Formen der Problembewältigung bei besonders belasteten Jugendlichen. In: Olbrich, E. / Todt, E. (Hrsg.): Probleme des Jugendalters. Berlin etc. 1984, S. 353 - 386

Short, J.F. / Nye, F.I.: Erfragtes Verhalten als Indikator für abweichendes Verhalten. In: Sack, F. / König, R. (Hrsg.), Kriminalsoziologie. Frankfurt a.M. 1968, S. 60 - 70

Short, J.F. / Strodtbeck, F.L.: Group Process and Gang Delinquency. Chicago 1965

Simons, R.L. / Gray, P.A.: Perceived Blocked Opportunity as an Explanation of Delinquency Among Lower-Class Black Males: A Research Note. In. Journal of Research in Crime and Delinquency 26 (1990), S. 90 - 101

Singer, S.I. / Levine, M.: Power-Control Theory, Gender and Delinquency: A Partial Replication with Additional Evidence on the Effect of Peers. In: Criminology 26 (1988), S. 627 - 647

Smith, D. / Gartin, P. R.: Specifying Specific Deterrence: The Influence of Arrest on Future Criminal Activity. In: American Sociological Review 54 (1989), S. 94 - 105

Steffensmeier, D.J.: Crime and the Contemporary Women: An Analysis of Changing Levels of Female Property Crime 1960 - 1975. In: Social Forces 57 (1978), S. 566 - 584

Steffensmeier, D.J. / Steffensmeier, H. R.: Trends in Female Delinquency: An Examination of Arrest, Juvenile Court, Self-Report, and Field Data. In: Criminology 18 (1980), S. 62 - 85

Sutherland, E.H.: Die Theorie der differentiellen Kontakte. In: Sack, F. / König, R. (Hrsg.): Kriminalsoziologie. Frankfurt a.M. 1968, S. 395 - 399

Sykes, G.M. / Matza, D.: Techniken der Neutralisierung: Eine Theorie der Delinquenz. In: Sack, F. / König, R. (Hrsg.): Kriminalsoziologie. Frankfurt a.M. 1968, S. 360 - 371

Tapp, J.L. / Gunnar, M. / Keating, D.: Socialization: Three Ages, Three Rule Systems. In: Perlman, D. / Cosby, P.C. (Hrsg.): Social Psychology. New York 1983, S. 42 - 74

Tapp, J.L. / Kohlberg, L.: Developing Senses of Law and Legal Justice. In: Tapp, J.L. / Levine, F.J.(Hrsg.): Law, Justice and the Individual in Society. New York 1977

Thomae, H.: Formen der Auseinandersetzung mit Konflikt und Belastung im Jugendalter. In: Olbrich, E. / Todt, E. (Hrsg.): Probleme des Jugendalters. Berlin etc. 1984, S.89 - 110

Tittle, Ch. R. / Meier, R.F.: Specifying the SES / Delinquency Relationship. In: Criminolgy 28 (1990), S. 271 - 299

Tittle, Ch. R.: Social Class and Criminal Behavior: A Critique of the Theoretical Foundation. In: Social Forces 62 (1983), S. 334 - 358

Tittle, Ch. / Villemez, W.J. / Smith, D.A.: The Myth of Social Class and Criminality: An Empirical Assessment of the Empirical Evidence. In: American Sociological Review 43 (1978), S. 643 - 656

Todt, E.: Selbstkonzept und Selbstkonzeptänderung als Mittler bei der Bewältigung von Anforderungen in der Adoleszenz.In: Olbrich, E. / Todt, E. (Hrsg.): Probleme des Jugendalters. Neuere Sichtweisen. Berlin etc. 1984, S. 159 - 186

Toman, W.: Der psychoanalytische Ansatz zur Delinquenzerklärung und Therapie. In: Lösel, Fr. (Hrsg.): Kriminalpsychologie. Weinheim-Basel 1983, S. 41 - 51

Vanberg, V.: Verbrechen, Strafe und Abschreckung. Die Theorie der Generalprävention im Lichte der neueren sozialwissenschaftlichen Diskussion. Tübingen 1982
Wells, L.E. / Rankin, J.: Self-Concept as a Mediating Factor in Delinquency. In: Social Psychology 46 (1983), S. 11-22
Wells, L.E. / Rankin, J.H.: Families and Delinquency: A Meta-Analysis of the Impact of Broken Homes. In: Social Problems 38 (1991), S. 71-93
Wells, L.E. / Rankin, J.H.: The Broken Home Model of Delinquency: Analytical Issues. In: Journal of Research in Crime and Delinquency 23 (1986), S. 68-93
Wells, L.E.: Self-Enhancement Through Delinquency: A Conditional Test of Self-Derogation Theory. In: Journal of Research in Crime and Delinquency 26 (1989), S. 226-252
Wells, L.E.: Theories of Deviance and the Self-Concept. In: Social Psychology 41 (1978), S. 189-204
Whitehead, J.T. / Lab, St.P.: A Meta-Analysis of Juvenile Correctional Treatment. In: Journal of Research in Crime and Delinquency 26 (1989), S.276-295
Wilkinson, K.: The Broken Family and Juvenile Delinquency: Scientific Explanation or Ideology?. In: Social Problems 21 (1974), S. 726-739
Yablonski, L.: The Delinquent Gang as a Near Group. In: Rubington, E. / Weinberg, M.S. (Hrsg.): Deviance. The Interactionist Perspective. New York 1973, S. 245-255
Yablonski, L.: The Violent Gang. New York 1962

Bernhard Claußen

Jugend und Politik

1 Das Verhältnis von Jugend und Politik im Spannungsfeld von gesellschaftlicher Entwicklung und sozialwissenschaftlichem Fortschritt

Die Bestimmung des Verhältnisses von Jugend und Politik sowie alle darauf konzentrierten sozialwissenschaftlichen Forschungsbemühungen stehen vor dem grundsätzlichen Dilemma einer präzisen *Begriffsbestimmung und Bezeichnung des Betrachtungsgegenstands*. So ist es denn für die Planung, Durchführung und Auswertung konkreter Untersuchungen auch keineswegs unerheblich, was jeweils im Spektrum zahlreicher Möglichkeiten als Jugend und Politik und ihr Verhältnis gelten soll: Die Pole, zwischen denen sich die Erkenntnissuche thematisch bewegt, sind

— *einerseits* ein dichotomisch-abgrenzendes Verständnis (Jugend als Gesamtheit der Lebensspanne vor dem Eintritt ins Erwachsenenalter) mit zumeist formal-biologistischer Charakterisierung des Abgrenzungskriteriums (z.B. Geschlechtsreife) und ein phasenbezogenes Denken (Jugend als individuelle Entwicklungsstufe innerhalb von Biographien mit überindividuell gültigen Eigentümlichkeiten) bei oftmals materialsoziologistischer Kennzeichnung der Phasentypik (z.B. spezifische Gesellungsformen und Rangplätze);

— *andererseits* ein inhaltsarm-enger Begriff (Politik als staatsbezogenes Handeln) mit häufig gouvernementalistischer Akzentuierung (z.B. Regierungssystem-Lehre) und ein materialreich-weites Konzept (Politik als Gesamtheit aller ordnenden Einrichtungen und Prozesse der Gesellschaft) bei überwiegend problemorientierter Schwerpunktsetzung (z.B. Fixierung auf Legalitäts- und Legitimationsaspekte machtbezogenen Handelns).

Komplizierend kommt noch hinzu, daß bei der *Ermittlung des Verhältnisses* zwischen Jugend und Politik entweder linear in zwei Richtungen geblickt oder von einer Interdependenzbeziehung ausgegangen werden kann. Denn immerhin konstituiert sich in der Jugend eine nachwachsende **politische Generation** und ist deren Entfaltungsspielraum begrenzt durch die Toleranzmarken des **politischen Systems**.

Das *Verhältnis von Jugend und Politik als ein komplexer Untersuchungsgegenstand* ist bei alledem keine statisch-operationalisierbare Größe, sondern ein Phänomenbündel mit eigentümlicher Wesenheit, das sich im historisch-dynamischen Vollzug gesellschaftlicher Entwicklung herauskristallisiert (siehe auch *Hurrelmann* u.a. 1985). Sozialwissenschaftliche Erkenntnisfindung darüber ist ihrerseits in diesen Entwicklungsvorgang eingebettet — und wird im Zuge einer zunehmenden Verwissenschaftlichung aller gesellschaftlichen Lebensbereiche und insbesondere der Politik selbst zu einer

Produktivkraft, welche über die Beschaffenheit von Jugend und Politik sowie ihr (Wechsel-)Verhältnis mitentscheidet. Nicht zuletzt deshalb sind unterschiedliche wissenschaftstheoretische Grundpositionen mit ihrem praktischen, technischen oder emanzipatorischen Interesse (vom normativ-ontologischen über den positivistisch-rationalistischen bis zum dialektisch-kritischen Ansatz in jeweils etlichen Variationen) und mit ihnen qualitative und quantitative Forschungsvorhaben, welche auch die Jugendforschung und in ihr besonders die Ergründung des Verhältnisses von Jugend und Politik in mannigfachen Kontroversen kennzeichnen, mit ihrer erkenntnistheoretischen Differenz immer zugleich auch gesellschaftstheoretisch und politisch unterschieden (vgl. *Griese* 1980 sowie *Baethge* u.a. 1983).

Prinzipiell und angesichts dessen ist es, zumal in einem knapp bemessenen Handbuch-Beitrag, weder erstrebenswert noch möglich, die Vielzahl von Einzelbefunden eklektizistisch zu resümieren. Es soll daher auch gar nicht versucht werden, den Stand der Einzelforschung und der ausdifferenzierten Theoriebildung zum Thema akribisch zu rekonstruieren und reproduktiv zu präsentieren, um etwa von einer eigenständig-produktiven Beschäftigung mit den jeweils für sich sprechenden Arbeiten zu entlasten. *Wissenschaftsdidaktisches Anliegen* ist vielmehr, in einer pointierten Synopse anstelle einer darbietenden Vermittlung mit verwirrender Detailfülle oder Einmütigkeit suggerierendem Gestus bezüglich ausgewählter Strukturmerkmale des Forschungsfeldes eine Aufbereitung zu wagen, die zwischen hauptsächlichen, nämlich bedeutsam-allgemein zu nennenden Quintessenzen des einschlägigen Schrifttums in keineswegs harmonisierender Weise vermittelt und deren eigene Vermitteltheit in Erinnerung bringt. Wenn dafür Schlüsselkategorien verwendet und zueinander in Beziehung gesetzt werden, soll dadurch von den Details nicht abgelenkt, sondern (auch auf der Ebene gezielter Literaturhinweise) zu ihnen und einem reflektierten Umgang mit ihnen geradezu hingeführt werden.

Den *Bezugspunkt für ein solches Unterfangen* machen metatheoretisch **Kritische Theorie** der Gesellschaft und methodologisch negativ-dialektischer interdisziplinärer Materialismus aus. Ihnen ist nicht an additiver Erkenntnis und/oder wertneutraler Tatsachenfeststellung, sondern am problematisierenden Aufzeigen von Tendenzen und perspektivenentwickelnden Fingerzeig auf Potenzen gelegen. Dazu gehören ein Verständnis von Jugend als historisch-gesellschaftlich geprägtes Übergangsstadium und ein Begriff von Politik als institutionalisierte herrschaftliche Regelung des sozialen Zusammenlebens, wobei Verständnis und Begriff Wirklichkeit nicht logisch abbilden, sondern im Hinblick auf Wesentliches abstrahieren und dadurch in systematisierender Weise zu ergründen gestatten. Es soll damit auch dem Umstand Rechnung getragen werden, daß zum einen Betrachtungen zum Verhältnis von Jugend und Politik, so sehr sie auch spezialisiert sein mögen, als ein Teil ausdifferenzierter Jugendforschung (vgl. *Allerbeck/Hoag* 1986, *Hurrelmann* u.a. 1985) mit generellen Schwierigkeiten der Sozialforschung verwickelt sind (vgl. *Baethge* u.a. 1983, *Griese* 1980, *Hornstein* 1982) und zum anderen eben dieses Verhältnis längst schon zu einem allgemeinen Problem moderner Industriegesellschaft mit ihrer spezifischen Politikorganisation geworden ist (siehe *Brusten/Malinowski* 1983, *Kohr* u.a. 1983, *Narr* 1979, *Schäfers* 1980, *Schmidtchen/Uehlinger* 1983).

2 Jugend und Politik als Ausdruck gesellschaftlicher Differenziertheit und als Ergebnis vielfältiger Sozialisationsprozesse

Wesen und Erscheinung von Jugend sind gleichermaßen und in einem doppelten Sinne historisch-gesellschaftlich präformiert und entsprechend aufeinander verwiesen. Denn Jugend als ein Übergangsstadium und Politik als institutionalisierte herrschaftliche Regelung sind ein Ausdruck gesellschaftlicher Differenziertheit und ein Ergebnis vielfältiger Sozialisationsprozesse. Beide stehen im Kontext einer Entwicklungsgeschichte, für die Arbeitsteilung, Rationalisierung und Partikularisierung maßgeblich sind:

— *Jugend* umfaßt die, übrigens untereinander in mancherlei Hinsicht durch weitere Ausdifferenzierung nuancenhaft geschiedenen, Angehörigen einer Altersspanne, deren Umfang nicht genau festlegbar ist, aber angesichts der zunehmenden Verkürzung von **Kindheit** und der sich verzögernden Aufnahme in die Erwachsenenwelt offensichtlich derzeit immer noch zunimmt. Das sie charakterisierende Übergangsstadium ist vorrangig unter Statusgesichtspunkten bedeutsam, sind doch Jugendliche nicht in gleicher Weise relativ abhängig und rechtlos wie Kinder, aber auch längst noch nicht so unabhängig und rechtsmündig wie Erwachsene. In dieser Übergangsphase manifestiert sich in hierarchischer Form eine gesellschaftliche Spezialisierung in Zeiten der Vorbereitung, Einführung und Einbindung in geltende Ordnungsprinzipien und -modalitäten, welche ihrerseits auf angewachsene Komplexion und eine Dominanz ökonomischer Kalküle mit ihrer strikten Trennung von Arbeitsplatz, Öffentlichkeit und Privatheit rückführbar ist. In zwar individuellen, jedoch kollektiv bedeutsamen und in bestimmten Ähnlichkeiten wiederkehrenden Lernprozessen konstituiert sich Jugend mit spezifischen Persönlichkeitsmerkmalen und Gruppenphänomenen konkret-aktuell innerbiographisch vermittels prozessualer und verhältnismäßig offener Sozialisationsprozesse unter dem Einfluß zeittypisch dominanter gesellschaftlicher Erwartungshaltungen, Attributzuschreibungen und Entfaltungschancen materieller und immaterieller Art (im einzelnen vgl. dazu *Gillis* 1980).

— *Politik* ist die als ein abgesondertes Subsystem mit erheblicher Eigenständigkeit und Leitkompetenz institutionalistisch organisierte Regelung des sozialen Zusammenlebens und als solches eine Sphäre zunehmend abstrakter und universeller Allgemeinheit. Auch in ihr kommt zur Arbeitsteilung geratene Ausdifferenzierung zur Geltung. In ihren konkreten Ausprägungen ist sie vorherrschenden Imperativen des gesamtgesellschaftlichen Systems in Form von dominanten Wertprämissen, Problemvorgaben, Handlungsmaximen und Verfahrenstechniken unterworfen. Denen verhilft sie zugleich zur Durchsetzung, indem sie mehr und mehr sowie beständig intensiver alle Lebenswelten erfaßt und bürokratischen Regelungen in einer allmählich total verwalteten Welt subsumiert. Für ihre konkret-aktuelle Ausgestaltung und Reproduktion ist Politik auf systemgerecht sozialisierte Staatsbürger angewiesen. Auf deren Lernprozesse wirkt sie lebenslänglich, mit teilweise besonderer Art jedoch vor allem in Kindheit und Jugend, ein. Im Kontext allgemeinen sozialen Wandels, sei er vordergründig oder strukturell, verändert sich auch die Beschaffenheit der Politik. Als ein subjektiver Faktor sind dabei Persönlichkeitsdispositionen auf Staatsbürger-Seite nicht unwichtig, die in Sozialisationsprozessen erworben werden. Deren Gebrochenheit gegenüber vorrangigen Makrofaktoren auf Meso- und Mikroebene verbürgt immerhin eine gewisse Dynamik. Sie begünstigt einerseits faktisch derzeit Sinntradierung und ggf. noch -erschließung, könnte aber andererseits als Chance für Sinnkonstitution eine weitere Totalisierung des gesellschaftlich-politischen Ganzen bedeuten (vgl. *Arzberger* 1982).

Realiter vorfindliche Abweichungen davon sind nicht etwa diejenigen einer Entfernung zwischen empirischen Gegebenheiten und Idealtypus, sondern in einer noch größeren Entwickeltheit, Anreicherung und Ausdifferenzierung der skizzierten Grundstruktur zu suchen. Unabhängig davon ist Politik immer ein Inhalt, Ort und Mechanismus im Sozialisationsprozeß auf dem Wege zum und im Jugendalter, und ist Jugend ein Thema, eine Adressatengruppe und eine Konstitutionsbedingung für Politik. Mit der (partiell politisch bedingten) Verlängerung des Übergangsstadiums Jugend und der Expansion (der im Modernisierungssinne jüngeren) Regelungsorganisation Politik ist es vermacht, daß der Abhängigkeitsstatus der Jugend immer weniger primär durch ein ökonomisch akzentuiertes Generationengefälle definiert und intergenerationell vermittelt wird. Vielmehr wird er zunehmend als eine subtile Art von Gehorsamkeitsbeziehung zum politisch-gesellschaftlichen Gesamtsystem etabliert sowie entsprechend der anwachsenden Abstraktion auf dem Wege apersonaler und/oder auf die eigene Altersgruppe fixierter Kommunikation sozialisiert (Materialien dazu bei *Claußen/Wasmund* 1982, S. 104ff.; *Friebel* u.a. 1979; *Kohr* u.a. 1983, S. 9ff.; *Preuß-Lausitz* u.a. 1983, S. 29ff.). Der Strukturwandel im Rahmen gesellschaftlichen Wandels (siehe z.B. *Hornstein* 1985) läßt denn auch unter seinen Oberflächenphänomenen, die mit dem Hinweis auf die Instabilität von Einstellungsprofilen und Wertoptionen (etwa von bei *Does* 1977, *Fend/Prester* 1985) allzu leicht nur vordergründig interpretierbar sind, zweierlei erkennen: Erstens daß innerhalb jugendlicher Gesamtsubjektivität mit generationstypischen Merkmalen der Komplex **politischer Persönlichkeit** tendenziell zunimmt, und zweitens daß ein Trend zur Expression von Entfremdung gegenüber einer real von den Jugendlichen abgekoppelten Politik an Bedeutung gewinnt (vgl. *Fogt* 1982).

Ist *Jugend als Protestgeneration* heute gleichsam ein Signum der Epoche (wie es sich u.a. in staatspolitischen Analysen kundtut; vgl. *Böhr/Busch* 1984, *Bundeszentrale* 1983b), so wird damit zwar nicht die Gesamtpopulation identifiziert, durchaus aber ein virulent zu nennendes Basisproblem berührt. Im **Jugendprotest** (vgl. *Brusten/Malinowski* 1983, S. 154ff.; *Franke* 1985, S. 77ff.; *Wehling* 1982, S. 101ff.) ist nämlich bloßer **Generationenkonflikt** längst schon zurückgedrängt (siehe *Fischer* u.a. 1985) und ein Indikator für eine keineswegs unerhebliche Krise politischer Legitimation gegeben. Sie ruht ihrerseits auf einer Krise von Grundpfeilern der Gesamtgesellschaft (vgl. auch Behr 1982). Nur scheinbar ist der — in seinen zahlreichen Variationen ausdrücklich politisch gemeinte oder ungewollt politisch relevante — Jugendprotest ein wirksamer Widerspruch zu der mit der behaupteten Gehorsamkeitsbeziehung implizierten Anpassungsfunktion der allgemeinen (generelle Aspekte der jugendlichen Persönlichkeitsstruktur tangierenden) und politischen (die Politik thematisierenden und die abstrakt-universelle Herrschaft vermittelnden) Sozialisation. Denn seinem Umfang, seinen Verästelungen, seiner überwiegenden Qualität und seiner Kontrollierbarkeit durch das etablierte Herrschaftsgefüge nach bleibt er — zumindest, soweit abschätzbar, derzeit noch —

ventil- und alibihaft systemimmanent und höchstens potentiell systemgefährdend, weil er einerseits beständig neutralisiert wird und andererseits teilweise unkalkulierbar ist. In seiner Qualität als Ausdruck von Entfremdung jedoch ist er, gemeinsam mit anderen Entfremdungssymptomen, die sich nicht protestierend entladen und noch weniger systemgefährdend sind, allerdings bereits ein möglicher Fingerzeig auf eine durch Angleichung von Sozialisationsmodalitäten mit der Funktion von Differenzverwischungen verbürgte langfristige Transzendenz des Phänomens Jugend selbst. Es ist dies eines, das sich offenkundig nicht nur als individual-biographisches gruppenbildendes Übergangsstadium, sondern als ein nur übergangsweise soziales Gebilde einer Gesellschaft im Übergang von der (Spät-)Moderne zur **Postmoderne** erweist (siehe auch *Roth* 1983 und *Hornstein* 1985, besonders S. 332f., mit ihren freilich skeptischeren und/oder moderateren Einschätzungen). Für eine allmähliche Einebnung des Generationengefälles, die im entwickelten Kapitalismus tendenziell auch einer Nivellierung von Persönlichkeitsqualitäten nahekommt, spricht wenigstens dreierlei: (1) die zunehmende Infantilisierung auch der Erwachsenenwelt vermittels der entmündigenden Sozialisationsmechanismen industrialisierter Kultur, (2) die Entzauberung von Kindheit und Jugend durch frühzeitige Initiation in selbst die brutalsten und nicht einmal mit Neugierverhalten nachgefragten Lebensrituale der Erwachsenenwelt sowie (3) eine wachsende Zahl von generationenunabhängigen Ausgrenzungen aus dem System bei gleichzeitiger intergenerationeller Universalisierung von Bewußtseins-, Verhaltens- und Selbstdarstellungsweisen in einer Gesellschaft, welche eine rasche Folge von Modetrends mit fetischisierter vordergründiger Jugendlichkeit ineins setzt und ihnen alle Altersgruppen unterwirft (zu einigen historischen und international vergleichenden Aspekten siehe die Beiträge zu *Dowe* 1986).

Dieser Tendenz entspricht es, wenn im politischen **Jugendprotest**, dem trotz aller Integrations- oder Neutralisierungsbemühungen des Systems eine gewisse innovative Kraft als Unruheherd und Indikator für unbefriedigte Bedürfnisse (vgl. *Friebel* u.a. 1979 sowie *Schulze* 1976) nicht abgesprochen werden kann, zunehmend nicht primär jugendspezifische Probleme (z.B. des Aufbegehrens gegen Ältere, des Einklagens altersgemäßer Lebensformen und der Beanspruchung von Partizipationsanteilen), sondern altersgruppenübergreifende bis globale Basisprobleme (des Umweltschutzes, der Friedenssicherung, der Alltagshumanität und Gerechtigkeit) ihr Artikulationsmedium finden (vgl. *Fischer* u.a. 1985). Insofern gibt es offenkundig eine — freilich keineswegs als mathematische Gleichung beschreibbare — Dialektik der Abstraktion und Universalisierung des verdinglichenden Allgemeinen einerseits sowie der Entkonkretisierung und Generalisierung des rudimentär-rebellischen Besonderen andererseits. Der Übergang zur **Postmoderne** läßt exemplarisch dadurch gleichzeitig verhängnisvolle Zukunftsgefahren (Zuspitzung der Katastrophendrohungen der Moderne) und Möglichkeiten ihrer Bändigung bzw. zunächst nur das Insistieren darauf als ein Vorgriff auf die ihm abtrotzbaren Chancen erkennen. Mit ihnen scheint weitere gesellschaftliche Differenzierung vorgezeichnet und doch auch strukturierbar. Sichtbar wird das v.a. an Konvergenzerscheinungen der politischen Sozialisation Jugendlicher in Ost und West (vgl. *Claußen* 1989 a, 1989 b). Zusammen mit der Universalisierung spätmoderner Lebensbedingungen universalisieren sich auch Individualisierungsphänomene (siehe *Heitmeyer/Jacobi* 1991); sie machen sogar Umbrüche wie z.B. unlängst in der DDR erklärlich (siehe *Lemke* 1991).

3 Politische Sozialisation Jugendlicher: Tendenzen und Potenzen komplexer Lernprozesse

Die spezifisch **politische Sozialisation** Jugendlicher umfaßt sowohl den politikbezogenen Lernprozeß, welcher einzelne Heranwachsende als individuelle Persönlichkeiten und Angehörige einer **politischen Generation** konstituiert, als auch den politikbezogenen Lernprozeß während des Verweilens im Jugendalter selbst. Die dazu vorliegenden sozialwissenschaftlichen Untersuchungsbefunde und Theoriebausteine zeichnen ein eher verwirrendes Bild, als daß sie hinreichend verläßliche Auskünfte über die Genese, variantenreiche Erscheinungsweise, künftige Entwicklung und sozio-politische Konsequenz des Phänomens Jugend und seiner Hintergründe gestatten. *Zum einen* liegt das gewiß am wissenschafts-politischen Stellenwert der Jugendforschung (siehe im einzelnen *Baethge* u.a. 1983; außerdem: *Heitmeyer* 1986) sowie an der partiell methodischen Unzulänglichkeit und weitgehenden Inkompatibilität divergierender Forschungsansätze, unter denen noch immer demoskopisch akzentuierte empirisch-analytische Momentaufnahmen und Theorien von kürzester Reichweite dominieren und erst allmählich anspruchsvollere Verquickungen von multifaktorellen quantitativen Erhebungen mit sensibel ausdifferenzierten qualitativen Analysen vor dem gelegentlichen Hintergrund umsichtiger gesellschaftstheoretischer Totaldeutungen an Einfluß gewinnen (siehe dazu auch generell bei *Claußen/Wasmund* 1982, S. 1ff. sowie als Bezugssystem die einschlägigen Beiträge zu *Hurrelmann/Ulich* 1983). *Zum anderen* ist das aber wohl auch darauf zurückzuführen, daß der Untersuchungsgegenstand selbst überaus sperrig und widerspruchsvoll ist, so daß sich allein schon von daher kein einheitlicher Gesamtbefund über die politische Befindlichkeit der Jugend erwarten läßt.

Mit einiger Plausibilität, wenngleich angesichts konkurrierender Erkenntnis- und Handlungsinteressen durchaus nicht unstrittig, lassen sich dennoch beachtenswerte Auffälligkeiten verzeichnen und einschätzen. Von ihnen können *Aufschlüsse über das Verhältnis von Jugend und Politik* erwartet werden:

— **Politische Sozialisation** im Kindes-, Jugend- und Erwachsenenalter lassen sich nicht streng voneinander abgrenzen (vgl. *Asmus* 1983, *Hainke* 1981, *Schmitt* 1979/9, *Lemke* 1991 und ergänzend *Claußen* 1984a). Prinzipiell erweist sich die Entwicklung **politischer Persönlichkeit** als ein lebenslänglicher und unabschließbarer Vorgang. Umbrüche von Lebenssituationen, Krisenerlebnisse und Katastrophenerfahrungen bergen dabei, wenn sie nicht total überfordert sind und an Möglichkeiten produktiver Bewältigung geknüpft werden, etliche Chancen für Umkehr- und Distanzbewegungen, Verhaltensweisen des Suchens und der Neuorientierung sowie Mobilisierung von Aktivität und Selbstverantwortung. Insofern böte das Jugendalter mit seinen sozio-biologischen Besonderheiten in einer Zeit latenter und manifester Dauerschrecknisse durchaus Gelegenheiten für eine tiefgreifende Umstrukturierung des Profils politischer Persönlichkeit als Abkehr von den Prägungen der **Kindheit** und Verweigerung vorgegebenen Erwachsenseins. Faktisch ist das allerdings überwiegend nicht so. Denn in der Regel sind Jugendliche weitgehend allein gelassen und unzureichend ausgerüstet, um den machtvollen nachwirkenden Kindheitserlebnissen einerseits und verlockenden vorverlagerten Erwachsenenerwartungen andererseits sich entziehen zu können. Der defizitäre Charakter von Sozialisationsbereichen trägt deshalb dazu bei, daß politische Sozialisation insgesamt zumeist in der Kindheit prädeterminiert wird, langfristig stabil bleibt und akkumulativ-bekräftigend zustande kommt. In erster Linie ist davon die Grundstruktur **politischer Persönlichkeit** betroffen, während simple Einstellungsdimensionen durchaus variieren können — und jeweils als wechselnde Objekte der Struktur einverleibt werden (vgl. *Claußen* 1982).

— Während für die frühe **politische Sozialisation** im Kindesalter hauptsächlich die innerfamilialen Kontakte maßgeblich sind, gewinnt im Jugendalter die Interaktion in **Gleichaltrigen-Gruppen** an Bedeutung (siehe bei *Hurrelmann* 1983, S. 443ff.), welche bei Erwachsenen durch innterbetriebliche Arbeitsplatzerfahrungen substituiert wird (vgl. *Harten* 1980). Alle diese Sozialisationsfelder sind jedoch durch einen zunehmenden Verlust an inhaltlich gehaltvoller personaler Kommunikation mit ihrem Beitrag zur persönlichkeitsrelevanten Konfliktverarbeitung gekennzeichnet und werden immer mehr überlagert durch die engmaschig-gleichförmige massenmediale Kommunikation von bewußtseinsmanipulierender integrativ-destrukturierender Qualität. Die Folge davon sind Subjektivitätseinbußen vermittels einer Beschädigung oder neuerdings vorrangigen Verunmöglichung des Identitätsaufbaus. Daher dominiert auch unter Jugendlichen der Typus des autoritären Sozialcharakters klassischer (verklemmter Untertan) sowie zunehmend modernisierter Prägung (indifferent-lockerer Konsumbürger) mit den wesensmäßig gleichbleibenden Eigenschaften der Konfliktscheu, Ich-Schwäche, Mitläuferneigung, Irrationalismusbereitschaft und Realitätsblindheit und einem Hang zur Selbstverleugnung in Kollektiven (siehe *Ziehe* 1984 sowie *Fuchs/Zinnecker* 1985, bei *Preuß-Lausitz* 1983, S. 88ff., bei *Franke* 1985, S. 201ff., bei *Kohr* u.a. 1983, S. 61ff., *Lederer* 1983 und *Trescher* 1981). Die Frage seiner Existenz ist nicht die eines Ja oder Nein, sondern eines Mehr oder Weniger. Die Erscheinungsformen reichen von der übergewichtigen Apathie mit Defiziten an politischer Verantwortung und politischem Engagement über vereinzelte terroristische Verzweiflungstaten mit unverantwortungsbewußtem Hyperengagement und -aktivismus oder wiederkehrende selbstausbeuterisch-systemimmanente Beteiligung mit gutwillig-naivem politischen Engagement und Verantwortungsgefühl bis zu relativ vielfältiger Protestartikulation mit widerspruchsvollem Engagement- und Verantwortungsgebahren (siehe ergänzend bei *Preuß-Lausitz* u.a. 1983, S. 196ff.; außerdem siehe *Noelle-Neumann/Ring* 1984, *Paul/Schoßig* 1979 und bei *Franke* 1985, S. 301ff., außerdem: *Jantzen* 1987 und *Dörre* 1987).

— In thematischer Hinsicht durchmischen sich im Prozeß der **politischen Sozialisation** Marginalisierung oder gar Verteufelung des Politischen schlechthin einerseits und politische Halbbildung andererseits auf der Grundlage von Angstbesetztheit, Theoriefeindlichkeit, Zynismus, Ideologisierung und opportunistischem Instrumentalismus. Es kann daher nicht wunder nehmen, daß unter Jugendlichen erhebliche Defizite bezüglich politischen Wissens, gesellschaftstheoretischer Erklärung, des Denkens in Zusammenhängen, der Motiviertheit und der Wertesynthese feststellbar sind (vgl. Befunde von *Jaide* u.a. 1970 über *Jennings/Jansen* 1976, *Magenheim* u.a. 1981; *Schmidt* 1980, S. 169ff., bis *Jaide* u.a. 1982; *Kohr* u.a. 1983; *Longchamp* 1983; *Schmidtchen/Uehlinger* 1983 und *Wasmund* 1984). Sie erweisen sich oftmals als besonders verhärtet, wenn es an allgemeinen und besonderen Zukunftsperspektiven mangelt und wenn die materielle Lebenssituation durch Überfluß oder Existenzgefährdung bedrohlich ist (siehe *Heitmeyer* 1990 und *Harten* 1980). Während bei Apathie- und Terrorismusneigung mit ihrer Aggression nach innen und außen Unkenntnis oder einseitig verdrehte Teilkenntnis im Vordergrund steht, machen den systemimmanent Partizipierenden funktionalistisch verkürzter Kenntnisreichtum und den Protestler oftmals partikularistisch ausgewählte Kenntnisse aus. All das kulminiert in einem **politischen Alltagsbewußtsein,** welches die in früheren zumeist familialen Lebenssituationen für tauglich befundenen Handlungs- und Deutungsmuster unmittelbar für die Betrachtung der Politik vereinnahmt und naturhaft-ontologische, personalistische, utopistische und fossilphilosophische Gedankenstrukturen oder Gesellschaftsbilder mobilisert (vgl. *Körner* 1978 sowie etliche Beiträge zu *Wasmund* 1982). Mit seiner Hilfe bleiben Wesen und Erscheinung des Politischen in welt-gesellschaftlichen Konstellationen normalerweise undurchschaut und affirmativ bekräftigt.

Alles in allem reproduziert sich im Prozeß der **politischen Sozialisation** *Jugendlicher das* **politische System** *hinsichtlich seiner tendenziellen Verkrustung von Herrschaftsstrukturen. Im Hinblick freilich auf demokratische Selbstansprüche und weitergehende Demokratisierungsbestrebungen ist die politische Sozialisation indes defizitär.* Ablesbar ist das auch daran, daß die Mehrheit der Jugendlichen konventionalistisch orientiert ist (vgl. *Voss/Friedrich* 1986) oder indifferent-passiv sich abzeichnende Trends mitzumachen sich anschickt, an denen auch im Falle konträrer Zielsetzungen Mitläufertum und Fremdverfügung konventionalistisch bleiben (siehe etwa *Fendt/Prester* 1985 sowie bei *Döbert* u.a. 1980, S. 272ff., und *Stiksrud* 1984). Insofern darf gemutmaßt werden, daß auch im unkonventionalistischen Aufbegehren, das phasenweise an Intensität und Häufigkeit zunimmt, durchaus noch kein Ausbruch aus anpassungsorientierter politischer Sozialisation erfolgt oder gar alternative Zukunftsmodelle vorgelebt werden. In ihm drückt sich bestenfalls vermittels mehr oder minder zufällig sensibilisierter Jugend aus, daß die politisch-gesellschaftliche Ordnung, trotz der von ihr ausgeübten Herrschaftsgewalt unglaubwürdig und brüchig geworden ist, von ihr selbst zwar hervorgerufene, aber nicht mehr oder noch nicht zu befriedigende Bedürfnisse unbeachtet läßt — und keinesfalls absolut sich zu reproduzieren vermag, solange die von ihr transportierte gesellschaftliche Totalität nicht vollends total ist. Das in Anpassung und Widerstand gleichermaßen gestörte Verhältnis einer gestörten und störenden Jugend zur gestörten und latent auch zerstörerischen Politik verweist daher der Tendenz nach auf Regression, Ambivalenz und Stabilität des status quo ebenso wie auf minimale Chancen für eine produktive Prosperität des Staatswesens und seiner Bürger. Die Komplexität derjenigen Lernprozesse, die sich zu den vorläufigen Ergebnissen **politischer Sozialisation** verdichten, läßt diesbezüglich naiven Optimismus nicht zu, ist aber offenkundig doch auch so beschaffen, daß intervenierende Varianten aufklärerisch-identitätsstiftender, kritisch-vernunftzentrierter und handlungsorientiert-kompetenzerweiternder Art, wie sie allen Konzepten anspruchsvoller **politischer Bildung** als Persönlichkeitsstrukturen differenzierende Korrektiv- und Kompensationssozialisation eigen sind (siehe besonders *Bundeszentrale* 1983a, S. 125ff. sowie *Claußen* 1984b, 1985 und *Essig/Matzen* 1986; vgl. auch *Hafeneger* 1985; *Franke* 1985, S. 277ff.) therapeutisch und prophylaktisch aussichtsreich genannt werden können.

Gerade gesellschaftskritisch orientierte **Biographieforschung** hat vereinzelt und paradigmatisch während der zurückliegenden Jahre den Blick dafür schärfen können, daß mit Hilfe behutsam angeleiteter Vorgänge intensiver und extensiver (Selbst-)Reflexion in anregungsreicher Kommunikationsatmosphäre sowie unter Mobilisierung von wissenschaftlichen Erkenntnissen und Verfahrensweisen in der Verfügungsgewalt der Lernenden Verkrustungen des politischen Bewußtseins und Verhaltens aufgelöst werden können. *Unter solchen Bedingungen, deren Zugänge für alle oder wenigstens viele allerdings erst noch politisch erkämpft sein wollen, muß die Grundlegung eines mündigen Staatsbürgers im Kindes- und Jugendalter, der freilich ein Vorschuß auf mündiges Erwachsensein geschuldet ist, durchaus nicht länger Kontrafaktum sein.* Im einzelnen hat sich dabei bereits gezeigt, daß weibliche Jugendliche, die, durch alle Schichten der Bevölkerung hindurch, an welche die Phänotypen in jeweils spezifischer Weise gebunden sind (siehe als Illustration *Tippelt* 1985), eigentümlich doppelt unterprivilegiert sind, schneller und gründlicher den Weg der allmählichen **Emanzipation** zu gehen imstande sind als männliche Jugendliche (Materialien dazu bei *Kuhn/Appenzeller* 1985). Die instrumentalistisch-technologische Welt blockiert — zumal in ihrer kapitalistischen Variante — offenkundig nicht allein allgemein-menschliche Potenzen, sondern in den ihr innewohnenden patriarchalischen Strukturen die für eine Erneuerung der Politik nicht zu verachtende Spezifika weiblichen Vermögens; dies allerdings eben auch nur relativ (zu Varianten siehe *Claußen* 1989 a, 1989 b).

4 Jugend als (marginalisiertes?) Politikum, (affirmative?) Jugendpolitik und die (vordergründige?) Jugendlichkeit der Politiker — Provokative Merkposten für die sozialwissenschaftliche Jugendforschung

In mehrfacher und durchaus ambivalenter Hinsicht ist Jugend ein hochgradiges Politikum. Zum einen sind Staatswesen und nicht nur das umfassende **politische System** im Interesse eigener Herrschaftsstabilisierung von ihrer Zukunftsperspektive her auf Akzeptanz und Unterstützung insbesondere durch die Heranwachsenden angewiesen — der Stabilisierung einer Herrschaft freilich, die gerade darin sich ausdrückt, daß Jugendlichen, mit besonderen Akzenten wie der Mehrheit der Bevölkerung, zahlreiche wirksame Selbst- und Mitbestimmungsmöglichkeiten bei zunehmender Bedrohung vorenthalten werden. Zum anderen berauben sich Staatswesen und nicht nur das umfassende **politische System** wegen ihrer verkrusteten Eigendynamik längerfristig der Gefolgschaft von Jugendlichen und mobilisieren sogar Abwehrhaltungen unkalkulierbaren Umfangs. Denn in einer sich totalisierenden Gesellschaft, in der durch Verdinglichung sogar Freiheit zu einem Repressionsinstrument gerät, bietet die Herrschaft, der Jugendliche als Statusniedere, Ausgegrenzte und historisch wie gesellschaftlich Marginalisierte unterworfen sind, mit ihrem Übermaß an prinzipiell durchaus systemkonformer Apathieerzeugung auch immer weniger Möglichkeiten der Rekrutierung funktionalistisch verwertbarer Herrschaftseliten mit entsprechenden instrumentellen Fertigkeiten — und führt eben diese Herrschaft zunehmend zu ihrer Inflexibilität der politischen Entscheidungsträger und Institutionen, welche die zugleich selbst induzierte Unruhe und Unzufriedenheit mit ihrem mehr oder weniger moderaten postulativen Aufbegehren speziell mancher Jugendlicher nicht mehr aufzunehmen, produktiv und staatsbürgergerecht zu nutzen imstande ist. Mitnichten ist damit das Ende eines fragwürdigen politischen Systems vorhersagbar, welches überdies in seinen eigenen Erscheinungs- und Ausdrucksformen Selbstansprüche und bessere Möglichkeiten verrät. Denn es sind Rebellionsvorhut und -rest qualitativ wie quantitativ allein überhaupt keine verläßlichen Indikatoren für merkliche Besserung; und das keineswegs schon ausgeschöpfte, jedoch mit zunehmender Erbarmungslosigkeit zur Anwendung gebrachte Gewaltmonopol in Händen der Entscheidungsträger des politischen Systems vermag mit Legalität und ungeahndet bleibendem gelegentlichen Legalitätsbruch durchaus auf unbestimmte Dauer unbewußte und bewußte illegitime Herrschaft durchzusetzen. *Zur Abwehr einer autoritär-chauvinistischen Politik in der oder gegen die Demokratie wird es daher mit einer intergenerationellen Solidarität (d.h. die Grenzen zwischen Kindheit, Jugend und Erwachsenenalter verwischenden, die ihnen angehörenden Subjekte aber nachhaltig menschlich würdigenden Handlungsmaxime und -perspektive) darauf ankommen müssen, generell die Entfremdung zwischen den Menschen und der Politik (sowie die durch sie vermittelte Entfremdung zwischen Menschen und sozialer oder natürlicher Umwelt) durch Wiederherstellung von Öffentlichkeit, bessere Kontrolle repräsentativer Demokratie und Ausweitung von Möglichkeiten fundamentaler Demokratie aufzuheben* (vgl. *Narr* 1979/9, außerdem siehe *Heitmeyer/Jacobi* 1991 sowie *Heitmeyer* u.a. 1989).

Ein dergestalt grundlegend neubestimmbares Verhältnis zwischen Politik und Staatsbürger(inne)n tangiert die Jugend in zweifacher Weise. Kurskorrektur bezüglich der Wertoptionen für politisches Handeln, Verbesserung der Infrastruktur politischer Kommunikation und Rückkopplung zwischen aktiv Beteiligten und passiv Betroffenen sowie Begünstigung und Verfeinerung öffentlicher Diskurse und Delegation von Verantwortung, in denen sich eine zur Lebensform, Bedürfnisgerechtigkeit und Problemadäquatheit geratene demokratische Politik ausdrücken könnte, nehmen nämlich erstens die Jugendlichen nicht länger aus von einer Teilhabe an der Bestimmung von Zielen, Inhalten und Formen der Gestaltung des weltweiten sozialen Zusammenlebens und gestehen ihnen doch zweitens auch für die Zeit ihrer notgedrungen eigentümlichen Phasenexistenz ein Leben nach eigenen Ansprüchen und übergangsweise-experimentellen Erfahrungsmöglichkeiten zu. Solch Ansinnen steht allerdings momentan in krassem Widerspruch zur herrschenden **Jugendpolitik**, die überwiegend noch gekennzeichnet ist von paternalistischer Disziplinierung, Beschwichtigung, Anbiederung und leider auch nicht zynismusfreier Verdrängung. Jugendpolitik heute greift in fataler Weise dem historischen Verschwinden von Jugend vor — in einer Weise nämlich, welche an die Stelle von Jugend durchaus keine angemessenere Lebensphase setzt und zugleich mit der Liquidation von Jugend als Abstraktum konkrete jugendliche Subjekte psychisch und physisch bedroht. *Zu überwinden ist deshalb eine im Hinblick auf die simple Herrschaftssicherung affirmative* **Jugendpolitik** *durch Verzicht auf jegliche Bindestrich-Politiken im Rahmen einer ökonomisch und ökologisch gleichermaßen durchdachten Alternative, die den Menschen mit seinen sinnlich-vitalen und produktiven Bedürfnissen in den Vordergrund stellt sowie die um seinetwillen zu gestaltenden Lebensumstände diskursiver Eignung statt mehrheitsbezogen-zweckrationalem Funktionskalkül unterwürft* (vgl. *Sarcinelli* 1984).

Eine solche, integral in ein Konzept humaner Lebenssicherung und -planung eingebundene **Jugendpolitik** ist, zumal unter den skizzierten Imperativen demokratischer

Lebensform, immer eine, die auch einer Jugendlichkeit von Politik zum Durchbruch verhelfen kann (siehe *Heitmeyer* u.a. 1989). Gemeint ist damit eine Innovation des institutionellen Gefüges und der materialen Bestimmung von Regelungs- oder Ordnungsentscheidungen. Sie hätte zwar von Jugendlichen, insofern sie kreativ nach neuen Wegen suchen, Denkanstöße geben, Fragen stellen, Impulse vermitteln und Ansprüche für die Zukunft anmelden, eine ganze Menge zu lernen (wobei die Auseinandersetzung wichtiger wäre als eine stupide technokratische Umsetzung von Ideenfragmenten), müßte gleichwohl aber nicht deswegen schon eine von Jugendlichen diktierte Politik unter Vernachlässigung der Interessen anderer Generationen sein. Vorfindliche (Jugend-)Politik ist davon jedoch noch immer weit entfernt. Auffällig ist demgegenüber ein weitgehend vordergründig bleibender Anstrich von Jugendlichkeit bei berufsmäßigen Politikern, der sich in äußerlichen Accessoires, allzu vertraulicher Hinwendung zum jugendlichen Publikum und einem Eintauchen in dekorativ gemeinte Jugendcliquen manifestiert. Derartige Mätzchen, zu denen zuweilen auch jene sich durch äußeren Druck nötigen lassen, die es eigentlich besser wissen müßten, sind jedoch abseits ihrer unmittelbaren Unwürde und Albernheit nur ein weiteres Indiz dafür, daß im Zeitalter zunehmender massenmedialer Kommunikation mit ihrer bunten und nichtssagenden Bildersprache, in direkter Konsequenz kapitalistischer Logik, die Verpackung wichtiger wird als das Produkt — und Politik, im Trend ihrer Abstraktion und Universalisierung, an Inhaltsarmut und -indifferenz zunimmt. *Jugendlich zu nennen wäre Politik erst dann, wenn sie sich die produktiven Momente von Jugend, nämlich ein hohes Maß an Lernfähigkeit und Lernbereitschaft, zu eigen machte und deswegen der Aktion die Reflexion vorausschickte und das Sachzwang-Denken durch adäquat zu nennende Konfliktbewältigung und Problemlösung substituierte* (siehe sowohl *Narr* 1979 als auch *Sarcinelli* 1984).

Auf das Verhältnis von Jugend und Politik konzentrierte Sozialforschung und interdisziplinäre sozialwissenschaftliche Theoriebildung kann und darf sich derartigen oder ähnlichen Überlegungen nicht verschließen. Kaum noch kann dem Trend entgegengewirkt werden, daß die politische Funktion von traditionellen Sozialisationsinstanzen zunehmend bedeutungsloser wird im Vergleich zur sich ausdehnenden Sozialisationsfunktion des **politischen Systems**. Es kommt deswegen darauf an, den materialen Kern des dabei inhaltlich zu spezifizierenden Politischen und seine materielle Basis nicht der Eigengesetzlichkeit von historisch gewordenen Strukturen mit ihrer Tendenz zur Liquidation der Menschheit zu überlassen. *Jugendforschung hätte in diesem Sinne eine dienende Funktion im Rahmen von Demokratisierungswissenschaft wahrzunehmen.* Ihre Aufklärungsleistungen muß sich auf mindestens folgende Felder erstrecken: (1) Herausarbeitung der besonderen Relevanz nationaler und internationaler politischer Systeme, Handlungsprogramme und Entscheidungs- bzw. Durchsetzungsprozesse für die gegenwärtige und zukünftige Lebenssituation von Jugendlichen unter besonderer Berücksichtigung ihrer psychischen Kosten im Sozialisationsprozeß; (2) Ermittlung konkreter Handlungsorte, Modalitäten und -chancen für die Geltendmachung legitimer typischer Interessen von Jugendlichen und/oder der von Jugendlichen nur in spezifischer Weise artikulierten allgemeinen Interessen von subjektiver und intersubjektiver existentieller Bedeutsamkeit unter Beachtung der Chancen für gewaltfreien Interessenausgleich und rationale Auseinandersetzung; (3) mit Sach- und Werturteilen bedachte analytische Betrachtungen zum Wechselverhältnis von Jugend und Politik mit dem Schwergewicht auf einer Kristallisation der für jugendliche Persönlichkeitsentwicklung produktiven Sozialisationswirkung politischer Ereignisse, Verhältnisse und Organisationsweisen einerseits sowie der die Prosperität des politisch-gesellschaftlichen Ganzen berührenden Stimulanz jugendlichen politischen Verhaltens andererseits.

Im Mittelpunkt müssen dabei Widerspruchsuntersuchungen der faktisch und potentiell realen Verhältnisse im politisch-gesellschaftlichen System auf Makro-, Meso- und Mikroebene stehen, welche die Hintergründe für verhängnisvolle Entwicklungslinien ebenso schonungslos aufdecken, wie sie auf verschüttete Möglichkeiten aufmerksam machen und auf deren Freilegung insistieren. Es bedarf dazu einer argumentativ bewährungsfähigen Parteilichkeit auf der Grundlage diskursiv legitimierter Wertprämissen, die sich letztlich, da kein Zweck alle Mittel heiligt, auch auf der Ebene forschungsmethodologischer Ethik spiegeln müssen. Denn eine vernünftige Vermittlung zwischen Jugend und Politik ist erst noch vorzubereiten und einer unbedachtsamen Integration der Jugend in das Systemganze vom Standpunkt emanzipatorischer Interessen vorzuziehen (siehe dazu kontrovers: *Schörken* 1980 und bei *Franke* 1985, S. 209ff.). Eine Garantie für das Ausbleiben von Irrtümern oder für eine kurzfristige Konsensfindung ist dadurch freilich keineswegs gegeben, und eine Elaboration — allerdings auf der Grundlage bereits existenter Vorleistungen — steht zumindest in vielen Einzelheiten noch aus. Als ausgemacht kann freilich gelten, daß herkömmlich empirisch-analytische bzw. systemfunktionalistische Forschung mit ihren deskriptiv- oder inferenzstatistischen Verfahren dazu gewiß allein und vielleicht grundsätzlich nicht geeignet ist. Im Hinblick auf eine zuverlässige Einschätzung von Rahmenbedingungen, Vermittlungsprozeduren und innerpersonalen Sedimentierungen politisch-gesellschaftlicher Existenz ist es nämlich wichtiger, in tiefenstrukturellen und intensiven **Fallstudien** das Augenmerk auf perspektivenreiche Details und Chancen für selbst geringste Abweichungen vom dominanten Schema der Verhältnisbildung zwischen Jugend und Politik zu richten als in repräsentativen Messungen vergleichsweise beliebigen Wirklichkeitsausschnitten die Gesetzmäßigkeit des Zusammenhangs von Einzelvariablen auf Erscheinungsebene abzulauschen. Schließlich wird eine aufklärungsorientiert-demokratiezentrierte Jugendforschung ihrer wissenschaftsdidaktischen Verantwortung besondere Aufmerksamkeit widmen müssen, damit ihre Bemühungen nicht zum Herrschaftswissen verkommen. Von ihr aus werden die Grenzen zur **politischen** (Jugend-)**Bildung** fließend und die Beratung öffentlicher wie privater Politikträger unter gesellschaftlicher Kontrolle vorzubereiten sein (vgl. *Heitmeyer* u.a. 1989, *Heitmeyer/Jacobi* 1991).

Literatur

Allerbeck, K.R./Hoag, W.J.: Jugend ohne Zukunft? Einstellungen, Umwelt, Lebensperspektiven. München/Zürich [3]1986

Arzberger, K.: Ausdifferenzierung des Staates und Differenzierungsprozesse im politischen System heute. In: Hondrich, K.O. (Hrsg.): Soziale Differenzierung. Langzeitanalysen zum Wandel von Politik, Arbeit und Familie. Frankfurt a.M./New York 1982, S. 72 - 128

Asmus, J.-J.: Politische Lernprozesse bei Kindern und Jugendlichen. Eine sozialisationstheoretische Begründung. Frankfurt a.M./New York 1983

Baethge, M. u.a.: Jugend und Krise — Krise aktueller Jugendforschung? Frankfurt a.M./New York 1983

Behr, W.: Jugendkrise und Jugendprotest. Stuttgart/Berlin/Köln/Mainz 1982

Böhr, C./Busch, E.: Politischer Protest und parlamentarische Bewältigung. Zu den Beratungen und Ergebnissen der Enquete-Kommission ‚Jugendprotest im demokratischen Staat'. Baden-Baden 1984
Brusten, M./Malinowski, P. (Hrsg.): Jugend — Ein soziales Problem? Theoretische Positionen, empirische Forschungen und kritische Analysen zu einer immer dringlicheren gesellschaftpolitischen Frage. Opladen 1983
Bundeszentrale für politische Bildung (Hrsg.): Politische Bildung mit Jugendlichen. Bonn 1983(a)
Bundeszentrale für politische Bildung (Hrsg.): Jugendprotest im demokratischen Staat. Bericht und Arbeitsmaterialien der Enquetekommission des Deutschen Bundestages. Bonn 1983(b)
Claußen, B.: Psycho-politische Aspekte des Jugendalters: Adoleszenzkrise und Identitätssuche. In: Wasmund 1982b, S. 28-51
Claußen, B.: Entwicklungen der politischen Sozialisation. Erforschung und Bedeutung für die Politische Bildung. In: aus politik und zeitgeschichte 33 (1984), H. 35/36, S. 29-42(a)
Claußen, B.: Konsequenzen des Jugendprotests für die Didaktik des sozialwissenschaftlichen Unterrichts. In: Sozialwissenschaftliche Informationen für Unterricht und Studium 13 (1984), H. 3, S. 47 - 53(b)
Claußen, B.: Hinführung der Jugend zu politischer Verantwortung und politischem Engagement — ein Vermittlungsproblem im demokratischen Staat. In: Franke 1985, S. 247-259
Claußen, B.: Steigt die Politisierung, verfällt die Loyalität gegenüber dem Staat? Zu einigen Entwicklungstendenzen im Verhältnis von Jugend und Demokratie unter Berücksichtigung intergenerationeller und internationaler Aspekte. In: Heitmeyer v.a. 1989, S. 95-112 (a)
Claußen, B. (Hrsg.): Politische Sozialisation Jugendlicher in Ost und West. Bonn 1989 (b)
Claußen, B./Wasmund, K. (Hrsg.): Handbuch der politischen Sozialisation. Braunschweig 1982
Döbert, R. u.a. (Hrsg.): Entwicklung des Ich. Königstein ^{2}1980
Dörre, K.: Die neuen Unberechenbaren. Wertewandel und neue Vergesellschaftungsformen der Jugend. In: Demokratische Erziehung 13 (1987), H. 1, S. 5-10
Does, K.-J.: Die Instabilität politischer Einstellungen Jugendlicher. Ein Problem politischer Sozialisation und politischer Sozialisationsforschung. Freiburg (Diss.) 1977
Dowe, D.: Jugendprotest und Generationenkonflikt in Europa im 20. Jahrhundert. Deutschland, England, Frankreich und Italien im Vergleich. Bonn 1986
Essig, P./Matzen, J.: Außerschulische politische Jugendbildung im gesellschaftlichen Wandlungsprozeß. Theoretische und praktische Aspekte der Entwicklung einer emanzipatorischen Perspektive. Frankfurt/M. 1986
Fend, H./Prester, H.G.: Jugend in den 70er und 80er Jahren: Wertwandel, Bewußtseinswandel und potentielle Arbeitslosigkeit. In: Zeitschrift für Sozialisationsforschung und Erziehungssoziologie 5 (1985), S. 43-70
Fischer, A. u.a.: Jugendliche und Erwachsene '85. Generationen im Vergleich. Bd. 1-5. Opladen 1985
Fogt, H.: Politische Generationen. Empirische Bedeutung und theoretisches Modell. Opladen 1982
Franke, K. (Hrsg.): Jugend, Politik und politische Bildung. Opladen 1985
Friebel, H. u.a.: Selbstorganisierte Jugendgruppen zwischen Partykultur und politischer Partizipation am Beispiel von Jugendzentren und Fußball-Fanclubs. Opladen 1979
Fuchs, W./Zinnecker, J.: Nachkriegsjugend und Jugend heute — Werkstattbericht aus einer laufenden Studie. In: Zeitschrift für Sozialisationsforschung und Entwicklungssoziologie 5 (1985), S. 5-28
Gillis, J.R.: Geschichte der Jugend. Weinheim/Basel 1980
Griese, H.M.: Jugendforschung zwischen Empirie, Hermeneutik und Gesellschaftstheorie. Einige methodologische Überlegungen. In: Loccumer Protokolle (1980), H. 7, S. 2-19
Hafeneger, B. (Hrsg.): Politisches Lernen in Jugendverbänden. Anregungen und Beispiele für Gruppenleiter, Bildungsreferenten, ehrenamtliche Mitarbeiter. Weinheim 1985
Hainke, A.: Politische Einstellungen und Lernprozesse bei Kindern und Jugendlichen. Neue amerikanische Beiträge zu einer Theorie der politischen Sozialisation. Tübingen 1971
Harten, H.-C.: Jugendarbeitslosigkeit und politische Sozialisation. In: Claußen, B. (Hrsg.): Politische Sozialisation in Theorie und Praxis. Beiträge zu einem demokratienotwendigen Lernfeld. München/Basel 1980, S. 201-223
Heitmeyer, W.: Darstellungen und Analysen zur Jugendsozialisation: nicht ohne Schwächen. In: Neue

Politische Literatur 31 (1986), Beih. 2, S. 99 - 111
Heitmeyer, W.: Rechtsextremistische Orientierungen bei Jugendlichen. Empirische Ergebnisse und Erklärungsmuster einer Untersuchung zur politischen Sozialisation. Weinheim / München [4]1990
Heitmeyer, W. / Jacobi, J. (Hrsg.): Politische Sozialisation und Individualisierung. Perspektiven und Chancen politischer Bildung. Weinheim / München 1991
Heitmeyer, W. u.a. (Hrsg.): Jugend — Staat — Gewalt. Politische Sozialisation von Jugendlichen, Jugendpolitik und politische Bildung. Weinheim / München 1989
Hornstein, W.: Jugendprobleme, Jugendforschung und politisches Handeln. Zum Stand sozialwissenschaftlicher Jugendforschung und zum Problem der Anwendung sozialwissenschaftlicher Erkenntnisse über Jugend in der politischen Praxis. In: aus politik und zeitgeschichte 31 (1982), H. 3, S. 3 - 37
Hornstein, W.: Jugend. Strukturwandel im gesellschaftlichen Wandlungsprozeß. In: Hradil, S. (Hrsg.): Sozialstruktur im Umbruch. Opladen 1985, S. 323 - 342
Hurrelmann, K. u.a.: Lebensphase Jugend. Eine Einführung in die sozialwissenschaftliche Jugendforschung. Weinheim/München 1985
Hurrelmann, K./Ulich, D. (Hrsg.): Handbuch der Sozialisationsforschung. Studienausg. Weinheim/ Basel 1983
Jaide, W. u.a.: Jugend und Demokratie. Politische Einstellungen der westdeutschen Jugend. München 1970
Jaide, W. u.a.: Achtzehnjährige — zwischen Reaktion und Rebellion. Politische Einstellungen und Aktivitäten Jugendlicher in der Bundesrepublik. Opladen [2]1982
Jantzen, W.: Persönlichkeitsentwicklung in Pubertät und Adoleszenz. In: Demokratische Erziehung 13 (1987), H. 1, S. 11 - 16
Jennings, M. K./Jansen, R.: Die Jugendlichen in der Bundesrepublik: Der Wunsch nach Veränderung und Meinungsvielfalt in der Politik. Der Einfluß von Sozialstruktur und Familie. In: Politische Vierteljahresschrift 17 (1976), S. 317 - 343
Körner, J.: Politische Sozialisation: Rückzug in die Nischen magischen Glücks. Familienzentrierte Jugendliche im Widerspruch ihrer Erfahrungen. Eine Befragung. In: päd. extra 6 (1978), H. 11, S. 28 - 34
Kohr, H.-U. u.a. (Hrsg.): Reproduktion von Gesellschaft. Jugend — Partizipation — Politische Bildung. Weinheim/Basel 1983
Kuhn, A./Appenzeller, D. (Hrsg.): Mehrheit ohne Macht. Frauen in der Bundesrepublik Deutschland. Düsseldorf 1985
Lederer, G.: Jugend und Autorität. Über den Einstellungswandel zum Autoritarismus in der Bundesrepublik Deutschland und den USA. Opladen 1983
Lemke, C.: Die Ursachen des Umbruchs 1989. Politische Sozialisation in der ehemaligen DDR. Opladen 1991
Longchamp, C.: Politische Mündigkeit bei Jugendlichen. Bern, 1983
Magenheim, S. u.a.: Bedingungen politischer und beruflicher Sozialisation von jugendlichen Erwerbstätigen. Empirische Untersuchung zur Interdependenz von Sozialisationsfaktoren. Weinheim/Basel 1981
Narr, W.-D.: Jugend — ein Erwachsenenproblem. Versuch, die verstopften Kanäle der Demokratie zu öffnen! In: Richter, C. (Hrsg.): Die überflüssige Generation. Jugend zwischen Apathie und Aggression. Königstein 1979, S. 96 - 113
Noelle-Neumann, E./Ring, E.: Das Extremismus-Potential unter jungen Leuten in der Bundesrepublik Deutschland 1984. Bonn 1984
Paul, G./Schoßig, B. (Hrsg.): Jugend und Neofaschismus. Provokation oder Identifikation? Frankfurt/M. 1979
Preuß-Lausitz, U. u.a.: Kriegskinder — Konsumkinder — Krisenkinder. Zur Sozialisationsgeschichte seit dem Zweiten Weltkrieg. Weinheim/Basel 1983
Roth, L.: Die Erfindung des Jugendlichen. München 1983
Sarcinelli, U.: Politikvermittlung in der Demokratie. Zwischen kommunikativer Sozialtechnik und Bildungsauftrag. In: aus politik und zeitgeschichte 33 (1984), H. 50, S. 3 - 13

Schäfers, B. (Hrsg.): Jugend in der Gegenwartsgesellschaft. Opladen 1980

Schmidtchen, G./Uehlinger, H.-M.: Jugend und Staat. Übergänge von der Bürger-Aktivität zur Illegalität. Eine empirische Untersuchung zur Sozialpsychologie der Demokratie. In: Matz, U. u.a.: Gewalt und Legitimität. Opladen 1983, S. 106-437

Schmitt, G.: Sozialisationsfelder des politischen Lernens in Kindheit und Jugend. Konzepte und Ergebnisse amerikanischer und deutscher Studien zur politischen Sozialisation. Bonn (Diss.) 1979

Schörken, R. (Hrsg.): Politische Integration der Jugend. Stuttgart 1980

Schulze, G.: Jugend und politischer Wandel. Zur gesellschaftlichen Bedeutung politischen Lernens. München 1976

Stiksrud, A.: Jugend und Werte. Aspekte einer Politischen Psychologie des Jugendalters. Weinheim/Basel 1984

Tippelt, R.: Jugend und Region. Sozialleben, Freizeit und Politik auf dem Lande und in großstädtischen Wohngebieten. In: aus politik und zeitgeschichte 34 (1985), H. 38, S. 3-15

Trescher, H.G.: Anpassung an den autoritären Charakter? In: Häsing, H. u.a. (Hrsg.): Narziß. Ein neuer Sozialisationstypus? Bensheim [4]1981, S. 87-99

Voss, R.v./Friedrich, K. (Hrsg.): Die Jungwähler. Was sie denken und wie sie entscheiden. Stuttgart 1986

Wasmund, K. (Hrsg.): Jugendliche — Neue Bewußtseinsformen und politische Verhaltensweisen. Stuttgart 1982

Wasmund, K.: Politische Orientierungen Jugendlicher. Ergebnisse neuerer empirischer Untersuchungen. In: Sozialwissenschaftliche Informationen für Unterricht und Studium 13 (1984), H. 3, S. 5-13

Wehling, H.-G. (Red.): Jugend — Jugendprobleme — Jugendprotest. Stuttgart/Berlin/Köln/Mainz 1982

Ziehe, T.: Pubertät und Narzißmus. Sind Jugendliche entpolitisiert? Neuausg. Frankfurt/Köln 1984

Andreas Feige

Jugend und Religion

1 Zur religionssoziologischen Perspektive des Verhältnisses von Jugend zu Religiosität und Religion

Soziologisch ist die Beschreibung von ‚Jugend und Religion' abhängig von der allgemeineren Problemkonstellation ‚Religion und Gesellschaft'. Das mit diesem Begriffsverbund gemeinte Phänomen gilt heute sowohl lebensweltlich als auch in wissenschaftlicher Perspektive als *problematisch:* Der Begriff der Religion, so resümiert F.-X. *Kaufmann* den religionssoziologischen Diskussionsstand, sei im Verlauf der Entwicklung neuzeitlicher Gesellschaften westlichen Typs zunehmend *uneindeutig(er)* geworden. Auf der empirischen Ebene zeige sich ein vielschichtiges, „Unabgeschlossenheit" signalisierendes Erscheinungsbild religiöser Phänomene. Das Fazit seiner an Durkheim, Parsons und Luckmann angelehnten funktionstheoretischen Bestimmung von Religion ist, daß es „offenkundig keine [alleinige] Instanz und keinen zentralen Ideenkomplex (gibt), die imstande wären, alle ... Funktionen zugleich zu erfüllen; *in diesem Sinne* gibt es ‚Religion' nicht mehr." (*Kaufmann* 1989, eckige Klammer und zweites Kursiv von A.F.) Für Bemühungen in der Religionssoziologie, die Frage nach der ‚Religion' und ihren sozialen Formgestalten von einem *vorgängigen* Einfluß der existierenden Institution ‚Kirche' freizuhalten ohne ihn zu negieren, steht eine konsensfähige religionssoziologisch-theoretisch übergreifende Konzeption aus. Daher gibt es auch keinen theoretisch angeleiteten empirischen ‚Kataster', der zweifelsfrei zwischen gleitend ineinander übergehenden Typen *institutionell* getragener und je *individuell*-‚synkretistisch' organisierter Religionspraxis zu unterscheiden und sie zugleich quantitativ und qualitativ aufeinander zu beziehen vermöchte. Das gilt auch für den Analysebereich ‚Jugend und Religion'.

Trotz allen popularpublizistischen sowie jugend- und religionssoziologischen Interesses für ‚ungewöhnliche' Formen und Themen religiöser Praktiken Jugendlicher ist empirisch erweisbar: Sie dominieren quantitativ wie qualitativ keineswegs das Bewußtsein und die Praxis der weit überwiegenden Mehrheit. Allerdings hat im publizistischen Windschatten dieses Interesses am Spektakulären im Bewußtseins- und Verhaltensraum, der auf ‚die Kirche' hin orientiert ist, bei Jugendlichen eine Entwicklung zum freimütig geäußerten Anspruch auf religiöse Individualität im institutionellen Rahmen stattgefunden. Neben den medienträchtigen Erscheinungen bei Minderheiten darf auch sie jugendsoziologische Aufmerksamkeit beanspruchen, denn sie ist für den — durch den steten Neuzugang der Generationen (K. *Mannheim*) auch für die breite Bevölkerungsmehrheit bewirkten — sozialen Wandel kennzeichnend(er), auch wenn bzw. eben weil dessen Ausdrucksformen nicht exotisch sind.

Im übrigen gilt für die folgende Darstellung: (1) Sie bezieht sich auf das Gebiet der (Alt-)Bundesrepublik und kann sich (noch) nicht auf Veröffentlichungen systematisch-umfassender und repräsentativ-zuverlässiger Daten aus den neuen Bundesländern nach der staatlichen Vereinigung stützen. Angesichts der gesellschaftlich fundamentalen Umbruchsituation spiegeln dort partiell vorhandene Daten vermutlich keine längerfristig stabilen Tendenzen wider. Die in Westdeutschland beobachtbare Lage findet sich weitestgehend auch in Österreich und der Schweiz. (*SPI* 1986, 1989, *Dubach* 1992, *Zulehner* 1991) (2) Aus Platzgründen muß auf die historische Darstellung der Lage in der ehemaligen ‚DDR' verzichtet werden. (Vgl. aber Lit.-Angaben) (3) Auch die forschungsgeschichtliche Entwicklung des Themas ist hier nur ansatzweise zu streifen. Die ohnehin kurze ‚Geschichte' der religionssoziologischen Repräsentativ-Forschung in der (Alt-)Bundesrepublik ist ausführlich nachlesbar (*Feige* 1990b).

2 Jugend und großkirchlich organisierte Religionspraxis

(1) Empirisch-repräsentative Untersuchungen zu diesem Bereich lassen sich für die Nachkriegszeit, in der solche Untersuchungen in Deutschland überhaupt erst aufkamen, drei Zeitabschnitten zuordnen. Soziologisch nennenswert gibt es in der ersten Phase zum einen die EMNID-Umfrage ‚Jugend und Religion' von 1958, die der Theologe *Wölber* 1959 unter dem Titel „Religion ohne Entscheidung?" (*Wölber* 1959) weniger (jugend-)soziologisch als (dialektisch-)theologisch interpretierte. Ebenfalls in Ansätzen mit soziologischen Interessen konzipiert ist die Untersuchung *Hungers* über „Evangelische Jugend und evangelische Kirche" (*Hunger* 1960). Die zweite Phase ist geprägt von den kirchlicherseits initiierten, statistisch repräsentativen Kirchenmitgliedschaftsuntersuchungen Anfang der 70er Jahre (*Schmidtchen* 1972 und 1973; *Hild* 1974, *Feige* 1976, *Hanselmann* 1984). Einzelne, über Jahrzehnte präsentierte Dauerfragestellungen zu Religion und Kirche in den Umfragen der großen Institute bleiben hier unberücksichtigt. Die Untersuchungen beziehen zwar die Jugendlichen in grob altersklassifizierender Weise in ihre Fragestellungen ein, aber *jugendspezifisch* vertiefende Perspektiven fehlen. Diese und die nachfolgenden Studien der dritten Phase belegen, daß *konfessionelle* Unterschiede weitaus geringer ausfallen als die zwischen ‚Kirchennahen' und ‚Kirchenfernen' beider Konfessionen. Die dritte Phase weist Arbeiten auf, die überwiegend das *Problem*verhältnis ‚Jugend und Kirche' analysieren: „Erfahrungen mit Kirche 16-22jähriger" (*Feige* 1982); „Jugend auf dem [ev.] Kirchentag" (*Feige/Lukatis/Lukatis* 1984 und 1987); „Konfessionelle Milieus und Religiosität" sowie „Analysen literarischer (religiöser) Selbstzeugnisse Jugendlicher" (*Shell-Jugendstudie* 1985, Bde. 1 und 4); eine auch jugendbezogene Sekundäranalyse von Daten aus der Allgemeinen Bevölkerungsumfrage der Sozialwissenschaften (ALLBUS '82) (*Lukatis/Lukatis* 1989); eine Sekundäranalyse der beiden Studien der 'Ev. Kirche in Deutschland' — EKD — (*Hild* 1974, *Hanselmann* 1984) zur kritischen Sensibilität besonders 18-20jähriger gegenüber der Kirche (*Feige* 1990a); in 1989 eine Befragung von Studenten insbesondere über ihr Verhältnis zu Kirche und Religion (*EKD* 1991); sowie neuestens eine ('gesamtdeutsche') „qualitative Leitstudie" auf der Basis von 90 ausführ-

lichen Tonbandprotokollen zum Thema ‚Jugend, Religion und Kirche' im Auftrag der Arbeitsgemeinschaft der Evangelischen Jugend in Deutschland (*Barz* 1992).

(2) In der Zusammenschau der Untersuchungen der dritten Phase finden sich gegenüber der Kirche als *religiöser* Institution zwei in Spannung zueinander stehende Tendenzen: Es gibt sowohl deutliche Signale kritischer Distanz, bis hin zum ‚aktiven Desinteresse' durch Kirchenaustritt, als auch Belege für partielle Interessen an *kirchlich*-christlich getragenen Angeboten für eine individuell lebbare religiöse Deutungs- und Verhaltenspraxis (z.B. auf den Ev. Kirchentagen seit ca. 18 Jahren), sofern diese den *Souveränitätswillen* und **Autonomieanspruch** des Subjekts zweifelsfrei respektieren.

Signale eindeutiger Distanz: Abgelehnt wird eine als kirchlich normiert empfundene rituelle Praxis, die weitestgehend keinen ‚Sitz im Leben' hat. So besuchten 1984 (*Shell-Studie* '85, Bd.1) einen Gottesdienst innerhalb der letzten vier Wochen vor der Befragung „gar nicht": bei den 15/17jährigen = 62 %; 21/24jährigen: 82 %; zum Vergleich: 45/54jährige: 68 % (qualitative Daten zum Gottesdiensterleben: *Feige* 1982). Strukturell ähnliche Ergebnisse finden sich bei den Antworten auf die Frage nach dem Gebet (Shell '85) und nach der Teilnahmehäufigkeit Jugendlicher an Abendmahls bzw. Eucharistiefeiern (*Lukatis/Lukatis* 1987). Es entspricht diesem Bild, wenn die jungen Altersjahrgänge sich weitaus häufiger unter denen finden, die aus der (ev.) Kirche austreten: 14/34jährige ⟨20 Jahrgänge⟩ = 60 %; bei einem Meßraum bis zum 72.Lj., gültig für die EKD 1985. (Amtsblatt der EKD 1987, 1989; *Feige* 1976) Die Daten für den katholischen Bereich liegen niedriger, sind aber strukturell identisch (*Höffner* 1979).

(3) Zeichen für Ambiguität und Ambivalenz: Bei Befragungen übernehmen zwar mehrheitlich die Jugendlichen für das, was sie meinen für ‚religiös' halten zu sollen, die als kirchlich geltenden Definitionskriterien. Sie identifizieren sich aber nicht mit ihnen. Genau darin liegt das Spannungsmoment zwischen — wie sie es wahrnehmen — institutionellem *Sollen* und individuellem *Wollen.* Das zeigt sich in den Untersuchungsdaten auch an vielen anderen Stellen.

Dementsprechend schätzen die meisten ihre eigene Religiosität als von allenfalls mittlerer Intensität ein, wie die folgende Tabelle, gewonnen aus Daten des ALLBUS '82 (*Lukatis/Lukatis* 1987), zeigen kann.

Tabelle 1: Selbsteinschätzung eigener Religiosität

evangelisch		katholisch		ohne Konfession		Zusammen	
< 30 J.	> 30 J.	< 30 J.	> 30 J.	< 30 J.	> 30 J.	< 30 J.	> 30 J.
[268]	[1082]	[248]	[1016]	[58]	[173]	[603]	[2383]
4,3	5,9	5,7	6,8	2,4	2,9	4,8	6,1

Quelle: Lukatis/Lukatis 1987, S. 119

Auch den Vorstellungen in bezug auf die Kategorie ‚Gott', die unzweifelhaft ein wichtiger Teilindikator bei der Erfassung von *Transzendenz-* und *Immanenzvorstellungen* ist, verweigern Jüngere häufiger dann ihre Zustimmung, wenn diese in *dogmatischen* Sätzen formuliert werden wie z.B.: „Gott, der sich in Jesus Christus zu erkennen gegeben hat". Sie stimmen deutlich häufiger Sätzen zu, die ‚Leben' und ‚Natur' in einen (allgemein-)religiösen Ordnungszusammenhang setzen. Interkonfessionelle und intergenerationale Übereinstimmung besteht darüber, die *Sinnfrage* menschlicher Existenz positiv zu deuten und dabei den Aspekt der *Selbstverpflichtung* bzw. des Eigenbeitrages zu betonen (*Lukatis/Lukatis* 1987). Zugleich finden sich Signale eines kulturellen Selbstverständnisses, das im Zeitalter einer „Religion nach der Aufklärung" (H. *Lübbe*) sich gleichwohl (auch) gegenüber Möglichkeiten tradierter christlicher Kultur offenhält. Das zeigt die folgende Tabelle.

Tabelle 2: Gesellschaftliche Bedeutung des Christentums (Jugendl. / Jg. Erwachsene, 16-22 J., N = 1.725)

Das Christentum war und ist immer gültig; es kann vom Menschen gar nicht in Frage gestellt werden	14,8
Das Christentum ist mit seiner Sprache und in seinen Bildern sicherlich oft nicht mehr ganz zeitgemäß. Aber in dem, was es eigentlich will und aussagt, kann es auch heute für uns Menschen hilfreich sein.	51,4
Das Christentum ist teilweise ziemlich unmodern, aber im Prinzip können wir nicht darauf verzichten.	20,6
Das Christentum ist nicht nur veraltet, sondern in unserer modernen Welt ist es auch überflüssig, manchmal sogar störend.	6,5
Das Christentum dient dazu, die Menschen unmündig und in überkommenen Herrschaftsverhältnissen zu halten.	4,2
keine Antwort	2,5
Insgesamt	100,0

Quelle: Feige 1982, S. 412

Die Tabelle 2 signalisiert implizit nicht nur *semantische* Probleme mit kirchlich dogmatisierten Formulierungen, sondern auch den *Souveränitätsanspruch* bei der Kontrolle über das, was man aus Richtung der Kirche als zumutbar ansieht. Das zeigt in Tabelle 3 ein Vergleich zwischen dem für den eigenen Lebensentwurf bevorzugten Werten mit denen, die im Raum der Kirche geltend vermutet werden.

Tabelle 3: Kirchliche *Über-* und *Unter*funktion bzgl. ‚persönlich sehr wichtiger' Werte (Auswahl). Jugendliche 1980 [n = 1 750] / Kirchenaustritte 1971 [n = 129], geordnet nach Rangfolge der Jugendlichen; Werte in Klammern [ ] gelten für Kirchenaustritte 1971

	persönlich sehr wichtig	Kirche fördert diesen Wert	Differenz ⟨% -Punkte⟩
Frei und unabhängig sein	78	35	-43
	[70]	[15]	[-55]
Etwas vom Leben haben, es genießen	60	20	-40
	[24]	[9]	[-15]
Genug Selbstvertrauen haben	64	43	-21
	[50]	[21]	[-29]
Mich durchsetzen, auch wenn ich hart sein muß	27	13	-14
	[22]	[6]	[-16]
Für die Gemeinschaft tätig sein	14	79	+65
	[30]	[71]	[+41]
Für Sitte und Ordnung eintreten	21	69	+48
	[28]	[74]	[+46]
Daß man etwas glauben kann, einen Halt hat	43	74	+31
	[20]	[71]	[+51]

Quelle: Feige 1982, S. 116/117

Eine sozialpsychologisch instrumentierte Wertprioritäts-Untersuchung zum Vergleich zwischen dem individuellen Lebenskonzept und dem diesbezüglich *vermuteten* kirchlichen Forderungskatalog (*Kutz* 1982) zeigt: Man orientiert sich positiv an solchen als kirchlich gefördert geltenden Werten, die die persönlich-individuelle Lebensführung und -ausrichtung zu unterstützen geeignet erscheinen. Dabei wird trotz aller Tendenz zu Hedonismus und Narzismus auch die Orientierung an anderen Menschen und der sozialen *Gemeinschaft* für leitend erachtet. Aber man verweigert sich deutlich den als das eigene Leben formalisierend und bevormundend erscheinenden religiösen Dogmatisierungen.

In einer Analyse schriftlicher Selbstzeugnisse Jugendlicher im Rahmen der Shell-Studie '85 (ebd., Bd. 4) wird festgestellt, daß die Einsender insbesondere bei der Auseinandersetzung mit dem *Sinn des Lebens* auf Religion stoßen und deutlich machen, daß Religion sie etwas angeht. Viele Jugendliche bezeichnen sich zwar als ‚religiös', nicht aber als ausdrücklich ‚christlich'. Das akzeptierte Christentum erweist sich für sie vor allem in dessen sozialethischer Dimension. Bei der *Kirche* haben sie das Gefühl, daß sie *als Jugendliche* eigentlich nicht ‚dazu gehören'. Als Resümé ergibt sich, daß die sehr wohl vorhandenen *Auseinandersetzungen* der Jugendlichen mit der *Religion* im Raum der „bohrenden Fragen des *Alltags*" (ebd.) stattfinden.

Bei der Feststellung dieser Sachverhalte ist innerhalb der Altersspanne der 14/24jährigen zu unterscheiden: Die meisten *18/22jährigen erweisen sich als Angehörige einer 'Bewußtseinslagerung' (K. Mannheim), die im Vergleich zum ohnehin geltenden Unterschied zwischen jüngeren und älteren Befragten* (< 25 J.), vor allem aber gegenüber den 14/17jährigen nochmals deutlich gesteigerte Distanzwerte zeigen. Besonders in diesem Altersraum beginnt ein zunehmend selbständiges Leben außerhalb der Familie, und man ist häufiger und unmittelbarer als bisher auf ‚ethisch funktionierende' Deutungen und Bewältigungen des Alltagshandelns außerhalb des Eltern-Kind-Verhältnisses sowie auf lebensweltlich praktikabel erscheinende Entscheidungsoptionen angewiesen. Dieser wichtige biographisch-lebenszyklische ‚Wendepunkt' bestimmt maßgeblich die Haltung zur ‚religiösen Bevormundungsinstitution Kirche' (Feige 1990a). Die Ergebnisse dieser statistischen Sekundäranalyse begründen allerdings auch die *Hypothese,* daß sowohl *epochale* Einflüsse (Meinungsklima/'Zeitgeist') als auch zunehmende *Lebenserfahrung* später vieles von dem ‚abfedern' werden, was sich in diesem Altersraum an kritisch fundierter Bewußtseinslage gegenüber Kirche — und damit *partiell* auch gegenüber Religion — formuliert hat.

(4) Signale der Zustimmung: Insbesondere die überwiegend von jungen Teilnehmern mit höheren (gymnasialen) Bildungsabschlüssen (14/25jährige: 65 %; *Feige/Lukatis/Lukatis* 1987) besuchten (ev.) **Kirchentage** sind ein Paradigma für Möglichkeiten akzeptierter christlich-*kirchlicher* Kommunikation unter moderngesellschaftlichen Bewußtseins- und Gestaltungsbedingungen. Diese zweijährlich stattfindende Großveranstaltung wird als *prototypisch* für die dominierenden Elemente einer heute positiven Haltung zur Religion angesehen. Es ist ungeklärt, wie weit sie auch für Katholikentage gelten; systematisch-empirische Forschung hierzu fehlt. (Zu weiteren Belegen positiver Attitüden gegenüber Kirche siehe *Feige* 1982; *SPI* 1989, 1991; *Niggli* 1988)

Kirchentagsteilnehmer suchen die Auseinandersetzung mit drängenden gesellschaftlich-politischen Problemen. Im Hinblick darauf sowie auf ihr Involviertsein als Person fragen sie nach (Teil-)Antworten aus dem Fundus christlichen Glaubens und Weltverständnisses.

Tabelle 4: Teilnahmemotive am Deutschen Evangelischen Kirchentag (DEKT) Düsseldorf 1985, n = 1.596 *(Auswahl)*; alle Altersklassen arith. Mittel der Skala: ‚unwichtig' [1] — ‚wichtig' [5]

Ich möchte hier Anregungen bekommen, wie ich aus der christlichen Botschaft heraus möglichst konkrete Antworten auf Fragen unserer Zeit finden kann.	3.95
Ich möchte mich hier über die heutzutage wichtigen gesellschaftlich-politischen Fragen informieren und darüber diskutieren (z.B. Frieden, Arbeitslosigkeit, Ökologie)	3.95
Ich möchte hier etwas Überzeugendes zu Grundfragestellungen des christlichen Glaubens hören und vielleicht mit anderen darüber reden.	3.60
Ich möchte hier in meinem Glauben an Jesus Christus weiterkommen.	3.59
Ich möchte hier Gelegenheit haben, ein Stück zu mir selbst zu finden, zu entdecken, was für mich wichtig ist.	3.56

* Die Altersunterschiede in der Beantwortung dieser Motive sind vernachlässigbar, daher die Angabe für alle Altersjahrgänge.

Quelle: Feige / Lukatis, S. 180

Nicht um die Suche nach geistlichen *oder* gesellschaftlich-politischen Inhalten, nach Formen des Hörens oder des Tuns geht es ihnen, sondern darum, beide Zugangsweisen zu verbinden. Diese Suche nach einem integrierenden Konzept ist zugleich *Modus* der persönlichen Identitätsvergewisserung. Dem ist freilich vorausgesetzt der *Anspruch* des Subjekts auf Autonomie, auf den *Respekt* der Institution vor einer „kommunikativen, frei gestaltenden und sich bewußt engagierenden *Subjektivität*" (*Bizer* 1984). Diese auf den Kirchentagen neueren Typs ermöglichte ‚mentale' Freiheitserfahrung macht sie zum kirchlich-offenen Ort für *religiöse Selbstbildung* und für den Versuch zu einer reflexiven Aneignung von Gegenwartsproblemen auch in ihrer *spirituellen* Dimension. Die Substanz des Geschehens besteht gerade nicht in der abfordernden Verweisung auf einen festgefügt-zugeschriebenen, als ‚komplett' erscheinenden und erst dadurch als religiös geltenden Sinnhorizont, wie das sonst von der großen Mehrheit der Jugendlichen und jungen Erwachsenen aller Bildungsschichten bzgl. der Kirchengemeinde so emp-

Tabelle 5: Einstellungen zu persönlichem Glauben und kirchlichem Dogma (Jugendliche / Jg. Erwachsene; 16 - 22 J., n = 1.725; Kirchentagsjugend 1983 < 28 Jahre, n = 985; Kirchentagsteilnehmer 1985 (alle A-Klassen), n = 1.596) DEKT = Deutscher Ev. Kirchentag

	1980	DEKT '83	DEKT '85
Ich bin überzeugt und glaube: Die Aussagen der Bibel und des kirchlichen Glaubensbekenntnisses sind wortwörtlich wahr und gültig.	5.9	7.2	8.9
Mit manchen kirchlichen Glaubensformulierungen und biblischen Inhalten habe ich durchaus schon meine Schwierigkeiten. Aber trotzdem halte ich mich für einen Christen, der an das Wesentliche, nämlich Gott und Jesus Christus glaubt.	24.2	56.8	59.5
Ich kann nicht behaupten, daß ich bewußt ‚ungläubig' wäre. Aber ob ich gläubig im Sinne der Kirche, streng nach Bibel und Glaubensbekenntnis bin, möchte ich stark bezweifeln. Ich würde sagen, ich stimme eher im Prinzipiellen mit dem Christentum überein.	35.0	30.0	25.4
Ich halte mich nicht für ‚christlich-gläubig', weder im allgemeinen noch gar im kirchlichen Sinne.	15.5	4.2	3.1
Darüber habe ich mir noch keine intensiven Gedanken gemacht, und daher kann ich mich auch für keine dieser Beschreibungen entscheiden.	17.3	1.7	3.1

Quelle: Feige, 1982, S. 418; Feige / Lukatis 1985, S. 144; dies. 1987, S. 190

funden wird. Die Substanz ist vielmehr ein — als solcher von den Teilnehmern bereits als *religiös* begriffener — Prozeß der Kommunikation über *Kriterien für Kriterien* in Entscheidungsprozessen, in denen nicht die lebensweltlich-alltägliche und die religiöse Dimension separiert werden (sollen). Das läßt verstehen, daß auf (ev.) **Kirchentagen** mit einem Anteil von ca. 25 % auch Teilnehmer zu finden sind, die nach den üblichen kirchengemeindlichen ‚Vermessungsrichtlinien für eigentliches Christentum' nicht dazugehören würden. Das belegt die folgende Tabelle.

Inhaltlich wie gestalthaft ist der Kirchentag vor allem deshalb akzeptiert, weil dort solche — auch allgemein für das Verhältnis zwischen Jugend und großkirchlich organisierter Religionspraxis entscheidenden — Fragen positiv beantwortet werden, die ansonsten für die Mehrheit der Kirchenmitglieder eher negativ ausfallen: Kann man *innerhalb* der Kirche mit der im Wertepluralismus unausweichlichen Frage umgehen, wie man vor allem als *Person* und nicht nur in der *Rolle* als Kirchenmitglied christlich sein kann? Kann man ‚Kirche' als die bewußt institutionalisierte Gemeinsamkeit auf der Suche nach Erfahrungen erleben, die man auch für sich persönlich als ‚Glaube' bezeichnen könnte, oder ist die Kirche ein ‚Bekenntnisraum', den man aufsucht, wenn man bereits ‚Gewißheit' besitzt und über sein Ja zum ‚Bekenntnis' entschieden hat? Das heißt für die Institution: Kann sie — unter *heute* plausiblem Rückgriff auf die biblischen, jüdisch-christlichen Traditionen und ihre Deutungsfiguren — es lernen, „den Umgang mit dem Heiligen so zu gestalten, daß jeder, der es versucht, er selber bleiben darf und sich an keiner Stelle verstellen muß"? (*Bizer* 1991)

3 Jugend und großkirchlich ungebundene bzw. oppositionelle Religionspraxis

Hier signalisieren vage Sammelbegriffe wie ‚Religiöse Szene' oder ‚Neue Religiöse Bewegungen' eine beträchtliche Dynamik in der gesellschaftlichen Selbstwahrnehmung. Nach dem (religionssoziologisch sicherlich nicht ausreichenden) Klassifikationskriterium von nachlassender sozialer Verdichtung bzw. abnehmendem Organisationsgrad kann man nach (1.) **Sekten,** (2.) organisiert (-kommerzieller) **Psycho- und Therapiekultur** und (3.) privatem **Okkultismus** unterscheiden. Insgesamt wie auch für das Thema ‚Jugend und Religion' gilt für den *sozial*-wissenschaftlichen Bereich: Einerseits gibt es zahlreiche Buch- und Broschürenproduktionen mit religionswissenschaftlich-monographischen Beschreibungen der sog. **‚Jugendreligionen'** (hier sorgt vor allem die Ev. Zentralstelle für Weltanschauungsfragen, Stuttgart, kontinuierlich für Nachschub; ein adäquates katholisches Pendant fehlt) sowie eine wahre Flut *allgemeiner* Publikationen über **Esoterik** und **Spiritualität.** Andererseits fehlt es an bundesweit flächendeckenden sozialwissenschaftlichen Studien; erst recht an solchen, die wesentlich über demographisch repräsentative, allgemeine Verbreitungs- und Akzeptanzfeststellungen hinausgehen und verallgemeinerungsfähige Tiefenanalysen einbeziehen. Allerdings gibt es informative, vermutlich auch materialiter repräsentativ gültige Einzelstudien mit religiös-inhaltlichem und soziologisch-funktionalem *typologischem* Anspruch. (Vgl. Literaturverweise) Die folgenden Ausführungen stützen sich exemplarisch auf die wichtigsten Studien. Grundsätzlich gilt für den gesamten Bereich der ‚religiösen Szene': (1) Sie ist keineswegs inhaltlich jugendspezifisch oder — mit Ausnahme von Okkultpraktiken unter Schülern — mehrheitlich von Jugendlichen besetzt. (2) Man muß bzgl. nicht-kirchlich bestimmter Religiosität zwischen massenmedial vermitteltem *Bekanntheitsgrad* und je eigener *Praxis* sorgfältig unterscheiden.

3.1 Sekten

Hierzu wird insbesondere auf die (statistisch) repräsentative Untersuchung von *Schmidtchen* (1987) zurückgegriffen, wobei deren konzeptuelle bzw. definitorische Problematik hier unberücksichtigt bleibt. (Zum Vergleich siehe auch *Shell-Studie* '85, Bd.1)

(1) Allgemein ist die Situation im Bereich der **Sekten** durch zwei Extreme gekennzeichnet. Zum einen: An spontan-eigenen Kenntnissen werden Bhagwan von 36 % als (mindestens) *„dem Namen nach bekannt"* genannt, die Zeugen Jehovas von 32 %. Bei nachhelfender Vorlage von Listen steigt der Bekanntheitsgrad z.T. auf 98 % (Zeugen Jehovas). Demgegenüber gilt: Nur 1 % der (West-)Deutschen sind Mitglied einer Sekte, 0,7 % waren es (Stand 1986). In der Gruppe der 14 / 19jährigen liegt der Wert für derzeitige und gewesene Mitglieder bei 6,5 %, was nach *Schmidtchen* die Kennzeichnung „Jugendreligionen" rechtfertigen soll; bei den 20/29jährigen liegt er wieder bei 1,6 %.

(2) Etwas mehr, nämlich 7 % aller Befragten haben „schon einmal eine Veranstaltung oder einen Treffpunkt solcher Gruppen besucht". Dieser Wert steigt bei den 14 / 19jährigen auf 12 % und sinkt bei den 20/29jährigen auf 9 %. Im Kreis aller auf diese Weise Informierten dominieren nicht die asiatisch geprägten Sekten, sondern die Zeugen Jehovas, insbesondere bei den Jungen und Alten: Für alle findet sich eine ‚*Informations*-Kontaktquote' von 37 %; für 14 / 19jährige = 58 %, 20/29jährige = 8 %, 40/49jährige = 65 %. Für Bhagwan gelten folgende Zahlenverhältnisse: 19 %; 25 %, 42 %, 5 %; ‚Scientology': 12 %; 17 %, 22 %, 5 %; Vereinigungskirche [Mun-Sekte]: 3 %; 0 %, 6 %, 10 %. (3) Auf die Fragen nach einem (diffusen) *„Gefühl* von Nähe und Ferne" zu den aufgelisteten Sekten weichen die 14/29jährigen kaum von der Gesamtheit ab. So zeigt sich bei allen bzw. den obigen Altersklassen für die „sich sehr *nah* Fühlenden": 1 %; 2 %, 1 %, 0 %; ["sehr fern": 77 %; 67 %, 68 %, 79 %]. (4) In der Dimension der Toleranz gegenüber solchen Gruppen tendieren die Jüngeren zu etwas mehr Liberalität. Gleichwohl meinen auch bei den 14/29jährigen rd. 46 %, die Sekten sollten in der Öffentlichkeit „ziemlich" bzw. „sehr restriktiv" behandelt werden, weitere 24 % nehmen eine eher neutrale Position ein, zusammen also 70 %. (5) Hinsichtlich einer (von *Schmidtchen* durch nachträgliche Kombination und Gewichtung einzelner Antworten) konstruierten vierstufigen Skala des ‚religiösen *Gestaltungs*bedürfnisses' gilt für die Jüngsten ein deutlicher Anstieg: Ist danach für 11 % aller Befragten ein *„sehr* ausgeprägtes religiöses Gestaltungsinteresse" anzunehmen, so gilt für die 14 / 19jährigen der doppelt so hohe Anteil von 22 %; innerhalb der 20/29jährigen finden sich noch 17 %.

3.2 Organisierte (kommerzielle) Psycho- und Therapiekultur

Nach *Schmidtchens* Angaben ist vom ,religiösen Gestaltungsbedürfnis' zu unterscheiden ein deutlich geringeres *Interesse* an Angeboten des sog. Psychomarktes. Bei „allen" haben 46 % „kein Interesse"; bei den 14/19jährigen = 44 %, 20/29jährige = 37 %. Ein „großes Interesse" bekunden bei allen = 9 %; bei den 14/19jährigen = 5 %; bei den 20/29jährigen = 15 %. Die nachfolgenden inhaltlichen Kennzeichnungen stützen sich insbesondere auf *Waßner* (1991) und *Stenger* (1989, 1990), die allerdings keinen Anspruch auf gesicherte Repräsentativität ihrer Forschungen erheben. Die Ausführungen treffen zwar z.T. auch für die vorab behandelten Sekten zu, gelten aber insbesondere für jene Aktivitäten, die — religiös und sozialgestaltlich erheblich differenziert — unter **,New Age'** firmieren. Auch wenn diese Aktivitäten im engeren Sinne *nicht jugendtypisch* sind, lohnt ihre Skizzierung unter dem Gesichtspunkt, im nächsten Abschnitt spezifisch jugendliche Interessen bzw. Besonderheiten davon abheben zu können. Diese sind biographisch bzw. sozialisatorisch anders begründet. In wissenssoziologischer Sicht aber sind sie nicht prinzipiell andersartig und darüberhinaus gleichermaßen durch die Gesellschaftsstruktur bedingt.

Der bei *Waßner* auch Sekten einschließende, mit sehr fließenden Grenzen gehandhabte Begriff der **Neuen Religiösen Bewegungen / New Age'** (NRB / NA) umfaßt unterschiedlich verdichtete und strukturierte Aktivitäten mit verschiedenen Praxisformen. Sie weisen sich darin übereinstimmend als ,religiös' aus, daß sie auf eine den (physiologischen) Sinnen nicht unmittelbar zugängliche, ,letzte' Realität gleichwohl sinnhaft bzw. im „okkulten Kontext Sinn herstellend" (*Stenger* 1990) bezogen sind. Sie haben sich überwiegend erst in den letzten 10 bis 20 Jahren faktisch und im Bewußtsein der Öffentlichkeit in Deutschland etabliert. Die NRB / NA, deren 'Aktivisten' nach *Waßners* Recherchen zu zwei Dritteln Frauen und mehrheitlich zwischen 30 und 50 Jahre alt sind, finden sich überwiegend in den großstädtischen Ballungszentren. Sie haben — nicht selten nach einer zweiten Ausbildung / Studium — einen bürgerlichen Beruf der Mittelschicht, der es ihnen erlaubt, die z.T. beträchtlichen finanziellen Kosten für Kurse, Therapien und Reisen aufzubringen, die für sie ,Gelegenheiten' sind, die Realität *,innerer'* Welten und Potentiale lernend zu erfahren und damit sozial zu objektivieren. Wenn sich überhaupt ganz junge oder ganz alte Menschen bei den NRB / NA finden, beteiligen sie sich am ehesten bei dogmatisch streng disziplinierten Gruppierungen, die insgesamt gesehen ohnehin eine Minderheit bei den NRB / NA bilden: einige Bibelsekten wie z.B. ,Freie Charismatiker'; die Scientology Church und die Vereinigungskirche (Mun-Sekte). Im Unterschied zu den zwar deutlich zahlreicheren aber nur literarisch Interessierten suchen die aktiven Sympathisanten der NRB / NA — in Verquickung von technisch-zivilisatorischen Lebensvollzügen mit esoterisch / metaphysisch / spirituellen Lebensanschauungen *und auf der Basis bereits gesammelter Lebenserfahrung* — nach neuen geistig-körperlichen Bewältigungsmöglichkeiten für den weiteren, verbleibenden Lebensverlauf, die bewußt jenseits von bzw. über Kirche und Wissenschaft hinausreichend angesiedelt sind. Sie schätzen sich selber zwar als religiös ein, kennzeichnen sich aber mehrheitlich nicht als Angehörige einer ,Religion' oder ,Sekte'. Vielmehr sehen sie sich *,auf spirituellem Wege'.* Auch darin sind sie stark individualistisch, entsprechend ihren überwiegend nur punktuellen Sozialkontakten mit Gleichgesinnten, die mehrheitlich keineswegs auf gemeinschaftliche Dichte und Dauer angelegt sind. Den je individuell vollzogenen, schwerpunktmäßig spirituell und / oder psychologisch und / oder esoterisch und / oder körperzentriert fundierten Versuchen zur *Selbsterfahrung* und *-verwirklichung* (nach der Typologie *Stengers* 1990), die auf die *Überwindung* von *Entfremdungserfahrungen* angelegt sind, eignen gleichwohl mehrheitlich typische Verhaltensmuster: bewußte Abstinenz von Tabak, Drogen, größerem Alkohol- und Fleischgenuß sowie die Einhaltung regelmäßiger Fastenzeiten mit auch anderer als nur gesundheitlicher Begründung. Kontakte zu Aktivitäten von NRB / NA kommen in der Regel nicht durch eine vorauslaufende philosophisch-theologische Auseinandersetzung auf theoretischer Ebene zustande. Vielmehr sind es Freunde, Bekannte und Verwandte, die Hinweise geben jenen Interessenten, die überwiegend zwei Typen zuordenbar sind: Zum einen wachsen und entstehen Neigung und Ansprechbarkeit für die NRB / NA durch dauerhaftes, beständiges Suchen ohne Trauma und ohne Drama auf dem bisherigen Lebensweg. Zum anderen wird ein bisher nicht erkennbar durch herkömmliche Religion und Religiosität geprägter Werdegang durch einschneidende persönliche Krisen verändert. Kontakte und Aktivitäten begründen und entwickeln sich insoweit zunächst sehr *pragmatisch.* Das Interesse an Theorie (Lektüre) folgt in der Regel erst später. Es dominiert die Suche nach individuell handhabbarer ‚Technik' bzw. ‚Wissen'. Damit soll die Fähigkeit zum *bewußten* Erfahren der ‚inneren' und ‚äußeren' — und insoweit zur Alltagswelt transzendenten — (Alltags-) *Wirklichkeit* erlangt werden, um eine insoweit *selbstmächtige,* befriedigende Gestaltung des eigenen Lebens zu erreichen. Dazu sind Vertrauenspersonen bzw. ‚Meister' notwendig, deren Methoden und Philosophie zwar unerläßlich, deren tendenziell charismatischen Eigenschaften (‚personale Glaubwürdigkeit') aber vorrangig sind.

3.3 ‚Privater' Okkultismus Jugendlicher

(1) Die sog. ‚Okkultwelle Jugendlicher' (‚Pendeln', Horoskope u. dgl.) ist wohl beides: Zunächst ist es eine in der zweiten Hälfte der 80er Jahre durch die Massenmedien inszenierte ‚Informationswelle' über ein quantitativ marginales und in der Sache altes Phänomen. Zum anderen handelt es sich um die nachfolgend tatsächliche Thematisierung und partielle Praxis vornehmlich unter Schülern. Lehrer berichten in einer Befragung von 1987 von einer 'Thematisierungsquote' im (Religions-) Unterricht von 85 %. Dabei ist vorwiegend die Initiative von den Schülern ausgegangen (*Mischo* 1989). Gesicherte Belege über die Verbreitung von Kenntnissen, Akzeptanz und Praxis sind unter demographisch-repräsentativen Gesichtspunkten außerordentlich verbesserungsbedürftig. Direktbefragungen von Schülern liegen für Berlin-West (*Zinser* 1990, 1991) sowie im Rahmen einer der ersten Ost-West-Vergleichsstudien nach dem November 1989 auch für das Ruhrgebiet und den Raum Halle / Leipzig (*Behnken* u.a. 1991) vor. Neben der schon erwähnten Lehrerbefragung von 1987 wurden 1988 auch Befragungen von Psychosozialen Beratungsstellen vorgenommen (*Mischo* 1989). (2) Die Quote des Kenntnisstandes über einzelne okkulte Praktiken wird von *Zinser* mit bis zu 92 % (in Berlin) angesetzt. Dabei fallen die praktischen Erfahrungen bei den Mädchen (!) mit ca. 32 % Nennungen deutlich höher aus als bei den Jungen mit 15 %. Weitgehende Überein-

stimmung zwischen den Studien zeigt sich bei der Rangfolge bekannter bzw. bereits (weit überwiegend: nur gelegentlich) ausgeübter Praktiken. Es dominieren ‚psychisch-motorische Automatismen' (Praktiken mit unbewußten Muskelbewegungen) wie ‚Pendeln', ‚Gläserrücken' u.ä., gefolgt von Hand-und Kartenlesen sowie Horoskopen. Quantitativ nahezu unbedeutend sind Partizipationen an sog. *‚Satanskulten / Schwarzen Messen'*, von denen nur 2,4 % der befragten (Berliner) Schüler berichten (*Zinser* 1990). Die dringend notwendige Unterscheidung zwischen ‚Davon-gehört-haben' / ‚Gelegentliches Mitmachen' einerseits und eine die Lebensführung bestimmenden Mitgliedschaft in einer ‚Okkultgruppe' andererseits wird dadurch unterstrichen, daß bei der Ost-West-Vergleichsuntersuchung lediglich 2 % der Jungen / Mädchen im Westen und 1 % der Jungen im Osten angaben, *Mitglied* einer okkulten Jugendgruppe zu sein. Fast die Hälfte der Mädchen und über die Hälfte der Jungen im Westen lehnen okkulte *Gruppen* ab. (3) Oberste Interessenmotive an okkulten Praktiken sind, so die Studien übereinstimmend, Neugier, Unterhaltung, das Interesse am Außergewöhnlichen. Nur sehr minderheitlich sprechen die Untersuchungen von persönlichen Problemen oder Deutungsdefiziten im christlichen Bereich als Auslöser für Interesse / Partizipation. Entsprechend der überwiegend gruppenhaften Organisiertheit jugendlicher Erlebnisstrukturen ist das bei vielen Okkultpraktiken mögliche Gemeinschaftserleben bei der Erkundung von Neuem ein hochattraktiver Anreiz für eine Teilnahme. Im unterrichtlichen Gespräch stehen nach Angaben der Lehrer mit 61 % der *Wahrheitsgehalt* der ‚Botschaften' zur Debatte, gefolgt von der Frage nach dem *Zustandekommen* solcher Mitteilungen. Für letzteres zeigt sich, daß Botschaften durch Gläserrücken usf. „als persönlichkeitsfremd und nicht ichzugehörig empfunden werden, gleichzeitig die Tendenz zur Personifikation aufweisen" und daher *spiritistisch* ‚Geistern / Verstorbenen / Reinkarnierten' zugeschrieben werden (*Mischo* 1989). Diese Schüler-Interpretation liegt eindeutig vor dem *animistischen* Ansatz, der *seelische* Kräfte für die Verursachung für die Bewegungen annimmt. Nach Einschätzung der Lehrer kann man bei 25 % ihrer Schüler Auswirkungen solcher ‚Botschaften' auf das allgemeine Erleben / Verhalten annehmen (*Mischo* 1989). (4) Insgesamt spricht vieles dafür, daß die (massen-) mediale Thematisierung den sog. ‚Jugendokkultismus' vorschnell dämonisiert und psychiatrisiert. Es wird übersehen, daß ‚okkultes' Experimentieren Teil der identitätsbildenden Auseinandersetzung Jugendlicher mit *sozialer* Realität ist und erst die *Beschäftigung* zur kritischen Auseinandersetzung mit der ('religiösen') Transzendenzqualität okkulter Praktiken führen kann, wie die Stimmen Jugendlicher bei *Müller* (1989) zeigen. Übrigens zeigt sich auch hierin die zunehmende Bedeutung des *schulischen* Religionsunterichtes für eine aufgeklärte und gerade darin tragfähige Tradition christlicher Deutungskultur für die menschliche Existenz. Sie kann mangels ausreichender Kontakte in den entscheidenden Jahren nach der Konfirmation / Firmung von den Kirchen nicht mehr (und offenkundig für die Jüngeren nicht glaubwürdig genug) geleistet werden.

Eine massive Unkenntnis und daher Fehlinterpretation zeigt sich nach *Helsper* (1991) insbesondere an dem zwar quantitativ marginalen aber medial sehr hochstilisierten Phänomen der sog. ‚Grufties' und der ‚Satanisten'. Nach *Helspers* (Einzelfall-)Forschungen sind sie keineswegs eine ‚okkulte Jugendreligion', sondern eine „um Vorstellungen von Individualität, Autonomie, Toleranz und Gewaltfreiheit zentrierte *Jugendkultur,* die ihre zentralen Probleme — Sinnlosigkeit,... düstere Lebensgefühle und Todesgedanken — symbolisch" ausagiert, wobei es bei vielen „um die *Brechung* eines sozialisatorisch erworbenen religiösen Codes" und damit um die „kritische Auseinandersetzung mit der institutionalisierten Religion" geht (*Helsper* 1991). Grufties verwendeten zwar spielerisch religiöse und okkulte Elemente, so *Helspers* Interpretation, sperrten sich damit aber zugleich gegen die Vereinnahmung durch einen konsistenten, *übergreifenden* religiösen Sinn. In der Biographie Jugendlicher, die mit *satanistischen* Praktiken in Berührung gekommen waren, dominierten die „Erfahrung von Inkonsistenz, Vertrauensverlust, Ablehnung und teilweise sogar Haß von Seiten der zentralen Bezugsperson" (ebda). Die ‚satanistisch' inspirierten Praktiken solcher Jugendlichen sind wesentlich von religiösen Codes abhängig, die überwiegend in traditional, auch christlich-fundamentalistisch geprägten Lebens- und Erziehungsmilieus vorfindlich sind. Sie scheinen also eher durch gegenmodernistische Milieus erzeugt zu sein.

(5) Insgesamt zeigt sich in religionssoziologisch-funktionaler Analyse: *Ganzheitliche* Sinnverortung ist — im Gegensatz zu den (älteren) aktiven Sympathisanten der NRB / NA — eher atypisch für die Beschäftigung Jugendlicher mit dem Okkulten. Ihnen geht es um „Erlebnisintensität", um den „Okkultflip oder Okkultthrill" (*Helsper* 1991). Bei gleichzeitiger Befriedigung von jugendspezifischer Neugier wird Okkultes und Magisches zum ‚Material' für die spielerische Montage **('Bricolage')** von (auch religiösen) Sinnelementen als Selbsterfahrungsbausteinen des Alltags, wobei man angesichts der heute für Jugendliche durchaus auch beschwerlichen Vielfalt, Gleichzeitigkeit und Inkonsistenz sozial-kultureller und biographisch-individuell zu konzipierender Lebensentwürfe (vgl. *Olk* 1988) „keinem Ganzheitsentwurf mehr traut und ohne Einengungsgefühle begegnen kann." (Helsper 1991) Das Interesse Jugendlicher an der sehr ausschnitthaften und in der Regel kurzzeitigen Partizipation an okkulten Praktiken wird über die damit vermittelte Erlebnisintensität zu nur einem von mehreren Elementen ihrer „Weltaufordnungs-Kategorien" (*Claessens*). Es ist eher Ausdruck der Ablehnung ‚ganzheitlicher' Sinnangebote einer alternativen Religion, als daß es für eine neue und konsistente Verfaßtheit von Religiosität bei Jugendlichen zeugt.

4 Zusammenfassung: Synkretismus, individuelle Bricolage und das Bedürfnis nach Religiösem: Jugend am Ende des Jahrhunderts

Die kirchlich-konfessionspolitisch geprägte Debatte der letzten 30 Jahre ist intensiv von der Signatur der sog. **Säkularisierung** geprägt: Aus der Sicht der Kirchen ‚verursacht' sie die Abnahme großkirchlich geprägter Religiosität sowie die zunehmende Verweigerung des Gehorsams gegenüber einer doktrinal als konsistent behaupteten christlichen Semantik. Sie wird als Rückgang des Religiösen in der Gesellschaft schlechthin ausgegeben. Dieses bis in die sozialwissenschaftlichen Befragungskonzeptionen namhafter Demoskopieinstitute (besonders: IfD, *Allensbach*) hineinreichende Interpretament der Säkularisierung (vgl. dazu *Feige* 1990b), das nach Joachim Matthes nichts anderes darstellt als eine „stets in sich selbst zurücklaufende" Debatte, erhält seine moralisierende Schärfe durch den damit einhergehenden **Synkretismus-Vorwurf.** Dieser sichert „das religiöse Interpretationsmonopol derjenigen kirchlichen und theologischen Vertreter..., die sozusagen das Alleinvertretungsrecht des gegebenen ‚Hauptstroms' religiösen Glaubens und Verhaltens in Anspruch nehmen, demgegenüber sich Synkretismen als ,Anomie' erweisen. Es kann sich darin also auch die Weigerung etablierter Religion zum Ausdruck bringen, der eigenen Erneuerungsbedürftigkeit Rechnung zu tragen: Die Abwehr von Synkretismen erfüllt dann den ausgesprochen reduktiven Zweck, sich gegenüber von außen kommenden Bereicherungschancen zu immunisieren." (*Drehsen* 1990) Im Kontext des von den jungen Generationen des jüngsten Modernisierungsschubes wirksam durchgesetzen Autonomie- bzw. Individualitätsanspruchs ist es genau die „herrschaftspraktische Dimension" des monopolistisch ausgesprochenen Synkretimusverdachts, „die ... Synkretismus als wesentliches Element jugendlichen Protestverhaltens attraktiv macht: Gegenüber einer traditionellen und etablierten Religion ... bietet sich Synkretismusbildung als dezidierter Widerspruch und strategische Distanznahme geradezu an." (*Drehsen* 1990) Überdies: Gerade in der Phase der Identitätssuche bzw. -bildung eignet sich diese Verweigerung einer zugemuteten Identifizierung mit bestimmten *etablierten* Identitätsmustern hervorragend als Element von Bricolage-Techniken. Diese zeugen nicht nur vom Autonomieanspruch des heutigen Individuums. Sie sind heute für Jugendliche sogar *unerläßlich* angesichts der Erfahrung von unterschiedlich strukturierten Lebensbereichen, von Inkonsistenz und Pluralität ihrer Lebenswelt. Alle empirischen Daten zusammengenommen — also: die Signale der Ablehnung, Distanz und Zustimmung *innerhalb* der Institution Kirche ebenso wie feste Sektenzugehörigkeit als Minderheitenphänomen; das erst später einsetzende Interesse an den NRB / NA sowie das biographisch vorübergehende, private ,Ausprobieren' okkulter Techniken mit ihren hochintensiven und, angesichts der hohen Medienpräsenz im sonstigen Alltag, ,authentischen' Erlebnisqualitäten — zeigen doch all' dies: „Für die in dieser Lebenswelt aufwachsenden Jugendlichen ist es inzwischen selbstverständlich geworden, daß Sinn, Orientierung und Selbst-Identität nicht mehr abrufbar sind, sondern aus eigener Anstrengung generiert werden müssen und dabei doch stets vorläufig, relativ und revidierbar bleiben." (*Helsper* 1991) Das heißt: Auch wenn in okkult-mystischen Strömungen der Jugendkultur sich vielleicht eine strukturell vormoderne Sehnsucht nach Gewißheit ausdrücken mag, so ist diese doch eine *reflexiv* erzeugte. Sie entstammt nicht der unhinterfragbaren Tradition, und sie verbleibt im Horizont der Pluralität.

Insgesamt ist das Verhältnis von Jugend und Religion auf Seiten der Jugendlichen keineswegs als problematisch im Sinne eines defizitären Status zu beschreiben: Die Daten über Interessen und Aktivitäten belegen das Gegenteil, auch die aus dem innerkirchlichen Bereich. Das Problem liegt vielmehr — zum einen — in der Schwierigkeit eines Konzepts organisatorisch-institutioneller Flexibilität, die wegen des Individualitäts- und **Autonomieanspruchs** des einzelnen ein auf Dauer gestelltes (mithin: *institutionalisiertes* [!]) Angebot religiöser Deutung in Reichweite für den einzelnen bereithalten muß, ohne ihn zu fest in dauerhafte soziale Strukturen einzubinden. Zum anderen ist es ein Problem der religiösen (theologischen) Deutungskompetenz für moderngesellschaftliche Lebensbedingungen und -abläufe. Das gilt zumindest für jene, die zwar religiöse Reflexion nicht der modisch-wechselnden Beliebigkeit (z.B. US-kalifornischer Provenienz) überantworten wollen, die aber gleichwohl die notwendigen Reflexionsanstrengungen nicht durch einen immer schon vorauslaufenden Synkretismusverdacht gegenüber neuen religiösen Interessen, Abneigungen und rituellen Modifikationen von Traditionsbeständen blockieren wollen. ,Jugend' als steter Neuzugang zur sozialen Realität des Menschseins ist dafür eine ständige Provokation.

Literatur

Amtsblatt der EKD: Statistische Beilage Nr. 80 zum Heft 10 v. 15.10.87 / Statistische Beilage Nr. 85 zum Heft 6 v. 15.6.1989

Barz, H.: Religion ohne Institution? Opladen 1992

Ders.: Postmoderne Religion. Opladen 1992

Ders.: Postsozialistische Religion. Opladen 1992

Behnken, I. u.a.: Schülerstudie '90. Weinheim/München 1991

Berger, H. u.a.: Suche nach Sinn. ‚Jugendreligion' als Reaktion auf die gesellschaftliche Produktion von Leere. In: Schlicht, U., 1982, S. 134-164

Bizer, Chr.: Leere Kirchen — volle Hallen? In: Schmieder,T. / Schuhmacher,Kl., 1984, S.273-284

Bizer, Chr.: Jugend und Religion. In: Postoraltheologie 81 (1992), H. 4 (im Druck)

Dubach, A. / Campiche R.: JedeR ein Sonderfall? Religion in der Schweiz. Ergebnisse zweier Repräsentativbefragungen. Zürich 1992

Drehsen, V.: Vom Beat zur Bricolage. Synkretismus als jugendliches Protestverhalten. In: Greive, W. / Niemann, R. (Hrg.): Neu glauben? Religionsvielfalt und neue religiöse Strömungen als Herausforderung an das Christentum. Gütersloh 1990, S. 114-134

EKD, Kirchenamt, (Hrg.): Der Dienst der Evangelischen Kirche an der Hochschule. Eine Studie im Auftrag der Synode der EKD. Gütersloh 1991

Feige, A.: Kirchenaustritte. Eine soziologische Untersuchung von Ursachen und Bedingungen. Gelnhausen/Berlin 1976

Feige, A.: Erfahrungen mit Kirche. Daten und Analysen einer empirischen Untersuchung über Beziehungen und Einstellungen Junger Erwachsener zur Kirche. Hannover 1982

Feige, A. / Lukatis,I. und W.: Jugend auf dem Kirchentag. In: Schmieder, T., / Schuhmacher, Kl., (Hrg.): Jugend auf dem Kirchentag. Stuttgart 1984, S. 11-154

Feige, A. / Lukatis, I.und W.: Kirchentag zwischen Kirche und Welt. Auf der Suche nach Antworten. Eine empirische Untersuchung auf dem 21. Deutschen Evangelischen Kirchentag in Düsseldorf 1985. Berlin 1987

Feige, A.: Autonomie, Engagement, Distanz. In: Kaufmann, F.X. / Schäfers, B. (Hrg.): Religion, Kirche und Gesellschaft, Gegenwartskunde, Sonderheft 5, 1988, S. 161-182

Feige, A.: (1990a) Kirche auf dem Prüfstand. Die Radikalität der 18-20jährigen. In: Matthes,J. (Hrg.): Kirchenmitgliedschaft im Wandel. Untersuchungen zur Realität der Volkskirche. Gütersloh 1990, S. 65-98

Feige, A. (1990b): Kirchenmitgliedschaft in der Bundesrepublik Deutschland. Zentrale Perspektiven empirischer Forschungsarbeiten im problemgeschichtlichen Kontext der deutschen Religions- und Kirchensoziologie nach 1945. Gütersloh 1990

Gabriel, K.: Tradierungsprobleme einer bestimmten Religion? Religionssoziologische Anmerkungen zu den Umfragen des Instituts für Demoskopie Allensbach zum Religionsunterricht. In: Religionspädagogische Beiträge (1990) H. 25, Themaheft ‚Religionsunterricht', S. 18-31

Haack, F.W.: Satan — Teufel — Luzifer. Alter Aberglaube — neuer Satanskult. München 1987

Hanselmann, J., u.a., (Hrsg.): Was wird aus der Kirche? Ergebnisse der zweite EKD-Umfrage über Kirchenmitgliedschaft. Gütersloh 1984

Helsper, W. (Hrsg.): Jugend zwischen Moderne und Postmoderne. Opladen 1991

Helsper, W.: Okkultismus — Die neue Jugendreligion? Die Symbolik des Todes und des Bösen in der Jugendkultur. Opladen 1992

Hild, H. (Hrg.): Wie stabil ist die Kirche? Berlin/Gelnhausen 1974

Höffner, J.: Pastoral der Kirchenfremden, Eröffnungsreferat bei der Herbstvollversammlung der Deutschen Bischofskonferenz 1979 in Fulda. Bonn 1979

Hunger, H.: Evangelische Jugend und evangelische Kirche. Eine empirische Studie. Gütersloh 1960

Kaufmann, F.X.: Religion und Modernität. In: Berger, J. (Hrsg.): Die Moderne — Kontinutitäten und Zäsuren. Soziale Welt, Sonderband 4, Göttingen 1986, S. 283-310

Kaufmann, F.X.: Auf der Suche nach den Erben der Christenheit. In: Ders.: Religion und Modernität. Tübingen 1989, S. 70-88

Keil, S.: Religiöse Überzeugungen und kirchliche Partizipation der Jugend. In: Nave-Herz, R. / Markefka, R. (Hrsg.): Handbuch der Familien- und Jugendforschung, Bd. 2: Jugendforschung. Neuwied / Frankfurt 1989, S. 665-680
Köcher, R.: Die Entfremdung zwischen Jugend und Kirche. In: Allensbacher Berichte (1982) H.4; ebenfalls in: Herderkorrespondenz (1981) H.9, S. 443-446
Kuenzlen, G.: New Age — ein neues Paradigma? In: Materialdienst der Ev.Zentralstelle für Weltanschauungsfragen (EZW), 1986, S. 28-38
Kutz, J.: Intensität und Aktualität von Einstellungen und Werthaltungen Junger Erwachsener im Kontext kirchlich-religiöser und christlich-ethischer Normvorgaben. In: Feige, A., 1982, S. 180-200
Lange, G.: Religiöses Bewußtsein DDR-Jugendlicher. In: Friedrich, W. / Griese, H. (Hrsg.): Jugend und Jugendforschung in der DDR. Gesellschaftspolitische Situationen, Sozialisation und Mentalitätsentwicklung in den 80er Jahren. Opladen 1991, S. 154-162
Lämmermann, G.: Kirche und Religion im Bewußtsein von Arbeiterjugendlichen. In: Ders.: Kirche-Arbeiter-Arbeiterjugend. Stuttgart 1982, S. 109-153
Lukatis, I. / Lukatis, W.: Jugend und Religion in der BR Deutschland. In: Nembach, U., 1987, S. 107-144
Lukatis, I. / Lukatis, W.: Protestanten, Katholiken und Nicht-Kirchenmitglieder. Ein Vergleich ihrer Wertorientierungsmuster. In: Daiber, K.-F., (Hrg.): Religion und Konfession. Studien zu politischen, ethischen und religiösen Einstellungen von Katholiken, Protestanten und Konfessionslosen in der BR Deutschland und in den Niederlanden. Hannover 1989, S. 17-71
Matthes, J.: Kirche und Jugend in der BR Deutschland. In: Affolderbach. M. / Kirchhoff, H.U. (Hrsg.): Miteinander leben lernen. Zum Gespräch der Generationen in der christlichen Gemeinde. Gütersloh 1985, S. 98-113
Mischo, J.: Okkultpraktiken Jugendlicher. Ergebnisse zweier empirischen Untersuchungen. In: EZW-Materialdienst, (1989) H.3, S. 65-82
Mokrosch, R.: Jugend '85 und christlicher Glaube. In: Der Evangelische Erzieher (1985), H.6, S. 561-580
Müller, U.: Ergebnisse einer Umfrage unter bayrischen Schülern und Schülerinnen zu Okkultismus und Spiritismus. Regensburg 1989
Nembach, U.(Hrg.): Jugend und Religion in Europa. Frankfurt 1987
Niggli, A.: Familie und religiöse Erziehung in unserer Zeit. Bern 1988
Niggli, A.: Lebensbewältigung als Bindeglied zwischen Familie und Religionsunterricht. In: Schweizer Schule (1990), H.1, S. 19-23
Nipkow, K.E.: Neue Religiosität, Jugend und Sinnfrage. In: Hornstein, W., u.a. (Hrsg.): Jugend ohne Orientierung? Weinheim / Basel ^{2}1983, S. 29-42
Nipkow, K.E.: Erwachsenwerden ohne Gott?: Gotteserfahrung im Lebenslauf. München 1987
Olk, Th.: Gesellschaftstheoretische Ansätze in der Jugendforschung. In: Krüger, H.-H. (Hrsg.): Handbuch der Jugendforschung. Opladen ^{1}1988, S. 113-134
Schlicht, U. (Hrsg.): Trotz und Träume. Jugend lehnt sich auf. Berlin 1982
Schmieder, T. / Schuhmacher, Kl. (Hrsg.): Jugend auf dem Kirchentag. Stuttgart 1984
Schmidtchen, G.: Zwischen Kirche und Gesellschaft. Freiburg 1972
Schmidtchen, G.: Gottesdienst in einer rationalen Welt. Stuttgart / Freiburg 1973
Schmidtchen, G.: Sekten und Psychokultur. Reichweite und Attraktivität von Jugendreligionen in der BR Deutschland. Freiburg 1987
Schorch, C.: Die New-Age-Bewegung. Utopie und Mythos der neuen Zeit. Gütersloh 1988
Schulze-Berndt, H. / Viertelhaus, W. / Weidinger, N.: Neue Religiöse Bewegungen innerhalb und außerhalb der Kirchen. München 1986
Schuster, R.: Was sie glauben. Texte von Jugendlichen. Stuttgart 1984
Schweitzer, F.: Lebensgeschichte und Religion. Entwicklung und Erziehung im Kindes- und Jugendalter. Frankfurt 1987
Seifert, M.J.: Jugendsekten in modernen Industriegesellschaften. In: Kaufmann, F.X. / Schäfers, B. (Hrsg.), 1988, S. 183-202
Shell-Studie: Jugendliche und Erwachsene '85. Generationen im Vergleich. Bde. 1 und 4, Opladen 1985

Siegert, M.: Die Attraktion der neuen Kulte. In: Wasmund, Kl. (Hrsg.), 1982, S. 173-185
SPI [Schweizerisches Pastoralsoziologisches Institut] (Hrsg.): Junge Eltern reden über Religion und Kirche. Zürich 1986
SPI: Religiöse Lebenswelt junger Eltern. Zürich 1989
Stenger, H.: Der ‚okkulte' Alltag. Beschreibungen und wissenssoziologische Deutungen des ‚New Age'. In: Zeitschrift für Soziologie (1989), H.2, S. 119-135
Stenger, H.: Ein typologischer Versuch zu den Sinnstrukturen des ‚New Age'. In: Soziale Welt (1990), H.1, S. 383-403
Stenger, H.: Satan, Selbsterfahrung und Subjekt. Zum okkulten Interesse Jugendlicher. In: Helsper, W. (Hrsg.), 1991, S. 133-146
Urban, D. / Weinzen, H.W.: Jugend ohne Bekenntnis? 30 Jahre Konfirmation und Jugendweihe im anderen Deutschland 1954-1984. Berlin 1984
Wasmund, Kl. (Hrsg.): Jugendliche — Neue Bewußtseinsformen und politische Verhaltensweisen. Stuttgart 1982
Waßner, R.: Neue Religiöse Bewegungen in Deutschland. Ein soziologischer Bericht. In: EZW-Texte [EZW = Evangelische Zentralstelle für Weltanschauungsfragen, Stuttgart], Information Nr.113, I/1991
Wölber, H.-O.: Religion ohne Entscheidung. Göttingen 1959
Zinser, H.: Okkultismus unter Berliner Schülern (West). In: EZW-Materialdienst (1990), H.10, S. 273-290
Zinser, H.: Okkulte Praktiken unter erwachsenen Schülern des Zweiten Bildungsweges in Berlin (West). In: EZW-Materialdienst (1991), H.6, S. 176-189
Zimmerli, W.Chr.: Wie neu ist die neue Religiosität? In: Oelmüller, W. (Hrsg.): Wiederkehr von Religion? Paderborn 1984, S. 9-24
Zulehner, P.M.: Vom Untertan zum Freiheitskünstler. Religion im Leben der Österreicher 1970 — 1990. Wien 1991

Burkhard Müller

Jugend in sozialpädagogischen Institutionen

1 Zum Begriff „sozialpädagogische Institutionen"

„Sozialpädagogische Institutionen sind, einer Definition *Gertrud Bäumers* folgend, „alles, was Erziehung, aber nicht Schule und nicht Familie ist" (1929a, S. 1). Solche Institutionen sind „... ein System gesellschaftlicher Leistung für die gesunde und normale wie für die gefährdete Jugend ..." (*Bäumer* 1929b, S. 217). Ihr Ziel ist, gemäß dem § 1 des **Jugendwohlfahrtsgesetzes** (JWG) — dessen erste Fassung im Reichsjugendwohlfahrtsgesetz von 1922 *Bäumer* wesentlich mitgestaltet hat —, „jedem deutschen Kind" eine Erziehung zur geistigen, seelischen und gesellschaftlichen Tüchtigkeit zu garantieren.

Das seit 1991 an dessen Stelle getretene Kinder- und Jugendhilfegesetz (KJHG) formuliert an dieser Stelle: „Jeder junge Mensch hat ein Recht auf Förderung seiner Entwicklung und auf Erziehung zu einer eigenverantwortlichen und gemeinschaftsfähigen Persönlichkeit" (§ 1 Abs. 1).

Mit diesen Stichworten sind schon wesentliche Strukturmerkmale solcher Institutionen benannt. Sie sind dadurch geprägt, daß sie anderen sozialisatorischen Instanzen zu- bzw. nachgeordnet sind: Neben Familie und Schule gehört dazu das System beruflicher Bildung und — als Grenzwächter mißlingender Sozialisation — auch die Systeme von Justiz und Gesundheitswesen. Nachgeordnet heißt vor allem, daß sie sozialpolitisch auf Folgeschäden bzw. die Lücken dieser anderen Instanzen zugeordnet sind, in der Ressourcenverteilung entsprechend nachrangig behandelt werden, so daß insgesamt von einer eigenständigen Jugendpolitik, die sich in der Gestaltung dieser Institutionen niederschlägt, nur sehr eingeschränkt die Rede sein kann (vgl. *Böhnisch / Schefold* 1980, Böhnisch u.a. 1980; *Hornstein* u.a. 1982).

Zum anderen benennt die doppelte Orientierung auf die „gesunde und normale" wie auf die „gefährdete" Jugend ein inneres Spannungsverhältnis dieser Institutionen, das als eine Art Leitmotiv ihrer Geschichte wie auch ihrer gegenwärtigen Struktur und Dynamik verstanden werden kann.

Schließlich kann die Einschränkung auf die „deutsche Jugend" als Adressaten dieser Institutionen ein Hinweis darauf sein, daß es hier um ein Phänomen unserer spezifischen, historisch geprägten Gesellschaftsformation geht (auf die sich die folgende Darstellung beschränkt). Die Erweiterung des Adressatenkreises im KJHG auf „jeden" jungen Menschen verweist auf den historischen Wandel eben dieser Formation, die zur tendentiell „multikulturellen Gesellschaft" geworden ist.

Nach der Einteilung des 8. Jugendberichts (*BMJFFG* 1990, S. 94ff.) gliedern sich die unter dem Sammelbegriff **Jugendhilfe** gefaßten Institutionen in: Tageseinrichtungen für Kinder, Familienbildung, Jugendarbeit, schul- und arbeitsbezogene Jugendhilfe und Erziehungshilfen. Auch wenn die beiden ersten „Tätigkeitsfelder", als nur im erweiterten Sinne mit „Jugend" befaßt, im folgenden außer betracht bleiben sollen, geht es um eine verwirrende Fülle von Institutionen.

Was haben die Jugendverbände, die Jugendmusikschulen, das Deutsch-Französische Jugendwerk mit Heimerziehung, mit Jugendstrafvollzug oder mit Rehabilitationsketten für jugendliche Drogenabhängige zu tun? Inwiefern ist es sinnvoll, die Maßnahmen des Jugendschutzes und die Arbeit eines kommunalen Jugendzentrums, die ambulante Betreuung jugendlicher Cliquen (streetwork), die Betreuung von Lehrlingswohnheimen, die Erziehungsberatungsstelle des Jugendamtes und die Jugendbildungsstätte auf dem Land oder die Programme zur Berufsgrundbildung arbeitsloser Jugendlicher, auf einen Nenner zu bringen?

Der Begriff **„Jugendhilfe"**, der sich auf das gesamte Spektrum von Aktivitäten staatlicher (bzw. kommunaler) wie „freier" (aber staatlich subventionierter) Träger bezieht, verweist auf gemeinsame gesetzliche Grundlagen, insbesondere das JWG und heute das KJHG.

Die mit diesem Gesetz geschaffenen Institutionen der **Jugendämter** und Landesjugendämter sowie die ihnen zugeordneten Jugendwohlfahrtsausschüsse, sind die wichtigsten Schaltstellen, über die das Leistungssystem Jugendhilfe koordiniert wird, sowohl im Blick auf das Verhältnis staatlicher und freier Leistungsträger, als auch im Blick auf das Verhältnis von **„Erziehungshilfen"** und **„Jugendarbeit"**; schließlich auch im Blick auf die Anwendung anderer einschlägiger Gesetze und Verordnungen (Ausführungsgesetze und Jugendbildungsgesetze der Länder, Jugendgerichtsgesetz, BSHG, Bundes- und Landesjugendpläne etc.).

Die gängige Einteilung der auf diesen Grundlagen ausdifferenzierten Institutionen in **„Erziehungshilfen"** und **„Jugendarbeit"** folgt der historisch gewachsenen Unterscheidung von *„jugendfürsorgerischen"* und *„jugendpflegerischen"* Maßnahmen. Sozialpädagogische Handlungsfelder i.e.S., die sich an besondere „Problemjugendliche" wenden (z.B. Heimerziehung, Drogenberatung, Jugendgerichtshilfe) werden damit von Institutionen unterschieden, die allgemeine Freizeit- und Bildungsangebote machen (z.B. Jugendverbände, Jugendhäuser). Der Abgrenzung kommt entgegen, daß **Jugendhilfe** im Sinne des KJHG gewollt quer zur sozialstaatlichen Struktur liegt, sofern Jugendarbeit, Jugendverbände etc. als erweiternder Anhang des Bildungssystems begriffen werden können, während die i.e.S. sozialpädagogischen Institutionen Teil der „freien" und staatlichen „Wohlfahrt" sind. So ist vielleicht kein Zufall, daß Angebote, die beides zu verklammern beanspruchen (z.B. Schulsozialarbeit oder der „erzieherische Kinder- und Jugendschutz" (KJHG § 14), kaum ausgebaut sind.

Es kann, wie im folgenden zu diskutieren ist, aus der Perspektive von Jugendarbeitern und -verbänden ratsam erscheinen, diese Grenze scharf zu ziehen und vor einer **„Sozialpädagogisierung" der Jugendarbeit** zu warnen. (vgl. *Giesecke* 1984; vgl. u. Abschn. 3). Demgegenüber hält die gängige Literatur zur Jugendhilfe (z.B. *Kreft/Mielenz* 1980, *Jordan/Sengling* 1977, *Hornstein* u.a. 1982, *8. Jugendbericht* 1990) an einem weiten Begriff fest, verweist zugleich aber auf seine disparaten Gehalte, die von den gängigen Definitionsversuchen eher illustriert als erhellt werden.

„Der Begriff Jugendhilfe umfaßt eine Vielzahl von Einrichtungen, Maßnahmen, Aktivitäten, gesetzlichen Regelungen und Bestrebungen innerhalb des Erziehungssystems, die zwar nicht ohne weiteres auf einen gemeinsamen Nenner zu bringen sind, aber doch sämtlich der gesellschaftlichen Einordnung und Aktivierung der jungen Generation dienen." (2. *Jugendbericht* 1968)

„Sie trägt dazu bei, dem Erziehungsanspruch des jungen Menschen, der durch Elternhaus, Schule und Berufsausbildung allein häufig nicht erfüllt werden kann, gerecht zu werden. Jugendhilfe gehört mit ihren verschiedenen Aufgaben sowohl zur gesellschaftlichen Daseinsvorsorge als auch zum Bildungswesen" (*Bund-Länder-Kommission* 1974, zit. bei *Jordan / Sengling* 1977, S. 13).

Dies jugendpolitische, programmatische Verständnis ist aber nicht nur eine Erweiterung des Begriffs der **Jugendhilfe**, sondern zugleich dasjenige Element, das überhaupt einen einheitlichen Begriff von Jugendhilfe, ermöglicht. Der unklare Begriff von Jugendhilfe rührt vor allem daher, daß diese Programmatik umstritten ist — nicht so sehr, was ihre Wünschbarkeit, als was den Glauben an ihre Realisierbarkeit angeht. Der weite Begriff von Jugendhilfe bzw. von *„offener Jugendhilfe"* ist selbst schon Programm! *Böhnisch* (1984) behandelt diese Programmatik als bereits Geschichte gewordenes Projekt der 70er Jahre, wenn er davon spricht, daß sie die „Offene Jugendarbeit" geradezu zum „strategischen Ort" der gesamten Jugendhilfe gemacht habe (1984, S. 515).

„Das heißt, in den Modellen der Offenen Jugendarbeit wurden nicht nur neue Methoden und lebensweltliche Zugänge der Jugendarbeit erprobt, sondern darüber hinaus auch die Möglichkeit präventiver und offener Interventionen im Hinblick auf eine Reform der klassischen Jugendfürsorge erkundet. Diese sollte ja „problemelastischer" werden und ihren Ausschließungs- und Stigmatisierungscharakter verlieren. Entsprechend breit ist die „Modellpalette". Sie reicht von den verschiedensten Jugendclub- und Gemeinwesenmodellen über Medien- und Zeitungsprojekte, Beratungsstellen, Jugendcafés, mobile Jugendarbeit bis hin zur Drogenprävention, Integration ausländischer Jugendlicher und der Offenen Arbeit mit Randgruppen." (1984, S. 515)

Aus der Fülle der praxisbeschreibenden Literatur, die diese „Modellpalette" hervorgebracht hat, können hier nur einige der wichtigsten Titel stellvertretend genannt werden: *Held*, 1974; *Kraußlach* u.a. 1976; *Aly* 1977; *Akpinar* u.a. 1977; *Bienwald* u.a. 1978; *Hoppe* u.a. 1979; *Miltner* 1982; *Wortmann / Berg* 1983; *Specht* 1987; schließlich und vor allem der *5. und 8. Jugendbericht* 1982, 1990).

Während der 5. Jugendbericht einerseits an der Programmatik der Einheit der Jugendhilfe emphatisch festhielt, andererseits deren Realisierungschancen eher skeptisch beurteilte, breitet der 8. Jugendbericht die ganze „Modellpalette" als differenzierte Vielfalt aus und unterstellt gleichsam als selbstverständlich, daß jedes Angebot der Jugendhilfe immer nur Teile „der Jugend" erreicht.

Ehe die Diskussion des Selbstverständnisses der Jugendhilfe anhand des „strategischen" Beispiels *„Offene Jugendarbeit"* fortgeführt wird, soll der zentrale Punkt der Auseinandersetzung benannt und aus historischer Perspektive beleuchtet werden. Zunächst aber wird ein quantitativer Überblick versucht.

2 Quantitativer Überblick über Jugendhilfe

Der Vielfältigkeit der **Jugendhilfe** entsprechend ist es nicht ganz einfach, einen quantitativen Überblick über dieses Leistungssystem zu bekommen. Grundlage hierfür ist, abgesehen von den Statistiken der Freien Wohlfahrtsverbände und einschlägigen Daten aus dem Mikrozensus, vor allem die entsprechende Fachserie des Statistischen Bundesamtes (*StBA* 1988), die seit 1982 (letzter Erhebungsstichtag 31. 12. 1986) das ganze Spektrum der Jugendhilfe-Einrichtungen — einschließlich der Jugendarbeit — erfaßt. Demnach gibt es derzeit ca. 26000 Einrichtungen der Jugendhilfe (ohne Kindergärten). Dazu gehören u.a. ca. 5400 Jugendheime; ca. 3700 Jugendzentren (Häuser der offenen Tür u.ä.); über 3000 Horte; über 1600 Erziehungs-, Jugend-, Familien- und Drogen/Sucht-Beratungsstellen; ca. 1500 Heime für Kinder und Jugendliche (wozu noch 550 betreute Wohngemeinschaften und Wohngruppen kommen); 860 Heime und Tagesstätten für behinderte Kinder und Jugendliche; 760 Jugendwohnheime; ca. 900 Jugendbildungs- und -tagungsstätten sowie Jugend-Übernachtungshäuser und schließlich 468 Jugendämter (*StBA* 1988, S. 18f.) — das Ganze ohne die neuen Bundesländer, die aus dieser Darstellung ausgeklammert bleiben.

Blickt man auf die Mitarbeiterzahlen, so verschiebt sich das Bild. Von den ca. 167000 in der Jugendhilfe tätigen Personen (ohne Kindergärten) arbeiten u.a.: in Jugendheimen knapp 1600; in Jugendzentren u.ä. 13900; in Horten ca. 12850. Demgegenüber arbeiten in der Heimerziehung ca. 35000; in Heimen und Tagesstätten für Behinderte ca. 20000; in Jugendämtern ca. 22500; in Beratungsstellen ca. 9400 und in Jugendwohnheimen ca. 11300 (*StBA* 1988, S. 18f.).

Das quantitative Gewicht der Einrichtungen **offener Jugendarbeit** täuscht also. Ca. 15000 Mitarbeiter und Mitarbeiterinnen in diesem Bereich, wovon nur ca. 8500 vollzeittätig sind (*StBA* 1988, S. 44f.), stehen ca. 82000 Mitarbeiter und Mitarbeiterinnen in Einrichtungen gegenüber, die im engen Sinn mit sozialpädagogischen Aufgaben befaßt sind.

Vergleicht man das Gewicht freier und öffentlicher Trägerschaft miteinander, so sind (wenn man die Mitarbeiter und Mitarbeiterinnen von Kindergärten, Krippen und Ämter beiseite läßt) bei öffentlichen Trägern ca. 33000 und bei freien Trägern ca. 90000 Mitarbeiter und Mitarbeiterinnen beschäftigt, während privatgewerbliche Träger kaum ins Gewicht fallen. Die öffentliche Trägerschaft überwiegt nur bei den **Jugendzentren** und den Horten (*StBA* 1988, S. 24f.).

Erwähnenswert ist noch, daß die Jugendhilfe auch ohne Kindergartenbereich mehr als doppelt soviele weibliche wie männliche Beschäftigte aufweist (im Heimerziehungs- und Behindertenbereich ist das Übergewicht fast dreifach). Jugendzentren sind der einzige Bereich, in dem Männer überwiegen (*StBA* 1988, S. 30ff.).

Diese Zahlen besagen zunächst, daß die **Jugendhilfe** im sozialstaatlichen Gefüge einen Platz einnimmt, der im Vergleich zu den großen Blöcken des Sozialbudgets (z.B. Gesundheits-, Arbeitslosigkeits-, Alterssicherung) bzw. des Bildungssystems nachrangig aber doch nicht unerheblich ist. Die *Prognos*-Studie zur Entwicklung der Wohlfahrtsverbände (1984, S. 34) beziffert das Leistungsvolumen für 1982 auf 7,6 Mrd. bei jährlich nominalen Steigerungsraten von 7,9 % zwischen 1977 und 1982.

Darüber hinaus lassen sich mit einiger Sicherheit folgende Aussagen machen:

— Einrichtungen der **Jugendarbeit** haben sich seit den 60er Jahren stark ausgebreitet (vgl. *Hornstein* u.a. 1982, S. 193; vgl. *Brenner* 1986). Vor allem: „die quantitative Zunahme hauptamtlicher Mitarbeiter ist beeindruckend" (*Münchmeier* 1980, S. 118). *Hornstein* u.a. (1982, S. 194ff.) leiten daraus einen Trend zur Pädagogisierung und Professionalisierung ab; dieser hat allerdings, wenn Mitarbeiterzahlen der wesentliche Indikator sind, noch lange nicht den Grad anderer Bereiche der Jugendhilfe erreicht. Die überwiegende Mehrzahl offener Jugendeinrichtungen verfügt nach wie vor nicht über „Mitarbeiter". Erkennbar ist, daß sich allmählich ein flächendeckendes (wenn auch nicht schon bedarfsgerechtes) Angebot an Jugendpflegeeinrichtungen ausgebildet, das sich etwa von dem lückenhaften, auf städtische Regionen konzentrierten Angebot der 60er Jahre deutlich abhebt (vgl. *Lüdtke* 1972, S. 36f.). Allerdings weist die Statistik, zumindest was die Mitarbeiterzahlen betrifft, das alte Gefälle auf.
  Zwar weisen inzwischen z.B. Bayern oder Rheinland-Pfalz ein eindrucksvolles Netz von ca. 2200 bzw. 680 Einrichtungen der offenen Jugendarbeit aus — gegenüber ca. 300 in Berlin-West, 275 in Hamburg und 75 in Bremen. Dennoch liegt die Mitarbeiterzahl in Bayern mit 880 niedriger als in Berlin oder Hamburg (1369 bzw. 1414) (vgl. *StBA* 1988, S. 109f.). Im ganzen scheint die öffentliche Verantwortung für dieses Feld zunehmend selbstverständlicher zu werden, auch wenn mancherorts noch Nachhutgefechte alter Auseinandersetzungen geführt werden, daß Jugendarbeit Sache von Verbänden und Vereinen sei und die öffentliche Hand hier nichts zu suchen habe.
— Der Bereich der Heimpflege und „freiwilligen **Erziehungshilfe**" expandiert ebenfalls weiter, auch wenn die klassische „Fürsorgeerziehung" an Boden zu verlieren scheint (vgl. *Prognos* 1984, S. 34f.). *Eyferth* konstatiert demgegenüber einen starken Rückgang der Zahlen heimuntergebrachter Kinder und Jugendlicher von ca. 91000 im Jahr 1969 auf ca. 62000 im Jahr 1980 (1984, S. 489). Die neuere Erhebung des statistischen Bundesamtes (1988, S. 22) bestätigt diesen Trend insofern, als sie ca. 56000 Heimplätze (incl. Nebenformen wie Wohngemeinschaften etc. ohne Behinderteneinrichtungen) ausweist. Die Diskrepanz dieser Zahlen zur Kostenentwicklung macht fraglich, ob sich die gesunkenen Fallzahlen wirklich einer Reformpraxis der Jugendämter (vgl. *Eyferth* 1984) oder nicht schlicht einer Kostenexplosion auch in der Heimerziehung verdanken (die eine Reduzierung der Heimplätze erzwungen hat. Sie kann natürlich ihrerseits als Indikator einer Reformpraxis innerhalb der Heimerziehung — z.B. Verbesserung der Personalschlüssel, therapeutische und Bildungsangebote etc. — interpretiert werden.)

Analysen von Jugendamtsakten (vgl. *Wurr* u.a. 1984, S. 250ff.) legen nahe, daß die „klassischen" Heimerziehungsparagraphen des JWG (freiwillige Erziehungshilfe und Fürsorgeerziehung, §62ff.) in der Praxis schon längere Zeit von den „weicheren" „Hilfen zur Erziehung" nach §§5 und 6 JWG verdrängt worden waren, also von gesetzlichen Handhaben, die keinen Eingriffscharakter haben und von der „allgemeinen" Förderung der Jugend nicht scharf abgegrenzt sind. Das KJHG, das nur noch „Hilfen zur Erziehung" kennt, zieht daraus nur die Konsequenz. Dem entspricht, daß die Einweisungskriterien zunehmend weniger auf die „individuelle" und zunehmend mehr auf die „soziale (familiale) Problematik" der Einzelfälle abheben (vgl. *Wurr* u.a. 1984, S. 255, vgl.

auch *Hornstein* u.a. 1982, S. 174ff.). Hier allerdings könnte sich die skizzierte Reformprogrammatik niedergeschlagen haben.

Aus den vorliegenden Zahlen kaum entscheidbar ist die Frage, ob die seit Ende der 60er Jahre fachlich unbestrittene Reformperspektive einer „Öffnung" der Heimerziehung und ihrer Vernetzung mit offenen Hilfsangeboten (vgl. *Bäuerle / Markmann* 1974; *Fühne* u.a. 1979; *Müller*, B. 1982; *Tegethoff* 1985; *Klatetzki / Winter* 1990) vorankommt, oder ob der 5. Jugendbericht Recht hat, der konstatiert, daß sich an der „Isolation der Erziehungshilfe von anderen gesellschaftlichen Bereichen" wenig geändert habe (*Hornstein* u.a. 1982, S. 173), insbesondere dort, wo es nicht um Kinder sondern „um die sozialpädagogische und sozialpädagogisch-therapeutische Resozialisierung auffälliger oder von Kriminalisierung bedrohter Jugendlicher geht" (*Hornstein* u.a. 1982, S. 176).

Unverkennbar ist dennoch, daß sich zwischen den klassischen Bereichen von Jugend-*„Wohlfahrt"* und *„-Fürsorge"* ein Bereich der *„offenen Hilfen"* entwickelt hat (vgl. *Hornstein* u.a. 1982, S. 176ff.; *8. Jugendbericht*, S. 119 - 158), der weder der einen noch der anderen Seite eindeutig zuzuordnen ist, sondern beide in gewisser Hinsicht verklammert. Quantitativ greifbar wird er z.B. in den verschiedenen Beratungsinstitutionen. Darüber hinaus werden *„offene Hilfen"* als eigenständige Größe faßbar, wenn man die Aufschlüsselung der Bundesstatistik nach Arbeitsbereichen der in der Jugendhilfe tätigen Personen (statt nach Einrichtungen) zu Rate zieht (vgl. *StBA* 1988, S. 64f.). Zu den 7884 Personen, die in Arbeitsbereichen institutionalisierter Beratung tätig sind, sind demnach noch über 9000 weitere hinzuzuzählen, deren Arbeitsbereich als „offene sozialpädagogische Einzel- und Gruppenarbeit", „Jugendsozialarbeit", „Sozialpädagogische Familienhilfe" und „Familienbildung im Rahmen der Jugendhilfe" sowie als „präventiver Jugendschutz" bezeichnet werden. Die klassischen ambulanten Dienste des **Jugendamtes** wie „allgemeiner Sozialdienst", „Erziehungsbeistandschaft", „Jugendgerichtshilfe" etc. sind dabei nicht mitgerechnet. Die quantitative Bedeutung dieses Bereichs der *„offenen Hilfen"* entspricht demnach mindestens dem der offenen Jugendarbeit und Jugendbildung, wobei zusätzlich ins Gewicht fällt, daß auch die Institutionen der offenen Jugendarbeit und Jugendbildung zunehmend mit der Erwartung konfrontiert werden, solche Hilfen zu leisten, wie insbesondere der 5. Jugendbericht herausgearbeitet hat. In dieser Erwartung steckt ein konzeptionelles Grundproblem der Jugendhilfe, das im folgenden zu diskutieren ist.

3 Der „Doppelcharakter" von Jugendhilfe und seine geschichtlichen Wurzeln

Die folgenden Überlegungen zielen vor allem darauf, die Frage nach der Einheit von **Jugendhilfe** als konzeptionelles Problem zu entwickeln. Auf eine ausgefächerte Darstellung der Handlungsformen von Jugendhilfe wird dabei verzichtet, um das durchgängige Thema des Verhältnisses von Jugendlichen und sozialpädagogischen Institutionen schärfer faßbar zu machen.

Die Darstellung konzentriert sich auf **Jugendarbeit**, insbesondere kommunale, *„offene" Jugendarbeit* sowie auf die von Jugendverbänden und anderen „freien Trägern" erbrachten offenen Angebote (Jugendclubs, Teestuben, Freizeiten etc.), die strukturell ähnlichen Bedingungen unterliegen (vgl. *Lenz* 1987, *Müller* 1991). Sie eignet sich insofern als Modellfall, als in ihr der „Doppelcharakter" von Jugendhilfe besonders klar zutage tritt.

> „Es geht ihr einerseits um „Emanzipation" in dem Sinne, daß sie Lerngelegenheiten und Hilfestellung zur selbständigen Auseinandersetzung mit den gesellschaftlichen Bedingungen des Jugendalters bieten will; sie dient darin jedoch gleichzeitig der kompensatorischen Bearbeitung der Mängel und Widersprüche dieser Bedingungen und damit der Reproduktion und Stabilisierung der gegebenen gesellschaftlichen Verhältnisse" (*Münchmeier* 1980, S. 120f.).

Mit Verweis auf diesen Doppelcharakter hat *Giesecke* der **Jugendarbeit** insgesamt Konzeptionslosigkeit vorgeworfen. Sie habe „kein tragfähiges Selbstverständnis, wozu sie eigentlich da und nütze sein könne" (1984, S. 446); und ihr fehle eine dazu passende „Theorie" „im Sinne einer von der Öffentlichkeit zugeschriebenen allgemeinen Bedeutung" (*Gieseckes* Polemik zielt auf den Tatbestand, daß Jugendarbeit heute wieder in verstärktem Maße mit der Erwartung konfrontiert wird, Problembearbeitungsinstanz für „gefährdete", „verhaltensauffällige", arbeitslose und „schwer vermittelbare" Jugendliche zu sein, d.h. insgesamt zur „kompensatorischen Bearbeitung" der mangelhaften Sozialisationsbedingungen Jugendlicher in Anspruch genommen wird, ohne dafür die adäquaten Mittel in der Hand zu haben (vgl. *Hornstein* u.a. 1982, S. 44f.). *Giesecke* antwortet auf diese Zumutungen mit der Warnung — vor allem an die Adresse der Jugendverbände — vor der „weiteren **Sozialpädagogisierung** der Aufgaben der **Jugendarbeit**" (1984, S. 44) und mit der Empfehlung, die „sozialpädagogische Versorgung von Randgruppen" den Wohlfahrtsverbänden zu überlassen (1984, S. 443) — um so die Autonomie der pädagogischen Ziele von Jugendarbeit für die übrigen Jugendlichen zu retten.

Diese Auseinandersetzung ist keine beliebige Episode, sondern kann im Horizont eines seit den Anfängen der Jugendarbeit ungelösten pädagogischen Dilemmas interpretiert werden. Faßbar sind diese Anfänge in der preußischen Jugendpflege und entsprechenden staatlichen Erlassen seit 1901 (vgl. *Panter* 1955, S. 17ff.) einerseits und in der bürgerlichen und proletarischen Jugendbewegung dieser Zeit andererseits (vgl. *Giesecke* 1971, S. 17-60). Für die staatliche Bemühung um Jugend war insbesondere der berühmte Erlaß vom 18. 1. 1911 entscheidend, der die bis dahin entwickelte Ausdifferenzierung zwischen **Jugendpflege** und **Jugendfürsorge** zur offiziellen Politik machte.

Hier geht es nicht darum, die Bedingungen zu beschreiben, die zu dieser Entwicklung führten. Es wäre sonst von den ökonomischen und politischen Konstellationen am Vorabend des Ersten Weltkrieges ebenso zu reden, wie von säkularen Wandlungen im Generationenverhältnis (vgl. *Gillis* 1980, S. 105ff.), wie von den Gründen für die damals auf breiter Front einsetzende Ausfächerung des sozialstaatlichen Systems (vgl. Olk 1986). Vielmehr geht es hier nur darum, zu zeigen, daß der „Doppelcharakter" der **Jugendhilfe** nicht irgendein (korrigierbarer) Entwicklungsfehler der Institutionalisierung sozialpädagogischen Handelns für Jugendliche ist, sondern wesentlicher Grundzug dieser Institutionalisierung selbst (vgl. auch *Peukert* 1986).

Wie Lutz *Roth* (1983) gezeigt hat, ist der Begriff des „Jugendlichen" im unmittelbaren Zusammenhang dieses Institutionalisierungsprozesses entstanden. Während der ab den 70er Jahren des 19. Jahrhunderts aufkommende Begriff „Jugendlicher" zunächst nur den jugendlichen Rechtsbrecher meinte und sich im Kontext einer Diskussion über jugendspezifischen Strafvollzug und Fürsorgepraxis einbürgerte (vgl. *Roth* 1983, S. 106ff.), wandelte sich die Bedeutung ab 1911 in kürzester Zeit. „Jugendliche" waren plötzlich nicht mehr das negative Gegenbild „deutscher staatsbürgerlicher Jugend" (*Roth* 1983, S. 122); der „Jugendliche" wurde „innerhalb von drei, vier Jahren" vom negativen zum positiven Jugendkonzept. Gemeint ist jetzt insbesondere die „schulentlassene gewerbliche Jugend" — also die Jugend der unteren Gesellschaftsschichten — „vom Austritt aus der Schule bis zum Eintritt in die große Erziehungsanstalt, die Armee" (Roth 1983, S. 123). „Der eigentliche Austragungsort dieses Bedeutungswandels — des bedeutendsten Ereignisses in der ganzen Geschichte des „Jugendlichen" — war die vor allem seit 1911 in gewaltigem Umfang betriebene staatliche Jugendpflege" (*Roth* 1983, S. 122).

Für unseren Zusammenhang ist wichtig, daß die Fachliteratur, die im Gefolge dieses „Gründungsfiebers" entsteht (*Roth* 1983, S. 125), erstmalig die Notwendigkeit der Institutionalisierung einer außerschulischen Pädagogik für diesen ausgeweiteten Adressatenkreis begründet. Das ganze Erwartungsbündel formulierte der preußische Staatsminister *von Hentig* so:

> „Und wie reich ist der Lohn, der einer idealen Jugendpflege winkt: für den einzelnen körperliche und sittliche Gesundheit, Freude an der Natur und Kameradschaft, Geistesbildung und Arbeitstüchtigkeit — für Stadt und Staat Gottesfurcht, Vaterlandsgefühl, Gesetzestreue und Militärtauglichkeit, Minderung des Strafbaren, Geistesschwachen und Kranken" (*v. Hentig* 1913, S. XI).

Offenkundig bietet sich diese **Jugendpflege** bis heute als Modellfall für die These an „... daß von Anfang an Jugendarbeit eine Geschichte von Bemühungen des Staates und der herrschenden gesellschaftlichen Verbände ist, die Emanzipationsbestrebungen der jungen Generation zu verhindern oder wenigstens einzuschränken. Jugendarbeit war in diesem Sinne bisher ‚Gegen-Emanzipation'" (*Giesecke* 1971, S. 18f.).

Schon Karl *Liebknecht* spottete in seiner Landtagsrede vom 26. 3. 1912 über den „krankhaften Hang zur Selbständigkeit in der arbeitenden Jugend", den die **Jugendpflege** unterstelle und bekämpfen wolle, womit sie sich nur lächerlich mache (*Liebknecht* 1912, S. 3ff.). Dennoch konnte und kann Jugendarbeit ohne jenes „selbsttätige Interesse" der Jugendlichen nicht auskommen. Die Aussage *Lüdtkes* ist generalisierbar:

> „Die Jugendfreizeitheime folgen (potentiell) nicht nur (politisch definierten) „gesellschaftlichen Bedürfnissen", wie der Erwartung von Sozialisations-, Anpassungs- oder Innovationsleistungen; sie sind — und dies vielleicht in weitaus höherem Maß — auch abhängig von den Mustern der Jugendkultur und des Sektors Freizeit als sekundärer Institution (1972, S. 68).

Es gibt kein Konzept von Jugendarbeit, weder im vortheoretischen „Selbstverständnis" der Jugendverbände (vgl. *Mollenhauer* u.a. 1969) noch in den seit den 60er Jahren vorgelegten Entwürfen einer „emanzipatorischen", „antikapitalistischen", „bedürfnisorientierten" etc. Jugendarbeit, das nicht von den Maximen der Selbsttätigkeit, Selbstorganisation und Bedürfnisentfaltung der Jugendlichen ausginge, unbeschadet auffälliger Betonung der Notwendigkeit, daß die „emanzipatorischen Korrekturen wohldosiert werden (müssen)" (*Giesecke* 1971, S. 149). Die Ideale der **Jugendbewegung** (vgl. *Herrmann* 1991, S. 32ff.), ihr Insistieren auf jugendlicher Autonomie gegenüber fremdbestimmten Ansprüchen, ihr Entwurf der eigenen **„Jugendkultur"** (*Wynecken*), ihr

Prinzip der Selbsterziehung von „Jugend durch Jugend“ prägen weitgehend noch heute das ideale Selbstbild von Jugendarbeit. C.W. *Müller* sieht in der „Entdeckung der Jugendgruppe als Erziehungsmittel“ den entscheidenden Beitrag der Jugendbewegung zur Entwicklung der Sozialpolitik (*Müller*, C.W. 1982, S. 160).

Auf den naheliegenden Einwand gegen dieses Legitimationsmuster, auch die emanzipatorischen Pädagogen seien schließlich Pädagogen und somit potentielle Gegner jugendlicher Autonomie, läßt sich erwidern, daß die Jugendbewegung ihre bleibende Wirkung selbst *jugendbewegten Pädagogen* verdanke und diese nicht wegzudenken seien. „Aufbewahrt und berufspädagogisch weiterentwickelt wurden die Erfahrungen der Jugendbewegung, der bürgerlichen wie der proletarischen durch Berufspädagogen, die als Pädagogen an dieser Bewegung teilgenommen hatten.“ (*Müller*, C.W. 1982, S. 182).

Dieser Verweis auf die **Reformpädagogik** der Weimarer Zeit ist notwendig. Denn diese hat die Prinzipien formuliert, auf das alle Konzepte von **Jugendarbeit** — und sei es nur zur Selbstlegitimierung — zurückgreifen. Vor allem das Prinzip, daß pädagogisches Handeln gängiger Erziehungswirklichkeit widersprechen müsse durch eine „Umdrehung“ der Perspektive, die die „Ansprüche(n) aus der objektiven Kultur und den sozialen Bezügen“ von der Frage her lesen lasse: „Welchen Sinn bekommt diese Forderung im Zusammenhang des Lebens dieses Kindes für seinen Aufbau und die Steigerung seiner Kräfte, und welche Mittel hat dieses Kind, um sie zu bewältigen.“ (*Nohl* 1949, S. 127) Während **Jugendpflege** und **Jugendbewegung** die Institutionen der Zwangserziehung unangetastet ließen, wurden gerade sie für die **Reformpädagogik** zum „Ernstfall der Pädagogik“ (*Nohl*). Reformversuche, wie *Wilkers* „Lindenhof“ (Wilker 1921), *Bernfelds* „Kinderheim Baumgarten“ (*Bernfeld* 1969), *Aichhorns* „Psychoanalytische Heimerziehung“ (*Aichhorn* 1951), *Hermanns* und *Bondys* „Jugendgefängnis Hahnhöfersand“ (das Jugendgerichtsgesetz von 1923 ist wesentlich von diesem Modell beeinflußt) zielten allesamt auf die Verwirklichung einer pädagogisch legitimierbaren Konzeption sozialpädagogischer Arbeit mit Jugendlichen, die Herrmann so zusammenfaßt: „,... Die bewußte Abkehr vom alten Autoritätsprinzip, eine völlig neue persönliche Stellung von Mensch zu Mensch, die Einbeziehung von Lebensformen und Lebensinhalten der Jugendbewegung, die Hereinnahme der Erkenntnisse von Psychologie und Psychotherapie, eine neue Einstellung zur Arbeit und Ausbau einer bewußten Freizeiterziehung“. (*Herrmann* 1962, S. 149).

Nun kann man natürlich gute Gründe finden, diese Versöhnung von pädagogischem Ideal und sozialpädagogischer Wirklichkeit für gescheitert zu erklären: Gertrud Bäumers Konzept dieser Versöhnung, ihre „Idee“ des **Jugendamtes**, „einer mehr in der Sphäre der Verwaltung ablaufenden Erziehungsfürsorge pädagogischen Charakter zu geben“ (1929b, S. 312), ebenso wie *Bernfelds*, „ernsthafter Versuch, mit neuer Erziehung“ (1971, S. 84ff.), wie Karl *Wilkers* Kampf um „reines Menschentum“ in der **Fürsorgeerziehung** (1921, S. 37), wie die unzähligen gutgemeinten Anläufe ähnlicher Art, die ihnen folgten. Stößt nicht gerade heute angesichts der vielfältigen „sozialpädagogischen“ Probleme, die über die Jugendarbeit hereinzubrechen drohen, diese pädagogische Umdrehung auf die prinzipielle „Grenze der Pädagogik“, die sich einstellt, „von allen Zielen, Wünschen und Absichten unabhängig.“ (*Bernfeld* 1971, S. 13) Die Forderung ist einfach, den „jugendschützerischen“ Blick abzulegen, der von den Problemen ausgeht, mit denen die Jugend der Gesellschaft „zur Last“ fällt, also jugendliche Widersetzlichkeit in der Schule und im Elternhaus, jugendliche Gewalt in der Schule, auf der Straße, im Fußballstadion, Jugendkriminalität, Drogenkonsum, Jugendreligionen, Rechtsextremismus" (*Bruder/Bruder* 1984, S. 10) — und stattdessen den Blick auf die Probleme zu richten, die den Jugendlichen von der Gesellschaft auferlegt sind. Mit dieser „Last" pädagogisch umzugehen, ist erheblich schwieriger. Insofern hat der Vorschlag *Gieseckes*, die *Jugendarbeit* solle ihre emanzipatorische Aufgabe retten, indem sie sich gegen **„Sozialpädagogisierung"** wehrt, d.h. von der Jugendhilfe abkoppelt, durchaus pragmatische Plausibilität. Es ist in der Tat leichter, „Identitätsfragen" von Jugendlichen, „experimentelle Gesellungsformen" und „authentische Gespräche" (vgl. *Giesecke* 1984, S. 448f.) zu kultivieren, wenn all jene Jugendlichen, die mit jenen Problemen „zur Last fallen", tendenziell ausgegrenzt und der Wohlfahrt (oder der Staatsgewalt) anheimgefallen sind. Die Frage ist nur, ob Jugendarbeit damit mehr als ihre eigenen Illusionen zu retten vermag, wenn sie gerade vor ihrem jeweiligen Ernstfall die eigene Unzuständigkeit erklärt.

Auf der einen Seite wird dann die **Jugendhilfe** den Kontroll- bzw. Versorgungsinstanzen zugeschlagen, ohne daß noch ausgelotet würde, über welche Möglichkeiten zur Mobilisierung jugendlicher Selbständigkeit auch sie verfügen. Auf der anderen Seite führt der Versuch, die autonomen Handlungsspielräume der **Jugendarbeit** durch Ausgrenzen „sozialpädagogischer" — wenn nicht gar überhaupt pädagogischer — Intentionen zu retten (vgl. z.B. *Krafeld* 1986) in die Gefahr, erst recht in die Enge pädagogischer Handlungsunfähigkeit zu kommen (vgl. *Müller*, B. 1985).

Dieses Plädoyer für die Einheit der Jugendhilfe gilt auch für die Arbeit der Jugendverbände. Sie sind eben nicht mehr — unabhängig von ihrem „Selbstverständnis" — Teil der Jugendkultur oder privilegierte Vermittler zwischen Jugend- und Erwachsenenwelt, sondern Teil eines ausgefächerten Spektrums sozialpädagogischer Institutionen, die von Jugendlichen pragmatisch nach Gebrauchswert (s.u.) genutzt werden. Dies schließt Spezialisierung auf besondere Adressatengruppen (z.B. Fußballfans, Ausländer oder Mädchen) nicht aus. Aber es macht keinen prinzipiellen Unterschied, ob Jugendarbeit „sozialpädagogische" Dienste (z.B. i.S. des § 13 und 14 KJHG), oder „Lebensräume" für jugendkulturelle Eigentätigkeit anbietet (vgl. *Reichwein/Freund* 1991). Denn gerade das Anbieten und Offenhalten solcher Lebensräume ist zur Kernaufgabe aller Jugendarbeit geworden (vgl. *Böhnisch/Münchmeier* 1987, 1990), wie umgekehrt die sozialpädagogische Intervention auch von der gesetzlichen Vorgabe (jedenfalls des KJHG) eher nur noch als „Angebot" und nicht mehr als Eingriff verstanden werden kann.

Die Aktualität dieses Prinzips der Einheit der Jugendhilfe läßt sich insbesondere an der Entwicklung in den neuen Bundesländern belegen. In der alten DDR war ihr Doppelgesicht insofern besonders offenkundig, als sie in ganz getrennte Bereiche zerfiel: auf der einen Seite in ein seit den 70er Jahren ausgebautes flächendeckendes Netz von Jugendklubs und „Pionier"-Einrichtungen, die von den Jugendorganisationen der Einheitspartei kontrolliert und insgesamt dem Kulturbereich zugeordnet waren. Auf der anderen Seite die bei den Sozialressorts angesiedelten Dienste für „schwierige" Jugendlichen, die im traditionellen Konzept der Fürsorge verblieben, z.T. auch in die Zuständigkeitsbereiche der Staatssicherheit fielen. Seit dem Beitritt zur Bundesrepublik am 3. 10. 90 gilt dort das KJHG, und die Strukturen werden entsprechend umgebaut. Dabei ist eine Tendenz zu beobachten, vor der die Bundesarbeitsgemeinschaft der Landesjugendämter zu Recht warnte: Die Tendenz, sich nur um Jugendhilfe im engeren Sinn zu kümmern und das Netz der Jugendarbeits-Einrichtungen sich selbst und seiner zerbröckelnden Trägerschaft zu überlassen (dokumentiert in: Neue Praxis 1990, Heft 5, S. 463f.). Angesichts der massiven psychosozialen und ökonomischen Probleme, mit denen Jugendliche in den neuen Bundesländern konfrontiert sind — und angesichts der Schwierigkeiten, die viele von ihnen dementsprechend machen — ist diese Entwicklung verständlich. Sie ist aber zugleich ein Rückfall hinter den Erkenntnisstand heutiger Jugendhilfe, wenn sie nur auf die „Problem-Jugendlichen" blickt und zugleich die Infrastruktur für jugendliche Eigentätigkeit und Partizipation zerfallen läßt (s.u.).

4 Funktionen und Gebrauchswert offener Formen der Jugendhilfe

Lüdtke kam in der immer noch gründlichsten Untersuchung von **Jugendfreizeitheimen** zu dem Schluß, sie seien gekennzeichnet durch eine „wenig konkrete, inkonsistente, ideologische und pluralistische Bestimmung von Aufgaben und Zielen" (1972, s. 29). An logische und pluralistische Bestimmung von Aufgaben und Zielen" (1972, S. 29). An diesem Zustand hat sich bis heute offenkundig wenig geändert. Unabhängig davon ob man dies als organisatorische Pathologie begreift, oder dem funktionsspezifisch nur schwer faßbaren Charakter dieses Sozialisationsfeldes zuschreibt (vgl. *Knoll-Krist* 1985, S. 33f.; *Müller* B. 1983), erschwert dieser Tatbestand die öffentliche Anerkennung der *Jugendarbeit*. Gerade deshalb muß geklärt werden, weshalb sich Einrichtungen der Jugendarbeit und andere offene Formen der Jugendhilfe weiterhin kontinuierlich ausbreiten, aller „Wendepolitik" und allem Bejammern „der pädagogische Ohnmacht und der gesellschaftspolitischen Bedeutungslosigkeit" ihrer Anliegen zum Trotz (vgl. *Böhnisch* 1984, S. 519) und obwohl die Zahl der Jugendlichen seit den 70er Jahren sich fast halbiert hat.

Man kann, entsprechend der Rede vom Doppelcharakter der Jugendhilfe, diese Entwicklung auf zweierlei Weise erklären: Entweder so, daß der gesellschaftliche Zugriff auf Jugend, die „zunehmende Vergesellschaftung des Jugendalters" (*Böhnisch* 1984, S. 514), also Kontrollinteressen das treibende Moment seien.

Nach der anderen Hypothese ist es der Jugend als einer ihr gesellschaftliches Eigengewicht durchsetzenden Gruppe gelungen, nicht nur Formen jugendspezifischen Eigenlebens und jugendspezifischer Kultur durchzusetzen, sondern auch zu erreichen, daß die dafür notwendige soziokulturelle Infrastruktur als legitimer Anspruch anerkannt und entsprechend gefördert wird.

Ich gehe im folgenden davon aus, daß der in sozialpädagogischen Diskussionen verbreitete Versuch, diese Hypothesen nach dem Motto „Jugendpflege oder Selbsttätigkeit" (*Lessing* 1976) gegeneinander auszuspielen, sich als unfruchtbar erwiesen hat. Die Verabsolutierung der ersten Hypothese läßt außer acht, daß das Problem der offenen Jugendhilfe gar nicht so sehr ihre (gewollte oder ungewollte) Komplizenschaft mit den gesellschaftlichen Repressionsinstanzen ist. Es ist ihre Ohnmacht gegenüber der Teilnahmslosigkeit einer Gesellschaft, die sich mit bedrohlichen Lebenslagen Jugendlicher erst dann befaßt, wenn diese auf die harten Grenzen staatlicher und gesellschaftlicher Gewalt aufgelaufen sind (vgl. *Aly* 1977, S. 122ff.). Die Verabsolutierung der 2. Hypothese vergißt, daß offene Jugendhilfe in der Tat kein autonomes Jugendreich vorfindet oder anbieten kann, sondern in der Sturmzone „ungünstiger Lebensverhältnisse“ und „gefährdeter Zukunftsperspektiven“ arbeitet (vgl. *Hornstein* u.a. 1982, S. 23ff.), deren Ursachen sie selbst nicht beseitigen kann.

Statt dessen käme es darauf an, innerhalb solcher Grenzen die Möglichkeiten zu testen, Jugendlichen in ihrem „Aufwachsen im Widerspruch“ (*Goodman* 1960) nach Kräften beizustehen. Nicht mehr und nicht weniger ist die Aufgabe einer pädagogisch verstandenen Jugendhilfe.

Wichtig ist dabei, vor allen Zielbestimmungen, den realen Gebrauch zur Kenntnis zu nehmen, den Jugendliche von Einrichtungen der **Jugendarbeit** und offenen **Jugendhilfe** machen. Man kann die empirischen Befunde zu diesem Gebrauch in 5 Punkten zusammenfassen:

1. Alle Befragungen der Benutzer solcher Einrichtungen stimmen darin überein, daß für die Jugendlichen selbst ihre Bedeutung zunächst und vor allem in den Peer-Gruppen-Kontakten liegen, die sie ermöglichen. „Freizeitheimbesuch ist in erster Linie gruppenorientierte und -sanktionierte Teilnahme“ (*Lüdtke* 1972, S. 325), während die „Einstellungen zum Personal“ erst in zweiter Linie wichtig sind (vgl. *Lüdtke* 1972, S. 325; vgl. ähnliche Ergebnisse z.B. bei *Held* 1974, S. 77; *Gehrmann* 1979, S. 130; *Asam* u.a. 1981, S. 493ff.)
   Nach U. *Müller* ist für Jugendliche zentrales Kriterium der Qualität ihrer Umwelt die Frage, ob sie die Möglichkeit bietet, „Freunde zu finden und zu haben“ (1983, S. 80). Danach bemißt sich auch der Stellenwert sozialpädagogischer Einrichtungen. Er kann hoch sein, wenn den Jugendlichen in ihrer sonstigen Umwelt keine geeigneten „Aktionsräume und Treffpunkte“ zur Verfügung stehen (vgl. *Müller*, U. 1983, S. 98ff.) bzw. wenn die „soziale Kontrolle durch ‚die Erwachsenen‘ *allgegenwärtig* (ist)“ (*Müller*, U. 1983, S. 58). Nach *Müllers* Beobachtungen ist dies z.B. im Neubauviertel am Stadtrand oder in der Kleinstadt eher der Fall, als auf dem Land oder im großstädtischen Altstadtquartier mit ihren vielfältigeren Möglichkeiten sozialer Unsichtbarkeit (*Müller*, U. 1983, S. 58ff., S. 99ff.). Auch bei intendierter Offenheit für „alle“ Jugendlichen ist der Bedarf nach sozialpädagogischen Angeboten also immer selektiv. Quantitativ schlägt sich das etwa in den Zahlen der Shell-Studie von ’81 nieder (die neue Studie von ’85 erwähnt sozialpädagogische Institutionen überhaupt nicht), wonach sich nur 5 % der Befragten Gruppen in Jugendheimen und Jugendzentren zugehörig fühlten, gegenüber etwa den 37 % bzw. 34 %, die private Cliquen oder Sportvereine nannten (*Fischer* u.a. 1981, S. 74).
2. Wenn sozialpädagogische Institutionen für Jugendliche wichtig werden, so werden sie es primär als **„Sozialraum“** (vgl. *Becker* u.a. 1984a, S. 104f.), der angeeignet bzw. als eigene Sphäre kulturell konstituiert werden kann. Er muß gegenüber Eingriffen der Erwachsenenwelt „ausreichende soziale Immunität“ (*Beneke* u.a. 1979) besitzen, und zugleich die Möglichkeit einer Binnendifferenzierung, die den jeweiligen Selbstinszenierungen der Jugendlichen hinreichend Raum lassen. Wie Becker u.a. gezeigt haben, lassen sich die Beziehungsstrukturen, das Selbstverständnis und die Muster der Konfliktregelung unterschiedlicher Besuchergruppen, unmittelbar aus ihrer Art der Raumaneignung ablesen (vgl. 1984b, S. 172ff.).
   Vor allem die psychoanalytische Adoleszenzforschung hat herausgearbeitet, welch’

hohe Bedeutung solcher Räume relativer sozialer Immunität — und sei es nur zum „Herumhängen" — für die Identitätsbildung Jugendlicher haben (vgl. *Blos* 1977; *Kannicht* 1985, bes. S. 233ff.). Auch hierin haben sozialpädagogische Institutionen primär kompensatorische Funktionen für mangelnde lebensweltliche Alternativen, wobei diese Kompensationen eben nicht einfach mit „Reproduktion und damit Stabilisierung der gegebenen gesellschaftlichen Verhältnisse" (s.o.) gleichgesetzt werden kann (vgl. *Erdheim* 1984, S. 296ff.).
Die meisten dieser Einrichtungen haben einen Kern von „Stammbesuchern", für die das Haus und der Clubraum oft einen sehr hohen Stellenwert haben. Es ist für viele das eigene Wohnzimmer, das anderweitig fehlt. Dies gilt besonders für viele aus der wachsenden Zahl arbeitsloser und sonst marginalisierter Jugendlicher, die eine wesentliche Ursache für die o.g. **„Sozialpädagogisierung"** der **Jugendarbeit** sind.

3. Die Bedeutung des „Personals" liegt, aus der Sicht der Jugendlichen, primär in ihrer „Raumwärterfunktion" (vgl. *Becker* u.a. 1984b, S. 77ff.). Zugänglichkeit, Zeiten und Regeln der Benutzung hängen weitgehend von den „Mitarbeitern" ab. Für die Jugendlichen gilt: „Dies ist unser Haus, aber ..." (*Becker* u.a. 1984b). Der Schlüsselbund als Symbol der wichtigsten Funktion des Jugendarbeiters geistert durch fast alle Praxisbeschreibungen. Wie schon *Grauer* (1973) und *Lüdtke* (1972) analysiert haben, ist das Arrangement der „äußeren Erziehungsbedingungen" (*Grauer* 1973, S. XII) und seine selektiven Wirkungen bedeutsamer, als intendierte persönliche Einflußnahmen der Pädagogen. Ebenso setzt sich der „Traditionalismus" der Einrichtungs-Träger (z.B. kirchlicher) kaum über die Erzwingung inhaltlicher Zielvorgaben durch, sondern über die bürokratisch-restriktive Handhabung von Konfliktlösungen, welche „... die wichtigsten Prinzipien der OT (Offenen Tür, B.M.), Offenheit und soziale Repräsentivität, stark begrenzen" (*Lüdtke* 1972, S. 34). Periodisch angedrohte bzw. vollzogene Schließungen sowie disziplinierend angesetzte Finanzierungsquerelen begleiten die Geschichte der meisten *Jugendhäuser.* Dies gilt gleichermaßen für andere Angebote der offenen Jugendhilfe, z.B. der Drogenberatung (vgl. *Lessing* 1986) oder der Projektarbeit mit Ausländern (vgl. *Karsten* 1985, S. 91ff.).
4. Aus den Umfragen bei Jugendlichen könnte geschlossen werden, daß Sozialpädagogen für sie nur als (liberale oder rigide) Exekutoren von „organisationalen Zwängen" (*Lüdtke* 1972, S. 325) von Belang sind, nicht „als Erzieher". Es ist auch kaum zu erwarten, daß Jugendliche erklären, sie wollten im *Jugendhaus* „erzogen" werden. Anders als etwa in der Schule können Pädagogen in der Jugendarbeit erst dann als solche (und nicht nur als Teil des Inventars) wahrgenommen werden, wenn es ihnen gelungen ist „belastbare Beziehungen" zu den Jugendlichen zu entwickeln und eine konkret erfahrbare Nützlichkeit für sie zu erlangen (vgl. *Miltner* 1982, S. 133ff.). Unter dieser Voraussetzung beschreibt aber fast die ganze kasuistische Literatur zur Jugendarbeit und offenen Jugendhilfe, daß pädagogische Arbeit sehr wohl einen hohen Stellenwert für Jugendliche haben kann (vgl. *Hoppe* u.a. 1979; *Aly* 1977; *Specht* 1979; *Wortmann* 1983 u.v.a.) — freilich nicht getrennt vom Einfluß der Peergruppe, sondern gerade in ihrem Kontext (vgl. *Schröder* 1991). Natürlich kann das keine Pädagogik der vorgefaßten Sollzustände sein, sondern nur eine jener „umgedrehten" Art, die zugleich die Ambivalenz jugendlicher Rollenerwartungen auszuhalten vermag (vgl. *Kannicht* 1985, S. 247ff.): „Hart sein, zu Konflikten Stellung

nehmen, konsequent und ehrlich sein, aber auch gleichermaßen weich, Verletzlichkeit zeigen, als Mensch spürbar sein. Aber auch gerecht im Sinne von objektiv muß er sein ..." — so die Zusammenfassung eines Jugendarbeiters (*Knoll-Krist* 1985, S. 131).
Offenkundig ist schließlich, wie vor allem der 6. Jugendbericht (1984) und die angefügten Expertisenbände eindrücklich belegen, daß für Mädchen ein besonderer Bedarf nach pädagogischer Unterstützung besteht, der in der Tradition der Jugendpflege notorisch vernachlässigt worden ist (vgl. *Klees/Marburger* 1990).

5. Angesichts der Massenarbeitslosigkeit und drohenden Marginalisierung wachsender Teile einer „zukunftsarmen Generation" (*Deutsches Jugendinstitut* 1982, S. 160) werden Jugendhilfe-Einrichtungen mit berechtigten, aber schwer erfüllbaren Ansprüchen, konfrontiert, die über das Pädagogische hinausgehen: auf materielle Überlebenshilfe, Wohnungs-Beschaffung, Arbeits-Beschaffung insgesamt auf Bewältigung von „Verarmungsrisiken" (*Huster* 1991). **Jugendarbeit** kann sich solchen Ansprüchen nicht einfach mit Verweis auf mangelnde Handlungsmöglichkeiten verschließen. Die pädagogische Glaubwürdigkeit erzwingt von ihr nicht nur die Öffnung der Grenzen zur Jugendhilfe, sondern auch zur Sozialhilfe (vgl. *Mielenz* 1985) und zuweilen den Einstieg in den „3. Arbeitsmarkt". Auch das neue KJHG (§ 13) trägt dieser Aufgabe Rechnung (vgl. auch 8. Jugendbericht 1990, S. 123ff.). Die Vielzahl der sozialpädagogischen Angebote und „Selbsthilfe-Initiativen" für jugendliche Arbeitslose ist unübersehbar geworden (vgl. *Wacker* 1985; *Kelch* 1986). Dabei sind die großen Ansprüche, jugendlicher Selbsthilfe als autonome Alternative zur bevormundenden **Jugendhilfe**, oder gar als „stärkste Waffe im Kampf gegen die Arbeitslosigkeit" zu entwickeln, mangels Masse weitgehend verstummt (vgl. *Wacker*, 1985, S. 181).
6. Schließlich ist noch eine Funktion von Jugendarbeit zu beachten, die sich nicht direkt aus dem Gesichtspunkt des Gebrauchswertes erschließen läßt, gleichwohl aber von großer praktischer Bedeutung ist. Es ist ihre Funktion als Infrastruktur der Vermittlung zwischen dem Gemeinwesen der Erwachsenen und den Jugendlichen, die dort hineinwachsen sollen. *Böhnisch/Münchmeier* haben zur Recht diese Dimension zum Angelpunkt des professionellen Selbstverständnisses von Jugendarbeit erklärt (anstelle der notorisch zwiespältigen pädagogischen Ziele) (vgl. 1987, S. 210ff.). Vor allem die neuere Diskussion zur ländlichen Jugendarbeit und Jugendhilfe hat diesen Blickwinkel ausgearbeitet (vgl. *Böhnisch/Funk* 1989, *Müller* 1989a, *Böhnisch/Winter* 1990, *Gängler* 1990). Im ländlichen Kontext wird besonders deutlich sichtbar, daß die fortschreitenden Modernisierungsprozesse für die jugendlichen Bewohner solcher Regionen nicht nur Chancenvergrößerung und Freisetzung von „Wahlbiographie" (*Beck*), sondern zugleich Erosion sozialer Milieus, Dynamisierung struktureller Benachteiligungen und Schwund von Partizipationschancen bedeuten können (vgl. bes. *Böhnisch/Funk* 1989, S. 336ff., S. 208ff.; *Gängler* 1990, S. 110ff.). Jugendarbeit hat hier nicht nur die Aufgabe, eine Infrastruktur zur Kompensation dieser Schattenseite der Modernisierung zu entwickeln. Mehr noch geht es darum, Jugendarbeit als Teil von Gemeindeentwicklung zu betrachten; d.h. als Einfädelung von Interessen und Aktivitäten Jugendlicher in eine lokale Öffentlichkeit — nicht nur um der Jugendlichen willen, sondern auch, weil diese lokale Öffentlichkeit ihrerseits von Auszehrungen bedroht ist (vgl. *Müller* 1989a, S. 132ff.). Be-

sondere Chancen haben hier Jugendverbände und Vereine, weil und sofern sie Jugendlichen einen zugleich dörflich-öffentlichen und jugendkulturellen Status, ein „doppeltes Milieu" anbieten können (vgl. *Gängler* 1990, S. 149ff.): d.h. einerseits soziale Anerkennung und Zugehörigkeit, die sich aus der Anerkennung und Zugehörigkeit des Verbandes oder Vereins im gemeindlichen und regionalen Leben ableitet; und andererseits einen sanktionsarmen Schutzraum für jugendliche Eigentätigkeit, in der kulturelle Autonomie gegenüber der Erwachsenenwelt und Schritte zu eigenen biographischen Entwürfen erprobt werden können.

5 Entwicklungsperspektiven

War das Konzept **„Offene Jugendarbeit"** zu Beginn der 70er Jahre „strategische" Spitze der Fachentwicklung in der Jugendhilfe, so hat sich zu Beginn der 80er Jahre eher Verwirrung über die Ziele und Resignation breit gemacht. Inzwischen sind die Konturen einer konzeptionellen Weiterentwicklung wieder klarer geworden. Abgesehen von den Aufgaben der Überlebenshilfe, die engagierte Formen der Jugendhilfe zumal in ökonomischen Krisenzeiten und -regionen auf sich nehmen müssen, lassen sich drei Zielperspektiven erkennen. Sie sind mit dem Stichwort **„Jugendkulturarbeit"**, Jugendarbeit als **„Sozialisationshilfe"** und **„sozialökologische Jugendarbeit"** benennbar. Da Grundlagen aller drei Perspektiven in anderen Beiträgen dieses Bandes behandelt werden, genügen hier Andeutungen.

Jugend-Kulturarbeit

Von der sozialpädagogischen Diskussion wenig beachtet hat sich eine außerschulische pädagogische Praxis entwickelt, die Methoden kultureller Animation, künstlerischer Produktionstechniken und Formen gemeinwesen-orientierter Aktionsforschung (z.B. „Spurensuche") zu verbinden sucht, mit dem Bestreben, den autonomen Ausdrucksformen und Stilen von Jugend(sub)kulturen Raum zu geben (vgl. z.B. *Richard* 1984, S. 49ff. und die Literaturübersicht bei *Brenner* 1986, *Müller*, B. 1989b). „Lebensorte als Lernorte" (*Lecke* 1983) und „Kultur selber machen" (*Richard* 1984, S. 30ff.) sind programmatische Stichworte dieser „kulturpädagogischen" Bewegung. Dahinter steht das Konzept, glückende Sozialisation als „Eigenständigkeit" und als „das Wissen der eigenen Fähigkeiten, sich Kulturgehalte auch mit den Händen aneignen zu können" (*Zimmermann* 1984, S. 128) zu fassen. Ohne Zweifel kann dieser Ansatz der Jugendarbeit neue Impulse geben (vgl. *Treptow* 1986, *Nachtwey* 1987; *Müller*, B. 1989c). Die Gefahr ist allerdings auch nicht zu übersehen, daß im Kontext von **Jugendpflege** das autonome Moment verloren geht und nur noch animatorische Versatzstücke übernommen werden, die dann den „Werkstatt-Tugenden" und der „musischen Kreativität" der alten „Offene-Tür-Pädagogik" (vgl. *Lüdtke* 1972, S. 34) zum Verwechseln ähnlich sehen. Die Gefahr ist auch, daß erhöhtes Ansehen und Arbeitszufriedenheit von Jugendarbeitern, via Kulturproduktion, mit neuen Ausgrenzungen unterprivilegierter Gruppen von Jugendlichen erkauft wird.

Jugendarbeit als Sozialisationshilfe

Hurrelmann u.a. (1985) haben eine Synthese der sozialisationstheoretischen Jugendforschung vorgelegt, mit der zentralen These, daß in den heutigen Lebenslagen vieler Jugendlicher erhebliche „Koordinationsschwierigkeiten" für gelingende Sozialisationsprozesse stecken: nämlich für die Aufgabe, nicht nur sehr unterschiedliche Sozialisationsinstanzen subjektiv zu koordinieren (vgl. 1985, S. 62f.), sondern in diesem Prozeß zugleich „die Anforderungen der Individuation und Integration aufeinander zu beziehen und miteinander zu verbinden ..." (1985, S. 104). *Hurrelmann* u.a. leiten daraus die Notwendigkeit der Entwicklung „sozialer Netzwerke" für die Jugendlichen ab, deren Bewältigungsressourcen „bei der produktiven Gestaltung der ‚Lebensphase Jugend'" (1985, S. 130) nicht hinreichen. Formelle Unterstützungssysteme sollen dabei die informellen subsidiär ergänzen (vgl. 1985, S. 131ff.).

Man kann das Konzept als eine sozialisationstheoretische Neubegründung des alten Modells einer „offensiven **Jugendhilfe**" (s.o.) lesen. Es könnte geeignet sein, den nagenden Zweifel über deren Wirkungsmöglichkeiten, wie sie etwa den 5. Jugendbericht prägten, zu überwinden. Problematisch daran scheint mir nur, daß hier allzu bedingungslos einer sozialhygienischen Orientierung das Wort geredet wird, die anscheinend nur das Ziel kennt ... präventiv oder interventiv sich abzeichnenden Problemlagen gegenzusteuern" (*Hurrelmann* u.a. 1985, S. 145). Man möchte wünschen, daß sich dagegen auch ein wenig *Schelskys* Hoffnung durchsetzt, „... daß die Phantasie der jugendlichen Ausbruchsversuche aus der Welt in Watte, die man ihr zumutet, aller praktischen Weisheit der Pädagogen, Politiker, Psychologen und Soziologen der Anpassung überlegen sein wird" (Zit. bei *Faltermeier* 1983, S. 126).

Sozialökologische Jugendarbeit

Die Wichtigkeit, die selbstkonstituierte „soziale Räume" für Jugendliche haben, sollte aus dem oben Gesagten hinreichend angedeutet sein. Zu ergänzen ist, daß diese Perspektive für Pädagogen nicht nur eine narzißtische Kränkung bedeutet (weil ihr Handeln hier nicht mehr im Mittelpunkt steht), sondern zugleich realistische Handlungsmöglichkeiten eröffnet (vgl. *Böhnisch/Münchmeier* 1990). Diese Perspektive erspart ihnen das frustrierende Warten auf Gelegenheiten, endlich ihre „eigentliche" Aufgabe des „authentischen Gesprächs" wahrnehmen zu können. Gerade die ungeliebte Rolle des „Raumwärters" könnte als die eigentliche *Pädagogenrolle* verstanden werden, nämlich: einerseits einen Raum ausreichend geschützter Eigenaktivitäten Jugendlicher anzubieten und ihn gegen Erstarrung und Destruktion von außen und innen nach Kräften „offen zu halten" (*Feldmann* 1981, S. 514); andererseits zu wissen, daß es nicht Aufgabe der Pädagogik sein kann, Jugendliche vor den Konsequenzen ihres eigenen Handelns und vor der „Härte des Lebens" in Watte zu packen. Ein solches pädagogisches Selbstverständnis wäre auch alles andere als unpolitisch. Bedenklich wäre diese Perspektive nur, wenn sie die zweite Seite vergißt und nur noch Immunität, aber nicht mehr Herausforderung, bietet. Der Forderungscharakter einer Pädagogik der **Jugendhilfe** kann sich dabei nicht von — noch so emanzipatorischen — Normen ableiten, sondern kommt, wie Wilhelm *Flitner* sagte, „vom Leben" (vgl. *Flitner/Kudritzky* II 1961, S. 206).

Jugendkulturarbeit, Sozialisationshilfe und Sicherung eigener **Sozialräume** sollten nicht isoliert voneinander betrachtet werden. Die Chancen, die in jedem dieser Ansätze stecken, lassen sich gegenüber den ebenfalls erkennbaren Gefahren am ehesten dann realisieren, wenn Verbindungen aller drei Perspektiven wenigstens ansatzweise glücken.

Literatur

Aichhorn, A.: Verwahrloste Jugend. Bern 1951

Aly, G.: Wofür wirst Du eigentlich bezahlt? Berlin 1977

Alkpinar, Ü. u.a.: Pädagogische Arbeit mit ausländischen Kindern und Jugendlichen. München 1977

Asam, W.H. u.a.: Jugendzentren. Planungen der Träger — Meinungen der Benutzer. In: deutsche jugend (1981), H. 11, S. 493ff.

Bäuerle, W. / Markmann, J. (Hrsg.): Reform der Heimerziehung. Weinheim 1974

Bäumer, G.: Die seelische Krisis. Berlin [2]1924

Bäumer, G.: die historischen und sozialen Voraussetzungen der Sozialpädagogik und die Entwicklung ihrer Theorie. In: Nohl, H. / Pallat, F.: Handbuch der Pädagogik 5, Bd. V, Langensalza 1929a, S. 1ff.

Bäumer, G.: Die sozialpädagogische Erzieherschaft und ihre Ausbildung. In: Nohl, H. / Pallat, F., Handbuch der Pädagogik 5, Bd. V, Langensalza 1929b, S. 209ff.

Bernfeld, S.: Kinderheim Baumgarten. Bericht über einen ernsthaften Versuch mit neuer Erziehung. In: Bernfeld, S.: Antiautoritäre Erziehung und Psychoanalyse I. Frankfurt / M. 1969, S. 84ff.

Bernfeld, S.: Sisyphos oder die Grenzen der Erziehung. Frankfurt 1971

Becker, H. / Eigenbrodt, J. / May, M.: Pfadfinderheim, Teestube, Straßenleben. Frankfurt / M. 1984a

Becker, H. / Hafemann, H. / May, M.: „Das ist hier unser Haus, aber ...". Frankfurt / M. 1984b

Bienewald, E. u.a.: Offene Jugendarbeit im Arbeiterviertel. Bensheim 1978

Blos, P.: Der zweite Indivierungsprozeß der Adoleszenz. In: Döbert, R. u.a.: Entwicklung des Ichs. Köln 1977, S. 179ff.

Böhnisch, L. u.a.: Jugendpolitik im Sozialstaat. München 1980

Böhnisch, L.: Historische Skizzen zur offenen Jugendarbeit I u. II. In: deute jugend (1984), S. 460ff. und 514ff.

Böhnisch, L. / Schefold, W.: Jugendarbeit — Lernfeld mit wechselnden Bedeutungen. In: Deutsches Jugendinstitut (Hrsg.): Immer diese Jugend. München 1985, S. 337ff.

Böhnisch, L. / Schefold, W.: Sozialisation durch sozialpädagogische Institutionen. In: Hurrelmann, K. / Ulich, D. (Hrsg): Handbuch der Sozialisationsforschung. Weinheim 1980, S. 551-573

Böhnisch, L. / Münchmeier, R.: Wozu Jugendarbeit? Weinheim und München 1987

Böhnisch, L. / Funk, H.: Jugend im Abseits? DJI-Materialien. München 1989

Böhnisch, L. / Winter, R.: Pädagogische Landnahme. Weinheim und München 1990

Brenner, G.: Entwicklungen von Jugend und Jugendarbeit — Auskünfte der Statistik. In: deutsche jugend (1986a), H. 1, S. 78ff.

Brenner, G.: Kulturelle Praxis mit Jugendlichen. In: deutsche jugend (1986b), H. 7/8, S. 350ff.

Bruder, A. / Bruder, K.J.: Jugend-Psychologie einer Kultur. München 1984

Bundesarbeitsgemeinschaft der Freien Wohlfahrtspflege: Gesamtstatistik der Einrichtungen der Freien Wohlfahrtspflege. Bonn 1985

Deutscher Bundestag: Verbesserung der Chancengleichheit von Mädchen und Jungen in der Bundesrepublik Deutschland. 6. Jugendbericht. Bonn 1984

Deutscher Bundestag (Hrsg.): Achter Jugendbericht. Bonn 1990

Erdheim, M.: Die gesellschaftliche Produktion von Unbewußtheit. Frankfurt / M. 1984

Eyferth, H.: Heimerziehung. In: Eyferth, H. u.a.: Handbuch der Sozialarbeit / Sozialpädagogik, Neuwied 1984, S. 487ff.

Feldmann, R.: Zur Fachkompetenz des Sozialpädagogen in der Jugendarbeit. In: deutsche jugend (1981), H. 11, S. 508ff.

Fischer, A. u.a.: Jugend '81. Lebensentwürfe. Alltagskultur. Zukunftsbilder (1981), Bd. 3, Hamburg 1981
Flitner, W. / Kudritzky, G. (Hrsg.): Die deutsche Reformpädagogik I und II. Die Pioniere der pädagogischen Bewegung. Ausbau und Selbstkritik. Düsseldorf / München 1961f.
Führe, B. u.a.: Verbundsysteme in der Heimerziehung. Frankfurt / M. 1979
Gängler, H.: Soziale Arbeit auf dem Lande. Weinheim und München 1990
Gehrmann, H.J.: Bedürfnisorientierungen und Freizeitverhalten von Jugendlichen. Weinheim 1979
Giesecke, H.: Die Jugendarbeit. München 1971
Giesecke, H.: Wozu noch Jugendarbeit. In: deutsche jugend (1984), S. 443ff.
Gillis, J.R.: Geschichte der Jugend. Weinheim 1980
Goodman, P.: Aufwachsen im Widerspruch. Darmstadt 1960
Grauer, G.: Jugendfreizeitheim in der Krise. Weinheim 1973
Held, J.: Jugendclubs als Feld der Sozialarbeit. Weinheim 1974
Hentig, v.: Die Jugendpflege als neue Aufgabe auf dem Gebiet der sozialen Pflichterfüllung. In: Duensing, F. (Hrsg.): Handbuch der Jugendpflege. Langensalza 1913
Herrmann, W.: Das Hamburgische Jugendgefängnis Hahnöfersand. In: Flitner, W. / Kudritzky, G.: Die deutsche Reformpädagogik II, Düsseldorf / München 1962, S. 141ff.
Herrmann, U.: Jugendbewegung. In: Böhnisch u.a. (Hrsg.): Handbuch Jugendverbände. Weinheim und München 1991, S. 32ff.
Hoppe, J.R. u.a.: Alltag im Jugendclub. München 1979
Hornstein, W. u.a.: Situation und Perspektiven der Jugend (5. Jugendbericht der Bundesregierung). Weinheim 1982
Hurrelmann, K. u.a.: Lebensphase Jugend. Weinheim 1985
Huster, E.U.: Verarmungsrisiken bei Jugendlichen und jungen Erwachsenen in: Blätter der Wohlfahrtspflege (1991), H. 3, S. 72ff.
Jordan, E. / Sengling, D.: Einführung in die Jugendhilfe. München 1977
Kannicht, A.: Selbstwerden des Jugendlichen. Würzburg 1985
Karsten, M.E.: Sozialarbeit mit Ausländern. München 1984
Kelch, J.: Projekte mit jungen Arbeitslosen — Selbsthilfe in der Jugendarbeit. In: deutsche jugend (1986), H. 1, S. 18ff.
Klatetzki, Th. / Winter, S.: Zwischen Streetwork und Heimerziehung. In: Neue Praxis (1990), S. 1ff.
Klees, R. / Marburger, H. / Schumacher, M.: Mädchenarbeit. Weinheim und München 1990
Knoll-Kist, H.: Profis im Jugendhaus. Identitätsprobleme zwischen Alltagsrealität und Utopie. Stuttgart 1985
Krafeld, F.J.: Erfahrungsproduktion und Lebensbewältigung. In: deutsche jugend (1986), H. 1, S. 9ff.
Kraußlach, J. u.a.: Aggressive Jugendliche. München 1976
Kreft, D. / Mielenz, I.: Wörterbuch Soziale Arbeit. Stichworte: Jugendhilfe, Jugendarbeit. Weinheim 1980
Lenz, J.: Jugend 2000. Demografische Entwicklung, Bewußtseinswandel, gesellschaftliche Veränderungen und die Zukunft der Jugendverbandsarbeit. In: deutsche jugend (1987), S. 109ff.
Lessing, H.: Jugendpflege oder Selbsttätigkeit. Frankfurt / M. 1976
Lessing, H.: Selbsthilfe und Ausgrenzung durch Jugendpolitik. In: deutsche jugend (1986), H. 1, S. 26ff.
Liebknecht, K.: Reden und Aufsätze (Hrsg. J. Gumperz). Hamburg 1921
Lüdtke, H.: Jugendliche in organisierter Freizeit. Weinheim 1972
Mielenz, I.: Soziale Arbeit und Arbeitsamt: Endstation oder Chance für die Betroffenen? In: Neue Praxis (1985), S. 99ff.
Miltner, W.: Streetwork im Arbeiterviertel. Neuwied 1982
Mollenhauer, K. u.a.: Evangelische Jugendarbeit in Deutschland. München 1969
Müller, B.: Probleme bei der Entwicklung einer Handlungslehre sozialer Arbeit am Beispiel Heimerziehung. In: Müller, S.: Handlungskompetenz in der Sozialarbeit / Sozialpädagogik I. Bielefeld 1982, S. 135ff.
Müller, B.: Probleme und Möglichkeiten sozialpädagogischer Praxisberatung am Beispiel Jugendhaus. In: Neue Praxis (1983), H. 2, S. 152ff.
Müller, B.: Jugendarbeit und Langeweile. In: deutsche jugend (1985), S. 387ff.

Müller, B.: Auf'm Land ist mehr los. Weinheim und München 1989a
Müller, B.: Rituale und Stil in Jugendkultur und Jugendarbeit. In: deutsche jugend (1989b), H. 8/9, S. 313ff.
Müller, B. Aufbruch? In: Sozialpädagogik (1989c), H. 5, S. 236ff.
Müller, C.W.: Wie Helfen zum Beruf wurde. Weinheim 1982
Müller, U.W.: Wo Jugendliche aufwachsen. München 1983
Münchmeier, R.: „Wofür wirst du eigentlich bezahlt? " Zur Professionalisierung in der Jugendarbeit. In: Böhnisch, L. u.a.: Abhauen oder bleiben? München 1980, S. 117ff.
Nachtwey, R.: Pflege, Wildwuchs, Bricolage. Ästhetisch-kulturelle Jugendarbeit. Opladen 1987
Olk, Th.: Abschied vom Experten. Weinheim 1986
Panter, U.: Staat und Jugend. Weinheim 1965
Peuckert, D.J.K.: Grenzen der Sozialdisziplinierung. Aufstieg und Krise der deutschen Jugendfürsorge von 1878 bis 1932. Köln 1986
Prognos AG: Entwicklung der Freien Wohlfahrtspflege bis zum Jahr 2000. Basel 1984
Reichwein, S./Freund, Th.: Von der „Sozialisationsagentur" zum „Lebensraum". In: Böhnisch, L. u.a. (Hrsg.): Handbuch Jugendverbände. Weinheim und München 1991, S. 353ff.
Richard, J.: Kulturarbeit machen. Regensburg 1984
Roth, H.: Die Erfindung des Jugendlichen. München 1983
Schröder, A.: Jugendgruppe und Kulturwandel. Frankfurt 1991
Siercks, H.: Jugendpflege I. Männliche Jugend. Berlin und Leipzig 1913
Specht, W.: Jugendkriminalität und mobile Jugendarbeit. Neuwied 1979
Specht, W. (Hrsg.): Die gefährliche Straße. Bielefeld 1987
Statistisches Bundesamt: Einrichtungen und tätige Personen in der Jugendhilfe 1986. (Aug. 1988), Reihe 6.3.
Tegethoff, H.G.: Jugendwohngemeinschaften als Innovationspotential der Jugendhilfe. In: Neue Praxis (1985), H. 2/3, S. 202ff.
Treptow, R.: Stärkung der Kulturarbeit. In: Neue Praxis (1986), H. 1, S. 22ff.
Wacker, A.: Selbsthilfe — eine Chance für Arbeitslose? In: Olk, Th./Otto, H.K.: Gesellschaftliche Perspektiven der Sozialarbeit 4. Neuwied 1985, S. 173ff.
Wilker, K.: Der Lindenhof. Werden und Wollen. Heilbronn 1921
Wortmann, R./Berg, R.: Gratwanderungen. Erfahrungen in der offenen Jugendhilfe. Frankfurt/M. 1982
Wurr, R./Trabandt, H./Lauchstedt, W.G.: Kriterienwandel bei der Heimeinweisung. In: Neue Praxis (1984), H. 3, S. 250ff.
Zimmermann, P.: Rock'n Roller, Beats und Punks. Rockgeschichte und Sozialisation. Essen 1984

Marlene Bock/Hans-Jürgen Wirth

Jugend in Institutionen der psychosozialen Versorgung

1 Historische Entstehung psychosozialer Versorgungsinstitutionen für Jugendliche

„Man kann sich eines Schauers über den vielen Haß, der in diesen jungen Menschen aufgespeichert ist, kaum erwehren, er kommt in diesen Anstalten nicht zur Lösung, verdichtet sich noch mehr, um später in der Gesellschaft entladen zu werden" (*Aichhorn* 1925, S. 128).

1.1 Zur Entstehung der Erziehungsheime

Gesellschaft und Staat haben sich schon immer schwergetan mit der Versorgung und Integration hilfebedürftiger Kinder und Jugendlicher. Dies zeigt sich u.a. an der Entwicklung der Erziehungsheime.

Zu den Findel- und Waisenhäusern, die es bereits im Mittelalter gab, kamen seit dem 15. Jahrhundert Arbeits- und Zuchthäuser für verelendete Jugendliche hinzu, denen seit dem 17. Jahrhundert zunehmend Manufakturbetriebe angegliedert waren. Durch Religion und Arbeit sollten die verelendeten Jugendlichen diszipliniert und in den Produktionsprozeß integriert werden (vgl. *Clausen* 1984, S. 16), während zur gleichen Zeit geistig behinderte Kinder und Jugendliche als „Wechselbälger" getötet, wegen „Hexerei" verbrannt oder als „Besessene" verfolgt wurden (vgl. *Nissen* 1968, S. 300).

Unter dem Eindruck der hohen Sterblichkeitsrate in den Anstalten formierten sich um 1800 humanistisch geprägte Kritiker in der „Rettungshausbewegung", die die Ausbeutung der Kinder und Jugendlichen durch Industriearbeit sowie die finanzielle Abhängigkeit von staatlichen Instanzen ablehnte und der Vorläufer privater Fürsorgeverbände war. Jedoch „Mitte des 19. Jahrhunderts war nicht viel von den Idealen übriggeblieben: Man war bereit, staatlich verordnete Zwangserziehung durchzuführen" (*Clausen* 1984, S. 18).

Die vereinzelten privaten bürgerlichen Initiativen schlossen sich zur freien Wohlfahrtspflege zusammen, auch um die stärker werdende Arbeiterbewegung nicht zum Sammelbecken für alle gesellschaftlich Benachteiligten werden zu lassen. Da sich jedoch Lebensbedingungen und Gesundheitszustand in weiten Teilen der Arbeiterklasse so weit verschlechterten, daß staatlicherseits befürchtet wurde, nicht mehr genügend gesunden und kräftigen Arbeiter- und Soldatennachwuchs zu haben, und um zu verhindern, daß sich mit der Empörung über die soziale Lage das Revolutionspotential der Arbeiterbewegung erhöhen könnte, griff der Wilhelminische Staat mit den Bismarck'schen Sozialgesetzen in die soziale Fürsorge ein.

Später legte das Reichsjugendwohlfahrtsgesetz von 1922, das das Recht jeden Kindes auf Erziehung festschrieb, auch das Zusammenwirken von Staat und freien **Wohlfahrtsverbänden** bei der Sozialfürsorge fest, was sich verstärkend auf die Professionalisierungstendenzen in Fürsorge, Armenpflege und **Heimerziehung** auswirkte (vgl. *Clausen* 1984, S. 21).

Heime, die zu dieser Zeit nach Prinzipien der Reformpädagogik oder anthroposophischen Konzepten geführt wurden, waren die Ausnahme. Die Regel waren Drill, Prügel und Ausbeutung der Jugendlichen unter dem Deckmantel christlicher Nächstenliebe und sittlicher Erziehung. Zwischen 1928 und 1932 kam es zu den ersten Heimrevolten und öffentlichen Diskussionen über die Fürsorgeerziehung, vor allem bei kirchlich geführten Heimen.

Im Nationalsozialismus wurde die AWO (Arbeiterwohlfahrt) verboten, während die Innere Mission und die Charitas organisatorisch unangetastet blieben. *Clausen* (1984) verweist darauf, daß die Fürsorgeerziehung nach 1945 eine Restauration der Erziehungspraxis der 20er Jahre war, an der die im Faschismus erhalten gebliebenen kirchlichen Wohlfahrtsverbände mit Unterstützung der konservativen CDU-Regierung anknüpften, ohne den „Neubeginn" auch zu einer Reform der **Heimerziehung** zu nutzen, die schon in den 20er Jahren gefordert wurde. In der Zeit des Aufbaus und des Wirtschaftswunders bestand kein öffentliches Interesse an der Heimerziehung. Das sollte sich erst Ende der 60er Jahre ändern.

1.2 Zur Entwicklung der Kinder- und Jugendpsychiatrie

„Jeder der leidet... hat Anspruch auf Hilfe... ob ein solcher Zustand nun als krankhaft bezeichnet wird oder nicht" (*Lempp* 1985, S. 19).

Seit der ersten Hälfte des 19. Jahrhunderts gibt es nicht nur **Heime** für verwahrloste, sondern auch für schwachsinnige Kinder und Jugendliche. Schon damals erhob K.F. *Kern*, ein Anstaltsleiter in Sachsen, die Forderung nach Erziehung und Unterricht für Schwachsinnige und H. *Schüle* verlangte „die Einführung eines eigenen Fachgebiets" (*Nissen* 1986, S. 303).

Psychiater, Psychologen, Heilpädagogen und Pädagogen haben als Praktiker und Theoretiker die Entwicklung der kinder- und jugendpsychiatrischen Institutionen geprägt. Der Begriff Jugendpsychiater taucht in der Literatur erstmals 1912 bei *Scholz* auf (vgl. *Nissen* 1986, S. 299), obgleich für Deutschland bereits das Jahr 1864 als Geburtsjahr der klinischen **Kinder-** und **Jugendpsychiatrie** gilt. Damals wurde in Frankfurt eine Kinderabteilung von Dr. H. *Hoffmann* — dem Autor des Struwelpeters — eingerichtet. Kliniken wie diese arbeiteten zum Teil sowohl diagnostisch und stationär als auch therapeutisch und ambulant, entwickelten in den nächsten Jahrzehnten neue Untersuchungsmethoden und gliederten zum Teil heilpädagogische Abteilungen an (vgl. *Nissen* 1986, S. 307).

Erkenntnisse der **Psychoanalyse** erreichten in den 30er Jahren die Kinder- und Jugendpsychiatrie vor allem auf dem Umweg über die Pädagogik, die innerhalb der Kinder- und Jugendpsychiatrie zunehmend an Einfluß gewann (vgl. *Erdheim* 1987). Die

Arbeiten der *Freud*-Schüler Anna *Freud,* Melanie *Klein,* René *Spitz,* August *Aichhorn* und Siegfried *Bernfeld* beeinflußten die Theorien über die psychologische Entwicklung des Kindes, erreichten pädagogische Theoretiker und Praktiker und setzen dort, wo die Jugendpsychiatrie interdisziplinär arbeitete, starke Impulse.

Die Psychoanalyse konnte sich auf der organisatorischen und institutionellen Ebene zwar nicht durchsetzen (die von Wilhelm *Reich* initiierten Ambulatorien für proletarische Jugendliche arbeiteten nur wenige Jahre), ihre zentralen theoretischen Erkenntnisse, die Entdeckung der **Sexualität** bei Kindern, ihre phasenhafte Entwicklung sowie die Bedeutung des Unbewußten innerhalb der psychischen Struktur haben jedoch zunehmend in den unterschiedlichsten Bereichen psychosozialer Versorgung Eingang gefunden.

Nach dem 2. Weltkrieg, der eine Viertelmillion Kinder zu Waisen machte, gab es eine Massennot. Am Rande der Gesellschaft lebten unzählige Jugendliche von Schwarzmarkt, Schmuggel, Bettelei oder Prostitution. Es wurden in dieser Zeit verstärkt sowohl kinder- und jugendpsychiatrische Polikliniken und Abteilungen eingerichtet als auch „insgesamt ca. 800 Erziehungsberatungsstellen für erziehungsschwierige Kinder und Jugendliche" (*Nissen* 1986, S. 307), in denen bis heute überwiegend Psychologen und Sozialpädagogen arbeiten. In der Bundesrepublik wurde erst 1969 die Facharztausbildung für Kinder- und Jugendpsychiatrie eingeführt. Die ambulante Versorgung wird auch heute noch weitgehend von Psychologen und Sozialpädagogen abgedeckt. Die Kinder- und Jugendpsychiater arbeiten überwiegend in der stationären Versorgung in den ca. 65 kinder- und jugendpsychiatrischen Institutionen.

Die Psychiatrie-Enquête von 1975 hob die Notwendigkeit multidisziplinärer Zusammenarbeit hervor und definierte als Aufgaben der **Kinder-** und **Jugendpsychiatrie**: Klärung der somatischen, psychosozialen und soziokulturellen Entstehungsbedingungen von Störungen, ihre Behandlung unter Einbeziehung von Milieu und Familie sowie primäre und sekundäre Prävention (vgl. *Lempp* 1985, S. 18).

Die Enquête setzte damit neue Maßstäbe für die psychosoziale Versorgung, indem sie sowohl den somatischen Krankheitsbegriff als auch die patientenzentrierte Betrachtungsweise aufbrach und erweiterte.

1.3 Auswirkungen der 68er-Bewegung auf die psychosoziale Versorgung Jugendlicher

Die antiautoritäre Bewegung der Schüler und Studenten Ende der 60er Jahre führte auch im Bereich der psychosozialen Versorgung Jugendlicher zur Verstärkung reformerischer Tendenzen. „Linke" Fachzeitschriften im Bereich der Sozialpädagogik, Sozialarbeit und der Psychiatrie wurden gegründet und neue alternative Konzepte, insbesondere zur **Heimerziehung** (1969 lebten über 100000 Kinder und Jugendliche in Heimen) wurden entwickelt. Es bildeten sich Initiativgruppen, die in unterschiedlichen Bereichen — im Strafvollzug, in Heimen, mit Obdachlosen, in sozialen Brennpunkten — mit Jugendlichen arbeiteten (*Richter* 1972, *Wirth* 1979). Diese Ansätze einer politischen Praxis setzten sich bis heute z.B. in der Alternativbewegung fort (vgl. *Wirth* 1984, S. 138).

Daß sich eine breitere Öffentlichkeit für die Probleme dieser Jugendlichen sensibilisieren ließ, ist jedoch nur auf dem Hintergrund der bildungsreformerischen Diskussion der 60er Jahre zu verstehen. Als eine Ursache der wirtschaftlichen Stagnation der Jahre 66/67 galt der „Bildungsnotstand", dem man mit der Ausweitung des Bildungswesens unter dem Motto „Chancengleichheit" entgegentrat. Studenten, Sozialarbeiter, Erzieher und Jugendliche kontrastierten diesen Anspruch des Sozialstaates mit den Mißständen in der Heimerziehung (vgl. *Almstedt/Muckwitz* 1982, S. 29).

1969 kam es zur „Heimkampagne". Demokratisierung und Strukturreform der Heime wurden gefordert; erreicht wurden indes nur punktuelle Verbesserungen, kleinere Heime, Jugend-WG's sowie einzelne Modellprojekte, die „die Funktion erfüllen, den desolaten Zustand der Mehrzahl der Heime zu verschleiern" (*Almstedt/Munkwitz* 1982, S. 200).

Daß diese Einschätzung realistisch ist und keine Strukturreform erfolgte, zeigte sich z.B. 1977/78 bei der erneuten Aufdeckung skandalöser Zustände in Fürsorgeheimen und in der Ausweitung bzw. Wiedereinführung der geschlossenen Unterbringung für Kinder und Jugendliche.

Zur Rolle der **Psychoanalyse** innerhalb der Reformbewegung sei noch hinzugefügt, daß es Ende der 60er Jahre zu einer Renaissance der ursprünglich von Wilhelm *Reich* angeregten Idee einer Integration von Marxismus und Psychoanalyse kam. Nun formulierte Herbert *Marcuse* mit „Kein radikaler gesellschaftlicher Wandel ohne radikalen Wandel der Individuen, die seine Träger sind" und „Keine Befreiung des Individuums ohne die der Gesellschaft" (*Marcuse* 1973, S. 61) die Leitidee der Reformstrebungen, indem er dezidiert auf die Dialektik des Humanisierungsprozesses von Individuum und Gesellschaft hinwies. Dieser Gedanke ist von *Freud* über *Reich, Fromm* und die Frankfurter Schule bis zu *Marcuse* und *Mitscherlich* immer, wenn auch zum Teil nur implizit, in der Psychoanalyse vorhanden gewesen.

Seit dem Beginn der 80er Jahre sieht *Blandow* die größte Krise in der **Heimerziehung** seit der Nachkriegszeit in der „Reform von oben", in der sich wegen des steigenden Kostendruckes progressive Versprechungen mit Kostenreduzierungsmaßnahmen verbinden, da man staatlicherseits realisiert habe, „daß Heime erfolglos inhuman, eigentlich nicht reformierbar sind" (*Blandow* 1986, S. 34) innerhalb unseres bestehenden gesellschaftlichen Systems. Bei dieser Reform gehe es um die „Privatisierung von Lebenskrisen" bei gleichzeitiger Stärkung des Staates als ordnungspolitischem Faktor. Man akzeptiere die psychische und materielle Misere eines Teils der Gesellschaft, propagiere Ehrenämter, Familienpflege, Nachbarschafts- und Selbsthilfe, um Steuermittel für den Wirtschaftssektor freizuhaben (vgl. *Blandow* 1986, S. 47).

Selbst wenn man sich dieser Sichtweise — Umverteilung der staatlichen Mittel zu Lasten der sozial Schwachen — uneingeschränkt anschließt, ist nicht zu übersehen, daß seit den späten 60er Jahren Fortschritte im Bereich der psychosozialen Versorgung von Jugendlichen erzielt wurden. Es ist zum Ausbau der ambulanten Dienste und Beratungsstellen gekommen, was auch zu „Revierkämpfen" der verschiedenen im psychosozialen Sektor vertretenen Berufsgruppen geführt hat (vgl. *Lempp* 1985, S. 17). Die Kooperation der beteiligten Berufsgruppen setzt sich jedoch zunehmend durch, sowie die Auffassung, daß Psychotherapie bei Jugendlichen nicht von Pädagogik zu trennen ist und möglichst alle, die mit Jugendlichen arbeiten, in das therapeutische Konzept miteinbezogen werden sollten (*Scheer/Wirth* 1978).

Genauso wichtig erscheint uns die Veränderung der Sichtweise jugendlicher „Verhaltensstörungen". Eingeleitet durch *Richter* (1970), werden Krisen in der Adoleszenz heute auch als „eine Krisenphase für den Lebenszyklus des Familiensystems" (*Schmidt* 1985, S. 68) gesehen, sowie auch in ihrer Abhängigkeit von dem gesellschaftlichen Kontext, in den die Familie eingebettet ist.

Pointiert läßt sich formulieren: Der Umdenkprozeß vom „Patient Jugendlicher" zum „Patient Familie" zum „Patient Gesellschaft" ist trotz zum Teil massiver Gegenströmungen nicht aufzuhalten.

2 Psychische Störungen in der Adoleszenz

Dichter und Wissenschaftler, aber auch Jugendliche selbst haben immer wieder in bunten Farben die tiefgreifenden Veränderungen im seelischen und sozialen Leben ausgemalt, die mit der **Pubertät** und der **Adoleszenz** in Gang gesetzt werden. Mit der biologisch bedingten krisenhaften Veränderung seiner Persönlichkeit, der Ablösung von seinen Eltern und der in Aussicht stehenden Teilhabe an der Erwachsenenwelt geht für den Adoleszenten eine Verflüssigung seiner Persönlichkeitsstruktur einher. Je nach dem Standpunkt der Kommentatoren werden die psycho-sozialen Besonderheiten der Adoleszenz eher als psychische Auffälligkeit, Abweichung von der Norm, Pathologie oder eher als Chance zur Neuorientierung für Individuum und Gesellschaft gesehen. Wie die klinische Erfahrung zeigt, bewirkt der emotionale Aufruhr der Adoleszenz häufig Spontanheilungen oder einen Symptomwandel. Dies bestätigen auch empirische Untersuchungen, die eine geringe Stabilität von Diagnosen in der Adoleszenz feststellen (vgl. *Remschmidt* 1975; *Seiffge-Krenke* 1986).

Die Frage, ob Jugendliche stärker als andere Altersgruppen klinisch auffällig werden, wird in der Literatur kontrovers diskutiert. Epidemiologische Untersuchungen wie die von *Rutter* u.a. (1977) belegen, daß das Jugendalter sich nicht durch eine Häufung psychischer Störungen auszeichnet. Sehr deutlich läßt sich jedoch beobachten, daß spezifische Störungen und Symptome gehäuft in der Adoleszenz auftreten und geschlechtsspezifisch verteilt sind. Männliche Jugendliche tendieren „mehr zu ausagierenden, sozialstörenden Verhaltensformen mit vermehrten Aggressionen, Überaktivität und sozial abweichendem Verhalten; Mädchen leiden stärker unter psychosomatischen und neurotischen Verarbeitungsformen von Konflikten mit Neigung zu vermehrten Depressionen und Ängsten" (*Petri* 1979, S. 56). Wie *Seiffge-Krenke* (1986) feststellt, liegt bei Jugendlichen eine „Beratungsaversion" vor. Sie werden von allen Altersgruppen am seltensten psychotherapeutisch behandelt. Die häufigste Behandlungsform ist die Beratung.

Adoleszenz als Krise und Chance zu sehen, als Erwachsener nicht nur ängstlich auf Auffälligkeiten bei Jugendlichen zu reagieren, da eigene Adoleszenzkonflikte mobilisiert werden (vgl. *Bauers* 1986), sondern auch die produktive Kraft der Jugendkrise zu erkennen, ist eine Umwertung , die sich auch in jugendpsychologischen Theorien niederschlägt (vgl. *Erdheim* 1982; *Wirth* 1984). Die Anpassungsleistung, das „**Coping**", als Konzept in die Jugendpsychologie einzuführen, heißt, die Möglichkeit des Gelingens der Verarbeitung all der angesprochenen Veränderungen hervorzuheben (vgl. *Ol-*

brich/Todt 1984), zudem von einer Pathologisierung auffälliger Jugendlicher Abstand zu nehmen und die spezifischen Störungen und Krankheiten des Jugendalters auf dem Hintergrund ihrer individuellen familiären und gesellschaftlichen Ursachen einordnen und behandeln zu können.

2.1 Selbstmordhandlungen

Die hohe **Selbsmordgefährdung** von Jugendlichen im Alter von 15 bis 25 Jahren ist ein auffallendes und beunruhigendes Phänomen der Adoleszenz. Die Bundesrepublik gehört zu den Ländern in der Welt mit den höchsten Suizidraten, die eine weiter steigende Tendenz aufweisen. Hinzu kommt, daß Unfälle mit tödlichem Ausgang bei Jugendlichen eine häufige Todesursache sind.
Man muß davon ausgehen, daß ein Großteil dieser tödlichen Unfälle maskierte Selbstmorde darstellen. Die Dunkelziffer bei den Suiziden und erst recht bei den Suizidversuchen, die mindestens vierzig- bis fünfzigmal so hoch geschätzt werden wie die ausgeführten Selbsttötungen (vgl. *Pohlmeier* 1983), ist dementsprechend hoch. Selbstmorde werden von männlichen Jugendlichen etwa doppelt so häufig verübt wie von weiblichen Jugendlichen und ihre Selbsttötungsmittel sind „härter" und endgültiger (z.B. Erschießen, Erhängen), während bei weiblichen Jugendlichen eher „weiche" Methoden (z.B. Schlafmittel) und Selbstmordversuche überwiegen.

Über die motivationalen Gründe für die Selbstmordneigung von Jugendlichen wurden vielfältige Überlegungen angestellt. Die längste Tradition hat die Beschäftigung mit dem Schülerselbstmord. Der Übergang vom Status des Kindes zu dem des Jugendlichen und die damit verbundenen Probleme der Identitätsfindung wurden als wesentlicher Grund für die Selbstmordneigung von Jugendlichen angesehen. Schulstreß und schulischer Leistungsdruck wurden immer wieder, vor allem in populärwissenschaftlichen Darstellungen, mit dem Selbstmord von Jugendlichen in Zusammenhang gebracht. Tatsächlich können Schulprobleme ein Auslöser für Selbstmordhandlungen sein, „Schulstreß allein weckt (jedoch) keine Selbstmordgedanken" (*Pohlmeier* 1983, S. 81). *Henseler* (1974) hat den Selbstmord als Ausdruck einer narzißtischen Krise und eines Selbstwertkonfliktes interpretiert. Da die **Adoleszenz** als eine Phase des Übergangs und der Veränderung geradezu zwangsläufig eine Labilisierung im Selbstbild und eine Störung des Selbstwertgefühls beim Jugendlichen bewirkt, wird verständlich, warum der Selbstmord in dieser Lebensphase so besonders häufig vorkommt, nämlich als Konfliktlösungsversuch, als Versuch, das Selbstwertgefühl zu schützen durch Flucht in den „Freitod". Der Selbstmordversuch kann aber auch einen Appellcharakter haben und als letzter Hilferuf verstanden werden, den Jugendliche an die Außenwelt richten, da sie sich unter einer chronischen äußeren Belastung fühlen, der sie nicht länger gewachsen sind.

2.2 Depression

Schon Anna *Freud* (1958; 1936) hat die Adoleszenz als eine Lebensphase charakterisiert, in der der Mensch die kindliche Abhängigkeit von der Familie hinter sich läßt, alte Identifikationen mit elterlichen Vorbildern in Frage gestellt werden, und die Bildung einer neuen Identität für turbulente psychische Veränderungen sorgt, so daß Stimmungsschwankungen und auch vorübergehende **Depressionen** als normale Erscheinungen dieser Lebensphase zu betrachten sind. Allerdings können Depressionen auch in der Adoleszenz eine pathologische Ausprägung annehmen und u.a. zu einem sozialen Rückzug des Jugendlichen führen. Drogenkonsum, Delinquenz, Promiskuität, Anschluß an Sekten, selbstzerstörerische Handlungen, die bis zum Suizid gehen können, sind als Ausdruck bzw. als agierende Abwehr gegen depressive Verstimmungen zu interpretieren. Andere Symptome wie beispeilsweise Ruhelosigkeit, Konzentrationsschwierigkeiten, Müdigkeit und körperliche Beschwerden, insbesondere Kopfschmerzen und Erbrechen, sind häufig als Kennzeichen einer „maskierten Depression" bei Jugendlichen zu verstehen (*Seiffge-Krenke* 1986, S. 59).

2.3 Psychosomatische Störungen

Eine der zentralen Aufgaben der Adoleszenz besteht darin, das kindliche Körperschema zu lockern und eine neue, den veränderten körperlichen, psychischen und sozialen Gegebenheiten des Jugendlichen angemessene Körper-Identität zu entwickeln. Der Verlust des kindlichen Körperbildes führt beim Jugendlichen zu einer Irritation, zu Schlacksigkeit, Eckigkeit der Bewegungen, gesteigerter Selbstbeobachtung körperlicher Vorgänge, vermehrter Beschäftigung mit dem eigenen Körper und auch zu einem starken körperlichen Ausdrucksbedürfnis, das bis zur Entwicklung einer Körpersprache gehen kann. Obwohl der enge Zusammenhang zwischen körperlichen und seelischen Vorgängen gerade beim Adoleszenten besonders augenfällig wird, existiert nur relativ wenig Literatur zur Psychosomatik des Jugendalters.

Einige typische **psychosomatische Störungen** kommen fast ausschließlich in der Adoleszenz vor bzw. treten in dieser Zeit überdurchschnittlich häufig auf: die Gesichtsakne, die Pubertätsfettsucht, die Anorexia nervosa (Pubertätsmagersucht) und das ihr verwandte Krankheitsbild der Bulimia nervosa, die durch den Zwang, große Nahrungsmengen zu verschlingen und wieder zu erbrechen, gekennzeichnet ist. Die Anorexia und die Bulimia sind Erkrankungen, die in allen Ländern der westlichen Welt in den letzten Jahren deutlich im Zunehmen begriffen sind. Die Anorexia kommt fast ausschließlich bei jungen Mädchen vor. Die Magersüchtigen sind von einem extrem ausgeprägten Schlankheitsideal beherrscht. Sie sind bemüht, ihre Eßgelüste zu kontrollieren, an Gewicht abzunehmen, und die Angst vor dem Dickwerden wird zum beherrschenden Lebensthema. Die Gewichtsabnahme wird durch Hungern, kalorienarme Kost, Erbrechen und Gebrauch von Abführmitteln erreicht. Dem Erbrechen gehen häufig durchbruchsartige Heißhungeranfälle voraus, bei denen gierig und wahllos riesige Essensmengen verschlungen werden. Dieser Wechsel von Freßanfällen und Erbrechen ist besonders charakteristisch für die Bulimia. Typisch für die Pubertätsmagersucht ist eine sekundäre Amenorrhoe, d.h. ein Ausbleiben der monatlichen Regelblutung nach einer mehr oder weniger langen normalen Zyklustätigkeit. Kennzeichnend ist weiterhin ein mangelndes Krankheitsbewußtsein. In den Untersuchungen von *Sperling* und *Massing* (1970) und *Minuchin* u.a. (1981) werden die Familien Magesüchtiger als eine konfliktverleugnende, pseudoharmonische Gruppe beschrieben, deren gemeinsame Ideologie triebfeindliche Leistungsideale und asketische Reinheitsvorstellungen beinhaltet.

2.4 Delinquenz und Verwahrlosung

Abweichendes Verhalten wie Kriminalität, **Verwahrlosung,** Promiskuität und Drogenmißbrauch sind die Störungsformen, die die heftigsten gesellschaftlichen Reaktionen hervorrufen und umgekehrt auch mit den gesellschaftlichen Umständen aufs engste verknüpft sind. Delinquentes Verhalten im Jugendalter nimmt weiter zu. Insbesondere Gewaltkriminalität und Eigentumsdelikte haben eine stark steigende Tendenz. Viele jugendliche Kriminelle kommen aus zerrütteten familiären Verhältnissen. Hinzu kommen häufig Sozialisationsdefizite, die durch den niedrigen sozio-ökonomischen Status der Herkunftfamilie bedingt sind. Viele Verwahrloste oder Delinquente haben in ihrer frühen Kindheit eine emotionale Vernachlässigung erfahren. Sie sind deshalb unfähig, Triebspannungen auszuhalten, sind leicht narzißtisch kränkbar und neigen schon bei leichten Kränkungen zu Wutausbrüchen. Ihr wesentlicher Konfliktbewältigungsmechanismus besteht im direkten Abführen von Spannungen, im „acting out". Sind sozial abweichende Jugendliche erst einmal auffällig geworden und in die Zuständigkeit von öffentlichen Institutionen gekommen wie z.B. ins Gefängnis oder in Heime, werden ihre Probleme hier häufig noch vestärkt. Der heimliche Lehrplan im Gefängnis vermittelt dem Jugendlichen eine Moral, mit der er im Leben draußen wieder zwangsläufig straffällig werden muß (*Friedrich* u.a. 1979; *Moser* 1970) und seine Abneigung gegen pädagogische und psychologische Maßnahmen nimmt weiter zu.

3 Jugendliche in Institutionen

3.1 Offene und ambulante psychosoziale Institutionen

Selbst in **offenen** und **ambulanten Institutionen** ist durchgängig eine Behandlungs- sowie eine Beratungsaversion von Jugendlichen festzustellen. Dies gilt für akute Krisensituationen ebenso wie für tieferliegende, die gesamte Persönlichkeitsentwicklung betreffende Probleme. Wir möchten dies anhand von zwei Beispielen aus der Praxis unterschiedlicher **psychosozialer Institutionen** exemplifizieren:

— Die nur in Ausnahmefällen erfolgende Inanspruchnahme der Studienberatungsstellen durch Studienabbrecher,

— der geringe Anteil jugendlicher Klienten in ambulanten Psychosomatischen Kliniken.

Der **Studienabbruch,** der einschließlich der durch „Karteileichen" verursachten Dunkelziffer ca. 15 % aller Studenten betrifft, ist nach den Erfahrungen sowohl der Studienberatungsstellen als auch nach Untersuchungen der betroffenen Abbrecher kein Beratungsproblem. Er wird in aller Regel als „einsame Entscheidung" getroffen, obwohl er in der Zeit davor und danach zu massiven psychischen Beeinträchtigungen führt, als da genannt werden, Depressionen, psychosomatische Beschwerden sowie Alkohol-, Medikamenten- und Drogenmißbrauch (vgl. *Selzer/Bock* u.a. 1985).

Ursachen dieser Beratungsaversion sind zum einen das Bezweifeln der Nützlichkeit der Studienberatungsstellen bei Fragen eines drohenden Abbruchs (vgl. *Kazenzadeh/Minks* 1983) (dies sieht anders aus bei Studienproblemen, die innerhalb des Studiums für bewältigbar gehalten werden). Zum anderen wird der Abbruch nach den Erfahrungen der Studienberater nicht als psychisch bedingtes Beratungsproblem, sondern eher als persönlichkeitsunabhängiges Sachproblem angesehen. Zudem behindern die Kontaktschwierigkeiten und Isolierungstendenzen, die spätere Abbrecher meist schon während ihres Studiums aufweisen, und die Teil des Spektrums von Abbruchgründen sind, wie vor allem qualitative Untersuchungen (vgl. *Selzer/Bock* u.a. 1985) belegen, verständlicherweise auch die Kontaktaufnahme und Inanspruchnahme der professionellen Helfer in den Studienberatungsstellen.

Im Falle akuter Prüfungsängste ist die Beratungsaversion wesentlich geringer ausgeprägt; dies zeigt sich an der Bereitschaft, der dann aber in der Regel schon älteren Jugendlichen (Mitte zwanzig), sowohl die Studienberatungsstellen als auch die Ambulanzen der Psychosomatischen Klinik um Rat zu ersuchen.

Jüngere Jugendliche suchen nur in seltenen Ausnahmefällen psychosomatische Ambulanzen auf; auch die Zahl derer, die auf Intervention von Eltern, Schulpsychologen, Ärzten etc. vorgestellt werden, ist im Vergleich zur Gesamtklientel, deren Durchschnittsalter bei Mitte dreißig liegt, gering.

Eßstörungen (Magersucht, Bulimia und Fettsucht) sowie zwangsneurotische **Verhaltensstörungen** sind hier die am häufigsten auftretenden Krankheitssymptome, wobei die Eßstörungen eindeutig überwiegen. Da Magersucht und Bulimia mädchen- und frauenspezifische Erkrankungen sind und zwangsneurotische Verhaltensstörungen überwiegend bei männlichen Jugendlichen vorkommen, gibt es bezüglich der Inanspruchnahme der Ambulanzen signifikante geschlechtsspezifische Unterschiede:

— zum einen sind die weiblichen Jugendlichen meist weniger schwer gestört,
— zum anderen treten sie weit häufiger als Patienten in Erscheinung als die männlichen Jugendlichen.

Die Schwellenangst der männlichen Jugendlichen, um Hilfe zu bitten und sich therapeutisch behandeln zu lassen, ist unzweifelhaft höher; Jungen sehen wir in der Regel erst, wenn ihr Verhalten für ihre Umgebung nicht mehr zu tolerieren ist, weil sich massive Störungen bereits verfestigt haben. Mädchen ist es nach wie vor aufgrund ihrer Sozialisation leichter, Hilferufe an ihre Umgebung auszusenden und sich behandeln zu lassen. Jungen hingegen haben die immer noch geltende gesellschaftliche Norm, daß Männer nicht wehleidig sein sollen und ihre Probleme alleine bewältigen können, internalisiert; sie kommen unserer Erfahrung nach fast nie aus eigenem Antrieb.

An der Abneigung Jugendlicher, auch **offene** und **ambulante psychosoziale Institutionen** in Anspruch zu nehmen, werden jedoch nicht nur Mißtrauen in die Kompetenzen erwachsener Personen als Helfer bei psychisch schwer zu verarbeitenden Konflikten — seien sie nun akuter Art oder Dauer-Konflikte — ersichtlich. Unserer Ansicht nach zeigen sich hier auch Selbstheilungstendenzen der Jugendlichen, die man in den einzelnen Institutionen aufgreifen und z.B. durch eine weniger expertenhafte, weniger professionelle und weniger an starren Rollen (Hilfesuchender — Helfer) festhaltende Umgehensweise mit den Jugendlichen nutzbar machen sollte. So fehlen bis heute z.B. spezielle Gruppentherapiekonzepte für Jugendliche. In der Zeit der Loslösung vom Elternhaus, der Zeit der Identitätssuche, ist es besonders schwierig, sich an Erwachsene zu wenden, gerade weil die Abgrenzung von ihnen stets ein Teil der Probleme ist, die sich in dieser Lebensphase ergeben. Zudem ist der Zugang zu Institutionen dadurch erschwert, daß sie die Autorität der etablierten Gesellschaft repräsentieren, selbst wenn sie sich als Vermittler zwischen den gesellschaftlichen Ansprüchen an das Individuum und seinen daraus resultierenden individuellen Störungen verstehen.

Der Wunsch der Jugendlichen, es alleine zu schaffen, Krisensituationen selbst zu meistern, also erwachsen zu werden, sollte ernstgenommen und in neue Beratungs- und Behandlungskonzepte integriert werden, um ihn in die therapeutische Arbeit mit Jugendlichen konstruktiv einfließen zu lassen, ihnen adäquat helfen und von ihnen lernen zu können; spiegelt sich in den Konflikten von Jugendlichen doch auch immer — und oft zuerst dort — gesellschaftliches Konfliktpotential (*Bock* u.a. 1989).

3.2 Geschlossene Institutionen

Als ein Beispiel für Jugendliche in **geschlossenen Institutionen** greifen wir den **Jugendstrafvollzug** heraus und beschreiben ein neues Konzept zur Behandlung jugendlicher Sexualstraftäter in der Jugendstrafanstalt Hameln-Tündern, mit dem versucht wird, die hohe Rückfallquote (70 bis 80 %) der jugendlichen Sexualdeliquenten zu senken.

Die Unterbringung dissozialer, verwahrloster und krimineller Jugendlicher in **geschlossenen Institutionen** — Jugendpsychiatrie, Erziehungsheim, Jugendstrafanstalt — ist seit dem Ende der 60er Jahre umstritten, da die individuellen Probleme, die diese Jugendlichen mit der Gesellschaft in Konflikt bringen, nach Ansicht der Gegner der geschlossenen Unterbringung in totalen Institutionen durch die dort „organisierte Beziehungsverhinderung und Nichtteilhabe am gesellschaftlichen Leben" (IGfH-Arbeitsgruppe „Alternativen zur geschlossenen Unterbringung" 1980) verstärkt wird. Dies zeigt sich in extremster Form im **Jugendstrafvollzug.**

Dem Bedürfnis der Gesellschaft, sich vor Kriminalität zu schützen, wird angesichts der hohen Rückfallquote nur scheinbar entsprochen, wenn die zeitweilige Verwahrung des Täters (die durchschnittliche Verweildauer von Jugendlichen in Haftanstalten beträgt zwei bis drei Jahre) nicht mit Maßnahmen gekoppelt ist, die die Gefahr eines späteren Rückfalls minimieren. Zu dem passiven Schutz durch Inhaftierung müssen demzufolge verschiedene Rehabilitationsmaßnahmen pädagogischer, sozialer und psychotherapeutischer Art hinzukommen, um die Gesellschaft und den Delinquenten aktiv und präventiv vor weiteren Straftaten zu schützen.

Hier setzt das Hamelner Therapiemodell, das in fünf Jahren 25 jugendliche Sexualstraftäter einschl. mehrerer Sexualmörder behandelt hat, an. Ein Dutzend Frauen und der Anstaltspsychologe konfrontieren je vier Täter mit ihrer Tat und den oft lebenslangen psychischen und körperlichen Folgen, die seine Tat für das Opfer hat.

In der Auseinandersetzung mit den Therapeutinnen kommt es nach der anfänglichen Aggressionsphase (Aggression sowohl der Männer als auch der Frauen) dahin, daß sich eine therapeutische Beziehung entwickelt, innerhalb derer das für die Tat entscheidend mitverantwortliche Frauenbild der Täter, das sich im Gefängnis normalerweise ebenso zementiert wie ihre Gewaltbereitschaft, brüchig wird und sich verändert.

Der Männergesellschaft innerhalb des Strafvollzuges, die die Frauenfeindlichkeit sowie das Gewaltpotential des Einzelnen im Laufe der Inhaftierung verstärkt, wird die Therapiegruppe entgegengesetzt. D.h. in der Auseinandersetzung mit den Frauen der Gruppe, mit ihrer Persönlichkeit und ihren Gefühlen seiner Tat gegenüber, revidiert der Sexualstraftäter sein eigenes Idealbild des starken, allzeit potenten Mannes sowie sein Frauenbild von der schwachen, launischen Frau, die nur darauf wartet, von ihm befriedigt zu werden. Zudem werden, soweit dies möglich ist, die Familie des Täters, ehemalige Freundinnen etc. miteinbezogen, um ihm die Absurdität seiner Geschlechtsrollenstereotypen zu verdeutlichen.

Nach abgeschlossener Therapie (Dauer ca. ein Jahr) gehen die Therapierten als Tutoren in neue Therapiegruppen und betätigen sich, nach Erfahrungen des Hamelner Teams, im Anschluß an ihre Entlassung auch häufig als „Multiplikatoren", da sie sich an der öffentlichen Diskussion um Vergewaltigungen an Frauen beteiligen. In den fünf Jahren des Modellversuches gab es bisher noch keinen einzigen Rückfalltäter (vgl. *Tügel/Heilemann* 1987). Dieses Modell stellt u.E. einen gelungenen Versuch, neue Wege im Umgang mit Jugendlichen in **geschlossenen Institutionen** zu beschreiten dar und zeigt, daß mit Kreativität, Einfühlungsvermögen und Mut (in diesem Falle Mut der Frauen und der Institutionen) die gesellschaftliche Wiedereingliederung selbst einer solch problematischen jugendlichen Delinquenzgruppe möglich ist.

4 Institutionen und Identität

Seit Beginn der 60er Jahre haben sich verschiedene theoretische Ansätze entwickelt, die den individuum-zentrierten Krankheitsbegriff erweitern und die die Krankheit eines „Index-Patienten" als Ausdruck der Störung eines größeren sozialen Systems verstehen (*Richter* 1963; 1970; *Bateson* u.a. 1969). Psychopathologie wird als Beziehungsstörung aufgefaßt, d.h. das erkrankte Individuum fungiert innerhalb eines Beziehungssystems als Symptomträger. Diesem wird diejenige soziale Rolle zugewiesen, die den anderen Gruppenmitgliedern als Entlastung von ihren eigenen unbewußten Konflikten dient. Der Symptomträger übernimmt damit die bekannte Funktion des Symptoms, nämlich einen Kompromiß zu bilden zwischen Abgewehrtem und Abwehr und damit zu einer — wenn auch pathologischen — Stabilisierung des Gesamtsystems beizutragen. Die Erweiterung der psychodynamischen zu einer beziehungsdynamischen Sichtweise psychischer Störungen hatte eine umwälzende Wirkung auf die Auffassungen von dem, was als krank und was als gesund gilt und auch auf die therapeutischen Strategien. Die Bedeutung familiendynamischer Prozesse sowohl für die Entstehung als auch für die Therapie psychosozialer Konflikte und Krankheiten, wie beispielsweise psychosomatischer Störungen (*Richter/Strotzka/Willi* 1976; *Wirsching/Stierlin* 1983), Delinquenz (*Gerlicher* u.a. 1986), Depression (*Arietti/Bemporad* 1983), Suizidgefährdung und Drogensucht steht heute, speziell für das Kindes- und Jugendalter, außer Zweifel. Familientherapie (*Richter* 1970; *Stierlin* 1980; *Sperling* u.a. 1982, *Wirth* 1989), Paartherapie (*Willi* 1975; 1978) und psychosoziale Therapie im weiteren Sinne (*Richter* 1978; *Dierking* 1980) sind aus der psychosozialen Versorgung nicht mehr wegzudenken und haben sich insbesondere in der Arbeit mit Kindern und Jugendlichen als unverzichtbar erwiesen.

Auch die stationäre Therapie des jugendlichen Symptomträgers muß ergänzt werden durch begleitende familientherapeutische Maßnahmen. Das Konzept der „Beziehungsanalyse" (*Bauriedl* 1980) hat nicht nur die Familie als neuen Patienten entdeckt, sondern erlaubt darüberhinaus auch eine beziehungsanalytische Betrachtung der Prozesse, die sich zwischen den behandlungsbedürftigen Jugendlichen, ihren Betreuern und der Institution abspielen. Mit der zunehmenden Einsicht in die unbewußten Verzahnungen des einzelnen Jugendlichen mit seinen Bezugspersonen und seinen sozialen Bezugssystemen (Familie, Betreuer, Institutionen) stellte sich zum einen die Frage, wie die von „außen" einwirkenden Faktoren vom Jugendlichen aufgrund seiner „inneren" Bedingungen verarbeitet werden, und zum anderen die Frage, in welcher Richtung die „äußeren" Faktoren Wirkungen auf den Jugendlichen auszuüben suchen, welche „inneren" Entwicklungen sie von sich aus begünstigen oder erschweren (*Fürstenau* 1978, S. 187). Insbesondere die psychoanalytische Theorie der Abwehrmechanismen (A. *Freud* 1936), ihre Erweiterung zum Konzept der „psychosozialen Abwehr" (*Richter* 1963, *Mentzos* 1976) und das Konzept der „Anpassungsmechanismen" (*Parin* 1977) erlauben soziale Rollen und regelmäßig wiederkehrende institutionelle Rollenerwartungen mit den Triebbedürfnissen, den Wünschen nach Identitätsfindung, den Charaktermerkmalen und der intrapsychischen Abwehr des Jugendlichen in Beziehung zu setzen.

Die Analyse der **„totalen Institution"**, wie sie *Gofmann* (1969) am Beispiel der Psychiatrie vorgelegt hat, zeigt in extremer Ausprägung den Einfluß der Institution auf die Identität der Patienten. Die totale Institution erzeugt erst die psychischen Störungen, die heilen zu wollen sie vorgibt. Aber auch reformierte, psychotherapeutisch orientierte Institutionen müssen sich ständig selbstkritisch fragen, ob sie diejenige Umwelt und diejenigen sozialen Beziehungsangebote für die zu behandelnden Jugendlichen zur Verfügung stellen, die diese zur Gesundung und Resozialisierung benötigen. Wie *Schmidbauer* (1977) gezeigt hat, ist auch der engagierte Helfer in seinem neurotisch bedingten Übereifer in Gefahr, die ihm anvertrauten Patienten und Klienten zur Kompensation seiner eigenen Hilflosigkeit zu mißbrauchen. Eines der immer wiederkehrenden Beziehungsmuster in der Arbeit mit Jugendlichen besteht darin, daß der Jugendliche von dem Betreuer dafür benutzt wird, verpönte und unterdrückte Bedürfnisse und Wünsche stellvertretend auszuleben. Die Projektion verdrängter, aber heimlich erwünschter Impulse auf die Jugendlichen eröffnet dem Betreuer die Möglichkeit, sich durch teilweise Identifizierung mit diesen eine relativ schuldfreie Ersatzbefriedigung zu verschaffen. Der zweite Akt dieser „Sündenbock-Praktik" (*Richter* 1963) besteht dann darin, daß die Betreuer durch Anschuldigungen, Isolationsdrohungen, Stigmatisierungen und Strafhandlungen auf bequeme Weise ihre eigenen Selbstbestrafungstendenzen abführen. Dies ist jedoch nicht nur als individuelles neurotisches „Helfersyndrom" zu sehen. Statt dessen zeigt sich auch hier die Neigung der erwachsenen Gesellschaft, unterdrückte Triebregungen abzuspalten, auf Minderheiten, in diesem Falle die Jugendlichen, zu projezieren und an diesen zu verfolgen und damit gleichzeitig abzuführen.

Jugendliches Konfliktpotential, so unterschiedlich es sich auch äußern kann, ist nicht losgelöst von Strömungen, Tendenzen und Konflikten der Gesamtgesellschaft zu betrachten und trägt zudem auch immer innovative Entwicklungschancen für Individuum und Gesellschaft in sich, da jugendliche Sensibilität schärfer und kompromißloser auf gesellschaftliche und persönliche Probleme reagiert.

Literatur

Aichhorn, A.: Verwahrloste Jugend (1925). Stuttgart/Wien 1951

Arieti, S./Bemporad, J.: Depressionen. Stuttgart 1983

Almstedt, M./Munkwitz, B.: Ortsbestimmung der Heimerziehung. Weinheim 1980

Bateson, G. u.a.: Schizophrenie und Familie. Frankfurt/M. 1969

Bauriedl, T.: Beziehungsanalyse. Frankfurt/M. 1980

Blandow, J.: Heimerziehung und Politik. Anmerkungen zur Geschichte der Heimerziehung in der Bundesrepublik Deutschland. In: Soisson, R. (Hrsg.): Aktuelle Probleme Jugendlicher in der Heimerziehung in Europa. Zürich 1986, S. 33-50

Bock, M./Reimitz, M./Richter, H.E./Thiel, W./Wirth, H.-J.: Zwischen Resignation und Gewalt. Jugendprotest in den achtziger Jahren. Opladen 1989

Clausen, P.H.: Geschichte der Heimerziehung. In: Homes, A.M. (Hrsg.): Heimerziehung. Lebenshilfe oder Beugehaft? Frankfurt/M. 1984, S. 13-34

Dierking, W. (Hrsg.): Analytische Familientherapie und Gesellschaft. Weinheim 1980

Erdheim, M.: Die gesellschaftliche Produktion von Unbewußtheit. Frankfurt/M. 1982

Erdheim, M.: Psychoanalytische Ansätze in der Jugendforschung. In: Krüger, H.H. (Hrsg.): Handbuch der Jugendforschung. Opladen 1988

Freud, A.: Das Ich und die Abwehrmechanismen (1936). In: Die Schriften der Anna Freud. Bd. 1. München 1980, S. 193-254

Freud, A.: Probleme der Pubertät (1958). In: Die Schriften der Anna Freud. Bd. 6. München 1980, S. 1739 - 1969

Friedrich, H. u.a.: Soziale Deprivation und Familiendynamik. Göttingen 1979

Fürstenau, P.: Zur Theorie psychoanalytischer Praxis. Stuttgart 1978

Gerlicher, K./Jungmann, J./Schweitzer, J. (Hrsg.): Dissozialität und Familie. Zur Kooperation von Jugendhilfe und Jugendpsychiatrie unter familientherapeutischer Sichtweise. Dortmund 1986

Gofmann, I.: Asyle. Frankfurt/M. 1969

Henseler, H.: Narzißtische Krisen. Zur Psychodynamik des Selbstmordes. Reinbek 1974

IGFH-Arbeitsgruppe „Alternativen zur geschlossenen Unterbringung": Probleme von Kindern und Jugendlichen lassen sich nicht einsperren. Alternativen in der Heimerziehung. Frankfurt/M. 1980

Kazemzadeh, F./Minks, K.H.: Orientierungsprobleme. Bei der Studien- und Berufswahl. Hannover 1983

Lempp, R.: Kinder- und Jugendpsychiatrie — Gegenwart und Entwicklung. In: Lempp, R./Veltin, A. (Hrsg.): Kinder- und Jugendpsychiatrie — Eine Bestandsaufnahme. Köln 1985, S. 11 - 24

Marcuse, H.: Konterrevolution und Revolte. Frankfurt/M. 1973

Mentzos, S.: Interpersonale und institutionalisierte Abwehr. Frankfurt/M. 1977

Minuchin, S./Rosman, B.L./Baker, L.: Psychosomatische Krankheiten in der Familie. Stuttgart 1981

Moser, T.: Jugendkriminalität und Gesellschaftsstruktur. Fankfurt/M. 1970

Nissen, G.: Psychische Störungen im Kinder- und Jugendalter. Berlin 1986

Olbrich, E./Todt, E. (Hrsg.): Probleme des Jugendalters. Berlin 1984

Parin, P.: Das Ich und die Anpassungsmechanismen. In: Psyche (1977), H. 31, S. 481 - 515
Petri, H.: Soziale Schicht und psychische Erkrankung im Kindes- und Jugendalter. Göttingen 1979
Pohlmeier, H.: Selbstmord und Selbstmordverhütung. München 1983
Reissert, R.: Studienzeit — Entwicklung und Ursachen. In: HIS Kurzinformation A 5 83, Hannover 1983
Remschmidt, H.: Neuere Ergebnisse zur Psychologie und Psychiatrie der Adoleszenz. In: Zeitschrift für Kinder- und Jugendpsychiatrie (1975), H. 3, S. 67 - 101
Richter, H.E.: Eltern, Kind und Neurose. Reinbek 1963
Richter, H.E.: Patient Familie. Reinbek 1970
Richter, H.E.: Die Gruppe. Reinbek 1972
Richter, H.E.: Engagierte Analysen. Reinbek 1978
Richter, H.E./Strotzka, H./ Willi, J.: Familie und seelische Krankheit. Reinbek 1976
Rotthaus, W. (Hrsg.): Psychotherapie mit Jugendlichen. Dortmund 1985
Rutter, M. u.a.: Epidemiologie in der Kinderpsychiatrie — die Isle of Wight Studien 1964 - 1974. In: Zeitschrift für Kinder- und Jugendpsychiatrie (1977), H. 3, S. 238 - 279
Scheer, G./Wirth, H.J.: Kooperation statt Verzettelung der Verantwortung. In: Psychosozial (1978), H. 2, S. 114 - 129
Schmidbauer, W.: Die hilflosen Helfer. Reinbek 1977
Seiffge-Krenke, I.: Psychoanalytische Therapie Jugendlicher. Stuttgart 1986
Selzer, G./Bock, M. u.a.: Drop out — knock out? Tiefeninterviews mit Studienabbrechern. Königstein 1985
Sperling, E./Massing, A. u.a.: Die Mehrgenerationen-Familientherapie. Göttingen 1982
Stierlin, H.: Eltern und Kinder. Frankfurt/M. 1980
Tügel/Heilemann: Frauen verändern Vergewaltiger. Frankfurt/M. 1987
Wirsching, M./Stierlin, H.: Krankheit und Familie. Stuttgart 1982
Willi, J.: Die Zweierbeziehung. Reinbek 1975
Willi, J.: Therapie der Zweierbeziehung. Reinbek 1978
Wirth, H.J.: Motive sozialen Engagements. Lollar 1979
Wirth, H.J.: Die Schärfung der Sinne. Jugendprotest als persönliche und kulturelle Chance. Frankfurt/M. 1984
Wirth, H.-J.: Jugendliche und ihre Eltern im Prozeß der Ablösung. In: Vorgänge 28 (1989), H. 101, S. 95 - 105
Zauner, J./Biermann, G. (Hrsg.): Klinische Psychosomatik von Kinder und Jugendlichen. München 1986

Sachregister

Die Autorinnen und Autoren

Prof. Dr. Günter Albrecht
Fakultät für Soziologie
Universität Bielefeld

Prof. Dr. Dieter Baacke
Fakultät für Pädagogik
Universität Bielefeld

PD Dr. Helga Binden
Institut für Psychologie
Ludwig-Maximilians-Universität
München

Dr. Marlene Bock
Zentrum für Psychosomatische Medizin
Universität Gießen

Prof. Dr. Peter Büchner
Institut für Erziehungswissenschaften
Universität Marburg

Prof. Dr. Manuela du Bois-Reymond
Sektion Jugendforschung
Reichsuniversität Leiden
Niederlande

Prof. Dr. Bernhard Claußen
Fachbereich Erziehungswissenschaft
Universität Hamburg

Dr. Angelika Diezinger
Institut für Soziologie
Technische Universität München

Prof. Dr. Peter Dudek
Institut für Schulpädagogik
Universität Frankfurt

PD Dr. Mario Erdheim
Universität Zürich
Schweiz

Dr. Sybille Hübner-Funk
Deutsches Jugendinstitut
München

PD Dr. Andreas Feige
Institut für Soziologie
Technische Universität
Braunschweig

Prof. Dr. Wilfried Ferchhoff
Fakultät für Pädagogik
Universität Bielefeld

Prof. Dr. Walter Friedrich
Forschungsstelle Sozialanalysen e.V.
Leipzig

Prof. Dr. Werner Fuchs-Heinritz
Fachbereich Erziehungs- und
Sozialwissenschaft
Fernuniversität Hagen

Prof. Dr. Wilhelm Heitmeyer
Fakultät für Pädagogik
Universität Bielefeld

Dr. Werner Helsper
Institut für Soziologie
Universität Frankfurt

Prof. Dr. Klaus Hurrelmann
Fakultät für Pädagogik
Universität Bielefeld

Prof. Dr. Heinz-Hermann Krüger
Fachbereich Erziehungs- und
Sozialwissenschaft
Pädagogische Hochschule Halle

Dr. Michael May
Institut für Pädagogik
Universität Koblenz

Prof. Dr. Burkhard Müller
Institut für Sozialpädagogik
Universität Hildesheim

Prof. Dr. Thomas Olk
Fachbereich Erziehungs- und
Sozialwissenschaft
Pädagogische Hochschule Halle

Dr. Lising Pagenstecher
Deutsches Jugendinstitut
München

Prof. Dr. Günter Pätzold
Fachbereich Erziehungswissenschaft
Universität Dortmund

PD Dr. Andreas von Prondczynsky
Institut für Schulpädagogik
Universität Frankfurt

Prof. Dr. Yvonne Schütze
Max-Planck-Institut für
Bildungsforschung Berlin

Prof. Dr. Rudolf Tippelt
Erziehungswissenschaftliches Seminar
Universität Freiburg

Prof. Dr. Werner Thole
Fachbereich Erziehungs- und
Sozialwissenschaft
Pädagogische Hochschule Halle

Dr. Hans-Jürgen Wirth
Zentrum für Psychosomatische Medizin
Universität Gießen